복음의 핵심은 심오한 교리나 정교한 의식이 아니라 생명을 창조하는 하나님의 능력이다(롬 1:16; 고전 1:18, 24). 이것이 유일한 복음의 기준이다. 율법은 생명을 주지 못하기에 구원의 수단이 아니다. 믿음이 구원하는 것은 믿음으로 성령을 주시기 때문이다(갈 2:2-5, 14). 이 믿음은 바로 죽은 자를 살리시는 하나님을 믿는 믿음이다(롬 4:17-25). 스스로 성령의 사람이고자 했던 저자 고든 피는 바울 서신을 치밀하게 읽으며 이 진리를 힘 있게 증거한다. 패배주의적 자위가 믿음인 양 유통되는 시대에, 이 책은 능력 있는 하나님의 임재를 바라보게 함으로써 우리의 약한 믿음을 일깨운다. 가벼운 책은 아니지만, 정독하는 독자들에게는 큰 깨달음이 있을 것임을 확신한다.

권연경 숭실대학교 기독교학과 신약학 교수

가슴에 성령의 '불'을 품은 성서학자가 집필한 이 책은 바울 성령론의 보물 창고와 같다. 독자들은 이 책을 통해 바울 서신에 나오는 성령에 관한 본문들이 가르치는 바를 알 수 있고, 성령의 인격과 사역과 은사에 관한 균형 잡힌 통찰과 이해를 얻을 수 있을 것이다. 성령에 대한 사도 바울의 관점을 회복하여 생명력 넘치는 삼위일체 하나님의 교회를 세우고자 하는 모든 목회자들과 교인들에게 이 책을 적극 추천한다.

길성남 고려신학대학원 신약학 교수

지금까지 나온 바울의 성령론에 관한 책들 중 최대·최고의 역작이다! 고든 피는 본서에서 바울 서신에 나오는 성령론에 관한 모든 구절을 주석했을 뿐만 아니라 그 신학적 의미를 신중하게 파헤쳐 바울 성령론의 진수를 보여주고 있다. 단지 한 시대의 조류에 편승하는 책이 아니라 연구자가 바울 성령론을 논할 때마다 사전이나 주석처럼 늘 옆에 놓고 보아야 할 표준서다. 다른 모든 바울 성령론 책을 팔아서라도 구입해야 할 필독서 중 필독서다.

김동수 평택대학교 신학과 신약학 교수

고든 피의 이 책은 제1부에서 바울 서신에서 성령이 언급된 모든 구절을 한 절 한 절 주의 깊게 주석할 뿐만 아니라, 제2부에서는 그 모든 내용을 통합하여 바울이 성령에 대해 무엇을 가르치는지를 종합적으로 보여주는 매우 뛰어난 연구서다. 이렇게 좋은 대작을 번역하여 출판한 새물결플러스에 고마운 마음을 전하며 성령에 대한 성경적인 가르침에 관심을 갖고 있는 모든 목회자, 평신도, 신학생들에게 이 책을 적극 추천한다.

김철홍 장로회신학대학교 신약학 교수

성령을 "우리에게 능력 주시는 하나님의 임재"로 고백하는 고든 피는 서신의 철저한 주해에 근거하여 바울의 성령신학을 총망라한다. 현학적인 토론에 치중하지 않는 저자의 성서신학적 신중함은 바울이 현장에서 인격적으로 체험한 성령을 적확하게 드러내준다. 본서는 경도된 신학적 사유방식에 갇혀버린 바울 신학에 대한 협소한 논의를 해체(解體)시켜 바울이 복음 메시지를 힘껏 외칠 수 있었던 근거가 성령의 강한 임재였으며, 바울 신학에 대한 바른 이해는 성령에 대한 그의 체험을 긍정할 때 가능하다는 점을 조목조목 밝혀준다. 모든 설교자와 신학도들이 함께 읽고 새 힘을 얻을 이 귀중한 책을 전심으로 추천한다.

윤철원 서울신학대학교 신학전문대학원 신약학 교수

고든 피는 현대 오순절 운동에서 나온 최초의 성서학자로 근 40여 년을 성경의 성령론과 체험을 연구해온, 가히 성령론의 최고봉이라 할 만한 대학자다. 그러나 피 자신은 스스로를 오순절 신학자라고 생각하는 것이 아니라, 다만 자신이 오순절 교회 분위기에서 평생 살아온 '성서학자'라고 여기며 탐구를 진행한다. 따라서 이 책에 담긴 바울 서신의 성령론은 오순절 계열 신학과 개혁주의 신학 사이의 경도된 선택이 아니라 오로지 성서 본문에 근거한다. 그래서 이 책은 오순절 운동과 개혁주의 성령론 사이에서 성서의 균형 잡힌 시각을 보여준다.

이민규 한국성서대학교 신학부 신약학 교수

이 책은 바울 서신의 성령론 이해를 위해 일점일획의 증거까지 추적하려는 의욕이, 성실하고도 균형 잡힌 학문적인 통찰로 성육화한 대작이다. 오밀조밀하게 골짜기를 샅샅이 훑어나가는 신학적 사냥법은 전체의 지형을 넓게 조망하는 망원경의 안목을 놓치기 쉽고, 굵직한 흐름을 거시적으로 포괄하는 섭렵의 투시망은 현미경의 촘촘한 그물망을 배제하기 일쑤다. 그런데 고든 피의 이 저작에서는 현미경의 분석이 망원경의 해석으로 펴져나가고 성령에 대한 '신학'의 체계가 다시 임재 "체험"의 현장으로 되먹여지길 반복한다. 이러한 튼실한 내용을 갖춘 백과사전적 대작은 오로지 고갈과 탕진의 무모함을 무릅쓰고 탈 대로 다 타려는 열정이 성숙한 계몽의 지식으로 영글어진 자리에서 생성될 수 있다. 부나방처럼 덤벼대는 신비주의적 열정에서 성령을 체제의 겁박 속에 갈무리하려는 교권의 횡포에 이르기까지 혼선과 파탄을 거듭하는 이 시대 이 땅의 성령론의 행방을 교정하기 위해 신학도와 목회자는 물론 지혜로운 그리스도인 신자들이 참조하고 점검할 지침서로 늘 곁에 두고 오래 동행해야 할 책이다.

차정식 한일장신대학교 신학부 교수

고든 피 교수는 스톤하우스(N. B. Stonehouse), 브루스(F. F. Bruce)를 이어 권위 있는 국제복음주의주석(NIC) 시리즈 신약편집장을 맡았던 저명한 주석가이며 본문비평학자다. 이번에 한국어로 번역 출판된 이 책은 바울 서신에 나타난 성령에 관한 교훈을 주석적으로 집대성한 것으로, 우리는 이 책을 통하여 성령에 관한 바울의 사상이 개개 바울 서신을 구성하는 데는 물론이고 바울 신학 형성에 지대한 영향을 미쳤다는 것을 발견하게 된다. 바울의 성령론에 관심을 가진 이들에게 이 책은 반드시 읽어야 할 필수적인 교과서다. 성령의 역사를 고대하는 모든 신학도들과 목회자들에게 일독을 권한다.

최갑종 백석대학교 총장, 신약학 교수

한 가지 신학 주제를 진지하고 철저한 주해 분석을 토대로 이렇게 견고하면서도 만족스럽게 다룬 책은 쉬이 찾을 수가 없다. 피 교수는 이 신약 연구서에서 바울이 그의 삶과 교회의 삶 속에서 우리에게 능력을 부어주시는 영의 임재라는 실재를 체험한 사실을 진지하게 인식하고 받아들인다. 방대한 범위를 아우르는 이 학술서는 학자들은 물론이요 목회자들과 학생들, 교회 지도자들을 독자로 삼고 쓴 책으로 모두에게 막대한 유익을 줄 역작이다!

고(故) 브루스 메츠거 †2007년, 전 프린스턴 신학대학원 명예교수

피 교수가 쓴 이 책은 근래 바울 신학 연구자들로부터 충분한 주목을 받아온 주제인 바울의 성령 이해를 가능한 범위에서 가장 폭넓게 다룬 책이다. 피 교수의 방법은 귀감이 될 만하다. 그는 먼저 바울이 각 서신에서 영과 관련하여 한 말들을 분석한 다음, 바울의 성령론을 통틀어 종합하는 내용으로 옮겨간다. 이로써 저자는 깊이 있는 주해를 통해 바울 서신이 지닌 특수성은 물론이요 영이 그리스도인 공동체의 삶 속에서 하는 역할을 바라보는 바울의 시각이 지닌 근본적 통일성을 제대로 밝혀낸다. 무엇보다 중요한 것은 성령을 교회 안에 살아 거하시는 임재로 체험해야 함을 피 교수가 역설한다는 점이다. 이런 목소리는 바울이 하는 말을 충실히 대변한 것이자, 우리 시대 신앙 공동체가 절실히 새겨들어야 할 음성이다.

리처드 헤이스 듀크 대학교 신학대학원 신약학 교수

고든 피의 저작을 생각하면 에너지와 꼼꼼함이 그 대표적 특징으로 떠오른다. 그는 여기에서도 그런 에너지와 꼼꼼함을 쏟아부어 바울 연구에 존재해온 커다란 간극을 메워준다. 성령에 관한 이야기를 반가워하는 이들은 물론이요 그런 이야기를 흔쾌히 구석으로 밀쳐버리는 사람들도 이 책에서 가르침을 얻을 것이다. 피 교수는 학계의 주해 전통 및 교회의 절박한 요구들과 대화를 나누며 바울 서신을 꼼꼼히 검토했다는 점에서 큰 기여를 했다.

베벌리 거벤타 프린스턴 신학대학원 신약학 및 주해 교수

바울 서신과 신학을 연구하는 학생들은 바울이 성령을 어떻게 다루었는지 연구한 전문 학술서를 오랫동안 기다려왔다. 고든 피 교수는 그의 탁월한 주석인 고린도전서 주석에서 보여주었던 것과 마찬가지의 높은 학문 역량과 능숙한 소통 솜씨를 바탕으로 그런 연구서를 제공해주었다. 아울러 그는 이런 연구서를 제시하면서도 지금 교회 안에서 성령이 행하시는 일에 새롭게 일고 있는 관심에도 줄곧 시선을 떼지 않았다. 그런 점에서 우리는 고든 피 교수에게 이중으로 빚을 졌다. 고든 피 교수는 철저하고 건실한 주해와 바울이 한 영 체험 및 그가 영에 보인 관심을 종말론과 삼위일체 관점에서 살펴본 활력이 넘치는 신학 성찰을 탁월하게 결합하여 우리가 진작 알았어야 할 것, 즉 성령이 바울의 사상에서 대다수 바울 해석자들이 인식하는 것보다 훨씬 더 중심 역할을 한다는 것을 한다는 것을 일깨워준다. 방대한 범위를 망라하고 있으며 큰 도전을 던지는 피 교수의 이 새 연구서는 바울 해석 전문가들은 물론이요 성경이 제공하는 영적 갱신의 자원에 진지한 관심을 가진 모든 사람으로부터 인정을 받을 것이다.

앤드루 링컨 영국 글로스터셔 대학교 인문학부 신약학 교수

피 교수는 본문비평가로서, 주해가로서, 방대한 주석의 저자이자 편집자로서, 복음주의 진영의 가장 탁월한 바울 해석자로서 그가 가진 전문 능력을 평생 오순절주의자들(이번 세기에 하나님의 섭리에 따라 우리 가운데서 이루어진 하나님의 영의 역사를 증언한 이들) 가운데서 보낸 그의 삶 및 사역과 출중하게 결합해놓았다. 피 교수의 저작은 바울의 성령론을 주해하여 제공한, 영원한 생명력을 지닌 백과사전이요, 다음 번 주일 설교를 준비할 때 쉽게 참고할 수 있는 책이면서도, 바울의 복음을 진지하게 해석하는 이들이 가까이해야 할 필독서로서 조지 래드의 『신약신학』 옆에 놓아둘 만한 훌륭한 내용이 담긴 책이다. 피 교수의 저작은 주해가로서 그가 가진 탁월한 이력이 녹아든 신학의 왕관이다.

러셀 스피틀러 전 풀러 신학대학원 신약학 교수

우리가 바울 서신 안에서 성령을 인식하고 파악하는 데에는—학계는 물론이요 주요 교단 안에서도—철저한 주해와 신학 분석이 그 바탕을 이루게 해야 할 오랜 필요가 있었다. 고든 피 교수는 성령과 관련된 바울 서신의 모든 본문을 꼼꼼히 검토하는 데 초점을 맞춤으로써 그 간극을 메우는 데 큰 기여를 해주었다.

조엘 그린 풀러 신학대학원 신약학 교수

GOD'S EMPOWERING PRESENCE

The Holy Spirit in the Letters of Paul

Gordon D. Fee

이 도서는 강명준·김미애·강한별 님의 번역료 후원으로 출판되었습니다.
출판 사역을 위한 기도와 후원에 깊이 감사드립니다.

성령

하나님의 능력 주시는 임재

바울 서신의 성령론

상권

고든 D. 피 지음
박규태 옮김

옮긴이 일러두기

1. 번역에 쓴 원서는 미국 헨드릭슨(Hendrickson) 출판사에서 펴낸 *God's Empowering Presence*의 6쇄본(2005년 4월 출간)이다. 원서 초판은 1994년에 헨드릭슨 출판사에서 펴냈으나, 2009년부터 미국 베이커 아카데믹(Baker Academic)이 재출간하여 판매하고 있다. 두 출판사 판본은 책 크기와 책표지 형태(헨드릭슨판은 양장, 베이커판은 무선 제책)만 달라졌을 뿐, 책 구성과 내용은 전혀 변함이 없다.

2. 이 책을 번역할 때, 원문을 정확하게 옮기면서도 우리 독자들이 편하게 읽어갈 수 있도록 가다듬어 번역하는 것을 원칙으로 했다. 저자가 수동형으로 기록한 말이라도 문맥에 비추어 충분히 능동형으로 바꿔 쓸 수 있는 말은 (새번역 성경의 번역처럼) 능동형으로 옮기는 것을 원칙으로 했다(가령, *experienced* realities는 "**체험된** 실재들"이 아니라 "**체험한** 실재들"로 옮겼다). 또 가능한 한 대명사는 대명사 그대로 옮기지 않고 그것이 가리키는 말을 정확히 살려 옮겨놓았다.

3. 원서 제1부 분석 부분에는 저자가 스스로 번역한 본문이 실려 있다. 이 사역(私譯) 본문이 개역개정판(4판)과 차이를 보일 때에는 저자가 번역한 본문을 우리말로 옮기되, 개역개정판과 차이가 없을 때에는 개역개정판을 그대로 옮겨놓았다. 제1부 이외의 부분에서도 같은 원칙을 따랐다. 또 영어 원문과 한글 역문(譯文)의 어순(語順)이 달라 저자가 붙인 각주 번호 순서가 바뀐 경우도 있다(가령 제1부 데살로니가전서 4:8 부분의 경우, 역서에 각주 53, 54, 55로 나와 있는 것이 원서에는 각주 55, 53, 54로 나와 있다). 그러나 각주 내용은 변함이 없다.

4. 저자가 영(spirit)을 성령을 지칭하는 말로 보아 the Spirit으로 기록한 경우에는 문맥에 따라 "성령" 또는 "영"으로 번역했는데, "영"으로 옮긴 경우에는 굵은 글씨인 "**영**"으로 표기했다. 그러나 저자가 the Spirit의 full name이 the Holy Spirit임을 밝히며 둘을 분명히 구별하여 쓴다는 점을 고려하여 the Spirit은 가능한 한 **영**으로 옮겼다. 또 πνευματικός 같은 말도 영역(英譯) 성경은 spiritual로 번역했지만, 저자는 이것을 "성령의/성령에 속한/성령의 사람들"로 번역해야 한다고 보기 때문에, 저자가 비록 spiritual로 적었더라도 저자의 견해에 비추어 그 의미가 "성령의/성령에 속한/성령의 사람들"인 경우에는 "**영**의, **영**에 속한, **영**의 사람들"로 옮겼다(예: 고전 2:6-3:4 본문 주해 부분).

5. 저자가 기록한 내용에 따로 설명이 필요한 경우에는 옮긴이 주를 덧붙였다. 아울러 저자가 제시한 본문을 독자들이 쉽게 이해할 수 있도록 옮긴이가 간략한 설명을 본문에 첨가한 것이 있는데, 그 경우는 (—옮긴이) 식으로 기록해놓았다.

6. 저자가 인용한 그리스어 본문은 독일성서공회에서 출간한 Nestle-Aland, *Novum Testamentum Graece*, 27차 개정판과 거의 일치하나, 일치하지 않는 경우도 많다.

7. 저자가 인용한 참고 문헌이 우리말로 번역되어 있으면, 역서 제목과 출판사를 [역서 제목/역서 출판사] 형태로 그 참고 문헌 옆에 적어놓았다. 단, 이런 사항은 본문의 지면 사정을 고려하여 이 책 뒷부분에 있는 참고 문헌에 모두 기록해놓았다.

8. 옮긴이 주에서 그리스어 본문을 인용할 때는 독일성서공회에서 1999년에 출간한 Nestle-Aland, *Novum Testamentum Graece*, 27차 개정판(6쇄; NA^{27}로 약칭)을 사용했으며, 그리스어를 설명할 때는 Horst Balz/Gerhard Schneider, *Exegetisches Wörterbuch zum Neuen Testament* I/II/III (Stuttgart: W. Kohlhammer, 1980/1981/1983; EWNT I/II/III으로 약칭)와 W. Bauer, W. F. Arndt, F. W. Gingrich, and F. W. Danker. *Greek-English Lexicon of the New Testament and Other Early Christian Literature*. 3rd ed. (Chicago: University of Chicago Press, 2000; BDAG로 약칭)을 사용했다.

9. 옮긴이 주에서 히브리어/아람어 본문을 인용할 때는 역시 독일성서공회에서 1997년에 출간한 *Biblia Hebraica Stuttgartensia*, 5차 개정판(BHS로 약칭)을 사용했다. 히브리어/아람어 설명에는 *Wilhelm Gesenius' Hebräisches und Aramäisches Handwörterbuch über das Alte Testament*, 17판(Leipzig: F. C. W. Vogel, 1921; WGH로 약칭)과 Koehler/Baumgartner, *The Hebrew & Aramaic Lexicon of the Old Testament* I/II (Leiden: Brill, 2001; KB I/II로 약칭)을 사용했다.

10. 참고문헌은 상·하권 모두에 수록했고, 현대 저자 색인, 주제 색인, 성경 및 고대 문헌 색인은 편집상의 이유로 하권에 수록했다. 색인 중 상권 부분은 정자체로 표기하고 하권 부분은 서체를 기울여 표기했다.

이 책이 탄생하도록 터를 마련해준

칼과 벳시, 마이클과 로즈메리, 피터와 도나, 폴과 게일, 그리고 모딘에게

감사하는 마음을 담아 이 책을 바칩니다.

하나님의 능력 주시는 임재가 그대들의 분깃이 되기를 기원하며.

| 차례 |

| 하권 |

약어

AB	Anchor Bible
ACNT	Augsburg Commentary on the New Testament
ACQ	*American Church Quarterly*
AGJU	Arbeiten zur Geschichte des antiken Judentums und des Urchristentums
AnBib	Analecta biblica
ASV	American Standard Version
ATR	*Anglican Theological Review*
AusBR	*Australian Biblical Review*
AUSSDS	Andrews University Seminary Studies Dissertation Series
BAGD	W. Bauer, W. F. Arndt, F. W. Gingrich, and F. W. Danker, *Greek-English Lexicon of the New Testament and Other Early Christian Literature*
BAR	*Biblical Archaeology Review*
BBC	Broadman Bible Commentary
BDF	F. Blass, A. Debrunner, and R. W. Funk, *A Greek Grammar of the New Testament and Other Early Christian Literature*
BETL	Bibliotheca Ephemeridium Theologicarum Lovaniensium
BETS	*Bulletin of the Evangelical Theological Society* (아울러 *JETS*도 보라)
Bib	*Biblica*
BJS	Brown Judaic Studies
BNTC	Black's New Testament Commentaries
BSac	*Bibliotheca Sacra*
BT	*The Bible Translator*
BZ	*Biblische Zeitschrift*
BZNW	Beihilfe zur *ZNW*

CBC	Cambridge Bible Commentary
CBQ	*Catholic Biblical Quarterly*
CBSC	The Cambridge Bible for Schools and Colleges
CGTC	Cambridge Greek Testament Commentaries
CGTSC	Cambridge Greek Testament for Schools and Colleges
CJT	*Canadian Journal of Theology*
CNT	Commentaire du Nouveau Testament
CQR	*Church Quarterly Review*
CTM	*Concordia Theological Monthly*
DPL	G. F. Hawthorne, et al. (eds.), *Dictionary of Paul and His Letters*
EB	*Etudes Bibliques*
EBC	Expositor's Bible Commentary
EDNT	Exegetical Dictionary of the New Testament
EGT	Expositor's Greek Testament
EKKNT	Evangelisch-Katholischer Kommentar zum Neuen Testament
ET	English Translation
ETL	*Ephemerides theologicae Lovanienses*
EvQ	*Evangelical Quarterly*
EvT	Evangelische Theologie
Exp	*Expositor*
ExpT	*Expository Times*
GNB	Good News Bible
GTJ	*Grace Theological Journal*
Herm	Hermeneia
HNT	Handbuch zum Neuen Testament
HNTC	Harper's New Testament Commentaries
HTKNT	Herders theologischer Kommentar zum Neuen Testament
HTR	*Harvard Theological Review*
IB	Interpreter's Bible
IBS	*Irish Biblical Studies*
ICC	International Critical Commentary
IKZ	*Internationale Kirchliche Zeitschrift*
Int	*Interpretation*
JB	Jerusalem Bible
JBL	*Journal of Biblical Literature*
JBR	*Journal of Bible and Religion*

JETS	*Journal of the Evangelical Theological Society*
JJS	*Journal of Jewish Studies*
JSNT	*Journal for the Study of the New Testament*
JSNTSup	Journal for the Study of the New Testament Supplement Series
JSOT	*Journal for the Study of the Old Testament*
JTS	*Journal of Theological Studies*
KJV	King James Version
Knox	R. Knox, *The Holy Bible: A Translation from the Latin Vulgate in the Light of the Hebrew and Greek Originals*
Louw and Nida	J. P. Louw and E. A. Nida, *Greek-English Lexicon of the New Testament: Based on Semantic Domains*
LSJ	H. G. Liddell, R. Scott, and H. S. Jones, *A Greek-English Lexicon*
LTP	*Laval théologique et philosophique*
LWC	Living Word Commentary
LXX	Septuagint
MajT	Majority Text (=the Byzantine texttype)
MeyerK	H. A. W. Meyer, *Kritisch-exegetischer Kommentar über das Neue Testament*
MHT	J. H. Moulton, W. F. Howard, and N. Turner, *Grammar of New Testament Greek*
MM	J. H. Moulton and G. Milligan, *The Vocabulary of the Greek Testament*
MNTC	Moffatt New Testament Commentary
Moffatt	J. Moffatt, *The New Testament: A New Translation*
MS(S)	Manuscript(s)
MT	Masoretic Text
NA^{26}	E. Nestle, K. Aland, *Novum Testamentum Graece* (26th ed.)
NAB	New American Bible
NASB	New American Standard Bible
NCB	New Century Bible
NCBC	New Century Bible Commentary
NClarB	New Clarendon Bible
NEB	New English Bible
Neot	*Neotestamentica*
NIBC	New International Biblical Commentary
NICNT	New International Commentary on the New Testament
NIDNTT	Colin Brown (ed.), *The New International Dictionary of New Testament Theology*

NIGTC	New International Greek Testament Commentary
NIV	New International Version
NJB	New Jerusalem Bible
NouvRT	*Nouvelle Revue Theologique*
NovT	*Novum Testamentum*
NovTSup	Novum Testamentum, Supplements
NRSV	New Revised Standard Version
NT	New Testament
NTD	Das Neue Testament Deutsch
NTM	New Testament Message
NTS	*New Testament Studies*
OL	Old Latin
OT	Old Testament
OTP	J. H. Charlesworth (ed.), *The Old Testament Pseudepigrapha*
PE	Pastoral Epistles
PNTC	Pelican New Testament Commentaries
RB	*Revue Biblique*
REB	Revised English Bible
ResQ	*Restoration Quarterly*
RevExp	*Review and Expositor*
RevistB	*Revista biblica*
Robertson, *Grammar*	A. T. Robertson, *A Grammar of the Greek New Testament in the Light of Historical Research*
RSR	*Recherches de science religieuse*
RSV	Revised Standard Version
RThR	*Reformed Theological Review*
RV	Revised Version
SBLDS	Society of Biblical Literature Dissertation Series
SBT	Studies in Biblical Theology
SD	Studies and Documents
SE	*Studia Evangelica*
SEÅ	*Svensk Exegetisk Årsbok*
SecCent	*Second Century*
SH	W. Sanday and A. C. Headlam, *Romans*, ICC
SJT	*Scottish Journal of Theology*
SJTOP	Scottish Journal of Theology Occasional Papers

SNTSMS	Society for New Testament Studies Monograph Series
StBibT	*Studia Biblica et Theologica*
SWJT	*Southwestern Journal of Theology*
TBC	Torch Bible Commentary
TCNT	Twentieth Century New Testament
TDNT	G. Kittel and G. Friedrich (eds.) *Theological Dictionary of the New Testament*
Textual Commentary	B. M. Metzger, *A Textual Commentary on the Greek New Testament*
Th	*Theology*
THKNT	Theologischer Handkommentar zum Neuen Testament
TLZ	*Theologische Literaturzeitung*
TNTC	Tyndale New Testament Commentaries
TR	Textus Receptus
TRev	*Theologische Revue*
TrinJ	*Trinity Journal*
TS	*Theological Studies*
TynB	*Tyndale Bulletin*
TZ	*Theologische Zeitschrift*
UBS^4	United Bible Societies Greek New Testament (4th ed.)
VoxEv	*Vox Evangelica*
VoxR	*Vox Reformata*
WBC	Word Biblical Commentary
WC	Westminster Commentaries
WEC	Wycliffe Exegetical Commentary
WMANT	Wissenschaftliche Monographien zum Alten und Neuen Testament
WPC	Westminster Pelican Commentaries
WTJ	Westminster Theological Journal
WUNT	Wissenschaftliche Untersuchungen zum Neuen Testament
ZAW	*Zeitschrift für die alttestamentliche Wissenschaft*
ZNW	*Zeitschrift für die neutestamentliche Wissenschaft*
ZTK	*Zeitschrift für Theologie und Kirche*

서문

이 책을 출간하게 된 계기와 이유는 이 책 제1장에 나오는데, 특히 바울 서신이 말하는 성령을 주제로 하여 『오순절 운동과 은사 운동 사전』(*Dictionary of Pentecostal and Charismatic Movements*)에 게재한 논문과 이 책의 관계에서 찾아볼 수 있다. 이 연구서에서 풀어가는 두 가지 과제는 오랜 세월 바울 서신을 통해 사도 바울을 연구하고 그와 동고동락하는 과정에서 생겨난 것이다. 첫째, 대체로 사람들은 성령이 바울의 삶과 사상에서—그리스도인의 삶에 역동성을 부여하고 삶으로 체험할 수 있는 실재로서—긴요한 역할을 했다는 점을 간과하거나 그저 한두 마디 생색내기 정도로 언급하고 넘어가는 경우가 잦다. 가끔은 교회 내 여러 분파들이 다양한 강조점들을 내세우며 대중의 눈높이에 맞춰 이런 간과 현상을 "바로잡을" 때도 있었다. 일부 신비주의자들, 성결 운동(the holiness movement),[1] 더 심오한 삶 운동(the deeper life movement),[2] 오순절 운동이 그러한 예다. 그러나 이런 운동들은 건실한 성경 주해를 기초로 하지 않거나(체험이 주해를 앞서곤 하는 경우가 대부분이다) 신학 면에서 부적절하고 미숙한 성찰 결과를 드러내는 경우가 많다. 따라서 여기서 내가 맡아야 할 과제는 바울의 체험과 신학 속에서 성령이 행하는 긴요한 역할을 내가 파악한 대로, 그러나 또한 정성스런 주해 작업의 결과물로서 설명하는 것이다.

둘째, 나는 바울이 자신의 체험과 신학 속에서 성령을 늘 하나님의 인격적 임재와 관련지어 생각했다고 확신한다. 성령은 하나님 나라의 완성을 기다리는 우리 삶과 공동체 안에 하나님이 임재하시는, 그것도 능력 있게 임재하시는 방식이다. 바울은 성령을 하나님의 인격적 임재라고 이해했다. 바로 이런 이유 때문에 그는 또 성령을 늘 능력을 부여하는 임재라는 관점에서 이해했다. 다른 무엇보다도, 바울에게 성령은 자신이 **체험한** 실재(an *experienced* reality)였다. 이 점은 내가 일부러 아주 많은 공을 들여 증명할 것은 아니다. 여러 해에 걸쳐 자라온 확신이기 때문이기도 하거니와, 내가 이 책에서 제시하는 주해가 그 점을 적절히 증명해주리라고 믿기 때문이다.

다만 몇 가지 전제들과 관련하여 두어 마디 이야기하도록 하겠다. 앞에서 언급한 이 책의 모체가 된 논문은 바울 문헌을 다루었기 때문에 정경의 서신 중 바울이 썼다고 일컬어지는 13개 서신을 모두 포함시켜 다루었다. 그러나 이번 경우는 다르다. 이 책은 내가 가진 확신, 곧 주요한 10개 서신은 실제로 바울 자신이 썼지만(이 10개 서신에는 대다수 사람들이 바울이 저자인지 종종 의심하는 3개 서신—데살로니가후서, 골로새서, 에베소서—도 포함되어 있다), 목회 서신은 바울계[3] 저자가 썼다는 확신을 반영하기 때문이다. 물론, 이 목회 서신을 실제로 쓴 사람이 누구인가는 결국 각자가 결정할 문제다[이 문제를 살펴보려면, Luke Timothy Johnson, *The Writings of the New Testament: An Interpretation* (Fortress, 1986)이 논의한 내용을 참고하라]. 내가 이러한 서신들을 다룬 주석에서 주장했듯이(NIBC 13: Hendrickson, 1988), 지금도 나는 그 서신들의 저자를 바울계 "저자"로 보는 것이 그렇지 않은 경우보다 더 많은 문제를 해결해준다고 생각한다. 그리고 어쨌든—많은 사람이 나와 다른 견해를 갖고 있지만—나는 목회 서신의 성령 언어가 바울이 쓴 다른 서신에서 볼 수 있는 성령 언어와 아주 많은 일치점을 보여준다고 생각한다.

바울 서신의 저작 연대 순서 문제와 관련하여, 나는 갈라디아서라는 예외만 빼면, 일반적으로 받아들이는 순서를 따른다(예를 들어, 주요 바울 서신 개론서들을 보라). 나는 이전 세대 학자들이 갈라디아서 저작 연대 결정에서 더 탁월했다고 확신한다. 십중팔구 갈라디아서는 바울 서신 가운데 가장 이른 서신이 아니다. 갈라디아서와 로마서는 아주 밀접한 관계를 갖고 있으며 두 서신의 상호 관계는 이 두 서신과 다른 서신들의 관계와 현저히 다르다. 그래서 나는 이 두 특별한 서신이 7년여의 시간차를 두고 기록되었다고 상상하기가 힘들다. 만일 이 7년여 기간에 바울이 데살로니가와 고린도에 보내는 두 서신을 썼다고 한다면, 어려움은 더 커진다. 갈라디아서에서 볼 수 있는 주제들과 언어가 정작 이 두 서신에서는 나타나지 않다가 7년이라는 시간이 흐른 뒤에 비로소 로마서에서 다시 나타난다고 하면, 게다가 갈라디아서와 로마서가 논증 순서마저 대체로 같은 모습을 보여주고 있다면, 이 현상을 대체 어떻게 설명하겠는가? 어쨌든 나는 이러한 저작 연대 순서 추정을 따라 본문들을 논의하겠으며 성경과 관련한 모든 언급도 이 순서를 따르도록 하겠다.

이 책이 나오기까지의 과정과 관련하여 몇 마디 해두고자 한다. 이는 사실상 독자들에게 사과하는 말이기도 하다. 첫째, 애초에 나는 이 책을 이렇게 큰 책으로 발전시킬 생각을 갖고 있지 않았다. 결과만 놓고 보면, 이 책을 집필하는 데 두 해가 넘는 시간이 걸렸다. 나는 그 두 해 동안에 내가 처음에 상상했던 것보다 훨씬 더 많은 것을 배웠다. 본문을 하나하나 꼼꼼하게 연구한 결과, 몇 군데에서 내 생각을 바꾸게 되었다. 그중 많은 경우는 나도 미처 예상하지 못한 경우였다. 이것은 앞서 집필한 주해들(exegetical chapters)과 더 뒤에 집필한 주해들 사이에 여전히 다소 거친 부분들이 있을 수 있다는 의미이기도 하다(나는 이 책에서 제시된 장별 순서대로 집필하지 않았다). 나는 마지막 퇴고 과정에서 이 거친 부분들을 가능한 한 많이 없애려고 노력했다. 그러나 지금도 앞뒤가 맞지 않는 부분이 남아 있을지도 모르겠다.

둘째, 이렇게 이 책을 집필해가면서, 나는 이 책의 독자층을 누구로 삼아야 할지를 놓고 고뇌에 고뇌를 거듭해야 했다. 독자들은 내가 본디 염두에 둔 독자들이 두 그룹임을 금세 알아차릴 것이다. 목사, 학생, 교회 지도자들이 한 그룹이고, 다른 한 그룹은 학자(학술 연구자) 집단이다. 내가 가장 큰 관심을 갖고 있는 독자층은 첫 번째 그룹이지만, 이 특별한 책을 학자 집단을 염두에 두지 않고 쓴다는 것 역시 불가능한 일이었다. 내가 이 두 그룹 사이의 틈새를 이어주는 데 성공했는지 여부는 독자들이 판단할 몫이다. 교회 현장과 더 직접 관련을 맺고 있는 사람들은 이 책이 아주 전문적이고 부담스러워서 그다지 쓸모가 없겠다고 생각할지 모른다. 반면에 학자 집단은 다른 몇 가지 점을 들어 이 책을 초보자들에게나 어울리는 —또는 설교집 같은?—책으로 볼지도 모르겠다. 어쨌든 나는 이 두 독자층 모두에게 다가가려고 노력했지만, 그렇게 할 수 없었던 제약들과 내 자신의 부족한 점들을 잘 안다.

셋째, 나는 주해 부분을 집필하기 시작할 때만 해도 2차 문헌을 참고하지 않고—오직 그리스어 신약성경과 다양한 도구들을 활용하여—마치 아무런 참고 자료도 없는 상태에서 집필하듯이 이 책을 써봐야겠다고 결심했다. 이것은 결국 내가 2차 문헌을 참고하게 되었을 때, 내가 주해 과정에서 발견했던 많은 것들이(내게는 그야말로 "새로운" 발견이었지만) 이미 나보다 앞서 일부 사람들 또는 많은 사람들이 이야기한 것이었음을 알게 되었다는 의미다(어쩌면 당연한 일이다). 그러나 이런 식으로 "(2차 문헌에) 신세를 지는" 문제는 집필 과정에서 늘 있었다. 이 책을 한 자 한 자 써나가는 동안에 그런 2차 문헌으로부터 많은 것을 배웠기 때문이다. 나는 이렇게 배운 독특한 특징들을 이 책 주(註)에 반영해보려고 노력했다. 그러나 이런 부류 책을 써본 사람들은 다 알겠지만, 어떤 생각이 언제 저자 자신의 고유한 생각이 되었으며 언제 다른 누군가가 그 생각의 씨앗을 뿌렸는지 확실히 아는 것은 언제나 불가능하다. 때로는 다른 이가 그 생각의 씨앗을 여러 해 앞서 뿌렸을 수도 있다.

어쨌든 내가 나보다 먼저 이 책의 주제를 다룬 책을 쓴 많은 이에게 빚지고 있다는 것은 관련 내용들을 익히 읽어본 사람들이라면 누구나 분명하게 알아차릴 것이다. 내가 빚진 사람 중에는 내가 동의하지 않는 사람들도 있지만, 나는 빚진 내용 가운데 많은 부분을 각주에 반영했다. 아울러 이 책에서는 성경의 내용을 아주 폭넓게 다루다 보니, 당황스럽기는 하지만, 내가 각주에 미처 기록하지 못한 것도 있으리라 확신한다. 그 저자들이 너그러운 마음으로 용서해주기를 바랄 뿐이다.

넷째, 바울 문헌을 꿰뚫고 있는 사람과 바울에 천착해본 사람이라면 누구나 다 아는 사실이지만, 이 분야에서 가장 골치 아픈 문제 가운데 하나는 "바울과 율법"이라는 주제와 관련 있다. 나는 주제넘게 내가 이 문제를 다룬 바울의 글이나 2차 문헌에 통달했다고 주장하지 않는다. 그러나 나는 여기서 용어의 쓰임새와 관련하여 반드시 한 가지 설명하고 넘어가야겠다. 나는 바울이 로마서 7:20-8:2에서 노모스(νόμος, "율법", law)라는 말로 일종의 언어유희를 구사하고 있다고 생각하기 때문에, 바울이 확장된 형태로 "**율법**의 일"이라고 부르는 말을 언급할 때면 늘 "law"의 "l"을 대문자로 바꿔 "Law"(**율법**)로 표시했다.[4] 이처럼 나는 "율법"이라는 말을 무엇보다 구약성경이나 오경(Pentateuch)을 가리키는 말이라기보다 시내 산 언약과 관련 있고 오경에 기록된 "율법"을 가리키는 말로 인식한다. 즉 바울에게는 "**율법**"이 무엇보다 시내 산 언약에 들어 있는 법률을 가리키는 말이다. 바울 당시에 시내 산 언약은 신앙적 의미(어떤 사람이 하나님과 맺고 있는 관계와 관련된 의미)와 사회학적 의미(유대교가 가진 특별한 지위-특권-로서 이스라엘을 이방인과 구별해주는 표지인 **율법**과 관련된 의미)를 함께 함축하고 있었다. 나는 종종 "율법"이라는 말을 "토라"(Torah)라는 말과 서로 바꿔가며 사용했는데, 바울이 "율법"이라는 단어로 의미하려고 했던 것이 일반인이 이해하는 "토라" 개념을 반영한 것이 아닐 수 있으며 오늘날 일부 유대교 공동체에서 토라라는 용어가 행하는 기능을 반영한 것이 아닐 수 있음을 잘 알면서도 그렇게 했다. 이런 점 때문에 내가 비판을 받을지도 모르겠으나, 적어도 이 율법이라는 말의 쓰임새에 관한 이런 설명이 꼭 필요하다고 본다.

다섯째, 나는 바울이 성령을 하나님의 인격과 관련지어 하나님이 지금 하나님 백성 가운데 임재하시는 방법으로 이해했다고 확신한다. 이런 확신 때문에 나는 이 성령 하나님을 지칭할 때 인칭대명사를 사용할 필요가 있음을 자주 발견한다. 우리에게는 하나님을 지칭하는 대명사가 없다. 이런 점을 고려하여 나는 남성 인칭대명사를 사용하는 역사 관습을 따랐지만, 그렇다고 하나님이 남성(또는 여성)이라는 생각은 추호도 하지 않는다. 하나님은 하나님이시다. 또 하나님은 남자와 여자라는 우리 존재의 본질을 이루는 모든 것을 당신 자신 안에 함유하고 계시면서도 남자와 여자 같은 구별을 초월하여 계신 분이다. 나는 하나님을 가리키는 대명사로 남성 대명사를 사용하는 문제를 민감하게 받아들이는 사람들을 공박하고 싶지 않다. 그렇지만 하나님을 주제로 한 우리 대화에서 하나님을 강조하는 대명사를 제거하거나 "하나님 곧 하나님 자신"(God Godself) 같은 괴물을 사용하고픈 마음은 전혀 없다.

여섯째, 이 책 제1부 분석 부분에 나오는 번역은 내가 스스로 번역한 것이다. 대다수 경우에는 이 본문을 주해하며 주석하고자 본문을 문자 그대로 번역하곤 했다. 그래서 이 본문들은 내가 주해를 통해 내린 결론들을 반영하기보다 그리스어 본문을 반영하는 경우가 더 많다. 프뉴마(πνεῦμα)와 카리스마타(χαρίσματα) 같은 단어를 포함한 본문이 성령을 지칭한 본문이 아니라고 판단한 때에는 일반 소제목과 다른 서체의 소제목을 사용하여 그것을 표시했다.

다음 사람들에게 감사하는 것이 내 마땅한 도리겠다.

『오순절 운동과 은사 운동 사전』 편집자인 게리 맥기와 스탠 버지스에게 감사한다. 이 책 제2부에 실린 내용 중 일부는 본디 그 사전에 있던 것이다. 이들은 내가 그 사전에 실린 논문을 쓸 수 있게 참고 기다려주었을 뿐 아니라, 애초 약정했던 원고 마감 기한을 훨씬 넘는 집필 시간을 내게 허락해주었다.

내가 그 사전에 썼던 논문을 (때로는 글자 하나 바꾸지 않고) 몇 대목 가져다 쓰도록 허락해준 존더반(Zondervan) 출판사에게도 감사한다.

내가 쓴 고린도전서 주석에서 아주 많은 내용을 가져다가 이 책에서 쓸 수 있도록 허락해준 어드만스(Eerdmans) 출판사에게도 감사드린다.

이 책 가운데 몇 장을 읽어주고 나를 일부 오류에서—그리고 다양한 혼란에서—건져준 몇몇 벗들에게 감사한다. 폴 바네트(Paul Barnett), 데이비드 초카(David Chotka), 필 타우너(Phil Towner), 아치 후이(Archie Hui), 제임스 패커(J. I. Packer), 월트 한센(Walt Hansen), 내 아내 모딘(Maudine)에게 감사드리며, 특히 릭 와츠(Rikk Watts)에게 감사드린다. 와츠는 주해 장들 가운데 첫 몇 장을 놓고 나와 열띤 이야기를 주고받았다.

융통성 있게 안식년 정책을 운용해준 리젠트 칼리지(Regent College) 이사회에도 감사드린다. 덕분에 모딘과 나는 1992년 가을에 갈리아노 섬(Galiano Island)[5]으로 가서 이 책 집필을 마칠 수 있었다.

내 강의 조교인 릭 비튼에게도 감사한다. 비튼은 약어표와 참고 문헌을 정리해주었고 성경과 주제 색인을 모아 정리해주었다.

마지막으로 헨드릭슨(Hendrickson) 출판사의 스티브 헨드릭슨, 데이비드 타운즈리, 패트릭 알렉산더에게 감사드린다. 이들은 내가 이 책을 쓰도록 권면해주었다. 그리고 이 책이 이렇게 방대한 분량으로 늘어난 뒤에도 계속하여 이 책 출간 작업을 진행해주었다. 특히 노련한 편집 솜씨로 이 책을 더 훌륭한 책으로 만들어준 알렉산더에게 감사드린다.

1992년 대림절

리젠트 칼리지에서

옮긴이 주

[1] 예수 그리스도를 믿음으로 죄를 용서받으면, 이 믿음과 성령의 능력으로 인간의 더러운 육이 정결함을 입게 되며, 은혜로 말미암아 믿음으로 성령 세례를 받고 성령의 능력을 힘입어 완전한 성화가 가능하다고 주장했던 성령 운동 분파다. 19세기 중엽 미국 감리교의 Phoebe Palmer 등이 주도했다.

[2] 신자는 그리스도를 우리를 성결케 하시는 주로 고백함으로써 두 번째 회심을 경험하는데, 이것이 곧 성령 세례라고 주장하던 성령 운동의 한 분파다. 19세기 중엽 미국 장로교회의 William Boardman이 주도했다. 성령 세례가 성령 충만이라고 외치며 19세기 후반에 영국에서 일어났던 케직(Keswick) 운동에도 많은 영향을 주었다.

[3] 이 책 지은이가 Pauline이라는 말을 써서 특정 서신을 바울 자신이 아니라 바울의 영향을 받은 다른 인물이 바울의 신학과 사상을 반영하여 썼다고 이야기할 경우에는 이 Pauline이라는 말을 '바울계(系) 저자'로 번역하겠다. 물론, Pauline이라는 말을 문맥에 따라 달리 번역했음을 미리 밝혀둔다.

[4] 지은이가 "law"를 "Law"로 쓴 부분에서는 "율법"을 강조체로 표시하여 "**율법**"으로 옮겼다.

[5] 캐나다 브리티시컬럼비아(British Columbia) 주 서해안에 있는 섬이다.

제1장

서론

좋든 싫든, 그리고 사람들이 이 책을 어떻게 규정하든, 이 책은 바울의 **신학**을 다룬 책이다. 바울이—그리고 바울의 교회들이—봤을 때, 사물의 핵심에 훨씬 더 가까이 자리하고 있었던 것은 바울 신학 전체 또는 심지어 그 신학을 구성하는 주요 요소가 아니라, 바울과 그의 교회들이 **체험한 믿음**(*experienced faith*)이라는 요소였다. 우리는 그리 보는 것이 옳다고 본다. 바울에게 성령은 체험한 실재이자 살아 있는 실재였으며 그리스도인의 삶이 시작될 때부터 마칠 때까지 이 삶에 절대 없어서는 안 되는 긴요한 것이었다. 그것이 적어도 이 책이 주장하는 요지다.[1] 그러나 이 시대 교회는 바울에게 성령이 그런 존재였다고 보는 경우가 훨씬 적다. 학계가 바울의 신학을 이해할 때도 그렇고[2] 교회의 실제 삶을 들여다봐도 역시 마찬가

---

1) 참고. C. Pinnock, "The Concept of Spirit in the Epistles of Paul"(unpubl. Ph. D. dissertation: Manchester, 1963), 2: "성령이라는 지지축(支持軸)이 없으면, 바울의 모든 신학은 완전히 무너져 폐허가 되고 만다"; 그리고 S. Neill and N. T. Wright, *The Interpretation of the New Testament 1861-1986* (Oxford: University Press, 1988), 203: "바울의 성령 교리는 그의 이신칭의 교리보다 훨씬 더 중요하고 독특하다."

2) 이 점은 여러 가지 사례가 증명해준다. 이 책처럼 바울의 성령론을 포괄하여 제시하는 연구서가 없었다는 점도 그 한 사례다. 가령 다른 면에서는 아주 유익한 John Ziesler의 조그만 책 *Pauline Christianity* (Oxford: University, 1983)가 정작 성령에는 거의 공간을 할애하지 않음을 보라(144쪽 가운데 성령에는 2쪽 정도만 할애한다!); 참고. Herman Ridderbos가 쓴 걸작 *Paul: An Outline of His Theology* (Grand Rapids: Eerdmans, 1975)도 성령에 단지 조금

지다. 내 말은 성령이 지금은 계시지 않는다는 말이 아니다. 성령은 분명히 지금도 계신다. 성령이 지금도 계시지 않으면, 우리는 결코 그리스도의 사람이 아니다. 우리는 신앙고백과 찬송을 통해 성령을 시인하고 우리가 때때로 나누는 대화 속에서도 으레 하는 말이나마 성령을 시인한다. 그런데도 우리가 신앙 공동체로서 함께 살아가는 삶을 들여다보면, 성령은 변두리로 밀려나 있는 경우가 대부분이다. 적어도 내 자신이 체험해본 교회 모습은 이게 진실인 것 같다. 개개 신자들이 자신의 삶에 하나님이 임재하심을 더 크게 느끼고 싶어하는 열망을 수천 가지 방법으로 표현하고 있다는 점 역시 이런 실상을 보여주는 것 같다.

▪ 성령 "신학"?

일부 사람들은 성령을 "신학"으로 다룬 책을 죽음의 키스로 본다. 나도 많은 점에서 그런 진영에 속해 있다. 그러나 우리에게는 더 나은 말이 없다. 요컨대 이 시대 교회가 건강하려면, 이 시대 교회의 성령 **신학**과 이 시대 교회의 성령 **체험**이 더 긴밀하게 조화를 이루고 일치점을 찾아가야 한다. 보통 "신학"은 하나님에 관한 것들(things divine)을 곱씹어 이해하는 일과 관련 있다. 우리는 바울이 주님의 만찬이 갖는 중요한 의미나 삼위 하나님 사이의 관계를 당연히 전제하고 이에 관하여 "곱씹고 성찰하는" 모습을 발견하며 이런 내용이 여기저기서 감질나게 "톡톡 튀어나오는" 것을 발견

더 높은 비율을 할애할 뿐이다(이를테면, 이 책은 성령보다 "죄"에 다섯 배나 많은 지면을 할애한다). 아울러 세계성경학회(Society of Biblical Literature) 바울 신학 세미나에서 갈라디아서의 신학을 주제로 두 사람(J. D. G. Dunn과 B. Roberts Gaventa)이 발표한 논문들을 보라. 이 논문들도, 그 세미나에서 발표한 그대로, 성령을 단 한 번도 언급하지 않았다[*The Society of Biblical Literature 1988 Seminar Papers* (ed. D. J. Lull; Atlanta: Scholars, 1988), 1-16, 17-28을 보라]. 사람들은 논문들이 보여준 이런 점을 보고 "정체성 표지들"(identity markers)이라는 문제를 분명하게 인식했다.

하지만, 바울의 이런 "곱씹고 성찰함"이 우리가 방금 말한 신학은 아니다. 마찬가지로 우리가 성령과 관련하여 바울의 글 속에서 발견하는 내용 역시 우리가 방금 말한 신학이 아니다.

하지만 바울이 늘 하고 있는 것은 신학이다. 물론 그가 하는 신학은 대학에서 하는 신학처럼 곱씹고 성찰하는 신학, 우리가 하나님과 하나님의 방법들에 관하여 믿고 있는 다양한 내용들을 일관된 통일체로 정리해낼 수 있는 방법을 다루는 신학은 아니다. 오히려 바울이 하고 있는 신학은 "일터 신학"(task theology)이라 불러온 것으로서 장터에서 행하는 신학을 가리킨다. 바로 이 장터에서는 하나님을 믿는 믿음과 하나님을 경험한 체험이 1세기 후반부가 시작되는 즈음에 그리스-로마 세계에 살고 있던 사람들의 사상 체계, 종교, 일상생활과 정면으로 충돌한다. 이런 "일터 신학"은 그 성질이 완전히 다른 환경 속에서 이루어지기 때문에 더 복잡하다. 따라서 바울이 품고 고민했던 문제들은 유대인의 하나님(오직 한 분뿐이신 하나님)이 그리스도와 성령을 통해 역사 속에서, 무엇보다 이방인들의 정황 속에서 행하셨던 일들과 관련 있다.

바울은 이런 무대 속으로 뛰어들어가 옛 진리들과 새 진리들을 설교하고, 체험하고, 다시 생각하고, 다시 조목조목 설명했다. 그러면서 그는 그리스도의 부활과 성령이라는 선물이 주어짐으로 말미암아 도래한 시대의 전환기에 유대인과 이방인이 함께 하나님의 한 백성이 된다는 것이 이들에게 어떤 의미가 있는가라는 문제를 붙들고 씨름했다. 이 과정에서 그는 계속하여 "신학을 한다." 그러면서 복음이 역사 속에 처음 등장했을 때와 현저히 다른 이 새로운 정황 속에서 그 복음이란 것이 어떻게 역사하고 있는지—그리고 어떻게 이루어져 가는지—붙잡고 씨름한다.

지금 우리 관심사는 바울이 성령에 관하여 말하는 내용이다. 우리가 본디 바울의 성령 이해 속으로 들어가려면 그가 성령에 관하여 말하는 내용을 거쳐가야 하기 때문이다. 그러나 우리가 관심을 기울이는 신학 문제는 단순히 모든 본문을 비교하며 검토하고 이 본문들을 어떤 신학적 체로 걸러가며 샅샅이 훑어보는 차원에서 더 들어간 더 깊은 곳에 자리하고 있다. 우리가 성령이라는 문제를 다룰 경우, 이는 곧 초기 그리스도인들의 체험에서 본질인 문제를 다루는 것이기 때문이다. 바로 이 체험을 통해 초기 교회는 성령으로 말미암아 그리스도가 가져다주신 구원을 자기 것으로 삼게 되었고, 신자들 역시 이 체험을 통해 성령으로 말미암아 그들 자신의 실존이 갖는 본질을 종말론이 말하는(마지막 때의) 실존으로 이해하게 되었다. 성령은 하나님이 당신 백성에게 베푸실 위대한 미래가 이미 현재 속으로 뚫고 들어왔다는 증거였고 하나님이 그리스도 안에서 시작하신 일들을 종결하시리라는 보증이었다. 그러므로 성령은 신자들이 지금 그리스도 안에서 누리는 삶을 온전히 체험하고 이해하는 데 절대 필요한 전제조건이다. 그런데 이런 전제가 되는 문제들을 성찰하며 살피지 않고 넘어가는 일이 자주 벌어지곤 한다. 이때 이 전제가 되는 문제들은 그저 앞으로 나아가는 삶을 이루는 "내용"의 일부일 뿐이다. 사람들이 그런 문제들을 놓고 말하는 내용을 들어보면, 아무 준비 없이 대충 이야기하고 무미건조할 뿐이지 심사숙고 끝에 나온 설명이 없다. 그런 식으로 보면 결국 바울의 "성령 신학"이란 책을 쓰려고 하는 것은 다소 하찮은 일일 수도 있다. 어쨌든 우리는 바울이 분명하게 말한 것들뿐만 아니라, 그가 분명하게 표현한 몇 가지 일들이 되비쳐주는 체험들 밑바닥에 흐르는 흐름들을 함께 붙들고 씨름해봐야 한다.

아울러 성령은 바울의 신학이라는 큰 그림의 일부일 뿐이므로, 우리가 신학 차원에서 바울 서신에 반영된 바울의 체험과 이해를 철저히 생각해보려 할 경우에는 바울이 신학함의 대상으로 삼았던 다른 두 가지 문제도 늘 우리 앞에 붙들고 있어야 한다.

첫째, 옛 언약과 새 언약 사이, 곧 하나님이 이스라엘에 주신 말씀으로서 선지자의 글과 시가서에 기록된 말씀과 그리고 하나님이 그리스도 예수를 통해 주신 새 말씀으로서 사도들과 다른 이들이 기록해놓은 말씀 사이의 연속성과 불연속성이라는 문제가 있다. 신학적 전제로서 계속 이어지고 있는 것은 무엇인가? 어디에 연속성이 존재하는가? 새 언약과 옛 언약은 어떤 관련이 있는가? 새 언약은 정말 새 언약으로서 옛 언약을 대체하는가? 새 언약은 옛 언약을 완성하는가, 그리고 그럴 때에 이전에 존재했던 것 가운데 많은 것을 그대로 가지고 있는가?

둘째, 첫째 문제와 관련 있기도 한 이 둘째 문제는 크리스티안 베커(Christiaan Beker)가 우리더러 고찰해보라고 가르쳤던 문제로서,[3] 일관성과 우연성이라는 문제다. 이는 (애초부터) 바울 신학 이해에서 "변하지 않는 핵심"과 이 "핵심"이 바울계 교회들에서 우연히 일어난 사건들과 분쟁들에 영향을 미치거나 이것들로부터 영향을 받은 것을 계기로 우연히 그 "핵심"을 재천명해놓은 내용과 관련된 문제다. 우리는 바울 신학에서 "일관되게 흐르고 있는" 것을 발견하고 이를 조목조목 밝힘으로써 신학을 하려고 노력하는가? 아니면 우리는 바울이 아주 "우연히" 쓴 서신들에서 우리에게 조금은 두서없이 다가오는 상이한 요소들을 관찰하는 방식으로 우리 신학 작업을 해나가는가? 아니면 바울의 신학 속에 일관성이 존재한다고 가정하고 바울 서신 속에서 "일관된" 것과 "우연한" 것이 서로 어떻게 조화를 이루는지 분명하게 이야기하는 작업을 펼치는가?

그렇다면 바울 서신에서 나타나는 성령을 다루는 신학 책을 내놓는다는 것은 무슨 의미인가? 먼저 나는 방금 말한 문제들과 관련하여 내가 가진 세 가지 기본 확신을 밝혀두고자 한다.

첫째, 나는 오직 삶으로 옮긴 신학(theology which is translated into life)만이 가치 있는 신학이라고 확신한다. 이 책이 갖고 있는 신학적 관심사의 핵심 자체가 자리한 곳도 바로 여기 삶이라는 곳이다. 바울의 성령 "이해"라는 문제(즉 바울이 성령을 어떻게 이해했는가 하는 문제; 바울의 성령 "이해"라는 표현은, 내가 바울의 이해를 이해한 것으로, 이 책 전체에서 되풀이해 사

3) *Paul the Apostle: The Triumph of God in Life and Thought* (Philadelphia: Fortress, 1980), 11-36.

용할 것이다)는 결국 예레미아스(Jeremias)가 또 다른 맥락에서 **삶으로 살아낸 믿음**(*gelebte Glaube*)[1]이라고 불렀던 문제이기도 하다. 이처럼 우리는 바울의 글에서 신학적 성찰을 요구하는 계기들을 발견한다. 그러나 대개 우리는 그리스도와 성령으로 말미암아 **이미 현재가 된**(has *come present*) 새 시대에 성령이 하시는 역할과 성령 체험을 바울이 어떻게 이해했는지 꿰뚫어볼 수 있는 온갖 종류의 통찰을 우리에게 제공해주는 말들을 드문드문 발견할 뿐이다. 내 관심사는 **체험한 실재들** 자체를 그리고 이 실재들에 관한 바울의 이해와 교감을—우리가 공정하고 성실하게 행할 수 있는 한 최선을 다해—따라 파악하는 것이다.

나아가 나는 이 바울 서신 본문들이 교회에게는 성경(Scripture) 역할을 하는 하나님의 말씀이기도 하다고 믿기 때문에 내가 신학자로서 해야 할 과업이 서술적이고도 규범적이라고(descriptive and normative) 이해한다. 즉 내 첫 번째 과업은 주해 작업으로, 바울 자신이 성령 안에서 살아가는 삶을 이해한 내용을 가능한 한 꼼꼼하게 **서술하는** 것이다. 그러나 나는 그런 서술이 올바르고 꼼꼼하게 이루어지기만 한다면 순종을 가져올 것이요 교회 안에서 계속 이어지는 삶 속에서 성령이 행하시는 역할을 우리 자신이 받아들이리라고 확신한다. 서술적 작업과 규범적 작업 사이의 상호 작용은 이 책 전체에서 계속된다. 성경을 자기 자신과 교회에 주어진 하나님의 말씀으로 진지하게 받아들이는 사람들은 특히 바울의 성령 체험과 성령 이해가 우리 시대에 시사해주는 것들과 교감을 나누고 이것들을 받아들여야 한다는 것이 내 확신이다.

둘째, 나는 바울을 바로 이해하려면 연속성과 불연속성을 똑같이 진지하게 받아들여야 한다고 확신한다. 바울은 구약성경에 등장하는 하나님의 사람들과 같은 궤도 위에 서 있다. 그리고 그는 그리스도와 성령의 오심이 의미하는 급진적 함의들에 관하여 심오한 확신을 품고 있으면서도, 늘 자신과 구약 시대 하나님의 사람들 사이에 존재하는 연속성을 거듭 강조한다. 그는 우선 이방인 교회를 출애굽 사건 속에 포함시키며 이렇게 말한다. "**우리** 조상들이 다 구름 아래에 있고 바다 가운데로 지나며 모세에게 속하여 다 구름과 바다에서 세례를 받았다"(고전 10:1-2). 이 이방인 신자들은 할례에 굴복하려는 위험에 빠져 있었다. 바울은 이런 이방인들을 향하여 아브라함과 옛 언약의 약속들에 호소함과 동시에, "내게 말하라 율법 아래에 있고자 하는 자들아 율법을 듣지 못하였느냐"라고 기탄없이 묻는다. 그러면서 그는 사라와 하갈, 이삭과 이스마엘이 뜻하는 "참 의미"를 그리스도와 성령에 비추어 상세히 설명한다(갈 4:21-31). 바울은 결코 "새 이스라엘"이나 "하나님의 새 백성" 같은 것을 말하지 않는다. 그가 말하는 것은 "하나님의 이스라엘"(갈 6:16), 하나로 어우러져 하나님 백성이 된 유대인과 이방인이 함께 이루고 있는 **이스라엘**이다. 그러나 하나님 백성이 이제 **새롭게** 형성되었다는 것 역시 분명한 사실이다. 그리스도는 "율법의 마침"(롬 10:4)이시며, 성령은 "약속된 성령"(갈 3:14)[2]이시다. 그리스도의 죽음과 부활 덕분에 토라에 순종하는 것도 마침표를 찍게 되었다. 성령은 토라를 "완성하는" 하나님의 방법으로서 토라를 대신하셨다.

따라서 바울이 펼치는 모든 "신학 작업"은 계속하여 옛것과 새것의 관계, 연속성과 불연속성의 본질 사이에 존재하는 관계를 붙들고 씨름하는 일이 될 수밖에 없다. 서로 다른 두 문서 묶음을 한 책으로 모아놓은 것으로서 **두** 언약(*both* testaments)으로 구성된 그리스도인들의 성경은 그런 연속성과 불연속성의 표현이다. 나는 이 책에서 이 문제를 직접 다루지는 않겠다. 그러나 성경 본문들과 그 본문들이 제시하는 "신학"의 본질 때문에 우리는 부득이 이 연속성과 불연속성이라는 문제를 거듭 다룰 수밖에 없다.

셋째, 나는 또 그리스도와 성령에 관한 바울의 이해에는 상당히 많은 "일관성"이 존재하며, 이런 이해 가운데는 바울이 구약과 자신 사이에 존재한다고 느끼는 연속성에 근거하여 당연한 전제로 삼고 있는 것들이 많이 있지만, 또 그런 이해 가운데에는 그가 단순히 "복음"이라고 부르는 것들 속에서 발견할 수 있는 것도 많다고 확신한다. 바울은 복음에 **내용**

(*content*) — 다른 모든 초기 그리스도인들도 공유하던 내용 — 이 있다고 보았다. 나는 이 점을 인식하지 못한 채 바울을 읽는 것은 바울을 제대로 읽지 못한 것이라고 본다. 나는 또 바울의 글에서 "우연히 나타나는 내용들"(contingencies)은, 초기 그리스도인들이 공유하던 복음의 내용이 바울이 자기 생애 중 마지막 20년을 바쳤던 이방인 선교에 제시해준 시사점들을 바울 자신도 궁구(窮究)한 것과 관련 있다고 이해한다.

그러므로 이 책은 인격이신 성령, 곧 신자들의 삶과 신앙 공동체 안에서 체험한 성령에 관하여 바울이 말한 것들을 분석하고 종합하려고 시도한다. 나는 바울이 성령을 그가 이해하는 복음의 근본 핵심 가운데 일부로서 사안의 핵심에 가까이 자리하고 있는 분으로 본다고 믿는다. 이 책을 더 읽어나가면 내가 그리 믿고 있음을 분명히 간파할 것이다. 바울이 성령을 그리 보는 것은 그의 뿌리인 유대교의 종말론 틀에서 일부 연유한 것이기도 하다. 이 종말론 틀에서는 성령을 메시아 시대 실현의 한 부분으로 열렬히 기다린다. 바울은 이런 소망(메시아 시대가 실현되리라는 소망)이 현재 성령이 강림하심으로 말미암아 실현되었다고 확신하는데, 이런 바울의 확신은 그가 그리스도를 따르는 사람이 되는 데 필수불가결한 것이었다. 그런 이유 때문에 성령이 바울의 복음 이해 속에 존재하는 연속성 및 불연속성과 관련하여 중요한 의미를 가지며, 바울은 성령을 실재의 근본 구성 요소로 보는 것이다.

이 책은 다른 의미에서도 신학적, 곧 신학(theology)이 본디 뜻하는 바대로 신학적이다. 우리가 바울이 성령을 어떻게 이해했는지 다룰 때는 결국 강조점을 바울이 의도하는 곳 — 구원론 — 에 두겠지만, 그럴지라도 우리는 모든 것의 기본 전제가 되는 것, 즉 하나님이 실재하심(the reality of God)을 다룰 것이기 때문이다[나는 "교리"(doctrine)를 쓰기 시작했다].

나는 관련 본문들을 깊이 연구해가는 과정에서 바울에게 절박했던 모든 일에 하나님이 정말 없어서는 안 될 분이었다는 것을, 바울의 하나님 이해가 구약성경이 기록해놓은 사실들 — 창조주요 구속주이시며 사랑과 은혜가 충만하신 하나님—로부터 아주 많은 영향을 받았다는 것과, 이런 사실들이 우리 인간 역사 속에서도 그리스도의 사역을 통해 현실로 이루어졌다는 것, 그리고 마지막으로 이 모든 일이 지금도 성령이 계속 행하시는 사역을 통해 계속되고 있다는 것을 깊이 깨달았다. 물론 이 말은 내가 이것을 이전에는 몰랐다거나 믿지 않았다는 뜻이 아니다. 그러나 이 바울서신 본문들을 세밀하게 연구한 작업은, 내 생각과 (특히) 내 기도 면에서, 그리스도를 믿는 사람들 가운데 하나인 내 자신의 삶에 심오한 영향을 끼쳤다. 이 책 제목을 지금처럼 정하고 이 책에서 역설하는 것들을 쓰게 된 이유도 이렇게 인격 차원에서 이루어진 나 자신과 성령 하나님의 만남 때문이다.

▪ 우리에게 능력 주시는 하나님의 임재

"우리에게 능력 주시는 하나님의 임재"(God's empowering presence, 이 책의 원제)라는 제목에 포함된 낱말 각각은 내가 역설하는 것들 가운데 하나를 천명한다. 그 이유는 내가 이 말들이 곧 바울 자신이 역설하던 것이었다고 확신하게 되었기 때문이다. 바울이 이 말 자체를 그대로 분명하게 천명했는지 또는 그가 이해하는 복음의 밑바닥에 이 말이 자리하고 있었는지는 문제되지 않는다. 따라서 바울이 역설한 성령은 **인격**(*person*) 곧 하나님 바로 그분의 인격이시고, 하나님의 인격적 **임재**(God's personal *presence*)이시며, 우리에게 **능력 주시는** 하나님의 임재(God's *empowering* presence)이시다.

인격이신 성령. 우리 중 대다수가 성령을 이해하는 내용을 살펴보면, 성령이 인격이시라는 이해가 상당히 모자라다. 이전에 한 학생이 내 동료 중 한 사람에게 이런 말을 했다. "저는 성부 하나님이 어떤 분인지는 매우 잘 이해하겠습니다. 성자 하나님도 잘 이해할 수 있습니다. 그런데 성령 하나님은 어정쩡하게 늘여진 흐릿한 것일 뿐입니다." 나는 그 학생 말이 선뜻 이해가 간다.

나는 이 책 집필을 마칠 무렵에 있었던 성령강림주일에 그 학생이 한 말을 생생히 증명해주는 사례를 목격했다. 그 일은 모딘과 내가 안식년을 보내고 있던 조그만 섬 교회의 어린이 예배 시간에 일어났다. 그 시간에 우리 내외의 좋은 친구인 메리루스 윌킨슨(MaryRuth Wilkinson)은 종이 한 장을 입으로 불어 멀찌감치 "날아가게" 함으로써 성령이 실제로 계시다는 점을 설명하려고 애썼다. 윌킨슨은 어린이들에게 성령이 그러한 것과 같다며 이렇게 말했다. "성령은 '바람'과 같은 분이에요. 성령은 우리 눈에는 보이지 않아요. 그래도 그분은 우리에게 정말로, 진짜로 갖가지 영향을 미치신답니다." 그때 여섯 살짜리 소년이 불쑥 이렇게 말했다. "그렇지만 저는 그 바람이 우리 눈에 보이는 바람이었으면 좋겠어요." 나는 모딘에게 속삭였다. "당연한 말이야. 정말 심오한 신학적 의미가 있는 말이지!" 우리는 하나같이 영이신 하나님, 성령이신 하나님을 이렇게 느끼는 경우가 아주 많다. "저는 성령이 우리 눈에 보이는 분이었으면 합니다!" 그러나 성령이 그런 분이 아니다 보니, 우리는 그분을 인격체가 아닌 분으로 생각하곤 한다. 성령 하면 우리가 떠올리는 이미지들은 늘 그렇게 인격체가 아니다. 우리는 성령을 바람이나 불이나 물이나 기름 등 하나같이 인격체가 아닌 이미지들로 생각한다. 성령을 부를 때도 ("그분"이 아니라) "그것"(it)으로 부른다. 많은 사람이 성령을 어정쩡하게 늘여진 흐릿한 것 정도로 여기지만, 그래도 누구 하나 이상하다고 생각하지 않는다.

하나님이나 그리스도와는 뭔가 좀 다르다. 우리가 성경대로 하나님을 이해한다 할 때, 가장 먼저 떠오르는 것은 그분을 피조물의 형상으로 표현할 수 없다는 것이다. 그런데도 우리는 성령보다 훨씬 더 수월하게 하나님이 어떤 분인지 알아내고 그분과 교감을 나눈다. 이는 우리가 구약성경에서 나타나는 하나님의 이미지들과 신인동형(神人同形)적 표현들 덕분에 하나님이 진정한 인격체이심을 적어도 어렴풋이나마 엿볼 수 있기 때문이다.

아울러 그리스도가 오심은 방금 말한 모든 사건에 역사의 초점을 맞추는 계기가 되었다. 이제는 하나님이 우리 인간 역사의 어느 한 지점에서 "육신이 되셨다"라는 사실이 우리의 하나님 이해를 영원히 규정하게 되었다. 하나님은 멀리 계시고 초월자이시며 "영원부터 영원까지" 계신 분처럼 보인다 하더라도, 이제 우리는 하나님과 그분의 성품을 떠올릴 때 캄캄한 어둠 속을 헤매지 않는다. 바울이 말했듯이, 우리에게는 하나님의 영광이 하나님의 형상을 가지신 한 참된 인간의 형체, 곧 그리스도 자신으로 나타나셨다. 이제 우리는 그분의 "얼굴"을 주목함으로써 영원하신 하나님의 영광을 본다(고후 3:18; 4:4, 6).

이 책의 과제는 우리가 성령의 경우도 하나님 및 그리스도의 경우와 똑같다는 것을 단순히 이론 차원뿐 아니라 실제로 체험을 통해 인식해야 한다는 것이다. 성령을 아무 생각 없이 예수 그리스도의 **영**이라고 불러서는 안 된다. 그리스도는 또한 **영** 위에도 인간의 얼굴을 입히셨다. 우리가 진정으로 바울을 이해하고자 한다면, 또 그의 신학에서 성령이 행하는 아주 중요한 역할을 파악하고자 한다면, 우리는 철저히 삼위일체론에 입각한 그의 전제들로부터 출발해야 한다. 바울은 그리스도가 오심으로 말미암아 모든 것이 바뀌었다고 보았을 뿐 아니라, 성령이 오심으로써 또한 모든 것이 바뀌었다고 보았다. 우리가 성령을 다루고 있다는 것은 곧 **하나님의 인격적 임재**이신 바로 그분을 다루고 있다는 뜻이다.

하나님의 임재이신 성령. 바울의 성령 신학에서 절대적 중심이 되는 것은 성령이 예레미야서와 에스겔서에서 발견할 수 있는 약속들의 성취라는 것이다. 이 약속들은 하나님이 몸소 우리에게 숨을 불어넣어주심으로 우리를 살게 하실 것이요, 하나님이 당신 율법을 우리 마음에 기록하실 것이며, 특히 하나님이 당신의 **영**을 "우리에게" 부어주심으로써 그분이 우리 안에 들어와 거하실 것이라는 내용을 담고 있었다. 바울이 아주 중요하게 보았던 것은 이렇게 하나님이 당신의 **영**을 우리에게 부어주심으로 영원하신 하나님이 우리 안에 들어와 사신다는 점이었다. 하나님 백성이 모인 교회와 신자 한 사람 한 사람은 하나님이 몸소 당신 백성과 더불어 거하시는 새 처소다. 성령은 하나님이 지금 임재하시는 방법이다.

그래서 바울이 내주(來住)하시는 성령과 결합시키는 중요한 이미지들 가운데 하나가 "성전"이라는 이미지다. 성전 이미지가 의미를 갖는 이유 중 하나는 바울이 개개 신자는 물론이요 신자들이 모여 한 몸을 이룬 공동체에서도 성령이 그 역할을 한다고 보기 때문이다. 바울은 성전 이미지와 더불어, 하나님 백성과 함께하는 하나님의 "임재"(presence)라는 구약성경의 모티프를 채용한다. 이 주제는 출애굽기의 구조를 이루는 핵심 요소들 가운데 하나다. 출애굽기를 보면, 이스라엘이 하나님이 "거하시는" 곳인 거룩한 산으로 나아간다. 그곳은 올라갔다가는 죽음을 당할 수도 있기에 그들에게는 금지된 장소다. 오직 모세만이 하나님이 계신 곳으로 들어가도록 허락받았다. 그러나 하나님은 그 산을 떠나 "성막"이라는 수단을 써서 당신 백성 가운데 거할 계획을 세우신다. 하나님이 모세에게 언약 책을 주신 다음(출 20-24장), 모세는 하나님으로부터 성막을 지을 때 따를 정확한 지침을 받는다(25-31장). 그러나 이 일 다음에 이스라엘 백성은 광야를 떠돌고(32장), 뒤이어 하나님은 "나는 너희와 함께 올라가지 **아니할** 것"이며 당신 사자(使者)가 대신 올라갈 것이라고 선언하신다(33장). 모세는 이런 해결책이 온당하지 않음을 깨닫고 이런 중재안을 내놓는다. "주께서 친히 가지 아니하시려거든 우리를 이곳에서 올려 보내지 마옵소서. 나와 주의 백성이 주의 목전에 은총 입은 줄을 무엇으로 알리이까. 주께서 우리와 함께 행하심으로 나와 주의 백성을 천하 만민 중에 구별하심이 아니니이까"(출 33:15-16). 율법이나 다른 "정체성 표지"가 아니라 이스라엘과 함께하는 하나님의 임재가 이스라엘을 다른 민족과 구별해주는 것이다. 이 일에 이어 하나님의 성품을 더 자세히 계시해주는 말씀이 나오고(34:4-7), 실제로 성막 건축이 이루어진다(35-39장). 이 모든 일은 하나님의 영광이 내려와 "성막을 가득 채움"(40:35)으로 끝난다. 이스라엘 백성은 이 성막과 함께 "너희 하나님 여호와께서 자기 이름을 두시려고 택하신"(신 12:11 등)

곳으로 길을 떠난다. 시간이 흘러 어느 시점에 이르자, 여기서 큰 줄거리를 살펴보았던 하나님의 임재라는 모티프는 사실상 "주의 성령"(사 63:9-14)과 같아지게 되었다.

구약을 정경으로서 읽어나갈[3] 경우, 신명기의 약속은 결국 솔로몬의 성전 건축으로 이루어진다. 출애굽기 40장에서 볼 수 있는 것과 똑같은 영광이 이 성전으로 내려와 "여호와의 성전에 가득했다"(왕상 8:11). 그러나 이스라엘의 실패는 하나님이 그들 가운데 임재하실 수 없게 만들어버렸다. 이것은 비극이다. 하나님이 몸소 거하시려고 택하신 장소인 예루살렘 성전도 결국 파괴당하고 만다. 그리고 이스라엘 백성은 포로로 잡혀 끌려가게 되었다. 포로가 된 자들과 남아 있는 자들은 더 이상 살아 계신 하나님이 그들 한가운데 임재하심이라는 표지를 통해 다른 민족과 구별되는 민족이 아니었다. 물론 에스겔서의 큰 환상은 하나님이 다시 이들 가운데 거하시리라고 약속한다(겔 40-48장). 두 번째 지어진 성전 자체는 사람들 사이에서 복잡한 감회를 불러일으킨다. 학개는 이 성전을 솔로몬 성전과 에스겔서가 약속하는 장래의 성전에 비추어보며 이렇게 불만을 토로한다. "너희 가운데에 남아 있는 자 중에서 이 성전의 이전 영광을 본 자가 누구냐. 이제 이것이 너희에게 어떻게 보이느냐. 이것이 너희 눈에 보잘것없지 아니하냐"(학 2:3).

바울은 고린도전서 3:16-17과 6:19에서 바로 이런 복잡한 생각과 이미지들을 가져다 쓴다. 바울은 3:16에서 "너희는 너희가 [고린도에 있는] 하나님의 **성전**(*the* temple)인 것을 알지 못하느냐"라는 말로 서두를 떼는데, 이는 여기서 바울이 앞에서 말한 풍성한 역사를 염두에 두고 있음을 강하게 시사한다. 전체 교회든 개개 교회든 간에 교회는 하나님이 성령을 통하여 친히 인격으로 임재하시는 곳이다. 이것이 하나님의 새 백성을 "세상에 있는 다른 모든 민족"과 구별해주는 표지다. 그래서 바울은 지금 고린도 사람들의 행실에 깜짝 놀라는 것이다. 이런 행실은 성령, 곧 이 고린도 사람들을 하나님의 성전으로 만들어주는 살아 계신 하나님의 임재를 내쫓는 일이기 때문이다.

우리는 바로 이 연속성이라는 맥락 속에서 바울 사도가 성령을 말하는 수십 개 본문들을 읽어나가야 한다. (성령을 통해) 하나님이 몸소 우리 안에 거하신다. 그래서 우리는 그리스도 안에서 우리에게 부어주신 하나님의 사랑을 안다(롬 5:5). 그래서 우리는 우리가 하나님의 자녀임을 확신한다(갈 4:6; 롬 8:15-16). 그래서 거룩함이 선택 사항이 될 수 없으며(살전 4:7-8), 우리가 하나님의 성령께 근심을 안겨드려서는 안 되며(엡 4:30), 디모데가 외부로부터 여러 압력들이 밀어닥치는 상황에서도 꿋꿋함을 잃지 말아야 하는 것이다(딤후 1:6-7). 성령은 자기 백성 안에 그리고 자기 백성 가운데 거하겠다는 하나님의 약속이 성취된 것이다. 성령은 우리 가운데 **임재하신** 하나님이다.

우리에게 능력 주시는 하나님의 임재인 성령. 그런가 하면 바울은 성령을 통한 하나님의 임재를 하나님의 능력 있는 임재이자 **우리에게 능력을 주시는** 임재로 보았다. 이는 구약성경에 있는 바울의 뿌리들과 그 궤를 같이한다. 우리와 하나님의 관계는 우리 자신에게만 맡겨진 문제가 아니다. 그리스도인의 삶을 살아가면서 말 그대로 "참호 안에서 백병전을 벌이는" 것도 우리 자신에게만 맡겨진 문제가 아니다. 우리 가운데 그리고 우리 안에 거하시는 하나님이 우리가 지금 여기서 살아가는 삶에 능력을 주신다. 하나님의 인격적 임재인 성령은 단순히 어떤 "힘"이나 "영향력"이 아니다. 살아 계신 하나님은 능력의 하나님이시다. 이 살아 계신 하나님의 능력이 성령을 통하여 우리와 함께 우리를 위해 임재해 있다.

그러나 바울이 말하는 능력을 생각할 때는 단순히 기적이나 비범함이라는 차원에서 생각해서는 안 된다. 오히려 바울은 자신이 기초로 삼고 있는 종말론의 틀 때문에(이 책 제12장을 보라) 성령의 능력을 가능한 한 가장 넓은 의미로 이해한다. 한편으로 보면 미래가 아주 충만한 능력 가운데 갑자기 현실로 나타났기 때문에 표적과 이적과 기적은 단지 사실 문제에 불과하다(고전 12:8-11; 갈 3:5). 그러나 다른 한편으로 보면 성령은 역경 속에서도 견뎌낼 수 있는 능력을 주시기도 한다(골 1:11; 고후 12:9-10). 우리가 다른 모든 일에서도 인내하며 성령이 보증하시는 장래의 영광을 기다리는 것도 성령이 그런 능력을 주시기 때문이다.

인격과 임재와 능력, 바로 이 세 가지 실재가 사도 바울이 생각하는 성령이었다. 그래서 바울은 그리스도인의 삶을 주제로 "신학을 펼쳐갈 때"도 승리주의나 패배주의가 아니라 현실주의라는 길을 따라간다. 바울의 체험과 이해를 다시금 파악하는 것이 우리가 "철저한 중도"(radical middle)[4]로 나아갈 길을 찾을 수 있는 열쇠다. 우리는 이 "철저한 중도"에서 너무 지나치지도 않고 너무 모자라지도 않은 것을 기대한다. 여기에 이르면 우리는 우리 개인의 삶과 신앙 공동체 안에서 역사하는 생명과 생명력을, 그것도 매력 있는 생명과 생명력을 알게 될 것이다. 여기에 이르면 우리는 끊임없이 베일을 벗김으로써 그리스도의 얼굴에 나타난 하나님의 영광을 볼 수 있을 것이며, 그분의 모양을 닮기까지 끊임없이 새로워질 것이다. 여기에 이르면 우리는 늘 기적이 역사하고 고난 속에서도 사귐이 이뤄질 것을 기대하고 목격할 것이다. 기적이 역사하든 고난에 동참하든, 우리는 좌절을 느끼지 않을 것이다. 만일 우리에게 성령이 계시지 않는다면 우리는 결코 하나님께 속한 사람이 아니라고 바울은 말한다. 나는, 하나님의 **영**을 가졌다고 하면서도 정작 살아 계신 하나님보다 서양의 합리주의와 영적 무기력 상태에 더 큰 영광을 돌리는 어정쩡한 이해를 우리가 마지못해 받아들이고 있는 것은 아닌지 염려스럽다.

요컨대 나는 어쩌면 내가 제시하고 싶어하는 것보다 훨씬 더 많은 것을 이 책에서 해보려고 시도할지 모르겠다. 한편으로 나는 학계를 향해 바울의 성령론을 지금보다 더 크게 의식하지 않는 바울 신학은 바울 자신의 복음 이해를 싸구려로 팔아치우는 것임을 간절히 이야기하고 싶다. 다른 한편으로 나는 그리스도께 속한 모든 사람에게 그분이 우리를 부르셔서 우리의 삶과 교회의 삶 속에서 역사하시는 성령을 더 잘 알게 하신다는 점을—여러분이 원하는 경우에는 바울이 그랬던 것처럼 체험을 통해 더 잘 알게 해주신다는 것을 — 말하고 싶다. 이 두 가지를 이 한 권의 책에서 다 할 수 있을지는 두고 봐야 한다. 그러나 나는 이런 목표들을 염두에 두고 이 책을 썼다.

▪ 이 책 자체에 관하여

앞에서 제시한 요점들을 강조할 목적이라면, 분명 이런 방대한 분량의 책을 쓸 필요가 없었다. 이 책이 이렇게 길어진 것은 나 자신이 철저함에 관심을 기울였기 때문이요, 모든 본문을 꼼꼼히 주해하는 것이 그 본문들 가운데 일부 본문만을 놓고 신학 작업을 전개하려고 하는 것보다 더 중요하다는 내 확신 때문이었다. 그 결과 나는 성령의 임재를 아주 멀리서 속삭이듯 일러주는 본문까지 모든 본문을 꼼꼼히 살펴보았다. 실제로 나는 이 책을 살펴본 사람들이 이런 식이라면 성령을 거의 모든 바위 아래에서(즉 모든 본문 속에서) 발견할 수 있겠다며 나를 힐난하리라고 확신한다. 틀림없는 말이다. 나는 이 모든 본문을 상당한 주의를 기울여 살펴보고 또 살펴보았다. 그런 뒤에 나는 성령이 거의 모든 바위 아래 자리하고 있다는 — 그리고 십중팔구는 내가 발견한 본문들보다 훨씬 더 많은 본문 속에 자리하고 있으리라는 — 확신을 품게 되었다. 그렇긴 해도 이 책이 나오게 된 계기와 이 책의 목적에 관하여 몇 마디 언급하는 것이 사리에 맞을 것 같다.

이 책은 내가 『오순절 운동과 은사 운동 사전』에 기고했던 「바울 문헌」(Pauline Literature; 성령을 강조한 논문이다)이라는 논문[4]의 근거가 된 주해 결과를 제시하고 그 논문을 상당히 공들여 다듬은 것이다. 그 논문을 써 나가는 동안, 나는 이 영역에 한 군데 빈 곳이 있음을 알게 되었다. 바울

4) Grand Rapids: Zondervan, 1988, 665-83.

이 쓴 부분을 포함하여 신약성경이 말하는 성령을 다룬 책들이 있다.[5] 또 바울의 성령론을 다룬 바울 신학 책이나 신약신학 책도 있다. 그러나 바울 서신과 신학에서 오직 성령이라는 주제만을 다룬 책을 놓고 보면, 영어권만 따질 경우, 그 성격이 모호한 호일(R. B. Hoyle)이 쓴 책[6]만 있다.[7] 그나마 이제는 이 책도 상당히 시대에 뒤떨어진 책이 되었다. 내가 쓴 이 책이 그 빈 곳을 메우길 바란다.[8]

내가 쓴 고린도전서 주석과 마찬가지로,[9] 오순절 신앙을 고백하고 오순절 계열의 신앙 체험을 한 신약학자가 이런 책을 적어도 하나쯤 집필하는 것도 적절한 것 같다. 제임스 던(James D. G. Dunn)은 중대한 분수령이 된 그의 연구 주해서 「성령 세례」(The Baptism in the Holy Spirit)에서 무엇보다 사도행전을 그 신학의 기초로 삼고 있는 전통적 오순절주의 입장에서 볼 때에는 "바울이 아무것도 기록해놓을 필요가 없었다. 바울은 (오순절주의에) 자산(資産)이 되기보다 오히려 골칫거리가 되는 경우가 더 많은

---

5) 가령, H. B. Swete, *The Holy Spirit in the New Testament* (London: Macmillan, 1909; repr. Grand Rapids: Baker); E. F. Scott, *The Spirit in the New Testament* (London: Hodder and Stoughton, 1923); F. Büchsel, *Der Geist Gottes im Neuen Testament* (Gütersloh: Bertelsman, 1926); S. Horton, *What the Bible Says about the Holy Spirit* (Springfield, Mo.: Gospel Publishing, 1976); D. Ewert, *The Holy Spirit in the New Testament* (Harrisburg: Herald, 1983); M. Green, *I Believe in the Holy Spirit* (2nd ed.; Grand Rapids: Eerdmans, 1985)을 보라.

6) *The Holy Spirit in St. Paul* (London: Hodder and Stoughton, 1928).

7) 그러나 출간되지 않은 박사학위 논문인 Pinnock, "Concept," 그리고 W. C. Wright, Jr., "The Use of Pneuma in the Pauline Corpus with Special Attention to the Relationship between Pneuma and the Risen Christ"(Fuller Theological Seminary, 1977)를 보라. 내가 여기서 시도한 것과 가장 가까운 시도를 했지만 조금은 다른 노선을 따라간 책이 K. Stalder, *Das Werk des Geistes in der Heiligung bei Paulus* (Zürich: Evz-Verlag, 1962)다. 불어권 쪽에서 나온 책을 보려면 M.-A. Chevallier, *Esprit de Dieu, Paroles d'Hommes* (Neuchâtel: Delachaux and Niestlé, 1966)를 보라.

8) 나는 이 주제를 다룬 학술 연구 역사를 추적하려는 시도는 하지 않았다. 이 학술 연구사를 통틀어 간단히 살펴본 내용은 Lemmer의 미출간 박사학위 논문(이 책 제9장의 참고 문헌을 보라)과 R. P. Menzies, *The Development of Early Christian Pneumatology, with special reference to Luke-Acts* (JSNTSup 54: Sheffield: JSOT, 1991), 18-46에서 찾아볼 수 있다.

9) NICNT 중 하나다.

것 같다"[10]라고 주장했다. 이와 반대로 대다수 비(非)오순절주의자들은, 그들이 성례전을 중시하든 중시하지 않든 간에, 바울이 그들의 신학에 아주 유용하나, 사도행전은 철두철미하게 신학과 거리가 먼 책이 되기로 작심한 책인 듯 보고 있다. 따라서 성령이 신자의 삶 속에서[특히 던이 쓴 말로 표현한다면 "회심-입교"(conversion-initiation)라는 문제와 관련하여] 하시는 역할을 평가할 때, 오순절주의와 비오순절주의 두 그룹 모두 정경 안의 정경을 발견하려고 시도한다.

성령 안에서 계속되는 삶과 관련하여 이 두 그룹이 각기 강조하는 점들을 봐도 같은 모습을 볼 수 있다. 그러나 여기서는 "**바울** 정경(*Pauline canon*) 안의 정경"이 존재한다. 우선 오순절주의자들은 고린도전서 12-14장만 인정하고 바울 서신의 다른 본문은 대부분 무시한다는 비판을 가끔 받는데, 이런 비판은 옳다. 오순절주의자들은 그들 가운데에서 성령의 은사들이, 특히 더 비상한 은사들이 지금도 계속하여 행하여지고 있다는 그들의 주장에 정당성을 제공하는 근거를 이 고린도전서 본문에서 발견한다. 반면 오순절주의자가 아닌 이들은 고린도전서를 바울은 물론이요 바울 이후의 교회에도 혼란만 안겨준 골칫거리로 여기곤 한다[혹은 이 고린도전서를 좋지 않은 패러다임(negative paradigm)으로 활용한다]. 그들이 "정경 안의 정경"으로 제시하는 것은 갈라디아서 5장과 로마서 7-8장이다. 그들은 바울이 말하는 성령 언어를 이해하는 열쇠가 윤리에 어그러짐이 없는 삶(성령의 열매)에 있다고 본다. 나는 이 두 그룹이 제시하는 정경 안의 정경을 만족스럽게 보는 것이 아니라 오히려 있어야 할 것을 잘라내 버린 형태라고 본다. 이런 내 견해도 이 책을 쓰게 된 이유 중 하나다.

이 책의 관심사는 책의 구성에도 일부 반영되어 있다. 역사를 살펴보면 이런 책을 써나가는 방법에는 두 가지가 있다. 첫 번째 방법은 모든 자료

---

10) *Baptism in the Holy Spirit* (SBT 2/15; London: SCM, 1970), 103.

를 논리와 주제를 따라 배열한 다음, 본문들이 그 논리 구조 안에서 등장하는 대로 주해해나가는 것이다.[11] 이 방법은 쓸모가 있긴 하나, 본문 자체를 다룬 논의가 어디에 있는지 찾아내려면 색인이 필요하다는 단점이 두드러진다. 또 때로는 본문 주해와 그에 따른 논의가 길어질 수밖에 없는데, 그런 경우에는 필자가 제시하는 논지의 흐름이 상세한 주해 속에 묻혀 실종되고 만다. 이 방법을 따르다 보면 이렇게 주해와 주해에 따른 논의가 길어지는 경우뿐 아니라 그런 것들이 길지 **않은** 경우에도 어떻게 하여 그런 결론에 이른 것인지 종잡을 수 없는 경우가 자주 있다. 두 번째 접근 방법은 모든 본문을 정경에 있는 순서대로 분석해나가면서 이 본문들이 스스로 말하게끔 허용하되, 주해를 통해 가능한 한 많이 그 본문들이 스스로 말하게 하는 방법이다. 스위트(H. B. Swete)가 이런 방법을 따랐다. 그러나 이 방법은 독자에게 단지 본문에 관한 데이터만 일러줄 뿐, 그런 부분들이 바울의 사고 속에서 어떻게 결합되어 있는가라는 문제에 관한 한 어떤 의미 있는 결론도 일러주지 못한다.

이 책은 앞에서 말한 두 방법을 결합하여 사용했다. 제1부(분석)에서는 관련 본문들을 내가 추정하는 저작 연대 순서대로 체계 있게 상세히 주해하여 제시한다. 그러나 이 제1부는 완전한 의미의 주석은 아니다. 모든 적절한 주해가 다 그렇듯이, 제1부의 가장 큰 관심사는 그 성경 본문이 본디 그 역사적-문학적 맥락 속에서 무슨 의미를 갖고 있었는가라는 점이다. 그러나 각 경우에 특히 성령과 관련된 언어 내지 현상들이 이런 본문들에서 가지는 의미에 강조점을 두었다. 제2부(종합)에서는 앞서 언급한 내 논문을 신학 및 실천 차원에서 정교하게 다듬고 철저하게 고쳐 써서 내놓았다. 아울러 제2부에서는 그곳에서 제시한 결론들의 근거가 된 주해 결과들로서 제1부에서 논증한 것들을 직접 언급할 기회를 가졌다. 그런 점에서 이 책을 쓰게 된 또 다른 이유를 찾을 수 있다. 즉 나는 신약학자로서

11) 내가 『오순절 운동과 은사 운동 사전』에 기고한 논문이 그런 예다; 참고. Ewert 등등.

『오순절 운동과 은사 운동 사전』 같은 사전 형태가 요구하는 결론을 내놓을 때에는 그 결론의 근거가 된 주해 결과가 정당함을 제대로 증명하지—또는 설명하지—못하더라도 아무런 거리낌을 느끼지 않았지만, 이런 책 같은 경우는 다르기 때문이다.

독자들은 이 책 제1부를 제2부의 근거가 된 주해 결과를 제시하는 부분으로 여겨주길 바란다. 제2부에서 말하는 결론은 철두철미하게 (지독히 긴) 제1부가 목표로 삼고 있는 것들이다. 나는 이 책을 처음부터 끝까지 다 읽을 사람이 있으리라는 환상을 갖고 있지 않다. 하지만 바라기는 독자들이 제1부의 한 귀퉁이만이라도 읽으려 했으면 한다. 거기 있는 본문들 자체가 모든 것의 근거를 이루고 있기 때문이요, 때로는 그 본문들에서도 신학 작업을 계속 진행했기 때문이다.

▪ 파악하기 어려운 "중심" 찾기

본문들을 살펴보기 전에 서론 삼아 바울 신학에 관하여 한 가지 더 이야기해야 할 게 있다. 그동안 학계에서는 무엇이 바울 신학의 "핵심"인가라는 문제를 놓고 오랫동안 논쟁을 벌여왔다.[12] 종교개혁자들이 품고 있었고 개신교 신자들이 여러 세대에 걸쳐 계속 이어온 전통적 견해는 "이신칭의"(믿음으로 말미암아 의롭다 하심을 얻는다)를 바울 신학의 핵심으로 본다. 이 견해는 그리스도가 역사 속에서 이루신 구속 행위와 신자들이 믿음을 통해 이 구속을 자기 것으로 삼아 누리게 되었다는 점을 강조한다. 그러나 바울이 쓴 서신들을 꼼꼼히 읽어본 사람은 누구나 그런 견해가 적절치 않음을 분명히 알 수 있다. 바울 신학은 구원이라는 한 가지 은유에만 초점

12) 이 논쟁 전반을 살펴보는 데 도움을 주는 글로서 특히 근래 나온 것을 보려면, J. Plevnik, "The Center of Pauline Theology," *CBQ* 61 (1989), 461-78을 보라.

을 맞춘 채 다른 모든 것을 배제하는 일은 하지 않는다. 뿐만 아니라 구원에만 초점을 맞추다 보면, 바울이 갖고 있었던 모든 신학 관심사들을 폭넓게 건져 올릴 수 없다.

이 견해에 맞선 반론으로 다른 학자들은 바울 신학의 핵심을 "**그리스도 안에** 있었던 바울의 신비한 체험"에서 찾았다.[13] 이 견해는 바울 신학의 초점을, 그리스도가 역사 속에서 행하신 일과 신자들이 그 일을 자기 것으로 삼음에서 신자들이(특히 바울이) 계속하여 그리스도를 체험함으로 옮겨놓았다. 이 견해는 몇 가지 면에서 전통적 견해를 바로잡는 데 기여했다. 그러나 이 시대의 대다수 바울 신학자들은 어느 정도 한계를 갖고 있는 이 두 접근법이 모두 적절치 않다는 인식을 갖고 있다.

나는 이렇게 바울 신학의 핵심을 "파악하기 어려운" 이유가 바울 신학이 어느 한 측면만으로 단순하게 정의할 수 없을 정도로 아주 광대한 지경을 아우르기 때문이라고 확신한다. 차라리 바울 신학의 본질을 이루는 요소들, 그러니까 바울이 모든 문제의 핵심이라고 본 것들로서 그것을 중심으로 다른 모든 관심사가 결집해 있는 요소들을 하나씩 하나씩 따로 분리해내는 편이 훨씬 더 나을 것 같다.[14] 그런 견해를 따를 경우, 바울 신학의 핵심에는 적어도 다음 네 가지 항목을 포함시켜야 한다.

- 하나님의 새 언약 백성을 구성하는 종말론적 공동체인 **교회**
- 하나님 백성의 실존과 사고의 **종말론적 구조**(*eschatological framework*)
- **그리스도의 죽음과 부활**을 통해 이뤄진 하나님의 종말론적 **구원**으로 형성된 하나님 백성의 존재

---

13) 특히 A. Deissmann, *Die neutestamentliche Formel "in Christo Jesu"*(Marburg: N. G. Elwert, 1892)를 보라. 영어권 독자들은 Deissmann이 쓴 *St. Paul: A Study in Social and Religious History* [trans. L. R. M. Strachan; London: Hodder and Stoughton, 1912 (Ger. original 1911)]; 그리고 A. Schweitzer, *The Mysticism of Paul the Apostle* (London: A & C Black, 1931)을 보라.

14) 참고. Plevnik, "Center," 477-78; 그러나 성령을 언급하지 않는다!

• 메시아요 주님이시며 하나님의 아들이신 **예수**에게 맞춘 하나님 백성의 초점

이를 다른 식으로 표현하면 다음과 같다.

• **기초**: 모든 이에게 충만한 사랑을 베풀어주시는 은혜롭고 자비로우신 하나님
• **구조**: "이미 그러나 아직 아니"인 종말론적 실존
• **초점**: 고난당하는 하나님의 종이자 메시아로서 당신의 죽음과 부활을 통해 인류에게 종말론적 구원을 베풀어주신 분이요, 이제는 높이 들림을 받은 주님이시자 다시 오실 왕이신, 하나님의 아들 예수
• **열매**: 그리스도의 죽음과 성령이라는 선물을 통해 형성되고 하나님의 모양을 되찾게 되어 하나님의 새 언약 백성을 이루는 종말론적 공동체인 교회

요약. 은혜롭고 사랑이 가득하신 하나님은 당신 아들이요 우리 주님이신 예수의 죽음과 부활을 통해 당신의 새 언약 백성인 교회에 종말론적 구원을 가져다주셨다. 이제 교회는 그리스도의 재림을 기다리며 성령의 능력을 힘입어 미래를 내다보는 삶을 살아간다.

만일 이것이 바울이 말하는 것들(그리고 그 문제와 관련하여 신약성경의 나머지 부분이 말하는 것들)을 올바로 평가한 것이라면, 이 모든 것을 훨씬 더 깊이 있게 뽑아낼 수 있을 것이다. 한편으로 보면 바울의 모든 신학 성찰에서 본질적 틀을 이루고 있는 **종말론**부터 살펴보지 않을 경우 바울을 이해하기가 불가능한 것처럼 보지만, 다른 한편으로 보면 **그리스도 안에 있는 구원**이 그 틀 내부의 본질적 관심사이기도 하다. 여전히 신자들에겐 미래로 남아 있는 마지막 구원이 그리스도와 성령을 통해 이미 현존하는 실재이기도 하다는 의미에서, 구원은 "종말론적"이다. 또 하나님이 시작하신 구원이 역사 속에서 그리스도의 죽음과 부활을 통해 이루어졌으며, 이제 하나님 백성은 성령－이 성령은 그리스도 **재림** 때의 마지막 완성에 이를 때까지 "두 시대 사이에" 자리한 그리스도인의 삶을 이해하는 열쇠이

기도 하다—의 역사로 말미암아 그 구원을 자기 것으로 삼는 체험을 누린다는 의미에서, 구원은 "그리스도 안에" 있는 것이다. 따라서 이 모든 것을 살펴보건대, 바울 신학에서 성령이 긴요한 역할을 하고 있음을 인정하지 않는 바울 이해는 그 어떤 것이라도 바울 자신이 말했던 관심사와 강조점을 놓쳐버린 것이라고 말할 수 있겠다.

그러므로 신학을 다룬 이 책 제2부에서는 각 장을 바울의 종말론, 신론, 구원론, 교회론에서 성령이 행하시는 역할을 다루는 데 할애하도록 하겠다. 여기서 종말론, 신론, 구원론, 교회론은 역사와 시간, 하나님, 구원, 교회에 관한 바울의 이해를 가리키는 신학 용어다. 또 우리는 늘 연속성과 불연속성이라는 문제들을 열린 눈으로 주시할 것이다. 바울이 성령의 오심을 하나님이 약속하셨던 새 언약을 이루신 사건으로 보았다는 점을 인식하지 않으면 바울 신학 속에서 성령이 가지는 의미를 이해할 수 없기 때문이다.

결국 이 모든 것이 목표로 하는 것은 단순히 정보 전달이 아니다. 내가 독자들을 설득하려고 시도하지 않았다 말한다면 그것은 정직하지 않은 말일 것이다. 그러나 이 경우에 설득은 "옳다" 혹은 "그르다"의 문제가 아니다. 나 자신과 이 시대 교회를 생각할 때, 내 궁극적 관심사는 교회가 코앞에 다가온 새 천년[5]에도 어느 일에서나 중요한 존재로 남아 있고자 한다면 이 문제와 관련된 우리 성경의 뿌리들로 돌아가는 것이 마땅함을 설득하는 것이다.

옮긴이 주

[1] 본디 Joachim Jeremias가 쓴 말은 이러하다. "마지막 심판 때에 하나님은 믿음이 **삶으로 드러났는가**를 심문하신다"(im Endgericht fragt Gott nach dem *gelebten* Glauben). Joachim Jeremias, *Die Gleichnisse Jesu* (München: Siebenstern, 1969), 138.

[2] 개역개정판은 "성령의 약속을"이라고 번역하여 뭔가를 약속한 주체가 성령이신 것처럼 오해하게 번역해놓았다. 본디 이 부분의 그리스어 본문을 보면, τὴν ἐπαγγελίαν τοῦ πνεύματος라고 되어 있다. 이 본문은 개역개정판이 행 2:33에서 "그가 약속하신 성령을"로 번역해놓은 그리스어 본문과 실상 똑같다. 따라서 갈 3:14도 "[그가] 약속하신 성령을"로 번역하는 것이 옳다. NA[27], 495, 327; BDAG, 356. 개역개정판과 달리, 공동번역은 갈 3:14을 "약속된 성령을"로, 새번역은 "약속하신 성령"으로 번역해놓았다.

[3] 오랜 역사에 걸친 편집 과정의 산물인 구약의 현재 본문이 교회 안에서 정경 역할을 하고 있음을 전제로 현재 본문을 통일성 있게 읽어나가야 한다는 구약 해석론이다. 예일대 교수였던 Brevard Childs (1924-2007)가 이런 해석론을 전개했는데, 그는 자신의 해석론을 이전의 양식비평(또는 양식사)이나 편집비평(편집사)처럼 비평이라는 말을 쓰지 않고 "정경적 접근"(canonical approach)이라는 말로 표현했다.

[4] 본디 이 말은 좌파와 우파의 장점을 모두 취하여 새로운 패러다임을 만들어내려는 서구 정치학, 사회학, 경제학, 철학계의 움직임을 가리키는 말이다. 영국에서 토니 블레어가 총리가 되었을 때 세간의 화두가 되었던 "제3의 길"이 이런 노선에 속한다. "급진적 중도"라는 말로 많이 번역하기도 한다.

[5] 이 책의 원서는 1994년에 처음 출간되었다.

제2장

바울 서신의 단어 용례 관찰

나는 뒤의 분석 부분(제1부)에서 바울 서신에 있는 본문 가운데 성령을 직접이든 간접적이든 언급하거나 성령의 활동을 염두에 두고 있는 것으로 보이는 본문들을 가능한 한 모두 꼼꼼하게 검토해보려고 시도했다. 이들 대다수 본문 사이의 연관성을 알아낼 수 있는 실마리는 그 말 자체에 있다. 하지만 이런 말들이 그 정확한 의미를 파악하고 집어내기 힘들 정도로 그 의미가 풍부한 유연성을 가지는 경우가 종종 있다. 특히 핵심 용어인 πνεῦμα(영, 靈), πνευματικός(신령한, 영의, 영에 속한), χάρισμα(은사, 恩賜) 같은 말들이 그러하다. 바울이 사용하는 말 자체가 모호한 의미를 담고 있을 때가 종종 있을 뿐 아니라, 학자들 사이에서도 몇 가지 기본 요소들을 놓고 의견이 갈라져 있다. 그런 이유로 본론에 들어가기 전에 여기서 이런 기본 문제들을 따로 살펴보고 몇 가지 해결책을 제시하는 것이 가치가 있을 것 같다. 그러면 이어질 주해 부분에서는 이런 문제들을 계속 재론할 필요가 없을 것이다. 물론 이어질 주해 부분은 여기서 제시한 관찰 결과들에 힘을 실어줄 것이다.

■ **바울의 πνεῦμα 사용**[1)]

πνεῦμα(프뉴마, 영)라는 말은 13개 바울 서신에서 145회 등장한다. 이들 대다수는 분명히 성령을 가리킨다. 그러나 완전한 이름으로 등장하는 경우[1]는 17회(또는 16회)뿐이다.[2)] 바울은 또 "하나님의 **영**"/"주의 **영**"이라는 말을 16회,[3)] "그리스도의 **영**"이라는 말이나 그 동의어를 3회 사용한다.[4)] 이 말은 사탄도 1회 지칭하며(엡 2:2) 적어도 한 번은 복수 형태로 귀신들을 가리킨다(딤전 4:1).[5)] 한 사례(살후 2:8에서 나타나는 사례)에서는 바울이 구약의 용례를 따라 이 말을 쓴다. 여기서 바울은 이 말로, 주의 입에서 나오는 "기운"(숨)[2]으로서 장차 불법한 자를 죽이게 될 것을 가리킨다. 바울은 또 πνεῦμα라는 말을 인간 인격성의 기본이 되는 내적 구성 요소를 가리키는 말로 사용한다.[6)] 물론 이 경우에는 약간 논쟁이 있다.[7)] 이렇게 바울의 용례가 갖고 있는 난점들은 다음 세 가지 영역에서 나타난다.

---

1) **참고 문헌**: F. J. **Badcock**, "'The Spirit' and Spirit in the New Testament," *ExpT* 45 (1933-34), 218-22; K. H. **Easley**, "The Pauline Use of Pneumati as a Reference to the Spirit of God," *JETS 27* (1984), 299-313; D. P. **Francis**, "The Holy Spirit: A Statistical Inquiry," *ExpT* 96 (1985), 136-37; N. **Turner**, *Grammatical Insights into the New Testament* (Edinburgh: T. & T. Clark, 1965), 17-22.

2) 살전 1:5; 1:6; 4:8; 고전 6:19; 12:3; 고후 6:6(그러나 이 본문은 논쟁 대상이다. 이 본문을 둘러싼 논의는 이 책 제5장을 보라); 13:13[14]; 롬 5:5; 9:1; 14:17; 15:13; 15:16; 엡 1:13; 4:30; 딛 3:5; 딤후 1:14. 다른 두 경우에서는 여러 필사본들이 본문에서 ("**영**"이라는 말 앞에) "성"(聖, 거룩한)이라는 말을 덧붙였다[고전 2:13(MajT); 롬 15:19(Westcott and Hort는 이렇게 "성"이 붙어 있는 것이 원문이라고 본다)].

3) 살전 4:8("그의 성령"); 고전 2:11; 2:14; 3:16; 6:11; 7:40; 12:3; 고후 3:3; 3:17(어쩌면 "주의 **영**"일 것이다; 이 책 제5장의 주해를 보라); 롬 8:9; 8:11; 8:14; 15:19; 엡 3:16; 4:30("하나님의 성령"); 빌 3:3.

4) 갈 4:6("그 아들의 **영**"); 롬 8:9("그리스도의 **영**"); 빌 1:19("예수 그리스도의 성령").

5) 고전 12:10에서 "영들 분별함"이라는 말 속에 나오는 "영들"도 귀신들을 가리키는 말일 수 있다. 이 책 제4장의 논의를 보라.

6) 이 책 주해 부분에서는 다음 구절들을 오로지 이런 의미로 판단했다: 살전 5:23; 고전 2:11; 5:5; 7:34; 14:14; 16:18; 고후 2:13; 7:13; 갈 6:18; 롬 1:9; 8:16; 몬 25절; 빌 4:23; 딤후 4:22.

7) 뒤에서 살전 5:23을 논의한 내용을 보라.

▪ 성령(the Holy Spirit) 또는 한 성령(a holy spirit)

바울은 πνεῦμα라는 명사에 정관사를 붙여 쓰는 일에 상당한 유연성을 발휘한다. 그래서 일부 사람들은 바울이 그 명사에 정관사를 붙이지 않았을 때는 이 명사를 "어떤 한 영"(a spirit)이라는 의미에 더 가까운 무언가를 가리키는 말로 사용하려 했다고 주장했다. 즉 바울은 그 명사를 하나님이 끼치신 어떤 영향 내지 "하나님으로부터 나온 어떤 한 영"으로서 인격체에는 미치지 못하는 어떤 것을 가리키는 말로 쓰려 했지, 십중팔구 성령을 가리키는 말로 쓰려 하지는 않았으리라는 것이다. 이런 견해는 여러 주석에서 가끔씩 나타난다.[8] 나이젤 터너(Nigel Turner)는 이 견해를 취하면서 이를 "문법에서 얻은 통찰"(grammatical insight)로 제시했다.[9] 터너는 자기 논지를 전개해가는 첫머리에서 이렇게 강조한다. "신약성경 기자들이 '영'이라는 말을 **더러운** 귀신을 가리키는 말로 사용했다면, 그들은 **거룩한** 영(*holy* spirit)을 언급할 때도 역시 귀신을 염두에 두었을 가능성이 높다."[10] 이어서 터너는 πνεῦμα에 정관사가 붙어 있느냐 없느냐를 기준으로 "(어떤 한) 영과 **영**"(a spirit and the Spirit)을 구별해야 한다는 주장을 펼친다. 터너는 무엇보다 누가복음-사도행전을 논하고 있지만, 그가 누가복음에 관하여 말하는 내용은 바울 서신에도 똑같이 적용된다. 그러나 터너가 제시한 문맥들을 주해해보면 그의 이런 시각이 대부분 적절치 않다는 것이 드러난다.[11] 그러나 이런 관사 사용과 관련하여 터너도 간파하지 못

---

8) Plummer, *2 Corinthians*, 297이 그 예다: "가끔씩 우리는 [바울이] 성령을 이야기할 때 그가 성령을 얼마나 인격체로 여기고 있는지 확신하지 못할 때가 있다.…특히 ἐν πνεύματι라는 표현이 그런 경우다"; 참고. Parry, *1 Corinthians*, 176, 177; Best, *1 and 2 Thessalonians*, 75 (Turner를 인용한다); Robinson, *Ephesians*, 38-39; Patzia, *Ephesians*, 164-65.

9) 앞의 주1을 보라.

10) *Grammatical Insights*, 18.

11) 이 점은 특히 바울이 성령을 논하면서 어떤 경우에는 관사를 썼다가 어떤 경우에는 쓰지 않은 몇몇 곳에서 확인할 수 있다. 고전 6:9-20; 갈 5:16-25; 롬 8:1-17이 그런 예다. 여기서 바울은 어떤 때는 관사를 쓰다가 어떤 때는 쓰지 않는다. 때로는 관사를 붙인 말과 관사를

한 몇 가지 요인들이 있는데, 이 요인들은 그가 이 문제와 관련하여 "문법에서 얻은 통찰"을 우리에게 전혀 제공해주지 못했다는 것을 가리키는 것 같다.

몇 해 전 나는 어떤 이유로 요한복음이 특정인의 이름, 그중에서도 특히 "예수"라는 이름에 관사를 붙여 사용한 경우와 그렇지 않은 경우에 관심을 가진 적이 있었다.[12] 그 연구를 시작한 것은 요한 문헌의 "문체"를 밝혀보려는 관심 때문이었다. 연구를 진행해가면서 요한의 관사 사용에서 나타나는 유명한 특징들이 주로 격(格, case)과 단어 순서를 포함하여 문체의 특징들과 연관되어 있다는 것을 분명히 알게 되었다. 이와 비슷한 방법을 바울이 πνεῦμα라는 말에 관사를 사용한 경우와 사용하지 않은 경우에 적용해보면, 역시 같은 결과가 나타난다. 뒤에서 제시하는 데이터는 본문들 자체가 본디 하고자 하는 이야기를 그대로 들려준다. (그리스어를 모르는 이들은 뒤에 있는 전문적 분석을 건너뛰어도 된다. 내가 여기서 제시한 분석은 학계에 있는 이들을 염두에 둔 것이다. 그러나 이 분석 부분 말미에 적어놓은 결론들은 중요하다.)

1. **πνεῦμα를 주격으로 사용한 경우**. πνεῦμα라는 말은 주격으로 17회 등장하는데, 이때 이 말은 분명 성령을 가리킨다.[13] 이 가운데 15회는 관사가 붙어 있다.

롬 8:10 τὸ δὲ πνεῦμα ζωὴ διὰ δικαιοσύνην

롬 8:11 εἰ δὲ τὸ πνεῦμα τοῦ ἐγείραντος τὸν Ἰησοῦν ... οἰκεῖ ἐν ὑμῖν

롬 8:16 αὐτὸ τὸ πνεῦμα συμμαρτυρεῖ

붙이지 않는 말이 지척 거리에 있는 경우도 있다.

12) "The Use of the Definite Article with Personal Names in the Gospel of John," *NTS* 17 (1970/71), 168-83을 보라.

13) 고전 15:45의 용례는 딱히 어떤 범주에 포함시키기가 쉽지 않다(이 경우는 술어 주격이지만 성령을 가리키지는 않는다. 이런 용례가 존재하게 된 것은 여기서 바울이 칠십인경 본문을 "해석"하고 있기 때문이다). 이 책 제4장에 있는 논의를 보라.

롬 8:26	ὡσαύτως δὲ καὶ τὸ πνεῦμα συναντιλαμβάνεται τῇ ἀσθενείᾳ ἡμῶν
롬 8:26	αὐτὸ τὸ πνεῦμα ὑπερεντυγχάνει στεναγμοῖς ἀλαλήτοις
고전 2:10	τὸ γὰρ πνεῦμα πάντα ἐραυνᾷ
고전 2:11	οὐδεὶς ἔγνωκεν εἰ μὴ τὸ πνεῦμα τοῦ θεοῦ
고전 3:16	τὸ πνεῦμα τοῦ θεοῦ οἰκεῖ ἐν ὑμῖν
고전 12:4	διαιρέσεις δὲ χαρισμάτων εἰσίν, τὸ δὲ αὐτὸ πνεῦμα
고전 12:11	πάντα δὲ ταῦτα ἐνεργεῖ τὸ ἓν καὶ τὸ αὐτὸ πνεῦμα
고후 3:6	τὸ δὲ πνεῦμα ζῳοποιεῖ
고후 3:17	ὁ δὲ κύριος τὸ πνεῦμά ἐστιν
고후 3:17	οὗ δὲ τὸ πνεῦμα κυρίου, ἐλευθερία
갈 5:17	τὸ δὲ πνεῦμα [ἐπιθυμεῖ] κατὰ τῆς σαρκός
딤전 4:1	τὸ δὲ πνεῦμα ῥητῶς λέγει

관사가 붙어 있지 않은 두 경우도 아주 분명하게 성령을 가리키는 문맥 속에 들어 있다.

롬 8:9	εἴπερ πνεῦμα θεοῦ οἰκεῖ ἐν ὑμῖν
엡 4:4	ἓν σῶμα καὶ ἕν πνεῦμα, καθὼς καὶ ἐκλήθητε ἐν μιᾷ ἐλπίδι

관사를 쓰지 않은 이 두 경우는 다른 근거들을 동원하여 설명할 수 있다. 에베소서 4:4에서는 "한"(one, 하나)이라는 수식어가 정관사와 같은(한정하는) 역할을 한다["몸이 하나요 (그 한 몸을 지으신) **영**(개역개정: '성령')도 한 분이시니(There is the one Spirit)"]. 로마서 8:9에서는 관사 없이 쓴 πνεῦμα라는 말(과 이 말의 동반자인 목적격 πνεῦμα Χριστοῦ)을 적어도 6차례에 걸쳐 관사와 함께 이 말을 쓴 사례들이 에워싸고 있지만, 이 문맥 자체를 살펴보면 πνεῦμα라는 말이 하나님의 **영**인 성령만을 가리킬 수밖에 없다는 것을 확실히 알 수 있다. 관사를 쓰지 않은 것은 그 나름의 독특한 문체

이며, 이는 다음에 이야기할 πνεῦμα를 소유격으로 사용한 경우와 관련 있다.

이런 통계치는 **영**이라는 말이 한 절의 주어일 경우에는 바울이 관사를 규칙적으로 사용했다는 것을 시사한다. 이 점은 πνεῦμα에 수식어가 붙어 있느냐 없느냐와 상관없이 변함이 없다. 바울이 관사를 사용하지 않는 두 사례에서도 그 수식어와 문맥으로 보아 바울이 성령을 염두에 두고 있음을 분명히 알 수 있다.

또 πνεῦμα가 한 절의 주어 역할을 하고 있는 다음 네 경우에서는 이 말이 사람의 영을 가리키는데, 모두 관사가 붙어 있다.

고전 2:11 εἰ μὴ τὸ πνεῦμα τοῦ ἀνθρώπου τὸ ἐν αὐτῷ

고전 5:5 ἵνα τὸ πνεῦμα σωθῇ

고전 14:14 τὸ πνεῦμά μου προσεύχεται

고후 7:13 ἀναπέπαυται τὸ πνεῦμα αὐτοῦ

2. **πνεῦμα를 소유격으로 사용한 경우.** 소유격이 지배하는 전치사구에서 πνεῦμα를 사용한 경우들(다음의 3.을 보라)은 따로 고려한다 할 때, πνεῦμα가 소유격 형태로 나타나는 경우는 30회다. 그중 28회는 성령을 가리킨다.[14)] 이들 가운데 관사가 붙어 있는 경우는 18회다.

롬 8:2 ὁ γὰρ νόμος τοῦ πνεύματος τῆς ζωῆς

롬 8:5 τὰ τοῦ πνεύματος

롬 8:6 τὸ δὲ φρόνημα τοῦ πνεύματος ζωὴ καὶ εἰρήνη

---

14) 이 책 제5장에서는 다른 두 가지 중 하나(고후 7:1)가 간접적 방식으로이긴 해도 역시 성령을 우선 가리킨다는 점을 논증했다. 다른 하나(고전 5:4)는 절대소유격(genitive absolute) 형태로 등장한다. 이 구절은 다음 항목(성령 또는 사람의 영 부분)에서 바울 자신의 영과 성령 사이에 존재하는 어떤 상호관계를 염두에 둔 사례들 가운데 하나로 언급했다.

롬 8:23 τὴν ἀπαρχὴν τοῦ πνεύματος ἔχοντες

롬 8:27 οἶδεν τί τὸ φρόνημα τοῦ πνεύματος

롬 15:30 διὰ τῆς ἀγάπης τοῦ πνεύματος

고전 2:14 οὐ δέχεται τὰ τοῦ πνεύματος τοῦ θεοῦ

고전 6:19 ναὸς τοῦ ἐν ὑμῖν ἁγίου πνεύματος ἐστιν

고전 12:7 ἡ φανέρωσις τοῦ πνεύματος

고후 1:22 δοὺς τὸν ἀρραβῶνα τοῦ πνεύματος

고후 3:8 ἡ διακονία τοῦ πνεύματος ἔσται ἐν δόξῃ

고후 5:5 ὁ δοὺς ἡμῖν τὸν ἀρραβῶνα τοῦ πνεύματος

고후 13:13 καὶ ἡ κοινωνία τοῦ ἁγίου πνεύματος

갈 3:14 ἵνα τὴν ἐπαγγελίαν τοῦ πνεύματος λάβωμεν

갈 5:22 ὁ δὲ καρπὸς τοῦ πνεύματός ἐστιν

엡 4:3 σπουδάζοντες τηρεῖν τὴν ἑνότητα τοῦ πνεύματος

엡 6:17 δέξασθε καὶ τὴν μάχαιραν τοῦ πνεύματος, ὅ ἐστιν ῥῆμα θεοῦ

빌 1:19 καὶ [τῆς] ἐπιχορηγίας τοῦ πνεύματος Ἰησοῦ Χριστοῦ

그리고 관사가 붙어 있지 않은 경우가 10회(11회?) 나온다.

롬 7:6 ἐν καινότητι πνεύματος

롬 15:13 εἰς τὸ περισσεύειν ὑμᾶς ... ἐν δυνάμει πνεύματος ἁγίου

롬 15:19 ἐν δυνάμει πνεύματος θεοῦ

고전 2:4 ἐν ἀποδείξει πνεύματος καὶ δυνάμεως

고전 2:13 ἀλλ' ἐν διδακτοῖς πνεύματος

고후 3:6 καινῆς διαθήκης, οὐ γράμματος ἀλλὰ πνεύματος

[?]고후 7:1 ἀπὸ παντὸς μολυσμοῦ σαρκὸς καὶ πνεύματος

빌 2:1 εἴ τις κοινωνία πνεύματος

살전 1:6 μετὰ χαρᾶς πνεύματος ἁγίου

살후 2:13 ἐν ἁγιασμῷ πνεύματος καὶ πίστει ἀληθείας

딛 3:5 ἔσωσεν ἡμᾶς διὰ... ἀνακαινώσεως πνεύματος ἁγίου

주목하여 관찰해야 할 것이 두 가지 있다. 첫째, 숫자 자체만 놓고 보면 소유격으로 사용할 때 관사를 붙여 사용한 사례들이 월등히 많다. 둘째, 관사를 붙이지 않은 사례들은 모두 또 다른 용례를 보여주는 현상으로 설명할 수 있다. 바울이 πνεῦμα를 소유격으로 사용할 때 보여주는 습관을 살펴보면 대다수 경우에 피수식어와 그 소유격에 모두 관사를 붙이거나 피수식어와 그 소유격에 모두 관사를 붙이지 않는다.[15] 통제하는 말에 관사를 붙이지 않은 것은 (분명) 취향의 문제이거나 언어 관습(추상명사와 같은 것들에는 관사를 붙이지 않는 경우 등등)의 문제다. 그러나 영이라는 말에 관사를 붙이느냐 마느냐는 늘 그 영이라는 말이 수식하는 명사에 관사가 붙어 있느냐 여부가 결정하는 것이지, "(어떤 한) 영"(a spirit)과 "**영**"(the Spirit)의 구별이 결정하는 게 아니다. 때문에 바울은 고린도후서 13:13[14]에서는 ἡ κοινωνία τοῦ ἁγίου πνεύματος(성령의 교통하심, *the* fellowship of *the* Holy Spirit)이라고 말하다가, 빌립보서 2:1에서는 εἴ τις κοινωνία πνεύματος(성령의 무슨 교제가 있는가, if any fellowship of Spirit)라고 묻는다. 바울이 이 두 경우에 똑같은 성령 체험을 염두에 두고 있음은 물어보나 마나다. 빌립보서 2:1에서도 수식하는 말이 τις이다 보니 κοινωνία에 관사가 붙지 않은 것이다. 그 때문에 πνεύματος에도 관사가 붙지 않았다. 로마서 15:19에 있는 ἐν δυνάμει πνεύματος θεοῦ [(유일하신 한 분) 하나님의

15) 이런 점 때문에 고후 3:17의 용례(τὸ πνεῦμα κυρίου)는 특히 이채롭다. 이 이채로운 사례는 바울이 앞 구절(16절)에서 칠십인경 본문을 "인용"했기 때문에 여기서 κύριος를 관사 없이 쓰게 된 것이라고 설명할 수 있다. 이 책 제5장의 논의를 보라. 예외처럼 보이는 또 다른 사례(고전 6:19)는 어쩌면 예외가 아닐 수도 있다. 그러나 때로 "콜웰의 법칙"(Colwell's rule)이라 부르는 E. C. Colwell의 관찰 결과, 즉 어떤 한정술어명사(definite predicate noun)가 그 동사 앞에 자리할 때는 이 명사에 거의 항상 관사가 붙지 않는다는 관찰 결과가 정확함을 보여주는 또 한 가지 사례일지도 모른다.

영의 능력으로]와 같은 본문들도 이 모든 것을 확증해준다. 두 소유격 명사가 등장한 이 로마서 본문에서도 이런 현상이 나타난다. 이것은 또 πνεῦμα를 주격으로 사용하면서 관사를 붙이지 않은 사례들 가운데 한 예(롬 8:9)를 설명해준다. 이 로마서 본문에서는 πνεῦμα θεοῦ가 "(유일하신 한 분) 하나님의 **영**"을 의미한다. 관사가 없는 것은 순전히 문체 문제로 보인다. 바울이 고린도전서 2:11과 3:16에서는 τὸ πνεῦμα τοῦ θεοῦ라 쓰고 있기 때문이다. πνεῦμα θεοῦ와 τὸ πνεῦμα τοῦ θεοῦ는 그 의미나 강조점에서 아무런 차이를 찾을 수 없다. 바울이 이 경우에 θεός에 관사를 붙이지 않은 것은 "어떤 신의 영"(a spirit of a god)이라는 의미를 염두에 둔 것이라고 주장하는 이들이 있을 수 있다. 이런 이들은 πνεῦμα가 들어 있는 비슷한 구조들을 해석할 때도 바울이 "어떤 한 영"(a spirit)이라는 의미를 염두에 두고 있다고 주장할지 모른다.

3. **πνεῦμα를 (소유격을 취하는 전치사가 이끄는 전치사구에서) 소유격으로 사용한 경우**. πνεῦμα가 소유격을 취하는 전치사들과 함께 등장하는 경우에도 비슷한 현상이 나타난다. 그런 경우가 13회 있는데, 그중 9회는 성령을 가리킨다(그 9회 가운데 6회는 πνεῦμα에 관사가 붙어 있다).[16]

롬 5:5	διὰ πνεύματος ἁγίου τοῦ δοθέντος ἡμῖν
롬 8:11	ζῳοποιήσει ... διὰ τοῦ ἐνοικοῦντος αὐτοῦ πνεύματος ἐν ὑμῖν
고전 2:10	διὰ τοῦ πνεύματος
고전 12:8	ᾧ μὲν γὰρ διὰ τοῦ πνεύματος δίδοται
갈 5:17	ἡ γὰρ σὰρξ ἐπιθυμεῖ κατὰ τοῦ πνεύματος
갈 6:8	ἐκ τοῦ πνεύματος θερίσει ζωὴν αἰώνιον
엡 3:16	ἵνα δῷ ὑμῖν ... δόξης αὐτοῦ δυνάμει κραταιωθῆναι διὰ τοῦ πνεύματος αὐτοῦ

16) 이 논의에서 벗어난 사례가 고후 3:18의 καθάπερ ἀπὸ κυρίου πνεύματος이다. 사람들은 이를 동격어(同格語, appositive)로 판단해왔다.

살후 2:2　μήτε διὰ πνεύματος μήτε διὰ λόγου

딤후 1:14　φύλαξον διὰ πνεύματος ἁγίου τοῦ ἐνοικοῦντος ἐν ἡμῖν

그리고 4회는 사람의 영을 가리킨다(모두 관사가 붙어 있다).

갈 6:8　μετὰ τοῦ πνεύματος ὑμῶν

빌 4:23　μετὰ τοῦ πνεύματος ὑμῶν

몬 25절　μετὰ τοῦ πνεύματος ὑμῶν

딤후 4:22　μετὰ τοῦ πνεύματός σου

관사가 붙어 있지 않으면서 성령을 가리키는 세 가지 사례 가운데,[17] 두 사례(롬 5:5; 딤후 1:14)는 "거룩한"(聖)이라는 말과 명사처럼 쓴 분사(substantival participle)가 **영**이라는 말을 수식해줌으로써 이 두 구절에 나오는 영이 성령을 가리킨다는 것을 밝혀준다. 다른 한 사례(살후 2:2)는 (그 영으로부터 터져 나온 예언을 통해) 그 구절의 영이 성령이심을 에둘러 밝혀준다. 이 경우에도 관사를 붙인 용례가 월등히 많으며, 관사를 붙이지 않은 용례는 따로 설명했다.

4. **πνεῦμα를 목적격으로 사용한 경우**. 소유격을 다루었으면 그 다음에는 여격을 다루는 것이 보통이지만, πνεῦμα를 여격으로 사용한 경우에 어려운 문제들이 대부분 몰려 있다는 것이 지금까지 학자들이 관찰한 결과다. 또 πνεῦμα를 목적격(직접목적어)으로 사용하면서 전치사들과 함께 사용한 사례들은 πνεῦμα를 소유격으로 사용한 사례들과 아주 비슷하다. 따라서 πνεῦμα를 목적격으로 쓴 사례들을 살펴본 데이터를 이어서 제시하는 것이 적절하다.

17) 내가 이 책 제3장에서 살후 2:2을 주해한 것이 맞을 경우에 3회다.

(a) 관사가 붙어 있고 성령을 가리키는 경우

고전 2:12 ἀλλὰ [ἐλάβομεν] τὸ πνεῦμα… τοῦ θεοῦ

고후 4:13 ἔχοντες δὲ τὸ αὐτὸ πνεῦμα τῆς πίστεως

갈 3:2 ἐξ ἔργων νόμου τὸ πνεῦμα ἐλάβετε

갈 3:5 ὁ οὖν ἐπιχορηγῶν ὑμῖν τὸ πνεῦμα

갈 4:6 ἐξαπέστειλεν ὁ θεὸς τὸ πνεῦμα τοῦ υἱοῦ αὐτοῦ

엡 4:30 μὴ λυπεῖτε τὸ πνεῦμα τὸ ἅγιον τοῦ θεοῦ, ἐν ᾧ ἐσφραγίσθητε

살전 4:8 τὸν καὶ διδόντα τὸ πνεῦμα αὐτοῦ τὸ ἅγιον

살전 5:19 τὸ πνεῦμα μὴ σβέννυτε

(b) 관사가 붙어 있고 사람의 영을 가리키는 경우

고전 16:18 ἀνέπαυσαν γὰρ τὸ ἐμὸν πνεῦμα καὶ τὸ ὑμῶν

살전 5:23 ὁλόκληρον ὑμῶν τὸ πνεῦμα… τηρηθείη

(c) 관사가 붙어 있지 않고 성령을 가리키는 경우

롬 8:9 εἰ δέ τις πνεῦμα Χριστοῦ οὐκ ἔχει

고전 7:40 κἀγὼ πνεῦμα θεοῦ ἔχειν

고전 12:13 πάντες ἓν πνεῦμα ἐποτίσθημεν

고후 11:4 εἰ μὲν γὰρ… πνεῦμα ἕτερον λαμβάνετε

(d) 관사가 붙어 있지 않고 "…의 영"(a spirit of)이라는 의미를 가진 경우

롬 8:15 οὐ γὰρ ἐλάβετε πνεῦμα δουλείας πάλιν

롬 8:15 ἀλλὰ ἐλάβετε πνεῦμα υἱοθεσίας

롬 11:8 ἔδωκεν αὐτοῖς ὁ θεὸς πνεῦμα κατανύξεως[칠십인경]

엡 1:17 δώῃ ὑμῖν πνεῦμα σοφίας καὶ ἀποκαλύψεως

딤후 1:7 οὐ γὰρ ἔδωκεν ἡμῖν ὁ θεὸς πνεῦμα δειλίας ἀλλὰ δυνάμεως

(e) 관사를 붙이고 전치사와 함께 쓴 경우(모두 성령을 가리킨다)

고전 12:8 κατὰ τὸ αὐτὸ πνεῦμα

갈 6:8 ὁ δὲ σπείρων εἰς τὸ πνεῦμα

(f) 관사를 붙이지 않고 전치사와 함께 쓴 경우[모두 **영**(the Spirit)을 가리킨다]

롬 1:4 κατὰ πνεῦμα ἁγιωσύνης

롬 8:4 ἀλλὰ κατὰ πνεῦμα

롬 8:5 οἱ δὲ κατὰ πνεῦμα

갈 4:29 ἐδίωκεν τὸν κατὰ πνεῦμα

이 데이터는 πνεῦμα를 (소유격을 취하는 전치사구에서) 소유격으로 사용한 사례들과 비슷한 현상을 보여준다. 두 가지 관찰 결과를 정리해볼 수 있다. (1) 관사가 붙어 있지 않은 모든 용례는 적절히 설명할 수 있다. 이런 경우는 (πνεῦμα를 소유격을 취하는 전치사구에서 사용한 경우처럼)[18] 수식하는 말이 있다. 이런 형태는 고정된 용례 또는 관용 표현 같은 용례(이를테면 κατὰ πνεῦμα 같은 말이 그렇다)이거나, 아니면 문맥에 따른—또는 문체에 따른(stylistic)[19]—이유처럼 다른 이유 때문에 나타난 것이다. (2) 바울이 사람의 영을 가리키는 말로 πνεῦμα의 목적격을 사용할 경우에는, 소유격을 취하는 전치사구에서 πνεῦμα를 사람의 영을 가리키는 말로 쓴 경우처럼 늘 관사를 사용한다. "…의 영"(spirit of)이라는 용례는 뒤에서 이야기하겠다.

---

18) 예를 들어 (c)에 있는 항목들은 앞에서 πνεῦμα를 소유격을 취하는 전치사구에서 소유격으로 사용한 경우를 언급할 때 말했던 현상들을 말 그대로 더 소상하게 보여주는 예들이다.

19) 여기서는 '문체에 따른'이라는 말이 성가시게 보일 수도 있으나, 이 말은 무언가를 명확하게 규정하는 말이 아니라 단지 보이는 현상을 서술한 말이다. 즉 이것은 바울이 사용하는 문체에서 나타나는 현상이라고 서술할 수 있겠다. 그러나 아직까지 이런 현상을 딱 부러지게 설명할 수 있는 말은 없다.

5. πνεῦμα**를 여격으로 사용한(그리고 여격을 이끄는 전치사와 함께 사용한) 경우**. 바울의 πνεῦμα 용례가 안고 있는 난제들 가운데 대다수가 여기서, 특히 ἐν πνεύματι와 πνεύματι라는 관용 표현에서 발생했다.[20] 특히 흥미로운 것은 다른 세 경우에서 이야기했던 데이터가 이제는 대부분 거꾸로 뒤집어진다는 점이다. 그리하여 성령을 직접이든 간접이든 염두에 두고 있는 경우가 37회 나타나는데, 그중 32회는 관사가 없고 5회만이 πνεῦμα에 관사가 붙어 있다.

롬 2:29 ἐν πνεύματι οὐ γράμματι

롬 8:9 ὑμεῖς δὲ οὐκ ἐστὲ ἐν σαρκὶ ἀλλὰ ἐν πνεύματι

롬 8:13 εἰ δὲ πνεύματι τὰς πράξεις τοῦ σώματος θανατοῦτε

롬 8:14 ὅσοι γὰρ πνεύματι θεοῦ ἄγονται

롬 9:1 συμμαρτυρούσης μοι τῆς συνειδήσεώς μου ἐν πνεύματι ἁγίῳ

롬 14:17 δικαιοσύνη καὶ εἰρήνη καὶ χαρὰ ἐν πνεύματι ἁγίῳ

롬 15:16 ἡγιασμένη ἐν πνεύματι ἁγίῳ

고전 4:21 ἔλθω... ἢ ἐν ἀγάπῃ πνεύματί τε πραΰτητος

고전 12:3 οὐδεὶς ἐν πνεύματι θεοῦ λαλῶν

고전 12:3 οὐδεὶς δύναται εἰπεῖν... εἰ μὴ ἐν πνεύματι ἁγίῳ

고전 12:13 ἐν ἑνὶ πνεύματι ἡμεῖς πάντες... ἐβαπτίσθημεν

고전 14:2 πνεύματι δὲ λαλεῖ

고전 14:16 εὐλογῇς ἐν πνεύματι

고후 3:3 ἐγγεγραμμένη οὐ μέλανι ἀλλὰ πνεύματι θεοῦ ζῶντος

20) 이 관용 표현에서는 ἐν이 있느냐 없느냐에 따라 그 실질에 아무 차이가 없다. 단 이 전치사를 붙이지 않고 πνεύματι만 쓴 경우에는 늘 성령이 수단 내지 도구를 가리키는 것으로 보인다. 물론 이 경우에도 몇몇 사례에서는 πνεύματι라는 말이 "영역"을 나타내는 처격(處格, locative)으로 사용되었을 수 있다. πνεύματι를 ἐν과 함께 사용한 경우에는 횟수가 더 많아서 그런지 광범위한 의미(수단, 방법, 영역, 연합)를 아우르는 용례를 보여준다. 이 용례를 알아보려면 Easley, "Pauline Use"를 보라.

고후 6:6	[συνιστάντες ἑαυτοὺς] ... ἐν πνεύματι ἁγίῳ
갈 3:3	ἐναρξάμενοι πνεύματι νῦν σαρκὶ ἐπιτελεῖσθε;
갈 5:5	ἡμεῖς γὰρ πνεύματι ἐκ πίστεως ἐλπίδα δικαιοσύνης ἀπεκδεχόμεθα
갈 5:16	πνεύματι περιπατεῖτε
갈 5:18	εἰ δὲ πνεύματι ἄγεσθε
갈 5:25	εἰ ζῶμεν πνεύματι
갈 5:25	πνεύματι καὶ στοιχῶμεν
갈 6:1	καταρτίζετε τὸν τοιοῦτον ἐν πνεύματι πραΰτητος
엡 2:18	ἐν ἑνὶ πνεύματι πρὸς τὸν πατέρα
엡 2:22	συνοικοδομεῖσθε εἰς κατοικητήριον τοῦ θεοῦ ἐν πνεύματι
엡 3:5	ὡς νῦν ἀπεκαλύφθη τοῖς ἁγίοις ... προφήταις ἐν πνεύματι
엡 5:18	ἀλλὰ πληροῦσθε ἐν πνεύματι
엡 6:18	προσευχόμενοι ἐν παντὶ καιρῷ ἐν πνεύματι
빌 1:27	στήκετε ἐν ἑνὶ πνεύματι, μιᾷ ψυχῇ συναθλοῦντες
빌 3:3	οἱ πνεύματι θεοῦ λατρεύοντες
골 1:8	ὁ καὶ δηλώσας ἡμῖν τὴν ὑμῶν ἀγάπην ἐν πνεύματι
살전 1:5	ἐγενήθη ... καὶ ἐν πνεύματι ἁγίῳ
딤전 3:16	ἐδικαιώθη ἐν πνεύματι

고전 6:11	καὶ ἐν τῷ πνεύματι τοῦ θεοῦ ἡμῶν
고전 12:9	ἐν τῷ αὐτῷ πνεύματι
고전 12:9	ἐν τῷ ἑνὶ πνεύματι
고후 12:18	οὐ τῷ αὐτῷ πνεύματι περιεπατήσαμεν
엡 1:13	ἐν ᾧ ... ἐσφραγίσθητε τῷ πνεύματι τῆς ἐπαγγελίας τῷ ἁγίῳ

하지만 일차로 언급하는 대상이 사람의 영인 경우(이런 경우가 9회 있다)에는 관사를 붙여 사용한 사례만 계속 나타난다.

롬 1:9　ἐν τῷ πνεύματί μου

롬 8:16　τῷ πνεύματι ἡμῶν ὅτι ἐσμὲν τέκνα θεοῦ

고전 5:3　παρὼν δὲ τῷ πνεύματι

고전 7:34　καὶ τῷ σώματι καὶ τῷ πνεύματι

고전 14:15　προσεύξομαι τῷ πνεύματι[21)]

고전 14:15　ψαλῶ τῷ πνεύματι

고후 2:13　οὐκ ἔσχηκα ἄνεσιν τῷ πνεύματί μου

[?]엡 4:23　ἀνανεοῦσθαι δὲ τῷ πνεύματι τοῦ νοὸς ὑμῶν

골 2:5　ἀλλὰ τῷ πνεύματι σὺν ὑμῖν εἰμι

이 용례를 살펴본 몇 가지 관찰 결과를 정리해본다. (1) 이 경우에 바울이 선호하는 것들이 분명하게 드러난다. πνεύματι/ἐν πνεύματι라는 관용 표현을 쓸 경우, 바울은 관사 없이 사용하는 관습 내지 전형(stereotype)으로 보이는 것을 확실하게 선호한다. 관사를 붙인 다섯 사례들도 쉽게 설명할 수 있다. 우선 고린도전서 6:11은 좌우 균형이 잡힌 전치사구 형태를 띠고 있다. 이 경우에는 "우리 주 예수 그리스도의 이름으로"에 관사를 붙인 것이 πνεύματι 앞에 관사를 붙이게 한 요인이 되었다.[22)] 고린도전서 12:9에 있는 두 사례는 은사들이 다양해도 결국 그 은사들은 "같은 한 성령"에서 나왔음을 논증하는 문맥 속에 자리하고 있다. 문맥 때문에 이런 어구 반복이 나타난 것이다. 고린도후서 12:18도 마찬가지다. 이 구절에서도 "같은" 성령을 강조하다 보니 그런 용례가 나오게 된 것이다. 에베소서 1:13에서는 엄숙함에 가까운 강조가 관사를 붙이게 만들었다. 이 에베소서 구절의 용례와 같은 사례가 πνεῦμα를 목적격으로 사용한 에베소서 4:30에서도 나타난다는 점에 주목하기 바란다.

---

21) 15절에 있는 이 사례들은 이 책 제4장에서 논의한 내용을 참고하라. 여기서 일차로 가리키는 것은 성령의 도우심을 받는 그 자신의 "영"임이 거의 확실하다.

22) 아울러 Easley, "Pauline Use," 311도 같은 견해다.

(2) 관사를 붙이지 않은 사례들 가운데 3분의 1이 넘는 사례가 성령이 그리스도인의 삶에서 하시는 역할을 논한 세 주요 부분인 고린도전서 12-14장, 갈라디아서 5장, 로마서 8장에서 등장한다. 각 경우를 보면 대부분 관사를 동반한 채 **영**을 언급하는 다른 말들이 이 사례들을 에워싸고 있다. 때문에 바울이 이 문맥들에서 이런 관용 표현을 사용하여 나타내고자 하는 의미가 성령이 아닌 다른 것이라고 보는 것은 한마디로 불가능하다.

(3) 다른 대다수 사례와 마찬가지로 문맥상 바울이 πνεύματι나 ἐν πνεύματι라는 말로 나타내고자 하는 의미는 "어떤 한 영으로"가 아니라 "**영**으로"일 수밖에 없다. 따라서 가령 "성"(거룩한)이 "**영**"을 수식해준다는 점 그리고 바울 서신의 다른 곳에서도 영이 능력과 아주 긴밀하게 연결되어 있다는 사실을 생각할 때, 바울이 데살로니가전서 1:5에서 말하려는 의미는 "성령으로"일 수밖에 없다. 고린도후서 3:3도 비슷하다. 수식어인 "살아 계신 하나님"을 고려할 때, 그리고 바울이 뒤이어 **영**과 문자라는 관점에서 두 언약의 사역을 대비하며 논지를 전개해가는 점을 볼 때, πνεύματι θεοῦ ζῶντος라는 말에 나오는 **영**은 오직 살아 계신 하나님의 **영**인 성령을 가리킬 수밖에 없다. 이 목록에 들어 있는 항목 대다수가 이와 똑같다는 것은 누구라도 제시할 수 있다.

(4) 우리는 여기서 κατὰ πνεῦμα 및 κατὰ σάρκα와 비슷하게 일종의 전형으로 굳어진 용례를 다루고 있다.[23] 이런 용례가 일종의 전형이라는 점은 결국 다른 말들도 이런 방식을 따라 여격으로 사용할 경우에 똑같은 현상이 나타난다는 사실에서 분명하게 알 수 있다. 이런 현상은, 서로 반

23) 이 관용 표현이 어찌나 분명하게 하나의 전형으로 자리 잡았던지, Bultmann은 이 표현을 "황홀한 흥분상태를 가리키는 관용 표현"(a formula of ecstasy; *2 Corinthians*, 97)으로 여길 정도였다. 그러나 그 견해는 본질상 적절한 것 같지 않다. 이런 표현들 가운데 대다수는 황홀경 자체와 아무 상관이 없기 때문이다. 만일 어떤 사람이 **영**으로(πνεύματι) 말미암아 방언한다면(고전 14:2), 그는 **영**으로(πνεύματι) 말미암아 행하는 것이다(갈 5:16, 25). 그러나 그런 주장은 어떤 관용 표현이 존재함을 분명하게 인정하는 것이다.

대되는 말로서 한 쌍을 이루고 있는 "율법"과 "은혜"처럼, πνεῦμα와 자연스럽게 대비되는 σάρξ(육)에서도 특히 그대로 나타난다. 이 말들을 주격과 목적격으로 사용한 경우에는 거의 항상 관사가 붙어 있다. 그러나 여격으로(도구나 수단을 나타내는 의미로) 사용한 경우에는 십중팔구 관사가 붙어 있지 않다. 바울은 "육(肉)으로"(in / by *the* flesh)라는 의미일 수밖에 없는 σαρκί/ἐν σαρκί와 나란히 πνεύματί/ἐν πνεύματι를 놓아둔다. 바울이 이럴 수 있다는 것은 그가 이 πνεύματί/ἐν πνεύματι라는 관용 표현으로 말하고자 하는 의미 역시—늘—"**영**으로"(in / by *the* Spirit)라는 것을 분명하게 보여주는 증거다.

결론. 우선 이런 분석은 필시 관사가 있고 없음을 기준으로 바울이 가리키고자 하는 것이 성령인지 아닌지 결정하려는 사고를 종식시키는 데 도움을 줄 것이다. 증거는 바울이 하나님의 활동을 가리키는 말로 πνεῦμα라는 말을 사용할 경우 그가 "어떤 한 영"이나 "한 거룩한 영" 같은 말을 전혀 알지 못한다는 것을 확증해준다. 바울은 그 경우 살아 계신 하나님의 **영**인 성령 바로 그분을 오로지 그리고 늘 의미한다.[24] 고린도후서 13:13[14] 같은 본문이 이 모든 것을 확증해준다. 이 구절을 보면, 성령이 그리스도 및 성부 하나님과 나란히 삼위 형태를 이루면서 이 두 분과 구분되는 분으로 등장한다. 마땅히 그래야 하지만, 누군가가 바울의 이해에 철저히 전제가 되는 본문으로 논의를 시작한 뒤, 뒤이어 삼위 하나님이 각기 행하시는 활동들을 언급하는 많은 구원론 관련 본문들이 이런 삼위 공식(triadic formula)을 얼마나 많이 전제하고 있는지 간파한다면, 바울의

24) 바울에 관한 한, Francis가 내놓은 연구("Holy Spirit")가 아주 부적절한 연구가 되어버리는 것도 결국 이 증거 때문인 것 같다. 그는 사람을 강조한 사례들(관사를 붙임)과 능력을 강조한 사례들(관사를 붙이지 않음)을 구별하려고 시도한다(그러나 성공하지 못했다). 하지만 πνεῦμα를 주격으로 사용한 경우에는 늘 관사가 붙고 여격으로 사용한 경우에는 거의 관사가 붙지 않는다는 사실은 Francis가 내린 결론들을 이미 시사하고 있다. "사람"이 아니라 "능력"을 가리킬 요량으로 "받음"과 "줌"이라는 말을 전제한 것이라 한다면, 확신하건대 바울이 πνεῦμα를 사용한 사례들을 아주 많이 놓쳐버릴 것이다.

용례를 달리 보는 견해가 뿌리를 내렸다는 사실을 기이하게 여길 수밖에 없다.

그뿐만이 아니다. 이런 증거는 데살로니가후서 2:13이나 고린도전서 14:2, 고린도후서 6:6, 에베소서 2:18, 5:18, 6:18 같은 본문들을 사람의 영을 가리키는 본문으로 이해하려는 번역들과 주석가들에게 철저히 불리하게 작용한다. 이 본문들을 주해해보면 드러나듯이, 각 경우에 πνεῦμα는 오로지 성령만을 가리킬 수 있다. 여기서 제시하는 용례에서 나타나는 증거는 그런 주해를 완전하게 실증해준다.

아울러 언급해야 할 것이 있다(이것은 다음 항목에서도 좀더 다룰 것이다). 그건 바로 바울이 확실하게 사람의 영을 가리키는 본문에서는 πνεῦμα에 관사를 붙이지 않은 경우가 단 한 번도 나오지 않는다는 점이다. 따라서 이 모든 것이 아주 어려운 용례인 로마서 12:11을 해결하는 실마리가 될 수도 있다. 로마서 12:11에서는 문맥을 살피는 방법을 사용한다 해도 τῷ πνεύματι ζέοντες가 "사람의 영 안에" 열심을 품으라는 의미인지 아니면 "성령으로 말미암아" 열심을 품으라는 의미인지 확정할 수가 없다. 앞서 제시한 증거에 비춰볼 때, 여기서는 관사를 사용한 것으로 보아 πνεῦμα가 사람의 영을 가리키는 것 같지만, "사람의 영 안에"와 "성령으로 말미암아"를 모두 의미하는 경우일 수도 있다(이에 관한 내용은 뒤를 보라).

▪ 성령 또는 사람의 영

우리가 앞에서 말했듯이, 바울이 πνεῦμα를 사용한 사례들 가운데 대다수는 각 사례에서 πνεῦμα가 갖는 의미를 아주 확실하게 결정할 수 있다. 그러나 바울이 πνεῦμα라는 말을 사용한 경우 가운데 두 가지 유형은 분명한 의미를 밝혀내기 힘들다. 그 이유는 무엇보다 이 두 유형에서 바울이 이 말을 조금은 불안정하게 사용하는 것처럼 보이기 때문이다. 이 두 유형 가운데 하나는 고린도전서 12-14장에서 πνεῦμα의 복수형인 πνεύματα를 사용한 세 사례다. 다른 한 유형은 바울이 "내 영"을 이야기하는 몇몇 본문들과 관련 있는데, 이 경우에도 문맥을 살펴보면 비단 그의 영뿐 아니라 성령도 아주 많이 염두에 두고 있음을 분명히 알 수 있다. 이 본문들에 들어 있는 πνεῦμα의 의미는 십중팔구 바울이 품고 있는 다음과 같은 명백한 확신에서 그 해답을 찾을 수 있다. 바울은 신자의 영을, 하나님 바로 그분의 **영**으로 말미암아 사람의 영과 하나님의 **영**이 그 신자의 삶 속에서 서로 결부하는 장소라고 확신한다.

이 모호한 부분들을 해결할 해답은 우선 πνεῦμα의 복수형이 등장하는 고린도전서 12-14장의 세 곳에서 찾을 수 있다. 그 세 곳은 "영들을 분별함"(12:10), "너희는 영들을 소유하려고 열심을 내는 자들이므로"(14:12),[3] 그리고 "예언하는 자들의 영들은 예언하는 자들에게 제재를 받나니"(14:32)이다. 문제를 해결할 열쇠는 14:32이 자리한 문맥이다. 여기서 "예언하는 자들의 영들(πνεύματα)"은 십중팔구 "예언의 **영**"(the prophetic Spirit)을 가리키는 게 확실하다. 각 예언자는 이 예언의 **영**으로 말미암아 자기 자신의 영을 통하여 말한다.[25] 따라서 하나님의 **영**에 감동되어 예언을 하는 것은 각 예언자에게 달려 있으나, 공동체 안에 있는 다른 이들은 마땅히 이 예언을 "분별"해야 한다. 이 복수형들 배후에 자리하고 있는 명백한 상호 결부를 포착하려 한다면, 이 14:32의 "영들"은, 좀 거칠지만 "예언자들의 **영**/영들"(S/spirit of the prophets)로 번역하는 것이 가장 좋을 것 같다. 이 점은 이 책 제4장에서 논증해보겠다.

---

25) Fee, *1 Corinthians*, 696을 보라. 그리고 뒤의 제4장의 논의를 참고하라. 고전 12:4, 8-11은 "같은 성령, 한 성령, 같은 한 성령"이라는 말로 바울 자신이 복수(複數)의 "선한 영들"을 믿었다는 것을 힘써 부인한다. 바울의 이런 생각이 여러 영들이 존재한다고 생각했던 고린도 사람들의 개념과 충돌을 빚었는지 여부는 아직 해결되지 않은 채 남아 있다. 사람들을 일컬어 영들을 소유하려고 열심을 내는 자들이라 말하며 흥미로운 주장을 펼치는 14:12에서는 적어도 많은 영들을 말하고 있다고 볼 수 있다. 그러나 바울 자신이 이 "영들"이라는 말을 구사한 14:32에서는 그 "영들"이 많은 영들을 의미할 수가 없다. 이 구절에서 바울이 쓴 말은 여기서 제시한 개념(즉 "예언의 영")에 더 가까운 무언가를 시사한다.

이 용례는 다시 다음 문구들을 해결하는 실마리가 된다.

고전 5:3 παρὼν δὲ τῷ πνεύματι

고전 5:4 συναχθέντων ὑμῶν καὶ τοῦ ἐμοῦ πνεύματος

고전 6:17 ὁ δὲ κολλώμενος τῷ κυρίῳ ἓν πνεῦμά ἐστιν

고전 14:14 τὸ πνεῦμά μου προσεύχεται

고전 14:15 προσεύξομαι τῷ πνεύματι

고전 14:15 ψαλῶ τῷ πνεύματι

골 2:5 ἀλλὰ τῷ πνεύματι σὺν ὑμῖν εἰμι

이 문구들은 (πνεῦμα를 주격, 소유격, 여격으로 사용했다는 점에서 – 옮긴이) 서로 다른 세 가지 유형의 본문과 언어를 표현하고 있지만, 각 유형을 해결하는 방법은 십중팔구 비슷할 것 같다. 모든 경우에 πνεῦμα는 "**영**/영"(S/spirit)으로 해석하는 것이 가장 좋을 것 같다. 이것이 바울이 사용한 다소 유동적인 언어가 의도하는 의미에 거의 가깝기 때문이다. 따라서 바울이 고린도전서 14:14-15에서 결국 가리키고자 하는 것은 하나님의 **영**이다. 이 **영**이 내가 기도함을 통하여 기도하신다. 그러므로 바울은 그 자신의 영이 예배한다는 의미에서 내 "**영**/영이 기도한다/찬송한다"라고 말하지만, 이것을 알려주는 것은 그 안에 들어와 거하시는 하나님의 **영**이 직접 끼친 영향이다. 이와 비슷하게 고린도전서 6:12-20의 모든 논증도 17절이 말하는 의미가 "주와 합하는 자는 그분과 한 영/**영**이 된다"는 것임을 시사한다. 고린도전서 5:3-5도 구사하는 말은 다르지만 같은 의미다. 여기서 바울은 자신이 "**영**/영으로" 그들의 모임 가운데 함께 있다고 말한다. 이런 용례 – 그리고 이 용례가 안고 있는 난점들 – 에 비추어볼 때, 어쩌면 로마서 12:11도 결국은 이렇게[즉 "**영**/영으로(**영**/영 안에) 열심을 품다"라는 의미로] 이해해야 하지 않을까 싶다.

어쨌든 이런 식으로 바울이 구사하는 그리스어를 현학적으로 해석하는 것이 이 다양한 본문의 의미에 도달하는 길인 것 같다. 이런 해석은 바울이 성령이 여러 가지 모양으로 나타나심을 실제로 표현할 때 "영"(spirit)과 "**영**"(Spirit)이 긴밀하게 연관되어 있는 것으로 이해했음을 보여준다.

▪ "…의 **영**"(the Spirit of) 또는 "…의 영"(a spirit of)

현존하는 바울 서신을 보면, 바울이 πνεῦμα를 어떤 성질이나 태도를 가리키는 소유격 수식어와 함께 사용한 사례가 11회 나타난다.[26] 이런 사례들에서는 바울이 태도와 관련된 무언가를 더 엄밀하게 말하려고 하는 것인지 아니면 사실은 소유격으로 언급한 성질들(자질들)을 만들어내는 **영**을 가리키는 것인지는 곧장 확실하게 밝혀내기가 불가능하다[가령 고전 4:21이 말하는 것은 "온유의 영"(온유한 영)일 수도 있고 "온유의 **영**"(온유함을 가져다주는 성령)일 수도 있다]. 본문의 배경과 문맥은 바울이 이 용례에서 성령을 우선 염두에 두고 있음을 시사한다. 물론 몇몇 사례에서는 문제를 완전히 해결할 수 없을 정도로 모호한 부분이 여전히 남아 있다.

이 용례 자체는 바울이 분명 자신의 성경 읽기로부터 채택한 것으로 셈어가 가진 독특한 특징을 보여준다. 구약의 개념을 따르자면,[27] 인간이 갖고 있는 "영"은 인간이라는 존재가 본디 갖고 있는 것이 아니다. 오히려 인간이 살아 있다(따라서 "숨을 쉰다")는 사실 자체는 그들이 생명의 πνεῦμα(=생명의 숨/영)를 받았다는 것을 의미했다. 인간을 그런 존재로 보았다

---

26) 고전 2:12(τοῦ κόσμου, "세상의"); 4:21[πραΰτητος, "온유의"(개역개정: "온유한"); 참고. 갈 6:1]; 고후 4:13(τῆς πίστεως, "믿음의"); 롬 1:4(ἁγιωσύνης, "성결의"); 8:15(δουλείας, "종의"); 8:15(υἱοθεσίας, "양자의"); 11:8[칠십인경][κατανύξεως, "혼미의"(개역개정: "혼미한")]; 엡 1:17(σοφίας και. ἀποκαλύψεως, "지혜와 계시의"); 4:23(τοῦ νοὸς ὑμῶν, "너희 심령의"); 딤후 1:7[δειλίας…δυνάμεως καὶ ἀγάπης καὶ σωφρονισμοῦ, "두려움의…능력과 사랑과 절제의"(개역개정: "두려워하는…능력과 사랑과 절제하는")].

27) 구약성경의 רוּח (rûaḥ; 칠십인경 πνεῦμα) 용례를 모두 살펴보는 데 도움을 주는 글을 보려면, F. Baumgärtel, *TDNT* 6. 359-68; 그리고 E. Kamlah, *NIDNTT* 3. 689-93을 보라.

는 것은 그렇게 "살아 있는 존재들"이 펼치는 많은 활동과 그들이 가진 많은 성향을, 그들이 "…의 영"을 가졌다는 관점에서 또는 "…의 영"을 부여받았다는 관점에서 표현했음을 의미했다.[28] 이것은 그들이 한 개인으로서 "…의 영"이라 불리는 실재 내지 "실체"를 받았다는 뜻이 아니라 하나님이 그들 속에 생명의 πνεῦμα를 불어넣어주심으로 그들이 어떤 성질들이나 성향들을 드러내게 되었다는 의미였다. 이런 점에서 그들은 그런 "영"을 부여받은 이들이었다. 때로 "…의 영"이라는 말은 바로 그런 행동이나 태도 자체를 완곡하게 표현하는 말이기도 하다. 또 다른 경우에는, 그중에서도 특히 그런 "…의 영"이라는 말이 하나님이 하나님의 일을 행하도록 부른 특정인들에게 부어주신 당신 자신의 영과 결합될 때에는, "…의 영"이라는 말이 그런 사람들에게 그런 성향으로 능력을 부여하는 "성령"에 아주 가까운 의미가 된다.[29]

바울 서신에서 이런 문구가 나타나는 11번의 사례를 보면, 이런 용법이 모든 사례에서 나타나는 것 같다. 우선 순전히 어떤 태도나 성향을 완곡하게 표현한 경우로 보이는 사례들이 있다. 바울이 로마서 11:8["혼미의 영"(개역개정: "혼미한 영")]에서 칠십인경을 인용한 사례가 특히 그렇다.[30] 이와 관련하여 고린도전서 4:21에 있는 "온유의 영"(개역개정: "온유한 영")을 참고하기 바란다. 그런가 하면 이 11번의 사례 가운데 대다수는 신자들의 삶 속에 임재하신 성령과 관련된 무언가를 표현하는 경향이 있다. 가령 바울이 죄를 지은 사람을 온유한 심령으로(ἐν πνεύματι πραΰτητος) 회복시킬 것을 당부한 갈라디아서 6:1은 고린도전서 4:21에 있는 문구를 되풀이하는데, 이 갈라디아서 6:1에서 말하는 영은 문맥상 성령을 함께 더하여 가리키는 것으로 봐야 할 것 같다. 즉 여기서 말하는 영은 여전히 신자의 태도

---

28) 가령 민 5:14, 30["시기의 영"(개역개정: "의심")]; 신 34:9("지혜의 영"); 사 61:3["낙심의 영"(개역개정: "근심")]을 보라.

29) 특히 출 31:3과 35:31(브살렐의 경우다. 여기서는 "…의 **영**"이라는 말을 실제로 "하나님의"라는 말이 수식한다)과 사 11:2(메시아의 경우다)을 보라.

30) 이렇게 (다른 성경 구절을) "병합하여" 인용한 경우를 살펴보려면, 이 책 제7장의 논의를 보라.

를 가리키지만, 이 태도는 이제 성령의 열매인 태도이기도 하다. (갈라디아서 5:16부터) 여기까지 바울이 전개하는 논증은 모두 성령 안에서 살아가는 삶과 관련 있으며, 그 성령의 열매 가운데 하나가 πραΰτης("온유"; 5:23)다. 결국 바울은 6:1에서 다시 이 성령의 열매를 죄를 지은 자를 회복시킬 방도 내지 방법으로 이야기하는 것이다.

이와 비슷한 용례가 로마서 8:15에서 등장한다. 그러나 이번에는 이 용례가 바울이 뭔가를 대조할 때 쓰는 표준 문구인 "…아니하고 도리어…"(not ... but) 사례들(참고. 고전 2:12; 딤후 1:7) 가운데 하나로 등장한다. 영역(英譯) 성경들은 이 문구의 부정 부분(…아니하고)은 "…의 영"으로 번역하고 긍정 부분(도리어…)은 모호하게 처리하는 경향이 있다[어떤 때는 "도리어 …의 **영**"(but the Spirit)으로 번역하고 어떤 때는 "도리어 …의 영"(but a spirit)이라고 번역한다]. 여기서 바울의 용례는 확실하다. 각 경우에 바울은 그들이 성령을 받았다는 것을 말하려 한다. 이때 이 성령은 "세상"으로부터 온 것도 아니요, 사람들을 "종"으로 만들거나 사람들에게 "두려움"을 가져다주는 것도 아니다. 도리어 이 **영**은 하나님으로부터 왔으며(고전 2:12), 사람들을 하나님의 "양자"가 되게 하고(롬 8:15) "능력과 사랑과 절제"(딤후 1:7)를 가져다준다. 지금까지 말한 모든 것을 다른 각도에서 정리해본다면, 바울이 "양자의 **영**", "하나님의 **영**", "능력과 사랑과 절제의 **영**"(개역개정: "능력과 사랑과 절제하는 영")을 이야기할 때 성령이 아닌 다른 어떤 것을 가리키고 있다고 상상하는 이들이 생겨난 것은 결국 바울이 자신의 관심사를 강한 부정문을 써서 제시했기 때문에 빚어진 결과가 아닌가 하는 생각이 든다. 도리어 이렇게 분명하고 확실한 용례들 덕분에 우리는 다른 사례들에서도 역시 그런 방향으로(즉 바울이 말하는 영이 신자의 태도뿐 아니라 성령도 함께 가리키는 것으로) 보게 된다. 물론 그렇게 확신할 수 없는 사례도 일부 있다.

결국 후자처럼 확신할 수 없는 사례들은 문맥을 살펴봐야 해결할 수 있다. 바울은 분명 로마서 8:2에서 성령을 "생명의 **영**"(=생명을 가져다주는

영)으로 제시하려 한다. 로마서 1:4(성결함이라는 특징을 지닌 **영**), 고린도후서 4:13(믿음을 가져다주는 **영**), 에베소서 1:17(지혜와 계시를 주는 **영**)에서도 마찬가지다. 갈라디아서 6:1의 용례는 고린도전서 4:21에 있는 동일한 문구를 해결하는 실마리가 될 수도 있다. 물론 고린도전서 4:21에서는 "영"이라는 말(개역개정: "마음")이 우선 바울 자신의 태도를 강조하는 말일 가능성이 더 높다. 그러나 이 구절에서도 소유격으로 표현한 자질을 강조하긴 하지만, 바울이 온유의(온유한) πνεῦμα를 이야기하고 있음을 볼 때, 이 πνεῦμα는 그런 자질의 "영"을 가리킨다기보다 그런 자질의 원천인 **영**을 가리킨다고 본다.

따라서 바울은 심지어 πνεῦμα를 어떤 인격체를 가리키지 않는 개념으로 사용한 것처럼 보이는 경우에도 이 πνεῦμα라는 말을 뽑아 쓰는 것 같다. 그 이유는 그가 언급하는 성품이나 자질이 **영** 자신의 성품이거나 그 **영**이 신자의 삶 속에서 활동하신 결과이기 때문이다.

▪ 형용사 πνευματικός의 의미[31]

이 말은 신약성경에서 거의 유일하게 바울만이 사용하는 말이다. 신약성경에서는 이 말이 26회 등장하는데, 그중 24회가 바울 서신에서 등장하며, 고린도전서 한 곳에서만 15회가 등장한다.[32] 이 말은 다양한 형태로 나타난다.

---

31) 신약성경에 나오는 이 말을 설명한 글을 보려면, E. G. Selwyn, *The First Epistle of St. Peter* (London: Macmillan, 1946), 281-84의 "Additional Note"를 보라. 이 글이 도움이 되긴 하지만, 나는 이 글과 조금 다른 방향으로 나아가려 한다. 아울러 간단하면서도 유익한 개관을 담은 Schweizer, *TDNT* 6. 436-37을 보라.

32) 부사인 πνευματικῶς는 신약성경에서 단 한 번, 고전 2:14에서만 나온다. 이 말은 이 구절에서, Selwyn의 주장(*1 Peter*, 283)과 달리, 분명 **영**을 가리킨다(=**영**으로 분별되기 때문이라). 이 책 제4장을 보라.

(a) 명사와 같은 역할을 하는 경우

(i) 남성으로 등장하는 경우(사람들을 가리킨다)

고전 2:15 ὁ δὲ πνευματικὸς ἀνακρίνει πάντα

갈 6:1 ὑμεῖς οἱ πνευματικοὶ καταρτίζετε τὸν τοιοῦτον

(ii) 중성(복수)으로 등장하는 경우

롬 15:27 εἰ γὰρ τοῖς πνευματικοῖς αὐτῶν ἐκοινώνησαν τὰ ἔθνη

고전 2:13 διδακτοῖς πνεύματος, πνευματικὰ πνευματικοῖς συγκρίνοντες

고전 9:11 εἰ ἡμεῖς ὑμῖν τὰ πνευματικὰ ἐσπείραμεν

고전 12:1 περὶ δὲ τῶν πνευματικῶν

고전 14:1 ζηλοῦτε δὲ τὰ πνευματικά

(iii) 중성 복수로 등장하는 경우(귀신인 영들을 가리킨다)

엡 6:12 πρὸς τὰ πνευματικὰ τῆς πονηρίας ἐν τοῖς ἐπουρανίοις

(b) 형용사로 등장하는 경우

(i) 사람들을 가리키는 경우

고전 3:1 οὐκ ἠδυνήθην λαλῆσαι ὑμῖν ὡς πνευματικοῖς

고전 14:37 εἴ τις δοκεῖ προφήτης εἶναι ἢ πνευματικός

(ii) 인격체가 아닌 명사들을 수식하는 경우

롬 1:11 ἵνα τι μεταδῶ χάρισμα ὑμῖν πνευματικόν

롬 7:14 ὁ νόμος πνευματικός ἐστιν

고전 2:13 διδακτοῖς πνεύματος, πνευματικοῖς πνευματικὰ συγκρίνοντες

고전 10:3 πάντες τὸ αὐτὸ πνευματικὸν βρῶμα ἔφαγον

고전 10:4 καὶ πάντες τὸ αὐτὸ πνευματικὸν ἔπιον πόμα

고전 10:4 ἔπινον γὰρ ἐκ πνευματικῆς ἀκολουθούσης πέτρας

고전 15:44 ἐγείρεται σῶμα πνευματικόν

고전 15:44 ἔστιν σῶμα ψυχικὸν, ἔστιν καὶ πνευματικόν

고전 15:46 ἀλλ' οὐ πρῶτον τὸ πνευματικόν ἀλλὰ τό ψυχικόν

고전 15:46 ἔπειτα τὸ πνευματικόν

엡 1:3 ὁ εὐλογήσας ἡμᾶς ἐν πάσῃ εὐλογίᾳ πνευματικῇ

엡 5:19 ἐν ψαλμοῖς καὶ ὕμνοις καὶ ᾠδαῖς πνευματικαῖς

골 1:9 ἐν πάσῃ σοφίᾳ καὶ συνέσει πνευματικῇ

골 3:16 ψαλμοῖς ὕμνοις ᾠδαῖς πνευματικαῖς

이 πνευματικός라는 말 역시 신약성경에서 바울의 특징을 강하게 담고 있는 말들 가운데 하나다. 칠십인경에는 이 말이 나오지 않는다. 고전 그리스어와 헬레니즘 그리스어에서는 이 말이 우선 바람이나 공기와 관련을 맺고 있다. 따라서 이 말은 헬레니즘 문헌에서 인간의 πνεῦμα와 관련된 형용사로서 드물게 발견할 수 있을 뿐이다.[33)]

보기 드문 빈곤한 영어 표현 때문에 이 πνευματικός라는 말이 바울 서신에서 가지는 의미가 명확히 드러나지 않는 점은 불행한 일이다. 영역 성경들은 이 말을 거의 대부분 오로지 소문자로 시작하는 "spiritual"로 번역해놓았다. 이렇게 번역해놓으면 결국 이 말은 그 의미를 "명확하게 파악하기 힘든" 말 가운데 하나가 되어버린다. 이 말을 사용하는 자가 마음대로 그 의미를 좌지우지하곤 하는(그렇다면 이 말을 사용하는 자는 이 말의 의미를 명확히 규정할 수 있어야 하는데도 정작 그 사람조차 종종 그리하지 못하는) 말이 되어버리는 것이다. 그러나 그런 사용자들이 사용하는 의미가 바울이 염두에 둔 의미에 접근한 경우는 거의 없다. 바울의 용례에서는 이 말이 무엇보다 **영**의 형용사 역할을 하면서, **영에 속한 것**, **영에 딸려 있는**

33) 이와 가장 가까운 말이 필론이 쓴 모호한 한 문구다(*Her.* 242). 바울보다 조금 뒤에 나온 플루타르코스의 글에서는 이 말을 인간 존재에서 물질이 아닌 부분을 가리키는 말로 사용한다. 그러나 이 문구도 논쟁 대상이다.

것을 가리킨다(몇 가지 점을 살펴보면, 이 점이 확실하게 드러난다).

이 형용사의 기본 의미. 이 πνευματικός라는 말 자체는 -ικος로 끝나고 그에 상응하는 명사들로부터 만들어져 그 상응하는 명사에 "속하는, 또는 딸려 있는"[34]이라는 의미를 가진 형용사들 가운데 하나다. 그리하여 고린도전서 11:20의 κυριακός가 "주"를 지칭하는 형용사이고(따라서 "주께 딸린 만찬"이나 "주의 만찬"이라는 의미가 된다) σαρκικός가 "육"(肉)의 형용사로서 육에 속한 것 또는 육에 딸린 것을 의미하듯이, πνευματικός는 πνεῦμα의 형용사로서 "**영**"에 속한 것이나 "**영**"에 딸린 것을 의미한다. 바울 서신에서는 πνεῦμα라는 말이 먼저 성령을 가리키기 때문에 이 말에 상응하는 형용사인 πνευματικός도 비슷한 기능을 하리라고 예상할 수 있다. 사실 바울이 이 형용사를 사용한 사례들에서는 그가 사람의 "육적" 본질 내지 "세상에 속한" 본질과 대립하는 의미로 사람의 "영적"(=내면의 또는 육이 아닌) 본질을 언급한 경우가 한 번도 없다.

바울의 용례(남성 단수/복수로 쓴 경우). 이 말은 고린도전서에서 처음으로 등장한다. 이 용례를 보면, 바울과 고린도 공동체 사이의 다툼이 이 말을 사용하는 계기가 되었음을 강하게 시사한다. 다른 곳에서야 어떠하든, 여기서는 바울과 고린도 사람들이—"영적"이라는 말이 무슨 의미인가를 놓고—불화를 빚고 있다. 이 불화는 특히 **영**의 사람들이 무슨 의미인가와 관련 있다. 그리하여 바울은 고린도전서의 몇몇 논증 문맥에서 πνευματικός라는 말을 사용하는데(2:6-3:1; 12:1-14:40; 15:44-46), 이 말은 십중팔구 **영**의 사람들(πνευματικοί)인 하나님 백성을 가리키거나 특히 **영**의 영역에 속하는 다양한 활동들과 실재들을 가리킨다.

2:6-3:4의 논증은 특히 방금 앞에서 말한 πνευματικός의 의미와 관련 있다. 이 대목에서 이 말이 아주 많이 등장하기 때문이다[2:14에 있는 부사

---

34) W. F. Howard, MHT 2. 377-79을 보라; 참고. Selwyn, *1 Peter*, 282. Selwyn은 이 형용사들을 "…과 관련된"(concerned with)으로 번역한다.

(πνευματικῶς)까지 포함하면 5회나 등장한다]. 바울은 스스로 πνευματικοί(영의 사람들)라 주장하는 이들을 신랄하게 비꼰다. 바울은 이 사람들이 십자가를 우회하여 "지혜"를 찾으면서(1:18-31) 세상으로 벗을 삼고 세상의 지혜로 "영광의 주를 십자가에 못 박았다"고 주장한다! 바울은 이 말로 신자들과 불신자들, 하나님의 지혜의 길을 걸어간 사람들과 그렇지 않은 사람들을 자신이 할 수 있는 범위에서 최대한 두드러지게 대비한다. 이 모든 것에 다가갈 수 있는 열쇠가 바로—고린도 사람들을 포함하여—신자들이 받은 **영**이다. 이 **영**은 "십자가의 미련한 것"이 하나님의 지혜임을 계시해주셨다(2:10). 오직 하나님의 **영**만이 하나님의 마음을 알고 그 마음을 우리에게 계시해주시기 때문이다(11절). 우리는 그 **영**을 받을 때 세상과 같은 생각을 하게 만드는 영이 아니라 하나님 바로 그분의 **영**으로 받았다. 이 **영**이 우리 삶 속에 임재하심으로 우리는 하나님이 우리를 위하여 은혜로 행하신 일들을 깨닫는다(12절). 따라서 우리가 (십자가에 못 박히신 그리스도에 관하여: 참고. 2절) 말하는 것들은 사람의 지혜와 궤를 같이하는 것이 아니라 그 **영**이 우리에게 가르쳐주신 것이다(13절). 이것은 곧 우리가 πνευματικά("**영**의 일들"; 즉, 하나님의 **영**이 당신 뜻을 따라 우리에게 주신 것들, 12절)를 πνευματικοῖς("**영**의 방법으로": 즉, 그 **영**이 가르쳐주신 말씀이라는 방법으로)로[35] 설명한다는 뜻이다.

바울은 또 14절에서 하나님이 십자가에서 행하신 일들을 **영**을 통해 이해하는 우리와 대비되는 사람들로 **육에 속한**(*psychikos*) 사람(말 그대로 하나님의 **영**을 갖지 않은 사람)이 있다고 계속 이야기한다. 이런 사람은 하나님의 **영**에 속한 것들을 받지 않는다. 실제로 그것들을 알지도 못한다. 그런 것들은 오로지 "**영**의" 방법들을 통해(즉 **영**을 통해) 분별할 수 있기 때문이다. 반면 신령한 사람(**영**의 사람)은 모든 것을 분별한다(15절). 이는 바로 신자들이 **영**을 통해 그리스도의 마음을 받았기 때문이다(16절).

35) 이 복잡한 구절의 의미를 살펴보려면, 이 책 제4장의 주석을 보라.

그런 다음 바울은 3:1-4에서 완전히 비꼬는 말투를 구사하며 자신의 우월함을 과시한다. 그들은 자신들을 **영**의 사람들로 여긴다. 그들은 실제로 **영**의 사람들이다. 그러나 그들의 생각과 행동은 **영**의 사람이 아닌 사람들이 하는 생각과 행동이다. 그래서 바울은 그들을 그저 철부지 아이들로 대한다. 바울은 그들이 다툼과 분란을 계속한다면 그들은 그저 사람들, 다시 말해 **영**을 갖지 않은 사람들과 똑같이 행동하는 게 아니냐고 묻는다. 물론 바울이 주장하는 요지는 "다툼을 멈춰라"다. 내가 강조하고자 하는 것은 바울이 오직 **영**을 기준으로 신자와 불신자를 구별한다는 점이다. 하나님 백성은 **영**을 갖고 있으며, 바로 그 사실 때문에 "**영**적"이다(=**영**의 사람들이다). 반면 다른 이들은 **영**을 갖고 있지 않으며, "**영**적"이라는 말의 의미로서 (바울이 생각하는) 어떤 의미에 비추어봐도 결코 "**영**적"일 수 없는 이들이다. 그들에게는 "**영**에 속한" 삶을 정의하는 유일한 기준, 곧 살아 계신 하나님의 **영**이 없기 때문이다.[36)]

고린도전서 12:1, 14:1, 14:37, 갈라디아서 6:1, 로마서 1:11, 골로새서 1:9, 3:16, 에베소서 5:19 같은 본문들 역시 **영**의 사람들 그리고/또는 **영**이 하는 활동들에 해당하는 πνευματικός를 똑같이 강조한다. 따라서 가령 갈라디아서 6:1을 보면, **영**이 인도하는 대로 걸어감/살아감/존재함을 말하는 문맥에서 οἱ πνευματικοί(개역개정: 신령한 너희)가 가리킬 수 있는 이는 오로지 **영**이 인도하는 대로 걸어가는/살아가는/존재하는 사람들뿐이다. 심지어 이 말을 좋지 않은 뜻으로 사용하는 에베소서 6:12도 이런

---

36) 참고. Schweizer, *TDNT* 6.436-37. 이 모든 것에 비춰볼 때, 그리고 특히 아주 적은 경우지만 이 말을 사람들 자체를 가리키는 말로 사용한다는 점에서(고전 2:15; 3:1; 14:37; 갈 6:1), "고대에는 이 이름이 자신들을 여기 이 세상에서 이미 '구원'이라는 최종 목표에 어느 정도 도달한 이들로 여겼던 사람들이 그들 자신을 지칭하는 전문술어와 거의 같은 말이었다"라고 역설한 Betz의 주장이 과연 옳은 말인지 의아해하는 이가 있다[H. D. Betz, "In Defense of the Spirit: Paul's Letter to the Galatians as a Document of Early Christian Apologetics," in *Aspects of Religious Propaganda in Judaism and Early Christianity* (ed. E. Schüssler Fiorenza: Notre Dame, 1976), 99-114 (106)]. 나는 이것이 고린도 사람들의 태도였다는 데 동의하고 싶지만, 고린도전서 자체를 벗어나면 이를 지지하는 증거가 있는가가 문제다.

이해를 확증해준다. 이 구절을 보면, 중성 복수형인 이 말이 "악한 영의 세력들"을 가리킨다. 오직 한 분뿐이신 성령이 계시듯이, 악한 영인 많은 "영들"이 있다(엡 2:2). 이 영들은 세상에서 일하면서 이 세상을 찢어놓고 파괴한다(참고. 복수형인 딤전 4:1의 "영들").

중성 복수로 쓴 경우. 이것들은 더 어려운 사례다. 여기서는 사람의 삶을 지탱해주는 물질을 "육에 속한 것"(physical)으로 규정하면서 "**영**에 속한 것"(spiritual)으로 규정한 복음의 혜택들과 대조되는 것으로 본다. 또 몇몇 사례에서는 πνευματικός라는 형용사가 인격체가 아닌 것을 가리키는 명사를 수식한다. 그러나 이 본문들을 주해해보면 드러날 터이지만, 여기서도 결국 그 형용사가 가리키는 것은 **영**이라고 주장할 수 있다. 가령 "육에 속한 것"으로 규정한 물질은 이 땅에서 살아가는 데 필요한 물질들과 관련 있다. 그러나 바울이 사람들 사이에서 "**영**에 속한 것들을 (씨 뿌리듯) 뿌린다"라고 말할 때에 "**영**에 속한"이라는 말은 "종교성이 강한"(경건한, religious) 등등과 같은 의미가 아니라 오히려 복음을 가리킨다. **영**은 이 복음에서 핵심 역할을 한다. 따라서 고린도전서 9:11과 로마서 15:27 같은 본문들에서도 τὰ πνευματικά는 "**영**의 것들"을 가리키고 있을 가능성이 아주 높다. 이 말과 관련하여 가장 모호한 용례는 아마도 에베소서 1:3("찬송하리로다. 하나님 곧 우리 주 예수 그리스도의 아버지께서 그리스도 안에서 하늘에 속한 모든 신령한 복을 우리에게 주시되")일 것 같다. 이 구절에서 "하늘"이라는 말이 나타나기 때문이다. 일부 사람들은 이 말이 땅의 복들과 대비되는 "하늘의" 복들을 의미한다고 주장한다. 하지만 특별히 바울이 이 에베소서의 나머지 부분에서 구사하는 이 말의 용례에 비춰볼 때, 그리고 이 송축문의 맺음 부분인 1:13-14에 비춰볼 때, 바울은 **영**이 그리스도의 사역을 통하여 우리에게 공급해주시는 혜택들로서 1:4-12이 상세히 설명하고 있는 것들을 말하고 있을 가능성이 더 높다. 따라서 골로새서 3:16과 에베소서 5:19에 나오는 "신령한 노래"도 사람들이 **영**에 감동받아 공동체가 모인 자리에서 부르는 노래들을 가리킨다. 또 고린도전서

15:44-46에서도 우리를 기다리는 것은 물질이 아닌 몸이 아니라, "하늘에 속한 초자연적인 몸"으로서 마지막 때에 **영**이 주시는 궁극의 생명(삶)에 맞게 개조된 몸이다.

결론. 이 모든 것을 고려할 때, 바울 서신에 나오는 "**영**의"(**영**적, **영**에 속한)라는 말을 영어로 옮길 때는 소문자로 시작하는 "spiritual"로 옮기지 말아야 한다고 말할 수 있다. 더더욱 그리 말할 수밖에 없는 이유는 사람들이 이 πνευματικός라는 그리스어를 사용한 사례들을 보면서 "spiritual"이 함축한 의미를 생각할 때에 이 말이 "경건한"(종교성이 강한), "물질이 아닌"(이 의미는 바울에게 철저히 생소한 것이었다), "신비로운" 것에 가까운 것, 또는 심지어 "신자 내면의 삶"을 의미하는 경향이 있기 때문이다. 현대 영어에서는 이 말이 사람의 "영"을 가리키고 "영적인 삶"과 관련된 말로 보는 경우가 대부분이지만, 사실 바울의 글에서는 그렇게 보는 경우가 단 한 번도 등장하지 않는다. 바울은 πνευματικός라는 말을 무엇보다 하나님의 **영**을 가리키는 형용사로 본다. 심지어 이 말을 "땅에 속한" 몸 그리고 "물질"과 대비할 때에도 마찬가지다.

▪ 바울이 쓰는 χάρισμα라는 말[37)]

형용사인 πνευματικός와 마찬가지로 χάρισμα(카리스마, 은사)라는 말 역시 신약성경에서는 거의 전부 바울 서신에서만 등장한다. 이 말은 신약성경에서 17회 등장하는데, 그중 16회가 바울 서신에서 나온다.[38)] 실제로 주후

---

37) **참고 문헌**: H. **Conzelmann**, TDNT 9.402-6; **Dunn**, *Jesus*, 205-9; G. D. **Fee**, *DPL*, 339-47; K. S. **Hemphill**, *Spiritual Gifts: Empowering the New Testament Church* (Nashville: Broadman, 1988); J. **Koenig**, *Charismata: God's Gifts for God's People* (Philadelphia: Westminster, 1978); S. **Schatzmann**, *A Pauline Theology of Charismata* (Peabody, Mass.: Hendrickson, 1987).

38) 신약성경의 용례 중 바울 서신 밖에서 나타나는 유일한 사례는 벧전 4:10이다. 이 말은 사도

1세기까지 포함하여 고전 그리스어 문헌에서 이 말이 등장하는 사례로 알려져 있는 경우를 다 합쳐도 바울 서신에서 등장하는 횟수보다 적다.

고린도전서 12장은 이 말을 **영**과 묶어 이야기한다. 그래서 사람들은 보통 이 말을 "영적인 선물들"(spiritual gifts)로 번역한다. 그러나 이 번역어도 πνευματικός의 경우와 마찬가지로 오해를 낳곤 한다. χάρισμα라는 말 자체만 놓고 보면, 성령과 거의 관계가 없거나 아무 관련이 없다. 이 말의 의미가 성령을 함유하는 경우는 오직 문맥상 그리 해석할 수밖에 없거나 분명한 수식어가 있는 경우들뿐이다.

이 경우에 χάρισμα라는 명사는 χάρις(카리스, 은혜)라는 명사로부터 만들어졌으며, 이 은혜라는 추상명사를 구체적으로 표현한다. χάρις는 결국 χάρισμα로 나타난다. 바울이 이 χάρισμα라는 말을 사용한 모든 경우를 보면, 이 말은 은혜가 구체적으로 표현된 것, 다시 말해 "은혜로 주신 것"(gracious bestowment)을 의미한다. 따라서 이 χάρισμα라는 말을 사용한 경우 가운데 거의 절반은 이 말이 전혀 성령을 가리키지 않고 단지 하나님이 당신 백성 가운데에서, 당신 백성의 삶 속에서 당신의 은혜를 증명해 보이시는 다양한 방법을 가리킬 뿐이다. 이렇게 하나님이 증명해 보이신 은혜 중에는 영생(롬 6:23; 참고. 5:15, 16), 하나님이 이스라엘에게 주신 많은 특권들(롬 11:29; 이 구절은 9:4-5을 가리킨다), 독신(獨身)과 혼인(고전 7:7) 그리고 죽을 위기에서 구해주심(고후 1:10)과 같은 다양한 "선물들"이 들어 있다.

반면 이 χάρισμα라는 말은 **영**의 특별한 표현 양상들이나 활동들과 관련을 맺으면서 **영**이 "은혜로 주시는 선물들"을 가리키는 경우도 자주 있다. **영**이 은혜로 주시는 선물들을 다름 아닌 **영**의 활동으로 생각하게 된 것도 바로 그런 이유 때문이다. 이 말이 본디 "은혜"와 연결되어 있으면서

이후의 교부들과 이후 기독교 문헌에서도 제법 꾸준하게 나타나지만, 신약성경의 용례로부터 받은 영향을 보여준다. 바울 서신에서는 고린도전서와 로마서가 각각 6회, 고린도후서, 디모데전서, 디모데후서가 각각 한 번씩 이 말을 사용한다.

도 동시에 **영**으로부터 유래한 "선물"을 가리킨다는 것을 두 본문에서 볼 수 있다. 첫째, 고린도전서 1:4-7은 하나님이 고린도 공동체에 부어주신 풍성한 χαρίσματα를 통해 당신의 은혜를 구체적으로 표현하셨다고 말한다. 그래서 χαρίσματα를 "**영**의 선물들"로 이해하게 되었다. 이 점은 특히 고린도전서 12장이 이 말을 채택하고 있다는 것에서 확인할 수 있다. 둘째, 바울은 로마서 1:11에서 χάρισμα라는 말을 πνευματικόν이라는 형용사로 수식함으로써 은혜와 **영**이 주신 선물들이라는 개념을 특별히 연결짓는다. 이처럼 바울은 자신이 로마에 갔을 때 **영**이 자신을 도구로 사용하셔서 "**영**의 선물"이라는 방법으로 로마 신자들에게 더 심오한 혜택을 베풀어주시길 소망한다.

이는 다시 고린도전서 12장이 이 말을 특별하게 사용하도록 해주는 기초 역할을 한다(12:4, 9, 28, 30, 31). 바울은 이 구절들 가운데 세 구절에서(9, 28, 30절) "병 고치는 은사들(χαρίσματα)"이라는 문구를 활용한다. 여기서 바울이 말하는 χαρίσματα는 사람들에게 다른 사람들을 고칠 수 있는 능력을 부여하는 어떤 "선물"이 아니라, 십중팔구 그 공동체 지체들의 육신을 치유해주시는 성령의 능력이 구체적으로 다양하게 표현된 것들을 가리키는 것 같다. 따라서 이 문구는 "치유들이라는 선물들"(gifts of healings)로 볼 수 있다. 그러나 이 선물들을 논하는 부분의 서두인 4절에서 이 χαρίσματα라는 말은 성령과 결합되어 있다. 이런 결합은 바울이 이 χαρίσματα라는 말 속에 그가 7절에서 "**영**의 나타나심들(manifestations, 표현들)"(개역개정: **영**을 나타내심)이라는 말로 부르는 것들을 포함시키려 했다는 것을 보여준다. 따라서 8-10절이 열거하는 "나타나심들"을 하나님이 하나님 백성을 세우시고자 이 백성이 모인 공동체에 은혜로 영을 부어주심을 가리키는 χαρίσματα로 이해해야 한다는 데 의문이 있을 수 없다.

더 어려운 문제는 이 χαρίσματα라는 말이 이 논의의 끝 부분인 12:31의 명령문에서 다시 나타난다는 점이다. 이 구절에서 바울은 고린도 지체들에게 "더 큰 은사들을(χαρίσματα) 열렬히 소망하라"(개역개정: 더욱 큰 은사를 사모하라)고 독려한다. 이 본문 주해에서 언급할 몇 가지 이유에 비춰보건대, 이 명령문은 십중팔구 앞에 나온 "하나님의 교회 중에 세우신"(28절) 사람들과 봉사(사역)들과 **영**의 나타나심들의 집합체를 염두에 둔 것이 아니다. 오히려 이 명령문은 회중이 모인 자리에서는 알아들을 수 있는 말로 말해야 함과 질서를 논한 14장의 시작이다. 이 논증 부분은 이 모든 것을 사랑이라는 맥락 속에 놓음으로써 끝난다. 바울은 14:1에서 이 명령문을 다시 제시하면서 χαρίσματα를 τὰ πνευματικά(**영**에 속한 것들; 개역개정: 신령한 것들)로 바꿔놓았다. 이 **영**에 속한 것들은, 고린도전서 12:4-11의 경우처럼, 예배하려고 모인 공동체 안에서 성령이 당신을 드러내시는 표현들과 관련 있다. 따라서 과연 바울이 사도들[39]과 교사들 같은 사람들, 공동체에 도움을 주는 행위들과 지도 활동들 같은 봉사들을 χαρίσματα로 서술하려 했다고 봐야 할지 의심스럽다. 적어도 이 논의 부분에서는 χαρίσματα라는 말이 특수한 경우들에 국한하여 나타난다. 따라서 이 말은 공동체 안에서 성령이 자신을 드러내시는 표현들만을 한정하여 가리키는 말로 보인다. 그런 점에서 이 말은 아마도 "**영**이 능력을 부어주심으로써 나타나는 은혜의 구체적 표현들" 같은 것을 의미할 가능성이 아주 높다.

이것은 다시 더 어려운 용례인 로마서 12:6로 이어진다. 이 구절에서 바울은 "우리에게 주신 은혜(χάρις)대로 받은 은사들(χαρίσματα)이 다 다르다"라고 말한다. 여기서도 다시 "은혜"와 이 은혜의 구체적 표현들인 χαρίσματα를 독특하게 결합한다. 문제는 바울이 이 문맥에서 영을 언급하거나 암시조차 하지 않는다는 것이다. 그러나 이 점은 로마서 12-14장을 거의 전부 살펴봐도 마찬가지다. 이 본문과 로마서 8장의 관계로 보아 **영**이 이 행위 전체의 밑바탕에 자리하고 있으리라는 추론이 가능하다.[40] 뿐

39) 사람들은 보통 사도라는 직분을 "가장 위대한 은사"로 부른다. 하지만 바울이 실제로 자신의 사도직을 **영**이 주신 선물로 여겼는지 의문이다. 특히 바울의 사도직은 하나님의 뜻 그리고 그리스도가 그에게 사명을 맡기신 일과 관련 있다. 바울 자신은 그의 사도직을 **영**의 은사라고 부르지 않는다.

만 아니라, 이 목록에서 처음 언급하는 은사(χάρισμα)가 예언이다. 우리가 이해하기에 바울은 예언을 가장 두드러진 **영**의 선물로 본다.

이처럼 로마서와 고린도전서의 더 커다란 문맥을 살펴보면, **영**과 은혜, 그리고 **영**의 선물들과 은혜 사이의 결합 관계가 분명하게 드러난다. 그러나 이 로마서 12:6-8에서는 바울이 χαρίσματα라 부르는 모든 것을 독자들에게 **영**이 주시는 특별한 선물들로 이해시키려 하는 것인지, 적어도 그가 고린도전서 12장에서 이 은사들이라는 말을 **영**의 나타나심들과 분명히 동일시한 것과 같은 식으로 χαρίσματα를 **영**이 주시는 특별한 선물들과 동일시하는 것인지 도통 명확하지가 않다. 12:6-8이 열거하는 것들은 서로 성질이 다른 것들이 뒤섞여 있어서 광범위한 행위를 망라하고 있다. 때문에 바울은 여기서 **영**이 이런 행위를 할 수 있게 능력을 부어주신다는 점이나 "**영**이 선물을 주신다는 것" 자체보다 오히려 이 신자들 사이에서 여러 가지 방법으로 역사하는 "하나님의 은혜"를 강조하고 있다고 보는 것이 훨씬 더 타당한 견해인 것 같다. 그래서 이 목록에는 고린도전서 12장이 **영**이 주시는 은사들(χαρίσματα)의 범위에 포함시키는 예언, 가르침, 권면/격려뿐 아니라, 신자들의 공동체 안에서 다른 이들을 섬기는 다양한 형태들이 포함되어 있다(봉사, 다른 사람들에게 필요한 것들을 채워줌, 도움을 베풂, 자비를 베풂). 이 로마서 12:6-8을 제외한 바울 서신의 다른 부분에서는 이처럼 다양하게 다른 이들을 섬기는 일들을 **영**의 선물로 보아 **영**에게 직접 귀속시킨 경우가 전혀 없다. 적어도 **영**의 나타나심들(**영**의 표현들)이라는 관점에서 보면, 로마서 12:6-8이 열거하는 항목들은 "선물"이라는 개념 그 자체로부터 윤리에 합당한 행위라는 개념으로 옮겨간 것들이다. 로마 신자들 사이에서 구체적으로 나타난 사랑이라는 열매도 이런 행위에 속한다. 바울 신학에서는 로마서 12:6-8이 열거하는 것들을 틀림없

40) 이와 관련하여 갈 5-6장의 권면과 이 서신의 논증 사이에 존재하는 비슷한 관계가 특히 중요한 의미를 갖는다. 이 경우에는 **영**이 능력을 부어주신 행위로 분명하게 규정한다.

이 **영**의 역사(**영**이 만들어내시는 것)로 보고 있음을 의심할 필요가 없다. 오히려 우리가 의문을 품어야 할 문제는 "**영**의 선물들"이라는 우리의 번역어가 과연 바울이 사용한 χαρίσματα라는 말을 올바로 이해한 것인가라는 것이다. 바울은 로마서 12:6-8과 고린도전서 12:8-10에서 열거하는 것들을 모두 χαρίσματα로 부른다. 그러나 바울 자신은 오직 고린도전서 12:8-10에서 열거한 것만을 특히 **영**이 공동체 안에서 행하시는 활동과 함께 묶어놓는다.

어쨌든 이 연구서에서는 로마서 12장이 열거하는 항목들을 탐구하지 않을 것이다. 마찬가지로 골로새서 3:12이 말하는 것과 같은 "은혜들"도 탐구하지 않을 것이다. 단 이 로마서 12장 본문 자체를 주해하는 경우 그리고 성령의 으뜸가는 열매인 사랑이 구체적으로 나타난 여러 가지 모습 가운데 그것들을 포함시켜 다루는 경우는 예외로 한다.

마지막으로 디모데전서 4:14과 디모데후서 1:6의 두 용례를 살펴봐야 한다. 이 사례들에서는 χάρισμα가 단수이며 "디모데 안에" 있다고 말하기 때문이요, χάρισμα라는 말이 디모데의 봉사(사역)를 은사로 언급하는 대목들에서 등장하기 때문이다. 그리하여 디모데전서 4:14에서는 이 χάρισμα라는 말이 십중팔구 디모데가 사역자로 일할 "선물을(은사를) 받았음"을 일컫는 것 같다. 이 선물은 예언을 통하여 왔다. 하지만 디모데후서 1:6에서는 이 χάρισμα라는 말이 성령이 주시는 그런 선물보다 오히려 성령 바로 그분을 더 가리키는 것 같다. 물론 이 말은 "예언을 통하여" 그에게 온 것, 곧 성령이 디모데에게 주신 봉사의 직무를 가리키는 환유(metonymy)일 가능성이 높다.

요컨대 이 모든 것이 말하는 것은 이렇다. 바울이 χάρισμα를 특히 성령의 활동과 연계할 경우, 이 말은 성령이 신자들의 공동체 안에서 자신을 드러내 신자들에게 "은혜로 여러 가지 것들을 공급해주심"으로 그들의 다양한 필요를 채워주심으로써 이들을 마지막 때 하나님 백성으로 세워가는 구체적 방법들을 가리키는 것으로 보인다. 하지만 χάρισμα라는 말 자체는 더 넓은 범위를 아우르는 말이므로 이 말을 무턱대고 "신령한 선물(은사)"이나 "**영**의 선물(은사)"로 번역하는 것은 십중팔구 옳지 않을 것이다.

▪ 성령과 능력이라는 말

이 시대 신자들이 보통 갖고 있는 이해와 달리, 1세기 신자들은 성령이 능력으로 자신을 드러내신다고 이해했다. 그리고 그렇게 추정했다. 이런 경우가 하도 많아서 가끔은 "성령"과 "능력"이라는 말을 서로 바꾸어 사용하기도 한다.[41] 예를 들어 누가는 두 행이 서로 균형을 이루는 셈어 시가 등장하는 누가복음 1:35에서[4] 이 두 말을 서로 바꿔 사용한다. 또 예수의 공생애 사역을 모두 성령의 활동이라는 관점에서 이해할 수 있기 때문에(눅 3:22; 4:1, 14), 누가는 분명 5:17에서 "성령의 능력"이 병을 고치시는 예수와 함께하는 것으로 말하려 한다고 볼 수 있다.[42]

바울의 경우도 마찬가지다. 바울은 특히 "성령의 능력"과 같은 말을 사용할 뿐 아니라(롬 15:13, 19), 이 성령과 능력이라는 두 말을 결합하여 성령의 임재는 곧 능력의 임재를 의미한다고 말하곤 한다(살전 1:5; 고전 2:4; 갈 3:5; 롬 1:4; 엡 3:16; 딤후 1:7). 이 사례들 가운데 몇 가지는 바울 자신이 펼친 사역을 말하는 문맥에서 등장한다(살전 1:5; 고전 2:4; 롬 15:19). 그러나 그 외 사례들은 성령이 신자들의 삶 속에서 능력 있게 활동하심을 말하는 것들이다. 그런 점에서 바울이 성령을 언급하는 다른 사례들도 늘 능력의 임재를 암시하며, 그가 능력을 언급하는 사례들 가운데에도 성령의 임재를 암시하는 것들이 많이 있다고 추정할 수 있다(가령 살후 1:11; 고

41) 예를 들어 J. D. G. Dunn, *Romans 9-11* (WBC 38B; Dallas: Word, 1988), 851을 보라.

42) James B. Shelton, *Mighty in Word and Deed: The Role of the Holy Spirit in Luke-Acts* (Peabody, Mass.: Hendrickson, 1991), 75-76도 같은 견해다; Menzies, *Development*, 124-25은 견해를 달리한다.

전 4:20; 5:4; 고후 4:7; 6:7; 12:9, 12; 13:4; 골 1:11, 29; 엡 1:19, 21; 3:7, 20; 딤후 1:8).

그러므로 이런 본문들 역시 상세하게 분석하여 이런 결합이 바울의 성령 이해 속에서 얼마만큼 명확하게 나타나는지 살펴보도록 하겠다. 그 분석을 통해 바울이 말하는 "능력"의 폭넓은 "의미"를 함유하고 있다는 것이 아주 분명하게 밝혀진다. 따라서 성령과 능력과 약함과 고난 사이의 관계를 아울러 탐구해봐야 한다. 이것은 이 책 제12장에서 탐구할 것이다.

옮긴이 주

[1] 성령을 "**영**"이라는 말이 아니라 "성령"이라는 말로 표현한 경우를 말한다.

[2] "영"을 가리키는 히브리어 "루아흐"(rûaḥ)는 "숨", "입에서 나오는 기운"이라는 뜻도 갖고 있다(WGH, 748-750).

[3] 그리스어 본문은 ἐπεὶ ζηλωταί ἐστε πνευμάτων이다(NA[27], 464). 개역개정판은 "너희도 **영**적인 것을 사모하는 자인즉"이라고 번역해놓았다. ζηλωταί (젤로타이)는 "…을 가지려고 열심을 내는 자들"이라는 뜻이며 소유격을 목적어로 취한다(BDAG, 427). πνευμάτων은 πνεῦμα의 복수형인 πνεύματα의 소유격이다.

[4] 그리스어 본문을 보면, 개역개정판이 "성령이 네게 임하시고"로 번역해놓은 말이 1행, "지극히 높으신 이의 능력이 너를 덮으시리니"가 2행으로 되어 있다.

제1부

분석

제3장

데살로니가전후서

주석:[1] E. **Best** (BNTC, 1972); F. F. **Bruce** (WBC, 1982); John **Calvin** (1540¹; ET 1960); E. **von Dobschütz** (1909⁷); C. J. **Ellicott** (1861); G. G. **Findlay** (CGT, 1925); J. E. **Frame** (ICC, 1912); W. **Hendriksen** (1955); D. E. **Hiebert** (1971); D. H. **Juel** (1985); J. B. **Lightfoot** [1895 (=*Notes on the Epistles of St Paul*)]; I. H. **Marshall** (NCBC, 1983); C. **Masson** (CNT, 1957); G. **Milligan** (1908); J. **Moffatt** (EGT, 1910); A. L. **Moore** (NCB, 1969); L. **Morris** (NICNT, 1959); W. **Neil** (MNTC, 1950); A. **Plummer** (1 Thes, 1918; 2 Thes, 1918); B. **Rigaux** (ET, 1956); R. L. **Thomas** (EBC, 1978); W. **Trilling** (EKKNT, 2 Thes, 1980); C. A. **Wanamaker** (NIGTC, 1990); R. A. **Ward** (1973); D. E. H. **Whiteley** (NclarB, 1969).

다른 주요 저작들은 다음과 같이 짧은 제목으로 인용한다.

Collins, *Studies* [=Raymond F. Collins, *Studies on the First Letter*

1) 다음 주석은 이 장에서 저자의 성(姓)으로만 언급하겠다.

to the Thessalonians (BETL 66; Leuven: University, 1984)]; **Giblin**, *Threat* [=Charles H. **Giblin**, *The Threat to Faith: An Exegetical and Theological Re-examination of 2 Thessalonians 2* (AnBib; Rome: Pontifical Biblical Institute, 1967)]; **Hughes**, *Rhetoric* [=Frank Witt Hughes, *Early Christian Rhetoric and 2 Thessalonians* (JSNTSup 30; Sheffield: Academic Press, 1989)]; **Jewett**, *Correspondence* [=Robert Jewett, *The Thessalonian Correspondence: Pauline Rhetoric and Millenarian Piety* (Philadelphia: Fortress, 1986)]; **Jewett**, *Terms* [=Robert Jewett, *Paul's Anthropological Terms: A Study of their Use in Conflict Settings* (AGJU 10; Leiden: Brill, 1971)]; **O'Brien**, *Thanksgivings* [=Peter T. O'Brien, *Introductory Thanksgivings in the Letters of Paul* (NovTSup 49; Leiden: Brill, 1977)].

현존하는 바울 서신 가운데 가장 기록 시기가 이른 이 서신은 모두 6회에 걸쳐 성령을 분명하게 언급하거나 암시한다(살전 1:5, 6; 4:8; 5:19; 살후 2:2, 13).[2] 이 서신은 주로 데살로니가 신자들이 신자가 된 기원(起源)을 말하거나 신자로서 그들의 삶을 말하는 문맥에서 이 말을 사용한다. 이런 점들을 말하는 이 본문들은 다음 두 가지 점에서 중요한 의미를 갖는다. 첫째, 잘못을 바로잡아주는 본문일 수 있는 데살로니가전서 5:19-22을 제외하면, 다른 본문들은 대부분 아주 우연히 성령을 언급한다. 이 본문들에서는 바울이 성령 자체와 관련하여 뭔가를 말하려고 하지 않기 때문이다. 오히려 바울은 근래 회심한 신자들이 그리스도인으로서 살아야 할 삶을 이야기하면서 성령의 관점에서 사실을 그대로 서술한다.

둘째, 비록 그런 본문이 많지는 않지만 그래도 바울의 성령론이 다루는 이슈들을 건드리는 본문들이 여럿 있다. 데살로니가전서 1:5에서는 바울

2) 그러나 살전 5:23과 살후 1:11에 관한 뒤의 논의를 보라.

이 이 신자들에게 자신이 성령의 능력으로 그들 가운데서 섬겼다는 것을 되새겨준다. 또 바울은 데살로니가전서 1:6과 데살로니가후서 2:13에서 이 신자들에게 그들 자신의 회심 체험을 다시 일깨워주면서, 성령이 중심 역할을 하셨다는 것을 이 두 구절에서 모두 이야기한다. 데살로니가전서 4:8과 데살로니가후서 2:13에서는 성령이 신자들이 윤리에 합당한 삶을 살아갈 수 있게 해주시는 분임을 강조한다. 마지막 두 본문(살전 5:19-22과 살후 2:2)은 예배하는 공동체의 모습을 보여준다. 데살로니가전서 5:19-22은 예언들을 시험해보되 이것들을 모두 배제하지는 말 것을 강조하며, 데살로니가후서 2:2은 그런 시험이 필요함을 실제적인 방식으로 설명하고 있다.

데살로니가전서

▪ 데살로니가전서 1:4-6[3)]

4하나님의 사랑하심을 받은 형제들아 너희를 택하심을 아노라. 5이는(ὅτι)[4)] 우리 복음이 너희에게 말로만 이른 것이 아니라 또한 능력으로, 곧[5)] 성령 그리고[6)]

---

3) 서문에서 언급했듯이, 각 경우에 (성경 본문) "번역문"에는 아래에서 제시하는 주해를 반영하지 않았지만, 본문을 더 수월하게 주석하고자 가능하면 그리스어 본문을 문자 그대로 옮기려고 시도했다.

4) 5절 첫머리에 나오는 이 ὅτι는, "이유"를 제시하는 절을 이끄는 접속사로 보는 대다수 역본이나 주석들(참고. O'Brien, *Thanksgivings*, 151n49; Wanamaker, 78)과 달리, 오히려 설명보어(說明補語, epexegetic)로서 데살로니가 사람들이, 하나님이 그들을 선택하신 것이 결국 그들을 사랑하셨기 때문임을 어떻게 확신할 수 있게 되었는지 상세히 설명하는 절을 이끈다고 본다. 바울 서신에서 이런 용례(즉 οἶδα 뒤에 목적어가 이어지고 뒤이어 ὅτι가 나오는 사례)를 찾아보려면, 특히 2:1을 보라; 참고. 고전 16:15; 롬 13:11.

5) 이렇게 번역한 것은 ℵ B 33 lat처럼 πληροφορίᾳ 앞에 ἐν이 없는 사본 본문을 골라 번역했기 때문이다. 이 사본 본문이 원문일 가능성이 가장 높은 후보다. 왜냐하면 본디 원문에는 ἐν이 있었는데 필사 과정에서 필사자들이 일부러 이 낱말을 생략했다면 그 이유가 무엇이었는지 논리

완전한 확신으로(개역개정: 능력과 성령과 큰 확신으로) 된 것임이라. 우리가 너희를 향해[7] 너희를 위하여(개역개정: 너희 가운데서 너희를 위하여) 어떤 사람이 된 것은 너희가 아는 바와 같으니라. 6또 너희는 많은 환난 가운데서 성령의[8] 기쁨으로 말씀을 받아 우리와 주를 본받은 자가 되었으니.

이 두 문장(3-5, 6절)은 신약성경에서 그리스도인의 회심을 가장 먼저 언

있게 설명할 도리가 없기 때문이다(특히 앞에 나온 두 명사 "능력"과 "성령" 앞에는 전치사 ἐν이 확실하게 자리해 있음을 고려할 때, 왜 πληροφορίᾳ 앞에서는 이 전치사를 생략했는지 설명하기가 어렵다). 반면 본디 원문에 전치사 ἐν이 없었다고 한다면 후대 필사자들이 πληροφορία 앞에도 전치사 ἐν을 추가했을 법한 이유를 쉽게 설명할 수 있다 — 즉 "능력", "성령", "확신"이라는 세 명사가 모두 조화를 이루게 하려고 "확신" 앞에도 전치사를 추가했을 것이다(Rigaux, 374도 같은 견해다). 따라서 이것은 우리가 여기서 다루는 것이 "세 낱말로 이루어진 한 문구"(triad; Collins, *Studies*, 192n95; Thomas, 244)가 아니라 오히려 (복합어인) 두 번째 문구가 첫 번째 문구를 더 깊이 있게 설명해주는 설명보어라는 뜻이다(참고. Moffatt, 24).

6) 이 경우에 이 사본 본문을 고른 이유도 앞의 주5를 참조하라.

7) ὑμῖν으로 기록되어 있는 사본 본문(A C P 048 33 81 104 326* 945 1739 1881 pc)과 ἐν ὑμῖν으로 기록되어 있는 사본 본문(B D F G Maj it sy) 가운데 어느 하나를 고르는 일은 쉬운 게 아니다. 이런 변화가 일어난 것은 순전히 우연이었을 수 있다. ἐν을 덧붙이거나 생략한 것은 사본을 필사하다가 잘못하여 (그 앞에 나온 ἐγενήθημεν의 끝 글자들인 εν을 — 옮긴이) 거듭 옮겨 적거나(dittography), (ἐγενήθημεν의 εν과 전치사 ἐν이 중복된 것으로 알고 — 옮긴이) 중복된 철자인 εν을 생략하는(haplography) 바람에 일어난 일일 수 있다. 우선 본문이 본래 가졌을 법한 형태를 생각한다면(이 경우에는 저자의 문체), 본디 바울 서신 원문에는 전치사 ἐν이 있었다는 주장이 가능하다. 왜냐하면 이렇게 전치사구 둘을 함께 쓰는 형태(ἐν ὑμῖν δι' ὑμᾶς)가 바울의 문체와 아주 잘 들어맞기 때문이다(참고. 3:7; 4:14). 반면 이렇게 ἐν이 있고 없는 차이가 필사 과정에서 일어났을 수 있다고 본다면(그런 변화가 우연이 아니라고 한다면), ἐν이 없이 ὑμῖν만 있는 본문이 원문일 가능성이 더 높다. 필사자들은 이런 전치사들을 생략할 이유를 발견하지 못하면 그런 전치사들을 추가하곤 했기 때문이다. 이 경우에는 전치사 ἐν을 생략할 이유가 딱히 없다. 또 이렇게 읽는 본문(ἐν이 없이 ὑμῖν만 있는 본문)이 외부로부터 더 훌륭한 도움을 받고 있기 때문에(이 경우에는 분명 사본 B도 다른 경우에서는 그와 같은 입장을 취했던 다른 사본들과 태도를 달리한다), 십중팔구 이렇게 ἐν이 없는 본문을 원문으로 여겨 선호했을 것이다. 문장의 전체 의미를 놓고 보면 ἐν이 있는 경우와 없는 경우가 대동소이하지만, ἐν이 없는 본문은 바울이 (그리고 디모데/실라가) 데살로니가 사람들을 **향하여**(*toward*) 또는 데살로니가 사람들 **앞에서**(*before*; Frame이 이렇게 '앞에서'로 본다) 가졌던 관계를 강조하는 반면, ἐν ὑμῖν은 바울과 디모데/실라가 그들 **가운데서** 행한 행동을 강조한다. 2:1-12에 있는 주장은 바울이 데살로니가 사람들 가운데 있을 때 그들과 가졌던 관계를 강조하는데, 이 주장 역시 ἐν 없이 ὑμῖν만 있는 본문을 지지한다.

8) Codex B와 일부 불가타(Vulgata) 필사본들은 "기쁨"과 "성령" 사이에 καί를 덧붙인다. 그렇게 되면 결국 "기쁨과 성령으로"가 된다. 이런 본문은 십중팔구 후대에 나온 것이다.

급하는 부분이다. 중요한 것은 이런 언급들이 이 서신 서두에서 바울이 감사를 드리는 부분에서 등장한다는 점이다.[9] 이 강조점들은 이 서신의 역사 배경을 되비쳐준다. 완전히 정확할 수는 없겠지만, 우리는 데살로니가전서 1-3장이 되풀이하는 두 가지 점 때문에 이 배경의 본질을 어느 정도 근거를 갖고 추측해낼 수 있다. 우선 바울은 데살로니가 신자들이 반대에 부딪쳐 고초를 겪었다는 것을 두 번 이상 언급한다(1:6-7; 2:13-16; 3:2-4). 그런가 하면 바울은 자신이 그들 가운데 있는 동안에 펼쳤던 사역을 상당히 변호하고(2:1-12) 자신이 그들을 떠난 뒤에 펼친 활동도 변호한다(2:17-3:5). 물론 이것들은 서로 연관된 주제다. 즉 데살로니가 신자들이 이전에는 그들의 동류였던 동족 이방인들로부터 핍박을 받고 있는 것은(2:15)[1] 어쨌든 그들이 여기저기 다니며 (그리스 것이 아닌) 새 종교를 전파하는 한 유대인의 영향으로 회심하여 예수를 믿는 자가 된 일과 관련 있다.[10] 데살로니가 신자들이 당하는 핍박은 본디 그런 종교가 가지는 정당성 그리고 황제 숭배와 어느 정도 관련 있었다(행 17:7을 보라).[11] 바울은 비록 서둘러 데살로니가를 떠났지만[12](그리고 아마도 자신이 바랐던 대

---

9) 이것은 성령이 하신 일을 감사할 일 가운데 일부로서 언급한 세 사례 가운데 하나다(고전 1:4-9과 골 1:8-9을 보라).

10) G. Lyons, *Pauline Autobiography: Toward a New Understanding* (SBLDS 73; Atlanta: Scholars Press, 1985), 177-201은 내가 보기에 전혀 설득력이 없는 주장을 내세우며 이런 견해를 거부한다. 학자들이 데살로니가 교회 공동체 내부에 바울을 향한 어떤 반대가 있었으리라고 추정하면서도 이 서신이 이런 정황을 염두에 두고서 논증을 전개한다는 점을 확실히 증명하는 데 실패한 것도 그가 내세우는 거부 이유 중 하나다. 이 문제와 관련하여 나는 어떤 반대가 있었다는 점에는 철저히 동의하지만, 오히려 데살로니가 신자들이 바울을 반대한 게 아니라—따라서 그리스도인 공동체 내부에서 다툼이 있었던 게 아니라—(2:14-16이 시사하듯이) 오히려 이방인들이 데살로니가 신자들을 반대했다고 주장하고 싶다. 데살로니가 신자들이 회심할 때 바울이 한 역할도 그런 반대의 원인이 되었을 가능성이 아주 높다.

11) 데살로니가의 상황은 행 17:7이 증언하는 바울 비판과 관련 있을 가능성이 있다. 이 점은 E. A. Judge, "The Decrees of Caesar at Thessalonica," *RTR* 30 (1971), 1-7도 시사했다; 참고. K. P. Donfried, "The Cults of Thessalonica and the Thessalonian Correspondence," *NTS* 31 (1985), 342-52; Wanamaker, 113-14.

12) 이를 보면 행 17:1-10이 묘사하는 장면이 대체로 정확한 것 같다. 바울은 분명 그들의 안위를 염려했다. 때문에 그는 거듭 그들에게 돌아가려 했고(2:18), 자기를 대신하여 디모데를 보

로 데살로니가 사람들이 믿음에 굳건히 뿌리내리는 모습을 보지도 못하고 떠났을 수도 있지만)[13] 그럴지라도 그들이 새로 발견한 믿음 위에 굳건히 서 있는지 염려하며 관심을 기울인다.

때문에 바울은 그가 쓴 다른 서신에서도 자주 그랬듯이, 이 감사하는 부분에서도 자신이 그들을 생각하며 끊임없이 기도한다는 것, 그리고 그가 기도할 때마다 그들 때문에 또 그리스도를 믿는 그들의 신실함 때문에 하나님께 감사한다는 것을 그들에게 되새겨줌으로써 자신이 이후에 말할 몇 가지 주제들을 미리 귀띔한다(2-3절). 그 과정에서(4절) 바울은 데살로니가 사람들이 가진 믿음이 하나님의 사랑과 택하심에서 비롯되었음을 밝히면서 바로 이런 사랑과 택하심 때문에 자신이 감사하는 것이라고 천명한다. 이런 말을 쓴 데에는 그들의 믿음을 신학 차원에서 뒷받침함으로써 그 믿음을 더 깊은 신실함으로 인도하려는 의도도 십중팔구 작용했을 것이다. 5절이 자리한 위치도 이런 의도를 정확히 반영한다. 데살로니가 사람들이 택하심을 받은 증거는[14] 그들의 회심 자체에서 발견할 수 있다. 데살로니가 사람들이 이 점을 되새길 때 중요한 것은 그들이 되새겨야 할 일이 체험과 증거라는 본질을 갖고 있다는 것이다. 데살로니가 사람들이 택하심을 받았다는 것은 바로 그들이 **자리한** 실재(*positional* reality)다.[15] 그

냈으며(3:1-2), 종국에는 그들이 믿음을 지키고 있음을 알고 나서야 크게 안도했다(3:6-8). 이 모든 내용을 볼 때, 사도행전 기사는 신빙할 수 있다. 바울이 그들 가운데서 행한 사역을 변호할 필요가 있었다는 점도 사도행전 기사의 신빙성을 확증해주는 것 같다[2:1-12; 이런 변호 필요성은 바로 이 문맥(5-6, 9절)에서도 미리 귀띔한다]. 이 새 신자들을 핍박한 이들(아마 그리스인들이었을 것이다)은 바울이 한밤중에 갑자기 데살로니가를 떠난 일을 알고 있었을 가능성이 아주 높기 때문이다. 그들은 바울이 "목숨을 부지하려고" 야반도주한 것으로 생각했을 것이다.

13) 특히 2:17-3:10을 보라. 이 본문을 보면, 바울이 그들의 믿음(신실함)을 염려한 것이 결국 그가 거듭하여 그들에게 돌아가려 하고(2:18) 그 대신 디모데를 보내도록 만든(3:1-2) 근본 원인이 되었다. 아울러 바울이 그들이 실제로 믿음을 굳건히 지키고 있다는 점에 안도하면서도(3:8) 그들에게 "부족한 점들"이 있음을 알고 있었다는 사실(3:10) 역시 주목해야 한다.

14) 앞의 주4를 보라. Wanamaker, 78은 의견을 같이하면서도 그 증거가 6절에서 시작하는 것으로 본다.

15) 즉 객관적 실재인 그들의 구원은 그들이 그리스도 안에 "자리해 있다"는 사실에 근거한다.

러나 데살로니가 사람들이 그것을 인식한 것은 그들이 체험한 여러 요인들이 하나로 결합해 있었기 때문이다. 즉 능력과 **영**의 감동으로 이루어진 바울의 복음 설교가 결국 데살로니가 사람들의 회심이라는 기쁜 체험을 낳았고, 이 모든 것은 성령이 기획하고 지휘하신 일이었다.

바울의 관심사는 분명해 보인다. 그는 데살로니가 사람들이 체험한 믿음의 근거를 하나님이 먼저 데살로니가 사람들을 사랑하시고 택하신 행위에 둔다(4절). 그러면서도 바울은 그들이 지금 환난을 당하는 중에도 용기를 잃지 말 것을 격려하는 도구로서 그들 자신의 회심을 원용하고 있기 때문에,[16] 바울은 한꺼번에 두 가지 것을 되새겨주는 셈이다. 우선 그는 **자신의 복음 선포**가 가지는 본질, 곧 그 일이 성령의 능력으로도 이루어진 것임을 일깨워준다(5절). 아울러 그는 데살로니가 사람들이 복음(말씀)을 받는 체험을 직접 했다는 것, 곧 이 체험 과정에서—비록 갖가지 환난을 함께 겪기도 했지만—성령이 만들어내신 한량없는 기쁨도 함께 체험했던 것을 일깨워준다(6절).[17]

5절 지금 이 문맥 속에서 5절이 말하려는 요지는 그런대로 분명해 보인다. 그러나 바울이 그의 서신 중 성령을 처음 언급하는 이 구절에서 말하려 하는 의도는 5절의 요지만큼 분명하게 드러나지 않는다. 현재 쟁점은 쌍둥이 문구인 "능력으로"와 "성령 그리고 완전한(깊은) 확신으로"가 말하는 것이 정확히 무엇인가다.[18] 이것은 바울이 실제로 행한 복음 설교를 가리키는 것인가?[19] 아니면 (롬 15:19의 비슷한 문구가 말하는 것처럼) 그 복음

---

16) 데살로니가 사람들이 지금 당하는 이 환난이 결국 바울이 이런 것을 되새겨주는 이유인 것 같다. 물론 바울은 이런 이유를 하나님께 기도하며 감사할 때 데살로니가 사람들이 회심한 일을 그 자신이 (그리고 실라와 디모데가) 회고하는 모양을 빌려 표현한다.

17) 이렇게 회심 **체험**을 성령의 역사를 증명하는 증거로 원용하는 것은 갈 3:1-5에서 발견할 수 있는 모습과 비슷하다.

18) 이것들을 "세 낱말로 이루어진 한 문구"가 아니라 "쌍둥이 문구"(twin phrases)로 보는 견해를 살펴보려면, 앞의 주5를 보라.

19) 대다수 주석이 이런 입장이다.

설교와 더불어 일어난 "표적과 기사"를 가리키는 것인가?[20] 아니면 신자들이 실제로 회심한 일을 가리키는 게 거의 확실한 고린도전서 2:4-5의 비슷한 문구(해당 문구를 참조하라)처럼, 여기서도 데살로니가 신자들이 실제로 회심한 일을 말하는 것인가?[21] 그것도 아니라면 혹시 데살로니가전서 1:5 문장에서는 방금 말한 세 가지 가운데 둘 혹은 셋 전부가 하나로 결합되어 있는 것인가?

방금 말한 것 중 마지막에 제시한 것이 해답일 가능성이 가장 높다. 따라서 앞의 쌍둥이 문구를 해석할 때는 적어도 두 가지 실재, 곧 성령이 부어주신 능력으로 이루어진 바울의 설교와 데살로니가 신자들이 성령으로 말미암아 회심한 일을 염두에 두어야 한다. 후자는 전자의 결과다(아니면 이 경우에는 이 두 가지가 한 가지 실재가 지닌 양면을 대변한다). 물론 이 문맥 전체(특히 2-4절과 6-10절)가 강조하는 것은 그들이 그리스도를 믿는 자들이 되었고 그리스도를 믿는 자로서 살아가고 있다는 점이다. 그렇긴 해도 5절은 그들을 회심케 한 것이 성령이 부어주신 능력으로 이루어진 바울의 복음 설교임을 **으뜸으로** 강조하는 것 같다. 이 점은 "말로만"이라는 대조 문구뿐 아니라 "우리가 너희를 향해 너희를 위하여(개역개정: 너희 가운데서 너희를 위하여) 어떤 사람이 된 것은 너희가 아는 바와 같으니라"라는 맺음 문장에서도 분명하게 엿보인다. 특히 이 문장은 바울과 그의 동역자들의 설교와 행위를 부각시킨다(아울러 2:1-12을 미리 귀띔한다).

"말로만"이라는 문구는 성령과 말씀(the Word)을 대립하게 하려고 쓴 말이 아님을 유념해야 한다.[22] 바울은 이 대조를 사용하여 두 가지 목적

---

20) Giblin, *Threat*, 45이 그런 예다: "바울의 가르침은 기적들이 그 가르침과 함께 했다는 점에서 성령의 능력으로 베푼 가르침이었다(살전 1:5…)." 참고. Marshall, 53-54; Wanamaker, 79; W. Grundmann, *TDNT* 2. 311.

21) Whiteley, 36이 그런 예다: "**복음**과 결합한 **능력**은 이방인들을 믿게 하는 '기적'을 일으킨 능력이었다."

22) 이 점과 관련하여 Kemmler가 이 본문 주해 중 많은 부분을 비판한 내용은 타당하다. 그러나 그는 5절의 "또한…으로"에 해당하는 문구들을 바울이 자신이 전한 "말"이 유효함을 "추가 증언한 것들"로 보아야 한다는 해결책을 내놓았는데, 이런 해결책은 바울의 관심사와 주장을

을 이룬다. 첫째, 그는 2:1-12에서 자신의 설교와 데살로니가 사람들의 반응이 종교와 철학을 내세워 허풍을 떠는 협잡꾼들 따위의 "말"과 전혀 무관하다는 주장을 제시한다. 데살로니가 사람들도 잘 아는 것이요 바울도 2:1-12에서 주장하려 하듯이, 바울이 복음 선포자로서 그들 가운데서 영위한 삶의 모습은 빈 말을 떠벌리며 "탐심을 가면 뒤에 숨기고 아첨하는 말"을 사용한(개역개정: 아첨하는 말이나 탐심의 탈을 쓴; 2:5) 이들과 완전히 달랐다. 바울의 "말"은 성령의 능력이 함께했으며 깊은 확신을 전달해주었다.

둘째, 바울은 다른 문맥에서 고린도 사람들에게 그리하려 하는 것처럼(고전 2:1-5) 데살로니가 사람들에게도 복음의 메시지가, 실재를 체험하는 일이 동반되는 진리임을 되새겨주고 싶어한다. 복음은 사실 "말로" 이르렀다. 이는 곧 복음이 선포된 진리라는 형태로, 하나님 바로 그분으로부터 나온 말씀으로(2:4과 2:13을 보라) 다가왔다는 뜻이다. 그러나 이렇게 복음을 호소하더라도 그 호소가 효력이 있으려면 증거가 뒷받침되어야 한다. 복음이 "말로만" 이르지 아니한 것은 그런 이유 때문이었다. 하나님은 성령의 사역을 통해 당신의 능력을 펼쳐 보이심으로써 복음이 "말로만" 이른 게 아니라는 말이 진실임을 확증해주셨다.

따라서 이는 곧 쌍둥이 문구인 "능력으로"와 "성령 그리고 완전한(깊은) 확신으로"가 무엇보다 바울의 설교를 염두에 두면서도, 그 설교의 **방식**(*manner*, 또는 스타일)[23]보다 그 설교가 성령의 능력으로 말미암아 **효력**(effectiveness)을 갖게 되었음을 일러주는 데 주안점을 두고 있음을 의미한다. 이렇게 보는 것이 얼핏 보면 단순히 복잡해 보일 수 있는 말들을 가장 잘 이해할 수 있는 길인 것 같다. 일부 사람들의 주장과 달리,[24] 이 말

아주 많이 놓치는 것 같다[D. W. Kemmler, *Faith and Human Reason: A Study of Paul's Method of Preaching as Illustrated by 1-2 Thessalonians and Acts 17,2-4* (NovTSup 40; Leiden: Brill, 1975), 149-68을 보라].

23) Frame, 81 등과 반대되는 견해다.

들은 바울이 자신의 사역에 능력이 함께했음을 깨달았다며 **자신이 지각(知覺)한 것을** 역설하는 말일 수가 없다. 이 문장은 바울 자신이 전한 복음이 어떤 방법으로 "**너희에게** 이르렀다"[25]라고 역설한다. 그리하여 이 구절은 긍정으로 표현한 첫 문장을 "성령과 능력으로"[26]라 적지 않고 단지 "능력으로"라는 말로 적어놓았다. 이는 바울이 보기에 단지 "말로" 이른 것과 정반대인 말이 "능력으로"이기 때문이다(참고. 고전 2:1-5; 4:19). 그러나 바울은 자기 글을 읽을 사람들이 이 "능력"이라는 말을 완전히 이해할 수 있게 그 말 뒤에 곧바로 "곧 성령 그리고 완전한 확신으로"(개역개정: 능력과 성령과 큰 확신으로)라는 수식어를 덧붙인다. 이를 통해 바울은 성령을 자신의 복음 설교에서 능력을 공급하신 근원으로, 곧 그의 설교에 함께했고 결국 데살로니가 사람들을 회심시킨 증거로 규정한다.

분명히, 뒤에 나온 표현("완전한 확신")은 그 의미가 완전히 확실치는 않다. 예를 들어 리고(Rigaux, 377)는 πληροφορία[27]라는 명사가 보통 "완전함"(충만함)을 뜻하기 때문에 성령의 역사가 가져온 큰 결과들을 가리킨다고 주장한다. 일부 사람들은[28] 이 말을 데살로니가 사람들이 복음을 듣고 받아들였을 때 그들에게 일어난 것을 가리키는 말로 보려 한다. 또 다른 사람들은[29] 그 선교사들이 말씀을 전했을 때 품었던 자신과 확신을 일컫

---

24) 예를 들어 O'Brien, *Thanksgivings*, 132은 이렇게 주장한다. "ἐν δυνάμει는 성령의 임재를 외부에 보여주는 표지들을 언급한 말이라기보다 자신들이 전한 말씀이 정곡을 찌른 것이었다는 설교자들의 깨달음(지각)을 언급한 말이다." 그러나 이런 주장은 바울 자신이 역설하는 강조점을 간과하는 것 같다. 바울은 데살로니가 사람들에게 자신의 설교가 성령의 능력으로 말미암았다는 것—그러기에 그 설교가 그들을 위하여 효험을 발휘했다는 것—을 기억시켜 줌과 함께 그들이 회심한 내력을 다시 일깨워주는 데 철저히 강조점을 두고 있다.

25) 그리스어로 ἐγενήθη εἰς ὑμᾶς다. 이 관용어는 본디 "어떤 사람에게 오다(가다)"라는 뜻이다.

26) 가령 고전 2:4("성령의 나타나심과 능력으로")과 롬 15:19("성령의 능력으로")이 그런 예다.

27) 이 명사는 고전 그리스어 저자들의 작품에서는 나타나지 않는다. 사실, PGiess 87(MM을 보라)을 제외하면, 이 말은 오직 그리스도인 저술가들만이 쓰는 말이다. 이 말은 동사인 πληροφορέω에서 나온 말로 "완전함"(충만함)이나 "완전한 확신, 확실함"을 뜻한다.

28) 예를 들어 Masson, Moore, Bruce, Findley, and Dunn (*Jesus*, 417n138; Dunn이 이전에 제시한 주장은 *Baptism*, 105을 보라)이 이런 입장이다.

29) 이것이 다수설이다. 여러 사람들이 이 견해를 지지하지만 그중에서도 Ellicott, Lightfoot,

는 말로 보려 한다. 이 말은 그 앞에 나온 문구와 마찬가지로 어떤 식으로든 바울의 설교와 그 설교에 데살로니가 사람들이 보인 반응을 가리키는 말일 가능성이 아주 높다. 바울의 설교는 성령의 능력이 함께했기에 데살로니가 사람들에게 큰 확신을 가져다주었으며, 그들의 회심은 결국 이를 증명해주는 증거였다.

바울이 이 말에도 "표적과 기사"가 동반되는 것으로 전제하는지 여부는 확실치 않지만, 그렇게 전제하고 있을 가능성이 아주 높다. 즉 "능력으로, 곧 성령 그리고 완전한 확신으로"라는 말이 가장 먼저 가리키는 것은 성령의 능력으로 말미암은 바울의 그리스도 선포이지만, 고린도후서 12:12과 (특히) 로마서 15:18-19 같은 본문들은 성령의 능력으로 말미암은 바울의 말에 역시 성령의 능력으로 말미암은 기적들이 줄곧 함께한 일을 일러준다. 이뿐 아니라, 갈라디아서 3:1-5은 바울이 회심케 한 사람들이 직접 겪은 성령 체험에도 체험으로 확인할 수 있는 현상들이 함께 따랐다고 증언한다. 바울은 이 체험들을 그들이 믿음으로 말미암아 하나님의 자녀가 된 증거로 역설할 수 있었다. 따라서 여기 데살로니가전서의 "능력으로, 곧 성령 그리고 완전한 확신으로"라는 말이 일차로 지칭하는 것은 성령이 기름 부으신 바울의 그리스도 설교임이 거의 확실하지만, "성령의 능력"이 임하셨다는 것은 십중팔구 이 능력에 따르는 다른 현상들도 함께 나타났음을 암시한다. 어쨌든 데살로니가 사람들은 그런 현상들을 틀림없이 체험했다. 그래서 바울이 자신의 설교와 데살로니가 사람들의 회심을 "성령의 능력"에 따른 것으로 되새겨주었을 때, 데살로니가 사람들은 성령의 능력으로 말미암아 나타났던 이 모든 복합 현상들을 마음에 떠올렸을 것이다.

요컨대 이 "능력으로, 곧 성령 그리고 완전한 확신으로"라는 문장은 일

Frame, Moffatt, Whiteley, Hendriksen, Best, Morris, Hiebert, O'Brien, Marshall, Dunn (*Baptism*, 105)이 이 견해를 지지한다.

차로 성령의 능력으로 말미암은 바울의 설교를 가리키며, 이 설교는 데살로니가 사람들이 회심을 통해 성령을 직접 받아들인 사건으로 곧장 연결되었다. 바울은 이어지는 6절에서 데살로니가 사람들에게 이것을 되새겨 주려 한다. 물론 결국 중요한 것은 이 두 경우－바울의 설교와 데살로니가 사람들의 회심－에 성령이 핵심 열쇠라는 점이다. 아울러 바울은 성령의 역사를 증명하는 표현으로 "능력"을 사용한다. 바울은 "능력"에 호소함으로써 자기가 말하고자 하는 요지를 확실히 제시할 수 있었다.

6절 이 문장은 앞 문장과 매우 긴밀하게 연결되어 있다. 사실 대다수 영역 성경들은 그리스어 성경 편집자들이 편집해놓은 대로 5절 끝에서 완전히 문장을 끝낸다. 그러나 6절을 시작하는 첫 단어인 καί("또")는 등위접속사로 이해하는 것이 더 타당할 것 같다.[30] 바울이 삽입절 성격의 καθώς 구절을 우리가 살펴본 5절 말미에 집어넣지 않았다면, 아마도 καί가 등위접속사임을 더 분명히 알 수 있었을 것이다. 그러므로 (4, 5, 6절이 두 문장이 아니라 완전히 한 문장으로 되어 있다면－옮긴이) 완전한 문장은 아마 다음과 같은 구조를 갖고 있을 것이다(문장 전체에서 본질인 부분을 간파하도록 문장을 줄여 적었다).

너희를 택하심을 (우리는) 아노라,

이는 우리 복음이 너희에게 말로만 이른(ἐγενήθη) 것이 아니라 또한 능력으로,

(우리가 너희를 향해 어떤 사람이 된 것은 너희가 아는 바와 같으니라)

또 너희는 우리와 주를 본받은 자가 되었으니(ἐγενήθητε)….

---

30) 바울이 쓴 글에서는 병렬(parataxis; καί라는 말로 문장을 시작하는 셈어 문장 표현 방식)[2] 이 자주 나타나지 않는다. 이런 병렬이 나타날 경우, 이런 접속사는 어떤 식으로든 서로 대등한 관계에 있는 문장들을 일부러 연결해주는 말로 볼 수 있는 경우가 대부분이다.

따라서 비록 바울이 하나님께 감사하는 말과 좀 떨어져 있긴 하지만,[31] 그래도 이 6절은 여전히 감사하는 말의 일부이며, 4-5절이 제시하는 두 가지 관심사—데살로니가 사람들이 택함 받은 사실, 그리고 그 사실과 바울이 행한 사역의 관계—를 상세히 설명한다. 6절 문장은 후자—택함 받은 사실과 바울이 한 사역의 관계—로 시작하지만, 전자—그들이 택함 받은 사실—로 끝맺음으로써 결국 택함 받은 것을 강조한다. 바울은 방금 전에 "우리가 너희를 향해 너희를 위하여(개역개정: 너희 가운데서 너희를 위하여) 어떤 사람이 된 것은 너희가 아는 바와 같으니라"라고 말했는데, 이제는 "실로 **너희는 너희 자신이**(*you yourselves*)[32] 우리와 주를 본받은 자가 되었으니"라는 말을 덧붙인다. 이어서 바울은 "본받음"의 내용을 데살로니가 사람들이 큰 환난 중에서도 말씀[33]을 받아들인 일과 관련지어 말한다. 그러나 그 일에는 또한 성령의 기쁨[34]이 함께 따랐다.

바울에게는 "본받은 자"가 되었다는 말이 방금 말한 내용보다 훨씬 더 많은 개념을 의미하는 말임을 유념해야 한다.[35] 하지만 바울이 현재 관심

---

31) 바울이 하나님께 감사하는 부분은 이 구절로부터 좀 떨어져 있다기보다 아주 많이 떨어져 있어서, 바울은 2:13에 가서야 하나님께 감사하는 말을 **다시 시작한다**("이러므로 우리가 하나님께 끊임없이 감사함은"). 그는 2:12에 이를 때까지 하나님께 감사하는 말을 전혀 하지 않는다. 그가 하나님께 한 번 더 감사드린 것은 사실 데살로니가 사람들이 그가 한 설교를 바로 하나님이 하신 말씀으로 받아들였기 때문이다.

32) 참고. Rigaux, 380, "vous de votre côté"(너희는 너희 쪽에서).

33) 그리스어로 λόγος, 곧 복음의 메시지다.

34) 이 경우 ("성령의"라는) 소유격은 근원을 나타내는 탈격으로 이해하는 것이 가장 타당하다. 그 기쁨은 그들이 받은 성령**으로부터** 온 것이었다. Jewett, *Correspondence*, 100은 자신이 재구성한 역사 때문에 앞의 소유격을 탈격으로 보는 입장을 일부만 지지한다. 때문에 이 기쁨이 "황홀한 상황에서 자신을 나타낸 어떤 초자연력(超自然力)으로부터 나온" 것이라고 주장한다. 어쩌면 그럴 수도 있다. 그러나 이 본문은 그렇게 말하지도 않고 그렇게 암시하지도 않는다. 살전 5:16은 "항상 기뻐하라"라고 권면하는데, 이 권면은 그들이 회심할 때 체험했던 것을 예배를 통해 늘 생생히 되새겨야 함을 일러준다.

35) 사실 바울이 자신이 회심시킨 사람들에게 자신이 그리스도를 "본받은" 것처럼 자신을 "본받으라"라고 요구한 말은 딱히 따를(윤리 규범으로 삼을) "책"이 전혀 존재하지 않았던 그의 교회들에서 십중팔구 윤리적 교훈의 핵심 역할을 했을 것이다. 고전 11:1은 그 출발점을 제공한다. 바울은 자신을 그리스도가 보이신 본과 주신 가르침을 따른 자로 여겼다. 그리고 그의 그리스도 따름은 그가 섬긴 교회들이 따를 "본"이 되었고, 이제 이 교회들은 우리가 지금 보

을 갖는 것은 데살로니가 사람들이 환난 중에도 믿음을 견고히 지키는 일이다. 때문에 바울은 그들에게 이 문제—신자로서 고난을 당하는 것—와 관련하여 주님은 물론이요 바울 자신도 본을 보였다(참고. 2:1-2, 15; 3:7)는 점을 되새겨준다.

여기서 놀라운 점은 바울이 데살로니가 사람들에게, 성령이 그들의 삶으로 뚫고 들어오심으로 말미암아 그들이 **기쁨**을 체험한 일을 그들의 온전한 회심을 뒷받침하는 증거로 되새겨준다는 사실이다. "성령의 기쁨으로"라는 짧은 문구는 데살로니가 사람들이 빠져나온 이교 신앙과 그들이 시작하게 된 성령의 삶에 관하여 우리에게 많은 것을 일러주는 말일 것이다. 한편으로 보면 인생사가 대체로 그러하듯이 그들이 이교도로서 살아가는 삶에도 행복한 순간들이 있었을 것이다. 그러나 그들에게 삶은 대부분 힘겨운 고초와 질곡이었고 종교는 메마른 것이었으며 인격의 완성이란 말도 공허한 메아리일 뿐이었다. 특히 전형적인 초기 그리스도인 회중 가운데 대다수를 이루고 있었을 노예들과 가난한 자유인들(참고. 고전 1:26)에게는 더더욱 그러했을 것이다.[36] 그러나 데살로니가 사람들은 그리스도에게 와서 성령을 받음으로 한량없는 기쁨을 가득 누리게 되었다. 이런 기쁨은 그들이 체험한 실재였다. 심지어 그들이 신자가 됨으로 말미암아 혹독한 고초를 겪는 중에도 이 기쁨은 그들이 성령 안에서 누리는 삶을 규정하는 특징 중 하나가 된다. 바울은 바로 이런 기쁨을 그들이 회심한 증거로 그들에게 되새겨준다. 이것은 바울이 기쁨을 순전한 영성[spirituality; **영**성(Spirit-uality)이라고 해야 할까?]을 확실히 인증해주는 표지 가운데 하나로 여기고 있음을 가장 강력한 방식으로 시사해준다.

그래서 우리는 신약성경 곳곳에서 기쁨과 환난을 나란히 붙여놓은 모

고 있는 살전 1:7에서 분명하게 말하듯이 또 다른 이들에게 "본"이 되었다. 이 문제를 살펴보려면, Fee, *1 Corinthians*, 187-88, 490 (4:16과 11:1을 다룸) 및 거기서 언급한 참고 문헌을 보라.

36) 그러나 E. A. Judge 등은 반대 입장이다. 이 문제를 살펴보려면, Fee, *1 Corinthians*, 80-82을 보라.

습을 발견하지만,[37] 여기서도 기쁨과 환난을 그렇게 나란히 배치해놓은 모습이 두드러짐을 발견한다. 초기 교회는 환난을 그들이 당연히 감당할 몫으로 이해했으며, 신자들은 환난에도 놀라지 않았다(살전 3:2-3). 정녕 그들은 성령이 내주하시는 새 삶을 체험했기 때문에 환난 중에도 크게 기뻐하며 살아갔다. 그들은 지금 환난을 겪고 있지만, 동시에 마지막 때의 영을 체험했다. 이 체험 덕분에 그들은 장차 그들에게 주어질 생명을 미리 맛보았다.[38] 성령이 이런 식으로 임재하고 계신다는 바로 그 사실 때문에, 바울은 이 서신 뒷부분에 가서 "하나님의 뜻"을 세 가지 명령이라는 형태로 서술하는데, 그 명령 가운데 첫 번째가 "항상 기뻐하라"다(5:16-18).

비록 바울이 다른 곳에서는 이런 식으로 표현하지 않지만, 그럼에도 그가 쓴 서신들에서 이 기쁨이라는 테마를 늘 끄집어내려고 하며, 갈라디아서 5:22에서는 성령 안에서 살아가는 삶이 지닌 이 기쁨이라는 특질을 성령의 "열매" 중 두 번째로 열거한다.

요컨대 바울 서신에서 성령이 처음 등장하는 이 부분은, 말하고자 하는 요지를 지나치게 강조하지 않으면서도 어떤 때는 확연하게 어떤 때는 은연중에, 바울의 성령 이해에서 핵심이 되는 신학적 의미들을 여러 가지 방법으로 들려준다.

1. 바울은 구원이 그리스도의 죽음 및 부활과 관련 있지만(참고. 뒤의 5:9-10) 이런 구원의 역사가 신자들의 삶 속에서 현실로 이루어지거나 신자들이 이런 구원을 자기 것으로 소유하게 된 것은 성령의 효과 있는 사역에서 비롯된 결과라고 본다. 따라서 바울은 성령 체험이 없으면 누구도

---

37) 참고. 예를 들어 고후 8:2; 롬 5:3-5; 행 5:41; 약 1:2; 벧전 1:6.

38) 롬 14:17이 분명하게 설명하듯이, 그리스도를 믿는 자들은 실제로 새 나라의 백성이 되었다. 이 새 나라는 신자들이 열렬히 기다리는 나라이지만, 지금은 이 나라가 성령 안에서 누리는 기쁨으로 나타난다. 따라서 이런 기쁨 체험은 곧 그리스도가 재림하시면 자신들이 구원을 받으리라고 믿었던 데살로니가 신자들의 확신과 일부 관련 있다고 주장하는 Wanamaker, 82의 말이 어쩌면 옳을지도 모른다. 바울은 이런 기쁨과 그 신자들이 가졌던 그런 확신 사이의 연관성을 살전 1:9-10에서 분명하게 언급한다.

그리스도께 올 수 없다고 본다. 성령 체험이 그리스도께 나아오는 과정의 첫 번째 요소인 셈이다.

2. 비록 바울이 분명하게 말하지는 않지만, 여기는 바울이 시종일관 철저하게 주장하는 내용—구원은 삼위일체 하나님이 행하시는 일이다—이 처음으로 나타나는 곳이기도 하다. 이것은 방금 앞에서 말한 내용과 일치하는 것이기도 하다. 여기서 사람들은 바울이 "구원론적"(경륜적) 삼위일체론을 전제하는 모습을—그리고 늘 이런 식으로 논지를 전개해가는 모습을—만난다. 물론 바울이 삼위일체론과 관련하여 구사하는 언어는 아주 다양한 양상을 보인다. 구원은 무엇보다 하나님의 사랑에 터 잡은 것이며, 그렇기에 하나님의 사랑이 주도하신 일이다. 역사를 놓고 보면, 구원은 그리스도가 이루신 일이었다. 데살로니가전서 1:4-6 본문은 이 점을 명시하기보다 ["택하심", "복음", "그리스도(주)를 본받은 자"라는 말을 써서] 암시한다. 성령은 구원을 체험으로 이뤄주시는 분이요, 그리스도의 구원 사역이 베푸시는 혜택들을 데살로니가 사람들의 삶 속에서 훌륭하게 적용하시는 분이다. 그러므로 데살로니가전서 1:4-6 본문은 바울 서신에서 나타나는 많은 구원론적 삼위일체론 본문들의 출발점인 셈이다.[39]

3. 또 한 가지 지적해두어야 할 것은 바울 서신에서 성령을 가장 먼저 언급한 이 부분이 성령과 능력 사이에 지극히 긴밀한 관계가 있음을 전제한다는 점이다.[40] 이 경우에 성령은 "너희에게 능력으로 이른 것"과 동격이다. 이처럼 바울은 사실상 성령을 하나님의 능력이 데살로니가 신자들 사이에서 역사하심을 보여주는 증거로 이야기하는 것을 전제하고 글을 써나

39) 특히 구원론과 관련된 본문들로서 신경(creed)에 가깝다 할 본문들인 살후 2:13-14; 고전 6:11; 고후 1:21-22; 13:13[14]; 갈 4:4-7; 롬 5:1-5; 8:3-4; 8:15-17; 엡 1:13-14; 4:4-6; 딛 3:5-7을 보라. 아울러 구원론과 관련이 있든 없든, 그런 본문은 더 많이 있다. 이 본문들을 보라: 고전 1:4-7; 2:4-5; 6:19-20; 12:4-6; 고후 3:16-18; 갈 3:1-5; 롬 8:9-11; 15:16; 15:18-19; 15:30; 골 3:16; 엡 1:3; 1:17-20; 2:17-18; 2:19-22; 3:16-19; 5:18-19; 빌 1:19-20; 3:3.

40) 이와 관련하여 Hendriksen 51을 참고하라.

간다. 이런 용례를 근거로 우리는 성령을 능력으로 이해할 수 있고 바울이 구사하는 "능력"이라는 말이 성령을 에둘러 지칭하는 말로 자주 사용되었다는 것을 이해할 수 있다.[41]

4. 마지막으로 그리고 방금 말한 내용과 관련 있는 것으로, 이 두 문장은 (우리가 보기에) 성령 안에서 살아가는 삶을 바라보는 바울의 이해 속에 자리한 기본 "갈등"을 그대로 드러낸다. 한편으로 보면 성령의 임재는 능력을 뜻하는데, 데살로니가 신자들의 경우에 그 임재는 효력이 있고 증거로서 나타난 능력이요 신자들이 체험한 능력이었다. 반면 성령의 기쁨(성령에서 유래한 기쁨)은 현재 연약하고 환난을 겪는 정황 속에서 생겨난다. 바울은 이런 갈등을 결코 해결하지 않는다. 그가 볼 때는 그것이 결코 갈등이 아니었기 때문이다. 오히려 성령과 성령이 신자의 삶 속에서 펼치시는 활동에 관한 바울의 이런 폭넓은 이해는 종말론과 관련하여 그가 갖고 있는 관점인 "이미 그러나 아직 아니"의 근거가 된다. 우리가 "두 시대 사이에" 살고 있다는 바로 그 이유 때문에 능력과 약함이 공존하기 때문이다. 따라서 바울이 보기에는 성령의 능력과 환난 가운데 누리는 성령의 기쁨은 "이것 아니면 저것"이 아니라 "이것 그리고 저것"이다. 다시 말하지만 이것이 바울 서신 전체를 관통하는 시각이다.

41) 이것은 성령과 능력이라는 말이 어느 정도 동일한 용어라는 뜻이 아니라, 바울이 보기에 이 두 말이 중첩되는 부분을 가질 정도로 지극히 긴밀한 관계에 있었다는 뜻이다. 나는 Best가 이런 점을 이야기한 내용(75)을 놓고 특별히 시비하고픈 마음이 없다. 그는 이렇게 말한다. "신약성경에서는 성령이 능력의 **영**보다 훨씬 더 많은 의미를 지닌 **영**이시다. 그분은 사랑과 선함(양선)의 **영**이시기도 하다.…따라서 바울이 능력과 성령을 결합하고 있다 하여 같은 말을 거듭 써놓은 게 아니다. 성령은 능력보다 훨씬 더 넓은 의미를 지닌 말이기 때문이다." 그러나 이 말은 "능력" 개념을 지나치게 많이 좁혀놓은 것 같다. 성령이 신자들의 삶 속에서 사랑과 선함을 이루시는 것은 분명 맞는 말이지만, 그렇다 해도 그런 사랑과 선함은 성령이 또 다른 형태로 능력을 부어주시는 경우이기 때문이다.

• 데살로니가전서 2:15[42]

(유대인은) 주 예수와 선지자들을[43] 죽이고 우리를 핍박하며 쫓아내고(개역개정: 우리를 쫓아내고)[44] 하나님을 기쁘시게 하지 아니하고 모든 사람에게 대적이 되어.

이 구절은 바울 서신에서 προφήτης(선지자)라는 말이 처음으로 나타나는 곳이다. 이 경우에 선지자는 구약의 선지자들을 가리키는 게 거의 확실하다. 물론 우리가 신약성경에서 오직 이 문장만을 놓고 본다면, 일부 사람들이 주장했듯이,[45] 바울이 여기서 말하는 선지자는 그리스도인인 선지자들이라고 충분히 주장할 수 있을 것이다. 그런 주장이 특히 가능한 이유는 τοὺς προφήτας(선지자들을)라는 말이 "죽이고"라는 말의 복합목적어(compound object)이고[46] "주 예수"라는 말을 **뒤따르며**,[47] 그 뒤에 유대인

42) 지난 10년 동안 14-16절의 진정성을 인정하는 문헌과 부정하는 문헌이 상당히 많이 출간되었다. 이들을 모두 살펴본 유익한 자료를 보려면, Jewett, *Correspondence*, 36-42을 보라.

43) 이것이 초기에 나온 모든 증언들(그리스어, 라틴어, 콥트어로 기록된 증언들)이 따르는 본문(τοὺς προφήτας)을 반영한 것이며, 원문임이 거의 확실하다. 이 증언들보다 더 뒤에 나온 비잔틴 전승은—유대인들의 시각에서 보아—ἰδίους라는 말을 덧붙임으로써[즉 "그들 자신의(그들과 동포인) 선지자들을"로 기록함으로써] 본문의 뜻을 "분명하게" 만들었다. 즉 유대인들은 역사 속에서 그들과 동포인 선지자들에게 행했던 일을 그대로 따라 행하여 예수를 죽였다.

44) 이것은 복합어인 ἐκδιωξάντων의 의미를 분명하게 알아내려고 시도한 것이다(참고. Lightfoot, 33). BAGD는 "혹독하게 박해하다"(persecute severely)로 번역하면서도, 칠십인경에서는 이 말이 "쫓아내다"(drive away)라는 의미를 갖고 있다고 언급한다. 여기 2:15에서는 "쫓아내다"가 보편적인 의미인 것 같다. 바울은 지금 자신이 "유대인들"에게 받았던 대우를 회상하고 있기 때문이다.

45) Findlay, 54을 보라; 참고. Kirsopp Lake, *The Earlier Epistles of St. Paul* (2d ed.; London: Rivingtons, 1914), 87n2.

46) 이 문장이 몇 가지 난점을 안고 있긴 하지만, τοὺς προφήτας가 "죽이고"의 복합목적어를 구성하는 두 번째 목적어 역할을 하게 된 것은 바울이 구사하는 문장 구조가 요구한 결과물인 것 같다. 그렇게 이해하지 않으면, τὸν κύριον 앞에 καί가 자리한 것을 도통 이해할 수가 없다. 따라서 이 문장은 "(유대인은) 주 예수**와(그리고)** 선지자들을 죽이고…하여"가 된다. 참고. Rigaux, 447. Rigaux의 문법상 강조점은 조금 다르다. 즉 절이나 문구 끝에 주어나 목적어를 덧붙이는 구조는 바울 서신에서 흔히 볼 수 있다(참고. 살전 1:6에 있는 καὶ τοῦ κυρίου; 2:10에 있는 καὶ ὁ θεός)고 Rigaux는 말한다. Findlay, Milligan, Thomas는 견해를 달리한다; 그러나 이 세 사람이 제시하는 주장들은 주로 바울이 연대를 따라 ("주 예수, 선지자들, 우리"를—옮긴이) 제시함에 관심을 보이거나("어설픈 용두사미를 피할 목적으로", Milligan, 30) 이 선지자들을 구약의 선지자들과 같은 범주에 넣음으로써 사도가 당한 고난을 강조하

들이 바울을 핍박한 내용이 이어지기 때문이다. 이 문장은 그리스도인들이 당한 핍박을 연대순으로 자연스럽게 제시해놓은 것일지도 모른다(예수, 일부 초기 그리스도인 선지자들, 바울).[48)]

하지만 여기서 바울은 유대인들[49)]—그리고 후대 그리스도인들—사이에서 널리 회자되던 "선지자들을 죽이다"라는 주제(motif)를 골라 뽑아 사용하고 있을 가능성이 훨씬 더 높다. 예수도 이 주제를 마태복음 23:30-31, 34, 37에서 말씀하신다(참고. 5:12; 행 7:52). 바울은 단순히 유대인들이 예수와 그분의 제자들을 핍박한 사실에 관심을 가진 게 아니라, 그런 핍박이 그들이 과거 역사 속에서 "선지자들을 죽인 일"과 똑같다는 사실에 관심을 갖고 있는 것 같다.[50)] 아마도 바울은 자신이 데살로니가에 머물 때 받았던 핍박에 자기 동포인 유대인들이 연루되었다는 사실을 기억하는 순간 불현듯이 이런 사실에 관심을 갖게 되었을 것이다. 어쨌든 이 문맥에서는 "선지자들"을 그리스도인인 "선지자들"보다 구약의 선지자들로 이해하는 것이 바울의 의도와 일치할 것 같다. 신약성경을 살펴봐도 예루살렘에서 순교한 초창기 그리스도인들을 "선지자들"로 여겼다는 증거가

려 하는 (바울의—옮긴이) 욕구에 관심을 보인다. 참고. Goodspeed는 15절을 "(유대인은) 주 예수를 죽이고 사도들과 우리를 핍박하며"(who killed the Lord Jesus and persecuted the prophets and us)라고 번역한다.

47) 바울도 십중팔구 예수를 죽인 일이야말로 "선지자들을 죽인 일"의 정점이라고 보았던 초기 교회의 견해를 공유하고 있었을 것이다. 이런 견해는 예수가 말씀하신 "악한 임차농부(賃借農夫)의 비유"에 반영되어 있다. 이런 견해 때문에 바울은 여기서 주 예수를 첫 번째로 기록했을 것이다.

48) 이것이 바로 Findlay가 주장하는 점이다. 이것은 대부분 문법이라는 암초에 걸린다(주46을 보라).

49) 가령 H.-J. Schoeps, "Die jüdischen Prophetenmorde," in *Aus frühchristlicher Zeit* (Tübingen: Mohr, 1950), 126-43을 보라.

50) 물론 이것은 사람들이 자주 추정하는 것처럼 반(反)유대주의를 표현한 것이라기보다 오히려 그리스도와 그분의 제자들이야말로 구약에서 말하는 하나님의 백성을 진정으로 계승한 이들이며 그리스도를 십자가에 못 박아 죽이고 뒤이어 그분의 제자들을 핍박했던 자들은 하나님이 보내신 선지자들을 배척함으로써(그런 점이 "선지자들을 죽임"이라는 모티프를 낳았다) 하나님과 하나님의 언약을 거듭하여 거부했던 자들의 후예라는 바울의—그리고 다른 초기 그리스도인들의—견해와 일치하는 것이다.

달리 없다는 이유 때문에라도 특히 그렇게 이해해야 한다.[51)]

▪ 데살로니가전서 4:8

바로 그런 이유로(개역개정: 그러므로) [이 가르침을][52)] 저버리는 자는 사람을 저버림이 아니요 너희에게[53)] 아울러(also)[54)] 그의 성령을 주신 하나님[55)]을 저버림이라.

---

51) 엡 2:20; 3:5; 4:11과 달리, 바울이 여기서는 "그 선지자들"(*the* prophets)을 그리스도인 공동체 내부에서 별개 그룹을 구성하는 사람들로 지칭하지 않는다는 점 역시 유의해야 할 것 같다. 오히려 고전 12장과 14장에서는 무엇보다 공동체 내부에서 예언하는 이들을 명사인 "선지자들"로 지칭함으로써 선지자들이라 불리는 사람들이 아니라 예언이라는 **기능**을 강조한다.

52) "저버리다"라는 동사의 목적어가 없으나, 이 본문 문맥을 살펴보면 바울 자신을 저버렸다고 보기보다 이런 가르침 같은 것을 저버렸다고 봐야 한다.

53) A 6 365 1739 1881 a f m t pc에서 발견할 수 있는 ἡμᾶς는 십중팔구 7절에서 발견할 수 있는 ἡμᾶς에 맞추어 같은 말을 두 번째로 기록해놓은 말일 것이다. 이전 세대 가톨릭 학자들은 이 ἡμᾶς를 채택하여 이 말을 가톨릭이 사도들의 계승자임을 뒷받침하는 증거로 활용했다. 다시 말해, 바울의 가르침을 거부하는 것은 바울에게 당신의 **영**을 주셔서 권위 있게 가르칠 수 있도록 해주신 하나님을 거부하는 것과 같다고 주장한 것이다. 그러나 설령 ἡμᾶς가 원문이라 할지라도 이 말은 "그리스도인들을 통틀어 가리키는 우리"를 의미할 것이다(Frame). 바울은 그가 쓴 서신 중 신조와 유사한 형식을 띤 다른 본문들에서도 2인칭 복수형을 모든 사람을 아울러 가리키는 1인칭 복수형으로 바꿔 쓴다(가령 갈 4:6).

54) 이 καί가 있는 사본들(א D* F G Maj lat Clement)도 있고, 없는 사본들(A B I 33 1739* b pc)도 있어서 이 문제는 해결이 쉽지 않다. 그러나 분석해보면 결국 필사자들이 καί를 덧붙였다기보다 불필요하다고 여겨 빼버렸을 가능성이 더 커 보인다(이렇게 보는 이유는 필사자들이 καί를 덧붙였다면 **왜** 그런 일을 하려 했는지 **그 이유**를 짐작하기가 힘들기 때문이다); 참고. 2:12에도 이와 비슷한 표현이 있는데, 이 본문에도 καί를 "덧붙였다"는 증거가 없다. 이 καί가 있다면, 여기서는 동사형 개념인 "…을 주시는 분"(the one who gives)보다 명사형 개념인 "하나님, 곧 주시는 분"(God the giver)을 강조하고 있다고 생각하는 여러 주석가들의 견해가 옳지 않음을 특별히 말해주는 증거가 될 것이다. 뒤의 논의를 보라.

55) 그리스어로 διδόντα다(א* B D F G I 365 2464 pc). 후대 본문들(A Ψ Byz sy co)은 바울이 다른 곳에서(롬 5:5; 고후 1:22; 5:5; 참고. 갈 3:2; 4:6; 롬 8:15) 보여준 용례 패턴을 따라 이 말을 부정과거인 δόντα로 바꿔놓았다. Rigaux (514)는 앞에 나오는 부정과거 ἐκάλεσεν을 따라 δόντα를 채택한다. 그러나 Frame (156)이 여러 해 전에 지적했듯이, 이것은 단지 후대 필사자들이 이런 변화를 만들어낸 또 한 가지 이유를 보여줄 뿐이다. 현재 시상이 중요한 의미를 담고 있는가 여부를 놓고 벌어지는 논의는 뒤를 보라.

이 서신에서 이 본문보다 먼저 성령을 언급한 부분들은 데살로니가 신자들의 회심 체험을 일깨워준다. 마찬가지로 이제 바울은 교훈(윤리적 가르침/권면)을 담은 이 문맥에서 하나님이 그들에게 그리스도인답게 살아가라고 요구하시며(7절) 그들이 성적 부도덕함을 삼가게 해줄 대법원(최종 상고 법정)으로서 성령이라는 선물을 주셨다고(8절) 되새겨준다.

이 성적 부도덕함은 그들의 "믿음"이 "부족함"을 보여주는 두 가지 문제 중 첫 번째 문제다(3:10).[56] 바울은 방금 이 문제를 놓고 주님이 강림하실 때에 그들이 "흠이 없기"를 기도했으며(3:12-13), 이 문제를 놓고 이전에 그들을 가르친 적이 있었다(4:1-2). 그들더러 정녕 "하나님을 기쁘시게 할 수 있도록 행하라"라고 말하는 권면은, 그들더러 "더욱 많이 행하라"(개역개정: 더욱 많이 힘쓰라; 1절)라고 말하는 권면과 짝을 이뤄, 대다수 신자들이 실제로 그리스도인의 윤리에 합당하게 살고 있지만, 분명 모든 사람이 그렇게 살고 있지는 않음을 시사해준다. 때문에 바울은 3-8절에서 다시금 성적 부도덕함을 이야기한다.

이 본문이 강조하는 것은 두 가지다. 우선 적극적 측면에서 바울은 그들에게 "거룩함"(ἁγιασμός)을 요구한다. 그는 또 부정문을 써서, 특별히 계속하여 부도덕한 성생활을 영위하는 자들에게 이를 그만두라고 명령한다. 바울이 이렇게 명령한 이유는 성적 부도덕함이야말로 하나님이 그들에게 요구하셨던 "거룩함"과 일치하지 않기 때문이다(7절). 그러므로 이 문제와 관련하여 바울의 가르침을 저버리는 것은 곧 거룩하신 분이요 그들에게 당신의 **"거룩한" 영**을 주셔서 그들 역시 거룩하게 하신 하나님 바로 그분을 저버리는 것을 의미한다. 요컨대 성과 관련된 죄에 빠지는 것은 하나님이 그들 안에 그리고 그들 가운데 몸소 인격으로 임재하신 성령을 거역하는 것이다.

---

56) 믿음이 부족함을 보여주는 또 한 가지 사례는 "질서도 없이 게으름만 피우는" 경우였다. 그들이 자기 손으로 일하지 않는 것은 곧 사랑이 없는 것이다. 이 문제는 4:9-12에서 처음 언급한 뒤, 5:14과 살후 3:6-15에서 다시 언급한다.

이런 주장은 바울이 가진 성령 이해와 관련하여 몇 가지 중요한 의미들을 함축한다. 첫째, "성령"(거룩한 **영**; Holy Spirit)이라는 완전한 명칭은 단순히 **영**(Spirit)의 이름이 아니다. 물론 전자가 후자의 이름이라는 말도 맞는 말이긴 하다. 그러나 "우리 주 예수 그리스도"라는 말이 이름이자 실재이듯이,[57] 구약성경이 빈번히 "하나님의 **영**"으로 지칭하는 그 **영** 역시 신약성경에서 이름이자 실재로서 "성령"이라 지칭한다. 그 영은 바로 "거룩하신" 하나님 바로 그분의 **영**이다.[58] 따라서 성령은 **"거룩한" 영**으로서 다른 모든 "영들"과 구별된다. 그러므로 결국 여기서 우리는 하나님의 성품을 다루는 것이며, 또한 그리스도인의 윤리를 **영**이 당신 백성 안에서 그 성품을 다시 만들어내시는 것으로 보는 바울의 이해를 다루고 있는 것이다. 이처럼 바울은 하나님의 뜻을 데살로니가 사람들이 **거룩**하게 살아감으로써(3절) 그들이 **거룩**하게 "그들 자신의 그릇을(vessels) 제어해야"[59] 한다(4절)는 말

57) 나사렛 예수가 주님(=칠십인경에서는 이 주님이 하나님 바로 그분을 가리키는 말이다)이시며 메시아(=종말론과 관련하여 유대인들이 품었던 소망들을 이루신 분)이시다.

58) 이 경우에 이 점을 강조하게 되는 것은 τὸ πνεῦμα αὐτοῦ τὸ ἅγιον (그분의 **영**, 곧 거룩한 [**영**]) 이라는 어순(語順) 때문이다. 여기서는 하나님이 그들에게 **"당신"**의 **영**을 주셨다는 사실뿐 아니라 그 **영**이 곧 **"거룩한" 영**이라는 사실도 강조한다.

59) 이 "그릇"이라는 말은 그리스어 본문의 σκεῦος를 문자대로 번역한 것인데, 이리 번역한 것은 내가 이 말이 남성의 하체(下體)를 완곡하게 표현한 말이라고 확신하기 때문이다[참고. 삼상 21:5(BHS 21:6)이 히브리어 כְּלִי를 사용한 사례]. 이런 번역을 처음 주장한 사람은 J. Whitton ["A Neglected Meaning for σκεῦος in 1 Thessalonians 4:4," *NTS* 28 (1982), 142-43; 그리고 Bruce, 83도 이를 분명히 지지한다]. 많은 사람들은 이 σκεῦος라는 말이 "아내"를 가리키는 은유라고 생각한다[이런 주장을 편 사람들 가운데 가장 중요한 이가 C. Maurer, in *TDNT* 7. 358-67이다; 뿐만 아니라 R. F. Collins, "This is the Will of God: Your Sanctification (1 Thess 4:3)," *LTP* 39 (1983), 27-53; 그리고 O. L. Yarbrough, *Not Like the Gentiles: Marriage Rules in the Letters of Paul* (SBLDS 80; Atlanta: Scholars, 1985)도 함께 보라; 그러나 M. McGehee, "A Rejoinder to Two Recent Studies Dealing with 1 Thess 4:4," *CBQ* 51 (1989), 82-89이 제시하는 논박을 보라]; 하지만 σκεῦος를 "아내"의 은유로 보는 견해는 두 가지 점에서 도저히 수긍할 수 없다. 첫째, 그런 주장을 하는 사람들은 바울이 여기서 "아내"를 가리키는 말로 이 말을 사용하고자 했다면 왜 "아내"를 가리키는 말로 이런 희한한 은유를 사용했는지 그 이유를 설명해야 한다. 우선 바울이 그런 의도를 갖고 있었다면 그는 얼마든지 "아내를 취하다"라는 말을 쓸 수 있었다(참고. 고전 7:27). 그런가 하면 바울 서신을 모두 살펴봐도 "아내를 취하는 일"이 아주 민감한 일이어서 바울이 그렇게 에둘러 은유로 표현해야 할 정도로 압박감을 느꼈음을 보여주는 대목이 전혀 없다. 둘째, "하나님을 모르

로 규정한다. 바울이 하나님의 뜻을 이렇게 규정한 것은 하나님이 그들을 부정한 삶이 아니라 **거룩한** 삶으로 부르셨기 때문이다(7절). 따라서 이런 맥락을 고려할 때 그런 "거룩함"의 근원이 하나님이 그들에게 주신 "거룩한" **영**이라 해도 전혀 놀랍지 않다.[60]

둘째, 바울은 바울 서신에서 사실상 "**영**이라는 선물"(gift of the Spirit)을 처음으로 언급하는 이 부분에서 그 **영**이 εἰς ὑμᾶς(우리 안에) 주어진 것으로 규정한다. 좀 생소해 보이는 이 용례는 칠십인경 에스겔 37:6, 14[καὶ δώσω τὸ πνεῦμά μου εἰς ὑμᾶς, "나는 내 **영**을 네 속에 줄 것이다"(개역개정: 내가 또 내 **영**을 너의 속에 두어)]을 떠올리게 하는데, 이는 십중팔구 "내가 내 **영**을 네 속에 **둘** 것이다"와 같은 의미일 것이다.[61] 이 용례는 바울이 하나님이 **영**이라는 선물을 주신 것을 하나님이 몸소 **영**으로 당신 백성 안에 들어가 사심으로 "너희가 살아가게 하실 것"이라는 구약의 약속(겔 37:14; 참고 11:19)을 성취하신 일로 이해한다는 것을 보여준다. 바울은 나중에 쓴 서신들에서도 그 **영**을 "너희 마음에 주어진(보내진)" 분이라 부름으로써 방금 말한 것과 똑같은 내용을 강조한다(고후 1:22; 갈 4:6; 참고. 고전 6:19에 있는 강조어인 "너희 가운데 계신 성령의 전").[62]

셋째, 여기서 몇 가지 논쟁이 있긴 하지만, "아울러 주신"(who also gives)이라는 현재분사[그리스어 본문: (καὶ) διδόντα]를 사용한 것은 성령이 계속

는 이방인과 같이 색욕을 따르지 말라"(살전 4:5)라는 금지 명령은 "아내를 취하는 것"과 의미상 아무 상관이 없다. 사람은 분명 "거룩하고 존귀하게" 혼인할 수 있다. 그러나 어떻게 해야 이방인과 같이 색욕을 따르지 **않으면서** "아내를 취하는 것"인지 알기가 어렵다. 하지만 σκεῦος를 사람(남성)의 하체(또는 다른 사람들이 선호하는 번역어인 "몸")를 가리키는 완곡어로 볼 경우에는 4절과 5절에서 말하는 개념들을 모두 완벽하게 이해할 수 있다.

60) Collins (*Studies*, 292)도 이 점을 강조한다. 그러면서도 그는 "거룩한"이라는 말을 덧붙인 것을 "[에스겔] 선지자가 언급했던 것이 그리스도인들이 믿는 성령이라는 것을 분명히" 해두려는 바울 나름의 표현 방식으로 여긴다.

61) 참고. Frame, 156, "εἰς는 여격 또는 ἐν과 같은 의미로서, '…을…안에 있게 하다', '…안에 두다'라는 뜻을 만든다."

62) 말이 나온 김에 이것이 바울 서신에서 "임재"(Presence) 모티프를 처음으로 표현한 대목임을 언급해둔다.

하여 그들의 삶 속에서 역사하고 계심을 강조한 표현임이 거의 확실하다. 이 용례는 분명 이전에 데살로니가 신자들이 성령으로 말미암아 회심한 것을 전제한다. 그러나 바울이 여기서 그들의 그런 회심 자체를 언급하려고 했다면(1:5-6처럼),[63] 4:7처럼 그리고 다른 곳에서 성령과 관련한 이야기를 할 때처럼(앞의 주 55를 보라) 단순 부정과거(aorist)를 사용했을 것이다.[64] 이것은 데살로니가전서 2:12과 5:24에서 "부르시다"라는 말을 현재 시제로 사용한 것, 그리고 특히 갈라디아서 3:5(참고. 빌 1:19)에서 성령을 "주심" 또는 "공급하심"이라는 말을 현재 시제로 사용한 것과 아주 비슷하다. 이 모든 것은 여기서 바울이 데살로니가 사람들의 회심이 아니라 그들이 현재 하나님의 **거룩한 영**을 체험하고 있다는 점에 관심을 기울이고 있음을 일러준다. 그들이 거룩함 가운데 행할 수 있는 것은 바로 하나님이 그들에게 이 거룩한 **영**을 주셨기 때문이다. 이처럼 바울은 하나님이 계속하여 그들과 동행하심으로 성령을 이해한다. 이 성령의 능력으로 말미암아 사람은 거룩한 삶을, 곧 그리스도가 일러주신 윤리에 진정으로 합당한 삶을 살아간다.

넷째, 이 주장의 본질(성령이 데살로니가 사람들의 삶을 단단히 동여매는 분으로서 그들의 삶 속에 계신다는 주장)을 봐도 그렇고, 하나님이 주신 선물인 성령이 "현재성"(지금도 계속하여 성도들의 삶 속에서 역사하시는 성령의 성질)과 "내주성"(신자들의 삶에 들어와 계시는 성령의 성질)이라는 본질을 갖고 있음을 강조한 것을 보더라도, 이 본문은 성령이 죄에 맞선 투쟁에서 **탁월**

---

63) 가령 Hiebert, 176은 분명히 그렇게 말하고 있다.

64) 일부 사람들은 현재분사가 함축한 의미를 분명하게 피해보고자(즉 그 **영**이 지금도 그들 가운데서 역사한다는 의미를 피해보려고—옮긴이) 여기서 강조하는 것은 명사형인 "하나님, 곧 성령을 주신 분"(God the Giver of the Holy Spirit)이라고 주장한다(가령 Moffatt, 35; Findlay, 90; Hiebert, 176; 적어도 회심을 언급한 것으로 보는 Dunn, *Baptism*, 106). 이 경우에 이들이 표현하는 관심사는 "계속하여 또는 잇달아 나누어주다(주다)"라는 개념을 피하는 것이다(Moffatt). 그러나 그것은 불필요한 편법을 써서 "두 번째 복을 주장하는 신학"(second blessing theology)을 피하는 것이다. 바울의 관심사는 하나님이 성령을 "계속하여 주신다"라는 점이 아니라, 지금도 계속하여 성령이 그들의 삶 속에서 역사하신다는 점이다.

한 능력을 갖고 계심을 시사한다. 이것은 성령이 완전무결함을 보장하신다는 의미가 아니다. 성령은 그러시지 않는다. 도리어 이것은 성령이 지금도 내주하시지 않으면 인간이 죄에 맞선 투쟁에서 분명 무기력할 수밖에 없다는 의미다. 플러머(Plummer)도 이렇게 역설한다. "이것[성령을 선물로 주신 것]은 그들의 삶 전체를 바꿔놓았다. 그리고 그로써 사람에게는 불결한 욕망에 저항할 힘이 없다는 이방인들의 항변이 끝장나고 말았다"(63). 바울은 성령의 임재를 하나님이 인간에게 죄에 맞설지 말지 결정할 **선택재량**을 주신 것쯤으로 여기지 않았다. 아울러 그는 성령을 현재도 계시지만 효력 있는 능력을 발휘하지 못하는 분으로 여기지도 않았다. 도리어 바울이 성(性)과 관련된 부정을 저지르지 말라고 힘차게 주장할 수 있게 해준 원동력은 그가 체험한 성령이라는 실재다.

따라서 바울이 볼 때 성령은 신자가 되게 하는 열쇠이실 뿐 아니라 진정 그리스도인답게 행동할 수 있게 하는 힘이시다. 이것은 규율을 준수한다는 차원의 문제가 아니라, 성령 안에서 살아감으로써 성령에 따라 행동한다는 뜻이다(참고. 갈 5:13-6:10).

▪ 데살로니가전서 5:16-18

16항상 기뻐하라. 17쉬지 말고 기도하라. 18범사에 감사하라. 이것이 그리스도 예수 안에서 너희를 향하신 하나님의 뜻이니라.

물론 이 명령문들이 "성령 관련 본문들"임이 첫눈에는 그리 뚜렷하게 나타나지 않는다. 그렇다 해도 이 연구에서 이 본문들을 성령 관련 본문에 포함시킬 만한 합당한 이유들이 있다. 첫째, 14절과 19-22절은 (12절에서 시작하는 데살로니가전서의) 일단의 마지막 명령문들을 본디 예배 때 모인 공동체라는 맥락 속에서 이해해야 한다는 것을 일러준다. 이렇게 예배하러 공동체가 모여 있을 때 이 서신을 읽었을 것이다.[65]

나아가 뒤에서도 언급하겠지만, 곧바로 이어지는 명령문들(19-22절)은 다소 놀랍게 다가온다. 이 서신 자체 또는 인접 문맥 어느 곳을 봐도 여기서 이런 명령들을 이야기하리라는 것을 예상할 수 없었기 때문이다. 그러나 바울이 성령이 공동체 안에서 행하시는 활동을, 기뻐하는 행위와 기도하는 행위의 전제로 보고 있다는 점을 기억한다면, 인접 문맥 속에 이런 명령문들이 자리하고 있다는 이 놀라운 사실은 조금은 덜 놀란 눈으로 볼 수 있다. 이미 앞서 신자들 가운데 임재하신 성령을 전제한 첫 명령문 덩어리들(16-18절)이 이어지는 명령문들(19-22절)을 기록하게 한 계기가 되었음을 쉽게 짐작할 수 있다.[66]

마지막으로 이야기해두어야 할 것이 있다. 바로 1:6이 우리가 이런 이해를 갖도록 이미 준비시켜주었다는 점이다. 1:6에서 바울은 데살로니가 신자들의 회심 체험에 큰 환난과 성령이 주시는 기쁨이 함께 따랐던 일을 되새겨준다.[67] 요컨대 바울은 철두철미하게 기쁨(희락)과 기도와 찬미(감사함)를 성령의 임재에 따른 결과요 그 임재를 보여주는 증거로 이해했다. 때문에 바울은 갈라디아서 5:22에서 성령의 두 번째 "열매"로 기쁨을 열거하며, 로마서 14:17에서는 성령이 주시는 기쁨을 하나님 나라가 임한 증거라고 말한다. 이와 마찬가지로 고린도전서 14:15과 로마서 8:26-27과 에베소서 6:18은 모두 바울이 기도를 특히 성령의 활동으로 보았음을 확증해준다.

하지만 여기서 유념할 것은 이렇게 기쁨을 강조할 경우에 그가 기쁨 체험이 아니라 기쁨을 실제로 표현하는 것을 강조한다는 점이다. 그들은 "항상 기뻐"해야 한다. 빌립보서 4:4이 말하는 것을 보면, 항상 기뻐한다는 것

---

65) 가령 Thomas, 290은 다른 견해를 취한다. 그가 이 구절들에 "자신에게 다할 책임"(Responsibilities to oneself)이라는 제목을 붙인 걸로 보아, 그는 바울보다 서양의 개인주의를 더 많이 반영하고 있는 것 같다.

66) Ellicott, 80이 이런 입장이다. 참고. Findlay, 128: "**기쁨**과 **기도**와 **감사**는 자연스럽게 **성령**과 **예언**으로 옮겨간다."

67) 참고. Wanamaker, 199-200도 이 점을 강조한다.

은 그냥 평범하게 기쁨을 표현한다는 뜻이 아니라 특별히 "**주 안에서** 기뻐한다"라는 뜻이다.

이 명령문들이 더 큰 문맥인 12-22절 내에서 하는 역할을 살펴보려면, 이어서 19-22절을 논의한 부분을 보기 바란다. 지금은 짚고 넘어갈 것이 따로 있다. 물론 이 명령문들(16-18절)도 가령 빌립보서 4:4-6처럼 평범한 권면들을 나열해놓은 것처럼 보일 수도 있다. 그러나 이 명령문들을 오로지 그런 시각으로 다룬다면 합당치 않은 일이다. 우리가 이 서신에서 달리 더 알 수 있는 것은 얼마든지 있다. 그러나 분명히 알 수 있는 것은 그리스도를 믿는 믿음 때문에 혹독한 고초를 겪고 있는 교회가 여기 있다는 점이다. 각 지체들은 물론이요 예배하러 모인 그들 전체를 통틀어 일컫는 말이기도 한 이 공동체를 향하여 하나님이 원하시는 것은 그들이—특별히 그들이 현재 부닥친 상황들을 포함하여—어떤 상황에서도 기뻐하고 기도하며 감사하는 것이다.[68] 데살로니가 사람들이 그리스도가 행하신 일을 그들 것으로 만들어주시고 그리스도 안에서 그들이 누릴 미래를 보장해주신 종말론적 성령을 다 함께 이해하고 체험하지 못했다면, 이런 명령문들은 한낱 경건한 상투어들에 불과한 것들로 그들의 영혼에 죄책감이나 안겨주고 그 영혼을 미몽으로 인도했을 것이다. 그러나 이런 명령문들이 경건한 상투어의 범주로부터 벗어나서 역시 똑같은 그 **영**으로 말미암아 "그리스도 안에" 있게 된 사람들이 역동적이고 생생하게 체험하는 현실이 된 까닭은 바로 그 기쁨이 하나님이 주시고(4:8) 하나님이 몸소 능력으로 임재하심을 체험케 해주시는(1:5-6) 성령으로부터 유래하기 때문이

---

68) 이 문맥과 구조는 바울이 마지막 절("이것이 그리스도 예수 안에서 너희를 향하신 하나님의 뜻이니라")에서 염두에 두고 있는 것(곧 "이것"이 가리키는 것)이 단지 어떤 상황에서도 감사하라는 명령문뿐 아니라 앞에 나온 세 가지 명령문 전체임을 강하게 시사한다. 나아가 이 명령문들이 본질상 그리스도를 중심으로 삼고 있음을 주목해야 한다. 이 점과 관련된, 그리고 그들(데살로니가 신자들)을 향한(ϵἰς ὑμᾶς = 목적) 하나님의 뜻은 "그리스도 예수 안에서" 나타났고 자리 잡았다. 즉 하나님은 당신의 뜻을 그리스도를 통하여 나타내셨고, 데살로니가 신자들을 그리스도 안에 두심으로써 그들이 당신의 뜻을 이런 식으로(16-18절에서 명령하신 방식으로) 완전히 이루게 하셨다.

다. 그리스도 안에 있는 삶, 따라서 성령 안에 있는 삶은—어떤 상황에서도 그리고 모든 상황에서—기뻐하고 기도하며 찬미하는 삶이다. 이럴 수 있는 것은 **영**의 사람들이야말로 진정 성령 안에서 살아가는 사람들이요 그리함으로써 장차 임할 생명을 이미 맛본 사람들이기 때문이다. 이런 사람들은 이미 그들의 삶 속에서 하나님이 능력으로 임하여 계심을 안다.

결국 바울은 그 말과 삶이 일치하는 사람이다. 특히 데살로니가전서 3:9-10과 빌립보서 1:3-4을 보기 바란다. 여기서 바울은 기쁨과 감사가 자신의 기도에 본래부터 들어 있는 것이라고 말한다(더욱이 빌립보서 본문은 고통스러운 옥중생활이라는 정황에서 나온 것이다).

■ 데살로니가전서 5:19-22

19영을 소멸하지 말며 **20**예언을 멸시하지 말라. **21**그러나[69] 모든 것을 시험하여
좋은 것을 단단히 붙들라(개역개정: 범사에 헤아려 좋은 것을 취하고). **22**모든 악
한 모양을(개역개정: 악은 어떤 모양이라도) 버리라.[70]

---

69) TR (ℵ* A 33 81 104 614 629 630 945 pm이 지지하는 본문)이 이 δέ를 생략하고 여기 나온 명령문들 하나하나를 각기 한 구절로 만들어놓으면서, 이 본문이 죽 나열해놓은 이 명령문들이 가진 의미가 모두 파괴되어버리곤 했다—아울러 분리주의 교회들[5]에도 막대한 해악을 입히는 원인이 되었다. 이 경우에 δέ는 광범위한 초기 사본들(B D G K P Ψ 181 326 436 1241 1739 pm it vg cop goth eth이 여기에 포함된다)이 (원래 없는 것을) 일찍부터 자주 덧붙여놓았다기보다 (죽 이어지는 19-22절의 명령문이 모두 이 접속사를 갖고 있지 않다는 점과 보조를 맞추고자) 필사자들이 빼버렸을 가능성이 아주 높다. Metzger(*Textual Commentary*, 633; Lightfoot, 84을 따른다)는 "다음 음절이 이 δέ라는 말을 흡수해버리는" 바람에 이 말이 생략되어버렸을 것이라고 주장한다. 그러나 이 경우에는 그런 현상이 어떻게 일어날 수 있었는지 알아내기가 힘들다[다음 음절이 δοκιμάζετε의 (-τε가 아니라) δοκ-이기 때문이다].

70) πονηροῦ라는 형용사는 모호하다. 이것은 대다수 사람들이 이해하듯이 명사일 수도 있고("악의 모든 모양"), 내가 번역한 것처럼 형용사일 수도 있다("모든 악한 모양"; 참고. Lightfoot, 86; Frame, 208; Dunn, *Jesus*, 236). 여기서 내가 다수설에 반대하는 해석을 내놓은 이유는 바울의 용법 때문이기도 하지만, 뒤에서 주장하는 내 확신 때문이기도 하다. 즉 나는 이 절이 모든 악한 모양을 피하도록 규정한 일반적 금지 명령이라기보다 예언을 시험해보라는 한 가지 것만을 언급하고 있다고 확신한다. 물론 바울이 구사한 용례는 결정적이라기보다 그의 용법을 시사해주는 성격이 더 강하다. 이 πᾶς+명사+형용사 어순은 엡 1:3; 4:29에서 나타나며,

이 놀라운 명령문 시리즈는 초창기 그리스도인 공동체들이 기본적으로 은사적(charismatic)[71] 공동체라는 본질을 갖고 있었음을 신약성경에서 최초로 기록해놓은 곳이다. 이 명령문들이 대단히 놀라운 이유는 이 서신 어느 곳에서도 이런 명령문이 등장하리라고 예측할 수 없었기 때문이요, 더 일반적인 권면을 담고 있는 바로 앞의 명령문들(15, 16-18절)[72] 보다 훨씬 더 구체적인 사례를 염두에 두고 있는 것처럼 보이기 때문이다. 뿐만 아니라, 이 명령문들은 (12절부터 이어지는) 권면 시리즈 전체를 통틀어 유일하게 금지 명령을 표현한 것들이다(19-20절). 이 명령문들과 대구를 이루면서 무언가를 적극 행하도록 명령하는 21-22절은 19-20절의 금지 명령문들을 수식하고 그 의미를 한정해준다. 이런 이유 때문에 우리는 각 명령문을 하나씩 살펴보기에 앞서 이 명령문들의 문맥과 구조를 관찰해봐야 한다.

첫째, 역사적 맥락이라는 문제가 있다. 이 교훈은 아주 압축되어 있고, 이 두 서신(데살로니가전서와 후서)에는 이 교훈과 관련된 내용이 아주 드물다. 그래서 여기서 바울이 표명한 관심사의 배경이 된 구체적 역사 정황

특히 살후 2:17; 고후 9:8; 골 1:10; 딤전 5:10; 딛 1:16; 3:1; 딤후 2:21; 3:17에서는 "모든 선한 일"이라는 표현으로 나타난다. 딤후 4:18에서는 그 반대말인 "모든 악한 일"(παντὸς ἔργου πονηροῦ)이라는 표현이 등장한다. 그런가 하면 이런 어순이 나타나는데 이 πονηρός라는 형용사를 명사로 이해해야 하는 경우는 전혀 없다. 이런 점 때문에 여기서 πονηρός에 관사가 붙어 있지 않은 점이 더 많은 것을 시사해준다(참고. 살후 3:3).

71) 나는 이 "은사적"이라는 말을 이런 식으로 사용하는 게 다소 꺼림칙하다. 예언 같은 것들처럼 눈으로 더 확연하게 볼 수 있는 현상들뿐 아니라 성령으로부터 유래한 모든 것을 "은사"로 여긴다는 의미가 있기 때문이다. 그렇긴 해도—성령이 전개하시는 이런 활동에 열려 있고 이런 활동을 체험하는 그리스도인 공동체들(또는 사람들)을 가리키는 말로서—현재 사용할 수 있는 의미들 가운데 하나가 이것("은사적 공동체")이다. 이 본문이 이를 전제하고 있음은 자명하다. 그래서 이런 의미로 "은사적"이라는 말을 사용하여 그들을—그리고 초기 교회의 나머지 사람들을—묘사한 것이다. 이 문제를 살펴보려면, 좀 과장이 섞여 있긴 해도 H. Gunkel, *The Influence of the Holy Spirit* [Philadelphia: Fortress, 1979 (Ger. original, 1888)], 30-42을 보라.

72) 그러므로 Morris, 175-79은 19-22절 전체를 예언을 언급한 본문이 아니라 예언을 멸시하지 말라는 금지 명령(20절)을 포함하여 일반적 금지 명령을 내린 본문으로 본다. 그러나 이런 주장은 (1) 이보다 앞서 나온 세 명령문이 한 묶음이라는 사실이나 (2) 이 특별한 명령문 시리즈가 가지는 구조나 (3) 21절에서 특히 예언과 관련 있는 δέ가 나타난다는 점과 이 말이 가지는 대조의 의미를 충분히 진지하게 고려하지 않는 것 같다.

을 우리가 어떻게 이해할 수 있을까[73]가 문제로 등장한다. 데살로니가후서 2:2(찾아보라)은 **"영"**이, 사람들을 미혹하는 가르침(이런 가르침은 십중팔구 예언이라는 형태를 띨 것이다)의 근원이 될 수 있는 것으로 지적하는데, 이는 잘못을 바로잡아주는 일이 처음 보기보다 더 자주 필요할 수 있다는 것을 시사한다.

역사적 맥락이라는 문제는 이 명령문들이 갖고 있는 문학적 맥락과 일부 관련 있다. 문학적 맥락은 두 가지 측면을 갖고 있는데, 하나는 이 명령문들이 12절에서 시작한 명령문 시리즈 전체 속에서 자리하고 있는 위치이며, 다른 하나는 이 명령문 시리즈 전체(12-22절)가 데살로니가전서 안에서 행하는 역할이다.[74] 문제는 이 명령문들이 데살로니가전서의 **형태**(구조)를 이루는 요소들과 어떤 관련이 있는가, 또 이 명령문들이 (디모데가 바울에게 보고함으로써) **바울이 알게 된** 데살로니가의 상황을 얼마나 많이 반영하고 있는가다.

이 두 가지 문제의 답은 "중간 어딘가"에 자리하고 있을 가능성이 아주 높다. 즉 형태면에서 보면 이 명령문 시리즈 전체가 시작하는 곳은 5:11("그러므로 피차 권면하고 서로 덕을 세우기를 너희가 하는 것 같이 하라")이다. 따라서 무엇보다 이 여러 가지 명령문들은 11절에 대한 답변으로 구체적 내용들을 분명하게 제시한 것들이다. 14절은 이 서신이 앞서 다룬 대다수 관

---

73) 일부 사람들은 이런 역사적 맥락을 바울이 데살로니가 서신에서 다루는 모든 문제들의 기초로 삼았다. 그러나 본문을 아무리 많이 읽어봐도 그런 증거는 거의 없는 것 같다. 특히 Jewett, *Correspondence*, 161-78을 보라. 이 책은 그보다 앞서 *Terms*에서 천명했던 관심사들을 상세히 설명하고 있다. Jewett의 견해를 간략히 서술해놓은 것을 보려면, 뒤의 주104를 보라.

74) 한편 바울 서신에서는 이런 명령들 같은 권면들이 보통 서신을 맺는 내용을 적은 부분에서 나타나며(가령 고전 16:13-18; 고후 13:11; 롬 16:17-19; 참고. Fee, *1 Corinthians*, 825-26), 그런 명령들은 여기처럼 "스타카토 명령문"(명령을 하나씩 하나씩 끊어 제시하는 명령문) 형태를 띠는 경우가 아주 많다. 이런 명령문들은 때때로 그 회중들이 안고 있는 특별한 문제들을 끄집어내기도 하지만, 단지 일반적 권면을 담고 있는 경우도 있다. 반면 일부 바울 서신에서는 권면 부분이 소위 교리 부분 뒤에 등장하여 그 서신이 제시하는 더 큰 주장들을 맺는 결론 역할을 하기도 한다. 롬 12-15장, 갈 5-6장, 골 3-4장이 그런 예다. 각 경우에 이런 권면 부분들은 단지 "그리스도의 복음에 관한 올바른 생각"에 뒤이어 제시하는 "윤리 교훈"이 아니라 그 서신이 제시하는 주장에 없어서는 안 될 부분으로 볼 수 있다.

심사들을 아주 분명하게 거론한다.[75] 따라서 12-13절 역시 데살로니가의 구체적 상황을 다룬 본문으로 읽어야 한다는 주장도 가능하기는 하다.[76]

반면, 12-13절과 15-18절이 담고 있는 내용은 대부분 로마서 12장과 비슷하거나 유사한 형태를 띠고 나타난다.[77] 그런 점에서 이 내용 중 많은 부분은 더 일반적인 독자들을 염두에 두고 기록했을 가능성이 있다. 즉 이 구절들이 말하는 권면은 어느 그리스도인 공동체에나 들어맞는 권면이다. 이 부분은 데살로니가 교회의 구체적 관심사들을 단지 에둘러 반영하고 있을 가능성이 있다. 따라서 이런 **형태**를 고려할 때, 이 명령문들은 본디 일반적(널리 교회 전체를 향한) 권면이지만 데살로니가의 상황에 맞춰 일부 다듬은 것이라고 보는 게 가장 옳은 답일 것 같다. 그렇다면 바울 서신의 다른 곳에서는 어떤 내용을 찾아볼 수 없다는 것은 곧 그것이 데살로니가 교회라는 특정 지역 교회의 상황에 "맞춰 다듬은" 부분일 수 있음을 시사한다.

하지만 그렇다 해도 문제는 여전히 남는다. 바울은 여기서 대체 어떤 상황을 다루고 있는 것인가? 이 명령문들(19-22절)의 구조를 살펴본 결과를 몇 가지 정리해본다. 앞에 나온 명령문 묶음(16-18절)도 그랬지만, 이 다섯 명령문들(19-22절) 역시 한 덩어리로 읽어야 할 명령으로 제시해놓은 것이다. 이 다섯 명령문들은 두 묶음으로 되어 있다(19-20절; 21-22절).

---

75) 대다수 주석가들도 이 점을 재빨리 지적한다. 이 14절에서 ἄτακτοι (게으른 자들)는 앞에 있는 4:9-12을 염두에 둔 말이다; "마음이 약한 자들"은 근래에 있었던 공동체 지체들의 죽음 때문에 고통을 겪고 근심하는 이들을 가리킨다; "힘이 없는 자들"은 4:3-8이 말하는 이들을 가리킨다.

76) 하지만 12-13절에서 문제 삼는 것이 지도자들에 대한 불복종인지 아니면 단순히 지도자들을 인정하고 그들에게 감사해야 한다는 실제 관심사를 표명한 것인지 분명치 않다.

77) 지도자들을 염려하는 내용(12-13a절)은 롬 12:4-6과 일부 일치한다; "너희끼리 화목하라"(13b절)라는 당부는 롬 12:18과 일치한다; 15절은 롬 12:17을 되새겨준다; 그리고 계속하여 기뻐하고 기도하며 감사하라는 권면은 롬 12:12과 닮았다. Best, 223은 이런 점을 증거로 삼아 이 모든 구절들을 구체적 사례를 다룬 본문이 아니라 일반적 권면을 제시한 본문으로 여겨 모든 교회를 대상으로 말할 수 있는 것을 기록해놓은 본문이라고 본다. 살전 5장 본문과 롬 12장 본문을 더 충실히 비교해놓은 내용을 보려면, Marshall, 145-46을 보라.

첫 번째 묶음은 평행법(parallelism) 형태이며, 둘째 명령문이 첫째 명령문을 구체적 사례를 들어 설명해준다. 두 번째 묶음은 첫 번째 묶음과 대조를 이루지만, 그 대신 데살로니가 신자들이 해야 할 일을 구체적 예를 들어 설명해준다. 두 번째 묶음은 세 명령문이 한 묶음을 이루는데, 그 첫째 명령문은 일반 원칙을 제시하고 마지막 두 명령문은 이 일반 원칙을 더 구체적 예를 들어 분명하게 제시한다. 따라서 19-22절은 다음과 같은 구조라고 볼 수 있다.

성령을 소멸하지 말라.
예언을 멸시하지 말라.

그러나

모든 것을 시험하라.
좋은 것을 단단히 붙들라(개역개정: 범사에 헤아려 좋은 것을 취하고).
모든 악한 모양을(개역개정: 악은 어떤 모양이라도) 버리라.

이 본문 주해에서 나타나는 기본 이슈는 바울이 강조하는 것이 첫 번째 묶음인 두 명령문(19-20절)인가(회중이 모인 집회에서 그런 현상이 나타나는 것을 그다지 기뻐하지 않았던 사람들이 데살로니가 공동체 안에 일부 있었던 것인가?), 아니면 두 번째 묶음인 마지막 세 명령문(21-22절)인가[첫 번째 묶음의 두 명령문은 마지막 세 명령문들의 의미를 똑바로 밝혀줌으로써 데살로니가 신자들이 (예언과 같은 현상의) 남용을 바로잡을 때에도 도를 넘어 지나치지 않도록 일러주는 것인가?]라는 문제다. 첫 번째 묶음에 강조점을 두고 있을 수도 있고 두 번째 묶음에 강조점을 두고 있을 수도 있다. 바울이 회심시킨 많은 이방인 회심자들은 과거 이교도였을 때부터 이미 "황홀경"(ecstasy)에 아주 익숙해 있던 사람들이었기 때문이다.[78] 그러나 바울은 단지 데살로니가 사람들이 예배하러 모인 자리에서 나타날 법한 "황홀경"들 가운데 완전히 유효한(타당한) ―그리고 정상인― 것이 어떤 것인지 분별할 수 있는 몇 가지 지침들을 제시할 뿐이다.[79]

통설은 사람들이 이런 예언 같은 현상에 뭔가 환멸을 느끼면서 예언을 멸시하는 것과 같은 문제가 데살로니가에서 생겨났다고 주장한다. 이런 현상이 지나치게 많이 "황홀경"에 빠진 형태(보통 방언이 그런 예다. 고린도에서도 그랬다)로 나타나거나 그릇된 "황홀경"에 빠진 형태(이런 황홀경은 자신의 게으른 행실이 정당한 것처럼 변명하려고 예언을 사용했던 "무법한 게으른 자들"이나 주의 날에 관하여 그릇된 예언을 남발하다 결국 예언을 멸시거리로 만들어버린 사람들이 보였던 모습일 것이다)로 나타나다 보니, 사람들이 이에 환멸을 느끼고 그런 예언 같은 현상을 멸시했을 것이라는 주장이다. 논쟁 소지가 있긴 하지만, 금지 명령문들의 문법 자체만 놓고 보면 이런 통설의 주장도 일리가 있다.[80]

그러나 여기서는 바울이 예방 차원에서 무언가를 제시하고 있다고 보는 주장도 가능하다. 내가 보기에는 이런 주장이 더 그럴듯하다. 바울이 예방 차원에서 이런 말을 한 것이라면, 그것은 아마도 데살로니가 사람들이 이전에 차라리 무법천지라 할 정도로 무절제한 "황홀경"을 체험한 일과 관련 있을 것이다.

적어도 데살로니가후서 2:1-2이 제시하는 증거로 볼 때, 디모데는 데

---

78) Fee, *1 Corinthians*, 574-82 (고전 12:1-3을 다룬 부분)을 보라.

79) 참고. Wanamaker, 201은 "바울이 성령에 힘입은 활동을 데살로니가 사람들이 살아가던 종말의 시대를 상징하는 표지로서 장려하고 싶어했다"라고 주장한다. 이 본문은 이런 현상이 Wanamaker가 생각한 것보다 더 초기 그리스도인들의 입교와 체험에서 긴요한 것이었음을 암시하는 것 같다. 그렇다면 바울은 이런 활동을 굳이 "장려할" 필요가 없었을 것이다. 바울이 섬긴 교회들은 이런 활동을 **당연히 전제했을** 터이기 때문이다.

80) 현재 시제 명령문과 함께 μή를 쓰면 "어떤 행위를 그만두다"라는 의미를 자주 갖곤 한다. 이럴 경우 이 명령문은 금지된 행위가 이미 이루어지고 있다는 것을 암시한다. 가령 Hiebert, 243과 Moore, 83이 이런 주장을 펼친다. 그러나 Bruce, 125을 보라. Bruce는 "무언가를 행하라고 명령하는 16-18절과 21-22절의 명령문들처럼, [무언가를 금지하는 이 명령문들도] 그들이 습관처럼 해야 할 일(또는 삼가야 할 일)이 무엇인지 일러준다"라고 옳게 말한다.

살로니가 사람들의 예배에—제거할 흐름들이 아니라—"바로잡아야" 할 흐름들이 일부 있음을 이미 바울에게 알렸을 수 있다. 그리하여 몇 달이 흐른 뒤 모습을 보면(살후 2:2), 바울은 비록 그의 가르침이 잘못 전달되게 된 정확한 원인을 분명히 모르는 상태이기는 했지만, "**영**"(=예언을 말함)이 그 원인 중 하나일 수 있다는 것을 알고 있다. 바울이 같은 서신에서(살후 2:15; 참고. 2:5) 자신이 처음 데살로니가를 방문(하여 교회를 설립)할 때와 우리가 지금 보는 이 서신(데살로니가전서)에서 그들에게 이미 가르쳤던 것을 단단히 붙잡고 있으라고 당부하는 것도 아마 그런 이유 때문일 것이다.

어쨌든 우리는 여기서 초기 그리스도인 공동체 안에서 이루어진 성령의 삶을 처음으로 만난다. 바울은 데살로니가 사람들에게 성령을 혹은 성령이 그들 가운데서 나타내시는 현상들을 "불 일듯 일게 하"거나 "열심히 구하라"고 다그치지 않는다. 대신에 바울은 이와 관련하여 그들에게 성령을 소멸하지 말라고 당부한다. 하지만 바울은 비록 "소멸하지 말라"나 "멸시하지 말라"라고 말하긴 해도 모든 것이 성령의 이름으로 오는 것은 아니라고 일러준다. 데살로니가 사람들은 "모든 것을 시험하여" 좋은 것을 단단히 붙잡고 모든 악한 모양을 버려야 한다. 그러나 이렇게 시험해보는 것이 성령이나 성령이 주시는 은사들을 소멸하는 결과로 이어지면 안 된다.

19절 바울은 이 명령문 시리즈를 아주 평범하게 시작하여,[81] "성령을 소멸하지 말라"[82]라고 말한다. 이 구절 뒤에 20절이 뒤따르지 않는다면, 이 19절

---

81) Gunkel (*Influence*, 30-31)은 방언이 "성령의 활동 가운데 가장 놀랍고 독특한 활동"이라고 믿는다. 때문에 그는 이 문장에 들어 있는 πνεῦμα를 "방언으로 말하게 하는 능력의 원천이라 하여 προφητεία 옆에 놓여 있는 것"이라고 본다.

82) 이 문장에서는 τὸ πνεῦμα가 첫째 자리를 차지하고 있기 때문에, 여기서는 이 말을 강조하고 있다는 주장을 펴는 이가 있을 수 있다. 하지만 이 어순은 무언가를 강조하려는 목적보다 단지 형태 때문인 것으로 보인다. (19절부터 22절까지) 각 경우를 보면 동사가 그 문장의 마지막에 자리해 있기 때문이다(19절보다 앞서 "스타카토 명령문들"을 묶어놓은 16-18절도 역시 마찬가지다). 더 중요한 점은 πνεῦμα에 정관사가 붙어 있다는 사실 때문에, 바울이 여기서 언급하는 대상이 **그 영**(*the* Spirit), 곧 살아 계신 하나님의 **영**이심을 우리가 확신할 수 있다는

을 윤리에 합당한 삶을 살고 성령의 은사들을 나타내라는 권면을 포함하는 좀더 일반적인 말씀으로 이해해도 타당할 것이다. 그러나 다음 절과 이 명령문 시리즈 전체의 구조는 바울이 이미 이 19절에서 더 구체적인 무언가를 염두에 두고 있음을 시사한다.

"소멸하다"[83]라는 동사를 은유로 사용하면서, 이 동사는 "[불을] 끄다"라는 보통 때의 의미를 넘어서는 의미를 갖는다. 성령과 불을 자주 연계하다 보니,[84] 여기서 이런 은유를 쓰게 되었을 것이다.[85] 그렇지만 이 구절에서 강조하는 것은 이 은유가 지닌 "불"이라는 차원이 아니라, 데살로니가 사람들 속에서 성령을 억누르는 일이 벌어지고 있다는 점이다. 데살로니가후서 2:2과 마찬가지로, 여기서 나온 τὸ πνεῦμα도 "은사의 표현들"(charismatic manifestations)[86]을 가리킬 가능성이 아주 높다. 사실 데살로니가 공동체는 성령의 역사들을 남용했을 수 있다. 그렇다 해도 바울 자신은 성령이 신자 개인의 삶과 신자 공동체의 삶 속에서 행하는 중심 역할을 깊이 인정한다. 이 때문에 바울은 그들의 남용은 바로잡더라도 아예 성령이 주시는 은사들을 사용하지 말라는 말을 할 수는 없었을 것이다.[87] 도리어 남용 문제를 해결할 방책은 올바른 사용이다. 그래서 바울은 이 권면

것이다. 그들은 회심할 때 각자 이 **영**을 체험했다(1:5-6).

83) 그리스어로 σβέννυμι다. MM은 1세기 용례로서 이와 비슷한 은유를 제시한다("너는 우리 둘 안에 있는 햇빛을 꺼버렸다").

84) 그러나 바울 서신에서는 여기와 딤후 1:6-7("불 일듯하게 하다")에서만 나타난다.

85) 이것을 살펴보려면 특히 W. C. van Unnik, "'Den Geist löschet nicht aus'(1 Thessalonischer v 19)," *NovT* 10 (1968), 255-69을 보라.

86) 이 "은사의 표현들"이라는 말은 von Dobschütz, 225이 쓴 것이다. van Unnik도 이 말에 찬성하며 인용한다(앞의 주85를 보라). van Unnik는 19절을 자신을 가리키는 말로, 20절은 다른 사람들을 가리키는 말로 보아 양자를 구별하는데, 이는 너무나 세세한 구별일 것이다.

87) 이 점은 고전 12-14장에서 아주 분명하게 볼 수 있다. 바울은 먼저 고린도 사람들이 성령을 힘입어 하는 활동을 상당히 강경한 말로 바로잡지만, 그 직후에도 이런 시정 조치들이 "성령의 불을 꺼버리는" 형태로 바뀌는 것은 용납하지 않는다. 그리하여 바울은 12-14장 전체를 맺으면서 고린도 사람들에게 "예언을 사모하며 방언 말하기를 금하지 말라"(고전 14:39)라고 다시 명령한다. 바울이 제시한 시정 조치는 그들이 성령에 힘입어 그런 활동을 하더라도 "품위 있게 하고 질서 있게 하라"는 것이었다.

들을 "성령의 '불'을 끄지 말라"라는 두루뭉술한 당부로 시작한다.

20절 이어 등장하는 이 명령문은 19절이 두루뭉술하게 제시한 당부를 명확하게 제시한다. 바울은 19절에서 "성령을 '소멸하지' 말라"라고 말한 다음, "내가 한 이 당부는 특별히 '예언을 멸시하지 말라'라는 뜻이다"라고 천명한다. 이 구절은 신약성경에서 προφητεία("예언" 또는 "예언을 말함")라는 말을 가장 먼저 쓴 곳이다. 바울 서신은 이 말을 자주 쓰지 않는다. 그러나 이 말은 고린도전서와 로마서는 물론이요 바울 서신 중 가장 먼저 기록한 서신과 가장 늦게 기록한 서신에서도 등장한다.[88] 이 본문은 물론이요 고린도전서의 주장도 이 예언을 성령의 활동으로 전제한다는 점 그리고 로마서 12:6도 실제로 예언을 언급한다는 점은 예언이 초기 그리스도인 공동체에서는 성령의 활동을 표현하는 평범한 현상이었음을 강하게 시사한다.

"예언"이라는 말이 함축하는 의미를 둘러싼 논의를 살펴보려면, 아래 고린도전서 12:10을 다룬 부분과 이 책 제15장에 있는 요약 논의를 보기 바란다. 지금은 다만 바울이 그 공동체 사람들이 동시에 터뜨리듯 하는 어떤 종류의 말[89]을 이야기하고 있다는 점만 유념해두길 바란다. 바울은 이 말이 성령에서 유래한 것으로 이해하지만, 계시만큼 절대적이지는 않다고 본다(이 말을 시험해봐야 한다고 말하는 게 그 증거다). 데살로니가 사람들은 이 말을 하나님이 그들 가운데 계심을 보여주는 증거로 이해한다(고전 14:24-25을 보라). 그렇게 하는 말들은 그들이 하나님의 음성을 듣는 통로였을 가능성이 아주 높다. 어쩌면 하나님은 이 형태를 통해 핍박받는 공동

88) 이 본문뿐 아니라 롬 12:6; 고전 12:10; 13:2, 8; 14:6, 22; 딤전 1:18; 4:14을 보라. 예언 활동 자체를 언급하는 동사는 11회 더 나타나며, 고전 11:5은 여인들이 예언하는 경우도 포함하고 있다.

89) Collins, *Studies*, 62은 반대 의견을 제시한다. Collins는 "은사(charism) 개념 자체는 비상한 현상이라는 의미를 함축하고 있지 않다"라고 주장한다. 그러나 이 주장은 바울 서신 전체에서 얻을 수 있는 데이터를 아주 진지하게 고려하지 않은 것 같다.

체가 나아갈 방향을 일러주시고 그들을 격려하셨을 수도 있다. 이런 말들을 "멸시하지"[90] 말아야 하는 이유는 이런 말들이 성령으로부터 유래하기 때문이다. 그렇지만 이런 말들은 단지 인간의 신체기관을 통해 전달되는 것이기도 하기 때문에 시험해봐야 한다. 바로 이것이 바울이 지금 계속하여 강조하는 점이다.

21a절 이 문장을 시작하는 역접 접속사 δέ(그러나)는 전체 내용을 올바르게 바라볼 수 있는 시각을 제공한다. 데살로니가 사람들은 예언을 멸시함으로써 성령을 소멸하지 말아야 한다. 그러면서도 그들은 이런 종류의 말을 전부 성령으로부터 유래한 것으로 무조건 받아들여서는 안 된다. 그들은 "모든 것을 시험[91]해봐야"[92] 한다. 이 말은 바울이 고린도전서 12:10과 14:29에서 "영들을" "분별하라" 또는 "평가하라"고 요구하는 말보다 더 앞서 나온 형태일 가능성이 아주 높다. 영들을 분별하라 또는 평가하라는 말도 처음에는 예언들을 시험해보라는 의미였을 것이다. 예언들을 시험해보라는 이 말은 초기 그리스도인들이 "선지자들을 시험해보라"는 신명기 18:21-22 말씀을 그들 나름대로 각색하여 표현한 말이기도 하다.

---

90) 그리스어로 ἐξουθενέω다. 여기서 이 말은 "멸시하며 거부하다"라는 뜻을 함유한다. 신약성경에서는 이 말이 이런 의미로 나타난 사례가 종종 있다(BAGD; 행 4:11; 갈 4:14을 보라).

91) 그리스어로 δοκιμάζω다. 여기서 이 말은 "시험해보다"라는 뜻으로서 "그것이 진짜이며 믿을 만한 것인지 조사해보다"라는 의미를 담고 있다. 참고. 눅 14:19. 이 본문에서는 어떤 사람이 가서 자기가 산 소(牛)들을 "시험해봐야/조사해봐야" 하기 때문에 잔치에 참여할 수 없다고 변명한다.

92) 이 말은 아주 일찍부터 예수가 남기신 **정경(正經) 밖 말씀**(*agraphon*)[6]인 "인정받는 환전상(換錢商)이 되어라"와 연결되어 있었다. 참고. 클레멘스가 이 형태를 인용하여 이렇게 말했다고 한다. "너희는 많은 것을 거부하면서도 선한 것은 그대로 유지하는, 인정받는 환전상이 되어라." Jeremias가 지적하듯이, 이것은 어쩌면 사람들이 예수가 하신 간결한 말씀(logion) 자체를 본디 어떻게 이해했는지 보여주는 것일 수 있다[J. Jeremias, *Unknown Sayings of Jesus* (London: SPCK, 1958), 89-93]. 물론 클레멘스가 인용한 이런 형태는 언어학에 비춰 볼 때 바울의 말투를 떠올리게 하는 측면이 일부 있다. 그러나 바울이 "인정받는 환전상이 되어라"라는 말을 알았거나 사용했다고 믿어야 할 이유가 없다. 바울의 관심사는 어쨌든 상당히 다른 방향으로 움직이고 있다.

예언들을 시험해보라는 이 말은 충분히 이해할 수 있는 말 같다. 그러나 그 시대로부터 멀리 떨어져 있는 우리에겐 그런 예언들을 **어떤 방법으로** 시험해야 하는지 결정하는 일이 어려운 문제다. 바울은 예언들을 시험하는 일이 어떻게 이루어지며 어떤 기준으로 이루어진다고 이해했을까? 이 문제에 관한 한 우리는 아무리 들여다봐도 그 속사정을 알 수 없는 바깥사람일 뿐이다. 바울 서신을 아무리 뒤져봐도 예언을 시험할 기준들을 자세하게 제시하는 곳이 없기 때문이다. 하지만 두 본문이 우리에게 일부 실마리를 제시한다.

첫째, 데살로니가후서 2:2 이하를 논의하는 내용을 보면, 데살로니가후서 2:15이 도움을 줄 수 있음을 시사한다. 데살로니가 신자들 가운데 일부는 주의 날에 관한 바울의 가르침이 잘못 전달되면서 심히 동요하고 있었다. 바울은 이런 상황에서 그들에게 이렇게 권면한다. "굳건하게 서서 **말**(=바울이 처음에 설교했던 복음과 그들이 신자가 된 뒤에 계속하여 바울이 가르친 것)로나 우리의 **편지**(=이 경우에는 우리가 보는 데살로니가전서)로 **가르침을 받은 전승들**을 단단히 붙들라(개역개정: 전통을 지키라)." 이 본문이 시험 기준을 일러주는 것이라면, 첫 번째 시험 기준은 사도가 그리스도에 관하여 선포한 내용/가르친 내용이다. 이것은 시험 대상인 예언이 담고 있는 신학이나 교리와 관련된 시험 기준이다.

둘째, 바울은 고린도전서 14:3에서 예언하는 자는 덕을 세우고 격려하며(또는 권면하며) 위로하는 말을 하는 자라고 자세하게 이야기한다. 이것은 예언의 내용과 목적을 시험하는 기준이며, 시험 대상인 예언이 신자 공동체에 도움이 되느냐와 관련된 것이다.[93]

이어 등장하는 명령문들은 또 다른 방향에서 도움을 주지만, 구체적

---

93) 고전 12:3도 예언을 시험할 "기준"을 제시한 본문에 추가할 수 있을지도 모른다. 그러나 내가 내 주석에서 말했듯이(*1 Corinthians*, 581), "이 문맥에서 바울이 강조점을 두는 것은 '영들을 시험하는' 방법들을 확립하는 것이 아니라, '영감을 받아 터뜨리는 말' 자체가 '성령의 인도를 받고 있다'는 증거는 아님을 그들에게 되새겨주는 것이다."

내용을 제시하지는 않는다. 그러나 이 명령문들은 그 내용으로 미루어보아 데살로니가 사람들이 어떤 식으로든 "선"과 "악"을 분별할 수 있는 능력을 가져야 한다고 말한다.

21b-22절 바울은 이제 데살로니가 신자들이 사람들이 모인 자리에서 예언할 경우 지켜야 할 것을 명령한 이 짧은 명령문 묶음을 마치면서, 그들이 예언들을 시험하고 나서 보여야 할 두 가지 반응을 일러준다. 그들은 "좋은 것을 단단히 붙들어야 한다." 동시에 그들은 "모든 악한 모양을 버려야 한다." 이 둘 가운데 첫째는 상당히 쉽다. 나중에 다른 본문에서 바울이 말한 내용을 보면(고전 14:1-19), 공동체에서 예언하기를 열심히 바라야 할 이유는 이 예언이 "덕을 세우기" 때문이요 그로써 사랑을 표현하는 것이기 때문이다. 또 고린도전서 14:20-25을 보면, 예언은 정녕 하나님이 그들 가운데 계심을 보여주는 표지이기도 하다(이는 예언이 불신자들에게 미치는 효과 때문이다). 따라서 이런 기준(예언은 공동체에 덕을 세우고 사랑을 표현하는 것이어야 한다는 기준)은 "공동선"(共同善, τὸ συμφέρον; 고전 12:7), 곧 다른 사람들을 세워주는 것이 이런 모든 활동의 목표가 되어야 한다고 번번이 되풀이하여 당부하는 바울의 권면을 다른 방식으로 말한 것일 뿐이다.

정작 어려운 문제는 마지막 절이다[문자대로 번역하면, "모든 악한 모양을 끊어라(삼가라)"].[94] 이 22절은 12절에서 시작한 명령문 시리즈의 마지막이며, "버리다"(끊다, 삼가다)라는 동사는 윤리적 의미에서 "악을 버리라"고 말한 문맥에서 이미 사용한 말이다(4:3). 따라서 이 절은 그 주위 문맥에서 쉽게 떼어낼 수 있고 그리스도인 공동체에 주는 일반적 권면 형태로 바꿀 수 있다. 바울은 앞서 이 데살로니가 사람들에게 "성적 부도덕을 버리라"고 명령했다. 마찬가지로 이제는 마지막으로 그들에게 "모든 악한 모양을

---

94) 그리스어로 ἀπέχεσθε다. 참고. 4:3: ἀπέχεσθαι ὑμᾶς ἀπὸ τῆς πορνείας (너희는 부도덕한 성생활을 버리라; 개역개정: 음란을 버리라); 그리고 딤전 4:3[거짓 교사들이 "어떤 음식물은 버리라고(먹지 말라고) 명령한다].

버리라"고 명령한다.[95]

비록 이 "버리다"(끊다, 삼가다)라는 말이 몇 가지 난점을 갖고 있긴 하지만,[96] 바울이 이 말을 쓴 의도는 그들이 "선하지" 않은 "예언" 표명을 모두 "피하거나" "멀리 해야" 하되 특히 "악한 종류"에 속하는 "예언"을 표명하지 말아야 한다는 것이다. 이 말에 얽힌 난점들은 대부분 이렇게 설명할 수 있다. 바울이 ἀπέχω(…을 멀리 하다, 피하다)라는 동사를 고른 것은 그가 바로 그 앞 절에서 이 말과 자연스럽게 각운이 맞는 반대말인 κατέχω(단단히 붙들다)를 사용했기 때문이라고 설명할 수 있다. 나아가 ἀπέχω를 사용한 것은 목적어를 표현하는 방법의 차이를 설명해주기도 한다.[97]

더 설명하기 어려운 것은 바울이 바로 앞 절("좋은 것")과 보조를 맞추어 그냥 "나쁜 것"(악한 것)이라 써도 될 것을 굳이 εἶδος(모양)라는 명사를 골라 쓴 이유가 뭔가 하는 것이다. 이 εἶδος라는 말이 이런 의미로 등장하는 경우는 바울 서신에서 여기뿐이며, 이 경우 이 말은 "종류"에 가까운 의미를 갖는다.[98] 따라서 데살로니가 사람들은 "악한 종류는 모두 피해야(멀리 해야)" 한다. 여기서는 오래된 설명이긴 해도 바울이 "선"은 한 가지 모양이나 "악"은 많은 모양으로 나타난다고 보았기 때문에 이 εἶδος(모양)라는 명사를 골라 쓴 것이라고 설명하는 것이 가장 좋을 것 같다. 어쨌든 문맥을 고려하고 마지막 두 구절(21, 22절)의 동사 활용 기교를 생각할 때

95) 주석가들이 종종 이런 해석 가능성을 즐긴다(가령 Moore와 Hiebert).

96) 바울이 고른 동사들을 보면서 특히 당황하는 이들도 일부 있을 것 같다. 바울은 풍부한 어휘를 사용하여 "거부하다/물리치다"(reject)라는 뜻을 표현하기 때문이다. 바울이 여기서 고른 동사보다 훨씬 더 어려운 것은 수식하는 부사 ἀπὸ παντὸς εἴδους πονηροῦ다(앞의 주70을 보라). 이 말은 바로 앞 절에 있는 단순 목적어 "좋은 것"과 균형이 맞지 않는다.

97) ἀπέχω가 "…을 피하다" 또는 "…을 멀리하다"라는 의미를 갖는 경우는 오직 이 말이 중간태 형태일 때뿐이다. 이 동사가 중간태로서 전치사 ἀπό (가 이끄는 전치사구)를 목적어로 취하게 되면 자연스럽게 그런 의미를 갖게 된다.

98) BAGD도 같은 생각이다; 가령 「집회서」 23:16; 25:2도 이 말을 "종류"라는 뜻으로 사용한다; 비슷한 표현을 보려면, Josephus, *Ant.* 10.37을 참고하라: πᾶν εἶδος πονηρίας (모든 모양/종류의 악). 사람들은 유대인들의 마음속에 자리하고 있던 "죄"와 "우상숭배"의 상관관계가 이 용례의 배경이 된 것은 아닌가 하는 생각을 갖고 있다.

이 마지막 구절(22절) 역시 예언을 언급한 본문으로 봐야 할 것 같다.

바울이 실제로 성령도 그런 악한 "종류"로 보려 한 것 같지는 않다. 도리어 그가 "영감된"(inspired) 모든 말을 시험해보도록 촉구하는 것은, 이런 시험을 통해 데살로니가 신자들이 "좋은 것"(=성령으로부터 유래한 것들)과 시험을 통해 부족함이 밝혀진 모든 종류, 곧 성령으로부터 유래하지 않은 모든 종류를 구별할 수 있게 하려는 목적 때문이다. 우리는 바울이 성령으로부터 유래하지 않은 것을 어떻게 이해하곤 했는지 확실히 알지 못한다. 그러나 본문 자료 내지 내용에 비춰볼 때, 어쩌면 바울은 데살로니가후서 2:2에서 말하는 것과 같이 주의 날에 관한 자신의 가르침을 잘못 전달하는 말을 데살로니가 신자들이 피해야 할 "악한 종류의" 말로 여겼을 가능성이 있다.

요컨대 어쩌면 우리는 신약성경에서 예언을 처음으로 언급한 이 부분이 모든 예언들을 (그리고 본문이 분명히 밝히지는 않았지만 공동체 안에서 하는 다른 모든 "**영**의 말들"까지) 시험해보라는 명령문을 담고 있다는 점에 주목해야 할 것 같다. 이 시대에 많은 은사주의자들은 예언과 "선지자들"을 두려운 심정으로 대한다. 그러다 보니 이 예언들과 "선지자들"을 "시험해보는" 경우가 사실상 거의 없다. 이런 현실은 바울이 우리에게 내린 명령을 철저히 어기는 것이다.

- 데살로니가전서 5:23-24

23이제 평강의 하나님이 친히 너희를 온전히[99] 거룩하게 하시고 또 너희 전 부분[100]

---

99) 그리스어로 ὁλοτελής다(신약성경에서 이 말이 나오는 곳은 여기뿐이다). 서술부에 있는 형용사이지만 여기서는 부사 역할을 하고 있을 가능성이 아주 높다; 이 말은 양(量)을 나타내는[또는 "집합체"(덩어리)를 나타내는; Milligan, 78; Rigaux, 596] 말이어서 BAGD 역시 "처음부터 끝까지 철저하게/완전히"(through and through)도 가능한 해석으로 제시한다. Lightfoot, 87은 이 말을 술어로 사용하는 쪽을 선호한다: "(이 문장은) 예기문(豫期文, proleptic)[7]으로서…'그(하나님)가 너희를 거룩하게 하심으로 너희를 온전케 하시리라.'" 참

— 영과 혼과 몸 — 이(개역개정: 너희의 온 영과 혼과 몸이) 우리 주 예수 그리스도께서 강림하실 때에 흠 없이 보전되기를 원하노라. [24]너희를 부르시는 이는 신실하시니(개역개정: 미쁘시니) 그가 또한 이루시리라.

지금 이 연구에 이 축도(祝禱)[101]를 포함시킨 이유는 본문 자체에서는 분명하게 드러나지 않는다. 그것은 두 가지 이유 때문이다. 첫째, 이 본문은 분명 4:3-8이 구사하는 언어를 떠올리게 한다. 이런 점을 보면, 이 본문은 어떤 의도를 갖고 이런 언어를 구사하는 게 거의 확실하다.[102] 그래서 스위

고. Jewett, *Terms*, 176은 여기서 이 말을 부사로 사용하는 입장을 "옹호할 수 없다"라고 생각한다. 그는 바울이 이 말을 부사로 쓰려 했다면 이 형용사의 부사형인 ὁλοτελῶς를 쓸 수 있었으리라는 이유를 든다. 하지만 이 문장의 강조점과 문맥을 봐도 이 말을 부사로 보는 게 합당할 것 같다. 이렇게 보는 입장은 불가타(Vulgata)까지 거슬러 올라간다(*per omnia*). 더욱이 ἁγιάσαι라는 말이 분명히 의도하는 윤리적 의미를 고려할 때 이 ὁλοτελής라는 말을 "온전하다" 또는 "충실하다"로 보는 견해(Jewett)가 얼마나 설득력이 있을지 도통 확실하지 않다.

100) 그리스어로 ὁλόκληρον이다. BAGD는 이 말을 "성질을 나타내는 말"로 보아 "완전한, 또는 건전한"으로 번역한다. 의미 면에서 (같은 23절에 있는) ὁλοτελεῖς와 본질상 얼마나 많은 차이가 있는지 알아내기가 어렵다. 가장 좋은 해답은 Milligan과 Rigaux가 제시한 해결책인 것 같다(앞의 주99 참고). Milligan과 Rigaux는 파생(derivation)이라는 관점에서 ὁλοτελεῖς는 전체를 가리키는 말로, ὁλόκληρον은 전체를 구성하는 각 부분을 가리키는 말로 본다(즉 전자는 "전체를 완전하게" 그리고 후자는 "각 부분을 완전하게"). 지금 이 책의 번역을 설명한 내용은 뒤의 논의를 보라.

101) 이것은 내 용어다. 바울은 데살로니가 신자들을 위해 기도하고 있다. 그러나 이 기도의 형태와 서신 말미에 자리한 이 기도의 위치를 생각할 때, 이 기도가 축도 역할도 한다는 것을 알 수 있다. 참고. Jewett는 이 본문을 "설교 같은 축도"(homiletic benediction)로 정의한다[R. Jewett, "The Form and Function of the Homiletic Benediction," *ATR* 51 (1969), 18-34; *Terms*, 175-83]. Wiles는 "소원-기도"(wish-prayer)라는 말을 써서 이 본문과 바울 서신에서 기원을 담고 있는 모든 기도를 정의한다[G. P. Wiles, *Paul's Intercessory Prayers* (SNTSMS 24; Cambridge University Press, 1974), 63-68].
이 본문을 다룬 문헌은 주석들 외에도 상당히 많다. 근래 유럽 대륙에서 몇몇 유럽 언어로 출간된 많은 문헌들을 살펴보려면, Collins, *Studies*, 68-89을 보라.

102) 가령 이와 관련하여 중요한 의미를 지닌 다음 사항들을 주목하라: (1) 이 본문보다 앞서 나오는 3:11-13의 기도는 4:1-8의 주장을 미리 귀띔하는 본문으로서 데살로니가 사람들이 그리스도가 강림하실 때 "거룩함"(ἁγιωσύνη)에 ἀμέμπτους(흠이 없기)를 소망한다; (2) ἁγιασμός라는 명사는 4:3-8에서만 세 번 나타나고 이 서신의 다른 부분에서는 전혀 나타나지 않는다; 이 명사에 상응하는 동사 ἁγιάζω는 이 서신에서 오직 여기서만(5:23) 나타난다; 4:7을 보면, 그들에게 성령을 주시는 하나님이 그들을 "부르신" 것은 그들을 "거룩하게 하려 하심"이다; 여기서 그들을 거룩하게 하시는 하나님(23절)도 그들을 "부르셔서" 거룩하게 하신다(24절).

트(H. B. Swete)는 이 서신이 말하는 성령을 논의할 때 이 본문도 함께 다루었다.[103] 바울은 4:7-8에서 하나님이 데살로니가 신자들을 거룩하게 하려고 부르셨으며 그들에게 성령을 주심으로 그들의 삶 속에서 거룩함을 이루려 하셨다고 주장한다. 여기서 바울은 이 관심사를 마지막으로 한 차례 맺음 기도 형태로 단순하게 거론한다(참고. 3:13).

둘째, 바울은 하나님이 데살로니가 신자들을 거룩하게 해주시길 바라면서 그들 속에서 거룩함을 이뤄주시길 기도하고 그리 해주실 것으로 믿는다. 그러면서 그는 이 거룩하게 하심이 완전함을 강조한다. 바울은 이 완전함을 강조하면서 인간을 구성하는 몇 가지 부분들을 열거하는데, 이때 πνεῦμα라는 명사를 가장 먼저 사용한다. 일부 사람들은 19절의 τὸ πνεῦμα를 거론하면서 이 πνεῦμα라는 명사가 성령을 완곡하게 지칭한다고 보며, 성령을 좀더 직접 지칭한다고 보는 경우도 조금 있다.[104]

---

103) *The Holy Spirit in the New Testament*, 174-75을 보라. 지난 100년 동안 영어권 주석가들 가운데 이렇게 연결 짓는 사람이 거의 없었다는 게 상당히 흥미롭다.

104) 가령 von Dobschütz를 따르는 Frame, 211-13을 보라. 과거 통설은 이 견해를 거부하거나 무시했지만(가령 Hendriksen, 147), 근래 Jewett(*Terms*, 175-83)는 이 견해를 데살로니가전서와 바울의 πνεῦμα 용례 전반에 관한 자신의 이해를 구성하는 주요 부분 중 하나로 되살려냈다. Jewett에 따르면, 바울이 데살로니가전서를 쓴 계기는 그리스도의 재림을 열렬히 바라는 기대와 데살로니가에서 여러 가지 문제들을 만들어낸 무절제한 황홀경을 결합시킨 "과격한 천년왕국설"(radical millinarism)에 비추어볼 때 가장 잘 설명할 수 있다고 주장한다. 그렇다면 4:3-8이 문제 삼는 것은 "**영**을 내세워" 영과 몸을 분리함으로써 "**영**" 안에서는 자기 몸을 갖고 자기 마음대로 무엇이든 행할 수 있으며 불법한 성행위도 상관없다고 주장하는 태도일 것이다. 데살로니가 사람들이 그런 주장을 한 이유는 하나님의 **영**이 그들을 차지하셨다고 보기 때문이다. 그래서 바울은 거룩하게 하시는 하나님의 활동이 오직 "**영**"만이 구원을 받는다는 생각[이 영(πνεῦμα)은 신자들이 나눠받은 **영**, 곧 하나님이 가끔씩 개개 신자들에게 나누어주신 하나님의 **영**이며 사람의 영(πνεῦμα)이 하는 역할을 종종 맡아 행하기도 한다]을 배제한다고 주장하면서, 그런 하나님의 활동은 "비단 인간 내면에 들어 있는 영뿐 아니라 인간 전체를" 아우른다고 주장한다(181). 그러나 데살로니가의 문제가 비단 막 이방 종교에서 회심한 이방인 회심자들의 이해와 성장 결핍에서 비롯된 것이라기보다 오히려 "반대자들"과 관련된 문제인지 여부는 분명히 알 수가 없다. 아마도 Jewett는 이 두 서신(데살로니가전서와 후서) 내용 중 단지 몇 부분만 좀 지나치다 싶을 정도로 많이 파고들어 읽은 것 같다. 더욱이 이 구절 같은 경우에서는 아예 한 걸음 더 나아가서 바울을 반대자들이 구사하는 언어를 받아들여 고쳐 쓴 사람으로 보고 있을 정도다. 이 기도는 따져봐야 할 것들이 아주 많은 것 같다. 이 구절은 더 정직하게 들여다보면 그 의미를 잘 이해할 수 있기 때문이다.

데살로니가전서 5:23-24과 4:3-8의 연관성은 충분히 인정할 수 있다. 하지만 4:3-8은 성령이 거룩하게 하시는 과정에서 행하시는 활동에 관하여 더 이상 말하지 않는다. 바울은 여기서 단지 그런 관심사를 **전제할** 뿐, 분명하게 표명하지 않기 때문이다. 물론 4:7-8이 거룩함을 **권면**했다는 점은 강조할 점이다. 4:7-8은 거룩함에 이르라는 바울의 명령을 저버리는 것은 곧 데살로니가 신자들을 당신께 불러주시고—그들이 당신 자신의 성품을 반영하는 거룩함에 이르게 하려고 그들을 불러주시고—그들에게 당신의 성령을 **주심**으로써 거룩한 삶을 살아갈 수 있게 해주신 하나님을 저버리는 것이라고 분명하게 권면한다. 그런데 지금 이 5:23-24에서 똑같은 "권면"이 기도 형태로 등장한다. 그러나 이 권면은 바울이 으레 피력하는 확신, 곧 하나님의 성품(하나님의 신실하심)이 이길 것이요 그로써 이 기도가 응답을 받으리라는 확신으로 끝을 맺는다.

그렇지만 이 본문(5:23-24)이 사용한 πνεῦμα는 성령을 에둘러 혹은 직접 언급한 것이라는 앞의 두 번째 강조점은 십중팔구 지지를 얻지 못할 것이다. 쥬이트(Jewett)가 주장한 것처럼 바울이 성령을 사람의 영이 하는 역할을 취하시는 분으로 이해한 적이 있었는지 확실치 않다. 더욱이 여기 23절은 세 가지 말(영, 혼, 몸)을 함께 쓰고 있기 때문에, 데살로니가 사람들이 영이라는 말을 쥬이트의 주장처럼 인식할 수 있었으리라고 생각하기가 특히 어렵다. 결국 이 본문이 강조하는 것은 (**영**이 그들의 삶 속에 임재하심이 아니라) **그들의** 존재가 거룩하게 되리라는 것, 그리고 거룩하게 하시는 하나님의 역사를 필요로 하는 것은 인간 인격 **전체**(全人)라는 것이다(물론 이 강조점은 하나님이 "당신의 **영**을 통하여" 거룩하게 하신다는 의미를 함축하고 있을 것이다).

이와 관련하여 대다수 사람들은 몇 가지 세부 사항의 정확한 의미가 문제이며 이런 문제들을 일으키는 요인들로 다음 세 가지를 꼽는 데 동의한다. 그 세 가지는 (1) (바울의 글에서는) 보기 드물게 인간을 영/혼/몸 세 가지 요소로 이루어진 존재로 말하는 방식, 그리고 바울이 이 셋 가운데 영과 혼을 어떻게 이해했을 것인가, (2) 이 본문 문장 자체의 구조, 그리고 우리가 본문 중 두 번째 부분[즉 23절의 "또 너희 전 부분-영과 혼과 몸-이(개역개정: 너희의 온 영과 혼과 몸이) 우리 주 예수 그리스도께서 강림하실 때에 흠 없이 보전되기를 원하노라"]을 어떻게 이해해야 하는가, (3) 두 번째 부분에 있는 형용사 ὁλόκληρον(내가 "전 부분"으로 번역한 말)의 의미, 그리고 이 말과 부사 ἀμέμπτως(흠 없이)의 관계다.

둘째 문제와 셋째 문제를 고려할 경우(이 두 문제에 첫째 문제를 푸는 실마리가 들어 있기 때문이다), 바울이 쓴 이 문장은 특히 복잡해져서 또 다른 번역들과 해석들을 낳게 된다. 특별히 둘째 구절("또 너희 전 부분-영과 혼과 몸-이 우리 주 예수 그리스도께서 강림하실 때에 흠 없이 보전되기를 원하노라")이 그러하다.[105] 바울 자신의 의도를 알아낼 수 있는 첫 번째 단서는 이 문장 전체의 구조이며, 두 번째 단서는 이 문장이 두 형용사를 강조 목적으로 나란히 놓아 ὁλοτελεῖς, καὶ ὁλόκληρον이라고 기록해놓았다는 점이다. 첫째, 이 23절 문장을 구성하는 두 부분은 일종의 동의어 평행법(synonymous parallelism) 형태를 띤다.

첫째 줄: 평강의 하나님이 너희를 온전히 거룩하게 하시길 원하노라
둘째 줄: 또 너희 영과 혼과 몸, 전 부분이 우리 주 예수 그리스도께서 강림하실 때에 흠 없이 보전되기를 원하노라

105) 이 두 가지 기본 이해는 NRSV와 NIV에서 발견할 수 있다: "너희 영과 혼과 몸이 건전하고 흠 없이 보전되기를 원하노라"(may your spirit and soul and body be kept sound and blameless; NRSV); "너희 영과 혼과 몸 전체가 흠 없이 보전되기를 원하노라"(may your whole spirit, soul and body be kept blameless; NIV). van Stemvoort는 전혀 다른 구조를 주장하여 이 본문을 이렇게 번역했다: "평강의 하나님이 너희를 온전히 그리고 모든 부분을(completely and in all parts) 거룩하게 해주시길 원하노라[πνεῦμα가 '너희' 또는 '인간'을 대변한다고 이해한 것이다]. 혼과 몸이 우리 주 예수 그리스도가 강림하실 때 흠 없이 보전되기를 원하노라"[P. A. van Stemvoort, "Eine stylische Lösung einer alten Schwierigkeit in I. Thessalonicher v. 23," *NTS* 7 (1961), 262-65]. 그러나 내가 알기에 그는 지지자를 한 사람도 얻지 못했다. ὁλοτελεῖς와 ὁλόκληρον 사이에 있는 καί는 첫 문장의 두 부분을 이어주는 단순한 접속사라기보다 두 문장을 병렬 형태로 만들어주는 말일 가능성이 훨씬 더 커 보인다.

23절 문장을 이런 식으로 보면, 이 두 개 줄은 한 덩어리가 되어 바울이 데살로니가 사람들에게 바라는 완전한 본질의 성화(聖化)에 관한 그의 관심사를 강조해준다.

그렇다면 둘째로, ὁλοτελεῖς와 ὁλόκληρον이라는 두 형용사는 문법상 서술 형용사이지만 기능상 부사 같은 의미를 지니며, 이 둘은 각각 데살로니가 사람들이 이뤄야 할 성화의 완전한 본질을 강조해준다.[106] 따라서 두 형용사를 구분한다면, ὁλοτελεῖς는 "완전히"(전체를 강조함)와 같은 의미를 지닐 것이며, ὁλόκληρον은 "표현할 수 있는 너희 사람의 모든 부분 하나하나가"와 같은 의미를 지닐 것이다. 그렇다면 마지막 부사인 "흠 없이"는 성령이 이루시는 이 완전한 일에 윤리/도덕이라는 차원을 더해주는 것이다. 3:13에서도 그랬듯이, 바울은 여기서도 성령이 행하시는 이 활동(성화를 이루시는 활동)의 마지막 형태가 우리 주 예수 그리스도가 강림하실 때 데살로니가 사람들이 하나님 앞에 "흠 없이" 서 있는 모습으로 표현되기를 소망한다.[107]

---

106) 이 두 줄에서 일종의 교차대구법(chiasmus)을 발견하는 이들도 많다. 이 두 줄의 골격만 놓고 보면 이렇다: ἁγιάσαι ὑμᾶς ὁλοτελεῖς...ὁλόκληρον ὑμῶν τὸ πνεῦμα...τηρηθείη. 이럴 경우 이 두 줄은 ABC CBA 순서를 갖게 되며, (A)는 동사, (B)는 "너희"와 "너희의 영과 혼과 몸", (C)는 "너희"와 "너희의 영 등등"을 수식하는 서술 형용사가 된다. 이 문장을 이런 식으로 이해하면, 다음과 같이 읽을 때가 아주 많다: "평강의 하나님이 너희를 온전히 거룩하게 해주시길 원하노라; 또 너희의 영과 혼과 몸이 온전히[또는 "건전하게"] 보전되기를 원하노라."

그러나 이것은 바울이 쓴 이 문장을 도통 이해하지 못한 것 같다. 특히 "흠 없이"(blamelessly)라는 부사를 보면 그렇다. 이 부사를 보통 다른 형용사로 바꿔 쓰곤 하는데, 그리하면 결국 (RSV 본문과 같은) 번역문을 낳는다: "너희의 영과 혼과 몸이 우리 주 예수 그리스도가 강림하실 때 건전하고 흠 없이(sound and blameless) 보전되기를 원하노라." 여기서 문제는 첫째 형용사(ὁλοτελεῖς)는 부사처럼 다루면서 둘째 형용사(ὁλόκληρον)는 형용사로 다룬다는 것이다. 그런가 하면 이 문장에 있는 진짜 부사(ἀμέμπτως)는 서술 형용사로 둔갑시켜버린다. 바울은 그리스도가 재림하실 때 사람의 영과 혼과 몸이 "온전함" 내지 "건전함"을 갖고 있는 데 관심을 가진 게 아니라, 인간의 "전" 인격(즉 인간 존재를 구성하는 영과 혼과 몸과 다른 모든 부분)이 흠 없이 보전되는 데 관심을 갖고 있는 것 같다.

107) 따라서 비록 ὁλόκληρον의 의미와 이 말이 문법상 서술 형용사라는 점까지 정확히 고려한 번역은 아니지만, 그래도 그나마 NIV가 바울의 뜻을 올바로 살리고 있는 것 같다: "평강의 하나님이신 하나님이 몸소 너희를 철두철미하게 거룩하게 하시기를 원하노라. 너희의 온

이것이 23절이 제시하는 기도의 구조와 강조점들을 올바로 파악한 견해라면, 이 문장 속의 πνεῦμα는 심지어 성령을 에둘러서라도 가리키지 않는 말일 가능성이 아주 높다. 인간론이 인간의 구성 부분으로 거론하는 세 용어(영, 혼, 몸)를 둘러싼 논의는 대부분 영과 혼을 어떻게든 구별하는 것이 바울의 의도인가(그렇다면 영은 무엇이고 혼은 무엇인가?)라는 문제 또는 이와 관련된 문제로서 바울이 이분설(二分說, 인간을 영혼과 몸의 결합체로 보는 설) 지지자인가 아니면 삼분설(三分說, 인간을 영과 혼과 몸의 결합체로 보는 설) 지지자인가라는 문제에 집중해왔다. 물론 이런 논의도 중요하기는 하지만, 정작 이런 논의는 바울의 관심사를 철저히 놓쳐버렸다. 사실 바울이 πνεῦμα라는 말을 쓴 것은 이 23절이 19절에 가까이 있었기 때문일 수도 있다. 그러나 여기서 바울의 관심사는 한 가지다. 즉 데살로니가 사람들이 온전히 거룩하게 되는 것이 그가 가진 유일한 관심사다.[108] 이 서신 문맥을 고려할 때, 그리고 특히 23절과 4:3-8의 연관성에 비춰볼 때, 이 구절에서 강조할 점은 **바울이 흠 없이 보전되기를 소망하는 대상에 몸을 포함시키고 있다**는 점이다. 바울은 여기서 고린도전서 6:12-20처럼 몸을 곧 성령의 전으로 표현하는 것과 같은 분명한 언어를 구사하지 않는다. 그러나 그는 거의 모든 구성원이 이방인인 이 초기 회중(참고. 1:9-10)에게 그리스도 안에 있는 구원에는 몸의 성화도 포함된다는 것을 이해시키려고 심혈을 기울인다. 하나님이 친히 품고 계신 목적들을 고려할 때, 몸의 성화까지 아우르는 성화야말로 거룩해지는 것, 그것도 온전히 거룩해지는 것이다. 이처럼 바울은 데살로니가 사람들이 그리스도가 강림하실 때 거룩함 가운데 흠 없이 서 있기를 바라면서, 그런 거룩함이 몸을 정결케 함을

영과 혼과 몸이 우리 주 예수 그리스도가 강림하실 때 흠 없이 보전되기를 원하노라"(May God himself, the God of peace, sanctify you through and through. May your whole spirit, soul, and body be kept blameless at the coming of our Lord Jesus Christ).

108) 사랑을 명령하며 비슷한 표현을 쓰고 있는 막 12:30(평행 본문)을 참고하라. 이 구절에서는 "마음, 목숨, 뜻, 힘"이 같은 기능을 한다.

포함하여 그들의 삶 속에서 철저하게 이루어져야 한다는 것을 (이제 기도로) 역설한다.

그렇다면 우리는 23절에서 말하는 첫 두 용어(영과 혼)를 무엇이라 말해야 하는가? 첫째, 바울 자신이 여기서 구사한 표현 방식을 고려할 때, 그는 사람의 영과 혼이 어떤 식으로든 구별되는 것으로 생각했을 가능성이 아주 높다. 그러나 그가 쓴 나머지 서신들을 보면, 그가 이 둘을 서로 다른 것으로 생각했을 수 있다는 점이 명확하게 나타나지 않는다. 바울은 이 두 말을 폭넓게 사용하며 때로는 서로 바꿔 쓸 수 있는 말처럼 사용하는 경향이 있다. 그래서 뭔가 딱 부러진 마지막 결론을 이끌어내기가 쉽지 않다. 더욱이 바울이 인간이라는 인격체의 전 부분을 강조한다는 점은 그가 마음만 먹었으면 여기서 다루는 그의 관심사를 전혀 벗어나지 않으면서도 "뜻"(지성, 정신; mind)까지 내처 포함시킬 수 있었다는 것을 시사한다. 즉 바울이 여기서 구별하여 말한 영과 혼을 어떻게 구별하여 이해했든 이런 이해는 부차적 문제일 뿐이며, 그보다 더 큰 문제는 그의 관심사인 온전함이다.

바울은 사람의 영을 그리 자주 언급하지 않는다.[109] πνεῦμα는 다른 의미일 수도 있다. 그러나 여기서 πνεῦμα는 인간이라는 인격체를 구성하는 내면 부분, 물질이 아닌 부분을 가리킨다(특히 고전 2:11을 보라). 바울이 여기서 쓴 πνεῦμα를 인간 실존의 구성 부분으로서 사람과 하나님이 성령을 통해 서로 교통할 수 있도록 해주는 장소를 가리키는 말로 보는 사람들은 올바른 방향으로 가고 있을 가능성이 아주 높다.[110] 어쨌든 여기서 바울이 관심을 갖는 것은 사람의 영뿐 아니라 몸도 그리스도가 오실 때까지 흠없이 보전되어야 한다는 점이다.[111]

---

109) πνεῦμα가 오직 사람의 영만을 가리키는 경우는 14회뿐인 것 같다: 이 책 제2장 주6을 보라.

110) 그러나 Jewett는 반대 의견이다. 그리하여 가령 Findlay, 133은 이렇게 말한다: "성령은 당신 자신과 사람의 영을 직접 연합시키시기 때문이다(롬 viii.16)."

데살로니가후서

신약학자들이 의견 일치를 이루지 못하고 있는 문제들 가운데 하나가 이 서신을 정말 바울이 쓴 서신으로 봐야 하는가라는 문제다. 이 경우에 바울이 쓴 서신으로 보길 거부하는 입장은 다른 경우처럼 이 서신과 다른 바울 서신 사이의 차이점들을 근거로 삼지 않고, 오히려 이 서신과 데살로니가전서가 너무 **유사하다**는 점을 근거로 내세운다. 이 서신에서 나타나는 바울은 진짜 바울과 아주 많이 흡사하다(!). 물론 바울을 이 서신 저자로 보길 거부하는 모든 주장들의 속내를 살짝 들여다보면, 이 서신 내용에 상당한 불만을 토로하고 있음을 발견할 수 있다. 특히 차라리 요한계시록에 가깝다 할 말투로 빈번히 심판과 관련된 주제들을 이야기하는 점에 불만을 표시한다.[112]

그러나 이 데살로니가후서를 진정한 바울 서신에 포함시킬 이유들이 그에 반대하는 입장이 제시하는 모든 근거들을 훨씬 더 능가한다. 데살로니가전서와 후서의 유사점들은, 이 두 번째 서신이 첫 번째 서신을 기록한 직후에 쓴 서신으로서[113] 첫 서신과 같은 몇몇 문제를 다루는 데 서신 대

---

111) 하지만 또 다른 측면에서 Juel이 강조하는 점도 일리가 있다. 그는 여기서 말하는 성화를 어떤 목표를 향해 차츰차츰 나아가는 과정이 아니라, 이미 은혜로 말미암아 데살로니가 사람들에게 주어진 선물(즉 성령)을 힘입어 삶을 살아내는 것으로 이해해야 한다고 본다. "제자도는 시대(현재)와 시대(미래) 사이의 삶이다. 하나님은 당신이 시작하신 일들을 아직 다 마치시지 않았기 때문이다. 그러나 믿음의 삶은 더 많은 것을 얻으려고 발버둥치는 게 아니다. 믿음의 삶은 '성도들'처럼 더 올바르게 살아가려는 노력(4:1-3)조차도 결국은 거룩하게 하시는 하나님께 달린 문제임을 알고 이미 자신들에게 주어진 것 안에서 더 충실하게 살아가는 것이다."

112) 데살로니가후서는 전서가 가진 "따뜻함"을 갖고 있지 않아서 가끔씩 "진짜" 바울 사상과 단절되는 모습을 보여주는 서신이요 바울이 주장하는 종말론과 다른 종말론을 반영한 서신이라는 평을 듣는다. 이런 주장을 펴는 이로 특히 Hughes, *Rhetoric*, 14을 들 수 있다. Hughes가 제시하는 다양한 반대 이유들은 그가 바울이 쓴 본문 같지 않다고 지적한 본문들을 그릇되게 또는 단순히 선입견에 근거하여 주해한 결과처럼 보이는 것들에서 비롯된 것들이다. 그와 비슷한 주장들을 보려면, Trilling을 보라. 아울러 Marshall, 34에 있는 논박을 보라. Marshall은 이렇게 말했다. "빈약한 주장들을 한데 모은다고 그것이 강력한 주장 하나가 될 수 있는지 심히 의심스럽다."

부분을 할애한다는 점을 고려할 때, 얼마든지 예상할 수 있는 점들이다. 더욱이 이 경우에는 이 서신이 바울의 이름을 내세운 위작임을 주장할 이유를 찾아내기가 거의 불가능하다.[114] 위작으로 얻을 수 있는 이득이 도통 없어 보이기 때문이다. 나아가 뒤에서 제시할 2:1-2, 15 주해는 데살로니가후서가 전서가 등장한 틀, 곧 바울과 데살로니가가 자리한 정황이라는 틀 속에 자리해 있음을 설명하는 이유를 간단하게 제시해준다. 이 이유는 역사에 비춰봐도 설득력이 있다.

데살로니가후서를 쓰게 된 계기, 목적, 그리고 이 서신의 내용은 쉽게 정리할 수 있다. 첫 서신을 받은 직후, 데살로니가 공동체 내부의 어떤 사람이 주의 날에 관하여 바울이 전한 메시지를 "그날이 이미 임했다"라고 해석하기 시작했다. 이런 해석은 혹독한 핍박을 받고 있던 신자들에게 큰 근심을 안겨주었다. 그들의 근심은 비단 그들이 계속 당하고 있는 환난 때문이기도 했지만, "하나님의 의"와 관련된 것이기도 했다. 동시에 이런 가르침은 "질서도 없이 게으름만 피우는 자들"이라는 불에 기름을 끼얹는 것이었다. 이 게으른 자들 때문에 데살로니가 공동체에서는 자기 손으로 수고하지 아니하고 공동체 안에서 부유한 자들이 베푼 도움에 기대어 살아가는 현상이 더 심해졌다.[115]

이런 이유로 바울은 답변을 시작할 때 먼저 주의 날이 아직 임하지 않음으로 말미암아 데살로니가 신자들이 현재 당하는 환난을 거론한다. 바

113) 나는 데살로니가전서와 후서의 순서를 바꿔놓으려는 Wanamaker, 37-45의 주장들이 특히 설득력이 없다고 본다. 특별히 뒤에서 제시하는 2:2과 2:15 주해를 고려할 때 이 서신을 잘 이해할 수 있다는 점이 그 이유다.

114) 데살로니가후서에는 다른 바울 서신을 시사하는 내용도 없고, 구사하는 언어 면에서도 이 서신과 다른 바울 서신 사이에는 유사점이 없다. 그렇다면 생각할 수 있는 해답은 두 가지다: 데살로니가후서가 아주 일찍 기록되어 기록 당시에는 데살로니가전서만 알려져 있었든지, 아니면 오로지 데살로니가전서에만 접근할 수 있었던 어떤 사람이 나중에 이 후서를 기록한 것이든지, 둘 중 하나다. 역사를 살펴볼 때 이 둘 다 매력이 없다.

115) 이 상황을 조금 다른 시선으로 보아 이 문제가 그릇된 황홀경과 더 많이 관련 있다고 보는 견해를 보려면, Jewett, *Correspondence*, 101을 보라; 참고. Dunn, *Jesus*, 269-70.

울은 서신 서두 감사 대목에서(1:3-10) 그리스도가 강림하실 때 하나님이 그들이 지금 당하는 환난에 책임이 있는 자들을 공의로 심판하실 것이라고 그들에게 확실히 보장한다. 때문에 바울은 하나님이 그들 안에서 하나님이 행하실 일을 다 이루심으로써 그들도 확실하게 영광스러운 미래를 누리게 되길 기도한다(11-12절). 이어 바울은 이 서신의 가장 중요한 관심사로 넘어가, 사람들에게 잘못 전달되고 있던 주의 날에 관한 자신의 가르침을 바로잡는다(2:1-12). 이어서 바울은 데살로니가 사람들이 그리스도 안에서 살아감을 재차 감사하면서, 그들이 그 삶 속에 굳게 서 있기를 기도한다(13-17절). 뒤이어 그는 기도할 것을 깊이 당부하고 몇 마디 격려하는 말을 전한다(3:1-5). 이 3:1-5 부분에서 바울은 이 서신을 마무리하려는 것처럼 보이는데, 여기서 다시 한 번 데살로니가전서에서 다루었던 "질서도 없이 게으름만 피우는 자들" 이야기를 끄집어낸다. 그러면서 그는 그들의 행실을 바꾸고 그들이 말을 듣지 않으면 "출교"하라고 권고한다(6-15절).

우리가 관심을 가지는 본문은 서두의 기도문(1:11), 이 서신을 쓴 계기를 말한 대목(2:1-2), 요한계시록과 같은 말투로 적그리스도 인물을 묘사한 본문(2:9), 그리고 마지막으로 두 번째 감사를 드리는 대목(2:13-14)이다.

■ **데살로니가후서 1:11**

이 때문에 우리도 항상 너희를 위하여 우리 하나님이 너희를 그 부르심에 합당한 자로 만들어주시고 당신의 능력으로[116] 선을 행하려는 모든 의지[117]와 모든[118] 믿

---

116) ἐν δυνάμει (능력으로)라는 이 전치사구는 사실 이 구절 끝 부분에서 등장한다("믿음의 역사" 뒤에). 바울이 이 전치사구를 두 동사("합당한 자로 만들어주시고"/"이뤄주시길")와 모두 연결되는 말로 쓰려 했는가 아니면 단지 "이뤄주시길"이라는 동사와 연결되는 말로 쓰려 했는가는 딱 부러지게 결정할 수가 없다. 이 문장의 전체 구조는 여기서 제시한 번역이 바울

음의 역사(일)를 이뤄주시길 기도하노라(개역개정: 이러므로 우리도 항상 너희를 위하여 기도함은 우리 하나님이 너희를 그 부르심에 합당한 자로 여기시고 모든 선을 기뻐함과 믿음의 역사를 능력으로 이루게 하시려… 함이라).

데살로니가전서에서도 그랬듯이, 바울은 감사하는 말로 서두를 연 뒤(3-4절), 5-10절로 가서 감사 부분과 조금 다른 내용을 말한다. 그는 5-10절에서 더 깊이 있는 격려를 하는데, 이 격려는 감사 부분에서 말한 내용으로부터 유래한 것이다. 바울은 이 대목에서(3-10절) 데살로니가 신자들의 사랑과 믿음 그리고 환난을 참고 인내함에 초점을 맞추었다. 이 서신에서는 이 문제들을 상세히 거론한다.[119] 바울은 그들이 "견디고 있는 박해와 환난(θλῖψις)"을 언급하는데, 이 언급이 계기가 되어 그들에게 하나님의 공의 그리고 하나님이 그 θλῖψις를 일으킨 자들을 심판하실 것을 다시금 확신시켜준다. 이 환난은 결국 재림하실 때 그의 성도들로부터 "영광을

이 이 문구를 구절 말미에 붙일 때 품고 있던 생각이라는 것을 시사하지만, 이 전치사구를 하나님이 하시는 행위 전체를 수식하는 말로 생각해도 그리 잘못은 아닐 것이다.

117) 다른 곳에서 내가 제시한 대다수 번역과 달리, 여기서 나는 "문자대로"[=선함을 행하려는 모든 선한 뜻(every good will of goodness)] 번역하지 않았다. 그렇게 하면 오히려 본문의 의미를 제대로 제시하지 못한다고 보았기 때문이다. 바울이 구사한 그리스어 πᾶσαν εὐδοκίαν ἀγαθωσύνης는 모호한 소유격의 전형이다. 이 말이 "주격"이면[=선함으로부터 유래한 선한 뜻의 모든 표현(every expression of good will flowing from goodness)] 하나님 바로 그분을 가리킬 가능성이 아주 높지만, 앞의 번역처럼 목적격일 수도 있다[=선을 행하려는 모든 선한 의지(=every good resolve for goodness)]. 뒤이어 나오는 문구[=믿음에서 유래한 역사(work resulting from faith)]가 십중팔구 "주격"이라는 사실은 πᾶσαν εὐδοκίαν ἀγαθωσύνης라는 그리스어 문구를 주격으로 봐야 한다는 입장에 힘을 실어준다. 그러나 이 문구를 목적격으로 보는 것이 이 기도에서 바울이 표명하는 관심사를 가장 잘 드러내는 것 같다. Ellicott, Lightfoot [그는 "선한 행실을 기뻐하는 모든 기쁨"(every delight in well-doing)으로 번역한다], Milligan, Frame, Bruce, Best, Marshall 등도 같은 견해다.

118) 어느 주장이 옳다고 절대 확신할 수는 없지만, 바울은 이 πᾶσαν이라는 말을 두 명사 덩어리("선을 행하려는 욕구"와 "믿음의 역사")를 모두 수식하는 말로 사용하려 했을 가능성이 아주 높다.

119) 믿음(신실하게 믿고 의지한다는 의미)과 참고 견뎌냄은 2:1-15에서 이야기하는데, 특별히 이 본문은 주님의 재림이 즉시 이루어지지 **않는다**는 시각에서 이야기한다. 또 사랑[아니면 이 경우에는 사랑의 남용(참고. 살전 4:9-12)]은 3:6-16에서 이야기한다.

받으시고" 모든 믿는 자들이 놀랍게 여길 그리스도가 마침표를 찍으심으로 끝난다. 이 마지막 말씀(10절)은 데살로니가 사람들 자신을 믿는 자들과 놀랍게 여길 자들 가운데 포함시키는 일종의 삽입문(11-12절)으로 끝을 맺는다. 바울이 그들을 위하여 기도하고 그들에게 자기가 올리는 기도 내용을 알려주는 이유는 "이 때문", 곧 그들도 10절에서 말한 "영광"을 함께 받을 수 있게 하려는 목적 때문이다.

이 기도(11절)는 3절로부터 사랑과 믿음이라는 두 가지 관심사를 가져와, 하나님이 (1) 그들을 그 부르심에 합당한 자로 만들어주시고(주님이 강림하실 마지막 날까지 신실히 살게 하시고, 4, 10절) (2) 선을 행하려는 그들의 모든 바람과 그들의 믿음으로부터 유래한 역사(일)를 이뤄주시길 간구한다. 바울은 하나님이 이런 일들을 그들 안에서 이뤄주시길 기도하면서 이 구절(11절) 끝에 ἐν δυνάμει(능력으로)[120]라는 말을 덧붙이는데, 이는 십중팔구 강조 목적인 것 같다.[121] 바울이 이 문구로 말하려 하는 것은 아마도 "그의 성령의 능력으로"인 것 같다.[122] 몇 가지 고찰 결과도 같은 점을 시사한다.

첫째, 바울은 여기서 "능력"을 하나님의 속성 중 하나(즉 하나님은 전능하신 분이라는 것)[123]를 더 추상적으로 표현한 말로 생각하지 않는다. 확실히 그렇게 보이는 이유는 그가 방금 전에 이미 하나님을 이런 식으로 언급했기 때문이다(9절, "그의 힘의 영광"). 9절에서 바울은 더 적절한 단어(ἰσχύς)를 사용했다.

둘째, 바울은 데살로니가전서 1:5에 있는 감사 부분(찾아보라)에서 이미 그의 설교(가르침)가 그들에게 ἐν δυνάμει(능력으로) 이르렀다고 말했

120) Hughes는 정당한 이유를 제시하지 않고 이 문구를 그 앞에 나온 말과 함께 묶어 "믿음과 능력의 모든 역사"라고 번역한다(*Rhetoric*, 55).

121) Rigaux, 640도 같은 견해다.

122) Whiteley (에둘러 말한다), Frame, Bruce도 같은 입장이다. 많은 사람들은 이 문구를 부사로 번역하여 "그가 능력 있게 이뤄주시길"로 번역하려 한다(가령 Lightfoot, Ellicott; 근래에는 Wanamaker). 그러나 이는 다른 곳에서 나타나는 바울의 용례를 무시하는 번역이며 이 말이 여기서 강조하는 자리에 있다는 것을 무시한 것이다.

123) 참고. Hiebert, 297: "그(하나님)의 본질이 본디 갖고 있는 독특한 능력."

다. 그런데 성령을 언급하는 말이 곧바로 이어서 이 말을 수식한다(καὶ ἐν δυνάμει καὶ ἐν πνεύματι ἁγίῳ).

마지막으로 더 중요한 것이 있다. 바울은 다른 곳에서 하나님이 당신 백성 가운데에서 행하시는 이런 활동들을 성령이 행하시는 활동으로 규정한다. 실제로 갈라디아서 5:22은 ἀγαθωσύνη(선함 또는 양선)와 πίστις(신실함 또는 충성)를 모두 순서도 그대로 유지한 채 성령의 열매에 포함시킨다.

따라서 비록 바울이 "능력"이라는 말로 표현한 문맥 때문이기도 하지만, 여기서 바울은 성령의 능력을 염두에 두고 있다고 확신하는 것이 타당할 것 같다.

이 본문(11절)이 지닌 세 가지 특징은 더 언급할 만한 가치가 있다. 바울 신학 내부에 자리한 몇 가지 중요한 "긴장"과 관련 있기 때문이다. 첫째, 하나님의 활동과 인간의 책임 사이에 존재하는 건강한 긴장이 바울 서신들을 관통한다. 우리가 지금 보는 본문은 바울이 하나님이 이전에 하신 행동을 강조하고 있음을 일러준다.[124)] 데살로니가 사람들이 하나님의 부르심에 합당한 이들이라는 것은 그들의 선함과 신실한 일(믿음의 역사)이 증명해준다. 그런데 그들이 하나님의 부르심에 합당한 이들이 되는 것은 무엇보다 하나님이 그들의 삶 속에서 이루시는 일이요 하나님이 성령의 능력으로 행하시는 일이다. 이렇게 하나님이 이루시고 행하시지만, 바울은 얼마 안 가서 데살로니가 사람들에게 명령을 제시한다. 바울은 다른 곳에서 자신이 가르쳤던 신자 공동체들에게 그런 행동들(하나님의 부르심에 합당한 행동들)을 독려하는데, 하나님이 앞서 행하신 활동은 아예 언급하지 않는 경우도 종종 있다. 이 본문은 바울이 신자 공동체의 삶 속에서 성령이 행하시는 일을 자신이 내린 그런 모든 명령의 전제로 삼는다는 것을 잘 보여준다.

---

124) 이와 관련하여 이 기도가 알려주는 내용이 결국 12절에서 끝난다는 점을 깊이 유념해야 한다: "우리 하나님과 주 예수 그리스도의 **은혜를 따라**(개역개정: 은혜대로) 주 예수의 이름이 너희 가운데서 영광을 받으시고 너희도 그 안에서 (영광을 받게 하려 함이라)."[8]

둘째, 이 본문은 그리스도의 재림과 관련이 있다. 그러나 이 기도 자체는 데살로니가 신자들이 현재 그리스도의 재림을 기다리며 살아가는 삶과 관련 있다. 즉 바울은 데살로니가 신자들이 마지막 날에 그들이 받았던 부르심에 "합당하게" 산 자들로 발견되기를 기도한다(참고. 살전 2:12). 그들이 이렇게 살았는지 여부는 그들의 선함과 믿음이 만들어낸 역사가 증명해줄 것이다. 그렇지만 바울은 여기서 하나님이 이미 지금 그들의 삶 속에서 당신의 **영**으로 그들을 그렇게 만들려고 역사하셨다는 사실뿐 아니라, 그들이 마지막 날에도 부르심에 합당하게 산 자들의 자리에 서 있을 것이라는 사실에 관심을 갖는다. 따라서 이 기도는 현재 살아가는 삶과 관련하여 "이미/그러나 아직 아니"라는 바울의 종말론 입장을 극명하게 보여주는 전형이다.

셋째, 우리는 "능력"이라는 말 뒤에 하나님의 **영**이 자리해 있음을 어느 정도 확신할 수 있다. 그런데 바울은 여기서 πνεῦμα라는 말을 쓰지 않고 δύναμις라는 말을 쓴다. 그것이 그가 지금 강조하는 것이기 때문이다. 바울은 데살로니가 신자들이 현재 당하는 핍박과 환난을 참고 견뎌냄을 하나님께 진심으로 감사한다. 그러나 그는 그들이 계속하여 참고 견뎌낼 수 있으려면 그들의 삶 속에서 역사하시는 하나님의 **능력**이 그들에게 필요하다는 것도 안다. 이후 기독교 역사에서는 윤리에 합당한 삶은 아주 소홀히 여기는 현상이 비일비재했다. 이와 달리 바울은 이런 부르심에 합당하게 살지 않는 삶은 진짜 그리스도인의 삶이 아님을 안다. 그러나 교회—그리고 교회를 구성하는 개개인 지체들—는 홀로 "참호 속에서 맹렬한 전투를 벌이도록" 버림받지 않았다. 도리어 하나님은 그들 안에 들어가 사시는 성령을 통해 그런 삶을 살아갈 수 있는 능력을 주시겠다고 그들에게 몸소 확실히 약속하셨다.

마지막으로, 12절은 이제까지 말한 모든 내용의 이유를 제시한다. 즉 하나님이 당신의 길을 따라 걸어감으로써 결국 당신의 영광을 소유하고 나눠가질 이들을 통해 영광을 받으시리라고 말한다. 다시 말하지만 이 마지막 강조점은 이 모든 일을 이루시는 하나님의 은혜에 근거한 것이다.

▪ 데살로니가후서 2:1-2[125)]

[1]이제 형제자매들아, 우리는 너희에게 우리[126)] 주 예수 그리스도의 강림하심과 우리가 그 앞에 모임에 관하여 당부하노니, [2]혹은 **영**으로 혹은 말로 혹은 편지로, 마치 우리를 통해 이른 (가르침인) 것처럼, 주의 날[127)]이 이르렀다 할지라도 너희는 너무 쉽게[128)] 마음이 흔들리거나 혼란스러워 하지 말라(개역개정: 형제들아 우리가 너희에게 구하는 것은 우리 주 예수 그리스도의 강림하심과 우리가 그 앞에 모임에 관하여 영으로나 또는 말로나 또는 우리에게서 받았다 하는 편지로나 주의 날이 이르렀다고 해서 쉽게 마음이 흔들리거나 두려워하거나 하지 말아야 한다는 것이라).

이 본문은 이 서신에서 가장 중요하고 가장 문제가 많은 대목이다. 이 본문이 가장 중요한 이유는 바울이 자신이 근래 보고받은 데살로니가의 상

---

125) 여기서 주장하는 관점을 더 충실하게 제시한 것을 보려면, G. D. Fee, "Pneuma and Eschatology in 2 Thessalonians 2.1-2—A Proposal about 'Testing the Prophets' and the Purpose of 2 Thessalonians," in *Telling the Mysteries* (forthcoming, Sheffield Academic Press)를 보라.

126) B J 33 그리고 (sy^h와 일부 불가타 사본들을 포함한) 다른 몇몇 사본들은 ἡμῶν을 생략했다. 이렇게 ἡμῶν을 생략한 본문이 참된 것으로 더 널리 증명되었다면, 이 책 저자인 나를 포함한 대다수 본문 비평가들은 (1:2처럼) 다른 사본들이 이 ἡμῶν이라는 대명사를 추가해놓은 것으로 생각할 것이다. 이것이 바울의 글에서 더 흔한 형태이기 때문이다. 그러나 방금 말한 사본들에서는 문체와 관련된 이유들 때문에 몇 단어 뒤에 또 ἡμῶν이 나오는 점을 고려하여 이 말을 생략했을 가능성이 더 높다.

127) 더 이른 시기에 나온 모든 형태의 증거들(그리스어 사본, 역본들, 교부 문헌)과 달리, MajT는 κυρίου를 Χριστοῦ로 바꿔놓았다. 이것은 이 본문에서 "주"가 "그리스도"와 같은 말이라는 것을 확실히 해두려고 후대에 시도한 일인 것 같다. 실제로 그리한 게 거의 확실하다.

128) ταχέως가 지닌 이런 의미를 살펴보려면, BAGD를 보라. 이 사전은 갈 1:6과 딤전 5:22도 그런 의미를 지닌 예로 더 제시한다. 여기서 이 말은 "서두르다"라는 의미에는 단지 일부만 강조점을 두고, 오히려 "아주 쉽게"(too easily) 새로운 것들에 속아 넘어가다라는 의미를 지닌 "빨리"(quickly)에 더 많은 강조점을 둔다.

황에 관하여 자기가 이해한 내용을 그 자신과 데살로니가 사람들이 모두 알아들을 수 있게 상세히 설명하기 때문이다. 이런 점에서 이 본문은 이 서신을 쓰게 된 가장 중요한 계기가 무엇인지 일러준다. 실제로 이 서신에서 다루는 다른 관심사들—데살로니가 신자들이 당하는 불의한 환난(1장)과 "질서도 없이 게으름만 피우는 자들" 때문에 계속되는 어려움(3장)—도 방금 말한 계기와 관련 있는 것으로 이해하는 것이 가장 좋다. 데살로니가 신자들 가운데 일부 사람들이 "주의 날"과 관련하여 믿게 된 내용이 무엇이든(살전 5:1-11을 보라), 결국 그런 믿음은 그들이 현재 당하는 환난과 관련하여 그들을 흔들어놓았고, 또 다른 사람들은 그런 믿음 때문에 "자기 손으로 수고하여 일하는 것"을 회의에 찬 시선으로 보게 되었다.

그렇지만 이 본문은 동시에 가장 문제가 많은 본문이기도 하다. 이 본문이 긴요하다는 것은 결국 그만큼 확실치 않은 본문이라는 뜻이기 때문이다. 이 본문이 갖고 있는 난점은 두 가지다. (1) 데살로니가 신자들에게 전달된 것은 **무엇**이었을까? 다시 말해 "주의 날이 이르렀다"는 말은 무슨 의미일까? (2) 이것은 **어떻게**(어떤 경로로) 그들에게 전달되었으며, 바울은 이 전달과 **어떤** 관련이 있을까? 바로 이 두 번째 문제 때문에 이 본문은 데살로니가전서와 후서를 통틀어 긴요한 "성령" 본문들 가운데 하나가 된다.

첫 번째 문제(데살로니가 신자들이 믿게 된 것은 무엇이었는가?)는 우리의 현재 관심사에 비춰볼 때 절박한 문제는 아니다. 하지만 이 문제는 서신 전체에 중요한 영향을 미치는 것이요 2절 첫째 부분의 해석과 연관되어 있기도 하기 때문에 그 결론들을 요약이라도 해보는 것이 타당하겠다.

첫째, 이것을 데살로니가전서 5:1-11이 말하는 모종의 오해와 연관이 없는 것으로 보기는 거의 불가능한 것 같다. 데살로니가전서 5:1-11은 주의 날을 거듭 언급할 뿐 아니라(2, 4절), 뒤이어 "낮"과 "밤"이라는 주제를 갖고 뛰어난 수사를 펼쳐 보이기 때문이다.

둘째, 데살로니가 신자들이 오해한 내용은 이미 지금이 주의 날이라는 어떤 이의 가르침과 관련 있을 가능성이 아주 높지만, 데살로니가후서 1장이 강조하는 점들을 고려할 때, 주의 날이 어떤 식으로든 이미 **시작되었다**는 가르침과 관련 있을 가능성이 더 높은 것 같다. 이것 하나만 봐도 뒤이어 나오는 주장을 이해할 수 있을 것 같다. 바울은 뒤이어 제시한 주장에서, 자신이 앞서 가르쳤던 것과 마찬가지로, 그날(주의 날)이 임하기 **전에** 특히 눈으로 볼 수 있는 사건들이 반드시 일어난다고 주장한다. 그날이 임하기 **전에** 어떤 사건들이 **앞서 일어날** 뿐 아니라, 그날 무렵에 일어날 사건들은 말 그대로 누구나 볼 수 있어서 그날이 임할 때 알아차리지 못하는 이가 하나도 없을 것이라는 게 바울의 주장이다.

셋째, 어쨌든 주의 날이 이미 이르렀다는 그릇된 가르침은 데살로니가후서 1장과 3장이 강조하는 점들을 설명하는 데도 도움을 준다. 바울이 앞서 쓴 서신(데살로니가전서)에서 말한 것들에 비춰보면, 점점 더 심해지고 있던 그들의 환난—그리고 그 환난이 본질상 의롭지 않다는 점—은 데살로니가 신자들에게 주의 날이 이미 임한 게 아닌가 하고 염려할 수밖에 없는 상당한 이유를 제공해주었다. 그래서 바울은 데살로니가후서 1장에서 그들이 (장차) 하나님으로부터 의롭다 인정을 받을 것이며 그들의 대적들에게는 의로운 심판이 있을 것이라고 확실하게 장담한다. 그러나 바로 이런 현실은 질서도 없이 게으름만 피우는 자들 문제도 깊이 생각하게 만드는 촉매제가 되었던 것 같다. 주의 날이 이미 이르렀고 그 게으른 자들은 어쨌든 수고하며 일하는 것을 부질없는 일로 여겼다면,[129] 그런 자들이 무엇 때문에 굳이 이전에 자신들이 일하던 곳으로 돌아가겠는가?

그렇다면 우리가 풀어야 할 문제는 **어떻게 하여** 이토록 철저히 그릇된 이해가 그들 사이에서 생겨난 것인지, 그리고 이 그릇된 이해는 바울이 말

129) 이 문제와 관련하여 특히 R. Russell, "The Idle in 2 Thess 3:6-12: An Eschatological or a Social Problem?" *NTS* 34 (1988), 105-19; 그리고 David C. Aune, "Trouble in Thessalonica: An Exegetical Study of 1 Thess 4:9-12, 5:12-14 and II Thess 3:6-15 in Light of First Century Social Conditions," unpubl. Th.M thesis (Vancouver, B.C.: Regent College, 1989)를 보라.

했거나 써 보냈을 법한 내용과 대체 어떤 관련이 있는 것인지 알아내는 일이다. 이 문제는 **언어와 관련된** 문제(여기서 "**영**"은 무슨 의미인가? 특히 겉보기에 똑같은 가치를 지니고 있는 "**영**"과 "말"과 "편지" 세 가지 중 첫 번째로서 "**영**"은 무슨 의미를 갖고 있는가?)이자 **문법과 관련된** 문제[마지막 문구인 "마치 우리를 통해(διά) 이른 것처럼"은 "영", "말", "편지" 세 가지와 어떤 관련이 있는가? 이 셋 역시 (그리스어 본문을 보면—옮긴이) 각기 단어 앞에 "…(으)로"(διά)라는 말이 붙어 있다]이다. 이 난제들을 해결하는 일은 두 가지 점과 관련 있다.

첫째, 대다수 주석가들은 바울이 주의 날에 관한 그릇된 가르침이 어디서 비롯되었는지 그 정확한 발원지를 확실히 모른다는 사실을 소홀히 생각하지만, 우리는 이 사실을 그들보다 더 진지하게 받아들여야 한다. 즉 실제로 바울은 이 그릇된 가르침이 **영**을 통해 온 것인지 아니면 말이나 서신을 통해 온 것인지 모른다. 더욱이 우리는 2:5, 15이 분명하게 말하는 내용도 역시 진지하게 고려해야 한다. 이 두 구절은 바울이 실제로 그가 데살로니가 사람들 가운데 있었을 때(=λόγος, "말로")와 이전에 쓴 서신(=데살로니가전서)으로 이 문제를 이미 거론했음을 일러준다. 이 모든 내용은, 우리가 3-12절과 데살로니가전서 5:1-11을 토대로 바울 자신이 이 문제에 관하여 이미 분명한 입장을 피력했다는 점, 그리고 데살로니가 사람들이 현재 갖고 있는 입장이 바울이 가르쳤거나 써 보낸 내용과 큰 차이가 있다는 점을 고려할 경우, 더 많은 문제를 일으킨다. 따라서 우리가 여기서 마주치는 상황을 살펴보면, (1) 바울 자신도 자기가 일러준 가르침이 무시당하거나 오해를 받거나 잘못 전달되고 있음을 알고 있으며(아마도 그의 가르침이 잘못 전달되고 있었을 가능성이 더 크다), (2) 비록 이렇게 자신의 가르침을 잘못 전달하는 가르침이 어디서 비롯되었는가는 확실히 알지 못해도, 데살로니가 사람들이 바울 자신도 이 그릇된 가르침을 전하는 자로 여기고 있음은 알고 있다.

이런 상황 때문에 우리는 ὡς δι' ἡμῶν[마치 우리를 통해 이른 (가르침인)

것처럼]이라는 간단한 문구를 살펴봐야 한다. 바울이 써놓은 그리스어 본문을 보면, 이 말이 "혹은 **영**으로 혹은 말로 혹은 편지로"[130] 뒤에 곧장 붙어 등장한다. 사람들은 이 문장에서 ὡς δι' ἡμῶν이 오직 마지막 항목(즉 편지)만을 가리킨다고[=즉 "혹은 **영**으로 혹은 말로 혹은 마치 우리가 보낸 것처럼 (꾸민) 편지로"로 봐야 한다고] 자주 이해해왔다.[131] 이때 이들이 보통 드는 근거가 3:17의 서명이다. 이 경우에 바울은 데살로니가 사람들이 이 서신을 위작으로 오해하지 않게 자기 손으로 직접 서신에 "서명"했다. 그러나 이런 재구성도 그럴싸하지만, 그렇게 재구성하면 바울이 실제로 말하는 내용과 충돌하는 것 같다. (a) 그렇게 ὡς δι' ἡμῶν이 오직 편지만을 가리킨다고 보는 주장은 2:15과 서로 맞지 않는 커다란 난점이 있다. 2:15에서 바울은 데살로니가 신자들이 자신으로부터 "말"과 "편지"로 그들에게 전달된 가르침을 굳게 지키라고 강조하기 때문이다. (b) 만일 ὡς δι' ἡμῶν을 오직 편지만을 가리키는 말로 쓰는 것이 바울의 의도라면, 여기서는 ὡς ἀπ' ἡμῶν이나 παρ' ἡμῶν(마치 우리**로부터** 간 것처럼)이라는 표현을 썼을 법한데 그런 표현을 쓰지 않았다. 실제로 이 문장이 "(으)로"(διά)라는 말을 되풀이한 것은 전통적 이해에 조종(弔鐘)을 울리는 것일 뿐 아니라,[132]

---

130) Jewett, *Correspondence*, 181-86에 있는 유익한 논의를 보라. Jewett는 이 문구에 접근하는 방법을 다음 세 가지로 구분한다: (1) 이 문구를 어떤 위조자가 만들어낸 작품으로 보는 견해(Jewett는 살후 2:15을 해석하려고 하면 이 견해가 부서져버린다고 보는데, 옳은 생각이다); (2) 이 문구에는 위조를 암시하는 것들이 전혀 들어 있지 않다는 견해; (3) 데살로니가전서를 2:2이 말하는 "편지"로 보면서도 이 서신(의 내용)이 어떤 경로를 거치면서 잘못 전달된 것으로 이해하는 견해(이 연구서가 지지하는 견해다).

131) 가령 Moffatt, Moore, Bruce.

132) 주석들과 번역들은 문법과 관련된 이 점을 보통 간과하거나 무시한다(von Dobschütz, 266과 Giblin, *Threat*, 149은 예외다). 그러나 그렇게 간과하거나 무시하면 안 된다. 다른 곳에서는 바울이 이 두 전치사들을 상당히 정확하게 사용하는 모습을 볼 수 있기 때문이다. 바울은 어떤 것이 나온 근원을 가리킬 경우 ἀπό를 쓴다(가령 살전 3:6을 보라: "지금은 디모데가 너희**로부터** 우리에게 와서"); 바울은 또 무언가를 전달한 전달자이지만 그 전달자가 두 번째 전달자일 때는 διά를 쓴다. 이 점과 관련하여 특히 갈 1:1에 있는 유명한 항변을 보라. 이 항변에서 바울은 자신의 사도직이 ἀπ' ἀνθρώπων (사람들에게서 난 것)도 아니요 δι' ἀνθρώπου (사람으로 말미암은 것)도 아니라고 주장한다(즉 그 사도직은 사람에게 그 근원이 있는 것도 아니며 어떤 사람을 통해 전달된 것도 아니다). 따라서 우리는 살후 2:2의 이

어쩌면 바울의 의도를 알아낼 수 있는 실마리를 제공해줄지도 모른다.

많은 사람들은 이 διά의 난해함 때문에 이 말이 그 앞에 있는 세 단어("**영**", "말", "편지")와 얽혀 있는 말이라고 주장했다.[133] 물론 이런 주장이 문법상 더 설득력이 있다. 그러나 이 해결책은 어떻게 데살로니가 사람들이 "**영**"을 "우리(바울과 그 동역자들)를 통하여" 전달된 것으로 이해할 수 있었는지 그 경위를 알아내기 힘들다는 문제가 있다. 그 무렵에 바울은 무대 전면에 등장한 적이 없기 때문이다. 뿐만 아니라, 소위 바울이 데살로니가 전서에서 말한 내용에 비춰볼 때, 어떻게 하여 주의 날에 관한 이 그릇된 견해의 발원지를 바울로 지목할 수 있었는지 알아내기가 쉽지 않다.

일어났을 법한 일을 알아내기는 쉽지만, 이 문장을 내용이 좀 생략된 문장으로 보는 것이 이 난제를 풀 수 있는 해결책인 것 같다. 이 수수께끼 같은 ὡς δι' ἡμῶν은 그 그릇된 지식을 데살로니가 신자들에게 전달할 때 사용했을 **형식**(*form*; 즉 **영**, 말, 편지)이 아니라 그 지식의 **내용**(*content*; 즉 이 말 뒤에 이어지는 절의 내용=주의 날이 이미 이르렀다)을 직접 가리키는 말로 이해하는 것이 가장 좋다. 이 견해를 따를 경우, 바울은 그 서신이 자신으로부터 간 게 아니라는 말을 하고 있는 게 아니라(실제로 바울은 그런 서신을 보냈다), **데살로니가 신자들이 지금 주의 날에 관하여 믿고 있는 것이 자신을 통하여 이른 게 아니라는** 말을 하고 있는 것이다.[134]

그렇다면 이 문장의 "논리"는 얼추 이렇게 전개되고 있는 셈이다. 바울

문구를 "혹은 영으로 혹은 말로 혹은 편지로, 마치 우리로**부터** 간 것처럼"(either *by* spirit or *by* word or *by* letter, as though *from* us)이라고 번역하는 것(NRSV; 참고. NIV)은 철저히 잘못이라고 결론지을 수밖에 없다. 바울이 여기서 말하는 것은 그 그릇된 지식의 **근원**(출처)이 아니라, 그 지식이 바울 자신도 알지 못하는 **경로를 걸쳐 전달되었다**는 점이다.

133) 영어권 주석들이 이런 해석을 훨씬 더 널리 채택한다.

134) 다른 사람들도 있지만, Frame, 247이 이런 견해를 제시했다("바울은 '주의 날이 이르렀다'라는 말에 자신이 아무 책임이 없다는 것을 단호하게 주장한다"); 참고. von Dobschütz, 266-67/Dibelius, 44/Findlay 165 ("'그것이 그들을 통해 이른 것이라고 **짐작하는 것**'은 곧 '그 날'이 이르렀다는 선언이 주님으로부터 그분의 사도들을 통해 온 것이요 따라서 그 사도들의 권위를 갖고 있고 짐작하는 것"); Jewett, *Correspondence*, 184-86.

의 고충은 두 가지다. 첫째, 바울은 그 그릇된 지식의 진원지가 결국 바울 자신으로 귀결되었다는 점을 알고 있다. 둘째, 그러나 바울은 그 그릇된 지식이 어떻게 전달되었는지 그 경로는 확실하게 알지 못한다. 이 때문에 바울은 두 번째 고충인 불명확한 진원지부터 이야기하기 시작하는데, 이때 그가 말한 세 가지(즉, **영**, 말, 편지) 가운데 첫 번째 항목인 "**영**"이 모든 문제를 해결해줄 열쇠일 가능성이 아주 높다. 이 경우 "**영**"은 십중팔구 "예언"[135]을 가리킬 것이다. "**영**"을 수단으로 활용했다면, 그 사람은 얼마든지 쉽게 바울의 대변자 행세를 할 수 있었을 것이다. 그러나 바울이 보기에는 그가 이전에 가르쳤거나 써 보냈던 것을 권위 있게 해석하여 전달하는 형식(수단)으로[가령, "**영**(성령)이 말씀하시나니 바울이 정녕 말하고자 한 것은…이었느니라"라고 말하는 식으로] 그런 "예언"을 활용하는 것도 역시 가능한 일이었을 것이다. 어쨌든 바울은 "혹은…(으)로"를 되풀이하며 그 그릇된 가르침의 출처가 불명확함을 언급하고 난 뒤, 이제는 그릇 전달된 가르침의 내용으로 옮겨간다. 그는 똑같이 가정법 언어인 "마치 우리를 통해 이른 것처럼"이라는 말을 사용하여 이 문장의 마지막 부분을 미리 귀띔해준다. 그리하여 그는 데살로니가 사람들에게 "혹은 그것이 **영**으로 이르렀든 혹은 내가 이전에 가르친 것(즉 말)이나 쓴 것(즉 편지)으로 이르렀든, 주의 날이 이미 이르렀다는 가르침이 마치 우리를 통하여 이른 것처럼 [꾸미는 이가 있더라도 — 옮긴이]"이라고 전제한 뒤, "너희는 너무 쉽게 마음이 흔들리거나 혼란스러워하지 말라"[9]라고 당부한다.

이는 또 다른 이유에서 골치 아픈 말인 2절의 마지막 구절 서두의 ὡς ὅτι를 설명하는 데도 도움을 준다. 바울의 의도는 분명히 알고도 남음

135) 참고. NIV. 실제로 NIV는 πνεῦμα를 "어떤 예언으로"(by some prophecy)로 번역한다. 여기서 지지하는 견해는 이미 Giblin, *Threat*, 149-50, 243이 귀띔한 것이다. 그러나 그의 해결책은 권위의 문제라는 형태를 띠고 있었다. Gunkel (*Influence*, 31)은 살전 5:19의 πνεῦμα와 마찬가지로 여기의 πνεῦμα도 방언을 가리킨다고 본다. 그러나 말하는 사람이나 듣는 사람도 이해할 수 없는 현상을 통해 가르침이 잘못 전달될 수 있는 현상이 어떻게 일어날 수 있다는 것인지 이해할 수 없다.

이 있다. 여기서 결국 바울은 이전에 자신이 데살로니가 사람들 가운데에서 한 말의 내용이 지금 그들을 괴롭게 하고 있다고 말한다. 그러나 이 2절 문장은 여기서 문법상 더 손을 쓸 수 없는 지경이 되기 시작했다. ὅτι는 바울이 그들 가운데서 했던 말의 내용을 끄집어내는 서두 역할을 한다. 이 ὅτι 앞에 있는 ὡς는, 그 앞에 나온 문구처럼, 본디 바울이 가르쳤던 것과 다른 가르침이 전달되었다는 의미를 함축하고 있어서, 결국 그 앞 문구와 그 뒤 문구를 함께 묶어준다. 이런 종류의 가르침(주의 날이 이미 이르렀다는 가르침)은 결코 바울로부터 나올 수가 없는 것이다.

주목할 것은 이런 견해를 따르면 데살로니가전서와 후서가 안고 있는 몇 가지 문제들을 이해할 수 있다는 점이다. 앞에서 데살로니가전서 5:19-22을 다룰 때 언급했지만, 바울은 이미 이 데살로니가 공동체가 **"영"**을 힘입어 말하는 것들을 분별할 통찰력을 좀더 많이 가져야 하리라고 예견했다. 더욱이 바울이 이런 점을 미리 말했다는 사실은, 그가 왜 데살로니가후서 2:15에서 또다시 διὰ λόγου와 δι' ἐπιστολῆς(말로나 편지로나)[136]라는 말을 쓰고 있는지 그 이유를 설명해줄 뿐 아니라, **자신이 앞서 그들에게 가르쳤던 것**을 굳게 지키라고 그들에게 당부한다는 점에서 지극히 중요한 의미를 갖는다. 바울은 자신이 이전에 가르친 것이 모호하지 않음을 안다. 따라서 데살로니가 신자들은 그들이 **직접** 바울로부터 "전해받은" 것을 굳게 지켜야 한다. 물론 이 경우에는 앞서 말한 세 가지 중 첫 번째인 **"영으로"**를 확연히 놓친다(이 견해에 따르면 바울 자신부터 그가 겪는 고충의 궁극적 근원이 이 **영**이라고 믿었을 가능성이 아주 높기 때문이다).[137]

---

136) 바울의 διά 용례와 관련하여 앞서 제시한 주장(앞의 주132)을 뒷받침하기라도 하듯, 2:15의 δι' ἐπιστολῆς는 출처를 가리키는 게 아니라 데살로니가 사람들이 그 "전승들"을 전달받은 수단을 가리킨다는 점을 유념해야 한다.

137) 살전 5:19-22과 살후 2:2, 15의 관계를 달리 보는 견해를 살펴보려면, Hughes, *Rhetoric*, 56-57을 보라. Hughes는 데살로니가후서 저자가 **"영"**의 효험을 부인한다고 해석한다. 이렇게 **영**의 효험을 부인하는 것은 살전 5:19-20이 말하는 진짜 바울의 입장과 모순되는 것이다(성령을 소멸하지 말라는 권면과 "특히 귀에 거슬릴 정도로 모순되는 것"—때문에 마치 살전 5:21-22도 바울이 쓰지 않은 것처럼 되어버린다!). 참고. Giblin, *Threat*, 45. Giblin 역

이전에도 말했지만 여기서도 바울은 "예언"을 남용하는 것 자체를 직접 비판하지는 않는다. 이 경우에 그가 그리하는 이유는 예언 남용이 그릇된 가르침을 낳은 실제 원인임을 확신하지 못하기 때문일 것이다. 반면 우리가 2:2에서 읽어낸 바울의 의도가 얼추 맞는 것이라면, 바울은 2:15에서도 "영들을 시험할 수 있는" 기준을 "말로나 우리가 보낸 편지로 너희에게 가르쳤던 전승들(개역개정: 전통들)"이라는 말로 제시하는 셈이다. 이것은 후대 교회가 따를 전범을 제시한다. 물론 이제 이 "전승들"은 오로지 글로 기록된 형태로 존재한다.

• 데살로니가후서 2:8

그리고 그때에 불법한 자가 나타나리니 주 예수께서 그 입의 기운(숨)으로 그를 죽이시고 강림하여 나타나심으로 폐하시리라.

바울은 그리스도가 재림하실 때 드디어 적그리스도인 자를 쳐부수실 것을 이야기하면서 이사야 11:4("그가 그의 입의 막대기로 세상을 치며 그의 입술의 기운으로 악인을 죽일 것이라")을 떠올리게 하는 언어를 사용한다.[138] 이 두 경우(칠십인경 이사야서와 데살로니가후서의 이 본문)에 "기운"(숨)을 가리키는 말로 쓴 것이 πνεῦμα다. 기블린(Giblin)은 이 πνεῦμα를 "주님의 입에서 나오시는 **영**"으로 해석한다.[139]

그러나 그런 견해는 두 가지 점과 부딪힌다. (1) 그런 견해는 은유 같은

시 2:15을 "성령의 은사에서 비롯된 말을 지나치게 의존하는 일"을 "제외한 것"으로 보면서도, 이 구절을 살전 5:19-22을 "그대로 따르기"보다 "변화시켜 말한 것"이라고 본다.

138) 이 은유가 왕이 내린 권위 있는 명령을 가리키는 의미를 가질 수 있다는 점을 알아보려면, R. Watts, "The Meaning of *Alaw Yiqpesu Melakim Pihem* in Isaiah LII 15," *VT* 40 (1990), 327-35 (330-31)을 보라.

139) *Threat*, 91-95을 보라; Milligan, 103은 이 견해도 아타나시우스(*ad. Serap*. 1.6)가 첫 주장자라고 본다.

언어를 은유로서 충분히 진지하게 고려하지 않은 것이다. 이사야나 바울이 이 은유를 사용하면서 과연 하나님의 **영**을 염두에 두었을지 의문이다. (2) 이 경우(살후 2:8)에 정관사를 πνεύματι 앞에 붙인 것[10]은 이 πνεῦμα가 **영**을 가리킨다기보다 오히려 가리키지 않음을 나타낸 것이다. 이 점은 이 책 제2장에서 이 관용어를 논의할 때 말한 적이 있다. 그런 점에서 과연 이 본문이 우리가 바울 서신이 말하는 성령을 더 잘 이해할 수 있도록 도와주는 본문인지 의심스럽다.

▪ 데살로니가후서 2:9

악한 자의 나타남은 사탄의 활동을 따라 모든 능력과 거짓에서 나온 표적들 및 기사들과(개역개정 : 모든 능력과 표적과 거짓 기적과) 함께 있으리니.[140)]

이 구절에서 바울은 그리스도가 재림하시기 직전에 있을 적그리스도인 자의 "나타남"을 계속하여 묘사한다. 바울은 이 적그리스도가 나타날 때 바울 자신이 다른 곳에서(롬 15:19; 고후 12:12) 그의 사도 사역에 동반되었던 (그리고 그중 일부는 그의 사도직이 진정함을 증명해주었던) 현상들이라고 말했던 것과 똑같은 현상들이 함께 나타날 것이라고 말한다. 마찬가지로 초

---

140) 바울이 πάση (모든)라는 형용사와 9절의 마지막 단어인 소유격 ψεύδους (거짓의)를 데살로니가 사람들에게 어떻게 이해시키려 했는지 아주 확실치는 않다. NRSV는 전자를 오직 "능력"만 수식하는 것으로, 후자는 오직 "기사들"만 수식하는 것으로 번역해놓았다["모든 능력, 표적들, 거짓 기사"(all power, signs, lying wonders)]. NIV는 이 두 말이 세 단어 전체를 수식하는 것으로 번역한다["모든 종류의 가짜 기적들, 표적들, 기사들"(all kinds of counterfeit miracles, signs, and wonders)]. πάση는 단수이고 단수인 δυνάμει를 수식하기 때문에, 여기서는 NRSV가 더 나은 번역인 것 같다; ψεύδους는 더 어렵다. 그러나 이 말이 τέρασιν 뒤에 등장함으로써 두 명사(즉 τέρασιν과 그 앞에 나오는 σημείοις)를 모두 아우를 수 있기 때문에, 또 이 두 명사를 분명 하나로 묶어 한 실체를 말하려고 하는 것처럼 보이기 때문에, 바울은 십중팔구 이 ψεύδους를 바로 그 앞에 나온 마지막 명사 τέρασιν뿐 아니라 이 명사 앞에 나온 명사 σημείοις까지 수식하는 말로 사용하려 했다고 봐야 할 것 같다. 그 이유로 나는 이렇게 이 구절을 번역했다.

기 교회도 이런 현상들을 예수의 사역과 인격이 진실임을 증명해주는 증거로 이해했다.(행 2:20) 그리고 역시 같은 언어를 사용하여 그런 현상들을 묘사했다. 마가복음 13:22(참고. 마 24:24)은 예수 자신이 큰 표적들과 기사들을 행할 "적그리스도들"(복수형이다)이 일어날 것을 예언하셨다고 말한다. 아마도 이 복음서 본문이 데살로니가후서 본문이 반영하는 전승 내용의 근원일 것이다.

우리가 지금 갖고 있는 목적들을 고려할 때 두 가지 문제가 중요한 의미를 갖는다. 첫째, 바울은 로마서 15:19에서 특히 "표적들과 기사들의 능력"(개역개정: 표적과 기사의 능력)을 "하나님의 **영**의 능력"(개역개정: 성령의 능력)[11]과 같게 본다. 이것들은 "사도임을 보여주는 표적들"이다. 그런 사도직이 성령으로부터 유래하며 성령에 의존한다는 것을 보여주는 것들이기 때문이다. 둘째, 바울은 여기서 "표적과 기사들"이 진리(진실)뿐 아니라 거짓도 동반할 수 있다고 일러준다. 바울은 불법한 자(사탄)가 행하는 표적들과 기사들을 거짓에서 유래한 것으로 묘사하는데, 이는 그런 것들이 실제로 일어나지 않았다는 의미에서 "가짜"[141]라고 말하는 게 아니다. 오히려 반대로 그 표적들과 기사들은 진짜 기적들이다. 그렇지만 그것들은 거짓으로부터 나온 것이요 본디 사람들을 속이려는 것이며 사람들을 미혹하여 사탄을 따라가게 만들려는 것이다. 실제로 바울이 보기에 그런 표적들과 기사들은 온갖 거짓의 근원인 "영", 곧 사탄이 부어준 능력으로 말미암은 것이다(참고. 엡 2:2).

바로 이런 이유 때문에 바울이 고린도후서 10-13장에서 그가 행한 "표적들과 기사들"을 자기 사역의 진정성을 증명하는 증거로 제시하길 아주 꺼리지 않았나 하고 의심하는 이들이 있다. 그렇긴 해도 바울은 표적들과

---

141) 이것이 "가짜"(counterfeit)라는 말이 유일하게 가지는 참 의미이기 때문에, NIV가 그것들을 "가짜 기적들, 표적들, 기사들"로 부르는 것이 그다지 잘못은 아니지 않는가 하는 생각을 하는 이들도 있다. 훨씬 더 나쁜 번역을 내놓은 RSV도 읽어보라: "진짜인 체 꾸민 표적들과 기사들과 함께"(with pretended signs and wonders) — 이제 NRSV에서는 이를 바로잡았다.

기사들을 부인하지는 않는다. 하지만 그것들을 자기 사역의 진정성을 증명해주는 표지로 소중하게 여기지도 않는다. 바울이 보기에 진정한 사도임을 증명해주는 증거는 결국—"표적들과 기사들" 같은—기적이 아니다. 사탄도 이런 것들을 만들어낼 수 있기 때문이다. 도리어 그는 자신이 "그리스도를 본받아" 고난을 당하고 그런 본받음에 따른 열매를 맺은 일, 그리고 고린도 사람들 자신이 회심한 일이야말로 그가 진정한 사도임을 증명해주는 증거라고 본다.

어쨌든 "표적들과 기사들"은, 그것이 참이든 거짓이든, 모두 "영"이 하는 일이다. 여기 2:9에서 말하는 경우처럼 거짓된 영이 그런 일을 할 수도 있고, 바울의 경우처럼 성령이 하실 수도 있다.

▪ 데살로니가후서 2:13

그러나 한편 주께서 사랑하시는 형제자매들아 우리가 너희 때문에 하나님께 감사할 수밖에 없는 것은 하나님이 거룩하게 하시는 **영**의 역사와 진리를 믿는 너희 자신의 믿음을 통하여 구원의 첫 열매로[142] 너희를 택하셨음이니(개역개정:

---

142) 얼핏 보면, 데살로니가후서가 안고 있는 본문 선택 문제들 가운데 어느 문제보다 더 어려운 것 중 하나가 이것이다[그리스어 사본들이 ἀπαρχήν ("첫 열매")으로 기록해놓은 사본(B F G P 33 81 326 1739 $it^{c,dem,div,f,x,z}$ vg syr^{h} cop^{bo}]들과 ἀπ' ἀρχῆς ("처음부터"; ℵ D K L Ψ 104 181 pler $it^{ar,e,mon}$ sy^{p} cop^{sa})로 기록해놓은 사본들로 갈려 있기 때문이다). 사본 밖의 증거들은 동방교회와 서방교회에서 나온 증거들을 모두 살펴볼 때 엇비슷하게 나뉘어 있다. 순전히 우연으로 이런 본문 변화가 생긴 것 같지는 않다[그렇지만 뒤에서 언급하듯이 어떤 필사자가 이것을 보고 있다가 이것을 저것으로 (잘못) "보는" 바람에 이런 변화가 생겼을 수도 있다]. 주석들은 ἀπ' ἀρχῆς를 지지하는 경향이 있다(Best, Ellicott, Frame, Hendriksen, Hiebert, Marshall, Morris, Plummer, Thomas, Wanamaker; 지지하지 않는 주석은 Weiss, Moffatt, Bruce). 반면 영역 성경들은 나뉨이 더 심하다["처음부터"(from the beginning)는 KJV RSV NASB JB NEB NIV; "첫 열매"(firstfruits)는 GNB NAB Moffatt Knox]. 하지만 필사 과정 및 본문 자체를 고려할 때 ἀπαρχήν을 원문으로 보는 주장이 더 무게가 있다. 신학자들의 견해만 놓고 보면 "첫 열매"가 "처음부터"보다 소수 견해이기 때문에, 선뜻 "처음부터"가 아니라 "첫 열매"로 **읽기가 쉽지 않다**(*lectio difficilior*). 신약성경을 살펴보면 이 본문과 똑같은 변화가 일어난 곳이(ἀπαρχή가 ἀπ' ἀρχῆς로 바뀐 경우가) 두 곳 더 있다[롬 16:5(P^{46} D* g m); 계 14:4(ℵ 336 1918)]. 이는 사실 이것을 보고 있던 필사자들이

주께서 사랑하시는 형제들아 우리가 항상 너희에 관하여 마땅히 하나님께 감사할 것은 하나님이 처음부터 너희를 택하사 성령의 거룩하게 하심과 진리를 믿음으로 구원을 받게 하심이니).

데살로니가 서신에서 마지막으로 성령을 이야기하는 이 본문 역시 오히려 더 흥미로운 본문 가운데 하나다. 데살로니가전서 2:13에서도 그랬듯이, 바울은 데살로니가 신자들 때문에 두 번째 감사를 드린다. 물론 이 경우에는 뭔가 이야기를 다시 꺼내는 말이라기보다 현재 제시하는 주장을 마무리하는 결론의 일부다. 사실 바울은 감사하는 말로 뒤에 죽 이어질 내용(13-17절)을 시작하는데, 이 13-17절 부분은 분명히 1절에서 시작한 주장을 매듭지으려고 기록한 것 같다. 그것은 다음 세 가지 점 때문이다. 첫째, **감사하는 말**(13-14절) 때문이다. 이 부분은 데살로니가 신자들을 10-12절에서 묘사한 불신자들과 예리하게 대조한다. 둘째, **권면**(15절) 때문이다. 이 권면에서 바울은 자신이 데살로니가 신자들에게 가르친 전승들을 굳게 지키라고 그들에게 당부한다(3-5절을 떠올리게 하는 부분이다). 셋째, **소원-기도**(16-17절) 때문이다. 여기서 바울은 하나님과 그리스도가

실상은 이것을 저것으로 (잘못) "보는" 일이 쉽게 일어날 수 있었다는 것을(즉 각 경우에 그들 앞에 있는 본문에는 ἀπαρχή가 기록되어 있었는데도, 정작 그들이 "보거나" 바울이 했을 말로 지레 짐작한 말은 ἀπ' ἀρχῆς였다는 것을) 시사한다. ἀπαρχήν을 반대할 때 보통 내세우는 첫 번째 논거는 사실 데살로니가 신자들이 마게도냐(마케도니아) 지방의 "첫 열매들"이 아니었다는 것이다. 그러나 이 때문에 오히려 바울이 이 ἀπαρχήν이라는 말을 사용했다면 실제로 그는 데살로니가 신자들을 "마게도냐의" 첫 열매로 말하려 했던 게 아닌가 하는, 다소 불확실한 추정을 하게 된다[사람들은 보통 바울이 비록 다른 곳에서 ἀπαρχή를 사용하긴 하지만(롬 8:23; 11:16; 16:5; 고전 15:20, 23; 16:15), 오직 롬 11:16에서는 이 말을 수식하는 소유격이 없이 사용한다는 점을 지적한다(최근에 이런 지적을 한 이는 Wanamaker, 266)]. 이와 달리, 바울은 "첫 열매"라는 말을 "데살로니가의 첫 열매"라는 의미로 사용하려 했던 게 거의 확실하다. 그럼으로써—비록 지금은 데살로니가 신자들이 핍박을 받으며 견디고 있지만(혹은 이런 핍박을 당하고 있다는 점 때문에 오히려?)—데살로니가 신자들이 그들 자신을 앞으로 구주를 알게 될 더 많은 데살로니가 사람들 가운데 "첫 열매"로 여기기를 바랐던 것 같다. 아울러 바울이 다른 곳에서 무언가가 "영원히" 있기를 바라는 소원[12]을 말할 때에는 결코 ἀπ' ἀρχῆς라는 문구나 그와 유사한 어떤 문구를 사용하지 않는다는 점(참고. 고전 2:7; 골 1:26; 엡 1:4)도 덧붙여 말해두고자 한다.

그들을 격려하시고 굳게 세워주시길 기도함으로써 1-2절에서 말한 내용에 마침표를 찍는다. 이 모든 내용을 통해 바울이 표명하는 관심사는 굳게 서 있으라는 권면(15절)이다. 바울이 이런 관심사를 표명하게 된 것은 그의 가르침이 잘못 전달됨으로써 "그들이 흔들리는" 결과가 빚어졌기 때문이다(1-2절).

따라서 바울이 감사하는 이유는 분명해 보인다. 바울은 방금 불법한 자에게 사로잡혀 결국 이후에 이 불법한 자와 함께 심판받을 자들을 이야기했다. 그들은 진리를 저버리고(10절) 미혹을 받아 거짓 것을 믿게 되었으며(11절) 불의를 좋아하는(12절) 사람들이다. 바울은 이 자들이 결국 멸망당하리라는 점을 근거로, 또 그가 구사할 수 있는 가장 강력한 대조법을 구사하여, 데살로니가 신자들 때문에 하나님께 감사할 수밖에 없다고 말한다. 그 이유는 이 신자들이 그리스도의 사랑을 받고 택함을 받아 구원에 이르렀기 때문이요, 장차 그들에게는 영원한 영광이 예정되어 있기 때문이었다. 그래서 바울은 재차 데살로니가 신자들이 회심한 내력을 서술하고 되새겨준다. 이때 바울은 하나님이 앞서 행하신 활동이 있었음을 강조한다. 이 강조에 뒤이어 말하는 권면과 기도에서도 그러하지만, 바울은 이렇게 하나님이 앞서 행하셨음을 강조함으로써 불의한 고난을 당하고(살후 1장) 바울 자신의 가르침이 잘못 전달됨으로 말미암아 "흔들리고" 있던(2:1-2) 데살로니가 신자들을 굳게 세우려 한다.

우리가 흥미롭게 여기는 것은 하나님이 데살로니가 신자들을 구원하실 때 사용하신 수단을 묘사하는 (것으로 보이는) 이중(twofold) 전치사구[143]다. 그 두 수단은 거룩하게 하시는 성령의 역사[144]와 진리를 믿은 데살로니

143) "쌍둥이 전치사구"라 하지 않고 이중 전치사구라 한 것은 한 전치사가 "거룩하게 하시는 성령의 역사"와 "진리를 믿는 믿음"을 모두 지배하기 때문이다.

144) Findlay, 189-90과 Moffatt, 50은 바울이 ἐν ἁγιασμῷ πνεύματος라는 말로 말하고자 한 것은 "(너희) 영을 거룩하게 하심"이라고 주장한다. 그들이 이런 주장을 하는 이유는 (1) πνεύματος에 관사가 붙어 있지 않은 점, (2) 이 문구에 나오는 두 번째 말(πνεύματος)이 목적(대상)을 가리키는 소유격이라는 점 때문이다. 때문에 이 πνεύματος도 너희의 영을 말하

가 신자들 자신의 믿음이다.

첫째, 이것은 구원론과 관련하여 신경(creed)에 준하는 내용을 기록해 놓은 몇몇 본문 가운데 하나다. 여기서 바울은 구원 사건을 삼위 하나님이 함께 행하신 일이라 말한다.[145] 여기 본문을 보면, 성부는 "택하시고", 성자는 "사랑하셨으며"(십자가에서 사랑을 보이셨으며), 성령은 그들을 "거룩하게 하심"으로 그들의 삶 속에서 구원을 이루신다. 이것이 훗날 사람들이 이야기하는 삼위일체 개념을 염두에 둔 본문은 아니겠지만, 그래도 훗날 이루어진 삼위일체 교리 확립 작업은 이런 본문들에서 직접 비롯된 결과물이다. 어찌 되었든 이 본문은 "삼위 하나님"을 각 위별로 한 분씩 언급하며, 성부와 성자와 성령은 구원 사역에서 각기 활동하신다.[146]

둘째—그리고 방금 말한 첫째 사항과 긴밀히 연관된 것으로—바울은 늘 그런 본문들에서 구원을 완성하시는 게 그리스도가 행하시는 일이라고 말한다. 그러나 그런 언급은 오로지 앞서 나온 "주께서 사랑하시는"이라는 문구에서만 발견할 수 있을 뿐이고, 더 모호하긴 하나 "진리를 믿는 믿음"에서도 살짝 엿볼 수 있을 뿐이다. 바울이 현재 이 본문에서 강조하는 점을 강조할 수밖에 없는 이유는 간단하다. 바울은 데살로니가 신자들과 그가 10-12절에서 말한 불신자들을 대조하고 싶어한다. 그는 이 불신자들이 사탄의 활동에 속아 넘어가 **진리를 믿지 않고** 오히려 **악(불의)을 즐긴다**고 분명하게 말한다. 이처럼 바울은 앞 본문(9-12절)에서 사탄의 활동과 그에 따른 두 결과인 불신 및 불의를 강조했다. 이제 바울은 이와 대비

는 것으로 보는 것이다. 하지만 바울의 용례에 비춰볼 때[πνεύματος에 관사가 붙어 있지 않다는 것은 오히려 이 πνεῦμα가 성령이심을 **지지하는** 증거다(이 책 제2장을 보라); 또 바울은 인간의 영을 가리키는 말을 써서 구원을 말하기를 꺼린다(고전 5:5은 예외다. 찾아보라)], 이런 주장은 결국 존속할 수 없다. 성령이 성화의 중개자이심을 말하는 본문을 보려면, 고전 6:11과 롬 15:16을 보라.

145) 앞의 주39를 보라.

146) 참고. Whiteley, 104. 그는 이 본문을 두고 이렇게 말한다. "우리는 여기서 성부, 성자, 성령이 기능상 긴밀한 연합을 이루신 모습을 본다. 이는 훗날 교리를 구성하는 데 바탕이 될 성경 내용을 제공해주었다."

하여 성령의 "활동"과 그에 따른 두 결과인 거룩함 및 믿음을 강조한다.

셋째, 바울이 데살로니가 신자들의 **회심**을 "성화" 내지 "거룩함"이라는 관점에서 서술하고 있다는 점은 단순히 지나가는 흥밋거리로 치부할 일이 아니다. 그는 데살로니가전서 4:1-8과 5:23(찾아보라)에서 피력한 관심사를 끄집어내 거론하려고 그리한 것 같다. 그리스도께로 부르심 그리고 그 부르심의 효과가 신자 하나하나에게 미치도록 해주시는 성령의 역사는 성화의 고유한 부분으로서 데살로니가 신자들이 하나님의 거룩한 백성이 될 수 있게 해준다. 따라서 바울이 보기에 "성화"는, 고린도전서 1:30과 6:11에서도 뚜렷하게 이야기하듯이, 은혜로 이루시는 두 번째 역사도 아니요, 회심 이후에 신자 안에서 일어나는 어떤 것—물론 이 일은 확실히 예상되는 것이다—을 주로 가리키는 것도 아니다. 오히려 데살로니가 신자들의 회심 자체를 "성화"라는 말로 표현할 수도 있다. 그들은 지금 하나님이 품으신 목적들을 위하여 구별된 자들일 뿐 아니라, 윤리적 의미에서 보더라도 하나님의 길을 따라 걸어감으로써 그분의 성품을 그대로 드러내야 하는 자들이기 때문이다. 데살로니가전서 4:8에서도 그랬지만, 바울은 이것을 신자의 삶 속에서 성령이 행하시는 일로 본다. 이것은 비단 "그리스도 안에 있는 구원"을 가리키는 바울의 은유가 아니며, 현저히 눈에 띄는 현상도 아니다. 그런가 하면 바울은 거룩하게 하시는 성령의 역사를 함유하지 않은 회심은 진짜 회심으로 여기지 않는다.

넷째, 앞서 1:11에서도 말했듯이, 바울 신학에는 하나님과 인간 사이에 행복한 긴장 관계가 있다. 그러나 둘 사이의 순서를 이야기할 때면 늘 바울 자신이 말하고자 하는 신학적 강조점에 비추어 이야기한다(성령의 역사를 먼저 이야기하고 뒤이어 진리를 믿는 데살로니가 신자들의 믿음을 이야기한다). 이것이 비록 "연대순서의 논리"에는 어긋날지 몰라도 바울이 가진 "신학 논리"에는 완전히 부합하는 것이다. 바울이 말하는 그런 순서가 믿음 역시 성령의 이루시는 역사임을 암시하고 있는 것인가는, 내가 볼 때, 앞으로 풀어야 할 과제다.

결론

서두에서도 말했듯이, 데살로니가 서신에는 성령을 직접 "가르치는 내용"이 없다. 그러나 우리는 성령에 관하여 상당히 완전한 이해를 몇몇 본문에서 발견한다. 물론 그런 이해는 때로 전제 형태를 띠기도 하고, 때로는 그리스도인의 삶의 핵심에 시종일관 자리하고 계시는 성령의 활동을 서술하는 형태로 나타난다. 그리스도는 사도의 설교를 통해 데살로니가 신자들을 부르셨다. 이런 부르심은 그 설교 속에 자리한 "성령의 능력"을 통해 효력을 갖게 되었다. 데살로니가 신자들이 회심을 체험한 것도 성령이 이루신 일이었다. 성령이 그들의 삶 속에 들어가신 것은 다른 것보다 "거룩함"을 그 삶 속에서 만들어내시려는 목적 때문이었다. 그들은 선을 원하고 행함으로 그리고 신실한(믿음의) 역사를 이룸으로 그리스도 안에서 계속 살아가야 한다. 그러나 이런 일조차도 결국 성령(그들의 삶 속에서 역사하시는 하나님의 능력)이 이루어주시는 것이다. 이뿐만이 아니다. 그리스도 안에서 살아가는 그들의 새로운 삶 역시 그들의 기쁨(과 기도와 감사)으로 표현되는데, 이것 역시 성령의 내주가 직접 가져오는 결과다. 마지막으로 그들이 예배하러 모일 때도 성령은 예언이라는 형태를 빌려 능동적으로 사람들이 볼 수 있게 임재하신다. 그러나 그런 예언 같은 행위는 자칫 엇나갈 수도 있기 때문에 그들은 늘 "모든 것을 시험해봄"으로써 예언이라 하는 것들이 정녕 하나님의 **영**으로부터 나온 것인지 확실하게 알아보아야 한다.

설령 이 많은 것들이 바울이 직접 강조한 것이 아니라 할지라도, 성령이 바울과 이 초기—그리고 새—신자들이 나누는 대화들의 표면에 이토록 가까이 자리하신다는 사실은, 그리스도인의 믿음 및 삶에 관한 바울의 이해가 전제하는 것들에 비춰볼 때, 많은 것을 이야기해준다 하겠다.

옮긴이 주

[1] 지은이는 근거 구절로 2:15을 지목했으나, 개역개정판이나 그리스어 본문을 살펴봐도 지은이가 말하는 내용을 뒷받침하는 구절은 2:14이 맞는 것 같다.

[2] 접속사 waw를 사용하여 문장을 이어가는 표현 방법을 히브리어 성경 본문은 물론이요 아람어 성경 본문에서도 볼 수 있다.

[3] 바울 서신 가운데 데살로니가전서가 가장 먼저 기록되었다는 전제 아래 쓴 표현이다.

[4] 등위접속사로 연결된 둘 이상의 말이 한 동사의 직접목적어인 경우를 복합목적어라고 부른다.

[5] 순수한 신앙 정신으로 돌아가는 것을 목표로 삼고 기성 교회 체제로부터 떨어져 나온 이들을 가리키나, 특별히 16-17세기에 잉글랜드 성공회로부터 떨어져 나와 각 지역에서 독립 교회를 세우려 했던 이들이 세운 교회를 가리킨다.

[6] 예수가 말씀하셨으나 정경에는 기록되지 않은 말씀을 통틀어 아그라파(agrapha)라고 부른다. 아그라파는 아그라폰(agraphon)의 복수형이다.

[7] 장래에 확실히 이루어질 일을 미리 내다보고 지금 일처럼 표현하는 문장을 말한다.

[8] 본디 12절의 그리스어 본문에는 괄호 안에 든 "영광을 받게 하려 함이라"가 없으며, "우리 하나님과…은혜를 따라"가 마지막 부분에 나와 있다.

[9] 사실 그리스어 본문에서는 이 문장이 2절 서두에 나오고, 뒤이어 "혹은 영으로…"라는 문장이 이어진다.

[10] 칠십인경 사 11:4에서는 πνεύματι 앞에 정관사가 붙어 있지 않다(ἐν πνεύματι).

[11] NA[27] 본문은 ἐν δυνάμει πνεύματος [θεοῦ]로 되어 있지만, 어떤 그리스어 사본은 자리에 ἁγίου가 있다.

[12] 바울은 살후 2:16-17에서 데살로니가 사람들에게 하나님의 영원한 위로가 있길 기도한다.

제4장

고린도전서

주석:[1] P. E.-B. **Allo** (Ebib, 1934); C. K. **Barrett** (HNTC, 1968); F. F. **Bruce** (NCB; 1971); J. **Calvin** (ET, 1960); H. **Conzelmann** (Hermeneia, 1975); C. T. **Craig** (IB, 1953); E. **Fascher** (THNT, 1983³); G. D. **Fee** (NICNT, 1987); G. G. **Findlay** (EGT, 1900); F. **Godet** (ET, 1886); H. L. **Goudge** (WC, 1903); F. W. **Grosheide** (NICNT, 1953); J. **Héring** (ET, 1962); C. **Hodge** (1857); C. **Holladay** (LWC, 1979); R. **Kugelman** (JBC, 1968); R. C. H. **Lenski** (1937); J. J. **Lias** (CBSC, 1896); H. **Lietzmann** (ed. W. G. Kümmel, HNT, 1949); J. B. **Lightfoot** (1895); J. F. **MacArthur** (1984); W. H. **Mare** (EBC, 1976); J. **Moffatt** (MNTC, 1938); L. **Morris** (TNTC, 1958); J. **Murphy-O'Conner** (NTM, 1979); W. F. **Orr** and J. A. **Walther** (AB, 1976); R. St J. **Parry** (CGTSC, 1926²); D. **Prior** (1985); A. **Robertson** and A. **Plummer** (ICC, 1914²); J. **Ruef** (WPC, 1971); A. **Schlatter** (1962); C. **Senft** (1979); M. E. **Thrall** (CBC, 1965); J. **Weiss** (MKNT, 1910⁹); H. D. **Wendland** (NTD, 1968).

---

1) 다음 주석은 이 장에서 저자의 성(姓)으로만 언급하겠다.

다른 주요 저작들은 다음과 같이 짧은 제목으로 인용한다.

Aune, *Prophecy* [=David E. Aune, *Prophecy in Early Christianity and the Ancient Mediterranean World* (Grand Rapids: Eerdmans, 1983)]; **Cranfield**, *Romans* [=C. E. B. Cranfield, *The Epistle to the Romans* (2 vols.; ICC; Edinburgh: T & T Clark, 1975, 1979)]; **Ellis**, *Prophecy* [=E. Earle Ellis, *Prophecy and Hermeneutic in Early Christianity: New Testament Essays* (Grand Rapids: Eerdmans, 1978)]; **Grudem**, *Gift* [Wayne A. Grudem, *The Gift of Prophecy in 1 Corinthians* (Washington: University Press of America, 1982)]; **Hurd**, *Origin* [=John C. Hurd, *The Origin of 1 Corinthians* (2d ed.; Macon, Ga.: Mercer University, 1983)]; **Martin**, *Spirit* [=Ralph P. Martin, *The Spirit and the Congregation: Studies in 1 Corinthians 12-15* (Grand Rapids: Eerdmans, 1984)]; **Murphy-O'Conner**, *Corinth* [=J. Murphy-O'Conner, *St. Paul's Corinth* (GNS 6; Wilmington, Del: Michael Glazier, 1983)]; **O'Brien**, *Thanksgivings* [=Peter T. O'Brien, *Introductory Thanksgivings in the Letters of Paul* (Leiden: Brill, 1977)]; **Zuntz**, *Text* [=Gunther Zuntz, *The Text of the Epistles* (London: British Academy, 1953)].

성령에 관한 기본 강조점들은 이미 데살로니가전서와 후서에서 발견할 수 있다. 그러나 바울 서신에서 성령 언어가 가장 풍성하게 나타나는 곳은 3차 선교 여행 때 쓴 커다란 네 서신(고린도전서와 후서, 갈라디아서, 로마서)[2]이다. 우리가 지금 살펴볼 고린도전서는 이런 점에서 특히 중요하다. 바울이

2) 에베소서도 성령 언어가 많이 나타나는 서신에 포함된다. 나는 에베소서를 바울이 쓴 것으로 보며 다음 시대 서신들에 포함시킨다(이 책 제9장을 보라).

성령에 관하여 말하는 많은 내용이 고린도 사람들이 갖고 있던 몇 가지 오해를 바로잡을 목적으로 말한 것이기 때문이다. 이런 점 때문에 바울은 성령과 그리스도인의 삶에 관하여 바울 서신 전체에서 볼 수 있는 거의 모든 측면을 이런저런 방식으로 다루고 있다. 그러다 보니 그가 성령과 그리스도인의 삶에 관하여 말하는 내용은 성령이 인격이시라는 점으로부터 시작하여 그리스도인의 실존에 없어서는 안 될 문제인 성령까지, 그리고 공동체와 공동체의 예배 속에 자리하신 성령까지 망라한다.

이야기하는 사람이 구사하는 언어를 보면 그가 무슨 이야기를 하는지 알 수 있다. 고린도전서에서는 성령을 가리키는 말이 적어도 27회(어쩌면 31회) 등장한다. 이 서신에서는 형용사인 πνευματικός[프뉴마티코스, **영**의(또는 **영**적)]가 모두 24회 등장하는데, 그 가운데 15회는 성령을 가리킨다. 부사인 "**영**으로"(개역개정: 영적으로)는 단 한 번 등장한다[2:14, 여기서 바울이 하려고 하는 말은 분명 "**영**을 통해"(by means of the Spirit)다]. 그리고 방언을 (직접) 언급한 경우는 20회인데, 이들은 모두 성령을 염두에 둔 말이다. 또 "예언하다"라는 동사가 11회 등장하는데, 이들 역시 모두 성령을 염두에 두고 있다. 또 "예언"이라는 명사는 11회 등장하는데, 그중 6회가 성령을 염두에 둔 말이다. 14회 등장하는 "선지자"(예언자)는 그중 6회가 성령을 언급한다. 나아가 본디 잘못을 바로잡을 목적으로 서술한 12-14장도, 공동체 안에서 나타나는 **영**의 "표현들"(나타나심들)로서 보통 "성령의 은사들"이라 부르는 것을 아주 충실하게 논의한 내용을 담고 있다.

이 서신에는 이렇게 성령을 이야기한 내용이 아주 많고 그 내용 가운데에는 고린도의 상황과 직접 관련된 것들이 아주 많기 때문에, 당시 고린도 상황을 간략하게나마 살펴봐야 할 것 같다.[3] 우리가 지금 보는 이 서신은 바울과 고린도 공동체가 주고받은 서신 중 세 번째 서신이다(5:9과 7:1

3) 물론 뒤이어 서술하는 내용은 내가 인식한 고린도 상황이다. 더 상세한 논의와 변증을 보려면, Fee, 4-15 (Introduction)을 보라.

을 보라). 나는 이 서신들(두 번째 서신과 이 세 번째 서신)을 각각 그보다 앞선 서신에 직접 답변한 서신으로 본다.[4] 바울은 처음에 보낸 서신에서 어떤 행위들을 금지했다(5:9). 이 서신에 답하여 그들이 바울에게 보낸 서신은(7:1) 그들이 안고 있던 내부 분열 문제들을 놓고 바울에게 도움말을 구하기보다(통설은 이런 도움말을 구한 서신으로 본다) 오히려 바울이 첫 서신에서 금지한 것들에 이의를 제기하는 서신이었을 가능성이 더 크다. 그 답신인 고린도전서는, 바울이 금지한 문제들에 관한 한, 바울 자신이 옳고 그들이 그르다는 점을 확실히 새겨주는 데 목표를 두고 있다. 바울의 이런 입장은 그가 글로에 집 사람들을 통해 고린도 공동체의 속사정에 관하여 추가로 전해들은 정보에 근거한 것이었다(1:10-12).

이런 사실은 결국 고린도 공동체 내부에 어떤 싸움이 있긴 했지만 몇몇 사람이 이끄는 고린도 공동체와 바울 자신 사이에는 그보다 더 큰 다툼이 있다는 것을 시사한다. 바울과 고린도 사람들은 거의 모든 문제에서 충돌을 일으킨다. 이런 일들의 핵심에는 고린도 사람들이 성령과 성령의 활동에 관하여 바울과 다른 이해들을 갖고 있었다는 점이 자리하고 있다. 어쨌든 그들은 자신들을 πνευματικοί(영의 사람들)로 여긴다.[5] 바울은 몸도 약하고 "지혜"도 없으며 유려한 수사(修辭)로 복음을 전하지도 못했기 때문에, 그들은 바울을 그다지 미덥게 여기지 않는다. 이 서신 전체, 곧 이 서신의 대다수 지점에서 근본 쟁점이 되고 있는 것은 영의 사람들이 대체

---

4) 이것이 서신 교환을 보는 가장 자연스러운 견해다. 그러나 신약학자들 가운데 아무도 이런 견해를 지지하지 않는다는 것이 신약학계의 특이점 가운데 하나다. 이런 현상은 고전 1:10-12에 비추어 이 서신을 읽는 선입견 때문이라고 설명할 수 있겠다.

5) 이 점은 이 서신에 나오는 여러 주장들(특히 2:6-3:1; 12:1; 14:37; 15:45-49)뿐 아니라 다음 두 가지 현상들에 비춰볼 때 확실한 것 같다: (1) 이 서신에서 이 형용사가 자주 나타나는데, 대부분 논박하는 문맥에서 나타난다는 점. (2) "만일 누구든지 자기를 선지자나 πνευματικός(영의 사람—개역개정: 신령한 자)로 생각하거든 내가 너희에게 편지하는 이 글이 주의 명령인 줄 알라"라고 따끔하게 질책하는 37절에서 정점에 이른 14장의 주장 내용. 이것이 다툼의 골자다. 바울을 반대하는 자들은 자신들이 그런 사람이라고 생각하면서, 바울을 그다지 미더워하지 않는다.

무슨 뜻인가라는 문제다.

언뜻 보기에 고린도 사람들의 견해는 지나치게 실현된 종말론, 아니 더 적절히 말하자면 지나치게 **영**에 치우친 종말론(overspiritualized eschatology) 냄새를 풍긴다. 즉 그들은 방언을 천사가 쓰는 말(하늘에서 쓰는 말)로 이해하기 때문에,[6] 그들은 자신들이 이미 영적 실존의 궁극(窮極)에 이르렀으며 죽음을 통해 몸이라는 허물을 벗어버리는 일만 남았다고 생각한다. 그들은 미래에 그들이 지닐 실존, 곧 그들을 현세를 **초월한** 영역에 데려다주는 궁극의 영성을 이미 체험하고 있다. 그래서 그들 중에는 혼인을 했어도 부부관계를 거부하거나 혼인 자체를 거부하는 이들이 있는가 하면, 성(性)을 포함하여 여러 가지 것에 탐닉하는 이들도 있다. 세례와 성찬이 가지는 "**영**적" 본질은 그들이 계속하여 이방 신전들을 방문하여 그들의 벗들과 신성한 식사를 하는 동안에도 그들을 지켜준다. 그들은 머리에 너울을 쓰던 관습(분명 관습이었던 것 같다)도 없애버리고, 이런 관습 폐기를 "남자"와 "여자"가 이미 천사와 같은 그들을 더 이상 의미 있게 규정해주는 말이 아님을 보여주는 증거로 내세운다.

이처럼 고린도 사람들은 시종일관 자신들이 πνευματικοί(**영**의 사람들)라고 지껄인다. 그러면서 그들은 실제 성령 안에서 살아가는 삶으로부터 멀어도 한참 먼 신학적 공상과 말도 안 되는 행실에 푹 빠져 있다. 그들이 실제로 성령 안에서 살고 있다면, 비록 연약한 현실 속에서도 미래를 일궈내는 삶을 살아내야 하며 승리주의자가 말하는 삶이 아니라 "그리스도의 이름과 성령의 능력으로 거룩함을 받은"(6:11) 자들로서 윤리에 합당한 삶을 살아내야 하지만, 그들은 그렇지 않다.

따라서 바울이 보기에 성령은 모든 것을 열 수 있는 열쇠이기도 하다. 그러나 고린도 사람들의 생각과 달리, πνευματικός(**영**의 사람)로 존재한다는 것은 그들이 지금 옹호하는 지혜(그저 인간의 지혜일 뿐인 지혜)에 등을

---

6) 이 견해를 살펴보려면, 뒤에서 13:1을 논의한 부분을 보라.

돌리고 성령이 주시는 능력을 힘입어 살아간다는 뜻이다. 이는 곧 십자가를 이 세상에서 역사하시는 하나님의 능력으로 이해한다는 것을 의미한다(1:18-25; 2:6-16). 고린도 사람들 내부의 싸움은 그들이 그리스도의 사람이기에 곧 **영**의 사람들이라 할지라도 사실은 전혀 **영**의 사람들이 아닌 이들처럼 행동하고 있다는 증거다. 실제로 그들은 "육의"(개역개정: 육신에 속한) 사람들처럼, 하나님의 **영**은 털끝만큼도 모르는 한낱 비루한 인간들처럼 행동하고 있다(3:1-4; 참고. 2:14). 사실 그들은 성령으로 말미암아 고린도에서 하나님의 성전을 이루고 있다(3:16). 그러나 그들이 허울 좋게 지혜라는 이름으로 벌이는 싸움은 이런 하나님의 성전을 파괴하고, 그들을 하나님의 진노를 사서 멸망당할 위험에 빠뜨려버렸다(3:17). 더욱이 성령이 고린도에서 만들어내신 것이 그리스도의 몸이라는 말(12:12-26)은 공동체가 모였을 때 오로지 방언에만 몰두하는 고린도 사람들의 건강치 못한 관심사가 그 공동체에 필요한 다양성을 제거함으로써 오히려 그리스도의 몸을 파괴하고 있다는 뜻이기도 하다.

이처럼 이 서신은 성령 안에서 살아가는 참된 삶에 관하여 고린도 신자 개개인과 공동체가 갖고 있던 오해를 바로잡아 그들에게 일러준 말들을—그리고 때로는 그런 삶을 당연히 전제한 말들을—모든 곳에 담아두고 있다. 그들의 회심은 바울의 설교가 낳은 결과였고, 그 설교에는 성령의 능력이 함께했다(2:4-5). 그 성령은 바울이 그들에게 서신을 쓰고 있는 지금도 바울 안에서 역사하신다(7:40; 14:37). 실제로 바울은 그들이 이 서신을 읽고 있을 때 그 자신이 **영**으로 그들과 함께 있다고 이해한다(5:3-4). 하나님은 그들의 삶 속에서 깨끗이 씻기시고 거룩하게 하시고 의롭게 하시는 일을 하시는데, 이런 일이 이루어지게 해주시는 분도 성령이시다(6:11). 또 그들은 성령으로 말미암아 예수를 주로 시인한다(12:3). 이렇게 성령은 하나님 백성을 하나님을 모르는 이들과 구별해주시고(2:14) 십자가가 상징하는 약함이 사실은 이 세상에서 역사하는 하나님의 지혜요 능력임을 그들에게 계시해주신다(2:10-13). 성령은 구원을 각 사람이 소유하도록 만들어주시지만, 동시에 이 성령은 신자의 몸을 거룩하게 하심으로 그들을 구별하여 거룩한 삶을 살아가게 해주신다(6:19-20). 무엇보다 성령은 고린도 신자들이 하나님 백성으로서 함께 어울려 살아가게 해주시는 동력원이시다. 성령은 이 백성을 한 몸이 되게 하시고(12:13), 그들 안에 거하사 그들을 당신이 계신 한 성전이자 고린도에 있는 당신의 분신으로 삼으신다(3:16-17). 따라서 그들의 모임은 필시 성령으로 충만할 수밖에 없다. 그러나 바로 그렇게 성령으로 충만케 되어야만 신자들이 세워질 수 있으며(14:1-19, 26-33), 외부인들도 하나님 앞에 나아와 그분 앞에 엎드려 회개할 수 있을 것이다(14:24-25).

고린도 사람들은 그리스도인의 삶에서 핵심이 되시는 성령의 중요성은 올바로 알고 있었다. 그러나 그리스도인의 삶이 어떤 모습이어야 하며 그리스도인들이 이 세상에서 어떻게 살고 어떻게 행동해야 하는가는 올바로 알지 못했다. 그런 이유 때문에 바울이 그들에게 보낸 두 번째 서신인 이 고린도전서에는 성령에 관심을 보이는 내용이 가득하며, 그러기에 참된 그리스도인의 삶은 어떤 것인가를 다루는 내용이 가득하다.[7]

▪ 고린도전서 1:4-7

[4]내가 너희를 위하여 내 하나님께 늘 감사함은 그리스도 예수 안에서 너희에게 주신 하나님의 은혜 때문이니, [5]곧 너희가 그(그리스도 예수) 안에서 모든 일 곧 모든[8] 말과 모든 지식에 풍족해짐으로써, [6]그리스도[9]를 전하는 우리의 증언이

---

7) 특히 두 본문(2:6-16; 12:1-14:40)이 길고 중요하여, 나는 이 본문들을 마치 주석을 쓰듯이 훨씬 더 길게 다루었다. 때문에 그 내용 중에는 내 주석과 상당히 비슷한 부분이 많다. 이런 점을 너그러이 허용해준 어드만스(Eerdmans) 출판사에게 감사한다.

8) 여기처럼 πᾶς를 추상명사와 함께 쓰면, πᾶς는 늘 "모든 종류의"라는 뜻을 갖는다. BAGD 1ab를 보라. 참고. Barrett 36-37과 O'Brien, *Thanksgivings*, 117.

9) B* F G 81 1175를 포함한 몇몇 사본들은 "그리스도" 대신 θεοῦ (하나님)로 기록해놓았다. 이는 아마 2:1에 있는 말에 동화된 결과가 아닌가 싶다.

너희 가운데에서 확실히 선 것처럼, [7]마찬가지로 너희가 우리 주 예수 그리스도의 나타나심을 열렬히 기다릴 때 모든 은사에 부족함이 없느니라.

데살로니가전서와 마찬가지로 고린도전서에서도 성령의 활동을 언급한 말을 처음으로 발견할 수 있는 곳은 감사를 드리는 대목이다. 역시 데살로니가전서와 비슷하게 고린도전서의 이 감사 대목에는 앞으로 이 서신에서 다룰 쟁점들이 구체적으로 반영되어 있다. 이 감사 부분에서 가장 눈길을 끄는 것은 고린도 교회가 가진 것들 때문에 사도가 하나님께 감사하는 부분이다. 고린도 사람들이 남용하면서 사도에게 슬픔도 함께 안겨주는 원인이 되는 것을 감사하기 때문이다.[10)]

바울은 우선 그 신자 공동체 자체 때문에 하나님께 감사한다. 그는 현재 보존되어 있는 두 서신(고린도전서와 후서)에서는 가능한 한 자신이 그들을 소유한 사람처럼 말하기는 하겠지만, 그렇다 해도 그 공동체는 바울 자신의 소유가 아니라 바로 하나님 소유이기 때문이다.[11)] 바울이 특히 그들을 놓고 감사하는 이유는 "너희가 그리스도 예수 안에서 모든 일 곧 모든 말(λόγος, 로고스)과 모든 지식(γνῶσις, 그노시스)에 풍족해졌기" 때문이다. 실제로 바울은 계속하여 "너희가 우리 주 예수 그리스도의 나타나심을 기다릴 때 모든 은사(χάρισμα, 카리스마)에 부족함이 없는 것"이 곧 그와 동역자들이 그들 가운데에서 그리스도를 전함으로 하나님이 그들을 풍족하게 해주신 결과라고 말한다. 독자들은 λόγος, γνῶσις, χάρισμα가 서로 관련된 항목들일 뿐 아니라(12:8-9을 보라), 바울이 이 교회에서 부닥친 난

10) 바울 사도의 슬픔이 너무 커서 사도가 감사하는 것이 아이러니라고 주장한 이들도 있었다(가령 Craig, 18; Allo, 4을 보라). 그러나 이런 견해는 바울의 신학과 영성이 가진 생생한 특징들을 포함하여 아주 많은 것들을 놓치고 있다.

11) 이런 사실이 바울의 영성에서 가지는 중요성을 살펴보려면, G. D. Fee, "Some Reflections on Pauline Spirituality," in *Alive to God: Studies in Spirituality presented to James Houston* (ed. J. I. Packer and Loren Wilkinson; Downers Grove: InterVarsity, 1992), 96-107을 보라.

제들 중에서도 급선무임을 금세 알아차릴 것이다.

하지만 바울은 믿음에서 귀찮고 힘든 것들을 제거하여 이 믿음을 편안한 것으로 만들어주는 일을 단호히 거부한다. 결국 고린도 사람들이 은사를 받았다는 사실이 문제가 아니라, 그런 은사들을 대하는 그들의 태도가 문제였다.[12] 이런 은사들이 하나님으로부터 왔다는 바로 그 사실 때문에, 바울은 그것들에 대하여 하나님께 감사할 수밖에 없다. 12장과 14장이 잘 설명하듯이 결국 그 참맛을 잃고 악한 것으로 변질되었지만 이 은사들은 **좋은**(유익한) 것들이기 때문이다.[13] 따라서 바울은 여기서 하나님께 감사함으로 두 가지 목적을 달성한다. 우선 그는 고린도 사람들 때문에 그리고 하나님이 그들에게 "은사를 주셨음"을 이유로 하나님께 진실한 감사를 드린다. 그러나 동시에 그는 고린도 사람들의 초점을 다시 바로잡는다.

이 경우에 이 초점 교정이 고린도전서의 나머지 부분이 흘러갈 방향을 결정한다. 특히 네 가지 문제는 주목할 가치가 있다.[14] (1) 바울의 초점 교정은 그리스도에게 초점을 맞춘다.[15] (2) 모든 것은 하나님이 몸소 그들을 향해/그들 가운데서 은혜로 행하신 활동의 결과다.[16] (3) 그들이 그

---

12) O'Brien, *Thanksgivings*, 114이 제시하는 다음 관찰 결과를 참고하라: "고린도 사람들은 그들이 받은 것이 '선물'임을 잊어버렸다[4:7이 신랄하게 쏟아내는 말을 주목하라, '너희가 가진 것 중 받지 않은 것이 무엇이냐? 그것이 너희가 받은 것이라면 어찌하여 그것이 선물이 아닌 것처럼(개역개정: 어찌하여 받지 아니한 것같이) 자랑하느냐?']. 그들이 받은 선물은 성령이 당신 주권대로 나누어주신 것이었고(12:4-11, 특히 11절), '모든 이를 골고루 이롭게 하려고'(12:7) 또는 교회의 덕을 세우려고(14:5) 주신 것이었다."

13) 참고. Lightfoot, 148: "여기서 바울은 그들이 그것들을 활용함을 이유로 감사한 다음, 나중에는 그들이 그것을 남용함을 이유로 비판한다."

14) 여기서 간략히 언급해놓았다고 이 서신에서 이 문제들이 가지는 중요성을 과소평가해서는 안 된다; 더 자세한 내용은 Fee, 36-46을 보라.

15) 은혜는 **그리스도 예수 안에서** 그들에게 주어졌다(4절). 그들은 **그리스도 예수 안에서** 이런 은사들을 풍족히 받았다(5절). **그리스도를 전하는** 바울 자신의 증언이 그들 사이에서 확실히 선 것처럼(6절), 마찬가지로 그들은 이제 **예수 그리스도의 나타나심**을 기다린다(7절). 더욱이 **우리 주 예수 그리스도의 날**까지 그들을 흠 없이 지키려고 하시는 하나님(8절)은 그들을 불러 당신의 아들이신 **우리 주 예수 그리스도**와 사귐을 갖게 하신 바로 그 신실하신 하나님이시다(9절).

16) 이런 언급은 두 가지 점에서 우리를 놀라게 한다. 첫째, 바울이 4절에서 χάρις를 그가 특별히 감사하는 이유로 언급하기 때문이다. 둘째, 소위 신성 수동태(divine passives) 때문인데, 이

렇게 은사를 받았지만, 이렇게 은사를 받음에 바울도 어떤 역할을 했다.[17] (4) 이런 은사들은 마지막 완성을 기다리고 있는 현재에 속한 것들이다.[18]

바로 이 "은사를 받은 것"과 관련하여 몇 가지 문제들을 짚어볼 필요가 있다.

1. 바울 서신에서 χάρισμα라는 말이 처음 등장한 부분(7절)은 특히 뭔가를 가르쳐주는 성격을 띤다. 이 χάρισμα라는 단어가 가장 먼저 강조하는 것은 그 어원인 χάρις("은혜")이지, 성령이나 은사를 주는 것 자체가 아님을 분명히 일러주기 때문이다.[19] 따라서 비록 바울이 "은혜"가 구체적으로 표현된 것들을 염두에 두고 있고(이 경우에는 "말"과 "지식") 고린도전서 12장에서는 이런 구체적 표현 형태들을 성령의 활동이 직접 만들어내신 결과들로 이해하고 있지만, 실제로 이 χάρισμα라는 말을 "**영**의(**영**적, 신령한) 선물"(spiritual gift)로 번역하는 것이 정당하다 말할 수 있는 근거는 전혀 없는 것 같다. 오히려 그것들은 "은혜로 주신 것들"(恩賜)이다(이렇게 말하면, 그것들을 선물로 주실 때 그 주심 속에 담긴 은혜를 강조하는 셈이다). 이 서신에서도 그렇지만, 때때로 바울은 이 "은혜로 주신 것들"을 그들 가운

수동태들은 이 감사 부분에 있는 모든 동사의 주어가 하나님이심을 암시한다. 즉, 하나님이 "너희에게 은혜를 주셨고"(4절), "너희를 풍족하게 해주셨으며"(5절), "우리 증언이 너희 가운데에서 확실히 서게 해주셨고"(6절), "너희를 마지막까지 흠 없이 굳게 세우실 것이며"(8절), "너희를 부르셨다"(9절).

17) 이것이 이 문장(4-7절) 속에 6절이 어색하게 끼어든 이유를 유일하게 설명할 수 있는 길인 것 같다. 많은 해석자들(가령 O'Brien, *Thanksgivings*, 120) 및 영역 성경들(NIV, NEB)과 달리, 나는 6절의 καθώς를 평범한(동등한) 비교의 의미를 가진 말로 본다["마치…한 것처럼, 마찬가지로", "…뿐 아니라, 마찬가지로"(just as, even as)]. 따라서 바울은 그가 진실로 감사하는 원인이 된 그들의 은사를 "그리스도에 관한 우리의 증언이 너희 안에 확실히 서 있음"을 보여주는 **증거**라고 주장하는 것이다. 여기 있는 수동태 동사가 암시하는 주어가 "하나님"임을 진지하게 고려해볼 때, 이 절은 하나님이 그들에게 성령의 은사들을 주심으로써 그리스도를 전한 바울의 증언을 그들 사이에서 친히 확실하게 세워주셨음을 말하는 셈이다. 감사 대목 전체가 그러하듯이, 이 절에서도 강조하는 대상은 그리스도다. 하지만 동시에 바울은 자신이 그들 사이에서 행한 사역을 넌지시 이야기한다. 이 공동체에서는 이 둘이 함께 서거나 무너지기 때문이다.

18) 이와 관련하여 특히 13:8-13에 있는 주장을 보라. 다른 사람들과 마찬가지로 나도 이 강조점을 처음부터 그들의 "지나치게 **영**에 치우친 종말론"을 바로잡아나가려는 시도로 본다.

19) 이 책 제2장에서 논의한 내용을 보라; 참고. Dunn, *Jesus*, 205-7.

데서 이루어지는 성령의 은혜로운 활동으로 보기도 한다.

그런 점에서 바울이 감사하는 구체적 이유는 "**하나님의 은혜**가 그리스도 예수 안에서 너희에게 주어졌기 때문"(4절)이다. 통설은 이 부분을 하나님이 받을 자격이 없는 자들에게 당신의 자비를 은혜롭게(값없이) 부어주심을 의미하는 은혜에 감사하는 부분으로 보고 있지만, 여기서 χάρις는 십중팔구 하나님이 당신 백성 속에서 은혜로 펼치시는 활동의 구체적 표현 형태인 λόγος(말)와 γνῶσις(지식)를 가리키는 것 같다. 7절은 이 두 가지를 χαρίσματα라고 부른다.[20] 따라서 이 "선물(은사)들"과 성령은 χάρισμα라는 말을 통해 서로 관계를 맺는 게 아니라 바울이 고린도전서 12장에서 제시하는 구체적 연관관계를 통하여 관계를 맺는다.

2. "은사들" 자체를 놓고 볼 때, 바울은 이 은사들이 풍성하다고 말하지만["모든 일" 5절; "χάρισμα(은사)에 부족함이 없다" 7절], 실제로 그가 여기서 구체적으로 언급하는 것은 "모든 λόγος(말)와 모든 γνῶσις(지식)"뿐이다. 새로 그리스도인이 된 이들로 이루어진 그룹을 상대로 이야기한다 할 때, 하나님께 감사할 사유로 오직—또는 보통—이런 말이나 지식을 든다면 정상이 아닐 것이다.[21] 그런데도 바울은 여기서 감사 사유로 말과 지식을 골랐다. 그 이유는, 고린도전서 1-4장, 8-10장, 12-14장이 분명하게 말하듯이, 이 말과 지식이 고린도 공동체에서 두드러지게 눈에 띄던 것이요 고린도 사람들이 높이 상찬하던 것이었기 때문이다. 물론 바울의 강조점은 고린도 사람들의 강조점과 상당히 다르다. 고린도 사람들은 그 은사들 자체를 강조했다. 그러나 바울은 그 은사들이 **하나님**의 은혜로우신 활

20) 참고. 롬 12:6. 이 구절은 신자들이 그들에게 주어진 χάρις (은혜)를 따라 각기 다른 χαρίσματα (은사)를 받는다고 말한다.

21) 사실 바울이 고린도 사람들의 경우를 말할 때는 (가령 데살로니가전서나 빌립보서나 골로새서의 경우처럼) 사랑이나 믿음이나 소망 같은 자질들을 언급하지 않는다는 말이 종종 들린다. 물론 이 말은 사실이다. 그러나 이것이 꼭 고린도 사람들에게는 그런 자질이 없다는 의미는 아니다. 요컨대 이 고전 1:5과 거의 평행을 이루는 본문인 고후 8:7을 보면, 고전 1:5에서 언급한 말과 지식도 포함하고 있지만, 믿음과 간절함과 사랑도 함께 기록하고 있다.

동임을 강조한다. 그것들은 **하나님이** 주신 것이며 **하나님의** 은혜를 표현한다. 따라서 고린도 사람들은 그것들을 내세우며 자랑할 이유가 없다. 실제로 바울은 8:1-2에서 성령에 따른 열매로서 덕을 세워주는 사랑이 없이 오직 지식만 있다면, γνῶσις(지식)는 단지 우쭐대게 할 뿐이라고 주장한다. 바울은 딜레마에 빠져 있다. 선물로서 그저 감사하게 받아야 할 것들을 오히려 자랑거리로 삼아 교만을 부리는 고린도 사람들을(참고. 4:7) 확실히 설득하여 이런 혜택들을 자신과 똑같은 시각으로 보도록 만들어야 하기 때문이다.

바울이 "은혜"의 구체적 표현 형태로 제시하는 λόγος와 γνῶσις가 무엇을 의미하는가를 놓고 상당한 논쟁이 있었다.[22] 그러나 사람들이 필요로 하는 모든 도움을 제공해주는 것은 바로 이 서신의 문맥이다. 고린도전서에서 이 두 말은 논박하는 대목에서 가장 빈번하게 등장한다.[23] 때문에 이

---

22) Lightfoot, 147과 그 뒤를 따르는 O'Brien, *Thanksgivings*, 118은 네 가지 가능성을 든다: (1) λόγος는 더 낮은 지식을, γνῶσις는 더 높은 지식을 가리킬 가능성(그들은 이것을 불가능한 견해라며 물리치는데, 올바른 생각이다). (2) λόγος는 방언을, γνῶσις는 예언을 가리킬 가능성(이것 역시 너무 편협한 견해라 하여 거부한다). (3) λόγος는 그들에게 이른 복음을, 그리고 γνῶσις는 그들이 진심으로 이 복음을 받아들임을 가리킬 가능성(이 견해는 고린도전서 전체 문맥에 비춰볼 때 믿을 수 없다). (4) 그리고 마지막으로 Lightfoot와 O'Brien이 선호하는 주장인데, λόγος는 바깥으로 향하는 표현을, γνῶσις는 복음에 대한 내면의 확신과 이해를 가리킨다는 견해. 그러나 이 마지막 견해 역시 고린도전서의 문맥이 제시하는 강조점을 무시하는 것 같다. 다른 견해들을 제시한 이들도 있다. Zuntz, *Text*, 101은 하나가 "이성을 사용하는"(rational) 은사들을 가리키고 다른 하나가 "무아지경에서 나타나는"(ecstatic) 은사들을 가리킨다고 주장하지만, 이 주장 역시 고린도전서가 실제로 제시하는 데이터를 무시하는 것 같다. K. Grayston은 λόγος가 사람들이 기억하던 예수의 말씀을 율법을 지키는 방식으로 따라야 한다고 주장했던 사람들(그들은 율법의 한 형태를 다른 형태로 바꾸었다)을 지칭하는 반면, γνῶσις는 "성부 하나님과 주 예수 그리스도와 그리스도인 사이에 존재하는 우주 차원의 관계들을 인식하고 있어서" 그리스도를 통해 "관습법"으로부터 풀려난 이들을 가리킨다고 주장하지만["Not With a Rod," *ExpT* 88 (1976), 13-16], 이 주장은 훨씬 더 설득력이 떨어진다.

23) 참고. 1:17 "σοφίᾳ λόγου [말의 지혜(솜씨 있는 말 또는 논리에서 나타나는 지혜)]로"; 2:1-5 "λόγος [말(솜씨 있는 말?)]나 지혜가 있는 체 꾸며"(개역개정: 말과 지혜의 아름다운 것으로); 4:17-20 하나님 나라는 λόγος (말)가 아니라 능력으로 이루어져 있다. γνῶσις도 마찬가지다. 이 말은 특히 고린도 사람들이 바울이 금지한 것들에 맞서 자신들의 행동을 옹호하는 근거로 바울에게 내세우는 주장(고전 8-10장)에서 등장한다. 그들은 그들이 쓴 서신에서 "우리는 모두 γνῶσις를 가졌다"라고 주장했는데, 이는 그들이 우상을 섬기는 잔치 자리에 참석한 일을 가리키는 게 분명하다(Fee, 357-63을 보라).

말들은 십중팔구 고린도 사람들이 먼저 사용한 말이었겠지만, 이제는 바울이 그들을 칭찬하고 비판할 때 이 말을 역이용하려 한다.

이를 볼 때 여기서 λόγος라는 말은 십중팔구 "성령을 힘입어 하는 말"을 포함하여 "모든 종류의 말"에 가까운 의미인 것 같으며, 특히 고린도전서 12-14장이 말과 관련된 다양한 은사들로 이야기하는 것들(지식, 지혜, 방언, 예언 등등)을 가리키는 것 같다. 물론 이 고린도전서 12-14장도 시사하지만, 고린도 사람들이 관심을 갖고 있던 "말"은 여러 가지가 아니라 어떤 한 가지인 경우가 더 많다. 그러나 고린도전서 1-4장을 보면, λόγος는 단지 십자가의 λόγος(도, 道)와 대비되는 사람의 말을 경멸조로 가리키는 표현일 뿐이다(1:17-18; 참고. 2:1-4). 모든 형태의 "말"이 꼭 "은사"는 아니다. 고린도 사람들을 매혹하는 말이라도 그저 사람의 말에 불과한 말이 있으며, 이런 말은 진정 성령에 감동되어 한 λόγος(말)와 대립하는 것이다. γνῶσις도 마찬가지다. 12-14장은 이 γνῶσις를 χάρισμα 중 하나로 이야기하는데, 이때 γνῶσις는 특별한 지식의 은사를 가리킨다. 이 은사는 아마도 예언을 통한 계시와 관련 있는 것 같다(12:8; 13:2; 14:6). 그러나 8:1-13을 보면, 고린도 사람들은 이 말을 그리스도인으로서 자신들이 하는 행동의 근거로 원용하지만, 바울은 이를 근거로 그들을 혹독하게 비판한다. 따라서 λόγος와 마찬가지로, γνῶσις도 모든 γνῶσις가 진정 성령으로부터 유래한 것은 아니다.

따라서 바울은 고린도 사람들이 어쩌면 좀 지나치게 **그들 자신**을 신뢰하며 교만을 부리는 것 같다는 점을 지적하려고 그들이 구사하는 영적 단어들 가운데 두 가지(곧 말과 지식)를 골라 쓴 것으로 보인다. 바울은 고린도 사람들이 "말"이나 "지식" 같은 것들을 자랑하는 모습들을 보면서, 그들이 단지 **사람의** 방법으로 행할 뿐 도통 "**영**으로" 행하지 않는다고 주장한다. 하지만 바울은 바로 이 말과 지식을 성령이 주신 정당한 선물이자 현세에 속한 것들로 제시할 뿐 아니라(12:8-11; 13:8-12) 교회에 덕을 세워줄 것들로 타당하게 바라본다(14:6). 이 말과 지식은 성령의 은사요(7절)

하나님이 그리스도 예수 안에서 주신 것이다. 때문에 바울은 이것들을 이유로 순전한 감사를 드릴 수 있는 것이다.

3. 5절에 있는 "모든 일에"와 7절의 "모든 χάρισμα(은사)에 부족함이 없다"라는 말[24]은, 특히 고린도의 상황과 관련지어 살펴볼 경우, 좀 모호한 구석들이 있다. 우선 이 말은 그런 은사가 풍성하고 다양하게 주어진다는 것을 시사한다. 그렇지만 고린도전서 12장과 14장이 제시하는 주장의 본질을 살펴보면, 이 "말"이라는 은사에 관한 한 고린도 사람들이 시야를 더 좁혀 오직 방언이라는 은사에만 초점을 맞추고 있었음을 짐작할 수 있다.

이 문제의 해답은 필시 두 사실이 겹쳐 나타난 현실, 곧 성령은 고린도 사람들 속에서 풍성하게 다양한 형태로 당신을 드러내셨지만, 정작 고린도 사람들은 "말"이라는 한 가지 형태에만 특히 관심을 기울였다는 현실에서 찾아야 할 것 같다. 그들이 보기에는 자신들이 천상의 지위를 얻었음을 일러주는 증거가 바로 이 "말"이었으며(13:1에 관한 부분을 보라), 그들이 "지혜"와 "통찰"(지식) 면에서 특별한 은사를 받았다는 점도 역시 그런 증거였다.

4. 마지막으로 바울은 문장 말미에 종말론 색채가 짙은 언급을 추가함으로써(7-8절) 그들이 지금 은사를 받은 것을 분명히 "이미/그러나 아직 아니"[25]라는 종말론의 시각으로 바라보려고 한다. 바울은 현재 그들이 받

---

24) "너희가 어떤 χάρισμα에도 부족함이 없다"라는 말이 무슨 의미인지 확실치 않다. 이 말 속에 들어 있는 그리스어 동사 "부족하다"(ὑστερέω)는 보통 소유격을 목적어로 취하는데, 그렇게 소유격을 목적어로 취할 경우에는 이 말이 그들이 하나님이 주신 모든 은사를 자기들이 원하는 대로 활용할 수 있다는 의미가 될 것이다. 그러나 여기서 이 동사는 전치사구가 수식한다("ἐν μηδενὶ χαρίσματι"). 그렇다면, "너희가 어떤 χάρισμα에도 부족함이 없다"라는 말은, 다른 사람들과 비교하거나 성령을 가진 여느 그리스도인들이 보통 기대할 만한 은사들과 비교해볼 때, 그들이 어떤 은사에서도 결코 뒤떨어지지 않는 은사를 소유했다는 의미일 것이다. 이 7절 구문은 5절("모든 일에 풍족함")로부터 영향을 받은 것으로 이미 5절에서 긍정조로 강조한 말을 단지 부정어(否定語)를 써서 되풀이한 말일 가능성이 아주 높다. 그들은 모든 일에 풍족해졌다. 따라서 그들에게는 부족한 성령의 은사가 전혀 없다. 이것은 또 χάρισμα라는 말을 더 넓게 역시 하나님이 은혜로 주신 선물인 구속(救贖)을 가리키는 말로도 볼 수 있지만, 여기에서는 5절과 마찬가지로 고전 12-14장이 말하는 성령의 특별한 은사들을 더 구체적으로 특정하여 가리키는 말로 이해해야 한다(참고. 롬 12:6).

은 은사에 감사하는 것으로 말을 마치지 않는다(그리고 오로지 감사하다는 말만 하지 않는다). 은사들은 늘 "우리 주 예수 그리스도의 나타나심을 열렬히 기다리는" 맥락 속에서 실현되어야 한다.[26]

바울의 신학적 시각은 철저히 종말론 색채를 띤다. 그렇긴 해도 이 감사문과 데살로니가전서 1:2-5의 감사문을 비교해보면 이렇게 종말론 색채를 띤 말이 그의 감사 글에 꼭 필요한 것은 아님을 알 수 있다(사실 바울이 이후에 쓴 서신을 봐도 이런 말은 빌립보서와 골로새서에서만 나타난다).[27] 그렇다면 왜 바울은 그리스도의 오심을 여기서 덧붙여 이야기하는 걸까? 물론 이 말은 바울 사도가 늘 이 문제에 관심을 갖고 있음을 의미하는 표현에 불과할 수도 있다. 바울이 생각하는 구원은 무엇보다도 그리스도의 초림에서 시작하여 곧 있을 그분의 재림으로 완성될 종말론적 실재였기 때문이다. 그러나 이 경우에는 고린도 사람들이 그들 자신의 실존을 분명 과도하게 실현된 종말론의 시각으로 이해한 것이 바울 사도가 늘 갖고 있던 관심사를 더 부채질했을 가능성이 크다. 고린도 사람들이 볼 때, 그들 자신의 이런 실존 이해는 특히 그들이 방언이라는 "**영**의 은사"를 체험한 일과 관련 있었다(13:1에 관한 부분을 보라). 이 때문에 바울은 고린도 사람들이 은사를 받았음을 이유로 하나님께 감사하는 말에 그들이 마지막 때 누릴 영광을 여전히 **기다리고 있음**을 되새겨주는 말도 함께 포함시키고 있는 것이다. 바울이 이리 한 것은 실제로 고린도 사람들 가운데 그리스도의 재림을 그렇게 열렬히 앙망하지 않는 이들이 있었기 때문이라고 봐야 할 것 같다(4:8과 15:12에 관한 부분을 보라).

---

25) 바울 신학에 없어서는 안 될 이 긴요한 틀을 살펴보려면, Fee, 16-17을 보라.

26) 실제로 이 시대 교회가 그런 "은혜들"을 널리 잃어버린 점과 이 시대 교회가 마지막 완성을 열렬히 앙망하지 않는다는 점 사이에는 어쩌면 상관관계가 있을지도 모르겠다.

27) 따라서 "(바울 서신의) 서두 감사 부분에서는 으레 종말론에서 말하는 정점이 등장하곤 한다"라는 O'Brien의 말(*Thanksgivings*, 124)은 그리 정확해 보이지 않는다. 이런 시각은 당연히 고려해야 할 연대(chronology)를 고려하지 않고 감사문 자체의 **형식만** 분석한 결과다. 데살로니가전서, 로마서, 빌레몬서에서는 "종말론에서 말하는 정점"이 등장하지 않는다.

바울은 이처럼 고린도 사람들이 아직 마지막 때에 도달하지 않았음을 이 교회에게 일깨워주는 데 마음을 쏟고 있다. 그러나 동시에 그는 8절에서 하나님이 몸소 행하시는 행위로 말미암아 그들이 종국에는 마지막 영광에 이를 것이라고 재차 확신을 심어준다. 결국 바울은 이 감사하는 말을 통하여 고린도 사람들이 그들 자신과 그들이 받은 은사를 신뢰하지 말고 만물의 근원이요 종착점이신 하나님을 신뢰하도록 바로잡고 있는 셈이다.

따라서 이 서두의 감사 부분에서는 딱히 성령을 구체적으로 언급하지는 않지만, 감사 부분에서 구사하는 언어는 고린도의 실제 상황을 되비쳐줄 뿐 아니라 이 공동체의 몇 가지 (은사) 남용 사례들과 이 서신 말미에 있는 성령 현상에 관한 논의를 미리 귀띔해준다.[28)]

▪ 고린도전서 2:4-5

[4]내 말과 내 설교가 지혜[29)] 있는 설득(개역개정: 설득력 있는 지혜의 말)으로 하지

---

28) 이것은 곧 가령 Martin이 주장하는 것처럼(*Spirit*), 고전 15장에서 다루는 이슈가 12-14장에서 제시하는 주장의 본질을 이루는 것으로서, 고린도 사람들에게는 성령 현상에 관한 그들의 인식을 뒷받침하는 일종의 신학적 근거가 되었음을 시사한다.

29) 후대 사본들은 2:13을 유추하여 이 "지혜"라는 말에 ἀνθρωπίνης (사람의)를 덧붙여놓았지만, 이는 분명 사족이다. 그러나 이 ἀνθρωπίνης를 덧붙인 뒤에는 무엇이 원문인지 결정하는 데 상당한 어려움이 있다. (א*) B D 33 181 1175 1506 1739 1881 본문은 πειθοῖς σοφίας λόγοις로 되어 있다[참고. NA[26], Lietzmann, Barrett, Conzelmann; NIV, "지혜롭고 설득력 있는 말"(wise and persuasive words)]. 원래 본문이 이렇다고 볼 경우 난제는 πειθοῖς라는 말이다. 이 말은 πειθός의 여격으로 보이는데, 모든 그리스어 문헌을 뒤져봐도 달리 알려진 게 없다(BAGD가 πειθός와 πειθώ를 논한 내용을 보라). 물론 바울이 그런 말을 지어낼 수도 있으며, 초기 그리스 교부들도 이 말을 이해할 때 어려움을 겪지 않았다. 하지만 문제를 복잡하게 만든 것은 P[46] F G의 본문인 πειθοῖς σοφίας다. Zuntz, *Text*, 23-24은 이 본문(πειθοῖς σοφίας)만이 어떻게 하여 다양한 본문와전(本文訛傳) 현상들이 생겨났는지 설명해준다는 것을 (설득력 있게) 논증했다. πειθοῖς의 끝 글자인 시그마(ς)는 σοφίας의 첫 글자인 σ를 거푸 적는 바람에 생겨난 단순와전(單純訛傳)이다. 그리고 λόγοις는 역시 2:13을 유추하여 덧붙인 말인데, 이는 이제 4절에서 형용사가 되어버린 말(즉 πειθοῖς)의 의미를 분명히 밝히려고 덧붙인 것이다. 다소 껄끄러운 면이 있지만 그래도 여기서 이 주장을 따르는 이유는 다음 두 가지 때문이다. (1) 이처럼 πειθοῖς σοφίας가 원래 본문이라고 보는 것은 분명 **더 어려운 독법**(*lectio difficilior*)이지만, 그래도 다른 말이 어떻게 나타났는가를 그 역인 경우(즉 πειθοῖς σοφίας

않고 **영**의 능력[30]의 나타나심(개역개정: 성령의 나타나심과 능력)으로 하였나니
5이는 너희 믿음이 사람의 지혜가 아니라 하나님의 능력을 의지하게 하려 함이라.

이 서신에서 성령이라는 말은 바울이 고린도 사람들을 상대로 제시한 주장(1:17에서 시작한다)을 맺는 대목에서 처음으로 등장한다. 여기서 바울은 자신이 가진 병기(兵器)를 총동원하여 현재 고린도 사람들이 "지혜"에 푹 빠져 있는 문제를 공격한다. 하지만 바울의 주장은 철저히 아이러니다. 고린도 사람들도 지혜와 성령을 주장할 뿐 아니라, 십중팔구 이 둘이 상관관계에 있는 것으로 이해하기 때문이다. 다시 말해 고린도 사람들도 성령이라는 선물을 그들이 가진 "지혜"의 근원으로 본다. 그러나 바울은 지혜와 성령에 관하여 고린도 사람들과 다른 견해를 갖고 있다. 지혜와 성령은 모두 복음의 메시지에서 본질이 되는 부분이며, 이 복음의 메시지는 십자가에 못 박히신 그분(=예수 그리스도) 안에서 나타난 하나님의 어리석음과 약함에 중심 초점을 맞춘다.

바울은 고린도 사람들에게 믿음을 갖게 하고 신자라는 실존을 가져다 준 십자가의 도와 그들이 현재 취하는 입장은 모순이며 양립할 수 없다고 주장한다(1:18-2:5). 이 단락(2:1-5)은 1:18-25에서 제시한 강조점을 마지막으로 상세히 설명하는 부분인데,[31] 이번에는 특히 그 강조점을 바울이

λόγοις를 원래 본문으로 보는 경우)보다 더 쉽게 설명해준다. 원래 본문에는 λόγοις가 있었는데 이를 나중에 "생략한 것"이라는 주장은 어떤 근거로도 설명하기가 아주 어려운 주장이다. 그리고 이 경우에 그런 생략 현상이 일어났다면, 한 번은 P^{46}의 조상인 사본에서 다른 한 번은 F G의 조상인 사본에서 그런 현상이 일어났어야 한다. (2) πειθός라는 말이 정말 있었다면, 고대 그리스의 수사 전통을 샅샅이 뒤져봐도 그 말을 찾을 수 없는 점을 설명하기 힘들다. 반면 정규 형용사인 πιθάνος는 흔히 볼 수 있다. 반면 명사인 πειθώ는 고대 그리스의 수사 전통에서 풍성하게 볼 수 있다. 여기서 바울이 이 전통에서 나온 언어를 아주 많이 반영한다는 점을 생각할 때, πειθοῖς는 바울이 만들어낸 말이라기보다 필사 과정에서 와전된 것이라고 봐야 할 것 같다. 그래서 여기에서는 ("설득력 있는"이라는 형용사를 쓰지 않고 "설득"이라는 명사를 쓴) 이런 번역을 제시했다.

30) 그리스어 본문을 문자대로 읽으면 "성령과 능력"이다. 이렇게 번역한 이유는 아래 논의를 보라.

31) 이 단락(2:1-5)에는 1:17-25이 제시한 테마들이 가득하다: 1절, "말이나 지혜로 아니하였나니"(참고. 1:17); 2절, "예수 그리스도와 그가 십자가에 못 박히신 것"(1:23); 3절, 내가 "약함

약점들도 많은데다 고린도 사람들을 사로잡을 만한 말(언변, λόγος)에 의지하지 않았는데도 그들 가운데서 효과 있게 사역을 펼쳤다는 말로 설명한다. 그리하여 **방법**(십자가; 1:18-25)과 **사람들**(고린도 교회; 1:26-31)뿐만 아니라 **설교자**(바울; 2:1-5)도 하나님이 이 세상 시스템을 완전히 뒤엎는 과정을 진행하고 계신다고 선언한다.[32] 하지만 동시에 이 단락 전체는 변증 색채를 강하게 드러낸다. 바로 여기서 성령이라는 언어가 등장한다. 고린도 사람들은 바울의 약점들을 보며 한탄했을지 모른다. 그러나 바울 자신의 사역이 직접 성령으로부터 유래한 것으로 정당하다는 점은 그 사역의 결과들이 그들에게 증명해주었다.

이 단락은 두 부분으로 되어 있다(1-2절과 3-5절).[33] 첫 두 구절은 1:17, 23에 있는 언어를 채용하여 바울이 고린도 사람들에게 설교했던 **내용**(*content*)을 되새겨주고 바울이 일부러 십자가에 못 박히신 메시아와 하나님의 약하심을 설교했다는 것을 강조한다. 이어 3-4절은 그들에게 바울의 설교 **형태**(*form*)를 되새겨준다. 이 설교 형태는 바울이 전한 메시지 자체와 똑같은 성격(즉 "약함")을 갖고 있다. 하지만 1:22-25에서도 말했듯이, 이 "약함" 속에서 하나님의 능력이 역사하며, 이번에는 이 "약함"이 성령이라는 말로 표현되었다. 5절은 마지막으로 목적을 제시하는 구절로서 방금 말한 모든 것이 그렇게 이루어진 이유를 제시한다. 즉 이 모든 일은 그들의 믿음이 하나님으로부터 유래한 것이 되게 하고 사람의 지혜가 아니라 오직 하나님만을 믿는 믿음이 되게 하려고 이루어진 일이었다(참고. 1:31).

으로" 너희에게 갔고(1:25); 4절, 내 설교가 "지혜 있는 설득"(1:17)이 아니라 다만 "능력의 나타나심"(1:23-25) 가운데 있었나니; 5절, 너희 믿음이 "[사람의] 지혜가 아니라 하나님의 능력을"(1:25) 의지하게 하려 함이라.

32) 참고. Conzelmann, 53: "공동체의 태도는 십자가의 도와 일치해야 한다. 마찬가지로 설교의 형식과 설교자의 태도도 그리해야 한다." Conzelmann은 이 단락을 1:18-31과 조금은 다른 독립된 단락으로 보는 사람들(가령, Barrett, Mare, Murphy-O'Conner)보다 바울이 여기서 제시하는 주장 전체를 더 잘 이해하고 있다. L. Hartmann, "Some Remarks on 1 Cor. 2:1-5," *SEÅ* 34 (1974), 109-20을 참고하라.

33) 두 부분 다 (바울의 글에서는) 좀 보기 드문 κἀγώ ("그리고 나는")로 시작한다.

그러나 바울은 자신의 약점들 자체를 자랑거리로 삼지 않으며 단순히 이 약점들을 내세워 자신과 궤변론자들(사람의 지혜를 추구하는 자들, sophists)을 대조하지도 않는다. 오히려 바울이 고린도 사람들이 마땅히 유념해두어야 할 것으로서 그들에게 되새겨주고자 하는 것은 λόγος(말)와 σοφία(지혜)가 아니라 성령의 역사 속에 진짜 능력이 존재하며 고린도 사람들의 실존 자체가 이를 증명하는 증거라는 것이다. 바울의 설교에는 "지혜 있는 설득"이 없다. 사실 바울은 일부러 **지금** 고린도 사람들을 사로잡은 바로 그것을 피하고 쓰지 않았다. 그렇다고 그 설교에 "설득력"이 없는 것은 아니었다. 요컨대 고린도 사람들 자신은 바로 그 바울의 설교를 통해 믿음을 갖게 되었던 것이다. 바울의 설교에는 지금 고린도 사람들이 즐기는 것과 같은 설득력은 없었다. 그런 설득력은 사람과 전달 방법에서 나오는 것이었다. 바울의 설교는 그런 힘(설득력)을 갖고 있지 않았다. 오히려 바울의 설교는 진짜 힘을 갖고 있었다. 그 힘은 성령의 능력이었다. 이 능력은 바울이 지닌 약점들에도 불구하고(아니 어쩌면 그런 약점들을 통해?) 고린도 사람들에게 역사하여 바울이 바라던 결과들, 곧 그들로 하여금 살아 계신 하나님을 믿게 하는 결과들을 만들어냈다. 바울의 설교는 사람의 강함보다 더 강한 "하나님의 약하심"을 드러냈다(1:25). 이런 모습은 그 설교 메시지 자체(참고. 1:23-25)와 일치하는 것이기도 했다.

이처럼 바울은 자신의 설교를 수사학 용어로 설명하면서, 이 설교에 "성령의 능력이 나타나심"[34](성령의 능력이 나타나신 증거)이 함께했다고 서

34) 그리스어로 ἀποδείξει다(신약성경에서는 여기서 단 한 번 나온다). 이 말은 단순히 "나타남"이라는 의미를 뛰어넘어 "증거"나 "증명"에 가까운 의미를 가진 말이다. 고대 그리스의 수사 전통에서 이 말은 전제들로부터 끌어낸 설득력 있는 결론을 가리키는 전문용어였다. 참고. Quintilian 5.10.7 ["ἀπόδειξις는 명백한 증명이다"(Loeb, 2.205)] 그리고 Cicero, *Acad.* 2:8 ["그러므로 이것은 논리적 증명을 정의한 것으로서 그리스어로 ἀπόδειξις－즉 '이미 인식한 것들로부터 이전에 인식하지 못한 것을 이끌어내는 추론 과정'－라 한다"(Loeb, 19. 501)]. 바울은 이 말의 말뜻을 완전히 뒤집어버리고, 설득력 있는 수사가 아니라 그의 설교와 더불어 성령의 능력이 **눈으로 볼 수 있게** ἀπόδειξις (나타나신 것)가 "증명"을 이뤄낸다고 주장한다. 참고. Hartmann, "Remarks," 116-117; Dunn, *Jesus*, 226-27.

술한다. 바울이 이런 서술을 통해 특별히 말하고자 하는 것이 무엇인지 그리 확실치는 않다. 그리스어 본문을 그대로 옮기면 "성령과 능력의" (πνεύματος καὶ δυνάμεως)[35]인데, 일부 사람들은 이 본문이 두 가지 실재, 즉 "**영**의 은사들과 기적들"을 가리키는 것으로 본다.[36] 그러나 바울은 가끔 "성령"과 "능력"을 거의 서로 바꿔 쓸 수 있는 말로 여긴다.[37] 그래서 성령을 이야기하는 내용이 곧 능력을 이야기하는 내용인 경우도 있다. 그러므로 여기서 이 두 말을 한데 묶어놓은 것은 중언법(重言法, hendiadys; 두 낱말을 사용하여 동일한 실체를 표현하는 방법)에 가깝다(="성령, 곧 능력"). 이 때문에 나는 이 본문을 "성령의 능력"으로 번역했다(참고. NIV).

그렇다면 이것은 성령의 어떤 능력 있는 나타나심을 가리키는 말인가? 그 답은 전혀 확실치 않다. 이 경우에 답을 알아내기가 더 복잡한 이유는 이 문맥이 담고 있는 주장과 데살로니가전서 1:5 및 로마서 15:18-19에 있는 관련 본문들 때문이다. 예를 들어 여기서 말하는 "성령의 능력의 나타나심"은 고린도후서 12:12이 말하는 "표적과 기사"를 가리키는 것으로서 로마서 15:19과 일치하는 표현으로 볼 수도 있다. 종종 그렇게 주장하는 이도 있고, 혹은 단지 그렇게 추정하는 이도 있다. 그러나 그렇게 본다면 고린도 사람들만 곧바로 이롭게 해주는 일이 될 것 같다. 바울 자신이 무너뜨리려고 애쓰는 바로 그 이슈를 도리어 세워주는 꼴이 되기 때문이다(참고. 고후 12:1-10). 따라서 이 "성령의 능력의 나타나심"이라는 표현이 자리한 문맥이 바울 자신의 "약함"을 거론한다는 점 그리고 이 표현이 데살로니가전서 1:5-6과 그 궤를 같이한다는 점을 고려할 때, 이 말은 고린도 사람들이 실제로 회심한 사건 그리고 그 회심에 때맞춰 그들에게 주어

35) 이 소유격들은 적어도 (전치사의 목적어라는 점에서) 목적격이다(=성령이 능력으로 임하심을 보여주는 증거); Barrett, 65은 이 소유격들이 주격이기도 하다고 주장하지만(=나타나신 성령과 능력이 증명해주시고 확신시켜주시다), 오히려 더 설득력이 떨어진다.

36) 근래에는 Ellis, *Prophecy*, 64-65.

37) 5:4에 관한 부분을 보라; 다른 것들도 있지만, 살전 1:5; 살후 1:11; 롬 15:13, 19에 관한 논의와 이 책 상권 94-95을 참고하라.

진 성령이라는 선물을 가리키는 표현일 가능성이 더 크다. 아마도 성령이 자신을 드러내신 일들, 그중에서도 특히 방언이 그들의 회심과 그들에게 성령이라는 선물이 주어졌음을 증명해주는 증거일 것이다. 바울이 지혜와 수사에 맞서 끌어모으려 하는 증거는 외부 "증거들"[사람이 사지오관(四肢五官)으로 감지할 수 있는 "증거들"]이 아니다. 오히려 고린도 사람들 자신 그리고 그들이 복음의 메시지에 응답했을 때 직접 성령을 체험한 일이 바로 그 증거다.[38)]

따라서 그 능력은 오히려 바울의 "눌변"을 통해 나타난 능력이다. 이제 바울은 십중팔구 형세를 역전시켜 고린도 사람들보다 우위에 서 있는 것 같다. 고린도 사람들은 일종의 승리주의를 향해 나아가면서, 성령과 능력을 크게 강조하면서도 동시에 현존하는 온갖 형태의 약함(약점)을 거부해 버린다. 이런 점에서 그들은 바울의 대척점에 서 있다. 바울 역시 성령과 능력을 강조한다. 그러나 그가 강조하는 성령과 능력은, 하나님이 십자가에서—그리고 고린도 사람들에게 믿음과 성령 체험을 가져다 준 바울의 설교에서도—그리하셨던 것처럼, 약함을 통해 자신을 증명하신다!

이것이 아마 바울과 그를 반대했던 "교만한" 자들(4:18)의 결정적 차이점일 것이다. 그 교만한 자들에게 "성령"은 방언이라는 은사를 의미했다. 그들이 보기에 "성령"은 그저 "탁월한 지혜" 가운데 임하셔서(1절; 참고. 4:8, 10) 그들에게 새로운 실존을 허락하심으로 그들을 이 땅에 있는 여느 실존보다 더 뛰어난 자리로 높이 올려주신 분이었지, 순전하고 윤리에 합당한 행실과 아무 상관이 없는 분이었다. 반면 바울이 생각하는 "성령"에는

---

38) 참고. W. C. Robinson, Jr., "Word and Power," in *Soli Deo Gloria: Essays for W. C. Robinson* (ed. J. M. Richards; Richmond, 1968), 68-82. 하지만 Robinson은 고린도 사람들의 회심을 강조하는 데만 몰두한 나머지 이들이 직접 성령의 은사를 체험한 사실은 제외해 버린다. 이렇게 회심에만 관심을 보인다는 점은 어쩌면 후대 교회의 관심사를 반영하는 것일지도 모르겠다. 후대 교회에서는 성령의 오심이 신약성경에서 볼 수 있는 사례보다 더 확연하게 나타나지 않는다. 고린도 사람들이 성령과 성령의 나타나심을 보여주는 증거를 구별할 수 있었으리라고 상상하기 힘들다. 그들은 "성령과 능력"이라는 말을 듣는 순간, 저절로 성령의 임재를 눈으로 볼 수 있게 보여준 증거들을 떠올렸을 것이다.

영에 감동된 말들도 **포함되지만**(물론 이 말들이 교회에 덕을 세우는 경우에 국한하였다), 그가 강조한 것은 성령의 **능력**이었다. 그는 삶을 변화시키는 성령의 능력(여기 본문처럼), 하나님의 은밀한 지혜를 계시하시는 성령의 능력(2:6-16), 약함 속에서 역사하시는 성령의 능력(4:9-13), 그리고 신자들의 공동체를 거룩하게 하시는 성령의 능력(5:3-5)을 강조했다. 다시 말해 성령이 오신 목적은 어떤 이를 현세를 초월한 어떤 경지로 데려가는 것이 아니라, 그 사람에게 이 세상 속에서 살아갈 수 있는 능력을 주시는 것이었다.

따라서 바울이 자기가 그때까지 그런 주장을 한 목적을 제시하며 단락을 맺는 5절에 이르면, 1:18에서 시작했던 주장이 다시 출발점으로 돌아온다. "지혜 있는" 자들에게는 미련해 보이는 십자가의 도가 믿는 자들에게는 구원을 베푸시는 하나님의 능력이다. 하나님이 십자가에서 행하신 일, 고린도 사람들을 택하실 때 행하신 일, 그리고 이제 그 십자가와 고린도 사람들을 하나로 묶어준 바울의 설교 속에서 행하신 일은 모두 지혜 있는 자들과 힘 있는 자들을 무장 해제시켜 믿는 자들이 오로지 하나님만 온전히 신뢰하도록 만드는 데 그 목적이 있었다. 그래서 5절은 이런 말로 이 단락을 맺는다. "이는 너희 믿음이 사람의 지혜가 아니라 하나님의 능력을 의지하게 하려 함이라." 또 다른 맥락에서 보면, 이 말은 믿음이 증거에 의존한다고 시사하는 말일 수도 있다. 그러나 여기서는 그렇게 적용할 수 없을 것이다. 이 단락 전체에서 이야기하는 하나님의 능력은 십자가를 그 패러다임으로 삼는다. 사람이 생각하는 지혜를 진정으로 대체할 수 있는 것은 "표적"이 아니라 복음이다. 성령은 여러 가지 능력 있는 방법들을 통해 이 복음과 사람들의 삶을 이어주신다.

▪ 고린도전서 2:6-3:2

6그러나 우리가 "장성한 자들"(개역개정: 온전한 자들)[39] 중에서 지혜를 말하노
니, 이는 이 시대나 없어져 버릴 이 시대 통치자들의 지혜가 아니요, 7도리어 우

리는 하나님이 이전에 감춰놓으신 지혜, 곧 은밀한 가운데 보관해놓으신 지혜로서 우리의 영광을 위하여 만세 전부터 정해두신 지혜를 말하는 것이라. [8]이 지혜는 이 시대의 통치자 중 아무도 이해하지 못하였으니, 만일 그들이 (이 지혜를) 이해했더라면 영광의 주를 십자가에 못 박지 아니하였으리라. [9]그러나 이와 같이 기록되었으니, '그것은 어느 눈도 보지 못했고, 어느 귀도 듣지 못했으며, 어떤 마음도 생각하지 못한 것이니, 그것은 하나님이 당신을 사랑하는 자들을 위하여 준비해놓으신 것이라'(개역개정: 하나님이 자기를 사랑하는 자들을 위하여 예비하신 모든 것은 눈으로 보지 못하고 귀로 듣지 못하고 사람의 마음으로 생각하지도 못하였다). [10]그리하여(for)[40] 우리에게 하나님은 그것을(그 지혜를) 그[41] **영**으로(by the Spirit) 계시하셨으니, 그리하심은(for) 정녕 **영**이 모든 것, 심지어 하나님의 깊은 것들까지 찾아 헤아리시기 때문이라. [11]그리하심은(for), 속에 있는 사람의 영[42]이 아니면 사람의 생각들을 누가 알리요? 마찬가지로 하나님의 생각은 하나님의 **영**이 아니면 아무도 알지 못하기 때문이니라. [12]이제(now) 우리가 받은 **영**은 세상의 영이 아니요 하나님으로부터 온 **영**이니, 이는 우리가 하나님이 값없이 주신 것들을 이해하게 하려 하심이라. [13]또 우리가 말하는 것들은

---

39) 이렇게 번역한 것은 3:1에 있는 "어린아이들"(젖먹이들)을 염두에 둔 언어유희로서 그리한 것이다. Fee, 102-3을 보라.

40) NA[26]-UBS[4] (δέ, ℵ A C D F G Maj latt sy를 따랐다; 참고. NIV)와 달리, 어떤 경우에도 P[46] B 6 88 181 326 365 1739 1877 2127 2492 m sa bo[mss] Clement에 있는 γάρ를 선호할 수밖에 없다. 그 이유는 (1) γάρ가 더 나은 외부 증거를 갖고 있다. (2) 그것이 말 그대로 **더 어려운 독법**이다[필사자가 일부러 한 줄에 γάρ가 셋이나 들어 있는 본문을 만들어내지는 않았을 것이다. 그러나 γάρ 하나를 δέ로 대체하기는 자연스러웠을(어렵지 않았을) 것이다. 때문에 이런 단어 대체가 일부러 혹은 우연히 일어났을 수 있다]. (3) γάρ를 쓰는 것이 바울의 문체(참고. 특히 롬 15:3-4)와 들어맞는다. (4) γάρ를 쓸 때 이 주장의 의미를 더 잘 이해할 수 있다(뒤를 보라). G. D. Fee, "Textual-Exegetical Observations on 1 Corinthians 1:2, 2:1 and 2:10," in *Scribes and Scripture: New Testament Essays in Honor of J. Harold Greenlee* (ed. D. A. Black; Winona Lake: Eisenbrauns, 1992), 1-15을 보라.

41) P[46] ℵ* A B C 630 1739 1881 pc cop는 αὐτοῦ가 없는 본문을 지지한다. D F G latt을 비롯하여 MajT에 들어 있는 "그의"(αὐτοῦ)는 이 경우에 분명 정관사가 나타내고자 하는 의미를 가진다(NIV의 번역문도 그런 이유 때문이다).

42) 몇몇 서방 사본들(F G a b Pel)은 τοῦ ἀνθρώπου라는 말을 생략해놓았다. 그렇게 생략하면 본문은 결국 이렇게 번역할 수 있다. "속에 있는 영(**영**?)이 아니면."

사람의 지혜가 우리에게 가르친 말이 아니라 **영**[43]이 가르쳐주신 말로 하는 것인
즉, **영**의 일들은 **영**의 방법으로 설명하느니라. **14**그러나 보통(ordinary) 사람은
(개역개정: 육에 속한 사람은) 하나님의 **영**[44]으로부터 온 것들을 받지 않고 도리
어 그것들을 어리석음으로 여기며 그것들을 이해하지 못하니, 그것들은 **영**으로
분별되기[45] 때문이라. **15**그러나 **영**의 사람들은 모든 것[46]을 분별하지만, 그들 자
신은 어느 누구의 분별에도 매이지 않느니라. **16**'누가 주의 마음을 알아서 그분
을 가르치겠느냐?' 그러나 우리는 그리스도의[47] 마음을 가졌느니라. **3:1**그리고
나는, 형제자매들아, 너희에게 **영**의 사람들(개역개정: 신령한 자들)에게 말하는
것처럼 하지 못하고 여전히 육 안에 있는 자, 곧 그리스도 안에 있는 철부지 어
린아이들에게 하듯이 말하노라. **2**내가 너희에게 단단한 음식이 아니라 젖을 주
었나니, 이는 너희가 단단한 음식을 받아들이지 못하기 때문이었거니와, 지금까
지도 너희가 받아들이지 못하느니라.

이 본문은 바울 서신에서 성령을 다룬 본문 가운데 가장 중요하면서도 사람들이 가장 남용하는 본문이다. 앞으로 이 본문을 살펴나가면서 이 본문

---

43) MajT는 "**영**"(Spirit)에 "거룩한"(Holy)을 덧붙여놓았으나(πνεύματος ἁγίου), 초기 그리스어나 역본은 이런 본문을 지지하지 않는다.

44) Zuntz, *Text*, 221-23은 몇몇 교부들의 글에서 인용한 말을 근거로 τοῦ θεοῦ가 삽입어구라고 주장한다(참고. UBS³은 {C}로 평가해놓았다). UBS⁴는 UBS³과 달리 다른 본문이 존재한다는 것조차도 인정하지 않는다. 이것은 "더 짧은 본문"(즉 τοῦ θεοῦ가 없는 본문)을 뒷받침하는 증거로서 교부들의 글을 사용하는 것이 그리 설득력이 없음을 보여주는 사례다[참고. G. D. Fee, "The Text of John in The Jerusalem Bible: A Critique of the Use of Patristic Citations in New Testament Textual Criticism," *JBL* 90 (1971), 170-72]. 증거로서 인용한 교부들의 글들도 어디까지나 개연성만 갖고 있을 뿐, 확실한 것은 하나도 없다. 성경 내부의 증거는 τοῦ θεοῦ가 삽입어구가 아니라 원래부터 있던 문구임을 지지한다. 조심스럽긴 하지만, 이렇게 보는 것이 신자에 관하여 12절이 말하는 것과 균형을 이룬다.

45) 그리스어로 ἀνακρίνεται다. 이 본문에서는 이 동사가 세 번 등장하는데, 그때마다 이 동사를 번역하기가 쉽지 않다. 그 난점은 뒤의 14절 부분을 참조하라.

46) 대다수 사본들은 τὰ πάντα의 τά를 μέν으로 바꾸어놓았다. 그리함으로써 이 τὰ πάντα를 10절과 일치시키고 두 번째 절을 강조한다. Metzger, *Textual Commentary*, 547과 Zuntz, *Text*, 109-10 및 198에 있는 논의를 보라.

47) 몇몇 사본들(B D* F G 81 it)은 χριστοῦ를 κυρίου로 바꾸어놓음으로써 바울의 글을 인용문인 사 40:13과 일치시킨다.

이 얼마나 중요한지 이야기해보겠다. 이 본문을 남용한다는 것은 기본적으로 이 본문이 바울의 주장과 어떻게 일치하는지 깨닫지 못한—또는 주의 깊게 살펴보지 못한—결과다. 따라서 비록 **영**이라는 말이 10절에 이르기까지 한 번도 나타나지 않지만, 그래도 본문 전체를 보면 성령 관련 내용을 상세히 살펴보기에 앞서 본문 문맥을 주의 깊게 분석해볼 필요가 있음을 알 수 있다.

바울이 1:10-4:21에서 거론하는 문제는 몇 가지 차원이 겹쳐 있는 문제다. 이 문제에서 가장 뚜렷하게 드러나는 차원은 고린도 교회 내부 분쟁과 분열이다. 이 분쟁은 고린도 신자들을 이전에 가르쳤던 선생들(곳곳을 돌아다니며 가르쳤던 선생들이다)의 이름을 내건 채 벌어지고 있다. 그러나 바울의 주장을 보면, 이 분쟁은 겉으로 나타난 증상일 뿐 그 심층에는 두 가지 문제가 자리 잡고 있음을 분명히 알 수 있다. 그 하나는 이런 분열이 고린도 사람들 사이에서 생겨난 반(反)바울 정서가 직접 작용하여 나타난 결과로 보인다는 것이요(바울이 고전 4장을 마치며 하는 주장도 이런 이유 때문에 나온 것으로 보인다), 다른 하나는 이 모든 분쟁과 분열이 σοφία(지혜)라는 이름으로 진행되고 있다는 것이다. 이 경우에 이 지혜라는 말은 전문 철학자들이 말하는 의미에 버금가는 의미를 담고 있는 것 같다. 이로 말미암아 복음을 철두철미하게 잘못 이해하는 결과가 빚어졌기 때문에, 교회와 봉사(섬김)의 의미도 역시 철저히 오해하는 결과가 생겨났다. 바울에게는 이것이 더 심각한 문제였다. 요컨대 고린도 사람들은 지혜와 수사학에 푹 빠진 나머지 바울이 사도임을 거부하는 지경에 이르렀다. 이는 다시 십자가의 도(젖?)를 저버리고 그리스의 지혜 전통에 더 가까운 어떤 것(단단한 음식?)을 선호하는 결과로 이어졌다.

바울은 이 지점까지 세 단락을 죽 이어 서술해오는 동안 고린도 사람들이 신자로서 가져야 할 실존과 그들이 현재 "지혜"와 관련하여 취하는 입장이 얼마나 철저히 모순되는지 보여주었다. 고린도 사람들을 믿음으로 이끈 십자가의 도는 하나님의 능력과 지혜의 궁극적 표현이지만, "지혜"라는 관점에서 보면 완전히 미친 소리다(1:18-25). 더욱이 고린도 사람들의 실존—하나님이 그들을 택하신 것은 그들이 세상에서 "걸출한 사람들"이기 때문이 아니라 그들을 구원하시려는 목적 때문이라는 사실—역시 "지혜"와 모순된다(1:26-31). 앞에서 이미 논했지만, 그들을 믿음으로 이끈 바울의 설교도 그들이 말하는 "지혜"의 대척점에 자리해 있다(2:1-5).

이처럼 바울은 지금까지 "지혜"와 관련하여 상당히 깐깐한 입장을 견지했다. 그리 보는 이유는 바울이, 지혜를 내세우며 자신의 권위를 무너뜨리고 복음의 본질에 의문을 제기하는 고린도 사람들의 태도를 반박하기 때문이다. 그러나 바울이 늘 조롱만 하는 것은 아니다. 그는 하나님이 당신 자신의 지혜로 행동하셨으며(1:21) 우리를 위하여 그리스도를 "지혜"가 되게 하셨다는 점도 함께 역설한다. 하지만 바울은 이런 주장을 하면서 철학과 수사학 차원의 "지혜"를 역사와 구원론 차원의 "지혜"로 바꾸어놓았다(1:24, 30). 그는 이제 4절의 언어("지혜 있는 설득이 아니라 성령의 능력의 나타나심으로")를 채용하여 자신의 주장의 방향을 전환한다. 이를 통해 그는 자신이 설교하는 복음이 사실은 하나님의 지혜임을 재차 역설한다. 바로 이곳에서 아주 중요한 성령 관련 내용이 수면 위로 떠오른다. σοφία를 추구하는 자들은 복음을 하나님의 지혜로 결코 인식할 수가 없다. 오직 **영**을 가진 사람만이 복음이 하나님의 지혜임을 깨닫는다. 이런 깨달음은 오로지 **영**의 계시를 통해 오기 때문이다.

1:18-2:5에서도 그런 내용이 많았지만, 이 단락의 주장에도 신랄한 비판이 가득하다. 지혜에 홀린 채 자신들을 πνευματικοί(**영**의 사람들)라고 생각하는 고린도 사람들은 바울이 전하는 메시지에는 오히려 덜 끌린다. 그들은 분명 이 메시지를 단지 "젖"쯤으로 여긴다. 바울은 뛰어난 풍자로 그들의 그릇된 인식과 허망한 자랑들을 무너뜨려버린다. 바울은 십자가에 못 박히신 메시아를 전하는 복음이 온전한 지혜라고 역설한다. 그러나 이런 지혜는 고린도 사람들이 찾고 있는 종류의 지혜가 아니다. 실제로 참된 지혜는 πνευματικοί에게 주어진 것이다. 성령은 그들에게 하나님이 그리

스도 안에서 실제로 이루신 일이 무엇인지 계시해주셨다. 이 **영**의 사람들은 성령, 곧 그리스도의 마음을 가지고 있다. 때문에 그들은 필시 십자가가 무슨 의미인지(곧 하나님의 지혜임을) 알았을 것이며, 이를 통해 올바른 판단을 할 수 있었을 것이다. 그들은 σοφία를 추구하느라 **영**이 없는 사람들과 똑같은 행동을 하고 있다. 바로 이들이 지혜를 추구한다면서 십자가를 미련한 것으로 보는 자들이다. 결국 그들은 "**영**의 사람들"이나 "**영**의 사람들이 아니며", "지혜"를 추구하나 참 지혜인 하나님의 지혜 바로 그것을 놓쳐버리는 이들이다. 이는 말 그대로 아이러니다.

네 부분으로 이루어진 이 주장은 다음과 같이 쉽게 따라가볼 수 있다.

(1) 6-10a절은 하나님의 지혜가 가진 본질을 이 지혜를 받기로 예정되어 있는 자들과 이 지혜를 인식할 수 없는 이들을 철저히 대조하여 제시한다. 하나님의 지혜는 하나님이 **우리를** 영광으로 데려가실 목적으로 예정해두신 것이기 때문에, 이 지혜는 "비밀 속에" 보관되어, 이 시대와 이 시대 통치자들에게는 감춰져 있다. (2) 10b-13절은 어떻게 하여 우리에게는 그 비밀이 알려지게 되었고 왜 다른 사람들은 제외되었는지 설명해준다. 우리는 **영**을 받았다. 이 **영**은 하나님 마음을 아시는 분으로서 하나님이 무슨 일을 행하시는지 우리에게 계시해주셨다. (3) 14-16절은 이 모든 것을 "육에 속한" 사람들과 "**영**의 사람들"이라는 말로 재차 강조하며 주장을 매듭짓는다. 이 시대에 속한 사람들은 단순히 "지혜"만 추구하는 사람들이기에 십자가를 "미련한 것"으로 여기는 자들로서 **영**을 갖고 있지 않다. 따라서 그들은 참된 지혜를 이해하지 못하고(14절) 유효한 판단을 하지도 못한다(15절). 이런 행동은 오로지 **영**을 소유한 자들만이 제대로 할 수 있는 일이다. 이 단락은 이제 사람들이 깨닫지 못하는 연유를 제시해주는 이사야 40:13 본문을 인용하여 상황이 **영**, 곧 "그리스도의 마음"을 소유한 사람들에게 유리하게 역전되었음을 설명하고 결론을 맺는다. (4) 이어 3:1-4은 통렬한 풍자를 구사하면서 방금 주장한 모든 내용을 현재 고린도 사람들의 상황에 적용한다. 그들은 **영**의 사람들이다. 그러나 그들

은 자신들이 **영**의 사람들이라고 말할 수 없다. 그들의 생각과 행실이 모두 **영**과 모순되기 때문이다. 그렇다고 바울이 그들을 단순히 "육에 속한 자들"(물질세계에 속한 자들, natural)[1]로 부를 수도 없다. 그들 역시 **영**을 가졌기 때문이다. 따라서 이제 바울은 **영**과 육을 대조하는 쪽으로 방향을 바꾼다. 물론 그가 결국 강조하는 것은 "그런 행실을 그만두라"라는 것이다. 그러나 이제 바울은 당당하게 그런 주장을 내놓는다. 그들의 행실은 아무리 그들이 **영**을 갖고 있다 해도 "그렇고 그런 사람들"과 똑같이 행하고 있음을 여실히 보여주는 것이요 확실한 증거다!

이렇게 이 단락에서 바울이 자신의 주장하는 방향을 바꾸었어도 이런 방향 전환은 이해하기 쉬워(그리고 얼마든지 설명할 수 있는 것으로) 보인다. 하지만 불행히도 이 단락은 교회 안에서 학자들의 손은 물론이요 대중 설교와 성경 강독을 거치면서 많은 고초를 겪었다. 이 단락이 이런 고초를 겪은 것은 이 단락에서 구사하는 **언어**[가령, 지혜, 비밀(은밀함), 감춰놓으신, 이 시대의 통치자들, 하나님의 깊은 것들, **영**의 사람들/육에 속한 사람들, 그리스도의 마음]도 일부 원인이 되었지만, 이 단락에서 제시하는 몇몇 **대조들**도 일부 원인이 되었다. 그 결과 사람들은 이 단락을 다양한 견지에서 애초에 고린도 사람들을 도와줄 의도를 갖고 있지 않았던 바울이 결국 그들을 도와주는 결과를 가져온 사례로 보아왔다. 즉 바울은 실제로 진정 **영**에 속한 사람들에게 주어지는 "더 심오한 지혜"가 있음을 힘써 주장함으로써 교회 안에 두 부류가 있음을 확증한다. 한 부류는 "**영**의 사람들"이자 "장성한 사람들"이요, 다른 한 부류는 "육에 속한 사람들"(또는 "세상에 속한 사람들")이자 "장성하지 못한 자들"(또는 "어린아이들")이다.[48] 그러나 이

---

48) 이런 견해는 몇 가지 형태로 나타났다. 전통적 견해에서는(가령 Goudge, 16) 바울이 그가 2:1-5에서 말한 내용에도 불구하고 자신이 "드러내 보일 심오한 진리"를 갖고 있다는 주장을 펼치는 것으로 본다. 이 "진리를 올바로 인식하려면 계발된 영적 인격이 필요하다"고 본다. 이런 접근법 형태를 계속 취하는 사람들은 바울이 특별한 그룹("장성한 자들" 또는 "**영**의 사람들")을 상대로 이야기하고 있다고 보는데, 이 특별한 그룹을 어떻게 인식하느냐에 따라 이견들을 보인다. 가령 Conzelmann, 57을 보라: "이 문단(文段)을 지배하는 것은 **영**적 열

런 견해는 (이 단락은 말할 것도 없고) 바울이 제시하는 주장 전체와 들어맞지 않을 뿐 아니라, 바울 신학 전체와 정면으로 충돌한다. 실제로 그런 주장은 1:18-2:5에서 바울이 말한 모든 내용의 요점을 철저하게 파괴해버리는 것이다.[49] 바울은 여기서 자신이 방금 전에 무너뜨렸던 것을 다시 세우지 않는다. 바울은 자신이 이때까지 주장해온 내용에 담긴 진리를 고린도 사람들이 알아들을 수 있도록 **영**과 **영**성에 관한 그들의 이해를 완전히 새롭게 바꿔놓는다.

이 단락이 구사하는 언어 중 많은 것들은 실제로 바울이 통상 쓰는 말이 아니다. 그러나 이 현상은, 앞에서도 그랬던 것처럼, 바울이 고린도 사람들의 **언어**만 빌려 쓰고 그 언어의 내용은 자기 것으로 채움으로써 그들을 논박했다는 말로 설명할 수 있겠다.[50] 하지만 신학은 바울 자신의 것이

광주의요 두 그룹을 구별하는 태도다. 여기서 말하는 **영**의 사람들(신령한 자들)은 모든 그리스도인들을 가리키는 말이 아니라, 단지 더 우월한 부류를 이루는 이들일 뿐이다"; 참고. R. Bultmann, *Faith and Understanding* (ET: New York: Harper, 1969), 70-72 그리고 U. Wilckens, *Weisheit und Torheit* (Tübingen: Mohr, 1959), 52-96. R. Scroggs는 Wilckens의 주장 요지(=바울은 여기서 자신을 반대하는 영지주의자들의 주장을 채택함으로써 자기 자신의 신학을 배반하는 주장을 한다)를 설득력 있게 논박한다. 그러나 Scroggs는 바울이 "필시 그가 선포한 말씀과 완전히 다른 신비주의 성향의 지혜 교훈을 갖고 있었을 것"라는 생각을 계속하여 펼쳐간다["Paul: ΣΟΦΟΣ and ΠΝΕΥΜΑΤΙΚΟΣ," *NTS* 14 (1967-68), 35]. 반면 Ellis, *Prophecy*, 25-26은 바울이 오직 πνευματικοί를 상대로 이야기하고 있다고 본다. 그는 πνευματικοί를 바울과 더불어 **영**의 은사들을 소유한 사람들로 규정한다. 내가 여기서 지지하는 주장은 본질상 R. W. Funk ["Word and Word in 1 Corinthians 2:6-16," in *Language, Hermeneutic, and Word of God* (New York: Harper, 1966). 275-305]와 그 궤를 같이 한다; 참고. B. E. Gärtner, "The Pauline and Johannine Idea of 'To Know God' Against the Hellenistic Background," *NTS* 14 (1967-68), 215-21; 그리고 J. Francis, "'As Babes in Christ'-Some Proposals regarding 1 Corinthians 3.1-3," *JSNT* 7 (1980), 41-60.

49) 이 점은 Wilckens와 Conzelmann도 모두 인정한다(주48을 보라). 이 두 사람은 바울이 그의 대적들이 쓴 개념과 언어를 사용하거나 이전에 자신이 제시했던 "틀"을 사용한다고 본다. 바울이 이것들을 적절히 통합하지 못하는 바람에 결국 긴장 내지 역설이 야기되었다고 보는 것이 이들의 견해다. 이 주장의 논리는 결국 M. Widmann도 받아들인다["1 Kor 2:6-16: Ein Einspruch gegen Paulus," *ZNW* 70 (1979), 44-53]. 그는 이 본문을 고린도에 있는 바울의 대적들이 바울에 대한 답변으로 집어넣은 해설이라고 주장한다. Murphy-O'Conner가 제시한 답변을 보라["Interpolations in 1 Corinthians," *CBQ* 48 (1986), 81-84].

50) 참고. Funk, "Word," 300n107: "바울은 말 그대로 고린도 사람들이 구사하는 언어를 완전히

며 고린도 사람들의 신학과 철저히 다르다. 바울은(물론 고린도 사람들도) 성령을 모든 것을 이해하는 열쇠로 본다. 그는 성령을 종말의 실재이자 시대의 전환점을 이루는 분수령으로 본다. 바울의 이런 이해는 이 본문이 제시하는 몇 가지 **대조들**을 이해하는 데 아주 긴요하다. 우선 여전히 이 시대에 속한 채 **영**을 받지 않은 이들은 십자가에 못 박히신 그리스도 안에서 나타난 하나님의 지혜를 이해하지 못한다. 그러나 고린도 사람들의 지혜는 하나님의 심판 아래 있으며 이미 효력을 잃었다. 반면 **영**을 가진 사람들은 "그리스도의 마음"을 가졌기에 **영**으로(성령을 통해) 그들에게 계시된 하나님의 행위를 이해한다. 이것이 바로 바울이 자신의 고린도 친구들을 아주 혹독하게 다루는 이유다. 그들도 **영**을 가졌다. 그들도 하나님이 이제 그 막을 여신 다가올 시대의 구성원이다. 그러나 그들이 지금 하는 행실과 지혜를 대하는 태도는 영락없이 덧없이 지나가버릴 이 시대/이 세상 사람들의 태도와 똑같다. 따라서 바울이 대조하는 이들은 그리스도인과 비그리스도인, **영**을 가진 사람들과 가지지 않은 사람들이다. 바울은 이 단락 전체에서 고린도 사람들에게 그들이 — 십자가에 비춰볼 때 — 어떤 사람인지 이해시키고 **영**의 사람답지 않은 행동을 그만두게 만드는 데 관심을 쏟는다. 동시에 이 단락을 보면, 실제로 드러내놓고 그런 말을 하지는 않지만, 그의 주장 이면에는 2:1-5과 마찬가지로 자신을 변증하는 말이 어김없이 들어 있다.

우리가 현재 가진 목적에 비추어볼 때 결국 중시해야 할 것은, 일부러 그랬든 아니면 우연히 그랬든, 바울이 성령과 그리스도를 믿는 믿음에 관하여 제시해놓은 상당한 분량의 가르침이다. 성령은 무엇보다 "하나님의 **영**"이신 분이기에 "하나님으로부터" 오신 분이기도 하다. 인간의 영에 견

뒤집어놓음으로써, 그리고 이를 통해 그들이 기대하는 것들을 완전히 뒤집어놓음으로써 그들을 십자가의 도와 대면시키려 한다." 여기서 사람들이 조심해야 할 게 있다—그것은 바울이 전혀 다른 뉘앙스로 구사하는 새 용어들이 모두 고린도 사람들로부터 나온 것은 아니라는 점이다. 그러나 이 경우에는 바울이 언어의 껍데기만 그들로부터 빌려와 그 내용을 자신의 내용으로 채워 넣었다고 보는 것이 데이터를 가장 잘 이해하는 길인 것 같다.

주어 생각해보건대, 성령은 하나님 바로 그분의 존재 내면의 표현으로 이해할 수 있다. 그러나 성령은 분명 성부 하나님과 구분되는 분이다. 성령과 우리의 관계를 생각해보면, 무엇보다 성령은 **계시해주시는 분**(*revealer*)이다(10-11절). 요한의 언어를 써서 표현하자면, 성령은 "그리스도의 것들을 취하여 우리에게 알려주시는 분"이다. 따라서 성령은 하나님과 그리스도의 방법으로 **가르쳐주시는 분**(*instructor*)이다(12-13절). 동시에 성령은 그리스도의 사람인 이들과 그리스도의 사람이 아닌 자들을 결정적으로(그리고 유일하게) 갈라놓으시는 분이다(14-16절). 따라서 데살로니가전서에서도 말하듯이, 성령은 그리스도인의 독특한 삶을 가능케 하시는 근원이요 원동력(능력)이시다(3:1-4은 이를 암시한다). 이 본문을 특히 성령을 말씀하는 구절에 유의하며 한 구절 한 구절 신중하게 분석해보면, 방금 말한 모든 내용을 가장 잘 이해할 수 있다.

10a절 이 문장의 요점은 상당히 뚜렷하지만, 이 문장과 그 앞부분의 관계, 그중에서도 특히 9절과 이 문장의 관계는 그리 분명하지 않다. 로마서 15:3-4을 유추해보면, 9절의 인용문은 6-8절의 결론이자 나머지 주장으로 넘어가는 전환점으로 이해하는 것이 가장 적절하다. 그런 점에서 우선 이 9절은 6-8절을 뒷받침하는 성경의 근거 역할을 한다. 하나님이 그리스도 안에서 행하신 일은 단순히 사람의 마음(생각, 지성)으로 이해할 수 없는 것이었다. 그러나 마지막 줄에 있는 "하나님이 당신을 사랑하는 자들을 위하여 준비해놓으신 것"이라는 말은 이 단락 전체의 요지, 즉 오직 하나님의 사람들만이 성령을 가진 이들이기에 하나님의 지혜를 알 수 있다는 요지를 이해할 길을 열어준다. 그런 점에서 설명을 시작한다는 취지로 10절 서두에 붙여놓은 "그리하여"(for)는 (6절로부터) 네 번째 구절의 인용문(9절)을 받는 말이다. 다른 자들은 "하나님이 **당신을 사랑하는 자들을 위하여** 준비해놓으신 것을 이해할 수 없다. 하나님이 (그것들을)[51] **우리에게 영**으로 계시하셨기[52] 때문이다." 따라서 10절이 비록 강조 목적으로 "우리

에게"를 구절 앞부분에 놓아두었지만,[53] 바울이 대조하는 것은 "우리"와 "그들"이 아니라, 그들은 왜 하나님이 당신 백성을 위하여 준비해놓으신 것들을 이해할 수 없으며 우리는 왜 이해할 수 있는지 그 **이유**다. 즉 10b-13절에서도 분명하게 이야기하듯이, 바울이 강조하는 대상은 계시의 **방법**(통로)인 성령이지 계시를 받은 자들 자체가 아니다. 물론 바울은 계시를 받은 자들도 늘 염두에 두며 이들을 14-16절에서 재차 거론할 것이다. 이처럼 이 문장은 성령이 계시에서 하는 역할을 강조하며, 이어지는 내용이 이 강조점을 설명해준다.

10b-11절 바울은 [10절 서두의 "그리하여"(첫 번째 for)에 이어] "그리하심은"(10절에 있는 두 번째 for)이라는 말로 이 구절에서 설명을 제시하겠다는 뜻을 나타내면서, 성령이 이전에는 감춰져 있던 하나님의 지혜를 어떻게 우리에게 계시해주셨는지 설명을 이어간다. 바울이 제시하는 주장의 기초가 된 것은 그리스 철학의 원리인 "그것과 같은 것만이 그것을 안다"(Like is known only by like)[54]일 것이다. 즉 하나님이나 하나님의 지혜를 알 수 있게 해주는 자질은 사람이 날 때부터 스스로 갖고 있는 게 아니다. 오직 "그것과 같은 것만이 그것을 안다." 마찬가지로 하나님은 하나님만이 아신

---

51) 바울이 쓴 문장에는 ἀπεκάλυψεν이라는 동사의 목적어가 없다. 이것은, Godet, 147이 말한 것처럼, 아마도 여기서는 하나님이 계시해주신 것이 아니라 계시라는 **사실 자체**를 강조하기 때문인 것 같다. 이 문맥을 보면 "그의 지혜"와 아주 흡사한 무언가를 염두에 두고 있음을 분명히 알 수 있다.

52) 그리스어로 ἀπεκάλυψεν이다. 이 동사는 "어떤 초자연적 비밀들을 일러주는 하나님의 계시"를 가리키는 전문용어가 되었다(BAGD); 가령 시 98:2(칠십인경 97:2)을 보라. 이 개념은 유대교와 기독교 "묵시문헌"이 특히 발전시킨 개념이다. 단 2:22이 그 예다(참고. Theod. 19절과 28절). 바울은 이 동사를 그 종류를 불문하고 초자연적 계시를 가리키는 말로 보통 사용한다.

53) ἡμῖν을 구절(10절) 서두에 놓아 강조한 것은 "우리"와 하나님의 방법을 이해할 수 없는 사람들을 대조하려는 게 아니라, "우리"와 "당신을 사랑하는 자들"을 곧바로 나란히 놓아두려고 그런 것이다. 결국 "우리에게, 곧 당신을 사랑하는 자들에게 하나님이 다른 이들에겐 감춰진 것들을 계시하셨다"라는 말이 된다.

54) 이 문제를 살펴보려면, 특히 Gärtner, "Idea"를 보라(주48을 보라).

다. 따라서 하나님의 **영**이 하나님과 사람을 이어주는 연결통로가 되시며, 하나님 바로 그분으로부터 나온 "자질"만이 하나님이나 하나님의 지혜를 알 수 있게 해준다. 이것은 두 가지 이유에서 상당히 훌륭하고 교묘한 추론이다. (1) 이것이 바로 바울이 진정 하나님의 방법(길)을 알 수 있는 사람의 능력에 관하여 믿고 있는 것이기 때문이다. 하나님의 방법은 "너무나 깊고도 오묘하여" 다른 방법으로 "알아낼 수 없다." 바울이 14절에서 강조하듯이, 육에 속한 사람은 스스로 이성과 직관을 통해 하나님을 알 수 없다. (2) 이것이 바로 바울이 고린도 사람들과 벌이는 논쟁에서 필요로 하는 연결고리이기 때문이다. 고린도 사람들은 성령을 체험했는데, 그 체험은 황홀경을 동반한 것이었다. 그러다 보니 그들은 승리주의 영성, 과도하게 **영**에 치우친 영성, 물질세계를 배척하는 영성에 빠져버렸다. 이런 고린도 사람들의 태도와 달리, 바울은 성령을 **복음 자체를 올바로 이해하는** 열쇠로 제시하려 한다. 다시 말해 성령은 바울의 복음 설교(13절)와 그들이 하나님의 은혜인 복음을 체험한 일(12절)을 올바로 이해시켜주시는 분이다. 늘 그랬지만 이런 맥락에서 볼 때 복음은 하나님이 십자가에 못 박히신 분을 통하여 이루신 구원이다.

이처럼 성령은 먼저 하나님과 연결되어 있다. "**영**은 모든 것, 심지어 하나님의 깊은 것들까지 찾아 헤아리신다." "하나님의 깊은 것들"이라는 말은 이 본문을 "엘리트주의자"의 시각에서 해석하게 만드는 이유 중 하나다. 그러나 그런 해석은 여기서 바울이 제시하는 주장뿐 아니라 바울 신학을 파악하지 못한 것이다. 바울은 다른 곳에서 "하나님의 지혜와 지식의 풍성함이 깊다"라고 말한다(롬 11:33). 이는 하나님의 심오한 크심(위대하심)에 관한 바울 자신의 지각을 반영한 말인데, 하나님의 심오한 크심은 그가 유대인으로서 물려받은 구약과 묵시문학의 구성 부분이다.[55] 따라서

55) 가령 단 2:20-23 같은 본문을 보라. 비록 성령이 계시의 전달자이심을 언급하지는 않지만, 바울이 이 구절에서 구사하는 말이 22절["하나님이 깊고 감춰진(은밀한) 것들을 드러내신다"]

영이 하나님의 깊은 것들을 포함하여 모든 것을 "찾아 헤아리신다"라는 개념은 바울 자신이 11절에서 유비(類比, analogy)를 사용하여 제시한 설명을 참조할 때 가장 잘 이해할 수 있다.[56] 그러므로 "하나님의 깊은 것들"은 오직 "내부자들"(insiders)만이 다가갈 수 있는 "더 깊숙한 진리들"과 관련된 것이 아니라, 하나님이 이전에는 감춰두셨지만 이제는 **영**을 통해 계시해주신 하나님의 지혜(십자가에 못 박히신 메시아를 통해 이루신 구원)와 관련 있다.

어쩌면 이 문장도 어렴풋이 비꼼을 담고 있을지 모르겠다. 고린도 사람들은 바울의 설교를 "젖"으로 치부했다. 그러나 바울은 반대로 십자가를 통한 구원이 하나님 바로 그분의 지혜가 가진 심오한 깊이에서 나온 것임을 암시한다. 하나님이 당신을 사랑하는 자들에게 주셨던 그분의 **영**은 이 하나님의 지혜를 그 깊은 곳에서 찾아내셔서 우리에게 계시해주셨다.

바울은 11절에 들어와 또다시 "그리하심은"(for)[57]이라는 말로 설명을 전개해간다. 그는 이 말을 써서 성령이 하나님의 것들을 알고 계신다는 사실을 뒷받침할 유비를 제시하고 **오직** 이 성령**만이** 그것들을 아신다는 점을 더 깊이 강조한다. 여기서 그는 특히 "그것과 같은 것만이 그것을 안다"라는 원리를 상세히 천명하는데, 물론 이 경우에도 하나님을 본 사람이 아무도 없다는 구약성경의 모티프로부터 영향을 받았다. 바울이 여기서 구사하는 유비 자체는 단순하다. 이 유비는 오직 그 자신만이 자기 내면에

과 평행을 이룬다는 점을 고려할 때, 이런 말의 근원을 고대 그리스 문헌이나 영지주의 자료에서 찾을 필요가 없다.

56) 이런 개념의 배경에 자리해 있는 것은 롬 8:27을 통해 설명할 수 있다. 롬 8:27은 하나님을 사람들의 마음을 헤아리시는(개역개정: 살피시는) 분이라고 말한다(이 말은 구약에 깊이 뿌리를 내리고 있다: 가령 삼상 16:7; 시 139:1, 2, 23). 이 본문에서 하나님이 다른 이들의 마음을 찾아 헤아리신다는 사실은 그분이 당신 자신의 **영**이 말없이 품고 계신 바람들을 그 누구보다 훨씬 더 잘 아실 수밖에 없다는 주장을 이끌어내는 전제 역할을 한다. 이 점을 설명한 것을 보려면, Cranfield, *Romans*, 1.424을 보라.

57) 그리스어로 γάρ다. 이렇게 γάρ를 겹쳐 쓰는 것이 바울의 문체가 지닌 독특한 특징이다. 참고. 1:17, 18, 19, 21; 3:3, 4; 9:15, 16, 17; 그리고 다른 많은 구절들.

서 벌어지는 일을 알 듯이 오직 하나님만이 하나님의 것들(일들)을 안다고 역설한다.[58] 바울은 πνεῦμα라는 말을 사용하여 그 점을 강조한다. 그가 이 말을 쓴 것은 여기서 그가 성령에 관하여 말하고 있다는 것이 가장 큰 이유요, 이 말이 인간의 내면을 표현할 때 그가 통상 쓰는 말이라는 점이 두 번째 이유다.[59]

물론 바울 자신의 주장을 공정하게 들여다보면, 그의 관심사는 인간론도 아니요 성령론도 아니다. 그가 사람을 말하는 것은 말 그대로 유비로서, 인간이라는 인격체의 구성 부분들과 관련된 이야기가 아니라 인간이라는 실체에 관하여 우리가 통상 겪는 체험과 관련된 이야기다. 사람의 경우를 보더라도 내가 무엇을 생각하고 있는지 아는 이는 오직 나뿐이다. 내가 생각을 말로 일러주지 않는 이상, 다른 사람들은 알 수가 없다. 마찬가지로 하나님이 무슨 생각을 갖고 계신지 아는 이는 오직 하나님뿐이시다. 그러므로 그분의 마음을 아시는 그분의 **영**이 우리가 그분을 알 수 있도록 연결통로가 되어주시는 것이다. 12절에서도 강조하듯이, 우리가 하나님을 아는 것은 "우리가 **하나님의 영**을 받았기" 때문이다.

하지만 결국 중요한 것은 우리가 바울의 성령 이해에 관하여 정말 많은 것을 알게 되었다는 것이다. 성령이 완전하신 하나님으로서 하나님이라는 실체를 이루는 한 부분(a constituent part of the divine reality)이시며 성부와 구분되시는 분임을 확실히 일러주는 증거가 여기 있다. 성부와 성령 사이에는 지극히 친밀하고 내밀한 관계가 존재한다. 이 관계가 얼마나 가깝든지 이 관계에 알맞은 유일한 유비는 사람과 그 인격 내면의 표현인 사

58) 11절 문장을 구성하는 두 부분 사이에는 한 가지 다른 점이 있다. "알다"라는 동사가 그것이다(οἶδεν/ἔγνωκεν). 예전 주석가들은 이 차이점이 무언가를 "알 수 있는" 능력 자체와 관련 있다고 주장했다(가령 Lightfoot, 179; Robertson-Plummer, 44). 이 문장의 두 번째 부분이 ἔγνωκεν이라는 동사를 쓴 것은 이 앎이 더 참되고 완전하기 때문이요 "이전에 아무도 알지 못했던 것을" 안다는 의미를 시사하기 때문일 가능성이 더 높다(참고. Barrett, 74).

59) Jewett는 이에 반대하는 주장을 제시한다(살전 5:23에 관한 논의, 특히 주104를 보라). "속에 있는 사람의 영"이라는 문구는 유의해야 할 문구인데, 이는 칠십인경 슥 12:1에 나오는 πνεῦμα ἀνθρώπου ἐν αὐτῷ와 거의 같은 말이다.

람의 영 사이의 관계뿐이다. 신경에서 그리스도를 하나님 바로 그분(God very God)이라고 표현하듯이, 성령도 하나님 바로 그분이시다. 이를 체험이라는 차원에서 이야기해보면, 우리는 성령을 받아들일 때 하나님 바로 그분과 친밀한 관계를 맺게 된다. 이 경우에 성령은 하나님의 방법을 우리에게 계시해주시는 분으로서 인격으로 임재하시고 능력으로 임재하신다. 그렇지만 동시에 성령은 성부와 동일한 분이 아니다. 성령은 성부와 구분된 인격(위격)이시다. 오직 이 성령만이 하나님의 생각과 하나님의 방법을 아시며 그 생각과 방법을 우리에게 계시해주신다. 마찬가지로 바울은 로마서 8:27에서, 성령이 성부를 친밀히 아시듯이, 성부도 성령을 똑같이 친밀히 아신다고 강조한다. 이처럼 성부와 성령은 서로 구분되는 분인데도 한 분으로서 일하신다. 그렇지만 이 부분을 읽는 사람들이 확실히 유념해둘 것은 여기서 바울이 구사하는 언어를 보면서 그 속에서 후대 기독교 신학을 지나치게 많이 읽어내려고 해서는 안 된다는 점이다. 그렇긴 하지만, 이 본문과 12:4-6 같은 본문은 후대 기독교 신학이 삼위일체 공식들을 정당하게 캐어내는 "원재료"가 되어주었다.[60]

12절 이 문장 및 다음 문장에서 우리는 이 단락의 중심 이슈를 다루게 된다.[61] 여기서 바울은 자신이 사실은 하나님의 백성 중에서도 "장성한 자들" 사이에서 지혜를 이야기하고 있음을 강조하는 말로 주장을 펼치기 시작한다. 그 지혜는 하나님에 관한 더 깊은 진리들을 아는 신비한 지식이 아니라 순전히 당신 백성을 구원하시려는 하나님 자신의 계획을 가리킨다. 바울은 이 지혜를 이 시대 지도자들의 지혜와 대조한다. 이 지도자들은 하

---

60) 이 문제에 관한 것은 D. W. Martin, "'Spirit' in the Second Chapter of First Corinthians," *CBQ* 5 (1943), 181-95을 보라.

61) 이 문장을 그 앞 문장과 연결해주는 δέ는 "결과를 나타내는" 말(consecutive)이거나 "(앞 내용을) 요약하는(또는 계속 이어가겠다는)" 말(resumptive)이다. 그러기에 우리는 "이제"(now)로 번역했는데, 이는 10b-11절에서 살짝 옆으로 빠지긴 했어도 10a절에서 이야기했던 요점을 다시 계속 이어가겠다는 뜻이다.

나님의 지혜를 알 수 없다. 그 이유는 이 지혜가 하나님이 "은밀하게 감춰 놓으신" 것으로서 당신을 사랑하는 이들에게만 주시려고 준비해놓으신 것이요 결국 그들에게만 계시하신 것이기 때문이다. 이 하나님의 지혜를 계시해주신 분이 바로 성령이시다. 성령은 하나님의 내밀한 비밀들을 아시는 유일한 분이요, 이 구절에서도 강조하듯이 "우리[62]가 받은" 분이다. "그것과 같은 것만이 그것을 안다." 때문에 하나님의 **영**은 사람인 우리가 하나님의 방법을 알 수 있도록 우리와 하나님을 이어주는 연결통로시다.

바울은 6-9절에서도 그랬던 것처럼 여기서도 이 시대 사람들과 대조하는 방법을 써서 자신의 논지를 주장한다.[63] 그리하여 그는 고린도 사람들에게 그들이 다른 세계질서, 다른 시대에 속해 있음을 되새겨주고, 따라서 그들이 지금 행동하고 있는 것처럼 행동해서는(단지 인간의 σοφία를 추구하거나 인간의 σοφία대로 생각해서는) 안 된다는 점을 되새겨준다. 우리가 **영**을 받았지만,[64] "우리가 받은" 이 **영**은 "세상의 영"이 아니었다. 여기서 바

62) 본문 전체에서 등장하는 "우리"도 그렇지만, 여기서 나온 "우리"의 해석은 전체 의미를 이해하는 데 긴요하다. 이 본문을 (고린도 사람들 대 바울의 대립이라는 의미에서) 논박으로 보는 사람들은 바울이 여기서 고린도 사람들에게 그들만이 아니라 자신도 **영**을 가졌다는 것을 주장한다고 말한다(가령 Conzelmann, 66-67). 그러나 바울은 자신이 구원론과 관련하여 독자들과 공유하는 사실들로 주장을 전개해갈 때면 늘 "우리"로 되돌아가는 습관이 있다[가령 살전 1:9-10; 4:13-18; 5:5(!); 갈 3:13; 4:5-6; 롬 8:4; 그리고 그의 서신 전반을 살펴보라]. 그런 점에서 바울의 첫 번째 판단 기준은 늘 고린도 사람들이다. 그러나 바울도 하나님이 주신 이런 실재들을 똑같이 공유한다("하나님이 값없이 우리에게 주신 것들"이라는 말은 7절에 있는 "우리의 영광" 그리고 9절과 10절에 있는 "당신을 사랑하는 우리"의 메아리다). 때문에 그는 1인칭 복수 대명사로 돌아가는 것이다.

바울이 앞글을 계속 이어간다는 의미의 접속사 δέ를 써서 12절과 10절을 연결한 점(주61을 보라), 7-10절의 용례, 그리고 바울 서신의 다른 곳에서 나오는 "**영**을 받다"라는 말이 대개 신자만을 가리킨다는 사실(뒤의 주64를 보라)은 W. C. Kaiser가 주장하는 취지를 부인하는 것 같다. 그는 "바울은 신자들에게 생명을 불어넣으시는 **영**이 아니라 사도(바울)에게 성경을 전달해주시는 성령의 활동에 관하여 말하고 있다"라고 주장했다["A Neglected Text in Bibliology Discussions: I Corinthians 2:6-16," *WTJ* 43 (1981), 301-19 (315)]. 사실 Kaiser의 관심사는 13절에서 바울이 이미 피력한 것이다. 그러나 "사도에게 성경을 전달해주신다"라는 말은 여기서 바울이 나타내는 관심사 및 의도와 상당한 거리가 있는 것 같다.

63) αἰών [(이) "시대", 6, 8절]과 κόσμος [(이) "세상"]는 서로 바꿔 쓸 수 있는 말임을 유념하라. 참고. 1:20.

64) 바울 서신에서는 바로 이곳이 신약성경이 통상 성령이라는 선물을 가리킬 때 쓰는 말이 처음

울이 "세상의 영"을 언급하지만, 이것이 곧 성령과 비교할 만한 어떤 "영"이 세상에 존재함을 말하는 것은 아니며, 귀신의 "영들"을 말하는 것도 아니다.[65] 바울은 오히려 성령을 놓고 무언가를 말하는 것이다. 우리가 받은 **영**은 "이 세상의" 영이 아니다. 이 **영**은 이 세상에서 나온 분도 아니요 이 세상에 속한 분도 아니다. 오히려 이 **영**은 "하나님으로부터 온 **영**"[66]이시다. 물론 이 말에는 고린도 사람들이 받은 성령이 이 세상의 영이 아니므로 그들도 이 세상과 똑같은 생각을 그만두어야 한다는 의미가 담겨 있다.

12절 문장의 마지막 절("이는 우리가 하나님이 값없이 주신 것들을 이해하게 하려 하심이라")은 6절과 10절의 강조점을 채용하여, 우리가 성령을 받은 이유를 바로 이 문맥 속에서 제시한다. 즉 우리는 "하나님이 값없이 주신 것들을 이해할[67] 수 있게" 성령을 받은 것이다. "하나님이 값없이 주신 것들"이라는 문구는 특히 9절의 모티프인 "하나님이 당신을 사랑하는 자들을 위하여 준비해놓으신 것"을 되울려주며, 하나님이 당신의 **영**으로 당신 백성에게 계시해주신 지혜의 **내용**을 우리에게 어렴풋하게나마 일러준다. 여기서 바울은 "값없이 주다"라는 그리스어 동사(χαρίζομαι)를 통해 일부러 하나님의 "은혜"(χάρις) 또는 (롬 6:23처럼) 구원이라는 "선물"(χάρισμα)을 넌지시 가리키고 있는지도 모른다.[68] "값없이 주어진 것들"(χαρισθέντα)

으로 등장하는 곳이다; 참고. 행 2:38;[2] 10:47; 19:2; 고후 11:4; 갈 3:2, 14; 롬 8:15. 바울 서신에서 이 말은 주로 그리스도인의 회심을 가리킨다.

65) 가령 Ellis, *Prophecy*, 29-30은 "세상의 영"이 6절과 8절에 있는 "이 시대의 통치자들"과 관련 있다고 추정하여 세상의 영을 귀신의 영들로 보았다. 그는 이 시대의 통치자들도 마귀의 세력들로 이해하는데, 이는 그릇된 이해다. 참고. Barrett, 75.

66) 이것은 분명 이 문장에서 대조하는 의미를 지니고 있는 것 같다. 그러나 이런 번역("하나님으로부터 온 **영**")은 11절이 규정했던 것을 정확히 반복하지 못한다. 따라서 나는 "**하나님의 영**이 아니면; 또 우리는 **하나님의 영**을 받았다"로 번역했다.

67) 그리스어로 εἰδῶμεν이다. 11절에 있는 동사들을 채용한 것이다.

68) Conzelmann, 67도 솔직하게 이를 인정한다. 그러나 그는 이 본문 속에 헬레니즘 문헌에서 볼 수 있는 말과 평행인 문구들이 있다는 점에 집착한 나머지, 이 χαρίζομαι라는 동사를 다음과 같은 말로 규정해버린다. "χάρις 역시 비밀들(mysteries)이 지닌 성향을 띨 수 있고 **영**에 속한 자들 안에 있는 능력을 가리키는 말일 수 있다. 그렇다면 이 말은 πνεῦμα와 동의어가 된다. 따라서 이 말이 가리키는 의미들을 더 탐색해봐야 할 것이다." 하지만 이 단락이 제시

이 중성복수형이라는 사실(동사 χαρίζομαι의 부정과거, 분사, 수동, 목적격으로서 중성복수형 — 옮긴이)은 9절에 있는 중성복수형들(관계대명사 ὅς의 중성복수 목적격인 ἃ가 두 번 등장한다 — 옮긴이)을 떠올리게 한다. 이 말은 한정사(determinative)로 보인다. 바울이 이 본문에서 하나님의 지혜에 관하여 말하면서 십자가에 못 박히신 분을 통해 이루어진 구원을 언급하기 때문이다(1:23-24; 2:2처럼). 하나님의 사람들은 하나님의 지혜가 이 구원임을 "이해한다." 그들은 성령을 받았기 때문이다.

13절 바울은 고린도 신자들이 받은 (계시의) **영** 때문에 그들과 바울 자신이 하나님의 지혜가 무엇인지 이해할 수 있다고 주장했다. 이제 바울은 자신이 6절과 7절에서 처음 언급했던 하나님의 지혜를 다룬 설교로 돌아가 이 지혜를 바로 성령을 받은 일과 연결한다. 따라서 이 13절 문장은 바로 앞에서 한 주장을 계속 이어갈 뿐 아니라,[69] 이 문장 아래에 깔린 변증적 모티프를 통해 앞 단락(2:1-5)도 되새겨준다. 바울은 고린도 사람들이 어떻게 생각하든 "우리가 너희에게 설교한 것이 바로 하나님의 지혜였다"라고 강조했다(6-7절). 이제 바울은 10-12절에서 제시한 설명을 통해, 다시 그가 강조했던 그 주장으로 돌아간다. 우리는 모두 성령을 받음으로써 결국 구원이라는 선물을 이해할 수 있었다. 마찬가지로 내[70]가 설교하는 메시지도 "**영**이[71] 가르쳐주신 말로" 전하는 것이다. 따라서 성령은 우리를 가르쳐주시는 하나님이시다.

하는 주장 자체와 용어가 철저히 바울의 것이라면 굳이 그렇게 해야 할 이유가 있을까?

69) 그리스어로 ἃ καὶ λαλοῦμεν이다. 말 그대로 옮겨보면 "또 우리가 말하는 것들"이다. 물론 "것들"은 "하나님이 우리에게 값없이 주신 것들"을 가리킨다. λαλοῦμεν은 6절과 7절에 있는 동사를 반복한 것이기에 앞말을 계속하여 이어가겠다는 뜻임이 분명하다.

70) λαλοῦμεν은 6절과 7절의 동사를 반복하는 말이므로, 여기서 쓴 "우리" 역시 6절과 7절 문장에 있는 "우리"를 편집하여 원용한 것일 가능성이 높다. 따라서 이것은 "나"를 가리킨다.

71) πνεύματος라는 명사에는 정관사가 붙어 있지 않다. 이를 볼 때, πνεῦμα라는 말에 정관사가 있느냐 없느냐에 따라 바울이 어떤 용례에서 이 πνεῦμα라는 말을 성령을 가리키는 말로 썼느냐 아니냐가 결정되는 것은 아님을 알 수 있다. 이 책 제2장에서 논의한 것을 보라.

그러므로 성령은 모든 것을 — 바울의 설교(4-5, 13절), 고린도 사람들의 회심(4-5, 12절), 그리고 특히 그들이 바울이 설교한 내용을 하나님의 참된 지혜로 이해하는 것(6-13절)을 — 설명해주시는 열쇠시다. 단락 전체에서 (그리고 1:17부터 이어지는 그의 주장 전체에서도) 나타나듯이, 바울이 자신의 사역에 관하여 적극 이야기한 내용은 단순히 사람으로부터 유래한 내용과 대립하는 것이다. 바울은 "사람의 지혜(σοφία)가 가르친 말로(λόγοις)"[72] 설교하지 않았다. 이 구절과 2:1-5의 연관성이 분명하게 드러난다. 물론 "말"은 단순히 언어 자체를 의미하는 게 아니라, 복음을 표현한 말에 담긴 의미 내지 메시지를 가리킨다.

그러나 바울이 이 가르침을 더 깊이 설명하는 내용은 그 의미가 그리 명확하지 않다. 우리는 여기서 바울 서신에서 처음으로 등장하는 형용사 πνευματικός(프뉴마티코스=**영**의, **영**에 속한, **영**에 딸린)를 만난다. 앞서 제2장에서도 말했듯이, 이 말은 주로 성령을 가리키는 소유격 형용사다. 이 πνευματικός가 성령을 가리킨다는 것은 12절에 있는 마지막 말에서 시작한 바울의 문장이 **영**을 지칭하는 단어들인 πνεύματος, πνευματικοῖς, πνευματικά[**영**의 방법으로, **영**이 가르쳐주신 (말로), **영**의 일들]를 이 13절 속에 두드러지게 나란히 나열해놓았다는 사실이 더 확실하게 일러준다. 그러나 이런 조합은 분사인 συγκρίνοντες와 함께 이 문장 해석을 상당히 어렵게 만드는 요인이다. 바울이 여기서 말하려 한 것은 "영의 진리를 영의 말로 표현한다는 것"(expressing spiritual truths in spiritual words — NIV)인가, 아니면 "영의 진리를 영의 사람들에게 해석해준다는 것"(interpreting

72) Orr-Walther, 158은 "사람의 지혜에서 나온 유식한 말로"로도 바꿔 쓸 수 있다고 주장한다. 그러나 이 두 사람은 이 문구의 의미가 지닌 모호한 측면을 과대평가한다. Héring, 20은 아무 근거도 없이 διδακτός가 명사일 때에만 통설과 같은 번역이 가능할 것이라고 주장하면서, 억측을 토대로 λόγοις를 생략해버리고 이 문구를 이렇게 번역한다. "사람의 철학으로 가르침을 받은 사람들 가운데에서." 그러나 특별히 διδακτός라는 형용사가 붙어 있는 소유격을 "주격" 내지 "중개자"로 사용한 사례를 요 6:45에서도 발견할 수 있기 때문에[3] 그런 억측을 할 필요가 없다. Héring은 요 6:45 같은 사례를 간과하고 있다.

spiritual truths to spiritual people—NIV^mg)인가, 아니면 "영의 일들을 영(靈)다운 것과 비교한다는 것"(comparing spiritual things with spiritual—KJV, RSV^mg)[73]인가? 문제는 두 가지다. (1) 동사인 συγκρίνοντες의 올바른 의미를 찾아내는 것이 첫 번째 문제요, (2) πνευματικοῖς가 단지 "**영**으로부터 가르침을 받아 언급한 말"을 가리키는가, 아니면 "**영**의 사람들"을 의미하는 말로서 14-15절이 구사하는 대조법(대조문구)들을 미리 귀띔하는 말인가가 두 번째 문제다.[74]

먼저 두 번째 문제를 다뤄보자. πνευματικοῖς는 뒤에 이어질 말을 미리 귀띔하고 있을 가능성이 있다. 14절이 이 말과 "**영**의 사람이 아닌 자들"(육에 속한 자들)을 직접 대조하고 있다는 것이 그럴 가능성을 뒷받침해준다. 이 문맥에서 이 본문을 그렇게 읽게 되면 많은 의미를 알아낼 수 있다. 그렇지만 문법을 살펴볼 때, 특히 이 형용사(πνευματικοῖς)가 12절에 있는 명사 "**영**"(πνεῦμα)에 뒤이어 곧바로 나란히 기록되어 있음을 고려할 때, 바울이 방금 전까지 한 말을 더 깊이 설명하고 있다는 견해를 지지해야 할 것 같다.[75] 그는 방금 전에 "우리가 하는 말은 **영**이 가르쳐주신 말"이라고 강조했다. 이제 그는 그 말에 덧붙여 "우리는 **영**이 우리에게 가르쳐주신 말로(이 "말"의 의미는 12절을 다루며 말했다), 또는 그 말들을 써서, 신령한 일들을(즉 **영**의 일들을; 이는 십중팔구 '하나님이 우리에게 값없이 주신 것들'을 가

73) KJV는 "comparing spiritual things with spiritual"로 번역했다. 그 결과 사람들은 이 본문을 성경의 유비를 지지하는 근거로, 즉 성경에 있는 어떤 본문을 다른 본문과 비교하여 그 어떤 본문의 의미를 성경 자체 내에서 끌어내는 방법을 지지하는 근거로 널리 활용하게 되었다. 이 방법은 성경이 모두 성령이 주신 감동으로 기록되었다는 믿음에 기초한 것이라는 점에서 유용한 해석 원리다. 그러나 이것은 지금 바울이 여기서 말하고자 하는 요지에서 한참 벗어난 것이다.

74) 그리 개연성이 높지는 않지만, πνευματικοῖς가 중성이며 단순히 "**영**의 방법들" 또는 "**영**의 일들(것들)"과 같은 것들을 통틀어 의미하는 것이라고 볼 수도 있다.

75) λαλοῦμεν을 수식하는 분사구조 역시 πνευματικοῖς라는 말이 뒤에 이어질 내용을 귀띔할 목적으로 살짝 덧붙여놓은 말이 아니라, 이미 앞서 말한 것과 아주 긴밀하게 연결되어 있을 가능성을 지지한다. 더욱이 바울이 여기 13절의 πνευματικοῖς를 "**영**을 가진 자들"이라는 의미로 사용하려 했다면 이 말에 정관사를 붙였을 것이다.

리킬 것이다. 12절) [설명한다]"라고 역설한다.

이제 συγκρίνοντες라는 동사의 의미를 살펴보자. 신약성경에서는 오직 바울만이 이 동사를 구사한다. 바울은 이곳 외에 고린도후서 10:12에서도 이 말을 사용한다(2회). 이 고린도후서 본문에서는 단순히 "비교하다"라는 의미이지만, 여기 13절 본문에서는 이 의미가 적절하지 않은 것 같다. 일부 사람들은 이 말이 고전 시대 그리스어처럼 "결합하다"(combine)라는 의미를 담고 있다고 주장했다.[76] 하지만 바울이 칠십인경이라는 배경을 갖고 있음을 고려할 때, 이 말은 "설명하다"나 "해석하다"로 보는 것이 옳다. 따라서 바울이 말하고자 하는 의미는 "**영**이 가르쳐주신 말을 통해 **영**의 일들(그 일들은 12절에서 서술했다)을 설명하다"일 가능성이 아주 높다. 다시 말해 "사람의 지혜를 쓰지 않고 자신이 전하는 메시지에 합당한 언어로"[77] **영**의 일들을 설명했다는 것이다.

따라서 여기 13절에는 "더 심오한 삶"을 말하는 신학이 없으며, "성경의 유비"를 다루지도 않는다. 바울의 관심사는 자신이 복음을 설교하고 고린도 사람들이 그것을 듣고 이해할 때 계시의 **영**이신 성령이 중심 역할을 하셨다는 점이다. 바울은 자신이 "**영**이 가르쳐주신 말"이라는 표현을 써서 말하려 했던 내용에 바로 이 설명 구절(13절)을 덧붙임으로써 그 내용을 더 확실하게 일러준다.

14절 바울은 지금까지 하나님의 지혜를 묘사하면서 이 지혜가 "무엇"(하

76) Kaiser, "Bibliology," 318 그리고 MacArthur, 63에 따르면, 근래에는 대다수 사람들이 이런 입장이다; 참고. Lightfoot, 180-81 그리고 Goodspeed (번역). Kaiser는 이 문제와 완전한 관련성을 갖지 않은 Godet의 주장을 빌려와 이런 견해를 피력한다. Godet는 "이 동사의 의미를 '해석하다'로 보는 것은 신약성경과 고전 그리스어에서는 생소한 일이다"라고 주장했다. 그러나 신약성경 어디에서도 이 말을 "결합하다"(!)라는 의미로 쓰지 않는다. 또 이 구절 용례와 고전 그리스어를 비교하는 것도 특히 아무 연관이 없다. 칠십인경에서는 이 동사를 줄곧 "해석하다"나 "설명하다"라는 뜻으로 사용했지만(가령 창 40:8, 16, 22; 41:12, 13, 15; 민 15:34; 단 5:7), 그것이 곧 "고전 시대"의 의미는 아니기 때문이다.

77) Holladay, 47.

나님이 우리를 영광스럽게 하시려고 이전에는 감춰놓으셨던 것)이고 이 지혜를 "어떻게"(**영**으로 계시하심) 알려주셨는지 이야기했다. 이때 그는 이 지혜의 반대편에 있는 것으로서 지금 한창 고린도 사람들이 푹 빠져 있는 것("이 세상의 지혜")을 늘 염두에 둔다. 이제(14-16절) 바울은 **영이 우리 안에서** 하시는 일에 관하여 자신이 말한 내용을 토대로 반대쪽이 지닌 부정적 측면을 제시한다. 이런 측면은 본디 **그들**이(**영**을 가지지 않은 자들이) 가진 모습이지만, 이제는 고린도 사람들이 그들을 그대로 따라간다. 이 때문에 바울은 3:1-4에서 고린도 사람들을 논박한다.

바울은 철저히 자신들이 추구하는 사람의 지혜에 빠져 하나님의 지혜를 무시하는 이 시대 사람들을 **영**을 가진 사람들(πνευματικοί, 15절)과 대비하여 ψυχικοί["거듭나지 못한 자들"(육에 속한 자들; the natural man/woman), NASB 등등]라고 규정한다. 이 ψυχικοί라는 말을 둘러싸고 상당한 논쟁이 있어왔다. 그러나 이어지는 서술 내용을 보면, 어쨌든 이 말이 **영**을 갖지 않은 사람들로서 단지 사람을 가리킨다는 것을 알 수 있다. 하지만 바울은 다른 곳에서는 πνεῦμα(**영**)와 대립하는 말로 σάρξ(육) 같은 형태를 즐겨 쓴다. 바로 이어지는 논박 부분(3:1-4)에서도 그렇게 한다. 그런데 왜 여기서는 이런 말을 썼을까? 어떤 사람들은 이 말이 고린도 사람들이 썼던 말인데 바울이 이를 채택하여 그들을 논박하는 용어로 구사한 것이라고 주장했다.[78] 그러나 이 말은 바울 자신의 유대교 배경에서 나온 말

78) 이것은 Wilckens, *Weisheit*, 89-91의 견해다. 그는 이 말이 본디 영지주의 용어인데 바울이 받아들여 썼다고 본다; 참고. B. Pearson, *The* Pneumatikos-Psychikos *Terminology in 1 Corinthians: A Study in the Theology of the Corinthian Opponents of Paul and Its Relation to Gnosticism*, SBLDS 12 (Missoula, Mont.: SBL, 1973), 38-39; R. A. Horsley, "Pneumatikos vs. Psychikos: Distinctions of Spiritual Status among the Corinthians," *HTR* 69 (1976), 269-88; 그리고 J. A. Davis, *Wisdom and Spirit: An Investigation of 1 Corinthians 1:18-3:20 Against the Background of Jewish Sapiential Traditions in the Greco-Roman Period* (Lanham, Md.: University Press of America, 1984), 117-25. 이들은 이 말을 필론의 영향을 보여주는 증거라고 본다. 이 말과 관련하여 문제가 되는 것은, 만일 이 말이 고린도 사람들이 바울을 묘사하는 데 쓴 것이 아니라면, 대체 그들이 이 말을 어떻게 사용하고 있었는지 밝혀내는 것이다.

일 가능성이 더 높다. 이 유대교 세계에서는 히브리어 **네페쉬**(*nepeš*)를 그리스어 명사인 ψυχή로 번역하여 썼는데, 이 말은 말 그대로 자연(거듭나지 못한) 상태에 있는, 육의 상태에 있는 실존을 지닌 인간을 가리키곤 했다.[79] 이것이 적어도 바울이 지금 제시하는 강조점이다. 바울은 이 말로 외부자들(outsiders), 곧 결코 신자들이 아니었던 사람들을 규정한다. 그들은 단지 "이 시대의 지혜"(6절)만을 아는 사람들이다. 이처럼 바울은 이 말을 결코 신자들을 가리키는 말로 쓰지 않는다. 바울은 **영**이 없는 이 사람들과 똑같이 행동하고 있는 고린도 사람들을 부를 때 σαρκίνοι라는 말을 쓰는데 (3:1), 이 말은 ψυχικοί와 완전히 다른 뉘앙스를 갖고 있다.

바울은 ψυχικοί를 세 가지 방향으로 묘사하지만, 세 경우 모두 이 사람들이 성령과 **아무** 관계를 **갖고 있지 않다**는 관점에서 묘사한다. 첫째, 그들은 "**하나님의 영**으로부터 온 것들을 받아들이지 않는다." 이런 서술은 "우리가 **하나님의 영**을 받았다"라고 말하는 12절과 뚜렷하게 대비된다. 이 경우에 쓴 동사는 다른 인격체를 "영접하다" 혹은 "받아들이다"라는 뜻으로 사용하는 평범한 동사다. 이런 서술은 ψυχικοί라는 사람들이 단순히 **영**의 일들을 이해하지 못하는 사람들임을 시사하는 게 아니라, 그들이 "단지 인간에 불과한" 존재이기에 **영**의 일들을 거부한다는 것을 시사한다.

둘째, 그들이 "받아들이지 않는/거부하는" 이유는 **영**의 일들이 "그들에게는 미련한 것들(어리석은 것들)이기" 때문이다. 그들에게는 12절에서 말하는 **영**이 없다. 때문에 만물을 보는 그들의 시각은 (성령의 시각과) 정반대이고 뒤틀려있으며 비틀어져 있다. 바울은 이미 1:18-2:5에서 그들은 그리스도의 십자가를 미련하다고 여기지만 이 십자가야말로 인간의 어리석음을 초월하는 하나님의 지혜로서 그들이 마땅히 가져야 할 지혜라고 주

79) 이 용어들을 다룬 논의는 *TDNT* 9.608-63 (E. Schweizer)과 *NIDNTT* 3.676-86 (G. Harder)을 보라.

장했는데, 여기 본문에서도 그 주장을 당연히 이어간다. 사람들이 십자가에 보이는 반응은 그 사람이 어떤 사람인가를 드러낸다. 십자가를 미련하게 여긴다는 것은 그가 하나님께 그리고 하나님의 방법에 맞서는 자(아울러 하나님의 **영**이 없는 자요 "하나님이 우리에게 거저 주신 것"을 갖지 못한 자로서 그분의 심판 아래 놓인 자)임을 의미한다.

셋째, 바울은 다시금 12절과 대비되는 명제를 제시하면서, "거듭나지 못한(육에 속한) 사람은" **영**을 받은 사람들이 이해**할 수 있는** 것을 "이해**할 수 없다**"라고 주장한다. 여기서 바울은 그들이 이해할 수 없다는 점을 강조한다. 또다시 "그것과 같은 것만이 그것을 안다"(11절을 보라)라고 말하는 셈이다. **영**이 없다 보니, 그들에게는 하나님과 하나님의 방법들을 아는 데 반드시 있어야 할 "자질"이 없다. "이런 것들은 **영**으로 분별되기 때문이다." 방금 말한 이 문구는 바울이 융통성 있게 언어를 구사한다는 것을 실증해 주는 사례다. 이제 여기서는 "**영**의"(spiritual)라는 말이 부사가 되었다.[80] 문맥을 보면, 바울이 하고자 하는 말은 "어떤 직관적 과정을 통해"가 아니라 "**영**을 통해"임을 확실히 알 수 있다. 바울은 "**영**적이다"(**영**에 속해 있다)와 "**영**으로 분별하다"라는 말을 말 그대로 **영**을 가졌다는 의미로 받아들인다. 이 **영**이 분별할 능력을 주시고 분별할 수 있게 하신다.[81]

"분별하다"(discern)로 번역한 동사[82]는 아주 중요하다. 이 동사는 바울 서신에서도 오직 이 서신에서만 나타나며(10회), 그중 한 번(14:24)을 제외하면 항상 논박하거나 조롱하는 문맥에서 등장한다. 이 사실은 이 말이 본디 고린도 사람들이 쓴 말이었으나 바울이 그들을 논박하는 말로 갖다 쓰고 있다는 것을 시사한다. 이 말의 적절한 의미를 찾아내기는 힘들다. 이 말은 사법과 관련된 전문용어로서 "무언가를 검증하다(조사하다)"라는

80) 그리스어로 πνευματικῶς다; 참고. 계 11:8. 후대 기독교 문헌에서는 이 말을 발견할 수 있지만, 기독교 밖에서는 이 말을 쓴 사례를 알지 못한다.

81) 더 자세한 내용은 이 책 제2장의 논의를 보라.

82) 그리스어로 ἀνακρίνω다; 참고. 15절(2회); 4:3(2회), 4; 9:3; 10:25, 27; 14:24.

의미일 수 있다. 이 말이 두 곳에서는 분명 그런 의미를 갖고 있는데, 이 두 곳은 바울이 자신을 "판단하는" 고린도 사람들을 질책하는 대목이다 (4:3-4; 9:3).[83] 여기 14절에는 일종의 언어유희가 있는 것 같다. 많은 사람들은 이 14절의 동사 역시 조롱하는 의미를 가진 것으로서 4:3-4의 용례를 미리 귀띔하는 것이라고 생각한다. 십중팔구 이 말은 하나님이 이 세상에서 하신 일들을 놓고 적절한 "판단들"을 내릴 수 있다는 의미에서 "분별하다"에 아주 가까운 의미일 것이다. "**영**이 없는" 사람은 분명 그런 판단을 내릴 수가 없다. 바로 뒤 구절인 15절도 이 말을 참된 **영**의 사람이 할 적절한 행위를 가리키는 말로 뽑아 쓴다.

특히 이 14절 문장은, 갈라디아서 3:2-5과 더불어, 바울 신학이 성령을 어떤 이가 하나님 백성이 되는 데 없어서는 안 될, 절대 필요하고 긴요한 실체로 보고 있음을 실증해준다. **영**이(오직 이 **영**만이) 신자와 불신자를 구별해준다. 불신자가 "멸망의 길을 걸으면서도" 십자가를 미련하다고 여기는 것은 바로 이 **영**이 없기 때문이다. 이 **영**이 없기 때문에 그들은 그리스도 안에서 나타난 하나님의 방법을 이해하지 못한다. **영**이 그리스도께 속한 것과 그렇지 않은 것을 구별해준다.

15-16절 바울이 이 단락에서 제시하는 주장은 이제 이 두 구절의 문장으로 끝을 맺는다. 1:17에서 시작했던 전체 문단의 주장도 역시 여기서 끝난다. 동시에 이 두 구절은 지금까지 바울이 주장한 모든 내용을 고린도 사람들과 그들의 분쟁을 강력히 논박하는 데 적용한 부분(3:1-4)으로 인도하는 길잡이 역할을 한다. 이 구절들은 네 부분으로 되어 있는데, 이들 부분은 AB-B′A′ 주장 패턴을 이룬다.

83) 여기서 강조하는 것은 조사 과정을 거쳐 내린 평결 자체보다 오히려 조사 과정이다. 이 점은 ἀνακρίνω의 어근인 동사 κρίνω가 함축한 의미에서 읽어낼 수 있다.

A **영**의 사람들은 모든 것을 "판단한다."

B 그러나 그들 자신은 어느 누구에게도 "판단 받지" 않는다.

B′ 누가 주의 마음을 알아서 그분을 가르치겠느냐?

A′ 그러나 우리는 그리스도의 마음을 가졌다.

첫째 줄(A)은 14절이 "거듭나지 못한"(육에 속한; ψυχικός) 사람에 관하여 말한 마지막 말("그것들은 **영**으로 분별되기 때문이라")과 첨예한 대조[84]를 이룬다. 그런 사람은 **영**의 일들을 도저히 이해할 수 없다. 그런 일들은 ψυχικός인 자들이 갖지 못한 **영**을 통해 "살펴볼 수/분별할 수" 있기 때문이다. 그러나 πνευματικός인 사람들, 곧 **영**을 가진 사람[85]은 그런 불리한 점이 없다. 이런 사람은 "모든 것을 판단"할 수 있다. 이 말을 문맥으로부터 억지로 떼어놓아서는 안 된다. "모든 것, 심지어 하나님의 깊은 것들까지 찾아 헤아리시는" 분이 바로 **영**이시므로, **영**을 가진 사람은 하나님의 방법을 분별해낼 수 있다. 물론 이런 사람이 반드시 모든 것을 분별해내는 것은 아니지만, 구원의 역사와 관련된 일들, 곧 이전에는 하나님 속에 감춰져 있었으나 이제는 **영**을 통해 계시된 일들은 모두 분별해낼 수 있다. 따라서 여기서는 새로운 이야기를 하고 있는 게 아니라, 10-14절에서 제시한 강조점을 새롭게 되풀이하고 있는 것이다.

둘째 줄(B)은 첫째 줄과 대비되는 내용이다. 둘째 줄은 방금 전에 14절에서 말한 내용을 토대로 내용의 순서를 뒤집어놓았다. 그러나 여기서는 ἀνακρίνω(분별하다/조사하다)라는 말로 언어유희를 부리는 것 같다. **영**이 없는 사람은 하나님이 행하시는 일을 분별해낼 수 없다(14절). 그러나 **영**을 가진 사람은 바로 그 **영** 때문에 분별할 수가 있다(첫째 줄=A). 따라서 **영**이 없는 사람은 **영**을 가진 사람을 "조사하거나" "판단할" 수 없다(둘째 줄

84) 그리스어 본문에서는 역접어 δέ 때문에 이런 대조가 더 두드러져 보인다.

85) 문맥상 πνευματικός의 의미는 이렇게 봐야 할 것 같다. Grudem, *Gift*, 158처럼 이 말을 "성숙한 영을 지닌"(spiritually mature)이라는 의미로 보게 되면, 바울의 논지를 놓쳐버린다.

=B). 우선 이 말은 말 그대로 이 시대에 속한 사람은 다가올 시대에 속한 사람을 "어리석다"라고 판단할 수 있는 자리에 있지 않다는 뜻이다. 그 삶 속으로 하나님의 **영**이 침입해온 사람들은 **영**이 없는 사람들을 포함하여 "모든 일"을 분별할 수 있다. 그러나 그 역(逆)은 불가능하다.[86]

그러나 이 말 속에는 바울의 주장이 다음 단락을 향해, 심지어 4:1-5에 있는 결론을 향해 나아가는 미묘한 움직임도 함께 들어 있지 않은가 하는 의문을 가진 이들이 있다. 고린도 사람들은 그들 자신을 "**영**에 속한 사람들"(spiritual)로 여길 뿐 아니라, 그런 사람들로서 바울 사도를 "조사(검증)하고" 있다. 바울도 진짜 "**영**에 속한" 사람은 하나님이 십자가에 못 박히신 그리스도 안에서 행하신 일들을 이해할 뿐 아니라 모든 일을 분별하고 "조사한다"고 인정한다. 바울 자신도 그런 사람이기 때문에 고린도 사람들을 놓고 뒤이어 제시하는 판단들을 할 수 있을 것이다. 바울은 사실 이 서신 전체에서 첫째 줄(A)이 상세히 제시한 원리를 천명하려 한다. 그러나 동시에 그는 "그리스도의 마음"을 그렇게 이해했기 때문에 고린도 사람들이 자신을 판단하는 것을 허용하지 않는다. 이와 반대로 고린도 사람들은 그들 자신의 행동을 통해—바울이 아니라—자신들이 진정 "**영**에 속한" 자들이 아님을 증명했다. 실제로 그들은 "육에 속한" 자들로서 **영**을 가지지 않은 비루한 사람들과 똑같은 행동을 하고 있다. 이런 이유 때문에 "**영**에 속한 사람"인 바울 자신은 "다른 어떤 사람의 판단에도 매이지 않는다." 바울은 다른 이들은 물론이요 바울 자신도 판단하실 유일한 분인 주님께 속해 있기 때문에 어떤 비루한 사람의 심판에도 매이지 않는다. 그는 이 점을 4:3-4에서도 역설한다.

셋째 줄(B′)은 성경이 둘째 줄(B)의 주장을 뒷받침하는 근거로서 제시

86) 이 문맥에서 끄집어내긴 했지만, 교회 안에서 많은 고초를 겪어온 또 다른 문장이 여기 있다. 어느 시대든 그들 자신을 **영**이 충만한 자로 여겨 자신은 일체 연단을 받을 필요도 없고 다른 사람들의 조언도 필요 없다고 생각하는 사람들이 늘 있다. 이 본문을 그렇게 읽는 것은 불행하고 어설픈 행태다. 이런 사람들이야말로 늘 그런 연단을 가장 필요로 하는 사람들이기 때문이다.

한 본문이다. 그런데 이 경우에는 이런 근거 본문을 제시하면서 서언문구(序言文句, introductory formula; 가령 "기록되었으되" 같은 문구)를 쓰지 않았다. 오히려 바울은 이사야 40:13[87]을 다시 다듬어 이 본문을 "아무도 없다"라는 대답을 요구하는 수사 의문문 역할을 하도록 바꿔놓는다.[88] 바울은 둘째 줄(B)에 비추어 이런 수사 의문문을 제시한다. "누가 주의 마음을 알아서 그분을 가르칠 수 있겠느냐?" 거듭 말하지만, 바울의 주장 맥락에 비춰볼 때 이 수사 의문문은 십중팔구 한 가지 물음으로 두 가지 물음을 한꺼번에 던지는 질문이다. 우선 이 질문은 말 그대로 ψυχικοί에게 주의 마음을 갖지도 않은 그들이 어떻게 참된 지혜를 알아서 **영**을 가진 사람을 판단할 수 있다는 생각을 감히 할 수 있는 것인지 묻는 수사 의문문이다. 바울은 "하나님과 논쟁하며 겨루고 싶어하는 자가 있겠느냐?"라고 묻는 것이다. 그러나 분명 이 질문은 그의 고린도 친구들에게 던지는 물음이기도 하다. "이제 사람의 지혜에 푹 빠져 바울을 판단하고 바울을 비방하는 자들 가운데 십자가에서 계시된 하나님의 지혜를 무시해버릴 수 있을 정도로 주의 마음을 알 수 있는 자가 과연 있을까?" 실제로 지혜를 추구한다면서 십자가의 도를 피하려는 자는 결국 자신이 주님을 가르칠 수 있다고 생각하려 하는 바보일 뿐이다.

마지막 줄(A′)은 15절이 제시하는 첫 번째 주장과 일치하지만, 이제는

---

87) 바울은 이 구절의 세 줄 가운데 중간 줄("누가 그의 모사가 되었느냐?")을 빼버렸다. 이 중간 줄은 바울이 지금 말하고자 하는 취지에 아무 기여를 하지 못하기 때문이다. Robertson, *Grammar*, 724은 인용문 둘째 줄 서두에 있는 ὃς가 "결과 개념을 나타내어 '…하기 때문에 결국…한다'(so as to)라는 의미를 갖는다"라고 본다. 말이 나온 김에 바울이 이 인용문을 써서 사 40-48장이 제시하는 강조점을 반영한다는 점도 언급해두어야겠다. 이 이사야 본문의 주제는 이스라엘이 하나님의 마음을 "나중에야 헤아린다"라는 것이다.

88) 참고. Wilckens, *Weisbeit*, 95. 사람들은 이 줄을 종종 달리 해석하여 첫째 줄(A)을 뒷받침하는 본문으로 본다. 이는 곧 이사야서가 제시한 물음에 대한 대답은 이곳이 아니라 다음 줄에 있다는 뜻이다. 즉 이 15-16절 본문을 "**영**의 사람들은 모든 일을 판단한다.…누가 그리스도의 마음을 알았느냐? 그 답을 아느냐? 우리는 가졌다"로 읽는 것이다. 그러나 이렇게 읽으면 문법에 과도한 부담을 지울 뿐 아니라[마지막 줄의 δέ는, 특히 강조어인 "**우리**"를 고려할 때 그리고 (앞에 나온 주의 마음이) "**그리스도의** 마음"으로 바뀌는 점을 고려할 때, 역접어로 이해하는 것이 가장 좋다], 바울의 주장에도 들어맞지 않는다.

16a절에 있는 수사 의문문에 직접 제시하는 답변이기도 하다. **영**을 가지고 있지 않아서 주의 마음을 **모르는** 자들과 달리, "**우리**는 그리스도의 마음을 가졌다."[89] 바울이 여기서 말하는 "마음"은 십중팔구 그리스도가 자신이 구원에서 차지하는 의미에 관하여 갖고 계셨던 이해를 의미할 것이다. 이런 이해는 성령이 우리에게 계시해주셨다. 사실 그리스어 성경을 보면, 바울은 히브리어 **루아흐**(*rûaḥ*)를 번역한 말[그리스어로 누스(νοῦς)]을 인용하면서 "마음"이라는 말을 사용하는데, 이 말은 보통 "영"을 의미한다(사 40:13).[4]

결국 이리하여 바울의 주장은 다시 출발점으로 돌아왔다. 그는 처음에 자신이 전하는 메시지가 사실은 지혜(하나님 바로 그분의 지혜로서 하나님이 **영**으로 계시해주신 것)를 표현한 것이라고 주장했다. 그는 – 말 그대로 육에 속한(ψυχικός) 자, **영**이 없는 인간에 불과한 자와 달리 – 적어도 그리스도의 마음을 이해한다. 고린도 사람들도 **영**을 가진 사람들이기에 바울과 같은 마음을 가질 수 있는 잠재력을 갖고 있긴 하다. 하지만 바울이 이제 지적하려고 하듯이, 그들의 행동은 **영**을 가졌다 하는 사람들의 행동이 아니다. 그들은 **영**을 가졌다 하나, 행하는 꼴을 보면 **영**을 가진 자들이 아니다. 이제 바울은 여기서부터 계속 고린도 사람들을 압박하여 그들이 자신들의 "지혜"가 미련함을 인정하도록 만드는 데 관심을 쏟는다. 그들의 지혜가 미련함은 그들의 분쟁에서 여실히 드러나고 있는데, 이 분쟁으로 말미암아 그리스도가 위하여 죽으신 교회가 무너지고 있었다.

3:1 바울은 이제 자신이 2:6–16에서 제시한 주장을 고린도의 상황에 구

---

89) 이사야서 본문의 "주"(야웨)를 "그리스도"로 바꾸어놓았지만, 이런 바꿈은 바울이 지금 제시하는 주장에서 그리 중요한 의미를 갖지 않을 것이다. 그러나 이런 바꿈은 바울 자신의 기독론을 조금이나마 시사하는 것이다! 바울에게는 그리스도가 곧 주님(하나님)이시기 때문이다. 따라서 구약성경이 야웨(주)를 이야기할 때, 바울은 그런 언어 속에서 그리스도 바로 그분을 언급하는 말을 본다. 이 점과 관련하여 롬 8:9이 "하나님의 **영**"과 "그리스도의 **영**"을 서로 바꿔 쓰는 점도 살펴보라.

체적으로 적용한다. "**영**을 받은 우리는 실제로 그리스도의 마음을 가졌으며 하나님의 어리석음이 지혜임을 이해한다. 그리고 나는, 형제자매들아, 너희에게 πνευματικοί [**영**의 사람들(개역개정: 신령한 자들)]에게 말하는 것처럼 말할[90] 수가 없었다." 이제는 두 가지 관심사가 바울 사도를 다급하게 만든다. 하나는 그들의 "영성"(spirituality)이요 다른 하나는 그들의 분열이다. 바울이 보기에 이 둘은 서로 모순이다. 문제는 자신들을 이런 사람("**영**의 사람")으로 **생각하는** 고린도 사람들이 **사실은** 저런 사람("분열된 사람들")이라는 것이다. 그래서 바울은 두 가지 일을 한다. 이 일들은 2:6-16로부터 바로 흘러나와 3:5-17로 곧장 흘러간다.

첫째, 바울은 자신이 방금 전에 다룬 "**영**에 속한" 사람의 모습(being "spiritual")이라는 주제를 원용하여 고린도 사람들을 정면으로 공격하면서 그들을 **영**의 사람들이 아닌 자들로 선언해버린다! 정녕 그들은 **영**의 사람들과 정반대인 자들로서 "육에 속한" 자들(**영**을 갖지 않은 사람들과 여전히 똑같은 생각을 하는 이들)이다. 바울은 이런 공격 덕분에 여러 세기 동안 오해를 받는 처지가 되었다. 그러나 그의 관심사는 단 하나다. 그리스도인들을 여러 계급으로 나누거나 영성에 여러 등급을 매기는 게 아니라, 그리스도인들이 더 이상 이 시대에 속한 사람들처럼 **생각하지** 않도록 만드는 것이 바로 그의 관심사다.[91]

---

90) 그리스어로 λαλῆσαι다. 바울이 2:6, 7, 13에서 자신의 설교를 가리켜 쓴 바로 그 동사의 부정사다.

91) 이것이야말로 바울 자신이 고린도 회중 내부의 신자들을 구별했는지 묻는 질문에 줄 수 있는 가장 훌륭한 대답인 것 같다. 바울이 그런 구별을 했는가라는 문제는—현재 고린도 회중 내부에 분열이라는 문제가 존재한다는 점과 다른 곳에서 엿볼 수 있는 바울의 신학을 고려할 때—실제로 그가 그렇게 했다고 믿는 사람들을 포함하여 거의 모든 주석가들이 본질적 문제로 인식하는 것이다. 참고. Funk, "Word," 299: "그럼에도 불구하고 바울이 그 회중 내부에서 어떤 구별을 하고 있는가? 사실 그는 하고 있다! 문제는 그가 무슨 종류의 구별을 하고 있으며 무엇을 근거로 그런 구별을 하고 있는가다." Funk는 자신이 "변증법적" 갈등이라고 부르는 것을 뒷받침할 신학적 근거를 제시한 뒤, 이 본문을 놓고 이렇게 말한다. "그러므로 그리스도인들은 (그들이 **영**을 따라 행하는 한) **영**을 가졌으면서도 [그들이 그 척도(규범)에 온전히 미치지 못하는 한] 가지지 않았다고 말할 수 있다." 그러나 πνευματικός의 의미를 두 가지로 보는 견해[가령 P. J. du Plessis, ΤΕΛΕΙΟΣ: *The Idea of Perfection in the New Testament*

둘째, 바울은 또 고린도 사람들이 그 시대 사람들처럼 **행동하지** 않기를 원한다. 고린도 사람들의 상황을 생각할 때, 이는 첫째 것보다 더 중요한 것이다. 따라서 바울의 주장에 따르면 그들 내부의 다툼이야말로 바울이 1절과 2절에서 추궁하는 그들의 잘못을 증명해주는 증거물 1호(Exhibit A)가 된다.[92] 그들의 행동은 "사람에 불과한 자"가 할 행동이다. 그렇다면 그들은 진정 "**영**의 사람"이 아니라 "육의 사람"임이 맞지 않는가?

물론 바울은 그들에게 **영**이 없다고 말하는 게 아니다. 그들은 **영**을 가졌다. 하지만 그게 문제다. **영**을 가졌다는 그들이 **영**이 없는 자들과 똑같이 생각하고 행동하기 때문이다. 그런 점에서 바울의 주장은 상당히 날카롭다. 그가 결국 말하고자 하는 것은 이것이다. "당장 그런 행실을 그만두라! **영**의 사람이라면 너희처럼 행동하기를 그만두어야 마땅하다."

그러나 바울은 "(그들을) **영**의 사람들(spiritual)로 대할 수 없다"라고 말함으로써 그리스도인들 중에도 "**영**의 사람들이 아닌 자들"이 있음(이것은 참이면서도 참이 아니다)을 인정하는 것 같다. 한편으로 보면 그리스도인들 중에도 **영**의 사람들이 아닌 자들이 있다는 말은 참이 **아니다**. **영**은 어떤 이가 신자인가 아닌가를 판가름하는 긴요한 요소이기 때문이다. **영**이 없는 사람은 그리스도인일 수 없다.[93] 반면 고린도 사람들은 그리스도인답지 않은 행위들을 허다하게 저지른다. 이런 의미에서 보면 그들은 "**영**의 사람들이 아닌 자들"이다. 이는 그들에게 **영**이 없기 때문이 아니라 그들의 생각과 행동거지가 **영**이 없는 자들과 **똑같기** 때문이다. 그러나 우리와 자주 관련 있는 이 탁월한 신학적 주장들은 여기서 바울이 목적하는 게 아

(Kampen, 1959), 183-85, 그리고 Mare, 204]는 바울의 논점을 놓치고 있다. Mare는 여기를 2:14-15과 다른 의미로 볼 필요가 있다고 주장하는데, 이 경우도 아이러니를 사용한 용법 속에 포함시키는 것이 더 나을 수 있다. 그렇게 보면, 다른 견해가 가진 난점들도 없어진다.

92) 바울은 곧바로 세 단락에 걸쳐 이 당면 문제를 다루어가지만, 흥미롭게도 고린도 사람들의 분쟁 자체보다 교회 내부 리더십의 본질과 역할에 관한 그들의 오해에 초점을 맞추어 다루어 간다(3:5-15). 이런 오해는 다시 그들이 교회의 본질 자체를 오해하고 있었음을 보여주는 것이다(3:16-17). 뒤의 3:16-17 부분을 보라.

93) 이것이 바로 앞의 2:14의 강조점이다; 참고. 롬 8:9; 갈 3:2-3; 딛 3:5-7.

니다. 바울은 말 그대로 "고린도 사람들을 뒤쫓아간다." 바울은 그들이 구사하는 언어 속에 자신이 방금 전에 주장했던 내용을 집어넣은 뒤, 이 언어를 사용하여 그들을 부끄럽게 하고 그들이 현실을 직시하게 한다(물론 4:14에서는 그들을 부끄럽게 하려고 이렇게 한 게 아니라며 시치미를 뗀다).

바울은 그들을 "**영**의 사람들"(신령한 자들)로 대할 수 없었지만, 실상 그들은 "**영**의 사람들"과 정반대 상태("육의 사람들/육에 속한 사람들")[94]에 있었다. 그 영성이 현재 육에 속한 실존으로 몰락하여 미래에 몸으로 부활할 것을 부인하는 지경에까지 이른 자들은(15:12) 이 말을 그저 신랄히 비꼬는 말로 볼 수도 있다. 여기서 "육의 사람들"을 가리키는 말로 사용한 그리스어 σαρκίνοι는 특히 그들이 단지 인간이며 그들의 실존이 육에 치우쳐 육에 속하지 않는 실존과 대립하고 있음을 강조해준다.[95] 바울은 3절에서 이 말을 σαρκίκοι로 바꾸는데, 이는 다만 타격 강도만을 증강시키는 변화일 뿐이다.[96] 바울이 처음 그들 가운데 있을 때에도 그들은 "육의 사람들"이었다. 그런데 지금도 그들의 행동거지는 "육에 속해" 있다. "육에 속해 있다"라는 말은 그 시대 풍조를 따라 살아간다는 말로서 철저히 윤리적 의미를 함축하고 있는 말이다. 따라서 그 말은 죄로 물든 본성을 좇아 살아간다는 의미이기도 하다. 더욱이 σαρκίνος는 2:14의 ψυχικός와 동의어가 아니다. ψυχικός를 σαρκίνος로 바꾼 것은 일부러 그런 것이다. ψυχικός는

---

94) 그리스어로 σάρκινος (육의/육에 속한=육으로 이루어진)다. 3절에서 바울은 σαρκικός (육의/육에 속한=육의 특징들을 가진; 육과 관련된)로 바꾼다. 바울은 이런 구별을 계속 유지하여 고후 3:3에서는 σάρκινος를 사용하고["도리어 사람의 마음판에"(but on tablets of human hearts, NIV), 즉 육으로 이루어진 마음에] 고후 1:12에서는 σαρκικός를 사용한다["세상의 지혜(개역개정: 육체의 지혜), 곧 죄악에 물든 본성의 시각에 기초한 지혜]. 후대 사본들은 여기서 σαρκικοῖς로 기록해놓았는데, 놀라운 일이 아니다. 반면 P[46] ℵ A B C* D* 6 33 945 1175 1739 pc는 σαρκίνοις로 기록해놓았다.

95) 이것은 이 말들이 기본적으로 같은 것을 의미한다고 보는 통설과 반대되는 견해다. 그렇다면, 왜 바울 자신이 두 가지 단어를 사용했는지 의문이다. 설령 그 차이점이 좀 모호하다 할지라도, 일단 바울 자신이 두 가지 단어를 쓴 이상, 그가 두 단어를 썼다는 사실을 진지하게 고려해야 할 것이다. 가령 Robertson-Plummer, 52과 Moulton (MHT 2.378)을 보라.

96) 이곳이 현존하는 바울 서신에서 "육"과 "**영**"을 처음으로 대조하는 곳이다. 이런 경우는 고후 1:17, 22; 5:16-17; 갈 5:13-25; 롬 7:5-8:17에서도 더 볼 수 있다.

단지 **영**이 완전히 없는 사람을 묘사하는 말이었다. **영**이 전혀 없다 보니 이런 사람들은 바울이 지금 하는 주장도 이해할 수가 없었다. 그들에게는 바울의 주장이 미련해 보였기 때문이다. 바울이—아무리 고린도 사람들이 ψυχικοί처럼 행동하고 있어도—그들을 ψυχικοί로 부를 수 없었던 것은 그들이 이전에 **영**을 받은 까닭이었다. 따라서 바울이 이 말을 σαρκίνοι로 바꾼 것은 모든 면에서 적절한 조치다. 바울은 고린도 사람들을 **영**이 없다는 이유로 질책하는 일을 피한다. 그러면서도 그들이 자신들의 진짜 상태를 똑바로 바라보도록 압력을 가한다.

고린도전서의 이 부분은 교회에서 아주 불행한 적용 역사를 견뎌냈다. 사람들은 바울 자신의 논지는 거의 전부 잊어버린 채 그의 의도와 거의 180도 반대인 해석을 지지해왔다. 거의 모든 형태의 영적 엘리트주의, "더 심오한 삶" 운동, "두 번째 복" 교리가 이 본문을 근거로 내세웠다. 이런 것들이 특히 내세우는 표현에 따르면, **영**을 받은 사람은 하나님에 관하여 "더 심오한 진리들"을 알게 되고 나머지 것들을 "육에 속한" 것으로 보게 된다.[97]

모든 교회는 바울의 관심사를 되살려야 한다. 성령이라는 선물은 그것을 받은 사람에게 신자들 사이에서 특별한 지위를 누리게 하지 않는다. 오히려 성령은 세상에 맞서는 특별한 지위를 부여한다. 그러나 성령으로 세상과 맞설 경우에는 십자가에 못 박히셨던/그리고 부활하신 우리 구주의

97) 이런 엘리트주의를 따르는 한 특별한 브랜드가 일부 사람들 사이에서 나타났다. 이들은 "믿음"이 가지는 가능성들을 극단까지 밀어붙였고(즉 "믿음"만 있으면 안 되는 일이 없다고 주장했고—옮긴이) 자신들이 최고 권위로 내세우는 성령으로부터 받았다는 "특별한 계시"를 늘 내세우곤 한다. 다른 형제자매들은 그들보다 "더 낮은" 이들이며 말 그대로 그리스도 안에서 완전한 특권을 누리는 그들보다 더 아래에서 살아가는 이들이다. 실제로 이런 형태의 영성을 옹호하는 자들은 고린도 사람들의 잘못을 그대로 되풀이할 가능성이 높다. 이런 모습이 지극히 고통스러운 것은 이들이 이 본문을 잘못 사용하고 있다는 이유 때문이기도 하지만, 그런 본문 오용으로 말미암아 십자가의 도가 땅에 떨어지는 일이 비일비재하게 벌어지기 때문이다. 결국 그렇게 되면 사람들이 그리스도인의 참된 삶을 규정하는 패러다임으로서 늘 설명되었던 "하나님의 지혜"에 담긴 내용을 듣기가 어려워지는 결과가 벌어지고 만다.

메시지를 언제나 중심으로 삼아야 한다. 성령은 분명 하나님 백성이 갖는 정체성을 이들이 이 세대의 지혜와 완전히 다른 가치관과 세계관을 갖고 있다는 말로 확인해주신다. 신자들은 그리스도 안에서 하나님이 어떤 분인지 안다. 이 신자들은 덧없이 지나가는 이 시대 속에서 미래에 누릴 삶을 살아낸다. 이들을 규정해주는 표지는 영원히 십자가다. 이들은 말 그대로 성령의 백성이며, 한낱 인간일 뿐이요 십자가의 치욕을 이해하지 못하는 이들에게 담대히 맞서는 자들이다. 진정 **영**의 사람은 엘리트주의로 빠지지 않는다. 오히려 **영**의 사람은 하나님의 심오한 신비(하나님이 십자가에 못 박히신 메시아를 통해 이루신 구속)를 더 깊이 이해하게 된다.

▪ 고린도전서 3:16-17

16너희는 너희가 하나님의 성전인 것과 하나님의 **영**(개역개정: 하나님의 성령)이
너희 안에 계시는 것을 알지 못하느냐? **17**만일 누구든지 하나님의 성전을 파괴
하면(개역개정: 더럽히면), 하나님이 이 사람을 파괴하시리라[98](개역개정: 멸하시리라). 이는 하나님의 성전이 거룩하기 때문이요 또 너희가 그 성전이기 때문이라.

이곳은 바울 서신에서[99] 바울이 교회가 한 몸인 실체임을 말하고자 성전이라는 이미지를 사용한 세 사례 가운데 첫 번째 사례다. 성령은 한 몸을 이룬 이 실체를 지도하시는 역할을 한다.[100] 아울러 이곳은 바울 서신에서 가장 중요한 본문 가운데 하나이기도 하다. **영**의 사람들인 각 지역 신앙

98) "몇몇 사본들은 앞에 나온 말(φθείρει)에 영향을 받아 φθερεῖ 대신 현재 시제인 φθείρει로 기록해놓았다. 주로 서방 사본들이 그렇다"(Metzger, *Textual Commentary*, 549).

99) 아울러 고후 6:16과 엡 2:20-22도 보라.

100) 참고. 바울이 교회를 가리킬 때 사용하는 다른 두 가지 주요 이미지는 몸과 가족(family)이다. 이 몸과 가족에서도 역시 성령이 이들을 이끄시는 역할을 하신다(성령과 몸이 등장하는 곳은 고전 12:13과 엡 4:4; 성령과 가족이 등장하는 곳은 갈 4:6과 롬 8:15-16이다).

공동체의 본질과 의미에 관하여 바울이 이해하는 내용을 그대로 보여주기 때문이다. 이 본문은 바로잡음(교정)과 경고를 담은 문맥 속에 자리하고 있기 때문에, 우리는 먼저 이 본문을 바울이 제시하는 주장 속에 놓아두는 일부터 시작해야 한다.

바울이 보기에 고린도 사람들이 이전에 섬겼던 선생들을 판단척도로 내세우며 σοφία(한낱 세상의 지혜)의 이름으로 벌이는 싸움과 분열 문제는 단지 고린도 회중들 속에 아주 깊이 자리한 두 가지 문제가 겉으로 나타난 증상일 뿐이다. 그 두 가지 문제 중 첫째는 복음을 철저히 오해한 것이었고, 둘째는 이 오해에 따른 결과로서 교회와 봉사(섬김)의 의미를 이해하지 못한 것이었다. 바울은 1:18-3:4에서 첫 번째 문제를 다룬 다음, 이제 두 번째 문제로 넘어간다.

우선 바울은 5절부터 교회 리더십에 관한 고린도 사람들의 그릇된 견해를 바로잡아가기 시작한다. 이때 그는 그들의 초점을 그들이 따르던 선생들로부터 하나님으로 다시 옮겨 바로잡는다. 하나님은 모든 이를 소유하시기에 고린도 사람들도 오직 하나님 소유일 뿐이다(5-9절). 동시에 바울은 필시 교회의 본질에 관한 그들의 치우친 이해도 바로잡으려 한다. 우리가 보는 짧은 단락(16-17절)도 이렇게 바로잡는 내용을 충분히 담고 있다. 바울은 9절에서 교회는 **하나님의** 밭이라고 주장하며 첫 번째 유비를 맺는다. 이때 그는 하나님이 그 밭의 소유주요 그 밭을 만드신 분임을 강조한다. 이어서 바울은 다른 이미지를 사용하여 교회를 하나님의 집이라고 표현한다. 그는 이 이미지를 사용하여 우선 당시 그 집을 지어가고 있던 사람들에게 그 집의 하부구조를 반드시 그 기초(터)—십자가에 못 박히신 그리스도—에 합당한 재료로 세우게끔 지극히 조심하여 집을 지어야 한다고 경고한다(10-11절). 고린도 사람들은 지금 σοφία(지혜)에 정신이 팔려 있다. 그러나 이것은 마지막 때의 시험을 견디지 못할 나무와 건초와 나무 그루터기로 집을 지어가는 것과 마찬가지다.

바울은 우리가 지금 살펴볼 단락으로 주장의 방향을 살짝 바꾼다. 바울은 자신과 다른 이들이 세워오고 있던 집이 무슨 **종류**의 집이었는지 상세히 밝힘으로써 자신이 9b-15절에서 사용한 이미지로부터 한 걸음 더 나아간다. 그와 다른 이들이 고린도에서 세우고 있던 집은 하나님의 **성전**이었다. 여기서 바울이 관심을 갖는 것은 두 가지 문제다. 첫째, 바울은 바로 이 이미지를 통해 고린도 사람들이 고린도에 있는 하나님의 백성으로서 그들의 존재가 지니는 본질과 의미를 깨달을 수 있게 도와주려고 한다. 둘째, 바울은 13-15절에서 심판이라는 모티프를 채용하여 그들의 지혜와 분열 행위로 고린도 교회를 파괴하고 있던 이들에게 엄히 경고한다. 이처럼 바울은 독특한 은유를 사용하여 우리에게 지역 교회의 본질을 설명해주면서 이런 지역 교회를 소홀히 여기는 자들에게 신약성경에서 볼 수 있는 가장 강력한 경고를 제시한다.

바울은 다시 수사 의문문을 써서 "너희는 너희가 누군지 알지 못하느냐?"[101]라고 그들에게 묻는다. 그들이 지금 하는 행동을 보면, 분명 그들은 자신들이 누구인지 모르거나, 적어도 그들이 고린도에 있는 하나님의 백성이라는 사실이 어떤 의미를 지니고 있는지 진지하게 생각해보지도 않은 이들이다.

하나님의 성전이라는 교회의 이미지는—유대인인 바울은 물론이요 이방인인 고린도 사람들에게도—의미심장한 심상(心象)이다. 여기서 바울이

101) 그리스어로 οὐκ οἴδατε ὅτι다. 바울이 이 표현을 이 서신에서 열 번이나 사용한다는 사실(3:16; 5:6; 6:2, 3, 9, 15, 16, 19; 9:13, 24), 그것도 주로 그가 괴로워하며 번민하는 대목에서 사용한다는 사실, 그리고 이 말이 그의 다른 서신에서는 단 한 번만 등장한다는 사실(롬 6:16)은 어쩌면 고린도 사람들과 그들의 소행을 바라보는 바울의 심정에 관하여 많은 것을 일러주는 징표일지 모른다. 일부 사람들은 바울의 이 질문이 이미 그가 그들에게 이런 이미지를 제시했다는 것을 시사한다고 주장했다. 가령 Weiss, 84과 B. Gärtner, *The Temple and the Community in Qumran and the New Testament* (SNTSMS 1; Cambridge: University Press, 1965), 57을 보라. 그러나 그런 주장은 오히려 이 서신이 구사하는 수사 도구처럼 보이는 것에 과중한 부담을 지우는 것이다. 도리어 고린도 사람들이 스스로 지혜와 지식을 강조한 것을 생각한다면, 이 경우에 이 의문문은 비꼼이나 빈정거림에 더 가까운 수사 도구 정도로[따라서 "γνῶσις (지식)을 자랑하는 너희들이 그것을 모르다니, 그게 말이 되느냐?"라는 의미 정도로] 보는 것이 더 좋을 것 같다.

쓴 말(ναός, 나오스)은 하나님이 거하시는 장소인 실제 성소를 가리키는 것으로서, 이 성소를 포함한 성전 경내를 통칭하는 ἱερόν(히에론)과 구별되는 말이다.[102] 따라서 이 ναός라는 말이 처음 등장하는 이곳에서 이 이미지는 하나님이 당신 백성과 함께 계신다는 주제를 표현한다. 이 주제는 출애굽기에서 시작하여 구약성경 전체를 관통한다.[103] 결국 주(야웨)의 **영**을 가리키는 말로 이해했던[104] 하나님의 임재는 이스라엘을 이끌고 광야를 가로질러 "그들의 쉼(안식)"으로 인도해주실 책임을 갖고 계셨다. 모세는 하나님 바로 그분과 쟁론하면서 하나님의 임재가 이스라엘의 존립을 좌우할 중대 문제라고 주장한다(출 33:15-16). 처음에는 성막에 그리고 나중에는 예루살렘 성전에 자리하고 있었던 존재는 토라도 할례도 안식일 준수도 아니라, 하나님의 임재였다. 오직 이 하나님의 임재만이 이 땅에서 하나님의 백성을 다른 모든 사람들로부터 구별해준다. 따라서 바울에게는 무엇보다 성전이라는 이미지가 이런 구약의 주제를 되울려주는 것이다. 하나님은 지금 당신의 **영**을 통해 고린도에 있는 당신 백성 가운데 임재해 계신다.

또 바울에게는 이 성전이라는 이미지가 종말론과 관련된 의미를 갖고 있었을 가능성이 아주 높다.[105] 그런 이해는 아마도 두 가지 근원에서 흘러나

102) *TDNT* 4.880-90에 있는 O. Michel의 글을 보라. 신약 시대에는 모든 그리스어 문헌이 이 두 단어를 꼭 구별하지는 않는다. 그러나 칠십인경에서는 이 둘을 구별하여 사용한다. 칠십인경의 이런 용례가 바울에게 영향을 준 것 같다.

103) 사실 이 책 제1장에서도 언급했듯이, 비록 논란이 있긴 해도 이 주제가 출애굽기 구조를 이해하는 핵심 열쇠다.

104) 사 63:9-14을 보라. "사자나 천사가 아니라 그의 임재가 그들을 구원하셨다.…그러나 그들이 반역하여 그의 성령을 슬프게 했으니…골짜기로 내려가는 가축같이, 야웨(주)의 **영**이 그들을 쉬게 하셨도다. 이처럼 당신께서 당신 백성을 인도하사 당신 자신을 위하여 영광스러운 이름으로 만드셨나이다"(지은이가 인용한 NRSV 번역문). 아래에서 엡 4:30을 더 논의한 내용을 살펴보라.

105) 이런 주장은 자주 있어 왔다. 쿰란 사본 가운데 종말론을 다룬 평행 본문들(Gärtner, *Temple*을 보라)과 바울이 말하는 종말론의 큰 틀을 고려하면, 아마 이런 주장이 맞을 것이다. 그러나 바울의 용례 자체만 놓고 보면, 어떤 용례도 이렇게 이해할 필요가 없다. 다른 이들도 많이 있지만, Weiss, Barrett, Bruce, Conzelmann, Senft를 보라.

왔을 것이다. 하나는 유대인들이 품고 있던 종말론적 소망들인데, 이런 소망들은 다양한 자료들이 반영하고 있다.[106] 다른 하나는 바로 예수 자신으로부터 흘러나온 전승으로서, 당신이 "사흘 안에" 성전을 다시 세울 것이라고 말씀하신 것이다.[107] 따라서 지금 교회를 마지막 때의(eschatological) **영**이 거하시는 곳으로 체험한다는 것은 에스겔이 환상으로 보았던 회복된 성전(겔 40-48장)을 실재로 체험하는 것이 될 것이다. 하나님은 이 성전에서 "그들 가운데 영원히 사시겠다고"(43:9) 약속하셨으며, 이 성전으로부터 생수의 강이 흘러나와 그 땅을 회복시켜주었다(47:1-12).

유독 바울이 독특하게 기여한 것은 훌륭하고 쉽게 이해할 수 있는 이미지 전달이다. 그는 신앙 공동체 자체를 고린도에 있는 하나님의 성전으로 묘사한다. 구약성경도 이스라엘 백성을 하나님이 친히 성막을 통해 그들 가운데 "거하시고자" 선택하신 하나님 백성으로 묘사하지만, 그래도 이 백성을 하나님의 성전이라고 부르지는 않는다.[108] 고린도 사람들은 마지막 때의 **영**이 신자 안에 들어와 거하시고 신자들이 모인 공동체 안에 임재하심을 체험했다. 이런 체험은 바울이 전달하는 이 이미지들을 이해하는 열쇠다. **영**은 이사야 63장이 당신의 옛 백성 가운데 임재하신 하나님으로 이해한 존재였고, 이제는 바울이 당신이 새로 만들어내신 마지막 때의 백성 가운데 임재하신 하나님으로 이해하는 분이다.

고린도 사람들 역시 그들 자신의 신앙 배경에 비추어 이 이미지를 쉽게 이해했을 것이다. 그들 중 대다수는 이방 종교 신자로서 살아갈 때[109] 그들

---

106) 가령 사 28:16(참고. 고전 3:10); 겔 40-48장; 「희년서」 1:17; 「에녹1서」 91:13; 4QFlor.

107) 막 14:58에 있는 거짓 증인들의 증언 내용에서도 나타나듯이, "거짓"은 예수가 하신 말씀과 관련된 게 아니라 이 말씀에 담겨 있었을 의미와 관련 있다. 요 2:19-21도 똑같은 전승을 보여주는데, 어쩌면 이는 사도행전에 나오는 헬라파(바울도 헬라파 출신이었다) 사이에서 나온 말일 것이다. 이들은 예루살렘 성전을 "손으로 지은 것"이라며 거부했다(행 6:13; 7:48-50).

108) 하나님이 광야에서 그들 가운데 거하심이라는 풍성한 이미지 외에도, 가령 시 114:2("유다는 여호와의 성소가 되고")을 참고하라.

109) 6:9-11; 8:7, 10; 12:2에서 분명하게 드러난다.

이 사는 도시에 있던 많은 이방 신전들과 묘당들(ναοί)을 빈번히 드나들었을 것이다.[110] 실제로 그들 중 일부는 아직도 자신들에게 그리 행할 수 있는 권리가 있다고 우겨대고 있었다.[111] 그러나 이제 바울은 고린도 신자들에게 살아 계신 하나님이 이방신이 득실대는 고린도에 유일한 성전을 갖고 계시며 그들이 바로 그 성전이라는 사실을 주목하라고 요구한다.[112] 그들이 하나님의 성전이 된 것은 "하나님의 **영**이 너희 안에 계시기" 때문이다. 바울이 한 이 말은, 비록 그가 **영**이 그들 각 사람 안에 들어와 계심을 인정하고 있다 해도(참고. 6:19), 여기서는 그런 의미라기보다 하나님의 **영**이 "너희 가운데 계신다"라는 의미일 가능성이 아주 높다. 즉 여기서 바울은 한 몸을 이룬 교회가 하나님이 계시는 곳임을 성찰하고 있는 것이다. 이 교회는 예수의 이름으로 모였을 때 그들 가운데 주 예수가 임재하시고 능력으로 역사하심을 **영**을 통해 체험했다(5:4-5). 2:10-13에서도 말했듯이(참고. 2:4-5), **영**은 다가올 시대에 누릴 생명에 긴요한 실재로서 이제는 신자들 가운데 계신다. **오직** 이 **영**의 임재**만이** 그들이 하나님의 새 백성이요 고린도에 있는 하나님의 성전임을 구별하여 보여주는 표지다.

바울의 교회 이해(바울은 주로 교회를 **영**의 사람들로 이해한다)에서 이 본문이 차지하는 중요성을 지나치게 강조하기는 힘들다. 교회는 한 몸을 이룬 실체요 그들이 사는 지역을 배경으로 형성된 일종의 새 족속(a kind of new race)[113]으로 생각할 수 있지만, 동시에 신자들이 모여 살아 계신 하나

---

110) 이를 언급한 기록은 후대에 나온 기록인 Pausanius, 26이 전부다.

111) 적어도 내 견해는 그렇다; Fee, *1 Corinthians*, chs. 8-10의 논의 내용을 보라.

112) 혹시 여기서 바울이 구사하는 어순을 그리 중시하지 않는 사람이 있을지도 모르나, ναὸς θεοῦ ἐστε라는 어순은 십중팔구 강조하는 뜻을 담은 것으로서 "콜웰(Colwell)의 법칙"(동사 앞에 나오는 서술 명사는 설령 정관사가 붙어 있지 않더라도 늘 뭔가를 한정하는 의미를 갖는다)을 잘 보여주는 사례일 것이다. 만일 그렇다면, 바울은 지금 이렇게 말하고 있는 셈이다. "너희는 너희가 고린도에 있는 하나님의 **유일한** 성전(*the* temple of God)임을 알지 못하느냐?"

113) 이것은 엡 2:11-22로부터 가져온 말이다. 여기를 보면, 함께 하나님의 새 백성이 된 유대인과 이방인이 이전의 두 "민족"(족속)으로부터 새 ἄνθρωπος 새 인류를 형성한다.

님을 예배하고 이를 통해 신자들끼리 서로 섬기는 공동체라고 생각할 수도 있다. 여기서 바울은 십중팔구 전자를 염두에 두고 있는 것 같지만, 곧 바로 후자를 이야기한다. 고린도 사람들은 한 몸으로 살아가는 삶 가운데 많은 부분을 그들이 함께 모이는 집회에서 표현하고 있기 때문이다.

어쨌든 고린도 신자들은 고린도에 있는 하나님의 성전으로서 고린도의 종교와 여러 악들에 맞서 대안이 되어야 할 이들이다. 이방 종교에는 많은 신전과 묘당을 세워놓고 숭상하는 "많은 신들과 많은 주들"이 있었다. 그러나 이와 달리 이제 고린도에는 살아 계신 하나님의 성전이 있다. 그러나 고린도 신자들은 어떤 건물도 갖지 않았으며, **그들이** 바로 건물이었다. 뿐만 아니라, 당시 고린도 사회를 대변하는 특징은 문란한 성과 탐욕과 적대감과 깨어진 관계들이었다. 그러나 고린도 신자들은 살아 계신 하나님의 사람들이었고, 하나님은 이 사람들 속에서 당신의 **영**으로 순결과 긍휼히 여김과 용서와 사랑을 만들어내셨다. 고린도 사람들이 고린도에 있는 하나님의 또 다른 성전이 된 것은 **하나님이 몸소** 그들 속에 그리고 그들 가운데 **계셨기** 때문이다. 살아 계신 하나님은 당신의 **영**으로 고린도에 다름 아닌 당신의 거소를 세우셨다!

"이는 하나님의 성전이 거룩하기[114] 때문이요 또 너희가 그 성전이기[115] 때문이라." 바울은 17절에서 바로 이 이유를 제시하면서 무서운 위협을 마무리한다. "거룩하다"라는 말은 성전의 심상, 곧 특별히 구별하여 하나님께 바친 장소요 어떤 이유로도 더럽혀서는 안 될 곳이라는 이미지를 그대로 유지해준다. 이미지로서 이 말은 더 이상 제의적 의미의 거룩함을 말

---

114) 그리스어로 ἅγιος (거룩한, 신성한)다. 신약성경은 바로 이 말을 **영**의 "세례명"(Christian name)으로 사용한다.

115) 이 번역이 아주 어려운 그리스어 구문인 οἵτινές ἐστε ὑμεῖς를 가장 올바로 이해한 번역일 것 같다. 복합관계대명사 복수형인 οἵτινές는 이 문장에서 딱히 들어맞는 선행사를 갖고 있지 않으며, "성전"이나 "거룩한"을 가리키는 말일 수 있다. 바울이 복수형을 쓴 이유는 그 뒤에 나오는 ὑμεῖς의 영향으로 설명할 수 있겠다. 선행사는 "성전"일 가능성이 가장 높다. 이 "성전"이라는 말은 16절을 다시 언급함으로써 이 문장을 마무리 짓는다. 그들(고린도 사람들)이 사실은 "거룩하다"고 강조하는 것은 이 문맥에 너무 많은 것을 요구하는 것으로 보인다.

하는 게 아니라, 도덕적-윤리적 의미의 "거룩함"을 가리킨다. 따라서 이 말("하나님의 성전이 거룩하다")이 비록 평서문이긴 해도 "또 너희가 그 성전이(기 때문이)다"라는 말이 추가되는 바람에 명령문으로서 기능하게 되었다고 보는 것이 "거룩하다"라는 말의 이미지와 일치한다. 하나님은 거룩하시다. 그런고로 하나님의 성전 역시 거룩하며 그분의 목적에 맞게 구별된 곳이다. 따라서 하나님의 성전인 하나님의 사람들 역시 거룩해야 한다. 그것이 이 문장에 담긴 뜻이다. 이 서신이 천명하듯이, 고린도 사람들은 거룩함이라는 특징을 도통 갖고 있지 않다. 이런 이유로 바울은 실상 위협인 이 말을 동시에 권면으로 바꾸어 고린도 신자들에게 그들이 하나님의 은혜로 말미암아 실제로 갖게 된 정체성을 따라 살아가라고, 곧 "고린도에서 하나님의 거룩한 전"이 되라고 당부한다.[116)]

그러나 고린도 신자들은 그들이 추구하는 세상의 지혜와 자랑거리 그리고 그들 사이의 분쟁을 통해 이런 권면을 팽개쳐버리고 있었다. 그들을 하나님의 사람들로서 통일체로 만들어주신 분은 **영**이셨다.[117)] 따라서 다툼과 분쟁의 형태로 나타난 그들의 분열은 **영**을 쫓아내고 하나님이 그들이 사는 그 성읍에 갖고 계셨던 유일한 대안인 하나님의 성전을 무너뜨리는 결과를 가져왔다. 이런 이유 때문에 바울은 그들의 정체성을 일깨워주는 수사법을 구사하면서, 그 교회를 엉망진창으로 만들고 있던 자들에게 이런 말로 엄중히 경고한다. "만일 누구든지 하나님의 성전을 파괴하면,[118)] 하나님이 그 사람을 파괴하시리라."[119)] 어느 누구도 이 무시무시한 경고를

116) 참고. E. Käsemann, "Sätze Heiligen Rechts im Neuen Testament," *NTS* 1 (1954-55), 248-60; ET, *New Testament Questions of Today* (Philadelphia: Fortress, 1969), 66-81, 특히 68.

117) 특히 뒤의 12:12-13 부분을 참조하라.

118) 12-13절처럼, 이것도 현재 시제를 사용한 특수 가정법임이 거의 확실하다: "만일 누구든지…파괴하고 있다면…."

119) Käsemann, "Sentences," 66-68이 지적했듯이, 이것은 "거룩함을 요구하는 율법의 문장"이 가지는 특징을 모두 갖고 있다. 이 문장에서는 **"동해보응법"**(同害報應法, *lex talionis*; 눈에는 눈, 이에는 이로 벌하는 법)과 교차대구법이 한데 어울려 마지막 날에 있을 하나님의 무

피할 수 없다. 하나님은 분명 고린도 사람들(그리고 그 시대의 대다수 그리스도인들)보다 훨씬 더 진지하게 그 지역 교회를 생각하신다. 교회는 하나님 눈의 눈동자다. 하나님은 고린도에서 당신의 거룩한 목적들을 이루시고자 당신의 **영**을 통해 당신의 거룩한 백성을 구별하여 세우셨다. 따라서 이 교회를 무너뜨린[120] 책임을 져야 할 자들은 같은 식으로 심판을 받을지 모른다. 이 구절이 13-15절과 가깝다는 점을 고려할 때, 이 심판에서 마지막 심판이라는 의미를 지워버리기는 힘들다.[121] 비록 이 문장이 결의법(casuistic law)[7] 형태를 띠고 있다 해도, 이것은 사도의 글 속에 들어 있는 강력한 예언이며,[122] 그러기에 경청해야 할 말이다.[123]

서운 심판을 표현한다(특히 두 동사 φθείρει / φθερεῖ를 나란히 배치하여 가까이 있는 말로 언어유희를 구사한 점을 주목하라: 만일 누구든지 하나님의 성전을 **파괴하면**, **파괴하시리라** 이 사람을 하나님이).[6] 그러나 Aune, *Prophecy*, 167, 237이 제시한 비판을 보라.

120) BAGD에 따르면, 이 말은 "집을 파괴한다"라는 이미지를 표현한다.

121) 이 문제에 관한 Robertson-Plummer, 67은 인용할 만한 가치가 있다: "그러나 여기서 φθερεῖ를 멸절을 의미하는 것으로 밀어붙여서는 안 된다(5절 부분을 보라). 그렇다고 이 말을 단지 신체에 가하는 벌 정도로 희석시켜서도 안 된다(참고. xi.30). 성경은 어디에서도 이 말의 정확한 뜻을 일러주지 않는다. 그러나 이 말은 무시무시한 파괴와 영원한 상실 같은 것을 의미하는 것 같다." 참고. BAGD 그리고 G. Harder, *TDNT* 9.93-106.

122) 참고. Käsemann, "Sentences," 68; 그리고 C. J. Roetzel, "The Judgment Form in Paul's Letters," *JBL* 88 (1969), 305.

123) 일부 해석자들은 바울이 지금 고린도 공동체 내부에 "파괴당할 자"가 있다고 말할 수 있다는 데 경악한다. 특히 그가 15절에서 구원을 받을 자가 있다는 것을 이야기해놓고 곧장 이런 말을 한 것에 더 경악한다. 통설은 바울이 두 본문에서 서로 다른 두 그룹의 사람들을 다루고 있다고 주장한다[가령 Godet, MacArthur, 그리고 Barrett (더 작은 범위에서)]. 그러나 —바울 자신은 물론이요—그가 구사하는 어떤 수사를 통한 위협이나 어떤 예언을 통한 위협도 그리 논리적이지 않다. 이 위협은 10-15절에서 제시한 경고를 그 다음 단계로 옮겨간 것이다. 이 모든 내용은 고린도 교회를 상대로 한 것이다. 만일 이 본문(17절)의 "누구든지"와 10-15절의 "누구든지"를 구별할 수 있다 한다면, 이 17절의 "누구든지"는 특히 현재 고린도 사람들이 벌이고 있는 싸움을 주동한 자들로 보이는 몇몇 사람들에게 더 초점을 맞춘 말일 것이다.

하나님이 참 "신자"도 멸하실 수 있는가라는 신학 문제는 여기서 바울이 관심을 갖는 문제가 아니다. 어쨌든 어떤 한 사람의 체계가 내세우는 "논리"에 매여(가령 MacArthur, 86의 경우가 그러하다) 바울의 말이 가진 평이한 의미를 선입견이나 편견을 갖고 판단하지 않도록 주의해야 한다. 합리적 시각으로 볼 때 이 사람들이 고린도 공동체의 지체들이었다는 점은 의심할 여지가 없는 것 같다. 또 이 본문의 의미를 액면 그대로 읽어낸다면, 바울도 정말 영원한 형벌을 위협하고 있다고 봐야 할 것 같다. 그런 긴장(하나님이 참 신자도 멸하실 수

2:6-16과 마찬가지로 이 본문도 교회 안에서 오랫동안 불행한 해석의 역사를 견뎌왔다. 바울은 6:19-20(찾아보라)에서 성전이라는 이미지를 창녀들을 찾아가던 고린도 사람 개개인에게 다시 적용한다. 때문에 많은 사람들은 6:19-20의 용례를 이 본문(3:16-17)으로 다시 가져와 마치 이 본문이 개개 신자들에게 그들 자신의 몸을 어떻게 대해야 하는지 혹은 그들이 그리스도인으로서 어떤 삶을 살아내야 하는지 경고하는 말인 것처럼 읽어왔다. 그러나 아무리 이 본문을 "확장 해석"한다 할지라도 이 본문의 문맥과 문법에 비춰볼 때 그런 해석들은 불가능하다. 그런 해석들은 그렇지 않아도 불행한 해석 역사를 더 불행하게 만들 뿐이다. 왜냐하면 이 본문은 신약성경에서 우리가 지역 교회의 본질(하나님이 당신의 **영**으로 들어와 계시는 하나님의 성전)을 이해할 수 있는 극소수 본문 가운데 하나일 뿐 아니라, 17절의 경고는 지역 교회가 하나님께 얼마나 중요한가를 보여주는 증거이기 때문이다.

교회는 은혜로 말미암아 존재하게 된 자신의 이런 초상을 목숨을 걸고 되찾아야 한다. 그 초상은 하나님이 교회에게 원하시는 모습이기도 하다. 대다수 개신교 교단에서는 지역 교회를 너무 가벼이 대하는 경향이 있다. 지역 교회 신자 중에는 자기 지역 교회를 **영**이 능력으로 들어와 계시는 곳으로서 그 교회가 자리한 이방 세계의 대안 역할을 하는 공동체로 체험하거나 체험할 수 있다는 것을 아는 이가 거의 없다. 교회는 **영**이 능력으로 들어와 계신 곳으로서 세상과 철저히 다른(전체를 포괄하는 의미에서 "거룩한") 대안이 되는 곳이다. 이런 교회상을 회복하는 것이 오늘날 교회가

있다는 바울의 위협과 하나님이 참 신자도 멸하실 수 있는가라는 고민 사이에 존재하는 긴장-옮긴이)을 풀 수 있는 신학 해답은 하나님이 당신의 영광을 위해 예정해두신 진짜 교회보다 더 많은 사람들로 구성되어 있는, 우리 눈으로 볼 수 있는 교회(visible church) 개념 속에 들어 있든지, 아니면 외관상 신앙 공동체에 속해 있는 사람 중에도 우리가 이해하지 못하는 이유들로 말미암아 그 공동체를 탈퇴하여 다시 멸망으로 가는 길을 따라가고 있는 이들이 있으리라는 가정 속에 들어 있을 것이다. 요컨대 어느 경우든 결과는 마찬가지다. 바울은 고린도 사람 가운데 어느 누구도 "글러먹은 사람들"로 여기지 않는다. 그러면서도 그가 이런 경고를 내놓은 것은 그런 사람들이 생겨나는 것을 막으려는 목적 때문이다.

가장 필요로 하는 유일한 일이라고 말한다 할지라도 결코 과언이 아닐 것이다.

■ **고린도전서 4:18-21**

[18]너희 중 어떤 이들은 내가 너희에게 가지 않을 것처럼 교만하여졌다. [19]그러나 주께서 원하시면(개역개정: 허락하시면) 나는 너희에게 아주 빨리 가서 교만한 자들의 말뿐 아니라 그들의 능력도 찾아낼 것인즉(개역개정: 교만한 자들의 말이 아니라 오직 그 능력을 알아보겠으니), [20]그 이유는 하나님 나라가 말이 아니라 능력에 있기 때문이라. [21]너희는 무엇을 더 좋아하느냐? 내가 매를 가지고 나아가랴, 아니면 사랑과 온유의 **영**/영으로 나아가랴?

바울이 1:10에서 시작한 주장은 4:13에 이르러 끝이 났다. 그러나 바울은 거기서 멈추지 않았다. 가장 예리한 문제가 아직도 남아 있었다. 그가 이미 말한 모든 것에 비추어 그가 그토록 강력히 설파한 바로 그것들(바울 자신을 포함하여 교회 지도자들이 다 할 본분은 종으로서 섬기는 것이라는 것)을 무너뜨리지 않고도 고린도 사람들 위에 자신의 권위를 다시 세울 수 있는 방도를 찾아내는 것, 바로 그것이 남아 있는 숙제였다. 바울은 14절에서 종과 가족이라는 은유(4:1-5)를 아버지와 자녀라는 은유로 바꿈으로써 이 숙제를 풀어간다. 이 14절에서 바울은 고린도 사람들에게 자녀의 본분을 다하라고 호소한다. 이 호소의 끝자락에서 등장하는 우리 본문(18-21절)은 지나가는 말로 **영**을 두 번 언급하는데, 이 두 경우는 설명이 좀 필요하다.

두 경우 중 첫 번째는 19-20절에서 말(λόγος)과 능력(δύναμις)을 대조해 놓은 부분이다. 이 부분은 바울이 그들 가운데서 펼친 자신의 사역을 묘사한 2:1-5의 언어를 떠올리게 하지만, 지금 이 부분에는 강력한 비꼼이 들어 있다. 바울에게 교만을 부리는[124] 자들이 그리한 데에는 바울이 중요한 λόγος("말, 말솜씨", 2:1-5을 보라; 참고. 1:17)를 갖고 있지 않다는 점도 한 이유가 되었다. 그러나 바울은 고린도 사람들이 자신에게 요구하는 지혜를 그 특징으로 삼는 λόγος와 다른 그의 진짜 λόγος(설교)를 이미 그들에게 되새겨주었다. 이 진짜 λόγος에는 "지혜 있는 설득"이 함께하지 않았지만 그 대신 하나님의 δύναμις(능력), 곧 성령의 강력한 역사가 함께했다(2:4-5). 이제 바울은 교만한 자들을 으르며 위협한다. 그가 다시 고린도로 돌아갔을 때, 그들은 단지 λόγος만 갖고 있을까, 아니면 그들의 "지혜"로 하나님의 δύναμις를 실증할 수 있을 것인가? 고린도 사람들은 자신들이 **영**을 갖고 있다고 주장한다. 그들은 바울이 아주 중요하게 생각하는 문제, 곧 그들 가운데에서 그들을 구원하시고 거룩하게 하시는 **영**의 강력하고 역동적인 임재를 증명해 보일 것인가?(참고. 5:1-5) 바울은 분명 그런 대면이 낳을 결과를 조금도 두려워하지 않는다.

일부 사람들은 바울이 이전에 특히 1:18-2:5과 3:5-4:13에서는 자신의 복음과 봉사(사역)가 종의 섬김이라는 본질을 갖고 있다고 주장했는데 이 본문에서는 그런 주장을 취소한 것으로 보인다며 관심을 표명했다. 그러나 그것은 기우이며 이 본문의 핵심을 놓쳐버린 것이다. 십자가에 못 박히신 그리스도의 복음이 겉으로 보면 온통 약함뿐이지만, 그래도 이 복음은 믿는 이들에게는 구원에 이르는 하나님의 능력이다. 그러므로 바울은

---

124) 참고. 6절에서도 이와 똑같은 동사를 사용한다. 6절에서는 고린도 사람들이 한 사람(바울)을 대적하려고 또 다른 사람(아볼로)을 내세워 "교만을 부린다"고 말한다. Fee, 166-70을 보라. 주목할 점은 바울이 고린도 공동체 구성원들 사이에 아무런 차별을 두지 않고 이 공동체 전체를 상대로 이 긴 주장을 펼쳐가다가 주장 말미에 이르러 문제를 일으킨 자들에게 집중포격을 퍼붓는다는 점이다. 이들은 바울의 권위와 바울의 신학을 모두 부인한 자들이다. 바울의 주장을 살펴볼 때 몇 군데에서는 십중팔구 이들을 염두에 두고 있었던 같다(2:15; 3:12-15, 17, 18; 4:3, 6-7). 물론 문제가 된 것은 이들이 고린도 공동체 전체에 상당한 영향을 미치고 있었다는 점이었다. 고린도 사람들의 그리스도인답지 않은 행실은 기독교 신학의 본령에 미치지 못하는 이런 저질 신학의 결과물이었는데, 고린도 공동체가 이런 행실을 아주 많이 눈감아주었다는 점에서(혹은 받아들였다는 점에서), (문제를 일으킨 당사자가 아닌) 고린도 신자들도 잘못이기는 매한가지였다. 그러기에 바울은 이 서신을 교회 전체를 상대로 쓴 것이다. 그러나 이런 점은 여기뿐 아니라 앞으로도 계속하여 "일부 사람들"과 전체 사이의 긴장을 야기하게 된다.

고린도 사람들이 내세우는 근거가 아니라 바울 자신의 근거를 내세워 교만한 자들에게 맞선다. **영**의 진정한 능력은 사람들이 그리스도 안에서 새 생명으로 태어날 수 있게 해주며(15절), 사람들의 삶을 바꿔놓을 수 있다. 복음성가에도 나오듯이, 이 능력은 "길 잃은 가련한 죄인을 취하사, 더러운 진흙에서 들어 올려 자유롭게 해주신다." 그러나 고린도 사람들에게는 이런 **영**의 진정한 능력이 없었다.

이것이 바로 바울이 "교만을 부리는" 자들에게 던지는 질책의 본질임은 20절에 있는 설명["그 이유는 하나님 나라가 λόγος(말)가 아니라 δύναμις(능력)에 있기 때문이라"]이 확인해준다. 정말 중요한 일이 벌어지는 곳은 지금 고린도 사람들이 과시하려고 애쓰는 그것, 즉 단지 사람들이 "자랑하는" 인간의 지혜 속이 아니다. 바울이 관심을 갖는 것은 "하나님 나라"다. 이 말은 예수의 사역과 가르침에서는 주축이 되고 있지만, 바울 서신에서는 드물게 등장하는 말 가운데 하나다.[125] 그러나 여기서 이 말이 불쑥 튀어나왔다는 것은 이 "하나님 나라"가 바울 자신이 이해한 복음의 정규 구성요소였음을 시사한다. 바울 서신을 보면, 이 말은 그리스도가 재림하실 때 이루어질 하나님 나라의 완성을 가리키는 경우가 대부분이다(참고. 가령 6:9-10; 15:50). 그러나 이 본문과 로마서 14:17은 바울이 이 나라를 "아직 임하지 않았으나" 동시에 "이미 지금 임해 있는" 나라로 본다는 것을 확실히 일러준다. 예수의 부활과 성령 강림으로 이미 시작된 하나님 나라를 규정하는 특징은 **영의 능력**이다.

여기가 영성을 바라보는 고린도 사람들의 견해와 바울의 견해가 갈리는 궁극적 분기점이다. 그들은 미래가 이미 완전하게 동터온 것처럼 여기며 **영** 안에 살고 있었다.[126] 그래서 그들은 바울의 삶과 사역을 규정하는 특징인 약함들(약점들)을 모르는 자들이었다. 반면 바울은 자신의 주님을

125) 참고. 6:9-10; 15:24, 50; 살후 1:5; 갈 5:21; 롬 14:17; 골 1:13; 4:11; 엡 5:5; 딤후 4:18.
126) 특히 4:8을 보라: 너희가 이미 왕으로서 "통치"를 시작했구나(개역개정: 너희가 이미 왕이 되었도다).

규정한 특징이었던 약함들 속에서 살아가고 있었다. 그러나 하나님의 능력과 은혜는 이 약함을 통해 이 세상에서 역사하사, 사람들을 하나님 나라로 인도하시고(참고. 골 1:13) 이들에게 그 나라를 유업으로 물려주실 것을 확실히 보증했다(6:9-10). 로마서 14:17은 바로 이 점을 훨씬 더 강하게 그리고 분명하게 성령을 지칭하는 언어로 이야기한다.

이 본문(18-21절)에서 **영**이라는 말이 두 번째로 등장하는 곳(21절)은 더 많은 문제를 안고 있다. 바울은 방금 전에 그가 "일부 사람들"이 자신을 반대하는 것을 놓고 이야기한 것을 되새기면서, 그들을 치리할 수도 있다는 으름장을 놓으며 단락을 맺는다. 곧바로 뒤따라 나오는 내용이 증명하듯이, 고린도 교회는 그들 사이에서 치리를 행하는 일은 아예 꿈조차 꾸지도 않는다![127]

만일 그들이 이 서신과 디모데의 방문을 적절한 계기로 삼아 자신들의 행실을 바로잡는다면, 바울은 여느 아버지들이 선호하는 길, 즉 **매**[128]가 아니라 "사랑과 온유의 **영**"이라는 길을 따라갈 수 있다. 물론 성경이 성령의 열매 중 첫 번째로 언급하는 사랑(갈 5:22)이 모든 그리스도인의 행동 기준이 되어야 한다. 그러나 바울이 사랑과 온유의 영으로 간다는 말이 그가 치리라는 매를 들고 간다는 말과 대조를 이루는 것 같다는 사실에 너무 큰 비중을 두어서는 안 된다. 바울은 단지 아버지-자녀 은유를 계속

127) 이 마지막 위협이 특히 18-20절에서 말하는 "교만한 자들"을 대상으로 한 것이라고 주장한다면, 논란 소지가 있다. 그렇게 주장한다면, 이 문장이 이어지는 주장, 특히 5:1-13과 6:1-11의 도입부 역할을 한다는 점을 놓치게 될 것이다. 두 본문에서 두드러진 점은 두 경우 모두 잘못을 범한 자들이 아니라 고린도 공동체 자체에게 포신을 겨눈다는 점이다. 그 점이야말로 "교만을 부리는 일부 사람들"이 고린도 사람들 가운데에서 폭넓은 영향력을 갖고 있음을 보여주는 확실한 증거인 것 같다(18절). 어쩌면 그 점은 바울 자신의 사도직 그리고 그들 가운데에서 선지자처럼 말할 수 있었던 그의 능력이 그와 고린도 사람들, 그러니까 그와 고린도에서 문제를 일으킨 주동자들 및 이들로부터 영향을 받은 고린도 공동체 전체가 갈등을 빚게 만든 핵심 요인이라는 것도 동시에 시사해주는지 모른다.

128) "잘못을 바로잡는 매"라는 이미지는 구약 전체에서 발견할 수 있다(출 21:20; 삼하 7:14; 잠 10:13; 22:15; 사 10:24; 애 3:1). 아울러 Plato, *Leg.* 3.700c; Plut. *Mor.* 268D, 693F도 참고하라.

구사하고 있을 뿐이다.[129)] 바울이 구사하는 대조는 그가 고린도에 가려는 동기가 아니라 그가 거기에 갈 때 **취할 태도**와 관련 있다. 바울이 어떤 태도를 취하든, 모두 그의 사랑을 드러내는 표현일 것이다. 이 점은 그 다음 문구가 확인해준다. 다음 문구에는 해석상 문제가 되고 있는 "온유의 πνεῦμα"라는 말이 자리해 있다.

대다수 영역 성경에서도 그러하듯이, 여기서 πνεῦμα는 "태도"에 가까운 의미로서 사도가 11-13절에서 자신이 당한 고초를 열거하며 제시한 모습을 되비쳐주는 말 정도로 보는 것이 대체로 합당할 것 같다. 그러나 "온유"는 갈라디아서 5:22-23이 제시하는 성령의 열매 가운데 하나이기도 하다. 더욱이 여기 21절에 나오는 문구와 똑같은 문구가 갈라디아서 6:1에서도 다시 등장한다(찾아보라).[8] 이 갈라디아서 본문에서 이 문구는 "**영**의 온유하심"을 의미한다. 결국 이 문구가 "태도"를 강조하기는 하지만, 이 표현 자체는 바울 안에서 그런 태도를 만들어내시는 **영**의 임재를 암시한다.[130)]

"온유"라는 말은 예수가 주신 가르침을 다시 떠올리게 한다. 예수는 당신 자신을 "마음이 온유한" 이로 묘사하셨으며(마 11:29; 참고. 고후 10:1) 하나님이 온유한 자[9]에게 복을 주실 것이라고 선언하셨다(마 5:5).[131)] 따라서 이 "온유의 πνεῦμα"라는 문구는 어떤 의미에서는 단지 주님 자신을 온유한 마음으로 지칭한 은유를 더 깊이 표현한 말이긴 하지만, 바로 그런

---

129) Craig, 59은 이것이 "학교 교사의 회초리"라고 말하는데, 이는 분명 C. Schneider, *TDNT* 6.966-70을 따른 것 같다(참고. Lightfoot, 201). 그러나 이것은 D. Daube가 증명해보였듯이, 이 이미지를 깨뜨리는 불행한 주장이요, 사전의 어휘 설명에 비춰봐도 합당치 않다. D. Daube, "Paul a Hellenistic Schoolmaster?" in *Studies in Rationalism, Judaism and Universalism in Memory of Leon Roth* (ed. R. Loewe; London, 1966), 67-71을 보라.

130) 참고. Findlay, 806, "그리스도인의 '영'을 이야기하는 모든 말에는 [**영**]에 관한 사상이 숨어 있다"; 참고. H. D. Betz, *Galatians* (Hermeneia; Philadelphia: Fortress, 1979), 297n48. Betz는 갈 6:1에 있는 같은 문구를 놓고 "하나님의 영과 사람의 **영**을 함께 가리킨다"고 말한다.

131) 이 말이 예수 그리고 기독교 윤리 전체에게 의미하는 것을 철저하게 논의한 내용을 보려면, R. Guelich, *The Sermon on the Mount* (Waco: Word, 1982), 79-83을 보라. 더 상세한 논의는 아래 갈 5:22-23 부분을 보라.

점에서 우리 주님 바로 그분을 되새겨보는 말이기도 하다. 주님이 이 땅에서 보내신 "온유"한 삶은 **영**의 능력으로 살아내신 삶이었다. 그러므로 그리스도의 **영**(the Spirit of Christ)은 신자들 속에서 다시 "그리스도의 영"(the spirit of Christ)[10]을 만들어내시는 분으로 이해할 수 있다. 바울은 바로 이 "온유의 영"(spirit of gentleness)을 갖고 고린도 사람들에게 가고 싶어한다. 그런 점에서 이 온유함은 다시 한 번 고린도에서 말썽을 일으키는 자들의 교만한 태도와 첨예한 대조를 이룬다. 뿐만 아니라, 이 말("온유의 영")은 19-20절에서 말하는 "능력"을 권위와 관련된 의미가 아니라 오히려 방금 위에서 제시한 이해를 반영하는 말로 이해해야 한다는 것을 확실히 일러준다.

▪ **고린도전서 5:3-5**

3또 내 자신이 실은[132] 비록[133] 몸은 떠나 있으나, 그래도 **영**/영으로 함께 있어
서, 거기 있는 것처럼, 이미 판단을 내렸으되, 4우리 주 예수의 이름으로[134] 이런

---

132) 이것은 바울이 써놓은 ἐγὼ μὲν γάρ에 적절한 뉘앙스를 부여하려는 시도다. 여기 μέν에는 이와 조화를 이루는 δέ가 없다. 그러나 이 말은 이 문장의 ἐγώ와 그 앞 문장의 καὶ ὑμεῖς를 대조해준다.

133) 서방 사본에서는 분사 ἀπών에 ὡς를 덧붙임으로써 양보의 의미를 분명하게 나타낸다. MajT도 서방 사본을 따른다.

134) 사본들은 표현이 갈려 있다: (1) "주 예수"[A Ψ 2495 pc]; (2) "주 예수 그리스도"[ℵ a]; (3) "우리 주 예수"[B D* 1175 1739 pc b d]; (4) "우리 주 예수 그리스도"[P46 F G Maj]. 이를 더 복잡하게 만드는 것이 이 구절 말미에서 나타나는 비슷한 와전(訛傳)이다(다음 주135를 보라). Χριστός를 덧붙인 것은 십중팔구 전치사구가 수식하는 동사 형태를 찾아내야 하는 구문 문제와 연관되어 있을 것이다(논의를 보라). Zuntz, *Text*, 235과 달리, 여기 Χριστός는 덧붙인 말일 가능성이 아주 높다. 아마도 Zuntz와 내가 해석하는 것처럼 이 본문을 해석했던 필사자도—판단(심판)을 담고 있는 이 말의 엄숙함을 더 부각시킬 목적으로("내가 우리 주 예수 그리스도의 이름으로 판단하였노라")—그 말을 덧붙여놓았을 것이다(참고. RSV). 반면 만일 원래 원문에는 Χριστός라는 말이 있었는데 전승 과정에서 이 말이 "생략"된 것이라면, 그 생략은 단지 우연히 일어났을 것이다. 또 비록 사본이 제시하는 증거는 ἡμῶν (우리의)이라는 말이 원래 본문에 있었다고 보는 견해를 지지하지만, 그래도 이 말이 원래 있었는지 여부는 Χριστός보다 판단하기가 더 힘들다. 여기서는 ἡμῶν이 "주 예수"와 잘 어울린다. 아마도 ἡμῶν은 "그리스도"라는 말을 본문에 덧붙이면서 쉽게 생략할 수 있었을 것이다. 그

일을 행한 자를 [이미 판단하였노라 — 옮긴이 첨가]. 너희와 내 **영**/영이 함께 모일 때, 우리 주 예수의 능력도 함께하여,[135] [5]이 사람을 사탄에 내어주었으니 이는 그 육신을 멸함으로써 주의 날에 그의 영이 구원을 받게 하려 함이라.[136]

바울 서신에서도 다른 본문보다 더 어려운 본문 가운데 하나인 이곳을 살펴보면, πνεῦμα라는 말이 두 문장에서 나타난다[3-4절(2회)과 5절]. 이 경우들은 현재도 어려운 문제이지만, 이 연구서의 관심사에 비춰봐도 문제가 있다.

본문의 역사 정황은 쉽게 알 수 있다. 한 신자가 자기 계모와 근친상간을 저지르며 살아간다.[137] 이에 대한 바울의 답변도 분명하다. 그는 2-13절에서 근친상간을 저지른 그 사람을 출교시키라고 고린도 공동체에게 네 번이나 말한다. 어떻게 신자라는 사람이 그런 삶을 살게 되었는지, 또 고린도 교회가 그런 일을 놓고(그런 일이 있는데도?) 교만을 부릴 수 있는 것인지 이해하기가 상당히 어렵지만, 우리가 여기서 지체해서는 안 된다. 진짜 어려운 문제는 고린도 공동체가 바울이 보낸 서신을 읽었을 때, 그리고 그 서신에 대한 반응으로 그 공동체 내부에서 틀림없이 일어나리라고 바울

렇지만 이 말은 그 다음 문구(즉 그리스어 본문에서 4절 말미에 등장하는 τοῦ κυρίου ἡμῶν Ἰησοῦ χριστοῦ)를 유추하여 덧붙인 말일 수도 있다.

135) 참고. 앞의 주134. 비슷한 변형들이 일어난다: (1) "우리 주 예수"[ℵ A B D* sa]; (2) "주 예수"[P46 P Ψ 629 2495 pc]; (3) "주"[630 1739]; (4) "우리 주 예수 그리스도"[F G Maj]. 이 경우에 학자들은 다른 변형보다 (1)과 (2)를 더 좋아한다[Zuntz, *Text*, 235은 1739 본문에 의지한다. 그러나 이 본문은 동사문미(同似文尾, homoeoteleuton: 각 문장을 같은 발음이나 비슷한 발음이 나는 말로 끝내는 현상) 때문에 우연히 생략이 일어난 것으로 쉽게 설명할 수 있다]. 학자들은 본문 주해에 따른 근거들을 고려하여 (1)과 (2) 가운데 ἡμῶν을 포함시키는 쪽을 더 좋아한다.

136) 사본들은 τοῦ κυρίου에 Ἰησοῦ (ℵ Ψ Maj)나 Ἰησοῦ χριστοῦ (D pc)나 ἡμῶν Ἰησοῦ χριστοῦ (A F G P 33 104 365 1881 pc)를 덧붙이는 등 다양한 모습을 띤다. 내가 여기서 번역할 때 쓴 본문은 P46 B 630 1739 pc Tert Epiph 본문이다. 이 부분도 앞서 말한 것과 비슷해 보일 수 있다(앞의 주134와 주135를 보라). 그러나 그렇지 않다. 바울 입장에서는 여기서 "주의 날"이라는 말을 쓰고 있다는 것이 굉장히 중요한 요소다(참고. 살전 5:2; 살후 2:2). 사본들이 덧붙인 말이 아주 다양하다는 것은 원문이 더 짧은 본문이라는 것을 시사한다.

137) 당대 문화 정황 속에서 이 문제를 상세히 다룬 내용을 보려면, Fee, 196-201을 보라.

이 기대하는 일이 무엇인지 우리가 이해하는 것이다. 내가 문자대로 번역하여 제시한 앞의 번역문이 매끄럽지 못한 점도 이 문제를 더 어렵게 만든다. 더욱이 여기는 πνεῦμα라는 말이 나타나는 곳이기도 하다.

두 문제가 만만치 않아 보인다. 첫째, 바울은 2절에서 고린도 사람들을 질책하며 그들이 이미 했어야 할 일[그들은 진작 근친상간을 범한 자를 그들 가운데서 내쫓고 그가 저지른(그리고 그들이 저지른?) 죄를 슬퍼했어야 했다]을 그들에게 이야기한다. 둘째, 우리가 보는 문장(3-5절 전체)은 바울이 행한 일을 대조를 통해 고린도 사람들에게 일러줌으로써 그들이 바울이 보낸 편지를 읽고 나서 해야 할 일이 무엇인지 일러준다.

이 3-5절의 의미를 밝혀내는 일과 관련하여 특히 세 가지 것이 문제가 된다. 이 세 문제는 3-5절을 바라보는 각 사람의 견해에 영향을 미친다. (1) 첫째는 바울이 "비록 몸은 떠나 있으나 τῷ πνεύματι(영으로) 함께 있다"(바울은 이 말을 두 번 더 언급한다: "거기 있는 것처럼" 그리고 "너희와 내 τοῦ πνεύματος가 함께 모일 때")라는 말의 의미가 문제다. (2) 둘째는 "우리 주 예수의 이름으로"(ἐν τῷ ὀνόματι τοῦ κυρίου ἡμῶν Ἰησοῦ)[138]와 "우리 주 예수의 능력도 함께하여"(σὺν τῇ δυνάμει τοῦ κυρίου ἡμῶν Ἰησοῦ)라는 두 전치사구가 있는데, 이들이 무엇을 수식하는가라는 문제와 관련하여 이들의 위치가 문제가 된다. (3) 셋째는 바울이 정확히 근친상간을 저지른 바로 그 사람에게 일어나야 할 일로 기대하는 것이 무엇인가라는 문제가 있다. 이는 특히 서로 대조를 이루는 "이는 그 σάρξ(육신)를 멸함(으로써)"과 "τὸ πνεῦμα(그의 영)가 구원을 받게 하려 함이라"가 무슨 의미인가가 문제다.

---

138) 이것은 더 어려운 문구다. 사람들은 이 문구를 다음과 같이 다양하게 이해해왔다. (1) 주동사와 함께하는 문구로 보아 나처럼 번역하는 견해(참고. RSV); (2) 절대소유격과 함께하는 문구로 보아 "너희와 내 **영**/영이 주 예수의 이름으로 함께 모일 때"로 번역하는 견해(참고. NIV; 물론 NIV가 절대소유격으로 번역한 것 자체는 정당한 이유가 없다); (3) 이 문구를 바로 다음에 오는 동사 형태와 함께하는 문구로 보는 견해로서 "이 일을 주 예수의 이름으로 행한 자"로 번역한다(참고. Murphy-O'Conner).

이 문제 중 어느 것도 풀기가 쉽지 않다. 특히 두 번째 문제는 많은 점에서 다른 문제보다 더 중대하다. 이 문구들의 의미에 따라 이 문장 전체의 의미가 좌우되기 때문이다. 그러나 이 문제는 우리가 지금 가진 관심사에 끼치는 영향이 지극히 작기 때문에, 나는 다만 내 주석에서 더 꼼꼼히 제시한 주장(Fee, 206-8을 보라)의 결론만 간단히 서술해보겠다. 문법 및 구문과 관련하여 몇 가지를 살펴보면 한 가지 해답이 보인다. 이 해답은 첫 번째 문구를 이 문장의 주동사(곧 κέκρικα)[11]를 수식하는 말로 이해하며(이렇게 이해하면 "내가 이미 주 예수의 이름으로 이런 일을 행한 자를 판단하였노라"가 된다), 두 번째 문구를 절대소유격(곧 συναχθέντων ὑμῶν καὶ τοῦ ἐμοῦ πνεύματος)[12]을 수식하는 말로 이해한다(이렇게 이해하면 "너희와 내 πνεῦμα가 우리 주 예수의 능력과 함께 모일 때"[139]가 된다). 내가 앞과 같이 번역한 것은 이런 이유 때문이다.

그렇다면 바울은 이 πνεῦμα라는 모호한 말로(우리가 보기에) 무엇을 말하려 하는 걸까? 바울 자신의 πνεῦμα가 그들이 모일 때 함께 있다고 말한 첫 번째 경우에는, 몇 가지 사항을 고려한 결과, 좀 난해한 번역인 "**영**/영"에 이르게 되었다. 이는 바울이 그가 쓴 서신을 고린도 사람들이 읽을 때 그 자신도 실제로 **영**을 통해 그들 가운데 있는 것으로 여긴다는 것을 시사한다.[140] 첫째, 강조어인 "또 내 자신이 실은"[141]은 "너희가 교만하여졌으니"(4:18)라는 말과 대비되는 말이다. 바울은 이 말로 그 자신이 그들 가운데서 권위를 갖고 있음을 강조한다. 고린도 사람들은 근친상간을 저지른

139) 이 전치사구의 위치는 어떤 이유를 대는 논쟁도 불필요한 것 같다. 문법이 그 위치를 요구하기 때문이다. "너희"와 "내 πνεῦμα"라는 두 소유격은 분사인 συναχθέντων (함께 모이다)의 복합주어 역할을 할 수 있을 뿐이며, 이 전치사구의 σύν은 분명 이 전치사가 이끄는 복합어와 함께 "함께 모이다"라는 동사를 수식할 목적으로 쓴 말 같다(따라서 συναχθέντων σύν...이 된다).

140) 참고. 골 2:5. 말 자체는 정확하지 않으나 유사하다. 여기 고전 5:3에서 바울은 τῷ σώματι (몸으로)와 τῷ πνεύματι (영으로)를 대조한다; 골로새서에서는 τῷ σώματι가 τῇ σαρκί (육으로)로 되어 있다. 이 경우에도 뜻은 같다.

141) 앞의 주132를 보라.

그 자의 죄를 슬퍼하기는커녕 도리어 "교만하여져서" 아무런 조치도 행하지 않았다. 이는 고린도 신자들 전체가 부끄러워할 일이었다. 하지만 바울은 단호한 조치를 취했다. 그러나 그 조치는 그 혼자 할 수 있는 일이 아니었다. 그 조치는 회중 전체가 모인 자리에서 시행해야 할 일이었다. 회중 전체가 모인 이 자리에는 바울과 그리스도의 능력도 **영**으로 함께한다.

둘째, 바울은 "몸으로 함께 있다"라고 말하지 않고 "πνεῦμα로 함께 있다"라고 말한다. 여기서 바울이 말하고자 하는 뜻은 우리가 쓰곤 하는 "나는 늘 너를 생각해"(너는 늘 내 생각 속에 있어; you are in my thoughts)와 같은 뜻이 **아닌** 게 거의 확실하다.[142] 바울 혹은 1세기 사람이 "나는 늘 너를 생각해" 같은 말을 하려고 이와 같은 대조법을 썼을지 심히 의심스럽다. 어쨌든 바울은 쉽고 분명한 말로 자기가 말하고자 하는 뜻을 나타낸다. 이는 그가 쓴 서신이 보고하는 많은 기도문이 증명해준다. 요컨대 바울이 누군가를 "늘 기억하며" 하나님께 감사한다고 말하는 것과 그가 실제로 자신이 ἐν τῷ πνεύματι("그의 영으로" 또는 "**영**으로") 그들과 함께 있는 것으로 여긴다고 말하는 것은 엄연히 다른 이야기다.

셋째, 비록 우리가 보기에 모든 것이 분명하지는 않지만, ὡς παρών(지금 그 자리에 있어)이라는 문구는 바울이 실제로 자신이 "영/**영**으로" 고린도 공동체가 모인 자리에 함께 있는 것으로[143] 이해했다는 것을 확실히 보여준다. 사람들은 보통 이 ὡς παρών이라는 말을 **"내가 거기 있진 않지만 마치 거기 있는 것처럼"**(*just as if I were present*)으로 번역한다. 그러나 바울이 4절에서 하는 말을 보면, 그가 말하고자 하는 뜻은 "내가 실제로 거기

142) 참고. Barrett, 123: "바울은 이 말을 '아주 대중적인 의미로'(Weiss), 다시 말해 신학적 의미가 아니라 심리학적 의미를 지닌 말로 사용한다.…바울은 자기 생각과 함께 고린도 교회를 우려하는 심정을 이야기한다." Barrett는 4절을 놓고 이렇게 더 이야기한다. "고린도 사람들이 그들이 기억하는 바울의 확고한 믿음과 인품과 방법들을 진지하게 곱씹어볼 때, 그리고 이 문제와 관련하여 그들이 알고 있는 바울의 의향을 역시 진지하게 곱씹어볼 때, 바울은 그가 할 기여를 다할 것이다"(124). 이런 견해는 **영**의 능력으로 모인 고린도 사람들 모임의 역동성을 간과한 것 같다.

143) 참고. Wiles, *Prayers*, 145-46.

있어"(as actually present)다.[144] 즉 바울은 자기 몸이 거기 없으니 실제로 거기에는 자신이 없는 것이며, 따라서 어쩔 수 없이 **마치** 거기 있는 **것처럼** 행동할 수밖에 없다는 말을 하는 게 아니다. 도리어 그는 자신이 정녕 **영**으로 거기에 있으며 자신이 지금 취하는 조치를 단행할 수 있는 것도 바로 **그런 이유 때문**이라고 강조한다.

넷째, 4절의 "그리고 내 영이"라는 문구를 보면, "내"(나의)[145]라는 말을 강조하여 사용할 뿐 아니라, "그리고 내 영이"라는 말과 "너희"라는 말이 "함께 모일 때"라는 동사의 복합주어 역할을 한다. 이 사실은 바울이 실제로 고린도 사람들이 모인 자리에 자신도 함께 있는 사람으로 여긴다는 것을 확실히 보여주는 결정적 증거다. NIV와 다른 이들은 "너희가 함께 모일 때에 나도 영으로 너희와 함께 있다"(when you are assembled and I am with you in spirit)라고 말하지만, 바울은 그렇게 말하지 않는다. 도리어 그는 "너희와 내 영이 함께 모일 때에"라고 말한다.

요컨대 바울이 이 말의 의미를 무엇이라 이해했는지 확실히 설명하기는 상당히 어렵다. 그러나 바울이 이해하는 의미가 그가 성령 안에서 살아가는 삶으로 이해하는 것과 연관되어 있는 것만은 확실하다. 그리스도 안에 있는 사람은 "하나님의 **영**을 받았고"(2:12-13) "주와 합하여 한 πνεῦμα가 되었다"(6:17). 그 결과 그 사람은 "성령의 전이 되었고, 하나님으로부터 온 그분(성령을 일컫는다)을 갖게 되었다"(6:19). 바울은 이런 "**영**을 받았다/

144) 참고. Findlay, 808. Findlay는 이 삽입문구가 가지는 중요성을 알아차린 극소수 주석가들 가운데 한 사람이다. "ὡς παρών은 '(실제로 있지 않으나) 마치 있는 것처럼'(as though present)이 아니라 '(실제로 지금 그 자리에) 있어'(as being present)라는 뜻이다. 이 번역은 사실상 그 앞에 나온 ἀπὼν τῷ σώματι παρὼν δέ를 내버리는 것이다"; 또 Murphy-O'Conner ["1 Corinthians, V, 3-5," *RB* 84 (1977), 244n20]는 이렇게 말한다: "hos paron을 '마치 있는 것처럼'(as if present)으로 번역하는 것은 정당하지 않다.…따라서 이 말은 '그 자리에 지금 있는 사람으로서'(as one who is present)로 봐야 한다."

145) 그리스어로 ἐμοῦ다. 이 말은 소유형용사이나 강조하는 위치에 있으면서 소유대명사 역할을 한다. 이 점을 언급하는 주석가가 거의 없지만, 이는 간과해서는 안 될 점이다. 다른 곳에서 바울은 이 관용어를 사용할 때 강조 의미가 없고 간단한 표현인 μου를 사용한다(14:14; 고후 2:13; 롬 1:9).

영을 가졌다/**영**과 합하여 하나가 되었다"라는 언어와 관련하여 "내 영"(my spirit)을 놓고 더 이야기하지만, 이 경우에는 그 의미가 모호해 보인다. 가끔씩 바울은 이 "내 영"이라는 말을 하나님의 **영**을 전혀 언급함이 없이 자기 자신이라는 인격체를 가리키는 말로 사용한다(가령 16:18; 고후 2:13). 그러나 고린도전서 14:14-15에서는("나의 영이 기도한다") 성령이 기도할 말을 주시기에 바울 자신의 영이 기도한다는 의미로 이 말을 사용한다. 그렇다면 이런 경우에는 "내 **영**/영이 기도한다"로 번역할 수도 있겠다. 바울은 여기 고린도전서 5:4 본문에서도 방금 말한 의미와 아주 유사한 무언가를 말하려고 하는 것 같다. 즉 여기서 바울은 "너희와 내 **영**/영이 함께 모일 때, 우리 주 예수의 능력도 함께하여"라고 말하는데, 이때 바울이 하는 말은 자신이 사실은 고린도 사람들과 함께 있지 않아도 그들은 막연하게나마 자신이 실제로 그들 사이에 있는 것처럼 생각해야 한다는 뜻이 아니다.[146] 도리어 바울은 고린도 사람들이 함께 모일 때 **영**도 그들 가운데 계시는 것으로 이해한다(3:16을 다룬 부분을 보라). 바울이 보기에 그것은 자신도 바로 그 **영**을 통하여 그들 가운데 있다는 의미이기도 했다.[147] 설령 우리가 이 모든 내용을 쉽게 이해할 수 없다 하더라도, 우리는 바울을 우리처럼 생각하거나 말하는 인물로 만들려고 해서는 안 된다. 물론 이 서신은 바울이 이 문제와 관련하여 선지자가 할 법한 엄중한 말을 그들에게

146) 특히 NIV가 이 함정에 빠진 것 같다. NIV는 **영**을 가리키는 모든 말을 제거함으로써 "몸으로"라는 말은 철저히 "실제로 거기 있는"(actually present)이라는 의미로, "영으로"(spiritually)라는 말은 철저히 "그러나 사실은 거기 있지 않은"(but not really)이라는 의미로 만들어버렸다. 그러다 보니 이 성경은 첫 절인 "내가 영으로 너희와 함께 있다"라는 말을 "사실은 내가 거기 있지 않으니 내가 몸으로 거기 있지 않기 때문이다"라는 의미로 번역한다. 이어 다음 절에서는 "그러나 나는 단지 영으로 너희와 함께 있기 때문에 너희와 함께 있는 것은 아니다"라는 의미를 함축한 "마치 내가 거기 있는 것처럼"(just as if I were present)으로 번역하여 "사실은 거기 있지 않은"이라는 의미를 더 분명하게 드러낸다(4절). 그러나 이것은 바울의 의도를 크게 놓친 것이며, 특히 καὶ τοῦ ἐμοῦ πνεύματος를 안타깝게 번역한 것이다. 이 말은 이 바울의 문장 속에서 ὑμῶν과 함께 동사 συναχθέντων의 복합주어 역할을 한다(결국 "너희와 네 **영**/영이 함께 모일 때"라는 뜻이 된다).

147) 참고. E. Schweizer, *TDNT* 6. 434-35; 조금 다른 견해를 보려면, Jewett, *Terms*, 184-97, 451-53을 보라.

전달하려고 쓴 것이기 때문에, 바울은 고린도 회중이 모인 자리에서 그가 쓴 서신이 낭독되는 것을 **영**이 그가 선지자이자 사도로서 그들 가운데서 행한 섬김(사역)을 그들에게 확실히 전달해주시는 방법으로 생각했을 가능성이 높다(참고. 고후 10:10-11).

실제로 바울이 **영**을 통해 그들과 함께 있다는 말은 그가 고린도로 돌아오지 않을 거라고 말하는 자들의 "교만함"(4:18)을 일깨워주었을 것이다. 그런 자들에게 바울은 이렇게 말한다. "너희 예상과 달리 나는 **영**으로(영 안에서) 너희 가운데 있다. 그러기에 나는 너희 가운데서 선지자처럼 판단(심판)하는 말을 하는 것이다."[148] 이처럼 바울은 "이런 일을 행한 자를 이미 판단했다." 그는 이미 이 사람을 사탄에게 넘겨주어야 한다고 결정했다(5절). 그러나 이 조치는 바울이 혼자 내릴 수 있는 게 아니며, 어떤 교회 법정에서 처리할 일로 이해해서도 안 된다.[149] 오히려 그런 조치는 공동체가 성령이 함께하신 자리에서, 다시 말해 "너희와 내 **영**/영이 함께 모일 때, 우리 주 예수의 능력도 함께하신 자리에서", 행할 일이다.

더욱이 이와 같은 문맥에서 "능력"이라는 말은, 2:4-5 및 4:19-20의 용례와 비슷하게, 십중팔구 **영**을 더 깊이 가리키는 말이다. 이 **영**은 고린도 사람들이 함께 모일 때 그들 가운데 계시면서 힘차게 역사하신다. 여기서 바울이 선지자처럼 엄중히 하는 말은 이런 맥락에 비추어 들어야 하고 그대로 행해야 한다. 고린도 공동체 전체가 그런 조치를 행해야 한다. 그 "누룩"이 한 공동체를 이룬 그들 전체에게 영향을 미쳤기 때문이다. 성령의 공동체(3:16)인 그들은 이제 바울을 통하여 그들에게 가르침을 주신 성령의 지시를 따라 행해야 한다.

---

148) 우리가 3:17과 마찬가지로 선지자(예언자)가 내릴 법한 판단을 다루고 있을 개연성을 알아보려면, Käsemann, "Sentences," 70-71을 보라.

149) 특히 주해를 거치지 않은 대중서에서는 이런 문제를 교회 법정 같은 곳에서 처리할 문제라고 주장한다. 그러나 간혹 학자들이 쓴 책에서도 그런 견해를 발견할 수 있다. 가령 Roetzel, "Judgment," 113-24을 보라. Roetzel은 바울이 사법절차를 염두에 두고 있다고 보아 이 본문을 그런 입장에서 논의한다.

이어 바울은 역시 어려운 대조들을 구사하는 5절로 넘어간다. 이 구절은 바울이 고린도 사람들이 전 공동체 차원에서 그 음행을 저지른 사람에게 행할 조치로 기대한 것을 이야기한다. 앞서 말했듯이, 이 본문은 여러 가지 난제들 때문에 악명이 높다. 역시 앞에서 말한 것처럼, 내가 제시하는 해답들을 상세히 논증한 것은 내가 쓴 주석에서 발견할 수 있으므로 여기서는 그 해답의 줄거리만 적어보겠다.

사람들이 이 본문에서 주로 다뤄온 것은 "이 사람을 사탄에 내어 주었으니"(παραδοῦναι τὸν τοιοῦτον τῷ σατανᾷ)라는 부정사구(infinitive phrase)와 이 부정사구를 수식하는 전치사구 "이는 그 육신을 멸함으로써"(εἰς ὄλεθρον τῆς σαρκός)다.[13] 첫째 문제는 더 쉽게 해결할 수 있다. "이 사람을 사탄에 내어준다"라는 말은 "그를 다시 사탄의 세력권으로 돌려보낸다"라는 의미인 것 같다. 신자들이 모인 공동체에서는 주 예수의 능력이신 **영**이 서로 덕을 세우는 은사들과 서로 사랑하며 기울이는 관심을 통해 뚜렷이 드러난다. 반면 이 사람은 이제 이 공동체에서 쫓겨나 세상으로 되돌아가야 할 처지가 되었는데, 이 세상에서는 사탄 그리고 "그가 세운 우두머리들과 권세들"이 여전히 사람들의 삶을 좌지우지하며 그들을 파괴한다.

둘째 문제에서는 대다수 해석가들이 그 전치사구를 목적을 표현한 말로 본다. 그러나 이 문장 안에는 "주의 날에 그의 πνεῦμα가 구원을 받게 하려 함이라"(ἵνα τὸ πνεῦμα σωθῇ ἐν τῇ ἡμέρᾳ τοῦ κυρίου Ἰησοῦ)[14]라고 말하면서 분명하게 목적을 표시한 절이 하나 있기 때문에 이 전치사구는 바울이 기대(예상)하는 결과를 표현하고 있을 가능성이 아주 높다.[150] 따라서 "그 음행자의 육신이 파멸당하는 것"은 그 사람이 사탄의 영역으로 되돌아감에 따라 나타날 것으로 바울이 **예상하는 결과**다. 반면 바울이 이 조

---

150) 이를 지지하는 설명을 보려면, BAGD 4e를 보라. 바울은 한꺼번에 두 목적절을 구사하는 것을 거부하지 않는다. 그러나 그럴 경우에는 이렇게 전치사구를 쓰고 마지막에 절을 쓰는 방법을 사용하지 않고, 두 개 절을 사용한다. 가령 ἵνα...ὅπως (1:28-29; 살후 1:11-12; 고후 8:14); εἰς τὸ...ἵνα (롬 7:4; 15:16); ἵνα...ἵνα (고전 4:6; 7:5)를 보라. 이와 비슷한 표현은 오직 롬 6:4에서만 볼 수 있다. 그러나 그 구절에서 εἰς τόν은 목적을 표현하지 않는다.

치로 이루려 하는 분명한 목적은 그가 구속(救贖)받음이다.[151] 따라서 "구원"이라는 맥락에서 볼 때, 이 문장에서 "육신"은 그 사람의 죄악을 가리키는 말일 가능성이 아주 높다.[152]

이것은 곧 우리가 지금 바울 서신의 전형적 대조인 "육"과 "영"의 대조를 보고 있다는 뜻이다. 물론 바울은 "육"과 "영"을 꼭 대조하여 표현하지만은 않는다. 바울이 그 사람을 신앙 공동체 밖으로 내침으로써 얻고자 하는 것은 그 사람 속에서 "육에 속한" 부분을 파괴함으로써 그가 마지막 때에 "구원을 받을" 수 있게 하는 것이다.[153] 이 경우에 "육"과 "영"은 각기 "다른 각도에서 바라본 전인(全人)을 가리킨다. '영'은 하나님을 지향하는 전인을 뜻한다. '육'은 하나님으로부터 멀어지는 쪽을 지향하는 전인을 뜻한다."[154] 따라서 어떤 사람의 "육을 파괴하는 것"은 그 "육을 십자가에 못 박는 것"(갈 5:24; 참고. 롬 7:5-6)과 같은 종류의 이미지에 속한다. 그러므로 "그의 영"을 구원한다는 말은 본디 인간 자체를 가리키는 표현이며, 이는 "그가 새 힘을 얻었다"를 "그의 영이 새 힘을 얻었다"(개역개정: 그의 마음이 안심함을 얻었다)라는 말로 표현한 고린도후서 7:13과 아주 비슷하다. 결국 바울이 여기서 "그의 영이 구원을 받게 하려 한다"라고 말하는 것은 "그가 구원을 받게 하려 한다"라는 뜻이다. 그가 이처럼 사람을 더 생소한 말로 표현한 것은 그 앞에서 "육"이라는 말을 이미 쓴 까닭이다.

따라서 이런 조치를 행하는 것은 그 사람을 구원하려 하기 때문이다. 바울은 그 사람을 "사탄에게 넘겨주어 파멸시키는" 일을 하고 있는 게 아니다. 바울은 물론이요 신약성경의 다른 부분도 그런 생각은 전혀 하지 않

---

151) 불행히도 대다수 문헌이 이 점을 간과한다(참고. NIV).

152) 이 주장을 살펴보려면, 특히 바울이 육체의 고통이나 죽음을 기대하고 있다는 생각이 가진 많은 약점들을 살펴보려면, Fee, 210-12을 보라.

153) 자기 견해가 통설과 다름을 알고 있었던 Tertullian, *pudic*, 13-15을 제외하면, 이 견해가 초기 교회의 표준 견해였다. 이런 견해는 오리게네스, 크리소스토무스, 그리고 몹수에스티아의 테오도루스가 분명하게 표명한다.

154) Murphy-O'Coneer, 42.

는다. 바울이 생각하는 것은 다만 그를 **영** 안에서 살아가는 그리스도인 공동체로부터 내쫓는 것이다. 그렇게 되면 어쩔 수 없이 그는 사탄의 영역으로 되돌아가게 된다. 바울은 바로 이 사탄의 영역에서 그 사람의 "육"이 파멸당함으로 말미암아 결국 그가 주의 날에 구원을 받게 되길 소망한다. 이렇게 말하지만, 바울은 그가 구원을 받으려면 마지막 날까지 기다려야 한다는 말을 하는 게 아니다. 도리어 이런 말은 바울이 통상 구원을 표현하는 방법들 가운데 하나다. 무엇보다 구원은 종말의 때에 이루어질 실재이지만, 지금 여기서도 확실히 체험하는 것이다. 그렇지만 이 구원은 주의 날이 되어야 완전하게 실현될 것이다.

마지막으로 이야기해둘 것이 있다. 이는 이 책 제2장에서 우리가 내린 결론들을 지지하는 것이기도 하다. 이 두 경우(고전 5:3-4, 5)에서는 사람의 "몸" 및 "육"과 대비하여 사람의 영을 주로 이야기한다. 이때 바울은 πνεῦμα에 정관사를 붙인다. 바울은 이처럼 사람의 영을 염두에 두고 πνεῦμα라는 말을 쓸 경우에는 대부분 정관사를 붙이는 경향이 있다.

▪ 고린도전서 6:11

또 그것이 너희 중 일부의 모습이었으되, 그러나 너희는 우리 주 예수[155]의 이름으로 그리고 우리 하나님의 **영** 안에서 씻음을 받고, 거룩함을 받고, 의롭다 하심을 받았느니라(개역개정: 너희 중에 이와 같은 자들이 있더니 주 예수 그리스도의 이름과 우리 하나님의 성령 안에서 씻음과 거룩함과 의롭다 하심을 받았느니라).

155) 바울 서신에서 주의 이름을 언급할 때 종종 일어나는 일이지만, 여기서도 사본에 따라 폭넓은 이문들이 있다. 어떤 사본들은 "우리"라는 말을 덧붙여놓았는데(B P 33 1739 lat syr bo al), 이는 아마도 다음 문구("우리 하나님")에 동화되어 나타난 결과물일 것이다. 이보다 더 어려운 것이 "예수"(A Ψ Maj)와 "예수 그리스도"(P^{46} א D* pc) 가운데 어느 것이 원문인지 선택하는 경우다. 동사문미 현상 때문에 생략이 일어났을 수 있다는 점, 혹은 "…의 이름으로"라는 표현 형태에서는 더 짧은 형태가 더 흔하다는 점을 고려할 때, 후대 전례의 영향으로 "그리스도"라는 말이 추가되었을 가능성이 더 크다.

이 아주 중요한 문장은 바울이 토로한 불쾌감을 끝맺는 말이다. 바울은 앞서 이 신앙 공동체의 두 지체가 고린도 지방 관리 앞에서 법률문제를 놓고 송사를 벌이고 있는데도 고린도 교회가 수수방관하며 아무 일도 하지 않은 것에 불쾌한 심정을 털어놨다. 바울은 고린도 교회가 고린도에서 하나님의 마지막 때(종말) 공동체답게 행동하지 않은 것을 두고 이 교회를 부끄럽게 만든다(1-6절). 그런 다음 그는 해를 입은 사람을 향해 왜 좀더 그의 주님처럼 행동하여 "잘못을(개역개정: 불의를) 감내하지" 않는지 그 이유를 묻는다(7a절). 바울은 7b절을 시작하면서 애초에 사기 행위를 저지른 자에게 관심을 돌린다. 이어 그는 지극히 엄중한 경고를 제시하면서(9-10절), 이런 식으로 살아가는 사람들, 다시 말해 그리스도 밖에서 살아가는 사람들은 마지막 때 받을 하나님 나라를 유업으로 받지 못할 것이라고 고린도 공동체 전체에게 되새겨준다. 물론 그가 말하는 요지는 그 신앙 공동체 내부의 몇 사람이 하나님 나라를 유업으로 받지 못할 자들처럼 행동하고 있다는 것이다. 그들은 그들이 하는 행동을 바꿔야 한다. 그렇지 않으면 심판이라는 위협을 똑같이 받을 것이다.

그러나 바울은 단지 경고 정도의 말로 글을 맺을 수 없다.[156] 특히 그리 했다간 고린도 사람들이 실제로 여전히 "악한 자들" 가운데 있다는 인상을 남길 수 있기 때문이다. 그리하여 바울은 "또 이런 일들이[157] 너희 중 일부의 모습**이었으되**"라는 말을 재차 강조하며 글을 맺는다.

우리가 관심을 갖는 곳은 이 문장의 나머지 부분이다. 이 나머지 부분은 방금 말한 전제를 뒷받침하는 근거를 구원론 차원에서 제시하며 이렇게 말한다. "그러나 너희는 우리 주 예수의 이름으로 그리고 우리 하나님

156) 이 서신에서는 바울이 이런 논박이나 경고를 말한 뒤에 좋은 말로 글을 맺는 경우가 아주 많다는 점을 주목하라: 가령 3:22-23; 4:14-17(1:18-4:21 전체의 결론); 5:7; 6:20; 10:13; 11:32을 보라.

157) 그리스어로 ταῦτά다. 이는 앞서 열거한 내용 전체를 가리킨다. 바울이 중성을 썼다는 게 놀랍다. 여느 사람 같으면 τοιοῦτοι를 썼을 것이다. 중성은 공포나 경멸을 극적으로 더 생생하게 표현해주는 기능을 한다(=이런 역겨운 것들).

의 **영** 안에서 씻음을 받고,[158] 거룩함을 받고, 의롭다 하심을 받았느니라." 이 말은 그 자체가 이 서신에서 더 큰 신학적 중요성을 가진 말들 가운데 하나이기도 하다. 바울의 관심사는 한 가지다. "네 자신의 회개는 하나님이 그리스도와 성령의 역사를 통해 이루신 일이요, 너를 하나님 나라를 유업으로 받지 못할 악한 자들 가운데 건져내신 것이다." 이 말 속에는 애초부터 이런 명령이 담겨 있다. "그런즉 그리스도 안에서 이 새 삶을 살고 악한 자들처럼 살아가기를 끝내라."

이 문장("그러나 너희는 우리 주 예수의 이름으로 그리고 우리 하나님의 **영** 안에서 씻음을 받고, 거룩함을 받고, 의롭다 하심을 받았느니라")은 바울 서신에서 이런 구원론을 설파한 부분 중 두 번째 부분이다.[159] 여기서 바울은 은연중에 삼위일체 언어를 구사하여 사람들의 회개를 언급하면서, 하나님 아버지가 구원하시되,[160] 그리스도가 행하신 일을 통하여 구원하시며, 성령을 통하여 그 구원의 효력을 체험케 하신다고 말한다. 하지만 이 경우에는 그런 구원 패턴이 그리 명확하게 나타나지 않는다. 따라서 바울이 숨은 의미를 함축한 이 문장이 표현하는 다양한 관계들을 어떻게 보고 있는가라는 문제는 더 이야기해볼 필요가 있다.

그 문제를 풀 핵심 열쇠는 이 문장의 **구조** 속에 들어 있다. 이 문장은 세 동사로 시작한다.[15] 각 동사 앞에는 강한 역접어(逆接語)인 "그러나"

---

158) 그리스어로 ἀπελούσασθε다(신약성경에서는 오직 여기와 행 22:16에서만 나오는 말이다). 일부 사람들은 이 동사가 중간태임을 상당히 강조하며 "너희는 너희 자신을 깨끗이 씻었다"와 같은 무리한 번역들을 제시함으로써 이 "깨끗이 씻음"을 세례를 받고 있는 사람이 스스로 하는 행동으로 보는 신학적 함의를 은연중에 피력한다[가령 G. R. Beasley-Murray, *Baptism in the New Testament* (Grand Rapids: Eerdmans, 1962), 163; R. Y. K. Fung, "Justification by Faith in 1 & 2 Corinthians," in *Pauline Studies: Essays Presented to Professor F. F. Bruce on his 70th Birthday* (ed. D. A. Hagner and M. J. Harris; Grand Rapids: Eerdmans, 1980), 250; Robertson-Plummer, 119]. 그러나 그 논의 중 많은 수는 "씻다"가 아니다. 이 동사는 거의 전부 중간태 형태로 나타나기 때문이다. 이 본문에서 이 말은 수동태 역할을 하는 중간태다. Dunn, *Baptism*, 123과 대다수 영역 성경들을 참고하라.

159) 살후 2:13을 다룬 내용과 거기 있는 주를 보라.

160) 본문은 사실 그렇게 특정하지 않지만, 이것은 "신성 수동태"(divine passives)가 본디 가진 의미다. 뒤의 논의를 보라.

(ἀλλά)가 붙어 있는데, 이 "그러나"는 이 문장이 강조하는 "너희가 한때는 그랬으나 지금은 아니다"라는 의미에 더 큰 힘을 실어준다. 1:30과 마찬가지로 이 세 동사는 무엇보다 구원을 상징하는 은유이며, 각 동사는 앞에 나온 문장들에 비추어 고린도 사람들의 회심이 갖는 특별한 측면을 각각 표현해준다. 그들은 바울이 앞에서 표현한 이전의 더러운 삶의 방식으로부터 "깨끗이 씻음"을 받았다. 또 그들은 "거룩함을 받았다." 하나님은 그들을 구별하사, 이전에 그들이 따랐던 악한 삶과 완전히 다른 거룩하고 경건한 삶을 살게 하셨다. 그리고 그들은 의롭다 하심을 받았다. 이전에 그들은 "불의한" 자들이었으나[161] 이제는 하나님께 의롭다 하심을 받아 이전에는 유업으로 받을 수 없었던 하나님 나라를 유업으로 받을 수 있게 되었다. 따라서 바울이 여기서 이 세 동사를 각각 골라 쓴 것은 문맥 때문이지 교리 때문이 아니다. 그가 이런 동사를 죽 나열한 것은 신학과 아무 관련이 없다.[162] "깨끗이 씻음"을 받았다는 말이 맨 먼저 나온 것은 바울이 제시한 악 목록에서 "더러움"이 제일 먼저 나온 데 따른, 지극히 자연스러운 결과다. 요컨대, 이 세 동사는 본질상 동일한 실재를 가리키며, 각 동사는 "하나님"이 숨은 주어가 되시는 "신성 수동태"다. 때문에 두 전치사구(이 세 동사 뒤에 나오는 ἐν τῷ ὀνόματι τοῦ κυρίου Ἰησοῦ [Χριστοῦ] καὶ ἐν τῷ πνεύματι τοῦ θεοῦ ἡμῶν – 옮긴이)는 이 세 동사를 모두 수식하는 말로 이해하는 것이 가장 좋다.[163] 하나님은 바울이 이 풍성한 은유로 표현한 구

161) 이 동사(δικαιόω) 속에서 1절과 9절에 나오는 형용사 ἄδικοι와 이 형용사의 동족 동사로서 7-8절에 나오는 ἀδικέω와 연관된 일종의 언어유희를 볼 수 있음을 부인하기가 어렵다. 요컨대 이 동사는 이 단락 전체(6:1-11)의 주요 동력원이다.

162) 일부 사람들은 동사들 순서 때문에 걱정한다. 바울이 이 동사들을 이런 순서로 적어 우리 자신의 교리 범주들(개념들)과 맞지 않아 보이는 어떤 신학 명제를 천명하는 것처럼 보이기 때문이다. 이런 이유 때문에 심지어 A. A. Scott는 이 동사를 역순(逆順)으로 읽으려 했다[즉 맨 뒤에 나온 동사부터 그 앞에 나온 동사, 또 그 앞에 나온 동사 순서로 읽어가려 했다; *Christianity according to St. Paul* (Cambridge: University Press, 1927), 120].

163) 각 동사 앞에 ἀλλά를 되풀이하여 붙여놓은 것도 이를 지지한다(참고. Fung, "Justification," 251). Scott는 반대다(앞의 주162를 보라.). 참고. K. Bailey는 설득력이 더 떨어지는 주장을 제시했다["Paul's Theological Foundation for Human Sexuality: 1 Cor. 6:9-20 in the

원을 "주 예수 그리스도의 이름으로 당신의 **영**을 통하여" 이루셨다.

두 전치사구가 세 동사를 수식한다면, 이 전치사구들은 아마도 문법상 같은 내용을 담고 있을 것이다. 이 경우에는 이 전치사구들이 도구의 의미를 갖는다(참고. GNB, NEB). 그리스도의 "이름"을 언급한 부분은, 1:10과 5:4처럼(참고. 살후 3:6), 특히 그리스도가 행하신 구원 사역과 관련하여 신자를 위하시는 그리스도의 권위를 말하는 것이요, 성령을 언급한 부분은 성령을 하나님이 이 시대에 신자의 삶 속에서 그리스도의 사역을 완성하시는 수단으로 이해하는 바울의 견해를 반영한 것이다. 따라서 이 두 전치사구는 모두 하나님이 **그리스도를 통해** 당신 백성을 **위하여** 행하신 일로서, **성령**을 통해 그 백성 **속에서** 완성하신 일을 가리킨다. 아울러 이것은 이 세 동사가 표현하는 세 은유들을 모두 성령과 연관 지어서는 안 된다는 것을 뜻한다. 각 경우를 보면, 그리스도의 죽음이 역사 속에서 그런 구원 행위가 펼쳐진 장소였다. 고린도 사람들은 이렇게 다양한 측면에서 "우리 주 예수 그리스도의 이름으로" 구원을 받았다. 그러나 그들은 모두 회심할 때 본질상 성령이 행하시는 일인 이런 구원을 자기 것으로 소유하는 체험을 했다. 때문에 그들은 이렇게 다양한 측면에서 "우리 하나님의 **영**으로 말미암아" 구원을 받은 이들이기도 하다.

이 모든 동사는 구원이 가지는 다양한 측면들을 상징하는 은유 역할을 하기 때문에, 우선 그리스도가 우리를 위해 행하신 일을 가리킨다. 그렇지만 바울 서신의 다른 곳에서는 이 동사들이 성령이 하시는 행위들로 나타나기도 한다. 이런 문맥들에서는 그런 사실들(깨끗이 씻음과 거룩함과 의롭다 하심을 받는 것)이 신자가 체험한 실재라는 점에 초점을 맞춘다. 그리하여 디도서 3:5은 "씻음을 받음"을 성령의 활동으로 이야기한다. 또 고린도

Light of Rhetorical Criticism," *ThRev* 3 (1980), 28-29]. Bailey는 이 문장이 단계 평행법(step parallelism)을 구사한다고 주장한다. 즉 각 동사를 두 전치사구가 언급한 삼위 하나님의 각 위격 순서에 따라 배치해놓았다는 것이다(씻음을 받다=그리스도; 거룩함을 받다=성령; 의롭다 하심을 받다=하나님). 이런 주장은 아주 균형이 잘 잡힌 두 전치사구에서 발견할 수 있는 바울 자신의 평행법을 파괴해버린다.

후서 3:8-9과 갈라디아서 5:5은 "의롭다 하심을 받다"도 그 동족 명사 형태인 "의/의롭다 하심을 받음"(칭의)을 써서 성령이 하시는 일로 이야기한다. "거룩함을 받다"(거룩하게 되다)도 분명한 이유들을 제시하며 그리스도와 연계된 활동[164]이라기보다 성령의 활동으로 이야기하는 경우가 더 잦다(살전 4:7-8; 살후 2:13; 롬 15:16).

5:6-8에서 그랬듯이, 바울은 여기서도 고린도 사람들에게 한 번 더 그들의 정체성에 합당하게 행동하라고 다그친다. 그러면서 그리스도가 이전에 행하신 일을 토대로 그 명령을 평서문처럼 제시한다.[16] 하지만 이 경우에 이 평서문은 그 명령을 단지 암시할 뿐이다. 여기서 바울은 그리스도가 하신 일을 강조하지만, 이때 그리스도의 희생이라는 객관적 사실보다 고린도 사람들이 **영**을 통해 그 사실을 직접 체험한 점에 더 큰 강조점을 둔다. 고린도 사람들은 악한 자들과 다른 **존재여야** 하고 다르게 **행동해야** 한다. 하나님이 자비를 베푸셔서 그들이 과거에 지은 죄들의 흔적을 이미 제거하셨고, 그들의 윤리에 변화를 일으키는 일을 이미 시작하셨으며, 그들을 이미 용서하사 당신 자신과 바른 관계를 갖게 해주셨기 때문이다. 바로 이런 사실들 때문에 바울은 그리스도가 하신 일에 "그리고 우리 하나님의 **영**으로"라는 말을 덧붙여놓은 것이다. 바울은 단지 지위와 관계된 사실들뿐 아니라, 신자들 속에서 효력을 발휘하게 된 사실들에 관심을 갖고 있다. 성령은 고린도 사람들이 회심할 때 이런 사실들이 그들의 삶에 고스란히 연결되도록 만들어주셨을 뿐 아니라, 그들에게 현세의 삶을 살아나갈 능력을 실제로 공급해주셨다. 이렇게 보는 것이 "우리 하나님의"라는 수식어에 비춰볼 때 더 확실한 것 같다. 바울은 윤리에 합당한 삶을 문제 삼을 때마다 "우리 하나님의"라는 말을 덧붙이곤 한다. 바울 서신에서는 늘 그렇지만, 그런 수식어는 **영**(성령)과 아버지(성부) 사이에 지극히 긴밀한 관계가 있음을 일러주는 것이요, **영**이 신자들의 삶 속에 임재하심은

164) 고전 1:2; 엡 5:26을 보라. 이 본문에서는 이를 그리스도가 하시는 행동으로 본다.

바로 하나님이 몸소 임재하심이라는 것을 시사하는 것이다.

또 많은 해석자들은 이 문장에서 **영**과 물세례 사이의 긴밀한 연관을 찾아내어, "너희가 씻음을 받았다"라는 말을 (비단) 죄로부터 씻음을 받음을 상징하는 은유일 뿐 아니라 물세례를 가리키는 말로 이해하기도 한다.[165] 그러나 바울은 "너희가 세례를 받았다"라고 말하지 않는다. 만일 세례가 그의 관심사라면, 그는 얼마든지 "너희가 세례를 받았다"라고 말할 수 있었다. 신약성경을 다 뒤져봐도 이 동사(ἀπολούομαι)를 세례를 가리키는 말로 쓴 곳이 없다.[166]

"너희가 씻음을 받았다"라는 말을 물세례를 가리키는 말로도 이해하는 견해는 "씻음을 받다"라는 동사 자체가 함축한 의미를 근거로 들기도 하지만, 이 말이 첫 번째 전치사구인 "우리 주 예수 그리스도의 이름으로"와 결합되어 있다는 점을 주장의 근거로 가장 빈번히 사용한다.[167] 그러나 이것은 누가의 눈으로 바울을 읽은 것이다. 여기서 바울이 쓴 문장을 살펴보면, 두 가지 사항이 이런 견해와 다른 내용을 시사한다. (1) 이 견해처럼 바울이 "세례"라는 말과 전치사 ἐν(…안에/…안으로)을 함께 사용한다고 보는 것은 바울의 다른 용례와 일치하지 않는다. 신약성경이 "세례"를 이야기하며 전치사 ἐν을 사용할 때는 늘 어떤 사람이 세례를 받음으로 들어가게 된 영역(갖게 된 요소; the element into which one has been baptized)을 가리킨다.[168] 바울은 "세례"와 "이름"을 결합할 경우 전치사 εἰς(…안으로)를 사용한다. 그리하여 그는 어떤 이가 "아무개 이름**으로** 세례를 받았다"(baptized *into* the name; 참고. 1:13-15)[169]나 "그리스도 안으로 들어가

---

165) 가령 Beasley-Murray, *Baptism*, 162-67에 있는 논의를 보라; 반대 견해를 보려면, Dunn, *Baptism*, 120-23을 보라.

166) 행 22:16이 은유를 써서 이 말을 세례와 연결한다. 반대 주장들이 있긴 하지만[가령, H. M. Ervin, *Conversion-Initiation and the Baptism in the Holy Spirit* (Peabody, Mass.: Hendrickson, 1984), 93], 이 말은 세례 자체를 실제로 가리키는 동사가 **아니다**.

167) 가령 Ervin, *Conversion-Initiation*, 94을 보라. Ervin이 하는 말들은 특히 Dunn의 *Baptism*을 공격 목표로 삼고 있어서 몇 가지 미심쩍은 구석들이 있다.

168) 바울의 용례를 보려면, 고전 10:2과 12:13을 보라.

하나가 되었다"(개역개정: 그리스도 예수 안에서 하나이니라; 갈 3:28)[170]라고 말한다. (2) 이 본문(고전 6:11)의 두 전치사와 세 동사들은 모두 한 덩어리를 이룬다. 바울의 용례를 보면, 어떤 이가 "그리스도의 이름과 우리 하나님의 **영**으로 세례를 받았다"라고 말하거나 어떤 이가 세례를 받을 때 거룩하게 되거나 의롭다 하심을 받았다고 말하는 본문이 없다.

그렇다고 바울이 이 "씻음을 받다"라는 동사를 세례를 에둘러 가리키는 말로도 여기지 않았을 것이라는 말은 아니다. 오히려 여기서 바울의 관심사는 그리스도인의 입교 의식이 아니라 그리스도가 가능하게 해주시고 성령이 이루어주시는 영적 변화다. 세 은유는 그리스도인의 회개에서 "중생(重生, 거듭남), 성화(聖化, 거룩해짐), 칭의(稱義, 의롭다 하심을 받음)"라는 신학 용어로 표현하는 측면들을 강조한다.[171] 바울은 이 모든 것을 성령이 신자들의 삶 속에서 행하시는 일로 여기지 세례의 결과로 여기지 않는다.[172]

그리스도 안에 있는 구원을 바라보는 바울의 견해에서 성령이 얼마나

---

169) 이것이 신약성경의 표준 용례다. 단 ἐπί를 사용한 행 2:38은 예외다. 결국 이것은 행 10:48의 ἐν τῷ ὀνόματι Ἰησοῦ Χριστοῦ가 βαπτισθῆναι와 함께 가는 말이 아니라, 신약성경의 다른 곳처럼, "명령하다"라는 동사와 함께 가는 말임을 일러주는 증거일 것이다.[17] 어쨌든 이렇게 보면 이 본문의 의미가 훨씬 더 명확해진다.

170) 바울 서신에서는 "예수의 이름"이라는 말과 세례를 나란히 쓴 사례가 등장하지 않는다는 점도 지적해두어야 할 것 같다. 바울은 예수의 이름으로 "명령하다"(살후 3:6), "호소하다"(권면하다; 고전 1:10), "판단하다"(5:3-4), "모든 일을 하다"(골 3:17), "감사하다"(엡 5:20), "씻음을 받고, 거룩함을 받고, 의롭다 하심을 받다"(여기)라는 말은 쓰지만, 어디에서도 예수의 이름으로(ἐν τῷ ὀνόματι) "세례를 받다"라는 표현은 쓰지 않는다.

171) "성화"와 "칭의"를 살펴보려면, 1:30을 다룬 Fee, 86-87을 보라; 또 "거룩하게 하다"에 관한 설명은 1:2을 다룬 부분을, "의롭다 하다"에 관한 설명은 4:4을 다룬 부분을 보라. 일부 사람들은 여기서 쓴 "의롭다 하다"라는 동사가 갈라디아서와 로마서에서 갖고 있는 것만큼 완전한 신학적 중요성을 가진 말은 아니라고 주장했다[가령 R. Bultmann, *Theology of the New Testament* (2 Vols.; trans. K. Grobel; New York: Scribners, 1951-55), 1.136]. 그러나 말뜻이나 문맥을 살펴봐도 그런 주장이 타당함을 보여주는 근거들이 없다. Fung, "Justification," 250-51에 있는 논의를 보라; 참고. Conzelmann, 107.

172) 비슷한 견해를 보려면, Dunn, *Baptism*, 120-23을 보라; 참고. Barrett, 141. Barrett는 "세례는 마음에 받는 것"임을 인정하면서도 "바울이 중시한 것은 바로 세례 의식 속에 담긴 의미이지 겉에 나타난 그 의식의 정황들이 아니다"라고 말한다. 이 구절의 세 은유가 세례를 가리킨다고 보는 견해를 살펴보려면, Beasley-Murray, *Baptism*, 162-67, 그리고 세례를 다룬 다른 대다수 문헌과 대다수 주석을 보라.

중요한 역할을 하는지 다시 한 번 주목할 필요가 있다. 그렇다고 성령이 구원하신다는 말은 아니다. 구원은 아버지(성부)가 아들(성자)을 통해 이루시는 일이다. 그러나 성령은 하나님이 이루신 구원을 신자들의 삶 속에 적용하사, 이 신자들 속에서 새 삶과 새 행위가 구원의 결과로 나타나게 하신다. 성령이 신자의 삶 속에서 효과 있게 이루시는 일인 새 삶과 새 행위가 없으면—바울이 구원의 의미로서 제시하는 어떤 말에 비춰 봐도—진정한 구원이 이루어지지 않은 것이다.

• 고린도전서 6:14

또 하나님이 주를 일으키셨고(개역개정: 다시 살리셨고) 또 그의 능력(권능)으로 우리를 일으키시리라(개역개정: 다시 살리시리라).

이 문장을 이 연구서에 포함시킨 이유는 "그의 능력으로"라는 문구 때문이다. 하나님은 그리스도를 일으키셨고 우리 역시 "그의 능력으로" 일으키실 것이다. 이런 본문에서 "능력"이라는 말을 쓰면, 사람들은 보통 **영**이 그 표면 바로 밑에 숨어 있다고 생각할 수 있다.[173] 하지만 이 본문은 물론이요 바울 서신의 다른 어떤 용례도 **영**의 능력이 예수를 일으키셨다고 시사하지 않는다.[174] 그래도 그런 내용에 가장 가깝다고 볼 수 있는 본문이 에베소서 1:19-20이지만, 그것도 에베소서 3:16에 비추어보았을 때 그러하다. 신자들의 삶 속에서 역사하시는 "능력"은 십중팔구 **영**을 가리키는 말로서, 그리스도를 죽은 자들 가운데서 일으키신 "능력"과 같은 능력이다. 하지만 앞의 에베소서 본문에서도 강조하는 것은 신자들 속에서 역사하시는 하나님의 능력이지 **영**의 임재 자체가 아니다.

173) 가령 살후 1:11; 골 1:11; 엡 3:16, 20을 보라. 또 이 책 제2장의 논의를 보라.

174) 물론 일부 사람들은 롬 1:3-4; 8:11; 딤전 3:16에 이런 연관관계가 들어 있다고 보려 한다. 특히 롬 8:11을 논의한 내용과 이 책 제12장을 보라.

사람들은 모두 여기서 바울이 **영**에 관하여 무언가를 말하려 하는 것 같지는 않다고 말했다. 사실 이 14절 문장은 "그의 능력으로"라는 말이 덧붙는 바람에 13b절 문장("그러나 하나님은 이것도 저것도 폐하시리라")과 균형을 이루던 상태를 잃고 말았다. "그의 능력으로"라는 말이 없으면, 14절 문장은 13b절과 일부러 평행을 맞춘 본문이 된다.[175] "그의 능력으로"라는 문구가 덧붙게 된 것은 그리스도를 언급했기 때문이 아니라 여전히 미래의 일로 남아 있는 신자들의 부활을 언급했기 때문일 것이다. 따라서 이 14절 문장은 고린도전서 15장에서 더 상세히 제시할 주장을 미리 귀띔하는 것이다. 15장에 가면 일부 사람들이 장차 있을 신자들의 부활을 부인하고 있다는 말이 나오기 때문이다(15:12). 15장에서 제시하는 주장처럼, 여기 14절도 우리가 부활할 것을 그리스도의 부활을 근거로 이렇게 단언한다. "하나님이 주를 일으키셨고 우리도 일으키시리라." 이런 강한 주장은 영성을 바라보는 고린도 사람들의 견해와 첨예한 대조를 이룬다. 고린도 사람들이 앙망한 것은 마지막 때 육을 벗어버리고 "영"이 구원을 받는 것이었다. 그러나 사실 하나님은 장차 신자들이 부활할 때 당신의 능력을 통해 우리를 "몸으로"(bodily) 일으키실 것이다. 이렇게 몸으로 일으키시는 것 역시 **영**의 활동인가는 아직 해결되지 않은 문제이며 이렇다 저렇다 딱 부러지게 설명할 수 없다.

▪ 고린도전서 6:17

그러나 주와 결합한 자는 한 **영**/영이니라.

---

175) 물론 14절이 "일으키다"라는 동사를 반복하는 점은 13b절과 평행을 이루는 점이 아니다. 14절은 같은 의미를 가진 동사를 되풀이하고(ἤγειρεν ἐξεγερεῖ) 13b절은 동사를 한 번만 쓴[καταργήσει; καταργέω (폐지하다, 무효로 만들다)의 미래 능동태 직설법 3인칭 단수 – 옮긴이] 이유는, 14절 같은 경우에 한 행위는 이미 일어난 것이지만 다른 행위는 여전히 미래의 일로 남아 있는 반면, 13b절에서는 두 행위("이것을 폐하시고 저것을 폐하는" 것)가 모두 여전히 미래의 일이기 때문이다["하나님이 하나(배)와 다른 하나(음식)을 폐하시리라"].

이런 종류의 문장은 바울이 종종 정확한 언어 구사보다 자신의 수사와 균형 잡힌 평행법을 구사한 문장에 더 관심이 많았음을 보여주는 사례다. 결국 이 문장에서는 이 문장을 쓴 **이유**와 그 이유를 표현한 방식을 밝혀내기가 바울이 이 문장을 통해 말하고자 하는 정확한 의미를 밝혀내기보다 훨씬 더 쉽다. 물론 바울이 말하고자 하는 의미도 상당히 확실하게 밝혀낼 수 있다.

17절의 문장 **형태**는 16절("창녀와 결합한 자는 [그 창녀와] 한 몸이니라")이 이미 결정해주었다. 바울이 "결합하다"라는 동사를 골라 쓴 것은 이 말이 성관계를 암시하기 때문이다. 또 바울이 "한 몸"[one body; 바울은 자신이 줄곧 인용하는 창 2:24의 "한 살"(one flesh)[18]을 쓰지 않았다]을 골라 쓴 것은 그가 바로 이 몸이란 것을 놓고 논박과 주장을 전개하기 때문이다. 이 모든 논박과 주장은 모두 사람의 몸을 분명 좋지 않게 보았던 고린도 사람들의 견해와 관련 있다.[176]

고린도 사람들은 음식은 배를 위해 있고 배는 음식을 위해 있으며 이들 중 어느 것도 영원히 가지 않을 것이므로 몸과 성(性) 역시 마찬가지일 것이라고 주장했다(13절). 그러나 바울은 그들이 주창하는 슬로건을 뜯어고쳐 "몸은 **음란**을 위하여 있지 **않고** 다만 주를 위하여 있은즉", 이를 증명해주는 증거가 바로 부활이라고 역설한다(14절). 바울은 15-17절에서 자신이 재정립한 명제를 고린도 사람들이 창녀들을 찾아가는 일에 직접 적용함으로써 이 명제를 설명해간다. 바울의 주장은 두 부분으로 되어 있는데, 두 부분은 모두 "너희는 알지 못하느냐?"라는 문구로 시작한다. 15절에서 바울은 14절을 근거로 삼아 신자들의 몸이 주의 "몸"을 이루는 "지체"이므로 창녀와 결합하여 창녀의 몸을 이루는 "지체"가 되는 것은 있을 수 없는 일이라고 역설한다. 이어 그는 16-17절에서 15절을 부연한다. 그는 창세기 2:24을 근거로 성관계가 이루어지면 두 몸이 하나가 되는 것이

176) 이 문제를 살펴보려면, Fee, 250-57에 있는 논의를 보라.

기에 남자가 창녀 몸의 "지체"가 되는 것이라고 강조한다. 창녀와 성관계를 갖는 것은 (말 그대로) 어떤 이의 몸과 다른 이의 몸이 불법한 성적 결합을 가짐을 의미한다. 그리스도와 한 몸이 되는 것과 성을 통해 한 몸이 되는 것 자체가 양립할 수 없는 것은 아니다. 그리스도와 한 몸이 되는 것과 양립할 수 없는 것은 **창녀와** 한 몸이 되는 것이다. 창녀와 결합하는 것은 그리스도의 몸이 아닌 자와 몸으로 결합하는 것일 뿐이다. 결국 창녀와 결합한 몸은 부활하지 못한다.

그 점 때문에 17절에서는 보기 드문 평행 관계가 나타난다. 이 구절을 보면, "주"가 "창녀"를 대신하고 πνεῦμα가 "몸"을 대신한다. 바울이 복잡하게 말하고 있긴 하지만, 그래도 그의 관심사는 쉽게 알아낼 수 있다. 바울은 지금 불법한 결합을 신자가 그리스도와 결합하는 것과 대조한다. 19-20절에 비춰볼 때, 바울이 주로 언급하는 것은 성령이 행하신 일이다. 성령이 행하신 일로 말미암아 신자의 "영"은 "한 **영**"을 통해 그리스도와 결코 떨어질 수 없게 결합하여 하나가 되었다.[177] 이처럼 신자는 **영**으로 말미암아 주와 연합하였고 이를 통해 한 **영**/영[178]이 되었다. 이렇게 말한다고 바울이 이제는 몸에 관심을 끊었다는 말이 아니다. 18-20절은 바울이 여전히 몸에 관심을 갖고 있음을 시사한다. 17절의 평행문(곧 16절의 "창녀와 결합하는 자는 그와 한 몸인 줄을 알지 못하느냐")이 "몸"이라는 말을 썼기 때문에, 또 주와 결합하는 것과 대조를 이루는 결합이 성관계를 통해 이루어지기 때문에, 바울은 주와 결합하는 것은 주와 "한 몸"이 된다는 말로 묘사할 수 없었을 것이다. 물론 바울은 여전히 신자의 몸에 관심을 갖

---

177) 참고. Dunn, *Baptism*, 123-24. 이 용례를 "영"과 "몸"의 대조로 보면서 "몸"을 더 뒤떨어지는 통일체로 보는 이들에 맞서 상당한 반대 주장을 제시한 글을 보려면, R. H. Gundry, *SOMA in Biblical Theology with emphasis on Pauline Anthropology* (SNTSMS 29; Cambridge: University Press, 1976), 65-69을 보라. 영과 몸을 대조하고 몸이 영보다 뒤떨어진다는 생각은 문맥과 도통 맞지 않는 것이어서, 어떻게 그런 생각이 타당하다고 확신할 수 있게 되었는지 이해할 수 없다.

178) 이런 번역을 제안하는 이유를 보려면, 5:3-5을 다룬 부분을 보라; 특히 14:14-15을 보라.

고 있지만, 이 몸은 주의 부활에 기초하여 주께 속해 있다. 따라서 신자와 주가 결합하여 하나가 되는 것은 몸의 결합과 그 종류가 다르다. 따라서 바울은 이런 신자와 주의 결합을 표현하려고 **영**이라는 말을 쓴 것이다.

결국 바울의 강조점은 하나다. 신자가 몸으로 창녀와 결합하는 것은 결코 해서는 안 될 일이지, 할 수도 있고 하지 않을 수도 있는 문제가 아니다. 신자의 몸은 이미 주께 속해 있기 때문이다. 신자의 몸은 주(그리스도)의 부활을 통해 그리스도의 **영**으로 말미암아 그리스도의 몸을 이루는 "지체"가 되었다.

바울의 논증이 "**영**"이라는 말을 썼기 때문에 이 "**영**"이라는 말을 어떻게 이해할 것인가에 특별히 주의를 기울일 필요가 있다. 이것이 기독론과 관련하여 뭔가 중요한 것을 말하고 있다고 보기에는, 가령 바울이 부활하신 그리스도와 **영**을 하나로 여긴다고 보기에는 특히 의문이 가는 구석이 많다. 그렇게 보게 되면 바울이 제시하는 논점들을 아주 많이 놓쳐버린다. 더욱이 바울의 이 논증이 **영**을 통해 그리스도와 이루는 "신비한" 결합과 관련하여 뭔가 말하고 있다고 보는 것도 역시 썩 수긍이 가지 않는다. 설령 그런 신학을 바울 서신에서 발견할 수 있다 하더라도, 이 문장은 그런 신학을 지지하지 않는다. 이 본문이 역설하는 것은 우리가 "그리스도 안에" 있는 것은 **영** 덕분이라는 것이요, 이는 바울이 다른 곳에서도 수십 번씩 분명하게 말하는 것이다. 또 여기 본문을 보면, 바울은 우리가 그렇게 "그리스도 안에" 있게 되는 일을 회심 때 일어나는 것으로 이해했을 가능성이 아주 높다. 이런 해석을 넘는 견해는 그 어떤 것이라도 여기서 바울이 구사하는 언어를 그의 의도를 훨씬 벗어나 그의 신학과 거리가 먼 곳으로 밀어붙이는 것이다.

▪ **고린도전서 6:19-20**

19너희는 너희 몸[179]이 너희가 하나님으로부터 받은, 너희 안에 계신 성령의 전이요, 또 너희가 너희 자신의 것이 아님을 알지 못하느냐? **20**이는 너희를 값을 주고 샀기 때문이니, 그런즉 너희 몸으로 하나님께 영광을 돌리라.[180)]

바울은 이 말로 6:12-20에서 제시한 주장을 마치면서, 18절의 금지 명령에 신학적 정당성을 부여하고 자신이 금지 명령을 내린 이유를 설명한다.[181)] 동시에 19절에서 제시한 질문 내용은 바울이 13-17절에서 표현한 몸의 신학을 보강해주고 상세히 설명해준다. 바울은 두 가지 이미지[성전 그리고 노예 매입(買入) = 성령과 십자가]를 사용하여 몸이 심지어 현재의 실존 상태에서도 하나님 소유라는 것을 재차 역설한다. 따라서 몸도 그리스도가 이루신 완전한 구속 사역(십자가에서 죽으심, 부활, 그리고 성령이 현재 행하시는 일)의 대상에 포함된다. 이 모든 주장은 그들의 몸으로 하나님께 영광을 돌리라는 마지막 명령으로 귀결된다. 이 문맥을 볼 때 몸으로 하나님께 영광을 돌리는 것은 부도덕한 성생활을 하지 않음을 뜻한다.

이 본문에서 **영**이라는 말은 풍성한 신학적 의미를 담고 있다. 고린도 사람들의 **영** 이해는 결국 몸을 멸시하는 결과를 낳았다. 그들은 자신들이 다른 세계인 천상의 세계에 속해 있으며, 나중에 이 세계에 들어가면 결국

---

179) 그리스어로 τὸ σῶμα ὑμῶν이다. 이 셈어의 "배분단수"(distributive singular) 용법에 관한 설명을 보려면, 갈 6:18을 논한 내용을 보라. 후대에 나온 몇몇 사본들은(A L Ψ 33 81 pm) 분명 이 용례가 불편했는지 "몸"을 복수형("너희 몸들")으로 바꾸었다.

180) 신학 면에서 이 서신 본문을 분명하게 망가뜨린 사례들 가운데 하나가 καὶ ἐν τῷ πνεύματι ὑμῶν, ἅτινά ἐστιν τοῦ θεοῦ (그리고 하나님의 것인 너희 영으로)라는 말을 덧붙인 일이다. MajT (비잔틴 사본)이 이렇게 기록되어 있는데, 7세기 이전 사본에는 이렇게 추가된 본문을 지지하는 증거가 전혀 없다. Lightfoot, 218이 주장하듯이, 이런 추가는 아마 초기 기독교 전례의 결과물이었을 것이다. 아울러 이렇게 덧붙은 본문은 이후 여러 세대에 걸쳐 그리스도인들이 보는 성경이 되었고, **영**에 열광하던 고린도 사람들의 주장을 논박한 바울의 논지를 비껴가는 결과를 가져왔다. 그렇다고 덧붙은 말이 그르다는 말은 아니다. 다만 이렇게 덧붙여놓은 말은 바울이 지금 제시하는 주장의 관심사를 철저히 놓치고 있다. 바울은 여기서 몸은 아무 쓸모가 없으므로 자신들이 몸으로 무엇을 하든 문제될 게 없다고 본 고린도 사람들의 견해를 논박한다. 고린도 사람들의 주장과 달리, 바울은 시종일관 몸도 하나님의 구속 사역 대상에 포함되므로 이 몸 역시 성적 부도덕에 빠져서는 안 된다고 주장한다.

181) 그들이 부도덕한 성행위를 피해야 하는 것은 그것이 죄이기 때문이다. 이 경우에 이 죄는 특별한 종류의 죄다. 그런 행위는 일부러 자기 몸에게 죄를 짓는 것이기 때문이다.

몸을 갖지 않게 되리라고 생각했다. 그래서 그들은 어쨌든 "모든 것이 적법한" 이상(12절), 몸과 관련된 것은 아무것도 없으며(즉 몸은 어떤 것에도 매이지 않으며 — 옮긴이), 특히 몸과 **영** 안에서 살아가는 삶은 완전히 별개라고 보았다.

지금까지 계속 그래왔지만, 바울은 앞에서 말한 고린도 사람들의 견해와 다른 견해를 취한다. 바울은 **영**이 몸과 철저히 관련 있다고 역설한다. 고린도 사람들은 바울의 이런 견해를 틀림없이 괴이한 견해라고 보았을 것이다. 바울은 몸도 부활하게 되어 있으며[실제로 바울은 15:44-49에서 부활한 몸이 바로 πνευματικόν(**영**의 몸)[19]임을 논증할 것이다!] 지금도 이 몸은 성령의 거소요 성령의 전 자체라고 역설한다. 바울은 이렇게 묻는다. "너희는 너희 몸이 너희 안에 계시고 너희가 하나님으로부터 받은 성령의 전이요, 또 너희가 너희 자신의 것이 아님을 알지 못하느냐?"

마지막에 붙어 있는 "또 너희가 너희 자신의 것이 아님을 알지 못하느냐?"도 십중팔구 이 질문의 일부였을 것이며,[182] 그 앞부분("너희는 너희 몸이 너희 안에 계시고 너희가 하나님으로부터 받은 성령의 전임을 알지 못하느냐?")과 이 부분이 서로 보완해주는 기능을 했을 것이다. 몸은 현재 하나님의 **영**이 거하시는 곳이다. 이는 곧 그 안에 하나님의 **영**이 거하시는 사람은 하나님의 소유임을 시사한다. 아울러 바울은 두 번째 부분에서 은유에 변화를 주어 하나님이 그들을 "값을 주고 사셨다"는 말로 그들 몸을 소유한 주인이 바로 하나님이심을 강조한다. 결국 바울은 몸이 하나님의 정당한 소유이므로 이 몸은 "주를 위한"(13절을 보라) 것임을 특히 강조하는 셈이다. 이를 증명해주는 증거가 신자 안에 거하시는 성령과 그리스도의 구속 사역이다. 여기에도 구원론과 관련하여 신앙고백에 가까운 내용을 담은 본문들이 존재하는 셈이다. 이 본문들은 하나님이 베푸신 구원

---

182) 그리스어 본문은 이를 요구하지 않으나, 이 말까지 본문에 포함시키면 이 본문의 의미가 훨씬 더 분명해진다. Findlay, 821; Barrett, 151을 보라; 참고. NRSV, NASB (NIV, NEB는 반대 입장이다).

을 삼위 하나님이 하신 일로 본다.[183] 이 본문들은 어느 것도 동일하지 않다. 그러나 이 본문들은 모두 하나님이 그리스도를 통해 성령으로 말미암아 구원하신다는 것을 똑같이 이야기한다.

물론 바울은 몸을 성령의 전이라 말할 때 우선 교회 전체에 속하는 이미지를 채택하고(참고. 고전 3:16; 고후 6:16; 엡 2:21-22), 이어서 이 이미지를 각 신자에게 적용했다.[184] 소유격들을 사용한 것은 어떤 차이를 반영한 것이다. 바울은 3:16에서 고린도 교회가 **영**으로 말미암아 고린도에 있는 **하나님의** 성전이 되었으며, 이 성전은 모든 이방 종교의 신전들 및 묘당들과 다른 것이라고 말했다. 바울은 이제 성령의 내주라는 현상에 근거하여 몸을 성령의 전이라는 이미지로 표현하면서, 이 몸이 각 신자들의 삶 속에서 성령이 거하시는 "장소"가 되었다고 강조한다. 예루살렘 성전이 살아 계신 하나님의 임재를 "수용하는" 곳이었듯이, 신자의 몸도 하나님의 **영**을 통해 살아 계신 하나님의 임재를 "수용하는" 곳이 되었다. 이것은 순전히 이미지로서 몸이 현재 갖는 중요성을 강조해준다. 바울은 몸을 마치 영(spirit)이나 **영**을 받아들여 담고 있는 외부 수용체 정도로 보는 어떤 기독교 인간론을 천명하려고 이 이미지를 구사하는 게 아니다. 도리어 지금 바울이 중시하는 것은 신자가 하나님 바로 그분의 **임재**가 현재 거하시는 **곳**(*locus*)이라는 점이다. 당신 백성 가운데 거하시며 솔로몬 성전을 당신의 영광으로 가득 채우셨던 바로 그 하나님이 이제는 당신의 **영**을 통해 당신의 마지막 때 백성 가운데 거하신다(3:16). 그러나 그보다 더 중요한 점이 있다. 그건 바로 바울이 **영**이라는 선물을 하나님이 예레미야와 에스겔을 통해 주신 새 언약 약속들의 성취로도 본다는 점이다.[185] 하나님은 당신

183) 살전 1:5-6과 주39의 목록을 보라; 참고. 앞의 6:11을 다룬 부분.

184) 이와 다른 견해는 R. Kempthorne, "Incest and the Body of Christ: A Study of I Corinthians VI.12-20," *NTS* 14 (1967-68), 568-74 [참고. K. Romaniuk, "Exégèse du Nouveau Testament et ponctuation," *NovT* 23 (1981), 199-205]. Kempthorne은 이 본문이 특히 15절부터 그리스도의 몸인 교회를 다루고 있다고 여긴다. Gundry, *SOMA*, 76이 이를 반박하는 내용을 보라. 이 이미지 자체를 논한 내용을 보려면, 3:16을 다룬 부분을 보라.

백성 **가운데**(*among* his people) 거하실 뿐 아니라, 지금 당신 자신이 당신의 **영**으로 당신 백성 **안에**(*within* his people) 들어와 계신다. 이를 통해 하나님은 지금 이 땅에서 살아가는 이 백성의 실존을 거룩하게 만드시고, 당신이 지닌 영원하심으로 이 실존에 인장을 찍으신다.

따라서 성령의 내주는 **몸을 성령의 전으로 볼 수 있게 해주는 전제**가 된다. 이 점은 여기에 있는 두 수식어 "너희 안에 계신"[186]과 "너희가 하나님으로부터 받은"이 뒷받침해준다. 바울은 지금 여기서 고린도 사람들의 신학적 출발점, 다시 말해 자신들은 **영**을 가졌으므로 "**영**의 사람들"이라고 말하는 그들의 주장을 빌려와, 이 주장을 몸의 거룩함을 포함하는 개념으로 다시 바로잡는 일을 하고 있는 것 같다. 신자 안에 거하시는 **영**이라는 실재는 이제 고린도 사람들에게 등을 돌린다. 고린도 사람들은 **영**의 임재를 몸의 가치를 부인하는 것으로 생각했다. 그러나 바울은 그와 정반대 주장을 펼치면서, 몸을 가진 그들의 실존 속에 **영**이 들어와 계심은 하나님이 몸을 긍정하시는 것이라고 주장한다.

이처럼 바울은 이미 앞서 살펴본 본문들에서 **영**을 소재로 다양한 모티프들을 제시했지만, 여기서도 때로는 그 의도를 분명히 드러내며, 때로는 그 의도를 좀 숨긴 채, 그런 다양한 모티프들을 한 번 더 간략하게 서술한다. (1) 구원은 삼위 하나님이 행하시는 활동이다. **영**이 하시는 역할은 그리스도의 사역을 전용하기보다 현세의 삶을 염두에 둔 것이다. (2) **영**은 하나님으로부터 보내심을 받아 각 신자가 "받아들이는"[187] 분이다. (3) **영**은 신자를 거룩하게 하시는 하나님 자신의 임재로서 몸소 신자 안에 들어와 거

185) 살전 4:8과 고후 3:6을 다룬 부분을 보라.

186) 그리스어로 ἐν ὑμῖν이다. 3:16과 달리 ἐν ὑμῖν은 배분의 의미를 가진 것으로서 신자 개개인의 삶 속에 거하시는 **영**을 가리킨다. 바울이 여기서 쓴 말은 실상 "너희 안에 계신 성령"(the in you Holy Spirit; 참고. 딤전 4:14)이다.

187) 바울이 써놓은 절은 "너희가 하나님으로부터 받아 가진"(which you have from God)이다. 하지만 그가 강조하는 것은 **영**을 소유한 사실이 아니라 **영**의 근원이신 하나님이다. 그러므로 NIV가 "받은"(received)으로 번역한 것은 합당한 번역이다.

하신다. (4) 여기 본문은 **영**에게 그분의 완전한 이름(=성령)을 부여한다. 바울은 거룩함을 자신의 관심사로 삼을 경우 종종 성령이라는 명칭을 쓴다. (5) 성화의 대상에는 몸도 포함된다. 신자의 몸은 그리스도의 부활로 말미암아 바로 그분의 소유가 되었으며, 따라서 이 몸 역시 부활하게 되어 있다. 그러므로 **영**의 사람으로 살아간다는 것(to be Spirit-ual)은 우리 인생이 가진 몸이라는 측면을 부인한다는 뜻이 아니다. 물론 그렇다고 몸이라는 측면을 탐닉한다는 말도 아니다. **영**의 임재는 우리를 먼저 몸을 가진 존재로 창조하신 하나님 바로 그분이 우리가 몸으로 영위하는 삶을 포함하여 우리 삶 전체에 예리한 관심을 갖고 계셨다는 것을 뜻한다. 태초에 하나님은 몸을 창조하신 뒤 **좋다**(*good*)[20]고 선언하셨다. 이제 이 몸을 그리스도가 사들이셨으며 하나님 바로 그분의 임재가 당신의 성령을 통하여 거룩하게 하신다. 따라서 우리는 **영**의 삶, 거룩한 삶을 살아감으로써 우리 몸 역시 "거룩하게 만들어"가야 한다("그런즉 너희 몸으로 하나님께 영광을 돌리라").

몸은 부인하고 영(또는 영혼)만 선호하려 했던 헬레니즘의 이원론이 침입할 때마다 이 본문의 메시지를 거듭 되새길 필요가 있다. 하나님은 우리를 전인(全人)으로 창조하셨다. 그리고 그분은 그리스도 안에서 우리 전인을 구속하셨다. 기독교의 견해를 따른다면, 몸은 어떻게 되든 상관없는 것이므로 몸을 탐닉한다든지 혹은 몸을 혹사하여 영만 정결케 하는 식의 몸/영 이분법은 존재할 수 없다. 몸을 지닌 실존을 이렇게 보는 이방 종교의 견해가 수많은 교묘한 길들을 통해 기독교 신학 속으로 슬금슬금 기어들어온다. "영혼을 구원한다며" 사람들이 필요로 하는 물질에는 관심을 갖지 않으려는 일부 사람들의 경향도 그런 이방 종교의 견해에 속한다. 그러나 신약성경의 계시에 근거한 그리스도인의 신앙고백은 영혼의 불멸이 아니라 몸의 부활이다. 이런 신앙고백이 어리석은 유물론으로 이어지는 것은 아니다. 오히려 이런 신앙고백은 구속의 대상을 전인으로 보는 견해를 긍정한다. 이 견해는 창조 교리(물질세계와 영의 세계는 모두 하나님이 만드신 것이므로 둘 다 선하다는 교리)에 일부 근거하고 있으며, 마지막 때의 완성(consummation)을 포함한 구속 교리(몸을 비롯하여 타락한 모든 피조계가 그리스도 안에서 구속을 받았으며 이제 그 마지막 구속을 기다리고 있다는 교리)에 일부 근거하고 있다. 이런 전인 구속을 확실히 지지하는 증거가 **영**의 임재다. **영**의 임재는 우리를 헬레니즘식의 그릇된 "영성"이 아니라 여기서 말하는 성경의 견해로 인도한다.

• 고린도전서 7:7

그러나 각 사람이 하나님으로부터 은혜로 받은 자기 선물이 있으니, 한 사람은[188] 이런 종류고 또 한 사람은 저런 종류라.

이 서신은 물론이요 전체 바울 서신을 통틀어(1:7을 다룬 부분을 보라) 두 번째로 등장하는 이 χάρισμα(은사)라는 말은 고린도후서 1:11 및 로마서 6:23의 용례와 더불어 "**영**의 은사"라는 개념이 이 말이 본디 가진 개념이 아니라 기껏해야 이 말의 부차적 개념임을 보여주는 증거 역할을 한다. 바울이 이 말로 제일 강조하고자 하는 것은 늘 하나님의 은혜다. 하나님이 주시는 "선물"은 이 은혜의 구체적 표현일 뿐이다. 이 본문 같은 경우는 특히 그렇다.

분명 고린도 사람들은 "남자가 여자와 접촉하지(=성관계를 갖지) 않는

188) ℵ A B C D F G P 6 33 81 630 1739 1881 2464 pc는 ο μεν...ο δε...인 반면, P[46]과 MajT는 ὃς μὲν..., ὃς δε...다(Zuntz, *Text*, 52은 후자가 아테네식 어법이며 필사자도 이 어법을 거부하지 않을 가능성이 높다는 이유로 후자를 지지한다). 원문은 십중팔구 ο μεν...ο δε...일 것이다. 그러나 악센트 문제가 여전히 남아 있다. 비평판(NA[26])은 관사에 악센트를 붙이는 쪽을 선호한다. 즉, ὁ μὲν..., ὁ δέ...로 표기함으로써 χάρισμα [χαρίσματᾰ은사(은사들)]를 가진 사람(들)을 강조하는데, 이는 마치 본문에 변형이 일어난 것과 같다. 하지만 이것은 신약성경에서 유일무이한 용례일 것이다. 신약성경에서는 늘 관계대명사가 부정관사와 결합하여 "하나는…이고 다른 하나는…이다"를 나타내기 때문이다. 그러므로 여기서 관계대명사가 부정관사와 결합한 꼴이 옳을 가능성이 훨씬 더 높다. 따라서 바울이 의도하는 것은 χάρισμα 자체를 가리키는 ὃ μὲν..., ὃ δέ...일 것이다("한 χάρισμα는 이런 종류요… 또 다른 χάρισμα는 저런 종류라").

것이 좋다"(1b절)라고 주장하면서, 이 주장을 뒷받침하는 논거의 한 토막으로 바울의 독신을 활용했다. 그러나 바울은 자신의 독신과 단순히 혼자 사는 것을 다르다고 본다. 당시 고린도 사람 중 일부는 혼인이 곧 죄라는 괴이한 근거를 내세워 독신과 혼인 중 독신을 선택해야 한다고 단언했지만, 바울의 독신은 그렇게 선택에 따른 독신이 아니었다. 오히려 바울의 독신은 χάρισμα에 따른 것이었다. 바울의 독신은 그가 받은 선물 같은 것이었으며, 이 선물은 하나님의 은혜에서 나온 것이었다. 따라서 그의 독신은 그가 성욕을 채우려는 욕구로부터 자유를 얻었음을 만인 앞에 나타내주는 선물이었으며, 이 선물 덕분에 그는 혼인하지 않고도 살 수 있었던 것이다. 그러나 바울은 사람들이 그의 독신을 더 고상한 소명인 것처럼 오해하지 않게 즉시 이런 말을 덧붙인다. "한 χάρισμα는 이런 종류요 또 다른 χάρισμα는 저런 종류라." 그러므로 독신이 χάρισμα라면, 혼인 역시 χάρισμα다.

바울은 분명 자신의 현 상태를 더 좋아하여 "다른 사람들도 그와 같기를 원한다." 그러나 동시에 바울은 **영**의 사람들이라 자칭하는 고린도 사람들의 독신 옹호론이 독신을 필수 사항으로 만들곤 했던 그릇된 영성에 근거하고 있다고 인식한다. 바울은 모든 것이 χάρισμα이며 "하나님으로부터 받은 은사"도 사람 따라 제각각이라는 것을 고린도 사람들에게 되새겨 준다. 이는 남자가 여자를 접촉하지 않는 것이 좋다(1b절)는 그들의 "슬로건"이 "규칙"으로 변질되지 않게 하려는 목적 때문이었다. 독신은 하나님이 은혜로 주신 선물로 말미암아 독신자로 살아가는 사람에게만 적용되는 것이다. 은혜의 구체적 표현인 은사들(χαρίσματα)은 본질상 사람에 따라 달리 나타날 수밖에 없다. 따라서 χαρίσματα는 원리로 전락하거나 요구사항으로 바뀔 수 없다.

이 모든 내용은, 비록 모든 χαρίσματα가 **영**의 나타나심이긴 해도, 신약성경에서 17회 등장하는 χάρισμα 중 16회를 사용하는 바울이 이 말을 "**영**의 은사"를 의미하는 말로 생각하지 않았으리라는 것을 오히려 더 강하게 시사한다.

• 고린도전서 7:34

혼인하지 않은 여자와 처녀가 다 주의 일을 염려하니, 이는 그들이 몸도[189] 영도 (in both body and spirit)[21] 거룩하게 하려 함이라.

이 본문은 이 문맥에서 특별히 해석하기 쉬운 본문은 아니다.[190] 그러나 이 경우에 이 문장의 마지막 문구인 ἐν τῷ πνεύματι(NA[27]은 τῷ πνεύματι—옮긴이)가 의미하는 것은 순전히 인간의 영임이 확실한 것 같다. 이 문구를 주해하기가 어려운 것은 이 문구가 무엇을 의미하는지 알아내야 하고 왜 이런 문구를 이런 식으로 더 큰 문맥 속에 덧붙여놓았는지 밝혀내야 하기 때문이다. 우리가 선택할 수 있는 해결책은 다음 둘 중 하나다. 만일 μεριμνᾷ라는 동사[22]가 [32절에 나오는 동족 형용사 "염려가 없는" (ἀμερίμνους)이 넌지시 일러주듯이] 부정적 의미라면, 바울은 지금 고린도 사람들의 시각(금욕을 이유로 성관계를 피하는 사람들은 어떻게 하면 그들의 영은 물론이요 그들의 몸으로도 주님을 기쁘시게 해드릴지 고민하는 사람들이라는 견해)을 반영하고 있는 것이다. 만일 μεριμνᾷ라는 동사가 긍정적 의미라면(내 번역이 그런 의미다. 그러나 이것이 옳다는 확신은 없다), 이 용례는 데살로니가전서 5:23(찾아보라)의 시각과 아주 비슷한 시각을 되비쳐주는 셈이다. 데살로니가전서 5:23에서는 두 말이 결합하여("몸도 영도") "온전히"라는 의미를, 즉 "가능한 한 모든 면에서 거룩하게"라는 의미를 갖는다. 고린도후서 7:1의 비슷한 용례를 보라.

---

189) 초기의 다양한 많은 사본들은 이 첫 καί를 갖고 있지 않다(P[46] A D P 33 1175 2495 a t). Zuntz도 문체를 이유로 첫 καί가 없는 사본을 선호한다(*Text*, 199). Conzelmann(131n5)은 P[46] 등의 본문이 "몸과 **영**으로"라는 뜻이라고 주장하나, 이는 불필요할 뿐 아니라 거의 불가능한 주장이다.

190) Fee, 345-46에 있는 논의를 보라.

■ **고린도전서 7:40**

그러나 내 의견에는 그 여자(남편이 죽은 여자)가 혼인하지 않고 그대로 지내는 것이 더 복되다. 또[191] 나도 역시 하나님[192]의 **영**을 가졌다고 생각하노라.

바울이 말하는 고린도전서 7장의 마지막 말은 그가 고린도 사람들이 혼인 및 독신과 관련하여 서신으로 적어 보낸 문제들을 다룬 두 개의 긴 단락에서 유일하게 **영**을 언급한 부분이기도 하다. 바울은 이미 이혼 문제를 다루었지만(10-11절), 여기서는 본디 윤리와 상관없는 문제들이기에 그리스도인의 윤리 전통 속에서는 그것들을 규율하는 "주의 말씀"을 찾아볼 수 없는 문제들을 다룬다(12절). 때문에 바울은 말 그대로 자기 자신의 소견을 말할 수밖에 없었지만, 그래도 그는 자기 견해를 아주 신뢰할 만한 견해로 여긴다(6, 12, 25, 40a절을 보라). 따라서 "자기 역시 하나님의 **영**을 가졌다"라고 믿기에 이런 문제들을 놓고 자기 견해를 피력할 수 있다고 말하는 바울의 마지막 말에 전혀 놀랄 필요가 없다.

그러나 바울이 제시하는 주장 전체의 본질을 고려할 때, 고린도 사람들이 "나도"[193]라는 조그만 말을 어떻게 받아들였을지 그리 확실치가 않다. 이것은 바울이 자기 견해를 피력한 뒤에 그냥 덧붙여놓은 말일까?[194] 다시 말해 바울이 비록 마지막 권면을 자기 견해라는 이름으로 제시하긴 했지만, 그래도 그 역시 자신을 도우시는 **영**을 갖고 있으니 그의 견해를 그냥 아무렇게나 내뱉은 말로 여겨서는 안 된다는 뜻으로 붙여놓은 말일까?[195]

---

191) B 6 33 104 365 630 1739 1881 2495 pc t는 이 δέ 대신 설명의 의미를 지닌 γάρ를 쓴다. Zuntz, *Text*, 204에 있는 논의를 보라.

192) P[15]와 33은 하나님을 "그리스도"로 바꾸어놓음으로써 2:16과 일치시켜놓았다.

193) 그리스어 본문에서는 단축형인 κἀγώ로 나타난다. 이 말이 이 말이 들어 있는 절 첫머리에 있을 때는 "그리고 나는"이라는 뜻이다. 그러나 이 말이 이 말을 주어로 삼는 동사 뒤에 오거나 καθώς 같은 접속사 뒤에 오면 "나도, 나 역시"라는 뜻이 된다.

194) 대다수 주석가들과 GNB 같은 영역 성경들이 이런 입장이다. 이들은 두 부분이 한 문장을 이룬다고 보아 "그것이 내 견해니라. 또 나는 나 역시 하나님의 **영**을 갖고 있다고 생각하노라"로 번역한다.

아니면 이 마지막 절 역시 바울이 고린도 사람들에 맞서 자기 생각을 마지막으로 피력한 말일까? 고린도 사람들이 자신들을 **영**을 가진 자로 생각하고 그들이 바울에게 보낸 서신에서도 그렇게 주장했다면,[196] 바울 **역시 영**을 가진 사람이요 그가 이런 문제들과 관련하여 자기 견해를 제시하는 경우에도 그 사실은 변함없다는 것을 이 마지막 절로 표현한 걸까?

25절에 있는 비슷한 수식어를 고려할 때, 또 여기서 바울이 말하는 것은 고린도 사람들과 바울이 의견을 같이했을 법한 것이라는 점에서, 바울의 의도는 전자일 가능성이 더 높다. 물론 실제로 바울을 **영**을 소유한 자로 확신하지 않았던 고린도 사람들은 그가 한 이 말을 종잡을 수 없는 말로 여겼을 수도 있다.

또 다른 경우에도(즉 후자가 바울의 의도일지라도) 결과는 똑같다. 바울은 자신이 제시한 가르침이 결국 **영**(부연하면 "하나님의 **영**"으로 불리는 분)으로부터 나온 것이라고 생각한다. 이는 단지 **영**이 하나님으로부터 나오신다는 말이 아니라, 하나님이 몸소 이 **영**을 통하여 바울 사도의 사역 속에 함께하신다는 말이다. 그러나 이 경우에 바울이 **영**을 그가 제시한 가르침의 "궁극적 근원"으로 지목하긴 해도, 그것이 곧 이 가르침을 그가 복음을 언급한 2:12-13의 경우처럼 "계시"로 본다는 뜻은 아니다. 오히려 바울이 **영**을 여기서 그가 제시한 가르침의 "궁극적 근원"으로 본다는 말은, 그가 **영** 안에서 **영**으로 말미암아 살아가고 하나님이 충성스럽게 여기는 사람인 이상(25절), 계시가 전혀 없는 문제들에 관하여 그가 피력한 견해들조차도

195) 25절에도 그가 제시하는 "의견"에 이와 비슷한 직접 수식어가 붙어 있음을 보라.

196) 고린도 사람들이 내건 모든 주장은 분명 그들의 그릇된 **영**성(Spirit-uality)에 근거한 것이었다. 이 영성은 몸을 아주 천하게 여겼고, 심지어 일부 사람은 "혼인은 죄"라고 주장했다(28, 36절). 지금 여기서 말하는 주장은 그래도 이 서신 다른 곳에 있는 주장보다 그 열기가 덜하다. 분명 그들은 이 문제들과 관련하여 바울의 견해를 구하는 서신을 그에게 보내지 않았던 것 같다. 그러나 바울이 제시하는 주장의 본질을 보면, 고린도 사람들이 바울에게 견해를 구하지 않았으리라는 견해를 갖기가 힘들다. 오히려 다른 곳과 마찬가지로 여기서도 바울과 고린도 사람들은 이 문제를 놓고 갈등을 빚는다. 이 부분의 배경이 된 역사 사실을 이렇게 재구성한 내용을 살펴보려면, Fee, 267-70을 보라.

결국에는 **영**이 그 궁극적 근거가 되어주신다는 뜻이다. 따라서 심지어 사도의 경우에도 "**영**을 가졌다" 하여 그가 하는 모든 말이 계시에서 나온 말임을 보증해주지 않으며, 바울의 경우에도 이런 문제들과 관련하여 **영**을 자기 권위를 지키는 회초리로 사용해서는 안 된다. 이 경우에 **영**은 바울의 말이 아니라 바울의 삶을 보증해주시는 분이다. **영**이 보증해주신 덕분에, 그가 한 말들이 단순히 한 개인의 사사로운 의견을 뛰어넘는 힘을 갖는 것이다.

▪ 고린도전서 9:11

우리가 너희를 위하여 **영**의 것들을 뿌렸다면, 우리가 너희 육의 것들을 거두는 일이 그리 큰일이겠느냐?

고린도전서 9:1-14은 가장 이상한 주장들을 기록해놓은 부분 가운데 하나이자 바울 서신에서 발견할 수 있는 가장 활력이 넘치는 수사들 가운데 일부가 들어 있는 대목이다. 바울은 이 대목에서 자신이 사도로서 고린도 교회로부터 물질의 도움을 받을 "권리"를 갖고 있다고 주장한다. 그런데 이 주장에서 이상한 점은 그런 권리를 주장한 그가 정작 그들의 도움을 눈곱만큼도 바라지 않는다는 것이다. 실제로 바울은 그런 도움을 줄곧 거부해왔다. 그렇다면 바울은 왜 15-18절에서 그렇게 열을 내며 자신이 하고자 하는 말을 설파하면서 그가 그런 도움을 거부한 이유들을 계속 제시하는 것일까? 나중에 고린도후서 11:7-12과 12:13을 보면 분명히 알게 되겠지만, 그 답은 십중팔구 바울이 후원받기를 거절한 것을 고린도 사람들이 바울의 사도직을 의심하는 근거로 보았던 사실에서 찾을 수 있을 것 같다.[197] 그 때문에 바울은 수사 의문문을 잇달아 쏟아내며 우선 그가 사도로서 얼마든지 그들의 후원을 받을 권리를 가졌다는 것을 강조한다. 이어 그는 자신이 왜 고린도 사람들의 경우에는 후원을 받지 않아야겠다는 마음을 갖게 되었는지 그 이유를 설명한다.

우리가 지금 보는 본문(11절)은 처음으로 이런 주장을 피력하는 대목 끝자락에 자리해 있다. 이 본문의 요지 역시 이 단락의 여느 요지만큼이나 간단명료하다. 바울이 1-2절에서 강조하며 지적하듯이, 그가 고린도 사람들 사이에서 그리스도를 전하는 섬김(사역)을 통해 그들을 믿음으로 인도할 책임을 지고 있다면, 그들 역시 그에 대한 보답으로 그를 물질로 도와야 한다는 것이 이 본문의 요지다. 이것은 "자연" 질서의 이치이자(7-10절), 이스라엘의 이치이며(13절) 그리스도가 일러주신 이치(14절)이기도 하다.

그러나 바울은 이 11절에서 은유로 이 이치를 이야기한다. 이를 통해 그가 방금 9-10절에서 사용한 구약의 씨 뿌림과 수확 이미지를 응용하여 이 이미지를 생생하게 보존한다. 여기서 우리 관심을 잡아끄는 것은 두 형용사다. 우선 바울은 자신의 복음 설교를 "τὰ πνευματικά(**영**의 것들을) 뿌림"으로 묘사한다. 이 경우에 이 τὰ πνευματικά는 단순히 이 땅에 속한 것, 세속의 것, 또는 덧없이 지나가는 것과 대비되는 것으로서 경건한 것 내지 거룩한 것을 의미하는 "영의 것"(spiritual)이 아니라 필시 "**영**의 것들"(things of the Spirit)을 가리킬 것이다. 하지만 이 본문은 이 서신에서 또 한 번 고린도 사람들을 비꼰 곳이기도 하다. 그들 자신을 **영**의 사람이라 생각하는 고린도 사람들은(그들이 진정 **영**의 사람이라면) 그들 가운데서 **영**의 것들을 뿌려 그들이 **영**의 사람이 될 수 있게 해준 사람(=바울)을 잊지 말아야 한다. 여기가 "영의"(spiritual)라는 형용사를 무엇보다 성령을 가리키는 말로서 이해해야 하는 또 한 경우다. 따라서 여기서 "영의"(spiritual)는 "**영**의"(Spiritual)라는 뜻이다.[198]

---

197) 결국 이 단락 전체는 이런 언급으로 시작한다. "내가 자유인이 아니냐? 내가 사도가 아니냐?…내가 다른 사람들에게는 사도가 아닐지라도, 너희에게는 분명 사도이니라." 고린도 사람들은 이런 삼단논법으로 이런 결론을 내렸을 것 같다. 1) 대전제: 사도들은 후원을 받는다(아볼로를 봐도 그렇다). 2) 소전제: 그런데 바울은 후원을 받지 않았다. 3) 결론: 따라서 바울은 사도가 아니거나 적어도 그의 사도직은 의심스럽다.

그런가 하면 이 본문이 **영**의 것들과 대조하는 말은 여느 경우와 마찬가지로 τὰ σαρκικά(육의 것들)다. 이 경우에도 문맥에서 분명히 알 수 있듯이, 바울은 이 말을 아주 융통성 있게 구사한다. 여기서 이 육의 것들이 의미할 수 있는 것은 단지 물질 후원뿐이기 때문이다. 따라서 지금 이 용례에서는 육의 것들이라는 말이 경멸하는 말이 아니다.[199] 이 말은 단지 **영**과 자연스럽게 대조를 이루는 말일 뿐이다. 이 본문에서 **영**의 것들은 복음 설교를 가리키며 육의 것들은 그에 보답하는 물질 후원을 가리킬 뿐이다. 이 용례를 살펴보려면, 로마서 15:27도 보라.

▪ **고린도전서 10:3-4**

3그리고 그들이 모두 똑같은[200] **영**의 음식을 먹으며 4또 모두 똑같은 **영**의 음료를 마셨으니, 이는 그들과 함께 한 **영**의 바위로부터 마셨기 때문인즉, 그 바위는 그리스도셨다.

고린도전서의 이 긴 단락(8:1-11:1)이 제시하는 많은 주장을 살펴보면, 그 주장들 바로 아래에는 **영**과 관련된 관심사들이 자리해 있다.[201] 그러나 이 3-4절 문장들은 **영**을 뚜렷이 언급하는, 그것도 형용사 형태인 πνευματικός로 언급하는 또 한 가지 사례로서 결코 해석하기가 쉽지 않다.

---

198) 이 책 제2장에 있는 논의를 보라.

199) 롬 1:3-4도 똑같은 대조를 보여주지만 이 경우에도 경멸의 의미는 담겨 있지 않다. 이 본문에서는 예수가 "육을 따라" 다윗의 씨에서 나셨다고 말하는데, 이 경우 육은 단지 자연스러운 혈통을 뜻할 뿐이다.

200) P46과 A, 그리고 각 경우에 다른 몇몇 사본들은 여기와 4절에서 αὐτό라는 말을 생략해놓았다. 이 생략은 동사문미 현상의 결과일 가능성이 가장 높다(TOAYTO).

201) 이 점은 특히 고린도 사람들이 내세운 모든 주장의 근거가 된 "우리는 모두 γνῶσις (지식)를 가졌다"라는 말에서 발견할 수 있다. **영**을 가진 증거로서 γνῶσις를 다룬 내용을 보려면, 1:4-7을 다룬 논의를 보라. 1:4-7 부분은 이 서신의 이 부분도 충분히 이해하도록 만들어 줄 것이다.

바울이 제시하는 주장의 본질과 형태는 바울이 그런 말을 하게 된 원인이 고린도 자체에 있음을 시사한다. 이 단락 전체를 가장 잘 이해할 수 있는 길은 이 단락에서 문제 삼는 이슈가 시장에서 파는 음식을 먹는 것과 관련된 게 아니라 고린도 사람들이 계속하여 그런 음식을 이방 신전에서 먹을 수 있는 권리를 주장한 것과 관련 있다고 보는 것이다.[202] 바울은 시장에서 파는 음식을 먹는 것에는 거의 신경을 쓰지 않는다.[203] 고린도 사람들은 세례와 주의 만찬을 그들이 이방 신전의 잔치에 참여할 때 **영**이 그들에게 제공해주는 일종의 보호막으로 이해했다. 따라서 현재 바울이 제시하는 논증(10:1-22)을 "해독(解讀)하는 일"은, 그리고 특히 출애굽기에서 유추한 1-5절의 보기 드문 유비들을 "해독하는 일"은 고린도 사람들의 그런 이해를 제대로 인식하느냐에 달려 있다.

뿐만 아니라, 바울은 이스라엘 자체로부터 가져온 유비들에서 시작하여 힘차게 주장을 전개해간다. 이스라엘 백성은 그들 나름의 "세례" 형태(1-2절)와 "주의 만찬" 형태(3-4절)를 갖고 있었다. 그러나 그런 형태들은 이스라엘 백성을 안전하게 지켜주지 **못했을** 뿐 아니라, 실제로 그 백성 중 대다수는 광야 전체에 뿔뿔이 흩어지고 말았다. 바울은 바로 이 이스라엘 백성이 가졌던 "주의 만찬" 형태를 언급한 대목에서 이스라엘이 먹은 음식과 음료를 **영**이라는 말로 나타낸다. 이렇게 함으로써 바울은 오랜 세월에 걸쳐 우리가 주의 만찬을 "신령하게"(spiritual) 이해해왔지만 실은 이 이해가 **영**을 놓친 이해이며 사도 자신이 가진 이해와 상당히 거리가 먼 것이라는 점도 고린도 교회에 기탄없이 이야기한다.

---

202) 8:10이 특히 시사하는 것이요 10:1-22 전체가 특별히 염두에 두고 말하는 것이다. **영**으로부터 나온 고린도 사람들의 γνῶσις는, 음식 자체에 관한 한, 그들을 "돕는" 데 그치지 않고[이 점에 관하여 바울과 고린도 사람들은 철저히 같은 의견이다(참고. 롬 14:17)], 그들로 하여금 유일신론은 우상들이 존재하지 않는다는 뜻이요 음식은 하나님을 섬기는 일과 무관하므로(8:8) 우리가 **무엇을** 먹으며 **어디서** 먹느냐는 하나님과 무관한 문제일 수밖에 없다는 주장을 하게 만들었다.

203) 10:23-11:1이 특히 분명하게 드러나는 점이다. 아울러 바울은 9:19-23에서도 그런 음식을 집에서 먹는 것과 관련하여 자기 입장을 옹호하고 있는 것으로 보인다.

홍해는 이스라엘 나름대로 "세례를 받아 모세와 하나가 된(baptized into Moses; 개역개정: 모세에게 속한)" 형태였다. 바울은 이와 똑같은 표현 방식을 써서 이스라엘이 기적의 떡을 먹고(출 16:4-30) 반석에서 나온 기적의 물을 마신 체험을 한 것(출 17:1-7; 민 20:2-13)을[204] "**영**의(개역개정: 신령한) 식사"(spiritual eating)[205]의 한 형태로 묘사한다. 그러면서 그는 이스라엘 백성이 그 떡과 물을 먹은 일을 확실히 주의 만찬을 가리키는 모형/유비로 보고[206] 이렇게 말한다. "그들이 모두 똑같은[207] **영**의 음식을 먹으며 또 모두 똑같은 **영**의 음료를 마셨으니."

그렇다면 바울은 무슨 의도로 그들이 먹은 음식과 마신 음료를 "**영**의 음식"과 "**영**의 음료"[208]라고 부르는 것일까? 아마도 이 질문에 가장 잘 대

---

204) 유념해둘 것은 이것들이 구약에서 이 사건들을 유일하게 언급한 부분들이라는 점이 아니라 이것들이 역사 속에서 일어난 사건들이라는 점이다. 또 출 16-17장에서는 음식을 먹는 기적 뒤에 곧바로 물을 마시는 기적이 이어진다. 이후 전승에서는 이 두 사건을 따로따로 이야기하기도 하지만(가령 신 8:3, 여기서 이미 떡을 "영과 관련지어" 해석한다), 이 둘이 함께 등장하는 경우가 더 잦다(가령 신 8:15-16; 느 9:15, 20; 시 78:15-31; 105:40). 참고. 요한복음을 보면, 마지막 때의 떡으로서 "하늘로부터 온 떡"이 6장 주제인데, 뒤이어 7:37-39은 마지막 때의 물을 이야기한다.

205) Goppelt는, Dibelius, Weiss, Käsemann을 따라, 고린도 사람들이 이 말을 좋아했다는 점과 「디다케」 10:3의 용례를 근거로 고린도에서는 이미 이 말이 성찬의 떡과 포도주를 가리키는 말로 널리 통용되고 있었다고 주장한다(*TDNT* 6.146). 설령 이 말이 옳다 해도, 이를 설득력 있게 증명할 수가 없다. 가령 「디다케」의 용례는 초기 교회에 널리 퍼져 있던 용례를 반영한 것이라기보다 오히려 이 본문을 근거로 한 것일지도 모른다. 어느 누구도 딱 부러지게 알 수가 없다.

206) Dunn, *Baptism*, 125은 견해를 달리 한다. Dunn은 성례와 관련짓는 것을 반대하는 입장이다 보니, 이 경우에도 여기 본문을 성찬을 가리키는 유비 내지 모형으로 보는 시각을 거부한다. 하지만 여기 본문의 언어는 십중팔구 성찬 모형론(eucharistic typology)을 떠올리게 할 뿐 아니라, 다음 문단(14-22절)을 봐도 바울은 자신의 성찬 이해를 토대로 고린도 사람들이 이방 종교의 식사에 가서는 안 되는 이유를 설명하기 시작한다.

207) Calvin, 204, 그리고 뒤이어 T. C. A. Edwards, *A Commentary on the First Epistle to the Corinthians* (3rd ed., London: A. C. Armstrong, 1897), 245과 A. T. Hanson, *Jesus Christ in the Old Testament* (London, 1965), 19은 여기의 "똑같은"이 "우리 그리스도인들이 먹는 것과 똑같은 것"을 뜻한다고 주장한다. 그러나 이것은 바울의 관심사를 훨씬 벗어나는 주장이다. 지금 바울의 관심사는 그 몸이 광야에서 뿔뿔이 흩어져 사라져간 사람들을 포함하여 **모든 사람이** 똑같은 특권을 누렸다는 점을 강조하는 것이다; 참고. Héring, 86; Barrett, 221-22. 참고. 17절: **모든 사람이 한** 떡을 먹는다.

208) 완전한 논의를 제시하면서 다양한 견해들을 비판해놓은 글을 보려면, W. L. Willis, *Idol*

답하는 길은 바울이 (1) 광야에서 하나님이 초자연적 능력을 통해 공급해주심으로 이스라엘 백성을 지탱해주신 음식과 음료를 지칭하려 했다면 ("**영**의 음식"과 "**영**의 음료"가 아니라) 달리 무슨 말을 쓸 수 있었을지, 또 (2) 그가 보통 식사와 구별되는 그리스도인의 특별한 음식과 음료를 포함하여 주의 만찬을 상징하는 유비 내지 모형을 제시하려 했다면 ("**영**의 음식"과 "**영**의 음료"가 아니라) 달리 무슨 말을 쓸 수 있었을지 물어보는 것인 것 같다. 어쨌든 그것이 바울의 관심사이며 이런 말을 골라 쓴 이유다. 아울러 바울이 곧장 그 반석을 기독론과 관련지어 해석한다는 것은[209] 여기 있는 πνευματικόν이 형용사로서 본디 "**영**에 속하는, **영**과 관련된"이라는 의미를 갖고 있을 가능성, 또는 어쩌면 이 경우에는 "**영**으로부터 유래한"이라는 의미로서 그 기원이 하나님이심을 강조하는 말일 가능성을 우리에게 일깨워주는 것일 수도 있다. 그렇다면 그 음식이나 음료는 대체 어떤 식으로 **영**에 "속하거나" **영**과 "관련 있다"는 말인가? 사실은 이것이 더 어려운 문제다. 왜냐하면 "**영**의 음식"과 "**영**의 음료"라는 유비는, 바울이 초자연적 방법으로 음식과 음료를 공급받은 이스라엘의 체험을 이야기하는 의도와 상관없이, 그가 이 유비를 그리스도인의 성찬에도 적용하고 싶어한다는 것을 시사하기 때문이다.

바울이 그 음식을 뭔가 성례전적 성격을 가진 것으로 말하려 한다고 보거나, 혹은 그 음식이 어떻게든 **영**을 **전달해주었다**고 보는 것은 지극히 의심스러운 견해다.[210]

Meat at Corinth: The Pauline Argument in Corinthians 8 and 10 (SBLDS 68; Chico, Calif: Scholars Press, 1985), 130-42 그리고 R. M. Davidson, *Typology in Scripture: A Study of hermeneutical* τύπος *structures* (AUSSDS 2; Berrien Springs, Mich.: Andrews University Press, 1981), 225-31, 245-47을 보라.

209) 이 문장의 의미는 Fee, 447-49에 있는 논의를 보라.

210) 가령 E. Käsemann, "The Pauline Doctrine of the Lord's Supper," in *Essays on New Testament Themes* (ET; SBT 41; London: SCM, 1960), 108-35이 그 예다. Käsemann은 유달리 대담하여 이렇게 말한다. "βρῶμα 그리고 πόμα πνευματικόν은 틀림없이 'πνεῦμα를 전달하는 음식과 음료'를 뜻한다." Jewett, *Terms*, 38-39도 이런 견해를 따른다. 그러나 이렇

바울은 그런 생각을 전혀 하지 않는다. 달리 보면 모호한 이 형용사를 쓰고 있다는 것은 그런 반대 견해가 옳지 않다는 것을 증명해준다. 뿐만 아니라, 그런 견해는 엉뚱한 것을 강조한 것이다. 뒤따라 나오는 기독론 언어에서도 나타나듯이, 바울의 관심사는 이스라엘이 광야에서 체험한 일이 그리스도 안에서 살아가는 고린도 사람들의 삶과 정말 유사하다는 것을 증명하는 것일 가능성이 더 높다. 이스라엘 백성은 예표된(in prefigurement) 그리스도를 그들 나름의 방식으로 체험했다. 마찬가지로 그들에겐 그들만이 가진 **영**의 예표가 있었다.

이렇게 보는 것이 옳다면, 그것은 정녕 바울이 주의 만찬에서 먹는 음식을, 음식이라는 상징으로 표현된 십자가의 은덕을 **영**이 신자의 삶에 늘 적용해주시는 장소로 이해하는 차원에 대해서 뭔가를 이야기해주는 것이다. 따라서 바울의 주의 만찬 이해는 만찬 음식이 어떤 식으로든 은혜를 전달해준다고 생각하는 일종의 성찬중심주의 경향을 띠기보다, **영**을 만찬 자리에 함께 계시면서 그리스도가 베푸신 은덕들을 신자들의 삶에 늘 새롭게 적용해주시는 분으로 보는 경향을 띤다. 그러기에 주의 만찬에서 먹는 음식은 **영**의 음식이다. 실제로 계시는 **영**이 다른 사람들과 더불어 기쁘게 믿음으로 그 음식을 먹는 사람에게 십자가가 공급해준 양식을 한 번 더 베풀어주시기 때문이다.

이렇게 말하면, 이 본문 자체가 허용하는 것보다 좀더 많이, 만찬 자리

게 성례를 강조하는 것은 여기서 바울이 하는 일이 아니다. 바울의 관심사는 고린도 사람들의 우상숭배이지 그들의 그릇된 성례론이 아니다. 더욱이 πνευματικόν이라는 형용사는 본디 소유의 의미를 담고 있으며, "**영**을 전달해주는"이라는 의미보다 "πνεῦμα에 속한"이라는 의미에 더 가깝다.

동시에 Davidson, *Typology*, 246이 주장한 것처럼, "바울 사도는 고대 이스라엘도 **영**을 전달해주는 성찬의 선물들에 참여하고 있다는 뜻을 넌지시 드러내는 것 같다"(참고. 247: "둘 다 성례로서 **영**을 담고 있는 것이며 구원을 베푸는 것이다")라고 주장하는 것 역시 증거를 넘어서는 것이요 십중팔구 바울의 의도를 놓친 것일 수 있다. 이 경우에 Davidson이 이보다 앞서 모형론에 관심을 보이면서, 모형을 단순히 어떤 형상을 미리 보여주는 데 그치지 않고 어떤 식으로든 **반드시 존재할 필요가 있었던 것**(*devoir-être*)이라고 정의한 것 역시 이 본문에서 드러나는 바울의 관심사를 뛰어넘는 것이다.

에 함께하신 **영**을 강조한 것처럼 보일지도 모르겠다. 그러나 우리는 바울의 글에서 πνευματικόν이라는 말의 기본 의미가 무엇보다 **영**을 가리킨다는 점, 그리고 특히 교회에 보낸 서신 중에서도 분명 이 말 또는 이 말이 본디 함축한 개념을 아주 중시하는 서신에서 이 말이 자주 나타난다는 점을 있는 그대로 진지하게 받아들여야 한다. 실제로 **영**은 주의 만찬에서 어떤 역할을 행한다. 그러나 그 역할은 **영**이 신자의 회심 때 행하는 역할과 아주 비슷하다. 구원의 은덕들은 그리스도로부터 나온다. 그런 은덕들은, 우리가 함께 주의 만찬에 모여 음식을 먹고 "주를 기념할 때", **영**의 유효한 사역을 통하여, 우리가 믿음으로 말미암아 체험할 수 있게끔, 새롭게 실현된다.

▪ **고린도전서 11:4-5**

[4]기도하거나 예언하면서 머리에 무엇을 쓴 모든 남자는 그 머리를 욕되게 하는 것이다. [5]그러나 기도하거나 예언하면서 머리에 쓴 것을 벗은 모든 여자는 그 여자의[211] 머리를 욕되게 하는 것이다.

지극히 어려운 이 본문의 주해상의 난점들을 여기서 해결하기는 불가능하다. 따라서 앞에서도 그랬듯이, 나는 몇 가지 결론만 이야기하겠다. 분명 문제는 머리다. 이 경우에는 말 그대로 여자의 머리가 문제다. 우리는 다만 그들이 한 일이 무엇이며(아마도 그들은 관습으로 머리에 써왔던 쓰개를 벗어 버린 것 같다) 그들이 왜 그런 일을 했는지 짐작만 할 수 있을 뿐이다(아마도 그들은 자신들을 이미 천사와 같은 이들로서 더 이상 성의 구별이 의미가 없는 존재들로 여겼을 것이다. 특히 그리스도인으로서 예배할 때는 더욱더 쓰개를

211) αὐτῆς를 쓰고 있는 다른 사본들과 달리(분명 이게 원문이다), B D^2 6 629 945 그리고 다른 몇몇 사본들은 ἑαυτῆς (그 여자 자신의)로 기록해놓았다. 문맥을 볼 때, 그리고 특히 3절이 "머리"라는 은유로 어떤 관계들을 규정하여 논리를 세워가는 모습을 볼 때, 여자가 욕되게 하는 것은 그 자신의 (진짜) 머리가 아니라, 은유적 머리다(이 경우에는 "남자"인데, 십중팔구는 "남편"일 것이다).

벗어버렸을 것이다. 예배 때 그들은 모두 천사들의 언어요 그들이 이런 천상의 존재와 같은 수준에 이르렀음을 보여주는 증거인 방언으로 말했기 때문이다).

어쨌든 바울은 그들이 하고 있는 행동에 관하여 한마디 하고픈 심정을 강하게 느낀다. 이 심정을 행동으로 옮겨 그들을 향해 말을 시작한 바울은 우선 3절에서 하나가 다른 하나의 "머리"가 되는[212] 어떤 특별한 관계들을 이야기한 신학 개념을 하나 제시한다. 만일 남자들이 여자 같은 모습으로(즉 그 머리에 무언가를 달아 늘어뜨린 모습으로) 예배에 나타난다면, 그들은 그런 행위로 그리스도를 욕보이는 자들이 될 것이다. 마찬가지로 여자들이 남자 같은 모습으로(관습을 따라 머리에 썼던 쓰개를 벗어버리고) 나타난다면, 그들은 (추정하건대) 자기 남편을 욕보이는 자들이 될 것이다.

이 본문에서 우리가 관심을 갖는 것은 한 가지다. 바울은, 비록 지나가는 말로 언급하긴 하지만, 예배에 모인 남자들과 여자들을 언급하면서 그들이 하는 행동을 "기도와 예언"이라는 말로 표현한다. 바울은 이 서신 이 부분에서 예언[213]이라는 현상을 처음 언급하는데, 이와 관련하여 몇 가지 말해두어야 할 게 있다.

1. 바울이 예배하러 모인 고린도 교회를 염두에 두고 이야기한다는 점은 의심할 여지가 없다.[214] 그러나 바울의 관심사는 그리스도인의 예배를

---

212) 지금까지 많은 글들이 이 은유의 의미를 다루어왔다. 반대자들도 있지만[특히 P. Cotterell and M. Turner, *Linguistics and Biblical Interpretation* (Downers Grove, Ill.: InterVarsity, 1989), 141-45을 보라], 초기 그리스 교부들은 십중팔구 이 머리를 인체의 머리를 가리키는 말로 보는 입장을 옳다고 여겼던 것 같다. 이때 머리는—몸의 생명을 책임지는—몸의 근원이었다. 이 논의를 보려면, Fee, 501-5을 보라.

213) 예언 자체의 의미를 살펴보려면, 12:8 부분에서 이 말의 의미를 논의한 내용과 이 책 제15장을 보라.

214) 일부 사람들이 때때로 그렇게 이야기해왔다[가령 P. Bachmann, *Der erste Brief des Paulus and die Korinther* (3d ed.: Kommentar zum Neuen Testament; Leipzig: A. Deichert, 1921)]. 그러나 이 때문에 우리가 이 본문 주해와 관련하여 상상할 수 있는 모든 난점들이 생겨났다. 기도는 은밀히 할 수 있으되 예언은 은밀히 해서는 안 되는 것인가? Ellis, *Prophecy*, 27은 예언이라는 행동을 "**영**의 사람들이 연 기도회"에서 이루어진 행위로 국한시키려 하지만, 이 본문이나 이 서신을 봐도 그렇게 자제하는(이런 행위에 어떤 범위를 그어 제시하는) 표현을 찾을 수 없다.

묘사하는 것이 아니다. 그런 점에서 예배 때 하는 두 행위를 무심하게 언급하는 그의 모습은 뭔가 가르쳐주는 것이 있다. 그건 바로 그가 이런 예배 모습을 당연한 것으로 전제하기 때문이다. 누군가 예배를 묘사한다고 하면, 바울은 자신이 묘사해놓은 이 모습이 아니라 또 어떤 모습으로 예배를 묘사할 수 있을지 묻고 또 물을 것이다. 따라서 기도와 예언이라는 두 행위는 그리스도인들이 예배할 때 일어나곤 하는 두 종류의 기본 행위를 대변하는 말일 가능성이 높다. 기도와 예언은 모두 예배의 두 초점(하나님과 신앙 공동체)을 가리킨다. 즉 기도[와 찬송과 방언(14:2과 14:15)]는 하나님을 향한 것이다. 또 예언은 여러 가지 형태의 말을 대표하는 표현으로서 이 서신에서는 특히 **영**에 감동되어 하는 말을 가리킨다. 이런 예언은 하나님의 사람들을 가르쳐 덕을 세울 목적으로 이 사람들에게 하기도 하고(14:26), 하나님의 사람들이 지닌 비밀들을 드러낼 목적으로 교회 밖의 사람들에게 하기도 한다(14:24-25).

2. 바울이 **영**에 감동된 형태의 말인 "예언"을 특별히 고린도 공동체를 염두에 두고 뽑아 썼다는 사실 역시 십중팔구 뭔가 교훈을 담고 있다. 바울이 섬긴 교회들에서 예언이 줄곧 이루어졌다는 사실은 데살로니가전서 5:19-20이 분명하게 일러주는 듯 보이며, 특히 고린도전서 14장의 논의 내용은 그 사실을 훨씬 더 분명하게 일러주는 것 같다. 바울의 시각에서 보면, 하나님의 사람들을 가르쳐 덕을 세울 목적으로 그들에게 행하는 예배 행위는 이 예언이라는 말로 표현하는 것이 더 제격이었다.

3. 참여라는 관점에서 볼 때 남자들과 여자들은 분명 기도와 예배에서 똑같은 몫을 갖는다. 14:24도 이와 똑같은 말을 한다. 14:24에서도 바울은 재차 지나가는 말처럼 "모든 사람이 다 예언을 하면"이라고 말한다. 따라서 이 경우에 바울이 문제 삼는 것은 여자들이 교회 집회에서 기도하고 예언했다는 **사실**이 아니라 여자들과 남자들이 똑같은 차림새로 기도하며 예언했다는 **사실**이었다. 바울은 여자들이 그리한 것을 수치를 드러낸 일로 여긴다. 바울이 섬기던 교회에서는 여자들이 교회 예배에 완전히 참

여했다. 그들이 참여한 행위에는 바울이 **영**에 감동된 말을 가리키는 말로 선호했던 예언도 포함되었다. 이런 모습은 바울의 배경인 유대교 규범을 상당히 뛰어넘는 일이며, 비록 그 양이 미미하긴 해도 신약성경이 제시하는 나머지 증거와 잘 부합하는 것 같다.

고린도전서 12:1-14:40[215)]

바울 서신에서 **영**을 다룬 본문 덩이 중 가장 큰 것이 바로 이 대목이다. 아울러 이 대목은 특히 1960년대에 은사주의에 근거한 갱신 운동이 등장한 이래 수많은 학자들과 대중이 지대한 관심을 보여온 곳이기도 하다. 이 본문에는 **영**을 다루는 내용이 아주 많고 아주 긴 논증도 들어 있다. 때문에 제4장의 이 부분은 주석을 써나가는 방법을 따라 써나간 부분이 더 많다. 그렇게 해야 학계의 많은 토론 내용뿐 아니라 모든 관련 이슈들을 충분히 다룰 수 있을 터이기 때문이다.[216)]

특히 이 경우에는 먼저 고린도 사람들이 그들이 쓴 서신에서 이야기한, 혹은 그 경위야 어찌되었든 이 긴 답변을 이끌어낸 고린도의 상황을 대충

---

215) **참고 문헌**: A. **Bittlinger**, *Gifts and Graces: A Commentary on 1 Corinthians 12-14* (ET; Grand Rapids: Eerdmans, 1967); D. A. **Carson**, *Showing the Spirit: An Exposition of 1 Corinthians 12-14* (Grand Rapids: Baker, 1987); **Dunn**, *Jesus*; **Ellis**, *Prophecy*; **Grudem**, *Gift*; J. W. **MacGorman**, *The Gifts of the Spirit: An Exposition of I Corinthians 12-14* (Nashville: Broadman, 1974); **Martin**, *Spirit*; C. H. **Talbert**, "Paul's Understanding of the Holy Spirit: The Evidence of 1 Corinthians 12-14," in *Perspectives on the New Testament: Essays in Honor of Frank Stagg* (ed. C. H. Talbert; Macon, Ga.: Mercer University Press, 1985), 95-108.

216) 참고. 2:6-16; 갈 5:13-6:1; 롬 8:1-17. 이 고전 12:1-14:40 부분은 내 주석과 아주 비슷한 내용이 많지만, 두 가지 예외가 있다. (1) 특별히 바울 신학이 문제 삼는 **영**이란 이슈에 초점을 맞추고자 이전에 내가 쓴 주석을 일부 고쳐 썼다. 그 결과, (2) 이 연구서에서 이야기하는 관심사를 직접 다루지 않는 일부 본문들은 통째로 생략하거나 간략히 요약했다.

이라도 이해하는 일부터 시작해야 한다.

바울은 8:1부터 예배와 관련된 문제들을 다루어왔다. 그는 8:1-10:22에서 그리스도인이 이방신을 예배하는 자리에 참석하는 것을 금지했다. 이어 바울은 고린도 사람들 자신의 예배 모임과 관련된 세 가지 이슈들을 다룬다. 우리가 다룰 이 대목은 이 세 가지 이슈 중 셋째 이슈다. 아울러 바울은 이 이슈를 가장 중요한 이슈로 보는 것 같다. 특히 여기서는 바울과 고린도 사람들 사이의 이견들, 그중에서도 특히 πνευματικοί(**영**의 사람들)라는 게 무슨 의미인가를 둘러싼 이견이 극(極)에 이르러 있기 때문이다. 이 세 장(12-14장)과 마지막 이슈[장차 신자들이 몸으로 부활할 일(15장)]가 긴밀한 관계를 갖게 된 것도 그처럼 최고조에 달한 의견 대립 때문인 것 같다. 이 네 장(12-15장) 전체는 이보다 앞서 바울이 제시한 모든 주장과 더불어 이 서신에 딱 들어맞는 결말을 가져다준다. 지금 우리가 살펴보는 본문(12-14장)에서는 "**영**에 속해"(spiritual) 있다는 말이 예배 때 공동체의 덕을 세운다는 뜻이다. 이는 아직 온전한 것이 오지 않았기 때문이다(13:8-13). 온전한 것이 올 때 그 온전한 것에는 몸의 부활도 포함될 것이다. 물론 그 몸은 "**영**의 몸"(spiritual body)이 될 것이다(15장).

바울이 지금 이 본문(12-14장)에서 다루는 이슈는 고린도 사람들이 보낸 서신이 불씨가 되었을 가능성이 아주 높다.[217] 그렇긴 하지만,[218] 바울이 여기서 제시한 답변의 길이[219]와 본질만으로도 그 문제를 상당히 간명하게 재구성할 수 있다.[220] 오히려 더 어려운 문제는 이런 답변 내용을 불

217) 이것이 통설에 가까운 확신이다. 12:1에서 περὶ δέ (이제…에 관하여)라는 문구가 다시 나타난다는 점이 그 근거다. Hurd, *Origin*, 186-95에 있는 논의를 보라.

218) 바울은 고린도 교회에 어떤 문제가 있다는 보고를 받고 그들에게 자신이 아는 것을 일러주는 것이 의무라고 느낀다(참고. 1:11-12; 5:1; 6:1; 11:17-22). 그 덕분에 우리도 당시 벌어지고 있던 일이 무엇인지 더 잘 알게 되었다. 바울이 그들이 보낸 서신에 답할 때 그 서신을 인용하며(7:1; 8:1, 4) 꼭 필요한 곳에서 그 내용을 집어내지 않았다면, 고린도 교회의 문제가 정확히 어떤 본질을 지닌 것이었는지 알지 못하는 경우도 있었을 것이다.

219) NA[26]의 그리스어 본문을 기준으로 할 때, 12-14장은 159줄이지만, 1:10-4:21은 161줄, 8-10장은 143줄이다.

러오게 된 고린도 사람들의 서신 내용을 밝혀내는 일이다. 12장 하나만 놓고 보면,[221] 고린도 사람들이 바울에게 **영**이 자신을 드러내시는 표현 형태들을 물어보았을 것이라고 결론짓는 사람도 있을지 모르겠다.[222] 그러나 고린도전서 전체는 물론이요 14장도 바울의 답변이 의도하는 것은 **바로잡음**이지 훈계나 정보 전달이 아님을 시사한다. 따라서 고린도 사람들이 질문(혹은 질문들)이라는 형태로 바울에게 전갈을 보내긴 했지만, 결국 바울의 답변은 그들이 질문이라는 형태로 표명한 견해에 **맞서 다른 견해를 제시**한 것이지,[223] 단순히 그들이 이해하지 못한 분야들을 이해시켜줄 정보들을 전달하는 게 아니다.

문제는 방언이라는 은사를 **남용**한 것이다.[224] 이 점은 무엇보다 바울이 제시한 주장의 구조가 분명하게 밝혀준다. 바울은 우선 오히려 일반론에 가까운 말을 하고(12장), 뒤이어 신학적 간주곡(interlude)을 연주한 뒤(13장), 당면 문제에 대한 구체적 답변으로 자기주장을 맺는다(14장). 이 대

---

220) Hurd, *Origin*, 186-87, 190-91은 그 문제를 재구성하여 제시한 여러 견해들을 논의한다. 이런 견해들을 대충 훑어본다 할지라도, 우리는 마땅히 "간명해" 보이는 것에 주의를 기울여야 한다. Robertson-Plummer, 257은 여기서 다루는 현상들이 "기독교회가 그 발전 과정에서 보통 겪곤 했던 한 부분"이 아니라 "대부분 예외요 잠시 있다 사라진 것들"이었다고 주장한다. 이 견해는 바울이나 원시 교회보다 그 학자들의 이론이 "정상"이라고 보았던 것에 관하여 더 많은 것을 이야기한다.

221) 참고. W. J. Bartling, "The Congregation of Christ—A Charismatic Body. An Exegetical Study of 1 Corinthians 12," *CTM* 40 (1969), 67: "만일 우리가 단지 12장만 갖고 있다면, 우리는 바울이 12, 13, 14장에 걸쳐 실제로 관심을 기울이는 초점이 방언 현상이라는 점을 십중팔구 짐작조차 못했을 것이다."

222) 이것이 가장 유력한 통설이다. 요 근래에도 Martin, *Spirit*, 7-8은 이 견해를 변형하여 재차 주장했다. 이 견해는 이 문제를 놓고 다름 아닌 고린도 사람들 사이에 분열이 있었다는 추정을 자주 제시한다. 다른 이들도 많이 있지만, 가령 J. M. P. Sweet, "A Sign for Unbelievers: Paul's Attitude to Glossolalia," *NTS* 13 (1967), 240-57을 보라. 그러나 이것은 본문을 13장에 비추어 읽은 것일 뿐 아니라, 13장에서 바울이 제시하는 주장 자체를 봐도 그렇게 추정할 만한 단서가 거의 없거나 전혀 없다. 다른 학자들은 12:1-3과 "영들을 시험"하는 문제가 바울이 이 편지를 쓰게 된 기본 동인이었다고 보곤 한다. Hurd, *Origin*, 186-87의 논의를 보라.

223) 14:6, 18-19, 23, 33, 그리고 특히 36-38을 다룬 부분을 보라.

224) 성경 본문은 이 방언을 "각종 방언"(12:10, 28), "방언을/방언으로 말함"(14:2, 4, 5, 6, 13, 18, 23, 27, 39) 또는 단순히 "방언들" 혹은 "방언"(13:8; 14:22, 26)으로 다양하게 부른다.

목(12-14장)에서 바울이 제시하는 모든 주장은 14장의 구체적 교정 내용들을 목표로 삼기 때문에, 거기서부터 분석을 시작하는 것이 적절하다. 14장의 주장 내용은 두 부분으로 되어 있다. (1) 바울은 1-25절에서 방언들(**영**에 감동되어 하는 말이지만 이해할 수 없는 말들)과 예언(**영**에 감동되어 하는 말로 이해할 수 있는 말을 대표하는 것)을 계속 대조하면서, 사람들이 모인 자리에서는 **절대로 모든 이가 알아들을 수 있는 말로 말해야 한다**고 주장한다. 바울은 같은 신자들은 물론이요 불신자들까지 생각하여 이런 주장을 한다. 신자들의 경우에는 알아들을 수 있는 말만이 같은 신자들을 세워줄 수 있기 때문이요(1-19절), 불신자들의 경우에는 오직 알아들을 수 있는 말만이 그들을 회심으로 인도할 수 있기 때문이다(20-25절). (2) 바울은 26-40절에서 사람들이 모였을 때 **절대로 지켜야 할 질서**와 관련하여 몇 가지 구체적 지침을 제시한다.

바울이 14장에서 제시하는 주장을 보면, 서로 연관된 두 가지 관심사가 등장한다. 첫째, 11:2-16, 17-34과 마찬가지로 이 경우에도 문제는 신자들이 함께 드리는 예배와 관련된 것이다. 이 점은 특히 "교회에서"와 "너희가 함께 모일 때에"(18-19, 23, 26절)라는 말이 시사해주며, 14장 전체도 이를 암시한다.[225] 둘째, 바울이 바로잡는 내용들은 **모두** 신자들이 모인 자리에서 방언을 남용하는 것을 표적으로 삼는다. 고린도 사람들은 신자들이 모인 자리에서 오로지 방언 하나만을 강조하고 이 방언을 무질서하게 표현했던 것 같다(참고. 14:12, 23, 33, 40). 확실히 이것이 14장의 초점이다.[226]

225) 1-5절에서는 알아들을 수 있음/덕을 세움이라는 모티프로, 6-12절에서는 청중들이 필요한 일들을 유비로 내세워, 13-17절에서는 방언으로 말하는 것을 듣고 다른 사람이 아멘으로 응답할 수는 없다는 점을 내세워, 그리고 26-31절에서는 질서 있게 차례를 따라 말할 것을 일러줌으로써, 이 14장에서 다루는 관심사가 신자들이 함께 올리는 예배와 관련 있음을 시사한다.

226) 그렇긴 하지만, D. L. Baker, "The Interpretation of 1 Corinthians 12-14," *EvQ* 46 (1974), 224-34을 보라. Baker는 고린도 사람들이 τὰ πνευματικά (**영**의 것들, **영**의 일들)라는 말을 쓴 것이 핵심 열쇠이며, 고린도 사람들은 이 말을 "**영**의 은사들"을 가리키는 말로 사용했고, 이런 은사들 가운데 그들이 관심을 가진 것은 단 두 가지뿐이었다(예언과 방언)고 생각한다.

따라서 바울이 12장과 13장에서 제시하는 주장이 결국 이렇게 바로잡는 내용들로 이어진다고 보는 것이 합당하다. 그리하여 바울은 우선 **영**에 속한 것과 **영**에 속하지 않은 것을 구별할 수 있는 근본 기준을 제시한다(1-3절). 그런 다음 12:4-30에서 비록 **영**은 단일하시나 은사들과 **영**의 표현 양상들은 **다양해야** 한다는 점을 강조한다.[227] 그것이 4-11절의 분명한 관심사요, 12-26절이 제시하는 몸의 유비가 표현하는 주제이며, 27-30절이 마지막으로 되풀이하는 내용이다. 바울의 이런 강조점은 고린도 사람들이 오로지 방언에만 열심을 냈다는 점을 직시할 때 가장 잘 이해할 수 있다.

이 시점에서 유념해야 할 것은 이 세 장(12-14장)이 한결같이 "선물"(은사, gifts) 목록에 오직 방언만을 포함시키고 있다는 점이다.[228] 12장에서는 방언이 각 목록의 **결론부**에 자리해 있지만, 13장과 14장에서는 서두인 13:1과 14:6에 자리해 있다. 이는 문제가 바로 여기 방언에 있다는 것을 시사한다. 바울이 방언을 마지막에 열거한 것은 이 방언이 "가장 작은 것"이기 때문이 아니라 이 방언이 바로 문제이기 때문이다. 바울은 방언을 늘 은사 목록에 포함시키지만, 우선 자신의 더 큰 관심사가 다양성이라는 것을 일러준 다음, 말미에 가서 방언을 은사 목록에 포함시킨다.[229]

이런 시각에서 볼 때 결국 14장에서 바울의 주관심사는 말 그대로 이런 은사들에 관한 그들의 질문에 답변하면서 예언과 방언을 사용할 때 따라야 할 몇 가지 지침을 제시하는 것이다. 그러나 그런 견해는 여기서 바울이 제시하는 주장과 잘 들어맞지 않는다. 특히 사람들이 모인 자리에서 방언하는 것에 거부감을 표시하며 사람들이 알아들을 수 있는 말로 말해야 한다고 역설하는 바울의 주장과 잘 들어맞지 않는다.

227) 12:4-30 부분을 고린도 사람들이 하나가 되어야 함을 강조한 대목으로 보는 것이 보통이다. 사람들은 1-4장과 11:17-34이 고린도 교회 내부의 싸움 문제를 이야기하는 점, 바울이 교회가 하나가 되어야 함을 강조하려고 이미 10:17에서 몸이라는 이미지를 사용한 점, 그리고 20절과 25절도 같은 내용을 제시한다는 점을 들어 12:4-30을 이런 식으로 읽어야 한다고 주장해왔다. 그러나 전체 본문을 주의 깊게 읽어보면, 바울의 관심사는 하나 됨이 아니라 오히려 다양성임을 알 수 있다. 이 다양성이 바울이 제시하는 주장의 전제다. 12:12-14을 다룬 부분을 보라.

228) 12:8-10, 28, 29-30; 13:1-3, 8; 14:6, 26을 보라.

229) G. D. Fee, "Tongues—Least of the Gifts? Some Exegetical Observations on 1

이 문제를 이런 시각에서 보면 바울이 13장에서 제시하는 주장도 이해할 수가 있다. 고린도 사람들은 모일 때마다 방언에 열을 올렸지만, 이는 오히려 그들이 서로 사랑하지 않음을 더 드러내주었다(참고. 8:2-3). 하지만 바울은 사랑을 방언과 **반대되는 것**이 아니라 모든 **영**의 은사들을 표현할 때 반드시 동반되어야 할 요소로 제시한다.[230] 하나님이 이런 은사들을 주시는 것은 교회에 덕을 세우게 하려고 그러시는 것이다. 사랑이 목표하는 것도 역시 교회에 덕을 세움이다. 그러나 해석되지 않아 알아들을 수 없는 방언은 교회에 덕을 세우지 못한다.[231] 때문에 바울은 13장의 주장을 맺고 마지막 주장을 시작하면서 그 서두에서 이렇게 말한다(14:1). "사랑을 추구하되, 이 사랑은 그 동반자로서 너희가 열심을 내는 **영**의 표현들, 특히 알아들을 수 있는 것들을 가질지니, 이는 교회에 덕이 되게 하려 함이라."

이 모든 것은 뜻이 충분히 명확해 보인다. 그러나 고린도 사람들이 이런 태도를 갖게 된 **이유들**과 그들이 바울에게 서신으로 전한 **내용이 무엇인가**는 그렇게 명확하지 않다. 이 점은 더 심사숙고해봐야 한다. 그러나 여기서 바울과 고린도 사람들 사이를 뚫고 새어나오는 것이 사실은 이 서신 나머지 부분의 많은 내용을 이해하는 열쇠가 될 수 있다. 첫째, 바울

Corinthians 12-14," *Pneuma* 2 (1980), 3-14을 보라. 순전히 하나가 되지 못한 공동체가 성령의 표현 양상이 획일성을 띠느냐에 관심을 가졌다는 게 상당히 흥미롭다. 그러나 통일성(unity)과 획일성(uniformity)은 같지 않으며 서로 가깝지도 않다.

230) Talbert, "Understanding," 100: "그리고 13장은 은사들을 적용할 동기를 부여해주는 사랑에 초점을 맞춘다"; Carson, *Showing*, 56-57; 그리고 근래 대다수 해석자들도 같은 견해다. 근래 J. Smit, "The Genre of 1 Corinthians in the Light of Classical Rhetoric," *NovT* 33 (1991), 193-216은 앞의 견해에 반대하며 13장은 "성격상 완전히 반대"라고 주장했다(212n36). 이 논문은 깊은 학식을 보여주긴 하지만, 바울 자신의 말과 신학이 보여주는 분명한 의미를 회피할 목적으로 수사비평을 사용하려 하는 것 같다. "은사들"과 "열매"는 같은 한 **영**으로부터 나온다. 또 바울은—여기는 물론이요 다른 곳에서도—이 은사들과 열매를 명령법을 써서 독려한다. 따라서 사랑과 **영**의 표현들을 서로 반대되는 것으로 보기는 힘들 것 같다.

231) 하지만 사랑에 관한 이 "논의"는 은사들을 올바른 틀 속에 세워줌과 동시에 이 서신이 더 크게 관심을 갖는 문제들도 반영한 것임을 유념해야 한다. 이 서신을 보면, 고린도 사람들의 영성 형태는 그리스도인에게 합당한 윤리적 행위를 보여주지 못하는 영성이다.

의 답변에서는 고린도 사람들이 이 이슈를 놓고 자기들끼리 패가 갈려 있었다거나[232] 그들이 공손히 바울에게 충고를 요청했다는 증거를 눈곱만큼도 찾을 수가 없다. 오히려 정말 더 중요한 문제는 그들이 πνευματικός(**영**의, **영**에 속한, **영**의 사람; spiritual)라는 말의 의미에 관하여 작심하고 바울에 맞섰다는 점이다.[233] 고린도 사람들의 견해는 명백히 그리스도인의 실존 중 물질/육의 측면을 부인하는 것이었으며(바울이 이 부분 다음에 15장을 부리나케 이어 쓴 것도 그런 이유 때문이다),[234] "**영**에 치우친(또는 지나치게 실현된) 종말론"의 요소를 담고 있었다.

아마 핵심 본문은 13:1일 것이다. 바울은 이 구절에서 방언을 "천사의 말"이라고 일컫는다. 고린도 사람들은 그들 자신을 이미 천사와 방불한 진짜 "**영**의 사람"으로 생각하여, 현세에는 성관계를 가질 필요도 없고(7:1-7) 미래에는 몸도 필요 없는 존재로(15:1-58) 여겼던 것 같다. 그들은 **영**으로 말미암아 천사들의 말을 하는 것을 그들이 새로운 영성에 참예하고 있음을 증명하는 충분한 증거로 여겼다. 때문에 그들은 오로지 이 은사에 열중했다.[235]

232) 이것이 정설이다. 앞의 주222를 보라. 방언하는 이들(방언에 열심을 낸 이들)이 다른 사람들(때로는 이들을 예언을 선호한 사람들로 보기도 한다)에 맞서 더 "과시하는 은사들"을 추구했다고 암시하는 이들이 있는가 하면, 실제로 이런 주장을 하는 이들이 더 많다. 통설이 이렇다 보니, 참고 문헌을 모두 나열하면 지루할 것이다. 가령 Sweet, "Sign," 241; Martin, *Spirit*, 20 등을 보라. 그러나 이 세 장(12-14장)의 어느 한 문장도 고린도 사람들이 그런 태도를 취했다고 일러주지 않는다.

233) 이를 더 잘 보여주는 증거일 수 있는 것은, 바울이 자신이 하는 주장의 요점들에 이르면 갑자기 1인칭 단수로 바꿔 쓴다는 점이다(13:1; 14:6, 14-15, 18, 37). 이는 고린도 사람들이 바울을 인정하지 않고 그를 반대한 것은 바로 바울이 "그들에게 가서 방언으로 말하지" 않았기 때문일 수 있음을 시사한다. Grudem, *Gift*, 157-62은 반대설을 주장한다. 그러나 그의 주장은 고린도 교회와 바울 사도의 다툼이 지닌 본질 전반을 놓치고 있는 것 같다. 더욱이 Grudem은 πνευματικός가 본디 "성숙한 영을 가진"이라는 뜻이라고 주장하는데, 주해 결과는 이런 주장을 지지하지 않는다.

234) 2:6-16; 6:12-20; 7:1-7, 25-40을 다룬 부분을 더 읽어보라.

235) 고린도 사람들이 바울에게 보낸 서신에서 말했을 법한 내용을 이 답변을 통해 재구성하기는 불가능하다. 그러나 이것이 이 문제를 놓고 고린도 사람들과 바울 사이에 이루어진 첫 서신 교환은 아니었다고 주장하는 Hurd, *Origin*, 226-28 (물론 Hurd가 내놓은 이런 해결책이 완전히 만족스럽지는 않다)을 지지하는 말들이 많다. 이미 많은 사람들이 바울과 고린도

그러나 바울은 **영** 안에 있는 삶을 달리 보았다. 그의 견해는 사람을 현재의 실존으로부터 떼어놓지 않았다. 그 견해는 현재에 사람이 약함과 능력을 동시에 체험하며 살아갈 수 있게 해주었다(가령 2:1-5; 4:9-13을 보라). 현세의 삶은 그리스도의 죽음과 부활로 말미암아 이미 시작된 미래의 삶이 좌우한다(참고. 4:1-5; 7:29-31). 그러나 미래의 삶은 단지 시작되었을 뿐이지 아직 완성되지는 않았다. 따라서 지금은 고린도 사람들이 그리스도의 몸 안에서 서로 사랑하고 서로 책임을 다하는 관계를 이루며 살아가야 한다. 그들의 공예배 시간도 피차 덕을 세우는 시간이 되어야지 어느 개인의 영성만을 드높이는 시간이 되어서는 안 된다. 고린도 사람들은 그렇게 개인의 영성만을 내세우려고 하다가 결국 그릇된 영성에 빠지고 말았다.

바울은 이런 지침을 제시할 때 "방언을 향하여 감질 나는 칭찬으로 포장한 저주를 퍼붓지[236] 않는다." 오히려 바울은 방언이라는 은사를 더 큰

사람들 사이의 주요 쟁점은 "영들"을 "분별하는 것"이라고 주장했는데, Hurd도 이 주장을 따른다. 그러나 바울의 답변은 영들을 분별하는 문제 자체에 그리 관심을 보이지 않는다. 따라서 바울의 답변은 고린도 교회의 신앙생활에서 방언이 갖는 가치 및 의미(중요성)와 관련된 것이었을 가능성이 더 큰 것 같다.

236) 이는 사람들이 자주 제시하는 주장이다. 바울은 아주 분명하게 방언을 제 위치에 갖다 놓으려 하기 때문이다. 그러나 바울이 제시하는 주장 어디를 봐도 그가 방언을 제거하려 한다고 시사하는 대목이 없다. 만일 바울이 그런 시도를 했다면, 필시 바울이 한 입으로 두 말을 한다고 주장하는 이들이 있을 것이다. 이런 입장을 취하는 사람 가운데 특히 D. Walker, *The Gift of Tongues* (Edinburgh, 1908), 72; H. Chadwick, "'All Things to All Men' (ICor. IX.22)," *NTS* 1 (1954-55), 268-69; Hurd, *Origin*, 188-90; D. W. B. Robinson, "Charismata versus Pneumatika: Paul's Method of Discussion," *RefThRev* 31 (1972), 49-55; 그리고 A. C. Thiselton, "The Interpretation of Tongues: A New Suggestion in Light of Greek Usage in Philo and Josephus," *JTS* 30 (1979), 15-36을 보라. 그러나 R. Banks and G. Moon, "Speaking in Tongues: A Survey of the New Testament Evidence," *Churchman* 80 (1966), 285을 보라. Banks와 Moon은 이런 올바른 의견을 제시한다. "하지만 바울은 남용을 바로잡는 길은 사용하지 않는 것이 아니라 바로 사용하는 것임을 분명히 한다." 이는, 고린도 사람들도 계속 지적하듯이, "**영**이 그 은사(방언)의 근원이라는 믿음에 근거한" 태도다. T. W. Harpur, "The Gift of Tongues and Interpretation," *CJT* 12 (1966), 164-71, 특히 165을 보라. 참고. W. Richardson, "Liturgical Order and Glossolalia in 1 Corinthians 14:26c-33a," *NTS* 32 (1986), 144-53, 특히 145-46을 보라.

맥락 속에서 살펴보는 데 관심을 보인다. 이 맥락에서 살펴보면, 방언은 사사로이 개인에게 즐거움을 안겨주는 기능을 하기도 하지만, 공동체 차원에서는 오직 덕을 세우는 경우에만 제 기능을 할 뿐이다. 덕을 세울 수 있게 사람들이 알아들을 수 있어야 한다는 요건이 요구되는 것이다. 따라서 사람들이 모인 자리에서 방언을 할 경우에는 반드시 해석이 따라야 한다. 또 질서 있게 차례를 따라 해야 한다. 그리고 어쨌든 앞선 우선순위를 가지는 것은 예언이다.

■ **고린도전서 12:1-3**

1이제 **영**의 일들에 관하여(개역개정: 신령한 것에 대하여), 형제자매들아, 나는
너희가 모름을 원하지 않노라. **2**너희도 아나니, 너희는 이교도들이었을 때(You
know that when[237] you were pagans) 말 못하는 우상들이 계속하여 너희를
이리저리[238] 이끄는 대로 끌려갔느니라. **3**그러므로 내가 너희에게 알리노니 하
나님의 **영**으로 말하는[239] 자는 누구든지 "예수는 저주받은 자"라고 말하지 않으
며, 성령으로 말미암음이 아니면 누구도 "예수는 주"라고 말할 수 없느니라.

얼핏 보면 이 서두 문단은 지금 바울이 문제 삼는 쟁점과 전혀 관련이 없

---

237) ὅτι와 ὅτε가 결합한 ὅτι ὅτε (that when)라는 말 덕분에 바울의 이 문장은 문법에 맞지 않는 문장이 되어버렸다. 이 때문에 결국 여러 사본들은 이 두 말 중 하나를 생략했다. 문법을 고려하면서도 사본들이 따른 해결책보다 더 흥미로운 해결책 중 하나는 Westcott-Hort가 제시한 본문이다. 이들은 ὅτε가 본디 ποτε였을 것이라고 주장했다(="한때 너희는 이교도들로서 말 못하는 우상들이 이끄는 대로 끌려다녔느니라"="that at one time you were pagans, carried away to dumb idols, however you were being led"). 그러나 가장 간단한 해결책은 여기서 채택한 방법이다. 즉 "너희가…이었다"(you were)라는 말을 분사인 ἀπαγόμενοι ("끌어가다, 데려가다"라는 뜻을 가진 그리스어 동사 ἀπάγω의 현재분사 수동태 남성 복수 주격 형태—옮긴이) 앞에 집어넣는 것이다.

238) 이 번역어는 ὡς ἄν에 이 말이 본디 가진 반복의 의미를 부여하려고 시도한 것이다.

239) 서방 교회 전승은 λαλῶν을 생략한다. 이는 아마도 이 말을 사족인 표현으로 본 것 같다. 그러나 이 경우에는 이 말이 있어도 되고 없어도 되는 게 아니다. 오히려 이 말은 **영**으로 말미암은 방언을 "말함"에 관하여 논의를 펼쳐보겠다는 뜻을 귀띔한 것이다.

는 것 같다. 하지만 바울은 여기서 앞으로 이야기할 많은 내용을 미리 준비한다. 2절과 3절은 주해하기 힘든 곳이 몇 군데 있어서 난해하기로 악명이 높다. 그래도 한 가지만은 분명한 것 같다. 그건 바로 고린도 사람들이 이전에 우상숭배자로서 겪었던 체험과 그들이 지금 "하나님의 **영**으로" 말하는 그리스도인으로서 겪는 체험을 대조하는 것이 바울의 첫 번째 관심사라는 점이다. 바울이 제시하는 주장의 구조가 이를 증명해준다. 바울은 먼저 고린도 사람들에게 "나는 너희가 모름을 원하지 않노라"(1절)라는 말로 말문을 뗀다. 뒤이어 그는 그들에게 그들이 알지 못하는 어떤 것, 다시 말해 그들이 이교도였을 때 모습이 어떠했는가를 일깨워준다(2절; 말 못하는 우상들에게 이리저리 끌려다녔다). 그런 다음 바울은 이제 그 체험에 비추어 진짜로 하나님의 **영**이 행하시는 일이 무엇인지 분별할 수 있는 적절한 판단 기준을 그들에게 알려준다(3절).

그러나 덜 확실한 것이 있다. 그것은 (1) 여기서 다루는 문제를 끄집어 내면서 쓴 πνευματικός의 복수 소유격 πνευματικῶν의 의미("**영**의 선물들"일 수도 있고 "**영**의 사람들"일 수도 있다), (2) 이전에 고린도 사람들이 행한 우상숭배를 언급한 취지[이 말이 단순히 우상숭배 자체를 가리키는가 아니면 그들이 했던 "황홀한"(ecstatic)[240] 체험들을 가리키는가가 문제다. 바울은 이런 것들을 귀신의 영들에게 사로잡혀 하는 일로 여겼다; 참고. 10:20-21]; 그리고 (3) 3절이 제시하는 대조 문장 중 하나인 "예수는 저주받은 자"를 어떻게 이

240) 이 문제를 논의할 때 실제로 부닥치는 난점 중 하나는 우리 중 많은 사람이 특정한 용어를 두루뭉술하게 사용한다는 점이다. "황홀경"(무아지경, ecstasy)이라는 말이 가장 적절한 사례다. 전문용어인 이 말은 필시 어떤 사람이 "자신을 벗어나" 어떤 일을 체험하는 행위를 가리키는 말일 것이다. 다시 말해 자신이 자신을 제어하지 못하거나 현재의 상황과 동떨어진 상태에서 뭔가를 체험하는 것을 말한다(가령 일종의 몽환 상태). 참고. T. Callan, "Prophecy and Ecstasy in Greco-Roman Religion and 1 Corinthians," *NovT* 27 (1985), 125-40. 그러나 이 "황홀경"이라는 말을 "열광"(광신)의 동의어로서 **영**에 감동된 여러 가지 행위나 말을 가리키는 말로 사용하는 경우도 아주 많다. 이 연구서에서 나는 "**영**에 감동된 말"이나 "영감"을 **영**에 감동된 여러 행위나 말 같은 영적 행위를 가리키는 말로 사용할 것이며 "황홀경"은 더 전문적인 의미로 사용하겠다.

해할 것인가라는 문제다.

이 모든 문제를 집약해보면, 그리고 특별히 고린도 사람들이 방언에 열심을 냈다는 점을 고려하면, 여기 서두에서 바울은 오로지 그 방언이란 것이 정말 **영**에서 나왔는지 알 수 있는 기준은 "**영**에 감동되어 하는 말" 그 자체가 아니라 모든 사람이 알아들을 수 있게 해석한 그 말의 내용임을 강조하는 데 십중팔구 주안점을 두고 있는 것 같다. 결국 그 내용이 **영**에서 나왔는지 시험하는 기준은 예수 그리스도가 주이심을 고백하는 그리스도인의 근본 신앙고백이다.

1절 이 구절에서 새로운 논제로 떠오른 것이 바울이 되풀이한 "이제…에 관하여"와 호격인 "형제자매들아"[241]다. 어려운 문제는 τῶν πνευματικῶν의 내용이다. 이 말은 남성일 수도 있고(=**영**의 사람들) 중성일 수도 있다(그럴 경우 보통 "**영**의 은사들"을 뜻하는 말로 이해한다). 우선 전자를 지지하는 것[242]은 2:15, 3:1의 용례와 특히 14:37의 용례다. 바울은 14:37에서 수사법을 구사하여 "만일 누구든지 자기가 πνευματικός라고 생각한다면"이라고 말한다. 이렇게 전자로 보는 것 역시 우리가 위에서 재구성한 고린도의 문제와 잘 들어맞을 것이다. 우리가 재구성한 것을 보면, 고린도 사람들은 단순히 **영**이 어떤 모습들로 나타나는가가 아니라 방언이 "**영**에 속한" 삶에서 차지하는 의미를 놓고 바울과 다툼을 벌인다. 반면 14:1은 이 말을 중성 복수로 사용하여 "τὰ πνευματικά(**영**의 일들)를 열망하라(열심을 내라)"라고 명령한다. 여기서 이 말은 적어도 예언과 방언을 가리킨다. 뿐만 아니라, 대다수 주석가들은 개인의 영성이 아니라 교회 안에서 나타나는 **영**의 표현 양상들을 주로 다루는 바울의 주장 전반을 고려하여

---

241) 바울이 구사하는 표준 호칭은 "형제들아"다. 그러나 11:2-16은 여자들도 예언을 했다는 것을 일러준다. 여자들도 분명 예배에 참석하여 바울이 보낸 서신을 읽었다. 따라서 오늘날에는 이 말을 "형제자매들아"로 번역해야 한다고 본다.

242) 다른 사람들도 있지만 그중에서도 Weiss, 294; Bruce, 116; Hurd, *Origin*, 194을 보라.

τῶν πνευματικῶν을 "**영**의 은사들"로 보았다.[243)]

하지만 이 논쟁은 어쩌면 선택할 수 있는 해석을 너무 엄격하게 제한 시켜버린 게 아닌가 하는 생각이 든다. τῶν πνευματικῶν은 필시 9:11 및 14:1과 마찬가지로 중성일 것이다. 2장에서 말했듯이, 바울은 이 형용사를 쓸 때 무엇보다 **영**에 초점을 맞춘다. 바울의 당면 관심사(그리고 전반 관심사)는 "하나님의 **영**"으로부터 나온 것과 관련 있다(3절). 더욱이 바울은 12장의 다른 곳에서도 χαρίσματα를 **영**의 활동을 보여주는 구체적 표현들을 가리키는 말로 사용한다. 따라서 πνευματικά와 χαρίσματα를 거의 서로 바꿔 쓸 수 있는 곳이 몇 군데 있긴 하지만(12:31a과 14:1이 암시하는 것처럼), πνευματικά와 χαρίσματα가 각기 강조하는 것은 각 단어의 뿌리가 되는 말이다. 즉 바울은 **영**의 표현들인 "은사들" 자체를 강조할 때면 χαρίσματα를 놓고 이야기한다. 또 **영**을 강조할 때는 πνευματικά를 놓고 이야기한다.[244)] 따라서 우리는 "**영**의 일들"(**영**의 것들)로 번역한다. 이는 무엇보다 **영**의 표현들/은사들을 **영**이 베풀어주신 선물로 보는 시각을 반영한 것이다. 동시에 "**영**의 일들"(**영**의 것들)이라는 표현은 그런 선물을 받은 사람들을 염두에 둔 것이기도 하다.

바울은 "나는 너희가 모름을 원하지 않노라"(참고. 10:1)라고 말하는데, 이는 새 정보를 전달하려는 게 아니라, "**영**의 일들"에 관한 고린도 사람들의 이해를 보며 자기 견해를 추가로 밝히거나 그 이해를 바로잡으려는 뜻을 밝힌 것이다.

---

243) 이 의미를 지지하며 더 충실한 논증을 제시한 글을 보려면, Grudem, *Gift*, 157-62과 Martin, *Spirit*, 8을 보라. Robinson ("Charismata")은 πνευματικά가 고린도 사람들이 본디 **영**의 은사들을 "방언과 무아지경에서 한 다른 말들"에 국한하여 표현할 때 썼던 말이라고 주장했다; 참고. Baker, "Interpretation." 그러나 이는 바울이 다른 곳에서 구사하는 용례와 일치하지 않는다.

244) 다른 견해를 보려면, Martin, *Spirit*, 8을 보라. Martin은 J. Goldingay, *The Church and the Gifts of the Spirit* (Bramcote, 1972)과 Koenig, *Charismata*의 견해를 따른다. 이들은 πνευματικά를 더 넓은 범위를 아우르는 말로 보고 χαρίσματα는 πνευματικά를 더 특정하여 가리키는 말로서 사람들이 예배하러 모였을 때 행하는 것들을 가리키는 말로 본다.

2절 바울은 우선 고린도 사람들도 잘 아는 그들 자신의 과거 이교도 시절을 되새겨줌으로써[245] 그들의 "무지"를 바로잡기 시작한다. 우리가 주해할 때 부닥치는 첫 번째 난제는 이 문장이 이 주장 속에 들어 있는 **이유**를 밝혀내는 것이다. 크게 두 가지 견해가 있다. (1) 일부 사람들은 그 이유를 최소한으로 좁혀보는 견해를 주장했다. 이들은 바울이 여기서 단지 그들이 이전에 우상숭배자로 살았던 삶과 그들이 그리스도인으로서 누리는 새 삶을 대조할 목적으로(즉 이교도였을 때는 우상들에게 끌려갔으나 이제는 그리스도인으로서 **영**의 인도를 받음을 나타내고자) 이런 문장을 썼다고 주장한다.[246] 이 주장의 변형인 한 견해는 바울이 (a) 고린도 사람들에게 그들이 "진정 '**영**에 감동된' 말을 전혀 체험한 적이 없음"을 일깨워줄 요량으로(결국 바울은 그들이 **영**에 감동된 말을 분별할 수 있는 기준을 전혀 갖고 있지 않다는 것을 암시하는 셈이다),[247] 혹은 (b) 그리스도를 전한 선지자들과 **영**에 감동된 이 선지자들의 말을 이전에 완전히 벙어리인 우상들을 섬겼던 고린도 사람들의 체험과 대조할 요량으로[248] 고린도 사람들이 이전에 우

---

245) 이 문장은 이방인들이 대다수를 차지한 교회라는 고린도 교회의 특징을 이 서신에서 가장 분명하게 보여주는 증거다(참고. 6:9-11과 8:1-10:22). J. D. M. Derrett는 이 점을 회피한 채 이 문제를 본디 유대인의 삶의 정황에서 나온 것으로 보려고 시도하는데["Cursing Jesus (I Cor. XII.3): The Jews as Religious 'Persecutors,'" *NTS* 21 (1974-75), 553], 설득력이 떨어진다. 참고. 이 문제와 관련하여 더 일찍이 훨씬 더 설득력이 떨어지는 견해를 제시한 것은 J. M. Ford, "The First Epistle to the Corinthians or the First Epistle to the Hebrews," *CBQ* 38 (1966), 410이다.

246) 살전 1:9; 갈 4:8-9도 그런 예다. 가령 M. Barth, "A Chapter on the Church-The Body of Christ. Interpretation of I Corinthians 12," *Int* 12 (1958), 131을 보라. Barth는 이렇게 말한다. "짧은 서언(2절과 3절)은 독자들에게 성령의 기적 같은 역사가 그들을 벙어리 우상들을 섬기는 데서 해방시켜 '예수는 주'라는 독특한 고백을 하도록 만들어주었음을 일깨워준다"; 참고. K. Maly, "1 Kor 12,1-3, eine Regel zur Unterscheidung der Geister?" *BZ* 10 (1966), 82-95.

247) Grudem, *Gift*, 162-65; Grudem이 이런 주장을 내세운 것은 예언의 경우 황홀경에 빠지지 않은 상태에서 이루어졌음을 증명하려는 목적 때문이다. 그는 이 문장이 틀림없이 3절과 대조를 이룬다는 점을 상당히 강조하는데, 옳은 주장이다. 그러나 그는 이렇게 최소한으로 좁혀보는 견해가 이 세 구절(12:1-3) 속에서 또는 12-14장이 담고 있는 더 큰 주장 속에서 바울의 관심사를 어떻게 뒷받침해주는지 제시하지 못한다. 결국 그의 견해는 "방언"을 적절한 시각으로 보려고 노력할 뿐, 예언의 본질은 가르쳐주지 못한다.

상들을 섬기며 겪었던 체험을 대조하고 있다고 본다. 이 견해는 이런 취지를 제시하는 몇 가지 형태 중 하나로서 가능한 견해다. 그러나 이 견해를 따르면 이 서언 부분이 그런 점을 강조하는 적절한 이유를 찾아내기가 힘들기 때문에 대다수 학자들은 다른 곳에서 해답을 찾게 되었다.

(2) 다른 학자들은 고린도 사람들이 "**영**에 감동된 말"이자 "방언"의 의미로 이해하려 하는 것에 맞서 이교도의 사례를 제시하는 것이 바울의 더 큰 관심사라고 본다. 만일 그렇다면, 바울이 여기서 염두에 두고 있는 것은 고린도 사람들이 이전에 이교도로서 체험했던 "황홀경" 내지 "영감된 말"일 가능성이 높아 보인다. 어떤 동사도 반드시 이 점을 암시하지는 않는다. 그러나 두 동사의 특이한 결합(=ἤγεσθε ἀπαγόμενοι)[249]과 고린도 사람들이 다른 것들에게 이끌려 행동했다는 점을 강조하는 것(두 수동태[23]가 이를 암시한다)을 볼 때, 결국 이 방향으로 해석하게 된다.

바울은 그가 물려받은 유대교 전통을 따라[250] 우상들을 말 못하는 것들이라고 조롱한다. 그것들은 듣지도 못하고 기도에 응답하지도 못하며 말도 못하기 때문이다. 이는 그 모든 것을 하실 수 있는 하나님의 **영**과 다른 점이다. 그러나 바울은 일찍이 말 못하는 우상들이 귀신들을 대변한다고 주장했다(10:20-21). 이 귀신들은 그들을 섬기는 이들을 통해 말을 할 수도 있고 실제 말을 한다. 따라서 바울은 여기서 고린도 사람들에게 그들이 잘 알고 있는 것, 즉 "말 못하는 우상들"인데도 불구하고 어떤 제의들에서는 (그런 우상들의 영에) "감동된 말들"이 그 우상들에게 드리는 예배의

---

248) Maly, "Regel"; 그리고 Derrett, "Cursing," 552-53을 보라.

249) ἤγεσθε와 ἀπαγόμενοι를 묶어놓은 ἤγεσθε ἀπαγόμενοι는 기껏해야 이상해 보일 뿐이나 강조하는 말로 보인다. 이 점은 이 1-3절에서 바울이 다루려는 관심사를 최소로 좁혀보려는 견해를 주장하는 이들이 대체로 간과하는 점이다. Grudem, *Gift*, 162-64은 이 두 동사를 각기 따로 살펴봄으로써 이 강조의 의미를 최소로 축소하려 한다. 그러나 그런 시도는 이루어질 수가 없다. ἤγεσθε ἀπαγόμενοι는 아주 놀라운 **결합**이기 때문이다. 이 문제를 살펴보려면 Parry, 175; Maly, "Regel"; 그리고 Jouette M. Bassler, "1 Cor 12:3 — Curse and Confession in Context," *JBL* 101 (1982), 416-17을 보라.

250) 참고. 가령 합 2:18-19; 시 115:5; 「마카베오3서」 4:16.

일부를 이루고 있었다는 것을 되새겨주고 있을 가능성이 아주 높다.[251] 만일 그렇다면, 3절도 확실히 이야기하듯이, 바울은 일찍부터 서둘러 "영감된" 말 자체가 **영**의 증거는 아님을 확실히 못 박아두는 데 관심을 기울이는 셈이다. 고린도 사람들은 이미 이교도일 때부터 그런 현상을 알았다. 오히려 이제 문제가 되는 것은 그런 말들이 **누구나 알아들을 수 있어야 하고 그리스도를 주로 고백하는 내용을 담고 있어야 한다**는 것이다.

3절 바울은 강조어인 "그러므로"[252]로 이 서언을 맺는다. "내가 너희에게 알리노니"라는 말은 1절의 "나는 너희가 모름을 원하지 않노라"라는 말을 떠올리게 하지만, 이제는 2절에서 한 말을 떠올리게 한다. 바울은 이렇게 말한다. "그러므로 나는 너희가 영의 일들에 관하여 모르는 것을 원하지 않기 때문에, 그리고 너희가 이미 이교도일 때부터 영감된 말들에 관하여 알았기 때문에, 너희에게 다음과 같은 것을 알리노라." 그러나 다음에 이어지는 내용은 이 서신에서도 더 어려운 본문들 가운데 하나다. 바울은 거의 균형을 이루고 있는 두 절에서 **영**으로 말하는 사람이 할 수 없는 말이 무엇인지 일러준 뒤, 다시 이를 뒤집어 오직 **영**으로 말하는 사람만이 그리스도인의 으뜸가는 신앙고백을 말할 수 있다고 일러준다. 무엇보다 어려운 문제는 첫째 절인 "하나님의 **영**으로[253] 말하는 자는 누구든지 '예수

251) 고대 이방 종교에서 벌어졌던 이런 현상을 철저히 논의한 내용을 보려면, Aune, *Prophecy*, 23-79을 보라. 바울은 일부 제의들(바쿠스, 디오니소스, 퀴벨레[25] 등등을 섬기는 제의들)에서 벌어지는 격렬한 황홀경과 광란을 생각하고 이런 말을 하는 것 같지는 않다. 본문 어디를 봐도 이런 방향을 시사하는 내용이 없기 때문이다. 바울의 관심사는 그런 광란 자체가 아니라, "**영**에 감동된 말" 자체가 그 말을 하는 사람이 진정 **영**으로 말미암아 말하고 있음을 보증해주는 것은 아님을 강조하는 것이다.

252) 그리스어로 διό다(참고 14:13). 이 접속사는 고린도후서에서 눈에 띄게 많이 등장한다.

253) Parry, 176, 177은 Hort를 따라 πνεύματι에 관사가 붙어 있지 않은 것을 마치 어떤 "중개 개념"을 시사하는 것처럼 보면서, **영**의 각 표현 양상을 마치 "어떤 거룩한 영"(a holy spirit)이 하는 일인 것처럼 강조한다. 그러나 이것은 바울의 용례를 통틀어 살피지 못한 것이다. 9절 하나만 봐도 그런 주장이 사실이 아님을 알 수 있다("같은 **영**으로", "한 **영**으로").[26] 이 용법에 관한 설명은 이 책 제2장을 보라.

는 저주받은 자'라고 말하지 않느니라"다. 그러나 이 난제는 이 모든 말과 그 뒤에 이어지는 주장의 관계와 역시 관련 있다. 어떤 이가 십중팔구는 "도저히 해답을 찾을 수 없는" 이 첫 번째 문제에 결국 답을 내놓는다 하더라도, 그 답은 다음 두 가지 쟁점도 마저 설명해주는 것이어야 한다. 그 두 쟁점은 (a) 3절의 첫째 절("하나님의 **영**으로 말하는 자는 누구든지 '예수는 저주받은 자'라고 말하지 않느니라")이 2절과 관련하여 어떤 기능을 하고 있는가, 그리고 (b) 첫째 절은 더 큰 문제, 곧 고린도 사람들이 방언이라는 은사에 절제를 잃어버리고 열광하는 문제와 어떤 관련이 있는가다.

문제가 특히 복잡한 것은 다음 두 가지 점 때문이다. 첫째, 실제로 어떤 사람이 그리스도인들이 모인 자리에서 예수를 저주했으리라고 상상하기가 어렵다. 만일 누군가가 그런 일을 했다면, 바울이 그런 일을 이토록 무덤덤하게 받아들이며 여기서만 이토록 차분하게 이야기할 수 있었을지 의문이다. 둘째, 바울이 **영**으로 말하는 사람은 누구든지 "예수는 저주받은 자/예수에게 저주를"[254]과 같은 말을 하지 않으리라는 것을 반드시 "그들에게 알려"주어야 할 상황이 실제로 있을 수 있을까? 학자들이 다양한 해결책을 많이 내놓았지만, 그중에서도 가장 난점이 적은 해결책이 두 가지가 있다.[255]

---

254) 바울이 말하고자 하는 것이 명령문("예수에게 저주를")인지 아니면 평서문("예수는 저주받은 자다")인지 밝혀내기가 쉽지 않다. 대다수 사람들은 이 문장이 저주를 비는 기원문(명령문)이라고 추정한다. 그러나 통설은 뒤이어 나오는 신앙고백을 평서문으로 본다(타당한 이유가 있다). 참고. W. C. van Unnik, "Jesus: Anathema or Kyrios (I Cor. 12:3)," in *Christ and Spirit in the New Testament* (ed. B. Lindars, S. Smalley; Cambridge: University Press, 1973), 115-16. van Unnik는 이 문장을 명령문으로 보길 거부한다.

255) 대다수 학자들은 누군가가 실제로 그리스도인 집회에서 그런 말을 했다고 추정하는 설명을 계속 지지한다. 이런 견해를 살펴보려면, Fee, 580-81을 보라. 그런 일이 과연 벌어질 수 있었을까 하는 의문을 놓고 많은 해결책이 제시되었지만, 이는 결국 이 문제를 풀기가 얼마나 어려운지 증명해주었을 뿐이다. 우선 이런 점이 의문이 든다. 어떻게 **신자**가 그리스도인이 모인 상황에서 그런 말을 할 수 있겠는가? 정말 신자라면 바울이 여기서 말하는 것과 같은 가르침을 굳이 받을 필요가 있을까? 더욱이 실제로 이런 일이 고린도 교회 신자들이 모인 자리에서 일어났다면, 어떻게 바울이 이렇게 차분한 말로 자기가 여기서 제시하는 주장을 시작할 수 있는지, 왜 그가 보통 때 보여준 불같은 성격으로 그런 신성모독을 반박하지 않는지 설명해야 하지만, 그렇게 하기가 힘들다.

(1) 점점 더 많은 사람이 선택하는 해결책은 고린도 교회의 그리스도인 모임에서는 실제로 그런 말을 한 사람이 아무도 없었다고 보는 견해다. 이 견해는 바울이 한 이 말을 2절을 토대로 진짜 이슈와 대비되는 상황을 가정하여 만들어낸 가상 명제로 보면서, 정말 "**영**에 감동된 말들"인지 혹은 정말 **영**을 가졌는지 여부는 원시 기독교의 신앙고백인 "예수는 주"(참고. 롬 10:9)를 기준으로 결정해야 한다는 것이 진짜 이슈라고 본다.[256] 이 견해 역시 문제가 있다. 실제로 그런 말이 없었는데도 유대계 그리스도인인 바울이 일부러 그렇게 신성모독인 가상 명제를 따로 만들어냈으리라고 상상하기가 힘들기 때문이다.[257] 더욱이 "예수는 저주받은 자/예수에게 저주를"이라는 말은 실제 저주 문구가 갖는 특징을 모두 갖고 있다.

(2) 또 다른 견해는 바울이 한 이 말을 그가 2절에서 언급하는 이방 종교의 신앙 상황 속에서 귀신의 영들에게 "감동된" 사람들이 소리쳤을 수 있는 외침과 정확히 일치하는 말로 보는 견해다. 이것은 매력 있는 견해다. 이 견해를 따르면 바울이 2절에 있는 말을 한 이유를 더 잘 이해할 수 있기 때문이다. 더욱이 그들의 과거 이교도 시절과 그리스도인으로 살아가는 현재를 대비하는 것이야말로 그들이 "영들"과 **그 영**(*the* Spirit)의 차

---

256) 다른 사람들도 있지만, Hurd, *Origin*, 193; Conzelmann, 204; Bruce, 118; Pearson, *Terminology*, 47-50; Bassler, "1 Cor 12:3"; J. W. MacGorman, "Glossolalic Error and Its Correction: 1 Corinthians 12-14," *RevExp* 80 (1983), 392; Aune, *Prophecy*, 257을 보라.

257) 그러나 Pearson, *Terminology*, 48-50을 보라. Pearson은 "**어떤** 종류의 그리스도인도 예수를 저주하기는 불가능하다. 아무리 그릇된 견해를 갖고 있고 아무리 행실이 엉망인 그리스도인이라도 그리하지는 못한다"(48)라고 주장하면서(누구나 그리 생각하겠지만, 옳은 견해다), "바울의 주장은 놀라운 것이다. 그는 분명 어떤 그리스도인도 그리하지는 못한다는 말을 하려 했던 게 틀림없다"(50)라고 결론짓는다. Bassler, "1 Cor 12:3," 147은 이 말이 2절을 통해 고린도 사람들이 "δαίμων이 그들의 행동을 철저히 통제했던 이방 종교 제의 체험"을 떠올리게 하는 **유비** 역할을 한다고 주장했다. 그는 이렇게 말했다. "(그들은) δαίμων이 그들의 행동을 철저히 통제했던 이방 종교 제의를 체험했다. 때문에 그들은 필시 그리스도인도 자기 자신의 의지로 믿음을 고백하는 게 아니라, 도리어 이 믿음을 고백함으로써 자신을 통제하시는 성령의 임재를 드러낸다는 것을 인정했을 것이다." 그는 이런 견해를 취하며 Weiss, 296; Conzelmann, 206을 따른다.

이, 그 유형에 상관없이 "영감된 말"과 정말 하나님의 **영**으로부터 나온 말의 차이를 알 수 있게 도와주는 길이었을 것이다. 결국 **영**의 활동임을 증명하는 증거는 방언 그 자체가 아니라, 그 방언이라는 행위의 내용이 알아들을 수 있고 예수를 높인다는 점이다. 이 견해의 문제점은 **아나쎄마**(*anathema*)[258]라는 말이다. 이 말은 그리스어에서는 자주 발견할 수 없는 것으로서 유대인의 용례를 반영한 말로 보인다.[259]

요컨대 두 견해 중 어느 하나를 택하기가 쉽지 않다. 문제가 없는 견해가 없기 때문이다. 그래도 나는 후자 쪽으로 마음이 기울어진다. 그러나 어느 쪽을 따르든 바울의 관심사는 "영들을 시험할" 방법을 확립하는 게 아니라, 고린도 사람들에게 "영감된 말" 자체가 "**영**의 인도를 받는다"는 것을 증명하는 증거는 아님을 되새겨주는 것이다.

바울은 "성령으로 말미암지 않으면 어느 누구도 '예수는 주'라고 말할 수 없다"라고 주장하는데, 이 주장 역시 후대 독자들에게 어려움을 안겨주었다. 누구든 이런 말을 자기 의지로 할 수 있는 것으로 보이기 때문이다. 그러나 그런 생각은 이 신앙고백이 초창기 그리스도인들에게 얼마나

258) 참고. 16:22. 그리스어에서 이 말은 보통 신전 안에 세워놓은 (서원) 봉헌물을 가리킨다(참고. 눅 21:5). 그러나 칠십인경 역자들은 성별이 아니라 저주할 목적으로 바친 것을 더 자주 가리키는 *ḥerem*을 이 말로 옮겼다. 그 결과, 이 말은 자주 "금지된 것" 또는 "저주받은 것"을 뜻하는 말로서(참고. 신 7:26; 13:17; 수 6:18 등) "하나님의 진노에 맡겨져 파괴당하고 저주 아래 놓이게 된 것"을 가리키게 되었다(J. Behm, *TDNT* 1.354). 그리스 세계에서 이 말을 쓴 사례는 1세기 혹은 2세기에 나온 명문(銘文)인 한 저주 명각문(銘刻文)에서만 볼 수 있다(A. Deissmann, *Light from the Ancient East*, 95-96을 보라). 바울의 용례를 살펴보려면, 특히 van Unnik, "Jesus," 116-21을 보라.

259) 하지만 이 말 자체는 본디 바울의 말이나 저주 자체는 이방 종교 정황에서 나온 것일 수도 있다. 물론 온갖 종류의 저주들이 차고 넘치지만, 고대 이방 종교에서 **신탁에 따른** 그런 저주 기원문을 사용했다는 증거는 없다(적어도 Aune, *Prophecy*는 그런 증거를 전혀 언급하지 않는다). 그러나 이방 종교에서 구사하는 "영감된 말들" 속에서 그런 저주의 말들이 등장했을 가능성까지 의심할 만한 이유가 딱히 없다. 참고. Lucian, *Alex.*, 38. 이곳을 보면, 알렉산더는 말을 시작하면서 그리스도인들을 "저주한다." 그리스도인들의 사례를 살펴보려면, 갈 1:8-9; 계 22:18-19을 보라. 그 저주를 가상(假想)이라고 생각하는 사람들은 보통 그 말이 그리스도인 공동체 안이 아니라 공동체 밖에서 벌어진 어떤 상황에서 나온 말일 것이라고 추정한다(Aune, *Prophecy*, 257).

급진적 본질을 가진 것이었는지 간파하지 못한 것이다. 당시 정황에서 "주"(Lord)라는 말을 쓴다는 것은 예수를 그들의 하나님으로 절대 단언한다는 의미였으며, 신자들을 유대인은 물론이요 이교도들, 특히 이방 종교 제의에 참여하는 이들과 갈라놓는 일이었다. 유대인들은 그런 고백을 하나님 모독으로 여겼기 때문이요,[260] 그런 이교도들은 그런 제의에서 여러 이방 신들을 "주"(lords)라고 불렀기 때문이다.[261] 그리하여 이것은 가장 먼저 나온 그리스도인들의 신앙고백이 되었다.[262] 이 신앙고백은 특히 예수가 죽은 자들 가운데서 부활하심으로 높이 들림을 받은 분이 되셨다는 사실과 연결되어 있다.[263] 물론 바울이 말하고자 하는 것은 고린도 사람들이 이전에는 말 못하는 우상들이 "이끄는 대로 이리저리 끌려다녔지만" 이제는 살아 계신 하나님의 **영**이 그들 안에 들어와 거하심으로 말미암아 결국 "예수는 **주**(십자가에 못 박히셨던 그분이 부활하심으로 온 우주를 다스리시는 **주**가 되셨다)"라는 신앙고백을 하게 되었다는 것이다. 2:10-13에서도 말했지만, 오직 **영**을 가진 사람만이 진실로 이런 고백을 할 수 있다. 오직 **영**만이 그 사실을 계시해주실 수 있기 때문이다.

1-3절과 12-14장 나머지 부분의 관계는 그다지 분명하지 않다. 12-14장을 살펴보면서 **영**의 은사들에 관하여 아는 것을 주 관심사로 삼는 사람들에게는 특히 그러하다. 그래서 이 1-3절은 보통 빨리 훑어보고 넘어가 버린다. 그러나 우리 해석이 옳다면, 이 1-3절은 지금 오늘날에도 계속하여 교회에 특별한 의미를 갖는다. 오늘날 교회에서도 여기서 말하는 영적

260) 참고. 행 7:54-60.

261) 8:5-6을 다룬 Fee, 371-76을 보라. 물론 이렇게 예수를 "주"라 불렀기에 신자들은 결국 황제 숭배도 거부하게 되었을 것이다. 신자들이 황제 숭배를 거부한 것은 바로 이 "예수는 주"라는 신앙고백이 그만큼 그리스도인들에겐 절대성을 갖고 있었기 때문이다.

262) 참고. 롬 10:9-10; 빌 2:6-11; 행 2:36. W. Neufeld, *The Earliest Christian Confessions* (Grand Rapids: Eerdmans, 1967), 42-68과 W. Kramer, *Christ, Lord, Son of God* (ET; SBT 50; London: SCM, 1966), 65-107에 실린 논의를 보라.

263) 특히 주262에서 말한 본문들에서 낮아지심-높이 들림 모티프 그리고 그런 신앙고백과 부활의 연관을 주목하라.

현상들 가운데 많은 것이 되풀이되고 있기 때문이다. **영**이 능력과 은사들을 통해 임재하신 덕분에 하나님 백성은 수월하게 그 능력과 은사들을 **영**의 임재하심을 증명하는 실질적 증거로 받아들인다. 그러나 바울은 이것만 말하지 않는다. 그것이 **영**의 활동인가를 판단할 수 있는 궁극적 기준은 예수를 **주**로 높이는가다. 예수를 주로 높이지 않는 것은, 설령 그것들이 **영**의 정당한 표현들이라 할지라도, 그리스도를 떠나 결국 자체가 목표가 되어버린 영적 활동에 심취하는 이교도의 모습에 더 가까울 뿐이다.

▪ 고린도전서 12:4-11

[이 대목에서는 많은 해석이 서두 문장에 있는 한 쌍의 강조점("여러 가지"와 "영은 같으며")을 감싸고 돈다. 때문에 이 경우에는 전체 구조를 배열하는 방법을 통해 다음과 같이 문자의 의미를 아주 잘 살리면서도 이 두 강조점들에 초점을 맞추는 번역을 이끌어낸다. "다양성"을 강조한 부분은 굵은 글씨로, "같은 성령"을 강조한 부분은 글자를 기울여 표시했다.]

4 은사들은 **여러 가지**나 **영**은 *같으며,*
5 섬기는 직분은 **여러 가지**나 *주는 같으며,*
6 하는 일(사역)은 **여러 가지**나 *하나님은 같으며,*[264)]
모든 것을 모든 사람 안에서 이루시는 분이라.
7 **각 사람에게 영**을 나타내셨으니
이는 모든 이를 유익하게 하려 하심이라.
왜냐하면(for; NA[27] 8절 본문의 γάρ — 옮긴이)
8 **한 사람에게는 영**을 *통하여* 지혜의 말씀이 주어지고,

---

264) B 1739 그리고 MajT는 (다른 곳들에) ἐστιν을 추가해놓았다. 이는 분명 사족이다(참고. Zuntz, *Text*, 87).

또 다른 사람에게는 *같은* **영**을 *통하여* 지식의 말씀이,

9**또 다른 사람에게는**[265] *같은* **영**을 *통하여* 믿음이,

또 다른 사람에게는 *한*[266] **영**을 *통하여* 병 고치는 은사가,

10**또 다른 사람에게는** 기적들을 행함이,[267]

또 다른 사람에게는 예언이,

또 다른 사람에게는 영들을 분별함들(discernments)[268]이,

또 다른 사람에게는[269] 각종 방언이,

또 다른 사람에게는 방언들을 해석함[24]이 [주어지기 때문이니 — 옮긴이],

---

265) 이 사람 계수법은 헬레니즘 시대의 표준 패턴을 따른 것이다(ᾧ μὲν에 이어 ἄλλῳ δὲμὲν ἄλλῳ δέ가 이어진다). 그 예외로서 두 가지 특이한 표현들이 있다. (1) 세 번째와 여덟 번째 항목(믿음과 각종 방언)을 계수할 때는 동의어인 ἑτέρῳ를 쓴다. 이런 문체 변화는 아주 낯선 게 아니다(참고. 마 16:14; 히 11:35-36). 그러나 마태복음과 히브리서의 경우는 단순히 둘 가운데 하나는 이렇고 다른 하나는 저렇다는 표현이다(ἄλλος δε...ἕτερος δέ). (2) 각 경우마다 본문에 일부 변형이 있다. 그러나 바울이 구사한 원문에서도 그가 ἑτέρῳ를 사용한 두 경우에는 보통 함께 따라오는 δέ가 빠져 있을 가능성이 아주 높다. 이것은 단순히 글에 변화를 줄 요량으로 구사한 변화일 수 있다. 그러나 바울이 이런 변화를 꾀하여 지극히 생소한 표현을 구사한 데는 어떤 목적이 있으리라는 주장도 가능하다. 가장 가능성이 높은 해답은 바울 자신이 여기서 열거한 것들을 어떻게 "묶어야" 하는지(즉 무엇과 무엇을 한 그룹으로 만들어야 하고 무엇과 무엇을 또 한 그룹으로 만들어야 하는지) 실마리를 제공하고 있는 것으로 보는 것이다. 물론 이 주장은 모호한 구석이 있기 때문에 아주 심각하게 받아들일 필요는 없다. 아래 논의를 보라; 참고. Findlay, 888-89; Conzelmann, 209 (본문 문제와 관련하여 다른 견해를 살펴보려면, Zuntz, *Text,* 106을 보라).

266) 다수 사본들(ℵ D F G 0201 Maj)은 이 ἑνί를 바울이 그 앞에서 두 번 반복한 αὐτῷ와 일치시킨다(A B 33 81 104 630 1175 1739 1881 2464 pc lat). P46은 둘 다 생략해버렸다. Metzger, *Textual Commentary*, 563을 보라.

267) P46 본문은 ἐνεργήματα δυνάμεως로 되어 있다. 이는 소유격인(="능력"을 뜻하는 δύναμις의 단수 소유격인 — 옮긴이) δυνάμεως를 서술어로 이해한 것이다(=능력 있는 일들을 행함; 참고. 서방 교회 전승인 ἐνέργεια δυνάμεως =기적을 행하는 능력). Zuntz, *Text,* 100은 서방 교회 전승을 선호한다. 그는 다수 사본이 따르는 복수형(="능력"을 뜻하는 δύναμις의 복수 소유격 — 옮긴이) δυνάμεων을 그 앞에 나온 ἰαμάτων ("병을 고침"을 뜻하는 그리스어 i;ama의 복수 소유격 — 옮긴이)과 일치시킨 말이라고 주장한다. P46과 서방 교회 전승은 당연히 옳다고 보았던 어려운 복수형을 "더 쉬운 형태(단수형)로 바꾸려는" 시도를 반영한 결과일 가능성이 높다.

268) 여기는 원래 복수형이다(P46 ℵ A B Maj syh bo도 복수형이다). 그러나 어떤 영역 성경도 여기를 복수형으로 번역해놓지 않았다. 영역 성경들은 C D F G P 0201 33 1175 pc latt syp sa에서 발견할 수 있는 단수형 선호 움직임을 되비쳐준다.

269) 앞의 주265를 보라.

[11]**이 모든 일**은 *같은 한* **영**이 행하사,

그가 원하시는 대로

각 사람에게 **나눠주신다.**

바울은 고린도 사람들을 상대로 그의 논증을 전개하기 시작하면서, 우선 "영감된 말들"이라는 현상을 고린도 사람들이 예수를 주로 고백할 수 있게 해주시는 **영**의 역할이라는 더 큰 맥락 속으로 옮겨놓는다.[270] 이제 그는 **영**이 한 분일지라도 교회 안에서는 이 **영**의 나타나심 형태들이 아주 다양해야 한다는 점을 강조함으로써 고린도의 특정 문제에 초점을 맞춘다. 바울이 12:4-31에서 제시하는 주장은 4-11절, 12-26절, 27-31a절의 세 부분으로 되어 있으며, 각 부분은 통일성 안에 다양성이 존재해야 할 필요성과 이 다양성의 가치를 강조한다.

바울의 논지는 명확해 보인다. 건강한 교회가 반드시 갖추어야 할 요소는 획일성이 아니라 다양성이라는 것이다. 동시에 바울은 이 모든 것이 하나님이 행하시는 일이요 하나님이 품고 계신 여러 목적 중 일부라고 역설한다. 그는 이 논지를 12장 전체에서 되풀이한다(6, 7, 11, 18, 24, 28절). 한 분 하나님은 당신 자신의 특징을 통일성 안의 다양성으로 규정하신다. 이런 하나님이 같은 원리를 당신 교회가 따를 법으로 정해주셨다. 바울이 힘주어 말하는 이 신학 체계는 잘못을 바로잡는 내용의 일부일 가능성이 아주 높다. 고린도 사람들은 어쩌면 방언으로 대변되는 영성을 강조했을지도 모른다. 그러나 이런 영성은 그 자체가 목적이 되어버렸다. 그 바람에 그들은 정작 하나님보다 이런 사건들에 더 초점을 맞추고 있었다. 어쨌든 바울은 서두 문단(1-3절)에서 **영**이 하시는 일을 기독론과 연결된 올바

---

270) Martin, *Spirit*, 10-11은 바울이 3절에서 고린도 사람들을 **영**이라는 **선물**(*gift*)의 궤도 속에 집어넣었으며, 이 **영**으로 말미암아 그들이 예수를 주로 고백하고 예수의 백성 중 하나가 되었다고 주장한다. 이제 바울은 **영**이 주시는 **선물들**(*gifts*)로 화제를 옮겨 고린도 공동체의 삶을 올바로 세우려 한다. **영**이라는 선물은 하나다. 그러나 **영**이 주시는 선물들은 많다.

른 시각으로 조명했다. 이제 그는 이 부분에서 **영**이 하시는 일을 올바른 신학적 시각으로 조명한다. 통일성 안의 다양성은 하나님의 특성에 속한다. 물론 오직 한 **영**, 한 **주**, 한 **하나님**만이 계신다. 그러나 아주 다양한 은사들과 섬김들(사역들)은 하나님의 각 위격이 가지시는 특징을 보여준다(4-6절). 바울은 더 나아가 하나님이 고린도의 많은 신자들에게 **영**의 표현 양상들(은사들)을 각기 다르게 나누어주심으로 공동체 전체에 유익을 끼치게 하심으로써 당신 안에 존재하는 그런 다양성을 나타내 보이신다고 주장한다. 이어 바울은 이런 **영**의 표현 양상 중 몇 가지를 예로 제시한다(7-11절).[271] 요컨대 모든 것은, 단연코 모든 것(은사들, 사람들, 교회)은 당신의 모든 백성 안에서 모든 일을 이루시는 한 분 하나님으로부터 비롯된 것이다(6절).

하지만 근자에 사람들이 이 단락(4-11절)에 관심을 보이는 내용을 보면, 바울의 주장보다 8-10절에 있는 "은사들" 목록에 초점을 맞추곤 했다. 그러므로 이 점과 관련하여 강조해두어야 할 것은 바울의 주장이 철저히 특정한 상황에 맞춰 급히 만들어낸 것으로서 고린도 교회의 상황을 반영한 것이라는 점이다.[272] 바울 자신의 관심사는 "**영**의 은사들" 자체와 관

---

271) 우리가 앞으로 언급하겠지만, 바울은 12-26절에서 보통 사람이 다 아는 정치-철학적 유비를 사용하여 이 모든 것을 계속 강조한다. 이제 바울은 정치학에서 말하는 정치"체"(體, 몸)를 유추하여 교회를 그리스도의 "몸"으로 보면서, 고린도 사람들이 회심할 때 **다 같이 영**을 체험했다는 사실, 그리고 이제는 이 **공통** 체험이 그들이 하나가 되는 열쇠가 되어야 한다는 점에 초점을 맞춘다(13절). 그러면서도 고린도 교회가 단지 기괴한 괴물이 아니라 진정한 몸이 되고자 한다면 다양성이 필요하다는 점을 이 유비 자체를 통해 설명한다. 이 유비는 그 본질상 잠시 그 초점을 은사들 자체로부터 공동체를 구성하는 사람들의 다양성으로 옮겨간다(20-25절). 그런 뒤 결국 바울은 이 모든 것을 은사들과 사람들을 결합시켜 제시한 또 다른 목록(두 번째 제시하는 목록으로서 첫 번째 것과 정확히 일치하지는 않는다)을 통해 한 번 더 되풀이한다(27-31a절). 바울이 거듭 강조하는 것은 "모든 것(사람, 은사)"이 같지는 않으며 "선물로 받은 은사"도 모두 같지 않다는 점이다.

272) 특히 이 은사 목록이 고린도전서 서두의 감사 부분(1:5-7)을 떠올리게 하는 말(λόγοζ σοφίά γνῶσις)로 시작하는 점을 주목하라. 이 감사 부분에서 바울은 고린도 사람들이 모든 λόγος와 γνῶσις에 풍성하여졌으며 χάρισμα에 전혀 부족함이 없다는 이유로 감사했다. 물론 말과 지혜와 지식은 이 교회가 지닌 **문제** 중 일부다(1:17과 8:1을 다룬 Fee, 63-66, 365-67을 보라). 따라서 이것들이 바울의 은사 목록에서 첫머리에 등장한 것은 결코 우연이 아니다. 마

련하여 그 은사들의 숫자와 종류를 가르치는 게 **아니다**. 실제로 바울은 8-10절에서 아홉 가지 은사를 담은 목록을 제시하지만, 이 목록은 공들여 만들어낸 것도 아니요 모든 은사를 망라한 것도 아니다. 이 목록은 단지 **영**의 다양한 표현 형태들(은사들)을 **대표**할 뿐이다.[273] 바울은 고린도 사람들이 오직 한 가지 은사만 강조하는 것을 그만두게 하려고 **상당히 많은** 은사를 담은 목록을 제시한다.

이 모든 것은 바울이 여기서 "**영**의 은사들"을 체계 있게 논의하는 것이 아님을 시사한다. 뿐만 아니라, 바울 사도 자신이 이런 말을 서신으로 써 보낼 때 과연 서로 정확하게 구별되는 "은사들"을 염두에 두고 있었는지 여부도 상당히 의심스럽다. 후대의 일부 해석가들은 이 본문들을 해석하

찬가지로 방언이 목록 말미에 있는 것도 결코 우연이 아니다.

273) 이것은 다음 두 가지로 설명할 수 있다. (1) 바울은 12-14장의 주장에서 이런 목록을 6개나 더 열거하는데(12:28, 29-30; 13:1-3, 8; 14:6, 26), 이들은 각기 그때그때 임시로 만들어낸 것(단지 그때그때 주장의 목적에 맞춰 앞의 것을 참조해 만들어낸 것)으로서, 이들 가운데 그 목록에서 구사하는 말이나 목록이 열거하는 은사의 숫자나 성격이 정확히 일치하는 것은 하나도 없다(심지어 12:28과 29-30절조차도 그렇다!). (2) 바울은 여기는 물론이요 신약성경의 다른 곳에서도 이런 내용들을 설명할 때 언어 구사 면에서 상당한 융통성을 발휘한다. 예를 들면 (a) 바울은 4절에서 **영**의 은사들(χαρίσματα)을 이야기하는데, 7절에서는 이것을 "(**영**의) 표현들(나타나심들)"로 부른다. 그러다가 9절에서(그리고 28절과 30절에서도) 다시 χαρίσματα를 쓰면서 그 범위를 "병 고침"으로 좁혀 이야기한다. 이 말은 31절에서 다시 등장하는데, 이때는 더 넓은 범위의 은사들을 가리킨다. (b) 바울은 6절에서 하나님이 행하시는 일들을 하나님이 "이루시는" ἐνεργήματα로 부른다. 그러나 ἐνεργήματα는 10절에서 다시 등장하는데, 여기서는 **영**의 "표현 형태들"(은사들) 가운데 하나로서 등장한다. 또 11절에서 바울은 **영**이 이 모든 일을 행하신다(ἐνεργεῖ)고 말한다. (c) "기적들을 행함"을 28-29절에서는 단순히 "기적들"이라고 말한다. (d) 8절을 보면 "지식"의 λόγος라는 말이 있다. 이를 13:2에서는 "모든 비밀과 모든 지식을 아는 것"이라 말하며, 13:8과 14:6에서는 단순히 "지식"이라고 말한다. (e) 10절을 보면 "예언"이 "**영**의 표현들(은사들)" 가운데 하나다. 그런데 28-29절에서는 선지자들 자신을 언급한다(참고. 14:29, 37). 그러나 "예언"이 단지 "선지자들"이라 불린 일부 사람들의 사사로운 영역인지 여부는 확실치 않다(참고. 12:28과 14:6, 26의 "교사들"과 "가르치는 것"). (f) 바울은 5절에서 주와 연관된 활동들을 διακονίαι라 부른다. 이 말은 롬 12:6-7에서 χάρισμα 중 하나로 다시 등장하는데, 이 로마서 문맥에서는 **영**을 전혀 언급하지 않는다(그러나 롬 8장을 토대로 **영**이 그 근원이심을 추정할 수는 있다). 이런 점에서 사람들은 이런 증거 자체가 확실히 일러주는 내용보다 학술서들과 대중서들이 이런 문제 중 일부를 다룬 내용에 훨씬 더 큰 신뢰를 표명하고 있다고 말하는 것이 타당하다.

면서 일정한 체계를 세웠지만, 정작 바울 자신은 그런 체계를 의식하지 않았을 가능성이 아주 높다.

4-6절 4-11절 단락을 여는 이 문장들은 이어질 모든 내용을 이해할 수 있는 신학적 맥락을 제공할 목적으로 쓴 것 같다. 각 구절 문장은 "여러 가지"(different kinds of)[274]라는 말로 시작하는데, 이는 바울의 강조점이 바로 여기에 있음을 보여준다. 또 이 말 뒤에는 각각 삼위 하나님의 한 위격이 행하시는 활동을 규정하는 명사가 이어진다.[275] 하나님의 각 위격을 표현하며 "같다"라는 말을 반복한 것은 한 **영**/**주**/**하나님**이 아주 다양한 은사들과 섬김들(사역들)을 통해 각기 자신을 드러내신다는 점을 강조해준다. 따라서 하나님이 한 분이시라 하여 은사들도 획일성을 띠는 것은 아니다. 오히려 같은 한 하나님이 다양성 그 자체를 만들어내시는 분이다.

앞에서 언급했듯이 바울은 언어를 융통성 있게 구사한다(주273을 보라). 이를 생각할 때, 바울이 하나님의 각 위격이 각기 행하시는 활동들을 다른 말들로 묘사하긴 했어도("은사들",[276] "섬김들" 혹은 "직분들",[277] 혹은 "행하

274) 그리스어로 διαιρέσεις다. 11절을 보면 "몫을 떼어주다" 또는 "나누어주다"라는 의미를 가진 동족 동사 διαιρέω가 나타난다. 이 때문에 BAGD는 명사인 이 세 경우들의 의미로 "분배된 것들"을 제안한다; 참고. Barrett, 283과 대다수 주석가들. 그러나 "다름"이나 "다양성"이라는 의미도 충분히 가능한 의미다. 오히려 여기 문맥은 후자를 지지한다. 참고. Parry, 177. Parry는 이런 개념들을 결합하여 "맡겨진 다양한 은사들이 있다"로 해석한다. Martin, Spirit, 12-13은 διαιρέσεις가 11:19의 αἱρέσεις ("종파", "파당"을 뜻하는 그리스어 명사 αἵρεσις의 여성 복수 목적격—옮긴이)에 근거한 언어유희일 수 있다고 흥미로운 제안을 한다.

275) 뒤에서도 언급하겠지만, 나는 이 말이 바울 시대에는 쓰지 않았던 말임을 인정한다. 이런 개념은 후대의 설명과 언어로부터 생겨난 "내용" 중 일부다. Barth가 올바로 말한 것처럼, "삼위일체 하나님은 그리스도인들이 하나님께 붙인 이름이다."

276) 이 말을 살펴보려면, 앞에서 1:4-7을 논의한 것을 보라. Grosheide, 283의 견해와 달리, 이 12장에서는(적어도 4절과 31절에서는) 이것이 **영**의 활동 중 눈으로 볼 수 있게 더 구체적으로 나타난 것들을 가리킬 가능성이 아주 높다. 8-10절이 열거하는 것들이 그런 예다.

277) 그리스어로 διακονίαι다. 이 말은 "섬김"(봉사)에 강조점이 있다. 바울은 복음을 전하는 자신의 봉사를 줄곧 διακονία로 부르며 자신과 동역자들을 복음의 διάκονοι라고 부른다(3:5을 다룬 Fee, 130-31을 보라). 그러나 그들에게는 예루살렘의 가난한 성도들을 도울 연보를 거두는 것도 διακονία다(고후 8:4; 9:1; 12-13). 16:15과 딤후 4:11을 더 읽어보라.

는 일들")[278] 이런 말들을 과장하여 분석하는 일은 없어야 할 것 같다.[279] 이런 것들은 단지 바울이 7절에서 **영**을 "나타내심들"(**영**의 표현 양상들)로 부르는 것들을 세 가지 시각에서 달리 본 것일 뿐이다.[280] 이는 다음과 같은 사실이 뒷받침한다. (1) "은사들"과 "행하는 일들"이 은사 목록에서도 다시 등장한다(각기 "병 고침" 및 "기적들"과 결합되어 있다). (2) 6절과 11절에서는 "하나님"과 "같은 한 **영**"이 각각 같은 동사(ἐνεργέω; 개역개정: 6절은 "이루다", 11절은 "행하다")의 주어로 등장한다. 게다가 χάρισμα라는 말은 너무 좁은 말이어서 바울이 여기서 제시하는 주장이 언급하는 아주 다양한 것들을 십중팔구 다 아우르지 못한다. 예를 들어 사도들과 선지자들(28절)도 차라리 "사역들"(섬김들)로 묘사하는 것이 더 나았을 것이다. 반면 "예언"은 χάρισμα 중 하나다. 그러나 이런 구별들은 우리나 관심을 두는 것이지, 바울은 그런 것에 관심이 없다. 바울은 다만 은사들은 다양해도 그것들은 모두 한 하나님으로부터 나왔다는 점만을 강조하려 하기 때문이다.

그러나 동시에 이 세 명사들(은사들, 직분들, 행하는 일들)은 바울이 각각 무엇을 삼위 하나님 각 위격의 가장 중요한 측면으로 보려 했는지 일러주는 것이기도 하다. 따라서 비록 바울이 다른 곳에서는 보통 χάρισμα를 **영**과 결합시키지는 않지만,[281] 그래도 여기서 그가 제시하는 주장(12-14장)

---

278) 그리스어로 ἐνεργήματα다. 신약성경에서 이 말은 오직 여기와 10절에서만 볼 수 있다. 이 말이 강조하는 것은 단순히 어떤 일 자체가 아니라 그 일이 만들어낸 "결과들"(효과들)인 것 같다(BAGD는 반대); 참고. Findlay, 887.

279) 그러나 Bittlinger, *Gifts*, 20-21을 보라. Bittlinger는 χάρισμα를 은사들의 근원[하나님의 은혜(χάρις)]을 반영한 말로, διακονίαι를 이런 은사들이 실제 행동을 통해 표출되는 방식을 보여주는 것으로, ἐνεργήματα를 은사들을 실제 행동으로 실천한 결과들(명확한 효과들)로 본다; 참고. Findlay, 887 그리고 Dunn, *Jesus*, 411n51.

280) 참고. Bruce, 118: "**은사들, 섬김** 그리고 **일함**(*working*)은 서로 명확히 구별되는 범주들이 아니다."

281) χάρισμα는 하나님과 결합시키는 경우가 대부분이다. 가령 고전 1:5-7; 7:7; 롬 6:23; 11:29; 딤후 1:6을 보라. 그러나 롬 1:11을 보라. 이 구절에서는 형용사인 πνευματικόν이 명사인 χάρισμα를 수식한다.

의 가장 중요한 관심사는 **영**과 **영**의 "은사들"이다. 그런 점에서 보면 **영**과 은사들의 이런 결합을 이야기하며 이 주장(12-14장)을 시작한 것은 적절한 일이다.[282] 마찬가지로 "여러 가지 섬김"(또는 "사역들")과 "같은 주"를 서로 연계한 것도 특히 적절한 일이다. 신약성경은 모든 곳에서 이 말 묶음("섬김"과 "주")을 그리스도와 그를 섬기는 "봉사자들"(사역자들)이 "종"으로서 섬기는 봉사(사역)를 묘사하는 말로 사용하기 때문이다. 이 세 명사들을 담은 세 문장은 하나님 아버지[283]를 언급한 문장에서 정점에 이른다. 이 문장에 있는 명사 ἐνεργήματα는 좀 보기 드문 말이다. 그러나 이 명사를 수식하는 절에서 등장하는 동족 동사(즉 ἐνεργέω)는 보통 "효과가 있게" 일함을 의미한다. 노력을 쏟아부어 어떤 일을 이뤄내는 것을 말하는 것이다. 따라서 바울은 이 명사를 쓸 때 대체로 개인이 가진 "은사들"이나 "**영**의 표현들"이 아니라 교회 안에서 이루어지는 **모든 일**은 결국 하나님의 능력 있는 일하심으로 말미암아 완전하게 이루어진다는 사실을 염두에 두었을 것이다. 이 점은 마지막에 있는 수식 절 "그 모든 것[284](χαρίσματα와 διακονίαι를 함께 뜻하는 말이다)을 모든 사람 안에서[285] 행하시는(또는 이루시는) 분이라"가 더 깊이 시사해준다. 바울은 이 마지막 절을 통해 초점을 하나님에 관한 말로부터 하나님이 당신 교회를 보살피실 때 사용하시는 다양한 방법들("그 모든 것")과 서로 다른 많은 사람들("모든 사람 안에서")로

282) 따라서 일부 사람들이 말하는 것처럼(가령 Lietzmann, 61) 이 문장들이 위로 올라가는 계급 질서를 상징한다고 보는 것은 이 문장들과 전혀 무관한 견해다.

283) 바울은 여기서는 하나님을 "아버지"라 부르지 않지만, 다른 곳에서는 줄곧 하나님을 그렇게 부른다. 특히 8:6과 인사말들("하나님 우리 아버지와 우리 주 예수 그리스도")을 보라. 그러나 고후 13:13[14]을 보라.

284) 그리스어로 τὰ πάντα다. 바울의 글에서는 τά와 πάντα가 결합한 이 말이 문맥상 보통 "모든 일(것) 전체"를 의미한다. 때로 이 말은 피조 세계 전체(=만물)를 가리키기도 하지만(8:6; 15:27-28이 그런 예다), 여기처럼 더 좁게 그 부분에서 다루는 주체만을 가리키는 경우도 있다(참고. 가령 2:15; 11:12; 12:19). Martin, *Spirit*, 5은 τὰ πάντα를 부사로 보아 "모든 면에서, 완전히"(in every way)로 해석하길 선호한다.

285) 그리스어로 ἐν πᾶσιν이다. 이 말은 "모든 경우에"(in every case)라는 뜻일 수도 있다(TCNT). 그러나 문맥상 이 경우에는 "모든 사람 안에서"(개역개정: 모든 사람 가운데서)로 봐야 할 것 같다.

다시 옮겨간다. 바울은 이제 이것을 7-11절에서 상세히 이야기할 것이다.

4-6절 문장들이 시사하는 삼위일체는 신약성경의 삼위일체 본문 중 가장 이른 것이며 놀라운 내용이다.[286] 배러트(Barrett)가 말하듯이, "이 삼위일체 문구가 더 인상 깊은 이유는 이 문구가 아무 꾸밈없이 무심코 나온 말처럼 보이기 때문이다"(284). 이 문구는 사실 삼위일체 개념 그 자체는 아니다. 다시 말해 여기서 바울은 **삼위** 하나님이 가지신 단일성에 전혀 관심을 보이지 않는다. 그는 삼위 하나님 사이에 존재하는 관계들을 전혀 이야기하지 않으며, **아버지**(성부)와 **아들**(성자)과 **영**(성령)은 하나시라는 말도 하지 않는다. 하지만 이런 본문들은 이후 세대가 삼위일체 신학 개념들을 올바로 이끌어낸 "근원 자료"가 되었다. 바울의 언어 구사는 상당히 유동성을 띤다. 우선 이 4-6절 문장들만 봐도, 이 서신의 다른 곳처럼(가령 3:22-23; 11:3; 15:23-28), 하나님의 단일성(하나님은 한 분이시다)이 그의 생각을 지배한다. 그 결과, 그는 **아들**과 **영**도 이 단일성 아래 포함시키며 **아들**과 **영**이 행하시는 활동들도 기능(역할) 면에서 **아버지**께 종속되어 있는 것으로 본다(가령 8-9절에서는 하나님이 "**영**을 통해" 은사들을 주신다고 말한다). 그런가 하면 바울이 그리스도와 **영**을 완전한 신성을 가진 분(하나님)으로 생각한다는 것 역시 의심할 수 없다. [그리스도의 경우에는 1:3 및 8:6을 다룬 Fee, 34-35, 373-76과 바로 그 앞 구절인 5절에서 그리스도에게 "주"라는 칭호를 붙인 것이 그 증거다. **영**의 경우에는 6절과 11절이 "행하다"(이루다; 즉 ἐνεργέω)라는 동사의 주어로서 "하나님"과 "**영**"을 서로 바꿔 쓴다는 것이 가장 강력한 증거다.] 이 문장들과 같은 본문 구성 그리고 하나님의 활동과 속성을 **아들**과 **영**에게도 완전히 적용한 점은 바울이 이후 삼위일체 공식 정립에 기여한 것이다.

286) 바울 서신에서는 고후 13:13[14]과 엡 4:4-6을 참고하라. 그러나 살전 1:5-6을 다루며 언급했던 몇몇 본문들도 삼위일체 하나님이 구원에서 행하시는 일을 직간접으로 이야기한다는 점에 주목하라.

7절 바울은 4-6절에서 자신이 하는 주장의 근거로 삼위일체 하나님 안에 있는 다양성을 들었다. 뒤이어 바울은 여기서부터 그런 다양성이 교회의 삶 속에서 어떻게 구현되는지 상세하게 설명해간다. 바울은 7절 문장에서 제시하려는 명제를 이야기한다. 이어 8-10절에서는 제시한 보기들을 통해 이 명제를 설명한 뒤, 11절에서 7절의 관심사를 다시 이야기하고 이 단락을 맺는다. 그러나 11절에서는 7절과 조금 다른 곳에 강조점을 둔다.

이 명제 문장은 간단하다. 바울의 강조점은 이 명제들을 이끄는 세 가지 개념들을 한데 모아보면 발견할 수 있다. 첫째, "각 사람"이라는 말은, 강조하는 말이 으레 그런 것처럼, 문장의 첫머리에 자리해 있다. 바울은 이 방법을 써서 다양성을 강조한다. 실제로 바울은 이 단락의 나머지 부분에서도 이 방법을 써서 다양성을 강조하려 한다.[287] 대중들에게 널리 알려진 수많은 문헌들의 주장과 달리, 이를 통해 바울이 의도하는 것은 고린도 공동체 안의 모든 사람이 마지막 한 사람까지 각자 고유한 은사를 가지고 있음을 강조하는 게 아니다.[288] 그 공동체의 모든 사람이 고유한 은사를 갖고 있다는 견해는 참일 수도 있고 아닐 수도 있는데, 이는 χάρισμα라는 말을 얼마나 넓게 혹은 좁게 정의하느냐에 따라 결정된다. 그러나 그것은 결코 바울의 관심사가 아니다. 이 대명사("각 사람"을 가리키는 "한 사람"과 "또 다른 사람")는 바로 그 앞에서 말한 집합체("모든 사람 안에서", 6절) 구성원 각자를 가리키는 말(각각의 경우를 강조한 말)로서 그 공동체 전체를 구성하는 많은 사람들을 강조한다.

둘째, 이 경우에 "각 사람"이 받은 것은 χάρισμα(은사)가 아니라 "**영**의 표현"(**영**을 나타내심; NA[27]은 ἡ φανέρωσις τοῦ πνεύματος — 옮긴이)이다. 그러

287) 바울은 8-10절에서 특이하게 "한 사람에게는, 또 다른 사람에게는"이라는 말을 아홉 번이나 되풀이하여 이런 다양성을 천명한다.

288) 바울은 그 점을 강조하고자 할 때 보통 εἷς ἕκαστος (모든 사람이 각각)라고 말한다. 11:21을 다룬 Fee, 540-43을 보라. Grosheide, 284은 다음과 같이 말함으로써 정반대 실수를 저지르고 있다. "'**각 사람에게 주어졌으니**'(*to each one is given*)라는 바울의 말은 필시 **영**의 특별한 은사들을 가진 모든 사람에게 주어졌다는 의미다." 그러나 결코 그렇지 않다.

나 바울이 구사하는 이런 언어 변화를 아주 심각하게 받아들여서는 안 된다. 바울이 8절부터 제시하는 항목들을 여기 7절에서는 "**영**의 표현들"로 부른다 하여 이 표현들을 "은사들"로 부르는 것은 잘못인 것처럼 여겨서는 안 된다는 말이다.[289] 바울 자신은 이 세 장(12-14장) 전체에서 "은사들"이 아니라 **영** 바로 그분에게 강조점을 두는데, 이런 언어 변화는 십중팔구 이런 그의 강조점을 반영한 결과일 것이다. 따라서 각 "은사"는 고린도 사람들 가운데서 **영**의 활동이 드러나는 "표현"(나타나심)이다.[290] 따라서 이 첫 두 항목(="각 사람"과 "**영**을 나타내심")은 모두 바울 나름대로 그가 4-6절에서 제시한 테마인 다양성을 반복하는 방법이다. 8-10절에서 볼 수 있듯이, 바울이 다급히 말하고자 하는 것은 각 사람이 "은사를 받았다"는 것이 아니라, 하나님이 **영**을 다양한 방법으로 나타내셨다는 것이다. 바울은 이를 이렇게 말하고 있다. "각 사람에게 **영**의 나타나심이 주어졌느니라."

셋째, 바울은 하나님이 이렇게 큰 다양성을 허락하신 이유를 "모든 이를 유익하게 하려 하심"이라고 말하며 7절을 매듭짓는데, 이런 말을 쓴 것은 아마도 "각 사람"과 적절히 균형을 맞추려고 그런 것 같다. 바울은 이 말을 통해 13장과 14장에서 다룰 관심사를 미리 귀띔한다. 그는 13장과 14장에서 **영**이 공동체에서 자신을 드러내시는 이유는 무엇보다 공동체 전체를 세우시려는 목적 때문이지, 개개 신자에게 유익을 주는 것은 일차 목적이 아니라고 말한다.[291]

---

289) 특히 그리해서는 안 되는 이유가 있다. 그건 바울이 12:8-10에서 열거한 두 가지 항목 "말"(λόγος)과 "지식"(γνῶσις)을 이미 1:5에서 χαρίσματα로 규정하기 때문이다.

290) 이 경우도 소유격인 τοῦ πνεύματος가 의미상 주격이냐 아니면 목적격이냐가 문제되는 경우다. 동사인 δίδοται ("주다"라는 뜻을 가진 그리스어 동사 δίδωμι의 3인칭 단수 현재 직설법 수동태 형태다 – 옮긴이)를 고려하면 목적격으로 보는 게 맞다. 그럴 경우 "하나님"이 주어임을 암시하는 셈이다. 그렇게 보면 하나님이 각 사람, 곧 고린도 공동체 전체에게 각기 다른 은사를 주심으로 그들 가운데에서 **영**을 분명하게 나타내 보이신 셈이 된다. 반면 11절을 고려하면 이 소유격은 주격으로 봐야 할 것 같다. 11절은 **영**이 몸소 당신이 원하시는 대로 각 사람에게 나누어주신다고 말하기 때문이다. 이 경우에는 전자가 더 타당할 것 같다. 여기서 바울의 관심사는 은사들이 아니라 이 은사들을 통한 **영**의 나타나심이기 때문이다. 참고. Dunn, *Jesus*, 212: "어느 한쪽 의미를 배제하고 한쪽만 취하기가 힘들다."

8-10절 바울은 7절에서 말한 명제를 예를 들어 설명할 요량으로[292] 그리스도인 공동체에서 **영**이 나타나는 모습들을 방대한 목록으로 제시한다. 바울 서신에는 그런 목록이 몇 개 있는데, 이 목록이 첫 번째다.[293] 그래서 사람들은 다양한 은사들의 본질 및 의미와 관련하여 이 본문에 상당한 관심을 갖게 되었다.[294] 그러나 앞에서도 언급했듯이, 바울의 관심사는 그런 문제가 아니다. 바울은 다만 교회 안에서 **영**의 활동/표현들이 **다양하다**는 점을 설명하는 데 관심을 가질 뿐이다.[295]

사람들은 여기서 열거하는 몇몇 항목들을 분류하여 묶어보려고 수없이 다양하게 시도해왔다.[296] 여기서 열거하는 은사 항목들은 뒤로 갈수록

---

291) 그렇다고 이 말을 바울이 개개 신자들을 세워주는 데 전혀 관심이 없었다는 의미로 받아들여서는 안 된다. 오히려 그 반대다(14:4을 다룬 부분을 보라). 그러나 바울이 여기서 제시하는 주장 전체를 통해 피력하는 관심사는 공동체를 세워나가는 데 은사들이 미치는 효과다.

292) 특히 γάρ를 주목하라; 참고. BAGD 1d, "구체적 사례가 일반적 내용을 확증해준다."

293) 이 세 장(12-14장)에 있는 다른 목록들(참고. 앞의 주228) 외에 롬 12:6-8(분명 이 12장에서 말한 몇몇 항목을 이후에 곱씹어본 내용이다)과 엡 4:11을 보라.

294) 예상할 수 있겠지만, 이 본문을 다룬 대중서들이 아주 많다. 오순절 그룹과 은사주의 그룹에는 특히 더 많다. 이런 책 중 주목할 만한 것이 두 가지가 있다. 첫째는 영국의 저명한 오순절 신학자인 Donald Gee가 쓴 *Concerning Spiritual Gifts* [Springfield, Mo.: Gospel Publishing House, n.d.(지은이는 1947년 11월 4일에 써놓은 부록에서 우리가 지금 보는 이 인쇄본이 그때보다 10년 앞서 출간되었다고 일러준다)]다. 비록 "학문" 차원에서 보면 능숙하지 못하지만, 그래도 그는 훌륭한 주해 솜씨를 보여주었다. 이 책이 가치가 있는 이유는 나름대로 고유한 통찰들을 보여줄 뿐 아니라 전통적 오순절주의를 이해하고 있기 때문이다. 두 번째 책은 George Mallone et al., *Those Controversial Gifts* (Downers Grove: InterVasity, 1983)이다. 이 책은 더 전통적인 개신교 틀 안에서 있는 네 목사들이 쓴 일곱 개 논문을 모아놓은 것인데, 이들은 자신들이 섬기는 교회에서 이 목록이 제시하는 더 확연한 은사들 가운데 몇 가지를 다시금 새롭게 체험했다.

295) 바울은 그저 은사들을 열거만 할 수도 있었다. 그러나 그는 여기서 그리하지 않는다. 각 경우를 보면, 먼저 "한 사람에게"가 있고 이어서 "또 다른 사람에게" 등이 있다. 은사의 다양성은 바울의 강조점 중 하나다.

296) 예를 들어 사람들은 우리가 현재 사용하는 구절 구분이 이루어진 계기가 무엇인지 궁금해 한다. 그리스어 본문의 구절 구분은 16세기에 이루어졌다. 물론 구절 구분과 관련하여 불행한 선택들도 많이 있지만, 현재 성경 구절들은 그 의미를 대체로 충분히 이해할 수 있기 때문에 구절을 구분한 사람들이 아무렇게나 구절 구분을 했으리라고 믿기는 불가능하다. 이 구절들(8-10절) 같은 경우는 이렇게 구절을 나눈 계기를 알 수 있는 실마리를 우선 첫 두 항목(즉 8절에 있는 항목들)의 내용이 유사하다는 점에서 찾을 수 있다. 두 번째 계기는 아마도 "같은 **영**을 통하여"라는 문구의 존재였을 것이다. 두 번째에 나오는 두 항목(9절에 있

가치가 떨어지는 것들이라고 주장하는 이들도 있었다.[297] 다른 이들은 이 은사 항목들을 그 개념을 기준 삼아 재배열하기도 했다.[298] 사람들은 보통 이 은사들을 (1) 가르치는 은사들(지혜와 지식), (2) 초자연적 능력을 행하는 은사들(믿음, 병 고침, 기적들), (3) **영**에 감동된 말을 하는 은사들(예언, 분별하는 예언들, 방언, 방언 해석)로 분류한다.[299] 유념해야 할 것은 일곱 번째 항목(영들을 분별함)이 이런 기준을 따르는 대다수 분류들에 어려움을 안겨주곤 한다는 점이다. 만일 이렇게 분류하는 것이 정녕 합당하다면, 그 분류 기준은 십중팔구 바울 자신이 제시한 몇 가지 실마리들에서 찾을 수 있을 것 같다. 바울이 세 번째 은사 항목(믿음)과 여덟 번째 은사 항목(방언)을 제시할 때는 "또 다른 사람"이라는 말을 다른 항목과 다른 말로 표현하기 때문이다(즉 다른 경우는 ἄλλω를 쓰나, 믿음과 방언의 경우는 ἑτέρῳ를 쓴다 – 옮긴이).[300] 이런 분류가 옳다면, 바울이 첫머리에 "지혜"와 "지식"이라는 두 항목을 골라 쓴 것은 고린도의 상황을 고려한 구체적 목적들 때문이다("지혜"와 "지식"은 고린도에서 높은 자리를 차지하고 있었다). 그런 다음 바울은 임의로 다섯 가지 항목을 한데 묶어 더 나열하는데, 이 다섯 항목은 초자연성을 그 공통분모로 갖고 있다. 그런 다음 바울은 그의 "문제아"와 그 짝꿍인, 방언과 방언 해석으로 끝을 맺는다.

이 목록이 열거한 은사들의 특징은 눈으로 볼 수 있게 구체적으로 나

는 두 항목)은 첫 번째 두 항목(8절의 두 항목)과 이 문구를 공유한다[개역개정: "같은 성령을 따라"(8절), "같은 성령으로"(9절)]. 결국 남은 것은 특별한 수식어가 붙어 있지 않은 다섯 은사들로 이루어진 목록이었다(결국 이것이 10절이 되었다).

297) 가령 Bruce, 119.

298) 가령 MacGorman, *Gifts*, 35. MacGorman은 8-10절이 제시하는 은사들을 다음 네 범주로 분류한다. (1) 지성에서 나온 말들(지혜, 지식, 예언), (2) 능력(믿음, 병 고침, 기적들), (3) 영들을 분별함, (4) 황홀경 상태에서 나온 말들(방언, 방언 해석). W. R. Jones, "The Nine Gifts of the Holy Spirit," in *Pentecostal Doctrine* (ed. P. S. Brewster, 1976), 47-61이 표명하는 "전통적 오순절파"의 견해를 참고하라. Jones는 다음과 같이 구분한다. (1) 조명(지혜, 지식, 분별), (2) 행동(믿음, 기적들, 병 고침), (3) 전달(예언, 방언, 방언 해석).

299) 가령 W. Baird, *The Corinthian Church – A Biblical Approach to Urban Culture* (New York: Abingdon, 1964), 139; Martin, *Spirit*, 12.

300) 앞의 주265를 보라.

타난다는 특성을 갖고 있다는 점이다. 특히 마지막 일곱 가지가 그렇다. 결국 이것들은 "은사들"이요, 무엇보다 고린도 사람들 가운데 **영**이 계심을 **나타내는 것들**이다.[301] 바울이 이것들을 골라 뽑아 열거한 이유는 이것들이 방언처럼 특이한 현상들이기 때문이다. 이 시점에서 바울은 그리 눈에 띄지 않는 은사들을 열거하여 고린도 사람들의 시각을 넓혀주려고 시도하는 것은 부질없는 일이라고 보았을 것이다. 그런 시도는 때가 되면 이루어질 것이다(특히 28-30절에서 몸을 유추한 비유와 또 다른 목록들을 제시함으로써). 그러나 지금은 초자연성을 지닌 은사들을 강조할 때다. 실제로 이 목록이 가진 정말 두드러진 특징은 초자연성을 띤 모든 행동들을 "각 사람에게" 귀속시킨다는 점이다. 어쩌면 오늘날 성직자들도 이와 똑같은 방식으로 조직표 위에 자리들을 나열할 수 있을지도 모른다![302] 그렇다면 각 항목은 어떻게 이해해야 할까?

(1) **지혜**(σοφία)**의 말씀**(λόγος). 이 말은 바울이 1:17-2:16에서 다룬 문제를 떠올리게 한다. 바울은 거기서 고린도 사람들이 지혜라는 이름으로 그와 그가 전한 복음을 거부하고 있다고 말한다. 그들은 자기들 나름의 기준을 내세우며 그들이 탁월한 "영"의 소유자라고 주장했다. 그러나 바울은 자신이 일부러 "λόγος가 특징인 σοφία"(말재주; 1:17) 혹은 "λόγος나 σοφία의 탁월함"(2:1, 5)으로 그들에게 나아가길 거부했다고 말한다. 바울은 이제 영감이 넘치는 대담한 필치로 두 가지 일을 행한다. (a) 바울은 자신만이 구사하는 말들 가운데 하나를 사용하여[303] 고린도 회중 가운데

---

301) 첫 네 항목의 경우는 일관되게 "같은/한 **영**"을 강조함을 주목하라. 바울은 분명 이런 강조점을 끝까지 관철하려고 한다.

302) 이 말을 보며 J. B. Phillips가 한 말을 떠올리게 된다. 그는 자신이 내놓은 사도행전 번역의 들어가는 글(introduction)에 이렇게 써놓았다[*The Young Church in Action* (New York: Macmillan, 1949), p. vii]. "그러나 우리는 한편 감동을 받으면서도 다른 한편으론 당황할 수밖에 없다. 이것이 분명 이전에 사람들이 생각했던 교회이기 때문이다.…그들이 현대 기준에 비춰 단순하고 소박했다면, 슬프지만 우리는 그들이 이 시대는 거의 알지 못하는 방식으로 하나님을 향해 열려 있었다는 점을 인정할 수밖에 없다."

303) σοφία와 γνῶσις는 본디 고린도 사람들이 쓴 말이나 바울이 이를 그대로(고린도 사람들

서 벌어진 "**영**의 나타나심들"을 열거하기 시작한다. 이런 "**영**의 나타나심들"은 한 분이신 **영**의 활동들이 본래부터 큰 다양성을 갖고 있다는 것을 명확히 보여준다. (b) 바울은 고린도 사람들이 구사한 말(λόγος와 σοφία)을 **영**의 역사를 토대로 다시 각색하여 그 말의 의미를 고린도 사람들이 생각한 의미와 상당히 다른 내용으로 바꿔 제시한다.[304)]

이 "지혜의 말씀"이라는 문구는 "지혜가 가득한 메시지/말"을 뜻하거나 "지혜가 특징인 말"을 뜻한다.[305)] 어느 쪽이든 이 문구의 내용은 바울 자신이 2:6-16에서 주장하는 내용에 비추어 이해해야 한다. 이 본문을 보면, **영**이 계시해주신 "지혜의 말씀"은 하나님의 "더 심오한 것들"이나 "비밀들"을 뭔가 특별하게 이해함을 의미하지 않는다.[306)] 오히려 "지혜의 말씀"은 십자가에 못 박히신 그리스도의 도가 하나님의 참 지혜임을 인식하는 것이다.[307)] 이런 인식은 오로지 **영**을 **이미** 받은 사람들에게만 다가온다. 바울은 우리가 받아 가진 **영**만이 하나님의 마음을 이해하시고 하나님이 그리스도 안에서 이루신 일들을 계시해주시기 때문이라고 말한다(2:10-13).

이 생각하는 의미 그대로) 받아들여 썼을 수도 있다. 그러나 그런 개연성을 인정하면, 바울 자신의 생각 속에서 이 두 은사가 갖고 있는 특별한 본질을 밝혀내기가 어려워질 뿐이다. Dunn, *Jesus*, 217-21에 있는 논의를 참고하라.

304) Martin, *Spirit*, 13은 이 첫 두 항목을 두고 이렇게 말한다. "바울은 이제 이 두 말을 고린도의 **영** 열광자들(pneumatics)로부터 구출하여 이 두 말에 새로운 도장을 찍어준다."

305) Living Bible은 "지혜로운 충고를 줄 수 있는 능력"(the ability to give wise advice)으로 해석해놓았다. 그러나 이런 해석은 서신의 문맥이나 σοφία라는 그리스어와 거의 상관이 없거나 전혀 무관한 것이다.

306) 오순절파와 은사주의를 따르는 무리들은 이 "은사"를 고린도 공동체가 역경이나 결단의 시간을 뚫고 나갈 때 **영**이 그들에게 주신 통찰이 담긴 특별한 말씀으로 종종 이해한다. 가령 Bittlinger, *Gifts*, 28을 보라. 그는 이 은사를 이렇게 정의한다. "어렵거나 위험한 상황에서 그 난관을 해결하거나 반대자들을 잠잠케 할 지혜의 말씀이 주어졌을 수도 있다." 우리는 성령이 오늘날 교회에도 그렇게 말씀하신다는 것을 의심해서는 안 된다. 그러나 바울은 "은사"를 말할 때 그런 점을 염두에 두지는 않았을 것이다. 만일 그가 그런 현상에 어떤"이름표를 붙이려" 했다면, 그 이름표는 필시 ἀποκάλυψις (계시)일 것이다(참고. 14:6). 이런 오순절파나 은사주의 공동체들에서 자주 등장하는 소위 지식이라는 말도 마찬가지다.

307) 참고. Gee, *Gifts*, 20-26. 그는 이것이 바울이 첫 번째로 말하려 했던 의미라고 역설한다. 물론 그는 예수가 당신 제자들에게 하신 말씀을 기록해놓은 눅 21:15을 근거로 바로 앞의 주 306에서 언급한 가능성도 함께 이야기한다.

따라서 "**영**을 통해" 주어진 "지혜의 말씀"은 십중팔구 십자가에 못 박히신 그리스도를, 지나치다 싶을 정도로 "지혜"를 의식하는 이 공동체에 선포해주는 말씀을 가리킬 것이다. 이 특별한 "은사"가 다른 은사 목록이나 논의에서는 더 이상 나타나지 않는다는 점도 그런 해석을 한층 더 뒷받침해준다. 다시 말해 이 은사는 바울이 대체로 고린도 상황을 염두에 두고 급조해낸 개념이다.

(2) **지식**(γνῶσις)**의 말씀**(λόγος).[308] 첫째 항목인 "지혜의 말씀"처럼, 이 "지식의 말씀"이란 표현도 무엇보다 바울이 이 **영**의 은사를 "지식"에 흠뻑 취하여 지식을 자랑하기에 바빴던 고린도 사람들의 행태로부터 구해낼 요량으로 쓴 말이다(8:1-3, 7을 다룬 Fee, 365-69, 378-81을 보라).[309] 하지만 이 "지식의 말씀" 같은 경우는 바울 자신이 이 은사를 **영**의 "나타나심"으로 이해했는지 단언하기가 더 어렵다. 그 이유는 이어지는 논의를 통해 바울이 중요한 세 본문(13:2, 8-12; 14:6)에서 "지식"을 은사로 재차 이야기하지만, 그 세 본문들에도 다소 모호한 구석들이 있기 때문이다. 일부 사람들은 바울이 여기서 염두에 두고 있는 것은 초자연적 지식 수여라고 주장했다. 다시 말해 **영**의 도움이 없으면 도무지 알 수 없는 사실 정보를 알려주는 것을 염두에 두고 있다는 말이다.[310] 이런 지식은 예언 전승에서 빈번히 등장하며 이방 종교의 예언자들이 받은 신탁들에서도 참된 것으로 추정한다. 그러나 여기서는 지식이 λόγος(말씀) 뒤에 서술 소유격으로 붙어

---

308) 1:5을 다룬 부분을 보라. 바울은 1:5에서 고린도 사람들이 은사를 받았음을 예를 들어 설명하면서 이 둘(말과 지식)을 각기 따로 언급한다.

309) Conzelmann, 209은 διὰ τοῦ πνεύματος를 **영**이 근원이심을 가리키는 표현으로, κατὰ τὸ αὐτὸ πνεῦμα를 **영**이 규범이 되심을 가리키는 표현으로 구별한다. 그러면서도 그는 이런 구별을 엄격하게 받아들일 수는 없다는 점을 인정한다. BAGD는 κατὰ가 "…을 통하여"(by way of)라는 의미일 수 있다는 증거를 제시한다.

310) 행 5:1-11은 베드로가 아나니아와 삽비라의 그릇된 행위를 "안" 일을 이야기한다. 사람들은 이를 이런 은사가 실제로 나타난 사례로 종종 보아왔다. 그럴 수도 있다(물론 이 경우에는 "계시"라는 이름표가 더 합당하겠지만). 그러나 누가 자신은 그 경우를 그렇게 말하지 않는다. 사실 "알다"나 "앎"(지식)이라는 말은 내러티브에서는 등장하지 않는다.

있다. 때문에 다른 이들은 이 "지식"을 **영**에 감동된 가르침에 더 가까운 의미로 보아,[311] 그리스도인으로서 성경의 의미를 꿰뚫어볼 수 있는 통찰을 받는 것과 관련 있을 것이라고 생각한다.[312]

바울이 "지식"이라는 말 역시 고린도 사람들로부터 받아들여 앞에서 말한 "지혜의 말씀"과 아주 긴밀하게 묶어놓았기에, 이 둘을 필시 어떤 식으로든 평행을 이루는 것으로 이해해야 할 것이다. 따라서 이 "지식의 말씀"은 무언가를 계시해주시는 "**영**의 말씀"일 가능성이 아주 높다.[313] 이 "지식"이 14:6에서는 "계시"와 "예언" 사이에 자리하고 있는 점, 그리고 마지막 때에는 이 지식도 예언 및 방언과 더불어 그치게 될 것이라는 점(13:8)도 "지식의 말씀"이 무언가를 계시해주시는 "**영**의 말씀"일 수 있음을 시사한다. 어쩌면 우리는 그런 말씀의 **내용**이 어떻게 그 말씀을 "지혜"나 "계시"와 구별되는 γνῶσις로 만들어주는지 영원히 알아내지 못할지도 모른다.[314]

(3) **믿음.**[315] 바울은 이 "믿음"이라는 말을 써서 초자연성이 더 확연한 **영**의 몇몇 표현들을 계속 은사 속에 포함시켜간다.[316] 바울은 구원으로 인도하는 "믿음"을 **영**이 신자의 삶 속에서 행하시는 일로 여겼을 가능성이

---

311) 좀 놀라운 것은 이런 주장을 Gee, *Gifts*, 27-34과 110-19이 제법 길게 펼쳐간다는 점이다. 그는 이 은사 목록에 비춰볼 때 이 "지식"이라는 은사를 굳이 초자연성을 지닌 (**영**의) 나타나심으로 볼 필요가 없다고 주장한다.

312) 참고. Bittlinger, *Gifts*, 30. Bittlinger는 이 "지식"이 "새 상황에서 말했으나 여전히 옛 메시지로 남아 있는 옛 메시지로 이루어져 있다"라고 말한다. 그럴 수도 있지만, 주해를 해보면 그렇게 볼 근거가 없다.

313) 참고. Dunn, *Jesus*, 218. Dunn은 "우상은 세상에서 아무것도 아니다"라는 8:4 말씀이 고린도 사람들이 말하는 "지식의 λόγος"일 수 있다고 주장한다.

314) 어쨌든, Dunn, *Jesus*, 221이 올바로 주장했듯이, "바울은 지혜와 지식 그 자체는 은사로 생각하지 않는다. 그는 오직 다른 사람들에게 지혜와 지식을 실제로 드러내는 말만을 은사로 여긴다."

315) 이 은사와 롬 12:3이 말하는 "믿음의 분량" 사이의 관계를 살펴보려면, Dunn, *Jesus*, 211-12을 보라; 뒤에서 롬 12:3을 논한 부분을 참고하라. 아울러 갈 5:22도 참고하라. 갈 5:22은 "믿음"(=신실함=충성)을 **영**의 "열매"로 열거한다.

316) 이 구절에 있는 두 전치사구의 αὐτῷ와 ἑνί의 차이는 순전히 수사의 차이일 뿐이다; 참고. 11절에서는 두 말을 결합시켜놓았다.

높다.[317] 그러나 그가 여기서 염두에 두고 있는 것은 "산들도 옮길" 수 있을 정도로 초자연성을 띤 믿음이라는 특별한 은사다. 그는 이런 믿음을 13:2에서 다시 언급한다. 이 믿음은 십중팔구 하나님이 당신의 능력이나 자비를 특정한 경우에 특별한 방식으로 드러내신다고 믿는 초자연적 확신을 가리킬 것이다.[318] 바울은 이 믿음을 "또 다른 사람에게" 주어지는 은사로서 따로 열거해놓았다. 그러나 어떤 의미에서는 이 "믿음"과 뒤이어 나오는 두 항목("병들을 고침"과 "기적들을 행함")을 한데 묶어 보아야 한다. 실제로 이들을 따로 구별하기가 아주 불가능한 것처럼 보이는 때도 종종 있다. "산을 옮기는 믿음을" 기적을 행함으로 불러도 합당할 것이다.

(4) **병들을 고치는 은사들.**[319] 이것이 무엇을 가리키는지 따로 설명할 필요가 없겠다. 예수와 바울과 초기 교회의 나머지 사람들은 늘 하나님이 사람들의 육신을 고쳐주실 것으로 기대하며 살았다. 이런 기대는 메시아의 시대가 임하면 하나님이 당신 백성을 "고쳐주실" 것이라는 구약의 약속들을 일부 근거로 삼기도 했다.[320] 사도행전은 그런 병 고침들이 바울 자신의 사역에 함께 따랐다고 말한다. 바울 자신도 고린도후서 12:12에서 "사도의 표지들"(개역개정: 사도의 표)을 이야기하는데, 이것 역시 십중팔구 이런 병 고침들을 가리키는 것 같다(참고. 롬 15:19).[321] 이 경우에 흥미로운

317) 뒤에서 고후 4:13을 논한 내용을 보라; 참고. 이 책 제14장 687-99의 논의를 보라.

318) Gee, *Gifts*, 36; Bittlinger, *Gifts*, 32-33은 갈멜 산의 엘리야 이야기(왕상 18장)를 이런 은사를 활용한 구약의 사례로 제시한다.

319) 그리스어로 χαρίσματα ἰαμάτων이다. χαρίσματα와 ἰαμάτων 둘 다 복수형이다(ἰαμάτων은 "병을 고침"을 뜻하는 그리스어 ἴαμα의 복수 소유격이다 – 옮긴이). 마찬가지로 "기적들을 행함들"(10절, ἐνεργήματα δυνάμεων), "영들을 분별함들"(10절, διακρίσεις πνευμάτων), 그리고 "각종 방언들"(10절, γένη γλωσσῶν)도 복수형과 복수형이 결합한 말이다.

320) 참고. 가령 마태는 마 8:17에서 병자들을 고쳐주시는 예수의 사역을 언급하며 사 53:4을 사용한다. 이사야서 본문 자체는 모호하다. 이 본문은 분명 구원을 은유한 것이다. 그러나 선지자 전승에서는 그런 구원에 백성이 심판 당할 때 입은 상처들을 고쳐주심도 포함되었다. 따라서 신약성경은 사 53:4을 구원을 가리키는 은유(벧전 2:24)이자 육신을 고쳐주시겠다는 약속(마 8:17)으로 이해한다.

321) "과학 시대"인 지금은 하나님이 병자를 고쳐주실 수 있다는 것을 인정하지 않는 게 보통이다. 불행한 일이지만 오늘날 많은 그리스도인들도 마찬가지다. 이들은 신학의 이름으로 "그

것은 "병들을 고치는 은사들"이라는 말이다. 이 말은 28절과 30절이 제시하는 목록도 되풀이한다. 아마도 이 말은 다음 두 가지 것들을 반영하는 말 같다. (a) 이 경우에 χάρισμα라는 말을 쓴다는 것 자체는 이 (**영**의) "나타나심"이 병 고침을 받은 사람이 아니라, 하나님이 또 다른 사람의 병을 고쳐주실 요량으로 사용하신 사람에게 주어진다는 것을 시사한다.[322] (b) χάρισμα의 복수형인 χαρίσματα를 썼다는 것은 모든 병 고침을 통틀어 영원히 한 "은사"로 생각하지 않고 병 고침이 벌어지는 매 경우를 각각 고유한 한 "은사"로 생각한다는 것을 시사한다.[323] 그 다음 은사 항목의 복수형들도 마찬가지다.

(5) **기적들을 행함들.**[324] 바울은 필시 병을 고치는 은사들도 "기적들을 행함들(행하는 일들)"로 여겼을 것이다. 그러나 필시 이 **영**의 나타나심은 비단 병자를 고치는 차원을 넘어 그 외 모든 종류의 초자연적 행위들을 망라했을 것이다. "기적들"로 번역한 말은 보통 "능력"을 뜻하는 말이다. 또 제2장에서도 지적했지만, 유대 고대 문헌에서는 이를 특히 하나님의 **영**과 결합시켰다. 현재 이 문맥은 이 말이 보통 항간에서 기적으로 부르곤 하는 초자연적 사건들을 폭넓게 망라하는 말임을 시사한다.[325] 바울이 중복 제시하는 28-30절의 목록을 보면, 이 말 자체가 복수형으로 등장한다. 바울

때" 하나님의 일하심과 "지금" 하나님의 일하심을 엄격히 구별한다. 그러나 이것은 하나님 나라 이해에서 심각한 잘못을 범하는 것 같다. 신약성경은 하나님 나라가 **영**의 능력 안에서 그리스도로 말미암아 시작되었으며, 이 **영**이 하나님 나라의 일을 마지막 완성 때까지 계속하신다고 말하기 때문이다. 실제로 이런 입장은 **영**을 바라보는 신약성경의 견해를 완전히 부인하는 것처럼 보인다.

322) 다른 견해는 Dunn, *Jesus*, 211을 보라.

323) 참고. Bittlinger, *Gifts*, 37도 비슷한 주장을 한다: "모든 병 고침은 하나하나가 특별한 은사다. **영**의 은사를 받은 개인은 이런 식으로 그런 은사를 베푸시는 하나님께 늘 새롭게 의지한다."

324) 그리스어로 ἐνεργήματα δυνάμεων이다; 2:4-5을 다룬 Fee, 94-97을 보라. 참고. 고후 12:12. 이 구절에서 바울은 "사도의(사도임을 보여주는) 표지들"이 그들 가운데서 "표적들(σημεῖα)과 기사들(τέρατα)과 기적들(능력들, δυνάμεις)"이라는 형태로 "이루어졌다"(κατειργάσθη)라고 주장한다.

325) Weiss, 301; Héring, 126은 그것을 특히 축귀를 가리키는 말로 본다. 분명 축귀도 포함하겠지만, 이것들에 국한되지는 않을 것이다. Dunn, *Jesus*, 210을 보라.

계 교회에서는 "기적들"이 보통 있는 일이었다. 이 점은 갈라디아서 3:5(찾아보라)의 논박도 증명해준다.

(6) **예언**.[326] 바울은 이 "예언"을 이야기함으로써 다시 말이라는 형태를 지닌 **영**의 나타나심으로 돌아간다. 또 그가 14장에서 이 은사와 방언을 계속하여 대조한다는 점을 생각해보면, 그는 필시 "예언"을 이야기함으로써 방언을 언급하는 이 목록의 맺음 부분을 향해 나아가려고 하는 것 같다. 아울러 그가 이 은사와 방언을 계속 대조한 덕분에, 우리는 바울이 예언이라는 현상을 어떻게 이해했는지 상당히 잘 이해할 수 있게 되었다. 몇 가지 것들을 유념해둘 필요가 있다.

(a) 예언은 고대 종교들 사이에 특히 널리 퍼져 있던 현상이었다.[327] 하지만 이런 현상을 보는 바울의 이해를 결정한 조건은 어디까지나 유대교에 몸담았던 바울 자신의 개인사였다. 이는 다른 신약 저자들의 경우도 마찬가지였다. 선지자는 **영**에 감동되어 하나님 백성에게 말했던 사람이었다(가령 미 3:8). 이렇게 "**영**에 감동된 말"은 계시를 통해 왔고 심판(이게 보통이었다)이나 구원을 선포했다. 선지자들은 종종 뭔가를 상징하는 행동들을 하기도 했다.[27] 그들은 행동과 동시에 이런 행동들을 해석했다. 그러나 적어도 정경에 수록된 것을 기준으로 할 때 선지자들이 한 행위 중 주류를 이루는 것들은 "황홀경"(무아지경), 그중에서도 특히 "광분"이나 "광란"과 거의 상관이 없다.[328] 선지자들이 한 말은 대부분 아주 잘 이해할 수 있

---

326) 고대에는 이 현상이 더 보편성을 띠었기 때문에 이 현상은 학자들 사이에서 상당한 주목을 받아왔다. 바울이 말하는 예언을 이해하는 데 더 중요한 연구서들은 다음과 같다. H. Krämer, R. Rendtorff, R. Meyer, G. Friedrich, *TDNT* 6.781-861; D. Hill, *New Testament Prophecy* (Atlanta: John Knox, 1979); Grudem, *Gift*; 그리고 Aune, *Prophecy*. Aune는 *TDNT*에 실린 논문과 Hill이 쓴 책을 검토한 뒤 상당한 분량의 서평을 자기 책에 실어놓았다. 유익한 개관을 살펴보려면, C. M. Robeck, *DPL*, 755-62을 보라.

327) Aune, *Prophecy*, 23-88을 보라.

328) 가령 삼상 19:19-24에 나오는 사울과 다른 이들의 "무아지경"을 여기서 말하는 예언에 포함시켜 이해하려고 하는 사람도 있지만, 사무엘상의 경우는 정경이 이해하는 예언의 범주에 속하지 않는다. 그리스도와 초기 그리스도인들에게 영향을 끼쳤던 것은 정경이 이해하는 예언 개념이었다. 내가 말하는 "정경에 따른 이해"(canonical understanding)는 구약성경이

는 것이었다! 그들이 한 말 중에는 종종 미래에 일어날 일들이 담겨 있었다. 그런 의미에서 사람들은 그런 말을 한 사람들도 "예언자들"(predictors)로 보게 되었다. 그러나 그런 미래의 일은 그들이 한 말의 일부분이었을 뿐이지, 꼭 있어야 할 요소는 아니었다.

(b) 시대의 마지막에 이르러 **영**이 부어지는 사건이 일어나자, 초기 그리스도인들은 요엘 2:28-30의 예언이 완전히 이루어졌다고 이해했다. 그 결과, "예언"은 다시금 새롭게 벌어지는 현상이 되었고 모든 사람에게 일어날 수 있는 현상이 되었다. 이제는 모든 사람이 **영**을 충만히 소유하게 되었기 때문이다(참고. 행 2:17-18). 이 점은 우리가 바울 서신에서 알게 된 내용과 특히 잘 들어맞는다. 예언은 폭넓게 나타났던 현상으로 보인다(참고. 살전 5:19-22; 살후 2:2; 롬 12:6).

(c) 14장이 제시하는 증거를 보면, 예언은 사람들이 모인 자리에서 그들을 가르쳐 덕을 세우고 격려할 목적으로 **영**에 감동되었으며, 저절로 터져 나왔으며, 다른 사람들도 알아들을 수 있는 말로 전한 메시지였음을 알 수 있다.[329] 바울은 예언하는 사람들을 분명 "질서 있게 통제받는" 이들로 이해했다(14:29-33을 보라).

(d) "선지자"(예언자)라 불리는 사람들이 일부 있었다. 아마도 이들은 자주 "예언"을 하다 보니 그렇게 불렸던 것 같다.[330] 그러나 14장은 이 예언이 —적어도 잠재성을 놓고 보면—모든 사람이 폭넓게 받아 가질 수 있는 은

라는 "정경"이 바울 시대 유대교에 끼친 영향을 의미한다. 사울과 같은 현상들이 구약 본문에 있기 때문에 혹자는 이런 것(황홀경, 특히 광분이나 광란 상태에서 하는 말)도 정경이 인정하는 것이라고 주장할지 모르겠다. 그러나 우리가 바울 서신에서 얻은 증거는 완전히 다른 이야기를 하는 것 같다. 첫째, 바울은 구약의 예언이나 선지자들을 언급할 때마다 구약이 보존해놓은 데이터가, 또는 정경 기록 과정에서 사람들이, 진정한 것으로 인정했던 예언의 흐름을 항상 언급한다(살전 2:15; 롬 1:2; 3:21; 11:3; 16:26). 둘째, 바울은 아무리 **영**이 주신 감동이라도 그 형태가 "황홀경"(무아지경) 형태로 나타나는 것이면 아주 단호하게 거부한다(고전 14:23-25, 32).

329) 따라서 예언은 사전에 미리 준비해놓은 설교를 전하는 것이 **아니다**.

330) 물론 이 말은 공동체 내부에서 "은사를 받은 지도자들"로 등장한 사람들에게 붙였던 말로 바뀌었을 수도 있다; 참고. 행 13:1과 엡 2:20.

사임을 시사한다.[331)]

(e) 바울의 예언 이해 뒤에는 구약의 예언 전통이 자리하고 있다. 그러나 바울은 예언자를 그때그때 특정 상황에서 특정한 말을 하는 사람으로 이해할 뿐, 어디에서도 그보다 더한 어떤 것을 말하는 사람으로 이해하지 않는다. 이는 바울이 예언을 "달아보아야" 하거나 "시험해봐야" 할 것으로 본 사실이 증명해준다. 따라서 예언이 "**영**에 감동된 본문"에 맞먹는 대우를 받았다고 보는 것은 어불성설이다.

(f) 오늘날 일부 집단에 알려져 있는 "사사(私事) 예언"(personal prophecy)이란 게 있다. 이는 어떤 사람이 다른 사람들의 삶 속에 존재하는 아주 은밀한 문제들에 관하여 예언하는 것을 말한다. 그러나 바울 서신에는 이런 예언을 인정한 증거가 없다. 그런 예언을 말하는 것 같은 본문을 보면(가령 딤전 1:18; 4:14), 장로들이 안수함으로써 공동체가 누군가를 인정하는(시험하는?) 모습만 있을 뿐이다. 오히려 바울은 예언을 공동체가 한 몸이 되어 살아갈 수 있게 해주는 것으로서 공동체 차원의 일을 이야기하는 것으로 엄격히 국한하는 것 같다.

(7) **영들을 분별함들**. 학자들 사이에서는 이 말을 둘러싸고 상당한 논란이 있었지만 아직도 의견 일치가 이루어지지 않았다. 문제는 "영들을 분별함들"이 무엇을 가리키는가다. "영들이 하나님께 속했나 시험하는 것"(요일 4:1)과 관련된 현상을 일컫는 것으로서 진정 하나님의 **영**으로부터 나온 것이 무엇이며 다른 영들로부터 나온 것이 무엇인지를 분별해낼 수 있는 능력을 의미하는가?[332)] 아니면 12:10에서 쓴 "분별함"이라는 명사의 동족동사[28]가 등장하는 14:29이 말하는 현상, 곧 "다른 이들은 (또 다른 이가)

---

331) 11:4-5; 14:1-5, 23-24, 29-31을 다룬 부분을 보라. 이것은 모든 사람이 예언을 한다는 의미가 아니라(참고. 12:29), 이 예언이 일부 문헌이 종종 주장하는 것처럼 "선지자들"에게만 엄격히 국한된 은사는 아니었다는 뜻이다.

332) 가령 행 16:16-18이 말하는 바울이 그러하다. 이런 입장을 취하는 이들 중에는 Bittlinger, *Gifts*, 45; Grudem, *Gift*, 58-60 그리고 263-88; 그리고 오순절 계통의 대다수 해석자들이 있다.

말한 것을 꼼꼼하게 달아볼(즉 올바르게 분별하거나 판단해볼) 것"을 가리키는 것인가?[333]

바울 자신이 14장에서 구사하는 이 말의 용례를 고려할 때, 12:10의 이 말은 그러한 두 가지를 다 의미하지만, 특히 14:29에서 말하는 대로 예언들을 "분별하거나, 구별하거나, 올바로 판단하는" 현상을 가리킨다.[334] 이런 입장을 취하는 데는 몇 가지 이유가 있다. (a) 바울은 데살로니가전서 5:20-21과 고린도전서 14:29에서 예언이 교회에서 하는 기능을 언급하며 예언을 "시험할 것" 혹은 "분별할 것"을 요구한다. 이 12:10에서 바울이 쓴 명사가 14:29에 있는 동사의 동족어임을 고려할 때, 바울은 여기서도 마찬가지 이야기를 하고 있는 것 같다. 분별함이라는 말이 "예언" 뒤에 곧바로 이어지기 때문이다. (b) 이 경우에는 더더욱 "영들을 분별함"이 "예언을 분별하고 올바로 판단하는 것"을 의미하는 것 같다. 바울이 예언과 영들을 분별함에 이어 곧바로 "방언들"과 "방언들을 해석함"을 언급하기 때문이다. 이렇게 방언과 방언 해석, 그리고 예언과 분별을 함께 묶어 말하는 패턴을 질서에 관한 가르침들을 기록해놓은 14:26-29에서도 똑같이 발견할 수 있다. (c) 진짜 난제는 "영들"이라는 말이다. 아마도 이 말을 이해할 수 있는 열쇠는 요한일서 4:1[335]이 아니라, 바울 자신의 용례인 14:12, 14 그리고 특히 32절인 것 같다. 바울은 이 구절들에서 이 말을 우리 대다

333) 가령 Findlay, 888-89; Moffatt, 182; Holladay, 161; Hill, *Prophecy*, 133; 그리고 Martin, *Spirit*, 14을 보라. G. Dautzenberg, "Zum religionsgeschichtlichen Hintergrund der διακρίσεις πνευμάτων (I Kor. 12,10)," *BZ* 15 (1971), 93-104 [참고. 그의 *Urchristliche Prophetie* (Stuttgart: Calwer, 1975), 122-48]은 독특한 견해를 제시한다. Dautzenberg는 이 말이 "예언하는 자들이 한 말들을 해석하는 것"을 뜻한다고 주장한다. Grudem, *Gift*, 263-88은 Dautzenberg를 철저히 반박한다. 하지만 이 말이 예언들을 "분별하는 것"과 아무 관련이 없다는 Grudem의 주장은 설득력이 더 떨어진다.

334) Barrett, 286; Dunn, *Jesus*, 233도 비슷한 견해다.

335) 요일 4:1은 "기름 부음"을 받은 자들 가운데에서(요일 2:27) "그 영들을 시험하여 그들이 하나님으로부터 온 자인지 알아내라"고 말한다. 그러나 요한일서에서 이야기하고 있는 것들이 잘 알려진 현상이라고 미리 추정해서는 안 되며, 요한일서 본문을 기준 삼아 현재 보는 이 고린도전서 본문을 이해해서도 안 된다. 오히려 요한일서 본문을 바울이 써놓은 이 장들에 비추어 이해하는 것이 아주 타당할 것 같다.

수 사람들이 편안하게 여기는 것보다 훨씬 더 융통성 있게 사용하는 경향을 보여준다. 예언하는 자들을 통하여 말씀하시는 **영**은 예언자의 "영"을 통하여 말씀하는 것이기도 하다. 바울은 **영**으로(**영** 안에서, in the Spirit) 기도할 때 "내 영"(my spirit)이 기도한다고 말한다(참고. 5:3-4을 설명한 내용). 14:12은 고린도 사람들이 "영들"에 열심을 낸다(개역개정: "영적인 것을 사모한다")고 말한다. 따라서 이 열심은 바울의 독려를 따라 그들이 그들의 영들로 기도할 때 **영**의 나타나심들(특히 방언)을 사모하는 열심을 가리킨다.

따라서 지금 이 목록에서 바울은 14:29에서 말한 것과 똑같은 현상을 언급하고 있을 가능성이 아주 높다. 그러나 바울은 예언으로 하는 말들을 가리킬 목적으로 "영들"이라는 말을 사용한다. 누군가가 하는 이런 예언은 역시 **영**을 받아 갖고 있기에 그 예언이 정녕 **영**으로부터 나온 것인지 분별해줄 수 있는 공동체 안의 다른 사람이 "구별해"주어야 한다.

(8) **각종 방언들**. 이것은 바울 시대나 지금이나 분명 "다툼이 많은 은사"다.[336] 만일 우리가 내놓은 고린도전서 14장 해석이 옳다면,[337] 고린도

---

336) 여기 이 문제를 다룬 문헌은 방대하다. 특히 이 현상 혹은 이것과 유사한 현상이 1950년대 후반에 전통적 교회들에서 나타나기 시작한 뒤로 관련 문헌이 많이 등장했다. 1960년 이전에는 학술지에 실린 논문 가운데 오직 방언만을 다룬 것은 기본적으로 단 둘 뿐이었다: C. Clemens, "The 'Speaking with Tongues' of the Early Christians," *ExpT* 10 (1898-99), 344-52; 그리고 I. J. Martin, "Glossolalia in the Apostolic Church," *JBL* 63 (1944), 123-30. 아울러 단행본인 G. B. Cutten, *Speaking with Tongues* (New Haven: Yale University, 1927)를 보라.

1960년 이후에는 거의 모든 주요 학술지가 방언을 다룬 논문을 적어도 한 편은 실었다. 이런 논문들 가운데 엄선한 대표작들이 다음과 같은 것들이다(영문 제목을 단 논문만을 연대순으로 기록해놓았다): R. H. Fuller, "Tongues in the New Testament," *ACQ* 3 (1963), 162-68; F. W. Beare, "Speaking with Tongues," *JBL* 83 (1964), 229-46; W. G. MacDonald, "Glossolalia in the New Testament," *BETS* 7 (1964), 59-68; S. D. Currie, "'Speaking in Tongues.' Early Evidence Outside the New Testament Bearing on 'Glossais Lalein,'" *Int* 19 (1965), 174-94; Banks-Moon, "Tongues"; R. H. Gundry, "'Ecstatic Utterance'(N. E. B.)?" *JTS* 17 (1966), 299-307; Harpur, "Tongues"; E. L. Kendall, "Speaking with Tongues," *CQR* 168 (1967), 11-19; Sweet, "Sign"; J. M. Ford, "Toward a Theology of 'Speaking in Tongues,'" *TS* 32 (1971), 3-29; B. L. Smith, "Tongues in the New Testament," *Churchman* 87 (1973), 183-88; S. Tugwell, "The Gift of Tongues in the New Testament," *ExpT* 84 (1973), 137-40; R. A. Harrisville,

사람들이 오로지 이 "**영**의 나타나심"(=방언)만을 선호한 것이 바울이 제시한 이 주장 전체의 배경이 되는 셈이다. 때문에 바울은 **영**의 나타나심들 가운데 역시 눈으로 볼 수 있고 비상한 몇 가지를 열거한 뒤, 그들이 선호하는 이것(=방언)도[338] 그 동반자인 "방언 해석"과 더불어 이 목록 속에 포함시킨다. 예언과 마찬가지로 방언의 경우에도 바울이 이를 어떻게 이해했는지 알 수 있는 상당히 훌륭한 개념을 13-14장이 제공해준다. 다음 사항들은 확실한 것 같다. (a) 방언은 **영**에 감동된 말이다. 이는 12:7, 11, 그리고 14:2이 분명하게 이야기한다. (b) 14:27-28은 방언을 사용할 때 따라야 할 질서를 말한다. 이는 방언을 말하는 자가 "황홀경" 상태나 "통제할 수 없는" 상태에서 말하는 게 아님을 일러준다.[339] 오히려 바울은 정반대 말을 한다. 즉 방언을 말하는 자들은 차례대로 해야 하며, 그 방언을 해석해줄 이가 없을 때는 침묵해야 한다. (c) 방언은 본질상 그것을 말하는 사람(14:14)과 다른 사람들(14:16) 모두 알아들을 수 없는 말이다.[340]

"Speaking in Tongues-Proof of Transcendence?" *Dialog* 13 (1974), 11-18; D. M. Smith, "Glossolalia and Other Spiritual Gifts in a New Perspective," *Int* 28 (1974), 307-20; E. Best, "The Interpretation of Tongues," *SJT* 28 (1975), 45-62; R. A Harrisville, "Speaking in Tongues: A Lexicographical Study," *CBQ* 38 (1976), 35-48; V. S. Poythress, "The Nature of Corinthian Glossolalia: Possible Options," *WTJ* 40 (1977), 130-35; T. L. Wilkinson, "Tongues and Prophecy in Acts and 1st Corinthians," *VoxR* 31 (1978), 1-20. 아울러 미출간 박사학위 논문인 N. I. J. Engelsen, "Glossolalia and Other Forms of Inspired Speech According to 1 Corinthians 12-14"(Yale, 1970)을 보라.

참고 문헌을 수록해놓은 논문을 포함하여 더 많은 참고 문헌들을 알고 싶으면, W. E. Mills, *Glossolalia: A Bibliography* (New York: Edwin Mellen Press, 1985)를 보라.; 편리한 개관을 보려면, C. M. Robeck, *DPL*, 939-43을 보라.

337) 이 부분 도입부를 보라.

338) 그러나 가령 Conzelmann, 209이 말하는 것처럼 "바울은 바로 열거 순서를 통하여 자신의 비판을 표현한다"라고 말하는 것(다시 말해, "방언과 방언 해석을 마지막에 열거함으로써 이 방언을 비판하고 있다"라고 보는 것 — 옮긴이)은 편견이다. 14:15-19이 일러주듯이, 이런 견해는 바울 자신의 영성을 충분히 진지하게 고려한 것 같지 않다.

339) Gunkel, *Influence*, 31; Callan, "Prophecy," 그리고 다른 많은 사람들은 반대 의견이다. Callan은 예언과 방언을 구분하여, 예언은 황홀경에 취하지 않은 상태에서 한 말로, 방언은 "황홀한 상태가 함께 따랐던" 말로 보려 했다(137). 그러나 Callan은 황홀한 상태(trance)라는 개념을 느슨하게 사용한다. 그는 14:27-28이 제시하는 증거의 요점을 간과한 것 같다.

340) Bruce, 119은 자신이 한 주장의 실마리를 행 2장에서 취하여 이것에는 "일부 청중도 알아

(d) 방언은 본디 하나님을 향해 올리는 말이다(14:2, 14-15, 28).[341] 따라서 해석자가 "해석하는" 것은 다른 사람들을 향해 하는 말이 아니라 하나님께 말씀드리는 "비밀들"(mysteries)이라고 추정할 수 있다.

바울이 이 방언을 실제로 사람들이 하는 언어로 이해했는지 여부는 확실하게 가타부타 말할 수 없다. 바울이 방언을 실제 언어로 이해했다고 보는 견해는 그 증거로 (a) 방언이라는 말 자체, (b) "해석"이 필요하다는 점, (c) 사도행전 2:5-11이 제시하는 증거를 든다.[342] 하지만 결국 이런 질문은 여기서 바울이 말하고자 하는 것과 무관한 것 같다. 바울이 여기서 제시하는 모든 주장은 말하는 자나 듣는 자나 이 방언이라는 현상을 알아들을 수 없다는 점에 근거하고 있다. 바울은 분명 이 방언을 이해할 수 있는 누군가가 현존하고 있다는 생각을 하지 않는다. 그렇게 이해할 수 있는 말이라면, 방언도 이 땅의 언어일 터이기 때문이다. 더욱이 바울은 14:10-12에서 이 땅의 언어들을 유비로 사용한다. 이는 방언이 사람들이 아는 이 땅의 언어가 아님을 시사한다. 어떤 사물 자체를 이 사물과 유사하여 비교 대상이 되는 사물에 유비한다 할지라도 이 둘은 보통 동일하지는 않기 때문이다. 따라서 바울이(그리고 고린도 사람들이) 방언을 무엇이라 이해했는지 알 수 있는 열쇠는 십중팔구 13:1(찾아보라)의 "천사들의 말"이 아닐까 한다.[343] 방언이 공동체와 개인에게 끼치는 유익과 무익함을 알아보려면, 14:1-5, 13-19을 다룬 부분을 읽어보라.

들을 수 있는" 말들도 포함된다고 말한다. 그러나 고전 12-14장에는 바울이 방언을 이런 말들과 관련지어 생각했다고 일러주는 증거가 전혀 없다.

341) 참고. Bittlinger, *Gifts*, 48-51. 그는 이 은사를 "영으로(영 안에서) 기도함"(praying in the Spirit)이라는 제목 아래 논의한다.

342) 특히 Ford, "Theology"를 따른 Gundry, "Utterance"를 보라; 아울러 Wilkinson, "Tongues"를 참고하라. Dunn, *Jesus*, 244은 이런 결론을 내린다: "따라서 바울은 방언을 언어로 생각한 게 분명하다. 그러나 우리가 거기서 더 나아가 바울이 방언을 '말하는 사람에겐 외국어인 인간의 언어'와 동일시한다(Gundry의 견해)고 결론지을 수 있을까? 나는 그럴 수 없다고 생각한다"; 참고. Richardson, "Order," 148.

343) 참고. Barrett, 299-300; Conzelmann, 209; Dunn, *Jesus*, 244.

(9) **방언들을 해석함**. 이것은 분명 "방언"의 동무다. 그 이유는 바로 알아들을 수 없는 말이라는 방언의 특성 때문이다. 해석이라는 말은 (사람이 실제로 쓰는 한 언어를 다른 언어로 옮기는 – 옮긴이) "번역"에 가까운 무언가를 의미할 수도 있다. 그러나 해석 역시 "말로 옮기다"(알아들을 수 없는 말을 알아들을 수 있는 말로 옮기다 – 옮긴이)라는 의미일 수도 있다.[344] 이런 맥락에서 볼 때 이 말은 십중팔구 공동체에 유익을 줄 목적으로 방언을 말하는 자가 한 말을 자세히 풀어 설명하는 것을 의미할 것이다. 14:5, 13, 27-28의 증거는 (a) 이것 역시 말의 은사로서 "**영**에 감동된" 은사라는 것 그리고 (b) 방언을 말하는 사람은 물론이요 다른 사람도 이 은사를 받을 수 있다는 것을 일러준다.

11절 바울은 자신이 7절에서 제시한 명제를 설명할 요량으로 하나님이 **영**을 나타내신 것들을 길게 열거한다. 그런 다음 이때까지 자신이 말한 것을 요약함으로써 이 단락(4-11절)의 주장을 끝맺는다. "같은 한 **영**"이라는 말은 4-6절과 8-9절에서 바울이 말한 것을 되울려줌으로써 한 하나님이 다양성을 만들어내시는 것임을 재차 강조한다. 한 분 하나님은 당신의 **영**으로 "이 모든 일"을 "행하신다"(이루신다). (6절은 바로 이 "이루다"라는 동사를 하나님께 붙여 사용한다.) 여기서 "모든 일"은 바울이 앞서 열거한 **영**의 표현들을 가리킨다.[345] "각 사람에게[346] 나누어주신다"라는 분사구문[29]은 4-6절에서 "여러 가지"로 번역했던 명사를 채용하여 **영**이 많은 사람들에게 이런 **영**의 표현들을 주실 때 드러내시는 다양성과 적극적 활동을 강조한다. 오직 마지막 절인 "그가 결정하신 대로"[347]만이 새로운 표현일 뿐이다.[30]

---

344) 특히 Thiselton, "Interpretation," 15-36에 있는 논의를 보라.

345) Robertson-Plummer, 268은 πάντα가 아주 강한 강조라고 말한다.

346) 그리스어로 ἰδίᾳ ἑκάστῳ다. 바울은 ἰδίᾳ라는 말을 첨가하여 **영**이 각 사람을 다루심이 가지는 개별성을 강조한다; 참고. Barrett, "각 사람에게 하나씩 하나씩"(individually to each one); Conzelmann, "특히 각 사람에게"(to each in particular).

347) 그리스어로 βούλεται다. 코이네 그리스어 시대에는 이 말(βούλεται는 "원하다, 하고자 하다"

이 문맥에서는 "당신이 적합하다고 여기시는 대로(또는 기뻐하시는 대로)"로 번역하는 것이 가장 좋을 것이다. 여기서 바울은 **영**이 신중하게 행동하신다는 점보다 **영**이 주권을 가지시고 은사들을 사람들에게 나눠주시거나 당신 자신을 나타내신다는 점을 더 강조한다. 따라서 은사들은 "각 사람"에게 "주어진" 것이지만, 결국은 신자와 공동체 전체의 삶 속에서 **영**이 주권을 갖고 활동하심을 나타내는 것이다.[348] "그가 결정하신 대로(적합하다고 여기시는 대로)"는 "바람/**영**이 자기가/당신이 원하는(원하시는) 대로 불매"(요 3:8)의 바울식 표현인 셈이다.

결국 바울이 이 단락(4-11절)에서 시종일관 강조하는 단 한 가지는 한 분 하나님이 공동체에 유익을 주시려고 당신의 한 **영**을 통하여 아주 다양한 은사들을 나누어주신다는/나타내신다는 것이다. 바울이 이를 강조하는 이유는 그가 여기서 말하는 내용이 아니라, 바울이 끝을 내기 전에 고린도 사람들은 더 이상 바울의 관심사를 의심하지 말아야 한다는 점, 그리고 그가 지금 여기서 제시하는 주장이 그들의 잘못을 **바로잡는** 본질을 갖고 있다는 점에서 분명하게 드러난다.

전통적 오순절 운동을 제외하면, 교회는 이 단락에 거의 관심을 보이지 않았다. 1950년대 후반에 로마 가톨릭 교회와 전통적 개신교 집단들 내부에서 이 단락이 언급한 현상들 가운데 일부가 갑자기 나타나면서 비로소 이 교회들도 이 단락에 관심을 보이기 시작했다. 그 결과, 학술서와 대중서를 막론하고 8-10절이 열거하는 은사들을 다룬 문헌들이 상당히 많이 출간되었다. 이런 문헌들은 대부분 교회사 전체를 통틀어 모든 시대 그리스도인들이 이런 은사들을 받아 가질 수 있었다고 추정한다. 이런 현상들을 어둡게 보는 이들도 일부 있었다. 그러나 대다수 사람들은 상당히 조심스

라는 뜻을 가진 동사 βούλομαι의 3인칭 단수 현재 중간태 직설법이다—옮긴이)이 ("원하다, 바라다"라는 뜻을 가진—옮긴이) θέλω와 거의 같은 말이었다.

348) 참고. Conzelmann, 209. "이것은 **영**을 내세우는 사람에게 그 자신만이 지닌 어떤 능력이 있음을 부인하는 것이다."

러운 태도를 취하며, **영**이 하실 수도 있는 일에 열린 자세를 가질 것을 주장하면서도, 동시에 늘 잘못들을 바로잡거나 일정한 지침들을 제시하곤 했다. 하지만 이런 은사들을 1세기 교회에서만 일어난 일로 보는 것이 정당하다고 옹골차게 주장하는 문헌들도 아주 많이 있었다. 이런 문헌들을 이야기할 경우에는 이 문헌들의 저자들 역시 그들이 찾고 있던 것을 발견하고 이를 근거로 교회 안에 그런 **영**의 나타나심이 있다는 것을 계속하여 거부해왔다고 말하는 것이 합당하다. 그러나 그런 거부는 하나같이 본문 주해를 근거로 한 게 아니라, 이전에 형성된 해석학적·신학적 신념에서 비롯된 결과라고 말하는 것이 역시 또 정당할 수 있다.[349]

어쩌면 교회가 부딪힌 더 큰 비극은 계속되는 교회의 삶 속에서 하나님의 **영**과 만남을 잃어버린 것일지도 모른다. 그 결과, 교회는 종종 그저 평범한 일들을 받아들이는 것으로 만족하게 되었다. 일부 사람들이 **영**의 나타나심을 1세기 교회에 국한된 일로 치부하는 단견을 정당하다 주장하는 것도 역시 슬픈 일이다. 물론 11절 말씀을 보면 소망이 있다. 이 문제를 놓고 왈가왈부하는 양쪽 진영 사람들이 **영**을 아무리 자기들 틀에 가둬놓으려 해도, 같은 한 **영**이신 그분은 당신이 기뻐하시는 대로 행하실 터이기 때문이다.

---

349) 내 말은 이런 태도가 고약하고 답답하다는 게 아니다. 나는 "본문 주해"를 언급했는데, 이는 본문 자체로부터 질문들과 답들이 나와야 한다는 뜻이다. 어떤 이가 이 본문을 놓고 "이런 현상들이 언제 그칠 것인가?"라고 묻는다면, 그는 이미 본문 주해와 상관없는 질문을 한 것이다. 그런 질문은 본문 자체에서 나온 게 아니기 때문이다. R. Gaffin, *Perspectives on Pentecost* (Phillipsburg, N. J.: Presbyterian and Reformed, 1979) 같은 책조차도 마찬가지 경우다. Gaffin이 탁월한 주해 실력을 가진 것만은 확실하다. 그러나 그는 정작 바울 자신의 관심사와 아무 상관이 없는 여러 가지 질문들을 미리 제시해놓고 이런 질문들에 비추어 결과들을 탐색해가는 작업을 펼치고 있을 뿐이다. Gaffin이나 그와 같은 부류의 해석론에 대한 내 비판을 보려면, G. D. Fee, *Gospel and Spirit: Issues in New Testament Hermeneutics* (Peabody, Mass.: Hendrickson, 1991), 76-77을 보라.

■ **고린도전서 12:12-14**

12이는(for) 몸이 하나이면서도 또 많은 지체들을 가짐과 같이, 또 그 몸의[350] 모
든 지체가 아무리 많아도 한 몸을 이룸과 같이, 그리스도도 그러하시기 때문이라.
13이는 정녕(for indeed) 우리가 모두 한 **영**으로 세례를 받아 한 몸이 되었기 때
문이니, 유대인이나 그리스인이나 종이나 자유인이나, 또 우리는 모두 한 **영**[351]
을 받아 마셨느니라. 14이는(for) 정녕 몸이 한 지체가 아니라 많은 지체이기 때
문이라.

바울은 바로 앞 단락(4-11절)에서 통일성 안에 다양성이 존재할 필요가 있음을 강조했다. 그는 이 강조점을 확실히해두고자 고대에 흔히 쓰던 한 유비를 채택하여 고린도 교회의 상황에 직접 적용한다. 이렇게 풍성한 은유들을 쓸 경우에 종종 일어나는 일이듯, 바울은 이렇게 함으로써 고린도 사람들이 바로잡아야 할 태도들을 더 확실하게 지적한다. 훌륭한 유비들은 본질상 얼마든지 다른 상황에 또 유추하여 적용할 수 있다. 또 이 "몸"이라는 유비는 고린도 교회에서도 아주 잘 아는 것이었다. 따라서 우리는 바울이 여기서 염두에 두고 있는 관심사들을 유념하며 특히 꼼꼼하게 이 본문을 읽어야 한다.

바울이 이 단락(12-26절)에서 제시하는 주장은 세 부분으로 이뤄져 있다(12-14, 15-20, 21-26절).[352] 첫 문단(12-14절)은 바울이 채용한 심상(=몸)이 의미하는 기본 전제(=몸은 하나다)와 그 심상에 당연히 따르는 명제(=그러나 그 몸은 많은 지체를 갖고 있다)를 제시한다. 바울은 이어 이 몸이라는

350) MajT는 몇몇 서방 사본들(D b Ambrosiaster)을 따라 τοῦ ἑνός를 덧붙인다. 그러면 "그 한 몸의 모든 지체들"이 된다.

351) 후대의 몇몇 주요 사본들(630 1881 2495 pc sy^h)은 πνεῦμα 대신 πόμα (음료)로 기록해놓았다. 그럼으로써 이 말을 주의 만찬을 가리키는 말로 만들어놓았다: "우리가 모두 한 음료를 받아 마셨으니."

352) NA^{26}과 이 성경을 따른 NIV 및 다른 역본들은 12-13, 14-20, 21-26절로 문단을 나눠놓았다. 그러나 이런 구분은 바울이 구사한 그리스어 문장의 구조를 간과한 것이다. 뒤의 설명을 보라.

은유를 두 부분에 걸쳐 상세하게 설명한다. 첫 부분에서는 다양성을 강조하며(15-20절), 두 번째 부분에서는 통일성을 강조한다(21-26절). **영**이라는 말과 이 **영**에 관련된 관심사들은 오로지 12-14절에서만 등장한다. 이어 15-26절에서는 이 몸이라는 은유를 적용하는데, 이 부분 역시 짧게나마 뒤에 가서 더 이야기하도록 하겠다.

"몸"이라는 이미지와 관련하여 바울이 우선 말하고자 하는 것은, **몸이 많은 지체들을 갖고 있어도**[353] 결국 몸이 하나인 것처럼, 고린도 사람들 역시 다양성을 갖고 있어도 결국은 하나가 되어야 한다는 것이 아니다. 오히려 바울의 관심사는 14절에서 잘 드러난다. 여기서 바울은, **몸이 하나일지라도** 한 지체가 아니라 많은 지체로 이루어져 있는 것처럼, 고린도 사람들도 사실은 한 몸이기에 역시 다양성을 인정해야 한다고 주장한다.[354] 바울이 12-14절에서 제시하는 주장은 이런 구조를 띤다. 이 문단 서두인 12절 문장은 좀 중복된다 싶은 느낌이 들 정도로 같은 의미를 가진 말들을 거듭 되풀이한다.

이는 몸이 하나이면서도 A
　　　　또 많은 지체들을 가짐과 같이 B
　　　　또 그 몸의 모든 지체가 아무리 많아도 B′
　　한 몸인 것과 같이, A′
그리스도도 그러하시기 때문이라.

353) NIV는 이런 전통적 이해를 반영한다. 그러나 그리스어 본문은 그런 이해를 전혀 지지하지 않는다.

354) 참고. Conzelmann, 212은 14절을 주석하며 이렇게 말한다. "이제 바울은 다시 (4-11절처럼) 서로 다름이라는 개념을 강조한다." 이는 NIV는 물론이요 대다수 해석자들과 다른 견해다. NIV와 대다수 해석자들은 본문의 구조와 모든 표지가 정반대 내용을 이야기하는데도 이 본문이 단일성을 강조한다고 본다. 최근에 나온 글을 보려면, Talbert, "Understanding," 98-99을 보라.

이처럼 첫째 절(AB)은 다양성을 강조하는 반면, 둘째 절(B′A′)은 통일성을 강조한다.

뒤이어 등장하는 두 문장(13절과 14절)은 같은 말이면서도 잘 볼 수 없는 말인 "이는 정녕"(for indeed)[355] 으로 시작한다. 이 말은 바울이 방금 전에 말한 것을 이 두 문장을 통해 다시금 상세히 이야기하겠다는(또는 설명하겠다는) 뜻을 밝힌 것이다. 그리하여 바울은 13절에서 전제를 말한 뒤(몸은 하나다), 많은 지체들이 어떻게 한 몸이 되었는지 설명한다. 그들은 모두 동일한 실재(**영**)에 잠겨 그 실재를 마시게 되었다. 이어 그는 14절에서 두 번째 주제를 꺼낸다. 그러나 이 주제를 다시 각색하여 그가 진정 말하고자 하는 유비를 이렇게 강조한다. 그 한 몸은 한 지체가 아니라 많은 지체들로 이뤄져 있다.

고린도 사람들의 통일성과 다양성을 이해할 수 있는 열쇠는 그들이 모두 **영**을 풍성히 체험했다는 점이다. 13절은 이 점을 강력한 은유들을 활용하여 이야기한다. 이 13절은 이 단락 전체(12-26절)를 통틀어 유일하게 **영**을 언급한 구절이다. 그러나 바울은 여기서 이 전제를 천명함으로써 고린도 사람들이 이 단락 전체를 어떻게 이해해야 하는지 통제하려고 하는 것 같다. 바울의 이해와 고린도 사람들이 가졌던 이해는 사뭇 달랐다. 이런 이해 차이는 후대 그리스도인들도 아주 빈번히 체험한 것이다. 고린도 사람들과 바울은 한 가지 점에서는 의견 일치를 이루었다. 이들 모두 고린도 사람들이 그리스도 안에서 살아가게 된 것은 바로 그들이 **영**을 풍성히 체험한 덕분이라고 보았기 때문이다. 그러나 바울과 고린도 사람들은 그런 풍성함이 주어진 이유를 놓고 의견을 달리했다. 고린도 사람들은 그런 풍성한 체험을 애초부터 방언이라는 은사와 관련지어 이해했다. 그들은 이 방언의 은사를 자신들이 이미 지금 하늘의 실존으로 들어갔음을 보여

355) 그리스어로 καὶ γάρ다. 이렇게 불변화사(particle)를 묶어놓은 문구는 고린도전서의 다른 곳에서도 나타나며, 앞서 주장한 내용을 강조하며 설명하는 역할을 한다. 5:7; 11:9; 14:8을 보라. 참고. 살전 3:4; 살후 3:10; 고후 5:2-4; 롬 11:1; 15:3; 16:2.

주는 증언으로 받아들였다. 그러나 바울은 그것을 획일성이 아니라 통일성의 기초로 이해했다. 동시에 그는 이런 방언을 **영**이 그들 가운데서 자신을 풍성하고 다양하게 나타내시리라는 것을 보장해주시는 보증인으로 이해했다.

우리가 지금 무엇보다 관심을 갖는 것은 13절이 **영**에 관하여 말하는 내용이다. 그러나 문맥상 12절과 14절도 함께 짚어볼 필요가 있다. 그래야 13절을 바울이 지금 제시하는 주장(12-14절)으로부터 고립시키지 않기 때문이다. 여러 문헌들이 13절을 다루면서 그런 잘못을 아주 많이 범하곤 한다.

12절 바울이 문장을 시작할 때 쓴 "이는"(for)은 그가 이미 4-11절에서 강조한 점을 이어질 내용을 통해 더 상세히 설명하려 한다는 것을 시사한다. 바울은 교회가 곧 "그리스도의 몸"이라는 이미지를 다시 사용하여 설명을 펼쳐간다. 그는 이 이미지를 10:17에서 처음 사용했고 11:29에서 다시 채용했다.[356] 이 "몸"이라는 이미지 자체는 고대 세계에 널리 퍼져 있었기 때문에,[357] 고린도 사람들도 이 이미지를 잘 알았을 것이다. 이 "몸"이라는 이

---

356) 이 두 중요한 본문과 이 본문들이 현재 바울이 제시하는 주장에서 차지하는 중요성을 살펴보려면, Fee 468-70과 563-64을 보라. 바울이 구사하는 이 "몸"이라는 유비의 "원천" 내지 "기원"일 수 있는 것을 알아보려면, E. Best, *One Body in Christ* (London: SPCK, 1955), 83-95을 보라. 물론 이 이미지가 흔하고 평범한 것이다 보니, Best가 논의한 내용 중 일부는 필요가 없다. 이 유비의 "원천"이 아스클레피오스 신전이라는 주장은 훨씬 더 가능성이 희박하다. 이 신전에는 몸에서 "분리된" 부분들을 진흙으로 그대로 본떠 만든 모형들이 있었다고 한다. A. E. Hill, "The Temple of Asclepius: An Alternative Source for Paul's Body Theology?" *JBL* 99 (1980), 437-39; 그리고 G. G. Garnier, "The Temple of Asklepius at Corinth and Paul's Theology," *Buried History* 18 (1982), 52-58을 보라.

357) 우리가 알고 있는 다른 어떤 용례도 바울과 같은 **점**을 강조하지 않는다. 그리하여 Livy, *Hist.* 2.32이 기록해놓은 메네니우스 아그립파(Menenius Agrippa) 이야기(대략 주전 494년; 몸의 다른 부분들이 위와 불화를 빚다가 음식을 먹지 않기로 한다. 그러나 그 때문에 결국 그들 전체가 야위고 만다)도 몸의 많은 부분이 **서로 의존한다**는 점을 강조할 뿐이다[이 글에서 Livy가 말하고자 하는 것은 평민들(plebeians)[31]이 소요를 일으키지 말아야 한다는 것이다]. Josephus, *War* 4.406은 이 "몸"이라는 유비를 좋지 않은 의미로 사용하여 폭동 확산을 묘사하는 말로 쓴다. 요세푸스의 용례는 고전 12:26("만일 한 지체가 고통을 받으면,

미지는 현재 바울이 가진 관심사와 완벽하게 들어맞는다.[358)]

바울은 "몸"이라는 이미지를 처음 사용한 사례에서(10:17) 많은 지체가 한 몸을 이룬다는 점을 강조하면서, 많은 고린도 사람들이 주의 만찬에서 한 떡을 먹는 것을 근거로 든다. 그는 여기서도 그 점을 재차 강조하지만, 이번에는 그것을 전제로 내세운다. 즉 "한 몸"은 바울이 주장하고자 하는 **결론**이 아니라 주장의 **출발점**이다. 이 본문에서는 강조점이 한 몸을 구성하는 많은 지체들로 옮겨간다. 그렇긴 해도 이 서두 문장에서는 두 가지 점을 강조한다. 첫째, 몸은 하나다. 둘째, 그러나 몸은 많은 부분들을 갖고 있다. 몸이 하나임을 말할 때 바울이 말하고자 하는 것은 몸이 본질상 통일체라는 점이다. 그러나 그 통일성이 획일성을 뜻하는 것은 아니다. 고린도 사람들은 획일성이 소중한 가치라고, 또는 획일성이야말로 진정한 영성을 대변한다고 생각했지만, 그것은 그들이 잘못 생각한 것이다. 바울의 관심사는 그들의 통일성이다. 그러나 바울은 다양성이 없으면 참된 통일성도 없다고 생각하기 때문에 그 점을 그토록 강하게 역설해야 했던 것이다.[359)]

모든 지체가 함께 고통을 받는다")과 비교해볼 수 있다. 그러나 그의 관심사는 바울의 그것과 철저히 다르다. 스토아 철학자들의 경우도 마찬가지다. 그들의 관심사는 어느 한 부분이 결국은 더 큰 전체에 봉사한다는 것이다. 참고. Marc. Aur. Ant. 2.1, 7.13; Epict. 2.10.3-4; Seneca, *Ep.* 95.52. 세네카가 구사하는 언어가 그나마 바울의 언어에 가장 가깝다: "당신이 보는 모든 것, 신과 인간을 구성하는 그것은 하나다 – 우리는 한 위대한 몸의 일부분들이다." 아울러 그는 이 부분들이 서로 의존하고 있다는 점에 관심을 보인다.

358) 바울에게는 이 "그리스도의 몸"이라는 말이 순전히 은유일 뿐이다. 그의 관심사는 교회의 본질 자체가 아니라, 교회가 통일성 속에서도 그것이 본디 가져야 할 다양성을 체험해야 한다는 점이다. 이것이 **신학** 논의를 가장 잘 활용하는 것이다. 지금은 이런 신학 논의가 다른 방향으로 옮겨가고 있는데, 이는 바울의 관심사를 생각할 때 "엉뚱한 길로" 빠진 것이다. 참고. B. Daines, "Paul's Use of the Analogy of the Body of Christ–With Special Reference to 1 Corinthians 12," *EvQ* 50 (1978), 71-78; 그리고 G. L. O. R. Yorke, *The Church as the Body of Christ in the Pauline Corpus: A Re-examination* (Lanham, Md.: University Press of America, 1991).

359) 바울은 "그리스도도 그러하시다"라고 말할 때 환유(metonymy)를 사용하는 것 같다. 이 말에서 "그리스도"는 "그리스도의 몸"을 줄여 쓴 형태로서 교회를 의미한다. 이를 뒷받침하는 증거가 12:27이다: "이제 너희는 그리스도의 몸이요 너희 각자는 그 몸의 한 부분이라." 이어 28절도 이렇게 말한다. "그리고 하나님이 교회 안에…을 세우셨으니."

13절 이 구절과 다음 구절은 12절의 두 부분을 채용하여 설명을 진행해 간다. 지금 이 문장은 "몸은 하나다"라는 전제를 더 깊이 설명한다. 바울은 자신이 앞서 제시한 주장은 물론이요 그 단락 전체와 보조를 같이하여 **영**을 축으로 삼아 설명해간다. 그러나 이 경우에 혹자는 이것이 단지 특정 상황을 염두에 두고 임시로 만들어낸 신학 개념이 아니라 오히려 정교하게 여기에 끼워 넣은 부분이 아닌지 의심하기도 한다. 이 부분이 바울 신학의 핵심을 되비쳐주기 때문이다.[360] 고린도 사람들을 하나로 만들어주는 것은 그들이 다 함께 **영**을 체험한 일이다. 바로 이 **영**이 바울이 방금 전 4-11절에서 주장했던 커다란 다양성을 만들어내시는 분이요 이런 다양성 속에서 자신을 드러내시는 분이다. 바울은 이 **영**을 받는 것을 그리스도인의 삶에서 **필수불가결한 요소**(*sine qua non*)로 생각한다. **영**은 본질상 신자와 불신자를 구별해주시는 분이다(2:10-14). **영**은 특히 그리스도인의 삶을 시작하게 해주시는 분이다(갈 3:2-3). 무엇보다 **영**은 사람을 하나님의 자녀로 만들어주시는 분이다(롬 8:14-17). 그런 점에서 바울이 **영**이라는 말로 고린도 사람들을 한 몸을 이룬 통일체라 부른 것은 당연한 일이다.

하지만 정작 지적해야 할 것은 바울의 관심사다. 비록 이 본문을 다룬 문헌 중에는 나와 다른 견해를 피력하는 것들도 상당수 있지만, 내가 보기에 지금 바울의 관심사는 **한 개인이 어떻게 하여 신자가 되어 가는지** 묘사하는 게 **아니라, 그 많은 고린도 사람들이 아무리 각양각색이어도 어떻게 한 몸인지를** 설명하는 것이다.[361] 그들이 이렇게 한 몸을 이룰 수 있는 것

360) 참고. Dunn, *Jesus*, 199-202. E. Käsemann도 마찬가지다["The Theological Problem Presented by the Motif of the Body of Christ," in *Perspectives on Paul* (ET; London: SCM, 1971), 104]. 하지만 Käsemann은 그 핵심을 **영**보다 성찬으로 본다.

361) 이런 관심사를 포착하지 못하는 바람에 Beasley-Murray, *Baptism*, 167-71(그리고 아주 많은 다른 학자들)이 이 본문을 논한 내용도 못 쓰게 되어버렸다; 참고. Ervin, *Conversion-Initiation*, 98-102도 Beasley-Murray와 같은 맥락이다. Ervin은 다급히 Dunn에게 답변을 제시하려다가, 문맥 속에서 이런 바울의 관심사가 가지는 의미를 묻는 중요한 주해 작업도 빠트린 채 이 본문을 논의한다.

은 바로 그들이 똑같이 **영**을 받았기 때문이다.

바울은 이런 점을 강조할 목적으로 그들이 모두 **영**을 받은 사실을 언급한다. 추정하거니와, **영**을 받음은 그들이 그리스도인으로서 처음 체험한 일이었을 것이다. 이런 추정이 가능한 것은 평행을 이루는 다음 두 문장 때문이다.

"우리가[362] 모두 한 **영**으로 세례를 받았다."

그리고

"우리가 모두 한 **영**을 받아 마셨다."

첫 문장은 전치사구인 "한 몸으로"[363](unto/into one body; 그리스어로 εἰς ἓν σῶμα – 옮긴이)가 더 상세히 수식해주며, 이 말은 다시 삽입 첨가문인 "유대인이나 그리스인이나 종이나 자유인이나"가 수식해준다.

그러나 이 말이 가리키는 체험(들)이 무엇인가를 둘러싸고 상당한 의견 대립이 있다. "세례를 주다"라는 동사 때문에 사람들은 종종 바울이 물세례라는 성례를 말하고 있다[364]고 추정한다.[365] 나아가 사람들은 이 본문이 **영**을 받음과 세례 자체가 긴밀히 결합되어 있음을 뒷받침해준다는 주장도 종종 제시한다.[366] 그러나 그런 추정은 여기서 바울이 실제로 말하는 것

362) 바울은 자기가 제시하는 주장의 중간 부분인 여기서 "우리"라는 말을 사용하여 자신과 고린도 사람들을 동일시하기 시작한다. 그가 이리하는 이유는 특히 그들도 그리스도 안에서 살아가는 삶을 같이 체험하기 때문이다. 이런 점을 살펴보려면, 2:7; 5:7-8; 6:3; 8:8; 10:16; 11:31을 보라; 참고. 고후 1:21-22; 3:18; 5:18; 갈 3:13-14; 4:5, 6, 등등.

363) 그리스어로 εἰς다. 이 전치사는 모든 이가 세례를 받아 들어가는 장소를 가리킬 수도 있고, 행동 목표를 가리키는 말로서 세례 행위의 목적 내지 목표(=세례를 통해 한 몸을 이룸)를 가리키는 것일 수도 있다. 문맥을 살펴보면, 바울이 의도하는 것은 후자로 보인다.

364) 이런 입장을 지지하는 Beasley-Murray, *Baptism*, 167-71의 주장을 보라. 이들의 "고찰 결과"를 따르면 바울이 여기서 물세례를 말하고 있다는 견해를 "따를 수밖에" 없는 것 같다. 그러나 이들의 고찰 결과는 설득력이 없다. 바울의 주장을 보면, 고린도 사람들이 하나가 되게 하는 것은 **세례**가 아니라 **한 영**(the *one Spirit*)이시다.

365) 이것이 대다수 주석들이 취하는 입장이다. 대다수 주석들은 심지어 의문조차 제기하지 않는다.

을 훨씬 넘어선다. "세례를 주다"라는 동사가 일찍부터 그리스도인들의 입교 의식을 가리키는 전문용어로 자리 잡았던 것은 사실이다. 그렇다고 **바울**이 여기서 그런 전문적 의미를 말하려 한다고 추정해서는 안 된다. 실제로 그는 "우리가 모두 **세례를 받았다**"라고 말하지 않는다. 그가 그렇게 말했다면, 그것은 십중팔구 "물로 (세례 받음)"을 암시하는 말일 것이다. 그러나 그는 소상하게 "우리가 모두 **한 영으로 세례를 받았다**"[367]라고 말한다. 더욱이 그가 두 절에서 되풀이하는 말은 세례가 **아니라 한 영**(*one Spirit*)이다. 지금 바울이 제시하는 주장에서는 바로 이 **한 영**이 통일성의 기초가 되신다(참고. 4-11절). 어쨌든 바울 서신에서는 세례와 **영**을 받음을 같이 보는 모습을 발견하기가 힘들다.[368] 추정컨대, 분명 세례와 **영**을 받음은 모두 그리스도인이 처음 체험하는 것들이다. 그러나 세례를 받을 때 **영**을 받는다는 식으로 이야기하며 이 둘의 구체적 결합을 추정할 수는 없다.[369] 이 본문이 그런 견해를 지지한다고 주장하더라도, 그런 주장은 **오직** 바울 자신이 그런 추정을 한다고 볼 **때만** 가능한데, 바울이 그렇게 추정한다는 근거가 전혀 없다.

그러나 이 견해를 따르면 더 큰 난관에 봉착한다. "그리고 우리가 모두 한 **영**을 받아 마셨다"라는 두 번째 절이 바로 그것이다. 일부 사람들은 이 절이 어떤 **두 번째** 체험을 가리킨다고 주장했다.[370] 그러나 그리스도인들이

---

366) 그러나 심지어 Beasley-Murray조차도 여기서는 (올바르게) 뒤로 물러선다: "이런 세례와 **영**의 결합을 당연시해서는 안 된다"(*Baptism*, 170).

367) 물론 고린도 사람들 입장에서는 이 은유를 해석하는 기준이 그들 자신이 받은 물세례일 것이다. 그렇다 해도 바울이 여기서 말하고자 하는 것을 물세례라고 보거나 그들 역시 바울이 물세례를 말하고 있는 것으로 생각했을 것이라고 보는 것은 엄연히 다른 이야기다.

368) R. Schnackenburg, *Baptism in the Thought of St. Paul* (ET; Oxford: Blackwell, 1964), 83이 내놓은 주장을 보라: "고전 6:11과 12:13에 따르면, 세례와 **영**을 받음이 결합해 있음을 의심할 수 없다." 그러나 이 두 경우에 의심해봐야 할 것이 바로 그것이다(앞에서 6:11을 다룬 부분을 보라). 그렇게 보면, 바울의 주장은 순환론이 되어버린다. 아울러 고후 1:21-22; 엡 1:13-14; 딛 3:6을 논의한 내용을 보라.

369) 이 문제를 살펴보려면 이 책 제14장에서 충실하게 논의한 내용을 보라.

370) 일부 사람들은(그중에는 Calvin, Luther, Käsemann, Conzelmann도 들어간다. 더 완전한 명단을 보려면, Schnackenburg, *Baptism*, 84을 보라) 이 두 번째 절이 주의 만찬을 가리

남긴 다른 글에는 그런 용례가 없다는 것이 이 견해에 불리한 증거다. 오히려 앞에서 지적한 것처럼, 이것은 셈어의 평행법을 따른 표현일 가능성이 아주 높다. 그럴 경우 여기서는 두 절이 본질상 같은 것을 주장하고 있는 셈이다.[371] 분명 이 평행절(둘째 절)이 가지는 **은유적** 의미[372]는, 수식어인 "**영**으로"와 더불어, 첫째 절의 "세례"가 가지는 문자적 의미가 아니라 은유적 의미를 아주 강하게 드러내준다.[373]

그렇다면 이 두 절이 가리키는 것은 무엇인가? 이 두 절은 그리스도인들의 어떤 체험을 가리키는 은유들일까? 일부 사람들은 이 두 절이 "성령

킨다고 주장했다. 그러나 이 절 속에 이 견해를 뒷받침하는 근거가 있다면 "마시다"라는 동사뿐이며, 다른 모든 것은 이 견해를 지지하지 않는다(이 은유를 주의 만찬을 가리키는 표현으로 쓴 곳은 하나도 없다; 초기 교회 사람들 가운데 주의 만찬에서 잔을 마시는 것을 **영**을 받아들이는 것으로 생각하는 이가 있었다고 일러주는 단서도 전혀 없다). 오순절파의 전통적 견해는 이 두 절들이 회심과 성령 세례를 가리킨다고 본다[가령 R. Riggs, *The Spirit Himself* (Springfield, Mo.: Gospel Publishing House, 1949), 그리고 이 책이 제시한 견해를 지지하는 R. E. Cottle, "All Were Baptized," *JETS* 17 (1974), 75-80을 보라; 참고. 근래 나온 Ervin, *Conversion-Initiation*, 101-2]. 로마 가톨릭의 전통적 견해는 이 절이 견진성사를 가리킨다고 본다[Schnackenburg, 84을 보라; 참고. J. Hanimann, "'Nous avons été abreuvés d'un seul Esprit.' Note sur 1 Co 12, 13b," *NouvRT* 94 (1972), 400-405]. 이 견해들은 바울이 주장하는 관심사와 거리가 먼 성직자들의 이해관계를 반영한 견해인 것 같다.

371) 이것은 바울의 글에서 보통 볼 수 있는 도구다; 가령 뒤에서 다룰 15-16, 17, 21, 22-23절을 참고하라; 참고. 10:23.

372) 참고. 요한복음에서는 "물"을 **영**을 가리키는 상징으로 사용한다(4:10, 14; 7:37-39). 확고한 지지자들을 끌어 모아온 매력 있는 한 견해는 이 은유가 "물을 주다"(참고. 3:6-7)라는 개념을 반영한 것으로서, 특히 사 32:15과 44:3에서 볼 수 있듯이 하나님이 마지막 때에 **영**을 땅 위에 "부어주실 것"이라는 구약성경의 모티프를 가리키는 것이라고 주장한다. 그렇게 보면 "우리가 모두 한 **영**을 받아 마셨다"라는 말은 "우리가 모두 한 **영**으로 흠뻑 젖었다(충만했다)"라는 뜻이다. 이를 지지하는 주장이 상당히 많은데, Schnackenburg, *Baptism*, 84-86, 그리고 Dunn, *Baptism*, 130-31을 보라; 참고. Wendland, 97; Beasley-Murray, *Baptism*, 170; Cottle, "All," 79; G. J. Cuming, "ἐποτίσθησαν (I Corinthians 12.13)," *NTS* 27 (1981), 283-85; Martin, *Spirit*, 24; Carson, *Showing*, 46. 이 견해에 가장 큰 치명타가 되는 것은 목적격인 ἓν πνεῦμα다. 사 29:10의 칠십인경 본문은 여격으로 기록해놓았다. 이 이사야 본문을 보면서, 사람들은 여기 고전 12:13에서도 필시 바울이 πνεῦμα를 도구의 의미로 사용하려 했을 것이라고 추측하려 한다. 더 자세한 내용은 E. R. Rogers, "Ἐποτίσθησαν Again," *NTS* 29 (1983), 139-42을 보라.

373) 요컨대 "**영**을 마심"이라 불리는 체험은 없다! 이런 견해를 취하는 이들 가운데 Wendland, 97; Dunn, *Baptism*, 127-31; Talbert, "Understanding," 98-99을 보라.

세례"를 가리킨다고 주장했다. 이들이 말하는 "성령 세례"는 회심과 구별할 수 있고 회심과 별개인 체험을 가리킨다.[374] 그러나 이런 견해는 바울의 용례(바울은 다른 곳에서는 이 말을 쓰지 않으며 분명 이 말을 그런 두 번째 체험을 가리키는 말로 사용하지도 않는다)[375]와 이 문맥에서 바울이 제시하는 강조점에 어긋난다. 바울이 여기서 강조하는 것은 회심 이후에 **영**을 특별히 체험하는 어떤 사건이 아니라, 고린도 사람들이 **모두 영**을 받았다는 점이다.

따라서 바울이 이 두 절에서 가리키는 것은 고린도 사람들이 공통으로 경험한 회심 체험일 가능성이 아주 높다. 그는 회심에서 가장 중요한 요소인 **영**을 받음을 기준으로 삼아 그들의 그런 공통 체험을 언급하고 있는 셈이다. 아울러 말해두어야 할 것이 있다. 바로 그런 분명한 은유들(**영**에 푹 잠김과 **영**을 가득 마심)은 이후 교회사에서 많은 사람들이 체험하곤 했던 것보다 훨씬 더 큰 체험을 통해 훨씬 더 선명하게 **영**을 받아들인 사건이 있었음을 암시한다는 점이다(2:4-5을 다룬 부분을 보라). 갈라디아서 3:2-5에서 말하는 것처럼, **영**은 사람들이 역동적으로 체험하는 실재였으며, 모든 사람이 그런 **영**을 체험했다. 바로 그런 이유 때문에 바울은 고린도 사람들이 공통으로 **영**을 체험한 일을 몸의 통일성을 주장하는 전제로 삼고 있는지도 모른다.

만일 이것이 이 두 절을 바로 이해한 것이라면, 또 전체 문맥이 제시하는 주장이 이런 이해를 지지하는 것으로 보인다면, 전치사구인 "(한) **영**으로"(ἐν ἑνὶ πνεύματι)는 십중팔구 장소를 가리키는 처격(locative)으로서[376]

---

374) 최근에 이를 다룬 글을 보려면, H. Hunter, *Spirit-Baptism: A Pentecostal Alternative* (Lanham, Md.: University Press of America, 1983), 39-42을 보라.

375) Hunter에겐 실례일지 모르지만, 이 말은 바울이 그런 두 번째 체험을 몰랐다는 뜻이 아니다. Hunter, *Spirit-Baptism*, 30-63은 모든 본문을 주해할 때 그런 주장(=바울이 성령 세례를 알긴 알았지만 여기서는 그 문제를 이야기하지 않는다고 보는 주장—옮긴이)이 옳을 수도 있지만 바울의 글에는 그런 문제를 분명하게 이야기하는 곳이 전혀 없다는 것을 미리 전제하고 주해 작업을 펼친다.

고린도 사람들이 모두 푹 잠기게 된 "요소"(영역, element)를 가리키는 말일 것이다. 마찬가지로 **영**은 그들이 모두 받아 마시게 된 것이기도 하다. 이런 용례는 신약성경의 나머지 용례와 일치한다. 신약성경 어디를 보더라도 "세례를 주다"와 이 "**영**으로"라는 여격을 함께 쓸 경우에는 "**영**으로"가 중개자(agency)를 가리키는 게 아니라(즉 **영**이 세례를 베푸는 게 아니라),[377] 어떤 사람이 세례를 받아 "그 안으로 들어가는"(=그 안으로 들어가 그것과 하나가 되는) 요소(영역)를 늘 가리킨다.[378]

이 문장을 보면, 고린도 사람들이 다 함께 한 **영** 속에 "푹 잠김"으로써 들어가야(이뤄야) 할 **목표**는 "한 몸"(한 몸이 되는 것)이다. 물론 이것이 이 문맥의 요지이며, 12절이 제시하는 관심사를 채용한 것이기도 하다. 이 ἐν 이라는 전치사의 정확한 뉘앙스는 확실치 않다. 사람들은 종종 이 전치사

---

376) 특히 9절에 비춰볼 때, "**영**으로"를 NIV처럼 도구 개념으로 볼 수도 있다; 참고. 가령 Moffatt, 186; O. Cullmann, *Baptism in the New Testament* (ET; London: SCM, 1950), 30; Schnackenburg, *Baptism*, 27-29; 그리고 특히 Ervin, *Conversion-Initiation*, 99도 이런 견해를 힘차게 지지한다. 그러나 신약성경의 다른 곳에서 볼 수 있는 용례와 바울이 이 문맥에서 주장하는 것은 이런 견해와 다르다.

377) 이 여격을 중개자 개념으로 보는 입장에서 종종 근거로 드는 6:11의 용례(ἐν τῷ πνεύματι τοῦ θεοῦ ἡμῶν)는 이 구절의 용례와 평행을 이루지 않는다. 앞에서 논의한 것을 보라.

378) 이것은 "물"이라는 말을 여격으로 쓴 경우에도 늘 마찬가지다(마 3:11; 막 1:8; 눅 3:16; 요 1:26, 31, 33; 행 1:5; 11:16; 참고. 마 3:6; 요 3:23). 성경은 "성령 세례"를 늘 물세례와 대조하여 제시하는데, 이런 "성령 세례"를 언급한 다른 사례들에서도 역시 "**영**으로"라는 여격은 **영**이 중개자임을 가리키는 게 아니라, 세례를 받은 이가 그 세례를 통해 들어가는 영역을 가리킨다(마 3:11; 막 1:8; 눅 3:16; 요 1:33; 행 1:5; 11:16). 특히 바울 자신이 10:2에서 구사한 용례를 보라. 참고. Dunn, *Baptism*, 127-28. Hunter, *Spirit-Baptism*, 41; Ervin, *Conversion-Initiation*, 99은 바울이 이런 용례 문제와 관련하여 자기 나름의 길을 갔을 수도 있다고 주장한다. 그럴 가능성도 있다. 그러나 이 두 절이 시사하듯이, 바울 나름의 표현 방식이 있다 해도 이 "**영**으로"를 꼭 중개자 개념으로 해석할 필요는 없다. Hunter와 Ervin은 바울이 9절에서 구사하는 용례(즉 ἐν τῷ αὐτῷ πνεύματι와 ἐν τῷ ἑνὶ πνεύματι — 옮긴이)를 중시하고 싶어하지만, 그 용례는 그리 중요하지 않다. 중요한 이슈는 βαπτίζω라는 동사의 수동형과 함께 "**영**으로"라는 말을 쓴 사례(고전 12:13은 βαπτίζω의 1인칭 복수 부정과거 수동태 직설법 형태인 ἐβαπτίσθημεν를 사용했다 — 옮긴이)이지, δίδωμι라는 동사와 함께 "**영**으로"라는 말을 쓴 사례(고전 12:9에는 δίδωμι라는 동사가 없으나, 7절에 이 동사의 3인칭 단수 현재 수동태 직설법 형태인 δίδοται가 있다 — 옮긴이)가 아니기 때문이다(다시 말해 이런 점에서는 바울이 10:2에서 구사하는 용례가 9절의 용례보다 더 중요한 의미를 가진다. 이런 문법 뉘앙스를 고려할 때, 장소라는 문맥은 9절과 전혀 무관하기 때문이다).

에 **장소**의 의미를 부여하기도 한다. 그럼으로써 모든 사람이 세례를 받고 똑같은 실체인 그리스도의 몸 "안으로" 들어갔다는 것을 시사하는 것이다. 이것은 곧 그리스도의 몸이라 불리는 실체가 먼저 존재하고, 어떤 사람이 **영** 안에 푹 잠김으로써 이미 존재하는 그리스도의 몸의 일부가 된다는 것을 의미한다.[379] 그러나 "세례를 주다"처럼 동작을 나타내는 동사와 함께 이 ἐν이라는 전치사를 쓰게 되면, 십중팔구는 "어떤 상태를 이룰 목적으로 움직이다"라는 의미를 갖는다.[380] 지금 경우에는 "목표"라는 개념이 더 두드러져 보인다. 즉 우리가 다 같이 **영**을 체험한 목적은 한 몸을 이루는 데 있다. 그렇게 보면, 13절 첫 문장은 "우리가 모두 한 **영** 속에 푹 잠긴 것은 한[381] 몸이 되기 위함이라"가 된다. 물론 이 문구는 무엇보다 13절 문장을 제시하는 이유를 표현한다. 그 많은 고린도 사람들이 어떻게 하여 모두 한 몸이 되었는가? 그것은 그들이 하나같이 같은 한 **영**을 풍성히 체험했기 때문이다.

바울은 많은 사람들이("우리가 모두") **영**을 통하여 하나가 되었다는 것을 강조할 목적으로 "유대인이나 그리스인이나 종이나 자유인이나"라는 삽입구를 덧붙인다. 7:17-24과 마찬가지로, 이 말은 당시 문화에서 사람들을 구분할 때 사용하던 두 가지 기본 기준(민족/종교와 사회 지위)을 표현한다.[382] 이 오랜 구별은 그리스도 안에서 없어지고 말았다. 그것은 유대인이나 그리스인이 더 이상 존재하지 않는다는 뜻이 아니라, 이런 오래 묵

379) 가령 Schnackenburg, *Baptism*, 26을 보라. 이 말이 대체로 진리임은 의심할 필요가 없다. 그러나 문제는 바울이 여기서 말하고자 하는 것이 과연 그것인가 하는 점이다. 그가 묻는 것은 "사람들이 어떻게 하여 신자가 되는가?"가 아니라 "많은 신자들이 어떻게 하여 한 몸이 되는가?"이기 때문이다.

380) Dunn, *Baptism*, 128.

381) 4-11절(특히 9절과 11절)에서도 이 "한"이라는 수식어를 되풀이하는 점을 주목하라. 고린도 사람들의 통일성을 뒷받침하는 근거는 바로 하나님 자신의 통일성이다. 여기서는 이 통일성을 "한 **영**"이라는 말로 표현한다.

382) 7:17-24을 보면 똑같은 네 그룹을 똑같은 순서로 언급한다. 갈 3:28을 참고하라. 이 구절에서 바울은 사람들을 구분하는 말로 "남자와 여자"를 마지막에 덧붙인다. 이런 종류의 목록으로서 다른 표현을 담은 것을 보려면, 골 3:11을 보라.

은 구별에 **의미**를 부여하고 **중시하던** 태도가 없어졌다는 뜻이다. 물론 이런 유대인과 그리스인, 종과 자유인에게 그들만이 가지는 독특한 가치를 부여해주는 것은 여전히 의미를 갖고 있다. 따라서 실제로 고린도 사람들이 다 같이 **영**을 체험한 사실이 제거한 것은 이 케케묵은 구별에 의미를 부여하고 중시하는 태도였다. 이런 태도가 없어진 덕분에 그들은 한 몸이 되었던 것이다.

14절 바울은 또 한 번 "이는 정녕"[383]이라는 말을 써서 12절에서 제시한 두 번째 모티프와 이 "몸"이라는 유비 뒤에 숨어 있는 그의 실제 관심사를 상세히 설명한다. 즉 고린도 사람들은 한 몸이요 다 같이 **영**을 체험함으로써 한 몸을 이루었지만(13절), 그 몸 자체는 아무리 하나일지라도 한 "부분"이 아니라 "많은" 부분들로 이루어져 있다. 이 말은 바울이 12절에서 제시한 주제를 되울려주고 있지만, 단순히 12절을 되풀이하는 게 아니다. 12절에서는 사실을 있는 그대로 표현하여 "**몸**은 **하나**다. 그리고 그 **한 몸**은 **많은** 지체들을 가졌다"라고 말했다. 그러나 여기 14절에서는 두 테마를 부정어를 사용한 대조와 함께 섞어 이렇게 말한다. "**한 몸**은 한 지체가 **아니다**. **도리어** 한 몸은 **많은** 구성 부분들로 이루어져 있다." 이렇게 부정어를 써서 12절을 되풀이한 말이 전체의 요지다. 그렇지 않으면 특히 12절을 상세히 설명하려 하는 이 문장에서 무엇 때문에 굳이 그런 부정어를 써가며 그런 말을 하겠는가?

바울은 여기서부터 "몸"이라는 이미지(이 이미지는 늘 교회를 가리킨다)를 서로 조금 다른 두 방향으로 전개해나간다(15-20, 21-26절). 실제로 바울은 이 두 부분에서 그 형체를 구성하는 두 부분(많은 지체들, 한 몸)을 고린도 사람들의 상황에 적용할 것이다. 그러나 당장 그의 주관심사는, 이 14절이 시사하듯, "많은 부분들"이다.

383) 앞의 주355를 보라.

이 본문(12-14절)을 (이 본문이 말하는 **영**과 관련하여) 요약하면 이렇다.

1. 이 본문은-2:10-16 및 다른 곳(가령 갈 3:2-5)과 더불어-바울이 **영**을 그리스도 안에서 살아가는 삶을 시작하는 데 **없어서는 안 될 요소**요 절대로 필요한 한 요소로 보고 있음을 분명하게 일러준다. 바울이 제시하는 이 주장 배후에는 하나님 백성은 똑같이 **영**을 체험한 이들이라는 기본 전제가 자리해 있다. 따라서 비록 이 본문 자체가 "회심"을 다룬 본문은 아니지만, 그래도 바울이 하나님 백성이 회심할 때 똑같이 **영**을 받는다는 점을 언급하고 있다는 사실에서 그의 강조점을 발견할 수 있다.

2. 바울이 13절에서 구사한 은유들은 고린도 사람들이 공통으로 경험한 **영** 체험이 풍성했으며 그 체험이 사람이 실제로 겪은 실재였음을 시사한다. 그는 갈라디아서 3:2-5에서도 이런 점을 아주 비슷하게 이야기한다. **영** 체험이라는 문제와 관련하여 바울과 고린도 사람들은 같은 출발점을 갖고 있었다. 이는 양쪽이 전제와 결론을 같이했다는 말이 아니라, 공통된 체험을 갖고 있었다는 말이다. 바울과 고린도 사람들이 모두 이런 체험을 했다는 것은 **영** 체험에 눈으로 볼 수 있고 증명이 가능한 현상들이 함께 따랐다는 것을 아울러 시사한다. 이런 시사점을 회피하기는 어려운 것 같다.

3. 바울은 **영**을 하나님의 새 백성을 이루는 "지체"가 된 많은 사람들을 "한 몸"으로 만들어주시는 분으로 이해한다. 바울이 강조하는 것은 몸 자체의 통일성이 아니다. 그럴지라도 13절은 **영**이 고린도 사람들을 정녕 한 몸으로 만들어주시는 분임을 시사한다.

▪ 고린도전서 12:15-26

24b그러나 하나님은 몸을 지으시되 그것(귀한 영예)이 없는 부분들에 더 큰 영예를 주심으로 25몸 안에 나뉨(분쟁)이 없게 하시고 도리어 그(몸의) 부분들이 서로 같은 관심을 보이게 하셨느니라. 26또(그런즉) 만일 한 지체가 고통을 받으면

모든 지체가 함께 고통을 받고, 한 지체가 영예(영광)를 얻으면 모든 지체가 함께 즐거워하느니라.

몸이라는 은유를 확장하여 적용하는 이 두 문단(15-20절과 21-26절)은 **영** 자체를 전혀 언급하지 않는다. 그렇지만 우리는 적어도 바울이 제시하는 이 주장에서 이 두 문단이 자리한 위치를 놓고 씨름해볼 필요가 있다. 이 두 문단이 이 주장 전체를 이해할 수 있는 열쇠를 쥐고 있다고 생각하는 이들이 많기 때문이다. 현재 쟁점은 바울이 여기서 사용한 두 번째 유비(21-26절)를 통해 말하고 싶어하는 것이 무엇인가다. 바울은 이 유비를 **겉보기에** "더 약한"/"덜 영예로운"(덜 귀중한) 지체들이 "꼭 있어야 한다"/"더 큰 영예를 얻는다"라는 말과 함께 쓴다. 바울은 지금 누구를 염두에 두고 이런 말을 하는 것인가? 고린도 공동체 안에서 누가 그들을 그렇게 여기는가?[32] 또 그런 일이 있었다면, 24b-26절은 이 문제를 매듭짓는 바울의 답변으로서 과연 적합한 것인가? 이런 문제들에 답변하려면 이 두 문단을 간단히 살펴봐야 할 것 같다.

이 두 문단(15-20, 21-26절)은 12-14절에서 다룬 두 관심사인 **통일성 속의 다양성**을 그림을 보여주듯 묘사함으로써 몸이라는 이미지를 상세히 설명한다. 바울은 14절에서 다양성을 놓고 "몸은 한 지체가 아니라 많은 지체"라는 생각을 피력하는데, 15-20절에서도 이런 생각을 계속 이어간다. 그러면서도 15-20절에서는 한 번 더 통일성을 강조하는 말로 끝을 맺는다(20절). 뒤이어 그는 통일성 속의 다양성을 두 번째로 묘사한 부분(21-26절)에서도 15-20절에서 피력한 생각을 그대로 받아들인다.[384] 두 묘사 부분들의 구조는 비슷하다. 각 경우에 바울은 몸의 몇몇 부분을 사람

384) 이런 상세한 설명들은 그 자체가 고유한 유비가 되며 따로 적용할 수 있다(이런 유비들에겐 종종 일어나는 일이다). 물론 바울 자신이 구사하는 유비들이 그다지 정교하지 못한 경우도 종종 있다—그 유비 자체는 이런 점을 강조하는 것 같은데, 정작 바울 자신은 그 유비를 다른 것에 적용한다(참고. 딤후 2:20-21). 그렇지라도 우리는 그 이미지 자체를 따라갈 게 아니라 바울 자신이 적용한 내용을 따라가야 한다.

에 빗댄 표현들로 이야기를 시작한다. 몸의 부분들은 자신을 놓고(15-16절), 혹은 다른 부분들을 놓고(21절) 이러쿵저러쿵 말을 해서는 안 된다. 몸을 놓고 볼 때, 이런 말들은 어리석음을 드러낼 뿐이기 때문이다. 바울은 그런 어리석음을 첫 문단(15-20절)에서는 수사 의문문들로 표현하고(17절), 둘째 문단(21-26절)에서는 몸의 특정 부분들이 어떤 대우를 받고 있는지 관찰한 결과들을 제시하여 표현한다(22-24a절). 이어 바울은 이렇게 묘사한 그림들을 몸 자체에 "적용한다"(18-20절; 24b-26절). 각각의 경우에 바울은 이런 적용 결과가 고린도 교회의 상황에도 부합한다는 점을 분명하게 이야기하려 한다. 즉 바울이 여기서 화제로 삼고 있는 "몸"은 바로 **고린도 사람들**이다. 결국 이 본문을 주해할 때 관심을 가져야 할 것은 고린도 사람들이 바울이 적용하여 묘사한 이런 그림들을 어떻게 이해했을지 밝혀냄으로써 이 대목(15-26절)이 바울이 제시하는 주장 전체에서 어떤 위치를 차지하고 있는지 밝혀내는 것이다.

첫 번째 유비(15-20절)를 보면, 바울이 17절과 19절에서 구사하는 수사 의문문들은 몸이 괴물이 아닌 몸으로 바로 존재하려면 모든 지체가 필요하다고 주장한다. 18절과 20절은 이런 수사 의문문에 답변하면서, 하나님이 정해주신 몸의 참 본질(많은 부분들이 한 몸을 이룬다)을 일러준다. 그러므로 이 단락(15-26절)에서 몸이라는 유비를 처음 적용한 이 문단(15-20절)은 문맥상 14절이 제시하는 관심사, 곧 "몸은 **한** 지체가 아니라 **많은** 지체들로 되어 있다"를 그림을 보여주듯 상세히 설명해준다. 비록 18절이 사람들 전체를 아우르는 표현을 하고 있지만, 그래도 이 문단은 고린도 사람들이 그들이 모인 공동체 내부에서 **영이 자신을 나타내시는 다양한 표현들**을 체험해야 한다는 데 여전히 초점을 맞춘다. 다시 말해 고린도 회중은 오직 방언만을 받을 게 아니라(=몸은 **한** 지체가 아니다), 8-10절이 열거하는 영의 다른 활동들도 아울러 받아야 한다(=몸은 **많은** 지체들로 이뤄져 있다).

바울은 두 번째 유비(21-26절)에서 초점을 사람들 자신 그리고 **공동체**

내부에서 일부 사람들이 다른 사람들을 대하는 태도로 옮겨간다. 이 유비에서 바울은 "유대인이나 그리스인이나 종이나 자유인이나, 모든 사람이 한 **영** 안에 푹 잠김으로써 한 몸을 이루었다"라고 말한 13절의 요지를 그림처럼 생생히 설명한다. 그러다 보니 바울은 **영**의 나타나심이 다양해야 한다는 주장은 잠시 뒤로 밀어놓고, 그 대신 "겉보기에 약하고 중요하지 않은 것들"에 특별한 관심을 보임으로써 몸 안의 "분쟁"을 제거해야 한다는 점을 강조한다. 따라서 현재 쟁점은 두 가지다. (1) 이런 바울의 강조점은 방언에 열광하는 고린도 사람들의 태도와 어떤 관련이 있는가, 혹은 그런 강조점과 그런 태도 사이에 과연 어떤 관련성이 존재하는가라는 문제가 첫째 쟁점이요, (2) 이것들(서로 상대를 대하는 고린도 사람들의 태도와 방언에 열광하는 그들의 태도) 가운데 어느 한쪽과 (겉으로 드러난) 그 공동체 내부의 "분쟁"에 관하여 바울이 앞서 말한 표현들(특히 1:10-3:23; 8:1-13; 11:17-34)은 어떤 관련이 있는가, 혹은 그 두 태도들 가운데 어느 한쪽과 바울이 쓴 표현들 사이에는 과연 어떤 관련성이 존재하는가라는 문제가 둘째 쟁점이다. 두 번째 쟁점이 특히 복잡하다. 이유는 다음 세 가지다. 첫째, 1:10-3:23에서 말하는 "분쟁"은 이념 노선의 차이 때문에 나타난 게 아니라, 지혜라는 이름으로 이전에 그들을 가르친 선생들을 향한 충성에 초점을 맞춘 것이 원인이 되었기 때문이다. 둘째, 8:1-13이 말하는 갈등은[385] "지식"을 내세우며 활동함으로써 이런 "지식"을 갖지 못한 다른 이들에게 상당한 고통을 안겨준 일부 사람들이 야기한 것이기 때문이다. 셋째, 11:17-34이 말하는 "분쟁"은 사회의 계층 구도를 따라 나타난 것으로서 "가진 자들"이 "가지지 못한 자들"을 주의 만찬 자리에서 무시함으로 말미암아 일어난 것이기 때문이다. 아울러 언급해둘 것이 있다. 앞서 바울은 두 번에 걸쳐 교회를 그리스도의 몸이라는 이미지로 표현하면서 교회

385) 바울은 이 갈등을 결코 "분쟁"이나 "싸움"이라 부르지 않으며, 이 문제를 놓고 고린도 사람들 자신이 "분열되어" 있다고 말하거나 그런 시사를 하지 않는다. 고린도에서는 말 그대로 일부 사람들이 다른 사람들을 무시하며 홀대하고 있다.

가 하나가 되어야 하고 지체들이 서로 관심을 가져야 함을 강조했는데, 뒤의 두 경우에서도 그런 이미지가 나타난다(10:17과 11:29).[33] 문제는 이 모든 것이 어떤 관련이 있는가다.

우선 문맥을 근거로 생각해볼 때, 몸이라는 이미지를 적용한 두 경우(15-20절과 21-26절)는 모두 방언하는 이들을 염두에 두고 있을 가능성이 높아 보인다. 첫째, 바울은 이들에게 **영**이 하시는 사역의 규모가 그들이 으레 생각하는 것보다 훨씬 더 광대하다는 것을 깨달으라고 촉구한다(15-20절). 둘째, 바울은 이들에게 방언하는 이들은 엘리트로 여기고 방언하지 않는 이들은 경멸함으로써 결국 고린도 공동체를 분열시킨 견해를 내버리라고 권면한다(21-26절). 또 두 번째 적용 사례(21-26절)가 제시하는 "권면"은 고린도전서 8장에서 말했던 "지식"을 가졌다 하는 이들의 태도와 아주 많은 유사점들을 갖고 있다(바울은 8장에서 이런 지식을 내세운 자들에게 사랑을 기초로 행동할 것을 요구했는데, 이 점 역시 유사하다). 따라서 우리가 그 둘(즉 방언하는 이들과 지식을 내세우는 자들) 사이에서 모종의 동일성을 발견하기는 그리 어려운 일이 아니다. 어쩌면 고린도 사람들이 방언에 열광했던 것은 "눈에 잘 띄는"(과시하기 쉬운) 방언의 본질 때문이었을 수도 있다. 이는 다른 이들도 종종 주장하는 것이기는 하지만 확실치는 않아 보인다. 이 본문에는 그런 가능성을 시사하는 대목이 전혀 없다. 도리어 그런 추정은 이 본문이 몸이라는 유비를 사용하며 더 영예로운 것(귀중한 것)과 덜 영예로운 것 등등을 언급하고 있는 점에서 추론해낸 것이다. 그러나 그런 추정은 불필요할뿐더러, 바울이 제시하는 주장(12-14장)의 나머지 부분도 그런 추정을 지지하지 않는다.

그런가 하면 이 견해는 애초부터 몇 가지 난점들을 갖고 있다. (1) 바울이 현재 제시하는 주장(12-14장)을 봐도 고린도 교회에서 방언 문제를 둘러싼 내부 다툼이 있었음을 구체적으로 일러주는 곳은 달리 없는 것 같다. 실제로 바울은 14:1-40에서 방언 문제를 마지막으로 직접 이야기하는데, 이때도 여기서 방금 말한 내부 다툼 같은 것을 전혀 시사하지 않는다.

방언하는 이들이 그들이 받은 "은사"(=방언)를 과시하는 태도를 취했다거나 이 방언 문제를 둘러싸고 고린도 사람들 사이에 어떤 "분쟁"이 있었음을 일러주는 단서를 도통 찾아볼 수 없다. 이 점은 특히 14:39에 있는 마지막 말인 "그러므로"가 말해준다. 이 39절은 단지 바울이 1-33절에서 제시한 가르침을 되풀이하는 것이지만, 동시에 이제는 그가 그때까지 주장한 내용에 비추어 그들이 "방언을 금지하지 말아야 한다"는 것을 일러주는 것이기도 하다. 결국 방언하는 자만을 엘리트로 보는 태도가 근본 문제였고 **이 문제가 고린도 사람들 사이에 분쟁을 만들어낸 것이라면**, 어찌하여 바울이 14장 말미에서 그 문제를 일언반구도 언급하지 않았는지 의아할 따름이다. 실제로 14장에서 등장하는 유일한 다툼은 방언하는 이들과 바울 사이의 다툼이다. 이는 36-37절이 확인해준다. 6, 13-15, 18-19절에서도 바울이 하는 말 이면에는 방언하는 이들과 바울의 다툼이 숨어 있는 것 같다. (2) 바울은 25b-26절에서 몸이라는 유비를 마지막으로 적용하는데("서로 돌봄"과 "고통을 받는 이들과 함께 고통받음"), 이런 적용 문구들은 **영**의 나타나심(=**영**의 은사)을 둘러싼 분쟁과 잘 들어맞지 않는 것 같다. 즉 바울이 언급하는 "분쟁"은 특별히 **고린도 공동체 내부에서** 일부 사람들이 "약하고" "중요하지 않은"(보잘것없는) **지위에 있는 다른 사람들을** 홀대한 것과 관련 있기 때문이요, 바울이 고린도 사람들에게 요구하는 것도 서로 돌봄으로써—이는 분명 "윗사람이 아랫사람을 돌봐야 한다"라는 뜻이다—"서로 함께 고통을 받고" "함께 즐거워하는" 가운데 그들이 한 몸으로서 서로 의존하고 있음을 드러내라는 것이기 때문이다.

그렇다면 통설을 바꿔야 한다. 통설은 단지 이런 난점들을 근거로 삼아 자신이 가진 장점들을 유지하려고 애쓰기 때문이다. 바울은 두 번째로 몸이라는 유비를 적용한 이 대목(21-26절)에서 오로지 방언만을 다루지 않는다. 도리어 그는 지금 이 대목에서 방언보다 더 큰 문제인 고린도 공동체 내부의 "분쟁들"(그 종류가 어떤 것이든)을 다루고 있을 가능성이 더 높다. 이것은 몸이라는 유비를 방언하는 이들에겐 적용하지 않는다는 말이 아니다. 오히려 이것은, 바울이 25-26절에서 내리는 결론에 비춰볼 때, 그는 몸이라는 유비를 더 폭넓게 적용하여 온갖 형태의 다툼들(갈등들)을 그 속에 아우르고 있음을 시사한다. 가난한 이들을 홀대하는 부자들의 태도도 당연히 그 유비가 다루는 범위에 들어간다(종들을 대하는 주인들의 태도도 포함되지 않을까? 왜냐하면 한 몸은 이제 "종과 자유인"을 모두 아우르기 때문이다). 고린도 사람들은 다 같이 **영**을 체험함으로 말미암아 그리스도 안에서 한 몸을 이루었다. 따라서 다른 사람들(신전에서 바친 음식과 관련하여 약한 양심을 가진 사람들; "기념하는" 중인 주의 만찬에 참여하지 못하는 가난한 사람들; 다른 사람들처럼 방언을 높이 여기는 견해를 갖지 않았을 수 있는 사람들)을 **결코** "깔보는 일"은 있을 수 **없다**. 그리 보면 바울은 21절에서 마치 이렇게 말하는 것 같다. "그런데 우리가 지금 몸은 하나이나 그 지체는 많다는 이 문제를 다루고 있긴 하지만, 우리는 이것이 일러주는 더 큰 시사점들을 놓쳐서는 안 된다. 즉 너희는 어떤 문제에서도 또 어떤 이유로도 다른 사람들을 경멸해서는 안 된다. 뿐만 아니라, 너희는 서로 의존하는 존재인즉, 오히려 한 몸으로서 서로 돌봐야 하고 고통받는 이들과 함께 고통을 받으며 영예(영광)를 받은 이들과 함께 즐거워해야 한다."

이 견해의 장점들은 이 견해와 직접 잇닿아 있는 문맥과 동떨어지지 않을 뿐 아니라, 방언을 말하는 이들을 이 서신이 앞부분에서 다룬 모든 쟁점의 원인 제공자들과 아주 가깝게 밀착시키려고 애쓰지 않는다는 점이다(물론 나 자신은 방언을 말하는 자들과 바울이 8-10장에서 다룬 쟁점의 원인 제공자들이 같다고 보는 쪽이다). 더욱이 이 견해를 따르면, 우리는 14장에서 말하지 않는 것(방언을 둘러싼 고린도 공동체 내부의 분쟁)을 굳이 읽어낼 필요가 없다. 아울러 이 견해를 따르면, 진짜로 일어난 다툼(고린도 교회와 바울 사도 사이의 다툼)을 알아낼 수 있다. 그렇다고 그런 다툼이 그 교회의 모든 지체가 바울을 대적하곤 했다는 의미는 아니며, 당시 고린도 신자들 사이에서 영향력을 갖고 있던 이들이 바울을 대적하는 방향으로 움직였다는 것을 의미할 뿐이다.

마지막으로 현재 문맥을 고려할 때, 바울이 제시하는 주장(12-14장)에 중요한 의미가 있는 두 가지 문제가 있다. (1) 바울은 고린도 사람들더러 공동체 내부의 사람들끼리 "서로 관심을 보이라"고 촉구한다. 이는 바울이 "모든 이에게 유익이 되도록"(7절) 다양성을 강조하고 공동체에 덕을 세울 수 있도록 알아들을 수 있는 말을 강조한 것(14:3, 5, 등등)과 궤를 같이 한다. **영**은 편을 가르지 않으신다. 오히려 **영**은 다른 사람들을 이롭게 하고 덕을 세워주신다. 이는 **한 영**(*the one Spirit*)이 모든 사람에게 공통으로 임하시기 때문이요 많은 사람들을 한 몸으로 만들어주셨기 때문이다. (2) 바울은 몸이라는 유비를 두 번째로 적용한 문단(21-26절)에서 다양한 지체들에게 나타나신 **영**의 여러 표현들로부터 다양한 지체들로 초점을 살짝 옮겨놓는다. 이런 초점 이동은 바울을 결론(27-30절)으로 이끈다. 이 결론 부분에서 바울은 사람들과 은사들을 한 공통 목록 속에 통합시켜 열거하는데, 이를 통하여 처음에(12절) 제시했던 강조점(지위들이나 사람들이나 받은 은사를 고려할 때, 한 몸은 한 지체가 아니지만, 그 전체가 결합하여 한 몸을 이룬다)을 한 번 더 부각시키려 한다.

■ **고린도전서 12:27-31**

27이제 너희는 그리스도의 몸이요 각자 그 몸의 지체들이라. 28그리고 하나님이 교회 안에 세우신 이들은 첫째가 사도들이요, 둘째가 선지자들이요, 셋째가 교사들이요, 그 다음은 기적들(능력들; 개역개정: 능력을 행하는 자)이요, 그 다음은 병들을 고치는 은사들이요, 도움을 주는 행위들이요, 지도하는 행위들이요(개역개정: 다스리는 것), 각종 방언들이라. 29모두 사도들이냐? 모두 선지자들이냐? 모두 교사들이냐? 모두 기적들이냐? 30모두 병 고치는 은사들을 가졌느냐? 모두 방언을 말하느냐? 모두 해석하느냐?(개역개정: 다 통역하는 자이겠느냐?) 31그러나 더 큰[386] 은사들을 열렬히 소망하라. 그리고 이제[387] 내가 너희에게 가장 좋은 길을 보여주리라.

이 문단은 4절에서 시작된 단락을 구성하는 두 부분(4-11절과 12-26절)을 하나로 묶어 다시 첫 강조점으로 돌아감으로써 바울이 그 단락(4-26절)에서 제시하는 주장을 끝맺는다. 27절에서 바울은 앞서 제시한 몸이라는 이미지(12-26절)를 이제 고린도 교회에 구체적으로 적용하면서 그 교회를 구성하는 많은 이들에게 다시 초점을 맞춘다. 이어 바울은 28-30절에서 27절을 통로로 삼아, 4-11절에서 다루었던 관심사, 곧 은사와 섬김(사역)에는 획일성이 아니라 다양성이 필요하다는 주장으로 다시 돌아간다.

바울은 또 다른 목록을 임시로 만들어 이런 견해를 주장한다. 이번 목록에는 이미 8-10절에서 제시했던 χαρίσματα(은사들)/**영**의 나타나심들 중 일부와 더불어 사람들과 그들이 행하는 사역들도 포함되어 있다. 앞에서도 그랬지만, 여기서 문제는 은사들과 사역들을 둘러싼 **가르침**도 아니요, 이 은사들과 사역들에 **서열을 매기는 것**도 아니다. 도리어 바울이 앞서 제시한 설명(15-26절)은 몸이 서로 다른 종류의 부분들로 이루어져 있을 뿐 아니라 똑같은 종류 안에도 차이점들이 있다는 것을 일러주었다. 그 설명에서 앞부분(15-20절)은 은사들에 초점을 맞춘 반면, 뒷부분(21-26절)

---

386) 서방 사본들과 MajT는 바울이 원래 쓴 말이요 P[46] ℵ A B C 6 33 81 104 326 630 1175 1739 1881 pc co가 따르는 μείζονα (더 큰)를 오해하기 쉬운 κρει(ττ)ονα (더 나은)로 바꿔 놓았다. Zuntz, *Text*, 135을 보라. 여기서 Zuntz가 한 말은 인용할 만한 가치가 있다. "'비(非)알렉산드리아' 독법은 바울의 글을 진부한 문구로 끝낸다. 만일 다른 것들보다 '더 나은' 은사들이 있다면, 당연히 그런 은사들을 추구해야 한다. 더욱이 이 독법은 바울이 여기서 이 κρεῖσσον이라는 말을 썼으리라고 믿는다. 바울의 글에는 이와 평행을 이루는 문구가 없기 때문이다.…바울이 제시하는 권면의 핵심은 더 광범위한 공동체에 유익을 준다는 점에서 다른 **영**의 은사들보다 더 큰 은사들이 있다는 것이다(참고. xiv.5). 설령 그렇다 할지라도 바울은 어떤 은사가 다른 은사보다 더 높거나 낮다는 생각에는 단호히 반대한다." 다른 쪽 견해를 보려면, A. Harnack, "The Apostle Paul's Hymn of Love (1 Cor. XIII.) and its Religious-Historical Significance," *Exp* 8:3 (1912), 385-408, 481-503 [387-88]을 보라. 이 글은 원래 *Sitzungsberichte der Preussischen Akademie der Wissenschaften* (Berlin, 1911), 132-63에 실려 있다.

387) P[46]이(그리고 어쩌면 D* F G도) 따르는 독법 εἴ τι (="우월한 어떤 것이 있다면, 내가 그 길을 너희에게 보이리라")는 이 ἔτι 해독이 얼마나 어려운 문제인지 여실히 보여준다. 그러나 이 독법은 십중팔구 와전(訛傳)이요 개악(改惡)이다. Zuntz, *Text*, 90-91에 있는 논의를 참고하라. 그도 이 난제 때문에 고민하면서도 이런 난점들을 그대로 받아들인다.

은 사람들에 초점을 맞추었다. 이제 바울은 단지 그 모든 것을 결합하여, "사람들"로 이야기를 시작한 뒤 다시 "방언들"로 끝을 맺는다. 그러나 그는 자신의 목표를 늘 유념한다. 그의 목표는 그가 29-30절에서 구사한 수사에서 강력하게 그 모습을 드러낸다. 그는 "모두 동일하냐?", "모두 똑같은 은사들을 가졌느냐?"라고 물은 뒤에 "당연히 그렇지 않다"라고 대답하는데, 이 대답이 그가 작심하고 말하고자 하는 것이다. 이 수사는 다만 19절을 고린도 교회의 상황에 직접 적용한 것일 뿐이다. 바울의 관심사는 통일성 안의 다양성이다. 다양성이라는 명제는 방언도 **아우르는** 것이므로, **오직** 방언만 은사로 인정하는 일은 있을 수 없다.

따라서 이 본문이 비록 **영** 자체를 언급하지는 않지만, 이 본문 전체는 교회 안에서 나타나는 **영**의 현상들을 계속 다루고 있다.

27절 바울이 앞서 제시한 모든 부분들을 함께 묶어주는 이 문장은 고린도 사람들이 올바로 알았어야 할 것을 천명하면서, 앞서 그가 사용한 유비들이 모두 고린도 사람들을 염두에 둔 것이었음을 일러준다. 바울은 12절에서 통일성 속에 다양성을 갖춘 몸이 그리스도와 같다고 주장했다. 이제 그는 분명하게 "너희는[388] 그리스도의 몸"[389]이라고 말한다. 이는 다 함께 **영**을 통하여 그리스도와 관계를 맺고 있는 그들 전체가 그리스도의 한 몸이라는 뜻이다(12-13절). 동시에 그들 각자는 그 몸의 많은 부분들을 이룬

---

388) 이 대명사는 문장의 첫 번째 자리에 위치하여 강조의 의미를 나타낸다.

389) 그리스어 본문에는 정관사가 없다(σῶμα Χριστοῦ). 바울이 말하려고 하는 것은 고린도 사람들과 다른 교회들의 관계가 아니라, 고린도 사람들과 그리스도의 관계 그리고 그들 사이의 관계다. 따라서 바울은 **그** 몸(*the* body)이라는 표현을 써서 마치 고린도 사람들만이 전부인 것처럼 말하려 하지도 않고, **한** 몸(*a* body)이라는 표현을 써서 마치 그들이 많은 이들 가운데 하나인 것처럼(달리 보면 이것이 맞는 말이라 할지라도) 말하려 하지도 않는다. 오히려 바울이 말하고자 하는 것은 얼추 "너희와 그리스도의 관계(12-13절)는 너희가 곧 그의 몸인 관계다"와 같은 것이다. 그러므로 "그리스도의 몸"에서 "그리스도의"라는 소유격은 그리스도가 그들의 소유주이심을 나타낸다. 참고. Parry, 185. Mare, 266은 이 본문을 보편 교회를 지칭하는 본문으로 만드는 데 집착하다가 결국 자신의 논의를 이 관사가 없는 용례에 국한시킨 채 강조어인 ὑμεῖς δέ는 철저히 못 보고 지나치는 실수를 범하고 만다.

다(14절). 다음 절들이 분명하게 이야기하듯이, 이것은 그들 각자가 다양한 부분들을 "맡고 있는" 지체들이라는 뜻이다. 앞에서도 그랬지만, 여기서도 강조하는 것은 이 많은 지체들이 한 몸에 그 몸이 필요로 하는 다양성을 부여한다는 것이다.

28절 바울은 이 28절 문장을 통해 앞서 자신이 말한 내용, 곧 그들 각자가 그리스도의 한 몸을 구성하는 부분들이라는 것을 상세하게 조목조목 설명한다. 이제 그는 자신이 앞서 제시한 주장 중 두 가지 점을 다시 이야기한다. 첫째, 그는 하나님이 한 몸을 구성하는 다양성(다양한 부분)을 만들어내셨다고 재차 강조한다(참고. 4-6, 11, 18, 24b절).[390] 이 문장은 문법에는 다소 맞지 않는[391] 이런 강조어로 시작한다. "그리고[392] 하나님이 교회 안에 세우신 이들은."[393] 이 28절 문장은 고린도 교회를 의미하는 강조어 "너희는…이다"를 가진 27절과 조화를 이룬다. 때문에 바울이 쓴 "교회 안에"라는 문구는 무엇보다 고린도 지역 교회를 가리키는 말임이 거의 확실하다.[394] 바울이 이전에 보낸 서신들을 보면, 우리가 사용하는 말인 "보

390) 18절과 일치한다는 점은 특히 주목할 만하다. 18절에서도 그랬지만, 여기서도 바울이 강조하는 것은 하나님이 다양성을 만들어내셨으며, 하나님이 당신이 원하시는 대로 많은 부분들의 몸에 "배치해두셨다"는 점이다.

391) 바울의 의도는 충분히 나타나는 것 같다. 문법이 좀 문제가 되긴 하지만, 그래도 기껏해야 문자대로 번역하는 것을 어렵게 만드는 정도다.

392) 그리스어로 καί다. 여기서 이 말은 필시 등위접속사다. 바울은 이 말을 통해 "교회는 유기체 구조를 갖고 있다는 사상"(Barrett, 293)을 전개하는 게 아니라, 많은 종류의 부분들이 그 한 몸을 이룬다는 사상을 전개한다.

393) 그리스어로 οὓς μέν이다. 이 말을 썼으면 으레 이 말과 어울리는 οὓς δέ를 쓰기 마련이다("어떤 이들은 이런 종류…또 다른 이들은 저런 종류; 7:7을 다룬 부분을 보라). 바울은 이런 구조를 포기하고 대신 순서대로 열거하는 방법을 써서 일종의 **파격**을 만들어낸다.

394) 참고. Dunn, *Jesus*, 262-63. 그러나 이런 종류의 문맥에서 이런 말을 사용한 것은 옥중 서신에서 이 말을 더 넓게 보편 교회를 가리키는 의미로 사용할 길을 미리 준비한 것으로도 보인다 – 특히 그런 생각이 드는 이유는 바울이 "하나님이 교회 안에 두신" 이들 가운데 첫 번째로 "사도들"(복수형)을 들기 때문이다. 참고. Martin, *Spirit*, 31. Martin은 이를 거꾸로 이렇게 말한다. "바울이 염두에 두고 있는 것은 보편 교회였다. 고린도의 그리스도인들은 이 교회로부터 생겨난 지역 교회였다." Martin의 모든 주해는, 다른 대다수 해석자들과 마찬가지로, 더 보편성을 띤 사역들로서 이 목록이 첫머리에 제시해놓은 것들을 근거로 삼는다. 이

편 교회"(또는 세계 교회; church universal)와 같은 것을 말하려 할 경우에는 늘 복수형인 "교회들 안에"를 사용하기 때문이다.

둘째, 바울은 교회 안에 존재하는 다양성을 또 다른 목록을 통해 설명하는데(참고. 8-10절), 이 목록은 다음과 같이 몇 가지 두드러진 특징들을 갖고 있다. (1) 바울은 먼저 **사람들**을 열거한다(사도들, 선지자들, 교사들). 그는 이들에게 첫째, 둘째, 셋째 식으로 순서를 매긴다. (2) 바울은 넷째와 다섯째 항목("기적들"과 "병들을 고치는 은사들")을 통해 8-10절에서 열거한 두 가지 **영**의 나타나심으로 돌아간다. 이 두 항목을 열거할 때는 그 첫머리에 "그 다음은"이라는 말을 붙이는데, 이를 보면 그가 마치 서열 구조를 계속 유지하려고 하는 것 같다. (3) 여섯째와 일곱째 항목("도움을 주는 행위들"과 "지도하는 행위들")은 **섬김 행위들**(*deeds of service*)인데, 이들은 다음 세 가지 점에서 주목할 만한 가치가 있다. (a) 이 둘은 29-30절의 수사의문문이 유일하게 다시 언급하지 않는 것들이다. (b) 이 둘은 신약성경의 다른 부분에서도 다시 언급하지 않는다. (c) 이 둘은, 다른 쪽에 있는 은사들(기적들, 병들을 고치는 은사들, 각종 방언)과 달리, 초자연성을 띤 은사들로 등장하지 않는다.

이처럼 이 목록은, 바울이 일부러 그랬는지 여부는 모르지만, 사람들이 행하는 사역들과 χαρίσματα(은사들)와 섬김 행위들을 포함하고 있으며 방언들로 끝을 맺는다. 이것들은 교회 안에 존재하는 모든 "사역들"을 대변한다. 바울도 필시 그런 이유 때문에 이것들을 골라 열거해놓았을 것이다. 종류가 서로 다른 것들이 뒤섞인 이 목록을 어떻게 이해해야 할지 확실한 정답이 없다. 우리가 기껏 말할 수 있는 것은 첫 세 항목이 이런 사역을 행하는 사람들을 강조한다면 마지막 다섯 가지는 사역 자체를 강조한다는 것 정도다.[395] NIV는 아예 이 목록 전체를 사람들을 열거한 목록

와 다른 견해를 보려면, R. Banks, *Paul's Idea of Community* (Grand Rapids: Eerdmans, 1980), 35-37을 보라. Banks는 28절의 "교회 안에"에서 말하는 교회를 엄격히 지역 교회(고린도 교회)만을 가리키는 말로 보려 한다.

으로 만듦으로써 이런 차이점들을 극복하려고 시도했다("기적들"은 "기적들을 행하는 자들"로, 그리고 "도움들"은 "다른 이들을 돕는 이들"로 바꾸었다). 29-30절에 비춰보면 이런 시도가 정당할 수도 있다. 29-30절에서는 거기서 제시하는 질문들의 특성 때문에 사람을 더 확실히 드러내는 표현을 쓸 수밖에 없기 때문이다.[396] 그러나 사실 바울은 여기 28절에서 은사들과 행위들을 열거하지, 사람들을 열거하지 않는다. 이런 바울의 표현 방식은 십중팔구 첫 세 항목을 지역 교회에서 어떤 "사람들"이 차지하고 있는 "직분들"로 생각할 것이 아니라, 오히려 다양한 사람들을 통해 표현되는 그런 "사역들"을 가리키는 것으로 생각해야 한다고 일러주는 증거일 것이다. 마찬가지로 바울은 뒤이어 제시한 "은사들"도 사람들과 상관없이 교회 안에 존재하는 것들로 표현하지 않고, 무엇보다 교회 안에 있는 다양한 사람들이 서로 세워줄 수 있도록 **영**이 은혜로 베풀어주신 것들이라 표현한다.

이런 내용은 결국 더 깊숙한 질문을 낳는다. 바울은 이 **모든 것들**에게 교회 안에서 행하는 역할이나 가지는 의미(중요성)에 따라 "서열을 매기려" 했던 것일까? 그 답은 **아니다**(*No*)인 것 같다. 그는 분명 첫 세 가지에는 순서를 매겼다. 혹자는 그 다음 두 가지의 서두에 "그 다음은…그 다음은"이라는 말이 붙어 있음을 근거삼아 나머지 것들에도 바울이 순서를 매겼다고 주장할지 모르겠다. 그러나 그런 주장은 문제가 있다. 그 이유는

395) 이렇게 주장하는 것이 통설이다. 가령 Parry, 187은 이렇게 말한다. "이미 열거한 항존(恒存) 기능들(직무들)과 **영**이 때때로 그 능력을 나타내시는 것들 사이에는 분명한 경계선이 그어져 있다." 일부 기능들이 항존직이거나 임시직이었다는 말은 참일 수도 있고 참이 아닐 수도 있다. 그러나 이 본문 자체는 그런 주장을 하지 않는다. 사람들이 아무리 자주 그런 주장을 반복한다 하더라도, 그것은 어디까지나 주장일 뿐이다.

396) 29-30절을 다룬 부분을 보라. 이 구절을 보면 바울 자신도 그 난점을 깨닫고 있는 것 같다. 바울은 "은사들" 자체에 집중하려고 노력한다. 그러나 "모두 기적들이겠느냐?"(개역개정: 다 능력을 행하는 자이겠느냐?)라는 질문 자체가 무슨 말인지 이해할 수 없다 보니(그리스어 본문을 봐도 그렇고 다른 언어로 기록된 역본을 봐도 그렇다), 바울은 (30절의) 마지막 세 항목에는 (각각) 동사 하나를 덧붙임으로써 사람들을 언급한 말로 만들어버린다. 바울이 단지 은사를 거론하며 (30절을) 시작한다는 사실은 그가 강조하는 것이 여전히 은사이지 그 은사를 표현하는 사람이 아님을 시사한다.

다음 세 가지 때문이다. (1) 바울은 여섯 째 항목에서는 그렇게 순서를 나타내는 말을 쓰지 않는다. (2) 넷째 항목과 다섯째 항목[기적들(능력들)과 병들을 고치는 은사들]은 바울이 앞서 열거한 목록(12:9-10)과 반대 순서로 되어 있다.[34] (3) 기적들을 병들을 고침보다 앞세우거나 거꾸로 병들을 고침을 기적들보다 앞세운 데는, 혹은 이것들을 도움을 주는 행위들과 지도하는 행위들보다 앞세우거나 뒤에 내세운 데는 달리 특별한 의미가 없어 보인다. 앞서 말했듯이, 각종 방언이라는 은사를 마지막에 열거한 것은 이 은사가 가장 하찮기 때문이 아니라, 이 방언이 바로 바울이 문제 삼는 것이기 때문이다. 앞서 말한 대로 바울이 방언을 이 목록에 포함시킨 것은 이것도 교회에 필요한 다양성에서 그 나름대로 기여할 몫이 있기 때문이다. 그러나 바울이 이것을 마지막에 포함시킨 것은 자신이 다양성을 강조한다는 점을 먼저 들려주고 싶었기 때문이다.

그렇다면 왜 바울은 첫 세 가지(사도들, 선지자들, 교사들)에 순서를 매겼을까? 이 문제는 대답하기가 상당히 어렵다. 그러나 이런 순서가 세 사역이 교회 안에서 행하는 역할들과 관련하여 바울 자신이 갖고 있던 확신과 관련 있다는 점만은 거의 확실하다. 그렇다고 이런 순서가 어느 하나가 다른 하나보다 더 중요하다거나 꼭 그들이 가지는 권위의 서열을 의미하지는 않는다.[397] 오히려 이것은 그 지역 교회를 창립하고 세워가는 데 앞에 있는 사람들이 뒤에 있는 사람들보다 **시간 순서상 먼저** 수고했다는 뜻이다.[398] 14:37에 비춰볼 때, 그리고 고린도 사람들이 바울에 맞서도록 주

---

397) "사도들" 같은 경우는 그 순서가 분명 권위의 순서를 의미할 것이다. 그러나 여기서 묻는 것은 "권위 구조"라는 문제가 아니다. 바울이 제시하는 주장에 비춰봐도 이런 순서와 "권위 구조"는 아무 관련이 없다. 이 문제에 아주 관심이 많았던 사람들이 첫 두 사역(사도와 선지자)을 오직 1세기에 국한된 사역으로 치부함으로써(일부 사람은 본문에 근거가 없는데도 "선지자"와 "설교자"를 같이 보려 했다) 이제는 셋째 사역인 교사가 첫째 자리를 차지한다고 주장한 점은 상당히 이채로운 점이다(가령 MacArthur, 322-24을 보라). 사람들은 이런 해석론을 처음 만들어낸 사람이 교사가 아닌지 의심한다.

398) 참고. Grudem, *Gift*, 56-57. 물론 그는 "시간 순서상 먼저"(precedence)라는 말을 쓰지 않고 "교회를 세워 가는데 끼친 기여"(usefulness in building up the church)라는 말을 쓴다.

동한 이들을 "선지자들"로 여겼을 가능성이 높다는 점을 고려할 때, 여기서 그 "선지자들"에 맞서 고린도 사람들에게 "주의 명령"을 제시하는 바울 사도를 그런 선지자들보다 위에 있는 사람으로 보고픈 유혹을 느낄 만하다. 그러나 어쩌면 우리가 주목해야 것은 고린도전서가 여기서 "순서를 매겨 열거한 사람들" 가운데 어느 누구도 **다루지 않는다**는 점일지 모른다. 이는 곧 우리가 지금 고린도 교회가 인정한 "직분들"을 다루고 있는 게 아님을 한층 더 시사해준다.

그러면 각 항목을 살펴보도록 하자.

(1) **첫째, 사도들**. 바울이 "사도들"을 가장 먼저 열거한 것은 전혀 놀라운 일이 아니다. 정작 놀라운 것은 이들이 이 목록에 올라 있다는 점이요, 바울이 이들을 복수형으로 열거한다는 점이다. 교회에서 "사도"라는 말을 쓴 사례들이 이 말의 의미를 얼추 시사하기는 하지만, 그래도 이 말의 의미는 그리 확실치 않다.[399] 바울은 이 말을 그가 가장 먼저 쓴 서신(데살로니가전서)에서 자신과 동역자들을 가리키는 말로 이미 사용했다(살전 2:7).[6] 고린도전서에서도 이 말이 몇 차례 등장하는데,[400] 이는 이 말이 이미 바울계 교회에서는 권위 있는 사람들로 이루어진 특정 그룹을 지칭하는 말로 확고하게 자리 잡았다는 것을 일러준다. 사도들 중에는 분명 열두 사

학자들 사이에서는 이 세 사역이 순회 편력 사역이었다는 주장이 심심치 않게 반복되지만, 본문에는 그런 주장을 뒷받침하는 근거가 전혀 없다. 오히려 나머지 부분을 보면, 이 사역들이 특정 지역에서 이루어진 사역이었음을 일러준다. Martin, *Spirit*, 32-33을 보라. 독일 학계에서 벌어진 이 논쟁을 살펴보려면, Conzelmann, 215을 보라.

399) 여기 부분을 다룬 문헌은 방대하다. 다른 문헌들도 있지만 그중에서도 K. H. Rengstorf, *TDNT* 1:407-45; H. von Campenhausen, *Ecclesiastical Authority and Spiritual Power in the Church of the First Three Centuries* (ET; Stanford: University Press, 1969; 1st Ger. ed. 1953), 12-29 (2장 부분); R. Schnackenburg, "Apostles Before and After Paul's Time," in *Apostolic History and the Gospel* (ed. W. W. Gasque, R. P. Martin; Grand Rapids: Eerdmans, 1970), 287-303; 그리고 J. A. Kirk, "Apostleship since Rengstorf: Towards a Synthesis," *NTS* 21 (1974-75), 249-64을 보라. 그 기원을 다룬 문헌들을 널리 살펴본 글을 보려면, F. H. Agnew, "The Origin of the NT Apostle-Concept: A Review of Research," *JBL* 105 (1986), 75-96을 보라.

400) 1:1; 4:9; 9:1, 2, 5; 12:28, 29; 15:7, 9[2회]; 참고. 고후 1:1; 8:23; 11:5, 13; 12:11, 12.

도들이 포함되지만, 열둘 외에도 상당히 많은 사람이 사도들에 포함된다(15:5-7; 롬 16:7).

우리가 "사도들"이라는 말을 문제 삼는 이유는 두 가지 사실 때문이다. 첫째, 이 말을 둘러싸고 바울과 그가 섬긴 교회들이 종종 다툼을 벌이기 때문이다. 그래서 혹자는 바울이 그 스스로 자신을 사도로서 권위를 가진 사람으로 규정하지만, 그가 섬긴 교회들도 과연 사도직을 똑같은 의미로 이해했을지 의문을 제기한다. 둘째, 심지어 바울 서신조차도 이 말을 여전히 상당한 유연성을 지닌 용어로서 **기능**(*function*)과 **지위**(*position*)를 모두 가리키는 말, 혹은 적어도 공식적 직무에 준하는 의미로 사용하기 때문이다. 그리하여 바울은 우선 이 말을 그리스도가 복음을 설교하도록 "보내신" 사람들(참고. 1:17) 혹은 교회들이 자신들을 대표할 수 있는 어떤 공식 자격을 부여하여 "보낸" 사람들(고후 8:23; 빌 2:25)을 가리키는 말로 사용했다. 그런가 하면 그리스도가 "보내신" 사람들로서 특별히 그들의 복음 전파를 통해 교회를 설립한 사람들을 **사도들**로 규정하기도 했는데, 이런 정의에는 애초부터 "지위"의 의미도 함께 들어 있었다(특별히 그리스도가 이 땅에서 사역하실 때 그분과 직접 함께했던 이들을 이런 의미에서 사도로 불렀다; 참고. 15:5-7). 바울이 자신을 사도로 이해한 것은 이 두 가지 사실에 모두 터 잡고 있다. 그 역시 부활하신 주님을 뵈었으며 그 스스로 교회들을 설립했기 때문이다.[401)]

이처럼 바울 서신에서는 기능을 강조하는 용례들과 지위를 강조하는 용례들이 거의 한 덩어리로 뭉쳐 있다. 문제는 28절의 사도라는 말이 지닌 의미를 밝혀내는 일이다. "교회 안에"(28절)라는 말은 무엇보다 고린도 교회를 지칭하며, "사도직"은 바울과 고린도 신자들이 다툰 원인이다.[402)] 따라

401) 특히 9:1-2의 주장에서 이런 것들이 어떻게 기능하는지, 그리고 "교회들을 설립한 일"이 고후 10-13장의 논증에서 어떻게 기능하는지 살펴보라. 고후 10-13장을 보면, 바울은 "지극히 크다는 사도들"을 분명 가짜로 여긴다. 그리 여긴 이유 중에는 그들이 스스로 교회들을 세우기보다 오히려 바울의 영역에 들어와 일한다는 이유도 들어 있다.

서 이 말은 고린도 신자들 가운데서 바울 자신이 가진 권위를 강조한 말일 수 있다. 실제로 어느 정도는 그랬을 가능성이 높다. 그렇다 할지라도 여기 "사도"는, 이 목록이 열거하는 다른 지체들과 마찬가지로, 우선 "기능"을 표현하는 말일 가능성이 높다. 어쩌면 이것은 바울이 이미 7절에서 시사했던 그의 관심사인 그리스도의 몸을 "세워감"을 나중에 14장에서 강조하기 전에 미리 귀띔해주는 말일지도 모른다.[403] 바울은 십중팔구 이 말을 통해 자신이 이 교회에서 행한 사역을 되돌아보고 있을 것이다.[404] 그가 쓴 복수형 "사도들"은 다른 교회들에서 자신과 똑같은 사역을 행한 다른 이들을 존중한 표현이다(참고. 9:5; 15:7-11).[405]

어쨌든 지역 교회마다 교회 일들을 책임진 사람으로서 "사도들"이라 불리는 사람들이 있다는 것이 바울의 생각이라고 일러주는 증거는 전혀 없다. 더욱이 우리 논지에 비추어볼 때 특히 흥미로운 점은 바울이 자신의 글 어디에서도 **영**과 사도직이 직접 연관되어 있음을 이야기하지 않는다는 점이다.[406] 바울 자신의 사도직도 "그리스도로부터" 받은 것이요(롬 1:4-5) "하나님의 뜻을 따라"(고전 1:1) 받은 것이었다. 결코 바울은 마치 **영**이 일부 사람들에게 이 "직분"을 선물로 주신 것처럼 성령의 "은사"라고 말하지 않는다.

---

402) 고린도 사람들의 명백한 승리주의도 바울과 고린도 사람들이 다툰 원인 중 하나였다. 이 다툼 원인의 뿌리에는 πνευματικός라는 말의 의미를 둘러싼 양자의 의견 대립이 자리하고 있었다; 이번 장 도입부를 참고하라. 바울이 현재 제시하는 주장(12-14장)의 문맥을 살펴보면, 그가 그들에게 갔을 때 "방언으로 말하지" 아니한 것도 그들이 바울이 사도임을 부인하는 원인 중 하나가 되었을 가능성이 높다. 뒤에서 14:6, 13-15, 18-19을 다룬 부분을 보라.

403) 엡 4:11에 있는 목록을 참고하라. 이 목록 역시 사도들로 시작하여 선지자들과 교사들을 포함하고 있다. 그(그리스도)가 교회에 이런 이들을 "주신" 이유는 "성도들이 봉사(섬김)의 일을 할 수 있게 준비시키시며" "그리스도의 몸을 세우려 하시기" 때문이다.

404) 특히 9:1-2과 관련하여 바울이 한 "사도"의 "권위"가 전체 교회가 아니라 그 사도가 설립한 교회에만 미친다고 생각한다는 점에 유의하라. 이 점과 관련하여 Dunn, *Jesus*, 274을 보라.

405) Dunn, *Jesus*, 275은 9:6을 근거로 여기서 말하는 "사도들"을 바울과 바나바만 한정하여 가리키는 말로 본다.

406) 엡 3:5은 **영**이 복음의 비밀을 사도들과 선지자들에게 계시하신다고 말한다. 그러나 **영**이 이렇게 계시하시는 것과 **영**이 이런 사도나 선지자의 일을 하도록 누군가를 지명하시거나 누군가에게 "기름을 부으시는 것"은 엄연히 다르다.

(2) **둘째, 선지자들**. 이 선지자라는 말이 무슨 뜻인지 알려면 8-10절을 다룬 부분을 보기 바란다. 문제는 바울이 여기서 "선지자들"을 "사도들" 및 공동체 내부의 다른 지체들과 달리 "선지자들"로 알려져 있는 특정 그룹 사람들을 가리키는 말로 생각하고 있는가, 아니면 예언이라는 은사를 받아 그 은사를 행하는 모든 사람을 가리키는 말로서 순전히 기능을 가리키는 말로 생각하고 있는가다. 그 답은 십중팔구 **예**이자 **아니오**일 것 같다. 이미 10절을 다룰 때 말했듯이, 고린도전서 14장이 제시하는 증거는 모든 **영**의 사람들이 "선지자들"일 수 있다고 일러준다. **영**의 사람들은 예언을 할 수도 있기 때문이다. 그러나 이 목록은 물론이요 이와 비슷한 언어를 구사하는 에베소서 2:20 및 4:11은 늘 이런 기능(=예언)을 하다가 결국 "선지자들"로 알려지게 된 사람들이 있다는 것이 바울의 생각임을 시사해준다. 누가도 바울과 같은 생각을 했다. 여기 28절에서 말하는 선지자들은 필시 후자(=늘 예언을 하다가 결국 "선지자" 소리를 듣게 된 이들)를 가리키는 말일 것이다. 그렇다 해도 바울이 여전히 강조하는 것은 그들의 **기능**(**역할**)이 공동체를 세워주는 것이 되어야 한다는 점이다.

(3) **셋째, 교사들**. 현존하는 바울 서신에서 이 사역을 처음으로 언급한 곳이 바로 이곳이다. 사람들은 바울의 시각에서 이 "교사들"을 정의해보려고 온갖 시도를 해왔지만, 증거가 아주 빈약하다 보니 하나같이 설득력이 떨어진다.[407] 바울은 뒤에 가서 예언과 마찬가지로 "가르침"이라는 명사도 다시 언급하지만(14:6, 26; 찾아보라), 교사라는 사람에는 관심을 보이지 않는다. (**영**에 감동된 말인) 가르침과 교사 사이에도 필시 예언과 선지자의 관계와 똑같은 관계가 있을 것이다. 공동체들 안에는 늘 "가르침"을 주곤 하여 결국 교사들로 알려지게 된 사람들이 있었다. 그러나 이 경우에도, 14장이 시사하듯이, 바울의 관심사는 그들의 기능이지 그들의 지위(직분)가 아니다.[408]

---

407) 가령 Dunn, *Jesus*, 282-84을 보라. Dunn은 교사들이 행하는 첫 번째 기능을 "전승들을 전해주고 해석해주는 것"으로 본다. 그의 견해는 매력이 있다. 어쩌면 이 견해가 옳을 수도 있다. 그러나 이 견해는 우리가 증거만으로 증명할 수 있는 영역 밖에 있다.

(4, 5) **그 다음은 기적들, 그 다음은 병들을 고치는 은사들**. 이 은사들을 살펴보려면 8-10절을 다룬 부분을 보기 바란다. 이 두 가지의 등장 순서가 9-10절과 반대임은 흥미로운 일이다. 이는 여기서부터 바울이 말하는 것들이 서열과 무관함을 시사한다. 앞에서도 말했듯이, 여기서 바울은 이런 은사들을 가진 사람들이 아니라, 단지 공동체 안에 이런 은사들 자체가 존재한다는 사실을 강조할 뿐이다.

(6) **도움을 주는 행위들**. 신약성경에서는 이 말이 오직 여기서만 나타난다. 물론 칠십인경도 이 말을 알긴 아는데, 칠십인경에서는 이 말이 누군가를 돕다, 격려하고 힘을 보태주다, 부조하다라는 의미를 가진 동명사 역할을 한다.[409] 어쩌면 이 말은 로마서 12:8이 제시하는 χαρίσματα(은사들) 목록 속의 마지막 세 항목들(무언가를 주는 것, 다른 이들을 보살피는 것, 긍휼을 베푸는 행위를 하는 것)과 비슷한 것일지 모른다.[410] 어쨌든 이 말은 일부 사람들이 공동체 안에서 다른 사람들의 육신과 영혼에 필요한 것들을 도와주며 섬겼다는 것을 시사한다.

(7) **지도하는 행위들**.[411] 이 말과 동족인 명사로서 사람을 가리키는 말이 사도행전 27:11과 요한계시록 18:17에서 나타나는데(κυβερνήτης), 이 두

---

408) 바울은 이 첫 세 가지(사도들, 선지자들, 교사들)를 이야기할 때 그 기능에 강조점을 두는 것 같다. 때문에 사람을 기준으로 하면 한 사람이 이런 기능들을 겸하여 행하는 경우도 충분히 있을 수 있다. 가령 사도 바울만 보더라도, 안디옥에 있는 사람들은 그를 "선지자들과 교사들" 가운데 하나로 알고 있었다(행 13:1). 또 고전 14:37도 바울이 자신을 "선지자들" 가운데 하나로도 여겼음을 시사하는 것 같다. 결국 어떤 사람을 사도나 선지자나 교사로 불렀을 때에는 그가 그 교회에서 가장 널리 행하는 기능을 기준으로 불렀을 가능성이 아주 높다.

409) 보통 하나님의 도우심을 가리키거나, 혹은 어떤 왕이 도움을 요청하며 보낸 파피루스 속에서 나타난다. Parry, 187은 이 용례를 근거로 삼아 "따라서 이 말은 분명 정부 당국이 베푸는 구호를 가리킨다"라고 주장하지만, 이런 주장은 전혀 정당하지 않다.

410) Dunn, *Jesus*, 252도 이런 관찰 결과를 내놓는다. 이것들이 "집사들"의 임무였다고 거듭 주장하는 이들이 있지만, 이런 주장은 더 후대의 관심사들을 반영한 것이다. 참고. 딤전 5:10은 "진정한 과부"가 행하는 일 중 하나로 "선한 행실"을 열거한다.

411) 그리스어로 κυβερνήσεις다. 신약성경에서는 오직 여기서만 나타난다. "도움들"을 "집사들"과 연관 짓는 것이 타당하지 않듯이(앞의 주410을 보라), 이 말과 "집사들"을 연관 짓는 것도 타당하지 않다.

구절에서는 이 말이 "배를 조종하는 사람" 혹은 "키잡이"를 의미한다(개역개정: "선장"). 그러나 이 명사 자체는 칠십인경에서 세 차례 나타나는데,[412] 칠십인경에서는 누군가를 "지도하다"라는 동사 개념을 갖는다. 오늘날의 대다수 역본들은 "경영"(행정/다스림, administration)이라는 말을 선호한다. 그러나 오늘날 영어에서는 이 말이 "무언가를 다스리는(경영하는/관리하는) 솜씨"라는 개념을 떠올리게 한다. 이런 개념은 바울이 생각했던 것과 필시 아주 동떨어진 개념일 것이다. 물론 이 말은 비단 다른 개인뿐 아니라 공동체 전체에게 지혜로운 충고를 주는 것도 가리킬 가능성이 높다.[413]

(8) **각종 방언들**. 이 은사를 알아보려면 10절을 다룬 부분을 보기 바란다. 앞에서도 말했지만, 이 은사를 맨 마지막에 열거한 것은 놀라운 일이 아니다. 오히려 특이한 것은 이 은사 자체가 이 목록이 말과 관련하여 열거하는 은사들 가운데 마지막 자리를 차지하고 있다는 점이다. 이 은사가 앞에 있는 네 항목 뒤에 자리해 있는 것은 분명 어색해 보인다. 이 점은 우리 해석이 옳을 가능성을 더 높여준다. 다시 말해 이 은사는 가장 높은 단계 은사부터 나열한 목록에서 맨 아랫자리에 있는 것이 아니라, 정말 이질적인 교회 내부의 은사들과 사역들을 열거해놓은 목록 속에 포함되어 있을 뿐이다. 결국 바울은 "그리고 이것에는 각종 방언들도 포함되어 있다"라고 말하며 28절을 맺는 셈이다.

29-30절 이제 바울은 12장에서 제시한 주장을 점점 정점을 향해 치닫는 수사 의문문들로 끝낸다. 바울은 12장에서 시종일관 교회가 다양성을 가져야 한다는 점에 관심을 표명했다. 물론 이 다양성은 통일성 안에서 작동해야 한다. 바울은 그 점을 이런 질문들로 명확하게 천명한다. "모두 동일하냐? 모두 똑같은 사역을 하느냐?" 질문이 암시하는 답은 "물론 그렇지

412) 잠 1:5; 11:14; 24:6.[35]

413) 참고. Dunn, *Jesus*, 252. Dunn은 "도움말을 주다"(give counsel)로 번역한다.

않다"다. 그렇다면 바울이 말하고자 하는 요점은 이것이다. "맞다(=모든 사람이 동일하지 않고, 모든 사역이 똑같지 않다). 그렇다면 왜 너희는 이것을 너희 자신에게 적용하지 않고 오로지 방언이라는 은사에만 열광하느냐?" 방언들도 좋은 은사다. 바울도 계속 방언을 인정하려 한다. 단 그는 그런 방언들이 해석되어야 한다고 말한다. 그러나 그들이 예배하러 모일 때 모든 사람들이 방언해야 하는 것은 아니다. 모든 사람들이 방언해야 한다면, 모든 이를 한 가지로 만들어버리는 일이요 한 몸에 한 지체만 있는 것과 마찬가지기 때문이다.

이 목록은 28절이 열거해놓은 항목들을 되풀이하지만,[414] "도움을 주는 행위들과 지도하는 행위들"을 생략하는 대신, 말미에 "각종 방언들을 해석함"을 덧붙여놓았다. 이런 차이들이 특별한 의미를 지닌 것으로 여겨서는 안 된다. 바울이 구사하는 수사는 그의 관심사를 나타내기 때문이다. 바울이 "병들을 고치는 은사들"에 "가지다"라는 동사를 덧붙이고 "방언들"에 "말하다"라는 동사를 덧붙인 것은[415] 그가 29절에서 네 번째로 던진 질문 "모두 기적들이냐?"[416]로 말미암아 시작된 어색함을 피해보려는 방편일 뿐이다. 그 다음 세 가지 질문들(30절)은 바울이 하고자 하는 말이 곧 "모두 기적들을 행하느냐?"임을 확실히 밝혀준다.

바울이 구사하는 이런 수사를 보면서, 그렇다면 이런 은사들 가운데 어떤 것도 가지지 못하는 이들이 있다는 것인가라는 의문을 품고 갈등하는 이들이 있을 수 있다. 그런 갈등은 엄밀히 말해 우리 자신의 관심사들과 연계되어 있기도 하다. 바울은 14:5에서 모든 이가 방언하기를 "원한다"라고 말하지만(여기서 바울이 말하는 방언은 혼자서 사사로이 하는 방언이다), 14:1에서는 "**영**의 은사들을 열렬히 원하되 특히 예언을 할 수 있게 하

---

414) 이것이 그 목록의 강조점이지 사역들의 숫자나 서열이 강조점이 아님을 분명히 해두는 것이다.
415) "해석"을 가리키는 말로 명사 대신 동사를 쓴다는 점도 참고하라.
416) 참고. Barrett, 296. "바울의 문장은 엉망이다." 맞는 말이면서도 맞지 않는 말이다. 앞에서도 말했듯이, 이것은 형편없는 그리스어다. 영어로 번역해봐도 마찬가지다. 그러나 여기서도 바울은 계속하여 은사들을 강조하지, 사람들 자체를 강조하지는 않는다.

라"라고 명령하고, 14:31에서는 "모든 이가 예언할 수 있다"라고 말한다. 결국 이 모든 말은 모든 이가 그런 은사들을 받아 누릴 수 있음을 시사한다. 그러나 여기서 바울이 강조하거나 관심을 갖는 것은 그런 것이 **아니다**. 그가 구사하는 수사가 뜻하는 것은 "모든 이가 이것을 할 **수 있는가**?"가 아니다. 그렇게 물었다면, 대답은 십중팔구 "물론"일 것이다. 그러나 바울이 묻고자 하는 것은 "모든 이가 **다 똑같으며**, 모든 이가 **다 똑같은 일을 하느냐**?"다. 그 대답은 "당연히 아니다"다. 즉 바울이 던진 질문들은 본질상 신학적 질문도 아니요 이론적 질문도 아니다. 그 질문들은 실제적 질문이요 체험적 질문이다. 바울도 이후에 고린도 사람들에게 말하듯이, **모든 사람**이 예언할 수 있다. 그러나 현실을 보면 모든 사람이 예언하지 않는다. 바울은 여기서 그 점을 고린도 사람들에게 일깨워주는 것이다. 바울이 이런 수사를 구사하게 된 것은 그가 여기서 제시하는 주장의 관심사가 바로 그 한 가지(="모든 이가 **다 똑같으며**, 모든 이가 **다 똑같은 일을 하느냐**?"—옮긴이)이기 때문이다. 이 수사는 다시 한 번 다양성을 호소하는 바울의 음성으로 끝을 맺는다.

31절 바울은 4-30절에서 자신의 주장을 제시했고 특별히 29-30절에서는 수사 의문문을 구사했다. 그런 뒤에 그는 갑자기 "그러나 더 큰 은사들을 열렬히 소망하라"[417]라는 명령문으로 31절을 시작한다. 이 명령문은 수수께끼다. 물론 많은 사람들은 이를 수수께끼로 여기지 않는다. 28절을 다양한 사역들과 은사들에 **서열을 매김으로써** 방언을 은사들 가운데 가장 뒤떨어지고 하찮은 것으로 제시하려는 바울의 의도를 담은 본문으로 보는 것이 통설이기 때문이다.[418] 이 통설을 따른다면, 이 명령문은 바울이 고린

417) 그리스어로 ζηλοῦτε다(참고. 14:1, 39, 그리고 14:12의 ζηλωταί). 당연히 이 말은 철저히 (그리스어) 현재 시제가 지닌 의미를 가진 말로서 "계속하여 열렬히 소망하라"라는 뜻이다. 이 말은 형용사인 ζῆλος와 함께(3:3을 다룬 Fee, 126-27을 보라) 긍정적 의미로도 쓸 수 있고 (여기가 그렇다; 참고. 고후 11:2) 부정적 의미로도 쓸 수 있다(13:4의 "시기하다"처럼).

418) 이를 바울이 사용한 μείζονα를 오해한 데서 비롯된 견해로 보는 입장을 보려면, 앞의 주386

도 사람들에게 자신이 제시한 목록의 밑바닥에 있는 은사들이 아니라 위쪽에 있는 은사들을 추구하라고 촉구하는 말로 읽어야 한다. 통설은 바울이 14장에서 제시하는 주장도 이런 통설을 지지한다고 본다(예언을 "더 큰" 은사로, 방언을 "가장 하찮은" 은사로 본다). 하지만 이 통설은 견해 자체의 존립이 불가능할 정도로 많은 난점을 갖고 있다. (1) 바울 자신이 제시하는 주장(12-14장)이 일관되게 강조하는 것은 교회 안에 다양성이 존재해야 한다는 것이지, 은사들에 서열을 매겨 어떤 은사들을 다른 은사들보다 "더 큰" 은사로 여겨야 한다는 것이 아니다. (2) 이 점은 그가 29-30절에서 구사하는 수사도 확인해준다. 이 수사 의문문들은 서열에는 일체 관심을 보이지 않고 오로지 다양성에만 관심을 보인다. (3) 방언을 가장 하찮은 은사로 여겨야 한다는 논리를 고수한다면, "사도들"을 "더 큰" 은사로 여겨야 마땅하다. 그러나 사람들은 이구동성으로 이 "사도들"이 고린도 사람들이 "열렬히 소망"해도 되는 은사가 아니라는 점에 동의한다. (4) 14장은 말과 관련된 은사 가운데 알아들을 수 있는 특성을 지닌 첫 번째 사례로서 예언을 든다. 그러나 12장이 제시하는 두 목록에서는 예언의 위치가 모호하다. 첫째 목록은 예언을 여섯 번째로 열거하나(12:10), 둘째 목록은 두 번째로 열거한다(12:28). (5) 바울이 서열을 매기는 데 관심이 없다는 점은 그가 첫째 목록에서는 아홉 항목을 열거해놓고 둘째 목록에서는 그중 다섯은 빠뜨린 채 넷만 포함시킨 점, 그리고 첫 세 가지는 순서가 거꾸로 되어 있는 점에서 분명하게 드러난다[12:9-10에서는 병들을 고치는 은사들-기적들을 행함들-예언함 순서로 되어 있는데, 12:28에서는 예언(선지자들)-기적들을 행함들-병들을 고치는 은사들 순서로 되어 있다—옮긴이]. (6) 바울이 몸이라는 이미지를 두 번째로 적용한 부분(21-26절)에서 표명하는 관심사를 봐도 내가 제시하는 견해가 더 타당해 보인다. 바울은 그 부분에서 고린도 사람들이 서로 의존하는 관계에 있음을 강조하면서 어느

에서 인용해놓은 Zuntz의 글을 보라.

누구도 다른 사람보다 "위에 있지" 않다고 역설했다.

따라서 아무리 앞과 같은 견해가 통설이라 할지라도, 이런 통설은 바울이 앞서 제시한 주장의 정신과 의도에 어긋나는 것으로서 결국 거부함이 마땅하다. 그렇다면 바울 자신이 앞서 제시한 주장과 모순되는 것처럼 보이는 이 명령문("더 큰 은사들을 열렬히 소망하라")을 어떻게 해석해야 할까? 학자들은 세 가지 견해를 제시했다.

(1) 일부 학자들은 이것이 고린도 사람들이 보낸 서신 글귀를 인용한 것이라고 주장했다. 말하자면 바울은 지금 "그러나 너희는 '더 큰 은사들을 열렬히 소망하라'라고 말한다. 그렇다면, 좋다, 내가 너희에게 그것보다 훨씬 더 우월한 길을 보여주겠다"라는 말을 하고 있다는 것이다.[419] 바울이 앞서 그들이 보낸 서신을 인용하고 있는 것처럼 보이는 사실,[420] 그리고 그가 14:12에서 구사하는 언어["너희가 '영들'에 열심을 내는 자들**이므로**"(Since you *are* zealots for 'spirits')]도 이런 견해를 뒷받침한다. 이 견해의 난점은 바울이 제시한 주장을 아무리 살펴봐도 그가 그들의 서신을 인용하고 있다거나 이어지는 내용이 가령 6:13-14, 7:2, 혹은 8:2-3에서 볼 수 있는 것과 같은 수정문(=고린도 사람이 말한 것을 바울이 되받아 수정한 글)임을 일러주는 표지가 없다는 점이다.

(2) 두 번째 견해는 "열렬히 소망하라"라는 동사(ζηλοῦτε)를 명령형이 아니라 서술형으로 읽을 수 있다는 견해다(참고. NIV^{mg}).[421] 그리하여 이 견해는 바울이 방언을 자신들이 "**영**에 속한" 사람임을 보여주는 첫 번째 증거로 여기고 오로지 방언에만 지나치게 열광했던 고린도 사람들에 맞서

419) 가령 Baker, "Interpretation," 226-27을 보라; 이는 M.-A. Chevallier, *Esprit*, 158-63의 견해를 따른 것이다.

420) 가령 6:12, 13; 7:1, 25; 8:1, 4을 보라.

421) 이런 주장을 보려면 G. Iber, "Zum Verständnis von I Cor. 12:31," *ZNW* 54 (1963), 43-52을 보라. 참고. Bittlinger, *Gifts*, 73-75. Bittlinger도 역시 이 견해를 채택한다. Martin, *Spirit*, 34-35은 첫째 견해와 둘째 견해를 결합하면서, 31절에 있는 τὰ χαρίσματα와 14:1에 있는 τὰ πνευματικά를 상당히 구별하는 Chevallier의 견해를 따라간다. 뒤의 주422를 보라.

다양성을 주장한 다음, 이렇게 충고했다고 본다. "그러나 너희는 소위 더 큰 은사들을 찾고 있다. 하지만 나는 너희에게 '더 탁월한 길'을 보여주겠다"(12:31). 이어 바울은 사랑을 추구하라고 독려하면서, 바로 그 문맥에서 "더 큰 은사들"이 아니라 단순히 "**영**의 은사들"을 열렬히 소망하라고 촉구한다(14:1).[422] 둘을 다 하는 사람은(사랑을 추구하면서 **영**의 은사들을 소망하는 사람은) 예언처럼 알아들을 수 있는 말로 말하는 은사(또는 14:6이 열거하는 다른 은사들)를 추구할 것이다. 모든 이가 알아들을 수 있는 말만이 공동체에 덕을 세우기 때문이다. 이는 바울이 이런 취지로 14:12에서 하는 말이 더 든든히 뒷받침해준다. 첫 번째 견해에서도 그랬다. 그러나 이 견해의 근본적 난점은[423] 14:1과 39절에서 똑같은 동사 형태(=ζηλοῦτε)가 등장한다는 사실이다. 이 두 구절에서 이 동사는 아무리 봐도 명령형이지 서술형일 수 없기 때문이다.[424]

(3) 방금 말한 두 번째 견해는 몇 가지 장점들을 갖고 있다. 그렇긴 해도 학자들은 31절의 "열렬히 소망하라"라는 동사를 14:1의 경우처럼 명령형으로 보는 입장을 더 좋아한다. 그러나 바울은 이 명령문을 통해 12:4-30의 내용과 모순되거나 앞서 열거한 은사들과 상충하는 말을 하려는 게 아니다. 오히려 바울은 자신이 앞서 제시한 주장을 29-30절에서 매듭지었다. 이제 바울은 이 명령문을 통해 자신이 다음에 제시할 주장, 곧 14:1-25에서 제시할 주장의 시동을 걸려고 한다. 바울은 14:1-25에서 공

422) 하지만, Chevallier, Baker, Martin은(주243과 주419를 보라) 14:1의 πνευματικά가 바울이 일부러 변화를 준 말로서 그와 고린도 사람들이 벌인 다툼의 핵심을 반영한 말임을 상당히 강조한다. 이 견해의 난점은 χαρίσματα를 고린도 사람들이 쓴 말로 보면서 이후에 바울이 이 말을 받아들여 새 문맥 속에 집어넣을 요량으로 πνευματικά라는 말을 썼다고 본다는 점이다. 그러나 이런 견해는 이 서신이 제시하는 나머지 증거에 어긋나는 것 같다. 이런 증거를 보면 오히려 πνευματικός가 고린도 사람들이 바울에 대항하여 썼던 말이기 때문이다.

423) 이것이 바울의 의도라면, 강조 대명사인 ὑμεῖς δέ (그러나 너희 경우에는)를 썼을 법하다.

424) 그러나 Iber가 지적하듯이, 이 말이 14:1에서 명령형으로 다시 등장하지만, 이 경우에는 그가 경멸의 뜻이 담긴 수식어로 보는 "더 큰"이 빠져 있다. 그렇다면 바울은 이렇게 말하는 셈이다. "너희는 **더 큰** 은사들을 찾고 있구나. 그러나 너희는 다만 사랑이라는 맥락에서 **영**의 은사들을 추구해야 한다."

동체에서 하는 말은 누구나 알아들을 수 있어야 함을 역설하면서, 공동체 안에서는 알아들을 수 있는 말로 하는 은사이면 **모두** 방언보다 "더 크다"고 주장한다. 바울은, 그런 은사들은 덕을 세우지만 해석이 없는 방언은 덕을 세울 수 없기 때문이라고 말한다.[425] 그러나 바울은 14:1-25에 이르기 전에 잠시 멈춰 서서 "더 큰 은사들"이 그 역할을 할 수 있는 적절한 틀(사랑)을 제시한다. 이 견해를 따른다면, 14:1은 12:31을 이어받아 (13장 때문에 중단되었던 주장을) 다시 시작하는 구절인 셈이다. 바울은 이렇게 명령한다. "사랑을 추구하라. 그리고 사랑이라는 맥락 속에서 **영**의 일(것)들을, 특히 누구나 알아들을 수 있는 은사들로서 공동체에 덕을 세워줄 은사들을 **열렬히 소망하라**."

만일 이 본문을 이렇게 보는 견해가 옳다면, "그리고 이제 내가 너희에게 가장 좋은 길을 보여주리라"라는 말은 그가 12장에서 제시한 주장을 중단하고 그때까지 논의한 모든 내용을 통째로 다른 틀 속에 집어넣어 주는 역할을 하는 셈이다. 사람들은 종종 바울이 사랑을 이 모든 은사들 가운데 가장 큰 은사로 제시함으로써 결국 모든 이가 추구해야 하는 "더 큰 은사"로 제시한다고 주장한다. 그러나 이런 주장은 전혀 정확하지 않다. 바울은 여기는 물론이요 다른 곳에서도 사랑을 은사라 부르지 않는다. 또 "그리고 이제 내가 너희에게 가장 좋은 길을 보여주리라"라는 말은 바로 그 앞에 있는 명령문("너희는 더 큰 은사를 열렬히 소망하라")과 **대립**하는 문장이지, 그 명령문을 적절히 보완해주는 말이 아니다. 여기서 바울이 시작하려고 하는 것은 그가 "비교할 것이 없는[426] 좋은 **길**[427]"(a *way* that is

---

425) 특히 14:5을 다룬 부분을 보라. 이 구절에서는 바로 이런 이유로 예언을 특히 μεῖζον이라고 부른다.

426) BAGD의 κατά, II.5bβ를 보라(BDAG는 513, B.5bb).

427) Conzelmann, 216이 ὁδός의 개념에 관하여 간략히 제시해놓은 부기를 참고하라; 아울러 C. Spicq, *Agapé dans le Nouveau Testament* (3 vols.; EB; Paris: Gabalda, 1958-59), 2.64-66 [ET (방대한 주를 생략해버렸다), *Agape in the New Testament* (trans. M. A. McNamara and M. H. Richter; St. Louis: B. Herder, 1963), 2.143]. (이후 이 책을 각주에서 표기할 경우 쪽수는 불어판 원서의 쪽수를 가리키며 영역본 쪽수는 괄호 안에 기록하겠다.)

beyond comparison)이라 부르는 것을 서술하는 것이다. 고린도 사람들이 지금 가고 있는 길은 공동체인 그 교회를 근본부터 무너뜨리는 길이다. 그러나 바울이 그들에게 요구하는 길은 자기 유익보다 다른 사람들의 유익을 먼저 구하는 길이다. 이 길은 교회에 덕을 세우는 길이요(14:1-5), 공동선을 추구하는 길이다(12:7). 그 문맥을 보면, 사람들은 여전히 **영**의 것들을 열렬히 소망해야 하지만(14:1), 이는 어디까지나 다른 사람들에게 덕을 세우려고 그런 것이다. 따라서 바울이 마음에 두고 있는 것은 "사랑 대 은사들"이라는 대립 구도가 아니라 "은사들을 표현할 때는 오직 사랑이라는 맥락에서 표현해야 한다"라는 것이다. 사랑이 없으면 그 어떤 은사도 아무 쓸모가 없기 때문이다. 그렇게 된다면 그리스도인의 삶에 존재하는 다른 많은 것들도 역시 무의미해진다.

▪ 고린도전서 13:1-3

1만일 내가 사람들의 방언과 천사들의 말을 할지라도, 사랑을 가지지 않으면,
나는 다만 소리 나는 구리이거나 울리는 심벌즈(a clanging cymbal; 개역개정:
울리는 꽹과리)일 뿐이라. 2만일 내가 예언을 가지며 모든 비밀들과 모든 지식을
안다 할지라도, 또 내가 산을 옮길 만한 믿음을 가졌다 할지라도, 사랑을 가지지
않으면, 나는 아무것도 아니라. 3만일 내가 내 모든 재산을 나누어주어 음식을
먹게 한다 할지라도 또 내가 자랑할[428] 목적으로 내 몸을 내어준다 할지라도, 사
랑을 가지지 않으면, 내게 아무 유익이 없느니라.

---

428) 이 경우에 어느 본문을 선택하느냐(어느 사본을 따르느냐)라는 문제는 신약에서 정말 어려운 문제들 가운데 하나다. 세 가지 독법이 있다.

(1) καυχήσωμαι P^{46} ℵ A B 6 33 69 1739 cop Origen Jerome

(2) καυθήσωμαι K Ψ 614 1881 Maj Chrysostom Cyril Theodoret

(3) καυθήσομαι C D F G L 81 104 630 1985 latt arm

Zuntz, *Text*, 35-37은 2번이 문법상 기괴하다는 이유로 이 2번을 지지하며 다른 몇몇 사람도 그렇다(미래 가정법; 코이네 그리스어에서는 이것 외에 달리 알려진 용례가 없고 다만 비잔틴 사본에서만 나타난다). 그렇다면 기본적으로 서방 독법(3번, "내가 불타도록")과 이

12:31a의 명령문, 14:1이 제시하는 명령문들이 12:31을 이어받아 다시 논의를 이어가는 성질을 지닌다는 점, 그리고 13:1-8이 서정시에 가까운 본질을 지닌다는 점[429]은 고린도전서 13장이 여기 바울의 주장(12-14장)에서 간주곡 같은 부분임을 시사한다. 그러나 그런 부분들이 모두 그러하듯이,[430] 13장도 문맥과 완전한 연관성을 갖고 있다. 13장이 없다면 바울이 뒤이어 제시하는 주장도 위력을 많이 잃고 만다. 바울은 잇달아 세 문단을 제시함으로써(1-3, 4-7, 8-13절) 방언을 향한 고린도 사람들의 열심을 더 폭넓게 **윤리라는** 맥락 속에 끌어들여 다루기 시작한다. 그는 결국 이 맥락에서 해석이 따르지 않는 방언은 사람들이 모인 자리에서 하지 말라고 금지한다. 그런 맥락에서 보면 다른 이들을 향한 사랑과 자기 이익만 추구하는 태도는 서로 대립 관계에 있다.[431] 바울은 14장에서 이 다른

집트 독법(1번, "내가 자랑하려고") 가운데 어느 것을 택할지 결정해야 하는 문제가 남았는데, 결국 승리를 거둔 쪽은 서방 독법이었다. 대체로 이집트 전승 쪽이 탁월함을 생각할 때, 외부 증거는 1번을 지지한다. 이런 차이는 본문을 옮겨 적는 과정에서 생겨났을 수도 있다. 그러나 불에 타서 순교하는 일이 잦았던 시대에 어느 필사자가, 우연히 그랬든 아니면 일부러 그랬든, καυθήσομαι를 보고 이를 καυχήσωμαι로 바꿔놓았을 것이라고 상상하기는 힘들다. 그 이유는 특히 어떤 이가 1번 독법을 따랐을 경우에는 그 말의 적절한 의미를 발견하기 힘들다는 근본적 난점이 있기 때문이다. 그러나 결국 이런 문제들은 그 자체가 딱 부러진 답을 제시할 수 없는 것들이다. 그렇다면 결국 이 문제는 본문이 본디 내재하고 있는 가능성을 토대로 해결할 수밖에 없다. 이에 관한 것은 뒤의 논의를 보라. 1번을 지지하는 주장을 살펴보려면, Metzger, *Textual Commentary*, 563-64을 보라. 3번을 지지하는 주장을 살펴보려면, J. K. Elliott, "In Favour of καυθήσομαι at I Corinthians 13:3," *ZNW* 62 (1971), 297-98, 그리고 R. Kieffer, "'Afin que je sois brûlé' ou bien 'Afin que j'en orgueil'?(1 Cor. xiii.3)," *NTS* 22 (1975), 95-97을 보라(참고. Barrett, 302-3과 Conzelmann, 217n1).

429) 이 연구서의 관심사들에 비춰보면 그다지 중요하지 않은 것이지만, 13장과 관련된 아주 다양한 이슈들(13장이 갖고 있다 하는 운문의 특성, 13장의 "기원" 등등)을 논한 글을 보려면, Fee, 625-28에 있는 13장 서론을 보라 – 단, 다른 부분은 어떠하든 이 부분은 "사랑을 노래한 찬송"이 아니라는 점만은 유념하라. 13장은 전혀 찬송의 특성을 갖고 있지 않다. 또 13장이 시의 본질을 지니고 있다 해도, 그것은 어디까지나 1-3절에 국한된 이야기다. 이 1-3절이 고상한 운문인 것만은 틀림없다. 그러나 결코 찬송은 아니다.

430) 이 서신에는 A-B-A 형태를 띤 다양한 주장들이 있는데, 그중 B 부분을 참고하라: 2:6-16; 7:29-35; 9:1-27.

431) 그러나 다른 이들을 향한 사랑과 방언 자체가 대립하는 것은 아니다. 방언은 **영**이 하시는 활동이기에(14:2), 방언을 부인하는 것은 **영**과 **영**을 대립시키는 일이 될 것이다. 바울은 그런 내용을 결코 쓰지 않았을 것이다.

이들을 향한 사랑을 교회를 "세움"(교회에 덕을 세움)이라는 말로 자세하게 이야기할 것이다.

동시에 바울이 여기 13장에서 구사하는 언어 가운데는 그도 그 자신과 고린도 사람들 사이에 존재하는 이견들로서 이 서신 전체에서 나타난 몇 가지 것들을 간파하고 있음을 시사하는 것들이 많다.[432] 따라서 바울이 13장에서 제시하는 주장의 구조 역시, 비록 이 13장이 서정시 색채를 띤다 해도, 그가 고린도 사람들과 계속 벌이고 있는 논쟁을 반영한다. 지금까지 문제는 바울과 고린도 사람들이 서로 다른 시각에서 **영**성(Spirituality)을 바라본다는 점이었다. 고린도 사람들은 방언을 한다. 바울도 방언이 **영**이 하시는 정당한 활동이라는 점에는 분명 의문을 제기하지 않는다. 그러나 방언을 한다는 그들이 동시에 부정한 성생활과 탐욕과 우상숭배를 보고도 이를 못 본 체하거나 인정하고 받아들인다(5:9-10; 그런 예를 설명한 본문이 5:1-5; 6:12-20; 6:1-11; 8:1-10:22이다). 그들은 경건한 장신구들(금욕주의, 지식, 방언)을 단 영성을 갖고 있지만, 정작 진짜 그리스도인이 가져야 할 윤리는 내팽개쳤다. 물론 그 윤리의 정점인 사랑도 내버렸다. 그러나 그들과 달리 바울은 **영**성을 무엇보다 **영**, 곧 **거룩한 영**(*Holy Spirit*)으로 충만한 상태를 의미하는 것으로 보았다. 그것은 곧 "그리스도 예수 안에서 거룩하여지고 그의 거룩한 백성이라 불리는"(1:2) 사람들로서 행동한다는 뜻이었다. 그 영성의 궁극적 표현은 늘 "사랑 안에서 행함"(walk in love)이다. 따라서 13장 서두의 문장들(1-3절)이 그 직접 문맥을 반영한 본문이긴 하지만, 여기서도 역시 바울은 단순히 고린도 사람들이 방언에 지나친 열심을 내는 문제가 아니라 이 서신이 다루는 더 큰 문제에 관심을 보인다. 이 서신을 보면, 고린도 사람들이 복음과 복음이 요구하는 윤리를 폭넓게 놓쳐버린 것은 결국 영성을 바라보는 그들의 견해 때문이었다.

---

432) 참고. M. Miguens, "1 Cor. 13:8-13 Reconsidered," *CBQ* 37 (1975), 80. Miguens 역시 13장의 언어가 이 서신 전체는 물론이요 그것과 직접 닿아있는 문맥인 12-14장과 연결되어 있음을 강조한다.

바울은 13장의 첫 문단을 시작하면서 아무리 **영**의 활동들을 행하는 사람이라 할지라도 **영**의 첫 번째 열매인 사랑[433]이 그 사람의 삶을 규정하는 특징이 되지 않으면 그런 활동들이 그에게 아무 유익이 되지 못한다고 선언한다. 이어 4-7절에서는 특별히 고린도 상황에 맞춰,[434] 그리고 그들과 바울 자신의 이견을 염두에 두고[435] 사랑을 서술한다. 이 서술은 다시 사랑을 방언을 포함하여 그가 골라 뽑은 χαρίσματα(은사들)와 대조하는 내용으로 이어진다. 바울은 이때 고린도 사람들이 자리한 "이미/그러나 아직 아니"라는 종말론적 실존 정황을 염두에 두고, 하나(=사랑)는 절대성과 영원성을 지닌 반면 다른 하나(=다른 은사들)는 상대성과 일시성을 지니고 있다는 말로 양자를 대조한다(8-13절). 바울이 이렇게 서술해놓았다고 마지막 완성을 기다리는 현재의 삶 속에 자리한 χαρίσματα의 가치가 떨어지는 것은 아니다. 그렇지만 바울의 이런 말은, "과도하게 실현된" 고린도 사람들의 영성에 맞서, 이런 은사들이 사랑과 비교하면 한 생애에 그치는 것들이지만(단지 "이미"에 해당할 뿐이다) 사랑은 지금은 물론이요 앞으로도 영원하다는 것을 천명한다. 그런 점에서 1-3절은 사랑이 절대 **필요함**을

---

433) 이 부분(1-3절)이 서정시 같은 본질을 갖고 있다 보니, 사랑을 추상적 성질을 가진 말로 생각하기가 쉽다. 사랑을 그렇게 보는 것은 말 그대로 바울의 관심사를 놓친 것이다. 바울은 사랑을 으뜸으로 본다. 예수 그리스도가 오셔서 세상의 죄를 대신하여 죽으심으로 그 사랑을 이미 구체적으로 보여주셨기 때문이다(참고. 갈 2:20; 롬 5:6-8; 8:31-32; 엡 5:1-2). 바울은 사랑을 추상 개념으로 생각하지 않는다. 심지어 행동을 촉진하는 "동인"으로도 여기지 않는다. 사랑은 늘 행동(행함)**이다**. 사랑하는 것은 행하는 것이다. 행함이 없으면 결코 사랑이 아니다.

434) 가령 Robertson-Plummer, 285-86 ["바울이 (사랑의) 특징으로 골라 뽑은 특성들은 대부분 고린도 사람들에게 없는 것으로 판명된 바로 그런 것들이다"]; 그리고 Spicq, *Agapé*, 77n3 [150n123; "(이 특징들은) 소멸되는 것도 아니요 바울이 자기 마음대로 나열해놓은 것도 아니다. 도리어 고린도 사람들이 가장 무시한 덕성들을 참조하여 골라 뽑은 것들이었다"]을 보라. 좀더 적절치 않게 재구성해놓은 것이지만, I. J. Martin이 재구성해놓은 것도 참고하라["I Corinthians 13 Interpreted by its Context," *JBR* 18 (1950), 101-5]. 그는 바울이 방언을 하는 자들에 반대했다고 추정한다. 그러나 그의 말은 **단 하나**도 문맥과 연관성이 없다.

435) 이런 시각을 살펴보려면, 4-7절을 다룬 Fee, 635-42을 보라. 이 문단은 **영**을 전혀 언급하지 않기 때문에 이 연구서에서는 그냥 넘어가도록 하겠다.

역설하고, 4-7절은 사랑의 **성격**을 묘사하며, 8-13절은 사랑이 **영원함**을 그림을 보여주듯 설명한다. 이 모든 내용은 결국 그들이 모든 이들에게 유익을 주려면(12:7) "**영**의 일들(것들)"을 열렬히 소망해야 한다(14:1)는 종착점으로 귀결된다.

그리하여 바울은 세 조건문을 잇달아 제시하며 "비교할 것이 없는 (좋은) 길"이 무엇인지 묘사하기 시작한다.[436] 그가 구사한 이 조건문들의 강력한 운율, 등장 순서는 필시 고린도 사람들(그리고 후대의 모든 **영**의 사람들)에게 정신이 버쩍 들게 하는 영향을 끼쳤을 것이다. 바울은 먼저 방언부터 이야기한다. 방언에 문제가 자리하고 있기 때문이다. 방언을 따로 떼어 다루는 이유도 그 때문이다. 이어 바울은 방언에서 논의를 확장하여 12장에서 다루었던 다양한 χαρίσματα를 포괄하여 이야기한다. 바울은 12장에서 χαρίσματα야말로 다양성이 필요한 부분임을 아주 힘차게 주장했다. 마지막으로 그는 자기를 희생하는 행위 사례들을 포함시킨다. 각 경우에 조건절은 바울 자신과 고린도 사람들이 그 행위가 가치 있는 행위라는 데 의견을 같이한다는 것을 전제로 삼는다. 따라서 바울이 여기서 문제 삼는 것은 사랑 없는 행위가 아니라 바로 사랑 없는 사람이다. 그가 여기서 말하는 행위들은 선한 것들이다. 선하지 않은 것은 4-7절이 묘사하는 대로 위선자인 사람이 행하는 사람이 행하는 경건을 내보이려고 꾸며낸 행위, 은사들을 과시하는 행위다. 이런 것들**이나** 사랑이 선하지 않은 것은 아니다. 또는 사랑이 **동기를 부여한** 이런 일들이 선하지 않은 게 아니다. 선하지 않은 것은 자기의 모든 삶을 온전히 사랑에 바치지 않는 사람

436) 각 문장은 일반론을 이야기하는 현재(present general)다(한 조건이 유력하다면, 다른 조건도 그러하다). 각 문장의 구조는 꼼꼼하게 (a) 조건절(두 번째와 세 번째 경우는 조건절이 둘이다), (b) 반의절(反意節)인 "그러나 사랑을 갖고 있지 않으면", 그리고 (c) 귀결절이라는 세 부분으로 이뤄져 있다. 1절은 귀결절을 더 길게 하고 조건절을 더 짧게 씀으로써 균형을 유지한다. 2절과 3절에서는 구사할 수 있는 귀결절 중 가장 짧은 귀결절을 구사하면서 조건절은 상세하게 제시하여 균형을 유지한다. 이 세 구절을 통틀어보면, 경탄할 만한 운율과 드라마 같은 효과를 가진 하나의 예술 작품이다.

이 행하는 이런 행위들이다. 사랑이 없으면, 하나님 앞에서 그 사람의 삶은 결국 아무 의미가 없다.

1절 13장을 시작하는 이 문장은 "만일 내가 사람들의 방언과 천사들의 말을 할지라도"라는 말로 전체 주장의 이유를 제시한다. 혹자는 고린도 사람들이 자신들을 그런 방언, 그런 말을 하는 이들로 믿었다고 확신할지 모르겠다. 실제로 고린도 사람들이 그렇게 믿고 있었다고 본다면, 바울이 여기서 갑자기 1인칭 단수로 옮겨간 까닭을 가장 잘 설명할 수 있다(참고. 14:14-15).[437] 이것 하나만 놓고 보면, 이것은 "유려하게 말하다"라는 의미일 수 있다. 일부 학자들은 그렇게 주장했으며 사람들도 보통 그렇게 이해한다. 그러나 이 말은 고립된 문언이 아니라, 12:28-30로부터 직접 이어지는 말이자 14:1-25을 귀띔하는 말이다. 때문에 바울이나 고린도 사람들은(혹은 두 쪽 다) 이 말을 "방언으로 말하다"로 이해했을 가능성이 아주 높다. 그렇다면 "사람들의 방언"은 **영**에 감동된 사람의 말[438]이지만 말하는 사람 자신이 알지 못하는 말을 가리킬 것이요, "천사들의 말"은 방언을 하는 자를 하늘의 고유 언어를 전달해주는 이로 보았던 당시의 이해를 반영한 말일 것이다.

적어도 고린도 사람들은, 그리고 어쩌면 바울도, 방언을 천사들의 언

---

437) 즉 바울이 자신을 가상 인물로 사용한 이유는 많은 고린도 사람들이 이와 같은 현실 속에 있었기 때문이다. 고린도 사람들을 이렇게 더 간접적인 방법으로(즉 1절 조건절의 주어를 고린도 사람들로 제시하지 않고 "나"로 제시하는 방법으로—옮긴이) 자신의 주장 속에 끌고 들어온 것 자체가 강력한 논증 형식이다. 아울러 14:6에서도 그렇지만, 이렇게 1인칭을 사용한 것은 바울이 방언으로 말하지 않은 것을 알고 그를 진정 πνευματικός (**영**의 사람)가 아닌 사람으로 여기며 반대했던 고린도 사람들의 밑바닥 정서를 반영한 것일 수도 있다; 참고. 2:15을 다룬 부분을 보라.

438) 12:10을 다룬 부분을 보라. Martin, *Spirit*, 43은 다른 많은 학자들과 함께 1절의 두 소유격(τῶν ἀνθρώπων, τῶν ἀγγέλων; 사람들의, 천사들의—옮긴이)이 "유려한 말솜씨와 황홀경에 취하여 하는 말"을 가리킨다고 보면서, 이 유려한 말솜씨는 고전 1-2장에서 볼 수 있는 고린도 사람들의 관심사를 반영한 것이라고 주장한다. 분명 그럴 수 있다. 그러나 문맥을 고려할 때 바울은 단지 "방언"을 서로 다른 두 형태로 묘사하고 있을 뿐이라고 보는 것이 더 타당할 것 같다.

어라고 생각했을 가능성이 아주 높아 보인다. 이는 다음 두 가지 이유 때문이다. (1) 유대교 자료가 제시하는 몇 가지 증거를 보면, 당시 사람들은 천사들이 천상에서 쓰는 고유 언어(특수 언어)를 갖고 있으며 사람들은 "**영**"을 통해 이 특수 언어를 말할 수 있다고 믿었다. 가령 「욥의 유언」(*Testament of Job*) 48-50장을 보면, 욥의 세 딸이 "은사의 띠"(charismatic sashes)[439]를 받는다. 이 띠를 차면, 가령 헤메라(Hemera)는 "황홀경에 빠져 천사들이 하는 말을 하고 천사들이 찬송하는 방식으로 하나님께 찬송을 올려드릴 수 있었다. 또 헤메라는 황홀경 상태에서 말할 때면 '**영**'이 자기 옷에 새겨지게 했다."[440] 하늘의 말을 이렇게 이해했기 때문에 고린도전서 14:2에 있는 말("**영**으로 비밀들을 말하다")이 나왔을 수도 있다. (2) 고린도 사람들이 자신들을 이미 천사들이 가진 실존(모습)을 어느 정도 드러내기 시작한 존재로 믿었다고 본다면, 고린도 사람들이 가졌던 "영성" 개념을 아주 잘 이해할 수 있다. 그렇게 보면, 그들이 성생활과 성의 역할을 터부시한 것도 설명할 수 있을 것이며(참고. 7:1-7; 11:2-16), 그들이 미래의 실존이 몸을 가지리란 것을 부인한 것도 어느 정도 설명할 수 있다(15:12, 35). 아울러 그들의 이런 "영성" 개념은 그들이 "지혜"와 "지식"에 특히 관심을 갖게 된 배경이 되었을지도 모른다. 그들은 자신들이 "천사들의 말"을 하는 것을 그들 자신이 그런 "영의" 상태에 "도달한" 증거로 여겼을 것이다. 그랬기 때문에 그들은 방언이라는 은사에 높은 가치를 부여했다.

그러나 바울의 관심사는 다른 곳에 있었다. 그들의 "영성" 개념은 그들의 온갖 행실에 온갖 흠이 있다는 증거를 드러내주었다. 그들의 "지식"은 교만을 불러왔고 "그리스도가 위하여 죽으신 형제를 파괴"하는 결과를 가져왔다(8:2, 11). 그들의 "지혜"는 싸움과 경쟁을 불러왔다(1:10; 3:4). 그들의 "방언"은 그 공동체에 덕을 세워주지도 못했고 이교도들이 예언의 말

---

439) 이 말은 R. P. Spittler, "The Testament of Job," in *OTP* 1.865에 나오는 말이다. 이 현상을 다른 시각에서 숙고한 내용들을 논의한 것을 보려면, Spittler, *OTP* 1.866 n. "f"를 보라.

440) 「욥의 유언」 48:3(Spittler의 번역).

씀에 응답하도록 이끌어주지도 못했다(14:1-25). 요컨대 그들의 영성은 **영**으로부터 유래한 것임을 증명해주는 첫 번째 증거, 곧 "사랑을 가짐"이라는 말로 표현할 수 있는 행위를 보여주지 못했다.

바울은 "그러나 사랑[441]을 갖고 있지 않으면"이라고 말하지만, 이 말은 사랑이 소유할 수 있는 어떤 것임을 시사하는 말이 아니다. 이 언어를 만들어낸 것은 이 산문의 고상한 문체다. "사랑을 갖다"라는 말은 "사랑을 따라 행하다"라는 뜻이다. 이는 마치 2절의 "예언을 갖다"(ἔχω προφητείαν)[36]가 "예언의 은사를 따라 말하다"[442]라는 뜻인 것과 같다. 또 사랑을 따라 행한다는 것은, 그리스도의 경우처럼, 다른 사람의 유익을 적극 추구한다는 말이다. 바울은 사랑을 따라 행한다는 말의 첫 번째 의미를 하나님이 당신 원수들을 위해 하신 행위에서 발견한다(롬 5:6-8). 이 행위는 그리스도의 삶과 죽음으로 극명하게 표현되었다. 따라서 "사랑을 갖다"라는 말은 하나님이 그리스도 안에서 우리들을 향해 행하신 방식대로 다른 사람들을 향해 행한다는 뜻이다. 그러므로 바울은 "**영** 안에서 행하는" 이들에게 권면할 때 "서로 사랑하라"라는 윤리 명령을 가장 먼저 내린다. 그가 제시하는 모든 윤리적 가르침들을 보면, 그 핵심에는 이 명령이 자리해 있다.[443] 그 윤리적 가르침들 속에 들어 있는 다른 권면들은 단지 그 명령을 상세히 설명한 것일 뿐이다.

---

441) 그리스어로 ἀγάπη다. 이 말은 고대 그리스 문헌에서 드물게 나타나긴 해도 아예 나타나지 않는 말은 아니다. 칠십인경도 하나님의 사랑을 이야기할 때 자주 이 말을 사용했다. 아마도 칠십인경의 이런 용례가 초기 그리스도인들이 이 말을 사용하게 된 원인이 되었을 것이다. 초기 그리스도인들은 특히 ἔρος (욕망을 품은 사랑) 및 φιλία (자연스러운 동정심이나 서로 품은 애정)와 다른 사랑을 가리키는 말로서 ἀγάπη를 썼을 가능성이 높다. W. Günther and H.-G. Link, *NIDNTT* 2.538-47; 그리고 G. Quell and E. Stauffer, *TDNT* 1.221-54이 논한 내용을 보라. 아울러 중요한 단행본인 J. Moffatt, *Love in the New Testament* (New York: Macmillan, 1930); A. Nygren, *Agape and Eros* (ET; London, 1932, 1939); 그리고 특히 Spicq, *Agapé* (1959)를 보라.

442) 달리 보는 견해는 Ellis, *Prophesy*, 52n29다. Ellis는 "여기서 예언은 비밀들을 인식하는 것을 포함한다"라고 주장한다.

443) 살전 4:9; 갈 5:13, 22; 롬 12:9; 13:8; 골 3:14; 엡 5:2을 보라.

이 문장이 던지는 마지막 일격은 "소리 나는 구리"와 "울리는 심벌즈"라는 말이다. "소리 나는 구리"가 무엇을 가리키는지 확실치 않다.[444] 그러나 이 말이 적어도 공허하고 무의미한 소리를 가리키는 은유인 것만은 확실하다.[445] 그리고 후자는 실제로 이방 종교 제의와 분명히 관련 있는 "악기"였다.[446] 그렇다면 이 "울리는 심벌즈"는 필시 12:2을 가리키는 말로서 고린도 사람들이 이전에 그런 제의들과 관련 있었던 것을 넌지시 일러주는 말일 것이다.[447] 고린도 사람들처럼 방언으로 말하면서 스스로 자신들이 "**영**에 속한" 사람이라고 생각하지만 정작 공동체를 세우는 일에는 아무 관심을 보이지 않는다면, 그 방언은 단지 알아들을 수 없는 말을 지껄이는 차원을 넘어 이방 종교 예배에서나 들을 수 있는 공허하고 무의미한 소음들이 될 뿐이다.

2절 바울은 이 두 번째 문장에서 시야를 넓혀 자신이 12:8-10에서 제시한 χαρίσματα 가운데 세 가지를 포함시킨다. 이 χαρίσματα 목록은 그가 12장에서 논지를 전개하면서 **영**이 하시는 일을 바라보는 고린도 사람들의

---

444) 그리스어로 χαλκὸς ἠχῶν이다(말 그대로 번역하면 "울리는 구리"). "소리 나는 구리"와 "울리는 심벌즈"(κύμβαλον ἀλαλάζον)[37] 가운데 전자가 더 수수께끼다. 이 "소리 나는 구리"를 "악기"로 사용했다고 알려주는 증거가 전혀 없기 때문이다. 근래에 와서 이것이 돌로 만든 원형극장에서 사용했던 동제(銅製) "음향증폭" 시스템을 반영한 말이라는 주장이 나왔다. W. Harris, "Echoing Bronze," *Journal of Acoustical Society of America* 70 (1981), 1184-85; idem, "'Sounding Brass' and Hellenistic Technology," *BAR* 8 (1982), 38-41을 보라; 참고. Murphy-O'Conner, *Corinth*, 76-77; 그리고 W. W. Klein, "Noisy Gong or Acoustic Vase? A Note on I Corinthians 13.1," *NTS* 32 (1986), 286-89.

445) 참고. K. L. Schmidt, *TDNT* 3.1037-39과 Spicq, *Agapé*, 69-70.[146] Schmidt와 Spicq는 이 말이 공허한 궤변론자나 웅변가를 조롱하던 항간의 정서를 반영한 것일 수 있다고 주장한다(참고. Fee에서 1:10-4:21을 다룬 부분의 서론).

446) 특히 퀴벨레를 섬기는 제의와 관련 있었다. 이 제의에서는 더 기괴한 형태의 "황홀경"들이 벌어지기도 했다. E. Peterson, *TDNT* 1.227-28; 그리고 K. L. Schmidt, *TDNT* 3.1037-39가 제시하는 증거를 보라; 참고. J. Quasten, *Musik und Gesang in den Kulten der heidnischen Antike und christlichen Frühzeit* (Münster, 1930).

447) 참고. H. Riesenfeld, "Note supplément sur I Cor. XIII," *Coniectanea Neo-testamentica* 10 (1946), 50-53.

지평을 넓혀줄 목적으로 직접 만들어 제시한 것이었다. 그리하여 바울은 **예언**을 논의 대상에 포함시킨다. 그는 줄곧 이 은사를 고린도 공동체에 가장 중요한 의미를 가진 것으로 생각한다.[448] 이어 그는 **지식**을 포함시키는데, 이 **지식**은 고린도 사람이 애호하는 또 한 가지 은사였다(참고. 1:5; 8:1). 그리고 마지막으로 **믿음**을 포함시킨다. 이 **믿음**에는 "산을 옮길 만한"(산을 옮길 수 있는)이라는 수식어가 붙어 있는데, 이런 믿음은 능력 있는 일들을 행할 수 있는 특별한 믿음의 은사를 의미한다(12:9을 다룬 부분을 보라).[449] 바울은 이 구절에서 자신이 말하려는 논점을 강조할 수 있는 데까지 강조할 요량으로 세 번에 걸쳐 **모든** 비밀들, **모든** 지식, **모든** 믿음이라고 말한다. 만일 어떤 사람이 모든 χαρίσματα(은사들)를 충만히 가졌다 할지라도 사랑으로 가득 차 있지 않다면, 실상 그 사람은 하나님이 보시기에 **아무것도 아닌 사람**일 뿐이다.[450]

그렇다면 바울은 "모든 비밀들과 모든 지식을 알다"[451]라는 말로 무엇을 말하려 했던 것일까? 이 "비밀들과 지식"이라는 말들은 유대교 묵시문헌에서 한데 어울려 나타나곤 하는데, 이는 유대교 묵시문헌에서 곧잘 볼 수 있는 특징 중 하나다.[452] 이 말들은 특히 하나님이 마지막 때에 펼쳐 보이실 종말론 드라마를 설명하는 대목에서 등장하곤 한다. 바울은 이제 이

448) 살전 5:19-20; 고전 11:4-5; 14:1-25을 다룬 부분을 보라.

449) 이 수식어는 바울이 예수의 가르침을 알았음을 보여주는 또 한 가지 확실한 증거로서 막 11:23과 마 17:20(참고. 눅 17:6)에서 다양하게 발견할 수 있는 예수의 말씀을 되비쳐준다. 이 문제를 살펴보려면, 4:16; 7:10, 25; 9:14을 다룬 부분을 보라.

450) 이 본문 자체에는 그런 사람이 하나님이 보시기에 아무것도 아닌 사람이라는 개념이 들어 있지 않다. 그러나 바울이 이 문장에서 구사하는 "아무것도 아님"이라는 말과 다음 3절 문장의 "아무 유익이 없다"라는 말은 분명 그런 의미다. 참고. Spicq, *Agapé*, 71[147].

451) εἰδῶ라는 동사는 "모든 비밀들"과 "모든 지식"이라는 두 명사를 모두 통제한다. 여기서 이 동사는 "이해하다"라는 의미임이 분명하다; 때문에 NIV는 "fathom"(헤아리다, 통찰하다)으로 번역해놓았다.

452) 가령 단 2:19-23, 28을 보라. 칠십인경에서 이 다니엘서 본문을 보면, 반복하는 언어 중에 σοφία γνῶσις μυστήρια ἀνακαλύπτω (드러내다, 베일을 벗기다)가 포함되어 있다; 「에녹1서」도 "그가 내게…의 모든 비밀들을 보여주셨다"라는 말을 되풀이한다(41:1; 52:2; 61:5; 63:3; 68:5; 71:4).

말을 하나님이 지금 당신의 길을 계시하심을 가리키는 말로, 특별히 그리스도인들이 받은 마지막 때의 **영**을 통해 특별 계시 형태로 당신의 길을 계시하심을 가리키는 말로 사용한다(참고 14:6).[453] 우리는 12:8이 말하는 "지식의 말씀"과 13:8-13에서 방언 및 예언과 함께 이야기하는 "지식"도 십중팔구 이런 의미로 이해해야 할 것이다.

조건절을 길게 썼던 바울은 귀결절은 그보다 짧게 하여 "나는 아무것도 아니라"라는 말로 2절을 끝맺는다. 이 말 자체가 뛰어난 웅변이다. 앞에서도 그랬지만, χαρίσματα를 나타내는 것이 **영**의 사람임을 확실히 보여주는 표지가 아니다. 그 표지는 그리스도인의 사랑이다.

3절 바울은 그의 시야를 훨씬 더 확장하여 이제는 사람들이 통상 정의하고 이해하는 χαρίσματα 개념을 훨씬 뛰어넘어 사람의 위대한 희생 사례들을 제시한다.[454] 오직 이것들만이 **영**이 하시는 활동은 아니다. 적어도 바울 또한 이것들을 **영**의 활동으로 정의하지 않는다. 따라서 여기서는 상세한 분석을 생략하도록 하겠다.[455] **지금 여기서** 중요한 것은 바울이 이 두 사례들(모든 재산을 나누어주어 음식을 먹게 함, 내 몸을 내어줌)을 여기에 포함시켰다는 점이다. 이는 바울이 여기서 사랑을 은사들과 대립하는 것으로 제시하지 않는다는 것을 분명히 보여주는 증거다. 오히려 바울은 여기서 어떤 이가 정녕 그리스도인이고자 한다면, 그가 절대로 우선시하며 필

---

453) Friedrich, *TDNT* 6,853-54은 다음과 같이 주장하지만, 본문의 지지를 전혀 받지 못하는 주장이다. "γνῶσις는 '**영**이 주시는 이성적 은사' 중 하나다. 이것은 사색을 통해 믿음의 비밀들을 깊이 생각함으로써 얻는 것이다.…이와 달리 예언은 **영**이 주시는 감동에 의존한다. 지식은 급작스러운 계시를 통해 주어진다. 예언자들이 드러낸 사상이나 이미지는 밖으로부터 예언자에게 주어진 것이었다." 이 주장은 12:7-11과 14:1-6에서 나타나는 바울 자신의 언어와 일치시키기가 힘들다.

454) Spicq, *Agapé*, 71[147]은 이것과 12:28에 있는 ἀντίλημψις (도움을 주는 행위들)가 연관성을 갖고 있다고 주장한다. 이는 의심스러운 주장이다. 여기서 강조하는 것은 다른 사람들을 돕는 것이 아니기 때문이다.

455) 상세한 분석은 Fee, 633-35에서 볼 수 있다.

요로 해야 하는 것은 바로 사랑이라고 주장한다. 바울은 계속하여 "그가 자랑할 목적으로 그 몸을 내어준다"라는 말을 할 것이다. 또 고린도 사람들에게 예언하기를 소망하라고 특별히 촉구할 것이다(14:1). 그리고 고린도 사람들이 사사로이 기도할 때는 방언을 하라고 격려할 것이다. 그러나 이 모든 것들 역시 무엇보다 "사랑을 나타내는" 삶 속에서 표출되어야 한다. 사랑이 없으면, 그리스도인으로 존재하는 첫 번째 의미를 놓쳐버리는 것이기 때문이다. 바울은 이 서신은 물론이요 이 부분에서 제시하는 주장에서도 사랑과 **영**을 연관 짓지 않는다. 그러나 다른 문맥들을 보면, 바울이 사랑을 신자의 삶 속에서 **영**이 행하시는 가장 중요한 일로 보고 있음을 아주 확실하게 알 수 있다. 특히 그가 갈라디아서 5:21-23(찾아보라)에서 제시하는 주장은 이 점을 분명하게 보여준다.

■ 고린도전서 13:8-11[456)]

8사랑은 결코 떨어지지[457)] 않는다. 그러나 예언은 있다가 사라질 것이요, 방언도 있다가 그칠 것이요, 지식도 있다가[458)] 사라지리라. **9**이는(for) 우리가 부분만 알고 부분만 예언하나, **10**완전한 것이 오면 부분인 것은[459)] 사라질 터이기 때문이라. **11**내가 어렸을 때는 어린이처럼 말했고,[460)] 어린이처럼 생각했으며, 어린

---

456) 4-7절은 바울의 주장에서 절대 중요한 부분이다. 특히 사랑을 묘사한 많은 단어들은 고린도 사람들의 행실과 반대되는 모습을 나타내주기 때문이다. 그러나 우리는 이 문단을 뛰어넘었다. 이 문단에는 **영**이라는 말도 없고 **영**과 직접 관련된 관심사들도 없기 때문이다.

457) 서방 사본들과 MajT는 복합어인 ἐκπίπτει로 기록되어 있다; 반면 P[46] ℵ A B C 048 243 33 1739 pc는 πίπτει로 되어 있다. 후자가 원문임이 거의 확실하다. 그러나 Harnack, "Hymn," 481n2는 견해를 달리 한다.

458) 몇몇 사본들(ℵ A F G 33 365 pc a)은 이를 복수형으로 기록하여 그 앞에 나온 복수형들과 일치시킨다. 그럼으로써 이 말이 가리키는 것이 12:8의 "지식의 말씀들"임을 분명히 한다.

459) MajT는 달리 뒷받침해주는 근거가 없는데도 τότε를 덧붙여놓았다. 이는 필시 12절의 영향인 것 같다. 그러나 이것은 그 뒤에 나오는 τότε가 말하고자 하는 것을 모두 놓쳐버린 것이다. 그 뒤에 나오는 τότε는 논리에 맞지 않는 "그때"이지만, 이는 현재인 "지금"과 종말의 때인 "그때"를 대조하는 말이기 때문이다.

460) P[46]과 MajT가 제시하는 어순("어린이처럼 나는 말했다, 등등"; 그리스어로 ὡς νήπιος

이처럼 이치를 따졌다. 내가 어른이 되었을 때는[461] 어릴 때 일들을 버렸다. [12]이는(for) 우리가 아직은 수수께끼를 보는 것처럼 거울을 통해 보고 있지만, 그때가 되면 얼굴과 얼굴을 마주하고 볼 것이기 때문이라. 아직은 내가 부분만 알지만, 그때가 되면 내가 지금 완전히 알려져 있는 것과 똑같이 내가 완전히 알리라. [13]그런즉 이제 믿음, 소망, 사랑, 이 셋이 남아 있으니, 이들 가운데 가장 큰 것은 사랑이라.

바울은 사랑을 다룬 이 조그만 간주곡(13장)을 몇 개 대조문을 잇달아 제시하며 시작했다(1-3절). 그는 이 대조문 묶음에서 아무리 어떤 사람이 χαρίσματα(은사들)와 선행들을 행한다 할지라도 그리스도인으로서 사랑을 가지지 않으면 그런 은사들과 선행들이 그에게 전혀 유익이 없을 것이라고 역설했다. 그리고 바울은 4-7절에서 ἀγάπη(사랑)를 한 편의 서정시 같은 표현으로 묘사했다. 뒤이어 그는 이제 이 문단에서 또 다른 대조문 묶음을 제시하며 여기 13장에서 제시한 주장을 매듭짓는다. 사랑은 "비교할 것이 없는 길"이다. χαρίσματα는 우리가 현재 가진 종말의 실존이라는 틀 안에서만 그 역할을 행한다. 그러나 ἀγάπη는 우리가 지금은 물론이요 앞으로 영원히 갖게 될 실존을 규정한다. 그러기에 사랑이 우월하다. 이는 단지 지금만 존재하는 것(χαρίσματα)이 더 못한 것이기 때문이 아니라, 지금은 물론이요 앞으로 영원히 존재할 것(ἀγάπη)이 교회의 삶 속에서 χαρίσματα가 **어떻게** 그 기능을 행해야 하는지 일러주는 것이기 때문이다.

하지만 바울이 여기서 제시하는 주장에서 더 힘써 강조하는 것은 은사가 본질상 "**오직** 현재에만 효력을 가지고 있다"라는 것이지, 사랑의 영원성이 아니다. 물론 사랑은 늘 표면에 가까운 곳에서 맴돌고 있다. 그러

ἐλάλουν이다. NA[27]은 ἐλάλουν ὡς νήπιος로 되어 있다 – 옮긴이)을 원문으로 보는 주장을 보려면, Zuntz, *Text*, 128-29을 보라. Zuntz의 주장이 십중팔구 맞을 것이다. 그가 말하듯이, 바울이 강조하는 것은 동사들이 아니라, 그가 반복하는 말인 ὡς νήπιος이기 때문이다.

461) MajT는 몇몇 서방 사본의 지지를 등에 업고 δέ를 덧붙인다. 그러나 이 δέ는 아무리 봐도 위조다. Zuntz, *Text*, 189n8을 보라.

나 바울은 사랑을 거의 언급하지 않는다(8a절과 13절에서만 언급한다). 도리어 그가 여기서 제시하는 주장의 핵심은 은사들이 장차 사라질 것이라는 사실이다(8b-12절). 이런 강조점을 이해할 수 있는 실마리는 고린도 사람들이 방언을 그들이 **영**에 속한 사람임(영성)을 보여주는 증거로 이해했다는 점에서 찾을 수 있다. 문제는 "지나치게 **영**에 치우친" 그들의 종말론이었다. 그들은 천사의 말인 방언을 마치 그들 자신이 **영**에 속한 실존의 궁극 상태에 이미 동참하고 있는 것처럼 일러주는 증거로 생각했다.[462] 이 본문이 교훈(가르침을 담은 설교)의 색깔을 은근히 띠는 것도 그 때문이다. 그렇다고 이것이 곧 바울이 은사들을 비판했다는 말은 아니다. 바울은 여기서 이런 주장을 통해 은사들을 종말론의 시각으로 바라볼 수 있게 해준다. 바울은 1:7에서 이미 자신의 시각을 이렇게 천명했다. "너희가 우리 주 예수 그리스도의 나타나심을 열렬히 기다릴 때 너희가 모든 χάρισμα(은사)에 부족함이 없느니라." 이제 그는 다시 은사들이 미래에 속한 것이 **아니라**, 오직 현재에 속해 있을 뿐이라고 역설한다. 고린도 사람들은 바로 이 점을 잘못 알고 있었다. 아이러니는, 그들이 자신들이 미래에 속한 실존임을 일러주는 증거로 여겼던 은사들이 미래에는 사라질 것이라는 점이다(8a절). 그것들은 "부분성"을 띤다(9절). 그것들은 어른들이 아니라 어린이 같은 존재다(11절). 그것들은 누군가를 훤히 꿰뚫어보는 것이 아니라 거울을 들여다보는 것과 마찬가지다(12절).

바울의 이런 강조점을 그가 **영**의 나타나심들(표현 양상들)을 평가 절하한 것으로 오해해서는 안 된다.[463] 사실 우리는 여전히 현재 속에서 살고 있다. 현재에는 은사들이 **영**이 공동체를 세워가시는 방편 가운데 하나다. 그렇다 해도 사랑은 그런 모든 **영**의 나타나심이 존재하는 **이유**로서 우월한 위치를 차지해야 한다. 이런 이유로 바울은 14장에서 은사들과 관련된

462) 고전 15장에도 유사한 주장이 있는데, 특별히 이 부분과 관련 있다.
463) **영**이 은사들의 근원이며 바울 자신이 예언을 아주 높이 평가한 점을 생각하면, 이런 오해는 애초부터 불가능하다. 12:1-14:40을 다룬 부분 중 주236도 함께 보라.

불균형을 계속하여 바로잡아갈 뿐 아니라, 은사들을 올바로 사용할 것을 계속하여 촉구한다. 바울은 사랑을 추구하라고 말한다(14:1). 오직 사랑만이 영원하기 때문이다(13:8, 13). 그러나 사랑은 현재에 고린도 사람들이 공동체를 세워주는 **영**의 나타나심을 열렬히 소망해야 한다는 것을 뜻하는 말이기도 하다.

8절 이 문단은 "사랑은 결코 떨어지지[464] 않는다"라는 유명한 말로 시작한다. 그러나 이 말이 바울이 하고자 하는 말인가는 확실치 않다. 우선 이 말은 7절을 끝맺는 말로서 "사랑은 결코 패하지 않으며, 결코 무너지지 않는다. 사랑은 퇴짜를 맞을 때도 끈질기게 존속한다"라는 의미일 수 있다. 반면 몇 가지 사항들은 이 말이 지금 이 문단(8-13절)의 시작 역할을 하는 것이자[465] 13절의 "남아 있다"라는 동사 그리고 8절의 "사라지다" 및 "그치다"라는 동사와 대립하는 말로서 바울이 여기에 기록해둔 말임을 시사한다. 만일 그렇다면, 이 말은 "사랑은 결코 끝나지 않으며 효력을 잃지도 않는다"라는 의미일 것이다. 어쩌면 이 비유 언어가 아주 모호하다 보니, 두 뉘앙스가 다 맞을지도 모른다. "사랑은 결코 떨어지지 않는다"라는 말에는 사랑은 결코 소멸되지 않는다는 뜻이 들어 있다. 이는 결국 사랑이 하나님의 성품을 반영한다는 뜻이요, 사랑이 현재 모습을 잃고 요동치는 법이 없다는 뜻이다. 그러나 바로 그런 사랑의 실체가 사랑에게 영원성

464) 그리스어로 πίπτει다. 이 말은 말 그대로 "떨어지다"라는 뜻이다. 신약성경은 이 말을 죄나 배교의 길로 "떨어짐"을 가리키는 비유로 사용하거나(참고. 10:8, 12) 혹은 "그 힘을 빼앗긴 채 그 효력을 잃어버리다"(눅 16:17)라는 뜻으로 사용한다. W. Michaelis, *TDNT* 6.164-66이 논한 내용을 보라.

465) 특히 이런 사항들이 그렇다. (1) 바울은 ἡ ἀγάπη라는 주어를 반복하는데, 이는 이 말이 바로 그 앞에서 잇달아 제시한 내용의 일부가 더 이상 아니라는 것을 가장 강력하게 시사해준다. (2) 8절에서 세 은사들 앞에 자리한 δέ와 이 세 은사 앞에서 각각 반복하여 나타나는 εἴτε는 바울이 이 세 은사들을 "사랑은 결코 떨어지지 않는다"라는 문장과 대립시킬 목적으로 일부러 집어넣었다는 것을 시사한다. (3) πίπτει라는 동사는 이 문단을 맺을 때 13절에서 쓴 동사 μένει (남아 있다)와 대조를 이룬다.

을 부여하며, 그래서 사랑을 제외한 다른 모든 것들이 그 고유한 종말을 맞은 뒤에도 사랑은 "여전히 남아 있는" 것이다. 어쨌든 바울이 지금 초점을 맞추는 것은 후자 개념("사랑은 결코 끝나지 않으며 효력을 잃지도 않는다")이다.

바울은 바로 앞 구절인 7절까지 사랑을 기막히게 묘사했다. 그러나 그는 그렇게 사랑을 묘사하면서도 자기가 주장하는 전체 논지를 철저히 염두에 두고 있었다. 그리하여 그는 세 χαρίσματα(은사들)[466]를 제시한다. 바울은 불멸성을 지닌 사랑과 달리 이 은사들은 결국 "끝을 맞게 될 것"이라고 말한다. 바울이 이 세 은사를 골라 여기에 적어놓은 의미를 굳이 찾는다면, 그가 첫 번째로 제시한 "예언들"을 공동체에 덕을 세워주는 은사로 선호했다는 사실에서 찾을 수 있겠다. "예언들"과 달리 다른 두 은사들은 고린도 사람들이 좋아한 은사들이었다. 이 두 경우(예언들/방언과 지식), 그러니까 이 모든 은사들은 지금 이미 마지막(종말의) 때를 살아가는 교회의 실존을 생각하여 **영**이 당신을 나타내신 양상들이다. 하나님의 새 백성은 마지막 때의 실존 속에서 "두 시대 사이에 있는" 삶을 살아간다. 즉 예수의 죽음과 부활 그리고 그 뒤에 **영**을 부어주심을 통하여 **시작된 마지막 때**와 하나님이 "만유 안에 만유"가 되심으로 **완성될 마지막 때**(15:20-28을 보라) 사이에서 살아가고 있는 것이다. 그래서 바울은 χαρίσματα의 일시성, 잠정성을 묘사할 때도 전형적인 종말론 동사를 골라 쓰며, 이 서신의 다른 부분에서도 단지 현세에 속한 것이 시간이 감에 따라 "사라짐"을 나타낼 때 이 동사를 사용한다.[467] 이런 동사 선택은 10절에서도 다시 나타나는데,

---

466) 이 셋 모두 12:8-10에서 제시한 첫 목록에서 등장한다. 이들은 바울이 현재 제시하는 주장을 담은 13:1-2에서 다시 등장한다.

467) 그리스어로 καταργέω다(참고. 1:28; 2:6; 6:13; 15:24-26; 살후 2:8). 여기서는 "예언" 및 "지식"과 함께 사용했다. 일부 사람들은[가령 MacArthur, 359; 참고. S. D. Toussaint, "First Corinthians Thirteen and the Tongues Question," *BSac* 120 (1963), 311-16] 바울이 방언을 이야기할 때 [태(態)는 물론이요] 동사를 바꾼 것을 놓고[동사를 καταργέω의 3인칭 복수/3인칭 단수 미래 수동태 형태인 καταργηθήσονται/καταργηθήσεται에서 παύω (그치다, 그치게 하다)의 3인칭 복수 미래 중간태 형태인 παύσονται로 바꾸었다 — 옮긴이], 마치 이

이 본문에서 대조하는 것들이 어떤 성숙과 관련된 게 아니라 종말론과 관련 있다는 것을 미리 귀띔해준다.

한 가지 더 짚어두어야 할 것은 이 본문에 있는 "지식"이 평범한 인간의 앎이나 학식을 의미하지 않는다는 점이다. 도리어 이 "지식"은 **영**의 특별한 나타나심으로서 계시된 "비밀들"을 이해하는(13:2) "지식의 말씀"(12:8)을 가리킨다.[468] 이 "지식"은 특별히 이 시대에 하나님의 길을 "아는 것"과 관련 있다.[469] 이는 9절과 12b절이 분명하게 일러준다. 이 두 구절을 보면, 이 시대 "지식"의 형태는 "부분"이라 부르는 반면, **마지막 때**에는 "얼굴과 얼굴이 마주보듯" 알게 될 것이라고 말한다. **마지막 때**에 갖게 될 이 앎은 "완전한" 것이요 하나님이 우리를 아시는 것과 같은 특성을 갖는다.

9-10절 바울은 이제 그가 8절에서 강조했던 것을 설명하기[470] 시작한다. 바울은 "부분만"이라는 말을 써서 "오직 현재에만" 효력을 가지는 은사들의 본질을 묘사하고(이 은사들에게 일어날 일을 일러줄 목적으로 8절에서 사용했던 "사라지다"라는 동사를 다시 쓴다),[471] "완전한 것/온전한 것"[472]이라는

것이 방언은 예언과 지식보다 앞서 그칠 수 있다는 것을 말해주는 것처럼 여기며 독립된 의미를 부여한다. 그러나 이런 동사 변화는 필시 바울이 구사한 수사일 것이다. 이를 수사로 여기지 않게 되면 정작 바울 자신이 아무 관심을 보이지 않은 것을 더 중시하는 결과를 가져오게 된다. 영어에서는 "그치다"(cease)와 "사라지다"(pass away)를 같은 문맥에서 사용할 경우 양자의 의미 차이를 확실히 구별할 수 없다. 마찬가지로 이 문맥에서도 καταργέω와 παύω의 의미 차이를 구별할 수가 없다[NIV는 방언에 "잠잠해지다"(be stilled)라는 말을 골라 썼는데, 적절하면서도 교묘한 표현이다]. 동사가 바뀌면서 태도 수동태에서 중간태로 바뀌었다.

468) 참고. N. Johansson, "I Cor. xiii and I Cor. xiv," *NTS* 10 (1964), 389 그리고 Miguens, "Reconsidered," 82. 그러나 이 두 사람은 이런 γνῶσις의 내용이 무엇인가를 놓고 상당한 이견을 드러낸다. 고후 8:7과 11:6도 필시 이 용례일 가능성이 높다(찾아보라).

469) 참고. 고후 11:6. 여기서 바울이 가졌다 주장하는 지식의 은사는 십중팔구 고후 10:5에서 말하는 "하나님을 아는 지식"(개역개정: 하나님 아는 것)으로 이해해야 할 것이다.

470) 이어지는 내용이 설명임을 가리키는 γάρ가 다시 등장한 점에 주목하라. 12:12-14에서 마지막으로 모습을 보였던 이 말(참고. 1-11장에서는 자주 등장했다)은 바울이 그가 즐겨 구사하는 논쟁 스타일로 다시 돌아왔다는 증거다. 14장에서는 이런 논쟁 스타일이 대세를 이룬다.

말을 써서 "부분으로" 존재하던 것이 끝나게 될 때를 묘사한다. 바울이 여기서 때로 "성숙함"(장성함)을 의미할 수 있는 "완전한 것/온전한 것"이라는 실사(實辭)를 사용하고 그가 구사하는 첫 번째 유비(어린이와 어른)가 모호성을 띠다 보니, 일부 사람들은 그가 여기서 "미숙"과 "성숙"을 대조하고 있다고 생각하게 되었다.[473] 그러나 그럴 가능성은 없다. 바울이 대조하는

471) 바울이 앞 구절에서 말했던 예언과 지식을 다시 9절에서 골라 쓰고 있지만, 이는 아무 "의미가" 없다. 바울이 이렇게 한 것은 문체 때문이기도 하고, "방언들"은 이 문장들의 표현방식과 잘 들어맞지 않는다는 사실 때문이기도 하다. "우리는 부분만 방언한다"라는 말도 굳이 쓰려면 쓸 수 있겠지만, 그런 말은 특별히 의미가 없다. 그러나 12:8-10에서 제시하는 다른 모든 χαρίσματα와 마찬가지로 방언들도 이 주장 부분에 포함되어 있는 것으로 이해해야 한다. Miguens, "Reconsidered," 90 그리고 Martin, *Spirit*, 53-54은 다른 견해를 피력한다. 이 두 사람은 "지식"이 고린도 사람들이 상찬(賞讚)했던 은사지만 여기서는 이 "지식"을 기본적으로 비판하고 있다고 주장한다. 바울이 14장에서 제시하는 주장(특히 6절)은 이런 견해를 반박한다.

472) 그리스어로 τὸ τέλειον이다; 참고. 2:7. 이 τέλειον이라는 말은 동사 τελειόω의 형용사다. 이 두 말은 무언가를 "끝내다, 완성하다"라는 뜻이다. 물론 이 두 말은 무언가를 "완전하게 만들어주다" 또는 무언가가 "완전해지다"라는 더 깊은 의미도 함께 갖고 있다. 즉 무언가를 완결하는 것은 무언가를 완전하게 만드는 것이다. 이런 점에서 하나님을 τέλειος라고 표현할 수 있는데(마 5:48), 이때 이 말은 오직 "완전하다"라는 의미를 가질 뿐이다. 이 말이 지금 이 문장에서 가지는 의미를 결정해주는 요인은 이 말이 곧 ἐκ μέρους("부분만/부분으로") 인 것이 도달하게 될 최종 목표를 가리킨다는 점이다. 따라서 τελειόω라는 말은 결국 "궁극의 목표 내지 목적을 이루다"라는 의미를 가지는 셈이다(BAGD). 그러기에 여기서도 "완전한"이라는 뉘앙스를 갖는 것 같다.

473) 이런 견해는 τὸ τέλειον을 어떻게 이해하는가에 따라 몇 가지 형태로 나타났다. (1) 일부 사람들은 τὸ τέλειον이 사랑 자체를 가리킨다고 본다. 이 견해에 따르면, 은사들을 얻으려는 고린도 사람들의 욕망은 그들의 미성숙을 보여주는 것이다. 그들이 충만한 사랑을 갖게 되면 어린이나 가질 법한 그런 욕망들을 내버리게 될 것이다(가령 Findlay, 900; Bruce, 128; Johansson, "I Cor. xiii," 389-90; Miguens, "Reconsidered," 87-97; Holladay, 174). (2) 다른 사람들은 "완전한 것"이 신약성경 자체가 제시하는 완전한 계시를 가리킨다고 본다. 이들은 신약성경이 완성되면 은사를 통해 "부분성을 띤" 형태로 주어지던 계시가 없어질 것이라는 뜻이라고 해석한다. B. B. Warfield는 이런 입장에서 고전적 설명을 제시했는데, 이를 이 시대 개혁파 신학자들과 세대주의 신학자들이 다양한 경로로 물려받았다. 이 견해의 해석론에는 의심스러운 점이 있다. 바울 자신이 그런 설명을 했을 리 만무하기 때문이다. (3) 또 다른 사람들은 τὸ τέλειον을 그리스도의 몸인 교회가 성숙한 모습을 갖추게 됨을 가리킨다고 보다. 이들은 때로 교회가 정규 성직자 제도를 더 갖추게 되었을 때 교회가 성숙한 모습을 갖추게 되었다고 보거나(그 근거로 엡 4:11-13을 든다) 혹은 유대인과 이방인이 한 몸을 이루게 되었을 때 교회가 성숙한 모습을 갖추게 되었다고 본다[가령 J. R. McRay, "*To Teleion* in I Corinthians 13:10," *RestQ* 14 (1971), 168-83; 그리고 R. L. Thomas, "'Tongues…Will Cease,'" *JETS* 17 (1974), 81-89을 보라]. 이 견해는 11절을 유추한 점을

것들은 은사들의 부분성과 관련 있지, 신자들 자신의 미성숙함과 관련 있는 게 아니기 때문이다.[474] 더욱이 이 접근법은 기껏해야 모호하기만 한 그 유비(어린이와 어른)를 바울이 제시하는 전체 주장 및 그가 12b절에서 분명하게 밝힌 말보다 더 우선시한다. 바울은 9절의 첫 절에서 사용했던 "우리가 부분만 안다"[475]라는 말을 오로지 종말을 이야기하는 문맥으로 해석할 수밖에 없는 12b절에서 그대로[476] 되풀이한다. 바울의 주장은 순환론처럼 보인다. 그러나 그는 "지금"과 "(장차 임할) 그때", 완전하지 않은 것(비록 현재 교회의 실존에는 나무랄 데 없이 적절한 것이지만)과 완전한 것을 구별하고 있다. 그리스도 안에서 완전하지 않은 것이 마지막 운명을 맞게 될 때, "우리는 얼굴과 얼굴을 마주하여 보게 되고" "우리가 (하나님께 완전히) 알려져 있는 것처럼 (완전히) 알게 된다."[477]

이는 곧 "부분만/부분으로"라는 문구가 완전하지 않은 것, 혹은 적어도 그 자체 완전하지 않은 것을 가리킨다는 뜻이다. 이 문구 자체에는 "일

빼곤 칭찬할 만한 구석이 거의 없다. 기껏해야 오해에서 비롯된 강조일 뿐이다.

우리가 철저히 지성에 의존하고 순화된—그러면서도 온화한—모습을 갖고 있지만 다른 한편으로는 **영**의 부재로 말미암아 초자연성을 띤 은사들은 찾아볼 수도 없는 우리의 신앙 브랜드를 "성숙한" 신앙으로 여겨야 한다는 것은 어쩌면 서양 기독교를 고발하는 것일지도 모른다! 결국 시대의 전환점을 나타내는 표지는 서양의 합리주의가 아니라 **영**이시다. **영**의 나타나심들(은사들)을 부인하는 것은 이미 지금 마지막 때를 살아가고 있는 우리의 실존을, 이미 시작된 **종말**에 속해 있는 우리의 실존을 부인하는 것이다.

474) 비록 바울이 "우리가 부분만 안다"라고 말하긴 하지만, 그가 강조하는 것은 고린도 사람들의 미성숙성이 아니라, 은사들이 (절대성이 아니라) 상대성을 갖고 있다는 점이다. 이를 설명해주는 증거는 이런 것들이다. (1) "우리가 부분만 안다"를 8절과 이어주는 γάρ다. 8절에서 바울이 말하는 것은 **이런 은사들**이 사라지리라는 것이지, 고린도 사람들이 자라가야 한다는 것이 아니다. (2) "우리가 부분만 예언한다"라는 말도 그 증거다. 이 말은 선지자들이 아니라 예언들과 관련 있다고 볼 경우에만 그 의미를 이해할 수 있다.

475) 9절이 "알다"를 명사 대신 동사를 써서 표현했다 하여[8절에서는 γνῶσις (지식)라는 명사를 썼는데, 9절에서는 "알다"라는 의미를 가진 그리스어 동사 γινώσκω를 썼다 하여—옮긴이) 이런 점에 중요한 의미를 부여할 수는 없다. 8:1-2의 용례는 여기서 쓴 γινώσκω라는 동사가 "지식을 갖다"라는 의미임을 시사한다. 이 문맥에서 이 동사는 지식의 은사를 가짐을 뜻한다.

476) 복수형에서 단수형으로(1인칭 복수 현재 능동태 직설법 형태인 γινώσκομεν에서 1인칭 단수 현재 능동태 직설법 형태인 γινώσκω로—옮긴이) 바뀐 것만 제외하면 변함이 없다.

477) 참고. Grudem, *Gift*, 148-49. 특히 주59에서 ἐκ μέρους를 논한 내용을 참고하라.

시적"이나 "상대적"이라는 의미가 담겨 있지 않다. 그런 의미는 이 문구가 자리한 문맥과 12절의 "지금은(아직은)…그때가 되면"이라는 말로부터 끄집어낸 것이다. 그러나 "부분만"이라는 말도 "일시적"이나 "상대적"이라는 의미를 암시하긴 한다. 바울이 "부분"이라고 말하는 이유는 그것이 종말의 완성이 아니라 종말의 시작인 이 시대에 속해 있기 때문이다. 이런 은사들은 "우리 주 예수 그리스도의 나타나심을 열렬히 기다리는"(1:7) 교회에 덕을 세우는 것과 관련 있다. 12절이 구사하는 언어가 본질상 종말론 색채를 띤다는 점은 "완전한 것"이라는 말이 현세에 존재하는 어떤 "완전함"이 아니라 종말(마지막 때) 자체와 관련 있음을 시사한다.[478] 그렇다고 마지막 때가 "완전한 것"이라는 말은 아니다. "완전한 것"은 마지막 때가 지닌 의미를 그리 잘 나타내는 말이 아니다. 오히려 "완전한 것"은 마지막 때에, 그러니까 **종착점**에 이르렀을 때 일어날 일이다. 그리스도가 다시 오실 때 하나님이 그리스도 안에서 행하신 구원 사역의 최종 목적이 이루어질 것이다. 이 시대에는 교회를 세우는 데 은사들이 필요하지만, 그때가 되면 이런 은사들도 사라질 것이다. "완전한 것"이 오기 때문이다. 여기서 바르트가 비유를 써서 제시한 기막힌 표현을 인용해보겠다. "**태양**이 떠오르기 **때문에** 모든 조명들을 끄게 된다."[479]

11절 바울은 "부분"과 "완전한 것"이라는 테마들과 함께 10절에서 구사했던 "사라지다"[480]라는 동사를 되울려주면서, 자신이 9-10절에서 말하고

478) 참고. Grudem, *Gift*, 210-19에서 논하는 내용. 이 내용 중에는 주473에서 제시한 견해들을 반박하는 내용도 들어 있다.

479) K. Barth, *The Resurrection of the Dead* (ET; London, 1933), 86.

480) 그러나 이제는 능동형이다(8절과 10절의 καταργηθήσεται는 καταργέω의 3인칭 단수 미래 수동태 직설법 형태이지만, 11절의 κατήργηκα는 καταργέω의 1인칭 단수 완료 능동태 직설법 형태—옮긴이). 이 말은 이 서신에서 오직 여기서만 나타나는데, 여기서는 꼭 종말론과 관련 있는 것은 아니다. 바울이 여기서 이 말을 골라 쓴 이유는 앞 문장들에서 이 말을 썼기 때문이다. 이 말은 "제거하다"라는 의미이지만, "한쪽으로 제쳐두다"라는 이미지와 일치하는 말이기도 하다.

자 했던 의도를 유비를 통해 표현한다. 유비 자체는 평범하다.[481] 어른은 어린이[482]처럼 "말하거나" "생각하거나" "이치를 따지는" 일을 계속하지 않는다. 바울은 여기서, 이 단락 다른 곳에서(13:1) 방언과 함께 사용했던 "말하다"(λαλέω)라는 동사를 쓴다. 또 그는 14:20에서 어린이처럼 생각하는 것과 어른처럼 생각하는 것을 대조한다. 그래서 "어린이처럼 말하다"라는 이 유비는 방언으로 말하는 것을 가리킨다고 보는 것이 통설이다.[483] 방언은 "어린이 같은"[484] 행위이기 때문에 바울은 지금 고린도 사람들에게 이 방언을 한쪽으로 제쳐놓고 사랑을 추구하라고 독려한다는 것이다. 그러나 이런 견해는 바울이 여기는 물론이요 12:4-11과 14:1-40에서 제시하는 주장 자체와 충돌한다.[485]

바울이 이 문맥에서 강조하는 점은 "어린이 같음" 및 "자라감"(장성함)과 관련된 게 아니라, 현재와 미래의 차이와 관련 있다. 그는 지금 은사들이 사라질 때가 오리라는 것을 설명하고 있다.[486] 따라서 이 어린이와 어른이라는 유비는 한 사람의 삶에서 한 시기에나 어울릴 행동은 다른 시기에는 어울리지 않는다는 것을 일러준다. 다른 것이 오면, 그 이전에 있던 것은 "없어진다." 그런 일이 종말이 임할 때도 이루어질 것이다. 어린이가 할 행동은 실제로 어린 시절에나 어울리는 법이다. 이 어린이라는 유비가 가리키는 은사들은[487] 현재 교회의 삶에 어울리는 것들이다. 바울의 관점에

---

481) Conzelmann, 226n84를 보라.

482) 그리스어로 νήπιος다. 이 말은 보통 여기 경우처럼 아주 어린아이를 가리킨다.

483) 그러나 Conzelmann, 226n85가 말하듯이, 이 주장은 과거 시제와 1인칭 단수를 쓰는 바람에(λαλέω의 1인칭 단수 미완료 능동형인 ἐλάλουν을 썼다 – 옮긴이) 무너지고 말았다. 결국 바울은 자신이 고린도의 모든 사람보다 더 많이 방언으로 말한다는 것을 털어놓은 셈이다(14:18).

484) 참고. NIV, "childish ways"; 영어의 "유치한"(어린이 같은, childish)이라는 말은 바울이 이 유비를 통해 시사하는 의미보다 훨씬 더 경멸하는 뜻을 담고 있다.

485) 고린도 사람들의 "어린이 같음"은 방언을 열렬히 추구하는 그들의 모습에서 나타난다. 그러나 결국 그런 모습 때문에 바울이 "**영**의 나타나심들"로 여기는 **영**의 은사들이 조롱당하고 비판받는 결과만 나타났을 뿐이다.

486) 참고. Parry, 195. "이것은 단지 설명이지, 은유로서 사용한 νήπιος와 τέλειος를 가리키는 게 아니다."

서 보면 특히 더 그러하다. 바울은 이 은사들을 교회가 한 몸이 되어 살아가는 삶 속에서 **영**이 적극적으로 행하시는 활동으로 보기 때문이다. 그렇지만 이런 은사들은 교회가 마지막 때 갖게 될 실존에는 어울리지 않는 것들이다. 그때가 되면, 그가 12절에서 계속 주장하는 것처럼, "내가 완전히 알려져 있는 것과 똑같이 내가 완전히 알 것"이기 때문이다. 그런 점에서 은연중에 이 은사들은 종말에 이르러도 없어지지 않을 사랑과 대조를 이룬다. 지금 사랑은 은사들을 제거하지 않는다. 그러나 사랑은 지금은 물론이요 앞으로 영원히 그리스도인의 삶에 절대 필요한 것이다. 하지만 은사들은 영원하지 않다. 은사들은 그리스도의 몸을 세우는 데 도움을 주어야 한다. 그러나 이 은사들은 **오직** 현재만 존속할 뿐이며, 이 경우에도 반드시 그 몸에 덕을 세워야 한다.

12절 바울은 이제 또 다른 유비로 옮겨간다. 그는 이 유비를 곧장 적용한다. 바울은 12절 문장들에서 "아직은…하지만, 그러나 그때가 되면"이라는 말을 반복하여 사용한다. 덕분에 고린도 사람들의 현재 실존과 그들이 미래에 갖게 될 실존은 더 첨예한 대조를 이루게 된다. 더욱이 바울이 이유를 설명하는 의미를 지닌 "이는"(for)을 써서 12절의 문장들과 11절을 결합한다는 사실은 그가 앞서 구사한 유비(=어린이와 어른)가 본디 두 가지 실존 양식(=현재의 실존과 종말의 실존)과 관련 있는 것이지, "자라감" 그리고 어린이 같은 행동을 제거함과 관련된 것은 아님을 더 깊이 시사한다.

첫 문장인 "이처럼 우리가 아직은[488] *ἐν αἰνίγματι*(수수께끼를 보는 것

---

487) 이 은사 중에는 비단 방언만 포함되는 게 아니다. 사실 바울은 8절 다음에 제시하는 주장에서는 방언을 그렇게 없어질 은사로 들지 않는다. 이 시점에서 방언은 단지 **영**에 감동된 모든 은사들 가운데 하나로서(12:7-11에서 특별히 **영**의 역할을 강조하는 점에 주목하라) 현재 교회의 삶을 구성하는 일부일 뿐이다.

488) 그리스어로 ἄρτι다. 이 부사는 고전 그리스어에서는 "바로 지금(방금)"을 뜻했다(참고. 마 9:18). 그러나 헬레니즘 시대 그리스어에서는 더 나아가 "대체로 지금은"이라는 의미를 가짐으로써 특별히 "현세"(현 시대)를 가리키게 되었다. 신약성경에서는 이런 의미를 가진 용례가 대다수다. 이 ἄρτι를 τότε (그때/그때가 되면)와 대립하는 의미로 문장 속에 넣어두게 되

처럼)[489] 거울을 통해 보고 있지만,[490] 그때가 되면[491] 얼굴과 얼굴을[492] (마주하고 볼 것이기 때문이라)"(그리스어 본문에는 "마주하고 볼 것이기 때문이라"가 없다 — 옮긴이)는 특히 고린도 사람들의 정황과 관련 있다. 고린도는 고대에 가장 뛰어난 몇몇 청동거울(동경, 銅鏡) 생산지로 명성이 자자했다.[493] 이런 사실은 수수께끼 같은 문구인 ἐν αἰνίγματι가 어쩌면 대다수 역본들이 암시하는 것과 달리[494] 경멸어가 아닐 수도 있음을 시사한다. 오히려 바울이 강조하는 것은 어떤 사람이 거울 속을 들여다볼 때 경험하는 시각적 **특질**[경우에 따라 상(像)이 뒤틀리는 등, 원형과 다른 모습이 나타난다 — 옮

면, 오직 여기와 같은 의미를 가질 수 있을 뿐이다.

489) 이 그리스어는 신약성경에서 오직 여기서만 나타나는데, 말 그대로 "수수께끼 보듯이/비유를 읽듯이"라는 뜻이다. 이와 아주 유사한 표현이 민 12:8(칠십인경)에서도 울려 퍼진다. 이 구절을 보면, 하나님이 모세에게는 직접["입과 입을 마주하여"(mouth to mouth)] 말씀하시고, 여느 선지자들에게 말씀하시는 것처럼 환상이나 꿈을 통해, "상징들(비유들)을 통해" 말씀하시지(민 12:6) 않았다고 말한다. 이는 곧 선지자들이 진리를 꼭 닮은 "영상들"을 받았지만 그 영상들이 하나님이 모세에게 직접 주신 말씀만큼 명확하지는 않았다는 것을 시사한다. 문제는 이 그리스어가 "희미하게"(따라서 "모호하게, 흐릿하게" 등등을 의미한다)라는 의미인가, 아니면 "에둘러"[간접적으로; 따라서 "툭 터놓고"(직설로)와 반대되는 "수수께끼처럼, 알 듯 모를 듯한 말로"라는 의미]라는 의미로서 그 내용보다 그 형식을 가리키는 말인가 하는 것이다. 대다수 해석자들은 전자를 지지하여 "희미하게"라는 의미로 본다. 그러나 이런 다수설을 비판하는 다음 글들을 참고하라. S. E. Bassett, "I Cor. 13:12 βλέπομεν γὰρ ἄρτι δι' ἐσόπτρου ἐν αἰνίγματι," *JBL* 47 (1928), 232-36; 그리고 특히 N. Hugedé, *La métaphore du miroir dans les Epitres de Saint Paul aux Corinthiens* (Neuchâtel, 1957)[이 책 개요를 영어로 적어놓은 것은 F. W. Danker, "The Mirror Metaphor in 1 Cor. 13:12 and 2 Cor. 3:18," *CTM* 31 (1960), 428-29에 있다].

490) 이것은 조금 과장된 말이다. 거울에 비친 모습의 독특한 성질 때문에, 우리는 거울 "속을" 들여다본다고 말하지만, 이와 달리 그리스인들은 거울을 "통하여" 본다고 생각했다.

491) 그리스도의 재림을 암시한다.

492) 성경이 사람과 사람이 직접 말을 주고받음을 가리킬 때 쓰곤 하는 말이다. 창 32:30을 보라; 참고. 민 12:8, "'입과 입을 마주하여' 말하다"(개역개정: 대면하여 말하다).

493) 가령 *Corinth: A Brief History of the City and a Guide to the Excavation* (American School of Classical Studies in Athens, 1972), p. 5을 보라. 결국 바울 서신 가운데 오직 고린도 서신에서만 이 유비가 등장하는 것은 결코 우연이 아니다(참고. 고후 3:18); 고전 9:24-27에서 사용한 유비도 이와 비슷하게 고린도의 정황과 연관성을 갖고 있다.[38]

494) 가령 "어둡게"(by "darkly," KJV), "우리는 방해를 받는다"(We are baffled, Montgomery), "다만 흐릿하게"(only blurred, Norlie), "희미하게"(dimly, TCNT). 사실 고린도 사람들이 썼던 거울들이 질이 안 좋아서 진상(眞像)을 얻지 못했다는 생각은 순전히 현대인들의 오해일 뿐이다. Hugedé, *métaphore*, 97-100을 보라.

긴이]이—그런 특질은 고린도 사람들에게 모욕이었을 것이다—아니라, 거울 속을 들여다보는 것은 **본질상 간접성을 띠며**[495] 이는 누군가를 얼굴과 얼굴을 마주한 채 바라보는 것과 다르다는 점[496]이었을 가능성이 더 높다. 물론 이 유비는 바울이 말하고자 하는 것과 좀 들어맞지 않는 구석이 있다. 왜냐하면 어떤 사람이 거울 속에서 보는 것은 바로 그 자신의 얼굴인데, 정작 바울은 현재 우리 실존 상태에서 우리가 하나님을 "볼" 때는(바울이 염두에 둔 것은 이 경우라고 추정한다),[497] 혹은 우리가 "비밀들"을 이해할 때는, 단지 간접적으로 보거나 이해한다는 점을 강조하기 때문이다. 우리가 **영**을 통해 그리스도 안에서 얻는 이미지는 **뒤틀린** 이미지가 아니다. 그러나 그 이미지는 아직까진 **간접적**이요 완전하지 않다. 이 모든 말을 달리 표현하면서도 이미지 자체는 그대로 살려본다면, 이렇게 말할 수 있겠다. "우리가 지금 보는 하나님 '모습'도 대단하긴 하지만, 앞으로 보게 될 진짜 모습과 비교하면 아무것도 아니다. 이는 마치 어떤 사람을 거울에 비친 모습으로 보는 경우와 얼굴과 얼굴을 마주하여 보는 경우가 천양지차(天壤之差)인 것과 같은 것이다." 우리 자신이 살고 있는 문화 속에서 이 유비와 비교할 수 있는 은유를 찾아본다면, 어떤 사람을 사진으로 보는 경우와 실제로 만나보는 경우의 차이를 들 수 있겠다. 사진이 아무리 좋다 해도, 사진은 사진일 뿐이지 실물은 아니다.

바울은 12절 후반부의 문장들("아직은 내가 부분만 알지만…내가 완전히

495) 참고. 다른 이들도 있지만, Bassett, "I Cor. 13.12"; Barth, *Resurrection*, 85; Hugedé, *Métaphore*, 145-50; Danker, "Mirror," 429; Conzelmann, 228.

496) 이 이미지는 상당한 논쟁을 불러일으켰다. 이 논쟁을 통해 학자들은 아주 다양한 제안을 내놓았다. 이런 제안들은 대부분 문맥과 동떨어져 있으며 특히 12절 후반부가 분명하게 말하고 있는 이 유비의 **강조점**과 아무 상관이 없는 것들이다. 이 견해들 가운데 그나마 가장 그럴듯한 주장이 G. Kittel, *TDNT* 1.178-80의 주장이다. Kittel은 "거울을 통해 수수께끼를 보듯이"(through a mirror in riddles)를 "**영**으로(**영** 안에서) 본다"(see in the Spirit)라는 말로서 "선지자들처럼 본다"(see prophetically)라는 뜻이라고 주장한다. 다른 주장들을 비판한 글을 보려면, Hugedé, *Métaphore*, 37-95을 보라.

497) Miguens, "Reconsidered," 87은 다른 견해를 피력한다.

알리라")을 통해 자신이 8절부터 죽 주장해온 모든 것에 초점을 맞춘다. 그는 12a절에서 구사한 대조 문언("지금은"과 "그때가 되면")을 채용하면서도 그 **내용**은 9절의 **내용**을 받아들여 이렇게 이 구절을 맺는다. "아직은 내[498]가 부분만 알지만, 그때가 되면 내가 지금 완전히 알려져 있는 것과 똑같이 내가 완전히 알리라."[499] 바울은 이 말을 통해 **영**의 은사를 통하여 얻을 수 있는 "앎"과 마지막 때에 얻게 될 앎으로서 완전한 앎을 구별하려고 한다. 마지막 절은 "내가 지금 완전히 알려져 있는 것과 똑같이[500]"라는 말을[39] 사용하여 마지막 때에 얻게 될 앎의 본질을 표현하고 있지만, 이 마지막 절의 정확한 뉘앙스는 그다지 확실치 않다. 학자들은 종종 "내가 지금 완전히 알려져 있는 것처럼"이라는 수동태가 "(하나님이) 택하여주심으로 은혜를 베풀어주셨다는 개념을 담고 있다"[501]라는 주장을 제기하기도 한다. 이는 신학적 시각에서 보면 매력 있는 주장이긴 하다. 그러나 이 말은 단지 하나님이 뭔가를 아시는 방법(혹은 하나님이 갖고 계신 앎의 특질)을 가리키는 말일 가능성이 아주 높다. 하나님이 우리를 아심은 즉각적이다. 그 아심은 완전하고 직접적이어서 그야말로 "얼굴과 얼굴이 마주 보는"[502] 것과 같다. 바울은 종말이 이르면 우리도 더 이상 거울과 같은 매개체를 거치거나 진짜 실체를 예시(例示)하는 "예언"이나 "지식의 말씀"을 거치지 않고서 하나님이 뭔가를 아실 때와 같은 방식으로 알게 되리라는 것을 말하고 있는 것 같다.

498) 이렇게 갑자기 단수형으로 전환한 경위를 살펴보려면 1절을 다룬 부분을 보라.

499) 이 마지막 절의 동사는 복합어인 ἐπιγινώσκω다. 바울이 이 말을 쓴 것은 필시 그 정확한 뉘앙스인 "정확히 알다, 완전히 알다, 혹은 철저히 알다"(BAGD)를 전달하려 했기 때문일 것이다.

500) 그리스어로 καθώς다. Spicq, *Agapé*, 102 (166)은 바울이 이 말을 25회 사용했으며, 늘 "바로…하는 것처럼"(…과 똑같이; exactly as)이라는 의미로, "똑같은 것끼리 비교한다"라는 의미로 사용한다.

501) 이 말은 Conzelmann, 228이 쓴 말이다. 그러나 이런 주장은 그의 책 전체에서 나타난다(참고. 가령 Martin, *Spirit*, 54).

502) 참고. 창 32:30.

13절 이 13절 문장은 "남아 있다"라는 동사를 쓴다는 점에서 8절과 연결되어 있는 문장이지만, 동시에 이 문단(8-13절)에서 가장 유명하고 가장 어려운 문장이기도 하다. 바울이 현재 이 문단(8-13절)에서 말하고자 하는 것을 매듭지을 생각으로, 아니 어쩌면 이 13장 전체를 매듭지을 생각으로 이 문장을 쓴 것만은 의심할 여지가 없다. 그러나 문제는 그가 어떻게 매듭지으려고 하는가다. 이 물음과 관련하여 살펴봐야 할 다섯 가지 문제가 있는데, 이들은 서로 연관되어 있다. (1) "그런즉 이제"는 시간적 의미를 가진 말인가 아니면 논리적 의미를 가진 말인가? (2) "그런즉 이제"와 관련하여, "남아 있다"라는 말은 현재와 관련된 말인가 아니면 미래와 관련된 말인가? (3) 지금까지 "믿음과 소망"은 도통 이야기하지 않고 사랑과 **영**의 은사들만 다뤄왔는데, 갑자기 "믿음과 소망"이라는 말이 등장한 것은 무슨 연유인가? (4) 어떻게 사랑이 다른 두 가지(믿음과 소망)"보다 더 크다"는 것인가? (5) 그렇다면 이 13절 문장은 이 문단(8-13절)을 어떻게 매듭짓는가?

두 단어를 조합해놓은 "그런즉 이제"[503]가 시간적 의미를 가진 것인가 아니면 논리적 의미를 가진 것인가를 놓고 오랜 논쟁이 있었다. 그렇지만 어떤 상황에서도 "이제"라는 부사에서 시간을 가리키는 의미를 완전히 없애버리기는 힘들다. 즉, 이 말이 본디 논리적 의미를 함유한 말이라 할지라도(=그러나 비록 믿음, 소망, 사랑이 남아 있다 할지라도),[504] 이 말은 "현재 상태(사정)는"이라는 의미 역시 함께 함유하고 있다. 여기서는 더더욱 그런 것 같다. "남아 있다"라는 동사가 현재 시제인 점을 봐도 그렇고, 13절 첫머리

503) 그리스어로 νυνὶ δέ다. 12:18과 15:20을 보라; 참고. 고후 8:11, 22; 롬 3:21; 6:22; 7:6, 17; 15:23, 25; 몬 9, 11절; 골 1:22; 3:8

504) 물론 이 논쟁을 끌어가는 이들은 이 문장을 종말론의 관점에서 해석하길 원하는 사람들이다. 즉 이들은 믿음과 소망과 사랑은 모두 영원하며 영원까지 이어진다고 해석한다. 이 견해는 νυνὶ δέ를 논리적 의미를 지닌 말로 봐야 한다고 주장한다. 이 말을 엄격히 시간을 가리키는 의미로 보게 되면, 그런 해석이 불가능하다는 것이다. 그러나 반드시 종말론의 관점에서 해석하는 견해만이 νυνὶ δέ에 "논리적" 의미를 부여할 수 있는 것은 아님을 유념해야 한다. 종말론의 관점은 단지 이 말에 그런 논리적 의미를 부여할 수 있게 해줄 뿐이다.

에 있는 이 세 단어(그리스어 본문의 νυνὶ δὲ μένει =그런즉 이제 남아 있으니 – 옮긴이)가 바로 그 앞에 있는 종말론 단어들과 함께 결합되어 있다는 사실만 봐도 그렇다. 따라서 우리가 이 두 단어(νυνὶ δέ)를 어떻게 번역하든, 13절 서두의 이 단어들은 "내가 지금 완전히 알려져 있는 것과 똑같이 내가 완전히 알게 될" 미래의 상황과 대비되는 **현재의** 상황을 암시하는 것 같다.

그렇다면 정작 진짜 문제가 되는 것은 "믿음과 소망"이라는 단어가 갑자기 나타나 사랑과 함께 기록되어 있는 연유가 무엇이며, 이 셋이 "계속 남아 있다"라는 말이 무슨 의미인가다. 첫째, 믿음과 소망과 사랑이 초기 기독교 설교에서 한 묶음으로 익숙하게 들을 수 있었던 말이었으며, 따라서 고린도 사람들도 이를 잘 알고 있었으리라는 것을 시사하는 견고한 증거가 있다.[505] 아울러 이 말들은 현세에 **영**을 따르는 삶을 살아가며 마지막 완성을 기다리는 그리스도인들의 실존 전체를 아우르는 말이다. 그리스도인들은 하나님을 향한 "믿음"을 가졌다. 다시 말해 이들은 하나님이 그리스도를 통하여 자신들을 용서하시고 받아주셨다고 믿는다. 비록 지금은 하나님을 뵙지 못해도(혹은 뵙는다 할지라도 말 그대로 "거울에 비친 모습을" 뵐뿐이다), 그들은 하나님의 선하심과 자비하심을 믿는다. 동시에 그리스도인들은 미래를 향한 "소망"을 가졌다. 그들은 이 미래를 그리스도를 통하여 보장받았다. 그리스도인들은 그리스도의 부활과 **영**이라는 선물을 통해 철저히 미래를 지향하는 사람들이 되었다. 현세는 지나가고 있다. 때문에 그리스도인들은 현세를 살아가고 있지만, 이 현세를 "없는 것처럼" 여기고(참고. 7:29-31) 현세의 고초나 환난에도 흔들림 없이 꿋꿋하게 살아

505) 바울 서신에서는 살전 1:3; 5:8; 갈 5:5-6; 롬 5:1-5; 골 1:4-5; 엡 4:2-5을 보라(참고. 딛 2:2). 바울 서신 바깥에서는 히 6:10-12; 10:22-24; 벧전 1:3-8을 보라. 신약성경 밖에서는 「바나바 서신」 1:4; 11:8; Polycarp, *Phil.* 3:2-3을 보라. A. M. Hunter, *Paul and his Predecessors* (2d ed.; London: SCM, 1961), 33-35에 있는 논의를 보라. Hunter는 이 문구가 바울 이전의 것임을 설득력 있게 주장했다. 그는 또 τὰ τρία ταῦτα라는 말을 "그 유명한 셋"으로 번역할 수도 있다고 제안한다.

간다. 그들은 "본향"을 향하여 가고 있다. 그들은 하나님이 계신 그곳에서 살며 그분과 "얼굴과 얼굴을 마주하게" 될 것이다. 이처럼 그리스도인들은 같은 믿음과 소망을 가진 형제자매들로 이루어진 공동체 안에서 믿음과 소망의 삶을 살아가지만, 동시에 같은 **영**으로 말미암아 서로 "사랑"한다. 교회가 현재 영위하는 삶 속에 "이 셋, 곧 믿음과 소망과 사랑은 계속 남아 있다(혹은 계속 이어진다)."[506]

그렇다면 왜 바울은 은사들과 사랑을 대조해온 이 문맥에서 이 셋(믿음과 소망과 사랑)을 하나로 묶어 제시한 걸까? 그 답은 우리가 즉각 알아내기가 힘들다. 어쩌면 이것은 이전에 그가 고린도 교회와 맺었던 인연과 관련 있을지도 모른다. 바울은 이 교회에서 18개월을 보내며 설교하고 가르쳤다. 바울이 쓴 서신들에서 나타나는 증거와 이 문장이 분명하게 구사하는 언어로 볼 때, 바울은 지금 여기서 고린도 사람들에게 그들도 아주 잘 아는 무언가를 되새겨주는 것 같다. 결국 바울은 그들에게 훨씬 더 좋은 길을 일러주되, 그들도 "잘 아는 세 가지"를 그들에게 일깨워줌으로써 이번 장을 맺고 있는 것이다. 이 세 가지는 고린도 사람들도 특히 잘 아는 것이다. 사랑은 은사들보다 "더 크다." 사랑은 영원에 속해 있기 때문이요, 하나님의 본질을 이루는 성품으로서 현재는 물론이요 미래에도 속

506) 이 본문을 종말론 입장에서 해석하는 사람들은 이 말에 거의 동의할 것이다. 문제는 바울이 말하는 "남아 있다"가 "영원히"라는 의미인가다. 종말론 입장에서 이 본문을 해석하는 견해를 따르게 되면, 과연 바울이 "믿음"과 "소망"도 영원히 존속하는 것으로 보았을 것인가라는 난제에 부딪힌다—그런 견해를 채택하는 사람들은 어떤 식으로든 이 난제 때문에 골머리를 앓는다. 이는 특히 바울이 고후 5:7에서 "이는 우리가 믿음으로 행하고 몸으로 행하지 않음이라"라는 말로 믿음과 마지막 때의 영광을 대조하기 때문이요, 롬 8:24에서 "보이는 소망이 소망이 아니니요"라고 말하기 때문이다. 믿음과 소망이라는 미덕이 변함없이 우리의 영원한 실존을 구성하는 부분으로 존속할 것인가라는 문제를 놓고 다양한 의견들이 있지만, 나는 그 둘이 영원히 존속한다는 개념이 특히 롬 8:24과 들어맞지 않는 개념이라고 본다. "소망"은 일단 현실로 이루어지면 더 이상 의미 있는 개념이 아니다. μένει (남아 있다)의 의미를 종말론 입장에서 봐야 한다고 주장하는 이들 가운데, Parry, 196-98; Robertson-Plummer, 300; Barrett, 308-10; M.-F. Lacan, "Les Trois qui demeurent (I Cor. xiii, 13)," *RSR* 46 (1958), 321-43; F. Neirynck, "De Grote Drie. Bij een nieuwe vertaling van I Cor. XIII 13," *ETL* 39 (1963), 595-615을 보라.

해 있기 때문이다. 마찬가지로 사랑은 그들이 잘 아는 이 세 가지(믿음, 소망, 사랑) 중에서도 역시 같은 위치를 차지한다. 은사들과 마찬가지로 이 세 가지도 현세의 사람이 계속되는 한 "계속 남아 있다." 그러나 바로 그 다음 문맥을 보면, 이 셋 중에 가장 큰 것은 사랑이다. 이는 여기서 강조하는 것이 결국 그리스도 안에서 살아가는 삶의 윤리적 차원이기 때문이요, 사랑이 믿음과 소망을 앞질러 마지막 영광으로 들어가기 때문이다. 믿음과 소망이 현실로 이뤄지고 난 뒤에도 사랑은 여전히 남아 있을 것이다. 이런 이유로 "이들 가운데 가장 큰 것은[507] 사랑이다." 만약 이런 이해가 옳다면, 바울은 고린도 사람들도 "잘 아는 세 가지"로 끝을 맺음으로써 χαρίσματα가 "오직 지금만" 효력을 갖는다는 것을 더 폭넓은 시각에서 강조하는 셈이다.

기본적으로 바울은 이 문장으로 현재 자신이 제시하는 주장을 끝맺는다. 바울은 은사들이 "오직 지금만" 효력을 가지며 이는 사랑과 다르다는 것을 이야기하는 데 관심을 쏟아왔다. 은사들은 "부분성을 띤다." 그것들은 "지금"에 속해 있으며, 장차 "그때"가 임하면 끝날 것이다. 반면 사랑은 그렇지 않다. 사랑은 결코 떨어지지 않는다. 사랑은 결코 끝나지 않을 것이다. 사랑은 그 동반자인 믿음 및 소망과 더불어 현재도 존재한다. 그러나 사랑은 그것들보다 더 크다. 적어도 바울이 제시하는 주장의 강조점을 따르자면, 사랑은 영원히 존속하기 때문이다.

---

507) 그리스어로 μείζων이다. 이 말은 12:31a과 14:5에서도 쓰고 있다; 여기 13절에서는 십중팔구 최상급 노릇을 하는 말일 것이다. 헬레니즘 시대 그리스어에서는 종종 비교급이 최상급 역할을 하기도 했다. R. P. Martin, "A Suggested Exegesis of 1 Corinthians 13:13," *ExpT* 82 (1971), 119-20은 다른 견해를 제시한다. Martin은 이 비교급을 진짜 비교급으로 보면서, 이 대목을 이렇게 번역해야 한다고 주장한다. "그러나 [하나님의] 사랑은 이 [셋]보다 더 크니라."

고린도전서 14:1-25

고린도 사람들은 분명 사람들이 모인 자리에서 방언을 절제 없이 남용했다. 바울은 이 단락과 다음 단락(26-40절)을 통해 드디어 그들의 그런 방언 남용을 조목조목 바로잡는다. 바울은 우선 더 큰 신학적 틀을 제시하는데, 그가 제시하는 시정 내용들은 바로 이 틀 안에서 이해해야 한다. 바울은 12장에서 다양성을 주장하면서, 방언은 **영**의 여러 나타나심들 가운데 하나일 뿐이라고 역설했다. 아울러 그는 **영**이 원하시는 대로 각 사람에게 은사들을 주시되 "모든 사람을 유익하게" 하려고 은사들을 주신다는 것도 이야기했다(7-11절). 13장에서 그는 "모든 사람을 유익하게 함"이라는 테마를 곱씹으면서, 아무리 고린도 사람들이 "**영**의 사람들"이라 할지라도 사랑을 드러내지 않으면 그들은 아무것도 아니요, 그 자신도 사랑이 없으면 아무것도 아니라고 역설했다. 이제 바울은 이 모든 내용을 한데 모아, 그들이 사람들이 모인 자리에서 **영**을 향해 열심을 내야 할 목표는 오로지 사랑뿐이라고 강조한다(1절). 8:1에서도 그랬지만, 바울은 사랑을 교회를 "세워준다"라는 말로 표현한다(3-5, 12, 17, 26절).[508] 바울은 이 세워줌이라는 테마를 두 방향으로 전개해간다. 첫째로 그는 사람들이 모인 자리에서는 **알아들을 수 있는 말로 말해야 함**(*intelligibility*)을 강조하며, 둘째로 **질서** 있게 말해야 한다는 지침을 제시한다.

바울이 첫 단락(1-25절)에서 제시하는 이슈는 알아들을 수 있는 말로 말해야 한다는 것이다.[509] 그가 제시하는 주장은 두 부분으로 이뤄져 있다. 첫째 부분인 1-19절에서는 같은 신자들을 생각하여(이 신자들에게 덕을 세울 수 있도록) 알아들을 수 있는 말로 말해야 함을 주장한다. 그리고

---

508) Conzelmann, 233은 반대다. Conzelmann은 13장을 편집 과정에서 끼워 넣은 본문이라고 본다. 때문에 그는 14장 서두를 두고 이렇게 말한다. "(바울의) 생각이 통일된 흐름을 띤다는 점은 다만 힘들게 발견할 수 있을 뿐이다."

509) Carson, *Showing*, 102도 같은 견해다. "이 문맥은 **알아들을 수 있는 말로 말해야 함**이 이슈임을 자세하게 설명한다."

둘째 부분인 20-25절에서는 불신자들을 생각하여(그들이 주의 말씀을 듣고 회심할 수 있도록) 알아들을 수 있는 말로 말해야 함을 강조한다. 바울은 자신의 논지를 두 방향에서 펼쳐간다. (1) 바울은 1-5절과 20-25절에서 고린도 사람들에게 방언과 대비되는 예언을 추구하라고 촉구한다. 예언은 이해할 수 있는 말이어서 사람들에게 덕을 세울 수 있고 회심으로 이끌 수 있기 때문이다. 하지만 그가 6절에서 제시하는 은사 목록과 6-19절에서 제시하는 주장을 보면, 그가 진짜 문제 삼는 것은 방언과 예언 그 자체가 아니라 공동체를 세우는 것임을 알 수 있다. 이렇게 공동체를 세울 수 있는 것은 오로지 이해할 수 있는 말이며, 그런 말 가운데 주요한 것이 바로 예언이다.

(2) 바울은 6-19절에서 방언이라는 문제를 직접 다루면서, 알아들을 수 없어서 공동체에 덕을 세우지 못하는 방언의 특질을 기탄없이 지적한다. 그는 몇 가지 유비를 잇달아 제시하며 방언이 알아들을 수 없다는 점 때문에 애초부터 유익이 없다는 점을 설명한다(7-11절). 그런 다음 그는 이 점을 고린도 사람들의 상황에 적용하고(12-13절), 뒤이어 공동체에 덕을 세우려면 기도와 찬송은 반드시 알아들을 수 있는 말로 해야 한다고 주장한다(14-17절). 이 단락은 시작할 때(6절)와 마칠 때(18-19절) 사사로운 내용을 언급한다. 이런 내용은 바울이 이 대목에서 고린도 사람들이 내건 영성 기준에 맞지 않는 자신을 당당히 변호한다는 것을 시사한다. 바울이 그들에게 나아가 방언으로 말한다면, 그들에게 아무런 유익이 되지 않을 것이다. 그래서 바울은 자신이 그들 전체보다 더 많이 방언으로 말함에도 불구하고, **교회 안에서는** 오로지 덕을 세우는 일만을, 따라서 알아들을 수 있는 말만을 하려고 한다.

▪ 고린도전서 14:1-5

1사랑을 추구하고 **영**의 일들(것들)을 열렬히 소망하되, 특히 예언을 할 수 있게 하라. [2]이는 방언으로 말하는 사람은 사람들에게 말하지 않고 하나님께 말하기 때문이니, 실제로[510] 아무도 그 사람 말을 이해하지[511] 못하며, 그는 **영**으로 비밀들을 말하느니라. [3]그러나 예언하는 사람은 사람들에게 말하여 덕을 세우고, 권면하고, 위로하느니라. [4]방언하는 사람은 자기 자신을 세워주나, 예언하는 사람은 교회를 세워주느니라. [5]나는 너희 모든 이가 방언으로 말하기를 원하나, 너희가 예언하기를 더 원하노라. 방언하는 자가 해석하여 교회에 덕이 되게 하지 않는다면, 예언하는 자가 방언하는 자보다 더 크니라.

이 단락(1-25절)을 여는 이 문단(1-5절)은 근간이 되는 대조들을 제시하고 이어지는 내용의 중심 주제들을 제시한다. 이 문단의 관심사는 덕을 세움(3-5절)이요, 알아들을 수 있게 말해야 한다는 이슈다. 방언은 이해할 수 없다(2절). 때문에 방언은 교회에 덕을 세울 수가 없다(4절). 예언은 다름이 아니라 덕을 세울 목적으로 그 사람들에게 하는 말이다(3절). 그런 의미에서 예언은 방언보다 더 큰 은사다.

바울이 사람들이 모인 자리에서는 방언보다 예언이 더 낫다고 여긴 것만은 거의 확실하다. 그러나 5절은 바울이 진짜 문제 삼는 것이 방언 자체가 아니라 **해석되지 않은 방언**임을 시사한다(참고. 13절). 방언도 해석이 따르면 덕을 세울 수 있기 때문이다. 2-3절에서도 암시하듯이, 결국 이것은 사람들이 모인 자리에서는 알아들을 수 있는 말로 말해야 한다는 것이 진짜 이슈임을 의미한다. 더욱이 바울은 "하나마나한 칭찬으로 방언을 저주하지" 않는다. 이는 2-5절이 분명하게 일러준다. 이 두 가지 점을 고려할 때, 바울은 방언과 예언이 각각 가진 고유한 가치를 기준으로 이 둘을 대조하는 게 아니라, 이들이 덕을 세우느냐를 기준으로 대조한다. 개개 신자

510) 그리스어로 γάρ다. 이 경우에 이 말은 십중팔구 추론(어떤 이유를 제시하고 그것 때문에 이러하다는 결론을 제시함)의 의미다.

511) 그리스어로 ἀκούει다. 신약성경에서는 이 용례가 자주 등장하지 않지만, 이런 의미임은 다른 증거가 잘 증명해준다. 이 말은 "이해하며 경청하다"라는 두 개념을 결합해놓은 말이다.

에게 덕을 세우는 일도 필요하다. 그러나 그것이 사람들이 함께 모여 드리는 예배의 강조점은 아니다.

1절 이 서두의 명령들은 한 가지 목표를 반영한 결과물이다. 즉 이 명령들은 앞서 제시한 주장(들)로부터 작금의 이슈가 된 문제, 곧 고린도 신자들이 사람들이 모인 자리에서 방언을 남용하는 문제로 화제를 바꿔주는 역할을 한다. 즉 바울은 13장에서 "사랑의 길을 따르라"라고 말한 뒤 바로 그 맥락에서 "**영**의 것들을 열렬히 소망하라"라고 말함으로써, 그가 12:31a에서 제시했다가 뒤이어 사랑을 권면하느라고(13장) 중단했던 주장을 마침내 14:1에 들어와서 다시 끄집어낸다. 이 과정에서 그는 교차대구법을 써서[512] 논지를 전개해간다. 바울은 앞서 제시한 권면에서(12:31a) "**더 큰** χαρίσματα를 열렬히 소망하라"고 말했는데, 이제는 그가 말한 더 큰 은사들이 공동체를 세우는 은사들이었음을 시사한다(5절). 그는 더 큰 은사들의 보기로 예언을 제시하며, "특별히 예언을 할 수 있게 하라"[513]라고 명령한다. 이들 각각을 더 이야기해보기로 하자.

"사랑의 길을 따르라"[514]라는 명령은 바울이 앞서 제시한 주장에서 암

---

512) 12:31부터 14:1까지 본문에서 나타나는 교차대구 구조는 이렇다.

(12:31)	τὰ χαρίσματα를 열렬히 소망하라	A
	그러나 내가 더 우월한 길을 일러주겠다	B
(13장)	사랑을 묘사하고 권면함	C
(14:1)	사랑을 추구하라	B′
	τὰ πνευματικά를 열렬히 소망하라	A′

513) 이 명령은 "선지자들"이라는 특정 그룹만이 아니라 모든 이들을 대상으로 한 명령임을 유념해야 한다. 따라서 실상은 모든 사람들이 "선지자들"이 아님에도 불구하고(12:19), 예언이 모든 사람에게 가능한 일임을 추정할 수 있다. 사랑을 추구하라는 명령과 **모든 사람**이 방언할 수 있기를 바란다(5절)는 소망 역시 모든 사람들에게 적용되는 것이다; 참고. Barrett, 315. Ellis, *Prophecy*, 24-27은 다른 견해를 제시한다. 그는 14장이 오직 "**영**에 속한 자들"만을 염두에 두고 있다고 주장한다.

514) 그리스어로 διώκετε다(διώκω의 2인칭 복수 현재 능동태 명령법 — 옮긴이). 이 διώκω를 번역하면 "뒤쫓다, 무언가를 얻으려고 애쓰다, 무언가를 추구하다, 무언가를 열망하다"(BAGD)이다. 이 말은 십중팔구 좋지 않은 의미로 뒤쫓음을 가리키는 말로서, "추적하다"라는 의미인 경우가 대부분이다. 그러나 바울은 이 말을 영적 노력을 가리키는 은유로 즐겨 쓴다(참

시했던 것을 명령문 형태로 압축해놓은 것이다. 고린도 사람들이 추구해야 할 사랑은 물론 바울이 13:4-7에서 묘사한 사랑이다. 사랑이 없으면 **영**의 사람도 결국 아무것도 아니기 때문이다(1-3절). 더욱이(8-13절) 사랑은 결코 없어지지 않을 큰 것이요, 유일하게 영원까지 존속할 것이다. 그러나 χαρίσματα는 물론이요 믿음과 소망도 그렇지 않다.

"**영**의 일들(것들)을 열렬히 소망하라"[515]라는 명령문은 12:31에서 제시한 주장을 다시 이어가는 말이다. 그렇지만 12:31을 글자 그대로 반복하지는 않는다. 동사는 동일하지만(동사는 둘 다 ζηλοῦτε다 — 옮긴이), 목적어는 "더 큰 χαρίσματα(은사들)"가 아니라 τὰ πνευματικά다. τὰ πνευματικά는 십중팔구 "**영**에 감동된 말들" 같은 것을 의미할 것이다(12:1을 다룬 부분을 보라). 일부 사람들은 이 두 말(더 큰 은사들, **영**의 일들) 사이에 더 중대한 차이점들이 있다고 주장했다.[516] 하지만 그것은 필시 강조점을 어디에 두느냐의 문제일 것이다. 바울은 12장 말미에서 고린도 사람들에게 "더 큰 χαρίσματα를 열렬히 소망하라"라고 말했지만, 그때 그는 특별히 **은사들** 자체가 하나님이 은혜로 베풀어주신 것들임을 말해오고 있던 참이

고. 살전 5:15; 롬 9:30-31; 12:13; 14:19; 빌 3:12; 딤전 6:11; 딤후 2:22). 현재 명령형은 명령하는 행동이 계속되어야 함을 암시하므로, 이 명령문은 "계속하여 늘 사랑을 추구하라"라는 말이다.

515) Martin, *Spirit*, 65-66은 Chevallier와 Baker의 견해(12:31을 다룬 부분을 보라)를 따라 이 말들을 고린도 사람들이 보낸 서신을 인용한 말로 이해하는 것이 가장 좋다고 주장한다. 이 견해도 몇 가지 장점이 있다. 그러나 이 견해에는 몇 가지 약점이 있다. (1) 동사 형태가 명령형이다. 고린도 사람들이 바울에게 명령조로 말했으리라는 상상을 하기가 힘들다. 특별히 그들과 바울이 현격한 견해차를 보이고 있는 상황을 고려하면, 그런 상상을 하기는 더더욱 힘들다. (2) Martin은 이 접근법을 뒷받침할 요량으로 뒤이어 등장하는 ἵνα가 명령의 의미를 담고 있다고 주장한다. 그러나 그럴 수 없다. 문법상 이 ἵνα는 ζηλοῦτε에 의존하고 있는데, 이 점은 곧 두 동사[διώκετε(너희는 추구하라)와 ζηλοῦτε(너희는 열렬히 소망하라) — 옮긴이]가 **바울이 제시하는** 권면의 일부일 수밖에 없음을 의미하기 때문이다. 즉 바울이 고린도 사람들의 말을 인용하면서 그들의 주장에 (자기가 그들에게 명령하는) 명령문을 첨가했다고 이해하는 것은 얼마든지 가능하지만, 바울이 그들의 주장을 인용하면서 문법상 그 인용문 자체에 의존하는 ἵνα절을 그 주장에 첨가했다고 이해할 수는 없는 일이다. (3) ἵνα절이 명령일 수 없다는 것은 5절이 정확히 반복하는 μᾶλλον δὲ ἵνα προφητεύητε가 더 증명해준다. 5절에서 ἵνα절은 명령일 수가 없다.

516) 12:1을 논한 내용을 보라.

었다. 그러나 바울은 이제 예배 때 **영**이 공동체 안에서 행하시는 활동을 강조하는 문맥에서 "**영**의 일들을 열렬히 소망하라"라고 말한다. 하지만 이런 목적어 교체는, 공동체 안에서 하는 **영**의 말이라는 맥락에서 보면, 더 큰 χαρίσματα와 τὰ πνευματικά(**영**의 일들) 사이에 어느 정도 중첩되는 부분이 있음을 일러주는 것이기도 하다. 즉 예언은 이런 시각에서 보면 χάρισμα로서 **영**이 **은혜로 주시는 선물**이지만, 또 저런 시각에서 보면 **영**의 말이요 공동체 안에 **영**이 임재하심을 나타내는 표현이다.

여기서 우리가 강조해두어야 할 것은 이 명령문을 오로지 그 앞에 있는 사랑하라는 권면에 비추어 이해해야 한다는 점이다. 두 명령문을 함께 고려하지 않으면, 바울이 뒤이어 제시하는 모든 주장의 강조점을 놓치게 된다. 따라서 바울은 즉시 이 명령문에 문자 그대로 번역하면 "그러나 특히[517] 곧[518] 너희는 예언하라"[519](but rather that you prophesy)로 번역할 수 있는 말을 덧붙인다. 바울은 이어지는 문장들에서 이런 말을 덧붙인 이유들을 내놓는다.

---

517) 그리스어로 μᾶλλον δέ다. 이 말은 강조어로서 "특히"라는 의미일 것이다. 바울은 이 말을 5절에서 그대로 되풀이한다. 이를 보면, 바울은 이 말을 역접어로 쓰려 했을 가능성이 더 높다. 즉 "앞서 말한 것을 보완하는 표현이나 생각을 피력하여 그 앞서 말한 것을 바로잡을" 말을 꺼낼 심산으로 구사한 역접어일 가능성이 더 높다(BAGD). 지금 여기서 말하는 "바로잡음"은 그가 앞서 제시한 명령문을 더 정확하게 부연하는 것을 의미한다.

518) 그리스어로 ἵνα다. 이 경우에는 필시 설명보어(epexegetic)로서 ὅτι 역할을 하는 말일 것이다. 그렇다면 14b절은 이렇게 번역할 수 있을 것이다. "(너희는) **영**의 일들을 열렬히 소망할지니, **그 말은 곧** 특히 예언을 하라는 **말이니라**(but rather *namely that* you prophesy)." 이는 영어로 봐도 기괴하지만 그리스어로도 기괴한 말이다. 그래도 바울이 말하는 강조점은 충분히 분명하게 드러나는 것 같다.

519) 예언의 은사를 논한 설명은 12:10을 다룬 부분을 보라. 바울이 14장에서 제시하는 주장을 모두 살펴보면, 예언과 방언을 가리키는 말로서 "예언하다"와 "방언하다"(방언으로 말하다)라는 동사들이 그에 상응하는 명사들보다 훨씬 더 많이 사용되었다. "예언하다"라는 동사는 1, 3, 4, 5(2회), 24, 31, 39절에서 나타나며, "예언"이라는 명사는 6, 22절에서, "예언자"(개역개정: 예언하는 자)라는 말은 29, 32(2회), 37절에서 나타난다. 반면 "방언으로 말하다"라는 복합어는 2, 4, 5(2회), 6, 13, 18, 23, 27, 39절에서 나타나고, "방언(들)"이라는 명사는 14, 19, 22, 26절에서 나타난다.

2-4절 바울은 이제 고린도 사람들이 왜 특별히 예언을 하려고 해야 하는지 그 이유를 설명한다.[520] 바울은 1절에서 방언을 언급하지 **않는다**. 이를 고려할 때, 분명 예언보다는 방언을 이야기하고 있는 2절의 첫 문장은 우리의 관심을 끌 수밖에 없다. 즉 바울은 고린도 사람들이 특히 예언을 하려고 해야 한다는 점을 이야기했다. 그러나 지금 바울이 제시하는 설명은 예언과 방언을 대조하는 형태를 띤다. 이는 곧 여기서 바울이 의도하는 목표가 두 가지임을 시사한다. 첫째, 바울은 예언과 방언이 초점을 맞춰야 할 대상을 지적하려 한다. 둘째, 이를 통해 예언과 방언으로 덕을 세워야 할 대상이 누구인지 지적하려 한다. 그가 여기서 제시하는 주장은 그 구조를 참작할 때 가장 잘 이해할 수 있다. 우선 바울은 균형 잡힌 두 쌍의 대조를 통해(2-3절) 방언과 예언을 대조한다. 이때 그는 그것들을 말하는 대상(밑줄로 그어 표시)과 그것들의 기본 목적(글자를 기울여 표시)을 대조 기준으로 삼는다. 이어 두 번째로 제시하는 쌍에서는(4절) 방언과 예언이 누구에게 덕을 세우는가를 기준으로 삼는다.

이는

(a) 방언으로 말하는 사람은	사람들에게	말*하지 않고*(*not*)
	<u>하나님께</u>	말*하기* 때문이니(*but*),
실제로 아무도 그를 이해하지 못하며,		
그는 **영**으로	*비밀들을*	말하느니라.

반면(그러나)[521]

520) 무언가를 설명한다는 뜻을 담고 있는 γάρ에 유의하라.

521) 그리스어로 δέ다. 앞 절에 μή가 없다. 그래도 이 두 묶음은 아주 명확한 대조를 이루고 있어서, 이렇게 "반면"(그러나)이라는 말로 번역하는 것이 이 부분의 강조점을 더 분명하게 부각시켜준다.

(b) 예언하는 사람은	사람들에게	말하여,
		덕을 세우고,
		권면하고,
		위로하느니라.
(a) 방언으로 말하는 사람은	자기 자신(의 덕)을	세워준다.
반면(그러나)		
(b) 예언하는 사람은	교회(의 덕)를	세워준다.

바울의 강조점(관심사)은 분명 교회를 세워주는 것(교회에 덕을 세우는 것)이다. 방언이라는 행위는 그것을 말하는 자에게 덕을 세워주지만, 교회에는 덕을 세우지 못한다. 방언은 하나님께 말하는 것이기 때문이요, 그 말을 알아듣는 이가 아무도 없기 때문이다. 실제로 14-15절은 우리에게 심지어 방언을 말하는 사람조차도 자신이 하는 말을 이해하지 못한다고 일러준다. 반면 예언이라는 행위는 교회에 덕을 세운다. 예언은 사람들을 상대로 하는 말이기 때문이요, 그들에게 말하여 "덕을 세우고, 권면하고, 위로해주기" 때문이다.

바울은 회중이 모인 자리에서 방언하려고 열심을 내는 고린도 사람들의 열기에 찬물을 끼얹으려고 한다. 그렇지만 그는 방언이라는 은사 자체는 경멸하지 않는다. 오히려 그는 방언에 제자리를 찾아주려 한다. 그는 방언으로 말하는 것에 세 가지 좋은 점이 있다고 말한다.[522] 이 세 가지는 바울이 기도와 찬송을 상세히 논하는 13-17절에 비춰볼 때 가장 잘 이해할 수 있다. (1) 방언으로 말하는 사람은 "하나님께(θεῷ)[523] 말하는" 사람이다. 즉 그는 **영**을 통해(**영**으로, by the Spirit) 하나님과 이야기하는 사람이

522) 방언이라는 은사의 본질을 알아보려면, 12:10을 다룬 부분을 보라.

523) Grosheide, 317은 이것을 이익 수여 여격(dative of advantage)[40]으로 이해한다. 그러나 이 말을 통상 "말하다"라는 동사와 함께 쓴 용례를 보면, Grosheide와 같은 견해를 견지하기가 특히 힘들다.

다. 오순절 계열 그룹들에서는 이를 "방언으로 말하는 메시지"(message in tongues)로 보는 것이 통설이다. 그러나 바울 서신에는 바울이 이런 말을 사용한 증거가 전혀 없는 것 같다. 방언을 말하는 자는 같은 신자들이 아니라 하나님께 말하는 것이다(참고. 13-14, 28절). 이는 곧 바울이 이 현상을 본디 기도와 찬송으로 이해했다는 것을 의미한다.[524]

(2) 이런 말의 내용은 "**영**을 통해"[525] (사람이 하나님께) 말하는 "비밀들"이다. 여기 "비밀들"은 13:2에서 말하는 비밀들과 유사한 것일 수 있다. 그러나 여기서 말하는 비밀들은 말하는 사람이나 듣는 사람이나 이해할 수 없는 것들이라는 의미일 가능성이 더 높다. 요컨대 13:2에서 말하는 "비밀들"은 **영**이 당신 백성에게 계시해주시는 하나님의 길들을 가리킨다. 그런 "비밀들"은 하나님께 다시 들려드릴 필요가 없을 것이다.[526]

(3) 더 나아가 4절은 **영**을 통해 하는 그런 말이 말하는 사람을 세워준다고(말하는 사람에게 덕을 세워준다고) 말한다. 사람들은 가끔 이를 "자기를 세워줌"(self-edification)으로 부르면서 경멸하는 눈초리로 바라보았다.[527] 그러나 바울이 하려는 말은 그런 게 아니다. 자기를 세워준다는 것은 자기를 중심으로 삼는다는 말이 아니라, 각 신자가 홀로 (은밀히) 하는 기도와 찬송을 통해 각 신자 개인을 덕이 있고 고결한 신앙인으로 자라가게 한다는 말

---

524) 참고. Dunn, *Jesus*, 245.

525) NIV처럼 "그의 영으로"(with his spirit)가 아니다. 참고. Godet, 266; Héring, 146; Parry, 200; Morris, 191. NIV와 같은 번역은 심지어 14-15절(찾아보라)의 경우에도 정확하지 않은 번역이다. **영**의 여격에 관사를 붙이지 않은 용례를 살펴보려면 이 책 제2장을 보라. 고전 12:7-11은 방언들이 인간 화자를 통하여 하나님의 **영**이 나타나신 현상임을 일러준다. 이 문맥에서 바울이 "성령을 통해"(성령으로)라 말하지 않고 느닷없이 "방언을 말하는 자 자신의 영으로" 방언한다는 말을 썼을 리 없다. 참고. Holladay, 175.

526) 내가 주장하듯이, 롬 8:26이 방언을 반영한 구절인가는 아직 미해결로 남아 있다. 그러나 그 본문이 말하고자 하는 주제도 여기서 말하는 것을 되울려준다.

527) 가령 O. Michel, *TDNT* 5.141을 보라: "따라서 방언으로 말하는 사람이 그 자신을 세워주는 것은 잘못된 일이다"; 참고. R. G. Gromacki, *Called to Be Saints: An Exposition of 1 Corinthians* (Grand Rapids, 1977), 168. MacArthur, 372은 한쪽으로 치우친 그의 시각으로 이를 해석하다 보니, 여기서 자기를 세워줌을 신랄하게 비꼰다. 이런 입장을 비판한 견해를 보려면, Carson, *Showing*, 102n89를 보라.

이다. 바울이 이 일 자체를 나쁜 의미로 생각했을 상황을 상상하기가 힘들다. 특히 그 자신이 "다른 모든 사람보다 방언을 더 많이 말하는"(18절) 체험을 했다고 토로한 점을 고려하면, 더더욱 그렇게 나쁜 의미로 생각했을 리 없다. 그러나 "사사(私事) 기도"(private prayer)는 공예배의 존재 이유가 아니다. 말하는 사람조차도 이해하지 못하는 "비밀들"이 어떻게 덕을 세울 수 있다는 것인지 의아해하는 사람이 있을지도 모르겠다. 그런데 그 답을 14-15절이 제시한다. 많은 사람들이 주장하는 견해와 달리, 영혼을 세워주는 일은 대뇌피질을 거쳐 이루어지는 게 아니라 다른 방법을 통해 이루어진다.[528] 바울은 하나님과 나누는 대화가 때로는 마음(mind)을 거치지 않고 직접 **영**/영을 통해[529] 이루어진다고 믿었다. 또 그는 14-15절에서 그 자신에게 덕이 되도록 두 가지 방법을 다 따를 것이라고(즉 **영**/영으로 기도하고 마음으로도 기도할 것이라고—옮긴이) 주장한다. 그러나 바울은 **교회 안에서는** 다른 신자들의 마음을 통해 그 신자들에게도 전달될 수 있는 기도만을 하려고 한다(16-19절).

바울은 이처럼 방언에 호의를 보이는 말을 한다. 그러나 그의 관심사는 개인 경건(private devotion)이 아니라 공예배다. 때문에 바울은 은연중에 고린도 사람들더러 예배 때는 (방언에 해석이 따르지 않는 이상; 5, 13, 27절) 방언으로 말하지 **말라**고 당부하면서, 오히려 예언하는 데(혹은 6절에 비춰볼 때, 어떤 형태의 말이든 알아들을 수 있는 말로 이야기하는 데) 힘쓰라고 강권한다. 바울이 예언을 추천한 이유는 예언을 말함으로써 다른 사람들을 "세워주고, 권면하고, 위로하기" 때문이다.[530] 이 세 말(세워줌, 권면,

528) 사람 심리에 끼치는 유익의 관점에서 방언의 은사를 논한 글을 보려면, Bittlinger, *Gifts*, 100-106을 보라. 그러나 이런 논의들은 본문 주해를 토대로 이야기할 수 있는 범위를 훨씬 벗어나는 것들이다.

529) 하나님의 **영**이 사람의 영을 통해 말씀하신다는 개념을 이런 식으로 번역한 것을 보려면, 뒤의 14절을 다룬 부분을 보라(참고. 5:3-5).

530) 다른 사람들을 세워준다는 것을 현존하는 다른 개인들을 세워준다는 의미로 봐야 하는지, 아니면 공동체 전체를 세워준다는 의미로 봐야 하는지, 좀 모호한 구석이 있다. 3절은 전자를 암시하고, 4절은 후자를 암시한다. 바울 사도는 십중팔구 둘 다 염두에 두고 있었을 것이

위로)은[531] 하나님이 신자들에게 예언의 은사를 주시는 의도를 엿볼 수 있는 몇 가지 요소들을 제시하며, 바울이 예언의 말을 다룰 때 미래가 아니라 현재 하나님 백성의 상황에 우선 초점을 맞추고 있음을 일러준다. 불신자들 입장에서 보면, 예언은 상당히 다른 기능을 한다(24-25절). 첫 번째 말인 "(덕을) 세워줌"[532]이 14장 전체의 생각을 제어한다. 바울은 8:1에서 "사랑은 (덕을) 세워준다"라고 말했다. 이제 바울은 그 순서를 따라 논지를 펴가면서 이렇게 말한다. "사랑을 추구하라, 그리고 그(사랑이라는) 틀 안에서 **영**의 일들에 힘쓰되, 특히 예언에 힘쓰라. 예언은 덕을 세워주기 때문이다." 이는 바울이 앞장(13장)을 서술한 이유가 무엇인지 설명해준다.[533] 사랑은 덕을 세운다. 따라서 고린도 사람들이 **영**의 말들을 하려고 열심을 낼 때에는 예언을 하려고 힘써야 한다. 예언은 다 알아들을 수 있는 말이어서 교회라는 몸을 세워줄 수 있기 때문이다. 권면[534]이라는 말은 상당히 모호하다. 이 말은 "격려",[535] "위로",[536] 또는 "(호소된) 권면"[537]을 뜻한다.

다. 전체를 세워준다는 것은 전체를 구성하는 다양한 부분들을 동시에 세워준다는 의미도 담고 있다.

531) 이 세 말들은 문법상 λαλεῖ ("말하다"라는 뜻을 가진 동사 λαλέω의 3인칭 단수 현재 능동태 직설법 형태-옮긴이)라는 동사의 복합 직접 목적어 역할을 하기 때문에 이런 번역이 나온 것이다. 일부 사람들은 권면과 위로를 덕을 세움을 정의하는 말로 본다(가령 Wendland, 109; Conzelmann, 234-35; Ellis, *Prophecy*, 132n13). 이 견해에 명백히 반대하는 이는 Findlay, 902이 있으며, 대다수 주석가들은 은연중에 반대하는 뜻을 표명한다.

532) 그리스어로 οἰκοδομή다. 이 말은 14장에서 4회 나타나며(3, 5, 12, 26절), 이 말의 동사형(οἰκοδομέω)은 3회 나타난다[4(2회), 26절]. 앞서 두 단락에서는 이 말의 명사형이나 동사형이 전혀 등장하지 않는다. 고린도전서에서 이 말을 더 보려면, 3:10; 8:10; 10:23을 보라.

533) Conzelmann, 233은 13장을 현재 문맥과 단절시켜 보려고 한다. 때문에 이런 흥미로운 주석을 내놓는다. "판단 기준은 더 이상 ἀγάπη (사랑)가 아니라 οἰκοδομή (세워줌, 덕을 세움)다."

534) 그리스어로 παράκλησις다; 특히 14:31이 동사를 조합해놓은 것을 참고하라: "너희는 모두 순서대로 예언하여 모든 사람이 배우고 모든 사람이 권면을 받을(παρακαλῶνται; "권면하다"를 뜻하는 그리스어 παρακαλέω의 3인칭 복수 현재 수동태 가정법 형태다-옮긴이) 수 있게 하라." παράκλησις와 παραμυθία라는 두 명사를 나란히 썼다는 것 역시, 빌 2:1의 경우처럼, 이 둘이 필시 거의 같은 의미임을 일러주는 증거일 것이다.

535) NIV, RSV, GNB, NAB, JB, Moffatt, Montgomery, Beck은 여기서 이렇게 번역해놓았다 (=encouragement). 바울 서신에서 이 용례를 살펴보려면, 가령 롬 15:4-5을 보라.

536) 고후 1:3-7에 있는 많은 사례들을 보라.

바울은 이 문장에서 이 말을 그 동무인 "위로"[538]와 함께 썼다. 문제는 "권면"과 "위로"라는 말이 다른 경우들처럼 격려 아니면 위로와 거의 같은 말인가, 아니면 더 폭넓게 권면과 위로를 모두 아우르는 의미를 가진 말인가 하는 것이다.[539] 어느 경우든, 예언의 목표는 한 몸인 교회 전체를 자라게 하는 것이며, 이 자람에는 교회 각 지체의 자람도 아울러 포함된다.

5절 이 구절에서 바울은 자신이 사람들이 모인 자리에서는 방언보다 예언하는 것을 더 선호함을 분명하게 천명함으로써 1-4절에서 제시한 강조점을 집약한다. 2-4절처럼, 바울은 먼저 방언부터 이야기하면서 이렇게 말한다. "나는 너희 모든 이가 방언으로 말하기를 원한다." 사람들은 종종 이 말을 "단지 달래는 말" 정도로 본다. 그들이 그리 보는 이유는 특히 바울이 12:28-30에서 모든 사람이 방언하는 것은 아니라고 주장했기 때문이다.[540] 그러나 이런 견해는 전혀 옳지 않다. 바울은 이미 방언이 개인에게 가치가 있으며, 개인의 사사로운 기도에서는 의미가 있음을 일러주었다(참고. 14-15, 18-19절). 이제 바울은 **영**에 속한 삶의 차원을 이야기하면서 모든 사람이 이런 **영**의 은사로 말미암아 세움을 받는 체험을 하기를 원한다는 소망을 피력한다. 그러나 물론 이것이 지금 그가 여기서 말하려는 요점은 아니다. 그래서 그는 재빨리 자신이 1절에서 구사했던 언어를 되풀이함으로써 자신이 말한 "소원"을 이렇게 부연한다. "그러나 특히 곧 너희는

537) KJV와 NASB는 여기서 이렇게 번역해놓았다(=exhortation). 바울 서신에서는 살전 2:3; 고후 8:17에서 이 용례를 볼 수 있고, 동족 동사는 자주 볼 수 있다.

538) 그리스어로 παραμυθία다.: 참고. 빌 2:1과 동족 동사들을 조합해놓은 살전 2:12.

539) 참고. 가령 Findlay, 902. Findlay는 παράκλησις를 누군가에게 말을 건넬 의무로, παραμυθία를 슬픔이나 두려움으로 본다; Dunn, *Jesus*, 229-30은 두 말을 **함께** 쓰면 권면과 격려/위로를 모두 가리킨다고 암시한다. 아울러 Hill, *Prophecy*, 122-32을 보라. Hill은 이 두 말을 근거로 삼아 바울이 "목자로서 가르침"(pastoral teaching)을 예언의 기본 기능으로 본다고 주장하려 하지만, 완전한 성공을 거두지는 못했다.

540) 가령 H. W. House, "Tongues and the Mystery Religions of Corinth," *BSac* 140 (1983), 135-50을 보라.

예언하라"(=그러나 특히 너희가 예언하기를 원하노라).

이 서신에서는 이런 요약을 제시하면 그 다음에는 으레 설명을 시작하는 말인 "이는"이나 어떤 이유를 내놓곤 한다. 그런데 바울은 이번 경우에는 "예언하는 자가 방언하는 자보다 더 크니라"라는 명제를 제시하며 끝을 맺는다. 바울이 한 이 말 때문에 그가 앞서 제시한 주장에 들어 있던 두 가지 내용이 주목을 받게 되었다. 첫째, 이 말은 12:31의 권면이 말한 "더 큰 은사"의 의미를 밝혀준다. 둘째, 예언이 더 큰 **이유**는, 그가 앞서 제시한 주장이 분명히 밝혀주듯이, 공동체를(공동체에 덕을) 세워주기 때문이다. 따라서 예언이 본디 방언보다 큰 것은 아니다. 모든 은사들은 똑같이 **영**이 주신 것이요 다 유익을 주는 것이기 때문이다. 예언이 방언보다 큰 이유는 그것이 알아들을 수 있는 말이어서 덕을 세워주기 때문이다.

이 마지막 요지는 바울이 방언으로 말함을 언급하며 마지막으로 덧붙인 부연 절[qualifying clause; 즉 "방언하는 자가 해석(통역)하여[541] 교회에 덕이 되게 하지 않는다면"]이 확실하게 일러준다. 문제는 방언 그 자체가 아니라 해석이 따르지 않는 방언이다. 문맥을 보면, 고린도 사람들이 하고 있던 방언이 바로 이런 해석이 따르지 않는 방언일 가능성이 아주 높다. 바울은 방언에 해석이 따라야 한다는 것을 사람들이 모인 자리에서는 알아들을 수 있는 말로 말해야 한다는 틀 속에서 이야기한다. 이는 곧 해석이 따름으로써 알아들을 수 있게 된 방언만이 공동체를 세워줄 수 있다는 것을 의미한다. 그렇다고 그런 방언을 공동체를 향하여 한 말로 이해해야 한다는 뜻으로 받아들여서는 안 된다. 도리어 이 말은 방언하는 사람이 하

541) 이것은 일부 사람들이 시사하는 것과 달리 12:30이나 14:28과 충돌하지 않는다. 12:30은 **모든 사람**이 같지도 않고 같은 일을 행하지도 않으니 이는 모든 이가 **오직** 한 가지 것만을 하는 일이 벌어지지 않게 하려 함이라고 말한다. 또 14:28은 방언을 말하는 사람 외에 다른 사람이 그 방언을 해석할 수 있게 허용한다. 12:10은 방언 해석도 **영**의 은사라고 말한다. 따라서 방언 해석은 방언을 말하는 사람을 포함하여 누구라도 할 수가 있다(참고. 13절은 방언을 하는 사람에게 그가 하는 방언이 덕을 세울 수 있도록 이 해석하는 은사를 간구하라고 독려한다.)

나님께 한 말을 다른 사람들도 알아들을 수 있게 해야, 공동체 안의 다른 이들도 그 **영**의 말로부터 유익을 얻을 수 있다는 뜻이다.[542] 요컨대 바울은 분명 예언을 선호한다. 그러나 또 한 가지 분명한 게 있다. 그건 바로 그가 정말 문제 삼는 것은 방언과 예언 그 자체가 아니라 사람들이 모인 자리에서는 알아들을 수 있는 말로 말함으로써 모든 이에게 덕을 세워야 한다는 것이다.

■ 고린도전서 14:6-19

6그러나 그렇다 해도, 형제자매들아, 만일 내가 너희에게 가서 방언으로 말한다
면 내가 어찌 너희에게 유익이 되겠느냐? 만일 내가 너희에게 계시로, 또는 지
식으로, 예언 또는[543] 가르침으로(개역개정: 계시나 지식이나 예언이나 가르치는
것으로) 말하지 않는다면, (내가 어찌 너희에게 유익이 되겠느냐? — 옮긴이 첨가).
7심지어 피리나 하프처럼 생명이 없는 것들이 소리를 내는 경우에도, 그것들이
분명하게 구별되는 음을 내지 않으면, 그 피리나 하프가 연주하는 것이 무엇인
지 어찌 알겠느냐? 8실제로 만일 나팔이 분명한 소리를 내지 않으면, 누가 싸움
을 준비하겠느냐? 9너희도 마찬가지니, 만일 너희가 너희 혀로 쉽게 알아들을

542) Dunn, *Jesus*, 247-48은 이런 질문을 하고 싶어한다. 이 말이 옳다면, 애초부터 다 알아들을 수 있는 말을 하면 되지 굳이 방언을 할 이유가 있을까? Dunn은 이런 질문을 통하여 "바울은 은사에 치우친 고린도 교회의 예배 형태에 정당성을 부여하려고 시도하지만, 정작 자신은 이런 예배 형태를 달가워하지 않는다"라는 견해를 은연중에 피력한다. 그러나 바울 자신은 분명 그런 주장을 하지 않는다.

543) 이 명사들은 각각 ἐν (=의 형태로, 이라는 수단으로)이라는 전치사와 함께 등장한다. 그러나 P^{46} ℵ* D* F G 0243 630 1739 1881 pc에서는 διδαχῇ에 ἐν이 붙어 있지 않다. 이렇게 ἐν이 빠지면 결국 가르침이라는 말은 예언이라는 말과 더 가깝게 결합될 것이다(여기서 제시한 번역처럼). 이것은 쉽게 선택할 수 없는 본문이다. 우선 필사자들이, 우연히 그랬든 일부러 그랬든, "가르침"이라는 말 앞에서 ἐν을 생략한 이유를 설명하기가 힘들다. 그런가 하면 바울이 여기서 열거하는 다른 명사들 앞에는 아주 주의 깊게 ἐν을 붙여놓았으면서 "가르침"이라는 말 앞에서는 ἐν을 생략한 이유 역시 설명하기가 힘들다. 대체로 보아 바울 자신이 ἐν을 생략했을 가능성이 더 높아 보인다. 그러나 특별히 이런 생략을 통해 "무언가를 말하려고" 그런 것 같지는 않다. Barrett, 312과 317에 있는 논의를 보라.

수 있는 말을 하지 않으면, 말하여지는 것이(=너희가 말하는 것이) 무엇인지 어
찌 알겠느냐? 이는 너희가 허공에 말하는 것이리라. **10**확실히 세상에는 온갖 종
류의 말들이 있으며, 어떤 말도[544] 뜻이 없지 아니하니, **11**만일 그러므로 내가 말
하여지는(=들리는) 말의 뜻을 이해하지 못하면, 나는 그 말하는 자에게 야만인
이 되고, 말하는 사람도 내가 보기에 야만인이 되느니라.[545] **12**너희도 마찬가지
니, 너희가 영들에[546] 열심을 내는 자들인즉, 너희가 교회를 세워주는 데(=교회
에 덕을 세우는 데) 풍성하도록 노력할지니라(개역개정: 교회의 덕을 세우기 위하
여 그것이 풍성하기를 구하라). **13**그러므로 방언으로 말하는 자는 해석하기를 기
도할지니라. **14**만일[547] 내가 방언으로 기도하면, 내 **영**/영은 기도하나, 내 마음은
열매가 없으리라. **15**그렇다면 무엇을 해야 할까? 나는 내 **영**/영으로 기도하고
내 마음으로도 기도하겠으며, 나는 내 **영**/영으로 노래하고 내 마음으로도 노래
하리라. **16**그렇지 않으면 만일 네가 **영**으로 하나님을 송축할[548] 때에 알지 못하

---

544) MajT는 문맥을 부드럽게 하려고 αὐτῶν을 추가했다(참고. NIV).

545) P[46] D F G 0243 6 81 365 1175 1739 1881 al b vg bo는 ἐμοί로 기록해놓았다. Zuntz, *Text*, 104이 말하듯이, 이것은 그 앞에 있는 τῷ λαλοῦντι (그 말하는 자에게)와 조화를 이룰 목적으로 쓴 말일 가능성이 아주 높다. 원문(ℵ A B Ψ Maj lat sy bo)은 ἐν ἐμοί (=내 시각에서 보면/내가 보기에)로 기록해놓았다; 참고. Barrett, 312.

546) 바울은 πνευμάτων (영들)으로 기록해놓았다. P 1175 pc a r sy[p] co에서는 이 말이 실제로 πνευματικῶν으로 바뀌었다. 뒤의 논의를 보라.

547) 비록 P[46] B F G 0243 1739 1881 pc b sa로부터 지지를 받고 있긴 하지만, γάρ [NA[26]은(NA[27]도 역시 – 옮긴이) 괄호 안에 넣어놓았다; 참고. NIV]는 결코 원문이 아니다. 우연이든 아니면 일부러 그랬든 이 말이 원문에는 있었으나 나중에 생략되었다고 보기는 거의 불가능하다. 두 초기 전승들(이집트 전승과 서방 전승)이 서로 아주 독립적이었다는 점을 생각하면, 더더욱 생략된 것으로 보기가 힘들다. 이 말이 첨가된 것으로 보면, 쉽게 설명할 수 있다. 이 서신에서는 이런 접속사가 자주 등장하기 때문이요, 이 문장에서 접속사가 없으면 분명 문장이 어색하기 때문이다. 참고. Zuntz, *Text*, 194. Zuntz는 여기와 18절에는 본문에 접속사가 없다는 주를 덧붙여놓았는데, 이 두 곳에서 바울은 느닷없이 자기 자신을 본문에 끌어들인다.

548) P[46] F G 048 그리고 MajT는 여기서 부정과거형인 εὐλογήσῃς ("송축하다, 찬미하다"라는 뜻을 가진 그리스어 동사 εὐλογέω의 2인칭 단수 부정과거 능동태 가정법 형태다. NA[27]은 현재 능동태 가정법 형태인 εὐλογῇς를 썼다 – 옮긴이)를 쓴다. 그러나 이는 십중팔구 잘못이다. 그리스어에서 부정과거는 비직설법(nonindicative) "시제"인 경우가 더 흔하며(참고. 6, 7, 8, 9절), 변화가 아주 자주 일어난다. 14절과 마찬가지로, 이 문장은 현재 일반 조건문일 가능성이 아주 높다.

는 자들의 자리를 채우고 있는 사람이 네가 말하는 것이 무엇인지도 알지 못하는데 어떻게 너희 감사에 "아멘"을 말할 수 있겠느냐? **17**이유인즉 너는 분명 감사를 잘 하고 있으나 다른 사람은 세움을 받지 못하고 있기 때문이라. **18**나는 하나님께 감사하노니[549] 내가 너희 모든 이보다 더 많이 방언으로 말함이라. **19**그러나 교회 안에서 나는 다른 이들을 가르치기 위하여 방언으로 만 마디를 하기보다 차라리 내 마음(지성)으로 다섯 마디 말을 하겠노라.

이 긴 문단은[550] 사람들이 모인 자리에서 해석이 따르지 않는 방언을 할 경우 알아들을 수 없어서 결국 덕을 세우지 못하는 그 말의 특성에 바울이 보인 관심과 우려를 상세히 설명해준다. 문단 서두의 수사 의문문(6절)은 이 문단에서 다룰 주제를 제시한다. 즉 사람들이 알아들을 수 없는 말은 듣는 사람에게 결코 유익을 주지 않는다는 게 바로 그 주제다. 이 주제를 천명한 뒤, 바울은 전투 준비를 요구하는 나팔 소리(7-8절)와 외국어(9-11절)를 포함하여 악기를 동원한 보기들을 잇달아 제시한다. 바울은 이 각각의 보기를 고린도 사람들에게 적용하면서, 고린도 상황이 그와 유사하다는 것을 "너희도 마찬가지니"라는 말로 나타낸다(9절과 12절). 바울은 두 번째 적용 본문(9-12절)도 이 문단을 시작할 때 했던 말과 같은 말로 끝을 맺는다. 즉 그는 고린도 사람들이 **영**의 말에 열심을 내고 있지만, 교회를 세움이라는 원리가 이 열심을 규율해야 한다고 말한다. 이 적용 사례는 또 다른 적용 사례로 이어진다. 이 적용 사례에서 바울은 특별히 고린도 사람들의 공예배와 관련지어 자신이 서두에서 천명한 주제를 다룬

549) 라틴 전승(F G lat)은, NIV가 영어 접속사 that을 붙여놓은 것과 같은 이유로, 이 문장에 ὅτι를 공급해놓았다. 접속사가 없으면, 두 번째 문장의 중요성이 고조되는 경향이 있다. Robertson-Plummer, 413을 보라.

550) 대다수 역본들은 6-12절과 13-19절을 별개 문단으로 본다. 그러나 13절이 6-12절에 딸린 구절인지 아니면 14-19절에 딸린 구절인지 결정하기가 쉽지 않다. 또 6절과 18-19절은 바울이 그들 가운데 있었다면 했을 법한 일을 이야기한다는 점에서 **봉투구조**(*inclusio*)를 이룬다. 때문에 이 문단 주장을 둘로 쪼개어 두 문단으로 나눠볼 합당한 이유가 전혀 없다.

다. 그는 방언으로 말하는 사람에게 해석하는 은사를 얻도록 기도하라고 독려한다(13절). 그런 다음 그는 14-15절에서 그 자신의 체험을 근거로 삼아, **영**으로 기도하는 것은 이해라는 측면에서 아무런 열매를 맺지 못하기에, 자신은 **영**으로도 기도하고 마음으로도 기도할 것이라고 주장한다. 덧붙여 그는 찬송(이 경우에는 노래)도 **영**으로 찬송하고 마음으로 찬송하겠다고 말한다. 16-17절이 증명하듯이, 이 뒤 항목, 곧 다른 사람들을 생각하여 마음으로(=다른 사람들이 알아들을 수 있게) 하나님께 찬송하는 것이 바울의 기본 관심사다. 그렇게 찬송하지 않는다면, 이 찬송을 듣는 다른 사람들은 그들이 듣는 것에 합심하여 "아멘"을 말할 수 없기 때문이다. 바울은 18-19절에서 또 한 번 사사로운 말로, 어쩌면 자기변호일 수도 있는 말로 끝을 맺는다(참고. 6절). 이 구절들은 이 문단 전체를 들여다볼 수 있는 시각을 제공한다. 즉 다른 사람들을 생각한다면, 교회 안에서는 오직 다 알아들을 수 있는 말로 말할 것이요, 그런 점에서 해석이 따르지 않는 방언을 해서는 안 된다는 것이다.

이처럼 이 문단 전체는 방언으로 말하는 것을 다룬다. 예언은 6절에서 언급하고 그 뒤에는 말하지 않지만, 말미에서 넌지시 언급하고 있는 것 같다(19절).[551] 이미 바울이 5절에서 말했듯이, 방언도 해석이 따르면 알아들을 수 있게 된다. 특별히 여기서 바울은 "방언"이 기도와 찬송을 표현하는 말이며 무엇보다 공동체를 향해 하는 말이 아님을 분명하게 이야기한다. 방언을 말하는 사람만 놓고 보면, 바울이 방언과 관련하여 하는 말은 온통 좋은 말뿐이다. 그렇다 해도, 앞에서 말한 것처럼, 이 문단 전체의 목적은 사람들이 모인 자리에서 해석이 따르지 않는 방언을 절제 없이 남용하는 것을 견제하는 것이다.

---

551) Dunn은 15절의 "마음으로 기도하는 것"을 예언과 동일시해야 한다고 주장한다(*Jesus*, 228). 이는 의문이다. 마음으로 기도하는 것 역시 똑같은 효과를 가질 수 있다. 사람들이 다 알아들을 수 있다. 그러나 14-17절은 모두 하나님께 하는 말을 다루고 있다. 그러나 예언은 어쨌든 하나님께 하는 말이 아니다.

동시에 이 문단을 보면 자신과 고린도 사람들 사이에서 자신을 변호하려는 바울의 의도가 밑바닥에 흐르고 있음을 느끼게 된다. 고린도 사람들은 방언을 참된 영성을 증명해주는 증거로 높이 여겼을 뿐 아니라, 바울이 방언과 관련하여 부족함이 있다는 이유로 그를 좋지 않게 보았다. 만일 우리가 재구성한 이 내용이 옳다면, "만일 내가 **너희에게 가서** 방언으로 말한다면 내가 어찌 너희에게 유익이 되겠느냐?"(If I *come to you* speaking in tongues, how shall I benefit you?)라고 말하는 6절의 형태는 특히 타당한 형태다.[41] 바울은 이 모티프를 19절에서도 그대로 관철하는 것 같다. 그는 고린도 사람들이 받은 은사를 특히 그 공동체가 예배하러 모일 때 올바로 활용하도록 하는 데 우선 초점을 맞추었는데, 이런 초점을 19절에서도 놓치지 않았다. 동시에 바울은 이 기회를 활용하여 자신의 체험을 고린도 사람들이 조망할 수 있게 한다. 바울은 그들 모든 이보다 더 많이 방언으로 말한다(18절). 그런데도 그는 **영**으로 기도하고 찬송함과 동시에 마음으로도 기도하고 찬송하겠다고 결심한다(15절). 마찬가지로 그는 "그들에게 가서" 방언으로 말하기를 거부한다. 그가 이렇게 거부한 것은, 그렇게 방언으로 말하면 그들이 좋아할 수는 있겠지만, 그것이 결코 **그들에게** 유익이 되지 않기 때문이다.

6절 이 서두 문장은 전환점 구실을 한다. 이 문장은 1-5절에서 제시한 주장을 더 진전시켜준다. 동시에 이 문장은 첫 유비 묶음(7-9절)이 따를 문체 패턴을 제시한다(만일…한다면, 어찌…하겠느냐?).[552] 6절 문장은 알아들을 수 없는 말(=방언)을 해서는 안 된다고 힘차게 주장한다. 그런 말은 그것을 듣는 이들에게 아무 쓸모가 없기 때문이다.

이 문장은 십중팔구 바울이 자기가 주장해온 것을 가정법 형태로 제시

552) 참고. 6, 7, 8, 9절. 이 각 구절은 기본적으로 동일한 형태를 따른다. 우선 ἐάν절이 나온 뒤, 의문사가 등장하고(τι, πῶς, τίς), 뒤이어 미래 직설법 서술문이 등장한다.

할 목적으로 만들어낸 문장일 것이다.[553] "그러나 그렇다 해도"[554]라는 복합어와 "만일 내가 너희에게 가면"[555]이라는 말은 6절 문장이 단순한 가정을 뛰어넘는 의미를 갖고 있다는 주장에 힘을 실어준다.[556] 어쩌면 이 문장은 고린도 사람들과 바울 사이에 존재하는 반목들을 일러주면서, 고린도 사람들이 내세우는 πνευματικός(**영**의 사람) 판단 기준을 바울이 거부한다는 것을 암시하는 말일지도 모른다. 실제로 바울은 "그들에게 가서 방언으로 말하기"를 거부한다. 그가 이를 거부하며 제시하는 이유는 3-5절에서 말했던 덕을 세움이라는 모티프를 되울려준다. 바울이 고린도 사람들의 기준을 따르면 "그들에게 유익이 되지"[557] 않을 것이다.

바울이 선택한 대안은 그들에게 가서 알아들을 수 있는 형태의 말을 하는 것이다. 그는 이를 **영**의 현상들을 열거한 또 다른 목록(즉 계시와 지식과 예언과 가르침—옮긴이)을 제시하여 설명하는데, 이번 경우에는 이 목록에 **영**의 말들이 들어 있다. 이번 목록은 명료하면서도 흥미롭다.[558] 우선

---

553) 참고. Conzelmann, 235. Conzelmann은 이것을 통렬한 비판을 담은 수사 스타일로 본다.

554) 그리스어로 νῦν δέ다. 분명히 시간을 나타내는 용례인 5:11 및 7:14과 달리, 이 경우에 이 말은 12:20의 경우처럼 논리적 의미를 나타내는 것 같다(참고. 12:18; 13:13; 15:20은 νυνὶ δέ로 되어 있다). 그렇지라도 νῦν이라는 부사에서 시간의 의미가 사라지는 것은 결코 아니다. 때문에 이 말을 "그러나(δέ) (지금) 그렇지라도(νῦν)"라고 번역한 것이다.

555) 참고. 2:1; 4:18-19, 21; 16:2, 5; 2:1과 달리, 이 구절들은 각각 바울이 예상하는 다음 방문을 가리킨다. 가정법을 구사하면서 이런 말을 골라 썼다는 것이 놀랍기만 하다.

556) 어쩌면 ("형제자매들아"라는—옮긴이) 호격도 이 문장이 단순한 가정을 뛰어넘는 의미를 담고 있음을 일러주는 것 같다. 그렇지 않다면, 이렇게 갑자기 (여기 6절에서) 아주 사사로운 이야기를 하는 것과 일련의 유비를 주요 내용으로 삼고 있는 호소(7-12절)가 들어맞지 않는 것처럼 보이기 때문이다.

557) 그리스어로 ὠφελέω다(참고. 13:3); 12:7의 관심사가 "모든 이에게 유익이 되게 함"이었음을 참고하라.

558) 일부 사람들(가령, Calvin, 438; Robertson-Plummer, 308; Ruef, 148; Grudem, *Gift*, 138-39, 조건을 붙여놓았다)은 "솜씨가 뛰어난"(artful) 배치로 본다. 이들은 여기 6절에 두 쌍이 존재한다고 보면서, 뒤에 있는 둘(예언과 가르침)은 앞에 있는 둘(계시와 자식)을 "실행"(적용)함을 표현한 것이라고 본다. 그러나 바울이 제시한 전체 주장(12-14장)에서 그가 구사하는 용례를 고려할 때, 일부 학자들이 제시하는 이런 주장은 십중팔구 바울 자신에게도 놀라운 발견일 것이다. 13:2에 비춰볼 때, ἀποκάλυψις (계시)는 예언보다 오히려 γνῶσις (지식)와 더 조화를 이룬다. 어쨌든 6절의 이 목록은 임시변통으로 만든 성질이 너무 강하여 그런 공교한 구조를 갖고 있다고 보기가 힘들다.

세 번째 자리에 예언이 등장한다는 점은, 앞서 1-5절과 관련하여 주장했듯이, 바울이 여기서 실제로 문제 삼는 것이 방언과 예언 그 자체가 아니라, 방언과 알아들을 수 있는 말로 말해야 한다는 것임을 넌지시 일러준다. 예언은 알아들을 수 있는 말로 말하는 은사를 대표하기 때문이다. 반면 이 주장(12-14장) 속에 들어 있는 다른 목록들처럼,[559] 이 목록도 특히 당장 필요에 따라 임시로 만들어낸 것이다. 바울은 **영**에 감동된 여러 가지 말로서 알아들을 수 있는 말이라는 특성을 공통분모로 가진 것들을 조목조목 제시하고 싶어한다. 그리하여 바울은 이전에 자신이 제시한 목록들에서 "지식"과 "예언"이라는 두 항목을 가져와 6절의 목록에 포함시킨다(12:8-10; 13:2-8을 보라). 다른 두 가지("계시"와 "가르침")는 더 설명이 필요하다.

바울은 "계시"라는 말을 다양한 방식으로 사용한다.[560] 그러나 그가 지금 제시하는 주장에서는 이 말이 한자리에 모인 공동체에게 유익을 줄 목적으로 **영**이 주시는 모종의 말을 가리킨다.[561] "계시"의 내용이 무엇이며 이것이 "지식"이나 "예언"과 어떻게 다른가는 분명하지 않다. 가령 26절이 제시하는 마지막 목록을 보면, "계시"가 "가르침"과 함께 등장하며, "예언"과 "지식"이 들어 있지 않다. 그러나 바울이 뒤이어 질서를 따라 말할 것을 다룬 대목을 보면(27-33절), "계시"가 아니라 방언과 예언을 들고 있는

559) 참고. 12:8-10, 28, 29-30; 13:1-2, 8; 14:26.

560) "계시"는 그리스어로 ἀποκάλυψις다(참고. 26절). 계시는 때로 그리스도의 재림과 관련된 것들을 눈으로 볼 수 있게 드러내어 알려주는 것을 가리킨다(1:7; 살후 1:7; 롬 2:5; 8:19). 다른 곳들에서는 이 계시가 그리스도가 바울에게 주신 복음 "계시"(갈 1:12)나 그의 삶 속에서 나타난 하나님의 뜻(갈 2:2)을 가리킨다. 후자(=복음 계시나 하나님의 뜻을 알려줌)가 이 본문에서 말하는 **영**의 말과 관련된 것일 수 있다. 또 고후 12:1, 7이 들려주는 환상 체험들을 보면, 주님이 바울에게 주시는 "계시들"이 있다. 이 계시들은 그가 다른 사람들과 공유하지 못할 것들이었다. 바울 서신에 나타난 "계시"라는 말을 살펴보려면, M. Bockmuehl, *Revelation and Mystery in Ancient Judaism and Pauline Christianity* (WUNT 2/36; Tübingen: Mohr-Siebeck, 1990)를 보라.

561) 갈 2:1-10을 행 11:27-29이 기록해놓은 기근 구휼 방문과 동일시하는 사람들은 바울이 "계시를 따라" 예루살렘에 올라간 일을 말한 갈 2:2을 사도행전이 말하는 아가보의 예언과 관련 있는 것으로 본다. 그러나 뒤의 제6장에서 이 본문을 논의한 내용을 보라.

데, 정작 30절에서 예언을 논할 때는 또 "계시"의 동족 동사를 사용한다 ("계시하다"라는 뜻을 가진 그리스어 동사 ἀποκαλύπτω의 3인칭 단수 부정과거 수동태 가정법 형태인 ἀποκαλυφθῇ를 쓴다 — 옮긴이). 특히 27-33절 본문은 바울의 글이 **영**의 말과 관련된 이 다양한 항목들을 열거할 때 대체로 정확성을 갖고 있지 않다는 것을 시사한다.[562] 어쩌면 마지막 목록(26절)에서는 이 "계시"라는 말이 더 폭넓은 말로서 예언과 지식을 모두 아우르는 말일지도 모른다. 어쨌든 이 말은 복음의 본질(참고. 2:10)과 관련된 또는 어쩌면 "자연인"에게는 달리 감춰져 있을 수도 있는 것들과 관련된 하나님의 "비밀들"을 드러내어 알려준다는 뜻이다.[563]

"가르침"[564]이라는 말이 등장한 것 역시 흥미로운 일이다. 예언과 선지자(혹은 예언하는 자)가 상응하듯이, 이 말도 12:28의 "교사들"과 상응하는 말이다. 이 말은 보통 일정한 형태를 지닌 가르침을 가리키는 말로 쓰는 경우가 더 흔하지만, 여기서 이 말은 필시 **영**에 감동된 말로서 가르침이라는 형태로 나타난 것과 관련 있을 것이다.[565] "가르침"이 내용상 이 목록이 제시하는 다른 항목들과 어떻게 다른가는 관련 데이터가 너무 빈약한 탓에 짐작만 할 뿐이다. 12:28을 다룬 부분을 읽어보라.

우리는 이런 형태의 말들이 정확히 어떤 본질을 갖고 있으며 어떤 내용을 갖고 있었는지 확실히 알지 못한다. 그러나 이들은 모두 알아들을 수 있는 말들이라는 공통분모를 갖고 있다. 바울은 이제 이 문제를 유비라는

---

562) 참고. Barrett, 317: "이 모든 행위들은 서로 아주 미세하게 변해감으로써 엄격한 구별을 유지한다."

563) Dunn, *Jesus*, 230에 있는 논의를 참고하라.

564) 그리스어로 διδαχή다. 이는 "가르침, 교훈"(doctrine, KJV)이 아니라 가르칠 때 하는 말 자체를 가리킨다.

565) 이는 세 가지 증거가 뒷받침한다. (1) 다른 경로를 통해 **영**에 감동된 χαρίσματα (은사들)라는 것을 확실히 이해할 수 있는 항목들로 이루어진 목록에서 "가르침"이 등장한다는 점, (2) 이 부분 전체가 πνευματικά (**영**의 일들; 1절)와 관련 있으며, 고린도 사람들이 "영들"에 열심을 냈다는 사실(12절), (3) 이 말이 26절에서 **영**에 감동된 말을 다룬 유사한 맥락 속에서 등장한다는 사실이 그 증거들이다. 참고. Dunn, *Jesus*, 236-37.

형태를 동원하여 다뤄간다.

7-11절 바울은 자신이 말하려는 요점을 세 가지 유비(악기들, 전투를 준비하라는 신호, 외국어)를 동원하여 설명한다. 이 유비들 자체는 자명해 보인다. 바울은 첫 두 유비에서 방언이 손가락으로 모든 현을 한꺼번에 연주하는 바람에 음악 소리는 만들어내지만 정작 사람들을 즐겁게 하는 멜로디는 만들어내지 못하는 하프 연주자와 같거나,[566] 혹은 나팔을 불어도 전투 준비를 알리는 소리를 내지 못하는 나팔수와 같다고 주장한다. 두 경우 모두 악기로부터 소리는 나오지만, 그 소리들은 전혀 어떤 의미를 전달해주지 못한다. 결국 이런 소리들은 듣는 사람들에게 아무 도움이 되지 않는다. 방언도 이와 마찬가지다.

세 번째 유비인 서로 다른 언어들이라는 현상은 고린도 같은 국제도시에서는 흔히 있는 일이었을 것이다. 이 유비는 바울이 여기서 다루는 문제와 가장 밀접하게 연결되어 있다. 이 유비는, 일부 사람들이 주장하는 것처럼,[567] 방언을 말하는 사람은 외국어를 말하고 있는 사람이기도 하다는 것을 일러주는 게 아니다. 도리어 이 유비는 외국어로 말하는 사람의 말을 알아들을 수 없듯이 방언으로 말하는 사람의 말도 알아들을 수 없다는 뜻이다. 실제로 이것은 바울이 **영**에 감동되어 하는 방언을 실제 지구 위에 존재하는 언어로 여기지 않는다는 것을 확실히 보여주는 증거다. 물론 이 유비는 듣는 사람의 입장을 강조한다. 바울이 이 유비를 통해 말하고자 하는 것은 서로 다른 언어들이 그 언어로 말하는 이들에게는 아무 의미가 없다는 것이 아니라, 그것을 듣는 이들에게는 아무 의미가 없다는 것이다.

566) 현대 문화를 기준으로 하면, 교향악단 지휘자가 지휘봉을 들기 전에 악기를 조율하며 연주를 준비하느라 교향악단 단원들이 만들어내는 불협화음이 적절한 유비가 될 것 같다.

567) 가령 Gundry, "Utterance?" 306. 이 유비의 요지는 "방언"이 이것과 **같은** 기능을 한다는 점이다. 참고. Dunn, *Jesus*, 244: "자명한 것(사람들이 모인 자리에서 알아들을 수 없는 외국어로 이야기하는 것은 쓸데없는 일이다)이 자명하지 않은 것(사람들이 모인 자리에서 알아들을 수 없는 방언으로 이야기하는 것은 쓸데없는 일이다)을 설명해준다."

이 경우에도 바울은 분명 이 유비를 고린도 사람들의 정황과 그들이 "방언으로 말함"에 적용한다. 어떤 이가 외국어로 말한다면, 듣는 사람은 그 말을 이해할 수가 없다. 마찬가지로 공동체 안에서 예배하는 이들도 다른 이가 "방언으로" 하는 말은 알아들을 수가 없다. 결국 그런 말은 듣는 이들에게 아무 쓸데가 없는 말이다.

12절 이 두 번째 적용 구절은 9절 서두와 똑같은 말("너희도 마찬가지니")로 시작한다(그리스어로 οὕτως καὶ ὑμεῖς다 – 옮긴이). 그러나 이번에 바울은 앞서 제시한 유비의 분명한 요점을 적용하는 대신, 1-5절로부터 가져온 두 모티프를 채용하여 이 모든 것을 한데 묶는다. 첫째 모티프는 "너희가 영들에 열심을 내는 자들[568]인즉"[569]이다. 많은 사람들이 인식했듯이, 이 절은 필시 많은 문제를 풀 수 있는 열쇠를 쥐고 있을 것이다. "영들에 열심을 내는 사람들"이라는 말이 무슨 의미이든, 이 말은 이 장들(12-14장)에서 쟁점이 되고 있는 것에 열심을 내는 것이 고린도 사람들의 특허상표임을 분명하게 일러준다. 이 말 때문에 일부 사람들은 12:31과 14:1에 있는 두 명령문을 바울이 고린도 사람들이 보낸 서신에서 인용한 말로 보기도 했다. 그러나 그것은 불필요한 편법이다. 바울은 12:31과 14:1에서 고린도 사람들에게 그들이 이미 행하고 있는 것을 행하라고 명령하지 않았다. 오히려 이 구절과 마찬가지로 바울은 그들에게 **영**의 현상들에 열심을 내더라도 덕을 세우는 현상들에 열심을 낼 것을 독려한다(14:5).

더 어려운 개념은 그들이 "영들"에 열심을 낸다는 말이다. 사람들은 십중팔구 14:1을 근거로 이 말을 그들이 모든 "**영**의 은사들"에 열심을 낸다는 말로 이해한다.[570] 그러나 바울이 여기서 선택한 말들을 보거나 당시

568) 그리스어로 ζηλωταί다(열심이 있는 사람, 열심당원을 뜻하는 그리스어 ζηλωτής의 복수 주격 형태다 – 옮긴이). 이 말은 14:1에서 나온 동사 ζηλόω (열렬히 소망하다)의 동족 명사다.
569) 이런 용례를 살펴보려면, 5:3-4을 논한 부분을 보라.
570) 가령 KJV, NASB, NIV, GNB, NAB도 마찬가지다.

역사 정황 전반을 고려할 때, 그런 의미일 가능성은 거의 없다. 오히려 이 말은 고린도 사람들이 **영**의 나타나심 가운데 한 가지 특정한 것, 곧 방언의 은사에 욕심을 냈던 것을 특히 가리키는 표현일 가능성이 더 농후하다. 고린도 사람들은 이 방언의 은사를 그들이 πνευματικός(**영**의 사람)임을 확실하게 증명해주는 증거로 보았다.[571] 복수형인 "영들"은 12:7-11이 말하는 "같은 한 **영**"을 이제 많은 영들로 이해해야 한다는 의미가 아니다.[572] 오히려 이것은 **영**이 고린도 사람들 각자의 "영들"을 통하여 당신 자신을 나타내심을 가리키는 바울의 표현방식이다. 이렇게 이해할 수 있는 실마리를 제공해주는 것이 32절의 용례다. 32절에서 말하는 "예언하는 자들의 영들"은 성령이 예언하는 사람을 통해 예언의 말씀을 하시는 것을 가리키기 때문이다. 마찬가지로 바울은 14-15절에서 "내 영"으로 기도하겠다고 말하는데, 이는 "성령이라는 방편을 통해 내 영을 통하여"(by means of the Holy Spirit through my spirit) 기도하겠다는 뜻이다. 결국 고린도 사람들은 방언으로 말함으로써 그들의 영들이 **영**의 대변인이 되기를 크게 열망하고 있는 것이다.

바울은 이런 고린도 사람들의 열심을 이용하고 싶어한다. 아니 더 정확히 말하자면, 앞에서도 그랬듯이, 그들의 열심을 바로잡길 원한다. 때문에 그는 1-5절에서 두 번째 모티프요 여기서 주장하는 모든 것의 목적을 가져와 "교회를 세워주는 데(교회에 덕을 세우는 데) 풍성하도록[573] 노력할지

---

571) 참고. Dunn, *Jesus*, 234은 "영들에 열심을 낸다"는 말을 "영감을 체험하기를, 특히 **영**에 감동된 말인 방언을 하기를 간절히 바라다"라는 뜻으로 해석한다. Ellis, *Prophecy*, 31은 이 말이 "그런 **영**의 나타나심들 배후에 존재하며 그런 나타나심들에 동반되는 능력들에 대한 관심"을 암시한다고 주장한다. 그러나 Ellis의 주장은 불필요하고 가능성이 없어 보이는 주장이다.

572) Weiss, 326-27이 제시한 주장이다. 그는 바울이 말하고자 하는 요점과 더 큰 문맥을 모두 놓치고 있다.

573) 그리스어로 ἵνα περισσεύητε다(περισσεύητε는 "…을 풍성하게 갖고 있다/…에 탁월하다"라는 뜻을 가진 그리스어 동사 περισσεύω의 2인칭 복수 현재 능동태 가정법 형태다 - 옮긴이). 여기서는 ἵνα절이 목적을 나타내는 부정사 역할을 한다.

니라"라고 당부한다. 이것은 바울이 1-5절에서 분명하게 제시했던 관심사다. 또 이 문단에서 구사한 몇 가지 유비에서도 이 관심사를 은연중에 피력했다. 이해할 수 없는 말은, 비록 그것이 **영**으로부터 온 것이라 할지라도, 그것을 듣는 사람에게 전혀 유익이 없다. 다시 말해 그 사람을 전혀 세워주지 못한다. 결국 고린도 사람들은 **영**의 나타나심에 열심을 내는 이상, 지체들이 함께 모여 예배할 때 피차 상대에게 "외국인"이 되는 일이 없게 함으로써 서로 그리스도 안에서 덕을 세워갈 수 있도록 그 열심을 올바른 방향으로 향하게 해야 한다.

13절 "그러므로"[574]는 강한 추론을 이끌어내는 말로서 이 문장과 12절 사이에 긴밀한 관계가 있음을 시사한다. 이 말은 "교회를 세워줌"(교회에 덕을 세움)이라는 원리를 방언을 향한 고린도 사람들의 열심에 적용함으로써 6-12절을 끝맺는 기능을 한다.[575] 따라서 이 말은 뭔가 놀라운 내용을 제시하는 역할을 한다. 바울이 (12장부터) 지금까지 제시한 주장을 모두 고려하면, 여기서는 이런 말이 나올 법하다. "이런 이유로 방언을 말하는 사람은 오히려 예언하려고 노력할지니." 그러나 바울의 첫 번째 관심사는 예언이 아니라, 사람들이 모인 자리에서는 알아들을 수 있는 말로 말해야 한다는 것이다. 따라서 바울은 곧장 자기 관심사로 옮겨가 이렇게 촉구한다. "방언으로 말하는 자는 해석하기를 기도할지니라."[576] 이 강조점은 5절[577]

574) 그리스어로 διό다(참고. 12:3).

575) 이런 관찰 결과 그리고 14절에 접속사가 없다는 사실(앞의 주547을 보라)은 6-19절 문단이 필시 6-13, 14-17, 18-19절이라는 세 개의 소 문단들로 구성되어 있으리라는 것을 일러주는 증거다.

576) 예전에 일부 해석자들은 이 문장을 다른 의미로 해석하여, 여기 "기도"를 14절에서 말하는 "방언 기도"로 보고 ἵνα절을 목적을 나타낸 부분으로 보았다. 그리하여 그들은 이 문장을 이렇게 번역했다. "방언의 은사를 가진 자는 방언으로 기도하되, 그가 (방언으로) 말한 것을 나중에 해석하겠다는 목적을 품고 기도할지니라"(Edwards, 365; 참고. Godet, 277-78; Beet, 245). 그러나 이것은 문법과 문맥에 모두 어긋난다. 방언으로 말하는 자가 동시에 해석도 하는 문제를 알아보려면, 5절을 다룬 주541을 보라.

577) 이 구절은 5b절이 1-5절에 하는 것과 같은 역할을 6-12절에 행하는 것 같다.

의 강조점이기도 하다. 방언 해석은 방언을 알아들을 수 있는 말로 만들어준다.[578] 방언이 알아들을 수 있는 말이 되면, 12절의 관심사인 교회에 덕을 세움을 충분히 이룰 수가 있다. 앞에서도 그랬지만, 바울이 이의를 제기하는 것은 방언 자체가 아니라 해석이 따르지 않는 방언을 남발하는 고린도 사람들의 행태다. 이 점은 27-28절도 확인해준다. 바울은 이 두 구절에서도 해석이 따르지 않는 방언을 허용하지 않는다. 이는 반대로 해석하면, **해석이 따를 경우에는** 방언이라는 은사를 표현할 수 있도록 허용하는 **규정**이라고 할 수 있겠다.

14절 바울은 7-13절에서 사람들이 모인 자리에서는 알아들을 수 없는 말을 하지 말라고 주장했다. 이제 그는 14절을 통해 그 주장을 구체적으로 적용하기 시작한다. 바울은 18절에 가서도 다시 그리할 터이지만, 여기서는 우선 자신이 방언으로 말했던 체험을 이야기한다.[579] 그러나 바울이 14절 문장에서 말하고자 하는 **요점**은 그리 확실치 않다. 바울은 필시 어떤 기본 원리를 강조하려고 자신의 체험을 활용하고 있을 것이다. 그는 이 기본 원리를 15절에 가서 상세히 설명하고 16-17절에서 고린도 회중에게 적용한다.

이렇게 보는 것이 이 문단이 제시하는 주장(6-19절)의 중앙에 자리하고 있는 이 아주 어려운 문장을 가장 잘 이해하는 길인 것 같다.[580] 바울

---

578) Barrett, 319이 시사하듯이, 이런 해석이 꼭 "방언을 예언이나 가르침으로 바꿔주는 효과"까지 가지는 것은 아니다.

579) 6절을 다룰 때 시사했듯이, 이 문장 밑바닥에는 십중팔구 자기를 변호하는 취지도 깔려 있을 것이다. 고린도 사람들이 생각하는 것과 달리, 바울은 실제로 방언으로 말한다. 그는 그들 모든 이보다 더 많이 방언으로 말한다(18절).

580) 대다수 사본들(과 NIV)처럼 14절 서두에 이유를 제시하며 설명하겠다는 취지를 담은 "이는"(for)을 덧붙이면, 이 문장을 더욱더 잘 이해할 수 있다; 앞의 주547을 보라. 해석자들은 이 점을 거의 언급하지 않는다. 이렇게 "이는"(그리스어의 γάρ — 옮긴이)을 덧붙이면 14절을 더 잘 이해할 수 있긴 하지만, 만일 원문에 본디 γάρ가 있고, 바울이 방언하는 자더러 해석의 은사를 간구하라고 독려하는 의도가 방언하는 자 스스로 자기 방언을 이해할 수 있게

은 지금 방언으로 말하는 자가 그 스스로 자기 방언을 이해할 수 있도록 그것을 해석까지 해야 한다고 주장하는 게 아니다. 만일 바울이 그렇게 주장하고 있다고 본다면, 이 구절은 알아들을 수 있는 말을 함으로써 다른 사람들에게 덕을 세울 것을 주장하는 이 문단(6-19절) 가운데에 박혀 있는 "암초"가 되어 해석에 상당한 어려움을 안겨줄 것이다. 아울러 그렇게 본다면, 바울이 2절과 4절에서 말하는 것과 15절에서 넌지시 암시하는 것에도 어긋날 것이다. 이 구절들에서는 방언으로 말하는 사람이 **영**을 통해 하나님과 나누는 사귐으로 말미암아 세움을 받는다는 말은 하지만, 스스로 자신이 한 방언을 이해할 수 있어야 한다는 말은 하지 않기 때문이다. 바울이 말하는 요지는 간단하며 고린도 사람들이 충분히 알아듣고도 남는 것이다. 그는 지금 이렇게 말하고 있다. "내가 방언으로 기도하는 것은[581] **영**으로 기도하는 것이다. 그러나 그런 기도는 내 마음에 유익을 주지 않는다." 이는 곧 그가 16-17절에서도 계속하여 주장하듯이, 그런 기도가 다른 사람들의 마음에도 역시 유익을 주지 못한다는 뜻이다.

앞서 제시했듯이,[582] "내 πνεῦμα(영)가 기도한다"라는 난해한 말은, 문맥을 살펴볼 때, "내 **영**/영이 기도한다"라는 의미인 것 같다. 우선 이 말 속

하려고 그런 것이라면(이 견해는 Calvin, 292; Grosheide, 325-26; Morris, 194; Ruef, 150; Mare, 273이 지지한다), 오히려 이 문맥에는 상당히 많은 난점들이 생겨난다. 이 견해는 2, 4, 15절과 모순될뿐더러, 방언 해석을 어떤 사람 개인을 세워줄 수 있는 유일한 수단으로 보게끔 만든다는 점에서 2절과 4절의 의도와 어긋난다. 더욱이 이 견해는 전체 문맥과 일치하지 않는다. 바울은 이 문맥에서 늘 교회를 세워줌(교회에 덕을 세움)을 염두에 두기 때문이다.

학자들이 이런 난점을 해결하는 한 가지 방법으로 제안한 것이 ἄκαρπος (열매가 없는, 쓸데없는)를 "효험이 있는, 결과를 만들어내는"이라는 의미로 해석하여 이 문장을 "내 마음은 어느 누구에게도 도움이 될 결과들을 만들어내지 못한다"로 해석하는 것이었다(Williams; 참고. Goodspeed, Moffatt, Conzelmann). 이런 해석은 이 문단의 관심사를 올바른 방향으로 이끌어준다. 그러나 바울이 "내 영"과 "내 마음"이라는 말을 써서 대조하려고 하는 것은(그리스어로 δέ) "내게 유익을 주는 것과 다른 사람들에게 유익을 주는 것"을 서로 대조하려는 게 아닌 것 같다.

581) 이 조건문은 현재 일반 조건문이다. 따라서 이 말은 "내가 방언으로 기도할 때마다 이런 결과가 생긴다"라는 의미로 봐야 한다.

582) 앞의 12절을 다룬 부분을 보라; 5:3-4; 12:10; 14:32를 논한 내용을 보라.

의 "내"라는 소유격 그리고 "내 영"이 "내 마음"과 대조를 이루고 있다는 것은 바울이 여기서 기도하는 자기 자신의 "영"을 말하고 있음을 시사한다. 그런가 하면 12:7-11과 14:2 그리고 14:6의 증거를 종합해볼 때, 바울은 방언으로 말하는 것을 그 사람의 삶 속에서 **영**이 활동하고 계심을 보여주는 증거로 이해한 게 틀림없다. 그는 방언을 **영**에 감동된 언어로 하나님께 기도하고 찬송하는 것으로 이해했다. "내 πνεῦμα(영)가 기도한다"라는 이 모호한 문장을 가장 설득력 있게 해결하는 길은 **영**이 주시는 말을 따라 그 자신의 영이 기도한다는 것이 바울이 말하고자 하는 취지라고 보는 것이다.[583] 그러기에 나는 이 문장을 "내 **영**/영이 기도한다"라고 번역했다.

15절이 분명하게 밝혀주듯이, 바울이 말하고자 하는 것은 자신이 **영**으로 기도하는 것이, 자신이 이해하는 데 유익이 되지 않기 때문에 바람직하지 않다는 게 아니다. 도리어 이것은 사실을 있는 그대로 이야기하는 것일 뿐이다. 바울은 계속하여 자신이 **두 가지** 것을 할 것이라고 **힘주어** 말한다. 그 둘 중 하나(=**영**/영으로 기도함)는 분명 그 자신을 위한 것이요, 다른 하나(=마음으로 기도함)는 다른 사람들을 위한 것이다.

15절 바울은 이제 14절에서 제시했던 원리를 상세히 설명하면서, 이 원리를 실재에 적용한 16-17절을 내다본다. 그는 14절에서 간명하게 이야기했던 현실에 비추어 이런 수사 의문문을 던진다. "그렇다면 무엇을 해야 할까?"[584] 그는 자신이 두 가지를 다 할 것이라고 대답한다. 우선 그는 "나

---

583) 행 2:4에 있는 말을 참고하라: "그들이 **영**이 그들에게 주시는 말을 따라 다른 말들로 말하기 시작했다." 이것("**영**이 주시는 말을 따라 그 자신의 영이 기도한다"로 해석하는 지은이의 입장)은 Barrett, 320과 다른 학자들이 애호하는 대안, 곧 "내 영은 내게 맡겨진 **영**의 은사다"와 아주 먼 해석은 아니지만, 그래도 "내 영이 기도한다"를 풀어쓴 말로서 더 선호할 만한 해석이 아닌가 한다.

584) 그리스어로 τί οὖν ἐστιν;이다(참고. 14:26); 아울러 간단한 형태로서 롬 3:9; 6:15; 11:7에 있는 τί οὖν도 참고하라. 이것이 더 고전적 형태다. 이 관용어는 "그렇다면 방금 말한 것의 요지(결론)가 무엇이냐?"라는 뜻이다.

는 내 **영**/영으로 기도하겠다"[585]라고 대답하는데, 이는 14절과 19절이 말하는 것처럼 "나는 방언으로 기도하겠다"[586]라는 뜻이다. 물론 이것이 바울의 당면 관심사는 아니다. 그러나 이 말은 18절과 함께 이런 기도가 그가 늘 하던 습관이었다는 사실, 그리고 비록 그가 그 기도를 인식하고 이해하지 못한다 하더라도 그 기도로 말미암아 세움을 받았다(유익을 얻었다)는 사실을 일러준다.[587] 반면 "(뿐만 아니라)…으로도"[588]라는 단어 조합은 바울이 여기서 강조하는 것이 "나는 내가 이해하는 **말로도** 기도하겠다"(I will *also* pray with my understanding)[589]임을 일러준다. 이 말은 "내가 다른 사람들을 생각하여 (방언뿐 아니라) 그리스어로도 기도하며 찬송하겠다"라는 뜻이다.

물론 바울이 또렷하게 이런 말을 한 것은 아니다. 그러나 여기서 그가 내 **영**/영으로 기도하고 노래(찬송)하는 것과 내 마음으로 기도하고 노래하는 것을 대조한다는 것은 결국 전자는 혼자서 사사로이 기도할 때만 할 일로 여기고 사람들이 모인 자리에서는 오직 후자(=내 마음으로 기도하고 노래함)만을 해야 한다는 뜻을 천명한 것이다. 이런 그의 뜻은 16-17절도 암시한다. 바울은 16-17절에서 방언을 말하는 자가 하나님을 찬송하는

---

585) 그리스어로 τῷ πνεύματι다. 앞에서 제시한 분석(이 책 제2장 참조)이 맞다면, 관사가 붙어 있는 이 용례는 성령을 직접 지칭하는 게 아니라, 14절에 있는 "내 영"을 가리킨다. 반면 16절에 있는 용례에는 관사가 붙어 있지 않은데, 이는 십중팔구 **영**을 직접 가리키는 말일 가능성이 더 높다.

586) 이 미래형(προσεύξομαι ="기도하다"라는 뜻을 가진 προσεύχομαι의 1인칭 단수 미래 중간태 직설법 형태다—옮긴이)은 미래라는 시간이 아니라 결심을 표현하는 의지로 봐야 한다.

587) 이것 자체만 놓고 보면, 바울이 방언을 말하는 자들을 독려하여 그들 자신이 그 방언에서도 유익을 얻을 수 있도록 해석의 은사를 간구하라고 촉구한다고 본 14절과 상충한다. 분명 바울은 방언을 말하는 자 자신도 자기 방언을 늘 이해해야 한다고 생각하지는 않았다.

588) 그리스어로 δὲ καί다; 참고. 15:15.

589) 그리스어로 νοῦς다. 이 말은 14절에서도 나온다. 이 말 자체는 "마음"을 뜻한다. 그러나 바울의 관심사는 마음이라는 "장소" 자체가 아니라, 이 마음과 관련된 "이해"다. E. Käsemann, *Perspectives on Paul* (trans. M. Kohl; Philadelphia: Fortress, 1971), 131은 이 말이 "그의 의지와 상관없이"(without his will)라는 뜻이라고 주장하나, 아주 잘못된 주장 같다. 이해할 수 없음과 무언가를 원하지 않는데 억지로 하는 것은 같은 실체를 이야기하는 게 아니다.

것은 얼마든지 할 수 있는 일이나, 다른 이들에게는 결코 유익이 되지 않는다고 말한다. 19절에서는 이런 구별이 분명하게 나타난다.

바울은 "기도한다"라는 말에 "**영**/영으로 노래함"과 "마음으로 노래함"을 덧붙여놓았다. 노래(찬송)는 유대교 예배에 늘 있던 부분이었고, 초기 기독교에서도 이 노래를 예배의 본질을 이루는 부분으로 받아들였다. 이는 고린도전서 14:26과 골로새서 3:16, 그리고 이 골로새서 구절과 평행을 이루는 에베소서 5:19이 증명해준다.[590] 골로새서와 에베소서가 제시하는 증거는 이런 노래 중 일부가 신자들이 다 함께 부르는 것이었음을 일러준다.[42] 나아가 이 본문들이 구사하는 언어는[591] 이런 찬송들이 하나님께 올리는 찬미 역할을 했을 뿐 아니라, 공동체가 모인 자리에서 사람들을 가르치는 도구로도 활용되었다는 것을 시사한다. 더욱이 이 15절뿐 아니라 26절과 에베소서 및 골로새서 본문은 일부 노래를 "일종의 은사적 찬송"(a kind of charismatic hymnody)[592]으로 부르는 것이 가장 적절할 수도 있음을 일러준다. 이런 찬송을 부를 때는 회중이 모인 자리에서 모든 신자가 동시에 하나님을 찬미하는 찬송을 그분께 올려드렸지만, 일부 사람들에게는 사전에 이미 그런 찬송이 알려져 있었을 수도 있다. 26절뿐 아니라 15절 본문도 이런 노래 가운데 일부는 "독창곡"이었다고 일러준다. 아울러 이 15절 본문은 우리가 "방언으로 말하는 것"을 한 차원 더 깊이 이해할 수 있게 해준다. 사람들은 이렇게 방언으로 **기도**할 뿐 아니라, 이렇게 방언으로 노래하며 하나님을 **찬송**했다. 이 때문에 16-17절은 이 테마를 이야기할 때 "송축하다"와 "감사하다"라는 동사를 쓴다.

---

590) 가령 G. Delling, *TDNT* 9.489-503; K. H. Bartels, *NIDNTT* 3.668-75 (하지만 그는 이 본문의 요지를 놓치고 있다); R. P. Martin, *Worship in the New Testament* (2nd ed.; Grand Rapids: Eerdmans, 1974), 39-52; Dunn, *Jesus*, 238-29을 보라.

591) "서로 말함"(개역개정: 서로 화답함; 엡 5:19)과 "서로 가르치고 권면함"(골 3:16). 특히 뒤에서 골 3:16을 논한 내용을 보라(이 책 제8장).

592) Dunn, *Jesus*, 238이 쓴 말이다.

16절 이제 바울은 그 자신이 **영**/영으로 찬송할 뿐 아니라 마음으로도 찬송하겠다는(방언으로 찬송함은 물론이요 그가 이해할 수 있는 말로도 찬송하겠다는) 결심을 천명한 데서 더 나아가, 고린도 신자들에게 사람들이 모인 자리에서는 특히 마음으로 찬송해야 한다는 점을 강조하며 이렇게 말한다. "그렇지 않으면,[593] 만일 네가[594] **영**으로 하나님을[595] 찬송할 때(여기서는 사람들이 모인 자리에서 방언으로 하나님을 찬송하는 것을 뜻한다),[596] 다른 사람이 네가 말하는 것이 무엇인지도 알지 못하는데 어떻게 네 감사[597]에 "아멘"을 말할 수 있겠느냐?" (관습을 따라)[598] "아멘"[599]을 말한 것은 공동

---

593) 그리스어로 ἐπεί다. 이 말은 보통 이유를 나타낸다("왜냐하면"; 참고. 12절). 여기서 구사한 용법을 살펴보려면, 5:10과 7:14을 참고하라. 이 두 구절에서도 이 말은 비슷한 기능을 한다.

594) 이 "너"는 단수다. 이처럼 어떤 원리를 실재에 적용하는 대목이나 무언가를 가르치는(권면하는) 대목에서 갑자기 2인칭 단수형으로 바꿔 쓰는 경우를 살펴보려면, 4:1; 7:21, 27을 다룬 Fee, 158-60, 315-18, 330-32을 보라. 여기서 바울은 십중팔구 어떤 대담자를 가정하고 이야기하는 것 같다. 물론 이 대담자는 바울 자신과 반대 입장에 있는 사람으로 이해해야 할 것이다(참고. 롬 8:2).

595) 이 말은 그리스어 본문에는 들어 있지 않다. 그러나 본문은 분명 이 말을 암시한다.

596) 14절과 마찬가지로 이 문장도 현재 일반 조건문이다. 따라서 이 문장은 "네가 하나님을 이런 식으로 찬송할 때마다 너는 이런 결과를 기대할 수 있다"라는 뜻으로 볼 수 있다. 칠십인경은 히브리어 *barak* ("축복하다, 송축하다")의 그리스어 번역어로 εὐλογέω라는 동사를 아주 빈번히 사용한다. 때문에 사람들은 종종 이 경우도 유대교 회당에서 사용했던 축도처럼 특정한 종류의 기도들을 가리키는 것으로 본다. 그러나 그럴 리가 없다. 이 말은 방언으로 "찬송함"을 가리키는 동사이기 때문이다. 결국 이 말은 15절에서 언급한 두 행위(기도와 찬송)를 더 두루뭉술하게 아울러 표현한 말일 가능성이 더 높다.

597) 그리스어로 εὐχαριστία다. 이 말의 동족 동사가 17절에서 나타난다("감사하다"라는 뜻을 가진 동사 εὐχαριστέω의 2인칭 단수 현재 능동 직설법 형태인 εὐχαριστεῖς – 옮긴이). 따라서 10:16과 11:24에서도 볼 수 있듯이, 여기서도 εὐλογέω와 εὐχαριστέω는 거의 서로 바꿔 쓸 수 있는 동사다.

598) ἀμήν 앞에 관사 τό를 쓴 사실이 이를 암시한다. 초기 교회에서도 이런 관습이 계속 이어졌음은 Justin, *Apol.* 65이 일러준다: "그가 기도와 감사를 마치면, 모든 회중이 같은 마음을 표시하며 '아멘'이라고 말한다."

599) 히브리어로부터 빌려온 말로서 "확실하고 유효하다"라는 뜻이다. 신약성경에서는 하나님이나 그리스도를 송축하는 송영(doxology)의 맺음 부분에서 자주 등장한다. 갈 1:5; 롬 1:25; 9:5; 11:36; 16:27; 빌 4:20; 엡 3:21; 딤전 1:17; 6:16; 딤후 4:18; 히 13:21; 벧전 4:11; 5:11; 유 25절을 보라. 계 5장이 묘사하는 장엄한 장면을 참고하라. 계 5장을 보면, 하나님과 어린 양께 올리는 찬송의 맺음 부분에서 네 생물이 "아멘"이라고 말한다(14절). 초기 기독교 예배에서 이 말이 어떻게 사용되었는지 알아보려면, H. Schlier, *TDNT* 1.336-38; 그리고 Martin, *Worship*, 36-37을 보라.

체가 함께 모여 예배하는 상황을 가정한 것이다. 이런 예배 자리에서는 역시 유대교 회당으로부터 물려받은 이 말이 다른 이가 한 말에 전심으로 응답하며 동의한다는 뜻을 나타내는 말이었다.[600] 바울이 말하는 요지는 그가 지금까지 시종일관 줄기차게 주장해온 것이기에 오해할 여지가 없다. 방언으로 하나님을 찬송하는 것(혹은 하나님께 기도하는 것)은, 설령 그것이 **영**으로 말미암은 것이라 할지라도, 회중이 모인 자리에서는 다른 이들을 세워주지 못한다(17절). 그렇게 하는 말은 알아들을 수 없는 말이기 때문이다.

하지만 바울이 "아멘"을 말할 수 없는 사람을 묘사하며 쓴 "ἰδιώτης의 자리를 채우고 있는 사람"이라는 말은 수수께끼다. 문제는 두 가지다. (1) "자리를 채우고 있는 (사람)"[601]이라는 말을 문자 그대로 받아들여야 하는가 아니면 비유로 받아들여야 하는가가 첫째 문제이며, (2) 여기서 쓴 ἰδιώτης가 무슨 의미인가가 둘째 문제다. 특히 둘째 문제가 복잡한데, 그 이유는 다음 두 가지 요인 때문이다. (a) ἰδιώτης라는 말은 보통 "비전문가"(문외한)를 뜻하며, 능숙한 솜씨나 기술을 가진 사람이 아닌 "보통 사람"을 의미한다. 그러나 이 말이 당시 그리스도인들이 신앙생활 속에서 여전히 이방 종교 제의에 참여하고 있던 교회 밖 사람들(교회의 지체가 아닌 자들)을 가리킬 때 쓴 전문용어였음을 일러주는 증거도 아울러 존재한다.[602] (b) 지금 이 문맥을 살펴보면, 17절이 바로 이런 사람을 "세움을" 받지 못한 사람으로 지칭한다. 바울의 글에서는 ἰδιώτης가 신자들과 관련 있으나, 23절에서는 이 말이 불신자들과 밀접한 연관성을 지닌 말로 재등장한다.

---

600) Dunn, *Jesus*, 282을 보라. Dunn은 예배가 가지는 의미 가운데 신자들이 한 몸으로 예배한다는 일체성을 강조한다. 예배 때는 은사들을 "행할" 때와 하나님이 하시는 말씀에 응답할 때 모든 이들이 한마음으로 함께했다. "아멘"은 예배 때 나온 말들을 "시험"한 뒤에 그 말을 긍정한다는 뜻을 표현하는 말 역할을 하곤 했다.

601) 그리스어로 ὁ ἀναπληρῶν τὸν τόπον이다. ἀναπληρόω라는 동사는 보통 "무언가를 채우다", "빈 곳을 메우다, 무언가를 대체하다"라는 뜻이다(ἀναπληρῶν은 ἀναπληρόω의 현재 능동분사 남성 주격 단수형으로 관사 ὁ와 결합하여 "…을 채우는 사람"을 뜻한다 – 옮긴이).

602) BAGD가 제시하는 증거를 보라; 참고. H. Schlier, *TDNT* 3.215–17.

16절과 23절이 말하는 ἰδιώτης가 같은 사람이라고 전제하는 사람들은 대부분[603] ἰδιώτης를 불신자들과 "완전히 다 자란 그리스도인들" 사이의 어느 지점에 자리한 사람을 가리키는 말로 생각한다.[604] 그리스도인 공동체에서는 이런 사람들을 종종 그들을 생각하여 미리 준비해놓은 특별한 자리를 차지한 이들로 여기곤 한다(이런 점에서 이들은 말 그대로 "탐구자"의 "자리를 채우는" 사람들이다). 그러나 이런 견해에는 상당한 난점들이 있다. 첫째, 물론 후대에도 교회에서는 이런 말을 입교를 앞둔 예비 신자들을 가리키는 말로 사용했다. 하지만 이미 초기 가정 교회 시대에 "아직 세례 받지 않은 회심자들"로서 이 교회들이 자신들을 생각하여 미리 마련해둔 특별한 "자리"를 차지하는 사람들이 있었을 것이라고 추정하는 것은 십중팔구 시대착오다. 둘째, 더 큰 문맥도 이런 견해를 지지하지 않는 것 같다. 지금까지 바울의 관심사는 계속 **교회**를(**교회**에 덕을) 세워줌이었다. 바울은 17절에서 ἰδιώτης를 가리켜 방언으로 부르는 찬송을 들음으로 "세움을 받지 못한" "다른 사람"이라고 부른다. 그러나 이 주장(12-14장)의 다른 부분에서는 이 "세움을 받지 못한 다른 사람"이 신자를 가리킨다. 더욱이 바울은 이 사람을 **너희가 올리는 감사**에 관습상 말하는 "아멘"도 말할 수 없는 사람이라고 말한다(16절). 이는 곧 살아 계신 하나님께 올리는 찬송을 늘 지지하고 긍정하는 사람만이 마음을 다해 그 찬송에 동의한다는 것을 시사한다.

여기서 (선호할 수 있는) 대안은 "자리를 채우다"(ἀναπληρόω)라는 동사를 비유의 의미로 받아들여 "ἰδιώτης의 자리를 채우고 있는 사람"을 "ἰδιώτης의 자리에 있는, 혹은 그런 역할을 하는 사람"으로 해석하는 것이

---

603) 몇몇 사람들은 16절과 23절의 ἰδιώτης를 모두 "교회 밖 사람들"(outsider, RSV)이라고 생각한다.

604) "개종자나 예비신자 같은 이들"(BAGD). 이것이 대체로 독일 학자들이 취하는 전통적 입장이다. 참고. Schlier (앞의 주602); 아울러 Morris, 195-96; Martin, *Spirit*, 71을 보라. NIV^{mg}는 "inquirer"(탐구자)로 옮겨놓았다.

다. ἰδιώτης의 역할을 한다는 것은 방언을 말하는 사람의 말을 알아들을 수 없음을 의미하는 비전문용어인 셈이다. 일부 학자들은 이런 사람들이 "**영**의 은사들"을 갖지 못하는 바람에 방언으로 말하는 사람들에게 "눌려" 말 한 마디도 못하고 있다는 것이 이 말의 의미라고 주장하지만,[605] 이 말은 그런 의미가 아니다. 도리어 이 말은 고린도 공동체 안에서 방언을 말하는 자들이 말한 것을 이해하지 못한다는 바로 그 이유 때문에 이 방언을 말하는 자들에게 ἰδιῶται(ἰδιώτης의 복수형; 비전문가들/문외한들—옮긴이)가 되어버린 모든 이들을—어쩌면 더 나아가 방언을 말하는 자들이 말하는 그 "언어"에 "훈련이 되어 있지 않은"(untrained; 참고. 행 4:13) 이들까지—가리킨다.[606] 본문이 단수형인 ἰδιώτης를 쓴 이유는 바울이 이 구절에서 자신이 말을 건네는 사람을 2인칭 단수형으로 표현한 것(=너)과 일치시키려 했기 때문이다. 결국 바울은 2인칭 복수형을 써서 모든 사람을 상대로 말하기보다, 단수형을 써서 그가 말하는 주장에 힘을 실어주고 있는 셈이다. 따라서 그가 말하는 "너"는 고린도 공동체 안에서 방언으로 말하는 사람들을 대표하며, "알지 못하는 사람들의 자리를 차지하고 있는 사람"은 그 공동체 안에서 해석이 따르지 않는 방언들을 이해하지도 못한 채 늘 들어야만 하는 다른 모든 지체들을 대표한다. 요컨대 이것이 바울이 여기서 시종일관 이야기하는 관심사다. 바울 자신이 17절에서 제시하는 추가 설명은 이를 더 분명하게 뒷받침해준다.

---

605) 이런 주장이 빈번하지만(다른 이들도 있으나, Goudge, 127; Robertson-Plummer, 313; Lenski, 594; Grosheide, 327; Héring, 151을 보라), 이 주장에는 추천할 만한 구석이 거의 없다. 바울이 문제 삼는 것은 이 은사(방언)를 가진 자와 가지지 못한 자들 사이의 문제가 아니라, 사람들이 모인 자리에서는 알아들을 수 있는 말로 말해야 한다는 원리와 그런 자리에서 이 은사를 사용하는 경우 사이에 일어나는 갈등이다. 바울이 사용하는 ἰδιῶται의 의미를 생각해보면, 실상 방언을 말하는 자들조차도 ἰδιῶται일 것이다. 이런 사람들도 다른 사람들이 말하는 방언은 알아듣지 못할 터이기 때문이다.

606) 참고. Godet, 282. "바울은 그 교회의 모든 지체들을 이 말로 규정한다. 이 상황에서 그들은 방언을 말하는 이들에겐 그 방언을 들으면서도 알아듣지 못하는 사람들 역할을 하기 때문이다." 아울러 Barrett, 321; Carson, *Showing*, 104-5을 보라.

17절 이 문장은 설명의 의미를 나타내는 "이유인즉"(for)을 통해 16절과 결합되어 있으며, 왜 그런(=16절에서 말한) 상황을 받아들일 수 없는지 그 이유를 설명한다. 바울이 구사한 대조는 강조하는 의미를 가진다. 그는 여전히 단수형을 써서 이렇게 말한다. "이유인즉 **너**는 분명[607] 감사를[608] 잘[609] 하고 있으나 **다른 사람**은 세움을 받지 못하고 있기 때문이라." 이 "너"와 "다른 사람"은 16절이 언급하는 두 사람이다. 한 사람은 방언으로 하나님을 찬송하는 사람이요, 다른 한 사람은 그 방언을 이해할 수 없어서 "알지 못하는" 사람의 자리에 있는 사람이다. 1-5절과 6-13절의 경우처럼, 여기서도 알아들을 수 있음과 덕을 세움이 하나로 결합되어 있다. 사람들이 모인 자리에서는 알아들음이 없으면 덕을 세우는 일도 이루어질 수가 없다. "분명 너는 감사하고 있다." 그러나 사람들이 모인 자리에서는 그것으로 충분치 않다. 감사할 때 필요한 것은 알아들을 수 있는 말로 감사해야 한다는 것이다. 그리해야 다른 사람들도 유익을 얻을 수 있기 때문이다.

18절 바울은 한 번 더 사사로운 말을 하면서 이 문단의 주장을 끝맺는다. 이런 사사로운 말 자체는 놀랍지 않다. 이 소문단(18-19절)을 아우르는 큰 문단(6-19절)과 이 소문단 바로 앞의 소문단(14-17절)도 이런 사사로운 말로 시작하기 때문이다.[610] 오히려 놀라운 것은 이 말의 **내용**이다. "나는 하

---

607) 그리스어로 μέν이다. 이 문장에서는 이 말 뒤에 더 강한 의미를 지닌 ἀλλ'가 따라 나온다(분명…있지만, 그러나).

608) 그리스어로 εὐχαριστεῖς다("너는 감사한다"라는 뜻으로 "감사하다"를 뜻하는 εὐχαριστέω의 2인칭 단수 현재 능동 직설법 형태다 – 옮긴이). 15절과 16절에 비춰볼 때, 이것은 사실을 있는 그대로 써놓은 말이다: "너는 감사를 충분히 잘 드리고 있다." 참고. Barrett, 321. Barrett는 이런 의미를 제대로 포착한 극소수 영역자 중 한 사람이다: "너는 정말 감사를 충분히 잘 드리고 있다"(You indeed are giving thanks well enough). 가정의 의미로 번역해놓은 NIV의 번역은 아무 근거가 없다—그리고 편견의 소산이다: "you may be giving thanks well enough."

609) Robertson-Plummer, 314은 여기 있는 καλῶς를 비꼬는 말로 보지만, 그렇게 볼 이유가 없다. 그런 견해는 15절은 물론이요 하나님께 올리는 "찬송"과 "감사"가 이 방언이라는 은사와 진지하게 결합되어 있다는 점을 고려하지 않은 것이다.

나님께 감사하노니 내가 너희 모든 이보다 더 많이[611] 방언으로 말함이라." 실제로 이 말을 듣고 더 놀랄 사람이 고린도 사람일지 아니면 이 시대 독자일지 궁금해하는 사람도 있다.

이제까지 통설은 앞서 바울이 언급한 사사로운 내용들을 수사(修辭)로 보면서 그가 가설로 한 이야기들로 다루어왔다. 하지만 이번 언급은 그런 언급들이 실제로 바울 자신의 영성을 반영한 말들임을 일러준다. 이 18절의 주장은 14-15절 및 고린도후서 12:1-10과 함께 바울의 개인 신앙을 엿볼 수 있는 측면들을 우리에게 알려준다. 이런 구절들이 없었다면, 우리는 이런 측면들을 도통 알지 못했을 것이다.[612] 분명 바울은 신앙생활 속에서 방언으로 기도하고, 노래하고, 찬송하는 일에 꾸준히 매진했다. 이 말에는 필시 어느 정도 과장이 섞여 있을 것이다.[613] 그렇다 해도 그런 과장은 다만 사실을 더 강조하는 역할을 할 뿐이다. 우리는 바울이 자신의 이런 모습을 말할 수 있다는 사실, 그가 자신의 이런 모습을 하나님께 감사할 수 있는 이유로서 말한다는 사실, 그리고 이 방언이라는 은사에 사로잡혀 있는 일부 사람들과 대립하는 것도 두려워하지 않고 이런 모습을 말한다는 사실을 진지하게 받아들여야 한다.

우리는 바울이 한 이런 말들 속에는 그 자신을 변호하는 흐름이 존재하며, 그가 고린도 사람들이 내세우는 판단 기준(방언의 은사)에 비추어 그

---

610) 14절과 마찬가지로, 이것 역시 접속사가 생략되어 있다. 이 주장(6-19절)도 시작할 때(6절)처럼 어색한 말로 끝난다.

611) 그리스어로 μᾶλλον이다. 여기서는 비교할 때 보통 사용하는 ἤ (…보다) 대신 비교의 소유격을 사용했다(=πάντων ὑμῶν μᾶλλον). 여기서 바울이 말하려는 것이 그가 말하는 방언의 질이 더 뛰어나다는 것인지[Bruce, 132: "더 풍성한 은사"(a richer endowment)] 아니면 그가 방언을 말하는 양이 더 많다는 것인지(훨씬 더 자주) 알아낼 수가 없다. 이를 알아낼 필요는 없지만, 굳이 이야기하자면 필시 후자일 것이다.

612) 고린도 서신이 이렇게 지나가는 말로 언급해놓은 내용들을 보면서, 우리는 우리 자신이 바울 사도에 관하여 많은 것을 알고 있다는 생각이 들 때마다 멈춰 서서 과연 그런지 곱씹어 보지 않을 수 없다. 현존하는 서신은 단지 빙산의 일각에 불과할 가능성이 더 높다.

613) 결국은 바울이 그가 고린도 사람들 전체보다 더 많이 방언으로 말하는 줄을 어떻게 알았는지 묻는 게 당연할 것이다. 그 물음에 답한다면, 사실 그는 몰랐다가 될 것이다.

자신의 지위를 변호하면서도 그들이 그런 판단 기준을 사용하는 것은 단호히 거부하고 있다고 주장해왔다. 이런 우리 주장이 옳다면, 이 문장들은 바울이 고린도에 폭탄을 떨어뜨릴 요량으로 써 보낸 셈이다. 그들이 뭐라 생각하든, 바울은 "나는 너희 모든 이보다 더 많이 방언으로 말한다"라고 —하나님께 감사하면서![614] —단언할 수 있다. 바울은 시종일관 해석이 따르지 않는 방언에 관심을 기울여왔다. 그런 방언은 교회에 덕을 세우지 못하기 때문이다. 그는 이 문장으로 고린도 사람들의 허를 찌른다. 그는 여기서 그들이 받은 방언의 은사를 가장 강한 말로 인정해준다. 그러나 그가 이렇게 한 이유는 그들이 모였을 때 일어나는 일들을 바라보는 그들의 생각을 다시 바로잡아주려 했기 때문이다.

결국 이 18절 문장은 17절 상반절의 연장선에 있는 말인 셈이다. "너희는 방언으로 찬송하며 하나님께 잘 감사한다. 그러나 사실 나는 이 일을 너희 모든 이보다 더 많이 한다. 하지만 교회 안에서(=사람들이 모인 자리에서) 이런 일을 행할 때는 이야기가 완전히 다르다(즉 그런 자리에서는 모든 이가 알아들을 수 있는 말로 찬송하며 감사해야 한다—옮긴이)." 그런 점에서 19절은 바울 자신이 직접 18절에 대답하는 말이 될 것이며, 결국은 17절 하반절의 연장선에 있는 말(사람들이 모인 자리에서는 다른 사람들을 세워주어야 한다)인 셈이다.

19절 18절에서 놀라운 말로 고린도 사람들의 허를 찔렀던 바울은 이제 자신이 하고자 하는 말을 마저 마무리한다. 바울은 방금 방언 자체와 관련하여 내가 너희 모든 이보다 더 많이 한다고 주장했다. 그렇다면 무엇이 문제인가? 지금 중요한 문제는 어떤 사람이 방언으로 말하느냐 말하지 않

614) 이 단호한 말은 하나님 이름을 걸고 이어 말하는 내용이 절대 진실임을 증언하는 것으로서 십중팔구 부드러운 맹세에 가까운 말일 것이다(참고. 그는 갈 1:20; 롬 9:1; 딤전 2:7에서 "나는 진실을 말하고 거짓말을 하는 게 아니다"라는 말을 사용한다. 고후 1:23; 11:10도 참고하라). 동시에 이 말은 방언의 은사를 바라보는 바울 자신의 입장을 피력한 말이기도 하다.

느냐가 아니다. 중요한 것은 **회중이 모인 자리에서는 무엇이 적절한 행동인가다.** 지금까지 본문을 읽어오면서 바울이 개인의 신앙생활과 공예배를 구별하고 있는 게 아닌가 하는 생각을 한 사람도 있을 것 같다. 이 문장은 그 점을 분명히 밝혀준다.

이 구절에서 바울은 15절의 언어를 일부 되가져와 대조문을 제시하는데, 대조문이 엄중하고 강경하다. 그는 교회 안에서[615] "방언[616]으로 만[617] 마디 말"을 하느니 "내 마음으로 다섯 마디 말"을 하는 쪽을 택하겠다고 말한다. 그는 다만 여기서 "덕을 세우기 위하여"라는 말을 "다른 사람들을[618] 가르치기[619] 위하여"라는 말로 바꾸어놓았다. 이 말은 이 문장에서 말하는 "알아들을 수 있는 말"이 15-16절에서 말하는 기도와 노래(찬송) 그리고 그런 찬송의 해석을 가리키는 말로부터 다시 6절이 알아들을 수 있는 말인 은사들로서 언급한 다른 은사들을 가리키는 말로 옮겨갔음을 시사한다.

결국 이 문단(6-19절)은 완전히 한 바퀴 돈 셈이다. 만일 바울이 고린도 사람들이 원하는 대로 그들에게 가서[620] 방언으로 말한다면, 그들에게

---

615) 그리스어 표현에는 관사가 붙어 있지 않다(=ἐν ἐκκλησίᾳ). NIV와 다른 이들이 써놓은 "in the church"보다 "in church"를 실제로 어떤 자리에 모인 하나님의 백성 전체를 더 적절히 표현한 영어 관용어로서 선호해야 한다. 현대 영어에서는 관사를 덧붙이면 "교회 안에서"라는 관용어가 회중이 모이는 **장소**를 가리키는 개념인 "교회당 안에서"로 변질되어버리곤 한다. 이것은 여기 본문이 말하는 "교회 안에서"와 완전히 딴판인 말이다.

616) 18절에서는 복수형인 γλώσσαις를 썼는데, 바로 그 뒤 구절인 여기서는 단수형인 γλώσσῃ를 썼다. 이런 용례는 바울이 실제로 단수냐 복수냐에 전혀 중요한 의미를 부여하지 않았다는 것을 확실하게 일러준다. 여기서 이 말은 "외국어"를 의미하지 않는다. 이 말은 필시 "방언으로 말하는 어떤 경우"를 암시하는 말일 것이다.

617) 그리스어로 μυρίους다(참고. 4:15). 이 말은 "만"(10,000=μύριοι)의 형용사요, 그리스어에서 활용할 수 있는 숫자 가운데 가장 큰 수다. 이 말은 형용사로서 "셀 수 없이 많은, 수만의"라는 뜻이다.

618) 바울은 이제 16-17절의 단수형으로부터 다시 복수형으로 돌아간다[부정대명사 ἄλλος (다른 사람)의 남성 복수 목적격인 ἄλλους를 쓴다 — 옮긴이].

619) 그리스어로 κατηχέω다(참고. 갈 6:6; 롬 2:18). 이 말은 보통 "가르치다"(teach)라는 뜻보다 오히려 신앙 문제와 관련하여 다른 사람에게 "뭔가 정보를 알려주다" 혹은 "뭔가를 지시하며 가르치다"(instruct)라는 뜻을 가진 말이다.

620) 혹은 어쩌면 그들에게 "갔다면"(가서 방언으로 말했다면, If Paul had come)일 수도 있다. 이것은 고린도 사람들이 과거에 그들과 함께 있었던 바울의 모습을 회상하면서 지금 그들

는 아무 유익이 없을 것이다. 바울은 알아들을 수 있는 말들로 말할 수밖에 없다. 이제 그는 자신도 사실은 방언으로 말함을(그들 모든 이보다 더 많이 말함을) 인정한다. 그러나 교회 안에서는 그들을 가르치고자, 방언으로 헤아릴 수 없이 많은 말을 하기보다 이해할 수 있는 말로 다섯 마디만 하는 쪽을 택하려 한다. 이 말은 곧 그들도 자신과 같이 행동하기를 소망해야 한다는 뜻을 분명하게 밝힌 것이다.

▪ 고린도전서 14:20-25[621]

20형제자매들아, 너희가 생각하는 것에는 아이 노릇을 그만두고, 반대로 악에는
어린이가 되고, 도리어 너희가 생각하는 것에는 어른이 되라. 21율법에 기록되었
으되, "다른[622] 방언들과 다른 사람들[623]의 입술들을 통하여 내가 이 백성에게
말할 것이다. 그러나 그런 때에도 그들은 나를 순종(청종)하지 않으리라"라고 주
가 말씀하신다. 22결국 그렇다면 방언은 신자들이 아니라 불신자들에게 표적이

이 내거는 "새" 판단 기준에 비추어 그때의 바울을 판단한 것을 염두에 둔 말일 수 있다.

621) **참고 문헌**: W. A. **Grudem**, "1 Corinthians 14.20-25: Prophecy and Tongues as Signs of God's Attitudes," *WTJ* 41 (1979), 381-96 (repr, in *Gift*, 185-210); B. C. **Johanson**, "Tongues, a Sign for Believers?: A Structural and Exegetical Study of I Corinthians xiv. 20-25," *NTS* 25 (1979), 180-203; P. **Roberts**, "A Sign-Christian or Pagan?" *ExpT* 90 (1979), 199-203; O. P. **Robertson**, "Tongues: Sign of Covenantal Curse and Blessing," *WTJ* 38 (1975), 45-53; R. **Schnackenburg**, "Christian Adulthood According to the Apostle Paul," *CBQ* 25 (1963), 365; **Sweet**, "Sign."

622) NIV, "through men of strange tongues." 분명 이것은 구약성경의 평행법을 고려한 것이나, 바울이 말하거나 의도한 것은 아니다. 바울이 강조하는 것은 "이상한(낯선) 말을 **하는 사람들**"이 아니라, "다른 말들"(방언들) 이라는 현상이다.

623) P^{46} D^s F G Maj lat co는 ἑτέρων (ℵ A B Ψ 0201 0243 6 33 81 104 326 1739 2464 pc; "다른"을 뜻하는 ἕτερος의 남성 복수 소유격 – 옮긴이) 대신 ἑτέροις (ἕτερος의 중성 복수 여격 – 옮긴이)로 기록해놓았다. 이를 통해 이 말이 "입술들"까지 수식하게 함으로써 결국 ἑτερογλώσσοις (다른 말들과 다른 입술들로)로 만들어버렸다. Zuntz, *Text*, 174n4가 지적하듯이, 이것은 오히려 바울의 주장과 더 들어맞지 않는다. 바울은 ἑτέρων이라는 말을 써서 "'다른 사람들'(곧 신자들)이 불신자들에게 방언으로 말하는 것은 아무 소용이 없는 일이다"라는 말을 하고 있기 때문이다.

되지만, 예언은 불신자들이 아니라 신자들에게 표적이 되느니라. 23그러므로 만
일 온 교회가 같은 곳에 함께 모여 모든 사람이 방언으로 말하면 가르침을 받
지 못한 일부 사람들이나 불신자들이 와서 너희가 미쳤다고 말하지 않겠느냐?
24그러나 만일 모든 사람이 예언을 하는 동안에 불신자나 가르침을 받지 못한
사람이 오면, 그런 사람들은 모든 사람에게 책망을 받고, 모든 사람으로부터 저
지른 잘못을 설명하라는 요구를 받으며, 25또[624] 그들의 마음에 있는 비밀들이
훤히 드러나게 되어, 결국 엎드려 얼굴을 땅에 대고 하나님께 예배하며 "하나님
이 참으로 너희 가운데 계신다!"라고 외치리라.

바울은 여전히 고린도 사람들이 회중이 모인 자리에서 해석이 따르지 않는 방언들을 사용하는 것에 이의를 제기한다. 그런 방언들은 교회에 덕을 세우지 못한다. 뿐만 아니라, 바울은 계속하여 이런 방언들이 불신자들에게도 끔찍한 영향을 미친다고 설명한다. 22절은 몇 가지 난점 때문에 악명이 높다. 그러나 바울이 지금 제시하는 주장의 **구조**는 여기서 다루는 쟁점이 단 하나임을 분명하게 일러준다. 그 쟁점은 바로 방언들이 불신자들에게 미치는 영향(효과)이다.[625]

20권면: (방언들이 하는 기능에 관하여) 너희가 생각하는 것을 바로잡아라

21구약 본문: 방언들은 사람들을 순종으로 인도하지 못한다

22적용: 결국 그렇다면 —

적용 1-	방언들	표적		"신자들에게"가 아니라	A
			도리어	"불신자들에게"	B
적용 2-	예언	[표적]		"불신자들에게"가 아니라	B
			도리어	"신자들에게"	A

624) MajT는 다른 모든 초기 증거에도 불구하고 이 주장에 성급히 καὶ οὕτως를 덧붙여놓았다(다음 절인 25b절을 보라).

625) Johanson, "Tongues," 186-90에 있는 구조 분석을 참고하라.

[23]설명 1 - 방언들이 미치는 영향(1) 불신자들에게 (B)
[24-25]설명 2 - 예언이 미치는 영향(2) 불신자들에게 (B)

혹자는 이 두 주장들을 보면서 뭔가 다른 것을 예상하겠지만, 바울의 기본 관심사는 이 문단에 흐르는 사고의 흐름 그리고 두 설명이 오직 불신자들만을 다룬다는 사실로부터 쉽게 밝혀낼 수 있다. 앞 단락에서도 그랬듯이, 바울의 기본 관심사는 회중이 함께 모인 자리에서 알아들을 수 없는 말로 말했을 때 그 말이 미칠 영향과 관련 있다. 바울은 방금 전까지 해석이 따르지 않는 방언들은 **신자들을 세워주지 못한다**고 주장했다. 이제 그는 이런 방언들이 신자들이 모인 자리에 찾아올 수도 있는 **불신자들에게도 유익이 되지 않는다**고 주장한다. 실제로 정반대 효과가 나타날 것이다. 23절의 설명이 보여주듯이, 회중이 모인 자리에서 이렇게 방언을 사용하면, 불신자들이 죄를 확실히 깨닫고 회개하기는커녕, (21절이 인용하는) 이사야 28:11-12 말씀이 완전히 이루어지는 결과만 나타나 "그런 경우에도(방언으로 말하는 경우에도) 그 불신자들이 순종하지 않는" 일만 벌어질 것이다. 그러나 이것이 바울이 하고자 하는 마지막 말이 아니다. 신자들의 경우와 마찬가지로, 예언은 반대 효과를 낳을 것이다. 즉 예언은 불신자들을 회심으로 인도할 것이다.

따라서 바울이 비록 22절에서 방언과 예언이 **신자들에게** 미치는 영향을 이야기하고 있긴 하지만, 그는 이미 이것을 다루었기 때문에, 이 문단에서는 오직 방언과 예언이 **불신자들에게** 각각 어떤 영향을 미치는가라는 문제만 이야기한다.[626] 이런 분석이 22절의 언어가 안고 있는 모든 난제들을 해결해주지는 않는다. 그렇다 해도 그런 난제들을 해결하려 할 때 해결

626) 참고. Johanson, "Tongues," 187: "21-25절의 주관심사는 방언과 불신자들의 관계와 예언과 불신자들의 관계를 대조하여 살펴보는 것과 관련 있다." 다른 각도에서 우리에게 도움을 주는 연구서가 Roberts, "Sign"이다. 이 책은 중요한 논리의 비약을 감행하여 21-25절의 관심사가 공동체 내부에서 알아들을 수 없는 말로 말하는 것이 아무 효과가 없다는 점이라기보다 고린도 사람들 자신임을 드러낸다.

책이 따라야 할 방향을 일러준다.

20절 바울은 ἀδελφοί(형제들아; 또는 저자처럼 "형제자매들아"; 참고. 6절)라는 호격을 쓰고 좀 어색해 보이는 권면이긴 하지만 그들더러 생각하는 것에는[627] 아이[628] 노릇을 그만두라고 권면함으로써 자신이 제시하는 주장의 방향을 또 한 번 전환한다. 일부 사람들은 이 구절이 13:10-11과 관련 있다고 보아, 바울이 방언으로 말하는 것 자체를 덩치만 커졌지 하는 짓은 아이 같은 행동으로 여긴다고 주장했다.[629] 그러나 바울이 앞서 제시한 주장(특히 15절과 18절)과 이 20절 문장의 구조가 제시하는 것은 그런 주장과 다르다.[630] 바울은 친숙한 A-B-A 주장 패턴을 구사하면서, 이 아이라는 이미지를 사용하여 두 가지를 호소한다. 첫째, 바울은 그들더러 **그들이 생각하는 것에는** 아이 노릇을 그만두라고 호소한다. 둘째, 바울은 **그들이 행동하는 것에는** 어린이들처럼 순진해지라고 호소한다. 바울이 적어놓은 이 문장에서는 이것이 기본 대조 사항이며, 20절의 첫 두 절이 이런 대조를 제시한다. 반면 셋째 절은 첫째 절과 반대되는 말을 함으로써 첫째 절과 균형을 맞춘다. 결국 우리는 이런 구조를 보게 된다(문자

627) 그리스어로 φρεσὶν이다(신약성경에서는 오직 여기서만 나타난다). 이는 이해나 분별을 가리킨다(φρεσὶν은 "생각, 분별"을 뜻하는 φρήν의 복수 여격 형태다 — 옮긴이). 이와 비슷한 호소를 10:15에서도 볼 수 있으니, 참고하기 바란다. 여기서 바울은 고린도 사람들에게 우상숭배를 최종 금지하면서 그들에게 지각을 갖고 생각할 것을 호소한다. 이 권면은 문단을 시작하는 말이다. 그렇긴 해도 바울은 분명 이 권면을 자신이 1절부터 죽 이야기해온 모든 내용에도 적용하려 한다. 일부 사람들은 20절을 새 문단의 시작 구절이 아니라 앞 문단의 끝 구절로 본다(가령 Findlay, 908; Martin, *Spirit*, 72).

628) 그리스어로 παιδία다("아주 어린 아이, 영아"를 뜻하는 παιδίον의 복수 주격 형태다 — 옮긴이). 바울의 글에서 유일하게 이 말이 등장하는 곳이 이곳이다. 바울은 3:1-2에서 νήπιος를 쓴다(참고. 13:11). νήπιος의 동사형이 그 다음 절("악에는 어린이가 되라")에서 나타난다(νηπιάζετε ="어린이처럼 굴다"라는 뜻을 가진 νηπιάζω의 2인칭 복수 현재 능동 명령형이다 — 옮긴이).

629) 근래 Martin, *Spirit*, 71이 이런 주장을 편다.

630) 참고. Schnackenburg, "Adulthood," 365: "방언으로 말하는 것 자체가 어린이 같은 행동이 아니라, 분별없이 이 **영**의 은사만 좋아한다는 것이 어린이 같은 것이다."

대로 번역했을 때).

	너희가 생각하는 것에는[631]	아이가 되지 말라	A
그러나[632]	악에는	어린이가 되라[633]	B
도리어(δέ)	너희가 생각하는 것에는	어른이 되라	A

이 본문은 이와 같은 이미지(=어린이)를 사용한 3:1-2의 용례와 유사하다. 그런 점에서 이 본문에는 필시 어느 정도 고린도 사람들을 비꼬려는 의도가 담겨 있을 것이다.[634] 그들의 어린이 같음은 방언에 관한 그릇된 **생각**에서 드러난다. 고린도 사람들은 방언이 그들의 새롭고 탁월한 영성을 증명해주는 증거가 되어 그들 회중이 가진 뛰어난 영적 자질을 돋보이게 해준다고 생각했다.[635] 그러나 그들이 실제로 드러내 보인 증거는 바른 윤

---

631) 각 경우에 이것("생각, 분별"을 뜻하는 φρήν의 복수 여격 형태인 φρεσίν — 옮긴이)은 동사가 나타내는 행위나 상태의 주체를 지칭하는 여격(dative of reference)이다.

632) 그리스어로 ἀλλά다. 이 말은 그 앞에 나온 μή와 더불어 바울이 대조하는 것이 여기에 자리해 있음을 나타낸다. Johanson, "Tongues," 186은 다른 견해를 제시한다. 그는 "악에는 아주 어린아이가 되라"라는 말을 권면으로 본다.

633) 그리스어로 νηπιάζετε다. 바울은 παιδία와 νήπιος의 차이점에 십중팔구 아무런 의미를 부여하지 않았을 것이다. 이는 특히 바울이 13:11에서도 νήπιος (어린이)처럼 생각하는 것을 언급하기 때문이다. 바울이 이미지들을 융통성 있게 구사한다는 점은 그가 여기서 "어린이"라는 은유를 좋은 의미로 사용하는 점만 봐도 알 수 있다. 그는 이 은유를 3:1-2에서는 나쁜 의미로 사용했고 13:11에서는 가치중립적 이미지로 사용했다. 여기서 이 말은 악에 관한 한 흠 없이 순진해야 한다는 점을 암시한다.

634) 19절에서 20절로 넘어가는 문장 전환이 매끄럽지가 않다. 때문에 R. M. Grant는 바울이 고린도 사람들이 주장하던 또 다른 문제를 끄집어내고 있다고 주장했다. 즉 고린도 사람들은 자신들의 "어린이 같은 행실"을 막 10:15과 그 평행 본문들이 말하는 대로 "주의 명령을 잘 지킨 증거"라며 정당하다고 주장했는데, 바울이 이를 20절부터 문제 삼고 있다는 것이다 ["Like Children," *HTR* 39 (1946), 71-73]. 여기서 바울이 고린도 사람들 자신이 주장하는 견해를 원용하고 있을 가능성도 없지는 않은 것 같다. 그러나 바울은 고린도 사람들이 예수의 말씀을 제멋대로 사용하는 것을 대놓고 논박하기보다 에둘러 비꼬고 있을 가능성이 더 높은 것 같다.

635) 13:1을 다룬 부분뿐 아니라 12-14장과 14:1-25을 다룬 부분의 도입부(introduction)를 읽어보라. 살펴보면 알 수 있듯이, 이것 역시 이 서신의 전체 주장과 부합한다. Johanson, "Tongues"과 Sweet, "Sign"은 이 문단뿐 아니라 12-14장 전체가 방언을 말하는 자들과 예

리에서 벗어난 온갖 악행들이었다.

바울이 원용하는 구약 본문 문맥(사 28:9-13)을 보면, 이사야 선지자가 바울이 인용한 말의 서두를 이런 수사 의문문으로 시작한다. "그가 누구에게 이 말씀을 설명하시느냐? 젖 뗀 아이들에게 하고 계시느냐?"(9절) 이사야서에서는 이 말이 필시 이사야를 조롱하는 자들이 그 선지자에게 한 말이었을 것이다. 바울은 이 문맥을 염두에 두고 있는 것 같다. 그는 고린도 사람들이 주의 말씀을 거역하는 그런 "아이들" 노릇을 할 위험에 빠져 있다고 생각한다. 따라서 이 권면은 고린도 사람들에게 방언에 관한 그들의 생각을 고치도록 독려하는 말이요, 공동체 안에서는 알아들을 수 없는 말을 해서는 안 된다는 주장을 마지막으로 제시하기 위한 진입로를 터 주는 역할을 한다.

21절 바울은 이사야 28:11-12 본문을 고쳐 인용함으로써 고린도 사람들의 생각을 바로잡는 일을 시작한다. 바울은 여기서 이 이사야서 본문을 **"율법"**(the Law)으로부터 인용한 본문[636]으로 소개한다. 인용문 자체는 정확하지 않다.[637] 바울이 이사야서에서 이 인용문을 고른 것은 서로 관련

언하는 자들 사이에 벌어진 치열한 싸움을 다루고 있다고 전제한다. 이 견해는 중대한 허점들을 많이 갖고 있어 설득력이 없다. 이 두 사람에게는 이 전제가 이 문단을 분석하는 데 없어서는 안 될 요소다. 하지만 이 전제는 다른 시각에서 보면 우리에게 도움을 주는 몇 가지 통찰들을 감소시켜버린다.

636) 바울이 이렇게 율법으로부터 인용했다는 문구를 사용한 경우를 살펴보려면, 9:9을 다룬 Fee, 406-9을 보라. 선지서 본문을 "**율법**에 있는" 본문으로 인용하는 모습은 바울이 유대교 전통 위에 서 있음을 보여준다(참고. 롬 3:19; 요 10:34). 참고. W. Gutbrod, *TDNT* 4.1036-78.

637) 바울은 칠십인경도 따르지 않았고 마소라 본문도 따르지 않았다. 물론 그가 인용한 본문은 전자보다 후자에 더 가깝다. 이 인용문과 후대에 아퀼라(Aquila)가 제시한 번역문(100년경) 사이에는 몇 가지 일치점이 있다[ἑτερόγλωσσος ("외국어로 말함")라는 복합명사를 사용한 점, 이사야서 원문의 순서를 바꿔 "방언"과 "입술"로 기록해놓은 점, χείλεσιν ἑτέρων ("다른 입술들로")이라는 형태가 일치점들이다]. 따라서 바울과 아퀼라 둘 다 지금은 더 이상 볼 수 없는 더 이전 형태의 그리스어 본문에 의존했을 가능성이 있다. Harrisville, "Study," 42-45이 제시하는 주장을 보라.

이 있는 두 가지 이유 때문인 것 같다. 하나는 "다른 방언들로(말들로)"[638] 라는 말이 등장하기 때문이요, 다른 하나는 외국인들이 "방언들(외국어들)로 말함"이라는 말이 이사야서 문맥에서는 (선지자가 선포하는) 올곧은 말을 듣지 않으려 하는 이들에게 내리는 심판 역할을 한다는 사실 때문이다. 바울은 자기 관심사를 강조하고자 이사야서 본문에서 네 가지 점을 고쳐 인용한다. (1) 그는 "더듬는 입술들"과 "다른 방언들"의 순서를 바꿔 그의 관심사인 "다른 방언들"을 첫 자리에 놓는다. (2) 그는 "더듬는 입술들"을 "다른 이들의 입술들"로 바꾼다. 여기서 "다른 이들"은 고린도 신자들을 가리킨다. 이들이 말하는 방언들이 불신자들에게 해로운 영향을 미치곤 했다. (3) 바울은 칠십인경을 따르지 않고 마소라 본문을 좇아서[44] "주가 말씀하시리라"를 "내가 말하리라"로 바꾸고 21절을 "주가 말씀하신다"라는 문구로 끝맺는다. 이는 필시 고린도 사람들에게 미치는 효과를 증가시켜주었을 것이다.[639] (4) 가장 중요한 것은 바울이 이사야서 본문에서 상당 부분을 건너뛴 다음, 12절 끝부분을 인용했다는 점이다. 이때 바울은 주가 알아들을 수 있게 하시는 말씀을 염두에 둔 이사야서 본문의 "그리고 그들이 듣지(ἀκούω) 않을 것이라"를 "그러나 그런 때에도(이제는 '다른 방언들로 말함'을 가리킨다) 그들은 나를 **순종하지**(εἰσακούω) **않으리라**"로 바꾼다. 바울이 써놓은 이 글에서는 "그들"이 23절에서 말하는 외부인들을 가리킨다. 이들은 고린도 사람들이 방언으로 말하는 것을 듣는다면 그들을 미쳤다고 할 것이다. 바울은 불신자들이 보일 그런 반응을 이 "주의 말씀"을 "완전히 이루는"(fulfill) 일로 보려 한다. 방언은 불신자들을 순종으로 인도하지 못할 것이다. 도리어 반대로 알아들을 수 없는 말은—불신자들이 그리스도에 관하여 분명한 말씀을 들어야 할 은혜의 시대에—그들의

638) 그리스어로 ἐν ἑτερογλώσσοις다. 신약성경에서는 이 말이 오직 여기서만 나타난다. 칠십인경은 사 28:11의 해당 부분을 διὰ γλώσσας ἑτέρας[43]로 번역해놓았다(참고. 행 2:4, ἑτέραις γλώσσαις).

639) 이 용례를 살펴보려면, Ellis, *Prophecy*, 182-87을 보라. Ellis는 이 문구가 그리스도인 선지자들이 한 말들을 가리킬 수 있다는 가설(대단한 추리다)을 제시한다.

심판만 불러올 뿐이다.

22절 바울은 강한 추론을 이끌어내는 접속사인 "결국 그렇다면"[640]을 써서 그가 방금 인용한 이사야서 본문으로부터 서로 대립하는 두 가지 주장을 끌어낸다.[641] 그러나 바울이 말하는 것이 이제 악명 높은 핵심이 되었다. 문제는 두 가지다. (1) "표적"이라는 말의 의미, 그리고 바울이 이 말을 두 번째 주장("예언을 불신자들이 아니라 신자들에게 표적이 된다")에서도 일부러 반복하려 했는가가 문제다. 만일 그렇다면 이 두 번째 주장에서는 이 말이 무슨 의미인가가 문제다. (2) 여기서 말하는 내용과 뒤이어 제시하는 설명들을 어떻게 일치시킬 것인가,[642] 특히 두 번째 주장과 두 번째 설명을 어떻게 조화시킬 것인가[643]가 문제다. 앞에서 말했듯이, 이 문제를 해결할 길은 무엇보다 이 문단에서 바울이 말하고자 하는 강조점이 23-25절에 있다는 것 그리고 특별히 23절이 이사야서 본문을 "완전히 이루는" 말씀임을 인식하는 것이다. 이 말은 곧 이 본문(22절)에 비추어 그 뒤에 이어지는 내용을 이해해야 한다고 주장하는 많은 해석들과 반대로,

---

640) 그리스어로 ὥστε다; 고린도전서에서는 3:7, 21; 4:5; 5:8; 7:38; 10:12; 11:27, 33; 14:39; 15:58을 보라. 이 용례를 알아보려면, C. F. D. Moule, *An Idiom Book of New Testament Greek* (2nd ed.; Cambridge: University Press, 1963), 144을 보라. Johanson, "Tongues," 189은 이 ὥστε를 앞에서 한 말의 결과를 제시하는 말(consecutive)로 보나, 정작 그 자신이 논한 내용을 보면 결과를 제시하는 말로 생각하지 않는 것 같다.

641) Martin, *Spirit*, 72은 22절을 21절을 미드라쉬(midrash, 해석)로 보고 22절이 23-25절을 가리키지 않는다고 봄으로써 이 난제들을 해결하려고 한다. 그러나 이것은 앞에서 제시한 구조 분석과 충돌하는 것 같다.

642) Johanson, "Tongues," 190-91은 유익한 구별을 제시했다. 그는 바울이 제시하는 주장들(22절)은 방언과 예언이 신자들과 불신자들에게 행하는 **기능(역할)**을 표현한 반면, 구약에서 인용한 본문과 설명들(21, 23-25절)은 방언과 예언이 신자들과 불신자들에게 미치는 **영향(효과)**을 표현한다고 말한다.

643) 이것이 너무 어려운 문제이다 보니, J. B. Phillips, 346은 본문에 아무런 근거가 없는데도 본문을 완전히 뜯어고쳐 "신자"와 "불신자"의 위치를 바꿔놓는 번역을 제시했다. 그는 이렇게 말했다. "이것은 번역자가 자신이 받아들인 본문으로부터 이탈한 유일한 사례다. 다음 세 구절의 의미를 고려할 때, 번역자는 우리가 여기서 보는 본문이 바울이 잘못 쓴 것이거나 아니면 필사자가 필사 과정에서 잘못을 저질렀을 가능성이 더 큰 본문이라는 결론을 내릴 수밖에 없었다". 참고. Parry, 205. Parry는 22절을 난외주(gloss)로 보길 좋아한다.

이 본문을 그 뒤에 이어지는 내용에 비추어 이해해야 한다는 뜻이다.

"방언은 신자들에게[644] 표적이 되는 게[645] 아니라 불신자들에게 표적이 된다"라는 첫째 주장은 바울이 인용한 이사야서 본문으로부터 곧장 흘러나온 것이다. 딱 부러지게 증명할 수는 없지만, 이 주장이 20절로부터 흘러나온 점, 그리고 이 문장 서두의 강한 접속사인 "결국 그렇다면"은, 바울이 이 주장을 자신이 염두에 둔 고린도 사람들의 관점에 맞서 반대명제로 제시하고 있다는 것을 시사한다.[646] 즉 "너희 생각과 달리, 이사야의 글에 있는 주의 말씀은 방언들이 신자들에게 표적이 되게 하려고 있는 것이 **아님**을 일러준다. 너희는 방언들을 너희가 πνευματικός(**영**의 사람)임을 하나님이 증명해주시는 증거나 너희 모임 가운데 하나님이 임재하심을 일러주는 증거로 여긴다. 그러나 방언들은 그런 증거가 아니다. 너희 생각과 반대로, 회중이 모인 자리에서 해석 없이 하는 방언들은 **불**신자들에게 주어진 표적 역할을 한다." 그렇다면 우리는 바울이 말하는 이 표적이 무슨 종류

---

644) 누군가에게 유익을 주거나 유익을 주지 못함을 나타내는 여격이다.

645) 그리스어로 εἰς σημεῖόν이다. NIV는 "are a sign"으로 번역해놓았는데, Grudem, *Gift*, 192-93, 특히 n23도 이 번역을 선호한다. 하지만 이 견해가 애호하는 지지 증거는 본디 셈어 본문(히브리어 성경의 본문)이다—심지어 이 견해가 증거로 끌어 모은 바울 서신의 본문들도 모두 칠십인경에서 인용한 것들이다(가령 고전 6:16; 15:45). εἰς σημεῖόν의 전치사 εἰς는 보통 목적의 의미를 가지는데, 이 경우에도 목적의 의미일 가능성이 더 높다(=방언들은 **표적이 되게 하려고** 하는 것이다). Moule, 70; Johanson, "Tongues," 190n5가 이런 견해를 따른다; 참고. 고전 4:3—물론 그 의미에는 큰 영향을 주지 않았다.

646) 역시 이런 주장을 제시하면서도 다른 논지를 생각하는 이들로 Sweet, "Sign," 241; Johanson, "Tongues," 193-94; Roberts, "Sign," 201이 있다. Johanson은 각 주장 내부의 반대명제들을 포함하여 22절 **전체**를 방언으로 말하던 고린도 신자들이 가졌던 견해로 보면서, 바울이 이 견해를 수사 의문문 형태로 재생하고 있다고 본다. 따라서 σημεῖον은 좋은 의미다(이것이 그들의 견해를 표현해주기 때문이다); 바울의 반응은 23-25절에 있는 설명에서 발견할 수 있다. 그는 방언으로 말하는 이들과 대립하면서 예언을 선호하는 이들을 지지한다. 이 견해는 몇 가지 매력 있는 특징들을 갖고 있다. 그러나 이 견해는 문법(고린도전서에서 바울이 구사하는 ὥστε의 용법—Johanson과 같은 이들은 갈 4:16의 용례가 유사한 사례라고 주장하나, 비슷하지가 않다)과 이 본문의 문맥[(고전 1-4장은 물론이요) 고전 14장에는 바울이 지금 이 문제를 둘러싸고 고린도 교회 내부에서 벌어진 분쟁에 답변하고 있다는 것, 그리고 그가 이 분쟁에서 어느 한쪽 편을 들기를 거부하고 있다는 것을 시사하는 내용이 없다]을 고려할 때 결국은 무너지고 만다.

의 표적인가라는 의문을 갖게 된다. 이 22절이 추론에 따른 연역문(演繹文)임을 고려하여 이 구절을 21절에 비춰본다면, 첫째 문장의 "표적"은 단지 좋지 않은 의미만을 가질 수 있을 뿐이다. 즉 이 "표적"은 불신자들에게 유익을 주는 표적이 아니라 해를 끼치는 표적으로서 기능할 뿐이다.

바울은 이 "표적"이라는 말을 사용할 때 자신의 배경인 유대교의 용례를 철저히 따른다. 유대교 용례를 보면, 하나님은 "표적"을 통해 당신의 태도(마음)를 표현하신다.[647] 이런 표적은 이스라엘에게 하나님이 인정하지 않으시거나[648] 기뻐하시는[649] 것을 "보여준다." 이 구절 같은 경우는 하나님이 인정하지 않으심을 염두에 두고 있다. 그러나 하나님이 인정하시지 않는다는 말은 하나님이 이 은혜의 시대에 불신자들을 심판**하려고 하신다**는 뜻이 아니다. 오히려 반대로 방언들이 불신자들을 하나님의 심판을 받을 자리로 옮겨놓는 **기능**을 한다. 이는 방언들이 불신자들에게 미치는 영향 때문인데, 이 점은 23절이 분명하게 설명할 것이다. 방언은 알아들을 수 없다. 그래서 불신자들은 하나님으로부터 아무런 계시도 받지 못한다. 방언은 불신자들을 믿음으로 인도하지 못한다. 결국 그들은 **영**의 역사인 방언을 미친 일로 여기다가 결국 하나님의 심판을 받을 운명이 되고 만다. 바로 이것이 바울이 인용한 구약 본문이 말하는 내용이다. 물론 이것이 그런 불신자들을 향해 하나님이 품고 계신 의도는 아니다. 그러기에 바울은 고린도 사람들더러 어린이 같은 생각을 그만두라고, 공중이 모인 자리에서는 방언을 사용하지 말라고 촉구한다. 그들의 이런 태도는 불신자들을 믿음으로 인도하기는커녕 오히려 믿음으로부터 멀어지게 하는 결과만 초래하기 때문이다.

---

647) 이 견해를 지지하는 논증을 보려면, Dunn, *Jesus*, 230-32 그리고 Grudem, *Gift*, 194-202(196n25에 덧붙인 내용의 본질을 고려하면, 외관상 Dunn과 별개 견해로 보인다)을 보라.

648) 가령 민 26:10을 보라(고라가 반역할 때 죽은 사람들이 표적이 되었다); 참고. 신 28:46. 더 살펴보려면, Grudem, *Gift*, 195을 보라.

649) 가령 창 9:12(무지개); 출 12:13(문설주에 바른 피).

바울은 방금 말한 명제와 균형을 이루는 반대명제를 덧붙이면서, "그러나 예언" 역시 표적 역할을 하지만[650] "불신자들에게 하는 게 아니라 신자들에게" 한다고 말한다. 바울은 이 문장으로 1-6절에서 마지막으로 표현했던 방언과 예언의 차이를 다시 끄집어내 이야기한다(물론 그는 19절에서 여기서 제시하는 주장을 미리 귀띔하긴 한다). 이 절은 모든 난제들이 생겨나는 절이기도 하다. 그가 이 주장에 상응하는 설명 부분(24-25절)에서는 신자들을 언급하지 않고 오로지 예언이 불신자들에게 미치는 영향만을 지적하기 때문이다. 더욱이 바울이 24-25절에서 하는 말을 읽어보면, 이 예언이 사실은 (신자들이 아니라 오히려) **불신자들에게** 표적이 된다는 생각을, 다시 말해 **불신자들에게** 유익을 주는 것이라는 생각을 하게 된다.

이 난제를 해결할 길도 무엇보다 바울과 고린도 사람들이 벌인 다툼의 본질 속에 자리해 있다. 고린도 사람들은 방언을 선호한다. 그러나 반대로 바울은 알아들을 수 있고 하나님의 뜻을 계시해주는 성질을 가진 예언이야말로 하나님이 그들을 인정하심을 보여주는 표적으로서, 하나님이 그들 가운데 계심을 나타내는 표적으로서 그 역할을 한다고 주장한다.[651] 이를 증명하는 증거는 바로 예언이 불신자들에게 미치는 영향에서 발견할 수 있다. 불신자들은 예언이라는 계시의 말을 들음으로써 비로소 자신들이 지은 죄들을 확신 가운데 깨닫고 하나님 앞에 엎드려 "하나님이 참으로 너희 가운데 계신다!"라고 외칠 것이다. 불신자들이 예언에 보이는 반응인 이런 외침은 신자들에게 "표적"이 되며, 하나님이 그 신자들을 아끼고 사랑하심을 보여주는 증거가 된다.[652]

---

650) 그리스어 본문은 이를 소상하게 말하지 않는다. 그러나 이 문장은 생략된 문장일 가능성이 아주 높다. εἰσιν이라는 동사도 생략되어 있기 때문이다. 이것은 곧 두 묶음의 반대명제들이 완전히 균형을 이루고 있는 것으로 이해해야 한다는 뜻이다. 참고. Grudem, *Gift*, 193-94.

651) Barrett, 324은 예언을 신자들에게 내릴 "심판"의 징표로 본다. (고린도) 신자들은 알아들을 수 있는 말만이 사람들을 구원으로 인도할 수 있는데도 이것보다 방언들을 더 좋아하기 때문이다.

652) 참고. 사 29:10; 미 3:6; 애 2:9 같은 구약 본문들은 예언이 없는 것을 하나님의 심판이 임한 표적으로 또는 하나님의 애호하심이 사라진 표적으로 이야기한다.

결국 방언과 예언은 서로 다른 두 방향에서 "표적" **기능을 한다**. 이는 그리스도인의 모임을 불쑥 찾아온 불신자들에게 방언과 예언이 각각 미치는 **영향**과 정확히 일치한다.

23절 바울은 22절에서 방언과 예언이 불신자들에게 미치는 영향을 기준으로 두 가지 주장을 제시했다. 이제 그는 23절 문장과 다음 문장을 통해 그 두 주장들을 설명해나간다.[653] 23절과 24절 문장은 똑같은 형태를 띤다. 즉 이 두 문장은 모두 현재 일반 조건문으로서, 조건문이 사람들이 모인 교회 안에 불신자들이 찾아오는 가상 상황을 표현한다면, 귀결문은 이 불신자들이—처음에는 방언에, 그 다음에는 예언에—보이는 반응을 표현한다. 이 조건문들이 말하는 것은 가상 상황이고 십중팔구는 과장일 수 있다. 그렇다 해도 이 조건문들은 실제로 벌어질 수 있는 일로서 진지하게 받아들여야 한다. 그렇지 않으면 바울이 여기서 제시하는 주장은 무용지물이 되어버리기 때문이다. 그런 점에서 이 설명들은 초기 그리스도인들의 예배 모임을 들여다볼 수 있는 몇 가지 통찰을 제시해준다.

(1) 고린도 사람들이 함께 모인 것을 표현한 말("온 교회가 같은 곳에 함께 모인다")은 11:20에 있는 말과 거의 같다. 이 말은 고린도전서의 인사말[654] 및 로마서 16:23이 제시하는 증거[655]와 더불어 모든 가정 교회로부터 온 모든 신자들이 어떤 식으로든 함께 모였다는 것을 일러준다.[656] 가장 많은 사람

653) 이 설명들은 추론 결과를 제시한다는 의미를 지닌 οὖν (따라서, 결국)을 통해 22절과 결합되어 있다. 앞서 22절에서 제시한 두 주장과 마찬가지로, 두 설명도 역접어인 δέ (반면, 그러나)로 연결되어 있다.

654) 1:2을 보라; 이 서신은 고린도에 있는 **그** 교회에게(to *the* church in Corinth) 써 보낸 것이다.

655) 바울은 고린도로부터 서신을 보내면서, "나와 **온 교회**를 돌보아주는 가이오"의 문안 인사를 전한다.

656) 참고. Banks, *Paul's Idea*, 38. Banks는 여기서 쓴 ὅλη (전체, 모든)가 더 작은 그룹들이 때를 정해놓고 모이는 모임이 있었음을 시사한다고 주장한다. Parry, 207은 그 말이 "특정 회중 전체"를 가리키는 말이었을 수 있다고 주장하지만, 이는 모든 증거에 비춰볼 때 의심스러운 주장이다.

을 수용할 수 있었던 부유한 집조차도 실제 크기는 한정되어 있었다.[657] 이런 점을 고려한다면, 23절의 말은 그 교회가 우리가 생각하곤 하는 것보다 더 작았음을 일러주는 게 아닐까? 아니면 그 교회는 지금까지 고고학이 고린도에서 발굴해낸 집보다 훨씬 더 큰 집들 가운데 하나일 수 있지 않을까? 우리는 전혀 알지 못한다.

(2) 11:4-5은 물론이요 23절 본문과 26절은 회중이 모인 자리에서 여자들도 기도하고 예언한다고 일러준다. 이는 그들이 행하는 예배 가운데 적어도 한 부분은 "은사"를 표현하는 자리였음을 시사한다. 그렇게 보는 것은 두 가지 연유 때문이다. 하나는 여자들을 포함하여 모든 지체들이 예배에 다 참여했기 때문이요, 다른 하나는 말로 표현하는 은사들을 더욱더 자발적으로 표현하는 자리가 상당히 많이 있었기 때문이다.

"모든 사람이 방언으로 말한다"라는 말과 관련하여 두 가지 짚고 넘어가야 할 문제가 있다. (a) 이 말은 필시 과장일 것이다. 그렇다 해도 이 말이 **모든** 신자가 방언을 말할 수 있을 가능성을 시사한다는 점은 어느 누구도 부인할 수 없다. 이것은 바울이 12:29-30에서 강조한 것이, 우리가 거기서 언급한 것처럼, "모든 사람"이 그리해서는(방언으로 말을 해서는) 안 된다는 것이었음을 의미한다. 물론 거기서 바울이 말하고자 한 것은 오직 몇몇 사람만이 그런 은사를 받을 수 있다는 것이 아니었다(참고. 5절). 예언도 마찬가지다. (b) 다시 말하지만 이 말은 과장이다. 하지만 이 말은 십중팔구 당시 고린도에서 펼쳐지고 있던 광경을 대체로 사실에 가깝게 묘사한 말일 것이다. 반드시 모든 사람이 동시에 방언으로 말해야 하는 것은 아니다. 그렇지만 바울이 27-33절에서 제시하는 지침은 많은 사람들이 으레 그렇게 방언으로 말하고 있었음을 일러준다.[658] 만일 그렇다면, "미쳤

---

657) Murphy-O'Conner, *Corinth*, 153-61을 보라. 현대 고고학이 제시하는 증거는 당시 고린도에서 가장 큰 집이라 해도 겨우 30명에서 50명만을 수용할 수 있었다는 것을 보여준다.

658) Barrett, 324도 같은 견해다. Robertson-Plummer, 317은 24절을 근거로 이에 반대한다. 24절에 있는 πάντες가 "모든 사람이 동시에"라는 의미일 수가 없기 때문에, 여기 23절의

다"라는 말이 불신자들 입에서 튀어나온 것은 비단 알아들을 수 없는 방언의 특성 때문만이 아니라, 그리스도의 몸인 교회 전체에 덕을 세우는 일에는 아무 관심도 없이 그저 수많은 개인이 자기중심으로 예배하는(방언을 지껄여대는) 바람에 예배 전체가 엉망이 되어버린 혼돈 상황도 한몫했을 것이다.

(3) "온 교회"가 모이는 이런 집회에는 불신자들도 올 수 있었다. "불신자"(ἄπιστος)라는 말은 22절에 있는 말과 똑같다. 이는 이 구절들(23-25절)이 22절에서 주장한 것들을 설명하는 부분임을 확실하게 일러준다. 바울은 (23절과 24절에서) 두 차례에 걸쳐 "불신자"라는 말에 16절에서 썼던 ἰδιώτης(문외한, 예비 신자)라는 말을 덧붙여놓았다. 이 말이 "불신자"와 긴밀하게 결합되어 있는 점 그리고 이런 사람들이 방언과 예언에 보인 반응의 본질은 이 사람들이 신자들이 아님을 일러준다. 이 ἰδιώτης를 중간 정도 단계에 자리한 사람인 "탐구자"를 가리키는 전문술어로 보려는 견해에 의문이 드는 것도 방금 말한 이유들 때문이다. 앞서 보았듯이, ἰδιώτης라는 말은 평범하게 "배우지 못하여 학식이 없는" 사람을 가리킨다. 이 경우에는 기독교 신앙과 관련하여 "교육을 받지 않은" 사람을 가리킬 것이다.[659] 실제로 바울이 이와 다른 또 다른 부류의 사람을 규정하는 말로 이 말을 사용했을 리 만무하다.[660] 오히려 바울은 간명하게 불신자 전체를 묘사하

πάντες도 그런 의미일 수가 없다는 것이다. 그러나 그것은 바울의 주장을 거꾸로 뒤집어버린 것이다. 24절은 그 **형태**를 23절로부터 받아들였다. 바울이 "모든 사람이 예언하는 것"을 봤다면, 꼭 그들이 혼란에 빠져 있다고 생각하지는 않았을 것이다. 그러나 그가 고린도 사람들이 방언으로 말하는 것을 놓고 이야기하는 것을 보면, 그는 분명 그들이 혼란에 빠져 있다고 생각한다.

659) 참고. Findlay, 910: "기독교를 잘 모르는"(unacquainted with Christianity). 23절과 24절 두 경우 모두 이 말을 전문술어로 쓰지 않았다. 때문에 이 말이 16절에서는 "방언"의 의미를 "잘 몰라서" "아멘"을 말할 수 없는 신자들을 가리키며, 여기 23절에서는 기독교 신앙을 "배우지 않아서" 신자들이 함께 방언하는 것을 "미쳤다"고 볼 불신자들을 가리킨다는 데 아무도 이의를 제기할 수가 없다.

660) Barrett, 324도 같은 견해다. 그는 "믿지 않는 외부인들"로 번역함으로써 두 단어를 결합하여 하나로 만들어버린다. 참고. Conzelmann, 243.

는 말을 이 말로 시작한다. 그런 점에서 회중이 모인 자리를 방문한 "불신자"는 기독교 신앙을 "배우지 못한" 이들이기도 하다. 어쩌면 바울은 신자인 배우자를 따라 예배에 참석한 불신 배우자를 염두에 두었을지도 모른다. 그런 사람은 그리스도 밖에 있는 자요 아직 그리스도 안에서 가르침을 받지 못한 자이다.

(4) 불신자는 공동체가 다 함께 방언으로 말하는 것을 보고 그 그리스도인 회중을 어떤 신비주의 종파의 제의에 참석한 광신자들과 동일시하는 반응을 보인다.[661] 이 불신자들은 그 광경을 보고 "미쳤다"[662]라고 말할 것이다. 바울은 그런 반응을 그리스도의 복음이 결코 들어서는 안 될 반응이라고 본다. 결국 방언은 하나님이 "다른 방언들"로 "이 백성"에게 말하실 터이나 그러실지라도 그들이 듣지 않을 것이라는 이사야의 예언을 이룬다. 이것이 사람들이 모인 자리에서 해석이 따르지 않은 방언을 하는 것을 놓고 바울이 한 마지막 말이다. 바울은 이 말을 통해 다시 한 번 고린도 사람들더러 그런 행위를 그만두라고 다그친다. 오직 방언만이 회중에게 덕을 세우는 게 아니다. 또 고린도 사람들은 방언을 자신들이 **영**의 사람임을 보여주는 "증거"로 생각하지만, 방언은 결코 그런 "증거"가 아니다. 오히려 불신자들이 보일 이런 반응은 이 고린도 사람들이 그리스도로 말미암아 시작된 종말의 시대에 하나님께 속한 "**영**의 백성"이 과연 어떤 이를 말함인지 도통 깨닫지 못하고 있음을 보여주는 확실한 증거일 것이다.

24-25절 바울은 해석이 따르지 않아서 도무지 알아들을 수 없는 방언의 대안으로 다시 한 번 예언을 제시한다. 이 경우에 바울은 예언이 교회를

---

661) 11:2-6을 다룬 Fee, 498n23과 509n75를 보라.

662) 그리스어로 μαίνεσθε다("미치다"라는 뜻인 μαίνομαι의 2인칭 복수 현재 수동태 직설법 형태다 — 옮긴이); 참고. 요 10:20; 행 26:24, 25. 동족 명사가 μανία (미침, 광란)다. 이 말은 신비한 황홀경을 반영한 여러 본문들에서 나타난다. 가령 Pausanius 2.7.5: "그들은 이 여자들이 디오니소스에게 바쳐진 이들로서 그가 준 영감으로 말미암아 미쳐버렸다고 말한다"; 참고. Herodotus 4.79.

방문한 불신자들을 직접 회개로 인도한다고 본다. 특히 이 본문은 모든 신자가 예언을 **할 수 있는 가능성**을 지니고 있음을 시사한다. 모든 이가 **영**의 사람들이기 때문이다.[663] 즉 바울은 "선지자들(예언하는 자들)이 모두 예언한다면"이라고 말하지 않고, "만일 **모든 사람**이 예언한다면, 불신자들이 (모든 예언하는 자들이 아니라) **모든 사람**에게 책망을 받고 **모든 사람**에게 심판을 받을 것이다"라고 말한다. 이 주장의 본질을 살펴볼 때, 이 은사가 그 공동체에서 "선지자들"(예언자들)로 알려져 있던 일부 권위 있는 사람들만의 전유물이었을 리는 만무하다. 그렇지만 방언의 경우에도 그랬듯이, 이 말도 바울이 모든 사람이 예언하기를 바라고 있다는 뜻으로 받아들여서는 안 된다. 이 말은 온 공동체가 예배에, 그중에서도 특히 **영**에 감동된 말을 말하는 **영**의 표현(나타나심)들에 폭넓게 관여하고 있었다는 것을 시사한다.

바울은 23절에서 불신자들이 방언에 보이는 좋지 않은 반응을 묘사했다. 그러나 그와 반대로 여기서는 이런 예언에 불신자들이 보이는 반응을 상당히 길게 묘사한다. 바울이 여기서 말하는 내용을 보면, 이런 예언들이 신자들을 세워주는 3절의 예언들과 비슷한 것인지, 아니면 특별히 불신자들을 상대로 한 어떤 예언들을 가리키는 것인지, 밝혀낼 수 없다. 후자일 가능성이 더 높기는 하다. 어느 쪽이든, 바울은 **영**에 감동된 이 말이 듣는 사람들의 내면 깊은 곳까지 뚫고 들어와 그들의 도덕의식을 자극한다고 이해한다. 이런 이해는 예언을 바라보는 구약의 견해와 궤를 같이한다. 이런 예언에는 몇 가지 차원이 있다.

첫째, 불신자는 "모든 사람에게 책망을 받고,[664] 모든 사람으로부터 저

---

663) 이런 종류의 말은 다가오는 **영**의 시대에는 하나님 백성이 모두 "예언하는 자들"이 될 것이라는 선지자들의 이상을 표현한다(참고. 욜 2:28-30과 특히 행 2:17-18에 있는 베드로의 오순절 설교 중 인용 부분).

664) 그리스어로 ἐλέγχεται다("밝히 드러내다, 제거하다, 처벌하다"를 뜻하는 ἐλέγχω의 3인칭 단수 현재 수동태 직설법 형태다 — 옮긴이); 바울 서신에서는 엡 5:11; 13:1; 딤전 5:20; 딛 1:9, 13; 2:15; 딤후 4:2을 참고하라. 아울러 요 16:8-11을 참고하라. 성경의 용례를 논한 글

지른 잘못을 설명하라는[665] 요구를 받는다." 이 두 동사들(책망을 받다, 잘못을 설명하도록 요구받다)은 모두 성령이 사람들의 삶을 깊은 곳까지 샅샅이 살피신다는 것을 암시한다. 이 때문에 사람들이 저지른 죄가 훤히 드러나게 되며, 사람들은 살아 계신 하나님 앞에서 그 죄를 설명하라는 요구를 받게 된다. "책망을 받다"(기소 당하다)라는 말 뒤에는 예언하는 말이 어떤 사람의 실상을 살아 계신 하나님 앞에서 낱낱이 드러낸다고 보았던 구약의 시각이 자리하고 있다. 이런 "폭로" 속에는 본디 참회하라는 요구,[666] 자비로우신 하나님께 낱낱이 드러난 그 죄들을 용서받으라는 권면이 함께 담겨 있다.

이 서신은 앞에서 두 번째 말(ἀνακρίνω)을 고린도 사람들이 바울 자신과 바울의 사도직을 "샅샅이 조사"한 일을 묘사할 때 사용했다(4:3-4; 9:3). 아울러 2:14-15은 이 말을 "**영**의 사람"(개역개정: 신령한 자)에게 어울리는 적절한 행위 범주를 묘사하는 말로 사용했다. 이 경우에 이 말은 "분별하다"와 얼추 비슷한 의미를 가진다. 어쩌면 여기서는 일부러 이 말을 뒤틀어 사용했는지도 모른다. 이제 고린도 사람들은 그들의 영성을 근거로 바울을 "샅샅이 조사"하려는 일은 그만두어야 한다. 그 대신 그들은 회중이 모인 자리에서 예언을 하려고 노력함으로써, **영**이 불신자들의 마음 속에서 행하시는 본래 의미의 "샅샅이 조사함"이 이루어지게 하고 이를 통해 **영**이 이런 불신자를 참회하는 자리로 이끄시게 해야 한다.

이렇게 죄를 샅샅이 조사한 결과, 죄인의 내면에서는 "그 마음에 있는 비밀들이 훤히 드러나는"[667] 일이 먼저 이루어진다. 여기서 강조하는 것은

을 보려면, F. Büchsel, *TDNT* 2.473-76을 보라.

665) 그리스어로 ἀνακρίνω다(그리스어 본문은 이 동사의 3인칭 단수 현재 수동 직설법 형태인 ἀνακρίνεται를 썼다 — 옮긴이). 바울 서신에서는 오직 이 고린도전서에서만 나타난다(10회). 2:15을 논한 내용을 보라.

666) Büchsel, *TDNT* 2.474: 이 말은 "어떤 사람에게 그가 지은 죄를 일러주고 참회할 것을 권유하다"라는 뜻이다. 이를 참작하여 NIV는 "he will be convinced by all that he is a sinner"로 번역해놓았다.

667) 참고. 4:5. 이 구절에서는 여기와 거의 동일한 언어가 마지막 때에 하나님이 행하실 심판을

예언이 가진 계시라는 측면이다.[668] 첫 인간의 타락 이야기는 타락이 인류에게 미친 첫 효과들 가운데 하나가 살아 계신 하나님을 피하여 숨어야 한다는 절박한 심정이었음을 일러준다. 죄로 물든 우리 성품은 어리석어서 우리가 할 수 있다는 생각을 하게 만든다. 신앙 공동체 안에 하나님이 계심을 확실히 보여주는 표지들 가운데 하나가 **영**이 하시는 이 심오한 일(=마음속에 있는 죄를 샅샅이 드러내어 참회하는 자리로 이끄심 — 옮긴이)인 것도 바로 그런 이유 때문이다. **영**이 예언이라는 계시를 통해 그런 일을 행하심으로써 마음의 비밀들을 감춰주었던 커튼이 벗겨지고 그 비밀들이 훤히 드러난다.[669] 고린도 사람들이 방언을 좋아한 것은 전혀 이상한 일이 아니다. 그들이 방언을 좋아한 것은 그것이 그들에게 참으로 더 "**영**에 속해" 있다는 의식을 안겨주었기 때문이요, 그것이 더 확실했기 때문이다.

이 모든 내용은 예언이 **신자들에게** 덕을 세울 목적으로 신자들에게 하는 경우도 있지만(3절), 불신자들을 하나님 앞에 드러내어 그들이 하나님으로부터 부르심을 받을 수 있도록 불신자들에게 하는 경우도 있음을 시사한다. 이곳은 "**영**"이 모든 것을 아시는 분임을 일러주는 또 다른 증거다. **영**은 "하나님의 깊은 곳"(2:11)과 신자의 마음에 있는 깊은 탄식(롬 8:26)까지 아실 뿐 아니라, 믿지 않는 자들의 마음 깊숙한 곳 감춰진 부분들까지 꿰뚫어보신다. **영**이 마음속에 감춰진 부분들을 훤히 드러내시는 것은 죄를 책망하심으로써 그리스도를 통해 구원을 이뤄주신 하나님의 은혜를 효과 있게 적용하시려는 목적 때문이다. 이처럼 **영**은 신자들이 은혜를 **체험**하는 과정을 처음부터 끝까지 주도하신다.

영이 이렇게 감춰진 것을 하나님 앞에 드러내심으로 나타나는 마지막

묘사한다. 이제 바울은 **영**이 지금 행하시는 심판을 가리키는 말로 이 말을 쓴다.

668) "훤히 드러나다"에 해당하는 그리스어는 φανερός다. 이 말은 "계시하다"(φανερόω)라는 동사의 형용사 형태다. 2:10-12은 이런 계시를 **영**이 하시는 활동들 가운데 하나라고 말한다.

669) 죄는 무엇보다 마음의 문제라는 것이 성경이 제시하는 공리다. 그러므로 회개에는 죄를 용서받는 것뿐 아니라 **영**이 마음속에서 행하시는 거듭남도 포함된다. 삶의 문제들은 이 마음이라는 근원에서 생겨난 것들이다.

결과가 회심이다. 이것이 여기서 바울이 구사하는 언어(=결국 엎드려 얼굴을 땅에 대고 하나님께 예배하며 "하나님이 참으로 너희 가운데 계신다!"라고 외치리라)가 확실히 말하고자 하는 것이다. 이 언어는 철저히 구약에 뿌리를 내리고 있다. 첫째, "그들은 결국 얼굴을 땅에 대고 엎드려[670] 하나님께 예배(경배)할 것이다." 이 말은 성경이 경외와 경배를 표현할 때 쓰는 말이다. 바울이 쓴 이 말이 회심을 의미한다는 점은 그가 마지막에 쓴 외침(="하나님이 참으로 너희 가운데 계신다!")이 확인해준다. 이 외침은 이사야 45:14(참고. 슥 8:23)—하나님이 그 선지자를 통하여 이르시되 이집트(애굽) 사람들이 네게 건너와서 너희 앞에 "경배할 것이요" "확실히 하나님이 너와 함께 계시다"[45]라고 말하리라—을 염두에 두고 반영한 말이다. 바울은 다만 이스라엘을 가리키는 단수형 "너와 함께"[히브리어 본문: 네 안에(bhāk)—옮긴이]를 한데 모인 공동체를 가리키는 복수형 "너희 가운데"로 바꾸어놓았을 뿐이다.[671] 이런 점에서 불신자가 외치는 이 마지막 고백은 예언이 "신자들"에게 "표적"이 된다는 것을 일러준다. 그 외침은 하나님이 당신 백성을 아끼고 사랑하심을 보여주는 증거다.

바울은 이 강력한 말로 회중이 모인 자리에서도 해석 없이 방언을 사용하고 이런 방언을 자신들이 **영**의 사람들임을 증명해주는 증거로 여겼던 고린도 사람들과 벌인 논쟁을 끝맺는다. 바울은 공동체가 모인 자리에서는 오직 알아들을 수 있는 말만을 사용해야 한다고 역설한다. 알아들을 수 있는 말, 그중에서도 특히 예언이 하나님 백성을 세워주며 다른 이들(불신자들)을 회개로 인도해주기 때문이다. 그러나 이것은 방언과 관련된 문제의 일부일 뿐이다. 고린도 사람들은 방언을 사용할 때 분명 무질서

670) 그리스어로 πεσὼν ἐπὶ πρόσωπον이다; 칠십인경에서는 가령 창 17:3, 17; 레 9:24; 민 16:22; 겔 11:13; 그리고 다른 많은 구절들을 보라. 신약성경에서는 마 17:6; 26:39(겟세마네 동산에서 예수가 기도하실 때); 눅 5:12; 17:16; 계 7:11; 11:16을 보라.

671) 24-25절이 예언이 불신자에게 미치는 효과를 묘사할 목적으로 사용한 언어는 철저히 성경의 언어다. 이는 바울 서신이 말하는 이 현상을 헬레니즘 시대에 존재했던 유사 현상이 아니라 유대교 전통에 비추어 이해해야 한다고 말해주는 또 다른 증거다.

한 모습을 보여주었다. 이 때문에 바울은 이제 이 문제를 다룬다. 그런 다음 그는 자신이 그들에게 명령할 권리를 갖고 있는가, 또 누가 사실은 진짜 πνευματικός(**영**의 사람)인가라는 문제를 놓고 고린도 사람들과 직접 논쟁을 벌임으로써 자신이 12장부터 14장까지 제시해온 주장을 끝맺는다.

지역 공동체들이 세움을 받아야 할 필요가 크다. 뿐만 아니라, 이 문단이 제시하는 이유만 해도 교회가 계속되는 교회 공동체의 삶 속에서 예언의 **영**이 늘 새롭게 역사하시도록 기도해야 할 이유를 충분히 제공해준다. 예언도 한자리에 모인 하나님 백성 가운데 그분이 계심을 보여주는 표상이겠지만, 죄를 깨우쳐주심으로 회개에 이르게 하시는 **영**의 강력한 계시 사역 역시 하나님의 임재를 드러내는 표상이다. 어쩌면 우리는 우리 안에 **영**이 들어와 거하시는데도 "확실히 너희 가운데 하나님이 계시다"라고 외치는 이를 거의 만들어내지 못하는 예배를 "더 확실한" 예배라며 받아들였을지도 모른다. 그러나 사람들이 실제로 그런 일이 일어나는 것을 본다면, 교회가 계속하여 1절이 말하는 사랑과 **영**의 나타나심들을, 그리고 특히 예언을 소유할 수 있도록 기도하게 될 것이다.

■ 고린도전서 14:26-33

26그렇다면 형제자매들아 어찌해야 하느냐? 너희가 모일 때 각 사람은[672] 찬송도 가졌고, 가르침도 가졌고, 계시도 가졌고, 방언도 가졌고, 방언 해석도 가졌나니, 모든 것을 덕을 세울 목적으로 하게 하라. 27어떤 이가 방언으로 말한다
할 때, 두 사람 또는 많아야 세 사람이 말하게 하며, 한 번에 한 사람씩 말하게 하고 한 사람은 해석하게 하라. 28그러나 만일 해석하는 자가 없으면, 방언을 말
하는 자는 교회 안에서 침묵할 것이요 혼자서 말하고 하나님께만 말할 것이라.

672) 서방 사본들과 MajT는 ὑμῶν을 덧붙여놓았다. 이해할 수 있는 첨가이지만, 사족이다. P[46] ℵ A B 0201 33 81 630 1175 1739 1881 pc에는 ὑμῶν이 없다. ὑμῶν이 원문에 있었으나 나중에 "생략"된 것이라면, 어떻게 그런 "생략"이 일어났는지 설명할 도리가 없다.

29또 둘이나 세 예언자들이 말하면, 다른 이들은 분별하게 하라. 30만일 계시
가 앉아 있는 다른 사람에게 임하면, 첫 사람은 잠잠하게 하라. 31이는(for) 너희
가 모두 한 사람씩 예언해야 모든 이가 가르침을 얻고 격려를 얻을 수 있기 때문
이라. 32또 예언자들의 영들[673]은 그 예언자들에게 복종하나니, 33이는 하나님이
무질서의 하나님이 아니라 화평의 하나님이시기 때문이니, 성도들의 모든 교회
들에서도 그러하니라.

만일 이 내용이 논박이 담기지 않은 서신 속에 들어 있다면, 이 내용은 십중팔구 **영**에 감동된 말을 할 때 지켜야 할 규칙을 가르치는 글처럼 보일 것이다. 하지만 이 내용이 여기서 등장한다는 것은, 비록 이 내용에 가르침이 담겨 있다 할지라도, 무엇보다 이 내용이 특히 바울이 앞서 제시한 주장과 뒤이어 구사하는 수사(36-38절)를 토대로 고린도 사람들의 잘못을 바로잡는 글임을 일러준다.

바울이 지금까지 다뤄온(1-25절) 근본 문제는 고린도 사람들이 오로지 방언이라는 은사에만 열을 낸다는 것이었다. 그가 이를 문제 삼은 것은 방언으로 하는 말을 알아들을 수 없기 때문이다. 알아들을 수 없는 방언은 성도들을 세워주지도 못하고 죄인을 회개시키지도 못한다. 그러나 바울의 관심사는 오직 그것만이 아니다. 27-28절은 이미 23절에서 바울이 암시한 것을 더 강하게 귀띔한다. 분명 그들은 방언으로 말할 때 상당히 질서가 없었다. 물론 확실한 증거는 없지만, 바울이 지금 제시하는 주장은 그들 중 두 사람 이상이 동시에 방언으로 말하곤 했다는 것을 일러준다. 결국 그들이 함께 모여 예배할 때에는 자기만 생각하는 개인 위주의 예배가 판을 쳤던 것으로 보인다. 하지만 바울은 여기서 방금 말한 주제를 건드리며 각 사람이 조심스럽게 행동함이 마땅하다는 말을 하지 않는다. 도리어

673) 몇몇 주요 사본들(D F G Ψ* 1241^{s} pc a b sy^{p})은 이 말을 단수형으로 만듦으로써 이 복수형의 어려움을 줄여보려고 노력한다. 물론 일부 경우에는 이 말이 우연히 τα라는 말이 탈락하면서 빚어진 결과일 수도 있다.

그는 해독제를 놓는다. 그가 놓은 해독제는 그들을 규율할 지침들을 제시하는 것인데, 이 지침들의 골자는 질서를 지킬 것과 자제와 다른 사람들을 배려하는 자세다.

바울은 이 단락을 시작하는 문단을 통해 14장에서 제시한 주장을 끝맺는다. 그는 서술 색채를 지닌 권면으로 이 문단을 시작한다(26절). 그는 각 사람이 공동체에 기여할 무언가를 가졌다고 말하면서, 모든 일을 할 때에는 덕을 세울 수 있게 해야 한다고 권면한다. 이 말에 이어 바울은 지침들을 제시한다. 우선 방언과 방언 해석에 적용할 지침들을 제시하고(27-28절) 뒤이어 예언과 분별에 적용할 지침들을 제시한다(29-31절). 맺음말에서는 예언을 다루는데(32-33절), 이 맺음말은 필시 이 단락 전체의 맺음말 구실을 하는 말일 것이다. 그리스도인이 받는 영감은 제어할 수 없는 게 아니다. 하나님 자신이 그렇게 질서가 없는 분이 아니기 때문이다. 이는 성도들로 이루어진 모든 회중에게도 해당하는 말이다.

이 단락에서 규칙을 담고 있는 두 부분은 그 구조와 내용이 아주 비슷하다. 바울은 말하는 사람의 수를 이야기하는 말을 먼저 꺼낸다(두 사람 또는 많아야 세 사람). 그들은 "한 번에 한 사람씩" 말해야 한다. 방언은 해석해야 하고 예언은 "분별해야" 한다. 어떤 상황에서는 침묵을 지켜야 한다. 바울은 또 이 두 부분을 2-4절에서 제시했던 가르침과 비슷한 말로 끝맺는다(해석이 없으면, 방언을 말하는 자는 혼자서 하나님께만 말해야 한다; 올바로 규칙을 따르기만 한다면, 예언은 사람에게 가르침과 격려를 가져다줄 것이다).

바울이 방언에 관하여 말하는 내용은 지금까지 그가 시종일관 주장해 온 것과 정확히 일치한다. 아울러 이 내용은 바울이 지금껏 문제 삼은 것이 방언 그 자체가 아니라, 사람들이 모인 자리에서 해석 **없이** 방언하는 것이었음을 재차 증명해준다. 여기서 바울은 해석**과 함께** 방언을 사용하라고 규율한다.

26절 "그렇다면 어찌해야 하느냐(이 모든 것의 결론이 무엇이냐)?"[674]라는 문구와 "형제자매들아"라는 호격을 결합시켜 쓴다는 것은 다른 주장으로 옮겨간다는 신호이지만, 이 경우에는 바울이 몇 가지 미결 문제를 확실히 마무리 지으려고 이런 결합을 사용한 것 같다. 이제 바울은 (11:18, 20, 33-34처럼) 2인칭 복수형을 사용하여 "너희가 모일 때"라는 말을 하는데, 이 말은 23-25절에서 제시했던 주장을 원용한 것이다.[675] 첫째 문장은 고린도 사람들이 모일 때에 틀림없이 일어나고 있는[676] 일을 서술한다. 이 문장은 각 사람이 그리스도의 몸인 교회가 한 몸으로서 행하는 사역에 동참할 기회를 갖고 있다고 말했던 12장의 관심사를 되울려준다. 둘째 문장은 첫 문장이 서술한 다양한 사역들이 모두 교회 공동체에 덕이 되게 표현되어야 한다고 권면한다.[677] 이런 권면은 바울이—13장은 물론이요—14장에서 피력한 기본 관심사를 그대로 되울려준다. 따라서 이 맺음 부분에서 제시하는 지침들은 앞서 제시한 주장의 두 부분에 초점을 맞춘다.

바울이 12-14장에서 이미 제시했던 목록들처럼, 이 마지막 목록도 임기응변으로 만들어낸 것이다. 바울은 섬김(봉사)의 "순서"를 제시하거나[678] "각 사람이" 사역을 통해 제공해야 할 것을 총망라해 제시하려고 이 목록을 내놓은 게 아니다. 이 목록에는 기도도 빠져 있고 예언과 "분별"도 들어있지 않지만(참고. 11:4-5), 이어지는 문장들은 예언과 분별을 "규율한다."

674) 15절을 다룬 주584를 보라.

675) 23절을 다룬 내용을 보라. **틀림없이** 일어나고 있는 일을 표현할 때 썼던 동사를 이렇게 반복한다는 것은 23절을 다루면서 이 23절이 실제로 벌어지고 있는 일을 대체로 진실에 가깝게 묘사한 구절이라고 말했던 주장에 더 힘을 실어주는 증거다.

676) 그중 일부는 어쩌면 이미 일어났을 수도 있다. 그러나 12장을 포함하여 이 문맥의 나머지 부분을 보면, 이것이 단지 뭔가를 서술하는 말이 아니라 잘못을 바로잡는 말임을 알 수 있다. Martin, *Spirit*, 278은 바울이 여기서 되풀이한 "갖고 있다"라는 말은 책망(비판)의 한 형태일 수 있다고 주장한다. 하지만 여기 본문에는 비판을 암시하는 흔적이 전혀 없다.

677) οἰκοδομὴν ("덕을 세움"을 뜻하는 οἰκοδομή의 단수 목적격이다—옮긴이) 앞에 전치사 πρός를 썼다는 것은 이 모든 것의 목적을 가리킨다.

678) Conzelmann, 244도 같은 견해다; 참고. Robertson-Plummer, 320; 다른 견해는 Findlay, 912.

이런 점을 고려하면, 이 목록은 결국 또 다른 은사들을 열거할 수 있는 여지를 갖고 있는 것으로 보인다. 목록이 열거하는 각 항목은 앞서 논의한 내용에서 등장했던 것들이다. 이 항목들은 **영**의 나타나심 가운데 말의 형태로 나타난 여러 **유형들**을 대표할 것들일 가능성이 아주 높다. 이런 것들은 틀림없이 고린도 사람들이 모인 자리에서 나타났을 것이다. 마지막 세 가지(계시와 방언과 방언 해석)는 **영**에 감동된 말이므로 무의식중에 튀어나오는 말들이다. 때문에 첫 두 가지(찬송과 가르침) 역시 확실치는 않아도 역시 그런 식으로 이해해야 할 것 같다.[679]

"찬송"을 논한 내용을 보려면 15절을 다룬 부분을 보기 바란다. 이 말은 필시 "기도"도 아우르는 말일 것이다. 물론 해석된 방언도 이 범주에 포함될 수 있다. "가르침"과 "계시"를 알아보려면 6절을 다룬 부분을 보기 바란다. 거기에서도 제시했지만, 아마도 "계시"는 29-32절이 말하는 "예언들"을 포함하여 알아들을 수 있고 **영**에 감동된 다른 모든 형태의 말을 총칭하는 표현일 것이다. 특별히 30절을 보면 "계시가 임하다"라는 동사가 예언과 분별을 다룬 문맥에서 등장하기 때문이다. "방언"과 "방언 해석"을 알아보려면 12:10을 다룬 부분을 보기 바란다. 이 예배가 "은사를 표현하는" 성격을 띠고 있었다는 점은 23절을 다룬 부분을 참조하기 바란다. 이 논의 전체에서 놀라운 점은 바울이 교회 지도자들 또는 사람들이 이런 지침들을 따르는지 감독할 책임을 맡은 사람을 일체 언급하지 않는다는 점이다. 물론 이것은 이 서신 전체, 그리고 대다수 바울 서신에서도 똑같이 볼 수 있는 현상이기에 큰 의미를 부여해서는 안 된다. 그러나 바울의 이런 태도에는 교회라는 몸이 함께 모여 예배할 때는 성령을 가장 중요한 지도자로 이해해야 한다는 뜻이 담겨 있는 것 같다.[680] 바울이 명령하는 것은 모든 일이 덕을 세움을 목표로 삼아야 한다는 것이다.

---

679) 6절과 15절을 논한 내용을 보라.

680) 그러나 Parry, 209을 보라. Parry는 27-28절을 놓고 "이것들은 사회자에게 적용되는 규칙들이다"라고 말한다.

27절 바울은 앞서 "모든 일을(즉 앞서 열거한 여러 가지 사역들을) (교회에; 이는 암시되어 있다) 덕을 세울 목적으로 하라"라고 명령했다. 이제 그는 교회에 덕을 세움이 방언과 예언의 경우에는 어떻게 이루어질 수 있는지 그 방법을 제시한다. 두 은사는 그가 앞서 논의한 내용의 선두에 자리하고 있었던 것들이다. 바울은 문제아인 방언부터 이야기한다.[681] 그는 세 가지 지침을 제시한다.

첫째, "두 사람 또는 많아야 세 사람이" 해야 한다. 이것이 "한 예배에 방언을 말할 수 있는 사람"을 의미하는지 아니면 "방언 해석이 따라야 할 최소 인원"을 의미하는지 확실치 않다. "많아야"라는 문구는 전자를 지지한다. 더욱이 방언이 모임을 지배해서는 안 된다는 것이 14장 전체의 관심사였다는 점도 전자를 지지하게 만든다. 따라서 바울은 이 지침을 통해 그런 **영**의 표현들은 어떤 집회에서나 제약을 받아야 한다는 주장을 펴고 있는 것 같다. 후자를 지지하는 사람들은 바울이 29-31절에서 예언의 경우에도 비슷한 내용을 권면하는 점을 증거로 든다. 이 입장에서는 24절과 31절을 근거로 삼아 바울이 어떤 한 예배에서 예언하는 사람들의 숫자를 제한하려고 하는 게 아니라, 차례대로 순서를 지켜 말하는 사람들의 숫자를 제한하려 한다고 본다. 대체로 이 문제는 결정하기가 쉽지 않다. 그러나 예언을 규율할 때 제시한 지침에는 "많아야"라는 말이 없는 점을 고려하면, 후자 쪽으로 마음이 더 기운다.[682]

---

681) 이 문장은 εἴτε (만일…하거든)라는 말로 시작한다. 이 말은 그가 몇 가지 사항을 "규율하려" 한다는 것을 암시한다: "만일 방언이 있거든, 그대로 방언하게 하라; 만일 예언이 있거든, 그대로 예언하게 하라…." 하지만 첫째 것(방언을 말한 부분)은 분명 εἴτε가 예상한 것보다 더 긴 말로, 특히 28절에 있는 해석과 관련된 한정문(限定文)으로 끝을 맺는다. 때문에 예언을 논한 부분은 εἴτε를 건너뛰고 둘이나 셋이 차례로 말하라는 지침을 곧바로 이야기한다.

아울러 이 문장이 단순 조건문인 것도 유념해야 한다. Richardson, "Order," 148이 말하듯이, "이것은 우연히 일어날 수 있는 문제를 다룬 게 아니라, 따라야 할 지침들을 말하기 시작하는 서언 부분이다. 문제는 이런 일이 일어나느냐 여부가 아니라, 언제 일어나느냐다."

682) 이 부분을 논의할 때 종종 "방언을 말할 수 있는 시간 분량"이라는 요인도 포함시키곤 하지만, 이 요인은 철저히 현대 개념이고 서구의 개념이어서 이 논의와 연관성이 없다. 루마니아나 서아프리카나 라틴아메리카에서는 몇 시간 동안 예배가 이어져도 사람들이 계속 앉아

둘째, "한 번에 한 사람씩"[683] 말해야 한다. 두 가지 관찰 결과를 차례로 제시해본다. (a) 뭔가 잘못을 바로잡으려고 한 말이 아니라면, 굳이 이런 말이 존재할 이유는 없는 것 같다. 23절에서도 볼 수 있듯이, 이 말은 고린도 사람들이 이렇게 행하지 않고 있었음을 시사한다. 고린도 사람들은 오로지 방언이라는 은사에만 열광했으며, 자신들이 모이는 집회들을 분명 방언 천지로 만들었다. 그러다 보니 이런 집회들은 그리스도의 복음을 드러내기보다 오히려 이방 종교 제의에서나 볼 법한 광란을 연출하는 경우가 훨씬 더 많았다. (b) 바울이 이해하고 있는 것을 고려할 때, 이 지침은 분명 이방 종교에서 볼 수 있는 온갖 형태의 광란(황홀경)을 방언으로부터 제거한다. 32절의 권면은 십중팔구 예언은 물론이요 이 방언이라는 은사도 염두에 두고 한 말일 것이다. 어쨌든 방언과 예언을 포함하여 그리스도인들이 **영**에 감동되어 하는 말은 결코 "제어를 받지 않는" 말이 아니다. **영**은 그런 말을 하는 사람을 "소유"하시지도 않고 "억압"하시지도 않는다. 도리어 **영**은 예언하는 자나 방언하는 자에게 매여 계신다. **영**이 말씀하려 하시는 것을 말할 때는 순서를 따라 알아들을 수 있는 말로 말해야 하기 때문이다. 사실 말씀하시는 이는 **영**이시다. 그러나 통제를 받는 방편인 신자 자신의 마음과 말을 통하여 말씀하신다. 이런 점은 **영**에 감동되어 말하던 구약의 선지자들과 전혀 다르지가 않다. 선지자들이 한 말도 적시적소(適時適所)에 나온 말이었다.

셋째, "한 사람은 해석하게 해야" 한다. 이것은 6절과 13절에서 이미 말한 것을 되풀이한 말이다. 그러나 6절과 13절에서는 방언하는 사람이 해석하는 은사도 받는 것을 가정했는데, 여기서는 그런 이야기를 하지 않는다. 여기와 12:10 그리고 28-30절은 방언하는 사람이 아닌 다른 누군가

있는데, 이런 사람들은 그런 말("방언을 말할 수 있는 시간 분량")을 서구에서나 벌어지는 현상으로 치부할 것이다.

683) 그리스어로 ἀνὰ μέρος다. 이 관용어를 살펴보려면, BAGD, ἀνά, 2을 보라. Parry, 209은 "균등하게"(share and share alike)라는 의미라고 주장하나, 너무 현대 색채가 짙고 그렇게 볼 근거가 없다.

가 해석하는 은사를 받는 것을 당연시한다.[684] 문제는 "한 사람은 해석하게 해야 한다"라는 말을 한 사람이 방언을 하고 나면 곧이어 "어떤 한 사람"이 그 방언을 해석해야 한다는 뜻으로 봐야 할지,[685] 아니면 첫 두 지침(앞의 첫째와 둘째 지침)의 의도는 해석이 있기 전에 방언으로 말하는 사람 수를 제한하려는 것이므로 두 사람 혹은 많아야 세 사람이 방언하고 나면 반드시 해석이 있어야 한다는 뜻으로 봐야 할지, 확실하게 결정할 수 없다는 것이다. 십중팔구 후자가 맞을 것이다. 그러나 확실하게 결정할 방법이 없다. 다음 절(28절)은 이 지침에 더 상세한 제약 조건을 덧붙인다.

28절 이 조건문은 1-25절이 시종일관 이야기했던 것을 강조해준다. 첫째, "만일 해석하는 자[686]가 없으면, 방언을 말하는 자는 교회 안에서 침묵하게 해야 한다." 이것은 5, 6-13, 14-19절에서 다른 방식으로 이야기했던 것을 규칙이라는 형태로 제시한 것이다. 아울러 이것은 바울이 6-12절에서 논의한 내용을 13절에서 끝맺으면서 방언을 말하는 자는 해석하기를 기도하라고 촉구한 이유도 설명해준다. 만일 방언하는 사람들 자신이 방언 해석의 은사를 체험하지 못했다면, 또 이 은사를 가진 사람으로 알려져 있는 이가 방언하는 이들이 있는 자리에 한 사람도 없다면, 방언하는 사람들은 침묵을 지켜야 한다.

그러나 바울은 이전에도 그랬듯이 방언이라는 은사 자체를 금지하지는

684) 물론 이 경우에는 εἷς가 방언을 말하는 두 사람 혹은 세 사람 가운데 하나를 가리키는 말일 수 있다.

685) Bittlinger, *Gifts*, 119; Martin, *Spirit*, 78도 같은 견해다.

686) 그리스어로 διερμηνευτής다. 이 말은 27절에서 등장하는 동사 διερμηνεύω (27절에서는 이 동사의 3인칭 단수 현재 능동 명령법 형태인 διερμηνευέτω를 쓴다 — 옮긴이)의 **명목상 주어**다(참고. 12:30). 이 말은 다시 12:10에 나오는 명사 ἑρμηνεία γλωσσῶν (방언 해석)이 묘사하는 행위를 가리킨다. "방언들"이라는 말과 마찬가지로 이 말 역시 모두 기능을 가리키는 언어다. 고린도에는 "방언 해석자들"로 알려진 그룹이 전혀 없었다. 14:5이 구사하는 언어와 13절의 권면은 그런 그룹의 존재 가능성을 부인한다. 29절을 다루면서 이런 점이 29절이 말하는 "예언하는 자"를 우리가 이해하는 데 어떤 영향을 미치는지 논했는데, 그 논의를 보기 바란다.

않는다. 바울은 2절과 4절에서 피력한 생각을 다시 이야기하면서, 해석하는 이가 없을 때에는 방언하는 이들이 "혼자서 하나님께만 말해야" 한다고 권면한다. "혼자서"[687](=사사로이 은밀하게) 말해야 한다는 것은 28절이 언급하는 "사람들이 모인 자리(교회)에서" 말하는 것과 반대되는 경우로서 방언하는 사람이 홀로 은밀하게 "하나님께" 기도해야 한다는 뜻이다.

39절에 있는 마지막 권면을 제외하면, 이 권면은 바울이 여기서 제시한 주장(12-14장) 속에서 마지막으로 방언을 이야기한 것이다. 바울은 철두철미하게 일관성을 유지해왔다. 방언은 하나님께 올리는 기도와 찬송을 담은 말이다. 그러나 방언은 알아들을 수 없는 말이어서 덕을 세울 수 없다. 때문에 방언은 개인이 사사로이 기도하고 예배하는 경우에만 사용해야 한다. 다만 이런 방언을 해석하는 은사를 받았다고 알려진 사람이 있을 경우에는 회중이 모인 자리에서도 방언을 사용할 수 있다.

29절 바울은 이어 예언에 적용될 비슷한 지침들을 제시한다.[688] 이 내용과 바울이 방언을 두고 이야기한 것 사이에 몇 가지 유사점이 있다 보니, 일부 사람들은 예언이라는 은사도 고린도에서 어려운 문제들을 일으켰다고 주장했다. 하지만 바울이 이런 지침들을 제시한 것은 그가 시종일관 이 은사를 방언과 비교하며 나란히 이야기해왔기 때문일 가능성이 더 높다. 바울은 방금 고린도 사람들이 받은 은사를 "규율했다." 때문에 그는 이제 그 은사(=방언)를 대신하여 자신이 밀어붙이는 은사도 똑같이 규율하려고 한다. 둘 사이에 여러 모로 유사점이 있는 것은 그런 이유 때문이다.

바울은 27절과 비슷하게 "예언자들은 둘이나 셋이 말하게 하라"[689]라

---

687) 그리스어로 ἑαυτῷ다; 참고. BDF § 188(2): 이익 수여 여격이다.

688) Grosheide, 337은 본문 주해에 근거하지 않은 한 논의에서 예언을 "규율한다"는 것 자체가 예언을 설교 아래에 두는 효과를 가진다고 주장한다.

689) 동사는 λαλέω다. 바울은 이 동사를 시종일관 방언과 결합하여 똑같이 사용한다. 이런 용례는 이 동사를 방언에만 사용하는 전문술어로 보면서 그리 명확하지 않은 방언의 본질을 나타내주는 말로 여겼던 사람들의 견해가 잘못임을 확실하게 일러주는 증거다.

고 명령하며 말을 시작한다. 이 말은 어떤 집회에서나 예언하는 사람은 단지 두 사람이나 세 사람에 그쳐야 한다는 말이 아니다. 통설은 그런 주장을 제시한다. 그러나 그런 주장은 분명 바울의 관심사를 훨씬 벗어나는 것이요,[690] 24절("너희가 함께 모여 **모든 사람**이 예언하면")이 말하는 것이나 **모든 사람**이 예언하는 데 참여할 기회를 가진다고 말하는 31절의 관심사를 전혀 이해하지 못한 주장이다. 도리어 이 말은 "(예언자들이 말한 것을; 본문이 이를 암시한다) 다른 사람들이 분별하기" 전에는 한 번에 세 명이 넘는 사람들이 예언을 해서는 안 된다는 뜻이다. "다른 사람들이 분별하다"라고 말할 때 쓴 동사("분별하다"라는 뜻을 가진 διακρίνω의 3인칭 복수 현재 능동 명령법 형태인 διακρινέτωσαν—옮긴이)는 12:10에서 "영들을 분별함"(διακρὶσεις πνευμάτων; διακρίσεις는 "분별"을 뜻하는 διάκρισις의 여성 복수 주격 형태이며, διάκρισις는 διακρίνω의 동족 명사다—옮긴이)을 말할 때 쓴 동사다(찾아보라). 거기에서도 언급했지만, "예언자들이 말한 것을 분별함"은 십중팔구 "영들을 시험하는" 형태를 띠는 것으로 이해해야 할 것이다. 그러나 "영들을 시험"한다는 것은 "예언자"가 다른 영으로 말하고 있는지 알아본다는 말이 아니라, 그가 말한 예언 자체가 참으로 하나님의 **영**에 부합하는지,[691] 다른 신자들 안에도 들어와 거하시는 이 **영**에 부합하는지 알아본다는 말이다. 12:3에서 제시한 기준 이외에, 여기서 따로 그 "분별"[692] 과정에서 적용할 기준을 제시하지는 않는다.[693] 이런 분별 과정이 어떻게 진행되는지 일러주는 내용도 역시 없다. 기껏해야 우리가 주장할 수 있는 것은 예언들이 교회 안에서 따로 권위를 갖고 있지는 않았다는 것, 그래도

690) 앞의 27절을 다룬 부분을 보라.

691) Bittlinger가 제시하는 이 행복한 문구를 참고하라. "**영**은 **영**을 알아보신다"(Bittlinger, *Gifts*, 121).

692) 참고. Grudem, *Gift*, 58-60. Grudem은 "평가"(evaluating)로 번역한다. 아울러 그는 이 구절에서 말하는 분별 행위와 12:10의 분별을 구별하지만, 그런 구별이 정당해 보이지도 않고 필요하지도 않은 것 같다.

693) 그러나 Dunn, *Spirit*, 293-97에 있는 유익한 논의를 보라.

예언들은 늘 한 몸을 이룬 교회의 일부로서 틀림없이 존재하고 있었다는 것 정도다. 교회 공동체는 예언하는 자들이 말한 예언들의 의미 혹은 어쩌면 그 생명력까지도 **영**을 통해 판단하고 결정해야만 했다.

일부 사람들은 12:28을 근거 삼아 "예언자들"이, 공동체 안에서 이 은사를 받았다는 이유로 권위를 인정받던 특별한 그룹의 사람들을 가리킨다고 주장했다.[694] 이들은 이 경우에 "다른 이들"[695]이 "다른 예언자들"[696]을 뜻한다고 본다. 바울이 여기 본문 전체를 통하여 "예언들" 자체를 규율함과 동시에 예언하는 자들이 하는 행동들도 규율하려 한다고 보기 때문이다. 그러나 바울이 여기서 제시하는 주장 중 이곳을 제외한 거의 모든 부분은 이런 견해를 지지하지 않는다. (a) 바울은 14:1에서 그의 주장을 제시하며 2인칭 복수형을 사용했는데, 이 2인칭 복수는 고린도 공동체 전체를 가리킨다. 바울은 그들 전체에게 "**영**의 일들을 열렬히 소망하되, 특히 너희는 예언하려고 하라"라고 독려했지만, 예언 은사가 "예언자들"의 전유물이라는 힌트는 단 하나도 주지 않았다. (b) 그가 14장에서 제시하는 나머지 주장도 마찬가지다. 가령 그는 12절에서 "너희가 **영**의 나타나심들에 열심을 내고 있으니(이는 고린도 사람들이 하나같이 방언에 열광하고 있는 것을 꼬집은 말이다), 교회에 덕을 세우는 일(이는 특별히 예언의 은사를 뜻한다)에도 탁월하도록 노력하라"라고 권면한다. (c) 비록 가정이긴 하나,

---

694) 이 견해가 점점 더 많은 지지를 얻게 되었다. 이를 주장하는 이들 가운데 Ellis, *Prophecy*, 139n48; Hill, *Prophecy*, 120-21을 보라.

695) 그리스어로 οἱ ἄλλοι다; 12:8과 10절을 다룬 부분을 참고하라. 이 말은 본디 "주어 이외의 다른 사람들"을 의미한다. 그런가 하면 이 말은 "나머지 사람들"을 의미할 수도 있다. 만일 바울이 그런 개념으로 이 말을 쓴 것이라면, οἱ λοίποι라는 말이 더 옳은 말이었을 것이다(참고. 9:5, οἱ λοιποὶ ἀπόστολοι). οἱ ἄλλοι를 달리 표현하여 οἱ λοίποι라는 말을 썼다면, 이 οἱ λοίποι는 십중팔구 "같은 부류의 나머지 사람들", 곧 나머지 예언자들을 의미했을 것이다. 여기서 바울이 쓴 οἱ ἄλλοι는, 통상 그런 의미를 갖지는 않지만, 단순히 "다른 누군가" 혹은 복수형으로 "더 큰 그룹의 구성원인 다른 사람들"을 가리키는 말일 수 있다. 참고. Barrett, 328; Grudem, *Gift*, 60-62.

696) 참고. Grosheide, 338; Lenski, 611; Friedrich, *TDNT* 6.855-56; H. Greeven, "Propheten, Lehrer, Vorsteher bei Paulus. Zur Frage der 'Ämter' im Urchristentum," *ZNW* 44 (1952-53), 6; Hill, *Prophecy*, 133. Grudem, *Gift*, 60-62이 제시하는 논박을 보라.

24절이 제시하는 증거는 특히 효력이 있다. 23절의 경우처럼, 바울은 일어날 수 있음직한 상황, 즉 "모든 사람이 예언"함으로써 불신자가 **모든 사람**에게 책망을 받고 **모든 사람**에게 심판을 받는 상황을 암시한다. (d) 31절에서도 그리하지만, 바울은 여기서도 질서를 지키라고 촉구한다. 이는 "너희 **모든 사람**이 한 사람씩 예언해야 **모든 사람**이 가르침을 얻고 **모든 사람**이 격려를/권면을 얻을 수 있기 때문이다." 첫 번째 "모든 사람"은 "모든 예언자들"을 의미하나 두 번째와 세 번째 "모든 사람"은 공동체 전체를 가리킨다고 주장하는 것은 아무 근거가 없는 주장이다.[697]

물론 이 "예언자들은 둘이나 셋이 말하게 하라"라는 말은 모든 사람이 예언을 **할 것**이라거나 **한다**는 뜻이 아니다. 이 말은 단지 여기서 바울이 관심을 갖는 것이 어떤 예언자 그룹이 아니라 예언이 그 교회 안에서 하는 **기능**임을 일러줄 뿐이다. 따라서 "예언자들"(προφῆται)이라는 명사는 28절이 사용한 "해석하는 자"와 비슷하게 기능을 가리키는 말로 이해해야 한다. "예언자들"은, 3절과 마찬가지로, "예언하는 사람"을 뜻한다. 바울이 예언을 규율할 때는 활용할 수 있는 명사(=예언자/선지자)가 있기 때문에, 그는 "방언으로 말하는 자"[698]와 같은 말(즉 "예언으로 말하는 자")을 쓰지 않는다. 때문에 바울이 비록 이 문장의 구조상 "예언자들"이라는 말을 쓰고 있긴 해도, 이 경우에는 이 "예언자들"이라는 말이 그가 지금 특정 그룹의 **사람들**에 관하여 이야기하고 있다는 암시를 주지 않는다.

30-31절 이 두 문장은 예언할 때 따를 지침을 하나 더 제시하면서, 모든 것을 "적절하고(개역개정: 품위 있게 하고) 질서 있게 행하라"(40절)라고 요구

697) προφῆται에 정관사가 붙어 있지 않은 점도 이 주장을 옥죄는 것 같다. 이 문장은 그 "예언하는 자들"이 아니라 그냥 "예언하는 자들"로 시작한다. 이는 이 문장이 27절의 구조를 근거로 삼았다는 것을 시사한다("만일 어떤 이들이 예언하는 자들로서 말하면,…").

698) 영어의 경우에도 우리는 결국 "glossolalist"나 "tongues-speaker"와 같은 부적절한 말들을 쓸 수밖에 없다.

한다. 이 요구는 확실치는 않지만 모임을 좌지우지하곤 했을 사람들을 겨냥한 것으로 보인다. 어쨌든 바울은 한 사람이 말하는 동안에 "계시[699]가 앉아 있는 사람에게 (임할 수도 있다)"[700]는 것을 전제한다. 바울이 이 문맥에서 "계시하다"라는 동사를 사용함은 그가 이것(계시)을 예언이 반드시 갖춰야 할 특성으로 보았음을 일러주는 증거다. 6, 24-25, 26절을 다룬 내용을 보기 바란다. 이렇게 앉아 있는 사람에게 계시가 임하면, "처음에 말하던 사람", 곧 이미 말하고 있는 사람은 "침묵해야 한다." 바울이 이렇게 규율하는 근거는 32절이 제시할 것이다. 방언을 말하는 자는 물론이요 예언자도 통제를 받는다.

31절을 시작하며 쓴 "이는"(for)은 설명의 의미를 지닌 접속사로서 이어질 내용이 이미 말한 내용의 설명임을 나타내거나, 이유의 의미를 지닌 접속사로서 이미 말한 내용의 이유를 제시하겠다는 뜻을 나타낸다. 어느 쪽이든, 바울은 이제 앞서 "너희는 모두 한 사람씩 예언할 수 있다"라는 말로 자신이 규율한 규칙이 정당함을 설명한다. 앞에서도 언급했듯이, (1) "모두"(모든 사람)라는 말은 모든 사람이 이 은사를 가졌다는 뜻이 아니다. 이 말은 모든 사람이 이 은사를 받아 누릴 수 있다는 가능성을 암시할 뿐이다. (2) 만일 바울이 여기서 서로 다른 몇 차례 모임들을 상정하고 그런 모임들에서 있어야 할 일을 말하는 것이라면, "너희는 모두 한 사람씩 예언할 수 있다"라는 말은 십중팔구 무의미한 말이다. 바울이 26절의 "너희가 모일 때"라는 말로부터 시작하여 시종일관 견지해온 관심사는 어떤 한 집회에서 일어나는 일을 염두에 둔 것이다.

바울이 호소하는 것은 자제와 분별이다. 두 사람이 한꺼번에 예언하는

---

699) 그리스어로 ἀποκαλυφθῇ다("계시하다, 드러내다"라는 뜻을 가진 ἀποκαλύπτω의 3인칭 단수 부정과거 수동 가정법 형태다 – 옮긴이). 문자대로 번역하면 "(다른 사람에게) 계시가 임하다"이다. 이 말은 6절과 26절에 나오는 명사 ἀποκάλυψις (계시)의 동족 동사다.

700) 이것이 분명히 암시하는 것은 예언하는 자가 예언하는 동안에 서 있다는 점이다. 이는 다른 **영**의 나타나심들(=은사들)에서도 십중팔구 마찬가지였을 것이다. 참고. 유대교 랍비는 앉아서 가르쳤다.

상황은 상상하기가 힘들다. 그러나 고린도 사람들은 방언으로 말할 때는 분명 그렇게 했다. 때문에 "너희는 모두 한 사람씩 예언할 수 있다"라는 말은 그들이 예언을 할 때도 그리했으리라는 것을 최소한 귀띔해주는 말이다. 바울이 예언을 이방 종교의 중구난방식 예언과 달리 "통제를 받는" 말의 범주에 넣어둔 이유도 어쩌면 고린도 사람들이 그리했기 때문일 수도 있다.

이렇게 질서를 지킬 것을 명령한 이유는 마지막 목적절이 제시한다. 바울은 이렇게 강조한다. "**모든 사람**이 예언할 수 있으나, **모든 사람**이 가르침을 받고 **모든 사람**이 격려/권면을 받을 수 있게 예언할지니라." 12장에서도 그랬고 이 문단 서두인 26절에서도 그랬지만, 이 말은 바울의 관심사가 교회에 덕을 세우는 것임을 보여준다. 모든 사람이 교회에 덕을 세우는 일에 기여해야 한다. 하나님의 모든 계시는 오직 어느 한 사람 또는 몇몇 사람에게만 주어지는 것이 아니다. 또 단지 한 가지 표현 형태(은사 형태)로 주어지는 것도 아니다. 때문에 바울은 예언하는 사람들을 포함하여 모든 사람이, **영**이 다른 사람들에게 주신 것으로부터 배워야 하고[701] 격려나 권면을 받아야 한다[702]는 관심사를 피력한다. 이렇게 질서를 지키면, 결국 "모든 일을 할 때는 교회에 덕이 되게 하라"(26절)라는 서두의 권면이 완전히 이루어지게 된다.

32절 바울은 이 문장을 통해 자신이 앞서 방언으로 말하는 것과 예언하는 것을 규율한 규칙이 정당한 이유를 설명한다. 때문에 이 문장은 아주 중요하다. 그는 또 다음 구절(33절)에서 그렇게 규율하는 신학적 근거를 제시하는데, 32절과 33절은 한데 어울려 이 단락에 적합한 결론을 제시한다.

701) 그리스어로 μανθάνω다(참고. 딤전 2:11; 31절에서는 이 동사의 3인칭 복수 현재 능동 가정법 형태인 μανθάνωσιν을 쓴다 – 옮긴이); 이 말은 교훈(가르침)을 줌(=가르치다)의 반대말로서 교훈(가르침)을 **받음**(=배우다)을 뜻한다.

702) 그리스어로 παρακαλέω다(본문에서는 이 동사의 3인칭 복수 현재 수동 가정법 형태인 παρακαλῶνται를 쓴다 – 옮긴이); 3절을 다룬 내용을 보라.

바울은 이 말들을 통해 그리스도인이 "**영**에 감동하여 하는 말"을 "황홀경"(무아지경, ecstasy)이라는 범주로부터 끌어내어 이방 종교 제의에서 볼 수 있는 광란과 완전히 다른 것으로 제시한다. "**영**에 감동하여 하는 말"에는 발작도 없고 통제하지 못하는 경우도 없다. 이런 말을 하는 사람은 미쳐 날뛰지도 않고 무의미한 말을 재잘대듯 지껄이지도 않는다.[703] 방언도 알아들을 수 없는 말이긴 하지만, 그래도 이것 역시 **영**에 감동된 말이어서 말하는 사람이 자신을 철저히 통제할 수가 있다. 예언도 역시 마찬가지다.

앞서 언급했듯이,[704] "예언자들의 영들"이라는 말은 "예언을 주시는 **영**"을 뜻한다. 예언하는 자들은 각기 이 **영**으로 말미암아 자기 자신의 영을 통하여 예언한다.[705] 바울이 말하고자 하는 요점은 말하는 자들이 말할 때를 결정할 수 있다는 것이다. 말의 내용은 그런 말을 하도록 감동하신 하나님의 **영**이 만들어내신 것으로 이해해야 한다. 이처럼 바울은 고린도 사람들이 한 번에 한 사람씩 방언하거나 예언하는 것이 정당한 이유를 제시하면서, 해석자가 없을 때는 방언하지 말아야 하고, 계시가 담긴 예언이 다른 사람에게 임하면 예언하던 사람은 그 다른 사람을 생각하여 예언을 중단해야 한다고 말한다. 이 모든 것이 가능한 이유는 "예언자들의 **영**/영들이 예언자들에게 매여 있기" 때문이다.

33절 바울은 앞서 제시한 지침들이 신학 면에서도 정당성을 가지는 중요한 이유를 덧붙임으로써 이 단락을 맺는다. 그가 제시한 모든 규칙은 하나님의 성품과 관련 있고 하나님이 다른 나머지 교회들 안에서도 하나님

---

703) "황홀경"을 포함한 예언을 바라보는 그리스 철학(또는 헬레니즘 철학)의 견해를 서술해놓은 것을 보려면, Plato, *Phaed.* 243e-245c; Philo, *Spec.* 4.49; *Her.* 4.265을 보라. 특히 Aune, *Prophecy*, 19-22, 33-34이 논한 내용을 보라.

704) 12절을 다룬 부분을 보라; 5:3-4과 "영들을 분별함"을 말한 12:10을 참고하라.

705) Ellis, *Prophecy*, 36-42은 여기서 말하는 "영들"이 "천사의 영들"을 가리킨다고 주장하나 설득력이 없다. Grudem, *Gift*, 120-22이 내놓은 반박을 보라(다른 견해들도 다룬 내용을 보려면 120-36을 보라).

으로서 행하신 활동이 참되다는 것을 이미 스스로 확증해주신 것과 관련 있다. 첫째, 바울이 앞에 말한 것처럼 규율한 이유는 "하나님이 무질서의[706] 하나님이 아니라 화평의 하나님이시기 때문이다." 이 문장은, 40절에 있는 마지막 호소와 함께, 고린도 교회가 방언을 질서 없이 남발하고 있었음을 시사한 23절이 진실임을 확증해준다. 이제 바울은 이 모든 가르침들이 결국 신학에 근거하고 있음을 주장한다. 바울은 이런 신학적 근거를 하나님의 성품과 관련지어 제시하는데, 이는 필시 이방 종교들이 갖가지 제의를 통해 숭배하던 잡신들을 염두에 둔 주장일 것이다. 이런 잡신 숭배 현장에서는 광란과 무질서가 난무했다. 바울이 제시하는 신학적 강조점은 아주 중요하다. 즉 어떤 사람이 올리는 예배의 성격(특성)을 보면 섬기는 신의 성품을 알 수 있다.[707] 그런 점에서 고린도 사람들은 그들이 주 예수 그리스도를 통하여 알게 된 하나님보다 오히려 이방 잡신들의 성격을 더 많이 드러내는 예배를 그만두어야 한다(참고. 12:2-3). 하나님은 무질서라는 성품을 가진 분이 아니며, 교회 안에서 무질서를 일으키시는 분도 아니다.

물론 바울이 제시하는 이런 강조점에는 나아가 **영**과 관련한 시사점들도 들어 있다. **영**(성령)은 바로 살아 계신 하나님[이 하나님의 성품이 **샬롬**(*shalom*, 화평/평강)이다]의 **영**이시다. 그러므로 **영**은 하나님의 성품에 어긋나는 일을 하실 수가 없다. **영**이 계속하여 우리에게 하나님의 성품이 가진 창조적 차원과 예측할 수 없는 차원을 일깨워주신다면, 역시 우리 가운데

706) 그리스어로 ἀκαταστασίας다("무질서, 혼란"을 뜻하는 ἀκαταστασία의 소유격이다 — 옮긴이); 참고. 특히 고후 12:20. 이 구절을 보면, 무질서가 바울이 열거하는 죄들 가운데 들어 있다. 이 죄들은 바울이 고린도에서 여전히 저질러지고 있을까 봐 염려하는 것들이다. 거기서 이 말은 "혼란"(난동)에 가까운 의미일 수 있다. 바울이 사도로서 겪은 고초들을 열거해놓은 고후 6:5에서도 이 말이 그런 의미(난동)인 것 같다. 아울러 약 3:16을 보라. 여기서는 이 말을 다른 미덕들 가운데에서도 평강(화평)과 대립하는 말로 제시해놓았다.

707) 이것은 십중팔구 음울한 기독교 예배에도 뭔가를 일러준다 할 것이다. 희락이 초기 교회의 명령이기 때문이다. 이는 하나님이 희락의 하나님이심을 일러준다. 하나님은 당신 백성이 당신을 기뻐할 때 그들이 올리는 예배를 기뻐하신다.

임재하신 하나님이신 **영**은 틀림없이 우리를 하나님께 완전히 합당한 예배로 인도해주실 것이다.

하지만 흥미롭게도 "무질서"의 반대말은 고요함이나 절도(節度, propriety)가 아니며, 심지어 "질서"도 그 반대말이 아니다. 그 반대말은 "화평"이다. 이 말은 적어도 화합(harmony)을 의미한다. 그리스도인 공동체에서는 모든 사람이 진정으로 **영** 안에 있고 모든 일의 목표를 모든 사람을 세워주는 데(모든 사람에게 덕을 세우는 데) 두면(26절) 화합이 지속될 것이다.[708] 7:15처럼 이 용례에서도 바울의 유대교 배경이 드러남을 볼 수 있다는 게 흥미롭다. 유대교에서는 하나님의 백성에게 "화평(평강)을 위하여" 살라고, 다시 말해 다른 사람들로부터 호의를 얻을 수 있게 살라고 요구했는데, 이 구절 같은 경우에는 "화평을 위하여" 예배하라는 말로 표현할 수 있겠다.

둘째, 그리스도인의 예배를 놓고 볼 때 하나님께 참인 것은 "성도들의 모든 교회들[709]에서도"(그리스어로 ἐν πάσαις ταῖς ἐκκλησίαις τῶν ἁγίων — 옮긴이) 역시 참이다. 하나님을 이런 식으로 이야기하는 것은 어색하다. 때문에 많은 학자들과 역본들은 이 마지막 문구를 34-35절과 함께 묶어 보는 쪽을 선호한다. 그러나 이 마지막 문구를 "질서"를 당부하는 이 가르침들의 맺음말로 봐야 할 이유가 많이 있다. (a) 부기에서 언급하겠지만, 실질 증거(substantial evidence)는 34-35절이 진정하지 않으며(=바울이 쓴 것이 아니며), 따라서 바울이 자신이 쓰지도 않은 말과 부합하는 말을 하려고 했을 리가 없다는 것을 일러준다. 어쨌든 서방 교회에서 아주 이른 시기에 나타난 문서가 제시하는 증거는 당시에 이 문구를 34-35절의 일부로 여기지 않았음을 시사한다.[710] (b) 36절에는 수사 의문문이 둘 있는데, 이 둘

---

708) **영**이 공동체에 "화평"을 가져다주신다는 점을 살펴보려면, 갈 5:22; 롬 14:17; 엡 4:3을 보라.

709) 이것은 신약성경에서 오직 여기서만 나타나는 결합이지만, 1:2에 비춰볼 때 놀라운 표현은 아니다.

710) 참고. Chrysostom, 고린도전서를 다룬 *Hom.* 36과 37. 크리소스토무스는 36번 설교에서 33

은 모두 "또는"(or, 아니면)이라는 말로 시작한다. 이 둘 모두 "성도들의 모든 교회들"이라는 문구를 염두에 둔 말로 이해할 때 가장 잘 이해할 수 있다. 즉 이 의문문은 "성도들의 모든 교회들은 우리가 방금 서술한 것처럼 질서를 따라 존재해야 하는 곳이다. 아니면 (우리가 방금 한 이 말과 다른) 하나님 말씀이 너희로부터 나왔느냐?"로 이해할 때 그 의미가 가장 잘 드러난다. 이것이 36절의 수사를 올바로 이해하는 길인 것 같다. 설령 34-35절이 진정하다(=바울이 썼다) 할지라도 마찬가지다. (c) 이 문구를 34절과 함께 묶게 되면, 다음과 같이 더 조잡한 문장이 만들어진다. "성도들의 모든 교회들에서 그런 것처럼 여자들은 교회들 안에서 잠잠해야 한다"(As in all the churches of the saints women should remain silent in the churches). 이런 번역문은 거의 참을 수 없는 중복(redundancy)이다(문장 서두와 말미의 in the churches가 중복이다 — 옮긴이).[711] (d) 이 서신에서는 이런 종류의 호소가 이미 세 번 등장했으며(4:17; 7:17; 11:16을 보라), 이번이 네 번째 호소다. 다른 호소들을 봐도 이런 호소가 문장의 맺음말이며, 두 경우에서는 (4:17; 11:16) 이런 호소가 여기와 마찬가지로 부록(addendum) 역할을 한다. (e) 마지막으로 가장 중요한 이유가 있다. 그건 바로 고린도 사람들 역시 다른 교회들과 같아야 한다는 이 관심사가 진정 바울이 쓴 본문이라 해도 기껏해야 여담에 불과한 35-36절보다 이 주장(12-14장)에서 바울이 다룬 주관심사를 맺는 데 더 적합하다는 점 때문이다. 이 관심사가 맺음말로 적합하다는 점은 1-4장 및 11:2-16에서도 마찬가지였다.

따라서 이 마지막 호소는 바울이 이 33절 문장을 시작할 때 천명했던

절까지 다루고 34절은 37번 설교에서 다루면서 33b절을 33a절에 속한 본문으로 이해한다. 33b절을 34절과 함께하는 본문으로 보는 것은 철저히 현대에 나타난 현상인 것 같다.

711) 중복이 심해도 너무 심하다 보니, 가령 NIV는 두 절을 달리 번역하여 이런 중복 현상을 완화하려고 한다(=As in **all the congregations** of the saints, women should remain silent in **the churches** — 옮긴이). 일부 사람들은 둘째 문구가 "고린도에서 열리는 모든 회중 모임에서는"을 뜻한다고 주장한다. 그러나 이런 주장은 바울의 용례와 충돌한다. Fee, 706을 보라.

신학 명제를 계속 이어가는 말이다.[712] 하나님은 무질서의 하나님이 아니라 화평의 하나님이시다. 뿐만 아니라, 그분은 모든 교회가 당신께 예배할 때에도 그런 당신의 성품을 올바로 드러내도록 명령하셨다. 바울이 이 서신을 시작할 때 인사말에서 천명했던(1:2을 보라) 이 특별한 호소는 방언과 영성을 바라보는 고린도 사람들의 견해가 이렇게 무질서한 행태를 낳는 원인이 되었으며, 이런 견해는 하나님이 복음을 통하여 다른 곳에서도 행하고 계시는 일들과 전혀 일치하지 않는다는 것을 그들에게 말해준다. 고린도 사람들은 (하나님의 북소리가 아니라) 자기들의 북소리에 맞춰 행진하고 있다. 바울은 이런 그들에게 하나님의 성품을 닮아갈 뿐 아니라, 나머지 하나님의 교회들과 걸음을 맞추어 걸어가라고 다그친다.

교회사는 대개 우리가 예배할 때 그리스도의 몸인 교회 안에 존재하는 다양성을 신뢰하지 않는다는 것을 일러주었다. 덕을 세움은 우리가 늘 따라야 할 규칙이다. 아울러 우리는 질서를 지킴으로써 모든 사람이 배움을 얻고 격려를 얻게 해야 한다. 그러나 역사를 살펴보면, 교회는 "질서"를 선택할 때 아울러 많은 이들이 섬길(봉사할) 기회를 침묵시키는 쪽을 택했다는 점에서 자랑할 것이 하나도 없다(교회가 줄곧 성직자를 중심으로 한 위계 구조를 확립하여 교회 질서를 이룩하는 쪽을 따라왔다는 점을 비판하는 말이다 – 옮긴이). 이 문단은 최소한 그 점을 강조하는 것 같다.

하지만 어쩌면 이 문단에서 가장 중요한 말은 마지막 말일지도 모른다. 일부 오순절 계열 교회들과 은사주의 계열 교회들은 이런 지침들을 유념하는 게 좋을 것이다. 혼란과 무질서는 철저히 하나님의 성품에 어긋난다. 동시에 26절은, 비록 하나님이 사실은 좀 "완고하고 엄한 구석을 가진 분"이긴 해도, 33절이 말하는 "화평"과 "질서"가 반드시 음울하고 고요한 의

712) Grosheide, 341은 33절 첫 절의 말이 "더 이상 어떤 수식도 받기를 거부한다"라는 반대 의견을 피력한다. 그러나 바울의 신학이나 바울이 구사하는 문법은 이런 주장을 지지하지 않는다.

식을 의미하지는 않음을 분명하게 일러준다. 우리가 이해하는 이런 하나님의 성품을 우리 예배에서도 그대로 나타낸다면, 대다수 사람들은 하나님을 자연스럽게 우러나오는 자발적 행동이나 기쁨을 전혀 허락하시지 않는 분으로 생각하는 경우가 종종 있다는 것을 인정할 수밖에 없을 것이다.

■ 고린도전서 14:36-40[713]

36아니면 하나님의 말씀이 너희로부터 나왔느냐? 아니면 너희만이 하나님 말씀
이 임한 유일한 사람들이냐? **37**만일 어떤 사람이 자기가 선지자(예언자) 또는 **영**
의 사람이라고 생각한다면, 그런 사람은 내가 너희에게 써 보내는 것이 주의 명령[714]
임을 인정하라. **38**만일 그 사람이 이것을 무시한다면, 그들 자신도 무시당할
것이라.[715] **39**그러므로 내[716] 형제자매들아 예언하기를 열렬히 소망하며 방언으로
말하는 것을 금지하지 말라. **40**그러나 모든 일을 합당하고 질서 있게 행하라.[717]

---

713) 나는 34-35절을 바울이 쓰지 않은 위작으로 여기지만, 일부 사람들은 이 본문을 어떤 식으로든 방언을 규율하거나 예언 분별을 규율한 본문으로 본다. 34-35절을 다룬 몇몇 주석을 보려면, 이번 장 말미에 있는 "부기"를 보라.

714) P^{46} (ℵ) B 048 0243 33 1241^{s} 1739* pc vg^{ms}는 단수인 ἐντολή로 기록해놓았다. 사람들은 [(관계대명사 ὅς의 중성 복수 목적격인－옮긴이) 복수형 ἅ가 초래한] 이 본문의 난해함을 개선해보려고 다양한 시도를 했다. 일부 사본(D* F G b Ambrosiaster)은 ἐντολή라는 말을 아예 생략해버렸다. 대다수 사본들은 이 ἐντολή를 복수형(ἐντολαί)으로 바꾸어 버렸다. Zuntz, *Text*, 139-40은 다른 방도를 제시한다(참고. Barrett, 314; Bruce, 136; Murphy-O'Conner, 133). Zuntz는 서방 사본이 다른 것들이 어떻게 나타났는지 가장 잘 설명해준다고 생각한다. 그러나 이 경우에는 필사자가 단수형인 ἐντολή를 "설명 첨가어"(clarifying addition)로 만들어냈다면 과연 어떻게 만들어낸 것인지 설명하기가 상당히 어렵다. Metzger, *Textual Commentary*, 566을 보라.

715) 초기 필사본들은 ("모르다, 무지하다, 무시하다"를 뜻하는 ἀγνοέω의 3인칭 단수 현재 수동 직설법 형태인－옮긴이) ἀγνοεῖται [ℵ* A* D (F G) 048 0243 b 33 1739 pc b bo; NIV^{text}와 Metzger, *Textual Commentary*, 566이 지지한다]와 (ἀγνοέω의 3인칭 단수 현재 능동 명령법 형태인－옮긴이) ἀγνοείτω (P^{46} ℵ^{2} A^{c} B D^{2} Ψ Maj sy; NIV^{mg}와 Zuntz, *Text*, 107-8)로 갈려 있다. 어떤 견지에서 보더라도 전자가 분명 "더 어려운" 독법이다. 심지어 Zuntz도 이것이 아주 어려운 독법임을 인정한다. 뒤의 논의를 보라.

716) 많은 사본(P^{46} B^{2} D* F G 0243 Maj lat)은 μου를 빠뜨리고 있다. 그러나 Zuntz, *Text*, 179은 이 서신에서 이 대명사가 등장하는 모든 경우에 일부 사본들이 이 대명사를 생략하고 있지만, 그 반대 경우는 등장하지 않는다고 지적했다.

바울이 방언에 열광하는 고린도 사람들에게 보낸 이 긴 답변도 이제 끝나간다. 문제의 중심에는 πνευματικός(**영**의 사람)가 무슨 뜻인가라는 쟁점이 자리해 있다. 이 쟁점을 둘러싸고 바울과 고린도 사람들은 심각한 의견차를 보인다. 고린도 사람들은 이 말이 천사의 말인 방언으로 말하는 것과 관련 있다고 생각한다. 그들은 이 방언을 자신들이 이미 미래의 영적 실존으로 살아가고 있음을 보여주는 확실한 증거라고 생각한다. 이런 이유 때문에 그들은 이 은사에 아주 열심을 내면서(참고. 12절), 사람들이 모인 자리에서도 방언을 말하는 습관을 고수하려고 한다. 분명 고린도 사람들은 그들이 보낸 서신에서 이런 자신들의 습관을 옹호하고, 바로 그 기준(=방언이 **영**의 사람인지 결정하는 척도다 – 옮긴이)을 내세워 바울에게 "영성"이 없다고 문제 삼았다. 이런 점 때문에 바울은 6, 15, 18절에서 자신도 방언을 말한다고 이야기하며 자신을 은근히 변호하면서도, 방언할 때는 그들처럼 하지 않고 다만 사사로이 은밀하게 하면서 "그들에게 나아갔던" 것을 밝힌다.

이 모든 것에 바울이 제시한 답변은 두 가지였다. 첫째, 고린도 사람들은 이제 시야를 넓혀야 한다. 그리하여 교회 안에서는 **영**의 사람들이 본질상 아주 다양한 **영**의 나타나심들과 은사들과 사역들을 행하는 사람들을 의미한다는 것을 깨달아야 한다(12장). 둘째, 하나님의 사람들이 함께 **모인** 자리에서는 오직 **덕을 세움**에 강조점을 두어야 한다. 이 **덕을 세움**이야말로 성도들을 향한 사랑을 참되게 표현하는 것이다. 회중이 모인 자리에서는 무엇을 하든 알아들을 수 있는 말로 질서 있게 해야 한다. 그래야 공동체 전체에 덕을 세울 수 있기 때문이다. 결국 고린도 공동체 전체는, 성도들의 모든 교회에서도 그러하듯이(혹은 그러해야 하듯이), 하나님의 성품을 그대로 드러내야 한다(33절).

717) 이 마지막 절의 다양한 독법들을 다룬 글을 읽어보려면, Zuntz, *Text*, 29-31과 Metzger, *Textual Commentary*, 566-67을 보라. 그러나 이 두 사람은 서로 다른 결과를 내놓는다. Zuntz는 그가 원문의 형태로 여기는 것으로부터 "의미"를 끌어내려고 하지만, 설득력이 없다.

바울은 이제 이 모든 것을 마무리하려 한다. 그는 39-40절에서 자기가 제시한 주장을 마지막으로 요약하면서, 예언을 우선시하되 방언을 금지하지 말라고 재차 강조한다(1-25절). 그러면서도 그는 이 모든 일을 합당하고 질서 있게 행해야 한다고 역설한다(26-33절). 그러나 바울은 이런 마지막 요약을 제시하기에 앞서 "성도들의 모든 교회들"에서는 어떻게 일들이 이루어지는지 언급한 뒤, 이 언급을 계기로 삼아 수사의 방향을 자신이 논박하는 고린도 사람들 쪽으로 돌려 그들을 비판한다. 바울은 그들이 "자기들의 북소리에 맞춰 행진하고 있다고" 준엄하게 질책한 뒤(36절), 그들이나 바울 자신 가운데 누가 진정 πνευματικός(영의 사람)인가라는 문제를 놓고 그들을 직접 다그친다(37절). 그런 다음 그는 이 답변에서 자신이 바로잡은 것들을 거부하는 사람에게 벌어질 일을 예언하며 글을 마무리한다(38절). 이 모든 내용은 그가 4:18-21에서 날린 마지막 일격과 9:1-23에 기록해놓은 자기변호를 떠올리게 한다.

36절 이 두 질문들(하나님 말씀이 너희로부터 나왔느냐?/오직 너희에게만 하나님 말씀이 이르렀느냐?)은 바울이 몇 가지 쟁점과 관련하여 바울을 대하는 고린도 사람들의 태도를 정면으로 공박한 말이다.[718] 여기서 바울은 "하나님 말씀"(즉 그리스도의 복음)의 역사 속에서 고린도 사람들이 차지하는 자리를 그들에게 일깨워줌으로써 그들의 시각을 열어주려고 노력한다.[719] 바울은 "그리스도의 말씀이 본디 너희로부터 나왔느냐?"라고 비꼬는 투로 묻는다. "너희가 모든 그리스도인이 따르는 진리의 근원이란 말이냐, 그래

718) 문체와 내용으로 볼 때, 이 두 질문은 철저히 바울이 쓴 것이며 문맥에도 아주 잘 들어맞는다. 때문에 이 두 질문을 34-35절에 보충하여 써놓은 말의 일부로 보는 Conzelmann의 견해는 당황스럽다—더더욱 당황스러운 점은 본문도 전혀 그의 주장을 뒷받침하지 않는다는 점이다.

719) 참고. 살전 2:13; 고후 2:17; 4:2; 골 1:25의 용례(롬 9:6에서는 이 "하나님의 말씀"이 하나님이 이전에 성경에서 하신 "말씀"을 가리킨다); 참고. 살전 1:8; 살후 3:1에 있는 "주의 말씀." 각 경우에 이 말은 "하나님이 주시는 말씀" 또는 "하나님으로부터 온 말씀"을 뜻한다.

서 너희가 지금 이 사안에서 이런 식으로 행동할 수 있다는 말이냐?" 바울은 더 다그쳐 묻는다. "오직 너희만이 그 진리가 임한 자들이란 말이냐, 그래서 지금 너희가 이 세상에 다른 신자들은 없는 것처럼 굴면서 너희 멋대로 행동한단 말이냐?" 이것은 매서운 수사다. 이 수사는 바로 그 앞 절인(그럴 개연성이 아주 높다) 33절의 "성도들의 모든 교회들에서도 그러하니라"로부터 직접 흘러나온 것이다. 고린도 사람들이 그들 자신을 어찌 생각하든, 이 질문이 암시하는 것은 이런 것이다. "하나님이 그들에게 한편으로는 바울의 가르침을 거부하고 다른 한편으로는 다른 교회들과 무관하게 행동할 수 있는 특별한 말씀을 주셨는가?"

그렇다면 이 수사가 가리키는 것은 무엇인가? 십중팔구 34-35절은 아닐 것이다.[720] 34-35절은 바울이 쓰지 않았을 가능성이 아주 높다. 어쨌든 이것이 더 큰 당면 문제, 곧 πνευματικός의 본질 그리고 방언이 교회 내에서 차지하는 위치를 둘러싼 고린도 사람들과 바울 사이의 이견을 가리키는 것으로 보면, 바울이 여기서 제시하는 주장을 훨씬 더 잘 이해할 수 있다. 두 질문은 모두 "아니면"(or)이라는 접속사로 시작하는데, 이는 첫 질문이 바로 앞 문장으로부터 직접 흘러나왔음을 일러준다.[721] 실제로 이 접속사는 35절과 도통 어울리지 않으나,[722] 33절을 잇는 말로 보게 되면, 그 의미가 훨씬 더 또렷해진다. "이는 하나님이 무질서의 하나님이 아니라 화평의 하나님이시기 때문이니, 성도들의 모든 교회에서도 그러하니라. 그게 아니면 (이와 다른) 하나님 말씀이 너희로부터 나왔느냐? 아니면 너희가 유일하게 하나님 말씀이 임한 사람들이냐?" 고린도 사람들은 이 사안

---

720) 이 수사가 34-35절을 염두에 둔 것이라고 보는 입장이 전통적 견해다. 이 견해는 고린도 사람들이 바울이 직접 제시한 가르침들과 다른 교회들이 따르는 관습을 무시하고 교회에서 여자들이 말하는 것을 허락한 것처럼 주장한다.

721) 이 서신의 다른 부분에서도 마찬가지다; 가령 6:2, 9, 16, 19; 9:6을 보라.

722) 이 접속사와 35절이 너무나 어울리지 않다 보니, KJV와 다른 번역들(RSV, Montgomery, TCNT)은 아예 이 접속사를 "무엇이라고!"(What!)로 번역해놓았다. 그러나 언어학상 이런 번역을 뒷받침해주는 증거는 조금도 없다.

에서 철저히 잘못을 범하고 있다. 따라서 이 수사는 그들이 다른 교회들과 어긋난 길로 가고 있음을 그들에게 보여주려고 애쓰는 문장이자, 이어지는 두 조건문으로 직접 인도하는 역할을 한다.

37절 이것은 이 서신에서 바울이 "만일 어떤 사람이 자기가…라고 생각한다면"이라는 문구를 써서 고린도 사람들의 견해를 정면으로 공격한 세 번째 사례다(3:18과 8:2을 다룬 부분을 보라). 이 문구는 이 서신을 구성하는 세 주요 단락에서 각각 한 번씩 나타난다(1-4장; 8-10장; 12-14장). 각 경우에 바울이 제시하는 주장을 보면, 바울이 이 문구로 고린도 사람들이 자신들의 영성을 바라보는 시각을 겨냥하고 있음을 알 수 있다. 그들은 실제로 그들 자신을 "지혜로운 자들"(3:18)이요 "지식을 가진 자들"(8:2)로 생각한다. 그들이 이 두 경우에 그런 생각을 품게 된 것은 필시 그들 자신을 πνευματικοί(**영**의 사람들)로도 생각하기 때문일 것이다(2:15과 3:1을 다룬 부분을 보라).

하지만 이 경우에 바울이 공박하는 사람들은 아마 고린도 사람들 전체가 아닐 것이다. 물론 그는 고린도 사람들 전체를 염두에 두고 있긴 하다. 그러나 4:18과 9:3에서도 그랬듯이, 바울이 직접 공격하는 대상은 고린도 교회를 부추겨 바울에 대해 반감을 품도록 만든 이들일 가능성이 더 높다. 이 사람들은 자신들을 "선지자들"이요 "**영**의 사람들"로 여긴다. 이 두 말은 아마도 서로 긴밀하게 연결되어 있는 말로 이해해야 할 것이다. 바울은 바로 앞에서 제시한 주장에서 "예언자"(선지자)를 기능(교회 안에서 하는 역할)을 가리키는 말로 사용했다. 그러나 여기서는 "선지자"라는 말이 12:28의 용례로 되돌아간다. 12:28에서는 이 말이 지역 교회에서 봉사(사역)하는 자로서 "서열이 매겨진"(ranked) 지위를 가진 사람들을 지칭했다. 중요한 것은 바울이 "선지자"라는 말 뒤에 덧붙인 "또는 πνευματικός(**영**의 사람)"다. 지금까지 시종일관 주장해왔지만, 이것이 바울과 고린도 사람들 사이의 핵심 쟁점이다. 만일 고린도 사람들이 그들 자신을 실제로

πνευματικοί로 여기지 않았다면, 그리고 자신들이 **영**의 사람들임을 보여 주는 첫 번째 증거로 방언이라는 은사를 들지 않았다면, 바울이 그들에게 이런 식으로 말할 이유가 달리 없는 것 같다. 그들은 자신들이 **영**의 사람들이라고 확신했다. 그러나 바울 사도에게는 그만한 확신을 갖고 있지 않았다.

하지만 바울은 12:28에서 자신이 지금 말하고 있는 것을 이미 귀띔했다. 하나님은 교회에 **첫 번째로** 사도를 두시고, **두 번째로** 선지자들을 두셨다. 바울은 그를 반대하는 사람들이 선지자들이라는 것 또는 고린도 사람들 전체가 πνευματικοί라는 것을 부인하지 않는다. 바울은 먼저 자신이 사도라는 것, 사도이기 때문에 선지자이기도 하다는 것, 그러기에 그가 "주의 명령을 너희에게 써 보내고"[723] 있다는 것을 주장하는 것 같다. 바울이 쓴 어순을 볼 때 그가 강조하는 것은 그가 써 보낸 말의 근원이신 "주"(그리스도를 가리킨다)다. 따라서 "명령"이라는 말은 그가 지금 다루는 문제와 관련하여, 특히 회중이 모인 자리에서는 알아들을 수 있는 말로 말하고 질서를 지킴으로써 모든 이에게 덕을 세워야 한다는 것과 관련하여 그가 지금까지 쓴 모든 내용을 가리키는 집합 단수 명사로 이해하는 것이 가장 좋다.[724] 바울과 그들은 모두 **영**을 가졌다. 그러므로 진짜 "**영**의 사람"은 지금 바울이 써 보내는 것이 주로부터 나왔다는 것을 "인정할"[725] 것이다.

---

723) 그리스어로 κυρίου ἐστὶν ἐντολή다. BAGD는 이 용례를 "예수의 교훈들"이라는 범주에 포함시켜 다루는데, 이는 십중팔구 잘못인 것 같다. 바울이 말하는 "주의 명령"은 자신이 앞서 주장한 가르침들을 가리키는 게 거의 확실하다. 그러나 C. H. Dodd, "Ἔννομος Χριστοῦ," in *Studia Paulina in honorem Johannis de Zwaan Septuagenarii* (ed. J. N. Sevenster, W. C. van Unnik; Haarlem: 1953), 96-110 [142n3]이 논한 내용을 보라. 본문에 얽힌 문제를 알아보려면, 앞의 주714를 보라.

724) 사람들은 바울이 쓴 서신들이 어느 고요한 집 안에서 읽혀진 게 아니라 온 교회가 예배하러 모인 경우처럼 교회 안에서 낭독되었다는 것을 쉬이 잊어버린다. 이렇게 낭독되다 보니, 그가 쓴 서신들은 바울 자신이 "몸으로" 그들 가운데 있지 않더라도 그가 그들 가운데 서서 선지자처럼 말하는 것과 같은 효과를 발휘했다. 5:3을 논한 내용을 보라.

725) 그리스어로 ἐπιγινωσκέτω다(참고. 13:12; ἐπιγινώσκω의 3인칭 단수 현재 능동 명령법 형태다 – 옮긴이); 여기서는 이 말이 "그러하다고 인식하다", 즉 "인정하다"라는 뜻이다.

38절 바울은 자신에게 "명령"을 주셨던 바로 그 주님의 권위에 의지하여 그가 써 보내는 글에서 **영**을 인식하지 못하는 사람들에게 이런 선고를 내린다. "만일 어떤 사람이(즉 그 자신을 **영**의 사람으로 생각하는 사람이) 이것을 무시한다면,[726] 그 자신이 무시당하리라."

바울의 강조점은 분명하다. 그러나 그가 여기서 반복하는 동사의 정확한 의미는 좀 불명확한 구석이 있다. 바울은 이중으로 언어유희를 구사하는 것 같다. 그가 여기서 쓴 동사 "무시하다"(ἀγνοεῖ; ἀγνοέω의 3인칭 단수 현재 능동 직설법 형태다 — 옮긴이)는 37절에서 쓴 "인정하다"(ἐπιγινώσκω)의 반대말이다. 결국 **영**의 사람은 바울이 써 보내는 것이 "주로부터 나온" 것임을 "인정할" 수밖에 없다. 만일 누군가가 그렇게 "인정하지 않는다면", 그 사람이 거꾸로 "인정받지" 못할 것이다. 바울은 이 마지막 절("그 자신이 무시당하리라")의 주어로 그 자신이나 교회를 생각했을 수도 있다[=(바울 자신이나 교회로부터) 선지자나 πνευματικός로 인정받지 못할 것이다]. 그러나 바울이 의도하는 주어는 "하나님"일 가능성이 더 높다.[727] 즉 바울이 써 보낸 서신에서 **영**을 인식하지 못하는 사람은 결국 하나님으로부터 "인정받지" 못할 것이다(참고. 8:2-3). 따라서 이 말은 이 서신을 주시하지 않는 사람들에게 선지자가 선포하는 일종의 심판 선고다.[728]

이 말에서 우리는 바울 자신이 **영**의 권위를 민감하게 느끼고 있음을 간파할 수 있다. 그는 자신을 반대하는 고린도 사람들에게도 **영**이 계심을 부인하지 않는다. 그러나 **영**은 **영**을 알아본다. 그러므로 고린도 사람들의 영성이 진짜 **영**성(Spirituality)임은 그들이 바울이 쓴 서신을 **영**을 통해 주

---

726) 그리스어로 ἀγνοεῖ다; 참고. 10:1; 12:1.

727) 참고. Käsemann, "Sentences," 68-69; Conzelmann, 246도 같은 견해다; 참고. Barrett, 334.

728) 이렇게 보는 것이 다른 변문(變文; 주715를 보라)보다 이 문장을 더 잘 이해하는 길이다. 다른 변문은 두 번째 절에서 바울이 구사하는 언어유희를 다른 방향으로 흘러가게 하여 결국 이런 문장이 되게 한다: 만일 (이 서신이 낭독될 때) 듣는 사람들이 바울이 하는 말을 주의 명령으로 인정하지 않는다면, 그를 계속 무지함 속에 내버려두어라. 이런 말은 더 에둘러 심판 선고를 내리는 형태다. 그러나 사람들이 선호하는 것은 직설법 형태다.

어진 주님의 명령으로 인정할 때에, 그럼으로써 그들 자신이 바울을 당신의 사도로 삼으신 주님으로부터 인정받을 때에 비로소 드러날 것이다.

39-40절 바울은 36-38절에서 수사를 동원하여 고린도 사람들을 공박했지만, 이는 사족일 뿐이다. 물론 바울이 하는 말과 전혀 무관한 내용은 아니지만 말이다. 그렇기 때문에 바울은 앞에서 제시한 주장을 세 부분으로 나누어 요약함으로써 주장을 맺는다. 이를 귀띔하는 신호들은 강한 추론을 이끌어내는 접속사로 이 서신에서 흔히 볼 수 있는[729] "결국 그렇다면"(그러므로)과 또 한 번 등장하는 호격이다. 바울은 앞 구절에서 구사한 수사를 따라 이번 경우에도 인칭대명사 소유격을 이 호격에 덧붙여 "**내** 형제자매들아"로 써놓았다.

바울은 첫 절에서 자신이 1절을 시작할 때 썼던 명령문을 되풀이하여 "예언하기를 열렬히 소망하라"라고 말한다. 둘째 절에서는 고린도 사람들이 좋아할 말을 한다. "그리고 방언으로 말하는 것을 금지하지 말라." 지금까지 제시한 주장에서도 그랬지만, 그는 방언 자체를 금지하지 않는다. 또 자신이 앞에서 고린도 사람들의 잘못을 바로잡은 내용을 사람들이 금지로 받아들이는 것도 원하지 않는다. 교회 안에서도 해석이 따르는 방언은 허용할 수 있으며, 사사로이 혼자 하는 방언은 얼마든지 체험해도 괜찮다. 결국 이 두 절은 1-25절을 요약하고 있는 셈이다.

셋째 절(40절)은 바울이 26-33절에서 제시한 강조점을 요약하면서 "모든 일을 합당하고 질서 있게 행하라"라고 말한다. "합당하다"[730]라는 말은 교회 안에서 지켜야 할 절도가 있음을 다시 한 번 주장한 것이다(참고. 11:13). "질서 있게"라는 말은 그 반대말인 33절의 "무질서"를 떠올리게 한다. 이 말은 33절과 함께 고린도 교회가 혼란에 빠져 있음을 강하게 시사

729) 22절을 다룬 부분과 거기서 제시한 주를 보라.

730) 그리스어로 εὐσχημόνως다; 참고. 살전 4:12; 롬 13:13. 참고. 12:23에서는 εὐσχημοσύνη를 사용한다. 이는 더 절도 있는(교양 있는) 영역으로 옮겨감을 뜻한다.

한다. 바울이 시종일관 제시한 주장은 방언으로 말하는 것이 피고인이었음을 귀띔해준다. 결국 바울이 제시한 주장은 이 말로 합당한 결말을 맞이했다.

그러나 이 서신 자체는 아직 끝나지 않았다. 영성을 바라보는 고린도 사람들의 견해 뒤편에는 비단 **영**의 나타나심들에 관한 그릇된 견해뿐 아니라, "**영**에 속한" 실존을 잘못 이해한 그릇된 신학도 자리해 있다. 고린도 사람들은 이런 그릇된 "영성"론을 갖다 보니, 결국 장래에 몸으로 부활하는 것도 부인하기에 이르렀다. 때문에 바울은 이어서 마땅히 이 문제를 다룰 수밖에 없었다. 그 결론이 이 서신 전체의 대단원이다. 적어도 그 주장 내용을 고려하면, 그렇게 봐야 한다.

■ **고린도전서 15:42-46**

42죽은 자들의 부활도 그와 같으니라. 썩을 상태로 심어지고, 썩지 않을 상태로
일으키심을 받으며, 43치욕으로 심어지고, 영광으로 일으키심을 받으며, 약함으
로 심어지고, 능력으로 일으키심을 받으며, 44육의 몸으로 심어지고, "**영**의" 몸으
로 일으키심을 받느니라. 45그러므로 역시 기록되었으되 "첫 사람 아담은 산 존
재(혼)가 되었고", 마지막 아담은 생명을 주는 영이 되었다. 46그러나 "**영**의" 것이
먼저 오지 않고, 도리어 육의 것이 온 뒤에 이어서 "**영**의" 것이 왔느니라.

이 본문은 πνεῦμα/πνευματικός라는 말을 복잡하게 사용한다. 이 복잡한 용례를 바로 이해하려면 문맥과 관련하여 아주 중요한 몇 가지 문제들을 유념해야 한다. (1) 15장 전체가 가장 중요한 문제로 삼는 것은 "그들(고린도 사람들) 중 어떤 사람들"이 신자들의 부활을 부인한다는 점이다(12절). 바울은 우선 1-11절에서 이 문제에 답변한 다음(그들은 이미 그리스도가 부활하셨음을 믿는다), 이어 12-34절에서도 답변을 제시한다(그리스도의 부활 때문에 신자들의 부활도 필수적이고 필연적인 것이 되었다). 이 문제는 아주

중요하기 때문에, 바울은 이미 앞에서도 그리스도의 부활을 하나님이 죽어 없어질 수밖에 없는 우리 몸에 영원한 의미를 부여해주시는 길이라고 이야기했다(6:14). (2) 이렇게 그들이 부활을 부인한 근본 이유는 35-58절이 제시하는 주장에서 나타난다. 그들은 자신들이 이미 πνευματικοί(영의 사람들)라고 생각하던 터라(그들은 자신들이 **영**을 통하여 진짜 "**영**에 속한" 실존에 도달했다고 여겨 몸에 어떤 의미도 부여하길 거부했다), 몸이 죽은 자들 가운데서 부활한다는 개념을 놓고 고민했다(화를 냈다?). 때문에 그들이 우선 문제 삼은 것은 "죽은 자들이 **어떻게** 일으키심을 받을(부활할) 것인가, 즉 죽은 자들이 어떤 종류의 **몸**으로 나타날 것인가?"라는 물음이었다(35절). (3) 이 단락에서 바울은 서로 다른 유비들을 잇달아 사용하여 부활한 몸이 현재의 몸과 연속성 및 불연속성을 함께 가질 것이라는 점을 설명한다. 이게 그가 여기서 제시하는 주장의 골자다. 부활한 몸은 **현재 이 몸으로** 일으키심을 받으리라는 점에서 현재 몸과 연속성을 갖는다. 그러나 부활한 몸은 "변화되어" 미래의 삶, 하늘의 삶에 적합한 몸으로 바뀔 것이라는 점에서 불연속성을 갖는다.

우리가 살펴볼 본문은 바울이 15장에서 제시하는 주장의 두 번째 부분(35-58절) 중 아주 중요한 지점에서 등장한다. 그는 42-44절에 들어와 그 직전에 말했던(36-41절) 다양한 유비들을 적용하기 시작한다. 그런 다음 45-49절에서는 성경을 동원하여 그가 방금 적용한 내용이 정당함을 확증한다. 이때 바울은 창세기 2:7에서 볼 수 있는 핵심 본문을 기독론에 비추어(그리스도가 행하시는 기능이라는 관점에서) 해석하고 그 결과를 제시하는 형식을 사용한다. 바울이 πνευματικός라는 말을 사용한 것은 그가 제시한 적용(44절)과 창세기 2:7을 기독론에 비추어 해석한 내용(45-46절)을 볼 때 중대한 의미가 있다. 그리스도의 부활이 (필수적이고 필연적인 일인) 이미 죽은 신자들의 부활에 기초가 된다는 사실(12-28절), 그리고 그 부활이 신자들이 부활할 때 갖게 될 몸의 종류를 결정해주는 기초가 된다는 사실은 바울이 여기서 제시하는 주장 전체에, 그리고 그가 **영**이라는 말을 사용하는 것에 절대적으로 중요한 의미를 갖는다. 바울은 빌립보서 3:21에서 신자들이 부활할 때 갖게 될 몸을 "그의 영광의 몸"(개역개정: 자기 영광의 몸; 즉 그리스도가 영광을 받으셨을 때 가지셨던 몸의 형태)이라고 부른다.

44절 바울은 이미 놀라운 두 쌍의 대조문을 사용하여 무덤 속에 누워 있는 몸의 본질(썩을 수 있음, 치욕, 약함 가운데 있음)과 일으키심을 받는 몸의 본질(썩을 수 없음, 영광을 받음, 능력을 지님)을 묘사했다(42-43절). 그는 이제 잠시 숨을 고르면서 이 마지막 대조를 설명하려 한다. "ψυχικόν(세상에 속한, 육의) 몸으로 심어지고 πνευματικόν(**영**의) 몸으로 일으키심을 받느니라."

처음 이 말이 고린도 교회에서 낭독되었을 때 고린도 사람들이 받았을 충격파가 어느 정도였을지 가늠하기가 힘들다. "**영**의 몸"이라는 말은 어떤 언어에서라도 모순되는 말이다. 이 말은 "영성"을 적어도 육의 몸으로 행하는 일과 극소치만큼만 관련이 있는 것으로 여길 정도로 물질세계를 혐오하는 견해를 지니고 있던 이들을 분명 화나게 만들었을 것이다. 바울이 우리가 보기에는 아주 생소한 언어를 골라 쓴 데에는 그런 이들의 세계관도 십중팔구 한몫했을 것이다. 바울이 구사한 언어가 필시 그들의 그런 견해에 대한 답변 중 일부일 것이라는 사실은 바울이 이 "**영**의 몸"이라는 말의 의미를 어떻게 이해했는지 우리가 파악하는 데에도 도움을 줄 것이다.

첫째, 이 말은 반대되는 말을 조합하여 구사한 수사 중 네 번째다. 첫 세 조합의 관심사는 이전의 몸과 이후의 몸의 "본질" 내지 "형태"였지, 그 몸의 **실체**(*substance*)가 아니었다. 그렇다면 바울이 쓴 πνευματικόν은 십중팔구 부활한 몸을 "구성하는" 것이 무엇인지 서술할 목적으로 쓴 말이 아니다. 현재의 몸을 묘사하는 데 쓴 ψυχικόν의 경우에도 똑같은 말을 할 수 있겠다. 부활한 몸이나 현재의 몸이나 "혼"이나 "영"으로 구성되어 있지 않다.

둘째, πνευματικόν의 의미를 이해할 수 있는 실마리는 무엇보다 이곳과 유사하게 이 말과 ψυχικός를 대조하고 있는 2:14-15에서 찾을 수 있다. 2:14-15을 보면, ψυχικός인 사람은 **영**을 갖고 있지 않기에 그저 "육에 속한"(거듭나지 못한, natural) 사람—즉 살아 계신 하나님의 **영**이 아직 침투해 들어오시지 않아서 영원한 효력을 갖는 인(印)을 받지 못한 다른 사람들과 똑같은 인간으로 현세를 살아가는 사람—일 뿐이다. 마찬가지로 πνευματικός인 사람은 **영**의 사람으로서 **영**을 받음으로 말미암아 그리스도의 소유가 된 사람이다. 이 새 문맥에서도 사람들은 아마 비슷한 대조를 기대할 것이다. 바울이 이런 주장을 뒷받침하는 증거로서 창세기 2:7(칠십인경)을 고른 점은 여기와 2:14-15이 유사한 대조를 구사한다고 보는 견해에 더 힘을 실어준다.

현재의 몸은 ψυχικός로서 "육에 속한" 몸이다. 이는 현재의 몸이 현세의 삶에 적합하다는 의미다. 이 몸은 현재에 속해 있기에 썩을 수밖에 없고, 치욕을 당할 수밖에 없으며, 약할 수밖에 없다. 새 몸은 πνευματικόν으로서 "**영**에 속한" 몸일 것이다. 그 몸은 마지막으로 완성될 세계, **영**의 세계에 속해 있기 때문이다. **영**은 현재 신자의 삶 속에서 장차 그런 **영**의 세계가 임할 것을 약속하시는 하나님의 보증금 내지 첫 열매 역할도 한다. 결국 "**영**의 몸"은, 그 소유격 형태 형용사(=**영**의)의 의미가 시사하듯이, 마지막 때에 **영**께 속하여 "영광을 받고 썩지 않을" 형태로 나타난 몸이다.

하지만 이 개념을 영어로 적절히 표현해줄 번역어를 찾기가 힘들다. 어쩌면 결국 우리가 할 수 있는 가장 좋은 번역은 ψυχικόν을 "자연적"(평범한, natural)으로, πνευματικόν을 "초자연적"(초자연성을 지닌, supernatural)으로 번역하는 것이 아닌가 한다. 여기서 "초자연적"은 "기적"이라는 뜻이 아니라, 현세의 "자연적" 실존을 초월하여 존재하는 **영**의 세계에 속해 있다는 뜻이다.

어쨌든 바울은 "지금"과 "그때"의 몸을 묘사하면서 "자연적" 상태로 심어졌다가 "초자연적" 상태로 일으킴을 받게 되리라고 표현했다. 이제 바울은 더 나아가 "ψυχικόν인 몸이 있다면, πνευματικόν인 몸도 있으리라"라고 강조한다. 우리가 현재 가진 몸은 마지막 몸이 **아니다**. 그러나 **영**에 속해 있다는 그 어떤 실존도 반드시 몸을 갖고 있을 것이다. 그렇지만 몸을 가진 이 두 실존(ψυχικόν인 몸, πνευματικόν인 몸)은 동시에 존재하지 않는다. 바울이 여기서 제시하는 주장은 모두 신자들이 **미래에 몸으로** 부활하는 것과 관련 있다. 따라서 "초자연적" 몸은 미래에 존재하는 몸이다.

45절 바울이 44절에서 마지막으로 제시한 주장[하나(곧 ψυχικόν인 몸)가 존재함은 또 다른 하나(πνευματικόν인 몸)가 존재함을 뜻한다]은 특별히 그 의미가 자명하지 않다. 때문에 그는 이 말이 정당함을 증명해야 할 압박을 느낀다. 그리하여 그는 이제 성경을 원용하면서 그리스도의 부활을 기초로 삼아 그 정당성을 증명하려고 한다. 바울은 이렇게 하면서 πνεῦμα라는 말을 사용하여 두 가지 명제를 더 제시하는데, 우리 시각에서 보면 이 두 명제 모두 난해하기는 마찬가지다. 그 두 명제는 (a) 그리스도는 당신의 부활로 생명을 주시는 πνεῦμα가 되셨다는 것, 그리고 (b) πνευματικόν인 사람이 먼저 오지 않고, ψυχικόν인 사람이 먼저 온 다음에 πνευματικόν인 사람이 온다는 것이다.

첫째, 문맥상 두 가지 것을 말해두어야겠다. (1) 바울이 제시한 명제인 "마지막 아담, 생명을 주는 πνεῦμα"가 시사하는 관심사는, 적어도 존재론적 의미에서는, 기독론과 **아무 관련이 없다**.[731] 오히려 이 명제가 피력하는 관심사는 순전히 구원론과 관련 있으며, 그리스도의 부활이 우리의 부활에 미치는 효과들과 연관을 맺고 있다. 바울은 이 주장에서 자신이 ψυχικόν인 몸이 있음과 같이 πνευματικόν인 몸도 있다고 말한 44절이 사

731) 학자들은 45절과 47절에서 기독론과 관련된 시사점들을 찾아내려고 상당한 에너지를 쏟아부었다. 그러나 이런 시사점들은 바울의 강조점이 아니다. 21-22절에서도 볼 수 있듯이, 바울의 강조점은 **그리스도의 부활**이 우리 부활의 기초라는 점과 관련 있다. 여기서 바울이 구사한 **언어**는 그가 제시하는 주장 자체, 특히 그가 사용한 창 2:7을 그대로 받아 적은 것이다. 뒤의 주739와 제13장의 논의를 보라.

실임을 성경을 동원하여 설명한다. 우리가 앞서 말했듯이, 스스로 **영**의 사람들이라 자부하던 고린도 사람들에게는 이 말이 틀림없이 충격으로 다가왔을 것이다. (2) 아담-그리스도 유비는 이미 21-22절에서 이 유비를 사용했던 사례를 **전제함으로써**, 이제 부활한 몸과 관련하여 **그리스도의 부활이 미치는 효과**를 다룬다. 이 두 핵심을 놓치면, 이 본문이 실제로 말하는 것을 파악하지 못한 채 삼천포로 빠질 수 있다.

21-22절에서 바울은 "아담 안에서 모든 사람이 죽으나, 그리스도 안에서 모든 사람이 살게 되리라"라고 주장했다. 이제 그는 성경을 통해 그 유비로 되돌아가 자신이 44절에서 주장했던 내용, 곧 신자들이 장차 "**영**의 몸"으로, 다시 말해 다가올 시대에 **영**의 삶을 살아갈 수 있도록 부활을 통해 얻은 "초자연적" 몸으로 일으키심을 받으리라는 내용을 뒷받침한다. 그는 먼저 칠십인경 창세기 2:7을 일종의 미드라쉬 페셰르(midrash pesher) 형태로(인용과 해석을 겸하는 인용 형태로; 참고 14:21) 인용한다.[732]

ἐγένετο	ὁ πρῶτος ἄνθρωπος	Ἀδὰμ εἰς ψυχὴν ζῶσαν
	ὁ ἔσχατος	Ἀδὰμ εἰς πνεῦμα ζῳοποιοῦν

인용이 해석으로 바뀌는 이 문장과 관련하여 몇 가지 관찰 결과를 이

732) 참고. E. E. Ellis, *Paul's Use of the Old Testament* (Edinburgh: Oliver and Boyd, 1957), 141-43; 하지만 바울이 여기서 이미 그리스도인 무리들 속에 뿌리내린 미드라쉬를 인용하고 있는 것인지 의문이 든다. 바울은 그런 페셰르(해석)를 제시할 수 있는 능력을 완벽하게 갖고 있다. Dunn은 "45b절을 포함하여" 이 45절 문장 전체를 "οὕτως γέγραπται라는 말이 아우르며, 이는 δέ가 없다는 점이 시사해준다"라고 주장한다[J. D. G. Dunn, "I Corinthians 15:45—last Adam, life-giving Spirit," in *Christ and Spirit in the New Testament: Studies in Honour of Charles Francis Digby Moule* (ed. B. Lindars, S. Smalley; Cambridge, 1973), 127-41 (130)]. 이 주장에는 옳은 점도 있고 그렇지 않은 점도 있다. 이것은 페셰르 자체만 놓고 보면 맞는 말이다. 그러나 바울은 사람들이 자신이 쓴 둘째 절(="마지막 아담은 생명을 주는 영이 되었다")을 첫째 줄(="첫 사람 아담은 산 혼이 되었다")과 같은 의미의 성경으로—심지어 타르굼(targum: 본디 히브리어 성경을 아람어로 옮긴 역본을 말하나, 여기서는 "해석"이라는 의미로 이해할 수 있다—옮긴이)으로도—이해하기를 전혀 바라지 않는다.

야기하고 넘어가야겠다. (1) 바울은 첫 줄에서 칠십인경을 수정하여 인용한다. 그는 칠십인경 원문[46]에 "첫"(πρῶτος)이라는 형용사와 "아담"이라는 이름을 덧붙였다. 이런 수정문은 그의 진짜 관심사가 자리한 두 번째 줄을 이끌어낼 요량으로 특별히 고안해낸 것이다. (2) 아담과 그리스도를 각각 묘사하는 두 단어는 바울이 44절에서 사용한 두 형용사 ψυχικόν과 πνευματικόν의 동족 명사들(ψυχή와 πνεῦμα)이다. 사실은 이것이 여기서 바울이 칠십인경 창세기 본문을 인용하고 마지막 아담이라는 언어를 동원하여 그리스도를 묘사하게 된 **유일한 이유**다. 두 언어 사이에 존재하는 이 분명한 연관성은 44절이 언급한 두 종류의 몸을 본디 갖고 있는 이가 아담과 그리스도이심을 시사한다.[733] 즉 두 "아담"은 증거 역할을 한다. 첫 아담이 ψυχικόν인 몸이 존재함을 증명해주는 증거인 것처럼(창 2:7), 두 번째 아담인 그리스도도 틀림없이 πνευματικόν인 몸이 존재한다는 것을 당신의 부활을 통해 증명해주는 증거시다.[734] (3) 뿐만 아니라, 칠십인경이 아담을 일컬어 "산 ψυχή"가 되었다고 말한 것도 바울이 그리스도가 "생명을 주시는 πνεῦμα"가 되셨다고 말하는 이유다. 즉 **인용문의 언어**가 **그리스도에게도 인용문과 평행을 이루는 언어를 사용할 것을** 요구한 셈이다. (4) 둘째 줄의 내용은 창세기 본문에 현존하지 않는 말이요 그 본문에서 추론해낸 말도 아니다. 하지만 이 둘째 줄은 칠십인경에서 그 앞 절이 구사한 언어["그리고 하나님이 그의 얼굴 속으로 **생명의 숨을**(πνοὴν ζωῆς) **불어넣으셨다**"]를 반영한다. 이제 바울은 그리스도를 두고 이야기하면서, 이 말로 언어유희를 펼친다. 새 생명을 이 죽을 몸들 속으로 "불어넣으실"—생명을 주는 πνεῦμα를 불어넣으셔서(겔 37:14에서도 이런 말이 나온다) 이 죽을 몸들을 죽지 않을 몸들로 만드실—분은 바로 부활하신 그리스도시다. (5) "생명을 주는"(ζῳοποιοῦν; ζωοποιέω의 현재 능동 분사 중성 단수 목적격이다

733) Dunn도 이를 언급한다("I Corinthians 15.45," 130).

734) 참고. Max Turner, "The Significance of Spirit Endowment for Paul," *VoxEvang* 9 (1975), 56-69.[62]

—옮긴이)이라는 말은 앞서 22절이 구사한 아담-그리스도 유비가 그리스도를 두고 사용한 동사(ζῳοποιέω: 살게 하다, 생명을 주다—옮긴이)를 되풀이한다. 이는 여기 본문의 관심사가 22절과 마찬가지로 우리 부활의 기초인 그리스도의 부활임을 확실하게 일러주는 것 같다("그리스도 안에서 모든 사람이 살게 되리라"). 따라서 인접 문맥은 물론이요 여기서 제시하는 주장 전체도, 비록 그리스도가 지금은 σῶμα πνευματικόν(영에 속한 몸)으로 높이 들림을 받은 지위에 앉으셔서 "생명을 주시는 πνεῦμα(영)"로 계시지만, 그분이 이렇게 생명을 주시는 영의 역할을 하실 때는 신자들이 부활하는 때가 될 것이다. 신자들이 부활하는 그때, 그리스도는 그들의 죽을 몸을 "살게 하사", 그들도 당신처럼 σῶμα πνευματικόν을 갖게 하실 것이다.

여기에도 일부 모호한 구석들이 있다. 그래도 우리는 바울의 의도와 관련하여 이런 관찰 결과들로부터 다음과 같은 결론을 이끌어낼 수 있을 것 같다. 첫째, 바울이 칠십인경 창세기 본문을 인용한 **이유**는 그가 이전에 구사한 아담-그리스도 유비를 토대로 부활한 몸(몸의 부활)이 실재임을 설명하려 했기 때문이다. 칠십인경은 아담을 묘사할 때 ψυχή라는 말을 쓴다. 이런 용례는 바울이 구별하고 싶어하는 두 종류의 **몸**(소마, *sōma*)을 구별할 수 있게 뒷받침해주는 성경의 근거가 되어주었다. 동시에 이 용례는 바울이 이런 구별을 그가 이미 21-22절에서 말한 내용과 결합시킬 수 있게 해준다.

둘째, 바울이 47-48절에서 추가 제시하는 설명이 보여주듯이, 그가 이 본문에서 가장 중요하게 서두르는 일은 44절에서 말한 두 종류의 몸인 "심어진" 몸과 "일으키심을 받은"(부활한) 몸을 이미 두 원형인 "아담들"(첫 아담과 마지막 아담)이 보여준다는 것을 유비를 통해 제시하는 것이다. 우선 첫 아담은 창조 때 "산 ψυχή"가 됨으로써 ψυχικόν인(육에 속한, 자연적) 몸, 썩고 죽을 수밖에 없는 몸을 받았다. 이 아담은 이 세상에 죽음을 가져왔으며(21-22절), 그와 같이 ψυχικόν인 모양을 가진 모든 사람을 대표하는 자가 되었다. 반면 마지막 아담은 부활하실 때 "**영**의(영화롭게 된) 몸"을 받으셨다. 이 아담은 그와 같이 πνευματικός인(**영**에 속한) 모양을 갖게 될 모든 사람을 대표하는 **사람**(Man)[735]이 되셨을 뿐 아니라, 그분 자신이 πνευματικός인 삶[736]과 πνευματικός인 몸[737]의 근원이시다.

따라서 셋째, "산" 아담(이 아담은 단지 생명을 받은 존재일 뿐이다)이 "생명을 주는" 아담으로 바뀐 것은 그리스도와 관련하여 두 가지 의미를 동시에 갖고 있는 것 같다. 그리스도는 부활하셨을 때 "초자연적 몸"을 취하셨다. 이를 통해 그리스도는 장차 당신 뒤를 따를 모든 이들에게 생명을 주시는 분이 되셨다.[738] 바울이 강조하고자 하는 것은 우리가 그리스도처럼 부활할 때에야 비로소 πνευματικός인(**영**에 속한) 실존을 취할 수 있으리라는 점인 것 같다. 이 실존에는 πνευματικόν인 몸도 포함된다. 그는 이런 말을 할 때 "아담"이라는 말은 손대지 않고 칠십인경이 (첫) 아담을 지칭할 때 쓴 명사 ψυχή에 상응하는 명사 πνεῦμα를 사용하여 평행법을 구사하는 방법을 사용했다.

그러므로 둘째 줄("마지막 아담은 생명을 주는 영이 되셨다")의 관심사는 기독론이 아니다. 비록 바울이 그리스도와 **영**을 어느 정도는 서로 바꿔 쓸

---

735) 그분을 "마지막 아담"이라 부르는 이유도 이 때문이다[아담(ādām)이라는 히브리어는 "사람"을 뜻하기도 한다(WGH, 10) – 옮긴이]. 이 마지막 아담은 마지막 대표자일 뿐 아니라 "마지막 때의"(eschatological) 아담이기도 하다. 그가 그냥 "사람"(man)이 아니라 "아담"인 것은 그가 단지 모델이나 모형인 것이 아니라 대표자이시기 때문이다.

736) 참고. Dunn, "I Corinthians 15:45," 132. Dunn은 ζῳοποιέω라는 동사가 우선 현재를 가리키는 동사라고 강조한다. 그러나 이런 주장은 이 말과 22절 사이에 존재하는 분명한 연관성을 놓친 것이다. 22절에서는 이 말을 부활과 관련지어 사용한다.

737) A. T. Lincoln은 바울이 창 2:7을 기초로 이렇게 아담과 그리스도를 나란히 배치함으로써 창조 때 (하나님이) 이미 서로 다른 종류의 몸을 염두에 두고 계셨다는 것을 암시한다고 주장한다. 그러므로 "고린도 사람들은 몸을 가진 형태도 **영**에 속한 실존에 적합하다는 개념을 아주 새롭고 이전에는 상상할 수 없었던 개념으로 여기지 말아야 한다. 사실은 하나님도 이미 몸을 가지면서 **영**에 속한 이런 실존을 목적으로 삼고 계셨기 때문이다"[*Paradise Now and Not Yet: Studies in the Role of the Heavenly Dimension in Paul's Thought with Special Reference to his Eschatology* (SNTSMS 43; Cambridge: University Press, 1981), 43].

738) 참고. Lincoln, *Paradise*, 43-44: "하지만 마지막 아담은 새로운 성질의 삶을 갖고 계신다. 그분은 πνεῦμα ζῳοποιοῦν이시므로, 이제는 더 이상 살아 있으나 죽음의 영향 아래에 있는 분이 아니다. 도리어 그분은 창조를 통해 생명을 주시는 분이 되셨다."

수 있는 말로 여기긴 하지만, 그래도 그의 관심사는 기독론이 아니다.[739] 실제로 바울이 말하고자 하는 것은 그리스도가 생명을 주시는 **영**(the Spirit)이 아니라 생명을 주시는 영(a spirit)이 되셨다는 점이다. 그리스도는 **그 영**(성령, *the Spirit*)이 아니시다. 오히려 바울은 창세기 본문을 갖고 언어유희를 펼치면서 그리스도가 당신의 부활을 통하여 **영**의 영역에 속하는 새 실존을 취하셨다고 말한다. 물론 이 영역은 신자들이 볼 때 결국 **영**(성령)의 영역이다. 이처럼 첫 사람이 창조로 말미암아 "자연적"(ψυχικός) 생명을 갖게 되었듯이, 그리스도는 부활을 통해 "초자연적"(πνευματικός) 영역으로 들어가셨다. 우리는 아담을 통해 이런 실존을 가진 몸으로 태어났지만, 또 그리스도를 통하여 새 실존을 가진 몸을 갖게 될 것이다.

이 모든 내용을 보면, 바울의 강조점 중에는 자신들이 이미 완전한 **영**의 사람들이 되었다고 말하는 고린도 사람들의 주장을 그리스도의 부활에 근거하여 부인하는 것 역시 포함되어 있는 것 같다. 고린도 사람들 역시 그들의 "영성"이 완전해지려면 부활(또는 변화, 52절)을 기다려야 한다. 그리스도의 경우처럼, 완전한 영성은 **필시** 몸을 가진 형태로 표현될 것이기 때문이다. 바울은 47-49절에서 이 본문과 아담-그리스도 유비를 재차 활용하여 이 강조점을 다시 제시할 것이다. 그러나 그는 그에 앞서 과도하게 **영**에만 집착하는 고린도 사람들의 그릇된 종말론을 다시 한 번 호되게 비판한다. 여기서 우리는 이 본문이 마지막으로 **영**이라는 말을 구사한 사례를 만나게 된다.

---

739) 가끔씩 이 본문과 고후 3:17을 근거로 삼아 바울이 "**영**과 그리스도 사이에 확실하고 엄정한 경계선을 긋지 않는다"라고 주장하는 이들이 있다(Ruef, 173). 그러나 그런 견해는 고후 3:17과 바울의 기독론을 잘못 이해한 소치다. 고후 3:17은 그리스도에 관하여 일언반구도 말하지 않는다. 이 책 제5장의 논의를 보라. Dunn은 고후 3:17을 적절치 않게 사용하기를 거부했는데, 이는 옳다. 그러나 그는 불행히도 이런 종류의 "**영** 기독론"을 지금 이 본문에서 계속 유지한다("I Corinthians 15:45"). 내가 이를 비판한 글인 "Christology and Pneumatology in Romans 8:9-11—and Elsewhere: Some Reflections on Paul as a Trinitarian," in the I. H. Marshall Festschrift, *Jesus of Nazareth: Lord and Christ* (ed. J. B. Green and M. Turner; Grand Rapids: Eerdmans, 1994), 312-31과 뒤의 제13장에서 논한 내용을 보라.

46절 47절은 45절로부터 아주 자연스럽게 흘러나오는 구절이기 때문에, 46절은 바울이 여기서 제시하는 주장(42-46절)에서도 정말 수수께끼 같은 본문이다. 여기서 말하는 "**영**의"와 "육의"가 가리키는 것이 무엇인지(그리스도와 아담을 가리키는지, 아니면 두 종류의 몸을 가리키는지) 모호할뿐더러, 특히 역접어인 "그러나"(ἀλλά)와 "**영**의" 사람이 나중에 온다고 힘주어 선언하는 "…이 아니라/도리어" 대조문을 써서 이런 말을 한 이유가 대체 무엇인지 확실치 않기 때문이다. 이 난제를 해결하려고 몇 가지 제안이 나왔지만, 그 가운데 가장 나은 해결책은 앞서 인용한 창세기 2:7 본문 속에 있다. 이 본문은 바울이 고린도 사람들에 맞서 제시한 것으로 봐야 한다. 우선 바울은 마지막 아담이 "생명을 주시는 영"이 되셨다고 강조하면서, 첫 아담에게 생명을 불어넣으셨던 하나님의 첫 행위를 넌지시 귀띔했었다. 이제 바울은 이런 귀띔이 만들어낼 수도 있는 모든 착각들을 바로잡는다. "마지막 아담"은 그리스도의 부활, 그리고 그리스도가 당신 소유가 된 사람들이 이후에 부활할 때 그들에게 생명을 주실 것이라는 **종말론적** 사실을 가리킨다. 따라서 아담과 그리스도를 생각해보면, 그리고 사람들이 가질 몸의 실존이 두 가지 형태임을 생각해보면, 분명 πνευματικόν인 것이 ψυχικόν인 것 뒤에 온다. 그런 점에서 보면, 사람들은 아담/그리스도 또는 두 몸들을 둘러싼 논쟁을 십중팔구 너무 좁게 생각하고 있는 셈이다. 그 말들(ψυχικόν인 것, πνευματικόν인 것)은 이 말들이 가리키는 두 가지 실존 질서를 가리킬 가능성이 아주 높다. 아담과 그리스도는 이 질서를 대표하며, 두 몸(ψυχικόν인 몸, πνευματικόν인 몸)은 이 질서의 구체적 표현이다.[740)]

하지만 바울이 쓴 강조어 "…이 아니라/도리어"는 그가 이런 사물의 질서를 고린도 사람들에 맞서 역설하고 있다는 점도 함께 시사해준다. 이것은 일부 사람들이 주장하듯 고린도 사람들이 필론[741)]이나 영지주의자들[742)]처

740) 참고. Lincoln, *Paradise*, 44: "몸을 가진 두 가지 형태의 실존을 대조하는 데서 시작하여 그 형태들을 대표하는 이들을 대조하는 데로 옮겨갔다가 다시 이제는 첫 아담과 마지막 아담이 보기 역할을 하는 두 가지 세계 질서까지 아우르는 쪽으로 나아간다."

럼 육보다 영을 우선시하는 이해를 강조하고 있었다는 뜻이 아니다. 요컨대 고린도 사람들이 내건 그 어떤 체계에서도 이것과 저것(ψυχικόν인 것과 πνευματικόν인 것)의 연대 순서에 관한 관심은 찾아볼 수가 없다. 23절이 제시하는 순서는 각기 그 고유의 순서대로 나타난다는 것을 강조한다. 즉 그리스도가 먼저 오시고, 이어서 그리스도께 속한 이들이 온다. 고린도 사람들은 자신들이 여전히 ψυχικός인 몸을 갖고 있지만 그래도 자신들은 이미 완전히 **영**에 속한 실존으로 들어갔다고 생각했다. 그러나 바울은 이런 생각을 논박하면서 ψυχικός인 몸이 **먼저** 온다고 강조한다. 다시 말해 그들이 지금 **영** 안에서 살아간다 해도 이 삶이 갖고 있는 육의 측면을 고려해야 한다는 것이다. "그때" 곧 종말이 이르면, πνευματικός인 것이 온다. 고린도 사람들은 먼저 오는 ψυχικός인 것이 몸을 갖고 있기 때문에 뒤이어 올 πνευματικός인 것도 역시 몸을, 마지막 때에 누릴 **영**의 삶에 적합하게 변화된 몸을 갖고 있다는 사실을 유념해야 한다.[743]

---

741) 바울이 46절에 써놓은 이 말을 필론과 같은 견해들에 맞서 바울이 보인 반응으로 보는 이들 가운데, Allo, 427-28; Héring, 178; Barrett, 374-75; W. D. Davies, *Paul and Rabbinic Judaism: Some Rabbinic Elements in Pauline Theology* (rev. ed; New York: Harper & Row, 1967), 51-52; Pearson, *Terminology*, 17-23; Horsley, "Pneumatikos"를 보라. R. Scroggs, *The Last Adam: A Study in Pauline Anthropology* (Oxford: Blackwell, 1966), 115-22; A. J. M. Wedderburn, "Philo's 'Heavenly Man,'" *NovT* 15 (1973), 301-26; 그리고 Lincoln, *Paradise*, 44은 이 견해를 거부했는데, 이 입장이 옳다.

742) 참고. W. Schmithals, *Gnosticism in Corinth: An Investigation of the Letters to the Corinthians* (trans. J. E. Steely; Nashville: Abingdon, 1971), 169-70; Jewett, *Terms*, 352-56; E. Brandenburger, *Adam und Christus* (WMANT 7; Neukirchen, 1962). 이들의 견해, 특히 Brandenburger의 견해를 비판한 글을 보려면, S. Kim(김세윤), *The Origin of Paul's Gospel* (2nd ed., rev.; WUNT; Tübingen: J. C. B. Mohr [Paul Siebeck], 1984), 162-93을 보라. 이 책은 미출간 학위논문인 A. J. M. Wedderburn, "Adam and Christ" (Cambridge, 1970)를 일부 기초로 삼고 있다.

743) 참고. Wedderburn, "Heavenly Man," 302, 그리고 Lincoln, *Paradise*, 45. Wedderburn은 이렇게 말한다: "이 구절을 이렇게 받아들이면, 이 구절은 현세의 삶을 현실성 없이 영의 차원으로만 몰고 가는 견해, 하늘과 땅을 뒤섞어버린 채 땅에서 땅의 삶을 제거해버린 견해를 논박하는 주장이 된다. 고린도 사람들이 저지른 잘못은 두 단계로 이루어진 구원론에서 두 단계의 순서를 뒤바꿔버린 것이 아니라 **한 단계로 이루어진 구원론**을 주장했다는 것이었다" [고든 피의 강조].

마지막으로 이 본문이 **영**을 바라보는 바울의 견해와 관련하여 제시하는 결론은 **영**이 몸을 지닌 실존의 두 표현 형태((ψυχικόν인 몸, πνευματικόν인 몸)를 이해하는 열쇠라는 것이다. 바울은 6:19-20에서 몸을 **영**(성령)의 전이라고 말하는데, 이는 그리스도가 사심(purchase)으로 말미암아 신자가 **영**에게 속해 있기 때문이요, **영** 자신이 몸소 신자 안에 들어와 거하시기 때문이다. 따라서 몸으로 행하는 모든 일은 성령의 거룩하심을 그대로 드러내야 한다. 이제 바울은 우리에게 새 몸도 이 **영**과 연관되어 있다고 말한다. 그 연관성이 얼마나 강하던지, 바울은 실제로 새 몸을 **영**에 속해 있다는 의미에서 πνευματικός라는 말로 지칭한다. 그러므로 **영**은 우리가 마지막 때에 유업으로 받을 것뿐 아니라, 우리가 종국에는 몸을 지닌 실존을 받으리라는 것을 확실히 보장해주시는 보증금이시다. 본디 서구의 이원론 철학 전통에 아주 깊숙이 뿌리를 내리고 있는 이들은 이런 생각을 너무 몸에 치우친 견해로 본다. 그러나 바울은 전혀 그렇게 생각하지 않는다. 몸은 현재는 물론이요 미래에도 속해 있다. 그러나 미래의 몸은 결국 **영**이라는 말로 묘사할 수밖에 없는 미래의 삶에 적합하게 변화될 것이다. 미래의 몸은 πνευματικός, 곧 **영**을 위한 몸이 될 것이다.

• 고린도전서 16:18

그들이 내 영—그리고 너희 영—을 소생시켜 주었으니.

바울의 글에서 이 용례를 살펴보려면, 그리고 이 본문이 "(바울을 포함한 사람들이) 나눠받은 하나님의 **영**"을 반영한 본문이라고 생각하는 쥬이트(R. Jewett)의 견해를 반박하는 주장을 살펴보려면, 고린도후서 2:13에 있는 유사한 표현을 주석한 내용을 살펴보기 바란다. 아울러 데살로니가전서 5:23과 갈라디아서 6:18도 참고하기 바란다.

결론

여기서 나는 지금까지 말한 모든 내용을 되풀이하거나 심지어 요약함으로써 이 긴 장을 더 길게 이어가고 싶지 않다. 도리어 나는 이 장이 이렇게 길어진 이유를 언급하고 그 이유를 바울의 성령론 전반과 연결지어보고 싶다.

이 서신이 다른 어떤 서신보다 훨씬 더 많이 **영**을 이야기하고, 특히 공동체 안에서 **영**의 나타나심들을 이야기하는 이유는 분명하다. 그 이유는 고린도에서 뭔가가 잘못되어 있었기 때문이다. 고린도에서 "바로잡아야" 하는 것이 무엇인가에 관하여 내가 재구성한 내용을 받아들이는 사람도 있을 테고 다른 사람의 견해를 채택하는 이도 있겠지만, 그래도 내가 방금 말한 것이 옳은 것 같다. 고린도전서가 이렇게 **영**을 많이 이야기하고 특히 **영**의 나타나심들을 다루다 보니, 일부 사람들은 이 서신에서 바울이 강조하는 것들을 "보통 볼 수 있는"(ordinary) 바울과 아무 상관이 없고 "은사에 몰두했던"(charismatic) 기독교 초기의 한 회중과 많이 관련 있는 것으로 보게 되었다. 더불어 이 일부 사람들은 이 회중이 "**영**의 은사들"을 강조하다가 잘못된 길로 빠져버렸다고 보았다. 이런 견해는 곧 이런 종류의 내용이 다른 서신들에서는 전면이나 중심에 등장하지 않기 때문에 우리가 이런 내용을 변두리로 밀어내도 괜찮다는 것을(아니 오히려 이런 내용은 애초부터 모두 변두리로 밀어내는 편이 더 낫다는 것을) 시사하는 것이다.[744]

그러나 다른 서신들은 물론이요 고린도전서가 제시하는 모든 데이터를 살펴보면, 일부 사람들이 주장하는 그런 견해가 바울 사도를 제대로 이해한 견해가 아님을 분명히 알 수 있다. 그런 식으로 이야기하자면, 바울이 오직 고린도전서에서만 주의 만찬을 언급하기 때문에, 또 (고린도 교회와

744) 물론 이 모든 것은 모든 서신이 철저히 그때그때 상황에 맞춰 나온 산물이라는 점을 애초부터 충분히 진지하게 고려하지 않은 데서 비롯된 결과다.

관련하여—옮긴이) 그 문제를 "바로잡을" 필요가 있어서 오직 여기서만 언급한 것이기 때문에, 바울 자신이 주의 만찬을 중시하지 않았다고 주장해도(나아가 그것을 "바로잡으려" 한다는 것은 말 그대로 다른 서신에서는 그 문제를 한쪽으로 밀쳐두려고 하는 것이라고 주장해도) 할 말이 없을 것 같다. 더더욱 그렇게 말할 수 있는 것은 바울이 주의 만찬이라는 문제를 다른 서신에서는 지나가는 말로도 한 번도 언급하지 않기 때문이다. 그는 지나가는 말로도 이 문제를 언급하지 않는다. 그가 신학적 차원에서 호소할 수 있는 사항으로서 언급한 적도 없으며 바른 행동의 근거로서 언급한 적도 없다.

하지만 **영**의 나타나심들 같은 경우에, 우리는 오직 한 교회와 그 교회의 비뚤어진 생각(비뚤어진 **영**성?)만을 다루고 있는 게 아니다. 실제로 데살로니가전서/후서, 로마서, 갈라디아서, 그리고 디모데전서/후서로부터 나온 증거들을 통틀어 살펴보면, 바울계 교회들이 철두철미하게 은사 중심이었음은 부인할 수 없는 명백한 사실인 것 같다.

이 서신은 바울이 **영**이 없는 그리스도인의 삶을 있을 수 없는 것으로 생각한다는 것을 분명하게 일러준다. 고린도전서가 데살로니가전서/후서가 멈춘 곳에서 다시 끄집어내 이어가고 있는 내용도 바로 그것이다. 갈라디아서와 로마서로 가면 이 점이 훨씬 더 분명해질 것이지만, 여기 고린도전서만 봐도 바울의 그런 생각을 알 수 있는 증거가 풍성하다. 고린도 사람들의 잘못을 바로잡는 내용을 담고 있으며 **영**을 언급한 다른 몇몇 본문(가령 2:4-5, 10-16; 15:44-46)의 배경일 수도 있는 고린도전서 12-14장은 말할 것도 없고, 고린도전서에는 **영**을 이야기하는 부분이 많다. 고린도전서가 이렇게 **영**을 많이 이야기하는 이유는 고린도 사람들이 **영** 안에서 살아가는 삶을 곡해하고 잘못된 길로 나아갔기 때문이기도 하지만, 바울이 **영**을 어떤 상황에서도 그리스도인의 삶에 핵심이 되는 것으로 보기 때문이다.

이런 점 때문에 우리는 고린도전서에서 **영**은 물론이요 **영**이 개인 및 공동체의 삶 속에서 행하시는 활동을 이야기하는 부분을 아주 폭넓게 만난다. **영**을 언급한 경우를 볼 수 있는 빈도로 따지면, 이 서신이 바울 서신 가운데 가장 많다. **영**은 (사람의 죄를 밝히 일러주시고 그를 그리스도께 인도하심으로써; 14:24-25) 사람을 그리스도께 인도하신다. 또 **영**은 그리스도를 전하는 말씀에 함께하심으로써, 그 말씀이 바로 지혜임을 깨닫게 해주신다(2:12-13). 그로써 **영**은 그리스도를 전하는 말씀을 효력 있게 하시고(2:4-5), "깨끗이 씻겨주시고, 의롭다 하시고, 거룩하게 하시는" 그리스도의 사역을 각 사람의 삶과 삶의 방식에 유효하게 적용하시되 그 삶과 삶의 방식을 바꿔놓을 정도로 능력 있게 적용하신다(6:11). 또 **영**은 신자 안에 들어와 거하심으로써 현재의 몸을 거룩하게 하시고(6:19-20), 이 몸을 미래의 삶과 관련지어 규정하신다(15:44-46). 이 많은 내용들은 우리가 이미 데살로니가전서와 후서에서 보았던 내용들을 되풀이하거나 그 내용들에 통찰을 덧붙인 것들이다.

그러나 고린도의 문제는 공동체 차원의 문제다. 그러다 보니 바울은 **영**을 이야기하는 내용 중 가장 많은 분량을 신앙 공동체이자 예배 공동체로서 살아가는 그들의 삶과 관련된 부분에 할애한다. 또 여기에는 우리가 모든 면에서 배워야 할 것이 많다. 배워야 할 게 너무 많아 여기서 하나하나 열거할 수도 없을 정도이지만, 그래도 바울의 **영** 이해가 아주 풍성하고 다양하다는 점만은 언급해두겠다. **영**은 고린도 사람들이 살아가는 데 꼭 있어야 할 요소다. 실제로 그들이 한 몸이 된 것도 다 함께 **영**을 풍성히 체험한 덕분이었다(12:13). 또 오로지 그들 가운데 계신 **영**만이 그들을 고린도의 다른 모든 공동체들과 구별해주신다(3:16-17). 더욱이 **영**은 그들이 다 함께 유익을 누릴 수 있도록 그들이 모인 예배 속에서 자신을 나타내신다. 이를 통하여 그들이 다 함께 하나님 백성으로 세움을 받고(14:3, 6, 26) 다른 사람들도 하나님 백성 속으로 들어올 수 있게 하신다(14:24-25).

마지막으로 바울 자신의 강조점은 아니지만, 우리는 고린도 사람들이 **영**을 이해할 때 저지른 잘못들 덕분에 이런 잘못들이 없었으면 달리 알 방도가 없었을 수도 있는 것을 조금이나마 알 수 있게 되었다. 그건 바로

영 안에서 살아가는 바울 자신의 내면의 삶이다. 우리는 그가 남긴 모든 서신을 통해 그가 기도하고 기뻐하며 감사한 사람이었음을 안다. 우리가 여기 고린도전서에서 알게 된 것은 그의 "영성"이 **영** 안에서 기도하고 노래하기를 계속하는 삶을(여기 경우에는 방언으로 기도하고 노래함을) 포함하고 있었다는 점이다. 그러나 동시에 우리는 이 서신을 통해 그가 고린도후서에서 훨씬 더 분명하게 천명할 내용을 배운다. 그건 바로 바울 자신이 그의 삶 속에 있는 이런 부분을 공중에게 기록으로 남기거나 자신의 정당성을 주장하는 수단으로 활용하길 꺼린다는 것이다. 어쩌면 여기서 바울은 현대 은사주의 운동들 및 오순절 운동들에 몸담고 있는 허다한 사람들과 작별을 고하려 하는지도 모르겠다. 여기서는 바울과 이런 운동들을 이어주는 다른 어떤 연결고리들(본문들)보다 더 많이 바울의 그런 모습을 비쳐준다. 그런 사사로운 문제들을 두드러지게 부각시켜 그것들을 다른 사람들과 공유하거나 **영** 안에서 살아가는 자신의 삶을 옹호하는 방편으로 삼는 등 만사를 해결하는 수단으로 삼는다는 것은 바울에겐 말 그대로 상상조차 할 수 없는 일이었을 것이다.

바울이 이 모든 내용을 쓴 이유도 이 서신으로부터 분명하게 알 수 있다. 그러나 이 연구서의 성격상 이번 장에서는 그 이유에 많은 관심을 기울이지 않았다. 특별히 바울은 **영**의 사람이었다. 더더욱 그가 그리스도 안에 있는 사람일 수 있었던 것도 바로 그가 **영**의 사람이었기 때문이다. 바울은 십자가에 못 박히셨다가 부활하신 예수 그리스도가 결국 만물의 초점이시라고 본다. 아무리 **영**을 말하는 이야기라도 예수 그리스도라는 초점으로 인도하지 않는 것은 바울 사도와 그의 관심사들을 완전히 놓친 것이다. **영**의 나타나심들은 여러 가지 위험을 안고 있지만, 그런 나타나심들이 우리 자신처럼 그저 죽을 수밖에 없는 존재들 안에서 일어난다는 것도 그런 위험 중 하나다. 타락 상태에 있는 우리는 **영**의 활동이 우리 자신 안에 존재한다고 생각한다. 그러나 바울은 **영**의 활동이 오로지 그리고 언제나 그리스도와 더불어 존재한다고 생각한다. 다음 서신(그리고 특히 그 서신이 **영**을 다룬 내용)이 우리가 완전한 그림을 그리는 데 아주 긴요한 것도 바로 그런 이유 때문이다. **영**은 바울의 약함 속에서 그리고 그 약함을 통해 자신을 나타내심으로써 오직 그리스도와 그분의 능력만이 드러날 수 있게 하신다.

부기

고린도전서 14:34-35

나는 내가 쓴 주석에서 이 구절들이 본디 이 서신에 들어 있지도 않았고 바울이 쓴 것도 아니라고 주장했다. 그 뒤 몇몇 논평자들이 내 이런 주장에 이의를 제기했다. 이들은 대개 이 구절들의 난점들을 인정하지 않고 내 주장을 무시하는 아주 거만한 모습을 보여주었다. 뒤이어 나는 1990년 세계성서학회(Society of Biblical Literature) 연차총회 신약 본문비평 분과에서 학자들에게 제시할 목적으로 (여러 사본이 제시하는 본문과 관련된) 본문비평 증거(textual evidence)를 상세히 기록했다.[1] 내가 문제 삼는 쟁점은 무엇보다 본문과 관련 있기 때문에, 그때 내가 발표한 논문 내용 중 많은 부분을 여기서 제시했지만, 마지막 부분만은 예외다. 나는 그 마지막 부분을 다듬고 고쳐 이 고린도전서 본문을 고린도 공동체가 모인 자리에서 여

1) 1990년 SBL 연차총회는 그해 11월 17일부터 20일까지 뉴올리언스(New Orleans)에서 열렸다. 이 논문을 쓰고 난 뒤, D. A. Carson이 내가 내 주석에서 제시한 주장에 더 충실한 답변을 내놓았다["'Silent in the Churches': On the Role of Women in 1 Corinthians 14:33b-36," in *Recovering Biblical Manhood and Womanhood: A Response to Evangelical Feminism* (ed. J. Piper and W. A. Grudem; Wheaton: Crossway, 1991), 140-53]. 나는 Carson에게 더 충실히 답변할 목적으로 이 부기에서 주(註)들을 늘렸다. 그는 내가 피력한 몇 가지 관심사들에 기본적으로 반대하는 의견을 제시하려고 하지만, 본문과 관련된 쟁점에는 새로운 해결책을 전혀 내놓지 않는다. 아울러 나는 본문과 관련된 몇 가지 쟁점들을 이 연구서에서 확대하여 다루었지만, 불행히도 Carson은 이 쟁점들을 전혀 언급하지 않는다.

자들이 말한 **영**의 말을 직접 이야기한 본문으로 보는 두 가지 해석을 다루었다.

여기서는 다음 세 가지 문제를 어느 정도 상세하게 살펴볼 필요가 있다. (1) 이 본문을 14장 말미에 갖고 있는(기록해놓은) 서방 증거(Western evidence)의 본질과 의미, (2) 벵겔(Bengel)의 첫 번째 원리[2]를 전사(轉寫, 원래 이곳에 있던 것을 저곳으로 옮겨 적는 것 — 옮긴이) 가능성(transcriptional probability)이라는 문제에 적용하는 문제, 그리고 (3) 이 본문이 본디 원문에 들어 있었을 가능성이라는 문제인데, 이 셋째 문제에는 이 구절들을 바울이 쓴 진정한 본문으로 생각하는 모든 사람이 맞닥뜨릴 수밖에 없는 난제들도 포함된다. 이 순서를 따라 살펴보도록 하겠다.

▪ 서방 증거

고린도전서를 기록해놓은 서방 증거들은 다음과 같이 번역할 수 있는 본문을 갖고 있다[이 번역문은 33절에서 시작하며 클라로몬타누스(Claromontanus)를 번역한 것이다].

> 이는 하나님이 혼란의 하나님이 아니라 화평의 하나님이시기 때문이니, 성도들의 모든 교회들에서도 그러하니라. 아니면 하나님의 말씀이 너희로부터 나왔느냐? 아니면 너희만이 하나님 말씀이 임한 유일한 사람들이냐? 만일 누구든지 자신이 선지자나 **영**의 사람이라고 생각한다면, 내가 너희에게 써 보내는 것이 주(主)로부터 나온 것임을 인정하라. 누구든지 이를 인정하지 않으면, 그도 인

2) 이것을 내 자신의 말로 표현하면 이렇다. "다른 모든 것이 어떻게 나타났는지 가장 잘 설명해주는 독법(본문, reading)을 원문으로 선호해야 한다." 본문비평을 받아들이는 사람은 누구나 이것이 진정 "첫 번째 원리"임은 결코 부인하지 않는다. 이 경우(와 다른 경우)에 사람들이 이견을 드러내는 문제는 어떤 독법이 다른 본문들을 가장 잘 설명해주는가다.

정받지 못하리라. 결국 그렇다면, 형제들아, 예언하는 데 열심을 내고 방언으로 말하는 것을 금지하지 말라. 그러나 모든 일을 품위 있게 질서를 따라 행하라. 교회들 안에서는 너희 여자들이 잠잠하게 하라. 이는 여자들에게는 말하는 것이 허용되지 않기 때문이니, 도리어 율법이 말씀하듯이 그들은 복종할지어다. 만일 여자들이 무언가를 배우기를 원하거든 집에서 그들 자신의 남편들에게 물을지니, 여자가 교회에서 말하는 것은 부끄러운 일이기 때문이라.

분명 이런 본문을 지지하는 증거는 많이 나타나지 않는다. 다음과 같은 것들만이 앞의 본문을 지지한다.[47]

1. 두 언어로 기록된 세 가지 서방 사본들:

클라로몬타누스[Claromontanus(D/d; 5세기)]

아우기아[Augiensis(F/f; 9세기)][48]

보에르네리아누스[Boernerianus(G/g; 9세기)]

2. 코덱스(codex) 88의 첫 필사본[12세기; "서방" 초서본(草書本)]

3. 다른 두 고(古) 라틴어 사본들:

성 게르마누스[Sangermanensis(e/76; 9세기)]

아르마카누스[Armachanus(ar/61; 9세기; 이 사본은 36-39절을 생략해놓았다. 그러나 그 때문에 이 사본의 본문은 33, 40, 34-35절 순서로 되어 있다)]

4. 두 라틴 교부들:

위(僞) 암브로시우스[Ambrosiaster(4세기)]

세둘리우스 스코투스[Sedulius Scotus(9세기)]

이것은 중요한 의미를 가진 증거들로 보이지 않지만, 이 증거와 관련하여 강조해두어야 할 세 가지 문제가 있다. 이 세 문제들을 살펴보면, 이어서 전사 가능성이라는 문제와 벵겔의 규칙을 살펴볼 수밖에 없다.

첫째, 통설은 이 증거를 "주로 서방 (증거)"이거나(따라서 신뢰할 수 없는 것들이라고 본다), 후대에 나온 것들이거나,[3] 그 양이 적다 하여 하찮게 여긴다. 그러나 이 경우에는 그렇게 하찮게 여기는 태도를 계속 유지하게 되면, 이 증거가 가지는 중요한 의미를 포착할 수가 없다. 이 증거 모음은 단순히 이 고린도전서 본문을 이런 식으로 기록해놓은 몇몇 서방 사본들을 대표하는 차원을 넘어, 사실은 서방 본문을 뒷받침하는 유명한 비(非)불가타(non-Vulgate) 증거, 따라서 불가타 이전(pre-Vulgate)의 증거 **전부**를 대표하기 때문이다.[4] 이 사본들의 기록 시기가 좀 늦은 것은 사실이다. 그러나 이 증거들 가운데 핵심이며 두 개 언어로 기록되어 있는 세 사본 D F G(클라로몬타누스, 아우기아, 보에르네리아누스)가 사실은 로마의 히폴리투스(Hippolytus)가 제시한 본문과 거의 동일한 형태의 본문을 제시하고 있다는 것 역시 합리적 의심이 불가능할 정도로 확실하게 증명된 사실이다.[5] 따라서 이 사본들은 2세기 후반에 이탈리아에 알려져 있던 서방 본문 형태를 증언하고 있다고 말할 수 있겠다. 결국 시기가 늦다는 이유로 그 증거를 믿을 수 없다고 주장하는 것은 이 증거의 본질을 이해하지 못하고 있음을 드러내줄 뿐이다. 따라서 이것은 이런 증거를 단순히 "몇몇 서방 사본들은 14장 말미에 이런 구절들을 갖고 있다"나 "다른 곳에서도 본문을 편집하는 경향이 있는 몇몇 필사본들"이라는 말로 표현해서는 안 된다

3) 가령 Ben Witherington III, *Women in the Earliest Churches* (SNTSMS 59; Cambridge University Press, 1988), 91: "증거들은 대체로 그 시기가 늦으며 주로 서방 쪽 증거다."

4) 우리가 제시한 자료들 속에서 표준 본문을 지지하는 자료로 열거해놓은 다른 고(古) 라틴어 사본들은 불가타를 답습한 사본들로서, 불가타 이전의 고 라틴어 본문이 아니라 (히브리어/아람어 본문과 그리스어 본문을 라틴어로 번역하여 불가타를 만든—옮긴이) 히에로니무스가 제시한 증거를 반영하고 있다.

5) G. D. Fee, "The Majority Text and the Original Text of the New Testament," *BT* 31 (1980), 113-14; C. D. Osburn, "The Text of the Pauline Epistles in Hippolytus of Rome," *SecCent 2* (1982), 97-124을 보라.

는 것을 의미한다.[6] 이는 여기서 우리가 다루고 있는 대상이 고작 몇몇 라틴 사본 그 자체나 다른 곳에서 본문을 편집하는 경향을 보여주는 몇몇 사본들이 아니기 때문이다. 우리는 주후 385년 이전에 서방에 존재했던 본문의 형태를 알아내고자 현재 남아 있는 모든 증거를 다루고 있다.

둘째, 또 하나 짚고 넘어가야 할 것은 나는 물론이요 이 견해를 받아들이는 다른 사람들도 서방 전승(Western tradition)이 바울이 제시한 주장을 **원문의** 순서대로 보존하고 있다고 주장한 적이 없다는 점이다. 이 지점에서 우리가 주장하는 것은 "원문"이라는 문제와 아무 상관이 없다. 내가 우선 촉구하는 것은 지금 이 시점에서는 이런 증거를 이차적(secondary) 성격을 지닌 것 혹은 원문이 아니라는 이유를 내세워 손이 닿지 않는 곳에 멀리 내버리는 일은 하지 말아야 한다는 것이다. 이 증거는 부차적 성격을 가지고 있을 수도 있고 원문이 아닐 수도 있다. 그러나 이 경우는 이런 두 가지 점과 아무 연관이 없다. 중요한 것은 이 증거가 이른 시기에 나온 것으로서 히에로니무스 이전에는 서방이 알고 있던 유일한 본문이었다는 점이다.

셋째, 물론 중요한 것은 서방 본문 역시 표준 본문(standard text)만큼이나 이른 시기에 나왔다는 점이다. 실제로 우리는 그렇게 확신할 수 있다. 만일 히에로니무스가 불가타 번역 작업을 예루살렘에서 하지 않았다면, 서방 본문이 라틴 전승 전체를 통틀어 유일하게 알려져 있던 본문이었을 것이며, 그렇다면 학자들도 이 서방 본문을 훨씬 더 진지하게 받아들였을 것이다. 이는 곧 우리가 알고 있는 이 두 본문(서방 본문과 표준 본문)이 주후 첫 4세기 동안 어느 지역에서도 원문 자리를 놓고 다투지 않았다는 것을 뜻한다. 이것은 반대로, 주후 400년에 이르기까지 서방 어느 지역에 사

6) J. B. Hurley, *Man and Woman in Biblical Perspective* (Grand Rapids: Zondervan, 1981), 185은 본문의 증거를 거부하면서 자신과 생각을 달리하는 사람들을 "그들이 해야 할 숙제를 하지 않은 사람들"이나 "자신들의 편견에 사로잡혀 판단을 그르친 사람들"이라고 혹평한다. 그러나 이런 혹평 자체가 편견에 사로잡힌 채 본문비평에 접근한 것이다. 불행히도 정작 Hurley 자신은 **본문의** 쟁점들을 전혀 손도 못 대고 있다.

는 그리스도인이 바울이 제시하는 주장을 알 수 있었던 유일한 길은 오직 서방 본문뿐이었으리라는 것을 뜻한다. 사정은 동방에서도 마찬가지였다. 우리가 가장 잘 아는 본문이 로마 제국의 그리스어 사용 지역에서 유일하게 알려져 있던 본문임은 역사의 우연이다.

내 주장의 요지는 간단하다. 우리는 서방 사본을 그저 소소한 수많은 사본들 가운데 하나로 치부하여 내버릴 수가 없다(이 서방 사본이 불가타 이전에 존재했던 서방 전승을 통틀어 유일하게 알려져 있는 본문이기 때문이다). 또 이 서방 사본은 동방에서 우세한 위치를 차지하게 된 본문만큼이나 이른 시기에 나온 것이다. 때문에 바울이 본디 기록했을 원문을 찾아내려 할 경우에는 이 두 본문을 똑같은 비중을 지닌 외부 증거로 보는 것이 이론상 합당하다. 그렇다면 우리는 두 번째 문제인 전사 가능성이라는 문제를 살펴볼 수밖에 없다.

■ **전사 가능성**

서방 본문과 표준 본문이 모두 이른 시기에 나온 증거라 할 때, 결국 내가 이 두 본문 가운데 어느 것도 바울이 본디 적어놓은 원문을 대표하지 않는다는 확신을 갖게 된 것은 전사 가능성이라는 문제 때문이었다. 늘 그랬듯이, 여기서도 어느 것이 원문인가를 결정할 때 벵겔의 첫 번째 원리(다른 모든 본문이 등장하게 된 내력을 가장 잘 설명해주는 본문 형태가 원문일 가능성이 더 높다)를 앞세울 수밖에 없다. 이 경우에 우리가 선택할 수 있는 견해는 두 가지다. 첫째 견해는 어떤 자리바꿈(transposition)이 일어났다고 본다(표준 본문이나 서방 본문 가운데 어느 하나가 원문이며, 아주 이른 시기에 동방이나 서방에 살았던 어느 필사자가 일부러 바울이 제시한 주장을 재배열해놓았다는 주장이다). 둘째 견해는 본디 어떤 방주(傍註, marginal gloss)가 있었는데 이 방주를 이후에 다른 두 곳에서 본문 속에 **끼워 넣었다**는 것을 증거가 일러준다고 보는 견해다. 이 두 견해 가운데 확실히 후자가 벵겔의 첫 번째 원리와 가장 잘 들어맞는다. 이는 다음 이유들 때문이다.

(1) 바울의 주장에 비춰볼 때, 이 문장들이 둘 중 어느 위치에서 등장하더라도(현재 개역개정처럼 34-35절로서 등장하든, 아니면 40절 뒤에 41-42절로서 등장하든—옮긴이) 그 의미가 똑같이 잘 통할 수 있다. 즉 표준 본문과 서방 본문 가운데 어떤 본문도 자신이 바울이 제시하는 주장의 의미를 가장 잘 드러낸다 하여 **아예 처음부터** 우리에게 자신을 원문으로 섬길 것을 명령하지 않는다. 마찬가지로 이들 가운데 어떤 본문도 다른 한 본문이 "더 부드럽다"거나 "더 어렵다"는 이유로 우리더러 자신을 원문으로 섬기라고 명령하지 않는다. 우선 이 두 문장이 애초부터 34-35절로서 본문 속에 들어 있었다면, 이 문장에서는 중요한 의미를 지닌 말이 σιγάω(잠잠하다, 침묵을 지키다)의 3인칭 명령형[(σιγάω의 3인칭 단수 현재 능동 명령형인—옮긴이) σιγάτω, 28, 30절; (3인칭 복수 현재 능동 명령형인—옮긴이) σιγάτωσαν, 34절]임을 드러낼 수 있다. 방언을 말하는 자들과 예언자들이 잠잠해야 할 때가 있듯이, 여자들도 잠잠해야 할 때가 (늘 그리고 절대) 있다. 반면 이 문장들이 본디 41-42절이었다면, 이 문장들은 교회 안에서 방언하고 예언할 때에는 알아들을 수 있는 말로 질서 있게 해야 한다는 것을 꼼꼼하게 주장한 뒤에 더 생각난 부분을 맺음말로 기록해놓은 것이다.

마찬가지로 만일 이 문장들이, 34-35절에 있든 혹은 41-42절에 있든, 문맥과 잘 "들어맞아" 뜻이 잘 통한다는 것을 보여줄 수 있다면, 반대로 이 문장들이 둘 중 어느 위치에 있더라도 문맥과 잘 들어맞지 **않는다**는 것 역시 보여줄 수 있는 법이다. 우선 이 문장들이 34-35절 자리에 있을 경우, 이 문장들은 πνευματικός(영의 사람)의 성격과 특질을 둘러싸고 바울과 고린도 사람들이 벌인 팽팽한 논쟁 속에 끼어들어가 방해물 노릇을 한다. 이 두 구절은 이 논쟁 속으로 들어가 암석처럼 불쑥 튀어나와 있다. 물론 이 문맥은 어느 특정 부류나 계층의 사람들과 연관된 게 아니라, 오로지 고린도 사람들 전체가 χαρίσματα를 행하는 것과 연관되어 있을 뿐이다.

반면 이 문장들이 41-42절이라면, 이 문장들은 앞에서 서술했던 그대로 나중에 생각난 것을 추가해놓은 것이다. 그렇다면 바울이 교회에서 여성이 말하는 문제와 관련하여 자신이 이미 말한 것과 아주 철저히 모순되는 말을 왜 했어야만 했는지 그 이유가 더더욱 궁금해진다. 더욱이 그는 자신이 그래야 하는 이유를 단 한 마디도 시사하지 않는다.

어느 한 독법(본문)을 지지하는 쪽이든 혹은 반대하는 쪽이든 똑같이 자기 견해를 잘 설명할 수 있다. 때문에 그런 변화가 일어난 이유를 다룬 대다수 견해들은 아무 쓸모가 없는 것이 되어버린다. 예를 들어, 메츠거(Metzger)가 말하는 것처럼,[7] "문맥상 여자에 관한 바울의 가르침을 집어넣기에 더 적합한 위치를" 찾으려고 하다가 그런 변화가 일어난 것이라고 설명한다면, 우리는 이런 설명이 이 문장들이 34-35절에 있는 경우나 혹은 41-42절에 있는 경우나 다 적합한 설명이 될 수 있다는 것을 인정해야 한다. 바울의 주장을 읽는 두 가지 현존 방법(본문)들 가운데 어느 것도 자신이 다른 것보다 "더 확연하게" 설득력을 갖고 있다는 것을 보여주지 못한다.

그러나 이처럼 어느 한 독법을 지지하는 쪽이나 혹은 반대하는 쪽이나 똑같이 자기 견해를 잘 설명할 수 있다는 바로 그 이유 때문에 이 문장들을 나중에 본문 속에 끼워 넣었다고 보는 견해가 더 타당하다. 즉 두 초기 본문(서방 본문과 표준 본문) 가운데 어느 한쪽이 원문이라면, 우리는 바울의 주장을 그렇게 철저히 무너뜨려 혼란스럽게 만들어버린(=고린도전서의 다른 부분에서는 여자도 교회 안에서 예언과 방언을 할 수 있다고 말하는 등 여자의 발언권을 인정해놓고 다시 여기서는 여자더러 교회 안에서 잠잠하라고 말함으로써 바울을 한 입으로 두 말을 하는 사람으로 만들어버린—옮긴이) 적절한 이유를 찾을 수 없다. 마찬가지로 34-35절 위치에 집어넣은 것으로 보든 아니면 41-42절 위치에 집어넣은 것으로 보든 어느 경우에나 이 문장들

7) *Textual Commentary*, 565.

을 그곳에 집어넣은 이유들을 완벽하고 타당하게 제시할 수 있다. 이 문장들이 둘 중 어느 위치에 있든지 바울의 주장은 충분히 제구실을 할 수 있기 때문이다.

(2) 서방 본문이나 표준 본문 중 어느 한쪽이 다른 한쪽이 배치해놓은 구절 위치를 바꾸어놓았다고 주장하는 것은 신약 본문비평이 알지 못하는 의미로 "자리바꿈"(transposition)이라는 말을 사용하는 것이다. 자리바꿈은 보통 (a) 인접한 글자들이나 단어들이나 문구들이나 문장들이 그 자리를 바꾼 경우나 (b) 가끔은 인접하지 않은 단어들이라도 여전히 같은 문구나 문장 안에 있는 단어들이 서로 자리를 바꾼 경우를 가리킨다. 따라서 지금 이 본문에서 일어난 현상을 자리바꿈으로 부르는 것은 자리바꿈이라는 말이 통상 가지는 의미를 훨씬 뛰어넘는 의미를 이 말에 강요하는 것이다.

만일 어느 한 위치(즉 34-35절 자리나 41-42절 자리)가 원래 이 문장이 있던 자리라면, 이 경우에는 단순히 인접 문장들이 자리바꿈을 한 게 아니라, **바울의 주장을 완전히 다시 기록해놓은 일**이 벌어진 셈이다. 여기서 문제는 과연 그런 일이 벌어질 수 있었느냐 여부가 아니라, 신약 본문 전승을 아무리 찾아봐도 그렇게 어떤 필사자가 어떤 저자의 주장을 완전히 무너뜨려버린 선례가 전혀 존재하지 않는다는 것이다.[8)]

우선 그런 "자리바꿈"은 선례가 전혀 없는 반면, 본문 속에 어떤 본문을 이중으로 집어넣은 선례(precedent for a double interpolation)는 존재한다. 이는 필사자가 바울의 주장을 완전히 다시 썼다고 보는 이론보다 본문 속에 어떤 문장을 집어넣었다고 보는 이론을 뒷받침해준다. 본문의 데이터를 가장 잘 설명해주는 쪽도 후자다. 즉 이것은 어디까지나 역사 문제이므로, 알려진 현상에 근거한 설명에 역사적 개연성을 부여해야지, 역사상 파

8) 물론 요 7:52-8:12이 원문에는 존재했는데 전승 과정에서 "자리가 바뀌어" 다른 다양한 자리로 옮겨갔다고 주장하려는 사람이 있다면, 이 경우를 그런 선례로 들 수 있겠지만, 이런 주장은 모든 증거에 어긋난다.

격인 현상에 근거한 설명에 역사적 개연성을 부여할 수는 없는 일이다.

(3) 어떤 필사자가 어느 저자의 주장을 이런 식으로 무너뜨렸을 역사 상황들을 상상하기는 훨씬 더 힘든 일이다. 사실 모든 필사자가 꼼꼼한 일꾼은 아니었다. 또 서방 사본에서 필사자들이 본문을 필사할 때 상당한 자유를 구가한 흔적들을 종종 볼 수 있는 것도 사실이다. 그렇지만 이 변화는 부주의함이나 보통 필사자들이 구가하던 자유의 자취가 아니다.

어쨌든 필사자는 주로 본문을 베끼는 사람들로서 이미 기록된 문서의 2차 사본(읽을 수 있고 쓸모 있는 사본)을 만들어내려고 애쓴 이들이었다. 하지만 이 경우에 바울의 주장을 이런 식으로 "자리바꿈"하는 것은 "필사자"가 일부러 바울의 주장 전체를 다시 고쳐 쓸 경우에나 가능한 일이다. 이런 일은 우연히 일어날 수 있는 일이 아니다. 물론 필사자가 필사 과정에서 상당 부분을 빠뜨렸다가 나중에 이 부분을 다시 편리한 곳에 집어넣었다는 주장도 가능하다. 그러나 그런 주장은 단지 **가능성 정도에 그치는** 해결책이지, 역사적 개연성은 털끝만큼도 없는 주장이다. 우리는 지금 본문에서 몇 줄을 통째로 빠뜨린 경우를 이야기하고 있다(P^{46}은 일곱 줄). 이런 경우는 단순히 필사 과정의 실수라는 말로 설명할 수 없을 것이다.

그런가 하면 각 사본 전승 과정에서 나타난 사본 본문은 그 본문 그대로 의미가 통하기 때문에, 어떤 사람이 그 본문을 일부러 재배열했다는 주장은 **역사의 시각에서 볼 때** 타당성을 가질 수가 없다.[9] 물론 필사자들

---

9) Grudem, *Gift*, 241은 이런 주장이 정당함을 증명하려고 하나, 이는 역사적 개연성이라는 관점을 신중하게 고려하지 않은 시도인 것 같다. 그는 이렇게 말한다. "사실 초기 몇몇 필사자들은 34-35절이 제 위치를 벗어났다고 **생각하여** 그것들을 40절 다음으로 **옮겨놓았다**"(고든 피의 강조; Carson, "Silent," 142-43도 이 주장을 되풀이한다. 그러나 초기 필사자가 그런 일을 할 수 있었으리라고 상상하는 이유 내지 경위를 더 설명하지 않는다). Grudem은 이런 말을 덧붙인다. "(이것은) 초기에도 이 두 구절을 불편하게 여겼음을 시사하는 것이며, 이런 불편함은 오늘날까지도 이어진다." 이런 주장을 하기는 쉬운 일이다. 그러나 사실 신약 본문 전승을 모두 뒤져봐도 이런 주장을 뒷받침하는 선례가 없다[필사자들(복수형)이 그런 일을 했을 가능성은 거의 없다(어쩌다 한 번 그런 일이 일어났을지도 모른다. 그러나 그런 일이 각기 따로 두 번이나 일어났을 역사적 개연성은 없다)].

이 본문 재배열 같은 것을 생각하지도 않았다거나 생각할 수도 없었다는 말이 아니다. 그러나 바울이 제시한 주장들이 얼마나 많이 원래 모습 그대로 남아 있는가를 고려할 때(단지 고전 14:22-25만이라도 생각해보라), 지금 우리가 문제 삼는 바울의 주장을 그렇게 철저히 바꿔놓아야 했던 **역사적** 이유를 설득력 있게 제시할 수 없다. 결국 필사자는 어떤 본문을 **베껴 쓴다**. 만일 그 자신의 생각이 작용하지 **않는다면**, 그가 이런 큰 변화를 만들어낼 가능성은 전무하다. 또 설령 그가 하는 작업에 그 자신의 생각이 끼어들었다 할지라도, 그가 문제가 된 이 말들을 바울이 제시한 이 주장 속의 다른 곳으로 옮겨놓은 이유는 역시 설명할 수 없다. 만일 34-35절이 원래 위치라면, 필사자가 이 본문을 철저히 다시 쓴 것으로 보는 입장은 두 가지 큰 약점을 지니게 된다.

첫째, 필사자는 어떤 본문을 베껴 쓸 때 글자들과 단어들과 문장들 사이를 띄어 쓰지 않았다. 그렇다면 우리는 이렇게 기록되어 있었을 줄(line)을 베껴 쓰고 있었을 필사자를 상상해야 한다(아래 글귀는 NA[27] 그리스어 본문에서 고전 14:33의 끝 두 단어와 14:34의 첫 네 단어를 띄어 쓰지 않고 대문자로 써놓은 것이다—옮긴이).

ΤΩΝΑΓΙΩΝΑΙΓΥΝΑΙΚΕΣΕΝΤΑΙΣ

당시 필사자는 ΑΓΙΩΝ 다음에서 멈추었을 것이며, 다음에 이어지는 네 문장들(14:34의 ΑΙ부터 14:35의 마지막 단어 ΕΚΚΛΕΣΙΑ까지—옮긴이)을 빠뜨리고 보류해둔 채, 이렇게 기록되어 있었을 줄의 중간에 있는 Η부터 다시 필사 작업을 시작했을 것이다(아래 글귀는 그리스어 본문에서 14:35의 마지막 두 단어와 36절의 첫 다섯 단어를 띄어 쓰지 않고 대문자로 써놓은 것이다—옮긴이).

ΕΝΕΚΚΛΕΣΙΑΗΑΦΥΜΩΝΟΛΟΓΟΣ

그러다가 빠뜨린 네 문장을 조금 뒤에 이렇게 기록되어 있었을 또 다른 줄의 중간 부분에 다시 끼워 넣었을 것이다(즉 빠뜨린 네 문장을 지금 NA[27]에서 볼 수 있는 40절 뒤에 집어넣었다는 말이다; 아래 글귀는 그리스어 본문에서 40절의 마지막 두 단어와 15:1의 첫 세 단어를 띄어 쓰지 않고 대문자로 써놓은 것이다 — 옮긴이).

ΤΑΧΙΝΓΙΝΕΣΘΩΓΝΩΡΙΖΩΔΕΥΜΙΝ

나는 그런 일이 일어날 수 없었을 것이라는 주장은 하지 않겠다. 요컨대 모든 일이 가능한(일어날 수 있는) 일이다. 그러나 나는 가능성이 있는 일이라 하여 늘 역사적 개연성이 있는 것은 아님을 주장하고 싶다. 아울러 그런 식으로 한 본문을 통째로 다시 기록했을 개연성은 정말 희박할뿐더러, 역사 속에도 그런 선례가 없다.

그렇다면 둘째, 만일 그 필사자가 그런 일을 했다면, **그는** 왜 **그리해야 했을까**? 바울 서신에는 바울이 제시한 주장을 재배열하는 편이 합리적일 수 있는 경우가 수십 군데나 있다. 그러나 필사 전통에서는 그런 재배열이 이루어지지 **않았다**. 때문에 과연 어떤 역사 규칙을 근거로 오직 이 한 경우에 누군가가 그런 일을 했다고 주장하고 싶어하는 것인지 궁금할 따름이다. 특히 더 궁금해지는 것은 서방 본문이나 표준 본문이나 현재 본문 배열 상태에서도 각기 다 뜻이 통할 수 있기 때문이다. 실제로 사람들은 "본문에서 더 적절한 장소를 찾을 목적으로" 그리했을 것이라는 주장을 자주 되풀이하지만, 이제는 그런 주장이 전혀 통하지 않는다.

이 주장(="본문에서 더 적절한 장소를 찾을 목적으로" 그리했을 것이라는 주장 — 옮긴이)의 위력은 "자리바꿈"이라는 문제를 거꾸로 뒤집어[즉 "본디 표준 본문에서 34-35절 자리에 있던 것을 서방 본문에서는 왜 41-42절 위치로 옮겨놨을까?"라고 묻지 말고, 거꾸로 "본디 (서방 본문처럼) 41-42절 위치에 있던 이 본문을 왜 표준 본문은 34-35절 위치로 옮겨놨을까?"라고 물어보라는 말이다—옮긴이], 내가 언젠가 그리했던 것처럼, 서방 본문이 표준 본문만큼 이른 시기에 나온 것이라면, 서방 본문이 원문을 나타내는 본문이라고 추정하지 못하는 이유가 무엇인지, 서방 본문이 원문을 대변한다면, 이 대목 끝부분에 자리하고 있던 이 문장들이 어떻게 하여 동방 전승에서는 앞쪽으로 옮겨간 것인지 물어볼 때에 비로소 발견할 수 있다. 그 물음에 사람들이 준 대답은 "그러나 아무도 그런 일을 하지 않았을 것이다"였다. 정답이다![10)]

필사자는 필사자일 뿐이다. 이들은 첨가나 문법 수정이나 자리바꿈을 통해 어떤 지은이를 도와주려고 애쓰지만, 그래도 언제나 필사자의 자리를 지킨다. 이런 필사자들이 이런 식으로 아예 (본문을 뜯어고치고 재기록하는—옮긴이) 편집자 노릇을 한 선례가 없다. 적어도 바울 서신에서는 그런 경우가 전혀 없다.

(4) 마지막으로 이제 I부(서방 증거)와 II부(전사 가능성)를 함께 묶어 생각해보자. 바울의 글을 기록해놓은 서방 본문이 복음서와 사도행전에서는 이 서방 본문이 가진 특징 중 **몇 가지**를 보여줄지 모르지만(물론 서방 본문이 독립 증거요 다소 숙련되지 못한 필사 전통을 반영하고 있다는 의미에서), 정작 바울 서신에서는 대체로 서방 본문이 지닌 특징들을 아주 일관되게 혹은 아주 철저하게 보여주지 못하고 있다. 그렇다면 우리는 바울 서신을 수록해놓은 서방 본문의 "신학 경향"에 관하여 의미 있는 책을 써야 한다는 압박을 느끼기가 힘들 것이다. 한마디로 바울 사도의 글에는 그런 본문이 그런 식으로 존재하지 않는다.

이 모든 증거는, 비록 사본에 직접 증거는 존재하지 않아도, 결국 문제가 된 이 본문들을 (바울 이후에—옮긴이) 끼워 넣은 문장들로 보는 것이 본문 문제를 가장 잘 해결하는 방법임을 특히 강하게 증명해준다. 이 구절

---

10) 그리고 만일 우리가 (Carson, "Silent," 143-44처럼) 동방 본문이 **더 난해한 독법**임을 주장하려 한다면(나도 이 주장에 동의하고 싶지만, 그다지 확신은 서지 않는다), 분명한 대답은 역사상 파격일 가능성이 덜한 것도 역사상 파격이긴 매한가지라는 것이다.

들이 진정하다고 끝까지 주장하려는 이들은, 만일 바울이 애초에 우리가 보는 34-35절을 기록했다면, 적어도 어찌하여 서방 본문과 같은 배열(곧 문제가 된 본문을 41-42절에 배치함—옮긴이)이 존재하게 되었는지 적절한 답변을 내놓아야 한다. 이런 답변을 제시하지 못한다는 것은, 그리고 (설령 그런 답변이 나온다 하더라도—옮긴이) 그 답변이 역사에 비추어 적절하다는 신뢰성을 가져야 한다는 것은, 이 본문들이 끼워 넣은 본문임을 증명하는 증거로 볼 수밖에 없다.[11]

■ 내부 증거

이 구절들이 진정하지 않다고(즉 바울이 쓴 게 아니라고—옮긴이) 보는 진짜 이유는 "이 구절들이 고린도전서 11:5 및 바울 서신의 다른 본문들과 심각한 충돌을 빚는다는 확신 때문"[12]인 것으로 추정하는 게 보통이다. 때로는 추정을 넘어 아예 대담하게 이런 주장을 펼치기도 한다. 실제로 이 구절들은 11:5 및 다른 본문들과 충돌한다. 그러나 내 경우에는 본문 증거 자체를 해결하는 문제가 더 큰 문제다.[13]

하지만 일단 본문의 근거들을 토대로 바울이 이 말들을(그것도 자신의

---

11) Carson, "Silent," 142처럼 우리도 "(34-35절이 바울이 원래 기록해놓은 본문이라는 주장이 —옮긴이) 관찰자의 눈에는 일부 타당한 면도 있다"라고 주장할 수 있다. 하지만 이런 주장을 하려면, 적어도 역사의 관점에서 볼 때 우리가 다른 곳에서 진실한 필사 전통으로 알게 된 것과 일치하는 답변을 내놓아야 한다. 이 경우에는 그런 답변이 나타나지 않았다. 또 이런 필사 전통이 복음서와 사도행전을 다루는 방식에 호소하는 것도 여기서는 적합하지가 않다. 필사자들이 바울 서신에서도 복음서 및 사도행전과 똑같은 방식으로 본문을 다루었다는 것을 증명할 수 **없기** 때문이다.

12) Grudem, *Gift*, 241.

13) 혹자는 이 주장의 취지를 쉬이 뒤집어 서방 본문의 증거를 진지하게 받아들이지 않는 것은 이미 그 이전부터 진정성에 집착하기 때문이라고 말할지도 모르겠다. 나 같으면 대다수 경우에 그런 식으로 주장하지 않을 것이다. 그러나 나는 그런 식의 주장이 정말 장점도 있고 단점도 있을 수 있다는 것을 지적해두고 싶다.

주장을 제시한 이 대목 이 지점에) 기록했을 가능성이 없다는 것을 알게 되면, 본디 개연성 정도에 그치는 답변만 제시할 수 있었던 모든 종류의 문제들에 더 속 시원한 답변을 제시할 수 있다. 방금 말한 (본문들 사이의) 모순이라는 문제 외에도, 앞에서 26-33절과 36-40절을 논의할 때 주장했던 구조 문제가 있다. "아니면 하나님의 말씀이 너희로부터 나왔느냐?"라는 수사 의문문이 "성도들의 모든 교회들에서도 그러하니라"라는 말을 뒤따르면, 둘은 완벽하게 이어진다. 그러나 36절의 첫 단어인 "아니면"(or)이 35절의 답변으로서 적합한 의미를 가질 수 있게 하려면, 주해할 때 상당히 능란한 솜씨를 발휘해야 한다. KJV, RSV 그리고 다른 번역들은 이 "아니면"을 "무엇이라고!"(What!)로 번역해놓았는데, 고대 그리스 문헌을 아무리 뒤져봐도 이런 번역을 지지해주는 언어학상 증거를 전혀 알아낼 수가 없다. 이 서신에서 이 "아니면"을 거푸 수사 의문문을 시작하는 말로 사용하는 바울의 용례(고전 14:36)에 비춰보면, 더더욱 그런 번역은 맞지 않다.

이 두 구절(34-35절) 속에는 (바울이 보통 따르는—옮긴이) 언어 규칙에 어긋나는 것들이 몇 가지 있다. 이것들은 모두 가능하긴 하지만, 한데 어울려 이 짧은 네 문장 속에서 상당한 덩어리를 형성한다. 그것들 중에는 (a) 바울 서신의 다른 곳에서는 전혀 나타나지 않는 "교회들에서"라는 복수형을 사용한 것[34절은 복수형인 ἐν ταῖς ἐκκλησίαις(교회들에서)를 사용했으나, 35절은 단수형인 ἐν ἐκκλησίᾳ(교회에서)를 사용했다—옮긴이], (b) 특정 본문을 인용하거나 언급함 없이 막연하게 율법에 호소한 것(바울 서신 다른 곳에서는 이런 경우가 알려져 있지 않다), (c) 35절이 일반 문화 내용에 비추어 부끄러운 일이라고 호소한 것(이는 11:5이 그 배우자를 "부끄럽게 하는 것"이라고 호소한 내용과 전혀 다르다)이 포함된다.

그러나 문맥과 관련하여 특히 어려운 두 가지 문제가 있다. 첫째는 이 두 구절이 바울이 여기서 제시하는 주장 속으로 아주 철저히 침입해 들어왔다는 사실이다. 14:1부터 40절까지 이어지는 주장은 모두 공동체 안에서 **영**이 자신을 나타내시는 현상인 방언과 예언을 다룬다. 오직 29절만이 사람들을 언급하는데("예언하는 자들"), 이는 이미 앞서 주해에서도 말했다시피 그런 예언을 하는 사람들 자체를 가리키는 것이라기보다 교회 안에서 예언이라는 기능을 행하는 것을 가리키는 말일 가능성이 더 높다. 반면 이 구절들(34-35절)은 은사들이나 사역들이나 **영**을 언급하지 않는다. 도리어 이 구절들은 사람들, 이 경우에는 여자들을 다루며, 여자들에게 교회 안에서 말할 특권을 부여하길 거부한다.

둘째, 방언과 예언이라는 문맥에 비추어 이 구절들에 의미를 부여하려고 애쓰는 대다수 시도들은 이 본문의 분명한 의미를 피해 가느라 그들의 시간을 대부분 낭비한다. 이 본문은 여자들에게 모든 교회에서 잠잠할 것을 요구한다. 더 이상 군더더기가 필요 없다. 즉 이 명령은 절대명령이며 어떤 수식어도 부연도 없다. 말 그대로 "여자들은 교회들 안에서 잠잠하라", "여자들에게는 말하는 것이 허락되지 않았다", "만일 여자들이 배우길 원하거든 집에서 그들의 남편에게 묻게 하라", "여자가 교회에서 말하는 것은 부끄러운 일이다." 이처럼 이 문장들은 내용 면에서 바울이 지금 제시하는 주장의 문맥과 들어맞지 않는다. 뿐만 아니라, 바울은 이 14장 전체에서 (남녀를 불문하고—옮긴이) "모든 사람"을 참여시키는 점에 강조점을 두는데, 이런 강조점에도 맞지 않는다.

이 본문을 어쨌든 바울이 이 대목에서 제시한 주장을 다루고 있는 본문으로 이해한 견해들 가운데 주목할 만한 것이 두 가지 있다. 일부 사람들은 바울이 그의 주장에서 방언을 언급할 때 줄곧 사용하는 "말함"(말하다)이라는 동사를 토대로 여자들이 침묵해야 할 범위를 방언에 한정하려고 했다. 이는 "마지막 때를 사는 여자들"(eschatological women) 자신도 기본적으로 그 방언 문제에 책임을 져야 한다는 것을 암시한다.[14] 그러나 이 견해에는 극복할 수 없는 난점들이 있다. (a) 바울은 방언과 똑같이 예언을 이야기할 때도 "말함"이라는 동사를 사용한다. (b) 이 동사가 방언을

14) 가령 Martin, *Spirit*, 85-88을 보라.

언급할 때면 늘 "방언"이라는 말이 그 동사를 수식한다. (c) 35절은 배움을 목적으로 질문하는 경우를 암시하지, 회중에게 자신들이 하는 **영**의 말을 강요하는 경우를 염두에 둔 것이 아니다. (d) 이 구절이 제시하는 금지 형태는 이 견해가 생각하는 것보다 더 절대성을 띤다.

또 다른 사람들은 네 문장 정도 뒤에 있는 본문(34-35절)을 바울 자신이 29b절에서 이미 말한 "예언 분별"을 더 설명해놓은 부연(敷衍)으로 만들고자 애썼다.[15] 그러나 본문 내부에 어떤 실마리도 없고 또 어떤 수식어도 없는 상황인데, 고린도 사람들이 그들이 모인 자리에서 이 서신이 낭독되는 것을 들으면서 오로지 29b절의 두 번째 부분("분별할 것이요")만을 떠올릴 수 있었을 것이라고 상상하기가 힘들다. 여기서 문제가 된 본문(34-35절)보다 앞서 나온 모든 내용에 비춰볼 때 그리고 특히 교회들에서 잠잠하라는 명령이 절대성을 띠고 있음에 비춰볼 때, 이런 주장은 수긍할 수가 없다.

그루뎀(Grudem, 241)과 마틴(Martin, 84)은 만일 우리가 이 본문의 의미를 이 문맥 속에서도(동방 사본에 들어 있는 위치대로) 잘 이해할 수 있다면, 그것만으로도 이 본문이 진정함(즉 바울이 직접 쓴 본문임을—옮긴이)을 인정할 수 있는 충분한 이유가 될 것이라고 주장했다. 물론 나는 본문의 증거에 비춰볼 때 이들의 주장이 특히 수긍하기 힘들지만, 설령 이런 주장이 옳다고 인정한다 할지라도, 내가 제기한 문제들은 여전히 남아 있다. 이 두 사람의 주장을 아주 꼼꼼하게 검토해본 결과, 나는 이들의 주장이 특히 이 본문(34-35절)이 실제로 말하는 것(절대 금지; 두 사람은 본문 자체에 분명한 증거가 있는데도 이 본문이 절대 금지 명령임을 부인한다)을 다루는 데 실패했으며, 이 본문이 문맥이 제시하는 주장 속에서 가질 수 있는 합당한 의미를 찾아내는 데도 실패했음을 발견했다. 그루뎀과 마틴이 내놓은

15) 이 견해는 Thrall, 102이 처음 제시한 것으로 보인다. 이 견해를 더 충실히 제시해놓은 글을 보려면, Grudem, *Gift*, 239-55을 보라. 참고. Hurley, *Man and Woman*, 185-94; Carson, *Showing*, 129-31 ("Silent," 151-53에서도 반복한다).

답변이 든든히 설 수 있으려면, 뭔가 본문 내부에 그 답변을 뒷받침할 실마리들이 있어야 한다. 그런데 그런 것들이 전혀 없다. 유일한 내부 실마리는 "만일 그들(여자들)이 배우길 원하면 집에서 그 남편들에게 물을지니라"인데, 이 본문은 두 사람이 내세우는 주장이 분명하게 말하는 것과 다른 것을 말할 목적으로 기록해놓은 것이다. 이 두 사람은 왜 **이 본문**이 유일한 실마리인지, 만일 이 본문이 정녕 바울이 말한 것이라면 왜 "방언"이나 "분별"이나 "판단" 등등을 이야기하지 않는지 그 이유들을 적절히 설명하지 못한다.

결국 대체로 보면, 이 구절들(34-35절)의 진정성을 부인하는(=이 구절들이 바울이 쓴 게 아니라는 – 옮긴이) 논거들이 아주 강하다. 또 누구나 수긍할 수 있게 이 본문의 의미를 밝혀내는 것도 아주 힘든 일이다. 따라서 이 구절들은 후대에 끼워 넣은 본문으로 보는 것이 가장 좋을 것 같다. 이 본문이 후대에 끼워 넣은 본문이라면, 처음에는 필시 누군가가 이 본문을 여백에 방주로 기록해놓았을 것으로 추정할 수밖에 없다. 그 사람은 아마도 디모데전서 2:9-15에 비추어 바울이 제시했던 가르침을 훨씬 더 상세히 설명할 필요가 있다고 느꼈던 것 같다. 처음에는 방주였던 것이 나중에 성경 본문으로 들어온 현상은 신약성경의 다른 본문들이 잘 증명해준다(가령 요 5:3b-4; 요일 5:7). 때문에 여기서도 역사상 그런 현상이 일어났을 가능성을 딱히 거부할 만한 이유가 없다. 이 본문들은 현존하는 모든 사본들에서 나타난다.[16] 이는 단지 우리가 지금 보는 본문 전승이 있기 전에 이중으로 끼워 넣기가 이루어졌다는 것을 의미할 뿐이다. 그런 끼워 넣기는 첫 세기가 저물기 전에 쉬이 이루어졌을 것이다.

그러므로 이 본문은 십중팔구 바울이 쓴 게 아니며, 이 문맥에서 바울

---

16) Carson, "Silent"이 최근에 강조했듯이, 이것이 34-35절의 진정성(즉 바울이 쓴 본문이라는 것 – 옮긴이)을 가장 강하게 주장하는 견해인 것 같다. 그러나 이제 P. B. Payne, "Fuldensis, Sigla for Variants on Vaticanus, and 1 Cor 14.34-35," *NTS*를 보라. Payne은 초기 불가타 사본인 풀다 사본(Codex Fuldensis)[49]이 이 구절들이 없는 본문을 증언한다는 것을 설득력 있게 논증했다.

이 제시하는 주장 속에 들어 있는 것도 아니다. 물론 이 말은 이 본문이 우리가 바울의 그리스도 체험과 그의 신학 속에서 **영**이 차지하는 자리를 찾아내는 데 아무런 도움도 제공해주지 않는다는 것을 뜻한다.

옮긴이 주

[1] 지은이는 개역개정판이 "육에 속한"으로 번역해놓은 말을 영어로 ordinary 또는 natural로 옮겨놓았다. 영어에서 natural은 "자연 상태에 있는"이라는 뜻을 담고 있지만, 좀더 들어가면 "거듭나기 이전 상태에 있는, 물질세계에 속한"이라는 의미도 함축하고 있다.

[2] 예전에 개역한글판은 NA[27]이 행 2:38에서 λήμψεσθε τὴν δωρεὰν τοῦ ἁγίου πνεύματος로 기록해놓은 말을 "성령을 선물로 받으리니"라 번역하여 성령이 곧 하나님이 주시는 선물이라고 표현했으나(공동번역과 새번역도 마찬가지다), 개역개정판은 "성령의 선물을 받으리니"로 번역하여 성령이 회개하고 예수 그리스도의 이름으로 세례를 받아 죄 사함을 받은 자에게 뭔가 선물을 주신다는 뉘앙스로도 받아들일 수 있는 모호한 표현으로 바꿔버렸다. 그리스어 본문에서 소유격으로 되어 있는 τοῦ ἁγίου πνεύματος를 목적격으로 보느냐 아니면 주격으로 보느냐가 해석의 관건이다. 견해차가 있을 수 있으나, 사도행전에서는 로마서나 고린도전서에서 말하는 성령의 은사를 거론하지 않음을 생각할 때, "성령을 선물로 받으리니"라는 번역이 옳다고 본다. J. Kremer, EWNT III, 287도 2:38의 성령을 "아버지가 주시기로 확약하신 (마지막 때의) 선물"(endzeitliche "verheißene Gabe des Vaters")로 본다. James Dunn도 행 2:38의 성령을 하나님이 주시는 선물로 보아 같은 견해를 천명한다[*The Theology of Paul the Apostle* (Grand Rapids: Eerdmans, 1998), 417 (n17)/710 (n194)].

[3] 요 6:45에 있는 διδακτοὶ θεοῦ를 말한다. διδακτοί는 형용사 διδακτός의 남성복수형 형용사요 θεοῦ는 θεός (하나님)의 소유격이다. 우리말로 번역하면 "하나님이 가르치신 것들"(개역개정: 하나님의 가르치심)이 된다.

[4] BHS가 제시하는 사 40:13의 원문 중 바울이 "누가 주의 마음을 알겠느냐?"로 인용한 본문은 "mî-tikhēn et-rûaḥ YHWH"다. 여기서 이 책 지은이는 물론이요 개역개정판도 "알다"로 번역해놓은 히브리어 동사는 "티켄"(tikhēn)인데, 이 말은 어근이 τκν인 히브리어 동사의 Piel 완료형이다. 이 구절에서 이 동사가 가진 의미를 놓고 학자들마다 의견이 분분하다. 게제니우스 사전은 이 말의 의미를 "제 위치를 잃어버린 것을 바로잡아 제 위치를 찾아주다"(zurechtstellen)로 본다(WGH, 878). 반면 다른 사전은 "뭔가를 재다/측정하다, 인도하다, 지도하다"와 같은 의미를 갖고 있다고 본다(KB II, 1734).

[5] 히 3장과 4장은 모세가 이끌던 이스라엘 백성이 들어갈 목적지를 "쉼"(안식)으로 표현한다.

[6] "**파괴하시리라** 이 사람을 하나님이"는 지은이가 그리스어 본문의 어순대로 제시한 문장(destroy this person will God)을 역자가 우리말로 옮긴 것이다.

[7] "만일…하면,…한다" 식으로 규정해놓은 법규를 말한다.

[8] 고전 4:21에 있는 문구는 ἐν [ἀγάπῃ] πνεύματί [τε] πραΰτητος이며, 갈 6:1에 있는 문구는 ἐν πνεύματι πραΰτητος다. 고전 4:21 문구에서 '사랑'이라는 말과 '그리고'라는 접속사만 괄호에 넣으면, 두 구절은 영락없이 똑같다. πραΰτητος는 '온유함, 겸비함'이라는 의미를 지닌 그리스어 πραΰτης의 소유격이다(BDAG, 861). 그런데, 비잔틴 사본은 고전

4:21은 물론이요 갈 6:1에서도 이 문구를 ἐν [ἀγάπῃ] πνεύματί [τε] πρᾳότητος로 기록해놓았다. πρᾳότητος는 πραΰτης와 같은 성(性), 같은 의미를 지닌 그리스어 명사 πραότης의 소유격이다.

[9] 구약성경(히브리어 성경)은 여기서 말하는 "온유한 자"를 "여호와를 앙망하며 여호와께 겸손히 복종하는 자"로 정의한다. BHS 시 37:9, 11을 보면, 땅을 차지할 자로 qowēy YHWH(야웨를 앙망하는 이들)와 anāwīm(야웨께 겸손히 복종하는 자들)을 이야기한다. qowēy는 '누군가를 목이 빠지도록 기다리다'라는 의미를 가진 히브리어 어근 qwh에서 나온 Kal 분사 복수형이며(WGH, 706), anāwīm은 '자기 스스로 여호와께 겸손히 종처럼 복종하는 자'를 가리키는 ānāw의 복수형이다(WGH, 605). 이사야 선지자는 anāwīm을 "아름다운 소식을 전해들을 자들"로 묘사한다(61:1). 그런데 칠십인경은 시 37:11(칠십인경은 36:11)에 나오는 이 anāwīm은 "온유한 자들"로 보아 마 5:5에 나오는(그리고 고전 4:21과 갈 6:1에 나오는) οἱ πραεῖς로 번역해놓은 반면, 사 61:1의 anāwīm은 "가난한 자들"로 보아 마 5:3에 나오는 말과 똑같은 πτωχοί(단, 마태복음에 나오는 말에는 정관사가 붙어 있으나, 칠십인경 사 61:1에 나오는 말에는 정관사가 없다)로 번역해놓았다.

[10] 첫 글자가 소문자로 되어 있는 spirit는 "성령"이라는 의미보다 지은이가 방금 앞에서 말한 "태도"에 가까운 의미를 함축한 말이다.

[11] "심판하다, 판단하다, 결정을 내리다"라는 뜻을 지닌 그리스어 동사 κρίνω의 완료 능동태 1인칭 단수 직설법 형태다. 이 완료시상 동사는 그 바로 앞에 나온 부사 ἤδη (이미, 진작)와 더불어 "바울 자신은 고린도에서 벌어진 그 일을 저지른 자를 어떻게 처리해야 하는지 결정했으니, 이제 너희가 어떻게 하는지(내 판단을 따르는지) 지켜보겠다"라는 뉘앙스를 풍긴다.

[12] 이 문구는 소유격 분사와 소유격 (대)명사가 결합하여 독립된 문장 행세를 하는 독립소유격(절대소유격) 분사구문이다. 이 구문에서는 συνάγω의 부정과거 분사 수동태 남성 복수 소유격인 συναχθέντων이 의미상 술어가 되고 ὑμῶν καὶ τοῦ ἐμοῦ πνεύματος가 의미상 주어가 된다. 참고. A. H. Chase/H. Phillips, Jr., *A New Introduction to Greek* (Cambridge, MA.: Harvard University Press, 1969), 74.

[13] παραδοῦναι는 "…을 넘겨주다"라는 뜻을 가진 그리스어 동사 παραδίδωμι의 부정과거 능동태 부정사다(BDAG, 762). 또 ὄλεθρον은 "파멸, 죽음, 파괴"라는 뜻을 가진 명사 ὄλεθρος의 남성, 단수, 목적격이다(BDAG, 702).

[14] 이 그리스어 본문은 NA[27]의 본문이 아니라 비잔틴 사본 본문이다. NA[27] 본문에는 비잔틴 사본의 마지막 단어인 Ἰησοῦ가 없다. ἵνα는 목적을 나타내는 절을 이끄는 접속사로서 그 뒤에 가정법 형태가 등장한다.

[15] 그리스어 본문을 보면, 이 문장 서두가 ἀλλὰ ἀπελούσασθέ ἀλλὰ ἡγιάσθητέ ἀλλὰ ἐδικαιώθητε로 되어 있다.

[16] "너희는 우리 주 예수의 이름으로 그리고 우리 하나님의 **영** 안에서 씻음을 받고, 거룩

함을 받고, 의롭다 하심을 받았느니라"가 형태는 평서문이지만 사실은 그런 신분에 합당하게 살아가라는 명령을 함축한 문장이라는 것이 Fee의 견해다.

[17] 지은이 말대로 하자면, 행 10:48a은 "그(베드로)가 세례를 베풀 것을 예수 그리스도의 이름으로 그들에게 명령하니라"로 번역해야 할 것이다. 개역개정판은 "명하여 예수 그리스도의 이름으로 세례를 베풀라 하니라"로 번역해놓았다.

[18] BHS는 창 2:24에서 "이러므로 남자는 그 아버지와 그 어머니를 떠나 그 아내와 단단히 결합하여 둘이 한 살이 될지어다"라고 말한다. "한 살이 될지어다"는 히브리어로 "wehyū lebāsār ehād"인데, 히브리어 bhāsār는 사실 "살"로도 번역할 수 있고 "몸"으로도 번역할 수 있다(WGH, 120).

[19] NA[27]은 15:44a에서 σῶμα πνευματικόν라는 말을 썼기 때문에 하반절에서는 "**영**의 몸"을 그냥 πνευματικόν으로 표현해놓았다. 그러나 비잔틴 사본은 하반절에서도 σῶμα πνευματικόν으로 기록해놓았다.

[20] 이 히브리어 "토브"(tōb)는 "의도에 딱 들어맞는, 더할 나위 없이 마음에 드는"이라는 뜻이다(WGH, 272-273).

[21] NA[27]은 이 부분을 καὶ τῷ σώματι καὶ τῷ πνεύματι로 기록해놓았다. 지은이가 주189에서 첫 καί가 없다고 말한 것은 καὶ τῷ σώματι의 καί가 없다는 말이다. 첫 καί가 있으면 "몸도 영도" 혹은 "몸은 물론 영도"라고 번역해야 하지만, 첫 καί가 없으면 "몸과 영을"로 번역해야 한다. 한편 비잔틴 사본 본문은 이 부분이 καὶ σώματι καὶ πνεύματι로 되어 있다.

[22] "근심하다, 염려하다"라는 뜻을 가진 그리스어 동사 μεριμνάω의 3인칭 단수 직설법 현재 능동태 형태다(BDAG, 632).

[23] ἤγεσθε는 "인도하다, 격려하다"라는 뜻을 가진 그리스어 동사 ἄγω의 2인칭 복수 미완료 수동태 직설법 형태이며(BDAG, 16), ἀπαγόμενοι는 "어떤 이를 그릇된 길로 인도하다"라는 의미를 지닌 그리스어 동사 ἀπάγω의 현재분사 수동태 남성 주격 복수형이다(BDAG, 95).

[24] 저자가 "interpretation (of tongues)"로 번역해놓은 이 그리스어 ἑρμηνεία를 "(방언) 해석"으로 번역할지 아니면 "(방언) 통역"으로 번역할지 고민했다. 통역은 말 그대로 "한 언어로 한 말을 다른 언어로 옮겨 전하는 것"이요, 해석은 "어떤 말의 뜻을 풀어 설명하다"라는 의미가 강하다. 일단 EWNT나 BDAG는 이 그리스어를 "통역" 쪽으로 해석한다(독일어로 Übersetzung, 영어로 translation). 그러나 성경 역본들은 다르다. 개역개정판과 새번역은 "통역"으로 옮겼지만, 공동번역은 "해석"으로 옮겼다. 그런가 하면 독일어 역본 중에서도 루터판과 엘버펠트판(Elberfelder Bibel)은 "그 속에 담긴 뜻을 끄집어내 풀어준다"는 의미가 강한 "해석하다"(auslegen)로, Die Bibel은 "의미를 밝혀주다"라는 뜻을 가진 deuten으로 옮겼으며, 세계성서공회판 불어 성경인 La Sainte Bible 역시 "해석"이라는 의미가 강한 interprétation으로 옮겼다. 일본에서 나온 〈신공동역 성서〉도 "해석"으로 옮겨놓았다. 이외에 불어판 공동번역 성경인 TOB,

SBBF판 이탈리아어 성경인 La Sacra Bibbia(interpretazione), 라틴아메리카 성서공회판 에스파냐어 성경인 Santa Biblia(interpretación), 그리고 NIV도 모두 "해석"으로 옮겨놓았다. 물론 "통역"으로 옮긴 외국어 역본도 있다. 여기서는 이런 번역 사례를 참조하고, 저자 자신이 여기서 이 그리스어의 의미를 "알아들을 수 있는 말로 풀어 그 의미를 설명해준다"로 제시하는 점을 고려하여 개역개정판의 번역을 따르지 않고 "해석"으로 옮겼다.

[25] 바쿠스(Bacchus)는 로마 신화에 나오는 주신(酒神)으로 희랍 신화에서는 디오니소스 혹은 박코스라고 불렀다. 디오니소스는 제우스의 아들로서 포도와 포도주, 신비로운 영감의 신으로 숭배 받았다. 디오니소스 숭배는 방탕과 광란을 동반했기 때문에 로마는 주전 186년에 원로원 의결로 이를 금지했으나 카이사르 때에 이르러 다시 허용했다. 퀴벨레는 신들의 어머니로서 자연의 성장을 신으로 숭배한 것이다. 그리스 신화 학자들은 이 퀴벨레를 제우스의 모친인 헤이아(로마 신화의 레아)와 같이 본다. 퀴벨레 숭배는 간음과 난무(亂舞)로 이루어진 타락의 극치였다. 자세한 내용은 피에르 그리말, 『그리스 로마 신화 사전』, 최애리 책임 번역(서울: 열린 책들, 2005), 92-95, 487을 보라.

[26] 개역개정판은 "같은 성령으로"와 "한 성령으로"로 번역해놓았지만, NA[27] 본문은 "바로 그 **영**으로"와 "한 **영**으로"(ἐν τῷ αὐτῷ πνεύματί ἐν τῷ ἑνὶ πνεύματι)로 되어 있다.

[27] 에스겔 선지자가 겔 3장, 4장, 5장에서 하는 행동 같은 것이 좋은 예다.

[28] 12:10이 쓴 διακρίσεις는 "분별함, 구별함"이라는 뜻을 가진 그리스어 명사 διάκρισις의 복수형 주격이다(BDAG, 231). 14:29에서는 이 διάκρισις의 동족 동사로서 "구별하다, 올바로 판단하다"라는 뜻을 가진 동사 διακρίνω의 3인칭 복수 현재 능동 명령형인 διακρινέτωσαν이 등장한다.

[29] 그리스어로 διαιροῦν ἰδίᾳ ἑκάστῳ다. διαιροῦν은 "나누어주다"라는 뜻을 가진 그리스어 동사 διαιρέω의 현재 능동 분사 중성 단수 주격이다(BDAG, 229).

[30] 그리스어 본문은 καθὼς βούλεται인데, NA[27] 그리스어 본문에서는 이 말이 11절 본문 마지막 부분에 나온다.

[31] 엄밀히 말하면 이들은 재산 소유권 같은 사권(私權)은 누리나 공직자가 될 수 있는 권리 같은 공권(公權)은 갖지 못한 로마 시민을 말한다. 이들과 달리 공권과 사권을 모두 가진 시민은 파트리키(Patrici)라고 불렀다.

[32] 고린도 공동체 안에서 더 약하고 덜 귀중해 보이는 지체들을 홀대한 이가 누구였는지 묻는 말이다.

[33] Frederick F. Bruce는 고전 11:29의 "주의 몸"을 주석하면서, 이 말이 "살로 이루어진 예수의 몸"뿐 아니라 예수의 생명을 나눠가진 모든 이들이 한 몸으로서 가지는 통일성을 의미한다고 말한다[F. F. Bruce, *I&II Corinthians* (Grand Rapids: Wm. B. Eerdmans, 1992), 115].

[34] 12:9-10에서는 먼저 병 고침을 들고 그 다음에 기적들을 행함을 들었으나, 여기 28절(그리고 29-30절)에서는 먼저 기적들을 들고 그 다음에 병들을 고치는 은사들을 든다.

[35] 칠십인경이 이 세 구절에서 κυβέρνησις로 번역해놓은 말은 본디 히브리어 본문을 찾아보면 thakhebhuōt (타흐불로트)로서 "깊은 생각, 현명한 생각"을 의미한다(WGH, 875). 개역개정판은 이 말을 모두 "지략"으로 번역해놓았다.

[36] 개역개정판은 이 그리스어 표현을 "예언하는 능력이 있다"로 번역해놓았다(새번역도 마찬가지다). 그러나 그리스어 본문을 그대로 번역하면 "예언을 갖다"이다. 불가타도 habere prophetiam (원문은 et si habuero prophetiam; 예언을 갖다)로 번역해놓았다. 세계성서공회 불어 성경(La Sainte Bible)은 독특하게 avoir (le don) de prophétie로 번역하여 "예언을 갖다"와 "예언하는 은사를 갖다"로 해석할 수 가능성을 모두 열어놓았다. 이탈리아어 성경인 La Sacra Bibbia(SBBF판)도 "또 내가 예언의 은사를 갖고 있다 할지라도"(E quando avessi il dono di profezia)로 번역해놓았다. 그러나 루터판 독일어 성경은 Und wenn ich prophetisch reden könnte (또 내가 예언을 할 수 있더라도)로 달리 번역했다.

[37] κύμβαλον은 한 쌍으로 되어 있는 금속 물체를 맞부딪쳐 요란한 소리를 내도록 만든 악기로서 심벌즈나 불교 제의에서 사용하는 자바라 같은 것이다(BDAG, 575).

[38] 바울은 고전 9:24-27에서 운동 경기 유비를 사용하는데, 이는 바다의 신인 포세이돈을 기릴 목적으로 고린도 인근 이스트미아(Isthmia)에서 2년마다 한 번씩 열었던 이스트미아 경기 대회와 관련이 있다. 이 경기 대회에는 모든 그리스인들이 참가할 수 있었는데, 여기서 고린도 사람들은 늘 탁월한 성적을 거두곤 했다(Bruce, *I&II Corinthians*, 89).

[39] 그리스어 본문은 καθὼς καὶ ἐπεγνώσθην인데, ἐπεγνώσθην은 "정확히 알다, 완전히 알다"라는 뜻을 가진 그리스어 동사 ἐπιγινώσκω의 1인칭 단수 부정과거 수동태 직설법 형태다.

[40] 그 여격이 지칭하는 이에게 이익을 안겨준다는 의미를 나타내는 여격을 말한다.

[41] 그리스어 본문은 ἐὰν ἔλθω πρὸς ὑμᾶς γλώσσαις λαλῶν이다. ἔλθω는 "가다"라는 뜻을 가진 그리스어 동사 ἔρχομαι의 1인칭 단수 부정과거 능동태 가정법 형태다. 이렇게 ἐάν이라는 말과 가정법 현재형 혹은 가정법 부정과거형이 결합하면, "어떤 이가 지금 상황에서 어떤 일을 한다면, 앞으로 어떤 일이 벌어지겠는가?"라는 의미를 나타낸다(EWNT I, 886-887). 그러니까 바울은 6절에서 "지금이라도 내가 마음만 먹으면 너희에게 가서 얼마든지 방언으로 말할 수 있다. 그러나 그렇게 한다면, 너희에게 무슨 유익이 있겠느냐?"라는 말을 하고 있는 셈이다.

[42] 본회퍼도 그의 명저 『신도의 공동생활』에서 모든 성도가 화음을 넣지 않은 한 목소리로 함께 부르는 찬송이야말로 그리스도인 공동체에 합당한 찬송임을 강조하면서 엡 5:19을 그 근거로 인용한다[골 3:16은 시편의 시로 기도하는 것을 이야기하면서 엡 5:19과 함께 인용한다; Dietrich Bonhoeffer, *Gemeinsames Leben* (Gütersloh: Gütersloher Verlagshaus, 2001), 50-52; 한국어판은 정지련/손규태 옮김(서울: 대한기독교서회, 2010), 62-66].

[43] 지은이는 칠십인경 본문이 διὰ γλώσσας ἑτέρας로 되어 있다고 적어놓았으나, 독일성서공회에서 발행한 칠십인경(Septuaginta, 1979년판) II, 601을 보면, διὰ γλώσσης ἑτέρας로 되어 있다.

[44] 마소라 본문을 기록해놓은 BHS나 BHL(Biblia Hebraica Leningradensia)을 보면, "그가 이 백성에게 말씀하시리라"(yedabhēr el-hāām hazheh)로 되어 있으나, 칠십인경 본문은 "그들이 이 백성에게 말하리라"(λαλήσουσιν τῷ λαῷ τούτῳ)로 되어 있다.

[45] 히브리어 본문을 그대로 번역하면, "오직 네 안에 하나님"(아크 바크 엘: ak bhāk Ēl) 이다. ak는 문장 서두에 자리하여 "확실히"라는 의미를 가지기도 하고 "오직, 유일하게"라는 의미를 가지기도 한다(WGH, 33-34).

[46] 히브리어 본문은 "wayehī hāādām le**nepesh** khayyāh"로 기록해놓았다. 이는 "그랬더니 그 사람이 산 (영)혼(생명/사람)이 되었다"로 옮길 수 있겠다. 히브리어 네페쉬(nepesh)는 여기서 혼 내지 영혼(Seele)을 뜻한다(WGH, 514). 칠십인경이 "프쉬케"로 번역해놓은 이 히브리어 "네페쉬"는 본디 인체의 목을 의미했으나 이후에 "숨"이라는 의미를 갖게 되었다고 한다(EWNT III, 1198). von Rad는 그가 쓴 『구약신학』에서 네페쉬가 살아 있는 것/생명(das Lebendige)을 의미하며 사람뿐 아니라 동물도 가지고 있다는 것, 히브리어 본문은 이 네페쉬를 인간이라는 생명체를 대변하는 말로 보아 "굶다, 사랑하다, 분노하다" 등등과 같은 동사의 주어로 사용한다는 것, 그리고 히브리 사람들은 인간의 영적 기능과 몸을 구분하지 않았기 때문에 네페쉬를 "몸"과 구별되는 "(영)혼"으로 번역하는 것은 지양해야 한다고 주장한다[Gerhard von Rad, *Theologie des Alten Testaments I* (München: Chr. Kaiser, 1992), 166-167].

[47] 여기서 열거한 문서들을 자세히 알아보려면, Bruce M. Metzger, *The Text of the New Testament* (N.Y./Oxford: Oxford University Press, 1992), Part I(특히 51-52, 86-92)을 읽어보기 바란다(『사본학』, 기독교문서선교회 역간).

[48] 원서에는 Auginesis로 잘못 기록되어 있다.

[49] 541년부터 546년까지 만들어진 사본으로 고(古) 라틴어 본문을 수록해놓았다. 디아테사론 그리고 신약성경에 들어 있는 23개 책 등등이 실려 있다. 여기서 문제가 된 고전 14:34-35은 방주에 실려 있다.

제5장

고린도후서

주석:[1] P. **Barnett** (BST, 1988); C. K. **Barrett** (HNTC, 1973); G. R. **Beasley-Murray** (BBC, 1971); J. H. **Bernard** (EGT, 1897); F. F. **Bruce** (NCB, 1971); R. **Bultmann** (1976; ET 1985); J. **Calvin** (ET, 1964); D. A. **Carson** [1987 (10-13장 부분만)]; J. -F. **Collange** [1972 (2:14-7:4 부분만)]; F. W. **Danker** (ACNT, 1989); V. P. **Furnish** (AB, 1984); R. P. C. **Hanson** (TBC, 1954); M. J. **Harris** (EBC, 1976); J. **Héring** (ET, 1967); C. **Hodge** (1891); P. E. **Hughes** (NICNT, 1962); C. **Kruse** (TNTC, 1987); H. **Lietzmann** (ed. W. G. Kümmel; HNT, 1949); R. P. **Martin** (WBC, 1986); H. A. W. **Meyer** (1879); A. **Plummer** (ICC, 1915); R. H. **Strachan** (MNTC, 1935); C. H. **Talbert** (1989); R. V. G. **Tasker** (TNTC, 1958); M. E. **Thrall** (CBC, 1965); H. D. **Wendland** (NTD, 1968); H. **Windisch** (MeyerK, 1924).

다른 주요 저작들은 다음과 같이 짧은 제목으로 인용한다.

1) 다음의 주석들은 이 장에서 저자의 성(姓)으로만 언급하겠다.

Belleville, *Reflections* [=Linda Belleville, *Reflections of Glory: Paul's Polemical Use of Moses—Doxa Tradition in 2 Corinthians 3.1-18* (JSNTSup 52; Sheffield; JSOT, 1991)]; Martin, "Spirit"[=Ralph P. **Martin**, "The Spirit in 2 Corinthians in Light of the 'Fellowship of the Holy Spirit' in 2 Corinthians 13:14," in *Eschatology and the New Testament: Essays in Honor of George Raymond Beasley-Murray* (ed. W. H. Gloer; Peabody, Mass.: Hendrickson, 1988), 113-28]; **Sumney**, *Opponents* [=Jerry L. Sumney, *Identifying Paul's Opponents: The Question of Method in 2 Corinthians* (JSNTSup 40; Sheffield; JSOT, 1990)]; **Young-Ford**, *Meaning* [=Frances Young and David F. Ford, *Meaning and Truth in 2 Corinthians* (Grand Rapids: Eerdmans, 1987)].

고린도전서를 살펴보고 이 서신에 발을 내디딘 사람들은 신세계에 들어섰다는 느낌을 갖는다. 연보라는 관심사[2] 외에는 고린도전서에서 제기했던 문제들이 여기서는 거의 모습을 드러내지 않기 때문이다. 연보 문제도 이제 이 서신에서는 새로운 쪽으로 상당히 방향을 바꾼다. 그러나 더 깊이 살펴보면, 이런 새롭다는 느낌은 고린도전서와 후서를 그저 수박겉핥기식으로 읽은 증거임이 드러난다. 사실 이 두 서신을 하나로 묶어주는 것은 각 서신이 다루고 있는 특정한 문제들이 아니라, 바울의 사도직, 다시 말해 그가 사도로서 가지는 권위와 그가 전한 복음의 권위를 둘러싸고 그와 고린도 사람들 사이에 벌어진 첨예한 갈등이다.[3] 고린도후서에서 **영**의 사역이 크게 부각되는 지점도 바로 이런 갈등이 드러나는 지점이다.[4] 물론

2) 고후 8-9장을 보라; 참고. 고전 16:1-11.

3) 이것과 관련된 유익한 논의를 살펴보려면, Young-Ford, *Meaning*, 44-52을 보라.

4) 그런 점에서 Karl Prümm이 고린도후서를 신학적 관점에서 연구한 자신의 저서에 *Diakonia Pneumatos* [διακονία πνεύματος 3:6, 8; **영**의 봉사(섬김, 직분); Rome: Herder, 1960]라는 제목을 붙인 것은 문제의 핵심을 꿰뚫어본 상당한 통찰의 결과물이다.

영을 구체적으로 언급한 횟수를 놓고 보면, 고린도후서가 고린도전서보다 훨씬 더 적긴 하다.[5)]

하지만 이 본문들을 다룰 때 부딪히는 문제는 고린도전서에서 등장하지 않았다면 결코 등장하지 않았을 요인과 일부 관련 있다. 고린도전서를 쓸 당시에 바울과 고린도 교회 사이에서 수면 위로 떠올랐던 문제들은 대부분 고린도 공동체 내부의 몇몇 사람들이 부추기는 바람에 생겨난 문제들이었던 것 같다.[6)] 때문에 바울은 이 고린도전서를 고린도 공동체 전체에게 써 보내며, 그 공동체를 늘 2인칭 복수형으로 지칭하고,[7)] 외부인이 그 문제와 관련 있다는 단서를 전혀 제시하지 않는다. 고린도 공동체 외부 사람들이 그 문제에 영향을 끼쳤을 수도 있음을 시사하는 유일한 단서는

---

5) 이 서신은 아주 사사로운 성격이 강하고 특정한 상황에 대한 대응의 성격이 아주 강하기 때문에 이 서신의 전체 구성과 목적에 비추어 이런 서신이 통상 가질 만한 난제들보다 더 많은 난제들을 갖고 있다. 이런 난제들 가운데는 지금 우리가 보는 본문이 본디 이 서신이 갖고 있던 형태인가라는 문제(즉 우리가 지금 보는 서신이 본디 한 서신인가 아니면 둘 혹은 그보다 많은 서신을 모아놓은 것인가라는 문제)도 들어 있다. 이 경우에 이 문제를 해결하는 것은 이 서신의 다양한 본문들을 주해하는 작업 전반에 영향을 미치지 않는다. 이 문제와 관련하여 내 입장을 살펴보려면, "ΧΑΡΙΣ in II Corinthians i.15: Apostolic Parousia and Paul-Corinth Chronology," *NTS* 24 (1977-78), 533-38을 보라. 내 견해는 Barrett와 Furnish의 견해와 비슷하다[이들은 고후 1-9장을 바울이 디도와 다른 두 형제를 통해 마게도냐에서 고린도로 보낸 단일 서신으로 본다(8:16-24)]. 이 서신의 기본 목적은 고린도 사람들이 연보를 하게 하는 것이었지만, 동시에 이 서신은 고린도 사람들의 상황이 바울이 이전에 소망했던 것보다 훨씬 더 나아졌다는 디도의 보고를 토대로 근래 바울과 고린도 사람들의 관계를 설명하려는 목적도 갖고 있었다. 그러나 이 모든 내용에서 문제가 된 것은 바울이 사도로서 견지한 삶의 방식과 그가 사도로서 가지는 권위다. 고후 10-13장은 1-9장을 쓴 직후, 그러니까 이전에 고린도에 존재했던 문제들이 다시 수면 위로 떠오르는 데 그치지 않고 도리어 더 악화되면서 디도가 부리나케 마게도냐로 돌아왔을 때임이 분명한 시기에 고린도에 써 보낸 다섯 번째 서신이다. 바울 자신이 곧 고린도를 세 번째로 방문할 수 있기를 바라는 소망을 담아 써 보낸 이 서신(우리가 가진 고후 10-13장)에서는 주로 바울의 사도직을 다룬다. 결국 이를 통해 이 서신은 고후 1-9장에서 논의한 내용을 더 힘차게 이어감으로써, 실제로 두 서신의 기록 시기가 다름에도 불구하고, 얼핏 보면 두 서신이 통틀어 한 구상(의도) 아래 기록된 것 같은 형태를 띤다.

6) 가령 "너희가 각각 말하되"(고전 1:12), "(너희 중; 본문이 암시한다) 어떤 이들은 마치 내가 너희에게 가지 않을 것처럼 생각하고 교만하여졌으니"(4:18), "너희 가운데 어떤 이들은 어찌하여 (죽은 자 가운데서 부활이 없다고 – 옮긴이) 말하느냐"(15:12)를 보라.

7) 다만 바울 자신이 말하고자 하는 것을 훨씬 더 강조할 목적으로 2인칭 복수형에서 2인칭 단수형으로 되돌아간 경우가 몇 번 있을 뿐이다.

9:12에서 등장한다. 이 구절에서 바울은 "다른 사람들도 너희가 누리는 물질의 혜택들을 함께 누리거늘, 하물며 우리는 더 많이 누려야 하지 않겠느냐?"라고 말한다. 고린도전서 문맥을 살펴보면, 당시 외부인들이 그들 가운데 있음을 암시하는 단서가 달리 없다. 특별히 이런 점을 볼 때, 9:12에서 말하는 "다른 사람들은" 이전에 그들 가운데 있었던 아볼로와 게바를 가리키는 말일 가능성이 아주 높다(참고. 9:4-6).

그러나 고린도후서를 구성하는 두 서신(고후 1-9, 10-13장)에서는 이 모든 것이 변해버렸다. 2:14-4:6에서 처음으로 외부인이 등장한다. 이 대목에서 바울은 일부 반대자들을(분명 반대자들이다) "말씀 장사꾼들"(개역개정: 하나님의 말씀을 혼잡하게 하는 사람들; 2:17)로서 "추천서를 필요로 하는" 사람들(3:1)이라고 부른다. 이들과 달리 바울은 "속임수를 쓰거나 하나님 말씀을 왜곡하지 않는다"(4:2). 단일 덩이(block)를 기준으로 할 때 이 서신에서 **영**을 언급하는 덩이 중 가장 큰 것(3:3-18)이 등장하는 대목이 바로 이 문맥이다. 이 문맥에서 바울은 자신이 고린도에서 행한 사역과 그 사역의 효력을 자기 반대자들의 그것과 대조한다. 바울의 사역은 **영**으로 말미암은 것이나, 그 반대자들의 사역은 "문자"(개역개정: 율법 조문)로 말미암은 것이다. 이런 갈등이 완전하게 드러나는 곳이 고린도후서 10-13장이다. 여기서 바울은 "다른 예수"를 전하는 외부인들과 이들로 말미암아 "다른 **영**"(another Spirit)을 받아들인 고린도 사람들을 비판한다. 이 반대자들은 필시 유대계 그리스도인들로서 "유대인의 정체성"(Jewishness)을 보여주는 어떤 형식을 그들이 가진 그리스도와 **영** 이해의 일부로 내세우는 이들이었다는 점에서 고린도 사람들과 조금은 다른 기반을 가진 이들이었다.[8]

---

8) 이것은 상당히 어려운 영역이며, 따라서 상당히 많은 논의가 이루어지는 영역이기도 하다. 그 논쟁을 널리 살펴보고 "최소주의적" 접근법을 통해 해결책을 모색하는 유익한 자료를 살펴보려면, Sumney, *Opponents*를 보라. 유대계 그리스도인들의 정체를 규명하는 문제는 큰 문제이지만, 이 서신에서는 기본적으로 바울이 고린도 사람들을 논박하는 문맥에서 발견되는 제한된 분량의 내용과 관련 있을 뿐이다. 이 문제는 바울을 반대한 이들이라 추정되는 이 사람들이 다른 서신에서도 등장하는 사람들과 연관된 이들인가 아닌가라는 문제와 관련 있기도 하다. 나는

그래도 이런 본문들은 그 반대자들이 사도직에 관한 이해와, 그리고 사도직과 **영**의 관계에 관한 이해에서 십중팔구 고린도 사람들과 어느 정도 공통분모를 가지고 있었음을 시사한다. 그런 점에서 이런 반대자들은 눈으로 볼 수 있는 강력한 증거들을 통해 자신들의 삶이 영에 속한 것임을 증명하는 데 강조점을 둔 승리주의를 다시 한 번 떠올리게 했다. 그래서 바울은 이 문제를 붙들고 한 번 더 씨름할 수밖에 없었다. 이번에는 그의 이런 싸움이 그들 가운데서 득세한 "새 사상"(new thought)의 줄거리를 따라 펼쳐진다.

결국 그런 새 사상의 의미를 문맥 속에서 찾아내고 바울이 **영** 안에서 살아가는 삶을 어떻게 이해하는지 파악하려면, 특별히 2:14-4:6과 12:1-12 두 본문을 상당히 철저하게 검토해봐야 한다. 이 두 본문은 모두 논박 성격이 강한 문맥에서 등장하지만,[9] 이 두 본문에서 등장하는 내용은 **영**을 바라보는 견해이며, 이 견해는 우리가 지금까지 보아온 것과 아주 일치한다(물론 일부 언어는 상당한 극적 변화를 보인다). 특히 여기 두 본문에서는 **영**의 오심이 종말론 차원에서 가지는 의미가 두드러지게 나타난다. 바울은 여전히 자신이 유대교도로서 보냈던 과거와 현재 사이에서 연속성을 체험하지만, **영**은 특별히 불연속성이라는 요소를 이해하게 해주는 핵심 열쇠다. 우리는 그리스도의 복음 안에서 "**영**의 새로운 것"[10]을 다루

바울이 고후 11:22에서 그가 고후 3장에서 제시한 논증과 결합하여 자신도 유대인임을 구체적으로 피력한 것에 깊은 인상을 받는다. 그러나 우리가 바울이 한 이런 말을 통해 그 유대계 그리스도인들의 신학적 시각을 얼마나 확실하게 "규정할" 수 있을지 의심스럽다. 바울이 그 유대인들이 "유대인의 정체성"을 드러내는 표현 형식으로서 제시한 것을 서술한 것은 그들을 비꼬며 경멸할 목적으로 그리한 게 아니라, 단지 이 난해한 측면(=그 유대계 그리스도인들의 신학적 시각을 확실히 규정하기 어렵다는 점—옮긴이)까지 아우르는 말을 찾아내려는 목적 때문이다. 이 서신에서 "율법"(law)이라는 말이 나타나지 않는다는 사실은 그런 어려움을 더 가중시킨다.

9) 학자들은 이것을 2:14-4:6과 관련지어 토론한다. Belleville, *Reflections*, 143-48에 있는 논의를 보라.

10) 이 말은 롬 7:6에서 나온 것이다. 아울러 이 말이 바울이 제3장에서 제시한 주장의 기본 취지를 묘사한다는 점 역시 의심할 여지가 없다.

고 있다. 주의 **영**이 계신 곳에는 "자유", 특히 하나님을 지향하는 자유, 죽이는 문자로부터 벗어나 누리는 자유가 있다. 여전히 옛 질서는 우리를 아주 많이 사로잡고 있다. 하지만 그리스도의 죽음과 부활 그리고 마지막 때에 주신 **영**이라는 선물(미래를 보장하는 보증금이다; 1:22; 5:5)은 그런 옛 질서가 끝났음을 알려준다. 그러나 고린도전서에서도 그랬듯이, **영**이 바울의 새 삶 속에서 활동하심을 보여주는 증거는 황홀경 자체나 **영**이 주신 풍성한 계시가 아니다. 바울은 이를 통해 고린도 사람들의 경우에도 이런 것들이 증거가 아님을 은연중에 시사한다. 바울은 실제로 이런 것들을 체험했다. 그러나 중요한 것은 **영**이 바울로 하여금 심지어 몸의 약함 속에서도 그리스도의 은혜로 말미암아 살아갈 수 있게 해주신다는 사실이다(12:1-12).

아울러 이 서신보다 앞선 서신들에서도 그랬지만, 고린도후서에는 "우연히" **영**을 언급한 경우가 상당히 많다. 이런 경우들은 이전 서신들과 마찬가지로 폭넓은 관심사를 아우르는 경향이 있다. 따라서 앞선 서신들에서도 그랬듯이, 바울은 어떤 신자 무리에게 그리스도인이 어떻게 하여 그리스도인이 되었는지 기원을 이야기하면서 꼭 **영**을 이야기하며, 이번 경우에는(1:21-22) 풍성한 은유들을 써서 이야기한다(기름을 부으심, 인을 치심, 보증금). 믿음을 가져다주시는 분은 바로 **영**이시다(4:13). 바울과 디도는 모두 동일한 **영**으로 말미암아 행한다(12:18). 또 바울이 직접 언급하지는 않지만, **영**은 고린도 사람들이 하나님의 성전이 되게 하시는 핵심 동인이시다. 하나님은 바로 하나님의 **영**을 통해 그들 가운데 거하시고, 이를 통하여 그들에게 거룩함을 이루라고 요구하신다(6:16-7:1). 그리고 우리는 여기 고린도후서에서도 축도 형태이긴 하지만 **영**을 삼위 하나님 가운데 한 분으로 지극히 분명하고 또렷하게 언급한 경우를 발견한다(13:13[14]). 이 본문에서는 삼위 하나님의 각 위격이 행하시는 특별한 사역을 지칭함으로써 각 위격을 나타낸다.

이 서신에서 볼 수 있는 관련된 현상을 하나 더 언급해야겠다. 그것은

"육"(肉; 개역개정: 육체//육신)이라는 말이 경멸어로서 빈번하게 나타난다는 점이다.[11] 이 말은 늘 논박하는 문맥에서 나타난다. 바울은 갈라디아서와 로마서에서도 이 말을 사용한다. 때문에 우리는 "육과 **영**"을 대조하는 것을 바울 사상의 중심으로 생각하는 데 익숙해 있다. 사실 바울 서신에서는 둘을 직접 대조하는 경우가 드물다. 이 둘을 직접 대조하는 사례로서 가장 일찍 나타난 경우가 고린도전서 3:1-4이다. 바울은 고린도 사람들이 자신들을 πνευματικοί(=**영**의 사람들)로 여김을 언급한 문맥에서 사실은 그들이 **영**보다 "육"에 근거하여 활동하는 사람들처럼 행동하고 있다고 말한다. 고린도후서를 보면, 이제는 고린도 사람들이 바울이 제시했던 주장을 도리어 바울에게 돌려 바울이야말로 "육에 속한" 사람이라고 여러 가지 비판을 퍼붓고 있는 것 같다. 그들이 그리하는 이유는 바로 바울이 그들이 현재 승리주의자로서 내세우는 전제들을 공유하지 않기 때문이다. 이 서신에 있는 이런 다양한 본문들은 **영**과 육을 직접 대조하지는 않는 것으로 보인다. 그러나 우리는 이런 본문들을 지나가는 말로나마 짚고 넘어가야 한다. 이런 용례가 바울이 이후에 갈라디아서와 로마서에서 이런 대조를 구사한 용례와 어느 정도 관련 있기 때문이다.

그런 점에서 이 서신이 비록 사사로운 성격이 강하고 감정을 토로하는 경향이 강하지만, 그래도 우리는 **영**이 복음과 그리스도인의 삶에 관한 바울의 이해 속에서 중심 역할을 하신다는 점을 결코 피해 갈 수 없다.

• 고린도후서 1:11

10…그리고 (우리는) 그가 또 구해주시길 (바라노라). 11너희도 우리를 위해 기도함으로 도울지니, 이는 우리를 위한 많은 (이들의 기도를) 통하여 우리에게 주어진 은사들 때문에 많은 사람들로부터 감사가 있게 하려 함이라.

11) 1:12, 17; 5:16(2회); 10:2, 3(2회), 4. 이를 더 자세히 논한 내용을 보려면, 제12장을 보라.

내가 이 서신 서두의 "축도"를 맺는 이 지독히 복잡한 문장을 이 연구서에 포함시킨 이유는 ("은사"로 번역하는) χάρισμα라는 말이 등장하기 때문이다. 바울 서신에서는 χάρισμα가 자주 **영**과 결합되어 있다. 그러나 이미 고린도전서 1:7을 다룰 때 말했듯이(참고. 7:7), χάρισμα라는 말은 본디 "**영**의 선물"이라는 개념을 갖고 있지 않다. 이 개념은 단지 부수적 개념일 뿐이다. 우리가 이 말을 **영**의 활동을 가리키는 말로 이해하려면 문맥상 그렇게 이해할 수밖에 없는 어떤 이유가 있어야 하는 것이 사리에 맞다. 오히려 χάρισμα는 받은 은혜의 구체적 표현 양상(형태)을 가리킨다.[12] 이 경우에 χάρισμα는 십중팔구 하나님이 바울을 목숨을 잃을 위험에서 구해주실 때 바울에게 행하신 은혜로운 행동으로 이해해야 한다. 바울은 이 위험에 빠졌을 때 이 위험에서 회복할 수 있으리라는 기대를 단 한 순간도 갖지 못했다.

이번 용례가 특이한 것은 χάρισμα라는 말이 바울의 삶에서 일어난 특정 사건을 분명하게 가리킨다는 점이다. 가령 고린도전서 7:7에서는 이 말이 어떤 사람이 참된 독신자로서(즉 혼인하지 않고) 살아갈 수 있게 해주는 "은사"(giftedness)를 지칭했다("이런 은사를 가진 자도 있고, 저런 은사를 가진 자도 있다"). 그런가 하면 로마서 6:23에서는 χάρισμα가 그리스도를 통하여 주어진 구원이라는 선물 자체를 가리킨다. 그러나 여기 고린도후서 본문에서는 이 말이, 어떤 쇠약함이나 병환 혹은 그에게 삶에 대한 절망을 가져다 준 어떤 원인으로부터 바울이 회복된 일을 가리키는 게 분명하다. 그런 점에서 결국 χάρισμα는 특별히 그가 당한 θλῖψις("고통", "고초")로부터 회복함으로써 받은 생명이라는 선물 그 자체다.

이 용례는 특히 바울의 글을 읽는 이들에게 **영**의 나타나심들을 너무 성급하게 χαρίσματα로 부르지 말라고 일깨워주는 사례임이 분명하다. **영**이 자신을 나타내시는 모든 양상들을 아주 조급하게 χαρίσματα로 부르다

12) 이 문제를 살펴보려면, 특히 이 책 제2장 88-94에서 논의한 내용을 보라.

보면, 이 말이 훨씬 더 광대한 말뜻을 발휘할 수 있는 공간을 싹둑 잘라버리는 일이 될 것이다.

▪ 고린도후서 1:12

정녕 우리 자랑은 이것이요, 우리 양심의 증언이니, 하나님의 거룩함과 진실함 속에서, 육의 지혜가 아니라 하나님의 은혜로, 우리가 이 세상에서 행하되 특별히 너희에게 행한 것이라.

바울이 이렇게 변증 색채가 확연한 말로 서신 본론을 시작한다는 게 놀랍기만 하다. 그가 이렇게 해야만 했던 이유는 악화일로를 걷고 있던 그와 고린도 사람들 사이의 관계로 일부 설명할 수 있겠다. 이런 관계 악화는 그가 고린도전서를 썼을 때 이미 나타나고 있었다. 고린도전서를 쓰고 난 뒤부터 이 서신을 쓸 때까지 사이에 상황은 분명 더 악화되었다. 디도는 대체로 좋은 소식을 전해주었다. 이전의 일부 난제들이 해결되었다는 소식이었다. 그러나 바울이 고린도후서를 시작하는 방식을 보면, 분명 그는 여전히 그 자신과 그들의 관계를 설명함으로써 자신을 변호하고 이를 통해 자신의 사도직도 그들 앞에서 다시 한 번 변호해야 할 필요성을 느끼고 있다.

때문에 서두의 이 말은 부정과 긍정의 형태를 띤다. 바울은 자신이 "육의 지혜"를 토대로 그들에게 행하였다는 것을 부정한다. 비록 그가 직접 언급하지는 않았지만, 이렇게 육의 지혜를 따라 사는 모습과 **영**의 삶 사이의 대조가 표면 가까이 드러나 있다. 바울은 이 서신에서 시종일관 "육의 지혜"를 따라 살지 않은 여러 가지 이유들을 천명하지만, 이 경우에는 "육의 지혜"와 "하나님의 은혜"를 대조하는 길을 택한다. 우리의 현재 관심사는 이곳이 바울 서신에서 "육"을 경멸하는 견해가 두 번째로 등장하는 곳이라는 사실이다. 그런 견해가 처음으로 등장한 곳은 고린도전서 3:1-4이었다. 이 본문에서 "육"(육신)은 특별히 바울이 그들이 주장하는 것(자신들이 **영**의 사람들이라는 것)—그리고 사실은 그들이 은혜로 말미암아 그런 사람들이 되었다는 것—과 그들이 현재 "지혜"를 향해 취하는 태도가 일러주는 것을 대조하는 방편으로서 등장했다. "지혜"를 대하는 그들의 태도는 그들의 겉모습과 행실이 **영**의 사람의 모습과 행실이 전혀 아님을 일러주었다. 오히려 그들은 "육"을 토대로 살아가는 사람들처럼 행동하고 있었다. (이렇게 "육"이라는 말을 경멸조로 사용할 경우 이 말이 가지는 의미를 살펴보려면, 뒤의 5:16-17을 논한 내용을 보기 바란다.)

▪ 고린도후서 1:21-22

21이제 우리를 너희와 함께[13] 확인하여(세워) 그리스도와 하나가 되게 하시고 우리에게 기름을 부으신 이는 하나님이시니, **22**그가 정녕(개역개정: 또한)[14] 우리에게 인(印)을 찍으시고 우리 마음에 **영**이라는 보증금을 주셨느니라.

바울은 이 두드러진 말로 12절에서 시작하여 7:16까지 죽 이어지는 자신의 주장 중 첫 부분을 끝맺는다.[15] 두드러진 것은 그 말 자체가 아니라, 이 말들이 이 특별한 주장을 끝맺는 말이라는 점이다. 지금 문제가 되는 것은 바울의 **성실성**(*integrity*)이다. 이것이 그와 고린도 공동체의 관계와 연결되어 있기 때문이다. 디도가 돌아왔다는 것은 그들과 바울의 관계가 상당

---

13) 성경 본문이 드문드문 들어 있는 몇몇 사본들(C 104 630 pc sy^h)은 "우리"와 "너희"라는 두 대명사의 순서를 바꿔놓았다. 이것은 필사자가 필사 과정에서 저지른 단순하고 특이한 실수로 보인다. 바울이 주장하는 의미를 생각하면, 표준 본문의 순서를 따라야 한다.

14) 아래 주해에서 말하겠지만, καί는 앞말과 뒷말을 이어주거나 "게다가" 같은 의미라기보다 앞말을 설명하는 말(의미를 더 강하게 만들어주는 말)일 가능성이 아주 높다. 즉 "우리에게 기름을 부으신" 하나님은 이를 통해 또 "우리에게 성령이라는 보증금을 주심"으로써 "우리에게 인(印)을 찍으셨다."

15) 물론 이것은 2:14-7:4이 이 주장에서 상당히 큰(그럼에도 이해할 수 있는) 단락을 형성하며 실제로 2:14-7:4이 고린도후서의 내용 가운데 가장 큰 단일 블록이라는 것을 인정하는 것이다.

부분 회복되었다는 것을 의미했다(7:5-16). 그러나 디도는 필시 여전히 바울을 향해 좋지 않은 감정이 일부 남아 있다는 점도 보고해야 했을 것이다. 이런 좋지 않은 감정 중 일부는 분명 그 이전 시기에 생겨난 것이었으며 고린도전서에도 반영되어 있다.

어쨌든 바울은 근래 자신과 그들의 관계를 설명하고 특히 근자에 자신이—두 번째 전도 여행에 해당하는—전도 여행 계획을 바꾼 것을 아주 시급히 설명해야 함을 느낀다.[16] 그러나 바울 자신의 성실성보다 훨씬 더 문제가 된 것은 그의 사도직이다. 고린도전서 4:1-21과 9:1-23이 분명하게 알려주듯이, 고린도 교회의 일부 사람들은 상당히 오랜 시간 동안 바울이 과연 사도인지 의문을 제기했다. 바울은 마게도냐를 여행한 뒤 고린도로 돌아가겠다는 계획을 밝혔지만, 이런 여행 계획을 바꿔 고린도 대신 에베소로 돌아가기로 한다. 이런 계획 변경은 분명 그를 비방하는 자들의 비판을 더 부채질했으며, 이제는 외부의 반대자들[17]도 일부 이런 비판에 합세했다. 이 비방자들은 바울이 그리스도 안에 있는 진리의 사도일 수가 없다고 생각한다. 바울은 같은 입으로 아주 분명하게 **예**와 **아니오**를 모두 말하기 때문이다.

이처럼 자신의 사도직이 의심받는 위험한 지경에 이르자, 바울은 자신이 누구인지 설명할 뿐 아니라, 자신이 성실함을 확증해야 할 필요를 절박하게 느낀다. 이런 설명이나 확증은 결국 신학적 근거들을 토대로 해야 할 일이었다. 지금 이 주장이 이상하고 우리가 보기에 분명 아주 복잡한 성질

---

16) 고전 16:5-7과 고후 1:15-17 그리고 1:23-2:4의 증거는 고후 1:15-16, 23-24이 언급하는 방문이 고전 16:5-7에서 제시한 방문과 일치하지 **않는다**는 것을 일러준다(이것이 첫 번째 계획 변경이다). 나아가 바울은 고후 1:15-16에서 언급한 두 번째 여행 계획을 분명 그대로 따르지 않았다. 바울이 여기서 고린도 사람들에게 설명하는 것이 바로 이 두 번째 계획 변경이다. Fee, "ΧΑΡΙΣ"를 보라; 아울러 Furnish, 142-145이 제시한 반응을 보라. 그는 바울이 (애초에 계획한 여행으로—옮긴이) 제시했던 여행들을 나와 다르게 재구성한다.

17) 이 사람들은 오직 고후 1-9장만이 언급하지만(가령 2:14-4:6) 고후 10-13장에서도 계속 이어받아 이야기하고 있을 가능성이 높다. 이들은 바울의 권위에 관한 이런 의심들을 자신들이 "다른 예수"를 선포하는 기초로 활용했던 것 같다(11:4).

을 갖게 된 것은 바로 그런 이유 때문이다. 바울은 먼저 첫 번째 계획 변경 이유를 제시하면서(15-16절),[18] 애초에 그 계획을 만들 때 경솔히 만들지도 않았고 계획 변경도 이랬다저랬다 하는 그의 이중성을 의미하지 않는다고 주장한다(17절). 그는 수사 의문문을 써서 이렇게 묻는다. "내 계획들이 그저 세상의 하찮은 것들처럼[19] 만들어져 동시에 '예'와 '아니오'를 말하는 이중성으로 가득 차 있느냐?" 이 수사 의문문의 형태로 볼 때, 이 의문문이 의도하는 답은 "물론 아니다"이다.

그러나 바울은 그런 정도로 만족하지 않는다. 그리하여 그는 자신의 성실함을 신학 차원에서 변호하는 글을 하나 제시하기 시작한다. 바울은 이 글 속에서 그가 (자신의 전도 여행 등등과 관련하여) 한 "말들"과 그가 한 "말"(그의 복음 설교)을 함께 묶음으로써, 결국 그가 한 "말들"과 하나님이 당신의 아들이신 그리스도와 **영**이라는 선물 안에서 계시해주신 하나님 자신의 신실하심을 한데 묶으려는 의도를 드러낸다. 이것은 대담한 글이다. 이 글의 밑바탕에는, 그가 1:1에서 표현한 것처럼, 자신의 사도직이 철저히 하나님 뜻에 근거한 것이라는 절대 확신이 깔려 있다. 따라서 우리는 겉모습은 복잡해도 다양한 부분들로 이루어진 이 주장의 논리를 쉽게 그려낼 수 있다.

(a) 바울이 자신의 이중성을 부인한 수사 의문문에 이어 제시한 첫 문장은 대담함의 극치다[18a절, "하나님은 신실하시다"(개역개정: 하나님은 미쁘

18) 15절; "그들이 은혜를 입을 기회를 두 번 가질 수" 있도록; 은혜를 입을 두 기회는 바울이 마게도냐로 갈 수 있게 돕는 특권을 누리는 것과 바울의 예루살렘 전도 여행을 돕는 "파송 교회"가 되는 특권을 누리는 것을 가리킨다. δευτέραν χάριν을 이렇게 해석한 글을 보려면, Fee, "ΧΑΡΙΣ"를 보라.

19) 그리스어로 κατὰ σάρκα다(말 그대로 옮기면 "육을 따라"다). 참고. 바울이 1:12에서 하는 말, 10:2이 시사하는 바울과 그 동역자들에 대한 비방, 그리고 특히 바울 자신이 어느 누구도 이런 시각으로 바라보지 않는다고 말한 5:15의 주장을 볼 때, 분명 이런 계획들이 그렇게 만들어지지는 않았을 것이다. 결국 이 말은 **영**과 자주 대조하여 사용하는 특이한 경멸어로서, 여기서도 그런 말로 사용한 것 같다(22절; 참고. 고전 2:1). 이 말은 이 세상과 이 세상 가치관의 시각을 좇아 살아가는 것과 관련 있는 말이다. 고전 2:6-16에 나오는 "세상의" 지혜를 설명한 내용을 보라. 그리고 특히 이 대조를 살펴보려면, 갈 5:16-6:8을 보라.

시니라)]. 바울의 성실함은 무엇보다 하나님의 신실하심 또는 진실하심에 기초한다.

(b) 바울이 한 "말"을 고린도 사람들에게 보증해주는 것이 바로 하나님의 신실하심이다(18b절). 여기서는 분명 언어유희가 이루어지고 있다. 하나님의 신실하심이 보증해주시는 이 "말"은 우선 15-17절에 있는 말을 뜻한다. 그러나 그것은 언어유희의 일부일 뿐이다. 그가 한 다른 모든 "말들"이 유효함을 확인해주는 진짜 "말"은 그가 그리스도를 설교한 말이다. 이것이야말로 "그들에게" 이른 참된 "말"(18절)이요 "그들 가운데에서" 전한 말이었다(19절).

(c) 바울이 한 "말"이 믿을 수 있는 것임을 분명하게 증명하는 증거는 신실하신 하나님의 아들 안에서 발견할 수 있다. 바울(과 그의 동역자들)은 바로 이 하나님의 아들을 고린도에서 아주 효과 있게 전파했다. 19절 서두에 있는 "이는"[1]은 설명 또는 증거를 제시한다는 의미다. 결국 19절은 "이는 곧 우리가 설교한 하나님의 아들 예수 그리스도 바로 그분이" 하나님이 몸소 하신 약속들에 "하나님이 주시는 **예**(*yes*)"이심을 일러주며, 동시에 바울이 한 "말"에도 "하나님이 주시는 예"가 되신다고 암시한다.

(d) 실제로 바울은 하나님이 이스라엘에게 주셨던 모든 약속들이 그리스도 안에서 하나님의 예(yes)를 발견했다는 것을 더 설명하려 한다(20a절). 이는 분명 고린도후서 3장(과 11장?)을 미리 귀띔하는 말이다. 하나님의 예는 그리스도 외에 더 이상 존재하지 않는다.

(e) 이뿐 아니라, 바울은 우리가 한 몸이 되어 예배할 때도 우리(바울과 고린도 사람들)가 "그리스도를 통해" 하나님께 "아멘"이라 말하여 그분께 영원한 영광을 돌림으로써 하나님의 신실한 말씀을 시인한다고 덧붙인다(20b절).

(f) 마지막으로 바울은 글을 맺으며(21-22절) 바로 그 믿을 수 있는 하나님이 우리를(우리가 진실함/성실함을) 확인해주신 분이요, 나아가 우리뿐 아니라 너희도 확인해주신 분이라고 말한다. 하나님의 아들은 하나님이

하신 모든 약속들에 하나님이 주시는 **예**이시다. 이런 확인은 하나님이 이미 우리에게 "기름을 부으셨다"는 사실, 곧 하나님이 우리에게 확실한 미래를 보장하실 요량으로 보증금인 성령을 우리에게 부어주심으로써 우리에게 "인을 찍으셨다"는 사실에서 흘러나온 결과물이다.

결국 이 문단은 바울 서신에서 하나님을 중심으로 삼는, 곧 하나님께 초점을 맞추는 특성이 가장 강한 대목들 가운데 하나임을 유념해야 한다. 말 그대로 이 문단은 바울 신학의 정수를 분명하게 드러내는 대목이며, 사색을 통해 거르지 않고 곧장 튀어나온 말이라 그런지 훨씬 더 호소력이 강하다. 결국 바울의 성실함(그리고 그 성실함과 아주 불가피하게 결합되어 있는 것으로서 그리스도 안에 있는 고린도 사람들의 실존)[20]은 하나님의 **성품**(하나님의 신실하심, 하나님이 하신 모든 약속은 그리스도 안에서 실현되었다)과 단지 이 성품에서 비롯된 유출물인 하나님의 **구원 행위**에 그 기초를 두고 있다. 따라서 바울이 늘 주장하듯이, 하나님의 성품 자체가 하나님이 행하시는 구원 행위의 근거요 시발점이 된다. 하나님의 아들은 이 구원 행위를 역사 속에서 이루셨으며, 하나님의 **영**은 그 행위를 신자들의 삶 속에 적용하셨다. 이 **영**은 신자들이 마지막 때에 누릴 종말의 영광을 지금 보증해주시는 분이기도 하다. 한 가지 더 유념해야 할 것은 바울이 이 문단 전체에서 진정 말하고자 하는 것을 특히 마지막 문장(21-22절)이 드러낸다는 점이다. 바울은 이 21-22절에서 지금 그리스도 안에서 "확인해주신" 하나님이 이전에 신자들에게 성령을 주심으로 그들에게 기름을 부어주신("그리스도의 사람들로 삼으셨던") 분이라고 말한다.

결국 이 주장에서 **영**이 하시는 첫 번째 역할은 바울의 성실함(그리고 사역)을 확인해주시는 것이다.[21] 그러나 바울이 말미에서 고린도 사람들을

---

20) 이 회중에게 보낸 두 현존 서신(고린도전서와 후서)에서 종종 강조하는 점이다. 가령 고전 4:14-17; 9:1-2을 보라; 그리고 고린도후서에서는 특히 3:1-3과 13:1-10을 보라.

21) 참고. Martin, "Spirit," 168: "이 신앙고백은 사도의 봉사(섬김)를 **변호하는 말**(*apologia*)이기도 하다."

포함시켰다는 것은 그들도 똑같이 체험한 **영**이 바울 자신의 신실함을 그들에게 확증해주신다는 뜻이다.

21-22절 바울이 쓴 이 문장의 내용을 상세히 살펴보기 전에 우선 이 문장의 구조와 문법을 좀 분석해봐야 한다. 이 문장에서는 구조와 문법이 그 의미의 많은 부분을 결정하기 때문이다. 첫째, 이 문장은 전체가 한 명사[22] 문장(nominal sentence)이다. 나는 (그리스어 본문의 — 옮긴이) 기본 어순을 지키며 번역하려고 노력했다.[2] 이 문장은 두 주격 분사들("확인해주시는 분"과 "기름을 부으신 분"; 그리스어로 ὁ βϵβαιῶν, [ὁ] χρίσας — 옮긴이)로 시작한다. 이어 서술 명사인 "하나님"이 등장하고 뒤이어 두 주격 분사("인을 찍으신 분"과 "주신 분"; 그리스어로 ὁ σφραγισάμϵνος, [ὁ] δούς — 옮긴이)가 더 등장한다.[3] 이 구조와 어순은 (영어 어순을 기준으로 할 때 — 옮긴이) "이시다"(is)라는 말을 십중팔구 θϵός(하나님) 뒤가 아니라 앞에 나오는 말로 이해해야 한다는 것을 일러준다. 결국 이 문장은 "…하신 분은 하나님**이시다**"(the one who…*is* God)이지, "…하신 하나님은 또…하신 분**이다**"(the God who…*is* the one who also…)가 아니다.

이 문장의 구조를 나타내보면 이렇다(우리말이 아니라 영문을 옮긴 구조다 — 옮긴이).

분 굳게 세워주시는(확인해주시는) 우리를
너희와 함께
그리스도와 하나가 되게 하시며
그리고
기름을 부으신 우리에게 하나님이시다
정녕 인(印)을 찍으셨으며 우리에게

22) 즉 동사가 없는 문장이라는 말이다. 이런 문장들은 "…이다"(to be)라는 형태로 이해한다.

그리고

보증금을 주셨다　　　　　우리에게

영이라는

우리 마음들에

둘째, "하나님"을 그 중심 요소로 삼는 이 아주 특이한 문장은 현재 바울의 관심사들을 반영한 문장으로 진지하게 받아들여야 한다. 이 문장은 무엇보다 하나님이 (따라서 고린도 사람들도 모두) 지금 바울을 "확인해주신다(굳게 세워주신다)"는 것을 강조하는 것 같다. 동시에 이 문장 전체는 하나님이 절대 중요하고 긴요한 역할을 하신다는 점을 강조한다.

셋째, 첫 번째 분사는 현재 시제인데 다른 세 분사들은 부정과거 시제라는 사실은 결코 우연일 리가 없다. 즉 βεβαιῶν("확인해주신다")이 현재 시제이기에 지금 자신이 성실하다고 말하는 바울의 이 주장이 합당한 결론을 맺을 수 있는 것이다. 그러나 그가 이 현재 분사에 이어 곧바로 고린도 사람들을 그리스도 안으로 끌어들인 것은("우리를 너희와 함께") 그의 사역과 신자라는 그들의 실존 사이에 절대 뗄 수 없는 상호연관성이 존재함을 재차 강조한 것이요, 바울 자신에게도 고린도 사람들이 과거에, 그러니까 아마도 회심할 때 영을 받았던 사건에 근거하여 그들끼리 지금 서로 "굳게 세워주고 있음"을 곱씹어보는 계기를 제공해준다. 이처럼 "확인해주시는"(굳게 세워주시는) 분은 이전에 "우리에게 기름을 부어주셨던" 바로 그 하나님이시다.

넷째, 21절의 두 번째 문구("그리고 우리에게 기름을 부으신")를 제외하면, 상업과 관련된 은유들이 이 문장 전체를 지배한다["확인해주다"=보증하다; "인(도장)을 찍다"=소유권과 보증; "보증금"=장래를 보증하는 것]. "기이한 외톨이 문구"("기름을 부으셨다")는 십중팔구 바울이 한 번 더 언어유희를 구사한 결과물일 것이다. 바울이 구사한 이 문장에서는 그리스도를 언급한 뒤 곧바로 이 "기름을 부으신"이라는 말이 등장한다(즉 εἰς χριστόν καὶ χρίσας ἡμᾶς; 저자는 그리스어 본문으로 비잔틴 사본 본문을 인용했다. NA[27] 본문은 χριστόν이 Χριστόν으로 되어 있다 – 옮긴이). 그러나 바울의 관심사는 "확인" (confirmation) 은유다. 바울은 이 확인을 결국 그리스도인의 삶 속에서 **영**이 하는 역할이라고 생각한다. 그래서 그는 "하나님"이라는 주어를 제시한 뒤 곧바로 "기름을 붓다"라는 은유를 **영**과 관련지어 상세히 설명한다. 이렇게 함으로써 바울은 "확인" 관련 은유를 두 개 더 사용한다. 결국 이것은 문장 구조상 22절을 구성하는 마지막 두 분사 문구들("인을 찍으셨다"와 "**영**이라는 보증금을 주셨다")이 21절에서 바울이 구사한 "기름 부음" 은유를 상세히 설명한 것임을 의미한다. 이것은 다시 22절에서 ὁ에 이어 등장하는 καί를 필시 순접(="그리고")이나 "첨가"(="아울러")가 아니라 의미를 강조하는 말(ascensive="정녕…하신 분", 곧 "기름을 부으심으로써 인을 찍으신 분")로 이해해야 한다는 것을 의미한다. 결국 마지막 두 은유들("인"과 "보증금")은 동일한 실재인 **영**이라는 선물을 가리킨다. 때문에 "인"과 "보증금"을 연결해주는 καί는 역시 설명보어(epexegetical)로 이해해야 한다. 여기서는 두 번째 은유가 첫 번째 은유에 내용을 제공해주거나 아니면 더 상세히 설명해주는 역할을 한다. 결국 22절은 이런 말이 된다. "하나님은 정녕 우리에게 성령이라는 보증금을 주심으로써 우리에게 인을 찍으신 분이다."[23]

요컨대 더 다듬은 번역을 제시해본다면 이런 문장이 된다. "이제 우리를(우리의 성실함을) 확인해주시고 이를 통해 너희도 우리와 더불어 그리스도와 하나가 되게 하시며, 우리에게 기름을 부으신(우리를 그리스도의 사람들로 삼으신) 분은 하나님이시니, 그분이 또 성령이라는 보증금을 우리 마음들에 주심으로써 우리에게 인을 찍으셨다." 이는 곧 이 문장이 **영**의 임재를 신자라는 고린도 사람들의 실존뿐 아니라 바울이 사도로서 그들 속에 들어가 행한 사역에도 긴요한 필수 요소임을 강조한다는 말이다(이런

23) 참고. Martin, "Spirit," 119.

주장은 이어질 3장에서 바울이 제시할 주장의 본질과 내용을 미리 귀띔해준다).

만일 그것이 이 문장 전체가 의미하는 것이라면, 이 문장을 구성하는 다양한 부분들, 특히 이 문장 속에 들어 있는 은유들은 무슨 의미를 가지는가?

기름을 부으셨다. 바울 서신에서 이 은유가 나타나는 곳은 이곳뿐이다. 언뜻 보기에도 이 은유는 구약과 **영**을 연계하는 점이나 풍부한 가능성을 지니고 있다는 점에서 놀라운 은유다.[24] 바울이 단 한 차례만 쓴 이 은유를 구사한 이유는 가까운 곳에 있다. 앞에서도 언급했듯이, 이 경우에 이 은유는 십중팔구 언어유희의 결과물이다. 하나님은 우리를 **그리스도** 안으로 집어넣으심으로써 우리를 **그리스도와 하나가 되게 하셨다**(*christed*). 이는 "우리를 그리스도의 사람들로 만드셨다"라는 말과 얼추 같은 의미다. 우리가 누가복음-사도행전이 바울이 살았던 정황과 같은 정황에서 나온 것이요, 그러기에 바울계 교회들에서 발견할 수 있는 예수 전승을 반영하고 있을 가능성이 높다는 점을 진지하게 받아들인다면,[25] 우리는 필시 누가 자신이 이 "기름 부음"이라는 말을 하나님이 그리스도에게 성령으로 기름 부으신 일을 언급할 때만 사용한다는 사실로부터 신약성경이 이 말을 사용한 사례들을 이해할 수 있는 실마리를 얻을 수 있을 것이다.[26] "기름 부음"은 특별히 예수 및 **영**이라는 선물과 결합되었다. 이를 통해 예수는 메시아(=그리스도)라는 당신의 역할을 행하실 분으로 임명/인정받았다. 때문에 예수는 고유하고 독특한 의미의 "기름 부음을 받은 자"셨다. 그 결과, 얼마 지나지 않아 이 칭호는 초기 교회가 알았던 예수의 이름 가운데 하나가 되었다["기름 부음 받은 자 예수"(Jesus the Christ)는 그냥 "예수 그리스도"(Jesus Christ)가 되었다]. 이 "기름 부음"이라는 이미지를 신자들에게

24) 이후 교회가 요한일서(2:20, 27)부터 시작하여 **영**이 행하시는 일을 이야기할 때 이 은유가 자주 그 일을 설명하는 역할을 했다는 점을 생각하면, 더더욱 그렇다.

25) 이런 시각에서 이 진술을 고전 11:23-25의 성찬 제정 진술과 연결하여 논한 내용을 보려면, Fee, *1 Corinthians*, 546-47을 보라.

26) 참고. Dunn, *Baptism*, 133. Dunn은 조금 다른 형태로 제시한다.

적용하기를 대체로 꺼린 것도 필시 그런 용례 때문일 것이다.

따라서 바울이 여기서 하는 일은 신약성경에서는 독특한 것이다. 그가 우선 염두에 두고 있는 점은 그와 그리스도의 관계 그리고 고린도 사람들과 그리스도의 관계임이 거의 확실하다. 하나님은 고린도 사람들을 그 기름 부음 받으신 자와 결합시키심으로 그들에게도 기름을 부으셨다.[27] 그러나 이런 용어는 왕과 제사장에게 기름 부음을 이야기하는 구약 전승들, 그리고 특히 메시아에게 **영**으로 기름 부음을 이야기하는 이사야서에서 풍부하게 볼 수 있다. 이사야서의 용례가 바로 바울이 여기서 채용한 것이다. 바울은 22절에서 이 "기름 부음", 곧 그리스도와의 이 관계를 **영**과 관련지어 계속 설명한다.

그러나 바울은 이 은유를 더 밀어붙이지 않는다. 우리 역시 더 밀어붙여서는 안 된다. 설령 이 "기름 부음"이라는 은유가 주로 어떤 사람과 그리스도 사이의 관계와 관련 있다손 치더라도, 이 은유가 본디 가리키는 것은 그리스도 자신이 성령으로 기름 부음을 받으신 일이다. 때문에 바울은 설명을 계속 이어가면서, 자신이 처음에 썼던 동사("확인해주신다")가 나타내는 상업 관련 이미지로 되돌아가 이런 이미지를 지닌 은유를 두 개 더 구사한다. 그는 분명 이 은유들을 자신과 그들의 마음에 주신 **영**이라는 선물로 본다.

인(印)을 찍으셨다. 바울은 이 이미지를 사용하여 자신이 처음에 "확인해주신다"라는 동사를 써서 구사하기 시작했던 상업 관련 은유로 되돌아가,[28]

---

27) 일부 학자들(가령 Meyer, 159; Plummer, 39; Strachan, 59)은 크리소스토무스를 따라 바울이 말하는 이 은유가 그가 사도로 "기름 부음" 받은 것을 가리킨다고 주장함으로써 바울이 말한 ἡμᾶς에 고린도 사람들이 포함되지 않는다고 보았다. 그러나 22절 그리고 바울이 이 구절에서 구사한 은유들을 다른 곳에서 사용한 사례를 참작할 때, 이 견해는 추천할 만한 구석이 거의 없다. 참고. Bultmann, 42: "ἡμᾶς는 바울 한 사람만을 가리킬 수 없다. 오히려 σὺν ὑμῖν이 이 문장 전체를 지배한다." 대다수 주석가들도 마찬가지다. J. J. Kijne는 이 견해를 따르면서도 모호한 표현을 쓴다["We, Us and Our in Ⅰ and II Corinthians," *NovT* 8 (1966), 176-77].

28) 여기서 이 은유는 필시 재산 매각을 가리키는 은유일 것이다.

모든 것을 **영**이 신자의 삶 속에서 행하시는 일에 직접 적용한다. 이 이미지는 그리스-로마 세계에서 이루어지던 아주 다양한 거래 행위로부터 유래한 것이다. 이런 인은 밀랍에 찍힌 인영(印影) 형태가 대부분이었으며, 이런 인영은 소유자나 발송인의 "인"을 담고 있었다. 이런 인이 주로 표시한 것은 소유권과 진정성(眞正性, authenticity)이었다. 이를 통해 이런 인은 소유권자를 확실히 보호해주었다.[29] 바울은 이 인이라는 은유를 모두 7회에 걸쳐 사용하는데, 뉘앙스가 조금씩 다르다.[30] 이 경우는 이 은유가 에베소서 1:13 및 4:30과 마찬가지로 하나님의 소유권을 표시함으로써 신자가 마지막 때에 받을 유업을 확실히 보장해주는 "인"이신 **영**을 가리킨다.

에베소서 1:13과 4:30의 용례가 확실히 일러주듯이, "인"은 **영** 바로 그분이다. 하나님은 이 **영**을 통해 신자들을 구별하시고 이들이 당신 소유임을 주장하셨다. 따라서 **영**은 바울이 사도임을 증명해주는 증거시다. 이는 단순히 그분 자신이 **영**이라는 인격체이시기 때문이 아니라, **영**이 바울을 통하여 고린도 교회에 있는 사람들이라는 형태로 열매를 맺으셨기 때문이다. **영**은 바울의 사역을 통하여 고린도 교회 사람들 자신을 지금은 물론이요 앞으로 영원히 하나님의 소유로 인치셨다. 바울은 이 점을 3:1-18에서 상당히 힘차게 논증해갈 것이다. 에베소서 4:30은 이 은유가 담고 있는 종말론적 보증을 분명하게 선언한다("너희가 그와 더불어 **구속의 날에 필요한** 인을 받았느니라"). 만일 앞에서 제시한 구조 분석이 옳다면, 이 경우에도 역시 같은 말을 할 수 있다. 하나님은 "우리에게 (유업을 주시겠다는) **보**

---

29) BAGD 2b; MM 617-18; *TDNT* 7.939-43 (Fitzer)과 *NIDNTT* 3.497 (Schippers)을 보라.

30) "인을 찍다"(σφραγίζω)라는 동사는 여기와 롬 15:28; 엡 1:13; 4:30에서 나타난다. 고전 9:2; 롬 4:11; 딤후 2:19에서는 "인"(σφραγίς)이라는 명사를 사용했다. 롬 15:28의 용례는 독특하다. 이는 분명 그 생산품이 시장에 내놓으려고 마련한 것임을 보증하고자 그 생산품을 담은 주머니에 "인을 찍어놓은 것"을 가리킨다. 따라서 예루살렘 교회에 줄 선물은 "이런 인이 찍힌 상태 그대로 건네진다"(Fitzer, *TDNT* 7.948). 롬 4:11에서는 할례가 하나님의 "인" 역할을 한다. 이는 아브라함이 할례를 받기 전에 믿음으로 말미암아 의롭다 하심을 받았음을 확인해주는 역할을 한다. 고전 9:2에서는 인이 주로 진정성을 강조하는 역할을 한다. 고린도 사람들 자신이 하나님의 인이며, 이 인은 바울의 사도직이 진정한 것임을 증명해준다.

증금, 곧 **영** 바로 그분을 주심으로써" 우리에게 인을 찍으셨다.

보증금(계약금).[31] 이 은유는 신약성경에서 3회 등장하는데, 모두 바울 서신에서 나타나고(여기와 고후 5:5과 엡 1:14) 모두 성령과 관련해 나타난다. 이 말을 은유로서 사용한 동시대의 증거를 찾을 수 없으나, 그리스어로 기록된 상거래 파피루스들은 매매나 용역의 대가로 치러야 할 대금 총액 중 1차 지불금[따라서 "보증금"(계약금)]을 가리키는 전문용어로 이 ἀρραβών을 풍성하게 증언한다.[32] 보증금은 말 그대로 계약에 따른 의무를 확증해주고 그 이행을 보증한다.[33] 에베소서 1:14이 분명하게 보여주듯이, 여기와 5:5의 "**영**의"(τοῦ πνεύματος)라는 소유격은 "보증금"에 덧붙인 말로 이해해야 한다. 그러므로 **영** 바로 그분이 보증금이시며, 하나님이 우리 삶 속에서 우리에게 확실한 미래를 보장해주시는 보증금이시다. 뿐만 아니라, 이 은유는 (특히) 우리가 받은 것이 전부가 아니라 일부임을 시사한다. 바울은 **영**이라는 선물을 전인(全人) 구속의 첫 부분이요, 신자들이 "**영**에 속한" 몸을 입을 때 끝나게 될 과정의 시작으로(=오직 **영**만이 그 실존을 결정하는 실존 양식의 출발점으로; 고전 15:44을 보라) 본다.

이는 마침내, 이 본문이 **영**에 관하여 이야기하는 몇 가지 것들로 이어진다.

1. 이 본문은 삼위일체를 암시하는 말이 가득하고 신앙고백에 가까운 성격을 지닌 일련의 구원론 본문들 가운데 네 번째 본문이다.[34] 늘 그렇듯

---

31) 그리스어로 ἀρραβών이다. 이는 분명 셈어에서 빌려온 말인데, 아마도 페니키아 상인들을 통해 들여왔을 것이다.

32) 특히 MM 79을 보라. 바울 서신에서 이 말이 은유로서 갖는 의미를 살펴보려면, 최근에 나온 A. J. Kerr, "'ΑΡΡΑΒΩΝ," *JTS* 39 (1988), 92-97을 보라.

33) Kerr, "'ΑΡΡΑΒΩΝ," 95은, 용역 계약에서 통상 이 보증금을 사용한 경우를 보면, ἀρραβών을 받는 자가 이를 받음으로써 일정한 용역을 제공할 의무를 진다고 지적한다. 이 은유의 그런 차원이 본문 이해에 도움을 주긴 하지만, 바울이 강조하고자 하는 방향은 그쪽이 아닌 것 같다. 바울이 강조하는 것은 하나님이 **영**이라는 보증금을 주셨다는 것이지, 우리가 그것을 받았다는 것이 아니기 때문이다.

34) 앞에서 살후 2:13과 고전 6:11을 다룬 내용을 보라(참고. 살전 1:4-6을 다룬 부분의 주39). 몇몇 주석가들이 이 점을 지적한다; Plummer, 41-42; Hughes, 39; Héring, 12 등을 보라.

이 이 경우에도 구원 사건은 하나님 아버지가 친히 행하신 행위의 결과다. 하나님은 이 행위를 당신 아들 안에서 이루셨으며, 당신이 이전에 이스라엘에게 하셨던 모든 약속에도 당신 아들 안에서 **예**라고 답하셨다. 신자와 신자 공동체의 삶 속에서 이 구원을 효과 있게 이뤄내시는 것 역시 **영**이 하시는 일이다. **영**은 그리스도가 행하신 일을 적용하시는 분이요, 몸소 신자 안에 거하시는 하나님으로서 그리스도가 행하신 일이 마지막 때 완전히 이루어질 것을 보증해주신다.

2. 이 본문의 은유들은 바울이 **영**을 주로 종말론적 실재로 본다는 것을 놀랍게 실증해준다. 하나님의 인이자 보증금이신 **영**의 임재는 구원이 "이미 그러나 아직 아니"임을 확실하게 일러주는 증거다. "보증금"은 미래를 현재 보장해주는 증거다. 그러나 미래는 단지 "보증금"으로서 현존할 뿐이다. 이 보증금이 보장하는 마지막 유업은 아직 실현되어야 할 것으로 남아 있다.[35)]

3. 이 본문 역시 **영**이 신자 "안에 들어와 거하심"을 강조한 본문 중 하나다. 하나님은 우리에게 **영**을 주시되, "우리 마음들 속에" 주셨다. 우리는 이미 이 사실을 강조하는 말을 데살로니가전서 4:8과 고린도전서 6:19에서 보았다. 바울은 이런 말을 앞으로 종종 되풀이할 것이다(가령 갈 4:6; 롬 8:9-26). **영**은 바로 현재 우리 인간이 살아가는 삶, 우리가 지금 "하나님의 아들을 믿는 믿음"으로 살아가는 삶 속에 들어와 거하시는 하나님 자신이시다.

4. 우리가 이 단락 말미에 있는 이 문장에 이른 지금, 바울이 17절에서 이 단락을 시작할 때 구사했던 수사는 우리로부터 좀 멀어져 있다. 그렇긴

그러나 이들이 이를 바울 자신의 신학과 관련지어 받아들일 때 보여주는 열심의 정도는 다양한 편차를 보인다.

35) 이런 은유들을 비슷하게 논하는 내용을 보려면, Judith M. Gundry Volf, *Paul and Perseverance: Staying in and Falling Away* (WUNT 2/37; Tübingen: Mohr, 1990), 27-33을 보라. Gundry Volf의 관심사는 이런 은유들이 함축한 견인(perseverance)이라는 테마와 **영**이라는 언어다.

해도 바울이 고린도 사람들 가운데서 펼친 사역을 확인해주시는 **영**이라는 선물은 그가 전도 여행 계획들을 κατὰ σάρκα(육을 따라) 세우지 않았음을 증명해주는 확실한 증거임을 유념해둘 가치가 있다.[36] 이 본문은 좀 간접적이긴 해도 바울 서신에서 두 번째로 나타나는 **영**/육 대조 사례다.[37] 여기서는 이것을 놓고 더 이상 이야기할 게 없다. 그러나 5:16-17(찾아보라)이 구사하는 강한 언어 뒤에는 필시 이렇게 **영**과 육을 연계하여 보는 시각이 자리해 있을 것이다. 물론 다음 두 서신(갈라디아서와 로마서)에서는 이런 **영**/육 대조가 주된 모티프가 된다.

5. 이 문맥을 놓고 볼 때, 이 모든 내용은 하나님이 당신 아들의 복음과 고린도 사람들이 공통으로 받은 선물인 내주하시는 **영**을 통하여 바울의 사역이 진정함을 인정해주셨음을 강조하는 것이다. 때문에 설령 그가 자신의 전도 여행과 관련하여 실행하지 못한 부분이 있더라도, 그것이 곧 그의 성실성을 부정하거나 그의 사도직을 의심할 이유가 되지는 않는다. 바울은 이 모든 내용이 가지는 의미를 2:14-4:6에서 상세히 설명할 것이다.

6. 따라서 이 본문에는 이 구절들을 물세례도 이야기하는 본문으로 볼 근거들이 없는 것 같다.[38] 실제로 신약성경은, 한 은유만 사용한 경우든 아니면 이 은유들을 통틀어 사용한 경우든, 이 본문이 구사한 은유 가운데

---

36) Harris, 325도 같은 견해다.

37) 고전 3:1을 다룬 Fee, *1 Corinthians*, 121-28을 보라.

38) 이 본문과 물세례를 연계하는 견해는 상당히 긴 역사를 갖고 있다. 이 견해는 Erich Dinkler, "Die Taufterminologie in 2 Kor. i21f," in *Neotestamentica et Patristica* (Festschrift Oscar Cullmann)(NovTSup 6; ed. W. C. van Unnik; Leiden: Brill, 1962), 173-91; Beasley-Murray, *Baptism*, 171-77이 힘차게 주장했다. 이들 외에도 W. Grundmann이 *TDNT* (χρίω 부분)(Fitzer는 σφραγίς를 다루며 Grundmann과 반대 견해를 피력한다)에서, 그리고 Schippers가 *NIDNTT*에서 이 견해를 채택한다. 참고. Bernard, 45; Plummer, 41; Strachan, 60; Lietzmann, 103; Bultmann, 42; Furnish, 148-49 (주저하는 모습을 보이며); Barrett, 80-81. Barrett는 Dinkler가 증거를 "과장했다"고 생각한다(실제로 바울의 글에 과연 그런 증거가 있는가?). 그러면서 그는 이 본문이 은연중에 "고린도 사람들이 그리스도인의 삶을 시작하게 된 전 과정(회심, 믿음, 세례, **영**을 받음)"을 암시한다고 보려 한다(Martin, 29도 이에 동의하며 이를 인용한다). 그러나 이 견해는 모든 쪽을 기쁘게 해주려고 애쓰다 보니, 이 본문의 은유들에 좀 지나치게 많은 것을 요구하는 것 같다.

그 어떤 것도 그리스도인이 받는 세례를 언급하거나 암시하는 데 사용하지 않는다. 더욱이 바울은 이 본문은 물론이요 다른 본문들에서도 세례가 아니라 **영**을 하나님의 소유권을 표시하는 "인"으로 지칭한다. 이런 연계 자체는 복잡한 추론 과정을 돌고 돌아 에둘러 이루어졌다. 처음에 사람들은 "인"이라는 이미지가 세례를 직접 지칭한 2세기 중후반의 증거에서 시작했다.[39] 이어 이들은 바울이 신자가 세례를 받을 때 **영**을 받는 것으로 이해했다고 추정한 뒤(의심스러운 추정이다),[40] 이 추정을 전제로 삼아 결국 이 본문이 구사한 은유들(특히 "기름 부음"과 "인을 찍음")이 본디 그들 안에 세례라는 개념을 갖고 있다고 추정한다.[41]

그러나 이렇게 이 은유들을 물세례와 연계하는 주장이 타당하려면, 방금 말한 마지막 추정이 분명한 증거를 통해 완전히 증명되어야 한다. 즉 **바울 자신**이 직접 혹은 넌지시 귀띔하는 식으로 이 은유들을 세례와 연계하기 때문에 우리도 **이 은유 자체가 본디** 세례라는 개념을 **내포하고 있는 것**으로 이해할 수 있음을 분명하게 증명해주는 증거가 있어야 한다. 그런 증명은 손에 넣기가 특히 힘든 것 같다. 바울 자신이 이런 은유들로 **영**을 지

39) 특히 「클레멘스2서」와 「헤르마스의 목자」에 그런 내용이 있다. BAGD, σφραγίς 2b가 언급한 내용을 보라. Bultmann, 42은 바울의 의도를 결정하는 데 이것들이 에베소서보다 더 중요한 의미를 갖는다고 여겼다.

40) 이 문제를 살펴보려면, 고전 6:11; 12:13 그리고 딛 3:6을 논한 내용을 보라.

41) 이 추론 과정을 살펴보려면, Beasley-Murray, *Baptism*, 171-77을 보라. Beasley-Murray가 특히 논리의 "비약"을 보이는 부분은 그가 "**영**이 기름 부음이시며 인이심"(175)을 강조하다가(이는 옳다), 고전 6:11과 12:13을 언급하며 "**영**이라는 인"이 "**성령이 베푸시는 세례로서 세례식 때 예수의 이름으로 신자에게 안수하는 것과 결합되어 있다**"(비슬리-머리 강조)라고 역설하는 대목이다. 이것은 순전히 독단이요 억측 같다. 이 본문이 말하는 내용이나 바울 서신의 다른 본문들이 말하는 내용을 봐도 이 주장은 전혀 정당하지 않다. Beasley-Murray는 바울이 **영**이라는 선물과 물세례를 연계하였으며 이 때문에 **영**을 받음을 언급하는 어떤 은유도 애초부터 물세례를 함께 가리키는 것일 수밖에 없다고 추정한 뒤, 바로 이런 추정을 전제로 삼아 앞과 같은 주장을 제시한다. 그러나 이런 추정을 하려면 이를 뒷받침할 증거가 아주 많이 필요한 것 같다. Dinkler도 20절에 있는 "아멘"을 근거로 삼아 21-22절 본문이 "전례" 본문이며 따라서 21-22절은 전례를 반영한 구절들이라고 주장한다는 점을 유념해두어야 한다. Dinkler의 이런 주장을 증명할 수 있다 하더라도, 오히려 "전례들"만 혼란스럽게 하는 원인이 된다. 추측이지만, 참여자가 아멘으로 응답했을 "말씀 전례"는 "세례라는 전례"와 상당히 달랐을 것이다. 그러나 이 모든 것은 어디까지나 추측이다.

목할 뿐 아니라, 이런 은유들을 써서 제시하는 강조점 자체가 그 자신이 그리스도인이 받는 세례를 언급할 때 강조하는 점과 전혀 딴판이기 때문이다.[42] 이제, 이 본문을 세례를 말하는 본문으로 엄격하게 해석하는 입장은 본문 자체가 아니라 외부에서 비롯된 것이며, 이 경우에는 후대에 나온 해석이라고 상당히 확고하게 결론지을 수 있다. 분명 바울은 이런 은유들과 세례를 연계하는 견해에 정당성을 부여해줄 말을 일언반구도 하지 않는다.[43]

• 고린도후서 2:13

내가 내 형제 디도를 거기서 찾지 못하였으므로 내 영이 쉼을 갖지(편하지) 못했다.

쥬이트(R. Jewett)[44]는 이것을 놓고, 바울이 πνεῦμα를 쥬이트 자신이 "배분받은 하나님의 **영**"이라 이름 붙인 것을 가리키는 말로 사용한 또 한 가지 사례라고 주장한다. 그는 그리스도인들이 그리스도를 믿는 믿음을 통하여 종말의 시대로 들어갈 때 이 **영**을 받는다고 말한다. 그러나 쥬이트의 주장은 바울의 글에서 볼 수 있는 다른 증거를 간과한 것이다. 이 경우에 흥미로운 점은 바울이 이 주장을 7:5에서 다시 제시할 때, 이 구절과 거의 동일한 평행 본문에서 πνεῦμα 대신 σάρξ라는 말을 사용한다는 점이다["우리 육체가 쉼을 갖지(편하지) 못했다"]. 두 경우를 보면, 이 영과 육이라는 말

---

42) 즉 바울은 그리스도인의 세례가 갖는 중요한 의미를 직접 언급할 때, 21-22절에서 구사한 은유들이 강조한 소유권이나 진정성이나 종말론과 연관된 보증 같은 것을 강조하지 않는다. 바울 신학에서는 이것들이 모두 **영**이 하시는 활동들이다.

43) 참고. Dunn, *Baptism*, 131: "(바울의) 사상 속에는 물세례가 전혀 들어와 있지 않다"; 그리고 Héring, 12. 의문조차 제기하지 않는 사람들도 같은 생각을 하는 것으로 추측할 수 있다(Calvin, Meyer, Hodge, Hanson, Tasker, Harris, Barnett). Hughes, 43-45은 그런 가능성을 인정하면서도 생각을 달리한다.

44) *Terms*, 192-94.

은 인간을 나타내는 말로서, "나"를 에둘러 표현하는 말과 비슷한 기능을 한다. 각 경우는 바울이 쉼을 갖지 못했던 상이한 측면을 강조한다. 현재 이 본문이 문제 삼는 것은 순전히 근심이다. 인간의 구성 요소로서 이런 근심을 표현하는 데 적합한 말은 "영"이다. 그 다음 경우에는(7:5) 강조점이 그가 "모든 면에서 고초를 겪었다"라는 점으로 옮겨간다. 바울은 외부 사람들과 다툼을 벌이기 시작하면서, 그 "육"에 쉼을 갖지 못했다. 바울이 인간의 영을 정확히 어떻게 이해했는지 확실히 알 수는 없지만, 그 경우에도 여기서 그가 쓴 πνεῦμα가 인간의 내면 차원을 가리킨다는 점만큼은 의심할 여지가 없다.[45]

고린도후서 3:1-18[46]

바울이 이 본문에서 **영**을 특정하여 언급한 경우는 겨우 6회뿐이다[3, 6, 8,

---

45) 살전 5:23; 고전 2:11; 그리고 갈 6:18을 논한 내용을 더 읽어보라.

46) **참고 문헌**: W. **Baird**, "Letters of Recommendation. A Study of II Cor. 3:1-3," *JBL* 80 (1961), 166-72; **Belleville**, *Reflections*; C. **Blomberg**, "The Structure of 2 Corinthians 1-7," *Criswell Theological Review* 4 (1989), 3-20; J. D. G. **Dunn**, "2 Corinthians III. 17-'The Lord is the Spirit,'" *JTS* 21 (1970), 309-20; J. A. **Fitzmyer**, "Glory Reflected on the Face of Christ (2 Cor. 3:7-4:6) and a Palestinian Jewish Motif," *TS* 42 (1981), 630-44; D. E. **Garland**, "The Sufficiency of Paul, Minister of the New Covenant," *Criswell Theological Review* 4 (1989), 21-37; P. **Grech**, "2 Corinthians 3,17 and the Pauline Doctrine of Conversion to the Holy Spirit," *CBQ* 17 (1955), 420-37; D. **Greenwood**, "The Lord is the Spirit: Some Considerations of 2 Cor 3:17," *CBQ* 34 (1972), 467-72; S. J. **Hafemann**, "The Comfort and Power of the Gospel: The Argument of 2 Corinthians 1-3," *RevExp* 86 (1989), 325-44; S. J. **Hafemann**, *Suffering and the Ministry in the Spirit: Paul's Defense of his Ministry in 2 Corinthians 2:14-3:3* (Grand Rapids: Eerdmans, 1990; 이것은 애초에 WUNT 2/19; Tübingen: Mohr, 1986으로 출간된 지은이의 박사학위 논문을 약간 줄여 펴낸 책이다); A. T. **Hanson**, "The Midrash of II Corinthians 3: A Reconsideration," *JSNT* 9 (1980), 2-28; A. T. **Hanson**, *Studies in Paul's Technique and Theology* (Grand Rapids: Eerdmans, 1974), 139-42; I. **Hermann**,

17(2회), 18절]. 그래도 **영**은 이 본문에서 바울의 생각과 논리를 지배한다.[47] 사실 **영**을 언급한 일부 언급은 지극히 난해하다 보니, 이 본문은 바울 서신에서 가장 중요한 **영** 관련 본문 가운데 하나가 되었다. 여기는 현존하는 바울 서신이 처음으로 옛것과 새것(언약들과 사역)을 날카롭게 대조하여 제시한 부분이기도 하다. 문자와 **영**, 죽음과 생명, 저주(정죄)와 의, **영**이 가져다주시는 확신과 자유와 실재이자 하나님의 마지막 영광을 확실히 유업으로 받게 될 새것의 "영광."[48] 그러나 **영**이 이 본문 전체(1-18절)에서 중심 역할을 한다는 것을 이해하려면, **영**을 말한 본문들을 조목조목 살펴보기 전에 이 본문 전체의 의미를 먼저 파악해야 한다.[49]

Kyrios und Pneuma: Studien zur Christologie der paulinischen Hauptbriefe (Munich: Kösel-Verlag, 1961); C. J. A. **Hickling**, "The Sequence of Thought in II Corinthians, Chapter Three," *NTS* 21 (1975), 380-95; M. D. **Hooker**, "'Beyond the Things that are Written': St Paul's Use of Scripture," *NTS* 27 (1981), 295-309; E. **Käsemann**, "The Spirit and the Letter," in *Perspectives on Paul* (London: SCM, 1969), 138-66; J. **Lambrecht**, "Transformation in 2 Cor. 3,18," *Bib* 64 (1983), 243-54; C. F. D. **Moule**, "2 Cor. 3:18b, καθάπερ ἀπὸ κυρίου πνεύματος," in *Neues Testament und Geschichte* (Festschrift O. Cullmann; ed. H. Baltensweiler, B. Reicke; Tübingen: Mohr, 1972), 233-37; J. **Murphy-O'Conner**, "PNEUMATIKOI and Judaizers in 2 Cor. 2:14-4:6," *AusBR* 34 (1986), 42-58; T. E. **Provence**, "'Who is Sufficient for These Things?' An Exegesis of 2 Corinthians ii 15-iii 18," *NovT* 24 (1982), 54-81; D. A. **Renwick**, *Paul, the Temple, and the Presence of God* (BJS 224; Atlanta: Scholars, 1991); E. **Richard**, "Polemics, Old Testament and Theology—A Study of II Cor. III,1-IV,6," *RB* 88 (1981), 340-67; C. Kern Stockhausen, *Moses' Veil and the Glory of the New Covenant* (AB 116; Rome: Biblical Institute, 1989); **Sumney**, *Opponents*; W. C. **van Unnik**, "'With Unveiled Face,' An Exegesis of 2 Corinthians iii 12-18," *NovT* 6 (1963), 153-69; N. T. **Wright**, "Reflected Glory: 2 Corinthians 3:18," in *The Glory of Christ in the New Testament: Studies in Christology in Memory of George Bradford Caird* (ed. L. D. Hurst, N. T. Wright; Oxford: Clarendon, 1987), 139-50.

47) 이 점은 아주 분명하며, 이 본문은 물론이요 바울이 다른 곳에서 구사한 용례를 통해 모든 가능한 방법으로 증명할 수 있다. 때문에 바울이 여기서 제시한 주장에서 등장하는 πνεῦμα가 성령을 가리키는 게 아니라, 율법의 문자와 대비되는 "내면의" 어떤 것을 가리킨다고 말하는 Hughes, 96-102, 115-17은 상당히 놀랍다.

48) 여기서는 이 점을 이렇게 표현하지 않으나, 1:22과 5:5에서는 이 점이 아주 분명하게 나타난다. 우리가 뒤에서 언급하겠지만, 11절이 제시하는 대조에는 새 언약이 "계속 유지된다"라는 의미가 함축되어 있는 것 같다(참고. 18절, "영광으로부터 영광에").

49) 여기서 제시하는 것은 기본적으로 내 자신이 이 본문을 연구한 결과물이다. 물론 이번 경우

1-18절은 2:14에서 시작하여 4:6까지 이어지는 주장의 중간 단락을 형성한다. 2:14부터 4:6까지 이어지는 주장은 긴 "여담"(餘談; 2:14-7:4)[50]의 첫 부분이다. 이 긴 "여담"에서는 네 가지 관심사를 한꺼번에 엮어 한 줄기로 계속 이어간다. 그 네 가지는 이렇다. (1) 바울은 그의 사도직을 변호하고 이를 통해 그가 전한 복음을 변호한다. (2) 사도로서 바울의 모습과 그의 복음을 규정하는 특징은 환난과 약함이지만, 그래도 그와 그의 복음은 **영**으로 충만하며, 따라서 영광으로 가득 차 있다. (3) 이런 사실을 증명하는 증거가 바로 고린도 신자들 자신이요 그들 자신이 **영**을 체험한 일이다. 그러므로 (4) 고린도 신자들은 일부 외부인의 간계에 넘어가서는 안 된다. 그들은 아무리 추천장을 갖고 있어도 "진리의 말씀을 어지럽히는 말씀 장사꾼들"에 불과하다. 여기서 바울의 주관심사는 그의 사도직을 변호하는 것이다. 이는 그가 사도라는 **사실**을 변호한다는 말이 아니라, 사도직의 **성격**을 변호한다는 말이다. 바울은 특히 사도로서 자신의 "스타일"이 자신이 전한 말씀과 일치한다는 점을 증명하는 데 시종일관 관심을 기울이는 것 같다. 그가 전한 말씀을 나타내는 표지는 십자가이며, 이 말씀이 낳은 결과들도 훌륭했다.[51] 바울은 적어도 자신이 2:14부터 4:6에서 제시한 주장

에는 이 본문을 다룬 많은 학자들의 저작으로부터 일부 영향을 받을 수밖에 없었다. 이번 경우에 나는 이 본문 전체가 아니라 특별히 **영**을 언급한 본문들을 다룰 경우에 한정하여 이런 문헌들을 참조하려고 한다.

50) 실제로 이 부분은 고대 문헌에서 볼 수 있는 고전적 "여담들" 가운데 하나다. 물론 이 말은 다음 몇 가지 것들이 옳다는 전제 아래 하는 말이다: (1) 고후 1-9장은 바울이 아닌 다른 어떤 사람이 후대에 모아 편집한 게 아니라 한 서신으로 이해해야 한다[그렇게 다른 사람이 "가위로 잘라 풀로 붙이는 식으로" 편집하는 게 불가능함을 알아보려면, G. D. Fee, "II Corinthinas vi.14-vii.1 and Food Offered to Idols," *NTS* 23 (1976-77), 140-61 (142-43)을 보라]. (2) 따라서 이것은 일종의 "여담"이다. 이는 2:13과 7:5이 잘 보여준다. 물론 나는 이 부분이 통상 "여담"이라는 말이 의미하는 그런 여담인지 의심이 들곤 한다. 이 부분에는 ("여담"이라는 말이 무색할 정도로—옮긴이) 아주 많은 생각과 의도가 들어 있기 때문이다(내가 "여담"이라는 말에 인용부호를 붙인 이유도 그 때문이다). (3) 사실 바울 서신은 "문학"의 형태를 띠고 있었다. 이 서신들은 본디 하나님의 사람들이 모인 자리에서 낭독하도록 기록한 것들이었기 때문이다. 그러므로 이 서신들에는 처음부터 일부러 공중을 염두에 둔 요소를 집어넣었다.

51) 참고. 고전 2:1-5; 4:1-17; 갈 6:12-17.

의 서두(2:14-17)와 끝부분(4:1-6)에서는 그 점을 강조하는 것 같다.

그리하여 바울은 2:14-16a에서 로마의 개선 행렬이 던지는 강력한 심상을 통해 다시 한 번 자신의 "약한 것들"(물론 이 구절들에서는 "약한 것들"이라는 말이 등장하지 않는다)에 영광을 돌린다.[52] 바울은 마치 고대 로마의 경기장에 서 있는 사람처럼 죽음으로 계속 이끌려가고 있다. 그러나 그의 삶과 사역은 생명이나 죽음으로 이어지는 향기다. 이어 바울은 16b절에서 이런 유도질문을 던진다. "누가 이런 일들(즉 이런 사역들)을 감당하기에 충분하냐?" 그는 이 질문에 자신과 "말씀 장사꾼들"(17절)을 대조함으로써 (긍정하는[53] =자신이 바로 그런 사람이라는 – 옮긴이) 답을 제시한다. 그런 이들과 달리, 바울은 하나님의 임재 속에서 살아가는 사람으로서 말씀을 전한다.[54]

바울 자신이 그런 사역을 감당하기에 "충분하다"고 암시하는 이 말은 흡사 자기를 천거하는 자천서처럼 들릴 수 있다. 때문에 그는 3:1-3에서는 수사 의문문으로 방향을 틀어 다른 식으로 강조한다. 다른 이들은 분명 자신들이 "추천서"(증명서)를 갖고 있음을 강조했다. 그러나 이들과 달리 바울은 서신 형식은 말할 것도 없고(1절) 어떤 형태의 외부 추천서도 필요로 하지 않는다. 그가 언급하는 "추천서"로부터 모든 이미지들이 잇달아

---

52) 바울이 여기서 말하는 심상(이미지)이 장차 로마의 경기장에서 죽음을 당할 개선 행진 끝자락의 사람들(전쟁에서 로마군이 붙잡은 포로들을 가리킨다 – 옮긴이) 속에 서 있는 것 같은 바울 자신의 처지를 가리킨다는 것을 충실하고 설득력 있게 논한 글을 보려면, Hafemann, *Suffering*, 7-39을 보라; 참고. 고전 4:9에 있는 이와 유사한 이미지를 다룬 Fee, *1 Corinthians*, 174-75.

53) 바울이 그가 제시한 질문에 기대했을 답이 부정인가 아니면 긍정인가를 놓고 벌어진 논쟁(과 참고 문헌)을 살펴보려면, Hafemann, *Suffering*, 90-98에 있는 유익한 논의를 보라. 그는 바울이 기대한 답이 긍정이었다고 (설득력 있게) 결론짓는다. 실제로 2:17의 γάρ와 3장의 주장 전체를 보면, 그런 결론을 내릴 수밖에 없을 것 같다.

54) 17절을 이렇게 이해하는 입장을 지지하는 주장을 보려면, Renwick, *Paul*, 61-74을 보라. 내가 이 제5장을 쓰고 여러 달이 흐른 뒤에야 이 연구서가 내 손에 들어왔다. 그 바람에 나는 한두 개 주(註)를 제외하곤 이 연구서를 전혀 참조하지 못했다. 나는 이 연구서가 제시하는 주해를 그리 확신하지 않는다. 그렇지만 이 연구서 저자인 Renwick은 이 본문을 논증할 때 아주 중요한 이 모티프를 (적절히) 강조했다.

파생되어 나온다. 이 모든 이미지들은 바울이 자신의 사도직을 변호할 요량으로, 특히 고린도 사람들이 **영**을 받은 일을 증거로 삼아 그의 사도직을 변호할 목적으로 고안해낸 것들이다. 그리하여 바울은 고린도 사람들 자신이 바울의 사도직이 유효함을, 따라서 그가 성실하고 진실한 사도임을 증명해주는 산 증거라고 재차 주장한다.[55] 이미 1:21-22에서도 보았듯이, 이 주장을 이해하는 핵심 단서는 **영**이다. 이는 고린도 사람들 자신이 **영**을 받음으로써 처음으로 증명했다.

여기서 바울은 다시 4-6절에서 그 자신의 사역을 돌아보고, 2:16b에서 시작했던 질문인 "누가 이런 사역을 감당하기에 충분하냐?"라는 질문으로 돌아간다. 다른 곳에서도 늘 그랬지만, 바울의 확신은 삼위 하나님의 삼중 사역에 기초한다. 바울의 사역은 "하나님으로부터"(5절) 나온 것이요 "하나님 앞에서"(개역개정: 하나님을 향하여; 4절) 행한 것이며 "그리스도를 통해"(개역개정: 그리스도로 말미암아; 4절) 바울에게 이른 것이다. 그가 하는 사역은 새 언약의 사역으로서 생명을 주시는 분인 **영**을 그 특징으로 삼는 사역이다(6절). 바울은 이 점을 강조하면서 자신의 사역과 옛 언약을 대조한다. 그는 옛 언약의 특징을 단지 죽이는(즉 죽음을 낳는) "문자"(율법 조문)로 규정한다.

여기서 바울은 몇 가지 대조를 시작하는데, 이 대조를 이 문단의 나머지 부분인 7-18절에서도 계속 이어간다. 이 대조들도 주해하기 어려운 많은 문제들을 만들어낸다. 이런 난제들 가운데 중요한 문제는 바울이 6절과 그 뒤에 이어지는 설명에서 구사하는 이런 대조가 과연 그를 대적한 자들과 관련 있는 것인가, 있다면 얼마나 많이 관련 있는가라는 문제, 또 이런 대조가 바울이 제시하는 주장과 여담들로부터 얼마나 많이 흘러나오는가라는 문제다.[56] 나는 이 문제와 관련하여 중도 입장을 취하곤 한다.

---

55) 고린도전서에서 이 점을 살펴보려면, 특히 9:1-2이 구사하는 수사를 보라. 바울의 사도직과 고린도 사람들의 실존은 이렇게 서로 섞여 있어서 어느 하나(그의 사도직)를 부인하는 것은 곧 다른 하나(그들의 실존)를 위험에 빠뜨리는 결과를 가져온다.

우선 바울이 10-12장에서 이 반대자들이 지닌 유대인 특유의 색채를 확실히 강조하는 점을 고려할 때, 그가 그 자신과 모세를 이전 언약과 현재 언약의 영광이라는 말을 통해 대조한 것은 어떤 식으로든 그가 반대자들에게 제시한 답변일 가능성이 높아 보인다. 반면 일부 학자들은 우리가 바울이 여기서 말하는 내용을 기초로 삼아 그 반대자들의 신학이나 기원을 다시 구성해낼 수 있다고 주장하지만, 나는 과연 그럴 수 있을지 그들만큼 확신이 들지 않는다. 이곳에는 말 그대로 넌지시 암시하는 말이 너무 많아서 그 의미를 파악하기가 너무 힘들기 때문이다.

어쨌든 7-18절은 무엇보다도 6절에서 말한 내용을 설명을 통해 변호하는 대목이다. 바울이 관심을 갖는 문제는 여전히 그의 사도직이다. 그가 사도로서 행하는 사역은, 비록 약점들뿐이지만, 그래도 생명을 주는 새 언약의 사역이요 **영**의 사역이다. 이를 증명하는 첫 번째 증거가 바로 고린도 사람들의 실존이다. 바울의 사역은 그리스도의 순전한 복음에 "유대교 특유의 색깔"을 덧칠하려는 이들과 분명 양립할 수 없는 것이다.

바울은 두 언약이 각기 행하는 διακονίαι("직무들, 사역들")를 대조하는 말로 이 단락을 시작한다(7-11절). 이 대조 부분에서는 "영광"이 주된 모티프로 등장한다. 우리가 놀라는 점은 바울이 두 언약의 사역이 영광과 함께 왔다고 강조한 점이다. 여기서 바울은 문제가 모세로 말미암아 생긴 게 아니라, 모세의 말을 들었던(듣는) 사람들로 말미암아 생겼다고 말한다. 그들은 이전 언약이 단지 "문자"요 "**영**"을 갖고 있지 않다는 바로 그 이유 때문에 종말을 맞으리라는 것을 깨닫지 못했다. 그러나 바울의 주장에서 정말 중요한 것은 이전의 사역, 따라서 이전의 언약이 **영광**을 갖고 있었다는 점이다. 바울은 바로 이 "영광"이라는 술어를 사용하여 **점점 더 강한** 주장들을 잇달아 제시한다. 이를 통해 그는, 비록 이전 것이 "영광"과 함께 왔지만, 그 영광은 애초에 이전 것을 받았던 사람들이 볼 수 없는 영광이었

56) 앞의 주5와 주50을 보라.

으며 어쨌든 나중에는 사라지게 하려고(즉 더 큰 영광이 대신하게 할 요량으로) 주어진 영광이었음을 강조한다. 그러나 그런 사역[죽음을 낳음으로써 결국 정죄로 이어지는 "문자"(율법조문)의 사역]이 "영광"을 갖고 있었다면, 바울의 사역(생명을 주시고 의를 이뤄내시는 **영**의 사역)에는 훨씬 더 많은 "영광"이 따를 게 틀림없다. 물론 바울이 강조하는 것은 자신의 사역이 비록 겉모습은 약해 보여도 **영** 때문에 "영광"으로 가득하다는 것이다. 이 영광은 지금은 물론이요 앞으로도 영원히 존속할 것이며 이전의 영광을 훨씬 더 능가한다. 이전의 영광은 "사라져가는" 영광이었다. 그러나 새것의 영광은 **영**의 영광이므로 계속 이어진다.

그렇다면 이제 남은 것은 바울이 **영**을 통하여 그의 사역 안에 거하는 그 영광의 **본질**을 설명하는 일뿐이다. 그러나 바울은 이 일을 하려고(17-18절) 자신이 이미 7-11절에서 귀띔했던 출애굽기 34:28-35이라는 먼 길을 통과해간다. 바울은 더 이상 그 의미가 투명하게 드러나지 않는 한 주장을 제시한다. 이 주장 속에서 그는 몇 가닥 줄거리를 한데 모으는 동시에 새 줄거리들을 몇 가닥 새로 짜내고 있는 것으로 보인다. 이 문단(12-18절)을 이해할 실마리들 가운데 하나는 18절이 고린도 사람들을 "우리" 안에 포함시키는 점이다("우리가 다"). 어쩌면 12절의 "우리"는 이런 취지를 미리 귀띔한 것인지도 모른다. 이처럼 바울은 재차 화제를 자신의 사역 자체(이를 4:1에서 다시 이야기하기 시작한다)로부터 자신이 전한 복음을 들은 사람들, 그중에서도 특히 고린도 사람들에게 자신의 사역이 끼친 효과(이 효과와 지금 회당에서 일어나고 있는 일을 강하게 대조하며 설명한다)로 살짝 옮겨간다.

그는 먼저 12절에서 우리가 그런 소망(생명을 주는 새 언약의 사역에는 현재는 물론이요 앞으로 영원히 "존속하는" 영광이 함께한다는 소망)을 갖고 있으므로 "우리"가 큰 담대함/자유[57]를 사용한다고 강조하며 말문을 연다. 처

---

57) 그리스어로 παρρησία다. 이 말은 바울 서신에서도 상당히 어려운 말 가운데 하나다. 이 말의 기본 의미는 "아무것도 숨기지 않고 아무것도 지나쳐버림이 없이" "솔직하게 말함" 혹은 "기

음으로 "자유"와 "담대함"을 언급한 이 구절은 바울 자신의 사역을 가리키지만, 동시에 고린도 사람들까지 포함시켜 그의 사역을 말한 17-18절을 미리 내다본 것이기도 하다. 바울은 처음 말씀을 들었던 사람들(13-14a절), 지금 말씀을 읽는 사람들(14b-15절)을 이야기하고, 이어 더 오래된 언약을 고린도 사람들과 대조하는 방법을 써서[58] 17-18절이라는 종착점에 이른다. 이제 고린도 사람들은 **영**으로 말미암아 베일을 벗은 얼굴로 바울과 함께 하나님 앞에 서 있다(16-18절).

이 모든 내용 속에 존재하는 연결고리(과거 이스라엘로부터 현재의 유대교를 거쳐 고린도 사람들까지 이어주는 연결고리)는 "베일"(개역개정: 수건)이다. 본디 출애굽 기사를 보면, 이 베일은 모세의 얼굴을 덮었다.[59] 그러나 이제 바울은 이 베일이 회당에서 낭독되는 "모세의 글"을 듣는 자기 동포들의 "생각/마음"을 덮고 있다고 은유를 쓴다. 이 "베일"은 오로지 그리스도만이 제거하실 수 있다.[60] 그러나 바울은 계속하여 16절에서 누구든지 주께

탄없이 말함"이다(BAGD). 그러나 이 말은 이내 그런 의미를 가로질러 "공중(公衆)에게", 따라서 "사람들이 다 알 수 있게" "활짝 열어놓음"을 의미하게 되었고 결국은 "대담한 말", "확신/담대함"이라는 뉘앙스를 띠게 되었다. 이런 확신이나 담대함은 권세를 쥔 자들 앞에서 오직 특권을 가진 자들만이 가질 법한 종류의 것을 의미한다. 여기서 바울은 일부러 모호한 의미를 지닌 말을 썼을 가능성이 아주 높다. 즉 여기서 이 말은 우선 "담대함"(=바울 자신의 사역에 관한 "확신")이라는 뉘앙스를 지니고 있을 것이다. 그러나 이어지는 내용은 베일(개역개정: 수건)이라는 소재를 활용하여 "활짝 열어 드러냄"이라는 테마를 채용함으로써, 17절이 말하는 주제, 곧 **영** 안에서 누리는 "자유"를 미리 귀띔한다. 바울은 마침내 이 자유를 하나님 앞에서 "베일을 벗은 얼굴"이라는 말로 표현하는데, 이것이 παρρησία가 가지는 궁극의 (그리고 본래) 의미다. 이 말의 의미를 논한 견해들과 논쟁을 더 충실히 다룬 글을 보려면, Belleville, *Reflections*, 194-98을 보라.

58) 물론 Belleville, *Reflections*, 245-46처럼 14b-15절과 4:2-4을 한데 묶어 바울 자신이 사람들 속에서 행한 사역이 그토록 형편없어 보이는 이유를 따져 묻는 비방자들의 비판에 바울이 제시한 답변으로 봐야 한다고 생각하는 이들도 있지만, 이렇게 보는 것이 옳은 것 같다. 바울이 시종일관 강조하는 요지는 한 가지다. 즉 고린도 사람들이 지금 **율법**을 다시 따른다면 그것은 뒷걸음질 치는 것이다. 이 경우에 바울이 쓴 표현을 빌려 말한다면, **영**이 주시는 자유를 가지지 못하여 그 마음에 여전히 베일이 덮여 있는 사람들과 똑같아지는 것이다.

59) 이 본문에서 주해를 해도 결정하기가 특히 알아내기 어려운 것 중 하나가 바울이 이 문장(13절)에 있는 목적절, 곧 "이스라엘 자손들[원래 (옛) 언약을 받았던 사람들]이 장차 사라질 것의 τέλος (종착점? 마지막?)를 주목할 수 없게 하였다. 그러나 그들의 마음이 굳어져…"라는 말을 쓴 의도다. 이를 충실히 다룬 유익한 글을 보려면, Belleville, *Reflections*, 199-225을 보라.

돌아가면(출 34:34이 말하는 모세처럼) 베일이 벗겨질 것이라고 말한다. 그는 17-18절에서 이렇게 베일을 제거해주는 것을 **영**의 기능으로 해석한다. 그리하여 **영**은 "자유"를 가져다준다. 이 자유는 하나님의 새 언약 백성에게 모세처럼 하나님의 임재 안에 있을 수 있게 해주고 그 안에서 하나님의 **영광**이신 그리스도 바로 그분을 마치 거울로 보듯이 볼 수 있게 해주는 자유다. 이처럼 **영**이 새롭게 베일을 제거해주심으로 말미암아 하나님 백성은 이제 자유롭게 하나님의 임재 안으로 들어가게 되었다. 이는 결국 하나님 백성 자신이 바로 그 **영**으로 말미암아 점점 더 하나님 바로 그분의 모양으로 변해가는 결과를 가져왔다.

이처럼 이 본문은 상당히 많은 대조들을 포함하고 있고 서로 대조되는 옛것의 영광과 새것의 영광을 계속하여 설명해간다. 그렇긴 해도 바울이 시종일관 제시하는 주장은 바울 자신의 사역 속에서 그리고 그 사역의 결과물인 고린도 사람들의 사역 속에서 **영**이 행하시는 활동과 관련 있다. 바울이 여기서 제시한 주장의 정점에서 구사하는 수사는 그의 반대자들이 강조하는 유대인 특유의 몇 가지 것들과 (분명한) 대조를 이루며 말 그대로 우뚝 솟아 있다. 바울은 평범하지 않은 언어로, 그러면서도 유연하고 생생한 이미지와 대담한 선언들을 동원하여 **영**이 "자유"와 관련이 있다는 것을 역설한다. 이 자유는 옛것의 문자와 죽음으로부터 누리는 자유이기도 하지만, 동시에 하나님을 향하는 자유이기도 하다. 이 자유를 얻음으로 말미암아 하나님이 **영**을 통해 새로 만들어내신 하나님 백성은 하나님

---

60) 이것이 옳은 것 같다. 물론 Hanson, *Studies*, 139-41은 정확히 해석할 것을 요구한다. Hanson은 엄밀히 말하면 "제거될" 수 있는 것은 오로지 옛 언약뿐이기 때문에 καταργεῖται ("무효가 되게 하다, 제거하다"라는 뜻을 가진 καταργέω의 3인칭 단수 현재 수동태 직설법 형태다 — 옮긴이)라는 동사(14절)는 무엇보다 (베일이 아니라 — 옮긴이) 옛 언약에 적용될 수밖에 없다고 주장하는데, 아마도 이 주장이 옳을 것이다. 그러나 바울이 사용한 이 이미지는 시종일관 유동성을 띠고 있어서, 우리는 17-18절에 이르러서야 비로소 제거된 것이 옛 언약이 아니라 "베일"임을 확실히 알게 된다. 옛 언약은 여전히 남아 있기 때문이다. 그러나 (그 마음에서 — 옮긴이) 베일이 제거되지 아니한 채 옛 언약을 계속 읽는 사람들이 보기에는 베일이 옛 언약 위에 덮여 있다.

의 임재 안으로 들어가서 하나님을 "뵙고" 이를 통해 끊임없이 그분을 닮은 모습으로 변화되어간다. 누구든지 주께 돌아가면 베일이 제거된다. 즉 우리가 하나님의 **영**으로 말미암아 하나님 바로 그분이 계신 곳으로 들어가게 되면 베일이 제거된다. 모세도 그랬다. 그러나 예전의 이스라엘이나 지금의 이스라엘은 그렇지 않다. 이 말씀을 통해 우리는 **영**이 능력을 부어주시는 것이 어떤 것인지 대면하여 보듯 알게 된다. 이 말씀 이전 본문들에서는 그런 일이 어떤 일일지 단지 짐작만 할 수 있었을 뿐이다. 진실을 말한다면, 대다수 하나님 백성은 이런 일을 체험하는 것을 꿈도 꾸지 못한 채 살아가곤 한다.

그러나 바울의 주장은 이걸로 끝나지 않는다. 그는 4:1-6에서[61] 자신이 이 단락을 시작하며 2:14-16에서 다루었던 주제들로 다시 돌아간다. 이때 그는 3:1-18에서 제시했던 주장을 자신의 현 상황에 직접 적용한다. 바울은 "베일"이라는 테마와 이 테마에서 파생된 모든 문제들을 동원하여 자신의 사역은 "숨긴 구석"이 전혀 없고(2절) 도리어 진리를 명명백백하게 나타낸 것이라고 강조한다. 그는 또 만일 "숨긴 구석"이 있다면 이는 사탄이 불신자들의 마음을 어둡게(혼미하게) 한 결과라고 덧붙인다(3-4절). **영**으로 충만한 바울의 사역은 영광으로 가득하다. 바울은 이제 이 영광을 하나님을 아는 지식을 계시해주시는 그리스도와 관련지어 표현한다(4절). 이 마지막 적용 대목은 **영**을 분명하게 언급하지 않는다. 그렇긴 해도 이 적용 대목이 3:17-18로부터 직접 흘러나왔다는 점, 그리고 바울이 다른 곳에서 구사하는 용례를 고려할 때, 우리는 **영**이 신자가 "예수 그리스도의 얼굴에 있는 하나님의 영광을 아는 지식"(6절)의 근원으로서 모든 "계시"와 "밝게 조명해주시는" 모든 언어 뒤에 자리하고 계신다고 전제할 수 있다.

---

61) 이곳은 신약성경에서 상당히 불행한 장(章) 구분 가운데 하나다. 이 본문은 바울 자신의 상황에 적용한 것으로서 그 앞에 있는 것과 긴밀하게 연결되어 있다. 이런 긴밀한 연결 관계는 "그러므로 **이 사역을** 가져"(4:1)라는 말로 시작하여 줄곧 계속된다. 아래에서 4:1-6을 논한 내용을 보라.

이제까지 바울의 주장을 담은 커다란 대목을 살펴보았으니, 이제는 **영**을 이야기한 본문들을 좀 상세하게 분석해볼 수 있겠다.

▪ 고린도후서 3:3

너희가 그리스도의 편지임을 너희가 나타내고 있기 때문인즉, (이 편지는) 우리가 섬긴 것이요, 잉크로 쓴 게 아니라 살아 계신 하나님의 **영**으로 쓴 것이며, 돌판에 쓴 것이 아니라 살로 된 마음판에 쓴 것이라.

이 절에는 다양한 이미지들이 가득하다. 그러나 이 주장(2:14-4:6)에서 **영**을 처음으로 특정하여 언급한 이 구절은 몇 가지 점에서 이해하기가 가장 쉬운 본문이다. 바울은 1절과 2절에서 첫째, 자신은 어떤 추천서도 필요로 하지 않는다는 것(1절), 그리고 둘째로 그 이유로서 바로 고린도 사람들 자신이 자신에게 추천서가 되어주기 때문이라는 것(2절)을 힘차게 주장했다. 이제 바울은 이 모든 주장이 어떻게 나오게 되었는지 분명하게 밝히고 설명한다.

바울은 방금 고린도 신자들을 "우리의 편지"라고 불렀다. 이 말은 글로 쓴 서신이 다른 사람들에게 추천서가 되어주듯이 고린도 사람들도 바울 자신에게 바로 그런 추천서 역할을 해주고 있다는 뜻이다. 이런 의미는 편지(서신)라는 말이 제시하는 이미지와 일치한다. 때문에 다음 세 가지 것을 더 강조해두고자 한다. 첫째, 추천서는 추천받는 사람 이외의 사람이 쓰고 추천받는 사람이 가지고 다닌다.[62] 때문에 바울은 비록 고린도 사람들이 "**그의** 마음에 기록되어" 있어도(그러므로 그가 가지고 다닌다) 사실

---

62) 우리 눈에는 좀 어색한 말이어도 바울이 실제로 2절에서 "**우리** 마음에 기록되었고"라고 말하려 한 것이 확실해 보이는 이유는 이런 현상 때문이다. 실제로 바울이 이런 의도였으리라는 것을 뒷받침하는 외부 증거는 월등히 많다. 요컨대 이 이미지가 뭔가 의미하는 것이 있다면, 바울도 그런 서신(추천서)을 가지고 다녀야 하는 사람임을 의미한다 하겠다.

은 그들이 그리스도가 그의 마음에 써주신 서신이라는 것을 분명하게 증명해야만 한다. 따라서 그들의 기원은 그리스도이시며 그들은 그리스도의 소유다.

둘째, 고린도 사람들이 그리스도의 서신이 될 때 바울이 한 역할은 그들을 섬긴 것이었다(διακονηθεῖσα ὑφ' ἡμῶν; 말 그대로 번역하면 "우리로부터 섬김을 받았다"; διακονηθεῖσα는 "시중들다, 섬기다, 보살피다"라는 뜻을 가진 διακονέω의 여성 주격 단수 부정과거 수동 분사다—옮긴이). 바울이 이 이미지를 써서 말하고자 한 것이 무엇이든,[63] 이 동사(διακονηθεῖσα)는 그가 일부러 골라 쓴 것이다. 이 동사는 그의 διακονία("봉사/사역")와 관련 있는 이 주장(2:14-4:6)의 나머지 부분 전체를 움직이는 동력원이기 때문이다.[64]

셋째, 바울은 추천서로 활용할 수 있는 수단 및 추천서의 본질과 관련하여 두 묶음의 대조를 추가한다. 여기서 **영**이라는 언어가 시작되며, 이 **영**이 나머지 주장에 시동을 건다. 바울을 반대하는 자들은 글로 쓴 서신을 갖고 다닌다. 그러나 고린도 사람들도 서신이긴 하지만, 이들은 잉크로 "쓴" 서신이 아니라 **영**으로 쓴 서신이다. 물론 바울은 이 **영**을 모든 것을 이해하는 실마리로 여긴다. 그가 고린도전서에서 제시한 논지를 고려할 때, 그가 여기서 제시하는 주장에서도 이것을 강조하는 게 분명하다. 바울은 그 점을 강조하고 그가 구사하는 대조를 훨씬 더 두드러지게 할 요량으로 **영**을 **살아 계신 하나님의 영**(the Spirit *of the living God*)이라고 서술한다. 바울이 우상을 섬기는 이교에 반대하는 취지를 강조할 때면 늘 유대인들이 하나님을 묘사할 때 썼던 바로 이 표현이 등장하곤 한다.[65] 여기는 단지 "돌판"에 불과한 것과 대비하여 제시한 강조처럼 보이며, 죽음을 가져왔던 옛 언약의 "문자"와 대조한 내용(6절)을 미리 귀띔한다.

63) 학술 문헌을 보면 바울이 말하고자 하는 것이 "우리가 쓴"(written by us)인가 아니면 "우리가 전달한"(delivered by us)인가를 놓고 일부 논란이 있다. 그러나 이 문제의 해답은 바울이 여기서 제시하는 주장에 꼭 필요하지도 않고 우리의 논의와 아무 상관도 없다.

64) 7, 8, 9(2회)절과 4:1을 보라.

65) 뒤의 6:16을 다룬 부분을 보라; 참고. 살전 1:9.

바울이 두 번째로 제시한 대조 항목들("돌판/살로 된 마음판")은 어떤 면에서는 놀라움을 안겨준다. 적어도 "서신"이라는 이미지에서 돌판이나 살로 된 마음판이 떠오르지는 않기 때문이다. 그러나 바울이 구사하는 이미지는 유동성을 갖고 있어서 보통 한 이미지가 다른 이미지를 낳고 그 다른 이미지는 또 다른 이미지를 낳곤 한다.[66] 이처럼 새 이미지가 우리에게 조금 충격을 주긴 해도, 바울이 보기에는 결국 모든 것이 이 마지막 대조를 향해 움직여온 셈이다. 살아 계신 하나님의 **영**이라는 말은 출애굽기 34:1[십계명이 πλάκας λιθίνας(돌판들에) 기록되었다] 그리고 에스겔 11:19 및 36:26[하나님이 그들에게 당신의 **영**을 주실 때 당신 백성 속에 καρδίαν σαρκίνην(살로 된 마음을) 심으실 것이다][67]의 언어를 통해 **율법**과 **영**이 대조를 이룬다는 것을 일깨워준다. 출애굽기와 에스겔서의 언어 자체가 **율법**과 **영**이 대조를 이룬다는 것을 틀림없이 분명하게 일러주었을 것이다. 이어지는 주장도 그 점을 확인해준다.

결국 이 첫 경우(2:14-4:6에서 **영**을 처음으로 특정하여 언급한 경우 — 옮긴이)에 유념해두어야 할 것은 바울이 고린도 사람들의 삶 속에서 역사하시는 **영**을 강조한다는 점이다. 고린도 사람들은 살아 계신 하나님의 **영**을 받아 가진 이들이며, 이 **영**은 그들의 마음에 "새겨져 있다." 이처럼 고린도 사람들은 이방인이어도 하나님이 약속하시고 성취하신 **영**의 언약을 받은 자들이며 어떤 면에서는 이 성취된 언약 안에 있는 자들이다.[68] 바울은 이제 이 **영**의 언약을 예레미야 31:31의 "새 언약"이라는 말로 계속 서술해갈 것이다.

---

66) Belleville, *Reflections*, 146-49은 이런 견해를 거부하고 "사역의 신뢰성이라는 테마와 적절한 신임장(추천서)이라는 문제"가 연계되어 있다고 주장한다. 실제로 그렇게 보는 것이 여기서 말하는 것들을 한데 결합시켜줄 수도 있다. 그러나 Belleville의 그런 견해가 꼭 내 서술 방식을 부정한다는 의미는 아니다. 바울은 자신이 어디로 가는지 알고 있다. 이 이미지로부터 저 이미지로 옮겨가는 것은 그가 그 목적지에 이르도록 도와준다.

67) 겔 36:26-27의 언어가 바울이 **영**과 관련하여 구사하는 언어에 미친 영향을 살펴보려면, 살전 4:8도 함께 보라.

68) 바울이 특히 갈 3:14에서 강조하려 하는 점이다.

■ **고린도후서 3:6**

[5]그러나 우리의 족함(충분함)은 하나님으로부터 나온 것이라, [6]그가 우리를 새 언약을 섬기는 사역자들로 족하게 하셨으니, 문자의 (언약이) 아니라 **영**의 (언약인즉), 문자는 죽이나 **영**은 생명을 주기 때문이라.

이 절은 (2:14부터 3:1-3을 거쳐) 이곳까지 바울이 제시해온 주장을 끝맺는 말이자 다음 단락으로 넘어가는 다리 역할을 해준다. 다음 단락에서 바울은 옛 언약과 새 언약을 대조하되, 각 언약의 기능과 결과 그리고 각 언약과 **영**의 관계를 기준으로 대조할 것이다. "족함"(충분함)이라는 말은 바울이 2:16b에서 제기했던 문제를 다시 끄집어낸 것이다. 지금 이 주장은 바울이 자기가 던졌던 질문에 긍정하는(즉 자기야말로 그 일을 감당하기에 충분한 자라는 – 옮긴이) 답변을 하려 했다는 것을 분명하게 일러준다. 바울은 다만 사역자로 부름 받았다는 자신의 확고한 신념이 단지 자기 확신이 아니라 하나님이 사역할 수 있게 하시고 사역을 감당할 능력을 주신 사실에 기초한다는 점을 설명해야만 한다. 실제로 그는 이 문단에서 그렇게 설명한다.

이 문단에서 새로운 것은 "새 언약"[69]이라는 말이다. 바울은 3절과 보조를 맞추어 이 언약을 "**영**의 언약"이라고 규정한다. 이 언약에서는 "**영**이 생명을 주신다." "새 언약"이 곧 "**영**의 언약"이라는 이 개념은 에스겔 36:26-27과 예레미야 31:31-34(칠십인경 38:31-34)이 제시하는 개념을 조합한 결과물이다. 하나님은 예레미야를 통하여 당신 백성과 새 언약을 맺으시겠다고 약속하셨다. 이 백성이 이전 언약을 파기했기 때문이다. 또 하나님은 에스겔을 통하여 돌로 된 당신 백성의 마음을 "살로 된 마음들"로

---

69) 하지만 바울은 필시 1:20에서 이미 "새 언약"을 염두에 두고 있는 것 같다: "하나님의 약속들이 아무리 많아도, 그 약속들은 그것들의 **예**를 그리스도 안에서 발견한다." 참고. 옛것(질서)은 지나가고 새것이 옴을 강조한 5:14-17, 그리고 6:2이 사 49:8(칠십인경)을 인용하는 점은 하나님이 마지막 때에 베푸시는 구원이 이미 **지금** 임하였으며 바울이 그 구원 사역을 섬기는 봉사자임을 강조한다. 내가 방금 말한 통찰을 얻은 것은 Paul Barnett 덕분이다.

바꿔주시겠다고 약속하셨다. 이는 곧 "내 **영**을 너희 안에 넣어주겠다"라는 말씀이었다. 더욱이 그 뒤에 이어지는 관련 예언(겔 37:1-14)은 **영**이 "생명"을 하나님 백성에게 불어넣음을 묘사하면서 이런 약속으로 끝을 맺는다. "내가 내 **영**을 너희 안에 두리니 너희가 살리라"(14절).

본문들 사이에 이런 상호연관성이 있음을 고려할 때,[70] 바울의 **영** 이해가 가진 종말론적 함의들을 결코 간과할 수가 없다. 고린도전서 10:11에 따르면 바울은 이미 마지막 때(말세)가 도래했다고 이해하며, 이 때문에 역시 마지막 때에 **영**을 선물로 주시겠다는 하나님의 약속도 완전히 이루어졌다고 이해한다. 따라서 **영**은 구약 시대에 존재했던 하나님 백성과 이 시대 사이에 존재하는 연속성과 불연속성을 이해할 수 있게 해주는 실마리다. 연속성을 갖는 것은 하나님과 하나님이 하신 약속들이다. 특히 하나님이 당신 백성과 새로운 "**영**"의 언약을 맺으시겠다는 약속은 연속성을 갖는다. 반면 **영**이 오셔서 하나님이 하셨던 그 약속을 이루심으로 새 시대를 여신 것은 불연속성을 지닌다. 이 새 시대의 하나님 백성에는 이방인들도 포함된다. 그들 역시 믿음으로 말미암아 같은 **영**을 받았기 때문이다(특히 갈 3:6-14을 보라).

이 본문에서 우리를 곤란하게 하는 것은 바울이 이전 언약을 가리킬 때 사용한 말이다. 즉 "문자(개역개정: 율법조문)의 언약"이라는 말과 "문자는 죽인다"라는 말이 그것이다.[71] **율법**을 이렇게 표현한 말은 나중에 로마서 2:29과 7:6에서도 등장한다. 이런 용례를 이해할 수 있는 길은 두 가지

70) 이 용어와 바울 서신에서 이 용어가 가지는 의미를 살펴보려면, 뒤에서 빌 1:19을 논한 내용을 보라.

71) 이 문제를 살펴보려면, 그리고 특히 "문자"와 "**영**"을 대조함이 가지는 의미를 알아보려면, E. Kamlah, "Buchstabe und Geist. Die Bedeutung diese Antithese für die alttestamentliche Exegese des Apostels Paulus," *EvT* 14 (1954), 276-82; Käsemann, "Spirit," 138-66; P. Richardson, "Letter and Spirit: A Foundation for Hermeneutics," *EvQ* 45 (1973), 208-18; B. Schneider, "The Meaning of St. Paul's Antithesis 'The Letter and the Spirit,'" *CBQ* 15 (1953), 163-207; S. Westerholm, "'Letter' and 'Spirit': The Foundation of Pauline Ethics," *NTS* 30 (1984), 229-48을 보라.

방향이 있다.

첫째, 바울은 여기서 처음으로 **율법**을 그냥 "문자"라고 부른다. 이것은 문맥이 초래한 결과다. 바울의 반대자들은 사람들이 자신들을 믿게 하고 바울을 믿지 못하게 할 요량으로 "추천서"를 사용했다. 그러나 바울은 이런 "추천서"를 단지 "파피루스 위에 써놓은 문자들"이요 실상은 아무것도 아닌 것들로 본다. 바울의 사역(**영**에서 비롯된 새 언약의 사역)은 고린도 사람들을 회심케 하는 결과를 가져왔다. 이를 통해 에스겔과 예레미야가 말했던 약속들이 그들 가운데서 이루어졌다. 결국 "새 **영**"으로 이어질 "새 예수"를 소개했던 자들은 유대인 특유의 것들에 열심히 매달렸던 것 같다. 따라서 그들은 의(윤리 차원의 의가 아니라 언약 차원의 의)에 이르는 방편으로 십중팔구 옛 언약을 소개하고 있었을 가능성이 아주 높다. 때문에 바울은 그저 파피루스에 잉크로 쓴 추천서만을 지닌 자들을 옛 언약을 갖고 온 자들이라고 비판한다. 바울은 애초에 돌판에 새겨 있었던 옛 언약을 이제 단지 "문자"라는 말로 비유하는데, 이는 바로 예나 지금이나 이 언약에는 이 언약 자체가 효험을 발휘하게 하는 데 없어서는 안 될 유일한 요소인 살아 계신 하나님의 **영**이 함께하지 않았기 때문이다. 즉 문자와 **영**이 본질상 서로 대립한다는 것은 "외면" 대 "내면"이 대립한다는 말도 아니요,[72] **율법**에 근거한 의를 이루려는 인간의 노력을 대변하는 "문자"와 **영**이라는 선물이 대립한다는 말도 아니다.[73] 오히려 이 대조는 순종을 요구

72) 이런 형태를 적나라하게 드러낸 견해를 보려면, Hughes, 96-102을 보라. 그의 견해는 추천할 만한 구석이 거의 없다. 어떤 본문이 가지는 "평범한" 의미 내지 "표면적" 의미와 "영적" 의미를 구분하는 견해도 이런 입장을 따르는 또 다른 견해인데, 이런 견해는 오리게네스까지 거슬러 올라가며 오늘날도 대중들이 보는 책들과 듣는 설교들에서 거듭 발견할 수 있다. 그 결과 이런 입장은 바울의 글을 "해석하는 원리" 가운데 하나가 되었다. 그러나 이런 입장은 바울이 전혀 말하지 않은 사상을 뒷받침할 목적으로 바울이 한 말을 사용하는 것이다. 또 다른 사람들은 "문자"가 "겉으로 나타난 의식들"을 가리키고 "**영**"은 내면의 실재를 가리킨다고 생각한다.

73) 이런 견해를 살펴보려면, 특히 Käsemann, "Spirit"을 보라(참고. Barrett, Furnish). 그러나 Westerholm, "'Letter'"가 제시한 반박을 보라. Westerholm은 "문자"가 글로 기록된 구약성경을 가리키며 이는 구체적 요구들로 이루어져 있다고 본다. 이 견해는 추천할 부분이 많다

하면서도 **영**이 능력을 부어주시는 일이 함께 따르지 않았던 (이전의) **율법**과 이제는 **율법**이 요구하는 것을 마음에 기록하심으로 이전의 **율법**을 퇴물로 만들어버린 **영**의 오심을 대조한 것이다.[74)]

따라서 **율법** 자체가 "문자"는 아니다. 율법은 거룩하고 선한 것이요 심지어 πνευματικός(**영**에 속한 것)다(롬 7:12, 14). 그러나 **율법**이 순종을 요구하는 특정한 요구들을 가리킬 때는 단지 문자일 뿐이다. 이제 **율법**의 시대는 지나갔다. 그것은—진정한 의미의—생명과 의를 가져다줄 수 없었기 때문이다. 그러므로 옛 언약을 소개하는 것은, 그 구체적 소개 형태가 어떠하냐와 상관없이, 이미 **영**으로 살아가는 사람들을 뒷걸음질 치게 할 수 있다. 이는 하나님이 약속하셨던 새 언약의 **영**이 이미 오셨기 때문이요, 그 **영**이 "마음에 **율법**을 기록해주심"으로 하나님 백성이 감동을 받아 하나님께 순종할 터이기 때문이다(겔 36:27).

그러나 둘째 방향은 훨씬 더 좋지 않은 쪽이다. 이렇게 이전 언약을 소개하는 것은 단지 죽음으로 인도할 뿐이다. 이런 경우에는 유일하게 생명을 주실 수 있는 **영**이 함께 따르지 않기 때문이다. 바울은 **율법**이 어떻게 죽음을 낳는지 여기서는 상세히 설명하지 않는다. 그러나 바울은 고린도전서 15:56에서 격식을 깨고 거의 신비에 가까운 표현을 써서 **율법**을 죄를 통해 결국 죽음으로 인도하는 것으로 소개한다. 이는 바울이 이미 이전에 이런 문제들을 그가 쓸 수 있는 가장 강력한 방법을 통해 이야기했음을 시사하며, 결국 이를 통해 고린도 서신도 스스로 빈틈들을(율법이 어떻게 죽음을 낳는지 바울이 설명하지 않은 부분들을—옮긴이) 메울 수 있다는 것을 시사하는 셈이다. 우리는 고린도 서신에 존재하는 이런 틈들을 갈라디아서 3장과 로마서 7장으로 메워야 한다고 본다. 이 본문들에서 바울은

(그러나 이 견해는 이 본문으로 뒷받침하기보다 로마서에 있는 두 본문으로 뒷받침하는 쪽이 더 수월하다). 이 견해가 "문자"와 "**영**"이 가리키는 것을 정확히 제시하느냐 여부와 상관없이, 이 견해는 올바른 방향으로 가고 있다. 어쨌든 후자의 견해를 따르는 학자들 역시 모두 이 "문자"와 "**영**"의 대조가 철저히 종말론의 차원을 갖고 있다는 것을 인식하고 강조한다.

74) 이 대조를 종말론과 관련지어 비슷하게 강조하는 글을 보려면, Bruce, 190-91을 보라.

한 **영**으로 말미암아 유대인과 이방인이 모두 하나님과 관계를 맺게 되었음을 말하고, 이런 맥락에서 **율법**은 실패했다는 점을 상세히 설명한다. 그는 **율법**이 실패한 이유로 다음 두 가지를 든다. (1) **율법**도 "**영**에 속한 것"이긴 하나, **율법**에는 **영**, 곧 이 **영**을 받은 사람들의 삶 속에서 역사하시는 **영**이 함께 따르지 않았다. (2) 그리하여 이 선한 것(=**율법**)이 인간의 "육" 속에 자리한 죄로 말미암아 죽음을 낳았으니, 이 죄는 **율법**이 불러일으킨 것이었다. "문자는 죽인다"라는 말은 바로 이런 의미다. 문자는 죄를 불러일으킬 수 있지만 죄를 극복할 능력은 갖고 있지 않기 때문이다. 토라에는 생명에 반드시 있어야 할 한 가지 요소인[75] **영**이 없다. 로마서 8:2도 여러 가지 점에서 바울 자신이 이 본문을 설명해놓은 주석 역할을 한다. "이는 생명을 주는 **영**의 '법'이 그리스도 예수 안에서 너를 죄와 죽음의 '법'에서 해방시켜주었음이라."

따라서 **영**을 "생명을 주시는 분"으로 묘사한 것은 특별히 중요한 의미를 갖는다. 앞에서도 시사했듯이, 그런 묘사가 중요한 의미를 갖는 첫 번째 이유는 에스겔의 예언 때문이다. 하나님의 의도는 "내 **영**을 너희 안에 두어 너희가 살게 하는 것"이었다. 이 마지막 때의 약속은 이제 이루어졌다. 그러나 "생명을 주시는 분"이라는 말은 무엇보다 하나님 자신을 칭하는 말이기도 하다. 하나님은 살아 계신 하나님이시다. 그분은 생명을 지으신 분이요 생명을 주시는 분이다.[76] 그러기에 바울은 이제 "살아 계신 하나님의 **영**"을 "생명을 주시는 분"으로 규정한다.

여기서 "생명"은 "영원한 생명"(영생), 곧 영원에 속해 있고 이제는 하나님 백성이 **영**을 통해 소유할 수 있게 된 하나님의 생명을 가리키는 게 거의 확실하다. 이것은 하나님이 그리스도를 통해 주신 χάρισμα다(롬 6:23). 이 안에서 우리는 "**영**의 새로운 것"(롬 7:6)을 통해 "생명의 새로운 것"으로

75) 참고. 갈 3:21: "만일 생명을 줄 수 있는 율법이 주어졌더라면."
76) 참고. 고전 15:45. 이 구절은 장래에 있을 우리 몸의 부활과 관련하여 그리스도를 "생명을 주시는 영"으로 지칭한다.

일으키심을 받았다(롬 6:4). 따라서 **영**은 로마서 전체에 걸쳐, 그리고 특히 로마서 8장에서는 하나님의 백성이라는 말이 무엇을 의미하는지 규정하는 핵심 단어가 된다. 바울은 로마서 8장에서 **영**을 다시 "생명의 **영**"(=생명을 주시는 **영**)으로 묘사한다. 그러므로 **영**을 "생명을 주시는 분"이라 부르는 것은 이 **영**을 인격체이자 하나님으로 규정하는 것이다.

▪ 고린도후서 3:8

하물며 **영**의 사역에는 훨씬 더 많은 영광이 함께하지 않겠느냐?

이 문단(7-11절)을 구성하는 세 주장들은 **뒤로 갈수록 점점 더 강도를 더해가는데**(*a for tiori*),[77] 셋 중 처음으로 등장하는 주장이 이 문장이다. 이 주장은 6절의 마지막 말("문자는 죽인다; **영**은 살린다")로부터 직접 흘러나온 것이다. 모두 "만일 하나가…한다면 하물며 다른 하나는 훨씬 더…하지 않겠느냐"라는 형태를 지닌 이 세 문장은 이 전체 주장 속에서 세 가지 기능을 한다. 첫째, 이 문장들은 계속하여 두 언약들을 대조한다. 먼저 "죽음"과 "(생명을 주는) **영**"을 대조한 다음, 이어 더 나아가 하나는 정죄로 이어지나 다른 하나는 의로 이어진다는 것을 대조하고, 또다시 하나는 "사라져가나" 다른 하나는 "존속한다"("영원히"라는 의미가 함축되어 있다)는 것을 대조한다.

둘째, 바울이 대조하는 것은 두 언약 자체다. 그러나 그가 계속하여 강조하는 것은 각 언약이 행한 "사역"이다. 이는 그가 (겉으로 보면 그리 보일지 모르나) 바울 개인과 모세 개인을 대조하려고 하는 게 아니라, 옛 언약

---

77) 이 경우에 우리는 "더 약한 주장으로부터 더 강한 주장으로 옮겨가는"(*a minori ad maius*) 보기들을 분명하게 목격한다. 이전의 언약이 그 나름대로 "영광"의 형태를 지니고 있었다는 말이 바울의 논지에 아주 중요한 이유도 바로 그런 주장 방법 때문이다. 옛 언약도 나름대로 영광이 있었다면, "하물며 새 언약의 영광은 얼마나 더 크겠는가?"

에 따를 수밖에 없었던 사역과 이제 새 언약에 따르는 사역을 대조하려 한다는 말이다. 바울의 사역은 분명 후자를 염두에 두고 있다.

셋째, 이 문단은 바울이 로마서 7:7-25에서 제시하는 주장의 기본 관심사와 아주 많이 일치한다. 즉 이 문단은 비록 이전 언약이 정죄와 죽음을 불러왔고 사라질 수밖에 없지만, 그래도 그 나름대로 "영광"의 형태를 지니고 있었다고 강조한다. 이런 내용은 바울이 같은 서신인 로마서 7:12, 14에서 **율법**을 거룩하고 선하며 **영**에 속한 것이라고 말하는 것과 궤를 같이한다. 바울이 이 두 경우에 강조하고 싶어하는 점은 분명해 보인다. 지금 그리스도 안에 있는 그의 시각에서 보면, 옛 언약은 정죄와 죽음으로 인도할 뿐이다. 그렇다 해도 옛 언약 역시 하나님의 것이기에 영광이 함께 따랐다. 문제는 **율법** 자체가 아니라, **율법**이 생명으로 인도하는 능력을 가지지 않았다는 사실이었다. 율법이 그런 능력을 갖지 못한 것은 **영**이라는 선물이 함께 따르지 않았기 때문이다.

따라서 이미 6절에서도 말했듯이, 바울이 제시하는 **영**과 문자의 대조는 기본적으로 종말론적 성격을 계속 유지한다. 이전 언약에는 **영**이 함께하지 않았기 때문에 그 언약은 정죄와 죽음으로 이끌 수밖에 없었다. 따라서 그 언약은 새 언약으로 대체될 수밖에 없었다. 하나님이 몸소 옛 언약을 새 언약으로 대체하실 것을 선지자들을 통해 약속하셨다. 이제 그리스도와 **영**이 오시면서, 새 언약이 왔고 옛 언약은 쓸모없는 폐품이 되어버렸다. **영**과 **율법**이 갖고 있는 바로 이 종말론의 차원 때문에, 일단 **영**이 주어지자 종국에 이를 수밖에 없는 것(=**율법**)을 이 시대에도 여전히 고수하고 싶어하는 이들을 바울은 그대로 두고 보기가 힘든 것이다. 바울의 논지를 정리하면 이렇게 말할 수 있겠다. "우리도 이전에는 거기에 있었다. 그러나 그것은 그 역할을 하지 못했다. 그것은 죽음만을 낳는 언약이었다. 바로 그 언약에는 **영**이 없었기 때문이다. 그리하여 이제는 **영**이 오셨다. **영**은 **율법**과 상관없이 생명을 주신다. 그런데 왜 너희는 **영**의 언약이 대체해버린 옛 언약으로 돌아가려고 하거나 이방인들을 그런 옛 언약으로 인도하느냐?"[78]

이 때문에 바울은 우리가 지금 보는 문장에서 6절의 언어를 그대로 받아들여 그 언어를 전진시켜간다. 3절에서 바울은 διακονέω("섬기다, 봉사하다")라는 동사를 사용하여(διακονέω의 여성 주격 단수 부정과거 수동 분사인 διακονηθεῖσα를 사용했다—옮긴이) 고린도 공동체가 "그리스도의 편지"가 되게 하는 데 자신이 한 역할을 묘사했다. 이제 그 동사의 동족 명사인 διακονία가 이 문단 전체(7-11절)에 널리 퍼져 있다. 그리하여 바울은 다시 "돌판들에 새겨진"이라는 말로 묘사한 "죽이는" "문자"를 이제 "죽음의 사역"(죽음에 봉사하는 것)이라고 부른다. 즉 모세의 사역에도 영광이 함께 따르긴 했지만, 그의 "사역"은 순전히 죽음으로 인도하는 결과만을 낳았을 뿐이다. 그는 **율법**으로 이스라엘을 섬겼기 때문이다. 바울은 이제 그렇게 죽음으로 인도하는 사역에도 영광이 따랐다면 "**영**의 사역"에는 얼마나 더 큰 영광이 따르겠느냐고 주장한다. 이를 보면, "**영**의 사역"은 문맥상 그가 고린도에서 행하여 고린도 사람들에게 생명을 주시는 **영**을 가져다주었던 사역을 뜻한다.

이와 같은 논지가 두 번째 대조에서도 역시 두드러지게 나타난다. 하나는 정죄로 이어졌지만, 다른 하나는 의 또는 의롭다 하심을 받게 함으로 이어졌다. 의롭다 하심은 생명으로 이어지지만, 이런 의롭다 하심을 가져온 것은 바울도 아니요 **영**도 아니다. 의롭다 하심을 얻게 하는 일은 그리스도로 말미암아 이루어졌다. 그러나 **영**이 행하게 하시고 **영**이 행할 능력을 주신 바울의 복음 사역은 하나님이 죄인들을 의롭다 하신다는 것을 그 핵심으로 삼고 있는데, 바로 이런 사역이 다시 **영**으로 말미암아 고린도 신자들의 삶 속에서 효력을 발휘했다. 따라서 "**영**의 사역"은 "의롭다 하심을 받게 하는 사역"이기도 하다. 다시 말해 고린도 신자들이 **영**을 통하여 의

---

78) 이처럼 누군가가 (그가 쓴 서신들을 통해 알려져 있는) 모든 바울계 교회들에서 옛 언약을 소개하려고 애쓰고 있었으며, 이를 안 바울은 그 신자들이 현재 **영** 안에서 살아간다는 것을 근거로 삼아 이런 시도에 반대하는 것이다. 갈 3:1-4:7; 빌 3:3을 더 살펴보라(참고. 롬 7:5-6; 8:1-17).

롭다 하심을 받는 체험을 하도록 이끌어준 사역이었다.[79]

앞에서도 말했지만, 이 문단은 기본적으로 이전 언약 역시 영광을 갖고 있었다고 강조한다. 그렇다면 새 언약은 틀림없이 그보다 훨씬 더 큰 영광을 가지고 있을 것이다. 이 중요한 부분에서 바울은 이런 논지를 **더 약한 주장에서 더 강한 주장으로 옮겨가는** 방법을 사용하여 분명하게 강조한다. 바울은 이어서 그 영광의 본질과 내용을 묘사하려 한다. 거기에서도 **영**이라는 말이 등장한다.

▪ 고린도후서 3:16-18

16그러나 언제든지 그가 주께 돌아가면, 그 베일이 벗겨진다. **17**이제 "주"는 **영**이시니, 주의 **영**이 계신 곳에는 자유(가 있느니라).[80] 이제 우리가 모두[81] 베일을 벗은 얼굴로 거울로 들여다보듯 주의 영광을 보고 똑같은 모양으로 변해가면서 영광으로부터 영광에 이르니, 마치 주, 곧 **영**으로부터 나온 것과 같으니라(just as from the Lord, the Spirit).

우리가 보기에 이 문장들은 문장들을 구성하는 부분들만큼이나 어려울 수 있다. 그러나 4절에서 시작한 바울의 주장을 맺는 이 부분은 이 문장들을 통해 날개를 달고 날아오른다. 아울러 이 결론 부분은 이 문장들 덕

---

79) 의롭다 하심을 받음/의와 **영** 사이에도 유사한 관계가 있음을 보려면, 고전 6:11과 갈 5:5을 다룬 부분을 보라.

80) 서방 사본들과 이후의 MajT는 "자유" 앞에 ἐκεῖ ("거기에")라는 말을 덧붙여놓았다(이 말을 덧붙이면, 영어의 There is 구문이나 독일어의 Es gibt 구문처럼 "…가 있다"라는 뜻이 분명하게 드러난다 – 옮긴이). 내가 그리스어 본문을 문자대로 번역해놓은 것을 보면서 이 말이 필요하다고 느끼는 사람이 있듯이, 이 ἐκεῖ를 덧붙인 이문(異文)도 바로 그런 이유로 라틴어 사본에서 "번역을 통해" 생겨난 것으로 보인다. 바울도 분명하게 표현하지는 않았지만, 틀림없이 그런 의도를("…가 있다"라는 의미를 표현하려는 의도를 – 옮긴이) 갖고 있었을 것이다.

81) 몇몇 사본들(P^{46} vg^{mss} Spec)은 πάντες를 생략했다. 그러나 이 말을 생략하면 바울의 주장 취지가 무뎌져 버린다. 바울은 지금 일부러 고린도 사람들을 "**영**의 사역"을 맡은 자들 속에 포함시킨다.

분에 바울 서신에서 더 중요한 의미를 지닌 **영** 관련 본문들 가운데 한자리를 차지하게 되었다. 다행인 것은 이 문장들이 안고 있는 난점들을 대부분 해결할 수 있다는 점이다. 어쨌든 그런 난점들은 우리가 바울의 기본 논지를 이해하는 데 방해가 되지 않는다. 여기서 아주 중요한 두 가지 문제가 있다. 첫째, 바울은 3:1에서 자신이 언급했던 반대자들을 배후로 추정한 이 주장을 여기서 마무리 짓는다. 둘째, 17-18절은 특별히 바울 자신이 16절에서 "인용한" 출애굽기 34:34을 **영**의 사역 대 옛 언약의 사역이라는 관점에서 그 스스로 해석해놓은 것이다. 옛 언약에는 여전히 베일이 남아 있다 보니, 이 언약에 의지하는 사람들은 하나님의 임재 안으로 들어가지도 못하고 하나님의 영광을 보지도 못한다.

바울은 7-11절에서 정죄와 죽음을 가져오는 옛 언약이 이전에 행했던 "사역"에도 영광이 함께했다면, 의와 생명을 다루는 **영**의 새 "사역"에는 훨씬 더 큰 영광이 따를 것이라고 주장했다. 그런 다음 바울은 이 본문(16-18절) 바로 앞에 있는 문장들에서(12-15절) 모세와 "베일로 덮여 있던" 그의 영광을 이야기한 출애굽기 34:28-35을 원용하여 (1) 옛 언약은 일시성을 갖고 있다는 것(시간이 흐르면 없어져 버린다는 것) 그리고 (2) 이제 그 베일은 이미 새것이 왔는데도 여전히 옛것을 고수하는 사람들의 완고한 마음을 대변한다는 것을 증명한다. 이 "베일"을 제거하는 것이야말로 바울의 분명한 관심사인데, 이 일은 우리의 예상대로 그리스도가 행하신 일을 통해 이루어졌다(14절).

이처럼 바울은 17-18절에서 그가 이전에 제시했던 테마들을 한데 모아 결론을 맺는다. **영**은 새 언약의 증거다. 이제 **영**을 가진 사람들은 베일이 제거되어 있다. 결국 그렇게 "베일이 벗겨졌다는 것"은 "자유"를 뜻한다(참고. 12절: "대담함, 자유"). 베일이 제거됨과 동시에 찾아온 자유는 이제 사람들이 하나님이 계신 곳으로 나아가 이전에는 베일 때문에 볼 수 없었던 "영광"을 볼 수 있게 되었다는 것을 뜻한다. 그 "영광"은 이제 주님 자신의 영광임이 밝혀졌다. 하나님의 백성은 이 영광을 봄으로써 "그와 똑같은 모양으로 변해가며 영광에서 영광에 이른다." 결국 요컨대 살아 계신 하나님의 **영**은 우리에게 하나님의 생명을 주실 뿐 아니라, 우리를 위하시는 하나님의 임재 역할을 하시고 우리가 하나님의 영광을 볼 수 있게 해주심으로써 우리가 그분을 닮은 모양으로 변해가게 하신다. 그것이 정녕 "영광"이다!

16절 이 16절 문장은 12-15절의 주장과 17-18절의 결론을 이어주는 다리 역할을 한다. 이 문장과 15절은 그 시작 부분이 같다[ἡνίκα ἂν…ἡνίκα δὲ ἐάν(모세가 읽혀질 때마다…; 그러나 언제든지 그가)].[4] 이 점에서 두 구절은 서로 연결되어 있다.[82)] 이 분명한 연관은 우리가 16절을 쉬이 이해할 수 없게 만드는 첫 번째 난관이다. 이 구절은 여기서 사용한 동사(ἐπιστρέψῃ)의 주어를 밝히지 않지만, 문법을 고려할 때 이 동사의 주어는 "그"(=모세)다.[5] 그러나 문맥을 살펴보면 바울이 일부러 주어를 밝히지 않았다는 것을 분명히 알 수 있다. 이는 결국 그 주어가 "그"(="어떤 사람")를 뜻하기 때문이다.[83)] 따라서 16절의 조건절은 **"어떤 사람이든** 주께 돌아가면"이 된다. 바울이 17절에서 제시하는 해석도 이를 분명히 밝혀주는 것 같다.

이처럼 바울은 이렇게 본문을 서로 연관 짓는 방법을 써서 출애굽기 34:34을 "인용"하는데,[84)] 이때 그는 자신이 인용한 칠십인경 본문[85)]에 몇

82) 바울 서신의 다른 곳에서는 이런 접속사가 나타나지 않는다. 사실 16절 같은 경우도 칠십인경에서 빌려온 것이다. 따라서 바울은 15절을 시작할 때 십중팔구 자신이 16절에서 인용한 문장을 이미 염두에 두고 있었던 것 같다.

83) 문맥을 고려할 때 널리 일반인을 주어로 삼는 과도한 일은 삼가야 한다. 처음 경우에는 그 "그"가 15b절이 말하는 어떤 사람, 곧 옛 언약을 읽을 때 그 마음에 베일이 덮여 있는 사람들을 가리킬 것이다. Belleville, *Reflections*, 249-50은 바울이 특히 그런 사람의 본보기로 자신을 염두에 두고 있다고 주장하지만, 과연 그럴지 의심스럽다. 이 주장 속에서는 늘 바울 자신의 역할이 충분히 시야에 들어온다. 그러나 이 구절은 바울을 마지막으로 언급했던 12절과 상당한 거리를 둔다. 따라서 고린도 사람들이 바울이 여기서 염두에 둔 주어가 바울 자신임을 이해할 수 있었을 것이라고 상상하기는 힘들다.

84) 모든 종류의 문헌에서 구사하는 이런 "인용" 기술을 살펴보려면, 빌 1:19을 다룬 부분을 보라.

85) ἡνίκα δ' ἂν εἰσεπορεύετο Μωυσῆς ἔναντι κυρίου λαλεῖν αὐτῷ, περιῃρεῖτο τὸ κάλυμμα.

가지 중요한 변경을 가한다. 덕분에 바울은 그가 의도하는 대로 유비라는 방법을 동원하여 이 칠십인경 본문을 해석할 수 있게 되었으며, 그 해석 결과를 제시한 것이 바로 17-18절이다. (1) 이미 언급했지만, 바울은 일부러 "모세"라는 주어를 생략해버렸다. (2) 바울은 칠십인경 본문의 εἰσεπορεύετο("…안으로 들어가곤 했다"; "안으로 들어가다"라는 뜻을 가진 εἰσπορεύομαι의 3인칭 단수 미완료 중간태 직설법 형태다-옮긴이)라는 동사를 ἐπιστρέψῃ("돌아가다")로 바꾸었다. 이 말은 바울과 누가가 섬겼던 무리들 속에서는 "회심"을 가리키는 준(準)전문용어가 되었다.[86] (3) 바울은 "모세"라는 주어를 생략함으로써 목적절인 "그분(하나님)께 말하러"(칠십인경의 λαλεῖν αὐτῷ; BHS의 ledhabhēr ithō-옮긴이)도 생략해버렸다. (4) 그리고 가장 중요한 것인데, 바울은 마지막 절의 어순을 바꾸면서 동사 형태도 미완료 중간태["그(모세)가 제거하곤 했다"]로부터 현재 수동태로 바꿔버렸다.[6] 그 결과, 바울이 구사한 문장은 14b절처럼 (그리스도의 사역으로 말미암아; 바울은 이 말을 명시하지 않았으나 분명하게 암시되어 있다) "그 베일이 벗겨지리라"로 바뀌었다.

이처럼 바울은 칠십인경 본문에서 몇 군데를 바꾸어 "주께 돌아온" 사람에게 일어나는 일을 제시한다.[87] 그러나 바울이 이미 14절에서 그리스도와 관련하여 말했던 내용을 고려하면, 그가 뒤이어 제시하는 해석(이어지는 해석은 이 모든 본문이 주로 그리스도가 행하시는 일보다 오히려 **영**이 행하시

86) Renwick, *Paul*, 151-54에겐 미안한 일이다. 바울의 경우를 보려면, 살전 1:9을 보라. 누가의 경우를 보려면, 행 3:19; 9:35; 11:21; 14:15; 15:19; 26:20; 28:27을 보라. 참고. 벧전 2:25; 약 5:20. Belleville, *Reflections*, 252-53은 다른 견해를 피력한다. 그는 이 말을 칠십인경의 용례와 관련된 말로 보면서, 유대인들 자신이 (그들이 섬기던 우상들 등등으로부터) 하나님께 "돌아온다"고 본다.

87) 이 문장에서 가리키는 주가 그리스도인지 아니면 야웨인지를 놓고 상당한 논쟁이 있다 (Belleville, *Reflections*, 254-55을 보라). 바울이 17a절에서 제시하는 해석을 볼 때, 이런 논쟁은 거의 무의미한 것 같다. 바울이 칠십인경을 "인용한다는 것"을 고려한다면, 이 주는 야웨인 것처럼 보일 것이다. 그러나 바울의 관심사는 본문을 "현재 정황(문맥)에 맞게 적용"하는 것이다. 그렇다면 바울은 사실 주가 **영**을 가리킨다는 것을 주장하는 셈이다.

는 일을 다루고 있음을 철저하게 보여준다)을 받아들이기가 그리 쉽지만은 않다. 그래도 바울이 그런 해석을 제시하는 것은 오로지 **영**이 (1) 바울의 사역과 고린도 사람들의 회심을 설명해주는 핵심 단서이기 때문이요(바울의 반대자들은 이와 정반대 입장이었다. 그들은 단지 "문자"와 **율법**에 의지하는 말씀 장사꾼들로서 나중에 바울이 다른 예수와 다른 **영**이라 부르는 것을 고린도 사람들에게 소개하고 있었다; 11:4), (2) 그와 고린도 사람들이 하나님의 임재를 체험한 일을 설명해주는 핵심 단서이기 때문이다. 바울은 이 하나님의 임재 체험을 17-18절에서 다시 꺼내 더 자세히 다룬다.

17절 바울은 16절[88]에서 출애굽기 34:34을 새롭게 변형하여 "인용"했다. 17절은 이 인용문을 해석한 내용을 제시하려고 쓴 구절이다. 이런 사실은 17절의 도입문구인 ὁ δὲ κύριος가 확실하게 일러준다. 이전에 "인용했던" 성경 본문에 있던 말을 δέ라는 말과 함께 다시 소개하는 이런 형태의 문구는 바울 서신에서 세 번 나타난다(참고. 고전 10:4; 갈 4:25). 또 이 문구는 유대교 문헌에서도 방금 전에 인용한 본문에 있던 말을 해석할 때 사용하는 문구로서 꾸준하게 나타난다.[89] 갈라디아서 4:25의 용례는 유익한 도움을 준다[25절은 24절에서 언급한 하갈(그리스어로 하가르)의 뜻을 해석한 구절로서 τὸ δὲ ʽΑγάρ라는 말로 시작한다 – 옮긴이]. 이 갈라디아서의 용례가 여기 17절의 용례와 거의 같을 뿐 아니라, 그 앞 구절에서 쓴 말을 다시 가져다가 그 말의 의미를 상세히 설명하는 문학적 도구의 성격을 훨씬 더 분명하게 보여주기 때문이다. 바울은 이미 우리에게 자신이 사라와 하갈 이야기를 유비로서 해석하고 있다는 것을 일러주었다(갈 4:24a). 그리하여 그는 이렇게 말한다. "이것들은 두 언약들이니, 하나는 시내 산으로부터 났

88) 이 본문은 바울 서신에서 유명한 핵심이다. 많은 사람들이 바울의 주해 방법을 간파하지 못하는 바람에 이 본문의 의미를 알아내려다 단념하고 말았다. 심지어 Schmithals, *Gnosticism*, 315-25은 이 구절이 영지주의자가 끼워 넣은 것이라고 주장할 정도였다. 관련 논의와 참고 문헌을 살펴보려면, Belleville, *Reflections*, 256-57을 보라.

89) Belleville, *Reflections*, 263-66이 제시하는 유익한 목록을 보라.

고 종이 되려고 난 것으로서 곧 하갈이라. 이제 '하갈'은 아라비아에 있는 시내 산을 가리키나니"(갈 4:24-25). 마찬가지로 그는 여기 17절에서도 이렇게 말한다. "어떤 사람이든 주께 돌아가면(그리함으로써 회개하면), 베일이 제거되느니라. 이제 '주'는 **영**을 가리키나니."[90]

일단 이 문학적 도구의 의미를 간파하면, 이 본문에서 바울이 구사하는 언어를 둘러싼 많은 논쟁은 이 본문과 아무 상관이 없는 것이 되어버리곤 한다. 바울이 여기서 말하는 "주"는 하나님도 아니요 그리스도도 아니다. 그가 말하는 "주"는 바로 **영**이시다.[91] 즉 바울은 출애굽 본문을 그가 지금 제시하는 주장에 비추어 해석한다. 그는 지금 출애굽 본문의 주를 이제는 **영**을 가리키는 말로 이해해야 한다고(문자대로 이해하지 말고 유비로 이해해야 한다고) 말한다. 이렇게 이해하는 것이 출애굽 본문이 말하는 주의 정체를 올바로 규명하는 것이기 때문이 아니라, 이 주장에서는 이렇게 이해하는 것이 모세처럼 "주께 돌아가는" 사람들에게 일어나는 일을 올바로 이해하는 길이기 때문이다. 그리스도가 행하신 일을 신자의 삶에 적용하시는 **영**은 마지막 때에 하나님의 임재를 체험하는 데 꼭 필요한 분이다. 굳어진 마음으로부터 베일이 제거되면, 하나님의 백성은 자유를 누리기 시작한다.

---

90) 이 주장의 이전 형태를 보려면, G. D. Fee, "Hermeneutics and Common Sense: An Exploratory Essay on the Hermeneutics of the Epistle," in *Inerrancy and Common Sense* [ed. R. R. Nicole, J. R. Michaels; Grand Rapids: Baker, 1980; *Gospel and Spirit: Issues in New Testament Hermeneutics* (Peabody, Mass.: Hendrickson, 1991), ch. 1으로 재출간, 18-19]를 보라. 다른 이들도 있지만, Barrett, 122; Dunn, "2 Corinthians iii.17," 309-20; Furnish, 212; Belleville, *Reflections*, 263-67을 참고하라.

91) 결국 17절은 기독론 본문이 아니라 성령론 본문이다. 바울은 그리스도를 **영**과 동일시하려고 하는 게 아니다. 또 어떤 면에서는 **영**이 부활하신 그리스도와 같은 분이라는 말을 하고 있는 것도 아니다. 이것은 순전히 해석 도구다. 그는 이 해석 도구를 동원하여 자신의 사역이 "**영**의 새 언약"을 섬기는 사역임을 역설하는 자신의 주장에 계속하여 생명력을 불어넣는다. 여기서 그는 그 사역이 결국 함축한 의미들을 설명하려고 한다. 몇몇 사람들은 여기서 바울이 구사하는 방법을 간파하지 못하여 바울이 여기서 **영**과 그리스도를 동일시한다고 주장하기에 이르렀다[특히 I. Hermann, *Kyrios und Pneuma*. 그는 이 본문을 이렇게 오해해놓고도 이 오해를 토대로 자신의 모든 주장을 제시한다; 아울러 N. Q. Hamilton, *The Holy Spirit and Eschatology in Paul* (London: Oliver and Boyd, 1957), 4-8을 참고하라]. 아래 제13장에서 제시한 비판을 보라.

이것이 바울이 말하려는 의도임은 이어지는 절이 확증해준다. 바울은 이어지는 절에서 영을 "주의 **영**"이라고 밝힌다. 바울은 이렇게 말하는 이유는 세 가지 때문인 것 같다. 첫째, 바울은 그 **영**을 "주의 **영**"이라 규정함으로써 앞 절이 불러일으킬 수도 있는 오해들을 제거하려고 하는 것 같다. 때문에 그는 **영**을 야웨나 그리스도와 절대 동일시하는 것을 회피한다(십중팔구는 **영**을 야웨와 동일시하는 것을 피하려 했을 것이다). 그리하여 그는 이렇게 말한다. "나는 출애굽 본문의 '주'가 **영**을 가리킨다고 해석했지만, 이는 **영**이 곧 주라는 뜻이 아니라, 늘 그러하듯이 **영**은 곧 **주의 영**이라는 뜻이다."

비록 확실치 않으며 바울이 통상 구사하는 용례에도 어긋나는 경향이 있지만, 이 "주의 **영**"에서 "주"는 야웨를 가리키는 말일 가능성이 아주 높다.[92] 이렇게 보는 것은 몇 가지 이유 때문이다. (1) 바울은 16절에서 칠십인경을 인용한다. 이 칠십인경 본문이 말하는 주가 본디 누구인가는 확실하다. 더욱이 야웨를 가리키는 말로 κύριος를 사용할 때는 관사를 붙이지 않는 것이 칠십인경 역자들의 습관이다. 이 습관은 바울이 구약 본문을 인용할 때도 늘 변함없이 유지된다. (2) 사실 이 본문은 기독론 본문이 아니라 성령론 본문이다. 또 바울이 **영**을 지칭할 때는 "그리스도의 **영**"이라고 부르기보다 "하나님의 **영**"(참고. 6절)으로 부르는 경우가 훨씬 더 많다.[93] (3) τὸ πνεῦμα κυρίου라는 말을 쓴 것은 바울 서신 전체를 통틀어 봐도 독특한 사례다. 바울은 이와 달리 두 명사에 모두 관사를 붙이든지 아니면 모두 관사를 붙이지 않곤 한다. 이렇게 바울이 πνεῦμα에만

---

92) 물론 이것은 논쟁 중인 문제다. 이 논쟁은 17a절을 어떻게 이해하느냐에 따라 많이 좌우된다. "주"가 일관되게 야웨를 가리킨다고 생각하는 사람들 중에는 Bernard, 58; Collange, 103-4; Dunn, "2 Corinthians iii.17," 317; Moule, "2 Cor. 3.18b," 235; Harris, 339; Furnish, 213; Martin, 30; Belleville, *Reflections*, 255이 있다. 다수는 "주"가 그리스도를 가리킨다고 생각한다(Meyer, Hodge, Plummer, Strachan, Tasker, Wendland, Bruce, Barrett, Bultmann, Danker).

93) 이 책 제2장, 59-66을 보라.

관사를 붙이고 뒤이어 관사 없이 κυρίου를 쓴 것은 그가 16절에서 야웨를 가리키는 말을 가져다 쓴 것이라고 설명하는 게 가장 좋은 설명이다.[94] (4) 마지막으로 18절은 신자들이 "주의 영광"을 본다고 말하는데, 여기서 "주"는 그리스도를 가리키는 것 같다. 즉 그리스도 자신이 주 야웨의 영광이시다. 바울은 4:6에서 이 점을 아주 분명하게 강조한다. 나는 이 네 번째 이유가 결정적 이유라고 본다.

둘째, 바울 자신은 여기서 그 점을 밀어붙이고 있지 않지만, 이 용례는 **영**이 하나님의 임재라는 모티프를 철저하고 완전하게 이루신 분임을 전제한다. 모세가 돌아갔던 주(야웨)는 당신 백성인 이스라엘 가운데 자리한 성막을 거소로 삼고 그곳에 "임재"하신 분이었다. 그리스도는 옛 언약의 "베일"을 제거하심으로써 새 언약이 왔음을 알려주셨다. 하나님이 새로 이루신 백성이 돌아가는 "주"는 이제 그 백성의 마음속을 거소로 삼고 그곳에 "임재"하신다. 이 "주"가 바로 살아 계신 하나님의 **영**이요 생명을 주시는 **영**이시다. 바울이 고린도후서 5:20-21에서 주장하듯이, 옛 언약은 지나가고 우리 죄가 제거되었다. 이로 말미암아 이제 우리는 하나님이 영원히 이어질 방법으로, 다시 말해 살아 계신 하나님이 몸소 하나님의 **영**이라는 인격체로 우리 안에 들어와 거하심을 안다.

셋째, 바울이 이곳에서 주장하는 요지는 그가 앞서 제시한 문장과 12-16절에서 제시한 주장을 **영**의 유효한 사역에 비추어 해석한다는 것이다. 바울이 섬긴 **영**의 사역은 그가 하나님 앞에서도 "담대함" 내지 "확신"을 갖게 해주었다. 마찬가지로 이제 신자는 주, 곧 **영**으로 임재하신 하나님께 돌아가면 자유를 누리기 시작한다. 따라서 17절을 구성하는 두 부분은 한데 어울려 16절이 말하는 두 측면을 해석해준다. 즉 누구든지 "주께 돌아가면"(이제 "주"는 **영**을 나타낸다. 이 **영**은 새 언약 사역의 핵심이시다) "베

94) 이것은 Harris, 339과 Belleville, *Reflections*, 255이 더 두루뭉술한 말로 표현한 강조점을 더 정확한 말로 강조한 것이다.

일이 제거된다"(주의 **영**이 베일을 제거해주심으로 자유를 가져다주신다).[95)]

여기서 말하는 "자유"의 의미를 놓고 많은 논쟁이 있어 왔으며, 대중 차원에서는 이 말을 많이 남용하기도 했다. 문맥상 이 말은, 바울이 이미 15절에서 해석해주었듯이, 무엇보다 회당에서 낭독되는 옛 언약을 듣는 이들의 마음을 여전히 덮고 있는 "베일"로부터 자유를 누림을 가리킨다. 그렇게 베일에 덮인 마음을 가진 이들은 **영**을 갖고 있지 않다. 바로 그 점 때문에 그들은 그리스도 안에서 빛나는 하나님의 영광을 볼 수 없다(18절). 이 주장에서는 "자유"가 더 나아가 정죄와 죽음을 가져오는 문자의 언약으로부터 누리는 자유도 포함한다.[96)] 결국 이것이 베일이라는 유비가 가리키는 모든 것이다. 온갖 종류의 자유들이 있지만, 이런 자유들은 모두 이 첫 번째 자유로부터 발전해온 것들일 뿐이다. 적어도 이 본문의 취지를 고려할 때, 이런 온갖 자유들은 기껏해야 부산물(가령 죄로부터 누리는 자유)이요, 심지어 왜곡인 경우도 있다[가령 의식주의(ritualism)[97)]로부터 누리는 자유]. 이 모든 것을 다른 말로 표현한다면, 이 문맥은 "**무언가로부터** 누리는 자유"보다 "**무언가를 향하는** 자유"를 더 강조한다고 말할 수 있겠다. **영**은 그리스도가 행하신 일을 우리 삶 속에 적용하신다("베일을 제거해주신다"). 이때 **영**은 당신 뜻대로 우리에게 자유를 주시고 담대함을 주셔서, 우리가 하나님의 임재 안으로 들어가 "베일이 벗겨진 얼굴로" 그분의 영광을 보게 하신다. 그분이 주시는 자유는 우리가 하나님의 모양으로 바뀌어

---

95) 내가 이런 통찰을 얻은 것은 Belleville, *Reflections*, 257 덕택이다.

96) 바로 이런 이유 때문에 바울은 **영**을 가진 이들에게 "또 다른 예수"를 설교하는 것을 저주받을 일로 본다. 여전히 거기에, 즉 옛 언약 속에 있는 이들은 베일로 덮인 마음을 가진 자들과 같다. 이들은 **영**이 가져다주신 자유를 전혀 알지 못한다. 실상이 이러하거늘, 왜 **영**의 새 언약 속에서 살아가는 사람들 가운데 옛 언약을 다시 가져온다는 말인가?

97) 일부 사람들은 이런 의식주의를 거부했다. 옛 언약은 실질이 없고 의식만 가득했기 때문에 종교상 의무와 의식들만 잔뜩 요구했던 이런 언약이야말로 "문자"에 불과하다는 것이 이유였다. 그러나 바울은 제의나 의식을 거부하지 않는다. 그는 마치 옛 언약의 표현들이 이방인들도 참된 하나님 백성임을 보증해주는 것처럼 여기면서 옛 언약을 이방인들에게 "(하나님 백성의) 정체성을 규정하는 표지"로 강요하는 것을 반대할 뿐이다. 다음 장에서 다룰 갈라디아서 도입 부분을 더 읽어보라.

가면서 이런 차원의 영광으로부터 또 다른 차원의 영광에 이르게 해주시는 자유다. 이것은 하나님의 자녀들이 누리는 영광스러운 자유다. 우리는 **영**으로 말미암아 이 자유를 누릴 수 있게 되었다. 이제 바울은 마지막 18절 문장에서 이 모든 내용을 집약하여 설명하려고 한다.

18절 우리는 이 문장을 통해 정점에 이른다.[98] 바울은 자기 반대자들을 그저 말씀 장사꾼으로 치부하는데, 이는 전혀 이상할 게 없다. 그들은 하나님의 **영**에 속한 사람들을 다시 속박의 굴레로, 정죄를 가져오고 죽음을 낳았기에 이제는 폐물이 되어버린 옛 언약 밑으로 끌어가려 했다. 옛 언약도 영광을 갖고 있었다. 이는 바울도 인정했다. 그러나 그 영광은 새 언약과 비교하면 아무것도 아니다. 바울은 옛 언약은 지나가고(참고. 5:17) 새 언약이 와서 영원히 존속하게 되었다(3:10)고 주장했다. 아울러 그는 "(이전에) 영광을 가졌던 것은 (새것의) 우월한 영광과 비교하면 아무런 영광도 갖지 못한다"라고 주장했다(10절). 이제 이 맺음 문장(18절)은 "**영**의 언약"이 "월등한 영광"을 갖고 있다고 선언한다.

이미 우리는 여기서 바울이 일부러 자신의 주장이 시작되는 부분으로 되돌아가 고린도 사람들을 **영**이 주시는 영광을 체험하는 데 포함시키고 있다고 말했다.[99] 이제 우리는 이런 요인이 18절 전체를 어떻게 이해할 것

---

98) Furnish, 238은 더 차분한 말투로 이 구절이 "거의 신앙고백에 가까운 스타일 때문에 두드러진 형태를 띤다"라고 말한다.

99) 모든 사람이 이렇게 생각하지는 않는다. 대다수 사람들은 18절의 "우리"가 모든 그리스도인 신자들을 가리킨다고 보면서도, 이는 부차적 의미라고 생각한다. 참고. Furnish, 238. Furnish는 이 "우리"가 우선 바울과 고린도 사람들을 가리키지만, 동시에 "우리가 모두"(우리 모든 이)는 "모든 그리스도인들"을 의미한다고 주장한다(213). Belleville, *Reflections*, 276은 이 문구를 오로지 바울과 "모든 참된 복음 사역자를 통틀어" 가리키는 말로 한정하여 해석하는데(다음 주100을 보라), 나는 이런 한정적 해석이 그녀의 해석이 가진 아킬레스건이라고 본다. 이런 해석은 바울 자신의 용례와 경향들을 대단히 많이 놓친 것이다. "우리 모든 이"를 가장 잘 설명해주는 말은 가까운 곳인 1:21-22에 있다. 거기서 바울은 자기 독자들을 **영**의 활동에 따른 은덕들을 입은 자 속에 포함시킴으로써 이곳과 유사하게 자신이 성실한 사도임을 변호한 말을 끝맺는다. 참고. 이와 같이 고린도 사람들을 포함시킨 말로 4:14의 "너희와 함께" 그리고 5:10의 "우리가 모두"가 있다. 이렇게 고린도 사람들을 포함시키는 말이 다른 방향으로

인가[즉 18절을 기본적으로 바울(및 다른 사람들)과 13절의 모세를 대조하는 본문으로 볼 것인가, 아니면 고린도 사람들(및 바울)과 14-15절이 말하는 이들을 대조하는 본문으로 볼 것인가]라는 문제와 상당한 관련을 갖고 있다는 점에 유의해야 한다. 이 문제를 더 복잡하게 만드는 것이 κατοπτριζόμενοι("거울을 들여다보다, 깊이 생각하다"라는 뜻을 가진 κατοπτρίζω의 남성 주격 복수 현재 중간태 분사다—옮긴이)라는 동사다. 이 동사는 보통 "거울 속을 들여다보다"라는 뜻이지만, "거울처럼 되비쳐주다"라는 뜻일 수도 있다.

첫 번째 견해는 18절이 우선 모세와 바울을 대조한다고 본다. 모세는 자기 얼굴을 **베일로 가려** 다른 사람들이 그 얼굴의 영광을 볼 수 없게 함으로써 그의 얼굴의 영광이 되비치는 것을 막아야 했던 사람이다. 반면 바울(과 다른 사람들)은 그 얼굴이 **영**을 통해 주의 영광을 **반사**할 수 있도록 그 얼굴에서 **베일이 벗겨진** 사람이다.[100] 여기서는 여전히 **사역들**끼리 대조하는 것에 강조점을 둔다. 두 사역(옛 언약의 사역과 새 언약의 사역)은 모두 영광을 갖고 있다. 그러나 뒤의 사역은 앞의 사역을 월등히 능가하여 실상 둘은 서로 대조하기가 불가능하다. 하나님 자신의 영광이 뒤의 사역을 통해 왔기 때문이다(물론 뒤의 사역은 온갖 약함이 가득한 형태로 왔다).

두 번째 견해는 18절이 두 사역을 **맡은 자들**을 대조한다고 보면서, 이 대조가 각 사역이 그들에게 끼치는 **효과(영향)**와 관련 있다고 본다. 앞의 사역을 맡은 자들은 "그들의 마음에 베일이 덮여" 있었다(15절). 이 베일은 오로지 그리스도만이 제거하실 수 있었다. 뒤의 사역을 맡은 자들은 "주께(주의 **영**으로) 돌아간" 자들로서 그 베일이 벗겨짐으로 말미암아 하나님의 임재를 자유롭게 체험할 수 있는 이들이다. 더욱이 그들은 옛것으로부터 자유를 누리고 새것을 지향하는 자유를 누린다. 그들은 예수 그리스도

나아가는 경우가 더 잦다. 즉 바울은 구원의 은덕들을 이야기할 때, 2인칭 복수형을 구사하는 문맥에서 갑자기 1인칭 복수형으로 옮겨가곤 한다(가령 고전 1:18, 30; 5:7; 6:14 등을 보라).

100) 특히 Belleville, *Reflections*, 273-96을 보라. 그녀의 주장은 출 34장 해석의 연속이라고 인식하는 것(즉 35절)에 일부 의존한다.

의 얼굴에 나타난 하나님의 영광을 **봄**으로써 하나님과 같은 모양으로 변해가며 영원히 커져 가는 영광을 누린다.

우선 첫 번째 견해를 지지할 만한 몇 가지 요인이 있다. (1) 바울이 다시 "얼굴"이라는 말과 함께 "베일"이라는 말을 쓴다는 게 가장 명백한 증거다. 바울은 앞에서도 이런 용례를 구사했는데, 그 경우는 사람들이 아니라 모세와 관련 있었다. (2) 18절은 출애굽기 34장을 더 깊이 곱씹어본 구절일 수 있으며, 이 경우에는 34:35, 곧 "이스라엘 사람들이 모세의 **얼굴**이 **영광을 얻은**(*glorified*) 것을 보았다"라는 내용을 반영한 구절일 수 있다. 즉 모세의 경우와 달리, 바울의 얼굴에서는 베일이 벗겨짐으로써 사람들이 **영**을 통해 주의 영광을 볼 수 있게 되었다.[101] (3) 아울러 이 문장은 7-11절이 말했던 "영광"이라는 테마를 떠올리게 한다. 7-11절은 오로지 두 사역, 곧 모세와 바울의 사역, 옛것을 섬기는 사역과 새것을 섬기는 사역을 대조했었다. (4) 이것은 또 바울이 2:14부터 시작하여 일관되게 주장해온 주관심사, 곧 특히 2:17에서 말한 "말씀 장사꾼들"과 대비하여 바울 자신의 사역을 변호하는 것과 일치한다. (5) 1:21-22과 3:1-3에서도 말하듯이, 바울이 섬긴 "**영**의 사역"은 "주의 영광"을 고린도 사람들에게 가져다주었다. 나를 포함하여 두 번째 견해를 택하는 이들도 여기서 바울이 말하는 것이 결국은 바울 자신의 사역을 변호하는 말임을 진지하게 고려해야 한다. 바울은 곧바로 이어지는 구절들에서 자신의 사역을 변호하는 취지를 분명하게 밝힌다(4:1-6).

그런가 하면 두 번째 견해를 지지할 만한 요인도 몇 가지가 있다. 나

101) Belleville, *Reflections*, 284은 이 (2)를 자신의 주장의 근거로 삼곤 한다. 그녀는 아예 18절이 출 34장을, 이 경우에는 34:35을 더 깊이 성찰한 내용이라고 확실하게 단정함으로써 바울이 출 34장에 "의존"한다고 단언해버린다. 그럴 수도 있는 것(가능성)을 확실한 사실(확실성)로 바꿔버린 것이다. 그러나 18절과 출 34:35 사이에 언어상 연관이 있다는 주장은 그 본질상 어디까지나 추정(가정)에 가깝다는 점을 고려하면, 그녀의 견해는 지나친 단언으로 보인다. 어떤 상황에서도 18절과 출 34:35 사이의 연관은 16-17절 사이의 연관 및 이 두 구절과 출 34:34 사이의 관계와 같은 범주에 포함시킬 수 없다.

는 이 두 번째 견해가 바울이 제시하는 전체 주장을 고려할 때 더 설득력이 있다고 본다. (1) 바울은 18절을 시작할 때 "우리가 모두"라는 강조어를 써서 고린도 사람들까지 이 말 속에 포함하고 있는데, 이는 일부러 그런 것 같다. (2) 더 중요한 근거는 14b절에서 시작하여 계속 이어지는 주장의 흐름이다. 이 흐름을 보면, 바울은 일부러 모세로부터 시작하여 그 시대 유대인들로 이야기를 이끌어간다. 이 유대인들은 "베일이 덮인 마음"을 가진 자들이다. 여전히 베일로 덮여 있는 옛 언약 속에 계속 머물러 있기 때문이다. 바울이 15절과 16절에서 제시한 대조들은 신중한 고려 끝에 나온 것이다. 이 대조들은 16절을 **영**을 받음과 관련지어 해석하는 17절과 마찬가지로 두 사역들을 **맡은 자들**에게 분명히 초점을 맞춘다. (3) 바울은 4:1-6에서 그의 사역이라는 주제로 다시 **돌아가는** 것 같다. 그는 특히 3-4절에서 그가 맡은 **영**의 사역을 받아들이지 않은 이들을 언급한다. 즉 바울은 이 본문에서 자신이 맡은 사역을 받아들인 자들(이 경우에는 받아들이지 않은 자들)과 관련지어 자기 사역에 초점을 맞춘다. (4) 18절의 이미지는 결국 바울의 사역이 말씀 장사꾼들의 사역과 완전히 다르다는 강조점에 비추어 이해하기보다 그들(바울과 고린도 사람들)이 영광을 함께 체험했다(이런 공통 체험을 통해 그들은 모두 그리스도를 닮은 모양으로 변하여가면서 영광으로부터 영광에 이르러 간다)는 사실과 관련지어 이해할 때 더 잘 이해할 수 있을 것 같다. 마지막으로 (5) 우리가 그때그때 언급할 터이지만, 이 견해가 거울이라는 이미지를 더 잘 설명해주는 것 같다. 거울이 만들어내는 심상은 보통 거울 "속을 들여다본다"는 것과 관련 있지, 거울이 어떤 상(像)을 되비쳐주는 것과 관련 있지 않다.

이 두 번째 견해가 옳다면, 바울이 베일이라는 이미지로부터 얼굴이라는 이미지로, 이 경우에는 바울과 고린도 사람들의 얼굴들로 되돌아간 것에 우리가 놀랄 필요는 없겠다. "베일이 벗겨진 얼굴"은 분명 13절에 있는 모세의 베일 덮인 얼굴을 떠올리게 한다. 하지만 그 베일은 이미 옛 언약을 섬긴 모세의 얼굴로부터 옛 언약 위에 덮인 "베일" 때문에 영광을 볼 수 없는 사람들의 마음으로 옮겨갔다. **영**이 주시는 "자유"는 마음을 덮고 있던 베일을 제거해주었다. 그 때문에 "베일"이라는 이미지는 이제 한 번 더 이 자유를 체험한 사람들의 "얼굴"로 옮겨간다. 특히 이를 알 수 있는 것이 4:3-4이 "베일"이라는 이미지를 마지막으로 사용한 사례다. 여기서 바울은 "베일"의 이미지를 믿지 않는 사람들의 "마음을 어둡게(혼미하게) 하는 것"이라는 말로 표현한다. 그들은 이렇게 마음이 어두워지는 바람에 **하나님의 "형상"이신 그리스도의 영광을 나타내는 복음의 빛을 보지** 못한다.

그러나 κατοπτριζόμενοι[102)]에 담긴 거울 이미지가 제시하는 근본 의미가 무엇인지 여전히 의문이다. 이것은 "거울 속에 있는 무언가를 응시하다"라는 의미로서 "무언가를 주시하다(혹은 심사숙고하다)"(contemplate)라는 의미일 수도 있고, 혹은 "거울처럼 되비추다"라는 의미일 수도 있다. 즉 보는 행위를 하고 있는 이가 누구인지 이 본문에서는 금방 분명하게 드러나지 않는다. 우리 **모든 사람**이 하나님의 영광을 봄으로써 하나님과 같은 형상으로 변해가고 있다는 말인지, 아니면 옛적의 모세처럼 우리도 베일을 벗은 얼굴로 하나님의 영광을 되비쳐줌으로써 다른 사람들도 그 영광을 볼 수 있게 한다는 말인지 확실치 않다.

후자의 이해에도 분명 몇 가지 매력 있는 특징들이 있다. 하지만 결국 다음과 같은 네 가지 내용 때문에 전자(=거울 속에 있는 무언가를 응시하다)를 지지할 수밖에 없다. (1) 거울 이미지는 바울 서신에서 단 두 번만 나타난다. 여기와 고린도전서 13:12이다. 이 용례는 바울이 "현실 정황을 고려한 본문 해석"(contextualizing)을 하고 있음을 분명하게 보여주는 사례다. 고린도는 고대 그리스-로마 세계를 통틀어 뛰어난 품질을 가진 동경(銅鏡) 생산지로 유명했기 때문이다.[103)] 이전 용례(고전 13:12)에서는 이 이

102) 이 말은 초기 기독교 문헌을 통틀어 오직 여기서만 나타난다. 그러므로 칠십인경에서 이 말을 볼 수 없다는 것이 놀라운 일은 아니다.

103) 가령 *Corinth: A Brief History of the City and a Guide to the Excavations*, published by the American Schools of Classical Studies in Athens, 1972, p. 5를 보라.

미지가 지금 거울 속을[그리스어 관용구는 "거울을 통하여"(δι' ἐσόπτρου)] 들여다보는 것과 유사한 방식으로 "(하나님을) 보는 것"을 가리켰다. 그 유비는 "분명치 않게"나 "뒤틀린 상으로"라는 뜻이 아니라, 우리가 마지막 때에는 하나님을 "얼굴과 얼굴을 마주하여" 볼 터이지만 지금은 다만 **간접적으로** 본다는 뜻이었다.[104] 따라서 그 이미지는 상당히 좋은 의미를 지닌 것이다. 바울도 그런 의미로 활용했다. 바로 이 이미지 덕분에 그는 실제로 하나님을 "보게 될 것"을 가정할 수 있었고 다만 지금 시대에는 하나님을 말 그대로 "얼굴과 얼굴을 마주하여" 뵐 수 없는 사람을 상정할 수 있었기 때문이다. 따라서 거울이라는 이미지를 사용한 이전 사례가 일러준 분명한 의미를 고려할 때, 이 본문에서도 굳이 그 의미를 포기하고 다른 의미를 찾아야 할 특별한 이유들이 없는 것 같다.

(2) 사실 "거울 속에 있는 무언가를 응시하다"가 이 동사(κατοπτριζόμενοι의 원형인 동사 κατοπτρίζω—옮긴이)의 첫 번째 의미다. "되비추다"라는 뜻을 지지하는 증거로 동원할 수 있는 것이 몇 가지 있긴 하지만,[105] 이 동사는 보통 "거울 속을 들여다보다"라는 뜻이다.

(3) 뿐만 아니라, 지금 이 본문에서도 거울 이미지가 제시하는 의미는 우리가 "되비추는 것"보다 우리가 "보는 것"과 더 관련 있다. 이렇게 보는 견해가 다른 견해보다 이 본문의 주동사와 이 주동사를 수식하는 말들, 곧 "우리가 (하나님과) 같은 모양으로 **변해가며**(μεταμορφούμεθα; "형태가 바뀌다"라는 뜻을 지닌 μεταμορφόω의 1인칭 복수 현재 수동태 직설법 형태다—옮긴이) 영광으로부터 영광에 이른다"의 의미를 훨씬 더 잘 밝혀준다.[106] 즉 우리 형태가 바뀌어가는 일은 우리가 베일을 벗은 얼굴로 계속하여 영광을 되비출 때가 아니라 우리가 "거울 속을 보는 것처럼 영광을 볼 때"[107]

104) 이것을 살펴보려면, Fee, *1 Corinthians*, 647-48에 있는 논의를 보라.
105) 가장 그럴듯한 주장을 읽어보려면, Belleville, *Reflections*, 279-81을 보라.
106) Belleville, *Reflections*, 281은 바로 이 부분에서 자신의 견해가 많은 사람들에게 실제로 어려움을 안겨준다는 것을 인정한다. 그녀가 제시한 답변 그리고 특히 자신의 견해를 뒷받침할 목적으로 동원한 본문들은 그녀가 이 문제의 깊이를 올바로 인식하지 못했음을 시사한다.

우리 안에서 일어나는 일로 이해하는 것이 더 낫다.

(4) 바울이 4:3-6에서 이 이미지를 적용하고 있는 것이 결정적 증거로 보인다. 거듭 말하지만, 바울은 이제 그가 사역을 통해 전한 복음을 믿지 않는 사람들과 관련하여 베일, 영광, 모양(likeness; 그리스어로 εἰκών이며 개역개정판은 "형상"으로 번역해놓았다 — 옮긴이)이라는 세 가지 테마를 동원한다. 이 경우에 베일은 분명 믿지 않는 사람들의 마음을 덮고 있다. 이 때문에 이들은 복음을 믿는 사람들이 **정녕** 보고 있는 것, 곧 하나님의 **모양**이신 예수 그리스도의 **얼굴**에 나타난 하나님 바로 그분의 **영광**을 볼 수 **없다.** 이 믿지 않는 이들은 "주께 돌아온" 사람들이 이 모든 것을 체험할 수 있게 해주시는 **영**을 가지지 않았기 때문이다.

마지막으로 우리는 바울이 이 이미지를 4:3-6에서 더 적용하고 있는 것이 이 본문이 여전히 안고 있는 대다수 난제들을 풀어주는 실마리처럼 보인다는 점에 유의해야 한다. 우리는 지금 **영**을 통해 주의 영광을 본다. 이 주는 바로 하나님이시다. 바울은 4절에서 우리가 복음을 통해 그리스도의 영광을 본다고 말한다. 이런 말 때문에 혹자는 지금 이 3:18의 "주의 영광"이라는 문구 속에 들어 있는 "주" 역시 그리스도를 가리키는 말이라고 생각할지 모르겠다. 그러나 바울은 더 나아가 그리스도가 하나님의 "모양"이시라고 말하고(4:4), 4:6에서는 하나님이 우리 마음에 빛을 비춰주심으로[108] 우리가 그 "빛"을 통해 "예수 그리스도의 얼굴에 있는"[109] 그분의 영광을 볼 수 있게 해주셨다고 선언함으로써 여태껏 말한 모든 내용을 되풀이한다.

또 이 본문(4:3-6)은 "같은 형상(이미지)/모양"[110]이라는 문제도 해결해

---

107) 특히 Lambrecht, "Transformation," 249-54을 보라.

108) 이것은 낭독되는 옛 언약을 들을 때(3:15) "그 마음에 베일이 덮여" 있어서 "그 마음이 어두워져 있는"(4:4a) 자들을 일부러 대조법을 통해 떠올리게 하는 말 같다.

109) 그러나 Lambrecht, "Transformation," 245-46을 보라. Lambrecht는 강조점을 4절에 두려 하면서, 18절이 말하는 "주"를 그리스도를 가리키는 말로 보려 한다.

110) 그리스어로 εἰκών이다. 칠십인경은 이 말을 인간이 하나님의 "형상"(이미지)으로 창조되었

주는 것 같다. "형상"이라는 말을 쓰게 된 것은 거울을 들여다본다는 은유에서 비롯되었다. "형상"은 거울에서 볼 수 있는 상이기 때문이다. 일부 사람들은 이것이 바울과 고린도 사람들이 함께 그리스도 안에 거하므로 그들이 모두 똑같은 모양을 공유하고 있다는 의미라고 주장했다.[111] 그러나 이미 바울은 우리가 마치 거울 속에 있는 형상을 보는 것처럼 실제로 보고 있는 것은 "주의 영광"임을 일러주었다. 때문에 이 "형상"은 우리가 변해감으로써 같아져 가는 것과 "같은" 형상, 곧 우리가 그리스도의 얼굴에서 나타나는 하나님의 영광을 볼 때 보게 되는 하나님의 형상을 가리킨다.[112] 바울은 로마서 8:29에서도 같은 언어를 활용하여 모든 구원 과정의 종착점을 표현한다["우리가 그의 아들의 형상(εἰκών)과 같아지게(같은 **형상을 갖게**; συμ<u>μόρφους</u>) 하시려고"; συμμόρφους는 "무엇과 같은 형상을 가진"이라는 뜻인 형용사 σύμμορφος의 남성 복수 목적격 형태다 — 옮긴이]. 이것은 아담-그리스도 유비가 바울 신학과 깊이 얽혀 있음을 시사한다. 아담은 하나님의 εἰκών("형상/모양")으로 창조되었지만, 이 형상을 진창 속에 빠뜨려버렸다. 마찬가지로 두 번째 아담은 진정으로 하나님의 모양을 갖고 계시며 그 모양이 가진 눈부신 영광도 함께 갖고 계신다. 우리도 이제 "그리스도 안에" 있다는 점에서, 혹은 18절의 문구가 말하는 대로 "그와 같은 모양으로 변해가면서 영광으로부터 영광에 이르러간다"는 점에서 하나님의 모양을 가졌다. 이는 우리가 결국 "그의 아들의 모양(개역개정: 형상)과 같아지는" 것이 궁극 목표이기 때문이다.

음을 말하는 대목에서 사용한다. 결국 그리스도는 당신의 성육신을 통하여 εἰκών τοῦ θεοῦ(하나님의 형상)를 완벽하게 지니시고 전달해주신다. 이 형상은 우리가 이제 그리스도를 통하여 다시 가질 수 있게 된 형상 내지 모양이다. 참고. 롬 8:29.

111) 가령 van Unnik, "Unveiled Face," 167; Dunn, "2 Corinthians iii.7," 320; Wright, "Reflected Glory," 148-50; 그리고 Belleville, *Reflections*, 290을 보라. 하지만 Belleville은 이를 "복음의 참된 사역자들"과 관련지어 생각한다.

112) 참고. Lambrecht, "Transformation," 244-45. 따라서 이 "같은"이라는 말을 쓴 적절한 선례가 없다는 반대 견해는 지지하기가 힘든 것 같다. "같은" 형상은 그들이 "거울 속에서" 보는 형상이다. 즉 그들이 목격하는 영광의 주인이신 주의 형상이다.

따라서 "영광으로부터 영광에"[113]라는 문구는 11절이 제시하는 모티프로 되돌아가는 말일 가능성이 아주 높다. 바울은 11절에서 옛것의 영광은 쇠락할 수밖에 없으나 새것의 영광은 사라지기는커녕 오히려 영원히 이어질 것이라고 말했다. 따라서 문맥상 이 문구는 이제 **영**의 사역을 통하여 우리가 소유하게 된 영광이 영원히 사라지지 않는 실체와 영원히 커져 가는 차원을 가졌음을 강조한다. 더불어 우리는 계속하여 그리스도를 보고 끊임없이 새로워짐으로써 그분의 모양으로 바뀌어간다.

이 "영광으로부터 영광에"라는 문구는 우리를 마침내 "마치 주, **영**으로부터 나온 것과 같다"(just as from the Lord, the Spirit)[114]라는 조그만 코다(coda, 종결부분)로 인도한다. 바울은 이 코다로 18절 문장 및 자신의 주장 전체(1-18절)를 끝맺는다. 이 문구는 많은 점에서 가장 어려운 표현이다. 결국 바울은 정녕 그리스도를 **영**과 동일시하는 걸까? 그런 것 같지는 않다. 몇 가지 해결책이 있지만, 가장 좋은 방안은 문맥을 고려하여 해결하는 것이다. 바울이 제시한 주장 전체의 요점은 **영**이 바울의 사역에서 그리고 이 사역을 통해 고린도 사람들의 삶 속에서 행한 역할이었다. **영**이 함께하신 덕분에 바울의 사역은 영광이 함께하는 사역으로서 효과를 발휘할 수 있었다. 이 조그만 문구는 말 그대로 이 요점을 재강조하는 말이다. 그러나 이번 경우에는 우리를 17절로, 곧 애초에 16절을 "해석"해놓은 말인 "'주'는 **영**을 뜻한다"라는 말로 다시 데려감으로써 바울이 제시한 요점을 재차 강조한다. 여태껏 바울은 **영**의 언약이 지닌 영광을 우리와 그리

---

113) 그리스어로 ἀπὸ δόξης εἰς δόξαν이다. 바울은 이런 종류의 문구를 사용하여 근원(출발점)과 목표(종착점)를 강조할 때["…으로부터…이 되다(…에 이르다)"] ἐκ…εἰς를 사용한다(2:16; 롬 1:17을 보라).

114) 그리스어로 ἀπὸ κυρίου πνεύματος다. 이 문구는 말 그대로 "주의 **영**으로부터"라는 의미일 수 있다(참고. 17절, τὸ πνεῦμα κυρίου). 그러나 만일 "주의 **영**으로부터"가 바울이 의도한 말이라면, 이런 어순 변경(17절과 18절에서 κυρίου와 πνεῦμα의 순서가 바뀌어 있다 — 옮긴이)은 특히 호기심을 자극한다. 더욱이 똑같다고 말하기가 모호하긴 하지만 그래도 (17절과 — 옮긴이) 같은 사례에서 두 명사를 관사 없이 사용했다는 점이 더더욱 호기심을 불러일으킨다. 이런 경우들은 대부분 어순이 의미를 좌우할 것이다.

스도의 관계와 관련지어 설명해왔다. 우리는 그리스도 안에서 하나님 바로 그분의 영광을 본다. 그리고 그리스도를 닮은 모양으로 끊임없이 변해간다. 바울은 이 특별한 사실을 다시 **영**의 사역이라는 영역으로 되가져올 요량으로 이 결론 부분(17-18절)을 시작할 때 강조했던 말을 사용하여 "마치 주, **영**으로부터 나온 것과 같다"라는 말로 결론을 맺는다. 17절에서도 그랬지만, 바울은 그리스도나 야웨를 **영**과 동일시하지 않는다. 이 표현은 순전히 문학적 계기(literary moment)다. 바울은 이 계기를 통해 앞서 말한 모든 것을 깔끔하게 마무리 짓는다. 우리는 이미 17b절로부터 **영**이 어쨌든 "주의 **영**"이심을 알았다. 이제 바울은 **영**이 우리가 하나님의 임재를 체험하는 데 핵심이 되는 분임을 일깨워준다.

이리하여 바울이 지금 제시하는 주장(1-18절)은 한 바퀴를 돌아 다시 제자리로 돌아왔다. 바울은 계속하여 이 주장을 그 자신의 사역에, 특별히 자신을 반대하는 자들에 맞서 그리고 믿지 않는 이들과 관련지어 직접 적용할 것이다. 그러나 지금 그가 주장하는 요지는 지금까지 살펴본 것과 같다. 그는 말씀 장사꾼들처럼 추천서를 필요로 하지 않는다. 그는 새 언약을 섬기는 사역자요, 생명을 주시는 **영**의 언약을 섬기는 사역자이기 때문이다. 말씀 장사꾼들은 옛 언약에 붙어 있다 보니 정죄와 죽음만을 가져오는 자들이다. 그러나 이들과 달리 바울의 사역은 성취된 약속의 시대에 속해 있다. 이 시대에는 이제 모든 사람이 **영**을 받을 수 있다. **영**이 오심으로 말미암아 옛것은 끝이 났다. **영**은 인류의 타락이 가져온 효과들을 철저히 뒤엎어버리신 그리스도의 사역을 적용해주셨다. 실제로 우리는 그리스도를 통하여 영으로 말미암아 변하여간다. 그 결과 우리는 하나님이 태초에 우리가 가질 모양으로 의도하셨던 모양을 지니게 된다. 우리는 **영**이 주시는 자유 안에서 하나님 바로 그분의 영광을 보았고(우리는 그 영광을 우리 주 예수 그리스도의 얼굴에서 분명히 본다), 그 영광을 체험하게 되었다. 우리는 우리 자신이 마지막 영광에 이를 때까지 이런 영광을 점점 더 많이 체험하게 될 것이다. 혹자는 바울 신학과 그리스도인의 체험에서 **영**

의 위치를 가벼이 여기는데, 이는 아주 위험한 일이다. 여기에 "영광"이 존재하기 때문이다. 우리는 **영**으로 말미암아 하나님을 알게 될 뿐 아니라, 그분의 임재 안에서 끊임없이 거듭남으로 하나님의 형상에 이르러가는 삶을 살아가게 되기 때문이다.

바울의 영성에서 체험이라는 차원을 제거해버린 채 이 본문의 신학을 분석하는 것은 이 본문으로부터 바울과 고린도 사람들이 살아갔던 "실제 삶"이라는 정황을 빼앗아버리는 것이다. 바울의 마음은 사슴이 시냇물을 찾듯이 하나님을 갈망했다. 바울은 바로 이 점에서 "언약에 따른 의"를 내세웠던 **율법**이 실패했다고 보았다. **영**을 체험함으로 말미암아 옛 언약이 해내지 못했던 일이 이루어졌다. 바울은 **영**을 체험함으로써 하나님의 임재 안으로 들어가게 되었고 하나님의 모양을 지닐 수 있는 능력을 부여받았으며 **율법**이 요구했던 일도 행할 수 있게 되었다. 이제 자유 안에서 하나님 바로 그분의 모양으로 변해갔으며, 그 모양으로 변해가고 있었기 때문이다. 다시 말해 하나님의 성품을 그대로 드러내는 삶을 살아가게 되었던 것이다. **영**을 바울이 체험한 실재라고 이야기하면서도 이런 점을 빠뜨린 채 이야기하는 것은 그 어떤 것이든 바울 신학에서 **영**이 차지하는 주된 역할을 간과한 것이요 갈라디아서 5-6장과 로마서 8-15장이 제시하는 논지를 놓쳐버린 것이다.

마지막으로 우리는 18절 본문이 바울이 지닌 삼위일체적 전제들을 분명하게 볼 수 있는 일련의 많은 본문들 가운데 두 번째 본문임을[115] 유념해야 한다. 실제로 잉고 헤르만(Ingo Hermann)이 주장했듯이, 이 본문이 삼위일체와 관련하여 암시하는 의미들은 혼란스럽다기보다 완전하고 철저하다. 그리스도는 곧 "하나님의 형상/모양"이시므로 그리스도를 보는 것은 곧 주의 영광을 보는 것이라고 말하는 이 본문이 시사하는 "고기독론"(high Christology)은 결코 놓칠 수가 없다. 이 본문이 피력하는 "고성령론"

115) 앞의 1:21-22을 다룬 부분을 보라; 참고. 살전 1:4-6을 다룬 부분의 주39.

(high pneumatology)도 마찬가지다. **영**은 바로 살아 계신 하나님의 **영**이시다. 이 **영**은 우리 삶 속에서 역사하심으로 우리를 이전의 폭군들로부터 해방시켜주시고 우리를 하나님 바로 그분의 모양으로 변화시켜주신다. 우리는 **영**을 체험함으로써 베일을 벗은 얼굴로 하나님의 임재 안에 들어갔다. 바울 서신 어디에서나 볼 수 있듯이, 성부와 성자와 성령이신 한 분 하나님이 우리 구원을 이루어주셨다. 즉 하나님이 당신 백성에게 언약을 지키셨기에(11절), 이를 기초로 그리스도의 구속 사역이 이루어졌으며(14절), 이제 이 구속 사역은 생명을 주시는 **영**이 (우리 안에 주의 법을 – 옮긴이) "새겨주심"(inscribing)으로 말미암아 우리 삶 속에서 실현된다. 뿐만 아니라, 우리를 하나님의 모양으로 재창조하려는 구속 사역의 목표 역시 그리스도 안에 있는 구속으로부터 유래한 것이다. 이제 이 구속은 **영**이 "베일을 제거하시고" 우리를 아들이 나타내시는 아버지의 모양으로 변화시켜가실 때 우리 삶 속에서 효력을 발휘한다.

- **고린도후서 4:1-6**

1그러므로 우리가 자비(긍휼)를 받았던 것과 똑같이 이 사역을 가졌으니, 우리는
낙심하지 않고, 2도리어 감춰진 부끄러움의 일들을 버리고, 간교함으로 행하거나
하나님의 말씀을 왜곡하지 않으며, 오히려 진리를 나타냄으로써 우리 자신을 하나
님 앞에서 모든 사람의 양심에게 추천하노라. 3만일 정녕 우리 복음이 감춰져 있
다면, 멸망하는 자들에게 감춰져 있는 것이니, 4그들 가운데서 이 시대의 신이 믿
지 않는 자들의 마음을 어둡게(개역개정: 혼미하게) 함으로 그들이 하나님의 형상이
신 그리스도의 영광을 나타내는(계시하는) 복음의 빛을 볼 수 없는 것이라. 5정녕 우
리는 우리 자신을 선포하지 않고, 도리어 예수 그리스도가 주이시며 우리 자신
이 예수를 위하여 너희의 종들이 된 자들임을 선포하노라. 6이는 "어두운 데서
빛이 비칠지어다"라고 말씀하셨던 그 하나님이 그리스도의 얼굴에 있는 하나님
의 영광을 아는 지식의 빛을 주시고자 우리 마음에 빛을 비추셨기 때문이라.

여기 본문은 **영**을 직접 언급하지 않는다. 그렇지만 이 문단은 바울이 앞서 제시한 주장과 아주 긴밀하게 연결되어 있기 때문에 바로 수면 아래 자리한 채 일하시는 **영**의 역사를 암시하는 몇몇 항목들은 짚어볼 필요가 있다. 실제로 바울이 반드시 **영**의 이름을 명시하지 않더라도 우리가 그의 주장에서 **영**의 존재를 인식할 수 있는 분명한 증거가 되는 본문들이 있는데, 이 본문도 그렇다.

바울이 문단 첫머리에서 언급한 "이 사역"(개역개정: 이 직분)은 그가 앞서 말한 것과 이 문단을 이어주는 연결고리로서 특히 3:6, 8을 떠올리게 한다. 거기서 바울은 자기 사역을 새 언약인 **영**의 언약과 관련지어 서술했다. 3장의 나머지 부분은 이 **영**의 사역 내용을 일러주는데, 이 사역은 하나님의 임재 안에서 누리는 자유의 사역이요 이전의 영광을 월등히 능가하여 이전 것은 더 이상 영광을 누릴 수 없게 만들어버린 영광을 지닌 사역이다. 바울은 여기서 바로 이 **영**의 사역을 재차 언급한다. 그는 다른 이들에게 자유와 영광을 가져다주는 이 **영**의 사역을 가졌다. 때문에 그는 다른 사람들이 하지 못하는 것을 할 수 있다. 그건 바로 그 자신을 **하나님 앞에서** 모든 사람의 양심을 향해 추천하는 일이다. 그리하여 바울은 2절에서 이제 자기 사역을 "진리를 나타내는 것/계시하는 것"으로서 온 것이라고 말한다. 고린도전서 2:12-13은 **영**과 이런 나타냄의 관계를 분명하게 일러준다.

우리가 이미 앞에서 말했듯이, 4절과 6절에서도 같은 말을 할 수 있다. 믿지 않는 사람들은 이 시대의 신이 마음을 "어둡게 만들어버린"(마음에 "베일을 덮어버린") 자들이다. 때문에 이 사람들은 **영**이 베일을 제거해주신 덕분에 하나님의 백성이 할 수 있게 된 것, 곧(문자 그대로 옮기면) "하나님의 형상/모양이신 그리스도의 영광의 복음의 빛을[7] 보는 것"을 할 수 없다. 이 문구는 그 나름의 방법으로 18절을 되풀이함으로써 18절을 해석한다. 6절에서도 이 말을 다시 반복하는데, 이때는 살아 계신 하나님이 주어가 되고 "우리 마음에"가 목적어 역할을 한다. 이 세상의 신은 사람들의 마음을 어둡게 한다. 이 신과 달리 살아 계신 하나님은 우리 마음에 "빛을 비추심"으로써(그리스어 본문은 "빛을 비추다"라는 뜻을 가진 λάμπω의 3인칭 단수 부정과거 능동 직설법 형태인 ἔλαμψεν를 썼다—옮긴이) 우리를 당신의 영광, 곧 예수 그리스도의 얼굴에서 나타난 그 영광을 알 수 있는 지식으로 "밝히 깨우쳐주셨다"[그리스어 본문에서는 목적(=밝히 깨우쳐주실 목적으로) 내지 결과(=밝히 깨우쳐주셨다)를 나타내는 형태인 πρὸς φωτισμόν을 사용했다. φωτισμὸν은 "빛, 깨우쳐줌"을 뜻하는 φωτισμός의 목적격이며, πρός는 목적 내지 결과를 나타내는 전치사다—옮긴이]. 거듭 말하지만, **영**은 "빛을 비춰주시다"[116]라는 말과 "밝히 깨우쳐주시다"라는 말 속에 가까이 자리해 있다.

결국 이 모든 것은, 바울 서신의 다른 곳에서도 그러하듯이, "이 시대의 신"을 살아 계신 하나님의 **영**과 대립하는 말로 이해해야 한다는 것을 시사한다. 악한 영은 믿지 않는 자들의 마음을 "베일로 덮어 가린다." 반면 성령은 그 베일을 제거하심으로써 우리가 그리스도 안에서 나타나는 그 영광을 볼 수 있게 해주신다.

■ 고린도후서 4:7

그러나 우리는 이 보배를 질그릇 속에 가졌으니, 이는 능력의 탁월한 영광이 하나님 것이요 우리로부터 나온 것이 아니게 하려 함이라.

1-6절처럼 이 문장도 **영**을 분명하게 언급하지 않는다. 그렇지만 이 문장의 문맥, 7절이 "능력"을 언급하는 점, 그리고 10-12절이 "생명"과 "죽음"을 곱씹어보고 있다는 점은 이 모든 내용을 바울이 행하는 **영**의 사역이라는 맥락 속에 단단히 붙잡아놓는다. 우리는 바울이 행하는 **영**의 사역을 언급한 표현을 3:3에서 처음 발견했다. 사실 이 문장으로 말미암아 바

116) 참고. Young-Ford, *Meaning*, 257.

울이 2:14에서 시작했던 주장은 완전히 한 바퀴를 돌아 제자리로 돌아온다. 바울은 2:14-17에서 그의 "약함"과 성실성이라는 테마를 다루더니, 뒤이어 그런 약함에도 불구하고 그의 사역이 "영광", 곧 **영**의 사역이라는 영광을 가졌음을 천명한 다음, 이제 다시 여기서 약함이라는 테마로 돌아온 것이다. 그의 주장은 영광으로 가득했던 사역으로부터 사역자로 되돌아간다. 사역자 개인의 존재와 스타일은 아무것도 아니다. 바울은 이제 이 주제를 신학 차원에서 곱씹어보려 한다.

여기서는 두 가지 것이 작동하고 있다. 첫째, 이곳은 바울이 이 서신에서 자신의 약함을 가장 강한 형태로 제시하여[117] 그가 맡은 사역의 "영광"이 오직 **영**으로부터 나올 뿐 그 자신과 아무 상관이 없다는 것을 강조한 일련의 주장들 가운데 두 번째 주장이다. 이 경우에 바울은 자신과 자신의 사역을 대조하여, 그 자신은 "질그릇"이지만 그의 사역만은 "능력의 탁월한 영광"을 지닌 것으로서 하나님으로부터 유래한 것이라고 말한다.

둘째, 이곳에서는 바울이 구사하는 이미지는 물론이요 그가 구사하는 언어도 많이 바뀌었다. 그렇지만 바울은 이곳에서 그가 이미 고린도전서 2:1-5에서 이런 이미지와 언어를 동원하여 주장했던 것을 거의 그대로 되풀이한다. 그 고린도전서 본문에서 바울이 자신의 약함을 말하는 대목을 보면(3절), 그는 고린도 사람들에게 지혜와 말재주로 나아가길 거부하고 그 대신 **영**의 능력을 실증하며 나아갔다(4절). 이는 그들의 믿음이 결국 "하나님의 능력"에 의지하게 하려 했기 때문이었다(5절). 이제 바울은 이 보배(4절과 6절이 말하는 복음)를 "질그릇" 속에 갖고 있다. "질그릇"은 특히 바울 자신의 약함과 그 육체의 연약함을 강력하게 시사하는 이미지다. 그는 이 이미지를 이어 제시하는 주장에서 상세히 이야기할 것이다. 하지만 바울은 그라는 인간의 연약함에도 불구하고 **영**이 함께하시는 그의 사역에는 "능력의 탁월한 영광"이 함께한다고 주장한다. 이런 주장은 3:1-18

117) 첫 번째 경우는 2:14-16a에서 나타난다. 아울러 6:3-13; 11:21-12:10; 13:3-4, 9-10을 보라.

과 그 궤를 같이한다. 앞에서도 보았듯이, 능력은 바울의 사역이 거둔 효과, 곧 그 사역의 효과를 증명하는 증거 1호인 고린도 사람들과 관련 있는 것이지, 기적들이나 이적들은 이 능력과 무관하다. 그러나 고린도 사람들과 바울의 반대자들은 분명 이런 기적과 이적 자체를 일종의 목표로 삼았으며, 그러다 결국 말도 안 되는 자랑을 늘어놓게 되었던 것이다.

따라서 이 모든 내용을 살펴보면, 바울이 "능력"이라는 말을 사용하여 성령이 자기 삶 속에서 행하시는 사역을 다시 한 번 은연중에 귀띔한다는 것을 알 수 있다.

▪ 고린도후서 4:10-12

10늘 예수의 죽음을 몸에 가지고 다님은 예수의 생명이 또한 우리 몸에서 나타
나게 하려 함이라. 11정녕 살아 있는 우리가 늘 예수를 위하여 죽음에 넘겨짐은,
또한 예수의 생명이 우리 죽을 육체에서 나타나게 하려 함이라. 12그 결과 사망
은 우리 안에서 역사하나, 생명은 너희 안에서 (역사하느니라).

이 주장이 보여주듯이, 바울은 또 **영** 자체를 언급하지는 않는다. 그러나 그가 여기서 사용하는 언어는 그가 앞서 3장에서 제시한 주장을 떠올리게 하는 것들로 가득하다. 이 경우에 바울은 "생명"이라는 말을 사용했는데, 이 말은 3:6에서 **영**의 사역을 가리키는 말로 썼던 것이다. 여기서 바울은 생명을 특히 "예수의 생명"이라고 설명하는데, 이는 예수와 부활과 연관된 말임이 틀림없다.[118] 그런 생명이 이제 바울 안에서, 심지어 그가 계

---

118) 일부 사람들은 여기서 말하는 "예수의 생명"이 예수의 지상 생애를 가리킨다고 주장했다. Meyer, 497; J. Murphy-O'Conner, *The Theology of the Second Letter to the Corinthians* (Cambridge: Cambridge University Press, 1991), 46-47; J. A. Crafton, *The Agency of the Apostle* (JSNTMS 51; Sheffield: JSOT Press, 1991), 91이 그 예다. 그러나 이 주장은 도통 말이 되지 않는다. 이 본문이 자리한 더 큰 문맥으로서 14절부터 시작하는 본문을 살펴보면, 바울이 현재 살아가는 삶 속에서 그리스도의 부활이 "이미/그러나 아직 아니"로 자리

속하여 죽음으로 넘겨지는 와중에도 그 안에서 "나타난다." 이는 고린도 사람들도 그 생명을 누릴 수 있게 하려는 목적 때문이다. 따라서 이 생명은 부활하신 주의 생명이다. 이제 고린도 사람들은 바울이 행하는 사역 속에서 역사하시는 **영**의 능력을 통하여 그 생명을 누릴 수 있게 되었다. 이 **영**은 종말에 이르러 모든 것이 완성될 때 에스겔 37:1-14이 말하는 생명을 주심으로써 "이 마른 뼈들이 살아나게 하실 것이다."

▪ 고린도후서 4:13

그러나 "내가 믿었으므로 내가 말하였다"라고 기록된 것과 일치하는 같은 믿음의 **영**을 가졌으니, 우리도 역시 믿으므로 또한 말하노라.

많은 사람들은 여기에 있는 πνεῦμα를 "믿음의 성향(자세)"[119]을 가리키는 말로 이해한다. 그러나 바울이 이 말을 성령을 가리키는 말로 쓰려 한다는 것을 일러주는 몇 가지 요인이 있다.[120] (1) 가장 중요한 요인은 이 문단이 바울이 지금 제시하는 주장 속에서 자리한 위치다. 이 본문과 바울이 앞서 제시한 주장이 연결되어 있음을 일러주는 표지가 바로 "가지다"라는 동사의 반복이다. 바울은 3:4 이후로 자신이 제시하는 주장의 모든 중요한 전환점에서 이 동사를 사용했다. 덕분에 그의 주장은 일관되게 계속

해 있음을 상당히 강조한다. 바울에겐 지금 약함뿐이지만(그는 이를 그 안에서 "죽음이 역사한다"라는 말로 묘사한다), 예수의 부활은 이제 (고린도 사람들과 바울에게) "생명"을 가져다주고 장차 바울(과 그들)이 부활할 것을 보장해준다. 더구나 바울이 만일 예수의 지상 생애를 염두에 두고 있었다면, 이 경우에는 ζωή (생명)가 아니라 βίος (생애)가 적합한 말일 것이다.

119) 즉 "믿는 마음 자세"(a believing frame of mind); 가령 Bernard, 63; Plummer, 133; Hughes, 147; Strachan, 96을 보라. 그리고 이 말을 Spirit이 아니라 spirit으로 번역하면서 아무런 설명도 붙이지 않은 사람들도 십중팔구 "믿는 마음 자세"로 생각하는 것 같다(가령 Martin).

120) 아울러 Meyer, 241; Hodge, 97; Bultmann, 121; Barrett, 142; Furnish, 258을 보라.

이어져올 수 있었다.[121] 따라서 이 본문도 바울이 2:14부터 전개해온 주장을 계속 이어가는 내용으로 봐야 한다. 이런 점에서 πνεῦμα라는 말이 여기서는 단지 "자세"나 "성향"처럼 좀더 약한 의미를 가진 말로서 등장한다고 생각하기는 힘들다. 지금까지 줄곧 **영**이 긴요한 내용으로 자리해왔기 때문이다. (2) 바울이 만일 하고자 하는 말이 "시편 기자와 같은 믿음"이었다면,[8] 그냥 쉽게 그리 말할 수 있었을 것이다. 그러나 바울이 말하는 것은 사실 그게 아니다. 바울이 말하고자 하는 것은 두 가지다. 하나는 바울 자신과 시편 기자가 같은 믿음을 공유한다는 것이요, 다른 하나는 바울 자신과 시편 기자가 그런 믿음을 공유하는 것은 그 믿음의 근원이신 같은 **영**을 공유하기 때문이라는 것이다. (3) 바울은 지금까지 이어지는 주장의 일부인 고린도후서 3장에서 옛 언약과 새 언약을 대조했다. 전자는 문자의 언약이요 후자는 **영**의 언약이다. 이 점 때문에 옛 언약은 쇠락하고 만다. 그러나 바울은 결코 구약, 혹은 **율법** 자체도 옛 언약이 사라지면서 함께 사라져버린다고 이해한 적이 없었다. 오히려 반대로 구약은 하나님의 이야기다. 그분이 당신 이름을 위하여 한 백성을 지으셨다는 이야기요, 이제는 바울과 고린도 사람들을(그리고 우리 자신도) 아우르는 이야기다. 따라서 구약은 폐물이 되지 않았다. 구약은 성경으로,[122] 성령에 감동받아 기록한 것이다. 구약은 모두 하나님이 약속하셨던 새 **영**의 언약이 지금 이루어질 것을 일러주었다. 바울은 이렇게 느닷없이 구약에 호소함으로써 사실은 구약 기자가 말했던 **영**과 믿음을 새 언약의 장(場)으로 가져온다. 그가 이리하는 이유는 믿음이 결국 **영**으로부터 나오기 때문이다. 마지막으로 (4) 벤트란트(Wendland)가 말하듯이, "**영**과 믿음은 마치 한 쌍인 것처럼 서로 긴밀하게 결합해 있기 때문이다."[123] 바울은 **영**이 생명을 주실

121) 3:4, "우리가 가졌다"; 3:12, "우리가 가졌으므로"; 4:1, "우리가 가졌으니"; "우리가 가졌다"; 4:13, "그러나 우리는 가졌으니"를 보라.

122) 성서학자들은 옛 언약과 구약을 구별하지 않고 얼버무려버리는 경우가 아주 잦다. 양자의 구별에 관하여 알아보려면, 특히 Hanson, *Studies*, 136-39을 보라.

뿐 아니라 사람이 **영**을 받아 생명으로 들어갈 수 있게 해주는 믿음의 근원이라고 본다. 그러므로 이 본문은 분명 바울이 **영**을 이야기하는 본문인 것 같다. 믿음의 삶을 **영**의 선물이라 선언하기 때문이다.

▪ 고린도후서 4:16

그러므로 우리는 뒤로 물러서지 않노니, 비록 우리 겉 사람은 낡아가지만, 우리 속사람은 날마다 새로워지도다.

동사 ἀνακαινοῦται("새로워지도다"; "새롭게 하다"라는 뜻을 가진 ἀνακαινόω의 3인칭 단수 현재 수동태 직설법 형태다 – 옮긴이)는 바울 서신에서는 자주 등장하지 않는 말이다. 이 말은 디도서 3:5에서 **영**이 행하시는 일을 가리키는 말로서 명사 형태(=ἀνακαίνωσις)로 등장한다. 따라서 비록 여기서도 **영**을 언급하지 않지만, 이 문장은 앞에서 다룬 10-12절과 대단히 일치한다. 거기서 바울은 질그릇처럼 깨지기 쉬운 연약함으로 가득한 몸이 계속하여 죽음에게 넘겨지고 있다고 말했다. 그러나 **영**이 주시는 생명을 받은 "속사람"도 바로 그 **영**으로 말미암아 계속하여 새로워진다. 이런 용례를 살펴보려면, 골로새서 3:10과 로마서 12:2도 함께 보기 바란다.

▪ 고린도후서 5:5

이제 바로 이 일을 위하여 우리를 만드신[124] 분은 하나님이시니, 그가 우리에게

---

123) "Geist und Glaube gehören zusammen"(190); 참고. Héring, 34: "은혜로 주어진 이 두 선물(**영**과 믿음)은 서로 떼려야 뗄 수가 없다."

124) 그리스어로 κατεργασάμενος다("이루다, 완성하다, 만들어내다"라는 뜻을 가진 κατεργάζομαι의 남성 주격 단수 부정과거 중간태 분사다 – 옮긴이). 서방 사본들은 이를 현재 시제로 바꿔놓았는데, 이는 아마도 4:17을 본받은 것 같다. 이 동사를 영어로 적절히 번역하기가 쉽지 않다. 대다수 역본들은 "준비하다"(prepare)를 택했다. 그러나 prepare라는 말에는 이 그리

영이라는 보증금을 주셨느니라.

영이 곧 하나님이 주신 보증금이라는 말은 1:22의 언어를 반복한 것이다. 이 말이 지금 바울 서신에서도 가장 첨예한 본문 중 하나인 이곳에서 등장했다.[125] 이 연구서의 목적을 고려할 때, 여기서 이 본문의 어려운 세부 내용을 포함하여 이 본문과 관련된 모든 쟁점들을 해결할 필요는 없다. 더불어 이 본문과 관련하여 문헌에서 등장한 몇 가지 주장들도 여기서 다룰 필요가 없겠다. 그러나 내가 이 본문의 요점과 이 본문의 문맥상 위치를 어떻게 인식하고 있는지 몇 마디 해둘 필요가 있다. 그래야 바울이 여기서 주장하는 **영**의 역할을 내가 어떻게 이해하는지 상세히 설명할 수 있기 때문이다.

바울이 여기까지 계속 이어오는 것이 두 가지가 있는 것 같다. 첫째, 바울은 4:7에서 시작하여 이곳까지 이어지는 주장에서 현재 작동하고 있는 두 가지 과정들을 곱씹어왔다. 한편을 보면 바울은 계속하여 죽음으로 넘

스어 동사의 기본 의미인 "만들다, 창조하다, 이뤄내다"라는 의미가 들어 있지 않다. 따라서 나는 NAB를 따랐다. 이 역본이 그래도 문맥에서 이 동사가 가지는 뉘앙스를 가장 잘 포착한 것 같다.

125) **참고 문헌**: R. **Berry**, "Death and Life in Christ," *SJT* 14 (1961), 60-76; F. F. **Bruce**, "Paul on Immorality," *SJT* 24 (1971), 457-72; R. **Cassidy**, "Paul's Attitude to Death in II Corinthians 5:1-10," *EQ* 43 (1971), 210-17; L. **Cranford**, "A New Look at 2 Corinthians 5:1-10," *SWJT* 19 (1971), 95-100; E. E. **Ellis**, "II Corinthians V.1-10 in Pauline Eschatology," *NTS* 6 (1959-60), 211-24; J. **Gillman**, "A Thematic Comparison: 1 Cor 15:50-57 and 2 Cor 5:1-5," *JBL* 107 (1988), 439-54; K. **Hanhart**, "Paul's Hope in the Face of Death," *JBL* 88 (1969), 445-57; M. J. **Harris**, "2 Corinthians 5:1-10: Watershed in Paul's Eschatology?" *TynB* 22 (1971), 33-57; R. F. **Hettlinger**, "2 Corinthians 5:1-10," *SJT* 10 (1957), 174-94; W. **Lillie**, "An Approach to II Corinthians 5:1-10," *SJT* 30 (1977), 59-70; **Lincoln**, *Paradise*, 55-71; J. **Osei-Bonsu**, "Does 2 Cor. 5:1-10 Teach the Reception of the Resurrection Body at the Moment of Death?" *JSNT* 28 (1986), 81-101; A. C. **Perriman**, "Paul and Parousia: 1 Corinthians 15:50-57 and 2 Corinthians 5:1-5," *NTS* 35 (1989), 512-21; G. **Wagner**, "The Tabernacle and Life 'in Christ': Exegesis of 2 Corinthians 5:1-10," *IBS* 3 (1981), 145-65; J. **Yates**, "Immediate or Intermediate? The State of the Believer Upon Death," *Churchman* 101 (1987), 310-22.

겨지고 있다. 다른 한편을 보면 바울 안에서는 생명도 역사하고 있다. 이 생명은 그를 통해 다른 사람들에게도 역사할 뿐 아니라(12절), **영**으로 말미암아 끊임없이 새로워지고 있는 그 자신의 속사람 안에서도 역사한다(16절). 이 문단(5:1-10)은 바울이 여기서 제시하는 주장에서 일종의 여담처럼 자리한 채, 이 두 과정(계속하여 죽이는 과정과 끊임없이 살리며 새롭게 하는 과정 — 옮긴이)이 낳는 결과를 이제는 특별히 몸과 관련지어 천명한다. 현재와 같은 형상의 몸은 계속하여 쇠하여간다. 그러나 그게 결론이 아니다. 바울은 4:13-14에서 죽을 수밖에 없는 몸 안에서 역사하는 죽음의 과정은 결국 부활이라는 마지막 결과로 이어질 것이라고 선언했다. 결국 그가 고린도전서 15:44-49에서 이미 주장했듯이, 우리가 부활하고/부활하거나 변형될 때 이전 몸을 대신할 초자연적(**영**의) 몸이 우리를 기다리고 있는 셈이다.

둘째, 바울은 근래 이미 이 문제를 고린도전서 15장에서 이야기했다. 때문에 바울이 여기서 마음을 바꾸었다거나 추가 정보를 제공하고 있다고 생각하기보다, 같은 문제를 한 번 더 다루고 있을 가능성이 훨씬 더 높다고 생각해야 할 것 같다. 여기가 바로 바울과 고린도 사람들이 다툼을 벌인 곳이다. 때문에 바울은 고린도 사람들이 몸을 지닌 현재의 실존을 폄하하는 것처럼 보이는 그의 주장을 붙잡아다가 자신들의 견해를 뒷받침하는 근거로 오용하는 것을 막고자, 현재의 몸이 하늘에 맞게 바뀐 형태가 우리를 기다린다는 고린도전서 15장의 요지를 재차 강조한다.

그가 여기서 제시하는 주장의 구조는 충분히 명확해 보인다. 그는 먼저 강한 주장으로 시작한다(1절). 뒤이어 이 주장을 καὶ γάρ["또 정녕(개역개정: 참으로)"; 2절과 4절]로 시작하는 두 절을 동원하여 상세히 설명한다.[126] 여기서 바울이 구사하는 이미지들은 여러 가지 난제들을 안고 있다. 한 이미지의 심상이 고정되어 있지 않고 유동성을 띠다 보니, 한 이미지가 또

126) 고전 12:12-14과 고후 13:3-4에 있는 유사한 구조를 참고하라.

다른 이미지를 요구한다. 그러다 보니 이런 이미지들 가운데 어느 것도 이미지 자체로서(즉 고정된 이미지로서 – 옮긴이) 밀어붙일 수 없다. 이처럼 바울은 "집"이라는 이미지로부터 "옷"이라는 이미지로 왔다 갔다 하는데, 그 과정에서 "처소"가 종종 "옷" 역할을 하기도 한다.

그리하여 바울은 1절에서 4:17-18을 설명하며, 부활 때 우리를 기다리는(13-15절) "영원한 영광의 무게"(개역개정: 영원한 영광의 중한 것)가 현재 당하는 고초를 훨씬 더 능가한다고 역설한다. 그는 이렇게 말한다. "정녕 이 땅에 있는 우리 '장막 처소'가 '부서져 무너질'[127] 때가 오면,[128] 우리는 또 다른 처소, 하늘에 있는 영원한 처소를 가지리라." 이 문장은 새 이미지를 동원하여 바울이 이미 고린도전서 15:44-45에서 말했던 것을 그대로 말한다.

"또 정녕"이라는 말이 들어간 두 문장(5:2, 4)은 4:7-18의 주장으로 되돌아감으로써 현재 몸을 지닌 실존으로 살아가는 우리가 구원을 받고 결국에는 새 "처소"를 "입기"를 갈망하며 "신음한다"(groan)[129]는 것을 상세히 설명한다. 첫 번째 경우에(2절) 이것은 새것으로 "덧입기"를 갈망한다는 형태로 나타난다. 이는 일부 사람들이 주장하듯이 바울의 인간론을 설명해주는 말이 아니라, 고린도전서 15:50-55을 반복한 말로서 살아 있는 사람이 죽음을 통과하지 않고도 변형될(transformed) 가능성을 이야기한 것이다. 바울은 이 모든 내용을 4절에서 한 번 더 반복한다. 바울의 관심사

127) 여기서는 분명 언어유희가 이루어지고 있다. 우리의 οἰκία τοῦ σκήνους ("장막 형태를 가진 처소")는 결국 καταλυθῇ ("부서져 무너지다")할 것이다(καταλυθῇ는 "부수다, 무너뜨리다"라는 뜻을 가진 καταλύω의 3인칭 단수 부정과거 수동 가정법 형태다 – 옮긴이).

128) 이것은 바울이 사용한 ἐάν이 현재 일반 조건문임을 나타내려는 것이다. 이 경우에 이 조건문은 그 일이 실제로 일어날 미래의 때를 내다본다.

129) Furnish, 295-99은 바울이 στενάζομεν ("우리가 한숨 쉬다, 탄식하다"; "한숨 쉬다, 탄식하다"를 뜻하는 στενάζω의 1인칭 복수 현재 능동 직설법이다 – 옮긴이)을 사용한 것은 필시 롬 8:26에 있는 유사한 용례와 연관되어 있을 것이라고 주장한다. 롬 8:26을 보면, 신자가 **영** 안에서 "한숨을 쉬며" 마지막 때의 영광을 기다린다. 당연히 이런 주장이 나올 법하다. 특히 **영**을 미래에 있을 몸의 부활을 보장하는 "보증금"이라 말하는 5절을 고려하면, 더더욱 그렇다(참고. 롬 8:23). 그러나 이 주장이 옳다고 확신할 수는 없다.

는 "벌거벗은 상태" 그 자체, 다시 말해 어떤 중간 상태가 아니라, 죽음이 가진 이 측면이 실현될 미래를 향한 앙망이다. 바울은 이렇게 말하는 것 같다. 우리는 죽고 싶지 않다. 다만 우리는 살아서 변화를 체험하고 싶다. "죽어야 할 것이 실제로 생명 바로 그것에게 '집어삼켜지는' 일"을 체험하기를 원한다.

여기가 우리가 보는 문장이 자리하기에 적합한 곳이다. 우리가 죽든 변형되든 간에, 하나님은 우리가 몸을 지닌 이 미래의 실존을 누릴 수 있도록 우리를 만드셨다. 이 실존이 오면, 생명이 죽을 수밖에 없는 현재의 몸을 집어삼킨다. 이런 사실을 극명하게 일러주는 증거가 바로 **영**이라는 선물이다. 이 선물은 우리가 정녕 하나님이 우리를 위해 만들어놓으신 바로 그것, 곧 πνευματικὸν σῶμα("**영**의 몸"; 고전 15:44; NA[27] 본문은 σῶμα πνευματικόν — 옮긴이) 또는 σῶμα τῆς δόξης("영광의 몸"; 빌 3:21)라는 새로운 몸의 실존 형태를 유업으로 받으리라는 것을 하나님이 우리에게 보장해주시는 보증금 역할을 한다.

이곳에서는 이 서신에서 두 번째로 "보증금"이라는 말이 등장했다. 이와 관련하여 강조해두어야 할 것이 두 가지 있다. 첫째, 우리가 이미 1:22에서 말했듯이, 바울은 여기서 **영**이 우리가 마지막 때에 기어이 갖게 될 실존을 증명해주는 증거 역할을 한다고 본다. 우리에게는 영광스러운 미래가 예정되어 있다. 이 미래가 우리에게 보장되어 있는 것은 그 미래를 보장하시는 보증금이신 **영** 바로 그분이 이미 우리 소유가 되었기 때문이다. 하나님은 당신의 **영**을 우리에게 주심으로 우리 미래를 보장해주셨다. 이처럼 우리는 "이미" 그러나 "아직 아니"라는 현재 속에서 살아간다.

둘째, 고린도전서 6:19-20과 고린도전서 15:44-45에서도 보았지만, **영**은 현재 몸을 지닌 채 살아가는 우리 실존을 인정해주신다. 우리는 이 실존 속에서 잠시 "신음"할 수도 있다. 그러나 이 실존을 경멸하지 말아야 한다. 이 본문이 풍성하고 분명하게 밝혀주듯이, 보증금이신 **영**은 지금 이 땅에 있는 우리의 실존 속에서 이 죽을 수밖에 없는 몸이 장차 다른 몸을

"덧입게" 되리라는 것을 확증해주신다. 바울은 고린도전서 15:44에서 우리가 덧입을 몸을 "**영**의" 몸이라고 불렀는데, 여기서는 "손으로 짓지 않고 영원한 하늘의 처소"라는 이미지로 표현한다.

고린도 사람들이 고린도전서 15:35-58에 어떻게 답변했는지 알 수 없다. 그들은 필경 미지근한 반응을 보였을 가능성이 아주 높다. 그들은 **영**을 현재 체험하는 황홀경, 미천한 몸의 약점들을 초월한 삶을 의미하는 것으로 보았고, 그러기에 결국 몸을 지닌 실존으로부터 풀려났다는 것을 증명해주는 증거가 **영**이라고 생각했다. 반면 바울은 분명 낡고 썩어가는 몸으로 몸이 가진 온갖 약함을 드러내며 살아가는 삶에 지금 능력을 주시는 분이 바로 **영**이시라고 보았다. 그러나 바울은 이제 그가 고린도전서 15:35-58에서 제시했던 주장을 재차 강조하면서, **영**의 임재는 이 "낡고 썩어가는 몸들"이 영원이라는 도장을 받은 것을 뜻한다고 주장한다. 이 몸들에게는 부활이 예정되어 있고, 이미 영광을 받으신 그리스도의 몸과 같은 모양으로 변할 일이 예정되어 있다. 바울은 여기서 하나님이 몸소 "이 일을 위하여 우리를 만드셨다"라고 주장한다. 아울러 그는 고린도 사람들이 그저 승리주의자의 시각으로만 이해했던 **영**이 사실은 하나님이 오히려 이 몸들에게도 "**영**에 속한"(=영광스러운) 미래가 예정되어 있음을 보장해 주신 보증금이라고 주장한다.

▪ 고린도후서 5:13

이는 내가[9] "미쳤어도" 하나님을 향한(향하여 미친) 것이요, 내가 "온전한 정신"이어도 너희를 위한 것이기 때문이라.

이것도 이 서신에서 어려운 문장들 가운데 하나다. 여기서 문제는 세 가지다. 첫째는 이 문장 세부 내용의 적절한 의미를 찾아내는 일이요, 둘째는 바울이 지금 제시하는 주장 속에 이 문장을 기록해놓은 적절한 이유를 찾아내는 일이며, 셋째는 "미쳤다"라는 말이 많은 사람들이 생각하듯이 **영**에 취한 "황홀경"을 가리키는 말인지 규명하는 일이다. 이 모든 문제들이 복잡하게 꼬인 것은 이 문장에 있는 주장이 본디 바울이 한 주장인가 아니면 바울이 본디 고린도 사람들이 한 말을 가져다가 그들을 논박하는 말로 바꿔 쓴 것인가라는 문제 때문이다.

이런 문제들 가운데 그나마 어느 정도 만족스럽게 해결할 수 있는 문제는 오직 문맥과 관련된 문제뿐이다. 그러나 이 경우에 만족스럽게 해결할 수 있다는 말은 단지 이 문장이 여기 주장 속에서 하는 역할을 서술할 수 있다는 의미일 뿐이지, 이 문장이 실제로 무엇을 의미하는지 밝혀낼 수 있다는 뜻은 아니다.[130] 바울은 11절에서 그가 2:14에서 시작한 뒤 4:18을 거치며 다양한 방법으로 주장해왔던 자신의 사도직 변호를 다시 시작한다. 바울은 여기서 자신의 사도 사역과 관련하여 두 가지 진실을 천명한다. 이 변호문은 지금 그의 육체 속에서 역사하는 죽음과 생명의 두 과정이 낳은 결과를 시사한 "여담"(5:1-10)에 뒤이어 등장하지만, 10절로부터 직접 흘러나온 것이다. 우선 바울은 확실히 있을 미래의 심판을 근거로 삼아 "사람들을 설득하려고" 노력하면서, 어떤 변명도 늘어놓지 않는다. 그런가 하면 바울은 자신의 인격 및 사역과 관련하여 늘 그랬듯 자신은 우선 하나님의 종이요, 그러기에 하나님이 훤히 들여다보시는 책과 같다고 주장한다. 그러면서도 그는 자신이 고린도 사람들의 양심 앞에서도 훤히 드러나기를 소망한다는 말을 덧붙인다. 그러나 그는 이렇게 말하면서, 계속하여(12절) 비록 자신이 자천하고 싶지는 않지만 그래도 고린도 사람들이 자신들을 세워준 사도(=바울 자신)를 당연히 자랑하되, 그들 가운데 들어와 마음속에서 일어나는 일이 아니라 "겉으로 나타나는 것들"만

130) 참고. Harris, 351. "이 어려운 구절의 배경이 무엇이든, 그 대강의 의미는 분명한 것 같다. 바울은 자기가 한 모든 행동의 동기가 사리(私利) 추구였음을 부인하고, 그 모든 행동이 하나님의 영광을 위한 것이라고 주장한다." 이 문장이 바울이 지금 제시하는 주장에서 차지하는 위치와 관련하여 대체로 같은 취지를 주장하는 글을 보려면, Martin, 126; Sumney, *Opponents*, 144을 보라.

을 자랑하는 이들[131]과 견주어 이 사도를 자랑해주길 소망한다. 우리가 보는 이 구절(13절)은 연결어인 γάρ("이는")를 사용하여 앞서 제시했던 두 가지 테마, 곧 (1) 바울 자신이 하는 일은 하나님을 위하거나 고린도 사람들을 위한 것이요, 따라서 (2) 그가 하는 일은 무슨 일이든 사리(私利) 추구를 목적으로 하지 않는다는 것을 더 상세히 설명한다.

문제는 "미쳤다"(beside himself)[132] 혹은 "온전한 정신이다"(sound-minded)[133]라는 독특한 말들이다. 이는 바울이 "미쳤다"라는 말로 하고자 하는 말이 정확히 무엇인가라는 문제와 관련된 것이기도 하다. 이 동사("미치다")가 바울 서신에서 오직 여기서만 나타난다는 사실, 그것도 바울이 자신을 변호하는 문맥에서 나타난다는 사실은 이 말이 고린도로부터 나온 말일 가능성에 힘을 실어준다.[134] 그러나 그렇다 할지라도, 바울이 이 말을 다시 고린도 사람들을 비꼬며 조롱하는 말로 사용하는 것인지, 다시 말해 그가 이 말을 고린도 사람들이 구사한 의미와 다른 의미로 사용하는 것인지, 아니면 자신의 영성과 사역을 스스로 옹호하는 말로 사용하는 것인지 확실하지 않다.[135]

마음이 가는 견해가 두 가지 있다. 첫째, 바울이 말하는 "미쳤다"는 특별히 **영**이 자신을 나타내시는 어떤 양상들을 가리키는 말이 아닐 것이다. 도리어 이것은 마가복음 3:31-35에서 사람들이 예수에게 퍼부었던 비판처

131) 이 말은 3:1-6을 떠올리게 하는 것 같다. 이 본문을 보면, 바울을 반대한 이 사람들은 추천서를 들고 왔으며 동시에 단지 "문자"에 불과한 옛 언약을 가지고 왔다. 이는 진짜 서신인 마음속의 **영**과 완전히 다른 것이었다.

132) 그리스어로 ἐξέστημεν이다("미치다, 무엇에 놀라다"를 뜻하는 ἐξίστημι의 1인칭 복수 부정과거 능동태 직설법 형태다 — 옮긴이). 바울 서신에서는 오직 여기서만 볼 수 있다. 신약성경의 다른 곳에서는 이 말을 보통 "무언가에 깜짝 놀라다"라는 뜻으로 쓴다. 하지만 막 3:21에서는 이 말을 예수가 "미쳤다"며 예수를 비판하는 말로 사용한다.

133) 그리스어로 σωφρονοῦμεν이다("제 정신이다"라는 의미를 가진 σωφρονέω의 1인칭 복수 현재 능동태 직설법 형태다 — 옮긴이); 참고. 롬 12:3. 이 동사의 동족 명사("절제", "신중함"을 뜻하는 σωφρονισμός의 소유격인 σωφρονισμοῦ — 옮긴이)가 딤후 1:7에서 나타난다(찾아보라). 이 구절에서는 이 말이 바울과 디모데 안에서 **영**이 행하시는 역사를 나타낸다.

134) 내가 바로 판단했다면, Belleville, *Reflections*, 123-24도 이를 주장한다.

135) 이런 구별을 살펴보려면, Sumney, *Opponents*, 144-45을 보라.

럼 사람을 헐뜯는 어떤 비방을 직접 가리키는 말일 것이다.[136] 따라서 고린도 사람들이 바울을 어쨌든 미친 사람이라고 생각한다면, 어쩔 수 없는 일이다. 하지만 바울이 어떤 사람인가는, 그가 이미 11절에서 말했듯이, 결국 하나님 앞에서 판가름 날 일이다. 이 경우에 바울은 자신의 사역을 옹호하는 주장을 하려 했을 것이다. 실제로 바울은 내가 "예수처럼 미쳤다"라고 말하는데, 이는 내가 다른 사람들을 위하여 온전히 나를 하나님께 바쳤다는 뜻이다. 복음서의 이야기가 강조하는 것도 바로 그런 점이다(막 3:31-35). 우리는 이어지는 14-15절도 이런 식으로 이해해야 할 것이다. 사랑은 나더러 우리 주와 똑같이 다른 사람들을 위하는 사람이 되라고 요구한다. 문맥을 고려할 때, 그리고 여러 가지 것들이 불확실하다는 점을 고려할 때, 이 견해에는 마음을 끄는 점들이 많다. 그러나 이 경우에 이 견해는 꼭 **영**의 활동을 시사하지는 않는다. 그런 점에서 이 견해는 이 연구서의 관심사들과 상당히 거리가 있다.

둘째, 바울이 쓴 "미쳤다"라는 말은 말 그대로 "황홀경"에 가까운 무언가를 뜻하는 말로서, 정상 궤도를 벗어난 **영**의 체험들, 진짜 "몸 밖에 있는" 것 같은 체험들을 가리키는 것일 수 있다.[137] 바울이 스스로 자신들을 추천하며 겉으로 나타나는 것들이나 자랑하는 그의 반대자들을 언급한 뒤에 곧바로 이 말을 한다는 사실은 이 견해를 뒷받침한다. 12:1-6이

136) 이런저런 차이가 조금씩 있지만, 결국 이런 견해를 주장하는 이들은 Calvin, 73-74; Hodge, 131-32; Plummer, 172; Strachan, 106; Tasker, 84; Hughes, 191; Héring, 41; Bruce, 207; Danker, 78이 있다.

137) 이는 비판일 수도 있고 혹은 그런 체험들을 긍정하는 말일 수도 있다. 전자보다는 후자 쪽이 가능성이 더 높다. 어느 쪽이든 바울은 지금 자기 자신 역시 이런 체험들을 한다는 것을 이야기한다. 그러나 바울은 그런 체험들의 방향과 의미에 다시 초점을 맞춘다. 근래에 나온 주석들에서 볼 수 있는 견해 형태를 보면, 그 기원은 E. Käsemann, "Die Legitimität des Apostels: Eine Untersuchung zu 2 Korinther 10-13," *ZNW* 51 (1942), 33-71으로 거슬러 올라간다. Bultmann, 149도 이 견해를 따르면서 이렇게 주장한다. "ἐξίστασθαι는 σωφρονεῖν의 반대말로서 단지 영적 황홀경에 빠져 '제정신을 놓아버린 상태'를 의미할 수 있을 뿐이다"; 참고. Wendland, 201; Collange, 250; Barrett, 166; Furnish, 308, 324-25; Martin, 127.

보여주듯이, 그들의 자랑거리 중 하나는 "환상과 계시"다. 거기서 바울은 이것들을 "몸 밖에서" 한 체험들이라고 묘사한다.[138] ἐξίστημι라는 동사를 그런 신앙 체험들을 가리키는 말로 사용했을 수 있음을 일러주는 증거가 있다.[139] 뿐만 아니라, 바울 자신도 고린도전서 14:2에서 방언에 제약을 가하면서 그런 체험들은 "하나님 앞에서" 하는 것이지 다른 사람들을 위한 것이 아니라고 말한다. 만일 바울이 이런 말을 할 때 대체로 이런 의도를 갖고 있었다면, 그는 지금 다른 곳과 마찬가지로 여기서도 그런 체험들을 "다른 사람들을 위한 것"으로서 사용하기보다, 다시 말해 그가 사도임을 "다른 이들에게 보여줄" 증거로 활용하기보다, 말 그대로 그 자신을 하나님 앞에서 세워가는 데(자라가게 하는 데) 사용하고 있다고 주장하는 셈이다.

결국 이 두 견해 가운데 하나를 고르는 것은 어려운 문제다. 바울이 구사하는 언어 자체가 정확하지 않기 때문이요, 두 견해 모두 상당히 많은 어림짐작을 담고 있기 때문이다. 하지만 대체로 보아 설명의 뜻이 담긴 접속사 γάρ가 이 13절 문장과 바로 그 앞에서(12절) 바울이 고린도 사람들 사이에 침투해온 자들을 판단한 내용, 곧 그들이 마음에 있는 것들이 아니라 "겉으로 나타나는 것들"을 자랑한다며 비판한 내용을 연결해준다는 것은 곧 두 번째 견해가 문맥에 더 적합하다는 것을 시사한다. 결국 바울이 말하려는 요지는 그들이 비록 "겉으로 나타나는 것들"을 자랑하지만

138) Bernard, 70은 이런 연관을 정반대로 받아들인다. 즉 이런 환상들을 자랑한 사람은 바로 바울이었으며, 이후에 그의 반대자들이 이 환상들을 빌미로 바울을 비판했다고 본다(참고. 방언의 경우를 이야기하는 Barnett, 106). 그러나 이런 견해는 12:1-10이 구사하는 수사의 본질을 올바로 파악하지 못한 것이다. 이 본문을 보면, 바울이 보통 때는 그런 것들을 자랑하지 않지만 이 경우에는 그런 것들을 자랑했는데, 그 이유는 바로 그들이(고린도 사람들이) "그를 밀어붙여" 그리할 수밖에 없도록 만들었기 때문임이 분명해 보인다.

139) 특히 Furnish, 308이 제시하는 증거를 보라. 여기서도 제정신으로 하는 말과 그렇지 않은 말을 비슷하게 대조한다. 물론 이 본문들이 "미쳤음"을 가리키는 동사로 ἐξίστημι가 아니라 μαίνω를 사용한다는 점에서 이 증거에도 난점이 있다. 그렇긴 해도 Furnish가 대조하는 내용은 여기서 대조하는 내용과 많은 점에서 동일한 형태를 띤다.

이것들은 엄밀히 말해 나와 하나님 사이에 있어야 할 일들이라는 것이다. 나와 너희 사이에 있어야 할 것은 온전한 정신으로 하는 말이며 그것이 곧 너희를 위하는 것이라는 게 바울의 논지다. 바울은 이 말을 통해 이 서신의 중요한 논지 중 하나인 "온전한 정신으로 하는 말"은 너희를 위한 것이라는 말을 꺼내려 한다.

이런 이해가 옳다면, 바울이 다른 곳에서 분명하게 이야기하지 않은 것은 우리가 바울과 **영**을 이해하는 내용에 아무것도 첨가하지 않았다는 점만을 유념해둘 필요가 있겠다. 그런 **영** 체험들(몸 밖에 있는 것 같은 상태에서 이루어진 **영** 체험들—옮긴이)은 지극히 사사로운 일이어서 체험자 자신과 하나님 사이의 관계와 관련된 문제일 뿐이다. 그런 체험들은 체험자 자신과 하나님 사이에 그런 관계가 있음을 증명하는 증거도, 그런 관계를 자랑하는 근거도, 또 사역의 진정성을 증명하는 근거도 될 수가 없다. 바울은 고린도후서 12:1-10에서 경탄할 만한 수사를 동원하여 이 점을 강조할 것이다.

▪ 고린도후서 5:16-17

16그렇다면 이제부터 우리는 어떤 사람도 육의 시각으로[140] 주시하지 않노니, 정녕 우리가 그리스도를 이런 시각으로 보았을지라도 이제는 우리가 그를 더 이상 (이런 식으로) 알지 않노라. 17그렇다면 누구든지 그리스도 안에 있으면 새 피조물이라. 옛것은 지나갔으니, 보라 새것이 왔도다.

바울은 5:11-13에서 자신이 하나님 앞에 펼쳐진 책이며 고린도 사람들 앞에서도 그런 사람이기를 소망한다고 그들에게 호소했다. 더불어 그는 그

140) 그리스어로 κατὰ σάρκα다. "육을 따라"라는 말이다. 여기서 "알다"와 "보다"라는 동사를 쓰기 때문에 이런 해석(="옛 시대에 육을 따라 살았던 삶의 시각으로")이 필요하다.

자신과 오로지 "겉으로 나타나는 것들"만을 자랑하는 그의 반대자들을 대조했다. 바울이 보기에 그런 것들은 엄밀히 말해서 그와 하나님 사이에서나 문제될 법한 일들이었다. 바울은 자신과 고린도 사람들의 관계에서는 오로지 "온전한 정신으로" 솔직하고 기탄없이 말하는 일에만 마음을 쏟는다. 그는 이 점을 천명함으로써 "온전한 정신"이라는 요소를 이야기하기 시작한다. 이 요소를 이야기할 때 그가 목표로 삼는 것은 단 하나다. 그건 바로 복음의 핵심 줄거리를 다시 이야기함으로써 그 핵심 내용을 고린도 사람들이 그에 관하여 내린 판단들에 적용하는 것이다. 그들이 내린 판단들은 그리스도 및 **영**과 아무 상관이 없고, 이미 그리스도로부터 심판과 정죄를 받아 그 수명을 다해가는 이 시대와 관련 있을 뿐이다.

그리하여 바울은 14-15절에서 복음의 핵심 줄거리, 곧 그리스도가 모든 이를 위하여 죽으셨다가 부활하심으로 모든 이들에게 생명을 주셨다는 것을 재차 이야기한다. 그러나 이 경우에 그가 강조하는 점은 신학/종말론 차원의 것이다. 바울은 이 강조점을 16-17절에서 그와 그의 사도 사역을 바라보는 고린도 사람들의 (그릇된) 시각에 적용하려 한다. 그는 이렇게 선언한다(그리고 그들을 향한 사랑이 그를 강권하여 이런 것들을 그들에게 말하게 한다). "만일 우리가 말하는 기본 줄거리가 옳다면", "우리는 그리스도가 모든 사람을 위하여 죽으셨다는 말이 모든 사람이 하나님으로부터 사형 선고를 받았다는 것을 의미한다는 사실, 그리고 더 나아가 오직 지금 살아 있는 사람들만이 그리스도가 생명으로 인도하사 당신과 당신이 주신 목적들을 위하여 살아가게 하신 이들임을 의미한다는 사실을 인정해야 한다." 이제 바울은 이런 복음의 핵심 줄거리를 (1) 모든 것을 바꾸어버리는 새 질서가 도래했다는 종말론 차원의 결과와 관련지어, 그리고 (2) 그 줄거리가 사람들과 사역을 바라보는 우리 시각에 어떤 영향을 미치는가라는 관점에서 적용하려고 한다. 사실 이 대목은 고린도전서 1:18-2:16이 제시하는 주장에 상응하는 고린도후서 본문이다. 그리스도의 죽음과 부활은 시대의 전환점이 되었고, 이로 말미암아 이전과 동일한 것은 더 이상 아무것도, 정말 아무것도 존재하지 않게 되었다. 그리스도 안에 있는 사람들에게는 옛것이 가고 새것이 왔다.

바울은 이 점을 강조하면서 **영**이라는 말을 직접 사용하지는 않는다. 그러나 그는 이 시대, 곧 여전히 계속되고 있지만 이미 그리스도 안에서 새 생명으로 거듭난 사람들에겐 끝나버린 시대를 κατὰ σάρκα(문자대로 번역하면 "육을 따라"="그리스도 안에서 지나가버린 옛 시대의 시각으로 보면")라는 말로 규정한다.[141] 우리는 다양한 본문들을 통해 바울이 κατὰ σάρκα("육을 따르는") 삶과 자연스럽게 대조하는 말이 κατὰ πνεῦμα("**영**을 따르는") 삶이라는 것을 안다. **영**을 따르는 삶은 죽음과 부활을 거쳐 이제는 **영**의 시각으로, **영**의 능력 안에서 살아가는 삶이다. 따라서 이런 **영**을 따르는 우리는 "이제부터"(14절이 말하는 죽음과 부활의 때를 지나 뒤이어 **영**을 선물로 받은 때로부터) 다른 사람을, 그중에서도 특히 그리스도를 "육의 시각으로" 주시하지 않는다("주시하다"라는 말은 다른 이를 바라보는 시각도 암시하는 말이다). 그 이유는 우리가 그리스도 안에서 죽음과 부활을 체험함으로써 이제는 "**영**의 시각으로" 살아가는 사람들 가운데 있기 때문이다. 이 경우에 바울이 구사하는 언어와 제시하는 주장을 보면, 그가 이렇게 "육"과 **영**을 대조한다는 것을 순순히 인정할 수밖에 없다.

더욱이 17절은 16절이 천명한 이 말을 "새"(new)와 "옛"(old)이라는 말과 함께 뒤따른다. 17절은 새 질서와 옛 질서를 언급하면서, 옛 질서는 가

141) 따라서 이 해석은 κατὰ σάρκα가 "그리스도"를 수식하는가 아니면 "알다"라는 동사를 수식하는가 하는 문제와 관련하여 확고한 입장을 밝힌 것이다. 바울이 쓴 어순(16절에서 두 번이나 κατὰ σάρκα라고 써놓았다)은 κατὰ σάρκα를 앎의 방법으로 분명하게 지적한다. 아울러 이 서신에는 바울과 그의 반대자들이 기독론을 주제로 논쟁을 벌였다고 분명하게 일러주는 증거가 없다(뒤의 11:4을 다룬 부분을 보라). 뿐만 아니라, 바울이 여기서 제시한 견해는 그가 다른 모든 신학적 사례들에서 이 문구를 사용한 경우들과 대단히 일치한다. 이 논쟁을 널리 살펴보는 데 특히 도움을 주는 글을 읽어보려면, J. Louis Martyn, "Epistemology at the Turn of the Ages: 2 Corinthians 5:16," in *Christian History and Interpretation* (Festschrift John Knox; ed. W. R. Farmer, C. F. D. Moule, R. R. Niebuhr; Cambridge: Cambridge University Press, 1967), 269-87을 보라; 여기서 취하는 입장을 더 충실히 변호한 글을 보려면, Furnish, 312, 330-32을 보라.

고 그 대신 새 "피조물"이 왔다고 말한다. 이 말은 단지 개인의 삶이라는 차원을 넘어, 하나님이 그리스도와 **영**을 통해 이 세상에서 행하시는 일들을 통틀어 아우르는 의미를 갖는다. 새 피조물 자체가 왔다. 그리고 옛 질서는 사라졌다. 물론 이 말은 바울이 3장에서 두 언약을 묘사하는 말로 사용한 말이다. 거기서 두 언약은 하나님이 이 두 질서 속에서 당신 백성을 향해 행하신 특별한 행위들을 대변하는 말이었다. 옛 언약은 이제 폐기되었다. **영**의 언약인 새 언약이 왔기 때문이다.

따라서 이 두 구절(16-17절)은 한데 어울려 14-15절의 결과를 제시하고(16절) 더 자세히 설명해주는 역할을 한다(17절). 따라서 그리스도와 **영**이 가지시는 우주적·종말론적 의미에 관한[그리고 그리스도와 **영**이 가지시는 이런 의미 때문에 기본적으로 종말론적 성격을 가질 뿐 아니라 **영**의 능력을 힘입어 사라져가는 옛 질서("육")에 맞서며 살아가는 그리스도인의 삶에 관한] 바울의 기본 이해와 관련하여 이 두 구절이 가지는 중요성을 지나치게 강조하기는 힘들 것이다. 바울이 이 신자 공동체(=고린도 교회)에 문제 삼는 것은 고린도 신자들이 바울을 거부하고 십자가에 못 박히신 분을 전한 그의 복음을 거부함으로써 결국 **영**이 그들에게 가져다주신(그리고 계시해주신) 바로 그것을 거부하고 그 대신 그리스도의 죽음과 부활을 통해 정죄 받은 이 세상의 시각을 받아들였다는 점이다. 결국 현재 상황 그리고 바울과 이 교회의 관계가 안고 있는 아이러니 가운데 하나는 **영**을 받고 방언이라는 형태로 "황홀경"까지 체험했다는 이 고린도 신자들이 그들 자신은 "**영**의 사람들"이라 여기면서도 정작 바울은 "육의 지혜"를 사용하는 사람이요(1:12) "육을 따라 행하는 사람"으로 여긴다는(10:2-4) 점이다. 그러나 실상 십자가를 패러다임으로 삼는 바울과 바울의 약함을 대하는 고린도 사람들의 태도가 증언하듯이, 사물을 육의 시각으로 보는 이들은 바울이 아니라 바로 고린도 사람들 자신이다.

그리스도의 죽음과 부활(바울이 현재 강조하는 내용은 12-13절로부터 흘러나온 것이다), 그리고 **영**이라는 선물(바울이 고후 3장에서 강조한 것)은 모든 것을 바꿔놓았다. 바울은 옛 질서를 "육"이라는 말로 묘사한다. 그 질서는 애초부터 자기중심적이요 피조물을 지향하는 관점을 가진 것이다. 고린도 사람들은 이 질서를 따랐기 때문에, 결국 바울을 "약한" 자로, 그러기에 하나님의 사람이 아닌 자로 여기게 되었다. 그들은 이전에 그리스도도 그렇게 보았다. 이처럼 "육"은 삶을 옛 시대의 관점으로 인식한다. 옛 시대의 관점은 권력과 영향력과 재부(財富)와 (세상) 지혜를 가치 있고 중요한 것으로 여긴다(참고. 고전 1:26-31). 또 옛 시대의 관점으로 보아 자격이 있는 사도는 호소력 있는 말재주를 가졌고, 기적들을 행하며, 환상들을 보는 사람이다.[142] 그러나 그리스도 안에서 그 모든 것은 다 지나갔다. 보라! 새 것이 왔다. **영**의 시대가 왔다. 이 **영**의 시대가 임하면서, 가치가 있고 귀중한 의미를 지닌 것이 완전히, 철저하게 바뀌어버리는 재건설 작업이 이루어졌다. 바울이 이 고린도 교회를 향해 늘 주장해온 패러다임은 십자가다. 능력은 겉으로 나타나는 것들에게 있지 않고 **영**에게 있다. **영**은 신자 안에 들어와 사시면서 은혜로 "속사람"을 거듭나게 하심으로(4:16) 우리를 하나님 바로 그분의 모양으로 바꿔가신다. 그리스도는 당신의 십자가를 통하여 하나님 바로 그분의 모습이 어떤 것인가를 극명하게 보여주셨다.

결국 하나님의 백성은 "두 시대 사이에서", 곧 지나가는 옛 시대와 동터 오는 새 시대 사이에서 살아간다. 바울은 이 두 시대를 종말론 차원에서 κατὰ σάρκα와 κατὰ πνεῦμα로 묘사한다. 전자는 죄와 자아와 발맞추어 살아가는 시대이며, 후자는 살아 계신 하나님의 **영**과 발맞추어 그 **영**의 능력으로 살아가는 시대다. 때문에 비록 이 본문은 단지 **영**을 암시할 뿐

142) 물론 이것은 결국 바울에게 몇 가지 문제를 안겨준다. 그도 탁월한 영광을 지닌 환상들을 체험했으며(12:1-6), 그의 사역에는 **영**의 능력으로 말미암아 늘 표적들과 기사들이 함께 따랐기 때문이다(12:12; 참고. 롬 15:18-20). 그러나 바울은 이런 것들 자체가 그의 사도직에 **정당성을 부여한다**는 생각을 거부한다. 그는 자신이 그리스도의 형상을 닮아감으로써 그리스도의 "죽음"과 "생명"에 동참할 때에 비로소 자신의 사도직이 정당성을 갖는다고 본다. 이것이 그가 4장에서 제시하는 주장의 핵심이다. 그는 이런 주장을 12:7-10에서도 되풀이할 것이다. 참고. 고전 4:6-13.

이지만, 그래도 이 본문은 바울 사도가 제시하는 모든 육과 **영** 사이의 대조 사례들을 지지해주는 신학적 기초 역할을 한다. 육과 **영**은 무엇보다 종말론적 실재다. 이들은 옛 질서와 새 질서 속에서 살아가는 삶에 본질이 되는 것을 대변한다는 점에서 실존적·윤리적 차원을 함축하고 있다. 이 점은 우리가 갈라디아서 5-6장과 로마서 7-8장이 제시하는 이런 대조 사례들을 이해하는 데 긴요한 전제가 될 것이다.

▪ 고린도후서 6:6-7

6순결함으로, 지식으로, 오래 참음으로, 자비함으로, 성령으로, 순전한 사랑으로,
7진리의 말씀으로, 하나님의 능력으로.

얼핏 보면 이 본문은 바울 서신에서 **영**이라는 언어가 등장한 사례 가운데 상당히 문제가 많은 본문 중 하나다. 문제가 하도 많다 보니, NRSV는 ἐν πνεύματι ἁγίῳ("성령으로")라는 문구를 "영의 거룩함"(holiness of spirit)으로 번역했다.[143] 그러나 이것은 바울의 용례를 몰라도 너무 모른 것이다. 그렇게 번역한 이유는 쉽게 찾아낼 수 있다. 그 이유는 성령을 언급한 부분이 이 목록 중간에 암초처럼 자리해 있기 때문이다. 애초에 성령이라는 말이 없었다면 이 목록은 체험이나 태도를 열거한 목록에 더 가까웠을 것이다. 그러나 이 목록을 문맥 속에서 꼼꼼히 분석해보면, 바울이 그 자신을 모든 면에서 하나님의 종인 사람으로 추천하는 한 방법으로서 성령을, 그리고 성령이 주신 선물들과 성령이 능력을 부어주심을 언급한다는 것을 알 수 있다.

첫째, 문맥에서 유의하여 봐야 할 것이 두 가지 있다. (1) 4b-10절은 소

143) 참고. Plummer, 196. Plummer가 이렇게 주장하는 것은 필시 그가 이 목록의 형태와 구조를 알아차리지 못했기 때문일 것이다. Barrett, 186-87도 마찬가지다. 그는 πνεῦμα를 사람의 영으로서 "거룩한 영"(a holy spirit)으로 여긴다.

위 고난 목록 가운데 두 번째 목록이다. 이런 목록은 고린도전서와 후서에서 몇 차례 등장한다.[144] 다른 목록에서는 볼 수 없고 이 목록에서 두드러지게 나타나는 것이 이 목록 한가운데 자리해 있다(6-7a절). 여기서 바울은 성령이 그리스도인들에게 은혜로 주신 것들과 능력을 부어주심을 묘사한다.[145] 따라서 비록 바울이 이것들에 이어 "고난들"을 더 열거하긴 해도 이것은 단순히 "고난 목록"이 아니다. 아울러 4절에 있는 ἐν παντί("모든 일에, 모든 면에서")도 여느 때보다 훨씬 더 진지하게 받아들여야 한다. 바울이 겪은 "고난들"은 그의 "약함"을 나타내는 것들로서 그의 사역을 "추천해주는" 역할을 한다. 뿐만 아니라, **영**이 주신 은사들과 능력을 부어주심도 역시 같은 역할을 한다. 고린도전서와 후서의 다른 곳에서도 그러하지만, **영**이 바울에게 이런 은사들과 능력을 부어주심을 이해할 때는 약함 가운데 능력을 부어주신 것으로 이해해야지, 바울을 비방한 자들처럼, 다른 이를 압도하거나 그런 고난들로부터 구출할 목적으로 부어주신 것으로 이해해서는 안 된다.

(2) 우리는 바울이 이 목록을 자신의 διακονία("봉사, 사역")를 추천할 목적으로 제시한 것에 놀랄 필요가 없다. 바울을 반대한 자들은 추천서를 내세우고 (분명) 자천하며 자신들이 가진 "능력들"과 받은 "계시들"을 자랑한 것 같다(11:1-12:12을 보라). 그러나 바울은 이런 자들의 게임에 휘말려드는 것을 단호하게 거부한다. 그는 그런 추천서를 필요로 하지 않는다. 그를 추천해주시는 분은 하나님이시며, 그를 추천하는 추천서는 그의 약함을 통해 역사하사(4:7) 다른 이들을 그리스도인으로 존재하게 하시는(3:1-3) 하나님의 능력 속에서 나타난다. 바울은 추천서를 내세우고 자천

---

144) 고전 4:11-13; 고후 4:7-12; 11:23-33을 보라. 이 현상과 이 현상의 배경일 수 있는 그리스 철학 전통을 분석해놓은 유익한 글을 보려면, John T. Fitzgerald, *Cracks in an Earthen Vessel: An Examination of the Catalogues of Hardships in the Corinthian Correspondence* (SBLDS 99; Atlanta: Scholars, 1988)를 보라.

145) Fitzgerald, *Cracks*, 195은 이것이 "미덕" 목록이며 "바울이 자신이 겪은 고초들과 자신을 핍박한 자들을 대한 태도와 방법을 일러주는 역할을 한다"라고 주장한다.

하는 그의 반대자들의 행태를 염두에 둘 경우에는 "자천하기"를 거부한다(3:1; 5:12). 그러나 **영**이 자신의 약함을 통해 능력으로 역사하신다고 보는 그 자신의 시각을 표현할 경우에는 기꺼이 자신을 추천하려 한다(4:2; 6:3-4). 이게 바로 이 목록에서 **영**이 하시는 역할이다. 바울의 생각 속에서는 약함/고난과 **영**이 능력을 부어주심이 한 덩어리로 움직인다.

이 목록 자체를 놓고 보면, 서로 구별되는 묶음들이 분명하게 드러나서 이 목록을 그저 아무 생각 없이 만들었다고 보기는 거의 불가능하다. 즉 이 목록도 다른 모든 목록들과 마찬가지로 논쟁 과정에서 생긴 필요 때문에 만든 임기응변식 목록이기는 하지만, 아무 생각 없이 무턱대고 만든 목록이 아니다. 바울은 먼저 자신이 겪은 고초들을 잇달아 제시하는데, 세 개를 한 묶음으로 하여 세 묶음을 제시하면서 이 묶음들을 모두 아우르는 제목으로 "많이 견딤으로"(6:4; 그리스어로 ἐν ὑπομονῇ πολλῇ다. ὑπομονῇ는 "인내, 견인"을 뜻하는 ὑπομονή의 여격이며, πολλῇ는 "많은"을 뜻하는 πολύς의 여성형 πολλή의 여격이다 — 옮긴이)라는 말을 맨 먼저 제시한다. 첫 번째 묶음은 고초를 가리키는 세 동의어들을 포함한다. 두 번째 묶음은 다른 사람들로부터 당해야 했던 고초를 표현한다. 세 번째 묶음은 바울의 순회 사역과 관련된 고초들을 담고 있다.[146]

많이 견딤으로

고통으로
고난으로
재난으로

146) 이 모든 말들은 그리스어 전치사 ἐν과 여격이 결합한 그리스어 전치사구 형태를 띤다. 이런 전치사구들은 "이런 종류의 고난들 속에서"라는 장소 개념을 표현하거나[처격(處格)] "이런 종류의 고난들로"라는 방법 개념을 표현한다. 혹은 어쩌면 이 두 가지를 절충한 개념을 표현하는 말일 수도 있다: "우리는 우리 자신과 우리 사역을 다음과 같은 방식으로, 다음과 같은 수단들을 통해 추천하노라."

매를 맞음으로
옥고(獄苦)로
폭행으로

수고로
잠을 못 잠으로
굶주림으로

이들에 이어 **영**이 주신 "은혜들"과 **영**이 "능력을 부어주신 사례들"이 등장하는데, 우리가 관심을 갖는 곳은 바로 이곳이다. 이곳에서도 그리스어 전치사 "…안에"(…으로, ἐν)를 사용한다. 이 경우에는 네 가지를 한 묶음으로 하여 두 묶음을 제시한다.

순결함으로
지식으로
오래 참음으로
자비함으로

성령(거룩한 **영**)으로
순전한 사랑으로
진리의 말씀으로
하나님의 능력으로

이 구조를 분석해보면,[147)] 바울 서신에서는 늘 그렇듯이, ἐν πνεύματι ἁγίῳ

147) Hughes, 226-27은 이 배열이 뜻이 아니라 소리(sound)를 기준으로 이루어졌다고 주장한다. 즉 단어들의 "소리", 단어들이 시처럼 들려주는 경쾌한 가락에 따라 배열 순서가 결정되었다는 것이다. 나는 소리가 존재함을 부인하지 않는다. 소리 때문에 이 목록이 뜻을 특히

가 성령을 가리킴을 알 수 있다. 그러나 이와 관련하여 말할 수 있는 게 더 많다. 바울은 다른 곳에서 첫 번째 묶음을 구성하는 네 단어 가운데 세 가지를 특별히 성령이 하시는 활동과 연계하여 말한다. 고린도전서 1:7과 14:6을 보면(참고. 12:8), "지식"은 **영**이 주시는 선물들 가운데 하나다. 바울은 이것을 고린도후서 11:6에서도 다시 주장할 것이며, 고린도후서 8:7에서는 고린도 사람들도 이런 지식을 풍성히 받았음을 인정한다. "오래 참음"과 "자비"는 갈라디아서 5:22이 **영**의 열매로서 네 번째와 다섯 번째로 열거하며, 고린도전서 13:4에서도 하나님의 사랑이 지닌 두 가지 주요 속성을 표현하는 말로서 동사 형태로 나타난다(μακροθυμεῖ, χρηστεύεται; μακροθυμεῖ는 "참다, 견디다"를 뜻하는 μακροθυμέω의 3인칭 단수 현재 능동 직설법, χρηστεύεται는 "자비하다"를 뜻하는 χρηστεύομαι의 3인칭 단수 현재 중간태 직설법 형태다 – 옮긴이). 첫 번째 항목(=순결함, 그리스어로 ἁγνότης다 – 옮긴이)은 고린도후서 11:3에서 "진실한 염려"(그리스어로 ἁπλότης다 – 옮긴이)[148]와 결합하여 나타나는데,[10] 바울은 이 구절에서 이것들을 그리스도의 성품이 가진 미덕들로 제시하며 이 미덕들에 호소한다. 바울은 지금, 고린도전서 1:18-31에서 십자가를 주제로 그의 주장을 제시했을 때처럼, 여기 이 말들을 사용하여 하나님의 성품이 그가 가진 온갖 약함을 통해 오히려 빛을 발한다는 것을 주장하는 것일까?

어쨌든 **영**과 그리스도인이 입은 이 은혜들 사이에는 긴밀한 관계가 있다. 바울이 네 가지를 하나로 묶어놓은 마지막 묶음[149]의 첫 항목으로 성령을 든 것도 십중팔구 그런 관계 때문일 것이다. 성령에 이어 "순전한 사랑"과 "진리의 말씀"이라는 두 항목이 나온다. 이 둘은 특별히 다른 곳에서 성령이 바울의 삶 속에서 이뤄내시는 것들로 이야기하는 것이다.[150] 이

잘 전달해주기도 한다.

148) 이것이 원문인 것 같다. 난점과 논의를 살펴보려면, Metzger, *Textual Commentary*, 583-84을 보라.

149) 이 마지막 묶음에서는 각 항목이 두 개 단어로 되어 있다: 거룩한 **영**, 순전한 사랑, 진리의 말씀, 하나님의 능력.

둘은 그 앞에 나온 네 가지 항목 가운데 한편으로는 인내(오래 참음)와 자비, 다른 한편으로는 지식의 상위 언어(umbrella term) 역할을 한다. 즉 고린도전서 13:4을 보면, 사랑이 오래 참음과 자비로 자신을 나타낸다. 또 몇몇 사례를 보면, 진리의 말씀이 "지식의 말씀"으로 나타나는데, 이들은 모두 성령이 능력 있게 역사하심으로 이뤄지는 일이다. 따라서 마지막 항목(=하나님의 능력)은 **영**이 행하시는 역사를 "하나님의 능력"이라는 말로 집약한 것이다. 사실 성령은 마지막 네 항목을 감싸는 일종의 봉투구조(*inclusio*) 역할을 함으로써, 여기서 말한 모든 미덕들과 은혜들과 **영**이 능력을 부어주신 경우들을 바울의 삶 속에서 **영**의 능력이 행하신 일로 규정하는 역할을 한다.

이 목록에서 놀라운 점은 온갖 고초와 명백한 실패를 열거함으로써(9b-10절을 보라) 약함이 바울의 사도 사역 중 한 부분임을 철저히 인정한 목록 한가운데에 성령의 강력한 역사를 포함시켜놓았다는 점이다. 이 주제는 이 서신에서 철저히 파고드는 테마이며 12:6-10과 13:1-10에서 그 정점에 이른다. 앞에서도 언급했듯이, 바울은 **영**을 승리주의가 아니라 그리스도 안에서 거두는 승리(=사실은 로마 경기장에서 당하는 죽음)로 인도하시는 분으로 본다. 다른 사람들은 약함과 무능함을 나타내는 표지라 하여 거부하거나 회피하는 것들 속에서도 그리스도 안에서 승리를 거두게 하시는 분이 **영**이시라는 게 바울의 생각이다. 바울은 다른 곳에서, 그러니까 온갖 고초들로부터 그를 구해주심이 아니라, 그가 심지어 그런 역경 속에서도 사역을 감당할 수 있게 힘과 능력을 주시는 **영**의 강력한 역사 속에서 능력을 발견한다.

150) **영**의 열매로서 사랑을 말한 구절을 보려면, 갈 5:22; 롬 5:5; 15:30; 골 1:8을 보라. 또 "진리의 말씀"이 효력을 발휘하려면 성령의 활동이 필요함을 말한 구절을 보려면, 살전 1:5; 롬 15:18-19을 보라.

■ 고린도후서 6:16-7:1[151)]

[16]또 하나님의 성전과 우상들이 어찌 조화를 이루겠느냐? 이는 우리가 살아 계
신 하나님의 전이기 때문이니,[152)] 이와 같이 하나님도 말씀하셨느니라. "내가 그
들 가운데 거하며 그들 중에 다닐 것이며, 또 나는 그들의 하나님이 되고 그들
은 내 백성이 되리라"[레 26:11-12]. [17]그러므로 "너희는 그들 가운데서 나와 따로
있으라, 주가 말씀하시느니라, 또 깨끗하지 않은 것을 만지지 말라, 그러면 내가
너희를 받아들이리라"[사 52:11], [18]그리고 "나는 너희에게 아버지가 되고 너희는
내 아들딸이 되리라, 전능하신 주가 말씀하시느니라"[삼하 7:14]. [7:1]그러므로 우
리가 이런 약속들을 가졌으니, 사랑하는 자들아, 우리 자신을 육과 영의 온갖
오염으로부터 깨끗게 하며 하나님을 두려워하는 가운데 거룩함을 완전히 이
루자.

---

151) 참고 문헌: H. D. **Betz**, "2 Cor. 6:14-7:1: An Anti-Pauline Fragment?" *JBL* 92 (1973), 88-108; N. A. **Dahl**, "A Fragment in its Context: 2 Corinthians 6:14-7:1," in *Studies in Paul* (Minneapolis: Augsburg, 1972), 62-69; J. D. M. **Derrett**, "2 Cor. 6:14ff. a Midrash on Dt. 22:10," *Bib* 59 (1978), 231-50; G. D. **Fee**, "II Corinthians vi.14-vii.1 and Food Offered to Idols," *NTS* 23 (1976-77), 140-61; J. A. **Fitzmyer**, "Qumran and the Interpolated Paragraph in 2 Cor 6:14-7:1," in *Essays on the Semitic Background of the New Testament* (London: Chapman, 1971), 205-17; J. **Gnilka**, "2 Cor 6:14-7:1 In Light of the Qumran Texts and the Testaments of the Twelve Patriarchs," in *Paul and Qumran* (ed. J. Murphy-O'Conner; London: Chapman, 1968), 48-68; J. **Gunther**, *St. Paul's Opponents and Their Background* (NovTSup 35; Leiden: Brill, 1973), 308-13; J. **Lambrecht**, "The fragment 2 Cor. vi.16-vii.1. A plea for its authenticity," in *Miscellanea Neotestamentica* II (ed. T. Baarda, A. F. J. Klijn, W. C. van Unnik; Leiden: Brill, 1978), 143-61; J. **Moffatt**, "2 Corinthians vi.14-vii.1," *ExpT* 20 (1908-09), 429-30; D. **Rengsberger**, "2 Corinthians 6:14 – 7:1-A Fresh Examination," *StBibT* 8 (1978), 25-49; M. E. **Thrall**, "The Problem of II Cor. vi.14-vii.1 in some Recent Discussions," *NTS* 24 (1977-78), 132-48.

152) 이 절에 이르러 주어가 2인칭 복수형(14절이 사용하며 다섯 개의 수사 의문문도 그 주어로 2인칭 복수형을 암시한다)으로부터 갑자기 1인칭 복수형으로 바뀐다. 이런 급작스런 전환(에 따른 충격)을 경감시켜보려고 사본 전승 과정에서 다양한 본문 변이가 나타났다. 이런 전환 때문에 ἡμεῖς...ἐσμεν이라는 본문(B D* L P 6 33 81 326 365 1175 1881 2464 pc co; 참고. ℵ* 0243 1739 pc)이 더 어려운 독법이 되었으며, 덕분에 다른 본문들을 가장 잘 설명해주는 독법이 되었다. ℵ* 0243 1739 pc는 단수인 "전"(temple)을 복수형으로 바꿔놓았지만, 이것 역시 그리 중요하지는 않은 변이로서, 바울이 공동체 전체를 통틀어 가리킨 것을 하나하나 구별하여 가리키는 말로 바꿔놓았을 뿐이다.

이것은 많은 사람들이 이 책에 들어 있는 상당히 놀라운 본문들 가운데 하나로 여길 만한 본문이다. 그러나 이 본문은 문맥과 관련하여 우리에게 방대한 난점들을 안겨준다.[153] 또 요새는 많은 사람들이 이 본문을 바울이 쓰지 않고 후대에 누군가가 본문 속에 집어넣은 것으로 보는 경향이 있다. 하지만 이 본문 전체는 철저히 바울이 쓴 것이며 **영**을 암시하는 언어로 가득하다. 7:1에 이르면, 실제로 πνεῦμα를 언급한다. 여기서 이 본문의 내용 및 문맥과 관련된 모든 문제를 해결하는 것은 내 관심사가 아니다. 오히려 내가 관심을 가지는 것은 이 본문이 바울의 생각 속에 본디 **영**이 자리해 있음을 소상히 언급하지는 않지만 그래도 그것을 당연한 것으로 전제함으로써 우리가 바울 신학 속에 자리한 **영**을 이해하는 데 도움을 주는 이 서신의 여러 본문 가운데 또 한 본문이라는 점이다. 이런 점에서 다음 내용들이 중요한 의미를 갖는다.

1. 이 본문 전체(14절에서 시작하는)는 제사와 관련된 언어로 가득하며, 고린도전서 10:14-22과 많은 연결점을 갖고 있다.[154] 신자들이 불신자들과 "교제"하며 불신자들이 하는 행위에 "동참"할 수 있는지 묻는 수사 의문문들에는 특히 그런 언어가 더 가득하다. 16-18절이 보여주듯이, 이 본문의 쟁점은 우상숭배와 관련 있다. 우상숭배는 바울이 고린도전서 10:14-22에서 다뤘던 바로 그 관심사이기도 하다. 신자들과 우상숭배는 절대 조화를 이룰 수가 없다는 것이 14-16a절의 수사가 제시하는 요점이다. 우리가 지금 보는 본문(16b절)은 설명을 제시하는 접속사 γάρ("이는")로 시작하는데, 신자와 불신자가 조화를 이루지 못하는 신학적·성경적 이

153) 내가 "Food," 142-43에서 주장했듯이, 이 본문을 끼워 넣은 것으로 볼 경우에는 문맥상 얻을 것이 하나도 없다. 첫째, 필사 전통을 살펴봐도 이런 경우와 유사한 사례들이 전혀 없다. 둘째, 삽입 문장으로 봐도 문맥 문제는 여전히 미해결인 채 남아 있다. 이를 끼워 넣은 본문으로 보게 되면, 우리는 바울을 그가 쓴 서신에서 얻을 수 있는 모든 데이터를 통해 우리가 알고 있는 바울보다 더 깔끔한 글쓴이로 만들려고 애쓰는 셈이다. "이 본문을 끼워 넣은 사람"이 고린도후서를 베껴 쓰고 편집하다가 이곳에서 바울이 써놓은 본문 속에 이런 문장을 집어넣은 이유가 무엇인지 설명하기가 훨씬 더 어렵다.

154) 이 문제를 살펴보려면, Fee, "Food"를 보라.

유들을 제시한다.

2. 이런 부조화의 근본 이유는 하나님의 백성인 교회가 **누구인가**라는 물음 속에 들어 있다. 바울은 이 점을 분명히 강조할 목적으로 그가 고린도전서 3:16에서 구사했던 이미지로 되돌아간다. 그는 거기서 고린도 사람들을 하나님의 성전이라 부른다. 그리 부르는 이유는 **영**이 그들 가운데 내주하시기/거하시기 때문이다. 바울은 여기서도 다시 교회를 "살아 계신 하나님의 성전"이라 부른다. 하나님이 그 가운데 거하시기 때문이다. 바울이 **영**을 드러내놓고 언급하지 않은 이유는 그가 인용하는 몇몇 구약 본문에서 찾을 수 있다. 이 구약 본문들 역시 고린도전서 3:16과 같은 점을 강조하지만, **영**을 언급하지는 않기 때문이다.

3. 교회는 오랫동안 이 본문을 위협 내지 경고로 해석해왔다. 그러나 7:1은 바울이 구약에서 인용한 본문들을 주로 약속들로 이해했다는 것을 일러준다.[155] 약속은 두 가지다. (a) 그들은 하나님이 그들 가운데 거하시고 그들 가운데서 다니심으로 하나님의 **백성**(이 말은 구약이 하나님의 사람들을 일컬을 때 사용하는 가장 중요한 언어다)이 될 것이다/하나님의 **백성**으로 알려질 것이다. (b) 이 백성은 우상숭배에 동참하기를 거부함으로써 하나님의 **자녀**가 될 것이다/하나님의 **자녀**로 알려질 것이다. 우리가 이 본문을 다루는 목적에 비추어볼 때 중요한 점은 바울이 다른 곳에서 성전과 가족이라는 이미지들을 **영**의 임재가 직접 가져온 결과들로 이야기한다는 점이다.[156]

따라서 앞의 2와 3을 함께 고려해보면, 비록 바울이 구약의 제사 언어

---

155) 참고. 1:20; 이 언어는 또다시 새 언약을 반영한 것으로 보인다. 이 모든 문제, 그리고 이 "약속들"과 고린도후서에서 회복과 언약을 이야기하는 문맥 사이에 존재하는 주제의 연관성을 알아보려면, G. K. Beale, "The Old Testament Background of Reconciliation in 2 Corinthians 5-7 and its Bearing on the Literary Problem of 2 Corinthians 6.14-7.1," *NTS* 35 (1989), 550-81을 보라.

156) 성전에 해당하는 구절은 고전 3:16; 6:19; 엡 2:21-22을 보라; 가족에 해당하는 구절은 특히 갈 4:6과 롬 8:14-17을 보라.

를 사용하다 보니 **영**이라는 말을 분명하게 사용하지는 않지만, 그래도 새 언약의 약속들, 곧 하나님이 당신 백성 가운데 거하시고 그 백성과 함께 다니시며 그 백성의 아버지가 되실 것이라는 약속으로 가득한 언어를 사용한다는 것을 알 수 있다. 바울 신학에서는 이 새 언약의 약속들을 이뤄주시는 것을 바로 **영**이 하는 역할로 본다. 결국 교회는 하나님의 **영**으로 말미암아 "살아 계신 하나님의 성전"이 된다.[157] 또 하나님은 당신의 **영**으로 "당신 백성 가운데 거하시며", 당신의 **영**을 통해 "너희(하나님 백성)의 아버지가 되셨다." 고린도후서는 우리가 보는 고린도전서와 상당히 밀접한 연관을 갖고 기록된 서신이다. 때문에 고린도 사람들은 이 모든 내용을 십중팔구 **영**과 관련지어 파악했을 것이다(특히 이해와 기억을 촉진하는 방법인 이미지들에 기반을 두고 발전한 구전 문화가 근간을 이루는 상황에서는 특히 더 그랬을 것이다).

4. 바울은 이 본문을 맺으며 깨끗함을 이루고 거룩함을 "온전히 이룰 것"을 요구한다. 깨끗함과 거룩함을 이루는 일은 데살로니가전서 4:7-8에서도 **영**이 하시는 행위로 이야기하는 것들이다. 우리는 이 맺음 부분에 "육"과 "영"이라는 말이 들어 있다 하여 놀라지 않는다. 이 말은 고린도전서 7:34과 마찬가지로 단지 "완전히"라는 의미일 수 있기 때문이다. 하지만 바울은 보통 "몸"과 "영"을 대조하지, "육"(살)과 "영"을 대조하지는 않는다. 문맥에 비춰볼 때, 그리고 특히 5:16-17에 비춰볼 때, 여기서 말하는 "육"은 필시 몸과 아무 상관이 없고, 도리어 사람들이 사라져가는 옛 시대를 여전히 지향하며 살아가는 것과 철저히 관련 있는 말일 가능성이 높다. 결국 우상숭배는 분명 이런 의미의 육이 저지르는 죄들 가운데 하나이지(갈 5:20), 금욕주의 같은 형태를 요구하는 육체적 의미의 육이 저지르는

157) "살아 계신 하나님"이라는 말을 살펴보려면, 3:6을 다룬 부분을 보라. 3:6에서는 **영**을 특히 이런 식으로 규정하여 "살아 계신 하나님의 **영**"이라고 말한다. 이 문맥에서 이 말이 등장한 이유는 분명하다. 온갖 형태의 우상들은 생명이 없고 말도 못하지만, 살아 계신 하나님은 그들과 다르기 때문이다.

죄가 아니다. "육"으로 행하는 것 그리고 타락한 시각으로 우상숭배에 관하여 내렸던 판단들을 포함하여 모든 옛것은 지나갔다. 그리고 새것이 왔다. 그러므로 이제 고린도 사람들은 "자신들을 육과 관련된 모든 종류의 오염으로부터 깨끗하게 해야 한다."

이는 곧 결국 πνεῦμα가 단순히 인간론 차원의 용어로서 우리 인간 실존을 구성하는 "외부" 요소와 대립하는 "내부" 요소를 가리키는 말이라기보다, 오히려 우리 인간의 "내면에 존재하는 실체"로서 영들(spirits) 혹은 **영**(the Spirit)에 열려 있는 것을 가리킨다는 것을 일러준다. 바울은 특히 우상숭배를 귀신들을 경배하는 것이라고 이해한다(고전 10:20-22). 그러므로 여기서 바울이 "영의 오염"으로부터 깨끗게 하는 것에 관심을 기울여도 놀랄 이유가 없다. "육"도 지나가야 하지만, "영"도 "영들"에 열려 있는 장소가 되지 않고 **영**이 거하시는 장소가 되어야 한다(고전 6:17).

결국 이 모든 내용은, 바울 서신의 다른 곳에서도 이야기하듯이, **영**이 하나님이 당신 백성 가운데 들어와 거하시며 그들 가운데서 행하시는 길이심을 일러준다. **영**은 하나님의 가족을 만들어내고 그 가족임을 보증해 주시는 하나님의 임재가 체험할 수 있게 표현된 것이다. 따라서 하나님의 백성은 주를 두려워하는 가운데 거룩함을 온전히 이루게 하시는 **영**의 역사로 말미암아 하나님의 길을 걸어갈 수밖에 없다.

• 고린도후서 7:13

우리 자신이 받은 격려에 더하여, 우리가 디도의 기쁨 때문에 더욱더 크게 기뻐했나니, 이는 그의 영이 너희 모든 이로 말미암아 새 활력을 얻었기 때문이다.

이 본문도 "영"이라는 말을 사용하지만, 이 말은 분명 인간론 차원의 용어로서 한 인간의 내면 차원을 가리키는 말이다.[158] 이 말의 용법을 살펴보려면, 같은 말이 등장하는 고린도전서 16:18을 논한 내용을 보기 바란다.

▪ 고린도후서 8:7

그러나 너희가 모든 면에서 믿음과 말과 지식과 모든 진지함(개역개정: 간절함) 그리고 우리로부터 나와 너희 안에 거하는 사랑에 풍성한 것처럼,[159] 이 은혜에도 풍성할지니라.

이 문맥에서 바울은 고린도 사람들에게 그들이 예루살렘 빈민들을 도울 목적으로 약속했던 연보를 차질 없이 진행할 것을 호소한다. 아니면 이 문맥은 어쩌면 그들이 약속했던 연보를 다시금 일깨워주는 것일 수도 있다. 여기서 바울이 호소하는 것 중에는 신자 공동체를 이룬 그들에게 주어진 다른 "은혜들"을 풍성히 표현하라는 말도 들어 있다. 이 서신 7-8장에서 특히 두드러지게 나타나는 말인 "진지함"을 제외하면, 이 목록은 고린도전서와 후서의 다른 본문들이 **영**의 사역들로 이야기하는 항목들로 이루어져 있다. 이런 점에서 두 가지 흥미로운 문제가 있다.

첫째, 고린도전서 1:4-5, 7에서도 그랬지만, 여기서도 이 항목들을 χάρις("은혜")라는 말로 규정한다. 이는 다른 본문에서 이것들을 χαρίσματα("은혜로 주신 선물")로 부를 때, 이 "선물들"과 관련하여 강조하는 것이 그리스도가 그것들을 베풀어주심으로 나타내신 "은혜"임을 일러준다. 이 책 제2장에서 말했듯이, 이것이 **카리스마**(*charisma*)라는 말이 가지는 첫 번째 의미다. 따라서 비록 고린도 사람들이 이런 "은혜들"을 풍성히 누리는 것은 다 **영** 때문이지만, 그래도 이런 선물들을 **영**의 선물들이라고 부르는 것은 십중팔구 그리 정확하지 않을 것이다.

---

158) Jewett, *Terms*, 192-94에게는 유감이지만, 내 견해는 이렇다.

159) 이런 번역이 나오게 된 것은 유달리 어려운 본문 선택의 결과다. 바울은 지금 자신을 향한 그들의 사랑을 언급하는가(ὑμῶν ἐν ἡμῖν; ℵ C D F G Ψ Maj lat sy[h]), 아니면 그들을 향한 자신의 사랑을 언급하는가, 혹은 어쩌면 내가 번역하려고 하는 것처럼, 본디 바울 자신으로부터 유래한 것이지만 이제는 그들 안에서 볼 수 있는 사랑을 언급하는 것인가?(ἡμῶν ἐν ὑμῖν; P[46] B O243 6 104 630 1175 1739 1881 pc r sy[p] co Ambrosiaster) Metzger, *Textual Commentary*, 581이 인정하듯이, 후자가 분명 더 어려운 독법이다. 따라서 이 후자가 필시 원문일 것이다.

둘째, "말"과 "지식"을 결합해놓은 것은 고린도전서 1:5을 떠올리게 한다. 거기서 바울은 이 "은혜들"이 하나님이 고린도 사람들 가운데서 일하시는 증거라며 감사한다. 바울이 이것들을 사전 준비 없이 이렇게 다시 열거한다는 것은 그가 고린도 사람들이 선물로 받은 이런 표현들(=하나님이 은혜로 주신 선물들—옮긴이)을 폄하하려 하지 않는다는 것을 아주 강하게 시사한다. 물론 이런 표현들은 십자가 깃발 아래 모아야 한다. 그렇다고 이것들을 제거해서는 안 된다. 실제로 바울은 이 서신에서 두 번이나 자신이 선물로 받은 "지식"을 하나님이 자기 사역 안에서 역사하시는 증거로 제시한다(6:6; 11:6).

다시 말하지만, 이 서신에서 자주 볼 수 있듯이, 바울이 직접 **영**의 이름을 언급하지 않아도 고린도 사람들은 그들의 삶 속에 주어진 이런 "은혜들"이 하나님의 임재를 나타내는 표현들이라는 점에서 그 근원이 **영**이심을 이해하곤 했다.

고린도후서 10-13장

우리가 보기에 이 네 장은 바울이 고린도에 보내는 다섯 번째 서신을 보여주고 있다. 그러나 바울이 이 서신을 네 번째 서신(고후 1-9장)을 보낸 뒤에 곧바로 써 보낸데다, 이전 서신에서 중요한 쟁점으로 삼았던 문제(바울이 그를 반대하는 자들에게 그의 사도직을 변호함)를 아주 소상하게 다루다 보니, 당연히 네 번째 서신과 다섯 번째 서신이 한데 묶여 한 서신처럼 전달되었다.

바울은 네 장 전체를 자기 반대자들을 정면으로 공격하는 데 할애한다. 동시에 바울은 여기서 고린도 사람들을 이끌어 다시 그리스도께 순종케 하고 반대자들을 물리침으로써 고린도 사람들의 정신과 마음을 다시 붙들려고 시도한다. 이리할 때 바울은 그리스도와 사도직을 바라보는 자신과 고린도 사람들의 시각차를 극명한 형태로 재차 제시한다. 이를 통해 바울은 우리를 다시 한 번 그의 패러다임인 십자가와 자신의 약함을 통해 도리어 그리스도의 능력을 증언하는 사도 자신의 모습으로 인도한다.

바울은 먼저 순종하라고 호소한 뒤(10:1-6), 뒤이어 자신의 권위를 변호한다(7-11절). 아울러 그는 "관할권"(활동 영역) 문제를 다소 신랄하게 언급한다(바울을 반대하는 자들이 바울의 활동 영역에 들어와 일했다). 이는 그리스도 안에서 합당하게 자랑해야 한다는[11] "규칙"(금도)을 일탈한 처사였다(12-18절). 이어 바울의 "바보 연설"(fool's speech)이 뒤따른다. 이 연설에는 긴 서문(11:1-21a), 연설 자체(11:21b-12:10), 그리고 결론이 들어 있다.[160] 이 모든 내용을 말한 뒤, 바울은 자신의 세 번째 방문이 임박했음을 시사하며 마지막 호소(그리고 위협)를 제시한다(12:14-13:10).

이 서신에는 **영** 자체를 언급하는 부분이 거의 없다. 그러나 바울이 제시하는 주장 중 아주 중요한 계기를 이루는 지점에서는 **영**을 언급하는 말이 등장한다. 즉 그가 고린도 교회에 침투한 자들이 행한 활동들로 말미암아 고린도에서 벌어진 일들을 서술한 11:4, 그리고 그가 고린도 사람들이 사도인지 여부(그리고 진실한 그리스도인의 삶이 무엇인가)를 판단할 때 적용한 그릇된 기준을 거부한 "바보 연설"(12:1-10, 12)이 **영**을 언급하는 곳이다. 아울러 바울은 자신과 디도가 그들 가운데서 행한 일을 놓고 항변하는 부분(12:18)과 결론 부분의 축도(13:13[14])에서 **영**을 지나가는 말로 언급한다.

---

160) 이 말은 분명 Windisch로부터 유래한 것이다. H. D. Betz, *Der Apostel Paulus und die sokratische Tradition* (Tübingen: Mohr, 1972)은 이 본문 내용을 소크라테스가 궤변론자들에 맞서 자기 생도들에게 제시한 "변론"과 비교함으로써 이 내용의 형식을 들여다볼 수 있는 유익한 통찰을 제공해주었다. 그러나 그런 많은 연구들처럼, 내용이 형식을 따르는 결과를 가져왔다. 참고. A. T. Lincoln은 더 조심스럽게 접근하면서, 이렇게 말한다. "바울이 소크라테스의 '변론' 같은 것을 일부러 따랐을 리 없다.…바울은 당시 대중문화와 관습 속에 이미 수용된 것이어서 자신도 익히 알고 있던 이런 전통에서 비롯된 요소들을 효과 있게 활용하고 있을 가능성이 더 높다"["'Paul the Visionary': The Setting and Significance of the Rapture to Paradise in II Corinthians XII. 1-10," *NTS* 25 (1979), 206].

▪ **고린도후서 10:2-4**

[2]내가 가서 함께 있을 때에 우리를 육을 따라 행하는 사람들로 여기는 자들을 향하여 내가 담대히 가졌다고 생각하는 확신을 품고 담대하게 행동할 필요가 없기를 너희에게 요구하노라. [3]이는 우리가 비록 육 안에서 행할지라도 육을 따라 싸우지 않기 때문이요, [4]이는 우리 싸움 무기가 육의 것이 아니라 하나님 앞에서(하나님이 보시기에) 능력이 있는 것(강력한 힘)이기 때문이니….

바울은 포문을 열어 그의 반대자들을 정면 공격한다. 이를 통해 그는 모든 사태의 전말을 이해할 수 있는 기회를 우리에게 제공한다. 덕분에 우리는 그가 고린도전서를 써 보낸 뒤로 그와 고린도 사람들 사이에 벌어진 일을 파악할 수 있다. 바울은 고린도전서에서 고린도 사람들을 "육에 속한 자들"이라고 비판했다(3:1-4). 자신들이 새로 발견한 "지혜"를 내세우며 십자가와 바울을 대하는 그들의 태도 그리고 십자가와 복음에 관한 이런 새로운 인식 때문에 그들 사이에서 일어난 분쟁은 그들이 "육에 속한 자들"임을 드러내는 증거였다. 이곳은 우리가 지금 보는 고린도후서가 "육"을 경멸하는 시각으로 언급한 다섯 번째 사례다.[161] 우리가 1:12, 17을 보며 혹시나 하고 생각했던 것이 역시나 사실이었다는 것이 여기서 드러난다. 고린도 사람들은 바울이 구사한 언어를 바울을 공격하는 무기로 삼았다. 그들은 자신들이 아니라 바울이야말로 "육을 따라 행하는" 사람이라고 공격했다. 고린도 사람들이 "육을 따라 행한다"라는 말을 어떤 뜻으로 이해했는지 확실히 알 수는 없다. 그들이 이 말을 "육의 약함(곧 몸의 약함) 속에서 행하고 **영**의 능력 안에서 행하지 않는다"라는 의미로 받아들였는지, 아니면 바울이 갖고 있던 종말론의 관점대로 그리스도가 십자가에서 이미 정죄하셨고 이제는 사라져가는 이 시대의 시각으로 만물을 인식한다는 의미로 받아들였는지 확실치 않다. 어느 쪽이든 고린도 사람들은 누가 "**영**

---

161) 앞의 1:12; 5:16-17; 7:1을 다룬 부분을 보라.

의 사람"이고 사도인지 판단할 때 사용한 그들의 잣대로 바울을 "육과 보조를 맞추며" 살아가는 사람으로 정죄했다.

이 때문에 바울은 5:14-17에서 그러했듯이 재차 이 말을 가져다가 되돌려놓는다. 바울은 "육"이라는 말로 언어유희를 구사하면서, 자신이 사실은 "육 **안에서** 행하는" 사람이라고 인정한다. 그러나 이때 바울은 "육"을 경멸어로 사용하지 않는다. 이 말은 단지 그 뿌리인 구약의 개념을 되비쳐 줄 뿐이다. 구약성경에서는 "육"이 창조주 하나님과 대비하여 인간이 피조물임을 묘사하는 말이었으며, 죄로 물든 인간의 본성보다 인간의 약함과 취약성을 가리키는 말이었다.[162] 다른 모든 사람들과 더불어 바울도 "육 안에 있는" 사람이다. 여기서 "육 안에 있다"라는 말은 우리가 "두 시대 사이에 자리한" 실존으로서 여전히 "죽을 수밖에 없는 우리 육"의 약함과 한계 속에 갇혀 살아가지만 그래도 바로 이런 육을 통하여 그리스도의 생명이 풍성하게 나타난다는(4:11) 의미다. 그러나 바울은 우리가 "육과 보조를 맞추며 행하지는" 않는다고 힘주어 말한다. 여기서 말하는 육은 하나님과 맞서는 인간의 타락한 성품을 토대로 자기를 중심으로 삼아 철저히 하나님께 대항하는 가치 구조를 일컫는다. 또 우리는 그런 육의 시각을 반영하는 "무기"를 동원하여 우리 싸움을 싸우지 않는다. 반대로 우리는 **영**을 따라 행하기에 우리 "무기"도 "하나님이 보시기에 능력이 있는 것"들이다.

그렇다면 바울은 여기서도 또 한 번 은연중에 육과 **영**을 대조하는 셈이다. 분명 사람은 "육 **안에서**" 살면서도 동시에 "**영 안에서**" 살 수 있다. 실제로 여전히 "이 땅에 발을 딛고" 사는 한, 신자는 그런 존재로 살아갈 수밖에 없다. 그러나 우리가 앞으로 갈라디아서와 로마서에서 보겠지만, 사람이 "육**을 따라**" 살면서 동시에 "**영을 따라**" 살 수는 없다.[163] 한 차원에

162) 가령 시 78:39(칠십인경은 77:39); 사 40:6-8을 보라; 참고. A. C. Thiselton, *NIDNTT* 1.678-82; 뒤의 제12장의 논의를 참고하라.

서만 보면 우리는 두 세계에서 살아갈 수밖에 없다. 그러나 그리스도와 **영**이 가져다주신 우리의 새로운 종말론적 실존이 지닌 본질의 차원에서 보면, 우리는 단지 이 두 세계 중 한 세계에 속한 채 살아갈 뿐이다. 우리는 그리스도로 말미암아 한 세계에게는 죽은 자가 되었다(5:14-17; 갈 5:24; 롬 7:4-6). 우리는 **영**으로 말미암아 다른 세계 안에서 살아간다. 따라서 우리 생각과 행위는 **영**과 일치할 수밖에 없다. 여기가 바로 **영** 안에 있는 삶이 무엇이며 육 안에 있는 삶은 어떤 것인가를 놓고 바울과 고린도 사람들이 갈등을 빚는 지점이다. 분명 고린도 사람들은 그들이 새로 발견했다는 지혜에 갇혀 "육 안에서 사는 것"과 "육을 따라 사는 것"을 혼동했다. 바울이 여기서 제시하는 나머지 주장을 통해 관심을 기울인 것은 그들이 이런 혼돈에 빠져 있음을 깨우쳐주는 것이다.

▪ 고린도후서 11:4

이는 정녕 누군가가 가서 우리가 설교하지 않았던 다른 예수를 전하거나, 혹은 너희가 받지 않았던 다른 **영**을 받거나, 혹은 너희가 받아들이지 않았던 다른 복음을 받아들일 때는, 너희가 잘 용납하기 때문이라.

바울은 이 지극히 특이한 말로 자신의 생각을 표현함으로써 자신과 자신의 반대자들을 갈라놓은 난제의 핵심을 가려낸다.[164] "지극히 크다는 사

163) Dunn은 이런 구별을 부인한다(그것도 강조하는 말로 부인한다). 그러나 이런 부인 때문에 그가 "육과 **영**"에 관하여 제시한 연구 결과["Jesus-Flesh and Spirit: An Exposition of Romans I.3-4," *JTS* 24 (1973, 40-68)[49]]는 엉망이 되어버리고 말았다. 바울이 분명히 구별해놓은 것을 이렇게 희석시키는 바람에 그리스도인의 삶이 가지는 윤리 측면과 관련하여 이런 대조를 바라보는 Dunn의 견해가 많은 잘못을 범하는 불행한 결과가 일어난 것 같다. Dunn은 이런 구별을 부인하고, 바울을 반대했던 고린도 사람들처럼, "육 안에" 사는 것은 "육을 따라" 사는 것을 의미한다고 보아, 육 안에 있는 사람은 늘 육의 욕망이 이끄는 대로 끌려간다고 추정한다. 그러나 그것은 바울의 견해가 아니다(갈 5:16, 24; 롬 7:4-6; 8:5-8, 9-11, 12-13을 다룬 부분을 보라); 더 나아가 이 책 제12장에 있는 논의를 보라.

도들"은 자신들을 "그리스도의 종(일꾼)"(23절)으로 여기지만, 정작 바울은 이들을 "δικαιοσύνη(의)의 종들처럼 가장하는 사탄의 종들"(15절)로 본다. 바울이 그리 보는 확실한 이유가 바로 여기에 있다. 11:21-12:18의 수사에도 불구하고 바울이 여기서 문제 삼는 것은 비단 그의 사도직만이 아니다. 특히 고린도 사람들의 마음을 얻으려고 바울에 맞서 자기들 주장을 내세우던 자들이 문제 삼은 것도 바울의 사도직이 아니다. 늘 그랬지만, 쟁점은 복음 자체였다. 바울이 가진 열심은 하나님의 열심이다(2절). 이 열심은 고린도 사람들을 그 약혼자에게 "정결한 처녀"로 드리고자(=그리스도가 재림하실 때 교회를 그 신랑이신 그리스도께 드리고자) 내는 열심이다. 그러나 하와가 미혹을 당했듯이, 이제는 고린도 사람들이 미혹을 받아 그릇된 길로 빠지고 있다. 그들은 동정이 더럽혀질 수도 있는 심각한 위험에 빠져 있다. 우리가 보는 이 구절은 거짓 복음이, 혹은 오직 하나뿐인 복음을 그릇 이해한 견해가 문제임을 일러준다. 바울의 반대자들이 바로 이런 거짓 복음 내지 그릇된 견해를 지껄이고 있었다.[165]

거짓 복음의 내용을 놓고 온갖 추측이 끝없이 난무한다. 그러나 여기서는 그런 추측들이 우리에게 전혀 도움이 되지 않는다.[166] 그들과 바울은

---

164) 그러나 Käsemann ("Legitimität")과 그를 따르는 사람들[가령 D. Georgi, *The Opponents of Paul in Second Corinthians* (ET; Philadelphia: Fortress, 1986); Martin]은 이런 식으로 주장하지 않는다. 그들은 이 난제의 핵심이 "고린도에 나타났던 반대자들이 어떤 이들인지 이해하고 10-13장을 해석할 수 있게 해주는 열쇠" 역할을 한다고 주장한다(Käsemann, 38).

165) 갈 1:6-9의 언어를 참고하라. 이 갈라디아서 본문에서는 소동을 일으킨 자들을 "다른 복음"을 전하는 자들이라고 비판한다. Calvin, 141-42은 "다른 예수"가 거짓 복음이 아니라 바울 자신의 사역이 아닌 다른 사역을 통해 전파된 자를 가리킨다고 주장하는데, 이런 주장은 여기서 바울이 갖고 있는 관심사를 놓친 것 같다.

166) 많은 연구서들(가령 Käsemann, Georgi, Martin)은 그들의 거짓 가르침이 무슨 **내용**인지 알 수 있는 열쇠가 여기에 있다는 것을 기본 전제로 삼는다. 이런 전제 때문에 이런 추측들이 나오게 되었다. 그리하여 Bultmann과 다른 사람들은 이 거짓 가르침을 전한 자들을 "**영**에 열광한 영지주의자들"이라고 본다; Barrett와 다른 사람들은 유대교로 돌아가려던 자들이라고 본다; Georgi와 Martin 그리고 다른 사람들은 이 거짓 가르침이 "신인"(divine man) 기독론이라고 본다. 이 모든 내용 가운데 이 본문이 핵심 역할을 한다—물론 이 본문 자체나 바울이 뒤이어 제시하는 주장은 "다른 예수"가 사실은 거짓 가르침의 **내용**을 묘

모두 그 내용을 안다.[167] 바울의 당면 관심사는 거짓 복음이 존재한다는 **사실**이지, 거짓 복음의 내용이 아니다. 외부인들은 바울의 활동 영역에 들어와 바울의 벗인 고린도 사람들의 비위를 맞추었지만(10:7-18), 사실은 고린도 사람들을 미혹하여 그리스도의 복음을 떠나 바울이 보기에 전혀 복음이 아닌 것을 따르도록 만드는 자들이다.[168]

이 본문은 특이한(그런 점에서 놀라운) 언어를 사용한다("**다른** 예수, **다른 영**, **다른** 복음"). 그렇긴 해도 우리가 이 본문에서 받아들이는 것들은 바울이 복음 및 복음 수용과 관련하여 본질인 문제들이라고 여기는 것들이다.[169] 즉 바울은 그의 반대자들이 전한 복음을 어떤 식으로든 정의해보려고 시도하지 않는다. 이 문장에서(11:4) 바울이 관심을 기울이는 것은 지금 고린도 사람들에게 일어나고 있는 일이다.[170] 바울이 보기에 고린도 사람들이 이런 외부인들을 추종하는 것은 결국 "그리스도 안에 있는 구원"을 포기하고 이를 다른 것으로 대체함을 뜻한다. 바울은 가장 강경한 어조로,

---

사하는 말임을 전혀 시사하지 않는다. 바울이 13-15절에서 구사하는 언어[δικαιοσύνη (의)의 종들]와 22-23절에서 구사하는 언어(그들이 히브리인이냐 등등)는 Barrett 등이 주장하는 견해를 아주 강하게 지지하는 것 같다. 만일 그렇다면, 내가 생각한 그대로, 이는 곧 이 본문의 쟁점이 기독론이 **아니라** 구원론임을 더욱더 힘차게 시사하는 것이요, 이 모든 사항이 결국 복음과 관련하여 일어난 일을 말하는 것이지, 그리스도라는 분이 누구시며 **영**이 누구신지 고린도 사람들이 이해하고 있던 내용과 관련하여 일어난 일을 말하는 것은 아님을 더욱더 강하게 시사하는 것이다.

167) 22절과 3:6-18에 비춰볼 때 그 내용은 "유대인의 정체성"을 나타내는 형태를 갖고 있었을 가능성이 아주 높으며, 기독론 자체는 그 내용과 무관할 가능성이 아주 높다. 앞의 주8과 3:6을 논한 내용을 보라. 참고. Carson, 88. Carson은 증거에 비춰볼 때 이것이 "가장 나은 추측"이라고 말한다.

168) 참고. Furnish, 500. 그는 바울의 반대자들이 전한 내용과 관련하여 여기서 수집할 수 있는 정보에 관해 나와 비슷한 평가를 내린다.

169) 참고. Hanson, 79: "바울이 기독교를 세 단어 — 예수, **영**, 복음 — 로 요약함을 주목하라."

170) 이 구절 구문이 어색한 것도 이를 뒷받침하는 것 같다. 이 구절 문장은 2-3절로부터 직접 흘러나온 것으로서, 반대자들의 설교와 바울 자신의 설교를 대조하는 말로 시작한다. 그러나 바울이 강조하는 것은 다른 (복음을 전하는) 이들이 설교하는 내용이 아니라, 오히려 고린도 사람들에게 일어나고 있는 일이다. 바울은 이 대조에 이어 돌연 이런 어색한 말로 옮겨간다. "혹은 **너희가 받지 않았던** 다른 **영을 받거나**, 혹은 **너희가 받아들이지 않았던** 다른 복음을 받아들일." 이처럼 **영**을 고린도 사람들이 "받은" 무언가로 강조한다는 것은 이 용어를 기껏해야 의심스러운 실천을 가르치는 거짓 가르침의 구성 요소로 만드는 것이다.

그리고 그의 복음에 절대 긴요한 요소인 그리스도와 **영**을 동원하여 그런 취지를 천명한다. 이 문장이 복음을 맨 나중에 언급하는, 명백히 특이한 순서를 갖게 된 것도 그런 이유 때문일 가능성이 아주 높다(즉 복음을 맨 나중에 언급함으로써 먼저 언급한 두 요소인 그리스도와 **영**이 복음의 본질적 내용임을 분명히 밝히려 했을 것이다). 따라서 비록 기독론이 문제가 되긴 하지만, 바울을 반대한 자들이 실제로 다른 예수를 설교하고 있었던 것은 아닙니다.[171] 오히려 바울의 반대자들은 옛 언약을 소개함으로써(이는 3:1-18에서 추론해낼 수 있다) 결국 바울이 설교했던 이(=예수)와 "다른 예수"를 전하는 결과를 낳았다. 이런 결과는 다시 고린도 사람들이 "다른 **영**을 받아들이는" 결과를 가져온다. 바울의 그리스도 설교를 통해 고린도 사람들이 받은 **영**이 이제는 폐물이 되어버린 옛 언약의 모든 속박으로부터 그들을 해방시켜주셨기 때문이다(3:17-18).

바울은 진정한 그리스도인의 삶을 (그가) "전한" 예수와 (그들이) 받은 영이 결합하여 만들어내신 결과물로 본다. 오직 이 결합만이 복음을 순전히 받아들이게 한다. 바울이 다른 곳에서도 설파하듯이, "예수"를 설교하는 것은 구원 사건 자체를 선포하는 것이요 그리스도가 당신의 죽음을 통해 우리에게 베풀어주신 모든 것을 선포하는 것이다. "**영**"은 이런 구원 사건을 실제로 적용하시는 분이요 현실이 되게 하시는 분이다.

다른 학자들은 여기서 나온 πνεῦμα가 태도 같은 것이나 그리스도인이 가진 삶의 방식 중 어떤 측면을 가리킨다고 주장했다.[172] 그러나 바울이 여

---

171) Georgi와 다른 사람들과 다르지만, 내 의견은 그렇다; 참고. Martin, 336, "쟁점은 기본적으로 기독론이다." 그러나 사실 Martin의 이런 주장은 대담한 것이다. 바울이 여기서 제시하는 주장도 기독론을 다루지 않을 뿐 아니라, 고린도후서를 통틀어 봐도 기독론이 등장하지 않기 때문이다.

172) 가령 Plummer, 297; Hughes, 378; Carson 87-88, Martin, 336을 보라. Martin이 이런 견해를 취하는 이유(이 견해는 여기서 말하는 πνεῦμα가 그런 의미가 아니라면 "우리는 그들이 이단에 속하는 삼위일체 가르침을 가지고 있었다고 생각해야 했을 것"이라고 추정한다)와 "영"을 ("겉으로 나타나는 행실 속에서 볼 수 있는 그리스도인의 삶의 효과들"로) 해석하려는 그의 시도는 이 견해가 지닌 난점들(그리고 이 본문에서 문제 삼는 것은 거짓 복음의 내

기서 제시한 주장에서는 πνεῦμα가 그런 의미일 수 없다. 그 이유는 우선 (1) 바울이 **영**을 예수와 복음 사이에서 언급하기 때문이다. 이런 문맥에서는 πνεῦμα가 예수 및 복음과 무관한 의미를 가진다고 상상하기가 어렵다. 그리고 (2) "(너희가) 받았다"(그리스어로 λαμβάνω의 2인칭 복수 부정과거 능동 직설법 형태인 ἐλάβετε — 옮긴이)라는 동사는, 바울이 다른 곳에서 성령을 받음을 가리키는 말로 사용한다는 점에서,[173] πνεῦμα라는 말을 **영**이 아닌 다른 뜻으로 이해하게 되면 어울리지 않는 동사가 되어버리기 때문이다. 그리스도인이 영위하는 삶의 방식이나 태도를 어떻게 "받는다"는 말인가? 그러나 문맥 문제들이 결정적 역할을 하는 것 같다. 이 서신 문맥과 이 교회의 정황을 살펴볼 때, **영**은 바울이 제시하는 주장에 절대 긴요한 요소다. 그것이 설령 다른 영일 수도 있지만, 어쨌거나 고린도 사람들은 **영** 안에 들어가 있다. 바울이 거슬려 하는 것은 **영**의 사람들이라는 자들이 정작 **영**을 외면하고 돌이켜 **영**과 도통 무관한 것을 따라갔다는 점이다.[174]

결국 이 모든 것을 볼 때, 바울은 고린도 사람들이 실제로 다른 "영"(spirit)[175]을, 다시 말해 귀신의 영이나 "세상의 영"이나 "악한 태도"를 받아들였다고 생각하지는 않는다. 요컨대 우리 주 예수 그리스도와 다른 어떤 예수가 실제로 존재하지 않듯이, 오직 한 **영**, 곧 성령만이 계실 뿐이다. 따라서 현재 고린도 사람들이 가진 복음 이해 그리고 그들의 현재 행실과 바울을 대하는 태도는 바울의 반대자들이 그리스도의 순수한 복음을 전하지 않는다는 것을 증명해주는 증거다. 더불어 고린도 사람들이 지금 나아가는 방향은 그들이 실제로 이미 받은 **영**과 일치하지 않는다. 결국 그것

용이라고 전제하는 근본 오류)을 부각시켜준다.

173) 롬 8:15; 고전 2:12; 갈 3:2을 보라.

174) 물론 이것이 바로 3:1-18과 갈 3:1-5이 제시하는 주장이다.

175) 이와 관련하여 이 책 제2장에서 "…의 영"을 논한 내용을 참고하라. 그중에서도 특히 "…의 영이 아니라, **영**"이라는 부정(否定) 대조를 사용한 세 본문 속에 들어 있는 "…의 영"을 논한 내용을 참고하라. 이 세 본문에서 바울이 우선 말하려 하는 것은 사람들이 받는 "또 다른 **영**"이 있다는 게 아님이 거의 확실하다(고전 2:12; 롬 8:13; 딤후 1:7). 오히려 그는 "너희가 하나님의 **영**을 받았을 때, 이런 나쁜 특징은 받지 않았다"는 것을 말하려 한다.

이 "다른 **영**"(another Spirit)이다. 이는 마치 그들이 지금 신뢰하는 "복음"의 형태가 "다른 예수"인 것과 마찬가지다.[176]

이것이 이 본문을 바로 이해한 것이라면, 그리고 그렇게 이해하는 것이 이 문맥 속에서 바울이 제시하는 주장의 의미를 가장 잘 밝혀낸 것처럼 보인다면, 신자들의 삶 속에서 복음이 실현되는 것을 그리스도 및 **영**과 관련지어 생각하는 또 한 가지 사례를 목격하는 셈이다. **영**이 중심에 계시지 않는다. 이제는 늘 그리스도가 중심에 계신다. 그러나 **영**이 계시지 않았으면, 그리스도를 받아들임도 이루어지지 않았을 것이요, 신자와 공동체의 삶 속에서 그리스도가 베푸신 은덕들이 실현되는 일도 이루어지지 않았을 것이다. 그러기에 바울은 외부인들이 고린도 사람들 가운데 들어와 벌인 일이 가져온 결과를 이야기하는 이 중요한 본문 속에 **영**과 그리스도를 함께 포함시켜놓은 것이다.

▪ 고린도후서 11:6

그러나 내가 정녕—비록 지식에는 그렇지 않으나—말에는 능숙하지 못할지라도, 모든 면에서 모든 일로 너희를 위하여 명백하게 나타내었느니라.

철저히 문법에 맞지 않은 이 문장은 지금 이 문단(11:1-6)을 끝맺음과 동시에 이 문단과 그 다음 문단을 이어주는 역할을 한다. 여기서 바울은 자신이 어찌하여 고린도 사람들이 떠받드는 "지극히 크다는 사도들"보다 조금도 뒤떨어지지 않는지 설명한다. 그는 이런 설명을 할 때 이 서신과 고린도전서에서 다룬 몇 가지 주제를 가져다가 그것들을 그의 독자들에게 재

176) 바울은 갈 1:6-7에서도 비슷한 비판을 하지만, 거기에서는 "사실 다른 복음은 없다"며 자신이 한 말을 부연한다. 그가 여기서는 그것과 다른 말을 하려 한다고 생각할 이유가 딱히 없다. 그는 여기서는 그런 부연을 하지 않는다. 여기서 그가 구사하는 수사 자체가 그 고유한 힘과 의미를 전달해주기 때문이다(아마 고린도 사람들도 바울이 무슨 말을 하는지 잘 이해했을 것이다).

차 이야기한다. 이 모든 것 뒤에는 성령의 행위가 자리해 있다.

바울이 대조하여 제시한 두 단어 "말"(λόγος)과 "지식"(γνῶσις)이 처음으로 함께 등장한 곳은 고린도전서 1:5이었다. 거기서 바울은 이것들을 **카리스마타**(*charismata*, 은사들)로 제시했다. 그때 논의하며 말했지만, 이 둘은 고린도 사람들이 좋아하는 것이었고, 바울은 물론이요 그들도 이 둘을 **영**이 자신을 나타내신 표현들로 이해했다. 그러나 고린도후서 10:10이 확증해주듯이, 고린도 사람들이 바울을 보면서 "말"이라는 은사를 받지 못한 사람으로 생각한다는 것(그의 λόγος는 형편없다) 역시 분명한 사실이다. 바울은 고린도전서 2:1-5에서 **영**이 자신의 사역 속에 임재하심을 나타내는 증거가 그의 λόγος 안에 있다고 주장했다. 그러나 이 λόγος는 고린도 사람들의 관점에서 이해한 개념(수사, 달변 등)이 아니라, 바울 자신의 관점에 비추어 이해한 개념이었다(**영**이 능력을 부어주시는 가운데 그리스도를 전한 설교로 이 설교를 통해 결국 고린도 사람들도 회심하였다). 여기서 바울은 고린도 사람들이 사용한 λόγος 개념을 다시 한 번 양보하고 받아들인다(그렇다고 바울이 고린도 사람들의 λόγος 개념 자체를 인정한다는 말이 아니라, 자신이 그들이 생각하는 λόγος에는 능하지 못함을 인정한다는 뜻이다 — 옮긴이).[177)]

그러나 그는 "지식"이라는 문제에 관한 한 양보하지 않으려 한다. 그들의 "지식" 이해는 철저히 잘못되어 있다. 이런 잘못된 이해는 결국 그들이 사랑하기보다 교만을 부리는 결과로 이어졌다(고전 8:1-13). 바울의 "지식" 이해는 복음과 관련 있다. 복음 안에서 하나님을 아는 "지식"(고후 10:5)이 그리스도를 통해 **영**으로 말미암아 나타난다(4:4-6). 바울은 고린도 사람들이 정말 γνῶσις를 가졌다고 인정한다(8:7). 그러나 바울도 γνῶσις를 가졌다(6:6). 이제 바울은 고린도 사람들이 다른 복음을 전하는 이들을 따르

177) 특히 이 경우에 바울은 자신을 ἰδιώτης τῷ λόγῳ (="말에 문외한인 자")라고 부른다; 참고. 고전 14:16, 23.

는 것과 관련하여 그들을 훈계한다. 그들의 "지식"은 흠투성이다. 십자가에 관한 올바른 이해를 축소시키거나 올바른 이해를 갖지 못하게 하기 때문이다. 반면 바울의 "지식"은 영으로 말미암아 온 것으로서 만인이 훤히 알 수 있을 정도로 분명하다. 그의 "지식"은 그리스도 예수 안에서 우리에게도 주어진 복음 자체와 관련 있기 때문이다. 따라서 고린도전서 1:5과 고린도후서 8:7에서도 그랬던 것처럼, 바울이 가진 "지식"의 근원이신 성령이 이 변론을 담은 언어 바로 밑에서 움직이고 계신다. 이제 바울은 활력이 넘치는 수사를 구사하며 자신의 "지식"을 변호하려 한다.

- **고린도후서 12:1-10**[178)]

1계속하여 자랑할[179)] 필요가 있나니,[180)] 자랑하는 것은 아무 유익이 없지만, 그러

---

178) **참고 문헌**: H. D. **Betz**, "Eine Christus-Aretologie bei Paulus (2 Kor 12.7-10)," *ZTK* 66 (1969), 288-305; H. **Binder**, "Die angebliche Krankheit des Paulus," *TZ* 17 (1961), 319-33; D. A. **Black**, *Paul, Apostle of Weakness: Astheneia and Its Cognates in the Pauline Literature* (New York: Peter Lang, 1984), 138-59; J. W. **Bowker**, "'Merkabah' Visions and the Visions of Paul," *JJS* 16 (1976), 157-73; J. **Cambier**, "Le critère paulinien de l'apostolat en 2 Cor 12, 6s." *Bib* 43 (1962), 481-518; A. T. **Lincoln**, *Paradise*, 71-86; **Lincoln**, "'Paul the Visionary,'" 204-20; T. Y. **Mullins**, "Paul's Thorn in the Flesh," *JBL* 76 (1957), 299-303; P. **Nisbet**, "The Thorn in the Flesh," *ExpT* 80 (1969-70), 126; G. G. **O'Collins**, "Power Made Perfect in Weakness: 2 Cor 12:9-10," *CBQ* 33 (1971), 528-37; D. M. **Park**, "Paul's ΣΚΟΛΟΨ ΤΗ ΣΑΡΚΙ: Thorn or Stake?" *NovT* 22 (1980), 179-83; R. M. **Price**, "Punished in Paradise (An Exegetical Theory on 2 Corinthians 12:1-10)," *JSNT* 7 (1980), 33-40; H. **Saake**, "Paulus als Ekstatiker, Pneumatologische Beobachtungen zu 2 Kor. xii 1-10," *NovT* 15 (1973), 153-60; N. G. **Smith**, "The Thorn that Stayed. An Exposition of 2 Cor 12:7-9," *Int* 13 (1959), 409-16; R. P. **Spittler**, "The Limits of Ecstasy: An Exegesis of 2 Corinthians 12:1-10," in *Current Issues in Biblical and Patristic Interpretation* (Festschrift M. D. Tenney; ed. G. F. Hawthorne; Grand Rapids: Eerdmans, 1975), 259-66; J. D. **Tabor**, *Things Unutterable: Paul's Ascent to Paradise in its Greco-Roman, Judaic, and Early Christian Contexts* (Lanham, Md.: University Press of America, 1986); J. **Zmijewski**, "Kontextbezug und Deutung von 2 Kor 12, 7a: Stilistische und Strukturale Erwägungen zur Lösung eines alten Problems," *BZ* 21 (1977), 265-77.

179) 그리스어로 καυχᾶσθαι (현재 중간태 부정사)다. 나는 이렇게 현학적 색채가 더 짙은 모습으

나 나는 계속하여 주의 환상들과 계시들을 말하리라. 2나는 십사 년 전에 그리스도 안에 있었던 한 사람을 아노니(몸 안에 있었는지 나는 모르며 혹은 몸 밖에 있었는지 나는 모르나, 하나님은 아시느니라), 셋째 하늘로 붙잡혀 간 그런 사람이라. 3또 나는 그런 사람을 아노니(몸 안에 있었는지 혹은 몸으로부터 분리되어 있었는지[181] 나는 모르나, 하나님은 아시느니라), 4그는 낙원으로 붙잡혀 가서 말로 표현할 수 없는 말들을 들었으니, 그 말들은 사람들이 그에 관하여 뭐라 말할 수 없는 말들이라. 5나는 이런 사람에 관하여 자랑하지만, 그러나 나 자신에 관한 것은 오직 내[182] 약함만을 자랑하겠노라.

6이는 만일 내가 (그렇게) 자랑하고(=약함만을 자랑하고 – 옮긴이) 싶어하더라도, 내가 어리석은 자가 되지 않기 때문이니, 그 이유는 내가 진실을 말하기 때문이니라. 그러나 나는 (그런 자랑을 – 옮긴이) 그만두노니, 이는 어떤 이가 내 안에서 보거나 나로부터 들은 것을[183] 넘어 나를 생각하지 않게 하려 함이요, 7특별히 계시들의 비범한 특질 때문에 (내 안에서 보거나 나로부터 들은 것을 넘어 나를 생각하지 않게 하려 함이라 – 옮긴이).[184] 그러므로 내가 높아지지 않도록 내 육(육체)에

로 그리스어 현재형에 접근하는 것을 피하고 싶지만, 문맥을 보면 이 경우에는 계속의 의미를 지닌 현재형을 염두에 둬야 할 것 같다. 참고. Martin, 388, 394.

180) 이 문장 서두 본문은 꽤 상당한 혼란이 있는 곳이다. 내가 제시한 번역문은 P46 B F G H L P 0243 1739 pm 본문이며, UBS4가 채택한 본문이다.

181) 3절은 2절의 ἐκτός (…밖에)를 이 χωρίς (…으로부터 분리되어 있는)로 바꾸어놓았다(이런 본문은 오직 P46 B D*에서만 볼 수 있다). 이런 변화는 십중팔구 순전히 문체 때문일 것이다. 여기서도 ἐκτός를 반복하여 사용하는 증거들(사본들)이 월등히 많다. 그러나 ἐκτός가 원문이라면, ἐκτός가 χωρίς로 바뀌어 두 본문 전승(=3절에서 ἐκτός를 쓴 전승과 χωρίς를 쓴 전승 – 옮긴이)으로 나뉘게 된 연유를 설명하기가 거의 불가능하다.[12]

182) 나는 여기서 ταῖς를 이렇게 번역한다. μου를 덧붙인 것은 필시 라틴 사본의 영향 아래 서방 사본에서 처음 이루어진 것 같은데, 이는 단지 ταῖς라는 관사가 의도하는 소유격 대명사를 덧붙여놓은 것일 뿐이다. 이런 의도는 문맥을 통해 분명히 알 수 있다.

183) P46 D* Ψ 0243 Maj f syh에서 볼 수 있는 이 τι는 아주 어색하다. 이는 이것이 들어 있는 본문이 원문이라는 증거다.

184) 이 번역은 이 문구(=특별히 계시들의 비범한 특질 때문에)를 7절의 시작 부분이라기보다 앞 문장의 일부로 보는 것이 옳다는 추정 아래 UBS4의 마침표를 해석한 결과물이다 – 그러나 대다수 영역(英譯) 성경들은 물론이요 Barrett, 313도 이와 견해를 달리 한다(그러나 이제 NRSV를 보라). 이 견해를 지지하는 **첫 번째** 이유는 바울 서신의 다른 곳은 물론이요 신약

가시, 곧 사탄의 사자가 주어졌으니, 이는 나를 쳐서 내가 높아지지 않게 하려 함이라.[185] **8**이 문제를 놓고 세 번 내가 그것이 나로부터 쫓겨나게 해달라고 주께 간청하였다. **9**그러자 주가 내게 말씀하시되, "내 은혜가 네게 충분하니, 이는 능력[186]이 약함 속에서 완전함에 이르기 때문이니라." 그러므로 나는 더 기꺼이 내 약함을 자랑하려 하노니, 이는 그리스도의 능력이 내 안에 거하게 하려 함이라. **10**그러므로 내가 그리스도를 위하여 약한 것들을, 능욕을 당함을, 고난을, 핍박을, 그리고[187] 곤고함을 기뻐하노니, 이는 내가 약할 때마다 내가 강함이라.

이 독특한 본문은 **영**을 뚜렷하게 언급하지 않는다. 그러나 일어났던 현상과 그 현상을 일러주는 말("몸 안에 있었는지 혹은 몸 밖에 있었는지" 바울은 모른다)은 물론이요, 바울이 1절과 7절 그리고 마지막 목적절인 "이는 그리스도의 능력이 내 안에 거하게 하려 함이라"(9절)에서 그 현상을 실제로 ἀποκάλυψις(계시)라는 관점에서 서술해놓은 내용의 밑바닥에는 **영**이 자리하고 계신다. 이런 **영**의 존재를 인식하기는 쉽다.[188] 오히려 우리가 이 현상

성경의 다른 모든 본문에서도 접속사 διό (그러므로)가 항상 그것이 들어 있는 절 첫머리에 자리해 있기 때문이다. 이 견해를 지지하는 입장에서 더 충실한 설명을 제시한 글을 읽어보려면, Zmijewski, "Kontextbezug"와 이 글의 주장을 요약해놓은 Furnish, 528을 보라. 일찍이 P^{46} (그리고 그 뒤를 따른 D Ψ Maj)은 이 접속사 διό를 생략하여 이 본문을 해석하기가 더 힘들게 만들어버렸다. 물론 이런 사본들이 διό를 생략했다는 것은 이 접속사가 있는 본문이 원문임을 일러주는 가장 강력한 반증이기도 하다.

185) 많은 사본들은(ℵ* A D F G 33 629* pc lat) 이 절이 수사상 구사한 이 강력한 반복문(=내가 높아지지 않게)을 몇 가지 명백한 이유를 내세워 생략해버렸다.

186) μου ("내"; $ℵ^2$ A D^2 Ψ 0243 Maj)를 덧붙인 것은 이해할 수 있는 일이지만, 그래도 결국은 그리 중요한 의미가 없다. 이 말은 분명 다음 문장에 있는 "그리스도의 능력"으로부터 나온 것이다. 그러나 과연 그것이 바울이 말하고자 했던 것인지(곧 이 능력이 그리스도의 능력임을 말하는 것이 바울의 의도였는지 – 옮긴이) 여부는 더 논의할 필요가 있다.

187) 이것이 P^{46} ℵ* B 104 326 1175 pc의 본문이다(이 본문이 십중팔구 옳은 본문인 것 같다). 대다수 사본들은 이 "그리고"를 이 목록의 나머지 말들과 일치시키고자 ἐν으로(즉 ἐν διωγμοῖς <u>καὶ</u> στενοχωρίαις를 ἐν διωγμοῖς, <u>ἐν</u> στενοχωρίαις로 – 옮긴이) 바꿔버렸는데, 이해할 수 있는 일이다.

188) 참고. Lincoln, *Paradise*, 85-86. Lincoln은 그가 논한 내용의 마지막 대목에 "The heavenly vision as a manifestation of the Spirit"(**영**의 나타나심인 하늘 환상)이라는 제목을 붙여놓았다. 참고. E. Käsemann, "The Cry for Liberty in the Worship of the

자체 그리고 바울이 이 현상을 어떻게 이해했는지 꿰뚫어볼 수 있는 통찰을 어느 정도 얻어보려고 노력할 때에 어려움이 생긴다.[189)]

이런 본문들에서는 종종 있는 일이지만, 우리는 바울이 이 내러티브에서 말하고자 하는 전체 요지 및 주장의 흐름에 관하여 상당히 높은 확신을 가질 수 있다. 바울은 자신이 온갖 형태의 약함 속에서도 그리스도를 위하여 훨씬 더 큰 "일들을 이루었음"을 일부러 "자랑함"으로써 자신들이 이룬 것들을 내세웠던 반대자들의 자랑을 뒤엎어버렸다. 그런 뒤 이제 바울은 그들이 **영**을 체험했다고, 그중에서도 특히 정말 특이한 체험들을 했다고 자랑하는 것에 시선을 돌린다. 그리하여 바울은 그의 자랑을 계속 이어갈 때, 자신이 보기에 사도의 정당성을 판단하는 기준으로서 잘못된 기준(곧 "풍부한 계시 체험들")을 내세우는 그들의 논거를 토대로 그의 자랑을 이어간다. 바울이 이리한 것은 사도의 정당성을 판단할 수 있는 **진정한** 기준(곧 그의 사역에서, 특히 그의 약함이 현존하는 가운데 역사하심으로 모든 영광이 그리스도께 돌아갈 수 있게 해주신 **영**의 강력한 역사)을 강조함으로써 "바보 연설"을 맺으려 하기 때문이다. 바울은 고린도후서 10:17에서도 같은 말을 했지만,[190)] 자랑하는 자는 주 안에서 자랑하고 주가 이루시는 일 안에서 자랑해야 한다. 이는 이런 기준들을 내세워 자신을 자랑하는(칭송하는) 자가 아니라, 오직 "주가 칭찬하시는" 자만이(그것도 자신을 자랑하는 이들이 내세우는 이유들과 철저히 다른 이유들로 칭찬하시는 자만이) 참되다고 인정을 받기 때문이다(고후 10:18).

바울이 이런 내러티브를 펼쳐 보인다는 것은 그가 자신이 묘사하는 이

Church," in *Perspectives on Paul* (London: SCM, 1971), 130.

189) 이런 신비한 본문 같은 경우 충분히 예상할 수 있는 일이지만, 이 본문을 다룬 문헌이 상당히 많이 출간되었다. 이런 문헌들은 아주 많은 추측을 담고 있다. 우리는 이 본문을 논하는 목적을 생각하여 바울의 우주론("셋째 하늘")이나 "낙원"이라는 말의 의미 같은 문제들을 붙들고 지체하지 않으려 한다. 그런 문제들을 해결하는 것은(사실 하려고만 하면 이 자리에서도 그 문제들을 풀 수 있다) 우리 관심사와 아무 상관이 없기 때문이다.

190) 여기서 상황을 복잡하게 만들고 있는 외부인들을 언급하지 않은 것만 제외하면 문맥상 이곳과 아주 흡사한 고전 1:31이 같은 예레미야 본문을 인용한 것을 보라.

런 체험들을 모욕하지 않는다는 것을 보여준다. 바울은 이런 체험들을 떠벌리며 특히 이런 체험들을 진정한 사도인지 판단하는 척도로 삼는 것을 불편하게 생각한다. 그가 보기에 이런 체험들은 어디까지나 개인사요 사사로운 일이기 때문이다. 바울은 계시들을 받은 체험 자체와 자신의 사도직이 무관하다고 본다. 이런 체험들은 오로지 그 자신과 하나님 사이의 은밀한 관계와 관련 있을 뿐이다(5:13). 바울이 이런 생각을 갖고 있다 보니, 고린도 사람들이 **영**성(Spirituality)과 사도직을 판단할 때 적용했던 그릇된 기준(전자는 고전 12-14장, 후자는 이 본문)은 예외로 치더라도, 정작 바울 자신이 영위했던 내밀한 **영**의 삶(방언으로 말하는 것과 풍부한 계시들)은 도통 알려고 하지 않았던 게 우리 모습이었다. 우리 견해는 둘로 나뉘곤 한다. 하나는 **영** 안에서 살아가는 삶에서 나타나는 그런 것들을 중요한 의미가 없다고 생각하여 무시하는 견해다. 이 견해는 바울이 그런 것들을 대중들에게 알릴 만큼 중요하다고 생각하지 않는다는 것을 그 이유로 든다. 다른 하나는 바울 개인의 **영**성을 그렇게 잘못 읽어내는 것에 맞서, 바울이 의도하지 않았던 바로 그 일(그런 체험들에 아주 큰 중요성을 부여하는 일)을 해보려고 시도하는 견해다. 이 문제에서는 바울이 지금 펼쳐놓는 내러티브를 꼼꼼히 살펴보는 입장이 **중도**(中途, *via media*)다. 이 내러티브는 두 가지 목적을 가진 것 같다. 먼저 1-5절에서는 고린도 사람들이 제시하는 기준의 내용을 부인함이 없이 그 기준이 효력을 잃게 만드는 것을 목표로 삼는다. 이는 고린도전서 14:14-18과 똑같다. 그리고 6-10절에서는 (**영**성과 사도직을 판단하는 기준을—옮긴이) 황홀경(황홀한 체험)으로부터 그리스도 바로 그분으로 바꾸는 것을 목표로 삼는다. 그리스도는 십자가에 못 박히신 분으로 이 세상에서 역사하시는 하나님의 능력이다(13:3-4; 참고. 고전 1:18-2:5).

따라서 바울의 주장은 쉽게 추적해갈 수 있다. 바울은 1b-4절에서 "환상들과 계시들"을 계속 이야기한다. 그러나 여기서 그는 사실 어려움을 겪고 있는 게 분명하다. 그 이유는 아마도 그런 체험들이 사사로운 성질을 갖고 있기 때문이기도 하겠지만, 실제로 바울 자신이 고린도 사람들의 영역으로 넘어가기가(즉 고린도 사람들이 하는 말/생각을 빌려와 바울 자신의 이야기를 한다는 것이—옮긴이) 어렵기 때문일 것이다. 그래서 바울은 단 한 가지 체험만을(말씀 계시가 없는 "계시"를) 3인칭을 써서 이야기한다. 이는 바울 자신과 자신이 지금 말하는 것을 멀찌감치 떨어뜨려놓는 방법이다.

5-6절은 2-4절의 내러티브와 바울 자신이 고린도 사람들이 제시하는 그런 기준을 부인하는 이유들을 제시한 7-10절을 이어주는 다리 역할을 한다. 5-6절은 많은 것들을 이해할 수 있게 해주는 열쇠다. 한편으로 바울은 "내가 이런 사람(즉 그런 계시 체험을 한 사람—옮긴이)에 관하여 자랑하겠다"라고 말한다. 아울러 그는 자신이 이런 자랑을 해도 어리석은 사람이 되지 않을 것이라고 말한다. 그가 펼쳐놓는 이야기는 실제로 진실이기 때문이다. 하지만 바울은 **그 자신**에 관한 것은 하나도 자랑하려 하지 않고, 다만 자신의 약한 것들만을 자랑하려 한다. 그가 그렇게 하는 이유는 6절이 제시한다. 바울은 고린도 사람들에게 그 자신을 주제로 한 이야기들은 일언반구도 꺼내려 하지 않는다. **이는 바울이 받은 그런 계시들이 풍성하다 보니, 고린도 사람들이 직접 보거나 들을 수 있는 것을 넘어 그를 주시하지 못하게 하려는 목적 때문이었다.** 즉 바울이 고린도 사람들에게 자신이 한 그런 체험들을 이야기하면, 그렇지 않아도 그런 체험에 지나친 가치를 부여하는 그들은 바울이 그런 체험들을 했다는 이유만으로 그를 과대평가할 가능성이 있었으며, 특히 그들이 직접 보거나 들은 바울보다 더 큰 인물로[그리고 그릇된 이유들(!)에 근거하여] 그를 과대평가할 가능성이 있었다. 그런 계시들은 어떤 상황에서도 진위(眞僞) 여부를 간단히 증명할 수 있는 게 아니다. 때문에 바울은 바로 고린도 사람들의 눈앞에서 벌어지는 일만을 "자랑하려" 한다. 그 자랑거리는, 고린도전서 2:3-5이 말하듯이 양면을 갖고 있다. 바울 입장에서 보면 인간으로서 가지는 약함이요, 그리스도가 바울을 통하여 이루시는 일이라는 관점에서 보면 확실한 능력이기 때문이다. 그것이 바로 7b-10절의 요점이기도 하다. 우선 하나님

은 바울에게 무엇인지는 모르지만 어쨌든 악명 높은 "가시를 그 육에" 주셨다. 이는 바울이 그 자신을 아주 높이 여기지 못하게 하려고 주신 것이었다. 그는 이 가시를 제거해달라고 간청했다. 세 번째로 간구할 즈음, 드디어 주가 바울에게 그가 다른 사람들과 함께 나눌 수 있는 "계시의 말씀"(revelatory word)[191]을, 즉 약함 가운데서 그리스도의 능력이 가장 잘 드러나기 때문에(고전 1:18-25에서도 같은 말을 한다) 모든 것이 은혜에서 비롯된 일이요 은혜가 그에게 충분하다는 말씀을 주셨다. 이어 9b-10절은 바울이 이 "바보 연설"을 처음으로 시작하게 된 궁극의 이유가 이때까지 말한 모든 내용 때문이었음을 설명한다. 바울이 자랑했던 약한 것들은 개인의 자랑거리 차원에 그치는 문제가 아니라 그리스도 안에서(그리스도를) 자랑하는 차원의 문제이기 때문이다. 그리스도의 능력은 그분이 바울의 약한 것들을 통하여 능력으로 역사하실 때에야 본디 그것이 바로 그분의 능력이라는 것이 가장 잘 나타날 수 있다.

몇 구절들을 차례로 살펴보면서 우리가 여기서 바울의 **영** 이해와 관련하여 배울 수 있는 것들이 무엇인지 좀더 짚어보기로 하자.

1절 바울이 지금 이야기하려는 체험의 범주를 묘사할 목적으로 쓰는 말이 "주의 환상들과 계시들"이다. 이곳은 바울 서신에서 "환상들"이라는 말이 유일하게 나타나는 곳이다. 이 말(주의 환상; 그리스어로 ὀπτασία κυρίου다－옮긴이)만 보면, 그리스도가 환상의 목적어인지(즉 그리스도를 환상으로 보았다는 것인지－옮긴이) 아니면 그리스도가 다른 실재들을 환상으로 보여주셨다는 것인지 밝혀낼 수 없다.[192] 바울 서신의 다른 곳에서는 "계시"라

---

191) 참고. Lincoln, "Paul the Visionary," 204-5: "아울러 우리는 9절이 기록해놓은 부활하신 그리스도의 말씀이 계시로 바울에게 주어진 것이라고 추정할 수밖에 없다."

192) Lincoln, "Paul the Visionary," 205은 "서신들과 사도행전이 언급하는 대다수 환상들이 그리스도를 보고 그리스도로부터 어떤 계시를 받은 것과 관련 있기 때문에 우리는 이 경우도 역시 그와 같다고 추정하는 게 합당할 것이다"라고 주장했는데, 이 말이 십중팔구 옳을 것이다. 참고. Hughes, 428n97; Barrett, 307; Dunn, *Jesus*, 414n88. 하지만 갈

는 말이 **영**이 하시는 특정한 행위로서 등장하며, 늘 하나님이 당신의 사람들이나 바울에게 개별적으로 말씀하시는 것과 관련 있다.[193] 하지만 여기서 바울이 묘사하는 체험은 분명 특이한 성격을 가졌다. 이런 성격은 여기서 말하는 "계시"가 단지 "환상"과 같은 말임을 일러준다. 이것은 결국 우리가 사실은 바울이 "계시"를 통해 이해한 내용이 무엇인지 말할 수 없다는 뜻이다. 이는 특히 바울이 그 "계시"의 내용을 묘사하길 거부하기 때문이기도 하거니와, 그가 들은 것들이 모두 말로 표현할 수 없는 것들이었기 때문이다. 따라서 그가 본 것이 무엇이고 들은 것이 무엇이든, 그것들은 철저히 우리가 알 수 있는 영역 밖에 있다(바울은 일부러 이렇게 해놓았다).

2-4절 수많은 이유들을 고려할 때, 여기서 바울이 이야기하는 것은 한 가지 체험을 언급한 것으로 이해하는 것이 가장 좋다.[194] 이는 곧 이 체험이 바울 자신의 우주론과 관련하여 의미하는 것이 무엇이든, 셋째 하늘과 낙원이 동일한 실체(이 경우에 바울은 이것을 십중팔구 가장 높은 하늘, 곧 하나님이 계신 바로 그곳으로 이해했을 것이다)를 가리키는 말임을 시사한다. 우리 목적을 참작할 때 오히려 흥미로운 것은 "붙잡혀 갔다"[195]라는 말, 그리고 2절에 있고 3절에서도 반복하는 삽입문구, 곧 그 체험이 심지어 바울조차도 그 자신이 "몸 안에" 있었는지 혹은 "몸 밖에" 있었는지 확실히 알

1:16(ἀποκαλύψαι τὸν υἱὸν αὐτοῦ)에서는 계시의 목적이(=계시로 보여주신 실재가) 바로 "아들"임을 유념해두어야 할 것 같다.

193) 이와 관련하여 고전 14:6, 26 그리고 갈 2:2을 다룬 부분을 보라.

194) 한 체험으로 보는 근본 이유는 우선 바울이 균형 잡힌 절들을 사용하여 둘을 한데 묶어놓았기 때문이요, 첫 번째 것(=환상)에 십사 년 전이라는 날짜가 붙어 있기 때문이다. 그 환상이 "그리스도 안에 있는" 한 사람인 그에게 일어났다는 점도 물론 한 가지 이유가 된다. 때문에 대다수 해석자들은 환상과 계시를 동일한 것으로 본다.

195) 그리스어로 ἁρπαγέντα (2절), ἡρπάγη (4절)다(ἁρπαγέντα는 "붙잡다, 끌어가다"를 뜻하는 ἁρπάζω의 남성 단수 목적격 부정과거 수동 분사, ἡρπάγη는 ἁρπάζω의 3인칭 단수 부정과거 수동태 직설법 형태다 – 옮긴이); 참고. 살전 4:17. 이 구절에서는 이 말을 그리스도가 재림하실 때 살아 있는 자들이 "끌어올림을 받아" 공중에서 주를 만나게 될 일을 묘사하는 말로 사용한다.

지 못할 정도로 독특한 성질을 지닌 것이었음을 일러주는 문구다. 바울은 이런 언어를 써서 그 체험이 초월성을 지닌 실재였음을 강조하고 있을 가능성이 아주 높다.[196] 그 체험이 어찌나 생생했던지, 바울은 자신이 정말 현재 그가 지닌 몸의 형태를 그대로 지닌 채[197] 거기로 "옮겨졌는지",[198] 아니면 자신이 비록 환상이지만 실제로 뭔가를 만질 수도 있고 냄새도 맡을 수 있을 정도로 현실과 흡사한 어떤 체험을 통해 "**영** 안에서" 거기에 이르렀는지도[199] 말할 수 없을 정도였다. 즉 황홀경 체험은 그가 "죽어 하늘에 올라간"[200] 문제가 아니었다. 도리어 그 체험은 바울 자신이 살아 있는 상태로 하나님이 계신 곳에서 생생하게 겪은 일이었다. 그 체험이 어찌나 생생했던지 바울은 정말 **영**이 "자신을 그곳으로 데려가신" 것인지 아니면 단지 **영**이 그 환상 자체를 통하여 천상의 영역을 들여다볼 수 있게 해주신 것인지 분간할 수 없을 정도였다. 어느 쪽이든, 우리는 **영**을 (바울을 하늘로—옮긴이) "옮겨주신 수단"으로 확실하게 이해할 수 있다. 정녕 몸 안에 있었느냐 아니면 몸 밖에 있었느냐는 문제되지 않는다.

6-7a절 바울은 6a절에서 자신이 마땅히 그런 체험들을 자랑할 만하며, 그런 체험들을 자랑해도 그가 제정신으로 진실을 말하는 것이기에 어리석

196) Jewett, *Terms*, 278; Lincoln, "Paul the Visionary," 215; 그리고 다른 사람들은 이것이 반대자들을 고려하여 일부러 꼼꼼하게 고안해낸 것일 수도 있다고 주장한다. 이런 주장도 모두 가능성이 있다. 그러나 그런 일이 일어났을 수도 있다는 말은 훨씬 더 억측이다.

197) 행 8장이 빌립을 묘사한 내러티브와 비슷하다.

198) 이것이 "붙잡혀 갔다"의 뜻인 것 같다; Tabor, *Things Unutterable*은 견해를 달리한다. 그는 **종교사의** 관점에서 이 현상에 관심을 기울이다 보니, 이 본문과 관련하여 여행(=하늘 여행)을 "준비함"과 "낙원으로 올라감" 같은 말을 포함하여 그 가능성이 희박한 몇 가지 결론을 내놓기에 이르렀다. 물론 바울 자신은 이런 하늘 여행을 준비했다. 그러나 바울의 언어는 다른 세계에 속한 것이다.

199) 행 11장이 기록해놓은 베드로의 "환상" 내러티브에서 이런 경우를 본다.

200) 때때로 이렇게 주장하는 문헌도 있다. 그러나 바울은 고전 15:35-58과 고후 5:1-10에서 하늘이 "몸이 없는" 실존으로 존재하는 곳이 아님을 열렬히 주장한다. 바울은 자신이 이전에 피력했던 이해와 모순되는 이해를 제시하면서 남이 눈치챌까 봐 뒷문으로 살짝 내놓듯이 소개하는 일은 하지 않았을 것이다.

은 자가 되지 않을 것이라고 주장한다. 이제 바울은 자신이 그런 체험들을 말하기를 거부했던 첫 번째 이유를 내놓는다. 바울이 그런 체험들을 이야기하게 되면, 다른 사람들이 그를 실재보다 더 높이 생각하고 그 때문에 그의 시각에서 보면 더 높임을 받으셔야 할 그의 주(主)가 더 낮게(혹은 더 합당치 않게) 여김을 받는 일이 벌어질 수도 있었기 때문이다. 그런 일은 바울이 용납할 수 없는 일이다. 이 문장의 마지막 문구는 일부 사람들이 바울이 우려하는 그런 일을 할 수 있었을 만한 이유들을 제시한다. 그건 바로 "계시들의 비범한 특질" 때문이다. 바울은 다시 이 "계시들"이라는 말을 사용하여 이 체험의 범주를 묘사하면서, 그 이전부터 있었던 두 가지 점을 강조한다. 첫째, **영** 안에서 살아가던 바울의 삶 속에서는 그런 계시를 체험한 순간이 두 번 이상 있었다. 본문(7절)의 복수 명사(ἀποκαλύψεων; ἀποκάλυψις의 복수 소유격 형태다 — 옮긴이)와 문구 전체를 고려할 때 그런 계시들은 몇 차례 있었던 것으로 봐야 한다.[201] 둘째, 그런 계시들은 그저 바울이 단순히 평범한 것을 훨씬 넘어선다는 의미를 지닌 ὑπερβολή라는 말로 묘사할 수밖에 없을 정도로 범상치 않은 요소들을 갖고 있었다.[202]

다시 말하지만 바울은 그런 요소들(체험들)이 자신의 진정성을 다른 사람들 앞에서 증명해주는 데 그다지 쓸모 있는 것이 아니라며 그 의미를 평가 절하한다. 하지만 이 구절 전체가 주장하는 내용은 그런 것들이 사실은 바울 자신의 순례 여정에서 중요한 요소들이었음을 일러준다.[203] 그렇다 보니, 이제 바울은 그 자신이 너무 자만하지 않도록 하나님이 그의

201) 비록 바울이 그런 체험들을 자주 언급하지는 않지만(가령 갈 2:2, 찾아보라), 그래도 이것은 사실이다. 바울은 고후 12:12에서 "표적과 기사"를 언급하는데, 누가는 이것들 가운데 바울이 전혀 언급하지 않은 몇 가지 일들을 이야기한다(행 9:12; 16:9; 18:9-11; 22:17-22; 23:11).

202) 이 말은 질보다 양을 가리키는 말일 수 있다. Dunn, *Jesus*, 215은 이 말이 과장일 수 있다고 주장하는데, 이런 주장은 바울이 제시하는 요점과 모순되는 것 같다.

203) Lincoln, "Paul the Visionary," 205도 같은 생각이다.

삶 속에 균형추를 달아놓으실 수밖에 없었다는 것을 계속하여 설명하려 한다. 다시 말하지만 바울은 그런 내용을 부인할 마음이 없다. 그러나 바울은 그 자신과 다른 이들을 생각하여 그런 요소들을 바라볼 때 그것들이 사역에 유용한가라는 관점에서 바라봐야 한다고 역설한다.

놀라운 일은 후대(後代) 교회에서 봉사하는 자들(사역자들)이 이런 바울의 강조점을 놓치는 경우가 허다하다는 것이다. 그런 체험들을 한 사람들은 그 체험에 깊은 영향을 받을 수밖에 없다. 그러나 불행하게도 그런 체험들은 사람을 매혹하는 분위기도 함께 갖고 있다. 때때로 사역자들은 다른 사람들이 자신의 사역을 그리 진지하게 평가해주지 않는다는 느낌을 가질 수 있다. 그럴 경우 이 사역자들은 그런 체험들을 사람들에게 이야기함으로써 마치 하나님이 그런 것들을 통하여 그 사람에게 중요한 의미를 부여해주셨음을(따라서 다른 사람들도 그 사람을 마땅히 중시해야 한다는 것을) 넌지시 일러주고픈 유혹을 느낄 수 있다. 하지만 바울은 분명 생각을 달리한다.

7b-8절 그래서 결국 우리는 바울의 삶 속에 자리하신 **영**과 무관한 것을 다루게 되었지만, 그래도 우리는 이 연구서에서 그것을 논의해야 한다. 현대 교회에는 **영** 안에서 살아가는 삶을 이야기할 때 바울이 정말 그런 육신의 연약함을 지닌 몸으로 일했다는 것을 인정하지 않는 견해를 가진 사람들이 아주 많기 때문이다.[204] 그러나 바울이 제시하는 주장을 보면, 그가 말하는 "육의 가시"는 어떤 영적 공격 또는 어떤 식으로든 바울을 깎아내리려고 애쓰던 진짜 적들로 보기보다 바로 그런 몸의 연약함으로 봐

204) 나는 바울이 가졌던 육체의 연약함이 무엇이었을지 알아내는 일에는 거의 관심이 없다. 어차피 그런 문제는 철저히 추측의 영역에 속하기 때문이다. 2-4절에서도 그랬지만, 이런 추측은 사실 주해에 도움이 되지 않는다. BAGD가 열거해놓은 목록은 그런 추측이 아무 쓸모가 없음을 증명한다. 바울 자신이 쓴 글로서 유일하게 도움이 될 수 있는 본문이자 나 자신도 바울이 말한 육체의 연약함일 수 있음을 인정하는 것은 갈 4:13-15이 분명하게 언급하는 만성 안질이다.

야 할 것 같다.[205] "육의 가시"를 어떤 영적 공격이나 적들을 묘사한 말로 보는 견해를 지지하는 유일한 정황은 바울이 이 가시를 인격성이 대단히 짙은 "사탄의 사자"라는 말로 보충 설명한다는 점이다. 다음 세 가지 문제가 그가 말하는 "육"이 그의 육신을 가리킨다는 점을 논증한다.

첫째, "육의"(육 안에)라는 말과 "치다"(강타하다; 그리스어로 κολαφίζω다 — 옮긴이)라는 말은 어떤 육신의 연약함을 강하게 시사한다. 우선 바울의 글에서는 그가 현재 신자로서 살아가는 삶을 이야기할 때 "육 안에"라는 말을 "현재 몸을 가진 실존의 형태" 이외의 다른 어떤 것을 가리키는 말로 사용했다는 증거를 찾을 수가 없다.[206] 바울은 하나님이 "그의 육을 치셨다는 것"을 마치 하나님이 죄로 가득한 그의 본성을 치셨다 같은 의미로 받아들이지 않는다.[207] 바울은 그런 의미의 "육"을 늘 경멸하는 말로 사용한다. 더욱이 그런 "육"은 바울이 현재 그리스도 안에서 살아가는 삶을 묘사하는 말이 아니다. 또 그 "육"은 사탄이 직접 "칠" 수 있는 것도 아닐 것이다. 바울은 그(와 우리)의 육이 그리스도와 함께 십자가에 못 박힘으로써(갈 5:24; 롬 7:6) 그가 현재 살아가는 삶은 "육 안에"가 아니라 **영** 안에서 살아가는 삶이 되었다고 생각했다. 이는 갈라디아서 5:16-25과 로마서 8:1-30이 풍성하게 천명하는 사실이다. 더욱이 이 언어는 갈라디아서 4:13-15의 그것과 아주 흡사하다. 바울은 이 갈라디아서 본문에서 자신이 갈라디아에 처음 왔던 이유를 "자기 육이 지닌 어떤 약함/병"에서 직접 비롯된 결과라고 서술한다. 이렇게 "육"이라는 말을 약하고 썩어갈 수밖에 없는 현재의 몸의 실존을 묘사하는 말로 사용한 것은 바울의 구약적 배경과 일치한다. 구약에서는 "육"이 종종 인간이 피조물임을 묘사하는 말로서 등장하기 때문이다.

---

205) 찬반 양쪽을 포함하여 다양한 견해들을 건전하고 균형 잡힌 시각으로 모두 살펴본 글을 보려면, Furnish, 547-50을 보라.

206) 가령 앞에서 7:5과 관련하여 2:3을 다룬 내용을 보라; 참고. 10:2-3.

207) Calvin과 다른 이들은 견해를 달리 한다.

둘째, 본문 문맥을 보면, 그 약함이 무엇이었든 그것이 세 번에 걸쳐 따로 따로 나타난 게 아니라 오히려 꾸준히 그와 함께 있었으며, 바울은 세 차례에 걸쳐 그것으로부터 구해달라고 주께 특별히 간구했음을 알 수 있다.[208] 바울은 세 번째로 간구할 때에, 그 가시가 제거되지 않을 것인데 그 이유는 바로 그것으로 말미암아 그리스도가 영광을 받으시려 하기 때문이라는 응답을 받는다. 바울이 이런 줄거리를 따라 제시하는 주장은, 육신이 아닌 다른 어떤 것과 관련지어 생각하게 되면, 그 의미를 거의 이해할 수 없다. 뿐만 아니라, 바울이 "육 안에서" 살아가는 자신의 삶과 대부분 관련 있는 자기의 약한 것들을 자랑하는 더 큰 문맥까지 고려하더라도 우리는 이런 방향으로 해석하게 된다.

셋째, 더 큰 문맥을 고려할 때, 바울을 비방하던 자들은 실상 그들이 떠받드는 "지극히 크다는 사도들"이 침입자들과 진배없는 자들인데도 오히려 "고침을 받지 못한" 바울의 σκόλοψ(가시)를 바울이 그런 사도들 축에 끼지 못함을 주장하는 빌미 중 하나로 악용했을 가능성이 높아 보인다. 즉 고린도에서는 바울의 "가시"를 바울과 그의 주님 사이의 은밀하고 사사로운 문제로 생각하기보다 도리어 유명한 이야깃거리로 삼았을 가능성이 더 높다. 아울러 이 "가시"는 **영** 안에서 살아가는 삶을 승리주의자(세상의 관점으로 보아 부와 권력과 명예와 건강을 누리는 사람－옮긴이)의 삶으로 보았던 고린도 사람들의 견해와 모순되는 것이었기에, 그들은 이것을 빌미 삼아 바울과 바울의 **영**성을 줄기차게 공격했다. 사실 이런 육신의 어려움은 모든 사람에게서 분명하게 나타나는 일이다. 따라서 이런 어려움은 이 특별한 맥락 속에서 살펴봐야 이를 언급한 이유를 훨씬 더 잘 이해할 수 있을 것이다.

요컨대 우리는 바울이 지닌 약함이 무엇이었는지 알 수 없다. 그러나 바울은 육신의 문제 때문에 계속 시달렸다. 심지어 하나님께 이 문제로부

---

208) Bruce, 249도 같은 생각이다.

터 구해달라고 간구한 뒤에도 마찬가지였다. 여기서 강조해두어야 할 것은 바울이 이런 약함을 **영** 안에서 살아가는 삶과 불일치하는 것으로 생각하지 않는다는 점이다. 사실은 정반대다. 약함 자체는 **영** 안에서 살아가는 삶과 거의 무관하거나 전혀 무관하다. 오히려 약함은 그리스도가 바울이 온갖 형태의 약함을 가지고 있는데도 도리어 그 삶 속에서 능력 있게 역사하심으로써 당신 자신이 더 큰 영광을 취하시는 수단이 된다. 바울은 이 문단 맺음말인 9-10절에서도 이런 요지를 계속하여 강조하려 한다.

9-10절 이 맺음말에서 우리를 흥미롭게 하는 것은 이 맺음말을 지배하는 신학 주제인 약함 속에서 역사하는 능력이다. 이 주제를 더 곱씹어보면, 고린도전서와 후서 전체가 이 주제를 반복하여 이야기한다는 것을, 어쩌면 고린도후서에서 **유일하게** 되풀이하는 주제일 수도 있다는 것을 틀림없이 간파할 것이다. 고린도전서 1:18-25과 2:3-5에서 분명하게 나타나듯이, 능력을 하나님이 당신 백성과 우리 구원을 위하여 행하시는 행위와 관련지어 생각하면, 이 능력이라는 말은 그리스도가 행하신 일을 가리킨다. 그러나 이 능력을 섬김(사역)과 관련지어 생각하면, 이 말은 **영**이 행하시는 일을 가리킨다. 여기서는 이 두 주제가 한데 어울려 있다. 바울은 능력을 "그 안에 거하시는" "그리스도의 능력"이라고 규정한다. 그 이유는 그에게 말씀하셨던 이가 바로 그리스도시기 때문이요(9a절), 결국 13:3-4에서 분명하게 밝히듯이, 그가 초점을 맞추는 것은 바로 그리스도의 복음이기 때문이다. 바울 안에 거하시는 능력은 다른 사람들을 위하여 세상 속에서 일하시는 복음의 능력이다.

그러나 바울은 그의 사역을 통해 실제로 그의 복음 설교를 듣는 이들이 회심하는 결과가 벌어진 것과 관련지어 그 능력을 생각할 때면, 늘 그 능력을 **영**과 관련지어 이야기한다. 바울 서신의 다른 곳에서도 그러하지만, 바울의 언어는 그 본문의 강조점이 무엇이냐에 따라 하나님과 그리스도와 **영** 사이를 왔다 갔다 할 수 있다. 이런 사실은 바울이 그리스도와 **영**

의 신성(神性) 및 둘 사이의 상호관계를 어떻게 바라보았는가라는 문제와 관련하여 많은 것을 일러주기도 한다.

어쨌든 바울은 강조점을 분명하게 제시한다. 그에겐 약한 것들이 많이 있지만, 이런 것들 때문에 그가 완전한 **영**의 사람보다 떨어지는 사람이 되지는 않는다. 오히려 바울은 실제로 그런 약한 것들을 기뻐할 수 있다. 왜냐하면 그런 장애물들에도 불구하고 그의 삶 속에서 그리스도의 능력이 나타난다는 것은 그 능력을 소유하신 분[곧 그리스도의 사자(使者)가 아니라 그리스도 바로 그분]이 궁극의 초점임을 의미하기 때문이다. 나는 이런 능력의 나타남 역시 바울의 삶 속에서 **영**이 행하시는 일이라고 본다.

▪ 고린도후서 12:12

사도의 진짜(the)[209] 표지들이 너희 가운데서 모든 참음으로, 표적들과 기사들뿐 아니라[210] 능력의 행위들을 통해 행하여졌느니라.

이 구절은 많은 점에서 이 본문이 들어 있는 주장은 물론이요 고린도후서

---

209) 이 문장은 μέν이라는 말로 시작한다. 이 말을 번역하지 않은 채 남겨놓은 이유는(Furnish, 533도 마찬가지다) 이 말에 상응하는 δέ가 없기 때문이다. 이런 경우에 μέν은 양보의 의미일 수도 있다. 그러나 이곳은 고전 11:19과 유사한 사례일 가능성이 더 높다. 고전 11:19에서 바울은 십중팔구 "반대쪽 입장"을 제시하려는 것 같다. 그러나 지금 보는 문장의 말미에 이르렀을 때는 방향을 살짝 바꾸었다.

210) 이것은 어설프나마 바울이 구사한 그리스어 σημείοις <u>τε καὶ</u> τέρασιν <u>καὶ</u> δυνάμεσιν의 의미를 살려보려고 시도한 것이다(밑줄은 옮긴이가 친 것이다. 이 숙어는 영어의 both…and…, not only…but also…와 같은 뜻이다 – 옮긴이). 이 그리스어 문구는 "표적들과 기사들"이 한 묶음이요 뒤이은 "능력의 행위들"이 다른 묶음임을 일러준다. MajT와 TR을 포함하여 후대의 사본 전승은 σημείοις τε를 ἐν σημείοις로(즉 σημείοις τε καὶ τέρασιν καὶ δυνάμεσιν을 ἐν σημείοις καὶ τέρασιν καὶ δυνάμεσιν으로 – 옮긴이) 고쳐 씀으로써, 세 명사들("표적"을 뜻하는 σημεῖον의 중성 복수 여격인 σημείοις, "기사"를 뜻하는 τέρας의 중성 복수 여격인 τέρασιν, "능력, 능력의 행위"를 뜻하는 δύναμις의 여성 복수 여격인 δυνάμεσιν – 옮긴이) 사이의 균형을 맞추고 이들이 여기서 도구의 의미를 가지고 있음을(=도구의 여격으로 사용되었음을) 분명하게 나타냈다.

전체를 통틀어 가장 놀라운 문장 가운데 하나다. 바울은 지금껏 긴 "바보 연설"을 했다. 거기서 그는 일부러 그가 겪은 고난들과 그가 가진 약한 것들에 초점을 맞추었다. 그가 말한 내용 중에는 붙잡히지 않으려고 다메섹 성벽을 타고 내려가 허겁지겁 도망친 일(11:31-33) 그리고 그가 환상들과 계시들을 모두 중시하지 않는다는 내용이 들어 있었다. 우리는 그 긴 "바보 연설"에 이어 이 문장을 맞이할 준비가 되어 있지 않다. 바울에겐 뭔가 때늦은 생각들이 떠오른 것인가? 바울이 그의 약한 것들을 강조하다 보니, 고린도 사람들은 바울이 행한 기적들도 있다는 것을 잊어버렸던 것일까? 문맥과 연관된 이런 질문의 해답은 결국 이 앞 절(11절)에서 시작한 이 주장의 본질을 살펴봄으로써 밝혀낼 수밖에 없다. 11절은 긴 "바보 연설"과 바울이 고린도 사람들의 어처구니없는 공격에 마지막으로 제시하는 답변 및 그들더러 바울 자신과 그가 전한 복음으로 돌아오도록 직접 호소하는 내용을 연결해주는 가교 역할을 한다.

그리하여 바울은 11절에서 세 가지를 강조한다. 첫째, 바울 자신은 바보 노릇을 했다는 것, 둘째, 그가 바보 노릇을 할 수밖에 없도록 만든 이들은 바로 고린도 사람들이라는 것, 그리고 셋째, 고린도 사람들은 그들이 지금 서 있는 쪽과 반대쪽에 서서 바울을 지지하고 이 침입자들에 맞서야 했다는 것이 바로 그것이다. 지금 우리가 보는 본문(12절)을 이해할 수 있는 열쇠는 두 번째 것, 즉 고린도 사람들이 "바울을 밀어붙여" 바보 노릇을 할 수밖에 없도록 만들었다는 것이다. 고린도 사람들이 어떤 방법으로 그리했다는 말인가? 그들이 바울을 압박한 방법은 두 가지였다. 첫째, 그들은 그들 나름의 판단 기준을 제시했다(분명 그릇된 기준이었다). 이 때문에 바울은 그들의 눈높이에 맞춰야 할 압박을 느꼈다. 바울은 "바보"(어리석은 자) 역할을 함으로써 그들의 눈높이에 자신을 맞춘다. 본디 그리스 연극에서 바보는 지은이가 다른 방법으로 말하기는 상당히 곤란하지만 바보의 입을 빌리면 충분히 전달할 수 있었던 진실을 말하던 사람이었다. 둘째, 고린도 사람들은 바울 편을 들어야 했지만 그리하지 않았다. 이 때문에 바울은 그들의 눈높이에 맞춰 그들이 구사하는 말로 그들이 가진 시각이 사실은 얼마나 어리석은지 그들에게 일러주어야 할 압박을 느꼈다.

이제 바울은 고린도 사람들이 왜 바울을 자랑해야 했는지 그 이유를 그들에게 기탄없이 밝힌다. 그 이유는 실제로 그가 "그들의 지극히 크다는 사도들보다 조금도 뒤떨어지지 않기"(12:11) 때문이었다.[211] 이 점은 바울이 일관되게 강조해온 것이었다. 바울은 그 지극히 크다는 사도들과 혈통도 같았다(11:22). 그리스도를 섬기는 것으로 따지자면 바울은 그들보다 월등한 사람이었다(11:23-29). 또 황홀경을 체험한 일을 놓고 보더라도, 바울은 그들보다 체험이 많았으면 많았지 더 적지 않은 사람이었다(12:1-5). 바울은 이런 맥락에서 결국 고린도 사람들이 잠시만이라도 멈춰 기억을 더듬어본다면 "사도의 표지들이 그들 가운데에서(도) 행하여졌다"는 것을 깨달을 수 있으리라고 되새겨준다. 바울은 이와 평행을 이루는 로마서 15:18-19에서 특별히 이런 기적들이 "성령의 능력"으로 이루어진 것이라고 말한다. 여기 고린도후서 본문에서는 **영**을 언급하지 않는다. 그러나 "너희 가운데서 행하여졌다"라는 수동태 동사는 바울이 말하는 사도의 표지들이 **영**이 하신 일들임을 암시한다. 바울은 기적을 행하지 않았다. 그러나 **영**은 그의 그리스도 설교에 온갖 종류의 기적으로 함께 하셨다.

이 본문에서 두드러진 점이요 로마서 15장의 평행 본문에도 똑같이 해당하는 사실은 이것이 사실을 있는 그대로 말한 것이라는 점이다. 바울은 어떤 것도 "증명"하려고 하지 않는다. 심지어 그의 사도직조차도 증명하려 하지 않는다. 오히려 바울은 그저 고린도 사람들에게 그들이 열심을 내는 것처럼 보이는 일들이 결국은 바울 자신의 사역 가운데 일부였으며 그들도 이를 잘 알고 있음을 일깨워줄 뿐이다. 따라서 그는 여기서도 그의 사도직을 증명하지 않는다. 바울이 사도임을 보여주는 표지들은 그저 당연

211) 심지어 여기서도 바울은 그 자신을 그런 비교에 끌어들일 수 없었다. 그래서 그는 "비록 내가 아무것도 아니지만"이라는 말을 덧붙인다. 물론 이 말은 지극히 크다는 사도들이야말로 아무것도 아닌 자들이라는 것을 의미한다!

한 결과로 일어난 일들이었기에,[212] 따로 증명할 필요도 없었다.

그러나 일부 세부 내용들은 그다지 명확하지 않다. 첫째, 신약성경에서는 오직 여기서만 나타나는 문구인 "사도의 표지들"은 무슨 의미로 이해해야 하는가?[213] 이 문구는 기적들이 사도직의 특별한 영역에 속하는 종류, 사도직을 증명해주는 특별한 증거임을 시사하는 것인가, 아니면 사도들이 행하는 기적들은 오히려 당연한 일로서 얼마든지 예상할 수 있는 일쯤으로(따라서 기적들이 사도직을 증명하는 특별한 증거는 되지 못한다고—옮긴이) 추정하는 것인가? 대체로 학자들은 특히 고린도전서 12:10, 28-29에 비추어 후자를 많이 선호한다. 이 구절들은 기적들을 행하고 병자들을 낫게 하는 것을 회중 속에서 사람들이 행하는 사역들이자 사도직과 도통 무관한 일로 제시한다. 우선 바울 자신은, 로마서 15:18-20이 암시하는 것처럼, 그런 기적들을 단지 당연한 일로 여긴다. 그의 사역 전체가 **영**의 능력 안에서 이루어졌다는 사실은 그의 사역에 기적들이 따르곤 했다는 것을 의미하는 것이기도 했다. 그러나 바울이 이 문구를 통해 그가 그런 기적들을 사도직의 특별한 영역으로 여긴다는 생각도 함께 피력한 것인지 여부는 지극히 불확실하다. 그런가 하면 바울이 그런 기적들을 그렇게(당연한

---

212) 이것과 관련하여 특히 Jacob Jervell, "The Signs of an Apostle: Paul's Miracles," in *The Unknown Paul: Essays on Luke-Acts and Early Christian History* (Minneapolis: Augsburg, 1984), 77-95을 보라. 그는 바울 신학과 누가 신학에서는 "말"과 "능력"이 함께 붙어 다닌다고 강조한다. 기적이 함께 따르지 않는 복음 선포는 아무도 상상할 수 없을 것이다(그 이유는 바로 기적과 복음 선포가 모두 본질상 **영**이 일으키시는 사건이기 때문이다). Martin, 436은 Jervell에 반대하면서 "바울은 기적들을 사도직을 판단하는 주요 기준으로 생각하지 않는다"라고 주장하는데, 이는 특히 롬 15:18-19에 비춰볼 때 정작 Jervell과 여기서 바울이 말하는 것을 상당히 놓친 주장 같다. Jervell은 그런 기적들이 그런 기준이 된다는 말을 하지 않는다. 다만 Jervell은 그런 기적들이 바울의 사도직과 거의 무관하다고 보는 것은 바울이 제시하는 증거는 물론이요 신약성경의 나머지 부분이 제시하는 증거도 놓친 것임을 시사할 뿐이다. Martin도 마찬가지인 것 같다.

213) 가령 Käsemann, "Legitimität," 35; Bultmann, 231; Rengstorf, *TDNT* 7.259이 주장하는 것처럼, 이것을 당시에 널리 퍼진 관용 문구로서 바울이 가져다 쓴 것이라고 주장하는 것은 순전히 타당성이 없다. 이 말은 바울이 지금 제시하는 주장을 기초로 그가 만들어낸 말일 수 있다고 보는 것이 오히려 쉬울 것이다. 참고. Jervell, "Signs," 171n35.

일로) 이해했다면, 그는 필시 "사도"[214]라 불릴 수 있는 사역을 행하는 모든 이들에겐 당연히 그런 "표지들"이 따를 것이라는 기대 **역시** 품고 있었을 것이다.

둘째, 우리는 "표적들과 기사들뿐 아니라 능력의 행위들"이 무엇을 말하는지 그 상세한 내용을 단지 추측만 할 수 있을 뿐이다. 이런 추측은 주해를 통해 이루고자 하는 여러 목적에 도움이 되지 않는다. "표적들과 기사들"을 함께 묶어놓은 말은 구약성경에서 비롯되었는데, 구약에서는 이 말이 출애굽기가 묘사한 하나님의 능력을 나타내는 행위들을 가리키는 준(準)전문용어로 자리 잡았다.[215] 신약성경에서는 "능력의 행위"(능력을 행함)라는 말이 여러 가지 종류의 기적을 가리키는 말로서 꾸준히 등장한다. 따라서 어쨌든 바울은 지금 항간에서 보통 **기적**이라 말하는 것들을 이야기하고 있을 뿐이다. 이와 다른 어떤 견해도 증거와 일치하지 않는다.[216] 그러나 두 가지 점을 더 강조할 수 있다. (1) 고린도전서 12:9-10, 28-30을 보면, 바울은 "병들을 고치는 은사들"과 "기적들을 행하는 일들"(여기서는 이를 "능력의 행위들"로 번역한다)을 구별하는 것 같다. 거기서 우리는 바울이 몸을 치료하는 것과 다른 모든 유형의 기적 현상들을 구별한다고 추정했다. (2) 그것이 바로 우리가 사도행전이 기록해놓은 아주 다양한 내러티브 속에서 발견하는 "표적들, 기사들, 그리고 능력의 행위들"의

---

214) 바울 서신이 "사도"라는 말을 모호하게 사용한다는 것을 알아보려면, 이 책 제4장에서 고전 12:28을 다룬 부분을 보라.

215) 출 7:3, 9; 11:9-10; 신 4:34; 6:22; 7:19; 11:3; 26:8; 29:3; 34:11; 느 9:10; 시 78:43; 135:9; 렘 32:20-21; 「지혜서」 10:16(공동번역: 놀라운 일들과 기적)을 보라. 결국 이 복합어는 하나님이 능력을 나타내신 모든 행위들을 가리키게 되었다(참고. 단 4:2-3; 6:27; 「지혜서」 8:8).

216) 이 "능력의 행위들"이라는 말은 주로 고린도 사람들의 회심을 가리킬 것이라는 주장은 (Strachan, 34; Hughes, 456이 그 예다) 모든 언어학적 증거를 현저히 벗어난 주장이다. 이는 그런 회심이 "기적"이 아니라는 말이 아니라, 1세기 사람은 이런 말들을 회심을 가리키는 말로 사용하지 않았을 것이라는 뜻이다. Jervell, "Signs," 91은 이 말이 고린도 사람들의 회심을 가리킨다는 견해를 올바로 비판한다. 더욱이 그런 견해는 이 언어의 배경이 구약임을 철저히 놓친 것이다.

범위다.[217] 따라서 이 모든 것은 바울이 이 말을 성령의 능력을 통해 자신의 사역에 함께했던 다양한 기적들을 아우르는 말로 사용한다는 것을 시사한다.

여기서 아주 분명히 알 수 있는 사실은 바울이 자신의 사역 속에서 **영**이 이런 식으로 행하시는 활동과 그가 여태껏 자랑해온 자신의 약한 것들이 서로 전혀 갈등을 빚지 않는다고 본다는 것이다. 예수는 당신 자신이 아니라 늘 다른 사람들을 이롭게 할 목적으로 기적을 행하셨다. 마찬가지로 여기서 말하는 "사도의 표지들"도 십중팔구는 **영**이 바울 자신이 아니라 다른 이들을 이롭게 하실 목적으로 그를 통하여 능력 있게 역사하신 수많은 일들을 가리키는 말일 것이다. 이 경우에 바울은 고린도에서 일어났던 기적들을 분명하게 언급하면서, 그것들이 "**너희 가운데서**[218] 이루어졌다"[219]라고 말한다. 물론 바울이 자신을 대하는 고린도 사람들의 태도에 아주 당황스러워한 대목도 그 부분이다.[220]

셋째, 어쩌면 이것은 우리가 오히려 더 수수께끼인 전치사구 "모든 참음으로"를 어떻게 이해해야 하는지 일러주는 것일지도 모르겠다. 이 말은 바울 서신의 다른 곳에서는 늘 고난이나 역경을 이야기하는 대목이나 혹

---

217) 바울은 이런 사건들을 자기 사역 속에서 일어난 사실들로 정말 실감나게 이야기한다. 이를 생각하면, 아주 많은 학자들이 사도행전이 기록해놓은 내러티브들을 허구에 가까운 이야기로 치부하는 것은 적잖이 놀라운 일이다. 사실 그런 사건들은 우리가 바울이 구사하는 이 언어 배후에 자리한 사실들로 예상할 수 있을 만한 일들이다.

218) 누가는(=사도행전은) 고린도에서 일어난 그런 기적들을 전혀 기록해놓지 않았다. 그러나 바울 자신이 구사한 이 언어는 그런 기적들이 있었음을 증명하는 확실한 증거다. "ἐν ὑμῖν (너희 안에서) 이루어졌다"라는 말은 다른 의미를 가질 수 없다.

219) 그리스어로 κατειργάσθη다("이루다, 행하다, 만들어내다"를 뜻하는 κατεργάζομαι의 3인칭 단수 부정과거 수동태 직설법 형태다 — 옮긴이). 이와 같은 동사가 5:5(찾아보라; κατεργάζομαι의 부정과거 중간태 분사 남성 주격 단수형인 κατεργασάμενος — 옮긴이)과 아래에서 언급하는 롬 5:3(κατεργάζομαι의 3인칭 단수 현재 중간태 직설법 형태인 κατεργάζεται — 옮긴이)에서도 나타난다.

220) 이에 대한 Jervell, "Signs," 94의 답변은 12:7이 언급하는 바울 자신의 만성 질환이라는 사실에서 발견할 수 있다: "바울은 병약자로서 기적을 행한 자요, 병약자로서 병을 고치는 기적을 행한 자다. 그는 기적을 행하는 자이나 이 만성 질환은 제거하지 못한다(고후 12:7ff.)."

은 적어도 마지막 때 얻게 될 영광을 기다리며 현재를 끈질기게 견뎌냄을 이야기하는 대목에서 등장한다. 실제로 바울은 로마서 5:3에서 "환난이 인내를 **이룬다**"라고 말한다. 그러기에 이 문장에서는 "모든 참음으로"라는 말이 일종의 수수께끼인 셈이다.[221] 이 문구는 십중팔구 "이루어졌다"라는 동사를 수식한다. [그리스어 본문(κατειργάσθη ἐν ὑμῖν)을 기준으로 할 때—옮긴이] 이 말에 이어 곧바로 "너희 가운데서"라는 말이 등장한다. 바울이 이 말을 추가한 이유는 고린도 사람들이 "표적들과 기사들" 그리고 "고초 속에서 견뎌냄" 사이의 긴장을 계속 유지하지 못했기 때문인가? 어쨌든 바울이 제시할 수 있었던 증거는 철저하고 완벽하다. 이것은 "이미 그러나 아직 아니"라는 그의 하나님 나라 이해 가운데 일부이기도 했다. 기적들은 "이미"를 증명하는 증거다. 그리고 "참음"은 "아직 아니"를 증명하는 증거다. 이 증거들은 바로 **영**의 임재를 통하여 그의 이해 속에 함께 녹아 있다. 바울은 일찍이 이 서신에서 **영**을 하나님이 미래를 보장할 목적으로 주신 "보증금"으로 규정했다. 이미 와 계신 **영**은 미래에 이루어질 일을 어느 정도 동원하셔서, 다시 말해 "표적들과 기사들뿐 아니라 능력의 행위들"을 동원하셔서 우리 인생을 어루만져주신다. 그러나 지금 이런 "표적들"은 단지 미래를 보장하는 보증금으로서 "온갖 참음"이라는 정황 가운데 이루어질 뿐이다.

▪ 고린도후서 12:18

내가 디도에게 가라 권하였고 또 그와 함께 그 형제를 보냈으니, 정녕 디도가 너희를 속여 이득을 취하였더냐? 우리가 같은 **영**으로(같은 **영** 안에서) 행하지 않았

221) 일부 사람들(Calvin, Hughes)이 생각하듯이, 이것이 "사도의 표지들" 가운데 하나라고 생각하기는 힘들다. 마찬가지로 바울이 여기서 하려는 말이 "가능한 한 매사에 흔들리지 않는 자세로 사도의 표지들을 충실히 드러냈다"(Meyer, 484)일 가능성 역시 희박하다. Héring, 95도 비슷하게 "철저히 성실한 자세로"라고 번역함으로써 이 말을 에둘러 해석하려고 한다.

느냐? 같은 발걸음으로 (행하지 않았느냐 – 옮긴이 추가)?

나는 여기서 πνεῦμα를 성령을 가리키는 말로 번역했지만, 그게 공통된 견해는 아니기에,[222] 이 말이 **영**을 가리킨다는 것을 증명할 필요가 있다. 문맥 자체는 쉽다. 여기서 바울은 자신을 향한 마지막 비판을 반박한다. 사람들이 바울을 비판한 취지는 이랬다. 그들도 바울 자신이 "그들에게 짐을 지우지"(=그들로부터 후원을 받지) 않았다는 것을 인정한다. 그러면서도 그들은 바울이 디도와 다른 형제를 보내 예루살렘에 보낼 연보를 걷게 함으로써 실상은 그들의 돈을 사취(詐取)하는 술수를 부렸다고 비판했다. 이런 비판이 실제로 바울을 겨누었는지 아니면 바울이 단순히 그런 비판이 나오지 못하게 입막음을 하는 것인지 확실치 않다. 우선 16절은 이런 비판이 실제 있었음을 시사하는 모든 표지들을 갖고 있다. 바울은 이런 비판에 상당히 공들인 수사로 답변한다. 그런가 하면 연보는 고린도 사람들이 이미 아주 오랫동안 염두에 둔 문제였기 때문에(고전 16:1-4과 고후 8-9장을 보라), 바울이 단지 그런 비판이 아예 나올 수 없게끔 이 문제를 회피해버리고 있다고 보는 것도 충분히 가능한 주장이다. 즉 바울은 아주 많은 면에서 자신과 자신의 동기를 잘못 이해하는 고린도 사람들을 보면서 그들에게 좌절을 느끼고 있었다. 그랬던 터라 바울은 결국 연보라는 쟁점을 피한 채 결론을 맺음으로써 그들이 여기서도 자신을 나쁜 믿음을 가진 사람으로 비방하지 못하게 만들어버린다.

어쨌든 이제 바울은 디도가 그들 가운데서 한 행위를 본이 되는 행동으로 제시함으로써 결국 그들이 연보와 관련한 사취 행위는 애당초 불가능하다는 사실을 받아들일 수밖에 없도록 만들어버린다. 바울이 구사하는 수사는 디도와 바울 자신이 가까워도 보통 가까운 사이가 아님을 강조

222) 그러나 Meyer, 489을 보라. 그는 아무런 논증 없이 이 말이 성령을 가리킨다고 주장한다. 참고. RV, NASBmg ("by the same Spirit"). Hodge, 294은 어느 쪽이든 상관없다고 말한다.

하는 말로 시작한다("내가 디도에게 가라 권하였고 또 그와 함께 그 형제를 보냈으니"). 고린도 사람들이 디도의 행동을 시비할 수 없다는 것을 알고 있었던 바울은 이제 이런 수사 의문문을 던진다. "정녕 디도가 너희를 속여 이득을 취하였더냐?" μήτι("정녕")라는 말은 그가 묻는 물음에 그들이 할 수 있는 대답이 "아니오"뿐임을 전제한다.

바울은 자신과 디도 사이의 긴밀한 관계, 그리고 흠이 없는 디도 자신의 행동을 증명한 다음, 이렇게 더 묻는다. "우리가 τῷ αὐτῷ πνεύματι(같은 **영** 안에서/**영**으로) 행하지 않느냐?" 문제는 이 τῷ αὐτῷ πνεύματι라는 문구가 가리키는 것이 무엇인가다. 바울은 지금 고린도 사람들에게 요사이 디도가 그랬던 것처럼 자신도 그들과 함께 있을 때에 애당초 사취 같은 것은 생각조차 못하는 **영**의 사람으로 행동했다는 것을 되새겨주는 것인가? 아니면 여기서 이 문구는 오히려 인간론과 관련된 말로서 단순히 바울과 디도가 따라 행했던 태도 내지 정직한 자세를 가리킬 뿐인가?[223)]

"같은 영으로"(in the same spirit)를 부연하는 말로 보이는 마지막 문구("같은 발걸음으로")에 비춰볼 때, 바울이 이 "영"을 그저 태도와 같은 의미로 쓰려 했다는 주장도 충분히 가능하다.[224)] 그럼에도 불구하고 다른 곳에서 볼 수 있는 바울의 용례에 비춰볼 때, 또 바울과 고린도 교회의 관계라는 맥락을 통틀어 고려할 때, 여기서 쓴 πνεῦμα가 가장 먼저 가리키는 것은 성령일 가능성이 훨씬 더 높아 보인다. 물론 다른 곳에서도 그랬지만 여기서도 **영**은 인간의 영과 더 이상 가까워지기가 불가능할 정도로 긴밀한 관계에 계신 분으로 이해해야 한다.

첫째, "행함"(걸어감, walking)이라는 말은 그리스도인의 처신과 행동거

223) 가령 GNB, "act from the very same motives."

224) Plummer, 365이 이런 입장이다. 그는 이 두 문구가 한데 어울려 "마음과 행동의 조화"를 가리킨다고 본다; 참고. Tasker, 184; Hughes, 467n155; Barrett, 326; Furnish, 560; Martin, 449. 이 문구를 이야기하지 않는 많은 주석가들도 필시 이런 입장일 것이라고 추정할 수 있다. 그들 역시 이 구절의 πνεῦμα를 [**영**(Spirit)이 아닌—옮긴이] "영"(spirit)으로 번역하기 때문이다.

지를 표현하는 은유로서 바울이 가장 널리 사용하는 것이다. 바울 서신에서는 이 말이 그런 행위를 명령하거나 서술하는 형태로 17회 등장한다.[225) 더욱이 바울이 갈라디아서 5:16에서 이 말을 사용하는 방식을 살펴보면, "**영** 안에서/**영**으로 행하다"라는 말이 바울이 제시하는 윤리 명령의 기본 형태라는 주장도 충분히 나올 만하다. 따라서 그리스도인의 삶에서는 "행함"이 **영** 안에서 살아감으로 주가 걸어가신 길을 그대로 따라간다는 것을 의미한다. 만일 바울이 두 번째 문구("같은 발걸음으로")를 써놓지 않았다면, 대다수 학자들이 언어 및 신학적 근거들을 토대로 πνεῦμα를 성령을 가리키는 말로 이해했을 것이라는 추측도 타당한 추측이다. 그렇다면 바울이 "같은 발걸음으로"라는 말을 τῷ αὐτῷ πνεύματι와 같은 의미를 가진 말로서, 더 설명해주는 말로서 나란히 적어놓은 것인가 여부가 문제가 된다.

영을 가리키는 말들 및 은유들과 관련하여 바울이 구사하는 용례를 살펴볼 때, 둘째 절("같은 발걸음으로")은 "같은 영"을 설명해주는 말로서 독자들이 앞의 것("같은 영으로")과 비슷한 처신(태도)을 가리키는 말로 생각하게끔 적어놓은 말이라기보다, 오히려 첫 절이 사용한 "행함"(걸어감)이라는 **은유**를 자연스럽게 발전시킨 것이다. 실제로 이 "같은 발걸음으로"라는 문구는 십중팔구 "행함", 곧 "걸어감"의 이미지가 가장 먼저 전면에 나타난 곳으로서, 어떤 사람이 다른 사람과 "발걸음을 맞춰 함께 걸어가는" 행위를 가리키는 은유다. 그렇지만 "행함"이 그리스도인의 행실을 가리키는 바울의 주된 은유이기 때문에, 또 바울과 이 고린도 공동체 사이에서는 **영**의 삶이라는 문제가 곪아터진 쟁점이 되어 있다 보니, 바울은 마치 본능처럼 그런 행실이 가지는 기본 형태를 우선 이야기하고 싶어한다. 바울과 디도는 모두 "**영** 안에서 행했다"(그것도 "같은" **영**이다). **영**은 오직 한 분만 계시기 때문이다. 바울은 이 점을 강조한 뒤 이제 그렇게 **영** 안에서 행했

225) 이 용례와 관련하여 특히 갈 5:16을 논한 내용을 보라.

음을 눈으로 볼 수 있게 보여주는 증거를 덧붙이며, 디도가 그렇게 "(바울 자신과 — 옮긴이) 같은 발걸음으로 행하였다"라고 말한다.

마지막으로 말해둘 것은 바울이 "같은"이라는 말이 수식하는 πνεῦμα를 어떤 태도나 처신 전반을 가리키는 말로 사용한 사례가 없다는 점이다.[226] 그러나 바울은 바로 이 문구를 고린도전서 12:9에서 "한 **영**으로"(by the one Spirit)라는 말과 함께 사용하여 성령의 단일성을 강조한다(즉 고린도 사람들 사이에서 나타난 **영**은 정말 다양한 모습으로 자신을 나타내셨지만, 그래도 이 모든 나타나심은 오직 한 **영**이 하신 일들일 뿐이다). 빌립보서 1:27과 마찬가지로(찾아보라) 여기서도 필시 그것이 바울의 강조점일 것이다. 바울이 고린도 사람들 가운데서 행한 것은 디도의 그것과 똑같았다. 그 두 사람은 동일한 **영**의 길로, 동일한 **영**의 능력을 힘입어 걸어간다. 이 **영**은 고린도 신자들의 삶 속에서도 역시 역사하신다.

이런 증거에 비춰볼 때, 바울은 다시 한 번 **영**을 그리스도인의 행위를 규정하는 핵심 요소로 이야기하고 있을 가능성이 아주 높아 보인다. "**영** 안에서 행함"이라는 문구 자체의 의미를 살펴보려면, 갈라디아서 5:16-6:10을 다룬 부분을 보기 바란다.

▪ 고린도후서 13:3-4

3너희는 내 안에서 말씀하시는 분이 그리스도시라는 증거를 구하니, 그분은 너희를 향하여 약하시지 않고 너희 가운데서 강하시니라. 4이는 정녕 그가 약함 속에서 십자가에 못 박히셨으나 하나님의 능력으로 살아 계시기 때문이니라. 이는 정녕 우리가 그 안에서 약하나 너희에게 향하신 하나님의 능력으로 그와 함께 살리라.

---

226) 물론 4:13도 이 용례로 보고 싶어하는 이를 제외할 경우에 그렇다는 말이다. 그러나 그 본문을 이런 용례로 보려는 주장은 여기보다 훨씬 더 설득력이 떨어진다.

우리가 이 어려운 본문을 연구서에 포함시킨 것은 두 가지 이유에서다. 첫째, 바울은 그리스도가 하나님의 능력으로 말미암아 일으키심을 받았다고 언급했는데(참고. 고전 6:14), 어떤 사람들은 이 언급 뒤에 **영**이 자리해 계신다고 보았기 때문이다. 둘째, 이곳이 이 서신에서 "약함"과 "능력"이라는 모티프가 마지막으로 등장하는 곳이기 때문이다. 이 모티프는 바울이 **영** 안에서 살아가는 삶을 이해하는 내용과 상당한 관련을 갖고 있다.

첫 번째 문제는 간단히 다루고 종결할 수 있다. 바울 서신 전체를 살펴보면, 바울은 늘 하나님이 그리스도를 부활시키셨다고 말하며, 때로는 하나님의 능력으로 말미암아 그리스도가 부활하셨다고 말하기도 한다.[227] 그러나 비록 바울의 글에서는 "능력"과 "**영**"이 때로는 거의 바꿔 쓸 수 있는 말이긴 해도 실상 이 두 말이 같은 뜻을 지닌 말은 아니다.[228] 고린도전서 6:14에서도 그렇지만, 여기 이 문맥에서도 바울이 "능력"을 **영**을 가리키는 완곡어로 사용했다고 생각할 만한 것이 전혀 없다. 사실은 오히려 정반대다. 바울이 "능력"이라는 말을 쓴 이유는 "약함"과 "능력"의 대조가 직접 가져온 결과다. 그리스도의 죽음과 부활은 하나님이 이 죽음과 부활에 관하여 품고 계신 궁극의 패러다임을 대변한다. 따라서 이 본문에서는 **영**을 넌지시 암시하는 게 아니라, 언어유희와 아이러니와 현실로 벌어지는 일(reality)이 한데 뒤섞여 있다. 이런 언어유희, 아이러니, 실재는 바울이 앞서 제시한 주장 및 그가 이 회중 때문에 오랫동안 겪어온 어려움들과 연관되어 있다. 이는 다시 우리를 두 번째 문제로 이끌어준다. 이 본문 속의 여러 난점들은 바울이 구사하는 언어유희와 관련 있기 때문이다. 그가 구사하는 언어유희는 그의 종말론이 지닌 기본 구조인 "이미 그러나 아직 아니" 안에서 이해해야 한다.

227) 살전 1:10; 고전 6:14; 15:15; 고후 4:14; 갈 1:1; 롬 4:24; 6:4; 8:11; 10:9; 골 2:12; 엡 1:20을 보라. 더불어 그리스도의 부활을 "신적 수동태"(divine passive)로 표현하는 본문들을 읽어보라(살전 4:14; 고전 15:12, 20; 고후 5:15; 롬 4:25; 6:9; 7:4; 8:34).

228) 앞에서 12:10을 다룬 부분을 보라.

바울은 고린도후서 12:14부터 마지막 호소(그리고 경고)를 이어오고 있다. 바울이 이런 호소와 경고를 한 것은 고린도 사람들의 그릇된 신학과 당시 바울을 대하던 그들의 태도도 한 원인이 되었지만, 그가 곧 그들을 방문하려 했던 사실도 또 한 가지 원인이 되었다. 바울은 자신이 그들을 방문했을 때 그들 속에서 발견하고픈 모습을 발견하지 못할까 봐 근심한다(12:20). 바울이 이전에 그들 가운데 있을 때에는 부드러웠던 태도를 싹 바꿔 더 거친 방법을 사용해야만 했던 것도 그런 근심 때문일 수 있다(13:2; 참고. 10:1-6). 바울은 이 문장을 통해 그가 사도임을(=그리스도가 그를 통해 말씀하신다는 것을) 증명하는 "증거"를 보이라는 그들의 요구에 기꺼이 부응하려는 의향을 내비친다. 그러나 그가 양보하지 않으려 하는 것이 있다. 그건 바로 무엇이 그 "증거"를 구성하는지 판단하는 기준이다. 고린도 사람들이 내세우는 기준은 모두 이 세상에서 "능력"(힘)이 있다 하는 것과 궤를 같이한다. 그들이 "능력"이라 인식하는 것은 환상들과 계시들과 기적들과 지혜다. 그러나 그들이 보기에 "약함"은 능력이 아니다. 그들이 "다른 예수"를 묵인하고 "다른 **영**"을 받아들인 것은(11:4) 그들이 하나님의 진정한 능력이 자리한 십자가의 약함을 계속하여 회피한 결과다. 종말론의 관점에서 볼 때, 고린도 사람들은 "이미"에는 차고 넘치는 자들이나 "아직 아니" 속에서 끈질기게 견뎌내는 일에는 부족한 자들이다(앞에서 12:12을 다룬 부분을 보라).

그리하여 이제 바울은 사실을 이야기하고 아이러니를 이야기한다. 바울은 3절에서 자신이 여태껏 죽 주장해온 것(참고. 고전 2:4-5)을 이어받아 그리스도가 그들 가운데 능력으로 계셨다고 말한다. 그리스도는 그들을 향하여 약하지 않으시다. 결국 그들 자신의 회심도 성령이 그들 가운데서 능력 있게 역사하심으로 일어난 일이기 때문이다. 그러나 그것은 아이러니이기도 하다. 그들을 향한 그리스도의 능력이 무엇보다 그가 십자가에서 죽으셨다는 사실에 근거한 것이었기 때문이다. 또 그리스도가 십자가에서 죽으심은 약함에서 비롯된 일이었다.[229] 하지만 이 약함이 없었다면 고린도 사람들은 그들을 향한 그리스도의 능력을 알지 못했을 것이다. 물론 그 능력은 그가 죽은 자 가운데서 부활하심에 기초한다. 그리스도의 죽음과 부활은 복음을 구성하는 두 가지 사실이다. 바울은 이 가운데 어느 것도 잃어버리려 하지 않는다. 바울은 바로 이 두 가지 사실에 의지하여 고린도 사람들을 세 번째로 방문하려 한다. 바울은 그리스도 안에서 약하지만 하나님의 능력으로 살아간다. 이 모든 것이 고린도 사람들과 관련 있다.

물론 문제는 바울이 그의 "이미" 그러나 "아직 아니"라는 실존 속에서 이 두 가지 사실을 동시에 유지할 수 있다는 것이다(그는 자신이 그리해야 한다고 주장한다). 그리스도는 비록 약함 속에서 십자가에 못 박히셨지만, 그 말씀 자체는 하나님의 능력이다. 마찬가지로 바울은 지금 우리를 위하여 고난받으셨던 그리스도의 제자로서 사도의 삶을 살아간다. 따라서 몸을 지닌 바울의 실존과 사도로서 살아가는 그의 삶은 온갖 약한 것들로 가득하다. 이 약한 것들은 십자가에서 그 패러다임을 발견한다. 그러나 바울은 하나님의 능력으로 말미암아 이런 약한 것들 속에서 살아간다. 이 능력은 그리스도의 부활이 실증해주었고 이제는 신자 안에 들어와 사시는 **영**이 실현해주신다(참고. 롬 8:10-11). 이런 약한 것들은 바울이 사도임을 부정하지도 않고 복음과 모순되지도 않는다. 오히려 반대로 이 약한 것들은 먼저 십자가에 못 박히셨던 메시아를 전하는 말씀을 통해 복음의 모델을 제시하는 기능을 한다. 두 번째로 이런 약한 것들은 바울을 그가 통제권을 행사할 수 없고 진정 하나님의 능력만이 나타날 수 있는 곳에 데려다놓는 기능을 한다. 그런 곳에서는 능력이 사도 자신에게 있는 것이 아니라 그리스도를 죽은 자 가운데서 일으키신 하나님께 있음이 분명히 드러날 터이기 때문이다(12:9-10).

---

229) 바울이 ἐξ ἀσθενείας (ἀσθένεια의 소유격이다 — 옮긴이)라는 전치사구를 쓴 것도 이런 이유 때문이다. 이 경우에 이 전치사구는 "ἀσθένεια (약함)에 근거하여/ἀσθένεια 때문에"라는 뜻일 가능성이 아주 높다.

그러나 바로 이곳이 고린도 사람들이 어려움을 겪은 곳이었다. 그들 역시 그리스도가 십자가에 못 박히신 사건이 약함에 근거한 일이요 그분의 부활이 "하나님의 능력"으로 말미암은 것임을 안다. 그리고 그들도 그리스도가 십자가에 못 박히신 사건을 이렇게 이해하길 좋아한다. 그들은 십자가 사건을 과거에 일어난 일이나 그리스도 안에서 살아가는 우리 새 삶의 기초로 보면서, 이 사건으로 말미암아 부활을 통해 증명된 능력이 지금 우리에게 부어지게 되었다고 이해한다. 하지만 바울은 그런 능력을 도통 가지려 하지 않는다. 현재 우리의 실존은 "이미 그러나 아직 아니"다. 이 실존은 현재 약함 속에서 살아감으로써 하나님의 영광만이 가장 참되게 드러나게 한다는 의미를 담고 있지만, 동시에 그런 약함 속에서 살아갈 수 있는 힘을 주시는 근원이 바로 그리스도의 부활을 통해 생생히 드러난 하나님의 능력이라는(그리고 이제 이 능력은 마지막 때의 **영**을 통하여 모든 신자가 누릴 수 있게 되었다는) 의미도 담고 있다(12:12을 다룬 부분을 보라).

이 때문에 바울은 아이러니를 말할 수밖에 없다. 그리스도는 정확히 이 두 가지 방법을 통해 고린도 사람들과 함께 해오셨다. 그리고 이런 일은 바울 자신의 설교를 통해 일어났다. 그리스도가 바울의 설교를 통해 그들에게 오셨을 때, 그분은—그들을 위하여—십자가에 못 박히신 분, 약함 가운데 십자가에 못 박히셨으나 능력으로 일으키심을 받은 분으로 오셨다. 바울이 전한 말씀은 십자가, 그리고 약함 가운데 나타난 하나님의 능력에 초점을 맞추었다. 그러나 나타난 결과는 그리스도가 그들 사이에서 약하시지 않고 강하심(능력이 가득하심)이었다. 하지만 이제 고린도 사람들은 단지 능력만을 원한다. 그들은 오로지 능력을 과시하며 그들에게 오는 사도들만 주목한다. 바울이 구사하는 아이러니는 언어유희에 근거한다. 바울은 "능력"이 "**영**의 능력"을 뜻한다고 보았다. 그는 이 능력이 고린도 사람들을 회심케 했으며, 이 회심은 하나님의 어리석음과 약함을 극명하게 상징하는 십자가에 못 박히신 메시아를 선포하는 말씀에 근거하여 이루어진 일이라고 보았다(고전 2:4-5). 반면 고린도 사람들은 능력이 갖가지 **영**

의 나타나심과 환상과 계시라는 형태로 지금 그들 가운데 "능력 있게" 다가오신 그리스도를 뜻한다고 보았다(고후 5:13, 찾아보라). 바울은 고린도 사람들이 이해하는 능력을 나타내며 그들에게 나아가길 거부한다. 도리어 그는 전혀 다른 "능력"을 내보이며 그들에게 가려 한다. 바울은 이 능력으로 십자가가 없는 능력에 현혹당하여 복음의 진리를 거부하는 이들을 "용서하지 않으려" 한다.

이처럼 이 본문은 **영**을 언급하지 않는다. 그러나 본문 문맥은 그리스도의 죽음 및 부활과 관련된 언어를 요구한다. 이런 점에서 이 본문의 신학 내용은 바울이 다른 곳에서 영에 관하여 말하는 내용, 곧 **영**이 이미 능력으로 와 계시지만 도리어 약함 가운데 능력을 부어주신다는 내용과 완벽하게 일치한다. 바울은 **영**이 정녕 고린도 사람들 가운데 계심을 "증명"할 목적으로 능력을 과시하느라 자신의 약함을 회피하는 일을 하지 않는다.

▪ **고린도후서 13:13[14]**

우리 주 예수 그리스도의 은혜와 하나님의 사랑과 성령의 교통하심이 너희 모든 이와 함께 있을지어다.

이 독특한 은혜-축도(grace-benediction)는 이런 종류의 축도 중 현존하는 바울 서신에서 유일하게 볼 수 있는 것이다. 바울은 1세기 관습을 따라 자신이 쓴 모든 축도를 은혜-축도로 끝맺는데, 보통은 간단하게 여기 본문에 나온 축도의 첫 부분처럼 "우리 주 예수 그리스도의 은혜가 너희와 함께 있을지어다"로 끝맺는다. 그러나 이 본문의 축도에는 두 가지 두드러진 특징이 있다. 첫째, 바울이 이 축도를 공을 들여 상세히 썼다는 사실이다. 둘째, 그가 이 축도를 상세히 표현할 때 삼위일체 형식을 동원했다는 점이다. 이 축도는 금방 눈에 들어오지 않는 몇 가지 사항을 갖고 있다. 이런 사항들 때문에 이 축도를 이 서신이 신학 및 신자의 행위와 관련하여 관심을 기울이는 모든 문제를 매듭짓는 현저히 중요한 결론으로 볼 수 있다고 주장하는 것도 충분히 가능하다.

우리와 바울의 시대는 멀고 멀기 때문에 우리는 그의 마음속으로 뚫고 들어가 그가 이렇게 상세한 축도를 적은 이유를 캐볼 수 없다. 하지만 이 상세한 축도는 아마도 이 서신이 다룬 문제들로부터 직접 비롯되었을지도 모른다. 즉 바울은 단순히 이미 그가 섬기던 교회들이 사용하던 전례 문구를 따라 이 축도를 썼을 수도 있다. 하지만 그가 이곳에 써놓은 축도는 고린도 교회에서 벌어지던 상황과 이를 기초로 그가 이 서신에서 말했던 내용에서 비롯된 것이자 그것들을 염두에 두고 표현해놓은 말일 수 있다(특히 그렇게 볼 수 있는 이유는 바울 서신 어디에서도, 특히 이 서신 뒤에 쓴 서신에서 이런 축도가 전혀 나오지 않기 때문이다). 이 축도를 쓸 당시 상황에 맞춰 이를 공들여 쓴 것이라고 봐야만 주(그리스도), 하나님, **영**이라는 특이한 순서를 설명할 수가 있다. 당시 바울은 그가 보통 쓰는 축도로 시작했다가 뒤이어 "논리상" 순서에 맞춰 하나님과 **영**을 차례로 덧붙여 쓴 것으로 보인다. 이 세 표현들은 바울이 삼위 하나님이 구원에서 하시는 역할을 어떻게 이해했는지 되비쳐준다. 이런 사실은 바울이 왜 이런 축도를 썼는가라는 문제를 매듭지어주는 것 같다.[230)]

많은 점에서 이 축도는 바울 서신에서 가장 심오한 신학을 담고 있는 부분이다. 우선 이 축도는 바울이 그가 말하는 구원론의 핵심을 요약해놓은 곳이다. 그는 다른 본문들에서 이 구원론을 더 분명히 설파하면서(가령 갈 4:4-6; 롬 5:1-11), 하나님이 사랑으로 당신 백성을 구원하실 것을 결심하시고 이 구원이 이루어지게 주도하셨다고 말한다(롬 5:18-21). 따라서 "우리 주 예수 그리스도의 은혜"는 그런 사랑을 자세하게 표현한 것이다. 그리스도는 우리 인류 역사의 한 순간에 당신이 사랑하시는 이들을 대신

230) 적어도 그리스도와 하나님의 경우는 바울이 그리스도와 하나님의 존재와 행위를 표현해놓은 말 가운데 가장 특징적인 말들이다. 바울은 빌 2:1에서도 **영**을 "교제"와 결합시킨다.

하여 고난당하시고 죽으심으로 그들에게 구원을 베풀어주셨다(고후 5:14-15). "성령의 교제"[231]는 그런 사랑과 은혜가 신자 공동체의 삶 속에서 계속 적용되게 하신다(3:6-18).

반면 이 축도는 바울 신학 자체, 곧 바울의 하나님 이해로 들어가보게 해주는 입장권 역할을 한다. 바울 신학은 두 실체, 곧 그리스도의 죽음과 부활 그리고 종말의 때에 부어주신 **영**이라는 선물로부터 철저히 영향을 받았다. 바르트(Karl Barth)가 비범한 통찰력으로 설파하듯이, "삼위일체는 그리스도인이 하나님을 부르는 이름이다." 여기서 우리는 그 실체에 관한 바울의 이해, 곧 그리스도인으로 존재하려면 결국 하나님을 삼위일체 하나님으로 이해해야 한다는 생각을 살짝 들여다보기 시작한다. 바울이 가진 이해는 구약성경과 더불어 시작한다(그의 이해 중 일부는 칠십인경을 통해 이루어진 것이다). 구약성경은 그에게 늘 전제 역할을 한다. 하나님과 하나님 백성의 관계는 무엇보다 그 백성을 향한 하나님의 사랑에 근거한다(신 7:7-8). 그 사랑을 두드러지게 규정해주는 특징이 하나님의 חֶסֶד(*ḥesed*; 언약에 근거한 사랑)다. 칠십인경은 이 말을 늘 ἔλεος("자비")로 번역해놓았다. 바울이 알게 된 것이 그런 하나님의 사랑이다. 하나님은 이 사랑을 당신 백성을 향한 긍휼로, 특히 당신 백성과 맺은 언약에 성실하심으로 나타내셨다. 나아가 이 사랑은 그리스도의 죽음과 부활을 통해 역사 속에서 지극히 구체적으로 표현되었다. 바울도 역시 그리스도 안에서 **하나님이 몸소** "세상을 당신과 화목하게 하셨다"(고후 5:19)는 것을 분명하게 인식했다(물론 바울이 늘 이를 뚜렷하게 천명하지는 않는다). 그러나 그게 전부가 아니다. 하나님은 살아 계신 하나님의 **영**이신 당신의 성령을 선물로 주셨다. 이를 통해 이제는 새 피조물 안에 들어와 능력을 부어주시는 임재로서 그 안에 거주하신다[이런 이유 때문에 대다수 사람들은 성령을 주로 "무언가에 동

231) 뒤의 빌 2:1을 참고하라. 이 구절은 여기 이외에 바울 서신에서 이 말이 유일하게 등장하는 곳이다.

참함" 또는 "무엇과 사귐(교제함)"을 뜻하는 κοινωνία로 규정한다].[232] 이를 통해 살아 계신 하나님은 모든 은혜의 하나님으로서 우리가 당신과 항상 변함없는 친밀한 사귐을 갖게 해주신다. 뿐만 아니라, 우리가 그 은혜와 구원에 따른 모든 은덕에 동참할 수 있게 해주시며, 당신이 몸소 지금 우리 안에 들어와 계심으로 우리가 마지막 때에 얻게 될 종말의 영광을 보장해주신다.[233]

물론 바울은 이런 문언들이 나오면 으레 다루었어야 할 듯한 존재론 문제들을 붙들고 씨름하지 않았다. 또 그는 여기서 그리스도와 **영**의 신성을 **강조하지도** 않는다. 그러나 그는 **삼위 하나님**(이 용어는 바울 시대 뒤에 나온 언어를 사용한 것이다)**이 하신 행위를 통틀어 한 기도로 표현하면서, 동시에** 삼위 하나님의 행위를 하나님 아버지를 두 번째 자리에 놓아둔 절로 **표현해버린다**. 이는 곧 바울이 진정 삼위일체가 본디 지닌 의미대로(즉 **아버지**와 **아들**과 **영**이 한 하나님이시며, 그리스도와 **영**을 대할 때에는 아버지 하나님을 대할 때와 철저히 똑같이 대한다는 의미에서) 삼위일체 하나님을 믿은 사람이었다는 것을 시사한다.

이토록 심오한 신학 요소가—고린도 사람들을 위한 **기도**라는 형태로—이 서신을 맺기에 가장 적합한 단 하나의 방법이 되어야 했던 이유를

---

232) "**영**(성령)의 교제"(그리스어로 ἡ κοινωνία τοῦ ἁγίου πνεύματος—옮긴이)의 "**영**의"가 목적격 소유격인가 아니면 주격 소유격인가를 놓고 논쟁이 있었다. 즉 우리가 **영**과 교제를 가지는 것인가, 아니면 **영**이 성도들 사이의 사귐을 만들어내시는 것인가라는 문제다. 이보다 앞서 나온 두 구절은 하나님의 성품과 하나님이 이 성품을 토대로 당신 백성을 위하여 하시는 행위에 관하여 무언가를 되비쳐준다. 때문에 여기서도 그와 비슷한 것을 염두에 두었을 가능성이 아주 높다. κοινωνία라는 말은 주로 "무언가에 동참함"을 뜻한다. 때문에 여기서 제시하는 견해도 **영**이 행하시는 행위의 방향과 그 말 자체의 의미가 지닌 본질을 포착하여 제시한 것 같다. 이 견해는 적어도 Meyer, 514까지 거슬러 올라간다. Meyer의 견해는 그 견해가 나올 무렵에 나왔던 H. Seesemann의 글[*Der Begriff* KOINΩNIA *im Neuen Testament* (BZNW 14; Giessen: Töpelmann, 1933)]로부터 자극을 받았다; 참고. Windisch, 428; Lietzmann, 162; Bultmann, 251; Barrett, 344; Furnish, 584; Martin, 505; Dunn, *Jesus*, 261.

233) 사물을 이렇게 바라보는 견해, 특히 하나님과 구원을 이해할 때 절대로 필수 불가결한 삼위일체 관점에서 이해해야 한다는 견해를 살펴보려면, 뒤에서 롬 5:5을 다룬 부분을 보라.

알아내기는 어렵지 않다. 바울이 그들을 위하여 간구했던 모든 것이 더도 말고 덜도 말고 바로 이 기도 속에 들어 있다. 바울은 고린도 사람들에게 하나님의 사랑과 그리스도의 은혜를 전하는 복음을 가져다주었다. 고린도 사람들은 하나님께 돌아올 때 성령을 받았으며, 성령은 (돌과 문자로 이루어진 옛 언약과 관련하여) 그들의 마음에서 베일을 제거하시고 그들의 얼굴에서도 베일을 제거해주셨다(이를 통해 그들은 하나님 바로 그분과 사귐을 가지고 그리스도의 얼굴에 나타난 하나님의 영광을 보며 그 영광을 닮은 모습으로 변해갈 수 있게 되었다). 고린도 사람들이 바울 자신과 그의 사도직을 인정하지 않음은 그리스도와 **영**을 인정하지 않음이요, 이는 곧 하나님이 베푸신 바로 그 사랑을 저버리는 것이다. 바울은 이를 아주 확실하게 인식하고 있다. 그들이 계속하여 그들이 저지른 죄의 길로 행하고(우상을 섬기는 신전에서 음식을 먹고 부도덕한 성생활을 계속하는 행위; 6:14-7:1; 12:19-21) "지극히 크다는 사도들"과 한통속이 되어 "겉으로 나타나는 것들"(그것이 유대인들의 궤변/요구사항인지 아니면 황홀경을 통한 영성의 유효성을 주장하는 것인지는 중요치 않다)에 굴복하는 것은 참된 의로부터 정죄로 돌아가는 것이요 생명으로부터 죽음으로 돌아가는 것이다. 그런 소행은 결코 주 예수 그리스도가 아닌 "다른 예수"를 따르는 것이다. 그런 소행은 그들이 받았던 **영**, 그들을 이런 동참/교제로 인도해주셨던 **영**이 아닌 "다른 영을 받아들이는" 것이다(11:4).

랄프 마틴은 상당한 통찰력을 발휘하여 이렇게 이야기한다.

> 바울은 성령을 한 가지 주요한 관심사로 부각시킨다. 그는 성령이 **이미 시작되었으나 아직 완전하게 실현되지 않은 새 시대를 나타내는 진정한 표지**임을 증명하려 한다. 아울러 그는 **독자들이 영에 참여하는 것이 곧 그들이 하나님의 의라는 새 세계와 이 세계를 대변하는 바울의 사도직에 동참함을 나타내는 인증마크**임을 논증한다.[234)]

결국 이 기도가 얼마나 철두철미하고 얼마나 완벽하게 삼위일체를 표현하고 있는지 유념해둘 필요가 있다. 바울은 성령을 이 삼위 하나님을 나타내는 문구 속에 동등한 일원으로 포함시키려 한다. 또 그는 고린도 사람들을 위하여 **영**께 기도하려 한다. 이는 바울이 **영**을 인격체이시며 하나님으로 이해한다는 것을 이런 종류의 직접적 문언치고는 가장 많이 일러주는 셈이다. 이런 철저한 유일신 신앙을 가진 사람이 어떻게 그리스도와 **영**을 이런 식으로(=곧 하나님으로—옮긴이) 말할 수 있는지 달리 설명이 없다. 그렇다 해도 바울의 언어가 던지는 충격파가 줄어들지는 않는다. 후대 교회는 어떻게 하나님이 한 분 안에 삼위로 존재하실 수 있는지 삼위일체가 존재론 차원에서 가지는 의미들을 이해하려고 노력한다. 후대 교회가 그리하는 이유는 교회가 바울이 이런 종류의 기도를 통해 표현해놓은 하나님의 성품 및 우리를 위하시는 하나님의 행위에 관한 이해를 받아들일 수밖에 없기 때문이다.[235]

결론

고린도전서에서도 그랬지만, 여기 고린도후서에서도 **영**이 바울의 사상과 그리스도인의 체험 속에서 행하는 중심 역할을 피할 수가 없다. 물론 이 서신은 **영**의 인격성과 행위를 아주 완벽하게 설명하지는 않는다. 하지만 어떤 의미에서는 훨씬 더 강한 증거가 등장한다. 앞의 제4장은 우리가 고린도전서에서 들을 수 있는 **영**에 관한 내용 중 많은 부분이 고린도 사람

---

234) Martin, "Spirit," 127 (마틴의 강조).

235) 이 본문과 고린도전서의 다른 본문들이 삼위일체와 관련하여 암시하는 내용들을 다룬 유익한 글을 보려면, 특히 Young-Ford, *Meaning*, 255-60을 보라; 이 책 제13장에 있는 더 상세한 논의를 참고하라.

들이 **영**의 사람의 의미와 관련하여 강조한 것들에서 직접 유래한 결과임을 일러주었다. 그러나 이 고린도후서에서는 그런 것들이 더 적은 것 같다. 만일 고린도전서가 이미 미래가 현재 속으로 뚫고 들어왔음을 증명해주는 증거인 **영**을 전제한다면, 사실 여기 고린도후서에서는 그것을 주장하고 있다. 그 이유는 아마도 외부에서 들어온 일부 반대자들의 본질 때문일 것이다. **영**의 사람들인 그들은 여기서 신학적·체험적 결과들과 대면하게 된다.

우리는 고린도후서가 처음으로 제시하는 내용(종말론적 실재요 하나님이 이전에 약속하셨던 새 언약의 성취이신 **영**은 옛 언약을 폐물로 만드신다)을 다음 서신(갈라디아서)에서 열정이 넘치는 음성으로 듣게 될 것이며, 그 다음 서신(로마서)에서는 열정은 조금 식었을지 몰라도 어쩌면 더 완벽할 수 있는 말로 듣게 될 것이다. **영**이 신자와 교회의 삶 속에 계신다는 것은 다른 모든 경계표들, 정체성을 나타내주는 다른 모든 표지들이 사라져갈 수밖에 없다는 것을 뜻한다. **영**을 받음은 하나님의 임재 그 자체를 체험한다는 말이요, 자유 안에서 그 임재를 체험한다는 뜻이다. **영**은 우리를 이끌어 하나님의 영광을 보게 하신다. 이로 말미암아 우리는 실제로 하나님의 궁극적 형상이신 그리스도의 모양으로 변해간다.

따라서 앞에서도 말했듯이, **영**은 능력을 부어주심을 뜻하되, 우리가 이미 고린도전서에서 보았던 것과 같은 능력을 부어주심을 뜻한다. 고린도전서는 하나님이 당신의 **영**을 통해 사람들을 당신과 효과 있게 화해시키시고, 이 사람들을 당신 아들의 형상으로 변화시켜주시며, 바울 사도에게도 그의 약함과 상관없이 이 모든 일을 이루어주심으로써 결국 고린도 사람들이 사도라는 "질그릇"이 아니라 그리스도 안에서 하나님의 영광을 볼 수 있게 해주셨다고 말한다.

물론 고린도후서는 이런 식으로 훨씬 더 많은 것을 이야기한다. **영**은 복음으로부터 유래한 실제 삶에 아주 긴요하기 때문이다. 그러나 대부분 우리가 앞서 세 서신에서 이미 만난 것들로서 새로운 게 아니다. 이 고린도후서는 **영**이 구속이라는 종말론의 틀 속에서 하시는 역할, 그리고 이를 통해 **영**이 그리스도를 따르는 이들의 삶 속에서 하시는 역할(모든 것을 하나님께 영광이 되게 함)을 새롭고 생생한 이미지들을 동원하여 힘차게 설명한다.

옮긴이 주

[1] 개역개정판에는 이 말이 없다. 지은이는 그리스어 본문에 있는 γάρ를 for로 번역하여 제시했다.

[2] 명사 문장인 그리스어 본문의 특색과 단어의 뉘앙스를 살려 21-22절을 우리말로 번역해보면 이렇게 옮길 수 있다. "[21]이제 우리를 너희와 함께 굳건히 세워 그리스도와 하나가 되게 하시고 우리에게 기름을 부으신 하나님, [22]또 우리에게 인(도장)을 찍으시고 **영**이라는 보증금을 우리의 마음들 속에 주신 분."

[3] βεβαιῶν은 "확인하다, 굳게 세우다"라는 뜻을 가진 βεβαιόω의 남성 주격 단수 현재 능동 분사, χρίσας는 "기름을 붓다"라는 뜻을 가진 χρίω의 남성 주격 단수 부정과거 능동 분사, σφραγισάμενος는 "도장을 찍다, 인정하다"라는 뜻을 가진 σφραγίζω의 남성 주격 단수 부정과거 중간태 분사, δούς는 "주다"라는 뜻을 가진 δίδωμι의 남성 주격 단수 부정과거 능동 분사다.

[4] 개역개정판은 3:15을 "오늘까지 모세의 글을 읽을 때에…"로 번역해놓았는데, NA[27] 본문은 "ἀλλ' ἕως σήμερον ἡνίκα ἂν ἀναγινώσκηται Μωϋσῆς"로 기록해놓았다. 이 그리스어 본문을 직역하면 "오늘까지 여태껏 모세가 읽혀질 때마다"이다. ἀναγινώσκηται는 "사람들 앞에서 크게 소리 내어 읽다"라는 뜻을 가진 동사 ἀναγινώσκω의 3인칭 단수 현재 수동 가정법 형태다(BDAG, 60).

[5] ἐπιστρέψῃ는 "돌아가다"라는 뜻을 가진 동사 ἐπιστρέφω의 3인칭 단수 부정과거 능동 가정법 형태다. 이는 곧 이 동사의 주어가 3인칭 단수임을 뜻한다. 실제로 출 34:34의 히브리어 본문(BHS)은 하나님 앞에 나아가는 주체를 모세라고 분명히 밝힌다(wbebo **mosheh** lipenē YHWH…).

[6] "제거하다"라는 뜻을 가진 περιαιρέω의 3인칭 단수 미완료 중간태 직설법 형태인 περιῃρεῖτο로부터 같은 동사의 3인칭 단수 현재 수동태 직설법 형태인 περιαιρεῖται로 바꿔버렸다. 그래서 칠십인경 본문에서는 주어가 그(모세)였는데, 고후 3:16에서는 주어가 베일(τὸ κάλυμμα)로 바뀌었다.

[7] 잇달아 등장하는 "…의 …의 …의"라는 표현이 눈에 거슬릴지 모르나, 실제로 NA[27] 본문을 보면, τὸν φωτισμὸν τοῦ <u>εὐαγγελίου</u> τῆς <u>δόξης</u> τοῦ <u>Χριστοῦ</u>로 기록해놓았다. 밑줄 친 부분은 각각 복음, 영광, 그리스도를 뜻하는 εὐαγγέλιον δόξα Χριστός의 소유격이다.

[8] 바울이 고후 4:13에서 인용한 성경 구절은 칠십인경 시 115:1에 있는 ἐπίστευσα (διὸ ἐλάλησα를 그대로 가져온 것이다. 직역하면 "나는 믿었다. 그러므로 나는 말했다"이다. 이 구절은 본디 히브리어 본문에서는 시 116:10에 자리해 있다(개역개정판도 마찬가지다). 히브리어 본문은 heemanethī khī adabhēr라고 되어 있는데, heemanethī는 "내가 믿었다"라는 뜻을 가진 Hiphil 미완료 동사이며(WGH, 48), adabhēr는 "내가 말했다"라는 뜻을 가진 Piel 미완료 동사다(WGH, 153-154).

[9] 저자는 주어를 "나"(I)로 번역해놓았지만, 13절에서 그리스어 본문이 사용한 동사들은 모두 1인칭 복수형이다(ἐξέστημεν σωφρονοῦμεν). 따라서 본디 주어는 "나"가 아니라 "우리"다.

[10] 고후 11:3을 기록해놓은 사본 중에는 "진실한 염려"와 "순결함" 가운데 전자만 기록해놓은 것들이 있는가 하면, 후자까지 함께 기록해놓은 사본들도 있다. 저자가 주148에서 하는 말은 전자만 기록해놓은 본문이 원문일 것이라고 말하는 것이다.

[11] 개역개정판은 고후 10:17에서 "자랑하는 자는 주 안에서 자랑하라"라고 번역해놓았다. 그리스어 본문에 있는 ἐν κυρίῳ καυχάσθω (καυχάσθω는 "자랑하다"를 뜻하는 καυχάομαι의 3인칭 단수 현재 중간태 명령법)는 "주 **안에서** 자랑하라"라고 번역할 수도 있고 "주를/주 **때문에** 자랑하라"로 번역할 수도 있다. 이 고린도후서 본문이 인용한 렘 9:24 본문의 취지를 생각하면, 후자로 번역할 수 있다. 실제로 루터는 그렇게 번역해놓았다(...der rühme sich des Herrn). 그렇지만 바울이 고후 12:1-10에서 말하는 취지를 생각하면, 다시 말해 자신의 약함 속에 주의 능력이 역사하셨음을 증언하고자 오히려 세상의 시각으로 보면 자랑거리라 할 수 없는 자신의 "약함"을 자랑하려 하는 사도의 의도를 생각하면, "주 안에서 자랑하라"라는 말은 "바울 자신처럼 주 안에서 내 약함을 자랑함으로써 주의 능력을 증언하라"라는 말로 볼 수 있기에, "주 **안에서** 자랑하라"로 번역할 수 있다. 세계성서공회판 불어 성경(...se glorifie **dans** le Seigneur), 라틴아메리카 성서공회판 에스파냐어 성경(...gloríese en el Señor), SBBF 이탈리아어 성경(...si glorî **nel** Signore)은 모두 전자로 번역해놓았다.

[12] 즉 저자는 3절에 χωρίς가 들어 있는 본문이 원문이라고 보는 것이다. 아마도 본디 원문에는 χωρίς가 들어 있었는데 후대 필사자들이 2절의 ἐκτός와 보조를 맞추고자 ἐκτός로 바꿔놓는 바람에 사본들끼리 차이가 생겼다고 보는 편이 그 반대 경우보다 가능성이 더 높다고 보기 때문일 것이다.

제6장

갈라디아서

주석:[1] D. C. **Arichea** and E. A. **Nida** (1976); H. D. **Betz** (Hermeneia, 1979); J. **Bligh** (1969); J. M. **Boice** (EBC, 1976); F. F. **Bruce** (NIGTC, 1982); E. D. **Burton** (ICC, 1921); J. **Calvin** (ET, 1965); R. A. **Cole** (TNTC, 1965); G. S. **Duncan** (MNTC, 1934); G. **Ebeling** (1981); C. R. **Erdman** (1930); R. Y. K. **Fung** (NIC, 1988); D. **Guthrie** (NCB, 1974); W. **Hendriksen** (1968); M.-E. **Lagrange** (EB, 1925); H. **Lietzmann** (HNT, 1910); J. B. **Lightfoot** (1865); R. N. **Longenecker** (WBC, 1991); J. **MacArthur** (1987); H. A. W. **Meyer** (MeyerK, 1870); F. **Mussner** (HTKNT, 1974); C. **Osiek** (NTM, 1980); W. M. **Ramsay** (1900); H. **Ridderbos** (NIC, 1953); J. **Rohde** (THKNT, 1988); H. **Schlier** (Meyer, [13]1965); J. R. W. **Stott** (1968).

다른 주요 저작들은 다음과 같이 저자의 성과 짧은 제목으로 인용한다.

Barclay, *Obeying* [=John M. G. Barclay, *Obeying the Truth: A Study*

1) 다음 주석은 이 장에서 저자의 성(姓)으로만 언급하겠다.

of Paul's Ethics in Galatians (Edinburgh: T & T Clark, 1988)]; **Barrett**, *Freedom* [=C. K. Barrett, *Freedom and Obligation: A Study of the Epistle to the Galatians* (London: SPCK, 1985)]; **Betz**, "Defense" [=Hans Dieter Betz, "In Defense of the Spirit: Paul's Letter to the Galatians as a Document of Early Christian Apologetics," in *Aspects of Religious Propaganda in Judaism and Early Christianity* (ed. E. Schüssler Fiorenza; Notre Dame, 1976), 99-114]; **Bruce**, "Spirit" [F. F. Bruce, "The Spirit in the Letter to the Galatians," in *Essays on Apostolic Themes: Studies in honor of Howard M. Ervin* (ed. P. Elbert; Peabody, Mass.: Hendrickson Publishers, 1985), 36-48]; **Cosgrove**, *Cross* [=Charles H. Cosgrove, *The Cross and the Spirit: A Study in the Argument and Theology of Galatians* (Macon, Ga.: Mercer, 1988)]; **Hansen**, *Abraham* [=G. W. Hansen, *Abraham in Galatians: Epistolary and Rhetorical Contexts* (JSNTSup 29; Sheffield, JSOT, 1989)]; **Hays**, *Faith* [=Richard B. Hays, *The Faith of Jesus Christ: An Investigation of the Narrative Substructure of Galatians 3:1-4:11* (SBLDS 56; Chico, Calif.: Scholars Press, 1983)]; **Ladd**, "Holy Spirit"[George E. Ladd, "The Holy Spirit in Galatians," in *Current Issues in Biblical and Patristic Interpretation* (FS M. C. Tenney; ed. G. F. Hawthorne; Grand Rapids: Eerdmans, 1975), 211-16]; **Lull**, *Spirit* [=David John Lull, *The Spirit in Galatia: Paul's Interpretation of Pneuma as Divine Power* (SBLDS 49; Chico, Calif.: Scholars Press, 1980)]; **Ropes**, *Problem* [=James Hardy Ropes, *The Singular Problem of the Epistle to the Galatians* (London: Oxford University Press, 1929)]; **Williams**, "Justification"[=Sam K. Williams, "Justification and the Spirit in Galatians," *JSNT* 29 (1987), 91-100].

종교개혁자들 이래로 사람들은 주로 갈라디아서를 바울이 그의 중심 교리인 이신칭의(以信稱義) 교리, 곧 사람들이 율법을 행함이 아니라 그리스도를 믿음으로 말미암아 구원을 받는다는 교리를 가장 힘차게 주장하는 곳으로 인식해왔다. 이 교리가 바울의 중심 관심사라는 것은 깊은 의미가 있다. 그러나 이 서신에서는 오히려 하나님 백성 속에 이방인들이 완전하고 동등한 구성원으로 포함되었다는 사실이 더 중요한 문제인 듯하다. 쟁점은 그리스도를 믿은 이방인들도 진정한 "아브라함의 자손"이 되어 창세기 12:3과 18:18이 표현하는 하나님과 아브라함 사이의 언약에 포함된 약속들을 받으려면,[2] 유대인의 "정체성을 나타내는 표지들"[3]을 수용해야만 하는가다. 동시에 종교개혁자들이 "의롭다 하심을 얻음"(칭의, 득의)과 "믿음으로"라는 말을 강조하다 보니, 이것과 똑같이 중요한 문제이며 이 서신의 주장 중 아주 많은 부분이 초점을 맞추고 있는 **영** 안에서 살아가는 삶을 무시하는 경향이 있어왔다.[4]

사실 갈라디아서는 **신자**의 삶 속에서 역사하시는 **영**을 그보다 앞선 서

---

2) 이것을 갈라디아서를 바라보는 "새 시각"(new look)으로 부를 수도 있겠다. 이런 시각은 멀리 K. Stendahl, "The Apostle Paul and the Introspective Conscience of the West," in *Paul Among Jews and Gentiles and Other Essays* (Philadelphia: Fortress, 1976), 78-96 [repr. from *HTR* 56 (1963)]까지 거슬러 올라갈 수 있다; 참고. 다른 이들도 있지만 그중에서도 T. D. Gordon, "The Problem at Galatia," *Int* 41 (1987), 32-43; Barclay, *Obeying*, 36-74; J. D. G. Dunn, "The Theology of Galatians: The Issue of Covenantal Nomism," in *Jesus, Paul and the Law* (Philadelphia: Westminster, 1990), 242-64.

3) 이런 표지들로 할례(3:3; 5:2-3, 11-12; 6:12), 유대 절기 준수(4:10-11)를 들 수 있으며, 십중팔구는 음식 규례도 이런 표지에 포함되었을 것이다. 이방에 거주하는 유대인들(디아스포라) 속에서 이런 것들이 "정체성을 나타내는 표지"로서 가지는 의미 그리고 바울이 이것들을 중요한 내러티브인 2:11-14에서 제시한 주장 속에 엮어 넣고 있다는 점을 고려할 때, 그렇게 볼 수 있다. 그렇다고 이런 표지에서 **율법**을 바라보는 신학적 견해(토라를 하나님과 올바른 관계를 갖기 위한 방편으로 봄)를 꼭 배제하는 것은 아니다. 이 서신에서는 율법을 이해하는 두 가지 방식(견해)이 하나로 결합해 있다. 그러나 주된 쟁점은 "행위-의"(=토라를 행함으로써 하나님께 은총을 입음)가 아니라, 사회학적이다(=토라를 행함을 하나님 백성에 속하는 데 필요한 것으로 봄). 전자는 후자로부터 자연스럽게 흘러나온다.

4) 드디어 이런 강조점에 합당한 주의를 기울이는 이들이 생겨나고 있다. 특히 Lull, *Spirit*; Cosgrove, *Cross*; Betz, "Defense"; Bruce, "Spirit"; Williams, "Justification"을 보라. 아울러 Betz의 주석이 강조하는 것을 보라.

신들보다 훨씬 더 많이 설명한다. 이는 각각이 다루는 쟁점들이 서로 다르기 때문이다. 고린도전서에서는 공동체의 삶이 문제가 되었다. 그러나 갈라디아서에서는 사람과 하나님이 어떻게 연결되어 있는가 그리고 그리스도 안에서 살아가는 삶을 어떻게 살아내야 하는가와 관련하여 그리스도인의 실존이 지닌 본질 자체를 문제 삼는다. 그리하여 바울은 대체로 **지위**라는 줄거리를 따라, 곧 사람이 오직 믿음으로 말미암아 하나님과 올바른 관계에 서게 되었다("의롭다 하심을 받았다")는 줄거리를 따라 주장을 펼쳐가지 않는다. 도리어 특별히 **체험**이라는 줄거리를 따라, 다시 말해 믿음으로 말미암아 **영**을 받았으며 이 **영**과 토라 준수(="율법의 일들")는 절대 양립할 수 없다는 줄거리를 따라서 주장을 펼쳐간다. 하나는 자유를 뜻하나, 다른 하나는 노예 생활을 뜻한다. 실제로 선동자들(agitators; 개역개정판은 "교란하는 자들", "요동하게 하는 자들", "육체의 모양을 내려 하는 자들"로 표현한다 – 옮긴이)[5]이 제기한 쟁점은 사람이 어떻게 그리스도 안에서 살아가는 삶을 **시작하는가**가 아니라(요동케 하는 자들도 이런 삶이 그리스도의 죽음과 부활을 통해 시작되었다는 점에는 분명 동의했을 것이다) – 특히 이방인 신자들의 경우에 – 그런 삶이 어떻게 완성되는가(3:3)다.[6] 선동자들이 볼

---

5) 이 말은 바울 자신이 그의 반대자들을 가리키는 말로 직접 쓴 것으로서 1:7과 5:10에서 볼 수 있다. 6:12에 따르면, 이 선동자들은 바울이 회심케 한 이방인 신자들에게 할례를 받도록 "강요했다"(참고. 2:3; 5:2-3). 바울은 이들을 갈라디아 사람들과 구별하여 3인칭으로 부른다. 때문에 우리는 이들이 외부인이라고 추정할 수 있다.

6) 이 경우에 E. P. Sanders가 내린 결론들이 아니라 그가 쓴 언어를 사용하여 표현해본다면, 문제는 **입장하는 데** 필요한 조건들(*entrance requirements*)이 아니라 **남아 있는 데** 필요한 조건들(*maintenance requirements*)인 셈이다(하나님의 언약 백성으로서 완전한 지위를 확보하려면, 할례를 받음으로써 진정한 아브라함의 자손이 되어야 한다). Sanders는 "입장하는 데 필요한 조건들"이 갈라디아서의 쟁점이라고 이해한다. E. P. Sanders, *Paul, the Law, and the Jewish People* (Philadelphia: Fortress, 1983)을 보라. Cosgrove, *Cross*, 11-13에 있는 비판을 참고하라.

완전히 다른 견해를 살펴보려면, Cosgrove를 보라. 그는 바울이 3:5에서 제기하는 문제를 본질적인 문제로 여긴다. 이 때문에 그는 선동자들이 토라를 "**영** 안에서 살아가는 삶을 유지하고 촉진하는" 적절한 방편으로 장려했다고 이해한다(86). 특히 39-86을 보라. 이 견해를 일부나마 앞서 귀띔한 글이 J. L. Martyn, "A Law-Observant Mission to Gentiles: The Background of Galatians," *SJT* 38 (1985), 307-24이다.

때 **영**이라는 선물은 그리스도 안에서 살아가는 삶이 토라 준수를 통해, 특히 할례를 받음으로써 "완성되어야" 한다는 것을 분명하게 의미했다. 요컨대 이것이 보통 유대인들이 예상한 것이었다. 그들은 예레미야 31:31-34과 에스겔 11:19-20 및 36:26-27을 토대로 마지막 때의 **영**이라는 선물이 사람들을 이끌어 **율법**에 순종하도록 만들어주리라고 기대했다.[7] 바울은 그리스도의 죽음 및 부활과 함께한 **영**이라는 선물은 토라 시대가 **끝났음**을 뜻한다고 보았다. 옛 언약은 실패했다. 그건 바로 옛 언약에는 **영**이 함께 따르지 않았기 때문이다. 따라서 그리스도와 **영**의 강림(降臨)은 옛 언약이 끝났음을 뜻했다. 이제 그리스도의 죽음이 확증해준 새 언약이 **영**이라는 선물을 통해 수립되었다. 이를 통해 **영**은 토라를 대체했다.

그러므로 **영**은 3:2에서 시작하여 6:10에 이르기까지 이 서신이 제시하는 주장을 앞서 이끄는 역할을 한다. πνεῦμα라는 말은 **영**을 가리키는데, 이 서신에서는 16회(혹은 17회) 등장한다.[8] 또 **영**의 사람들을 가리키는 πνευματικοί는 한 번 등장한다(6:1). 또 한 본문(2:2) 역시 어떤 **영**의 현상을 반영한 것으로 보인다. 반면 2:20은 그리스도를 기준으로 삼아 표현해 놓았으나, 바울 신학에서는 이 구절 역시 **영**이 신자 안에서 행하시는 활동을 되비쳐주는 본문일 가능성이 아주 높다. 이 본문들 가운데 많은 수가 신앙 공동체를 전제하기는 하지만,[9] 본문들은 대부분 개인 차원에서 시작된, 그리스도 안에서 살아가는 삶의 본질과 연관되어 있다.

이 서신에서 나타나는 것은 **영**이 그리스도인의 실존에 관한 바울의 이해에서 절대 긴요한 역할을 한다는 점이다. 그리스도인의 회심에서 핵심 요소는 **영**이시다. 그리스도인은 이 **영**을 아브라함에게 주어진 약속의 성취로서(3:14) 역동성 있게 체험한다(3:2-5; 4:6). 실제로 그리스도인의 **영**

---

7) 가령 겔 36:27을 보라. "그리고 내가 내 **영**을 너희 안에 두며 너희를 감동시켜 내 영(令)을 따르게 하고 마음을 다하여 내 법을 지키게 하리라."

8) 3:2, 3, 5, 14; 4:6, 29; 5:5, 16, 17(2회), 18, 22, 25(2회); 6:1(아마도), 8(2회).

9) 가령 3:5 그리고 특히 5:13-6:10을 보라. 이 구절에서는 신자 개인과 신앙 공동체 사이의 상호작용이 철저하게 이루어진다. 뒤에서 이 본문을 다룬 내용을 보라.

체험은 그 신자를, "**율법** 아래" 있는 것으로 보이거나(5:18) 혹은 "육의 욕망을 이루는" 것으로 보이는(5:15) 다른 모든 실존들과 구별해준다. 이전에 갈라디아 사람들은 후자의 삶(즉 육의 욕망을 이루는 삶 — 옮긴이)을 살았다. 그런데 일부 선동자들은 이런 사람들을 뒤집어 전자(즉 **율법** — 옮긴이) 아래로 데려다 놓았다. 그러나 바울은 그 **율법** 가운데 어느 것도 가지려 하지 않는다. 오직 **영**만이 "육의 행위(일)"에 맞서는 해독제다. **율법**은 도움이 되지 않을뿐더러 속박으로 인도한다. 사람은 오직 **영** 안에 있을 때만(혹은 **영**으로 말미암을 때만) 참 자유를 누린다. 그러나 이 자유는 진정한 의(義)를 지향하는 자유다. 따라서 **영**으로 말미암아 행하고 살아가며 **영**의 인도를 받는 사람은 **율법** 아래 있지 않다. 실제로 **영**은 **율법**이 목표로 삼았어도 생산해내지 못한 바로 그 열매를 만들어낸다. 동시에 **영**으로 말미암아 행하고 살아가며 **영**의 인도를 받는 사람은 육이 욕심내는 대로 행하지 않는다.

그러나 바울은 이 모든 것이 저절로 이루어진다고 말하지 않는다. 사람은 **영**을 위하여 씨를 뿌려야 하고(6:8) **영**의 인도를 받아야 한다(5:18). 정녕 "우리가 **영**으로 말미암아 산다면"(=육을 십자가에 못 박고 생명을 얻게 되었다면, 24절), 우리는 마땅히 "그에 따라 **영**으로 행해야" 한다(25절). 따라서 **영**은 그리스도인의 실존이 시작될 때에도 계실 뿐 아니라, 이 실존 전체를 바라보는 바울의 이해에도 없어서는 안 될 핵심 요소다. 때문에 바울이 제시하는 마지막 주장(5:13-6:10)은, 우리가 바울의 윤리를 사랑으로 섬기는 그리스도인 공동체 안에서 **영**이 주시는 능력을 힘입어 그리스도를 닮은 삶을 살아내는 것으로 이해할 때, 바울 서신에서 가장 중요한 의미를 가지는 본문 가운데 하나가 된다.

영은 (3:1부터 이어지는) 이 서신의 전체 주장에서 이렇게 중요한 역할을 한다. 따라서 이 주장 전체를 대강이나마 살펴보면 그 역할을 확실히 부각시키는 데 도움이 될 것이다. 나는 갈라디아서의 "주장"이 크게 네 부분으로 이루어져 있으며 간간이 적용과 호소가 등장한다고 이해한다.[10]

(1) **1:13-2:14**. 바울은 서신 서두에 으레 있기 마련인 감사와 기도를 저주 문언으로 대체한 머리말(1:6-12)을 마친 뒤, 자신의 주장을 시작한다. 이 주장은 세 내러티브 형태로 되어 있는데(1:13-24; 2:1-10; 2:11-14), 자신의 사도직을 변호하고(그의 사도직이 사람이 아니라 하나님으로부터 받은 것임을 변호함) 이를 통해 그의 복음을 변호할(마찬가지로 그의 복음이 사람이 아니라 하나님으로부터 받은 것임을 변호함) 목적으로 쓴 것이다. 이 세 내러티브는 순서대로 다음 세 가지 점을 강조한다. (a) 바울의 복음과 사도직은 예루살렘으로부터 철저히 독립해 있다. (b) 그렇긴 해도 그의 복음은 예루살렘과 일치했다. 그리고 (c) 그 일치를 깨뜨린 쪽은 바울이 아니라 **(베드로가 대표하는)** 예루살렘이었다.

(2) **2:15-4:20**. 세 번째 내러티브(2:11-14)는 베드로에게 하는 "말"로 끝맺는다. 사실 이 말은 갈라디아 사람들을 염두에 둔 "말"로 발전해간다(2:15-21). 아울러 바울은 이 내러티브에서 그가 이어서 제시할 주장의 기초가 되는 신학 전제들을 제시한다. 여기서 그는 다음 세 가지 것을 문제 삼는다. (a) 의는 "토라를 지키는 행위로 얻는 게 아니다." (b) 의는 토라 준수에 마침표를 찍으신 "그리스도 예수를 믿는 믿음으로" 얻는 것이다. (c) (당신의 영으로; 이는 암시되어 있다) 신자 안에 들어와 사시는 그리스도는 새 의를 이루는 삶을 살아내게 하시는 탁월한 중개자시다. 이런 전제들을 설파한 뒤, 바울은 첫 번째 신학적 주장(논증)을 제시한다(3:1-4:7). 여기서는 **영** 체험과 성경을 한데 결합하여 방금 말한 전제 중 첫 두 가지 전제들을 뒷받침한다(그리스도가 토라에 마침표를 찍으셨다; 따라서 의는 "토라를 지키는 행위"로 얻을 수 없고 "그리스도 예수를 믿는 믿음"으로 얻을 수 있다).

---

10) 갈라디아서의 **형태** 문제, 특히 "수사" 문제를 알아보려면, 특히 Cosgrove, *Cross*, 23-38을 보라. Cosgrove는 갈라디아서가 어쨌든 서신인데도 1세기 수사에 푹 빠진 사람들은 이 사실을 쉬이 잊어버린다고 주장한다(26). 실제로 이런 개념 범주들이 정말 유용하다면, 갈라디아서의 전체 주장이 본질상 설득하는 말이요 또 바울이 이 주장을 통해 자신이 옳고 선동자들이 그르다는 확신을 갈라디아 사람들에게 심어주려고 노력한다는 점을 고려할 때, 이 갈라디아서는 단순한 변증(변호)이 아니라 심사숙고 끝에 나온 글임을 인정해야 한다.

바울은 4:8-11에서 이 주장을 갈라디아 사람들의 상황에 상세히 적용하며 이 주장을 끝맺는다. 이어 바울은 자신이 처음 그들 가운데 있었을 때만 해도 그들이 그와 그의 복음을 성실히 따랐음을 전제하며, 그들에게 계속하여 자신을 성실히 따르라고 호소한다(4:12-20).

(3) **4:21-5:12**. 바울은 4:21-31에서 자신이 성경을 근거로 제시했던 3:6-4:7의 주장으로 되돌아간다. 여기서 그는 아브라함, 종의 신분, 자유라는 테마들을 사용하면서 유비(analogy)를 통해 토라는 종의 신분(종살이)을 의미하고 그리스도와 **영**은 자유를 의미한다는 것을 설명한다. 여기서도 다시 **영**이 핵심 역할을 한다. 바울은 "자유인인 여자"가 낳은 "자유인인 아들"(그리스도 안에 있는 신자들을 상징한다)을 "**영**을 따라 태어난" 이들로 규정하면서, 종의 아들이요 "육을 따라 태어난" 이스마엘(현재의 유대교)과 대비한다.

이어 적용과 호소를 담은 내용이 이어진다. 여기서 바울은 우선 갈라디아 사람들**을 향하여** 토라에 굴복한 결과들을 직시하고 이런 결과들에 담대히 맞설 것을 호소하며(5:1-6), 두 번째로 그리스도를 저버리게 하는 일을 하느라 손발이 부르튼 선동자들**을 놓고** 갈라디아 사람들에게 호소한다(5:7-12).

(4) **5:13-6:10**. 바울은 2:15-21에서 제시했던 세 가지 전제들을 다시 이야기하며 이 서신을 마무리한다. 즉 그는 신자 안에 들어와 사시는 **영**이 토라를 대체했으며, 이는 **영**이 토라가 할 수 없었던 일을 하실 수 있었기 때문이라고, 다시 말해 토라가 요구하는 의를 이루실 수 있었기 때문이라고 말한다. 토라는 "육의 열망과 욕심"을 효과 있게 다루지 못했다. 그러나 **영**은 바로 그 일을 해내신다. 하지만 이 경우에 바울은 단순한 주장의 차원을 넘어선 문제를 다룬다. 그는 이 주장을 갈라디아 지역 교회 내부의 불화 문제라는 특정 문제에 적용한다.

이처럼 **영**은 바울이 제시하는 주장의 1부(1:13-2:14)에서는 거의 역할을 하지 않는다. 그 이유는 명백하다. 1부가 내러티브 형태를 취하는데다 바울이 전하는 복음과 그의 사도직을 변호하는 기능을 하기 때문이다. 그러나 2부(2:15-4:20)와 3부(4:21-5:12) 그리고 4부(5:13-6:10)에서는 **영**이 그리스도와 더불어 주연 역할을 한다. 실제로 바울이 갈라디아서에서 제시하는 주장은 **영**이 없으면 말 그대로 무용지물이다. **영**은 신자가 체험하는 실재로서 토라가 의를 가져다주지 못함을 증명해주시는 증거요(3:1-5, 14; 4:6), 이제 토라의 시대가 지나간 이상 효과 있게 의를 중개해주시는 유일한 분이다(5:13-6:10).

▪ 갈라디아서 2:2

이제 내가 계시를 따라 올라가 또[11] 내가 이방인들 가운데서 설교하는 복음을 그들 앞에(유력자들에게 사사로이) 제시하였노라.

이 본문은 **영**을 언급하지 않는다. 그러나 바울은 분명 ἀποκάλυψις("계시")를 **영**이 하시는 일로 이해한다.[12] 그럴 경우에 때로는 더 일반적인 관점에

---

11) 그리스어 본문(UBS[4]와 NA[26])과 몇몇 영역 성경(RSV, NASB)은 ἀποκάλυψιν 다음에 마침표(또는 중간 마침표)를 찍는다. 그러나 이렇게 하면 결국 이 절(2절 서두의 ἀνέβην δὲ κατὰ ἀποκάλυψιν – 옮긴이)을 삽입문장으로 만들어버리는 셈이다(실제로 Duncan, 37은 삽입문장이라고 주장한다). 그러나 바울이 구사한 문장 구조들은 그와 다를 가능성이 훨씬 더 높다. 이 절의 δέ는 "올라간" **이유**를 자세히 설명함으로써 1절이 제시하는 내러티브를 다시 이어간다. 바울이 쓴 글에서는 "또"(그리고)로 시작하는 문장이 드물다. 그러므로 다음 절(καὶ ἀνεθέμην αὐτοῖς τὸ εὐαγγέλιον ὃ κηρύσσω ἐν τοῖς ἔθνεσιν, κατ' ἰδίαν δὲ τοῖς δοκοῦσιν,....)은 새 문장이 아니라 ἀνέβην δὲ κατὰ ἀποκάλυψιν을 보충해주는 말로 이해해야 한다. 따라서 2절의 첫째 구절은 "올라간" **근거**(올라가게 만든 근원)를 제시하며 둘째 절은 "올라간" **이유**를 제시한다. 결국 2:1-2은 이런 구조가 된다.

[1]그러고 나서 십사 년 뒤에
　내가 다시 올라갔다　　예루살렘으로
　　　바나바와 함께
　　디도도 함께 데리고.
[2]이제(δέ) 내가 올라가
　　　계시를 따라
또(καί) 내가 그들 앞에 제시하였으니….

서 이해하기도 하고,[13] 때로는 여기처럼 상황에 따른 임기응변 성격이 더 강한 곳들에서는 예언과 긴밀하게 묶어 이해하기도 한다(물론 일부 경우에는 꼭 그렇지 않을 때도 있다).[14] 바울은 3:5에서 갈라디아 사람들에게 **영**이 계속하여 그들 가운데서 기적들을 행하신다는 것을 되새겨준다. 때문에 갈라디아 사람들도 바울이 지금 하는 말을 이런 식으로(즉 **영**이 예언을 통해 계시해주셨다는 의미로 – 옮긴이) 이해했을 것 같다.

실제로 많은 주석가들의 견해도 그러하다.[15] 하지만 그들 가운데 일부는 바울이 지금 하는 이 말(=계시)과 사도행전 11:27-28이 이야기하는 아가보의 예언 사이에 상관관계가 있다고 주장한다.[16] 그러나 그런 상관관계가 있다면, 바울 사도 자신이 정말 깜짝 놀랐을 것이다! 앞에서도 말했듯이(주11), 2절 문장의 첫째 절은 일종의 삽입 문장으로 이해해서는 안 된다. 도리어 첫째 절은 둘째 절의 근거를 제시하는 역할을 한다["이제(δέ) 내가 계시를 따라 올라가 또 내가 이방인들 가운데서 설교하는 복음을 그들 앞에 제시하였노라"]. 이처럼 바울과 바나바(그리고 디도)는 특별히 **영**의 인도하심을 따라, 그리고 바울이 이방인들 사이에서 선포한, 율법에서 자유로운(=할례로부터 자유로운) 복음이라는 문제를 처리할 목적으로, 예루살렘으로 올라갔다.[17] 물론 바울의 당면 목적에 비춰볼 때, 이 짧은 언급은 예루

---

12) 물론 모든 용례가 이렇다는 말은 아니다. 가령 1:12에서는 "예수 그리스도의 계시"라는 말을 쓰는데, 이는 바울이 회심하고 사명을 받음을 가리킨다. 여기서 그리스도는 계시의 목적(대상)이시다(15-16절은 그 점을 확인해주는 것 같다).

13) 가령 고전 12:10-12과 엡 3:5이 그런 예다.

14) 앞의 제4장에서 고전 14:6, 26, 30을 논한 내용을 참고하라.

15) 가령 Lightfoot, Burton, Erdman, Duncan, Mussner, Bruce, Fung, Longenecker를 보라. 다른 많은 사람들(가령 Lagrange, Schlier, Guthrie, Betz, Ebeling, Rohde)은 단지 여기서 선택할 수 있는 것들이 아주 다양하다는 점만을 지적하면서(직접 계시, 환상, 예언으로 하는 말), 특별히 자신들이 선호하는 것을 제시하지 않는다.

16) 정도 차이는 있어도 Duncan, Cole, Stott, Fung, Longenecker는 이 주장을 열심히 받아들인다; 참고. W. M. Ramsay, *St Paul, the Traveller and the Roman Citizen* (14th ed., 1920; repr. Grand Rapids: Baker, 1951), 57.

17) 이제는 W. O. Walker, "Why Paul Went to Jerusalem: The Interpretation of Galatians 2:1-5," *CBQ* 54 (1992), 503-10을 보라.

살렘에서 이루어진 모임이 예루살렘의 명령에 따른 것이 아니라 **영**의 인도하심을 따라 자유의사로 이루어진 것임을 분명하게 일러준다.

물론 그 "계시"가 바울에게 은밀히 주어진 것인가,[18] 아니면 사도행전 13:2의 경우처럼 공동체가 함께 예배할 때 주어진 것인가는 바울이 여기서 하는 말로 밝혀낼 수 없다. 바나바와 디도가 바울과 함께 있었다는 점, 그리고 바울이 다른 이가 확증하거나 검증하려면 할 수도 있는 그런 "계시"를 서슴없이 근거로 원용한 점을 고려할 때, 나는 후자 쪽을 지지하고 싶다.[19] 만일 그렇다면, 이것은 바울 서신에서 "은사를 부어주시는"(charismatic) **영**이 초기 교회의 삶 속에 자리하셨다는 것을 일러주는 또 다른 사례인 셈이다. 그런 예언은 한 개인의 삶이 나아갈 특정한 방향을 일러주는 "사사(私事) 예언"(personal prophecy) 형태를 띠기보다 공동체와 관련된 예언으로 이해해야 할 것이다. 이 예언은 적절한 검증을 거쳐 공동체가 세 형제들(바울과 바나바와 디도)을 예루살렘으로 보내는 데 근거가 되어주었을 것이다.[20]

---

18) 1:12, 16이 언급하는 "예수 그리스도의 계시"(예수 그리스도를 나타내신 계시)는 틀림없이 사사로이 은밀하게 전달된 계시였을 것이다. 고후 12:7의 "여러 계시"도 마찬가지였을 것이다. 이처럼 바울이 1:10-2:14에서 제시하는 주장의 두 부분이 특별히 "계시"와 연결되어 있는 게 사실이지만, 그렇다고 그 말(=계시)이 각 경우에 똑같은 종류의 체험을 가리킨다고 생각할 이유는 없다.

19) Meyer, 67; Bruce, 108; Fung, 86; Aune (*Prophecy*, 249, "a dream or vision experience"), 그리고 다른 이들은 견해를 달리한다. 이들은 그 계시를 사사로이 은밀하게 받은 계시로 본다. 이렇게 볼 경우, 그 계시는 예언의 결과물일 수도 없고, 고전 14:26-33도 이 계시와 아무 상관이 없을 것이다.

20) 참고. Lightfoot, 102. Lightfoot는 (행 15:1-2 기사를 언급하면서) 그 계시가 "교회의 결정을 촉진하거나(그런 결정을 불러온 사전 원인이 되거나—옮긴이) 그 결정을 확인해주었을 것(사후에 확실히 재가해주었을 것—옮긴이)"이라고 주장한다. 내가 믿는 것처럼 실제로 이것들(갈 2:1-2과 행 15:1-2이 말하는 사건들—옮긴이)이 같은 사건이라면, 바울이 말하고자 하는 것은 틀림없이 전자일 것(즉 그 계시가 교회의 결정을 촉진하는 원인이 되었다는 것—옮긴이)이다. 여기서 제시한 견해와 유사한 견해를 보려면, Dunn, *Jesus*, 217을 보라. Dunn은 갈 2:1-2의 사건과 행 15:1-2의 사건이 다른 사건이었을 수도 있음을 기탄없이 인정한다(p. 222).

■ **갈라디아서 2:19b-20**

19…내가 그리스도와 함께 십자가에 못 박혔나니,[1] **20**그런즉 이제는 내가 사는
것이 아니라 도리어 그리스도가 내 안에 사심이라. 따라서 이제 내가 "육" 안에
서 살아가는 삶은 내가 하나님의 아들을 믿는 믿음[21]으로 말미암아 살아감이
니, 그는 나를 사랑하사 나를 위해 자신을 내어주셨느니라.

이 연구서에서 이 본문을 다루어야 할지 모호한 구석이 있다. 어쨌든 이 본문은 문맥 속에서 그 의미를 잡아내기가 쉬운 본문은 아니다. 그러나 신학 면에서 아주 중요한 본문인 로마서 8:9-10에 비춰볼 때, 그리고 특히 갈라디아서의 나머지 부분이 제시하는 주장에 비춰볼 때, 바울이 말한 "도리어 그리스도가 내 안에 사신다"라는 말은 "그리스도가 당신의 **영**으로 내 안에 들어와 사신다"라는 말의 줄임말일 가능성이 아주 높다. 그렇다고 바울이 부활하신 주와 **영**을 동일한 분으로 보았다는 말은 아니다.[22]

---

21) 16절에서 처음 등장하고 여기서도 ἐν πίστει τῇ τοῦ υἱοῦ τοῦ θεοῦ라는 변형으로 다시 반복하는 문구 ἐκ πίστεως Χριστοῦ를 둘러싼 현재의 논쟁[이 말이 "그리스도를 믿는 믿음에 근거하여"라는 뜻인가 아니면 "그리스도의 믿음(신실하심)으로 말미암아"라는 뜻인가]은 이미 큰 논쟁이 되었으며 계속하여 꾸준히 더 큰 논쟁으로 발전하고 있다[1980년까지 이 문제를 다룬 참고 문헌을 살펴보려면, Longenecker, 87을 보라; 참고. Hays, *Faith*; Morna D. Hooker, "ΠΙΣΤΙΣ ΧΡΙΣΤΟΥ," *NTS* 35 (1989), 321-42; 그리고 특히 근래 Hays와 Dunn이 벌인 논쟁을 실어놓은 *Society of Biblical Literature 1991 Seminar Papers* (Atlanta: Scholars, 1991), 714-44]. 이 논쟁을 해결하는 것은 이 연구서가 다뤄야 할 범위를 벗어나는 일이다. 내가 이 말이 십중팔구는 "그리스도의 신실하심"을 뜻할 것이라는 생각을 피력한 곳이 몇 군데 있다(가령 롬 3:22). 그러나 나는 이 말이 여기서도 그런 뜻이라는 데에는 그리 확신이 가지 않는다. 이 말이 처음으로 나타난 16절을 보면, 이 말은 오로지 "율법의 행위에 근거하여"라는 의미만을 가질 수 있는 ἐξ ἔργων νόμου와 대비하는 말로서 만들어낸 말 같다. ἐκ πίστεως Χριστοῦ를 "그리스도를 믿는 믿음"으로 이해하는 것은 이 문장에 너무 무거운 짐을 지우는 것이라는 반발이 있다. 그렇다 해도 이 경우에는 이 말을 "그리스도의 믿음(신실하심)"으로 이해할 수 없다. 결국 이 절에서 바울은 적어도 세 차례에 걸쳐 "율법의 행위로 말미암지 않고"라고 말하는 셈이다. 이에 대한 답변 중 일부가 "우리가 그리스도 예수를 믿었다"이다. 때문에 내 생각에는 바울이 세 번에 걸쳐 "율법의 행위로 말미암지 않고"를 기록하고 이와 대비되는 "도리어 그리스도 예수를 믿는 믿음으로 말미암아"도 세 번에 걸쳐 기록하고 있다고 보는 쪽이 더 타당한 것 같다. 이것이 16절에서 말하는 것이라면, 여기 갈 2:20도 십중팔구는 같은 의미일 것이다(그러나 나는 이 경우를 달리 해석할 수도 있다는 점에 반대하지 않는다).

오히려 **영**은 실제로 **그리스도의 영**(the Spirit *of Christ*)이시기에, 바울의 용례가 지닌 의미는 해당 문맥의 강조점이 무엇인가에 따라 결정된다. 여기서 바울은 그리스도와 그분이 행하신 일을 강조한다. 따라서 바울은 내주하시는 **영**[23]보다 도리어 내주하시는 그리스도[24]를 이야기하는 셈이다.

그렇게 생각하는 이유 중 하나는 바울이 늘 신자들을 "그리스도 안에 있는" 존재로 생각하는 반면 "내주"(안에 들어와 사심, indwelling)라는 말은 보통 **영**과 관련된 언어로 사용하기 때문이다. 로마서 8:9-10(찾아보라)은 이 말을 이해할 수 있는 신학적 실마리를 제공한다. 신자들은 **하나님의 영이 그들 안에 사시는** 한, 육 안이 아니라 **영 안에** 있는 사람들이다. 아무리 신자라도 그리스도의 **영**을 가지지 않은 자는 아예 그분(그리스도)께 속하지 않은 자들이다. 이런 주장은 결국 **만일 그리스도가 너희 안에 계시면**, "**영**은 (그리스도가 너희에게 주신) (진정하고 유일한) 의 때문에 너희에게 생명을 주신다"라는 마지막 결론을 낳는다. 여기에 바울이 그리스도가 당신의 **영**으로 당신 백성 안에 들어와 사신다고 보는 분명한 증거가 있다. 이 때문에 바울은 빌립보서 1:19-20(찾아보라)에서도 비슷한 점을 강조한다. 이 본문은 바울이 빌립보 사람들의 기도로 말미암아 **예수 그리스도의 영**을 새로이 공급받으며, 바울이 시련을 견뎌낼 때 그리스도 바로 그분이 존귀하게 되신다고 말한다. 바울이 여기서 구사한 용례 뒤에도 그런 이해가 자리해 있다.

나중에 바울은 4:19에서 사사로운 호소를 하면서, 그 자신을 "너희 속에서 그리스도가(개역개정: 그리스도의 형상이) 이루어지기까지" 갈라디아 사람들을 낳는 수고를 하는 사람에 비유한다. 여기서 바울이 말한 "너희

---

22) 예를 들어 Betz, 124이 견지하는 입장이다; 참고. Burton, 127. Burton은 좀더 신중하게 말한다. 이 문제를 살펴보려면, 제13장을 보라.

23) Duncan, 72; Bruce, 144도 비슷하다; 참고. Ebeling, 149-50.

24) 바울은 내주하시는 그리스도라는 표현을 그리 자주 쓰지 않는다(그가 더 자주 쓰는 표현은 신자들이 "그리스도 안에" 있음과 관련된 표현들이다). 그러나 고후 13:5; 롬 8:9-10; 골 1:27; 엡 3:17을 보라.

속에서 그리스도가 이루어지기까지"는 필시 "너희 속에서 그리스도 바로 그분의 모양이 이루어지기까지"라는 뜻일 것이다. 어떻게 그런 일이 일어나는지 설명하는 것이 5:13-6:10에서 바울이 제시하는 주장의 요지다. 즉 갈라디아 사람들이 "**영**으로 행하며/**영**의 열매를 맺으며/**영**을 닮아가게" 될 때에 그리스도의 모양이 그들 안에서 이루어진다. 5:13-6:10의 주장에서 특히 중요한 것은 5:24-25에서 볼 수 있는 언어의 조합이다. 이 두 구절에서는 육을 **십자가에 못 박음**과 **영**으로 **살아감**을 나란히 배치해놓았다. 따라서 비록 바울이 여기서 **영**을 언급하지는 않지만, 다른 곳에서 바울이 구사하는 용례의 의미를 보면, "그리스도가 당신의 **영**으로 내 안에 들어와 사신다"라는 것이 그가 하고자 하는 말임을 알 수 있다.[25)]

더 어려운 문제는 이 본문이 이 문맥 속에서 의미하는 게 무엇이며 바울이 왜 그리스도가 내주하심을 강조하는가라는 문제다. 이 문제의 답은 11절부터 시작되는 바울의 주장 자체에 들어 있다. 바울은 여기서 베드로가 이방인들이 유대인의 정체성을 나타내는 표지들을 따르지 않아도 이들을 다 받아들이기로 합의해놓고도 이런 합의를 저버린 사건을 소상히 이야기한다. 바울이 그 사건과 관련하여 베드로에게 한 "말"은 바울이 갈라디아 사람들에게 제시하는 주장의 도약판이 된다. 실제로 그 "말"은 주장으로 발전한다.[26)] 이 주장에서 이 서신이 제기하는 두 가지 주요 문제들

---

25) 아울러 Meyer, 125; Ridderbos, 106; Dunn, *Baptism*, 107; Bruce, 144; Cosgrove, *Cross*, 173, 193-94; Longenecker, 93도 그러하다.

26) Betz와 그를 따르는 Longenecker는 이것을 "변증서"(apologetic letter)의 **전제**(*propositio*)라고 부른다. 어쩌면 그럴 수도 있다. 그러나 두 가지 점을 조심해야 한다. (1) 이런 것을 "변증서"로 부른 사례로서 알려져 있는 게 없다. 따라서 이것이 과연 바울이 의도했던 것일지 의심해보는 것이 타당할 것 같다[특히 W. A. Meeks, *JBL* 100 (1981), 304-7; 그리고 Cosgrove, *Cross*, 24-27이 제기한 비판들을 보라]. (2) 수사(修辭)와 관련된 개념 범주들을 사용하는 것이 때로는 이 서신에서 이야기하는 것들을 모호하게 만드는 효과를 가질 때가 있다[가령 이 부분을 "1:11-2:14의 요약"이라고 부르는 것(Longenecker, 80-81)은 너무 많은 것을 놓치는 것 같다 — 결국 이 대목은 여전히 내러티브 형태를 띠고 있지, 전제에 기초한 논증 형태를 띠고 있지 않다). 문제는 이 내용이 누구를 향한 것인가다. 안디옥과 베드로인가, 아니면 갈라디아 사람들인가? 안디옥의 상황은 바울의 시야에서 사라지지 않았다. 그렇긴 해도 이제 바울이 이어질 주장을 미리 귀띔함으로써 우선 초점을 맞추는 대상은 갈라디아 사람들인 것 같

(그의 사도직과 그리스도 설교를 변호하는 문제, 그리고 그가 이방인들에게 전한 "율법으로부터 자유로운" 복음을 변호하는 문제)이 하나로 통합된다. 바로 앞에 있는 문장(18절), 곧 "이는 만일 내가[27] 헐었던 바로 그것들을 다시 세우면 내가 내 자신을 범법자의 자리에 놓기 때문이라"는 1-10절에서 이야기한 이전의 합의에 비추어 베드로가 안디옥에서 한 행동을 넌지시 언급한 말로 보인다. 따라서 19절은 더 사사로운 증언을 통해(참고. 16절) 현재 그리스도 안에서 살아가는 신자의 삶과 **율법** 안에 있는 삶을 대조하여 제시한다. 우선 토라를 기준으로 할 때,[28] 죽음은 토라와 신자의 관계에 철저히 마침표를 찍었다. 이는 신자와 그리스도의 친밀한 관계 때문이다. 그리스도의 죽음은 토라의 시대를 끝냈다(이것이 바로 이 서신이 3:6부터 제시하는 주장 전체의 요점이다). 반면에, 토라는 종언을 맞았지만, 하나님 바로 그분을 기준으로 삼게 되면 신자는 이제 살아 있는 자다. 우리가 보는 본문(19b-20절)은 "어떻게 그런 일이 일어났는지" 상세하게 설명한다.

그리하여 바울은 20절에서 십자가에 못 박힌 이후의 새 삶을 우리 자신이 본디 적법하게 가진 소유물이 아니라 선물(살아 계시는 그분, 십자가에

다. 그런 차원에서 보면, 이 내용은 **전제** 구실도 일부 하는 셈이다(Cosgrove, *Cross*는 견해를 달리한다. 그는 2:16과 3:1-14의 주장 사이의 연결고리를 너무 조급하게 끊어버린다). 참고. B. Byrne, *'Sons of God'–'Sons of Abraham'* (AnBib 83; Rome: Pontifical Biblical Institute, 1979), 143.

27) 여기서 갑자기 14절에서 마지막으로 사용했던 1인칭 단수형으로 돌아간 점에 유의하라.[2] 바울이 베드로에게 하는 "말"은 처음에 2인칭 단수로 시작했다가(14b절)[="네가 유대인으로서…"; 주어가 σύ (너)다 – 옮긴이], 15절에서 1인칭 복수로 바뀌고(="우리는 본디…"; 주어가 ἡμεῖς (우리)다 – 옮긴이), 이 복수형이 17절까지 이어진다. 물론 바울이 15절부터 17절까지 말하는 내용 가운데 얼마나 많은 부분을 이전에 자신이 베드로에게 한 "말"의 일부로 삼고자 했는지 불확실하다. 바울이 그 사건에 관하여 뭐라 말했든, 그 말의 내용이 지금 그가 갈라디아 사람들에게 해야 할 말의 내용을 이루기 때문이다. 즉 15-17절의 어느 지점에서 바울이 베드로에게 했던 "말"이 갈라디아 사람들에게 하는 "말"로 바뀐다. 그럴지라도 처음에 있었던 그 사건(바울이 안디옥에서 베드로를 꾸짖은 사건 – 옮긴이)의 관심사들이 지금 갈라디아에서 일어나고 있는 일들과 아주 유사하기 때문에, 그 관심사들은 여전히 바울이 지금 제시하는 주장의 표면에 가까이 자리해 있다.

28) 나는 νόμῳ와 θεῷ를 기준을 나타내는 여격으로 받아들인다. 신자는 토라를 기준으로 하면 죽은 자다. 그러나 하나님을 기준으로 하면 산 자다. 참고. 롬 7:1-6.

못 박히셨다가 이제는 부활하신 그리스도 바로 그분이 주신 삶)이라고 규정한다. 그러므로 문맥상 특히 앞 문구인 "내가 그리스도와 함께 십자가에 못 박혔다"에 비춰볼 때, 부활하신 그리스도가 바로 지금 바울 안에 사시는 분으로서 삶을 가능케 하시는 분으로 보는 것만이 자연스럽다. 갈라디아서가 제시하는 나머지 주장, 특히 4:4-7은 바울이 그런 "아들"의 삶을 **영**이 들어와 사심으로 말미암아 자신에게 효과가 미치게 된 그리스도의 구속 사역의 결과로 이해한다는 것을 분명하게 일러준다. 그리스도와 **영**은 모두 아버지(성부)가 보내신 이들이셨다.

마지막으로 이 본문이 고린도후서 5:14-17을 아주 많이 떠올리게 한다는 점을 유념해야 한다. 그리스도의 죽음은 모든 이에게 죽음을 의미했다. 때문에 지금 살아 있는 어떤 "생명"도 부활하신 그분이 주신 선물이다. 따라서 이제 사는 이는 "내"가 아니다. "나"는 이미 그리스도의 죽음을 통해 죽음을 체험했기 때문이다. 하지만 신자에게는 이것이 "그리스도의 죽음 안에서 모든 사람이 죽는"(고후 5:14) 문제일 뿐 아니라, 특별히 신자가 그리스도의 죽음 안에서 그리스도와 친밀한 연합을 이룬다는 문제이기도 하다. 이를 통해 그리스도가 죽으심으로 끝을 내신 것이 신자에게도 역시 마침이 되었다(이 경우에는 **율법**). 삶(생명)의 경우도 마찬가지다. "내"가 그리스도의 죽음 안에서 죽었기 때문에, 지금 유일하게 얻을 수 있는 생명은 부활하신 그리스도의 생명이다. 그러므로 지금 진정으로 살아 있는 사람들은 오로지 신자들뿐이다. 이 신자들은—당신의 **영**으로 말미암아—"내 안에 들어와 사시는" 그리스도와 더 친밀한 관계를 이룸으로 살아간다. 따라서 "'내'가 지금 '육 안에서' 살아가는 삶은 나를 대신하여 십자가에서 죽으심으로 나를 향한 당신의 사랑을 표현하신 그리스도를 힘입어 살아가는 것이다."

이제부터 신자들은 "이미"와 마지막 때의 구원이 이루어질 "아직 아니"라는 "두 시대 사이에서" 살아간다. 죽음이 이미 일어났고, 생명도 마찬가지다. 이제 "살아가는" 이는 더 이상 "내"가 아니다. 그러나 나는 계속하여

"육 안에서" 살아간다. 이는 "내 죄 가운데서" 살아간다는 뜻이 아니라, 고린도후서 10:3이 말하는 것처럼 "이 현재의 실존 속에서" 살아간다는 말이다. 이 실존에는 "이미" 그리스도의 죽음과 부활 그리고 **영**이라는 선물로 말미암아 영원이라는 도장이 찍혀 있다. 그러나 이 실존은 "아직 아니"다. 여전히 부침(浮沈)을 거듭하는 현세에 속해 있기 때문이다. 그러나 그리스도가 당신의 **영**으로 신자 안에 들어와 계신다는 것은 "육 안에" 있는 삶이 **율법** 아래 있는 삶이 아니요(참고. 5:18) "육"[단순히 "인간의 모습만 드러낸다"는 뜻이 아니라 타락으로 말미암아 그 근본 자체가 하나님께 맞서는 인성(人性)]의 욕심에 굴복하는 삶도 아니라는 것을 뜻한다(5:16).

요컨대 결국 이 본문은 사사로운 증언을 통해 이 서신의 본질을 이루는 신학 명제를 천명한다. 그리스도는 "우리를 위하여" 죽으심으로 토라를 끝내시고 오직 믿음에 근거한 생명의 길을 열어놓으셨다. 그러나 그 생명은 단지 의로움이라는 "지위"만을 뜻하지 않는다. 그 생명은 당신의 **영**으로 우리 안에서 하나님 바로 그분의 생명을 누리며 살게 하시는 그리스도에 근거한 실물이다. 갈라디아서의 나머지 부분은 이 점을 상세히 설명한다.

갈라디아서 3:1-4:11

바울은 이제까지 제시한 주장에서, 첫째, 자신이 이방인들에게 전한 복음(율법으로부터 자유로운 복음)이 직접 계시를 통해 자신에게 왔다고 강조했다. 결국 그의 사도직과 그의 복음 이해는 예루살렘**으로부터 철저히 독립된** 것이었다.[29] 바울에게는 선동자들이 분명 갖고 있었을[그리고 필시 자랑

29) 물론 그가 예루살렘으로부터 독립해 있었다는 것은 선동자들의 견해와 철저히 일치한다(즉 그 선동자들은 바울의 사도직에 의문을 제기하면서 그가 예루살렘으로부터 권위를 인정받

했을(1:10-23)] "신임장" 같은 것들이 필요하지 않았다. 둘째, 바울의 사도직과 복음 이해는 그렇게 독립성을 갖고 있었지만, 그래도 그의 복음 이해는 예루살렘에 있는 "유력"자들의 이해와 **다르지 않았다**(2:1-10). 오히려 반대로 바울과 바나바가 이윽고 "그들의 복음"을 그 유력자들 앞에 제시할 기회를 갖게 되었을 때, 모든 이가 그 복음을—그들이 이방인들에게 전한 그대로—율법으로부터 자유로운 복음으로 이해하는 데 공감을 표시했다. 그들이 차이를 발견한 곳은 오직 각각 힘써 일할 영역뿐이었다(2:1-10).[30] 때문에 바울은 베드로가 안디옥 사건을 통해 이런 합의를 저버린 일(2:11-14)을 복음의 본질에 관하여 자신이 갈라디아 사람들에게 제시하는 주장의 발판으로 사용한다. 그 이유는 베드로의 "합의 위반"이—자신들이 예루살렘의 축복을 받았다고 주장하며—지금 갈라디아 사람들 가운데 들어와 있는 선동자들이 갈라디아 사람들에게 촉구하는 바로 그 이슈와 관련 있었기 때문이다.[31]

앞에서 말했듯이, 지금 바울이 제시하는 주장(3:1-4:11)은 세 항목에 초점을 맞추는데, 이 세 항목은 그가 제시하는 나머지 주장이 상세히 설명한다. 그 세 항목은 "**율법**의 행위로 말미암지 않음", "그리스도 예수를

지 **않은** 점을 이유 중 하나로 들었다). 결국 바울은 자신의 "약점"을 자신의 밑천으로 삼는 셈이다. 바울은 선동자들이 약점이라 본 것을 자신이 가진 큰 이점으로 본다. 그의 사도직과 복음은, 그 선동자들의 복음 및 지위와 달리, "사람으로부터" 온 것이 아니라 하나님으로부터 직접 온 것이다.

30) Lull, *Spirit*, 10은 여기서 통찰력을 발휘하여 이 본문이 예루살렘과 일치하지 않는 쪽은 바울 자신이 아니라 오히려 유대계 그리스도인 선동자들이라는 게 바울의 시각임을 넌지시 암시한다고 주장한다.

31) 선동자들은 자신들의 견해가 예루살렘으로부터 축복을 받은 것이라며 끈덕지게 강요했다. 이것이 갈 1-2장이 제시하는 주장의 의미를 가장 잘 파악한 것이요, 특히 바울이 베드로의 예루살렘 합의 위반을 자신이 갈라디아 사람들에게 제시하는 주장의 발판으로 사용하는 사실을 가장 잘 파악한 것이다. 참고. Lincoln, *Paradise*, 10. 바울의 시각에서 보면, 이 선동자들은 예루살렘으로부터 축복을 받을 수 없는 자들이다. 그 축복은 바울 자신이 받았기 때문이다. 그러나 베드로는 "예루살렘으로부터 온 몇몇 사람들"의 압력에 못 이겨 이방인들도 "유대인들처럼 살아야 하느냐"라는 문제가 걸려 있는 준수 사항들에 굴복해버린 선례 역할을 한다. 그래서 바울은 자신이 베드로에게 한 "말"을 지금 갈라디아 사람들에게 제시하는 주장으로 바꿔놓은 것이다.

믿는 믿음으로 말미암음", "그리스도가 (당신의 **영**으로) 내 안에 들어와 사심"이다.[32]

이 주장은 이런 줄거리를 따라 성경, 그중에서도 특히 창세기와 신명기의 증거를 조합하여 그리스도의 오심이 **율법** 준수의 마침을 의미했다는 것, 그러기에 아브라함의 경우처럼 의(義)라는 선물이—유대인에게나 이방인에게나 똑같이—믿음에 근거하여 주어지게 되었다는 것을 설명하려 한다. 이 두 가지 것이 진실임을 체험을 통해 증명해주는 증거가 신자 안에 들어와 사시며 능력을 부어주시는 **영**의 임재다.[33]

비록 후대 독자가 보기에 이 주장의 일부 세부 사항은 좀 모호하긴 하지만, 그래도 이 주장 자체는 그 줄거리를 쉽게 추적해갈 수 있다. 이 주장은 1-5절의 수사로 시작한다. 여기서 바울은 세 가지 주제를 하나로 엮어 갈라디아 사람들이 한 **영** 체험이 이방인들도 할례를 받아야 하는가라는 문제를 놓고 동요하는 그들을 나무라는 역할을 한다고 주장한다.[34] **영**은 하나님과 신자의 관계가 "**율법**의 행위"가 **아니라** "그리스도 예수를 믿는 믿음"에 근거하여 수립되었음을 증명해주시는 증거 1호다. 6-14절은 이 두 주제를 가져다가 성경을 토대로, 첫째(6-9절), 유대인이나 이방인이나 가리지 않고 의는 "그리스도 예수를 믿는 믿음으로" 얻는다는 것, 그리고 둘째(10-14절), 그리스도가 우리를 대신하여 저주를 받으심으로 **율법**의 시대를

32) Cosgrove, *Cross*, 32-33은 견해를 달리 한다. Cosgrove는 일종의 글재주를 구사하여 2:15-21을 이 서신을 이해하는 열쇠로서 고려할 대상으로부터 아예 제외해버린다.

33) 두 사람이 조금 다르기는 하지만, Cosgrove, *Cross*, 39-61과 C. D. Stanley, "'Under a Curse': A Fresh Reading of Galatians 3.10-14," *NTS* 36 (1990), 492-95은 바울이 3:1-14에서 제시하는 주장이 갈라디아 사람들이 **영**을 받은 것과 주로 관련 있다고 이해한다. 즉 그들이 한 체험과 성경이 결합하여 그들이 율법을 더하지 않고도 믿음으로 **영**을 받았다는 것을 증명해준다는 것이다. 이런 논증 방향에는 나도 공감할 수밖에 없다. 그러나 나는 이 두 사람이 이 주장 속에 들어 있는 "의"라는 요소를 과소평가하고 있다고, 특히 이 "의"와 "믿음으로 말미암는 의"라는 주제의 연관성을 과소평가하고 있다고 느낀다. "믿음으로 말미암는 의"라는 주제는 이 대목 앞부분(2:16, 21)과 뒷부분(3:21, 24)에서도 다루는 것이다.

34) 이 지점에서 Cosgrove, *Cross*, 38은 이곳이 우리가 갈라디아 사람들의 "대화에 동참하는" 곳이라고 주장함으로써 의미 있는 일을 해낸다.

끝내시고 아브라함의 복, 곧 **영**을 받을 때에 완성될 약속이 이방인들에게도 이를 수 있도록 해주신 이상, "**율법**의 행위로" 의를 얻을 수는 없다는 것을 주장한다. 바울은 이 주장에 이어 15-18절에서 성경(그리고 일상생활)을 근거로 또 다른 주장을 제시한다. 즉 어떤 약속(언약)이든 그 내용을 확인한 뒤에는 이를 무효로 하거나 내용을 덧붙일 수 없기 때문에, 또 유업을 잇게 해주신다는 "약속"이 토라(그리고 할례)의 등장보다 **앞섰기** 때문에, 토라보다 앞서고 **영**이라는 선물로 말미암아 성취된 약속을 토라가 무효로 만들지는 못하였다.

이 모든 내용은 철저히 토라 반대를 이야기하기 때문에 바울은 19-22절에서 토라 문제를 끄집어낸다. 바울 자신이 방금 전까지 토라와 약속의 관계에 관하여 주장한 내용이 옳다면, 토라는 **대체 왜 존재한 것인가**? 사실 **토라는 약속과 대립하지 않는가**? 바울은 첫 질문에 토라는 (어쩔 수 없이) **일시적(잠정적)** 역할("온갖 범죄들로 말미암아 이런 죄들을 짓지 못하게 사람들을 가두어두는" 역할)을 했다고 답변한다. 바울은 뒤이어 이 주장의 나머지 부분인 3:23-4:7에서 토라의 이런 역할을 이야기한다. 바울이 두 번째 질문에 제시하는 답변은 그야말로 모범답안이다. 그는 "천만에!"라고 딱 잘라 대답한다. 고린도후서 3장에서도 말했지만, 문제는 토라가 아니다. 애초부터 토라는 오직 **영**만이 하실 수 있는 일을 할 수 있게 만들어지지 않았다는 게 문제였다.

바울은 마지막 두 문단(3:23-29과 4:1-7)을 동원하여 여기서 제시한 주장을 매듭짓는다. 그는 첫째 문단에서 사람들을 토라 준수 의무로부터 해방시켜주신 그리스도의 역할을 다룬다. 바울은 사람들을 "가두는" **율법**의 기능을 원용하면서도(19-22절) 그 유비를 바꾸어 **율법** 아래 있는 것은 사실상 종살이와 같다고 주장한다(23-24절). 그러나 그는 아브라함의 "참된 씨(자손)"(그리스도, 15-18절)가 오셔서 사람들을 그런 종살이로부터 해방시켜주시고 당신을 믿는 모든 사람들에게 "참된 아들의 지위"를 주셨다고 주장한다(참고. 6-9절과 25-29절). 그렇지만 더 나아가(4:1-7) 종살이로부터 해방되어 아브라함의 "자녀들"이 되었다는 것은 지극히 높은 분의 "아들"이라는 지위를 얻었음을 뜻한다. 하나님은—사람들을 종의 처지로부터 구속(救贖)해내어 양자들로 맞으시고자—당신 아들을 보내시고 **당신 아들의 영**을 보내셨다. 신자의 중심으로부터 "압바"(Abba,[3] 예수 자신이 하나님의 "아들"이심을 나타낸 말)라는 외침이 울려 퍼진다는 것은 그런 입양(入養)이 이루어졌다는 증거다. 그런 다음 바울은 4:8-11에서 갈라디아 신자들에게 자신이 말한 이 모든 내용을 그들 자신의 상황에 적용하도록 호소하며 이 주장을 맺는다.

이 주장과 관련하여 두 가지 관찰 결과를 더 살펴보는 것이 타당하다. 첫째, 3:7의 "선언" 명령문["그런즉 믿음으로 말미암은('율법으로 말미암지 않은'이라는 의미가 함축되어 있다) 자들은, 이들이 아브라함의 자손인 줄 알라"]은 모든 주장에 적용될 일종의 명제 역할을 한다.[35)] 그 결과, 이 명령문으로부터 다음과 같은 이중 결론이 나온다. 우선 3:29은 이렇게 말한다. "이제 너희가 그리스도의 것이면, **곧 너희는 아브라함의 씨요 약속**대로 **유업을 이을 자(상속인)니라.**" 그리고 4:7은 이런 결론을 내린다. "결국 그렇다면(그리스도가 베푸신 구속과 **영**이 내주하심으로 말미암아) 너희는 더 이상 (**율법** 아래 있는) 종이 아니라 **도리어 자녀**이니, 또 만일 자녀이면 역시 하나님을 통하여 **유업을 받을 자**이니라." 이런 결론은 다음과 같은 것을 일러준다. (1) 이 주장 전체에서 다루는 문제는 "누가 **아브라함의 참된 자녀들**로서 하나님이 **약속**하신 **상속인들**인가?"이다. (2) 선동자들은 필시 창세기 17장을 근거로 내세우며 아브라함의 참된 자손은(이는 곧 "하나님의 자녀는"이라는 의미를 함축한 말) 아브라함과 같이 할례를 통해 그들의 믿음에 확인인(確認印)을 받은 자들이라고 주장했을 것이다. 바울은 창세기 15장에서 할

---

35) Stanley, "Under," 492은 견해를 달리 한다. Stanley는 바울이 이 주제를 당장 밀어붙이지 않는다는 이유로 이것이 그런 역할을 하지 않는다고 주장한다. 그러나 Stanley 자신의 주장에서도 그러하듯이, 이 주장 중 얼마나 많은 부분이 바울과 갈라디아 사람들 사이에서 전제 역할을 하는가라는 문제와 관련 있는 것들이 많다. 나는 이곳 때문에 3:29에서는 더 큰 주장이 표제인 것처럼 보인다는 사실에 더 공감한다.

례의 언약이 있기 **전에** 하나님이 이미 아브라함을 믿음으로 말미암아 의롭다 선언하시고 이방인들을 아브라함에게 주신 약속 속에 포함시키셨다는 사실을 하나님의 복된 섭리라고 보았다. 이처럼 성경이 말하는 **언어**는 물론이요 사건들이 일어난 **시기**도 바울의 주장에 정말 중요한 의미를 갖는다.

둘째, 우리는 이 모든 일에서 **영**이 행하는 절대 긴요한 역할을 결코 간과할 수 없다.[36] 3:1-5을 보면, 갈라디아 사람들 자신이 **영**을 체험한 일은 (선동자들이 할례를 끈질기게 강요하는 형태로) 토라가 오기 전에 일어났다. 이는 결국 선동자들의 주장을 철저히 무너뜨리는 사실이다. 뿐만 아니라, 성경의 증거도 의롭다는 선언과 이방인들에게 주어질 복의 약속이 믿음에 근거하여 이루어지는 것으로서 역시 토라보다 앞서 이루어졌음을 보여준다. 바울에게 중요한 것은 자신이 "약속된 복"의 "성취"를 갈라디아 사람들이 한 **영** 체험에 비추어 해석한 내용이다(14절). "약속"에 관한 이런 이중 **이해**(double *entendre*; 이방인들에게 주어질 "아들의 지위/상속권"이라는 복이 **영**이라는 선물로 말미암아 성취되었다)는 뒤이어 "약속"을 더 언급한 말들 속에서도(16, 17, 18, 21, 22, 29절) 각기 그 수위(水位)를 달리하며 다양하게 작용하고 있는 것 같다. 이 주장은 신자 안에 들어와 계시는 **영**에게, 곧 신자가—아브라함의, 그러나 이제는 특히 하나님의—"자녀"요, 그러기에 곧 상속인임을 확증해주시는 궁극의 증거이신 **영**에게 마지막으로 호소하는 말로 끝맺는다(4:6).

따라서 구원 사건에 비추어보면, 그리스도만이 항상 이 주장의 유일한 초점이시다. 구속(救贖)과 자유와 입양, 그리고 결국은 의가 그리스도를 통하여, 그리스도의 죽음과 부활을 통하여 왔다. 바울은 "그리스도와 함께 십자가에 못 박힌" 자로서(2:20) 그리스도를 갈라디아 사람들 가운데서 그렇게 나타냈다(3:1) 그리스도는 나무에 달리심으로 유대인과 이방인을

36) 그러나 Lightfoot를 보라. 그의 주석에는 **영**을 언급하는 말이 거의 없다!

똑같이 토라 준수 의무로부터 구해내시고 "아들"이 될 수 있게 해주셨다(3:13; 4:5). 그러나 그리스도 안에 있는 삶이 오직 믿음으로 말미암아 주어지는 것이요 토라와 무관하다는 증거에 비춰볼 때, 그 삶이 시작될 때는 물론이요 계속하여 그 삶이 나타날 때에도 **영**이 주된 역할을 하신다.[37] 바울은 이처럼 갈라디아 사람들 자신이 회심할 때와 한 몸으로 살아갈 때 겪었던 **영** 체험을 토라 시대가 끝나고 하나님이 이방인에게 허락하실 복을 포함하여 아브라함에게 하셨던 약속을 완전히 이루신 시대가 왔음을 증명해주는 확실한 증거로 갈라디아 사람들에게 들이민다. 이 본문들을 자세히 살펴보면, 이것이 바울의 시각임을 더 분명히 알 수 있을 것이다.

▪ 갈라디아서 3:1-5

1오 어리석은 갈라디아 사람들아, 누가 너희를 미혹하더냐,[38] 너희 눈앞에 예수
그리스도가 십자가에 못 박히신 것이 밝히 제시되었거늘?[39] 2이것을 다만 나는

---

37) Cosgrove, *Cross*는 **영**과 십자가의 관계를 좀 달리 본다[바울은 그들의 (합당한) **영** 체험(들)을 그리스도의 고난이라는 더 커다란 울타리 아래 갖다 놓음으로써, 이런 체험들이 승리주의의 길로 빠지는 것을 막으려 한다. 일리가 있긴 하나, 갈라디아서가 실제로 제시하는 주장에서는 이런 점을 역설하지 않는다].

38) 여기 주장에서 일어난 이런 갑작스런 변화는 여기까지 이르는 동안 우리가 미처 예견하지 못한 것이었다. 후대의 본문 전승이 5:7에 있는 비슷한 문장으로부터 τῇ ἀληθείᾳ μὴ πείθεσθαι ("너희가 진리에 순종하지 않게"; πείθεσθαι는 "신뢰하다, 확신하다, 순종하다"를 뜻하는 πείθω의 현재 수동태 부정사다 — 옮긴이)라는 말을 가져다가 덧붙여놓은 것은 분명 그런 갑작스런 변화 때문일 것이다. 초기에 나온 가장 훌륭한 사본들에서는 이 문구가 빠져 있다(א A B D* F G 6 33* 81 630 1739 pc lat sy^{p} co).

39) 서방 사본 전승(D F G lat)과 더 후대에 나온 MajT는 이 동사(προεγράφη; "…앞에 쓰다, 제시하다"라는 뜻을 가진 προγράφω의 3인칭 단수 부정과거 수동태 직설법이다 — 옮긴이)를 덧붙인 말인 ἐν ὑμῖν ("너희 가운데서")으로 수식했다. 이는 분명 그 "제시함"이 바울이 그들 가운데 살며 복음을 설교하는 동안에 이루어졌음을 강조하려는 목적 때문이었을 것이다. 그러나 Lightfoot, 134은 이 ἐν ὑμῖν에 의문을 표시하며, "이 말이 본디 원문이 아니라면 어떻게 본문 속에 들어갔을까?"라고 묻는다. 이 물음에 대한 답변은 이렇다. "이게 원문이라면 왜 제거되었을까?" 이 문장은 아무리 생각해봐도 역사상 시간 순서와 맞지 않는다. 갈라디아 사람들의 눈은 예수 그리스도를 본 적이 **없기** 때문이요, 이 문구를 제거해도 이런 시대표기 오류가 경감되지는 않기 때문이다.

> 너희로부터 알기를 원하노니, **율법**의 행위에 근거하여 너희가 **영**을 받았느냐, 아니면 믿음의 들음에 근거하여(그리스어 본문은 ἐξ ἀκοῆς πίστεως — 옮긴이) (받았느냐 — 옮긴이 추가)? **3**너희가 그렇게 어리석으냐? **영**으로 시작했다가 이제는 너희가 육으로 마치겠느냐?[40] **4**너희가 그렇게 많은 일들을 헛되이 체험했느냐? 정녕 그런 일이 벌어졌다면 그것(=그런 체험)은 헛된 일이로다. **5**그렇다면 너희에게 **영**을 주시고 너희 가운데서 기적들을 행하시는 분, 그것(=그분이 하시는 그 일 — 옮긴이)이 **율법**의 행위에 근거한 것이냐 아니면 믿음의 들음에 근거한 것이냐?[41]

바울이 이 주장을 시작할 때 구사한 여섯 개(또는 다섯 개)의[42] 수사 의문문은 갈라디아 사람들이 바울의 그리스도 설교를 체험한 이야기로 시작한다(1절). 그런 다음 바울은 그들이 **영**을 **처음 받았던 사건**으로 옮겨간다. **영**은 그리스도 안에서 살아가는 새 삶이 "**율법**의 행위"가 아니라 믿음에 근거한 것임을 확실히 증명해주시는 증거다. 이어 바울은 이 서신 전체가 화급히 다루고 있는 두 가지 질문으로 넘어간다. 여기서 그는 갈라디아 사람들이 이 길로 시작하였다가 다른 길로 마칠 수는 없는 일이라고 주장한다(3절). 이어 바울은 한 번 더 진짜 수사를 구사하며 그들이 그렇게 많은 것을("**영**이 그들 가운데서 행하신 활동 가운데 많은 것을"이라는 의미를 함축한 말이다) 헛되이 체험했는지 묻는다(4절). 바울은 이어 갈라디아 사람들이

40) 그리스어로 ἐπιτελεῖσθε다("끝나다, 다 이루다"를 뜻하는 ἐπιτελέω의 2인칭 복수 현재 중간/수동 직설법 형태다 — 옮긴이). Lull, *Spirit*, 42; Fung, 133-34; Longenecker, 103은 마치 지금 문제가 되는 것이 "완전해짐"의 방법인 토라 준수인 것처럼 생각하여, "완전함에 이르다"라는 의미로 보는 쪽을 선호한다. 그러나 갈라디아서 전체의 맥락 그리고 빌 1:6이 바로 이 두 동사("시작하다"라는 뜻인 ἐνάρχομαι와 "마치다"를 뜻하는 ἐπιτελέω — 옮긴이)를 그리스도인의 삶을 "시작함"과 "마침"을 가리키는 말로 사용하는 점은 이들의 견해가 합당치 않음을 일러준다.

41) 바울이 써놓은 문장은 문법에 어긋난다. 동사가 없기 때문이다[그리스어 본문은 그냥 "율법의 행위에서 또는 믿음의 들음에서"(ἐξ ἔργων νόμου ἢ ἐξ ἀκοῆς πίστεως)다 — 옮긴이]. "그것이…것이냐?"라는 말을 덧붙이는 것이 바울의 분명한 의도에 부합한다.

42) NA^{26} 그리스어 본문을 보면, 3절에 들어 있는 두 개 절에 한 물음표가 표시되어 있다. 그러나 내가 번역해놓은 것처럼(참고. NRSV), 이 두 절은 두 질문으로 한데 어울려 한 가지 논지를 강조하고 있을 가능성이 더 높다. 참고. Hansen, *Abraham*, 109.

현재 영을 **체험**하고 **영**이 그들 가운데서 행하시는 기적 행위들을 **체험**함을 지적하면서, 이런 체험 역시 믿음으로 말미암은 것이지 율법과 아무 상관이 없는 것이라고 호소한다(5절).[43]

이처럼 바울은 성경을 동원하여 갈라디아 사람들에게 아브라함 자신이—그러므로 그의 "진정한" 자녀들도 모두—믿음으로 언약의 약속과 하나님이 주시는 복(이 경우에는 하나님이 주신 의라는 선물)을 받았음을 설명하기에 앞서, 우선 그들에게 그들이 한 **영** 체험을 되새겨준다. 그들은 이 **영**을 믿음으로 받았다(그리고 믿음으로 계속하여 체험한다).

1절 바울은 2:15-21에서 그 자신과 관련된 증언을 통해 신학 작업을 펼쳤다. 이제 그는 갈라디아 사람들에게 직접 호소하고 그들이 한 그리스도 체험과 **영** 체험에 직접 호소한다. 그러나 이 호소는 결코 이성에 차분히 호소하는 논박이 아니다. 오히려 바울은 시선을 확 잡아끄는 호격인 "오 어리석은[44] 갈라디아 사람들아"와 이보다 훨씬 더 시선을 잡아끄는 이미지, 곧 그들이 "형편없는 안목" 때문에 미혹을 당했다[45]는 이미지와 그들의 눈앞에[46] 그리스도가 십자가에 못 박히신 분으로서 만천하에 훤히 드러나셨다[47]는 이미지를 동원하여 급소로 곧장 돌격한다. 내용 면에서 볼 때, 이 첫 질문은 결국 바울이 "그리스도와 함께 십자가에 못 박혔다"는 것을

43) Lightfoot, 136은 이 모든 내용 속에서 **영**이 차지하는 중심 역할을 놓쳐버린 채, 3-4절은 자그마한 여담이며, 5절은 단지 2절이 다룬 문제로 돌아간 구절이라고 시사한다. 다른 학자들도 대체로 이런 견해를 공유한다(가령 Fung, Longenecker). 하지만 이 학자들은 Lightfoot처럼 **영**의 중심 역할을 간과하지는 않는다.

44) 그리스어로 ἀνόητοι다. 이는 보통 사람이 가진 양식(良識)을 갖지 않았음을 강조한다(참고. 3절); 참고. Burton, 143: "이 말은 태어날 때부터 어리석었다는 의미보다 사람이 가지는 인식 능력(깨닫는 힘)을 사용하지 않음을 가리킨다."

45) 그리스어로 βασκαίνω다. 세속 그리스어에서는 이 말을 영들에게 "홀리다"라는 뜻으로 사용했다. Betz, 131n31이 언급한 내용을 보라.

46) 그리스어로 οἷς κατ' ὀφθαλμούς다. 이것은 필시 은유를 계속 구사한 말일 것이다; 참고. Lightfoot, 134.

47) 그리스어로 προεγράφη다. 이 말은 보통 공고문(公告文)을 붙이는 것을 가리키는 말이었다.

역설한 앞 본문의 강조점을 가져온 셈이다.[48] 여기서 바울은 그 자신이 그들 가운데서 행한 사역을 예수가 십자가에 못 박히신 사건의 실체를 만천하에 드러낸 일로 묘사한다. 그리스도는 이 사건을 통해 "(우리를) 사랑하사 (우리를) 위하여 자신을 내어주셨다"(2:20). 만일 의가 "**율법**의 행위"를 통해 왔다면, 그 의는 은혜로 주어진 것이 아니요 그리스도의 죽음도 아무 소용이 없다(21절). 따라서 바울은 이 첫 질문에서 할례에 굴복하는 것은 곧 그리스도를 거부하는 것임을 분명하게 강조하는 셈이다.

2절 그러나 1절의 호소는, 비록 신학 면에서 필요한 것이요 마땅히 우선시해야 하는 것이지만, 그래도 이 상황에서 갈라디아 사람들이 복음에 확실히 충성하도록 만드는 데는 충분치 않다. 그들은 그리스도 안에 있는 자유인들이다. 그런데도 그들은－마치 그리스도가 헛되이 죽으신 것처럼(2:21)－기꺼이 유대인의 정체성을 나타내는 표지들이라는 속박에 자신들을 옭아매고 있다. 바울은 그리스도가 **율법**에 맞서 무슨 일을 행하셨는지 논하기(6-22절) 전에 우선 갈라디아 사람들 자신이 그리스도 안에 있는 삶을 체험한 일에 호소한다(그 삶은 오직 믿음에 근거하여 시작되었고 지금도 오직 믿음에 근거하여 계속되고 있으며 "**율법**의 행위"와 전혀 무관하다). 그런 다음 바울은 더 심오한 수사로 돌아가, 그들이 그리스도인의 삶을 시작한 사건에서 체험한 이 사건의 본질을 그들에게 되새겨준다(즉 그들이 그리스도인의 삶을 시작한 것은 **영**의 역동적 역사로 말미암아 이루어진 일이었다).

갈라디아 사람들은 "미혹을 당하였고" "**율법**의 행위"(이 경우에는 할례와 절기 준수)에 기꺼이 굴복하려 했다. 바울은 이를 보면서 그들로부터 "이 한 가지 것을 다만"[49] 알고 싶어한다. 바울은 모든 것을 오직 이 한 가지로

---

48) 참고. Hays, *Faith*. Hays는 갈라디아서에서 반복하여 나타나는 이 현상을 바울이 "'요점 반복' 방법으로 활용하는" 현상이라 표현한다.

49) τοῦτο μόνον ("이것만을")은 강조어로서 문장 첫 머리에 자리해 있다. 바울은 갈라디아 사람들이 이 한 가지 것에 쏠려 있음을 안다. 그들이 한 **영** 체험은 할례를 기꺼이 받아들이려는 그들의 자세가 그릇되었다는 것을 철저히 고발한다.

좁힐 수 있었다. 갈라디아 사람들이 바울이 전한 십자가에 못 박히신 그리스도를 듣고 **영**을 받았을 때에 바울도 그 자리에 있었기 때문이다.[50] 때문에 바울은 신학에 호소하는 말이 아니라 **영**의 삶에 호소하는 말로 자신의 주장을 시작한다. 바울은 **영**의 삶을 활용하여 그의 신학이 진실함을 (그리고 그들이 가진 편견들이 그릇되었다는 것을) 증명해 보이려 한다.

물론 바울이 던지는 질문의 구조와 문맥이 분명하게 보여주듯이, 바울의 관심사는 갈라디아 사람들과 하나님의 관계가 오로지 그리스도를 믿는 그들의 믿음에 근거한 것이지, 그들이 "**율법**을 지켜 행함"에 근거한 것은 아니라는 데 있다. "**율법**의 행위에 근거하여 너희가 **영**을 받았느냐, 아니면 믿음의 들음(=너희가 들은 것을 믿음)에 근거하여 (받았느냐)?" 우리 목적에 비춰볼 때 이 두 번째 질문에서는 특히 두 가지 문제가 중요하다.

첫째, 바울 서신에 있는 다른 많은 본문과 마찬가지로 이 본문도 "**영**을 받음"을 그리스도인의 삶이 시작되었음을 알리는 증거로 본다.[51] 이는 **영**이 비단 그리스도인의 회심뿐 아니라 그리스도께 속한 이들의 "정체성을 나타내는" 유일한 "표지"로서 아주 중요한 역할을 한다는 것을 증명해준다. 결국 여기서 시종일관 문제가 되는 것은 정체성을 증명해주는 올바른 증거가 무엇인가다. 하나님의 백성을 구별해주는 유일하고 독특한 표지는 무엇인가? 그들이 아브라함에게 주어진 약속들을 이어받을 자임을 구별

---

50) 이 점과 관련하여 Lull, *Spirit*, 53-95은 그들이 세례를 받을 때가 아니라 자신들이 그리스도인임을 선언했을 때 **영**을 받는 역동적 체험을 했다고 주장하는데, 지당한 말이다. 참고. 살전 1:5; 고전 6:11; 고후 1:21-22.

51) Hunter, *Spirit-Baptism*, 33은 데이터가 "아주 모호하여 바울이 염두에 둔 (**영**) 체험이 무엇인지 알아낼 수 없는 것 같다"라고 주장한다. 그러나 이런 "모호함"은 그가 이 본문을 문맥 속의 주장과 상관없이 읽으려 하기 때문에 벌어진 일이다. 즉 그는 이 구절이 "시작되었다"와 "마침"을 대조한다는 것을 철저히 경시한다. 그러면서 5절을 모든 내용의 요점으로 보고, 2절과 3절을 단순히 "5절에서 말하는 **영**을 받음이 언제 어떻게 이루어지는지 설명할" 목적으로 존재하는 구절로 보는 견해를 지지한다. 이런 견해는 바울의 관심사를 완전히 거꾸로 뒤집어 놓은 것이요, **토라가 오기 전에** 갈라디아 사람들이 과거(2절)와 현재(4-5절)에 한 **영** 체험(들)을 그리스도인의 삶에는 토라 준수가 들어설 자리가 없음을 확실하게 일러주는 증거로 보는 바울의 강조점을 놓친 것이다.

하여 보여주는 표지가 무엇인가? 선동자들은 할례라고 주장했다. 그들은 필시 창세기 12:3과 17:4-7, 12이 하나님이 아브라함과 맺은 언약 속에 이방인들을 포함시키신다는 점을 근거로 삼았을 것이다.[52] 바울은 **영**이라고 주장했다. 이 주장이 잘 보여주듯이, 바울은 **오직 영만이** 하나님의 소유권을 나타내는 인(印) 역할을 하며,[53] 어떤 사람이 새 시대의 삶을 시작했음을 증명해주는 확실한 증거라고 보았다. 그런 이상, 비록 바울이 지금 자기 논지에 비추어 "믿음"과 "**율법**의 행위"를 대조하고 있어도, 결국 그가 이 주장에서 대조하는 것은 **율법** 아래 있는 삶(=종살이)과 **영** 안에서 살아가는 삶(=자녀로 입양된 삶)이다.[54] 오직 **영**만이 새 언약 안에 있는 하나님 백성을 구별해주신다.

둘째, 만일 바울이 여기서 갈라디아 사람들이 **영**을 받았던 역동적 체험에 호소하는 게 아니라면, 그의 주장은 모두 암초에 걸리고 만다.[55] 물론 바울은 이런 문맥에서 **영**을 눈으로 볼 수 있게 나타내주는 증거들을 거의 언급하지 않는다.[56] 하지만 여기는 바울계 교회들이 한 **영** 체험이 누

---

52) 선동자들이 이방인 회심자들에게 할례를 받도록 촉구했다는 것은 확실하다(5:2-3, 12; 6:12을 보라). 또 이 선동자들이 아브라함 언약에 근거하여 이런 일을 했다고 보는 것이 3:6-14, 26-29의 주장을 가장 잘 이해하는 길이다.

53) 사람들은 **영**을 받음과 물세례를 결합시키는 후대 교회의 경향을 참작하여 여기서 곧잘 "오직 **영**만이" 앞에 "물세례가 아니라"라는 말을 덧붙이곤 한다(참고. Lull, *Spirit*, 53-95, 그리고 Dunn, *Baptism*, 108-9). 지금 이 경우에 물세례와 **영**을 받음이 관련 있을 수도 있다는 생각은 이 본문에는 아주 생소한 개념이다. 때문에 다른 사람들이 이 본문을 논할 때 그런 개념을 아주 널리 추정하지 않는다면, 이 본문을 논하는 이는 심지어 그런 개념을 부정하는 경우에도 아예 언급조차 하려하지 않을 것이다. 아울러 고후 1:21-22을 논한 내용을 보라.

54) 이는 4:1-7이 분명하게 일러주는 것이요, 5:13-6:10이 더 증폭하여 들려줄 내용이다.

55) 이것은 주석들이 대단히 자주 간과하는 점이다(그러나 Ramsay, 326-28; Burton, 147; Erdman, 61; Mussner, 208; Betz, 130, 132을 보라). 가령 Dunn, *Baptism*, 107-9은 이 본문 속에 들어 있는 오순절주의 요소를 무시하려고 하다가 이런 강조점을 놓친다(Dunn, *Jesus*, 202에서는 이 점을 다소 바로잡았다).

56) 그 예외가 고후 12:12과 롬 15:18-19이다. 여기서 바울은 냉정하면서도 사실감 넘치는 말로 하나님이 자신을 통하여 이방인들을 순종케 하는 일을 이루셨으나, 이는 "표적과 기사의 힘이 아니라 성령의 능력으로" 이루어진 일이라고 말한다. 바울의 글에서 그런 말이 더 이상 나타나지 않는다면, 이는 다만 바울과 그가 섬긴 교회들이 **영**의 임재를 눈으로 볼 수 있게 나타내주는 증거들을 당연한 것으로 전제했기 때문이다. 또 바울이 그런 증거들에 호소하길 거

가가 (사도행전에서－옮긴이) 서술하고 이해한 것만큼이나[누가는 하나님의 **영**의 임재를 확실하게 증명해주는 현상이 (바울의 사역 속에서－옮긴이) 눈으로 볼 수 있고 체험할 수 있게 함께 나타났다고 서술해놓았다] 아주 많았음을 실증해주는 증거다. 이것이 4-5절에 있는 나머지 주장의 분명한 요점이며, 오직 그런 이해만이 현재 바울이 구사하는 수사를 가능케 한다.[57] 뿐만 아니라, 그렇게 (갈라디아 사람들이－옮긴이) 체험한 실재야말로 바울이 5:13-6:10에서 **영** 안에 있는 삶에 관한 주장을 재차 끄집어내는 방식을 가장 잘 설명해준다. 현대 학자들이 그 본문에서 (그리고 그 본문이 제시한 약속들에서) 많은 난관에 부닥치는 이유는 초기 교회가 **영** 안에 있는 삶을 역동적으로 체험했다는 것을 널리 인식하지 못하기 때문이다.

3절 바울은 신랄한 조롱이 가득한 질문을 둘 더 제시한다. 그는 이 질문들을 앞서 제시한 두 질문(1절과 2절의 질문－옮긴이)의 수사와 한데 묶어 갈라디아의 상황에 적용함으로써, 갈라디아 사람들의 자기모순을 그대로 드러내 보인다.[58] 실제로 여기가 문제의 핵심이다(여기가 이 서신 전체가 제시하는 주장을 움직이는 동력원이다). 바울은 이렇게 말한다. "너희는 어찌 그리도 어리석으냐?(참고. 1절) **영**으로[59] 시작했다가(2절)[60] 이제는 육으로 마

부한 것은 그런 증거들 때문에 십자가에 못 박히신 메시아를 전하는 복음의 본질적 메시지가 가릴 수도 있기 때문이다. 그렇다손 치더라도, 이것들은 그의 사역에 함께 했던 **영**의 비상한 증거들을 언급하는 말들이다. 그러나 그의 사역에 함께 했던 **영**의 비상한 증거가 그가 지금 여기서 호소하는 것, 곧 갈라디아 사람들이 그들의 삶 속에서 **영**을 강력히 체험한 일과 정확히 일치하지는 않는다.

57) 가령 Burton, 147; Longenecker, 102도 같은 견해다. MacArthur, 167은 역동적이고 가시적(可視的)인 차원은 모조리 부인하는 경향이 있다. 그러나 그 바람에 그는 바울의 수사가 지닌 힘을 거의 인식하지 못한다.

58) Betz, 133도 이를 지적했다.

59) 그리스어로 πνεύματι다. 이 용례를 알아보려면, 이 책 제2장에서 바울의 용례를 다룬 내용을 보라. 2절은 **영**에 관사를 붙여 "너희가 **그 영**(*the Spirit*)을 받았다"(그리스어로 τὸ πνεῦμα ἐλάβετε－옮긴이)라고 말한다. 이를 고려할 때, 이 3절 본문은 πνεῦμα의 여격 형태(=πνεύματι)에 관사가 붙지 않은 용례는 오로지 "**그 영으로**"(by *the Spirit*)라는 의미일 뿐이라는 것을 분명하게 보여주는 사례다.

치느냐?"[61] 바울이 이 서신 전체에서 전개하는 주장은 바로 이 질문에 대한 답변으로 제시한 것이다. 이는 곧 이 질문이 "사람이 어떻게 하여 하나님과 올바른 관계에 서게 되었느냐? 사람들이 어떻게 하여 구원을 받았느냐?"라는 의미가 아니라, "일단 하나님과 올바른 관계를 갖게 되었다면, 어떻게 해야 그런 관계가 존속하거나 유지되겠느냐?"라는 의미다. 결국 바울은 사실상 토라 준수가 그리스도인의 삶에서 하는 역할을 묻고 있는 셈이다. 바울은 이 문제에 강경한 태도를 보인다. 토라 준수는 아무런 역할도 하지 못한다. 그가 5:13-15에서 주장하듯이, 토라 **전체**는 "네 이웃을 네 자신과 같이 사랑하라"라는 한 계명으로 완전히 이루어졌다. 이제 이 계명은 **영**의 열매로 완전히 이루어진다.

이 질문은 또 앞에서 말했던 관찰 결과가 옳다는 것을 실증해준다. 즉 바울이 결국 이 서신에서 대조하는 것은 "믿음"과 "**율법**의 행위"가 아니라, **영** 안에서 살아가는 삶(늘 믿음으로 살아내는 삶)과 토라 준수다. 바로 이런 점 때문에 5:13-6:10이 단순히 긴 신학 논증을 제시한 뒤 말미에 첨가해놓은 권면 모음에 그치지 않고, 갈라디아서가 제시하는 **주장**에 없어서는 안 될 부분으로 자리매김하는 것이다. **영**의 삶에는 윤리(에 합당한 삶)라는 결과가 따라야 한다는 것이 이 서신의 본질적 주장 중 일부분이다. "신자들은 어떻게 **사는가**?"가 초미(焦眉)의 관심사이기 때문이다. 여기서 제시하는 대답은 놀랍다. 그러나 그 대답은 다른 곳에서 등장하는 바울의 신학과 완전히 일치한다. 신자들은 "율법을 지키는 행위"로 살지 않는다. 바울은 여기서 "**율법**의 행위"를 "**육으로** 마침"으로 묘사한다.

이곳은 바울 서신에서 두 번째로 "육"과 "**영**"을 직접 대조한 표현이 등

---

60) 그리스어로 ἐναρξάμενοι다("시작하다"라는 뜻인 ἐνάρχομαι의 남성 주격 복수 부정과거 중간태 분사다 — 옮긴이); 참고. 빌 1:6은 이 두 동사를 비슷하게 사용하여 그리스도 안에 있는 그들의 삶의 시작과 마지막 때에 있을 그 삶의 완결을 나타낸다. 아울러 앞의 주51을 보라.

61) 이 수사가 지닌 힘의 일부는 완벽한 교차대구 구조(chiasmus)에서 나온다. 이 본문은 이 구조를 사용하여 이렇게 표현해놓았다. ἐναρξάμενοι (A) πνεύματι (B) νῦν (C) σαρκὶ (B′) ἐπιτελεῖσθε (A′); 나는 본문 번역에서 이 구조를 살려보려고 애썼다.

장하는 곳이다.[62] 이 경우에 바울은 명백한 언어유희를 구사한다. σαρκί라는 말("육으로")은 우선 말 그대로 할례 때 살을 베어내는 것을 가리킨다.[63] 그러나 바울 서신에서 이 말은 그리 간단하지가 않다. 바울은 σάρξ라는 말을 그리스도를 믿기 전의 삶, 그리스도 밖에 있는 삶을 주로 묘사하는 말로 사용하기 때문이다. σαρκί("육으로") 사는 것은 현세의 삶이 추종하는 가치들과 욕망들을 따라 사는 것이다. 이런 가치들과 욕망들은 하나님 및 하나님의 길과 철저히 반대되는 것들이다.[64] 그러므로 결국 바울이 대조하는 것들은 종말론 색채를 띤다. "육을 따르는" 삶은 현세를 따라 살아가는 것이다. 현세는 이미 십자가를 통하여 정죄받은 세상이요 지나가는 세상이다. 반면 "**영**을 따르는 삶"은 오는 시대의 가치와 규범을 따라 살아가는 삶이다. 이 시대는 그리스도의 죽음과 부활로 말미암아 이미 시작되었고 마지막 때의 **영**이 능력을 부어주시는 시대다.[65] 이 답변이 가진 놀라운 차원은 바울이 "육으로" 마침을 "**율법**의 행위"에 굴복하는 것과 기꺼이 동일시하려 한다는 점이다. 바울은 이 점을 갈라디아서 5장에서 분명히 설명하고 로마서 7-8장과 빌립보서 3:2-3(찾아보라)에서 재차 명확하게 설명하려 한다. 바울은 그리스도를 믿기 이전의 삶, 그리스도 밖에 있는 삶을 "육"으로 묘사한다. 또 옛 언약이 하나님 백성의 정체성을 규정했던 표지들을 따르는 것을 그리스도를 믿기 이전의 삶으로 돌아가는 것으로 본다. 따라서 "**율법**의 행위"에 굴복하는 것은 "육"으로 살아가는 삶으로 돌아가는 것이

62) 고전 3:1-2을 보라; 참고. 고후 1:12, 17; 5:14-17; 10:2-3. 이 본문들에서는 이 신학적 대조가 바울이 구사하는 σάρξ 언어를 강조한다.

63) 6:12-13의 용례가 이를 확증해준다; 참고. Betz, 124. Burton, 148은 이 말을 철저히 이 의미로 한정한다(이는 4:29과 5:16-6:8을 고려하지 않은 해석이다). 하지만 Fung, 134과 Longenecker, 103은 이 말을 이후의 신학적 용례로 엄격히 한정한다. 빌 3:3도 비슷한 언어유희를 구사함을 참고하라.

64) 따라서 바울이 말하는 "육"은 우선 사람 자신의 "죄로 가득한 본성"을 가리키는 말도 아니요, "그저 인간 차원에 그치는 것"을 주로 가리키는 말(Barclay, *Obeying*, 206은 이렇게 말한다)도 아니다. 이 말을 경멸조로 쓸 경우에는 가끔씩 후자를 의미할 수도 있다. 반면 이 말은 "고의적인 타락 상태에 빠져 하나님과 대립하는 인간의 모습만 드러내는" 것을 가리킨다.

65) 이 모든 내용을 알아보려면, 특히 이 책 제5장에서 고후 5:14-17을 논한 내용을 보라.

다. 뿐만 아니라, 바울은 이 문제를 결국 신학 문제로 파악한다. 할례에 굴복하는 것은 하나님이 앞에 계시는데도 단지 "육"의 표현에 불과한 것을 신뢰하는 것이다. 결국 이것은 그리스도를 신뢰하고 오직 그분만을 신뢰함으로써 하나님과 올바른 관계를 이루기보다 **자기**를 신뢰하는 것이 되어버린다.

우리는 갈라디아의 상황에 좌절하는 바울을 충분히 이해할 수 있다. 유대인의 정체성을 나타내는 표지들에 굴복하는 것은 유대인 신자들이 할 수 있는 솔직한 화해 조치도 아니요, 이방인들이 아브라함 언약의 특권들을 모두 누리게 하는 데 필요한 일도 **아니다**. 이런 표지들에 굴복하는 것은 새 시대를 살아갈 하나님 백성의 구성원이 되는 길이 아니다. 오히려 이런 일은 그리스도가 허무신 것을 "다시 세우는" 일이요(2:18), "육으로 마치는 것이다."

4절 바울은 갈라디아 사람들이 하는 소행이 모두 얼마나 어리석은지 다시금 곱씹으면서 재차 수사 의문문으로 돌아간다. 이번에는 지성보다 감성에 호소하여 이렇게 또 다른 질문을 던진다(참고. 1절). "너희가 그렇게 많은 일들을 헛되이 체험했느냐?" 이 질문은 갈라디아 사람들이 현재 가는 길을 계속 따라간다면 그것이 곧 무엇을 암시하는지 일러줄 요량으로 만들어낸 것이다. 즉 이 질문은 바울이 5:4에서 분명하게 지적할 내용을 미리 일러주는 선구자이다. "**율법**의 행위"에 항복하는 것은 육 안에서 살아가는 삶으로 돌아가는 것이다. 그렇게 하는 것은 **영** 안에서 살아가는 삶을 "헛되이" 체험한 것이다. 그렇게 하는 것은 "그들 자신을 그리스도로부터 떼어놓는" 것이요, "은혜로부터 떨어져나가는" 것이다. 물론 바울이 먼저 말하는 것은 그런 일이 일어났다는 게 아니다. 이 수사 의문문은 "그렇게 놀라운 체험들"[66]을 한 사람들이 어떻게 토라 아래로 들어갈 생각을

66) 이것은 BAGD가 제시하는 번역이다[τοσοῦτος ("그렇게 큰, 그렇게 많은"—옮긴이) 2 a β 내용을 보라).

하는지 어이가 없고 믿을 수 없다는 심정을 표현한다. 그런 일을 하는 것은 **영** 안에서 살아가는 삶을 "헛되이" 체험한 것과 마찬가지다. 이 질문은 단지 앞서 제시한 질문(3절)을 또 다른 방법으로 강조한 것일 뿐이다.

사람들이 정녕 "헛되이" 믿어왔을 수도 있다는 개념은 과거부터 계속하여 신학의 걸림돌이 되어왔다. 그러나 이 문제는 바울이 말하는 맥락 속에서 살펴봐야 한다. 그는 이전이나 이후에나 그가 "헛되이" 수고했을 수도 있다는 가능성을 이야기한다(2:2; 4:11). 그는 또 고린도전서 15:2에서도 그가 회심케 한 사람들과 관련하여 비슷한 관심사를 피력한다.[67] 이번 경우에 바울이 말하려 하는 것은 그런 일이 실제로 일어났다는 게 아니다. 그러기에 그는 재빨리 부인하며 이렇게 말한다. "정녕 그런 일이 벌어졌다면 그것(=그런 체험)은 헛된 일이로다." 그런 일이 일어날 **가능성이 있는지** 여부는 또 다른 질문이지만, 바울은 이 질문에 분명 그럴 가능성이 있다고 답하려 한다.[68] 그러나 바울은 그의 회심자들이 실제로 그리했다는 오해를 사람들에게 불러일으킬 수 있는 말을 할 때마다, 자신은 그들이 실제로 그런 무지한 일을 하지는 않았을 것으로 믿는다며 재빨리 부인하는 말을 내놓는다. 그리고 이 경우에 바울은 이미 2:21에서 그리스도의 죽음을 놓고 비슷한 말을 했었다. 그리스도가 헛되이 죽으셨다는 것이 진실이냐 가설이냐를 떠나, 그는 분명 그리스도가 헛되이 죽으셨다는 것을 믿지 못한다.

우리 논지에 비춰볼 때 더 중요한 것은 바울이 갈라디아 사람들이 **영**을 통하여 처음으로 그리스도 안에 있는 삶을 시작했던 일을 언급할 때 다시금 그들이 한 "그렇게 놀라운 체험들"을 원용할 수 있다는 점이다. 이 질문과 5절의 질문은 그가 그런 **영**의 삶이 눈으로 볼 수 있고 체험할 수 있는 본질을 가진다는 취지로 앞에서 주장했던 것을 확증해주는 것 같다.

---

67) 아울러 빌 2:16도 참고하라.

68) 참고. Bligh, 232-33.

그러나 이 경우에 모든 학자들이 그리 생각하지는 않는다. 바울이 여기서 "(너희가) 체험했다"라는 말로 사용한 동사(πάσχω의 2인칭 복수 부정과거 능동태 직설법 형태인 ἐπάθετε – 옮긴이)가 그가 쓴 서신의 다른 곳에서는 늘 "고난을 겪다"[69]라는 뜻을 가지기 때문이다. 이 때문에 많은 영역(英譯) 성경들은 KJV[너희가 그렇게 많은 고난을 헛되이 겪은 것이냐?(Have ye suffered so many things in vain?)]의 뒤를 따랐다(개역개정판은 "이같이 많은 괴로움"으로 번역했다. 그러나 공동번역은 "그 모든 경험"으로, 새번역은 "그 많은 체험"으로 번역해놓았다 – 옮긴이).[70] 하지만 대다수 경우에는 비록 이런 바울의 용례(즉 "고난을 겪다" – 옮긴이)가 중요한 의미를 갖지만, 이 본문 같은 경우에는 그런 용례가 이 πάσχω라는 동사를 "고난을 겪었다"로 번역하는 것을 지지해주는 **유일한** 근거다. 이 동사를 "고난을 겪었다"로 번역하지 못할 이유는 이렇다. (1) 문맥의 분명한 의미에 비춰볼 때 그리 번역할 수가 없다. 예로부터 전해온 이 말의 의미를 고려할 때 이 문맥에서는 이 동사의 좋은 의미가 두드러진다. (2) 바울이 쓴 다른 대다수 서신과 달리, 이 서신은 갈라디아 교회들이 고난을 겪고 있었다는 것을 조금도 시사하지 않는다. 그럴진대 바울이 여기서 그 교회들이 τοσαῦτα(그렇게 많은) 고초들을 겪었다는 말을 할 리가 없다. (3) 어순 자체가 τοσαῦτα를 강조할 요량으로 첫

---

69) 그리스어로 πάσχω다. BAGD에 있는 논의를 보라. 이 말은 예로부터 "체험하다 또는…으로 다루어지다"라는 뜻으로서 길흉을 불문하고 어떤 사람에게 닥칠 수 있는 모든 일을 가리키는 말로 사용되었다. 그러다 결국 주로 불행한 체험들을 가리키는 말로 사용하게 되었지만, 여전히 좋은 체험을 가리키는 경우도 있다. 실상이 그렇다면, 문맥상 현재 이 본문의 용례는 2-3절이 말하는 **영** 체험을 가리키는 것으로 봐야 한다. 그렇다면 이 경우는 신약성경이 이 πάσχω라는 말을 좋은 의미로 쓴 유일한 사례인 셈이다.

70) 그리하여 NIV도 "Have you suffered so much for nothing?"(너희가 그렇게 많은 고난을 겪은 게 헛된 것이냐?)으로 번역해놓았다. 참고. NASB, Williams, Living Bible, Phillips; Calvin, Meyer, Lightfoot, Burton, Erdman, Duncan (Moffatt의 번역에 반대하면서), Bruce, Michaelis (*TDNT* 5.905), Cosgrove (*Cross*, 185; 자신의 박사학위 논문에서 피력한 입장을 바꾸었다)도 마찬가지다. 그러나 NRSV는 다른 번역을 제시한다. "Did you experience so much for nothing?"(너희가 그렇게 많은 체험을 한 것이 헛된 것이냐?) 참고. RSV, NAB, NEB, JB, Weymouth, Moffatt, Lietzmann, Ridderbos, Schlier, Hendriksen, Bligh, Mussner, Betz, Fung, Cole, Longenecker, Lull (*Spirit*, 78n35), Hays (*Faith*, 197).

머리에 놓아두었다. 이는 이 말이 방금 전에 2-3절에서 말한 것을 가리키지, "그렇게 많은 고난들을 통틀어" 가리키지 않는다는 것을 일러준다.[71] 5절은 갈라디아 사람들이 과거에 한 체험들을 그들이 현재 하는 **영** 체험에 비추어봄으로써 4절의 이 질문을 계속 이어간다. 바울은 이를 통해 갈라디아 사람들을 꼼짝 못하게 만드는 것 같다. 그렇지 않다면, 이 질문은 특별히 이 문맥과 아무 상관도 없이 갈라디아 사람들이 과거와 현재에 한 **영** 체험에 호소하는 말 중간에 그저 암초처럼 자리해 있는 골칫거리에 불과할 것이다.

5절 바울은 갈라디아 사람들이 과거에 한 **영** 체험이 그들과 하나님의 관계가 오직 믿음에 근거한다는 확신을 갖도록 만들기에 부족하지 않았나 하는 마음에 한 번 더 그런 확신을 심어주려고 한다(이번에는 그들이 예배하는 신자들의 공동체로서 계속하여 **영** 안에서 살아가고 있는 삶에 호소한다).[72] 따라서 이 질문은 다른 질문들과 연결되어 있으며, 특히 추론 결과를 제시하는 접속사 "그렇다면"(οὖν)을 통해 4b절에 있는 부인하는 말과 결합되어 있다. NRSV는 이 접속사의 의미를 가장 잘 포착하여 "좋다, 그렇다면"(well then)으로 번역해놓았다.[73] 바울은 이 "그렇다면"이라는 말에 이어 이런 주장을 하고 있는 것 같다. "너희가 정녕 **영** 안에서 살아가는 삶을 시작했다면, 또 너희가—토라와 상관없이 오로지 믿음에 근거하여—**영**의 임재를 아주 많이 체험한 것을 생각한다면, 너희가 지금 하는 **영** 체험도 역시 마찬가지다.[74] **그렇다면** 너희 가운데서 **영**이 행하시는 기적들을

71) Ridderbos, 115과 Mussner, 209도 강조하는 점이다.

72) 그러나 Cosgrove, *Cross*, 2을 보라. 그는 이 질문을 갈라디아의 문제를 이해할 수 있는 실마리로 본다.

73) 학자들은 종종 이 οὖν을 이전에 한 말을 다시 꺼내는 말로서 화제를 다시 2절로 되돌리는 말로 본다(Lightfoot, Burton, Schlier, Longenecker가 그렇다). 그러나 Cosgrove, *Cross*, 46과 Betz, 135을 보라.

74) Burton, 151; Ridderbos, 116; Longenecker, 105이 놓치는 점이다. 이들이 여기서 바울이 은사를 부어주시는 **영**을 염두에 두고 있다고 본 것은 옳은 생각이다. 그러나 어떤 연유인지 이

포함하여 **영**이 너희에게 풍성히 공급해주시는 것들이 토라와 상관이 있을 턱이 없다. 오히려 반대로 모든 일은 그리스도를 믿는 믿음에 근거한 것이다." 따라서 이어지는 것은 또 다른 질문이다. 이 질문이 초점을 맞추는 관심사는 그리스도 안에 있는 삶이 "**율법**의 행위"가 아니라 오로지 믿음에 근거한다는 것이다. 그러나 2절에서도 그랬지만 여기서도 이 질문의 뒤편에 자리한 전제들은 바울이 이런 호소를 하는 데 상당히 중요한 역할을 한다. 다음 세 가지 사항이 중요하다.

첫째, 바울은 갈라디아 사람들에게 하나님이 계속하여 당신 뜻에 따라 "너희에게 **영**을 공급해[75]주시는" 분임을 되새겨줌으로써 하나님을 향한 호소를 갈라디아 사람들을 향한 호소로 바꿔놓는다.[76] 그리하여 바울은 다시 한 번 그들이 시선을 결국 그들에게 **영**을 부어주시고 그들 가운데서 **영**의 일을 행하시는 분인 하나님께 집중하도록 만든다. 더욱이 유사한 본문인 데살로니가전서 4:8과 빌립보서 1:19에서도 그러하듯이, 여기서도 분명히 암시하는 것은 비록 갈라디아 사람들이 이미 **영**을 받았다 하더라도 하나님이 **영**을 거듭거듭 "공급해주시는" 데는 또 다른 의미가 있다는 점이다.[77] 하지만 다른 두 본문(=살전 4:8과 빌 1:19)과 달리, 여기서 강조하

들은 여기서 현재 시제로 바뀌는 것을 놓쳐버린다. 그 바람에 이들은 5절을 2-4절 내용을 다시 꺼내어 요약한 것으로 본다("summary," Longenecker).

75) 그리스어로 ἐπιχορηγέω다(5절에서는 이 동사의 남성 주격 단수 현재분사 능동형인 ἐπιχορηγῶν을 사용했다 — 옮긴이). 이 단어와 이 두 본문(갈 3:5과 빌 1:19)에서 이 단어가 가지는 의미를 논한 것을 보려면, 빌 1:19을 다룬 부분을 보라. 여기서 τὸ πνεῦμα를 "공급" 객체로 분명히 표현해놓았다는 점, 그리고 이 동사가 본디 타동사이며 심지어 이 동사를 수동태로 사용할 경우에도 마찬가지라는 점은 빌립보서에 있는 비슷한 말도 이 의미임을 확증해준다. Lightfoot, 136은 복합형인 이 동사의 접두어(ἐπι-)가 특히 "당신 뜻에 따라 자유롭게"라는 의미를 암시한다고 주장한다. Cosgrove, *Cross*, 48은 "너희에게 **영**을 공급해주신다"를 "너희를 **영**으로 지탱해주신다"로 바꿔 해석하지만, 사전에서 근거를 찾을 수 없는 해석이다.

76) J. K. Parratt, "Romans i.11 and Galatians iii.5 — Pauline evidence for the Laying on of Hands?" *ExpT* 79 (1967-68), 151-52은 견해를 달리 한다. Parratt는 이전부터 바울의 글에서 "안수"하는 대목을 발견하는 데 관심을 가졌기 때문에, 이런 관심사가 그의 주해를 지배한다. 그러다 보니 그의 주해는 언어와 문맥의 증거를 무시한다. 그는 τὸ πνεῦμα가 은사를 받은 어떤 개인을 가리킨다고 주장한다.

77) Cosgrove, *Cross*, 47-48도 같은 의견이다; Stott, 71은 견해를 달리한다. 그는, 그들이 **영**을 받

는 것은 그 공동체에서 일어난 일이다. **영**은 항상 "그들 전체에게 유익이 되게" 그들 가운데서 자신을 "나타내신다"(참고. 고전 12:7). 이는 하나님이 **영**을 그들이 공동체로서 영위하는 삶 속에 부어주신다는 말로 이해해야 한다.

둘째, 여기 본문을 보면 "**영**을 공급해주시고 기적들을 행하시는"이라는 두 분사(그리스어로 ἐπιχορηγῶν과 ἐνεργῶν이다. ἐνεργῶν은 "일하다, 행하다"라는 뜻인 ἐνεργέω의 남성 주격 단수 현재분사 능동형이다 – 옮긴이)가 긴밀하게 묶여 있다. 이는 이 두 개념을 단단히 결합시켜 보아야 한다는 것을 시사한다. 즉 하나님은 당신의 **영**으로 그들 가운데 계신다. 또 다양한 기적 행위들은 하나님이 **영**을 끊임없이 새롭게 공급해주신다는 것을 보여준다. 그러기에 바울은 **그들 가운데서**[78] 눈으로 볼 수 있고 체험할 수 있는 **영**의 본질을 **영** 안에 있는 삶[79]의 근거가 그리스도 예수를 믿는 믿음이요 이런 삶에는 "**율법**의 행위"가 결코 들어설 여지가 없다는 것을 계속하여 증명해주는 증거로 재차 원용한다.

셋째, 이 마지막 호소는 철저히 전제라는 성격을 가진다. 이 호소가 가진 이런 성격은, 고린도전서 14장 및 데살로니가전서 5:19-22(참고. 살후 2:2)과 함께, 바울계 교회들이 정말 "은사 중심의"(charismatic) 본질을 지니고 있었음을 한층 더 확실히 보여주는 증거다.[80] 데살로니가전서와 후서(그리고 다른 곳)가 제시하는 증거는 예언이 바울계 교회들에서는 늘 있는 일이었고 예상할 수 있는 현상이었음을 일러준다. 고린도전서는 방언으로

음과 그들이 하나님의 **영**을 나눠가짐이라는 두 가지 시각에서 볼 때, 두 본문이 갈라디아 사람들의 회심을 가리킨다고 본다.

78) 대다수 주석가들도 이를 지지하지만, Lightfoot, 136은 흥미롭게도 "너희 안에서"(in you)라는 말을 선택한다.

79) Lightfoot, Hendriksen, MacArthur는 "기적들"이 "도덕 세계"와 관련 있다는 견해를 품고 있다(Lightfoot). 그러나 그런 견해는 바울 서신에서 이 말이 가지는 의미는 물론이요 여기서 바울이 제시하는 주장에도 전혀 들어맞지 않는 생각이다.

80) Lull, *Spirit*, 53-95도 이 점을 강조한다. 결론만 놓고 보면 옳다. 그러나 Lull이 말하는 세부 내용과 주해에는 가끔씩 의심스러운 부분이 있다.

말하는 것 역시 사람들이 폭넓게 체험한 **영**의 현상들 가운데 한 부분이었음을 일러준다. 이 본문은 바울이 다른 곳에서 "표적들과 기사들"이라 부르는 것이 갈라디아 사람들이 **영** 안에서 살아갈 때 늘 있었고 예상할 수 있었던 **영**의 표현 양상이었음을 보여준다. 물론 우리와 바울 사이에 먼 간격이 있다 보니, 우리는 그가 "너희 가운데서 기적들을 행하다"라는 말로 표현하려 한 현상이 무엇인지 도통 알지 못한다. 그러나 바울 서신의 다른 곳에서는 이와 비슷한 문구가 병을 고침을 포함하여 다양한 초자연적 현상들을 가리킨다.[81)]

이 본문을 달리 생각하곤 하는 이들은 주해에서 비롯된 근거들보다 실존적 근거들을 토대로 그리 생각하는 경우가 훨씬 많다.[82)] 우리 자신도 우리가 교회에서 한 체험 때문에 그런 현상들을 어색해하거나 아주 불편하게 여기곤 한다. 우리는 바울계 교회들도 우리 교회와 더 많이 닮았지, 바울과 누가의 기록들이 그 교회의 실상으로 일러주는 것과 그리 닮지 않았을 것이라고 믿고 싶어한다. 그러나 이 경우에는 증거가 다툴 여지가 없을 정도로 명백한 것 같다. **영**은 바울 신학의 중심에 가까이 자리해 있었다. 그 이유는 바로 신자와 교회의 삶 속에서 이루어지는 **영** 체험이 신자로서 갈라디아 사람들이 가졌던 체험과 실존의 중심 형상이었기 때문이다.

이처럼 바울은 갈라디아 사람들이 개인 차원에서 그리고 공동체 차원에서 한 **영** 체험에 호소한다. 이제 바울은 이런 호소를 마치고 아브라함 언약의 진정한 계승자들이(아브라함의 진정한 자손이) 아브라함처럼 믿음으

---

81) 앞에서 고전 12:9-10을 다룬 부분을 보라. Lull, *Spirit*, 70은 나 같으면 도저히 품을 수 없는 커다란 확신을 품고 "δυνάμεις가 우리가 익히 잘 아는 종류의 황홀경 현상들로 이루어져 있다"고 주장한다. 그가 말과 관련된 현상들을 이 범주에 포함시킬 수 있는 것은 고전 12:8-10의 "은사" 목록에 관한 그의 의심스러운 분석 때문이요, 동시에 그가 바울이 이 용어를 사용한 다른 사례들을 무시해버린 탓이다.

82) 가령 MacArthur, 69이 그렇다. 그는 여기서 말하는 "기적들"이 사실은 본디 기적이 아닌 "능력들"을 의미하거나 혹은 그리스도 안에서 살아가는 삶을 시작하던 **과거에 일어난** 기적들을 가리킨다고 주장한다. 그런 주석은 바울(이 실제로 말하는 것)과 거의 관련이 없고 신학적 선입견과 아주 많이 관련 있을 뿐이다.

로 살며 그리스도 안에서 언약의 약속들을 물려받은 사람들이 된 이들임을 성경을 통해 증명함으로써 선동자들이 내세운 **성경 해석**을 다루려 한다. 바울은 그런 언약의 약속들이 바로 **영**을 통해 완전히 이루어졌음을 주장하려 한다(6-14절).

▪ 갈라디아서 3:13-14[83)]

[13]그리스도가 우리를 율법의 저주로부터 사셔서 우리를 위하여 저주가 되셨으니, 이는 "나무에 달린 모든 이는 저주받은 자라"라고 기록되었기 때문이니,
[14]이는 아브라함의 복이 그리스도 예수 안에서 이방인들에게도 있게 하려 함이요, 우리가 **영**의 약속을 믿음으로 받게 하려 함이라.

바울은 5절의 질문으로 갈라디아 사람들이 한 **영** 체험에 호소하기를 마친다. 이 **영** 체험은 갈라디아 신자들이 유대인의 정체성을 나타내는 표지들에 현혹당한 것이 말 그대로 미친 짓(그들이 "미혹 당하였다," 1절)임을 여실히 보여주는 첫 번째 증거였다. 이제 바울은 6-14절에서 **영** 안에서 살아가는 삶이 확증해주는 믿음의 삶에는 철저한 토라 고수가 포함될 가능성

---

83) **참고 문헌**: J. P. **Braswell**, "'The Blessing of Abraham' versus 'The Curse of the Law': Another Look at Gal 3:10-13," *WTJ* 53 (1991), 73-91; F. F. **Bruce**, "The Curse of the Law," in *Paul and Paulinism* (ed. M. D. Hooker and S. G. Wilson; London: SPCK, 1982), 27-36; **Cosgrove**, *Cross*, 52-61; T. L. **Donaldson**, "The 'Curse of the Law' and the Inclusion of the Gentiles: Galatians 3.13-14," *NTS* 32 (1986), 94-112; James D. G. **Dunn**, "Works of the Law and the Curse of the Law (Gal. 3.10-14)," *NTS* 31 (1985), 523-42 (repr. in *Jesus, Paul and the Law*, 215-41); David **Hill**, "Salvation Proclaimed: IV. Galatians 3:10-14," *ExpT* 93 (1982), 196-200; J. **Lambrecht**, "Vloek en zegen. Een Studie van Galaten 3.10-14," *Collationes* 21 (1991), 133-57; Martin **Noth**, "For All Who Rely on Works of the Law are under a Curse," in *The Laws in the Pentateuch and Other Studies* (Edinburgh/London: Oliver & Boyd, 1966), 118-31; **Stanley**, "Under," 481-511; Sam K. **Williams**, "*Promise* in Galatians: A Reading of Paul's Reading of Scripture," *JBL* 107 (1988), 709-20; N. T. **Wright**, "Curse and Covenant: Galatians 3:10-14," in *The Climax of the Covenant* (Minneapolis: Fortress, 1991), 137-56.

이 전혀 없다는 것을 성경을 통해 증명한다. 바울은 (2:16에서 시작하여) 이곳에 이르기까지 두 가지 것, 곧 "의"는 **영**이 증명해주는 것이요 이 "의"는 "율법의 행위로 말미암은 것이 아니라" "그리스도 예수를 믿는 믿음으로 말미암은 것"임을 반복하여 강조했다. 그는 6-9절에서 창세기 15:6(칠십인경 본문)과 12:3(그러나 18:18의 언어로)을 근거로 삼아 의가 "그리스도 예수를 믿는 믿음으로 말미암은 것"이라고 주장했다.[84] 바울이 이 본문들에서 중요시한 것은 두 가지다. (1) 아브라함 자신은 믿음에 근거하여 의롭다는 선언을 받았다. (2) 바로 이 아브라함 안에서 모든 이방인들이 복을 받도록 되어 있었다. 따라서 이방인들은 토라가 아브라함 그리고 이방인과 아브라함의 관계에 관하여 말하는 내용에 근거하여 이미 아브라함의 자손에 포함되어 있었다. 그들도 아브라함처럼 믿음으로 살기 때문이다.

이제 바울은 10-14절에서 의가 "율법의 행위로 말미암지 않는다"는 것을 주장한다.[85] 성경은 이 주장 역시 다음 세 가지 방식으로 뒷받침한다.

---

84) 대다수 주석가들은 6절을 시작하는 καθώς가 한 문장을 시작할 때 활용하는 (보기 드문) 절대 용법의 한 예이거나 "기록되어 있는 그대로"의 줄임 형태라고 주장한다. 그러나 이 둘 중 어느 것도 아닐 가능성이 더 높다. 오히려 이 말은 앞에 한 말을 설명해주는 예를 제시하는 말로서 5절에 속해 있을 가능성이 더 높다. 바울은 5절에서 "율법의 행위로 말미암은 것이냐 아니면 믿음의 들음으로 말미암은 것이냐?"라고 물었다. 이 질문에 본문이 암시하는 답은 "믿음의 들음으로 말미암은 것이니, 이는 마치 아브라함이 '하나님을 믿으니 그가 그것으로 의롭다 여김을 받았다' 함과 같으니라"이다. 참고. Williams, "Justification," 93, 그리고 특히 Stanley, "Under," 493. Stanley는 이런 이유 때문에 1-14절을 성경이 갈라디아 사람들의 체험을 확증해준다고 보는 별개 주장으로 봐야 한다고 주장한다(옳은 주장이다)—그러나 나는 전체 주장의 목적을 그와 달리 본다[나는 **영**을 다른 무언가를 증명해주는 증거라고 주장하지만, Stanley는 **영** 자체 그리고 갈라디아 사람들이 어떻게 하여 **영**을 받았는가에 초점을 맞추어 주장한다(참고. Cosgrove)].

85) 우리는 이 문단(10-14절)과 9절이 긴밀하게 결합해 있음을 놓치지 말아야 한다. 이 문단과 9절은 이유를 설명하는 γάρ를 통해 결합해 있다. 뿐만 아니라, οἱ ἐκ πίστεως와 ὅσοι ἐξ ἔργων νόμου ("믿음에 근거한 이들/**율법**의 행위에 근거한 많은 이들") 사이의 첨예한 대조 그리고 전자는 "복을 받은" 자들로 후자는 "저주받은" 자들로 규정하여 첨예하게 대조한 점도 이 문단과 9절을 묶어준다. 따라서 이 주장(1-14절)을 1-9절과 10-14절로 구분하는 J. Stott의 견해[그는 10-14절에 "믿음이냐 행위냐"(The Alternative of Faith and Works)라는 제목을 붙여놓았다]는 필시 바울 자신이 제시한 주장의 형태보다 오히려 Stott 자신이 가진 신학적 관심사들을 더 많이 이야기해주는 것 같다.

(1) "율법의 행위로 말미암은" 사람은 모두 저주 아래 있는 자다. 이런 사람은 그 저주로부터 구속받아야 한다. 이 저주는 결국 토라, 곧 토라 전체[86]를 따라 살아야 할 의무다. (2) 반면 성경은 δίκαιος("의로운") 사람은 **믿음으로 말미암아 살리라**고 말한다. 그러나 토라는 믿음에서 나온 게 아니다. 성경은 또 그것들("율법": 이 경우에는 할례)을 행하는 사람들은 **그것들로 말미암아**(즉 토라로 말미암아, 따라서 "믿음으로 말미암아"가 아니다) 살리라고 말하기 때문이다.[87] (3) 그리스도가 몸소 우리를 "**율법**의 행위로" 사는(생명을 얻어야 하는—옮긴이) 저주에서 구해주셨다. 이는 "나무에 달린 자는 모두 저주를 받았기 때문이다."

우리가 지금 보는 문장은 이 주장(1-14절)을 두 가지 방법으로 매듭짓는다. (1) 우선 2-5절에서 말한 **영** 체험을 6-12절에서 제시한 주장과 결합함으로써 이 주장을 매듭짓는다. 즉 이방인들까지 아우르는 아브라함의 복은 믿음, 오직 믿음에 근거한 것이다. 이를 증명해주는 증거가 바로 **영**이라는 선물이다. 이 **영**이 아브라함에게 주어진 약속의 성취다. (2) 이 문장은 이것이 곧 그리스도가 우리를 위하여 저주를 받으신 궁극 목적임을 주장함으로써 이 주장을 맺는다. 이 목적은 14절에 있는 두 목적절에 표현되어 있다. (a) 그리스도가 우리를 위하여 저주를 받으신 것은 그리스도 안에서 "아브라함의 복"이 이방인들에게 실현될 수 있게 하려 함이요, (b) "우리"가 그리스도 예수를 믿는 믿음으로 말미암아 아브라함에게 주어진 약속을 받을 수 있게 하려 함이다. 이 약속은 **영**의 임재를 통하여 이루어졌다.

---

86) 사람들이 자주 추정하는 것과 달리, 바울은 사람들이 이렇게 **율법** 전체를 지켜야 한다는 사실이 바로 저주임을 강조하지 **않는다**(적어도 여기서는 그렇다). 그러나 사람이 **율법** 전체를 지키는 것은 사실상 불가능한 일이다. 오히려 바울은 토라 아래에 있는 것 자체를 저주로 본다. 토라 아래에 있다는 것은 **토라로 말미암아 살아야**(*live by Torah*) 한다는 것을 뜻하는 것이요, 이는 결국 다른(본질이 되는) 선택인 **믿음으로 사는 것**(*live by faith*)을 배제하기 때문이다.

87) 12절에 관한 이해를 살펴보려면, S. Westerholm, *Israel's Law and the Church's Faith: Paul and his Recent Interpreters* (Grand Rapids: Eerdmans, 1988), 111-12을 참고하라.

바울이 이렇게 많은 것을 말하지만, 본문을 보거나 그가 전개하는 주장 자체를 봐도 그 많은 내용이 특별히 자명하지는 않다. 때문에 몇 마디 설명이 더 필요하다. 특히 바울이 "아브라함의 복"을 어떻게 이해하며, 그 "복"과 여기 이 주장에서 처음 언급하지만 이어지는 내용에서는 중심 형상으로 등장하는 "약속"이 어떻게 연결되어 있는가라는 문제는 더 설명할 필요가 있다.

첫째, 우선 우리는 두 ἵνα("…할 목적으로")절이 서로 어떤 관계에 있는지 밝혀내야 한다. 이 문장을 그 형태를 있는 그대로 드러내면서 바울의 강조점을 살리는 방향으로 읽어보면, 이런 구조가 나온다.

그리스도가 자유롭게 해주셨다 **우리**를 **율법**의 저주로부터

저주가 되심으로써 **우리**를 위하여

…할 목적으로 이방인들에게 복이 있게(미치게)

아브라함의 그리스도 예수 안에서

…할 목적으로 약속을 우리가 받게

영의 믿음을 통하여

몇 가지 관찰 결과를 차례로 제시해본다. (1) 바울은 11-12절에서 자신이 10절에서 인용한 신명기 27:26을 해석하여 제시한다. 이 해석에 비춰볼 때, 여기 "율법의"라는 소유격(그리스어로 τοῦ νόμου — 옮긴이)은 십중팔구 그 앞에 있는 "저주"와 같은 말일 것이다. 즉 그리스도는 우리를 위하여 저주가 되사(=저주를 받으사), 우리를 저주로부터, 곧 늘 지켜야 하는 의무들을 동반한 토라로부터 해방시켜주셨다.[88] 이를 더 확실히 증명해주는 증

88) 비슷한 견해를 보려면, Cosgrove, *Cross*, 52-61을 보라; Stanley, "Under," 496-507은 이와 비슷한 곳에서 조금 다른 견해를 제시한다. Stanley는 "**율법**의 저주"를 **잠재적** 저주로 본다. 즉 이방인들이 "**율법**을 행함으로 살라"[12절, 이는 믿음으로 사는 것을 배척하는 것이다(11절)]

거가 4:5이다. 이 구절에서 바울은 여기와 똑같은 동사[89]를 활용하여 아버지가 당신 아들을 보내셔서 "**토라 아래** 있는 자들을 구속하셨다"라고 소상히 말한다. 결국 이것이 모든 내용의 핵심이다.[90] 어떤 의미에서 보면 여기서(19-22절은 제외) 바울이 시종일관 문제 삼는 관심사는 토라 준수 자체가 유대인과 이방인에게 똑같이 저주이며 이 저주에 마침표를 찍은 것이 바로 그리스도의 죽음이라는 것이다. 바울의 관심사는 토라를 지키지 못하여 받게 될 벌이 아니다. 물론 그것이 바울의 관심사일 수도 있고, 그런 견해가 널리 퍼져 있는 것도 사실이다.[91] 그러나 바울은 단순히 그런 문제를 이야기하지 않는다. 만일 바울이 단지 그런 문제만을 이야기하고 있다고 본다면, 그가 여기서 시종일관 주장해온 중심 관심사, 곧 그리스도가 토라 준수에 마침표를 찍으셨다는 사실을 놓쳐버리는 결과가 될 것이다. 토라 준수는—그리스도가 우리를 위하여 저주가 되심으로—제거되어야 할 저주다.

(2) "우리를/우리"라는 말이 갑자기 등장하는 점은 주목할 필요가 있다. 바울은 이곳까지 늘 "너희"(이방인인 갈라디아 신자들)라는 말을 써왔다. 그러나 바울은 그 성경 본문(신 27:26)을 **적용하면서** "너희"를 그들과 자신까지 아우르는 "우리"로 바꿔 "그리스도가 **우리를** 자유롭게 해주셨다"라고 말한다. 이것은 다름이 아니라 바울이 구원론을 다루는 부분들에

라는 압력을 받고 있다면, 이들이 "율법이 요구하는 모든 것을 행할" 수 없다는 점에서(10절), 언젠가는 이들도 결국 저주 아래 들어가리라고 보아 **잠재적** 저주로 보는 것이다.

89) 그리스어로 ἐξαγοράζω다.[4] "(노예 같은 비자유인을) 사서 자유인으로 풀어주다"라는 뜻이다.

90) 이것이 곧 지금 이 문장의 형태가 속죄(atonement)를 언급하지 않는다는 말이 아니다. "구속"(개역개정: 속량)이라는 말과 "ὑπὲρ ἡμῶν (우리를 위하여) 저주가 되셨다"라는 말은 오히려 그 반대임을 일러준다. 그러나 바울의 의도는 속죄 그 자체의 본질을 이야기하는 게 아니라(마치 저주가 율법을 어김에 따른 "벌"이며 이 벌로부터 우리가 구속받은 것처럼 이야기하는 게 아니라), 도리어 그 속죄를 유대인과 이방인이 모두 "**율법**을 행함"이라는 저주로부터 구속받은 장소로 만들려는 것이다. 이런 저주로부터 구속받았다는 것은 이제 유대인과 이방인이 모두 "믿음으로" 살 수 있게 되었음을 뜻한다.

91) 이 전통적 견해는 바울이 10절에서 제시한 인용문 자체를 근거로 삼지, 바울이 11-12절에서 이 인용문을 설명해놓은 내용을 근거로 삼지 않는다.

서 종종 일어나는 현상을 뜻할 수 있다. 이런 부분들에서는 3인칭을 사용한 내러티브나 2인칭을 사용한 주장이 1인칭 복수형을 사용하는 고백 형태로 바뀌면서 결국 바울 자신과 그의 독자들까지 아우른다.[92] 그러나 이 경우에는 그 차원에서 더 나아가 바울 자신을 유대인 전체를 대표하는 사람으로 내세우는 것 같다. 그리하여 바울은 "그리스도가 **우리를** 자유롭게 해주셨다"로부터 "이는 아브라함의 복이 **이방인들에게** 미치게 하려 함이라"로 옮겨가더니, 다시 "이는 우리가 믿음을 통하여 **영**의 약속을 받게 하려 함이라"로 되돌아간다.[93] 어쨌든 이 마지막 문장의 "우리"는 4:5-6과 마찬가지로 "유대인과 이방인을 가리지 않고 우리 신자들"을 통틀어 의미하는 말일 가능성이 아주 높다.

(3) 이 두 가지 점은 두 목적절을 어떤 식으로든 서로 평행을 이루는 절로 이해해야 한다는 것을 일러준다.[94] 이 두 절은 일종의 "구성적" 동의 평행법("constructive" synonymous parallelism)일 가능성이 아주 높다. 즉 이 두 절은 서로 평행하지만, 둘째 절은 첫째 절에서 한 걸음 더 나아가 있다.[95] 어떻게 하여 이 두 절이 이런 관계를 이루는지 설명이 필요할 것이다.

(a) 첫째 절은 다시 8절을 가리킨다. 바울은 8절에서 창세기 12:3을 창

---

92) 가령 살전 5:9; 고전 1:18, 30; 5:7; 15:3, 57; 롬 5:1-5; 8:4, 15 그리고 바울 서신 전체를 보라.

93) 물론 이 가운데 어느 것도 자명하지는 않으며, 이 쟁점을 둘러싸고 상당한 논쟁이 있다. Donaldson, "Curse"가 논한 내용을 보라. Donaldson은 여기서 제시한 주장과 유사한 입장을 취한다. Wright, *Climax*, 154은 두 번째 우리가 "우리 그리스도인인 유대인"을 가리킨다고 말한다. 그러나 그는 여기서 취하는 입장도 옳을 수 있음을 인정한다.

94) 즉 둘째 절에 들어가면 "이방인들"이 "우리"로 바뀐다. 이는 둘째 절을 문법상 첫째 절에 의존하는 절로(종속절로) 보는 해석을 불가능하게 만드는 것 같다. 비록 Stanley와 다른 이들은 반대 입장을 취하지만, "우리가 **영**의 약속을 받을 수 있게"라는 말은, 현재 아브라함의 복을 받은 사람들인 **이방인들**에게 의존하는 말로 보면, 거의 의미 없는 말이 되고 만다. Meyer, 157; Burton, 156; Lagrange, 73; Ridderbos, 125; Guthrie, 99; Schlier, 140; Hendriksen, 131; Mussner, 234-35; Boice, 460; Bruce, 167; Fung, 151; Longenecker, 123; Sanders, *PLJP*, 22; Byrne, '*Sons*,' 156도 같은 견해다. Lightfoot, 140; Duncan, 103 (일정한 조건 아래); Betz, 152; Stanley, "Under," 494은 견해를 달리한다.

95) 참고. Hendriksen, 131: "그것들(두 목적절)은 똑같은 내용을 다루며, 둘째 절이 첫째 절을 설명한다."

세기 18:18의 언어로 인용하여 이전에 하나님이 아브라함에게 "**네 안에서 모든 이방인이 복을 받으리라**"[96]는 좋은 소식을 일러주셨다고 말했다. 이제 바울은 그리스도가 "우리를 위하여" 저주를 받으심으로 그가 우리를 (유대인과 이방인을 함께) 토라가 지우는 의무들 아래에서 살아가야 할 저주로부터 해방시켜 주셨으며, 이를 통해 믿음의 걸림돌이 되었던 것을 제거하심으로 이방인들이 "아브라함의 복"을 정당하게 유업으로 받을 수 있게 해주셨다고 주장한다.

(b) 바울이 6-7절에서 제시하는 주장에 비춰볼 때, "아브라함의 복"이라는 말은 우선 아브라함 자신이 "믿음을 통해 의롭다 여기심을 받은" 것을 가리키는 게 틀림없다.[97] 그러나 바울은 단지 아브라함에게 일어났던 일에만 관심을 갖고 있는 게 아니다. 그는 이 본문들(창 12:3과 18:8)이 아브라함의 자손에게 시사하는 의미들에도 관심을 갖고 있다. 바울에게 시급한 일은 아브라함의 진정한 자손이 그의 유일한 참 씨인 그리스도 예수를 통하여(15-18절), 아브라함과 똑같이, **역시** 믿음으로 의롭다 여김을 받은 자들임을 증명하는 것이다(바울이 7절에서 천명한 명제는 이를 분명히 밝힌다). 이제 바울은 이 이방인들에게 "약속된 복"이 그리스도의 죽음을 통해 이루어졌음을 증명하고 싶어한다. 이 죽음이 유대인과 이방인으로부터 "토라의 행위"를 제거해주었다.

(c) 이런 내용은 결국 우리를 둘째 절로 인도한다. 바울은 둘째 절에서

---

96) 바울은 그것을 분명하게 강조하지는 않는다. 그러나 이 미래 시제는, 본디 완성될 약속을 함축하고 있었기에, 이제는 십자가와 **영**을 통해 일어난 일이 되었다.

97) Cosgrove, *Cross*, 50-51은 2:15-21이 이 주장에서 중요한 의미를 가진다는 점을 간과한다. 그 바람에 그는 바울이 이런 의도를 가졌다는 것을 철저히 부인한다. 나도 바울이 강조하는 것은 결국 **그가** 제시한 적용(=구약 본문을 적용한 내용)이지, 구약 본문 자체가 아니라는 데 동의하려 한다. 그러나 Cosgrove가 시사하는 것을(35-37) 회피하기가 어렵다. 즉 바울이 이 서신에서 제시하는 주장들은 이 서신 내부에서 뒤로 갈수록 점차 축적되어간다. 이 때문에 바울이 한 모티프를 두 번째 혹은 세 번째로 언급할 경우에는(특히 그가 세심하게 선택한 인용문인 경우에는) 독자들이 앞서 등장한 것들에 비추어 이런 언급들을 들어야 한다는(=읽어야 한다는 – 옮긴이) 의도를 나타낸 것으로 봐야 한다.

"우리가 믿음을 통해 **영**의 약속을 받았다"라고 선언한다. 이 절은 그 기능면에서 첫째 절과 평행을 이루지만, 그 언어에는 1-5절에서 말한 갈라디아 사람들의 **영** 체험과 6-9절이 말하는 "아브라함의 복"을 결합하려는 의도가 담겨 있는 것 같다.[98] 그러나 그것은 유대인과 이방인이 함께 참여하는 복이다. 그리스도가 저주(토라를 지켜야 할 의무)를 제거하셨기 때문이다. "아브라함의 복"은 약속이라는 형태로 왔다. 때문에 이 약속이라는 말이 비록 창세기 내러티브에서는 등장하지 않지만, 바울은 나머지 주장에서 이 말을 사용하여 "아브라함의 복"을 이야기해간다. 실제로 이런 언어 변화는 바울이 여기서 제시하는 주장에 아주 중요하다. 바울은 그 "복"에 이방인들이 포함되어 있다는 사실에도 관심을 갖지만, 나아가 그 복이 아브라함 "그리고 그의 씨"에게(15-18절) 오직 **약속**(나중에 **그의 씨 안에서** 완성될 약속)으로 주어졌다는 점에도 관심을 갖기 때문이다. 바울이 여기서 제시한 주장의 나머지 부분이 "약속된 복"과 관련하여 가장 중시하는 개념은 "유업"(상속, inheritance)이라는 개념이다. 바울은 이 말을 결국 "아브라함의 상속인이 된다", 곧 그의 진정한 자손이 된다는 뜻으로 받아들인다.

(d) 우리 논지에 비춰볼 때 둘째 절에는 정작 더 중요한 전환점이 들어 있다. 그건 바로 이 주장(1-14절)에서는 처음으로 그들이 **영**을 체험했을 때 "그 약속"이 완전히 이루어졌다는 말이 등장한다는 점이다.[99] 이 경우에 "**영**의 약속"이라는 말 속의 소유격(**영**의, 그리스어로 τοῦ πνεύματος — 옮긴이)은 엄밀한 의미에서 필시 "약속"과 동격은 아닐 것이다. 즉 "약속, 곧 **영**"

98) Burton, 177; Erdman, 65; Ridderbos, 128; Stanley, "Under," 495도 같은 의견이다. 나는 바울이 지금 제시하는 주장의 주요 초점이 무엇인가를 놓고 Stanley와 견해를 달리한다. 그러나 그의 이런 결론에는 철저히 찬동한다. "믿음으로 **영**을 받은 갈라디아 사람들의 체험은 아브라함을 통하여 이방인들에게 복을 베푸시겠다는 하나님의 약속이 이제 그들 가운데서 이루어졌음을 보여주는 표지다.…(갈라디아 사람들을 포함하여) 이방인들 가운데 하나님의 **영**이 계시다는 것은 그들이 이제 하나님이 당신 백성에게 약속하셨던 '완전한' 복을 누리기 시작했음을 증명해주는 확실한 증거다."

99) 참고. Cosgrove, *Cross*, 50: "바울은 약속(명시함)과 복(암시함)을 **영**이라는 선물과 동일시한다(3:14)."

또는 "약속된 성령"이라는 의미는 아닐 것이라는 말이다.[100] 오히려 바울은 이제 1-5절에 비추어 "약속된 유업"(이 유업을 받을 자들 중에는 이방인도 들어 있다)이 **영**이라는 선물을 통해 "우리"에게 **이루어졌다고** 해석한다.[101] 즉 바울은, 그가 이미 1-5절에서 말한 내용 및 뒤이어 제시할 주장을 통해 말할 내용과 보조를 맞추어, 아브라함에게 약속된 복이 아브라함의 모든 참된 자손, 곧 "그리스도 예수를 믿음으로 말미암아" 참된 자손이 된 사람들 안에서 실현되게 해주신 통로가 바로 **영**이라고 역설한다. "아브라함의 복"은 단순히 "믿음으로 의롭다 하심을 받음"(이신칭의)이 아니다.[102] 오히려 "아브라함의 복"은 유대인과 이방인이 똑같이 누릴 수 있게 된 종말론적 삶(eschatological life)을 가리킨다. 이 삶은 그리스도의 죽음으로 말미암아 가능해졌지만, **영**의 역동적 사역을 통해(그리고 믿음으로 말미암아 이 모든 일이 이루어짐으로써) 실현된다.

(e) 이 경우에 "그 약속"은 갈라디아 사람들이 한 **영** 체험과 그들이 아브라함의 복을 물려받은 것을 결합해준다. 그렇지만 바울이 구사하는 이런 언어는 십중팔구 선지자의 전승(글) 속에 등장하는 "약속된 성령"과 관련지어 이해해야 하는 말이기도 할 것이다. 즉 바울이 여기서 그 점을 강조하진 않지만, 그래도 바울 신학에서는 "약속"이 **영**을 지칭할 경우 이 "약속"에 예레미야가 말하고 에스겔이 천명했던 약속된 새 언약이라는 주제도 애초부터 담겨 있다는 결론을 피하기 힘들다. 새 언약의 목적들은 **영**이 오심으로 말미암아 이루어진다. 이 문제를 살펴보려면, 고린도후서 3:1-18을 논한 내용을 보기 바란다.

요컨대 이 모든 내용을 이렇게 이해한다면, 이 본문은 이렇게 바꿔볼 수 있겠다. "그리스도는 우리를 위하여 저주가 되심으로(저주를 받으심으

---

100) 가령 Burton, 176과 다른 이들도 같은 생각이다. 어쨌든 "약속"이라는 말은, 마치 "보증금"과 "첫 열매" 같은 은유들처럼, (여전히) **미래**인 약속을 보증해주시는 **영**을 가리키는 말이 아니다. 참고. Williams, "*Promise*," 711.

101) 참고. Lagrange, 74; Erdman, 65; 그리고 특히 Byrne, '*Sons*,' 156-57.

102) Boice, 460과 다른 이들도 이렇게 주장하려 한다.

로) 우리를 토라의 의무들 아래에서 살아야 하는 저주에서 해방시켜주셨다.…이를 통해 이제는 이방인들도 아브라함에게 약속되었던 복(믿음으로 말미암아 의롭다 하심을 얻음으로 아들이 됨)을 받을 수 있게 되었으며, 동시에 유대인과 이방인을 불문하고 우리 모든 이가 믿음을 통해 성령이라는 위격 안에서 그 약속이 이루어짐을 체험할 수 있게 되었다."

따라서 1-5절에서도 그랬듯이, 갈라디아 사람들이 그리스도를 믿게 된 사건에 비춰볼 때, **영**이야말로 갈라디아 사람들이 이미 하나님 백성이 되었고 토라의 의무들 아래로 들어가야 할 필요가 없다는 것을 증명해주시는 첫 번째 증거이시다.[103] 바울은 토라의 의무들 아래로 들어가는 것을 토라를 지킴으로 살아야 하는 저주 아래 들어감으로써 결국 믿음으로 사는 것을 배제해버리는 것을 의미한다고 본다. 동시에 바울은 종말의 완성이라는 관점에서 **영**을 일종의 전제로(presuppositionally) 이해한다. 바로 여기에 토라와 "육"의 시대는 지나가고 새 시대가 동텄다는 증거가 있다. 유업을 물려받으리라는 약속은 **영**이 오심으로 말미암아 이미 어느 정도 실현되었다. 바로 여기서 아브라함에게 약속된 복, 곧 이방인들도 유대인과 더불어 아브라함의 상속인이 되리라는 약속이 실현되었다. 따라서 비록 이 본문이 **영**을 단 한 번만(그것도 문단 말미에서) 언급하지만, 그래도 **영**은 바울이 성경을 원용하여 토라의 시대가 끝났음을 천명한 이 주장에서도 다시금 핵심 역할을 한다. 바울은 토라의 시대가 끝났다는 이 주장에 담긴 의미를 5:13-6:10에 가서 완전히 세세하게 이야기할 것이다.

▪ 갈라디아서 3:15-18[104]

[15]형제자매들아 내가 일상생활로부터 유비 하나를 가져와 말하노니, 일단 어떤

---

103) Lightfoot는 1-5절을 바라보는 그의 시각 때문에 이 본문에 등장하는 **영**도 일체 논평하지 않는다.

104) 나는 이 문단 자체를 주해하기보다 단지 이 문단에 있는 약속이라는 개념을 붙들고 씨름하

한 사람의 의사가 확정되면 어느 누구도 그것을 무시(파기)하거나 무효로 만들지 못하느니라. [16]이제 (이 유비를 적용하자면) 그 약속들은 (하나님이) 아브라함과 그의 씨에게 하신 것이라. 곧 성경 본문은 마치 그 약속이 많은 이들에게 주어진 것처럼 "그리고 그의 씨들에게"라 말하지 않고, 말 그대로 하나에게, 곧 "그리고 네 씨에게"라 말하니, 그런즉 우리는 그 씨를 그리스도라 이해할 수밖에 없노라.
[17]이제 나는 이것을 더 적용해보겠노라. 약 430년 뒤에 온 토라가 하나님이 확정하셨던 의사를 무효로 만들어 그 약속을 효력이 없고 헛된 것으로 만들지 못하리라. [18]이는 만일 그 유업이 토라에 근거한 것이었다면, 그 약속은 이제 더 이상 그 약속에 근거한 것이 아니기 때문이라. 그러나 사실은 하나님이 그것을(그 유업을) 당신이 아브라함에게 하신 약속에 근거하여 그에게 은혜로 주셨느니라.

이 본문을 이 논의에 포함시킨 것은 이 본문이 비록 에둘러 언급하긴 해도 **영**을 언급하기 때문이 아니라, "약속"이라는 모티프가 거듭 나타나기 때문이다. 바울은 14절에서 이 "약속"을 신자들이 **영**을 선물로 받은 것과 관련지어 해석했었다. "약속"은 이 문단에서 중요한 의미를 지닌 핵심 단어다. 바울은 앞서 "의는 **율법**의 행위가 아니라 그리스도 예수를 믿는 믿음으로 말미암는 것"이라는 자신의 주장을 이방인 회심자들이 하나님이 약속하셨던 마지막 때의 **영**을 이미 선물로 받았다는 사실을 통해 증명했지만, 여기서 이 주장을 뒷받침할 성경의 증거를 더 제시한다.

바울은 "일상생활에서 가져온 유비"와 창세기 13:15의 언어를 기초로 삼아 두 가지 중요한 점을 강조한다. 첫째, 아브라함의 참된 자손이신 그리스도는 유일하게 아브라함에게 주어진 약속들을 물려받으신 분이다. 둘째, 그 약속이 아브라함에게 주어진 때로부터 약 430년이 지나 등장한 **율법**은 그 약속을 폐기할 수 없다. 바울은 자신이 2:16에서 천명했던 두 가

고자 했다. 때문에 나는 여기서 확장된, 그리고 좀 의역에 가까운 "번역"을 제시하여 이 본문 주해가 나아갈 방향을 제시하는 쪽을 택했다.

지 주제(사람이 의롭게 되는 것은 "**율법**의 행위로"가 아니라 "그리스도 예수를 믿는 믿음으로"다)를 조금 방식을 달리하여 되풀이한다.

우리 관심사는 이 주장에 들어 있는 "약속"의 의미다. 18a절은 그 "약속"이 "그 유업"과 관련 있음을 일러준다. 따라서 여기가 이 주장에서, 그리고 특히 바울이 거푸 결론을 제시하며 그리스도를 통해 **율법**의 종살이에서 해방된 사람들이 아브라함의 참된 자손들이요 약속된 유업을 물려받을 참된 상속인임을 설파한 3:29과 4:7에서 중요한 의미를 가지는 또 한 가지 말(=유업-옮긴이)이 처음으로 등장하는 곳이다. 바울은 은유들을 융통성 있게 사용한다. 이 때문에 그가 여기서 제시한 주장은 좀 모호한 구석이 있긴 하지만, 그래도 "유업"은 새 시대에 그리스도와 **영**의 사역을 통하여 하나님의 자녀가 되는 것과, 그리고 특히 이방인들을 하나님의 자녀 가운데 포함시키는 것과 관련 있을 가능성이 아주 높다(참고. 7-9절).[105]

따라서 지금 이 본문에서는 "약속"이 **영**을 직접 가리키기보다[106] 오히려 "유업"을 직접 가리킨다. 비록 14절에 어긋날지 몰라도, 여기서는 그렇게 보는 것이 옳다. 그러나 14절과 4:4-7이 일러주듯이, 그 "유업"은 **영**이 오심으로 말미암아 실현된 것으로 이해해야 한다.[107] 바울은 **영**을 이 서신에서 그가 문제 삼는 모든 관심사[믿음으로 의롭다 하심을 받음, 이방인들을 하나님의 자녀 속에 포함시킴, 아브라함의 복, 하나님의 약속(들), 유업]를 통합해 주는 매개체로 본다. 이 모든 내용은 바울이 거푸 제시한 결론인 3:26-29과 4:4-7에서 하나로 통합된다. 바울은 이 결론들에서 이방인들이 하나님의 참된 자녀로서 유업에 참여하는 일이 토라와 상관없이 그리스도로 말미암아 가능하게 되었으며 **영**이라는 선물로 말미암아 실현되었다고 결론 짓는다.

---

105) 참고. 4:5-6과 4:29. 이 본문들을 보면, 이 시대에 하나님의 자녀가 되는 것은 **영**의 임재와 사역에 직접 근거한 것이다.

106) Cosgrove, *Cross*, 61-65, 그리고 Williams, "*Promise*"도 이렇게 주장한다.

107) Burton, 185도 같은 견해다.

이런 이유 때문에 **영**은 바울이 제시하는 주장의 나머지 부분에서도 시종일관 표면에 아주 가까이 자리해 있다. 심지어 **영**을 직접 언급하지 않은 때에도(특히 뒤이어 살펴볼 21-22절에서도) 그러하다.

▪ **갈라디아서 3:21-22**

[21]그렇다면 **율법**이 하나님의 약속들과 대립하느냐? 결코 그렇지 않으니라! 이는 만일 생명을 줄 수 있는 **율법** 형태가 주어졌다면, 정녕 의도 **율법**에 근거를 두었을 터이기 때문이라. [22]그러나 성경이 모든 것을 죄 아래 가두었나니, 이는 그리스도 예수를 믿는 믿음에 근거한 약속이 믿는 자들에게 주어질 수 있게 하려 함이라.

이 본문도 **영**을 특별히 언급하지 않는다. 그러나 이 문장이 구사하는 언어와 암시하는 대조는 **영**이 바울의 생각 주변을 맴돌 뿐 아니라, 실제로 "생명을 주다"와 "약속"이라는 말 뒤에 자리해 있다는 것을 일러준다. 우리는 앞서 14절에서 그 구절이 말하는 "약속"을 해석할 때 **영**을 하나님이 아브라함에게 주신 약속이 이루어지게 해주신 중개자(즉 **영**으로 말미암아 하나님이 아브라함에게 주신 약속이 유대인은 물론이요 이방인들 가운데에서도 성취되었다 – 옮긴이)로 보았다. 이런 우리의 이해가 옳다면, **영**이 바울의 생각 주변에, 이 구절이 구사한 언어 뒤에 자리해 있다는 우리 판단도 더더욱 타당하다 할 것이다.

바울의 주장은 19-22절에 들어와 살짝 방향을 바꾼다. 바울이 갈라디아 사람들이 한 **영** 체험에 호소한 내용(1-5절), 의가 "그리스도 예수를 믿는 믿음으로 말미암지"(6-9절) "율법의 행위로 말미암는 것이 아님"(10-14절)을 일러주는 성경의 증거에 호소한 내용, 그리고 특히 이 본문 바로 앞에서 주장한 내용(15-18절)[108]은 특히 토라를 좋게 바라보지 않았다. 따라서 이 문단은 "당신이 방금 주장한 내용이 옳다면, 대체 왜 토라가 존재했던 겁니까?"라는 질문에 대답한 것이다. 여기서 제시하는 주장에 비춰볼 때, 결국 21절("그렇다면 **율법**이 하나님의 약속들과 대립하느냐?")은 그 주제(=그렇다면 대체 왜 토라가 존재했을까?—옮긴이)의 변형인 셈이다. 바울은 우리에게 흥미를 불러일으키는 이런 말로 이 주제에 답변한다. "만일 생명을 줄 수 있는 토라(토라의 표현)가 주어졌다면, 정녕 의는 토라를 근거로 삼았을 것이다." 그러나 토라는 그리할 수가 없었다(이는 바로 생명에 필수불가결한 요소인 **영**이 토라에 함께하지 않았기 때문이다). 이 말은 곧 토라가 전혀 다른 역할을 했다는 것을 뜻한다(22절). 그 때문에 토라는 도리어 "믿는 자들에게" 주어진 "그 약속"이 완전히 이루어지길 고대하는 사람들을 "'죄 아래' 가두는"[109] 기능을 했다. 갈라디아 사람들이 이런 말들을 어떤 의미로 받아들였을지 확실치 않다. 그러나 이 본문 문맥과 언어에 비춰볼 때, 바울이 이를 **영**이라는 선물과 대립하는 것으로 이해한 것만은 의심할 여지가 없다.[110]

요컨대 그것이 바울이 (근래) 고린도후서 3:1-11에서 고린도 사람들을 상대로 제시한 주장의 요점이다. 토라의 문제는 **영**이 함께하지 않았다는 것이었다. 때문에 토라는 생명을 주지 않고 죽음을 나누어주는 것이 되었다. 하지만 **새** 언약은 **영**의 언약으로서 단순히 문자(=토라 준수)에 지나지 않는 언약과 완전히 다르다(겔 36장과 37장은 새 언약이 완성될 것을 이야기하면서 특별히 **영**을 "생명을 주시는" 분이라 말한다). 21절이 구사하는 언어 뒤에

108) 실제로 이 본문은 토라를 뒤늦게 생각이 나서 추가한 것쯤으로 제시했다.

109) 갈 3:19은 "범죄로 말미암아 토라가 더해졌다"라고 말한다. 이에 비춰볼 때, 이 특이한 문구는 토라가 사람들을 "가둠"으로 사람들이 죄를 지었다는 뜻이 아니라, 십중팔구 사람들이 죄 아래 있었기 때문에 그들을 죄로부터 해방시켜줄 방편이 올 때까지 토라가 그들을 가둬두는 기능을 했다는 뜻일 것이다.

110) 참고. Williams, "Justification," 96-97. 이 문맥과 인접 문맥 그리고 이 문맥과 고후 3:5-6의 연관관계가 확실해 보이는데도, 이 점을 언급하는 주석가들이 거의 없다는 게 놀랍다. 그러나 Ridderbos, 141과 (특히) Betz, 174을 보라; Burton, 195, 197도 대체로 이 점에 수긍하나 꼭 이렇게만 생각하지는 않는다. 이 견해를 더 철저히 제시한 글을 읽어보려면, Cosgrove, *Cross*, 65-69을 보라.

도 십중팔구 그런 시각이 자리해 있다.[111)]

이 점은 22절이 더 확증해준다. 22절은 그 "약속"이 이제 "믿는 사람들에게 주어졌다"라고 말한다. 물론 이 "약속"이 가장 먼저 가리키는 것은 그 유업일 수 있다. 그러나 3:14과 4:4-7은 유대인과 이방인이 똑같이 **영**을 통하여 그 유업 안으로 들어갔음을 일러준다.[112)] 따라서 이 본문에는 비록 **영**이라는 말 자체가 나오지 않지만, 바울 신학 전반은 물론이요 특별히 이 주장을 보더라도 **영**은 "생명을 주심"으로 그 약속을 이루시는 분이다. 토라는 바로 이 생명을 주는 일에 실패했다. 바울은 이 모든 내용을 통틀어 5:13-6:10에서 훨씬 더 상세하게 이야기할 것이다. 거기서 바울은 **영**이 "토라가 할 수 없었던 일을" 행하심으로써 토라를 "완전히 이루신다"라고 이야기한다.

▪ 갈라디아서 4:4-7[113)]

[4]그러나 때의 가득 참이 이르매, 하나님이 그 아들을 보내셔서, 한 여자에게 나게 하시고,[114)] **율법** 아래 나게 하셨으니, [5]이는 그가 **율법** 아래 있는 자들을 구속

---

111) 따라서 Burton, 195, E. P. Sanders, *Paul and Palestinian Judaism* (Philadelphia: Fortress, 1977), 503, 그리고 Bruce, 180이 주장하는 것처럼, 여기서는 "생명을 주다"와 "의롭다 하다"가 거의 같은 말이라고 주장하는 것이 그리 정확하지는 않다. 물론 신학 면에서 보면 결국 이 말들이 같은 곳에서 나오는 말일 수 있다. 그러나 바울이 근래 **율법**과 대립하는 문맥 속에서 **영**의 사역과 결합하여 사용한 말은 δικαιόω ("의롭다 하다")가 **아니라** ζωοποιέω ("생명을 주다")다.

112) 참고. Fung, 165.

113) **참고 문헌**: A. **Duprez**, "Note sur le rôle de l'Esprit-Saint dans la filiation du chrétien, à propos de *Gal.* 4:6," *RSR* 52 (1964), 421-31; **Hays**, *Faith*, 85-137; J. M. **Scott**, *Adoption as Sons of God* [WUNT 2.48; Tübingen: Mohr (Paul Siebeck), 1992]; **압바**라는 외침 (*Abba-cry*)을 다룬 참고 문헌을 보려면, 뒤의 주150을 보라.

114) 그리스어로 γενόμενος다(두 개 구절 모두 이 말을 썼다; 실제로 본문이 사용한 것은 이 말의 목적격인 γενόμενον이다. 이는 "태어나다"를 뜻하는 γίνομαι의 남성 단수 목적격 부정과거 중간태 분사다 — 옮긴이). 이를 문자대로 번역하면 "…이 되었음"(having become)이다. 빌 2:7b-8에 있는 비슷한 용례에 비춰볼 때, 이 분사들은 어떤 존재 상태를 표현하는 말(Burton, 218-19)이 아니라, "내러티브 행위"(narrative action)를 표현한 말이다(Hays,

하게 하려 하심이요, 우리가 아들들로 입양을 받게(입양되게) 하려 하심이라.[115]
6또 너희가 아들이므로, 하나님이[116] 그의 아들의 **영**을 우리[117] 마음속에 보내
셔서,[118] "**압바**, 아버지"라 외치게 하셨느니라. **7**결국 그렇다면 너희는[119] 더 이상

Faith, 105에서 빌려온 말이다). 어떤 사람이 한 여자로부터 나와 사람이 "되었을 때", 그는 "태어난" 것이다. 영역 성경들은 보통 그냥 "태어난"으로 번역해놓았다. 그 바람에 영역 성경을 읽는 독자들은 불행하게도 이와 정확히 일치하는 평행어로서 신앙고백에 가까운 빌 2:7b-8에 들어 있는 말(그리스어로 γενόμενος; 빌 2:7b-8에서도 이 말이 두 번 등장한다 — 옮긴이)을 놓쳐버린다.

115) 바울이 대체로 강조하는 요지를 고려하면, 여기서는 "아들들"보다 더 폭넓은 범위를 아우르는 말인 "자녀들"도 충분히 쓸 수 있다. 그러나 불행히도 "아들들" 대신 "자녀들"을 쓰면, 하나님의 아들이신 그리스도와 하나님의 "아들들"인 신자들을 대비한 언어유희를 간파하지 못하게 된다. 그런 이유 때문에 나는 υἱοί를 "아들들"로 번역했다[4:5에서는 **아들딸을 불문하고** 양자를 받아들이는 행위(입양)를 가리키는 그리스어 υἱοθεσία를 사용했다 — 옮긴이]. 나는 이 본문의 언어유희를 그대로 나타내면서도 불필요한 성 차별 언어를 피하고자 이어지는 논의에서는 이 용례가 등장할 때마다 이 말에 인용부호를 붙였다.

116) B 1739 sa는 이 문장이 분명하게 표현해놓은 주어인 ὁ θεός ("하나님")를 생략해버렸다. 한편으로 이 증거와 주어를 덧붙이곤 했던 필사자들의 경향을 고려하면, 이것이 당연히 원문일지도 모른다. 반면 4절과 이 문장이 완전한 대칭을 이루게 만들어놓은 사람은 바울 자신이며, 때문에 B 또는 그와 가장 가까운 관계에 있는 사본이 그 주어를 생략해버린 뒤, 서로 밀접한 관계에 있는 다른 두 사본들이 이렇게 주어를 생략해버린 본문을 채택했을 가능성이 훨씬 더 높다.

117) 이것은 바울이 구원론을 다룬 본문에서 자신까지 포함하는 1인칭 복수형으로 옮겨가는 경우를 보여주는 또 다른 사례다(참고. 이 서신만 봐도 이런 사례는 1:4; 3:14; 5:5에서 볼 수 있다). 일부 역본(시리아어 역본과 보하이르어로 기록된 일부 역본) 및 후대에 나온 MajT (비잔틴 사본)는 ἡμῶν ("우리의")을 ὑμῶν ("너희의")으로 바꿔놓음으로써 바울이 써놓은 문장을 "깨끗이 청소해버렸다." 그러나 이 ὑμῶν은 확실히 나중에 기록된 말이다. 전통을 가리지 않고 모든 초기 사본들은 이 본문("우리의")을 지지한다(P^{46} א A B C D* F G P 104 1175 1739 1881 lat sa bo^{pt} Tertullian).

118) P^{46}과 Marcion은 바울이 구사한 평행법을 철저히 놓치는 바람에, "하나님이 그의 아들을 보내셨다"(4절)라는 본문과 "하나님이 그의 **영**을 보내셨다"(6절)라는 본문을 만들어내는 τοῦ υἱοῦ ("**아들의**")라는 말을 생략해버렸다(필시 서로 따로따로 그리했을 것이다). 이것이 일부러 생략한 것이라면[동사문미(同似文尾) 현상(homoeoteleuton) 때문에 이런 생략이 일어났을 수도 있지만, 일부러 생략했을 가능성이 아주 높다], 이는 신학적 이유 때문이거나(그가 그리스도의 **영**이 아니라 하나님의 **영**임을 밝혀 **영**에 관한 혼동을 피할 목적으로) 혹은 딱히 신학적 이유는 아니지만 사본 필사자들이 보기에 바울이 제시하는 강조점, 곧 하나님이 아들과 **영**을 모두 보내셨다는 것을 어설프게 표현했다 싶은 부분을 본문에서 "말끔히 정리"하려 했기 때문이다. 그러나 이런 생략은 정말 너무 많은 것을 놓쳐버린다. 뒤의 논의를 보라.

119) 바울은 이 서신에서 모든 사람을 지칭할 때 오직 여기서만 2인칭 단수형으로 바꾼다. 이는 필시 그가 제시하려는 요점을 하나씩 하나씩 구별하여 제시하는 방법일 것이다.

종이 아니요 아들이니, 또 아들이면 하나님으로 말미암아 유업을 이을 자니라.

바울은 이 말로 3:1에서 시작했던 주장을 끝맺는다. 그는 시종일관 그리스도와 **영**의 사역을 토라의 시대가 지나갔다는 것, 따라서 갈라디아 사람들은 지금 그들에게 할례를 강요하려 하는 이들에게 "현혹당하고 있다"는 것을 증명해주는 증거로 제시한다. 바울은 앞서 13-14절에서 "그리스도가 우리를 **율법**의 저주로부터 해방시켜주사, 우리가 (아브라함에게 주어지고 이제는) **영**(으로 말미암아 완성된) 약속을 받을 수 있게 해주셨다"라고 선언했다. 이제 바울은 이 주장을 맺는 이 마지막 결론에서 그것과 똑같은 조합을 제시하며 상세히 설명한다.

우리는 이 부분을 "마지막 결론"이라고 말해야 한다. 갈라디아서 3:26-29이 이 주장에서 일종의 "첫 번째 결론" 역할을 하기 때문이다. 바울은 그 문단(3:26-29)에서 "이는 **너희가 그리스도 예수** 안에 있는 **믿음**을 통하여 (through that *faith* that is in *Christ Jesus*)[5] 하나님의 **'아들들'**이 되었기 때문이다"(26절)라고 강조함으로써 그보다 앞선 문단들에서 자신이 제시했던 여러 줄거리들을 하나로 묶어놓았다. 이곳 26절은 바울이 6절부터 제시해온 주장이 줄곧 목표로 삼고 달려온 종착지다. 모든 사람이 세례를 받아 그리스도와 하나가 되었다는 말은 유대인과 이방인이 모두 그리스도께 속해 있다는 뜻이다. 그렇다면 (아브라함의 참된 자손이신) 그리스도를 통하여 너희 **이방인들**도 "아브라함의 자손이자 그 **약속**에 따라 유업을 이어받을 자들"(29절)이라는 것이 바울의 논지다. 그러나 그들이 아브라함의 자녀들이 된 것은(그럼으로써 하나님의 자녀들이 된 것은) 그 "약속"을 따라 이루어진 일이다. 또 바울은 14절에서 그들이 **영**을 받음으로 말미암아 그 약속이 이루어졌다고 역설했다. 이런 점에서 **영**은 여태까지 이어져온 유일한(그리고 긴요한) 줄기다. 4:1-7이 바울이 제시하는 "마지막 결론" 역할을 하는 것도 바로 그런 이유 때문이다. 바울은 **영**을 다시 전면에 내세움으로써 자신이 제시한 주장을 원점으로 되돌린다.[120] 바울은 이 주장(3:1

에서 시작하여 여기서 끝나는)을 시작할 때 갈라디아 사람들의 **영** 체험에 호소하면서, 이 **영**을 **모든 것**(의, "아들이라는 신분", 유업)이 그리스도(토라 준수 의무를 제거하신 분)를 믿는 믿음으로 말미암는다는 것을 증명해주는 증거로 제시했다. 이제 바울은 갈라디아 사람들이 어떻게 **영**을 체험했는지 그 구체적이고 중요한 내력을 하나 지적하여 그 실재를 증명해 보임으로 자신이 이 주장을 시작할 때 그들의 **영** 체험에 호소하며 이야기했던 모든 내용을 매듭짓는다.

이 본문과 3:23-29이 긴밀하게 연관되어 있다는 것은 다음 몇 가지 특징들이 확증해준다. 우선 두 본문은 모두 **율법**이 우리 "교사" 역할을 한다는 비슷한 이미지(비유)로 시작한다. 또 두 본문 모두 우리가 "상속인"(유업을 이어받을 자)이라는 동일한 음조로 끝을 맺는다. 바울은 18절에서 처음 제시했던 이 이미지를 교사라는 이미지를 추가하여 상당히 예리하게 다듬었다. 또 두 본문에서는 "아들"이 핵심 이미지로 등장한다. 바울은 이 다양한 모티프들을 통일시켜주는 것을 4:1에서 분명하게 이야기한다. 즉 가족에서 "아들"이요 그러기에 "유업을 물려받을 자"인 사람이라도 교사인 노예[6] 밑에 들어간다면 "종"과 다를 것이 없는 존재라는 것이다. 바울이 정성을 들여 마무리한 이 마지막 부분에서 새롭게 등장한 것은 이런 것들이다. (1) "종들"과 "아들들", 곧 "종"과 "자유인"을 극명하게 대조하는 내용이 처음으로 등장한다[이 모티프들은 이 서신의 나머지 주장(4:21-31; 5:1, 13)에서 핵심 모티프가 된다]. (2) "우주의 στοιχεῖα(초등 실체들/영들)에게 종노릇하다"라는 말이 처음으로 등장한다. 바울은 9절에서 은연중에 이 말과 갈라디아 사람들이 토라 아래로 들어가고 싶어하는 것을 동일시한다. 그리고 물론 (3) **영**이 재등장한다. **영**은 이제 "아들"임을 증명해주시는 증거 역할을 한다.

두 가지 사실을[이 문단이 3:1부터 시작된 주장을 매듭짓는다는 사실, 그리

---

120) Wright, *Climax*, 154n57도 같은 견해다(그의 제자인 Sylvia Keesmat의 글을 인용한 부분).

고 바울이 부지불식간에 "종들(노예들)/종살이"와 "아들들/자유"라는 언어로 옮겨간 뒤 여기서부터 죽 이 언어들을 사용한다는 사실을] 고려할 때, 4:4-7은 앞서 말한 내용과 뒤에 이어질 내용을 지지해주는 일종의 신학적 받침대 역할을 한다는 주장도 충분히 가능하다. 따라서 이 서신 전체가 제시하는 주장의 신학적 기초가 바울 서신의 구원론[121] 본문 중에서도 다른 본문보다 더 놀라운 본문 가운데 하나인 이곳에서 등장한다는 사실은 결코 우연이 아니다. 우리는 갈라디아서의 심장부인 이곳에서 바울의 구원론이 철저히 삼위일체에 근거해 있음을 보여주는 증거를 또다시 만난다. 이곳에서는 그 증거를 일종의 준(準)신앙고백 문구로 표현했는데, 이 문구가 담고 있는 모든 표지들은 이 문구를 표현하고자 새로 만들었거나 아니면 이전의 형태는 거의 알아볼 수 없을 정도로 철저하게 뜯어고쳐 제시한 것들이다.[122] 바울이 모든 곳에서 말하는 것이요 고린도후서 13:13[14]의 간결

---

121) 학자들은 이 본문을 종종 "기독론" 본문으로 부르곤 한다(가령 Hays, *Faith*, 86ff.; Betz, 205ff.). 물론 그것도 옳은 말이다. 바울을 이야기할 때 기독론 없이 구원론을 논하기는 불가능하기 때문이다. 그러나 이곳의 초점은, 5절이 확인해주듯이, 그리스도의 인격이 아니라 그분이 행하신 사역이다.

122) 이 본문을 다듬은 바울의 솜씨는 완벽하다. 가령 두 개의 ἵνα절(5절)은 3:14과 마찬가지로 그리스도 안에서 이루어진 구속의 두 효과를 표현하는 기능을 한다. 또 바울은 첫 ἵνα절의 "자(者)들을"을 두 번째 ἵνα절에서는 "우리"로 살짝 바꿔놓았는데, 이것 역시 3:14을 떠올리게 한다. 또 "구속"(개역개정: 속량)이라는 말도 3:13에서 볼 수 있는 것이다. 그런가 하면 "**율법** 아래에 있는 자들"이 "구속"받았다는 사실은 바울이 여기서 제시하는 주장 전체의 요점이기도 하다. Hays, *Faith*, 87-88이 열거해놓은 것들을 참고하라.

하지만 이 시대 대다수 학자들은—바울이 여기서 제시하는 주장과 어울리지 않아 보이는 몇 가지 내용은 말할 것도 없고—이 문단이 띠고 있는 것으로 보이는 시(詩) 형태와 몇몇 **특이한** 문구에 더 마음이 쏠린 나머지, 이 문단이 바울 이전부터 존재했다고 주장한다. 특히 E. Schweizer, "Zum religionsgeschichtlichen Hintergrund der 'Sendungsformel' Gal 4,4f., Rm 8,3f., Joh 3,16f., 1Joh 4,9," *ZNW* 57 (1966), 199-210을 보라(더 많은 참고 문헌을 보려면, Hays, *Faith*, 127n1을 보라; 이를 당면 이슈로 삼는 주석가들을 살펴보려면, Betz와 Longenecker를 보라). 물론 그럴 수도 있다. 하지만 이 문단이 바울 이전부터 존재했다는 것은 그렇다고 증명할 수도 없고 딱히 그렇지 않다고 증명할 수도 없는 문제다. 또 Schweizer는 「지혜서」 9:7-18에서 "이중 보냄 문구"(double sending formula)를 찾아내는데, 이는 그리 설득력이 없다. 실제로 그런 일은 자료들을 잘못 사용하는 행위다(내가 이 책 부록에서 제시한 비판을 보라). 내 주장 요지는 간단하다. 즉 이 본문은 오로지 이 문맥 안에서, 철저히 바울의 언어로, 그리고 바울이 현재 제시하는 주장의 결론 부분으로서 우리에

한 축도 문구들이 가장 놀랍게 증언하는 것이지만, 구원은 하나님이 주도하시고, 그리스도가 십자가에서 죽으심으로 가능케 하신 것이며, "**영**에 참여함으로" 우리가 소유할 수 있게 된 것이다(참고. 롬 5:1-5).

이처럼 4-7절은 갈라디아 사람들이 토라 아래로 들어가지 못하게 할 하나님의 대안을 제시한다. 여기서는 토라 아래로 들어가는 것을 "성년이 되지 못한 연소자들"[123]이 됨으로써 결국 "종들과 다를 게 없는 처지"가 되는 것으로 표현했다(참고. 1절과 3절). 갈라디아 사람들은 **영**의 사람들이기에 토라를 준수해야 하는 처지로 뒷걸음질 치면 안 된다.[124] 그리스도의 죽음은 사람들을 토라 준수라는 굴레로부터 속량하여("해방시켜") 그들이 "아들"이 되게 해주셨다. 이 사실을 신자 안에 들어와 사시는 그 아들의 **영**이 확증해주시며, 이 **영**이 신자 안에서 그 아들(=예수 그리스도)이 몸소 사용하셨던 언어로 (**압바** 아버지를－옮긴이) 외쳐 부른다. 이처럼 그 아들은 "신자들이 아들들로 입양되게" 해주심으로써, 신자들이 당신 자신과 하나님의 관계와 같은 부자(父子) 관계를 갖게 해주셨다. 바울은 이를 두고 로마서 8:14-17에서 이 신자들이 "공동상속인"(개역개정: 그리스도와 함께 한 상속인)이 되었다고 증폭시켜 말한다. 결국 바울에게는 이제 그리스도 및 **영**으로 말미암아 자유인이요 하나님의 "아들들"이 된 사람들이 이전의

게 다가올 뿐이다. 설령 이 본문이 이보다 앞선 어떤 형태를 갖고 있었다 하더라도, 그 형태가 **현재 이 본문이 제시하는 의미**와 관련하여 우리에게 일러줄 것은 거의 없을 것이다. 현재 이 본문이 제시하는 의미는 오로지 지금 바울이 제시한 문맥 속에서 찾아내야 한다. 그런 점에서 Betz와 Longenecker가 피력하는 많은 관심사는 정작 바울의 관심사와 철저히 동떨어진 것으로 보인다. 만일 이 본문이 바울 이전에 존재한 신앙고백을 되비쳐주고 있다면, 오히려 바울이 그 신앙고백을 자신과 갈라디아 사람들의 공통분모로 삼을 수 있다는 사실에 그 신앙고백의 존재 의의가 있다 할 것이다.

123) 그리스어로 νήπιος다. 바울은 늘 이 말을 유아나 어린아이를 가리키는 말로 사용한다. 그러나 여기서는 "미성년자, 연소자"라는 법적 의미를 함축한다.

124) 물론 이것이 바울이 다뤄온 문제요, 8-11절에서 적용할 문제다. 이 본문을 다룬 글을 쓴 대다수 학자들도 이 점을 인식했다. 그런데도 그들은 이 중요한 관심사는 더 이상 안중에 없다는 듯이 오직 6절만을 놓고 이야기를 진행하는 경우가 빈번하다. 이는 결국 각 사람의 개인 구원 체험과 관련하여 5절과 6절의 관계를 놓고 (쓸데없는) 공론(空論)만 많이 만들어내는 결과를 가져왔다.

종살이 생활로 뒷걸음질 친다는 것은 도저히 생각할 수 없는 일이다. 그런 종살이는 참된 "아들들"을 만들어내지 못했을 뿐 아니라 참된 의를 만들어내지 못했기 때문이다.

이 본문은 다음과 같이 네 부분으로 나눠볼 수 있다. (1) 때를 이야기하는 말(4a절). 여기서 말하는 때는 그리스도와 **영**의 사역을 통해 토라 준수가 막을 내린 때를 가리킨다. (2) 구원론-기독론을 천명한 말(4b-5절). 이 말은 3:13-14이 하는 말과 비슷한데, 여기서는 "아들들로 입양되었다"라는 말로 표현한다. (3) 성령론을 천명한 말(6절). 이 말은 그런 입양이 이루어졌음을 증명하는 증거로 신자 안에 들어와 사시는 **영**이 **그** 아들이 몸소 사용하셨던 언어인 **압바**(*Abba*)를 사용하는 것을 제시한다. (4) 지금까지 말한 것을 집약하는 말(7절). 이 말은 "종이 아니라 아들"이라는 말을 3:29과 결합시킨다. "아들"은 유업을 이어받을 상속인이기도 하기 때문이다. 우리가 관심을 갖는 부분은 6절이 **영**을 이야기한 내용이다. 그러나 거기를 살펴보기 전에 우선 4-5절과 관련하여 몇 가지 것을 살펴보고 가야 한다.

4-5절 이 문장은 바울이 시종일관 표명해온 유일한 관심사(갈라디아의 이방인 신자들은 이제 그리스도 안에 있다. 따라서 그들은 "토라 아래로" 들어갈 필요가 없다)를 기독론-구원론 차원에서 뒷받침하는 근거를 제공한다. 이 문장은 곧이어 말할 내용과 앞서 말한 유비(1-2절) 및 이 유비를 적용한 구절(3절)을 묶어주는 언어로 시작한다. 이전 시대에는 하나님 백성이 "연소자"보다 더 나을 게 없었고 여전히 노예인 교사의 감독 아래 있었다. 그러나[125] 이제는 그 백성이 성년에 이를 때가 이르렀다. 바울이 시종일관 다양한 방법으로 주장해왔듯이, 하나님의 때는 그리스도로 말미암아, 특히 그분이 십자가에서 행하신 구속 사역으로 말미암아 이르렀다.

125) 바울이 이 문장을 시작하며 쓴 δέ는 역접이다.

바울은 이 문장의 나머지 부분에서 그리스도 및 그분이 행하신 구원 행위와 관련하여 세 가지 점을 강조한다. 첫째, 바울은 그리스도와 **영**이 행하신 사역을 결합시킬 목적으로 일부러 골라 쓴 것으로 보이는 언어를 구사하여 "하나님이 그의 아들을 **보내셨다**"(그리스어 본문은 "보내셨다"라는 말로 "내보내다"라는 뜻을 가진 ἐξαποστέλλω의 3인칭 단수 부정과거 능동 직설법 형태인 ἐξαπέστειλεν을 사용했다 – 옮긴이)라고 말한다. 몇몇 반대하는 목소리가 있긴 하지만,[126] 이것은 그리스도의 선재(先在)를 강조하는 본문이다(즉 **아버지**가 구속을 이루실 목적으로 그 자신 역시 하나님이신 **아들**을 보내셨다). 이런 사실은 언어상 증거,[127] 하나님이 **영**을 **보내셨다**고 말하는 6절의 평행 본문, 그리고 그리스도가 선재하시지 않았으면 필요하지 않았을

---

126) 특히 J. D. G. Dunn, *Christology in the Making* (Philadelphia: Westminster, 1980), 38-44을 보라. 그의 주장은 이런 언어 자체가 선재를 지지해주지도 않고(분명 옳은 말이다) 꼭 선재를 전제하지도 않는다는 일련의 (타당한) 관찰 결과들을 그 근거로 삼는다. 그는 그런 근거로 예수가 악한 포도원 농부들 비유(마 21:33-46을 보라 – 옮긴이)에서 이 "보내셨다"라는 말을 사용하신 경우 등을 포함하여 사자(使者)에게 사명을 맡겨 보내는 문구들 가운데 "보내셨다"라는 말을 사용한 경우들을 지목한다. 이것은 "분할 정복"(각개 격파, divide and conquer) 사례다. 이런 주장은 여기서 바울이 말하는 내용이 집적 효과(cumulative effect)를 가진다는 것을 고려하지 않은 것이요, 하나님이 **영**을 보내셨다고 말하는 6절의 평행 본문이 지닌 의미를 무시하는 것이다. 여기서 바울의 관심사는 실상 예수의 기원이 아니라는 주장은 옳은 말이다. 그러나 지금까지 쌓인 증거의 무게(증명력)와 바울이 이 모든 내용을 표현한 방식을 볼 때, "보내셨다"라는 말은 선재를 전제한 말이다. Walter Kasper, *Jesus the Christ* (New York: Paulist, 1976), 173과 대다수 주석들을 참고하라.

127) Dunn, *Christology*, 39이 지적하듯이, 칠십인경에서는 ἐξαπέστειλεν이라는 복합어를 그 "기원"에는 관심을 보임이 없이 인간인 종에게 "사명을 맡겨 보내는" 경우를 이야기한 본문에서 발견할 수 있는 것이 사실이다. 그러나 그도 인정하듯이, 이 말을 하나님의 사자들로서 그 선재를 전제하고 있는 이들을 보내는 경우를 표현하는 말로 사용한다는 것 역시 사실이다. 6절에 있는 평행 본문을 고려할 때, 갈라디아 사람들이 "보내셨다"라는 말을 Dunn이 주장하는 그런 완곡한 평행 본문들에 근거하여 오로지 사명 수여를 가리키는 말로만 받아들였을 것이라고 상상하기가 힘들다. 여기서는 이 복합어가 단지 "하나님이 그의 아들을 **내**보내셨다(sent *forth*)"라는 뜻만을 가질 뿐이다. 이 말은 하나님께 보내심을 받은 그분이 그 이전에 이미 하나님과 함께 계셨음을 전제한다. Dunn이 신약성경과 다른 고대 문헌을 샅샅이 뒤져 단지 아담 기독론을 제시하는 것**일 수 있는**(Dunn이 볼 때는 **정녕** 그런 기독론을 제시하는) 평행 본문들까지 찾아낸 것은 놀라운 일이다. 그러나 그런 그가 정작 (4절의) 바로 코앞에 있는 평행 본문으로서 해석의 열쇠를 제공하는 6절은 무시한다(그는 자기 책 39쪽에서 6절을 언급하긴 한다. 그러나 그 구절이 이 본문과 관련하여 가지는 의미는 언급하지 않는다).

"여자에게서 태어나시다"라는 절이 함께 일러준다. 3:5과 마찬가지로 바울이 강조하는 것은 하나님이 하신 행위다. 하나님이 하신 일은 갈라디아 사람들이 그들을 "토라 아래로" 데려가려 하는 사람들에게 귀를 기울이지 말아야 할 충분한 이유가 된다. 그러나 이 경우에는 거기서 훨씬 더 나아간다. 하나님이 이루신 일은 영원하신 삼위일체로서 행하신 일이다. 늘 그렇듯이 성부 하나님이 구원을 나타내는 모든 동사의 주어시다. 그러나 그가 행하신 구원 행위는 성자 하나님의 구속 행위를 통해 이루어졌다. 이 성자 하나님이 마지막 때에 하나님이 이루실 구원, 곧 유대인과 이방인이 모두 하나님의 자녀 가운데 들어가게 될 구원을 시작하셨다.

둘째, 이 문장 중간에 있는 두 문구들("토라 아래 나게 하시고, 이는 토라 아래 있는 자들을 구속하려 하심이라")은 바울이 지금까지 제시해온 주장 전체의 중심 요지를 되풀이하는 말이다. 갈라디아 사람들은 할례를 받지 말아야 한다(할례를 받는다는 것은 "토라 아래로" 들어간다는 뜻이기 때문이요, 다른 이들이 "토라 아래" 들어갈 필요가 없게 그리스도가 그 아래에 들어가셨기 때문이다). 토라 아래 들어가는 것은 "저주"다. 그리스도가 하나님의 모든 백성을 이 저주로부터 구속해주셨다(3:13-14).

셋째, 바울은 마지막 절(5절의 두 번째 목적절)에서 놀라운 이미지 전환을 통해 모든 개념을 한데 모은다["이는 우리가[128] υἱοθεσίαν('아들들'로 입양되게) 하려 함이라"(υἱοθεσίαν은 "입양"을 뜻하는 υἱοθεσία의 목적격이다 — 옮긴이)]. 이 말과 가장 가까운 문맥에 비춰볼 때, 이 말은 1-2절의 유비를 채용한 것으로서 "아들"이 "성년"에 이른 때를 가리킨다. 그러나 바울이 이 말을 고른 데는 훨씬 더 많은 뜻이 담겨 있다. 칠십인경에서는 υἱοθεσία라는 말이 나타나지 않는다. 그러나 우리는 로마서 9:4을 통해 바울이 하나님의 이스라엘 선택을 "아들로 입양하심"이라는 관점에서 이해했다는 것

128) 이와 비슷하게 3:13-14에서도 **율법** 아래 있는 이스라엘("**율법** 아래 있는 자들")로부터 "우리"(유대인과 이방인을 불문하고 믿는 이들)로 옮겨감을 주목하라.

을 알고 있다.[129] 따라서 바울은 이 말을 사용하여 3:6부터 자신이 제시해 온 주장을 마무리하는 셈이다. 이방인들까지 유업을 이을 자 중에 포함시키는 약속된 복은 그리스도로 말미암아 이루어지게 되었다. 동시에 그리스도가 행하신 이 구속 행위는 사람들을 토라를 지킬 의무로부터 영원히 해방시켜주었다. 그러므로 그리스도로 말미암아 약속된 복에 참여하게 된 이방인까지 포함하는 **아브라함의 참된 "아들들"**은 바로 **하나님의 "아들들"**이다. 이들이 하나님의 아들들이 된 것은 **하나님의 친생자(독생자)이신** 분이 그 입양이 이루어질 수 있게 해주셨기 때문이다. 바울이 여기서 제시하는 모든 주장의 요체가 바로 이 관계다(이 관계는 곧 하나님의 "아들"이 되어 하나님과 갖게 되는 부자 관계다). 하나님의 아들이 됨으로 말미암아 아브라함의 참된 씨(=예수 그리스도)를 통하여 이스라엘의 "아들"이라는 지위도 차지한다. 이방인들은 그리스도로 말미암아 신들이 아닌 존재들에 매여 지냈던 그들 나름의 종살이 형태로부터 해방되었다. 뿐만 아니라, 이 이방인들은 유대인들을 옭아맸고 이제는 선동자들이 갈라디아 사람들을 그 아래로 끌고 가려 하는 종살이 형태에서도 해방을 얻었다. 신자들은[130] 그리스도 덕분에 이제 종이 아니다. 이제 신자들은 자유인인 자녀들로서, "자녀가 마땅히 가지는 모든 권리와 특권을 소유한다."

그러나 바울은 3:13-14에서도 그러했듯이, 그리고 자신이 3:1-5에서 이 주장을 시작하며 시사했던 내용과 보조를 맞추고자, 갈라디아 사람들이 "'아들들'로 입양되었음"을 강조하는 말로 이 주장을 끝내지 않는다. 사실 그 일은 그리스도가 이루어내신 일이었다. 어떤 것도 그 사실에 덧붙이

---

129) 참고. 출 4:22; 사 1:2; 호 11:1; 렘 31:9. 이 말("아들" 자체가 아니라 "아들들로 입양함")의 의미에 관한 모든 질문과 그 배경일 수 있는 구약 본문(삼하 7:14)을 살펴보려면, Scott, *Adoption*을 보라. Scott는 모든 가용한 증거의 증명력을 총동원하여 한 세기도 넘는 세월 이전에 Lightfoot, 168-89이 이르렀던 결론에 힘을 보태주었다.

130) 이 문장은 "우리"(앞의 주128을 보라)와 "(입양을) 받다"라는 동사(5절 본문은 "받다"라는 뜻을 가진 ἀπολαμβάνω의 1인칭 복수 부정과거 능동 가정법 형태인 ἀπολάβωμεν을 사용했다 – 옮긴이)로 옮겨감으로써 이제 신자들 자신의 구속 체험으로 옮겨가기 시작한다. 이런 구속 체험은 결국 다음 문장(6절)에서 실현된다.

거나 그 사실에서 뺄 수 없다. 그러나 바울은 그런 입양을 확실히 증명해 주는 **증거**가 **영**이라는 선물이라고 본다(이는 갈라디아 사람들도 유의하여 살펴보면 알 수 있는 사실이다). 이는 곧 바울이 그리스도의 사역을 역사적·객관적 실재로 본다는 말이다. 인류 역사에서 하나님이 미리 정해놓으신 시간에 도달한 순간, 그리스도가 인류 역사 속으로 들어와(여자에게서 태어나심) 하나님 백성이라는 정황 가운데 거하시면서(**율법** 아래 태어나심), 이들을 "'아들들'로 입양"시켜 토라 준수로부터 해방시켜주셨다. 그러나 이런 역사적·객관적 실재는 **영**의 사역으로 말미암아 현실로 이루어지게 된다(오직 이런 의미에서 "주관적 실재"다).[131] 역사적 객관성과 체험을 통한 실현이라는 두 가지 특성을 동시에 가진 이 실재는 바울의 주장에 힘을 실어준다. 바울이 주장한 것은 결국 **갈라디아 사람들이 그리스도가 제공해주신 "아들의 지위"를 실현시켜주시는 영을 삶에서 체험했다는 것**이기 때문이다. 이런 사실은 바울이 보기에 자신이 옳고 선동자들이 그르다는 것을 확실히 증명해주는 증거 역할을 한다. 이 때문에 바울은 한 마디를 더 덧붙인다.

6절 이 마지막 말은 이 서신이 문제 삼는 쟁점이 "믿음으로 의롭다 하심을 얻음"이 아니라 이방인을 아브라함의(따라서 하나님의) 참된 자녀들이자 마지막 유업을 물려받을 정당한 상속인들 가운데 포함시키는 것임을 더 확실하게 증명해준다. 하나님은 그리스도의 구속 사역을 통하여 그런 "아들의 지위"를 가져다주셨다. 이제 바울은 다시 갈라디아 사람들이(그리고 바울 자신과 다른 사람들이)[132] 한 **영** 체험(3:1-5부터 말한 내용)에 초점을 맞추

131) Betz, 209-10은 이 본문에서 이런 언어를 사용하는 것에 반대하는데, 옳은 견해다. 그는 이런 언어가 이 본문 밖에 있는 교리 개념들을 논의의 장으로 끌어들인 결과물이라고 지적하면서, 실제로 이런 언어는 어쨌든 모두 뒤쪽(=과거의 일—옮긴이)을 돌아보는 말이라고 주장한다(즉 바울이 보기에 그가 호소하는 대상이자 5절의 진리를 증명해주는 "객관적" 실재는 갈라디아 사람들이 한 **영** 체험이기 때문이다).

132) 사람들이 아주 쉽게 간과하는 점이다. 우리가 바울이 구사하는 언어에서 느끼는 어색함은 그가 (분명) 그리스도 안에 있는 구원의 풍성한 은덕들로부터 그 자신과 다른 사람들을 배제하지 못한 결과다. 때문에 바울은, 여기서 자신이 제시하는 주장의 요구대로, 또 5절 말미

어 이 **영** 체험이 그가 방금 그리스도에 관하여 말한 내용과 어떻게 연관되어 있는지 제시함으로써 이 주장을 매듭짓는다. 바울은 이렇게 함으로써 몇 가지 중요한 점을 강조함과 동시에, 바울 자신의 복음 이해 속에서 **영**이 차지하는 역할을 우리가 이해하는 데 지극히 중요한 몇 가지 전제들을 일러준다. 이와 관련하여 이 본문과 로마서 8:15-17에 있는 평행 본문을 비교해보는 것이 중요하다. 로마서 8:15-17에서는 여기서 말한 내용 중 몇 가지를 조금 다른 말들로 표현하는데, 이런 말들은 바울이 더 심사숙고하여 쓴 말임이 분명하다(따라서 두 본문을 비교해보면, 바울이 여기서 제시하는 주장만이 다루는 독특한 관심사들을 분명히 이해할 수 있을 것이다).

바울의 주장에 비춰볼 때, 두 가지 문제가 중대하다. 첫째, 바울은 일부러 그 아들(그리스도)의 사역과 **영**의 사역을 결합한다. 이때 그는 두 가지 방법을 사용한다. (a) 우선 그는 동일한 "보냄(파송) 문구"를 사용한다. 역사에서 갈라디아 사람들(그리고 다른 사람들)에게 특별한 의미가 있는 순간에 "하나님은 **그의 아들의 영을** 보내셨다(ἐξαπέστειλεν ὁ θεός)"(6절). 이보다 앞서 역시 "하나님은 그의 아들을 보내셨다(ἐξαπέστειλεν ὁ θεός)"(4절). 역사에서 당신이 정해놓으신 바로 그때가 되자 사람들을 구속하시려고 그 아들을 보내신 것이다. 앞에서 언급했듯이(주122), 이런 대칭 관계는 십중팔구 바울 자신이 만들어낸 것이요, 비록 양자가 보내심을 받은 곳이 상당히 다르긴 해도, 아주 심사숙고 끝에 나온 것이다.[133]

(b) 아울러 바울은 그가 (좀체 사용하지 않는) 호칭인 **"그의 아들의 영"** (the Spirit *of his Son*)이라는 호칭을 사용하여 아들의 사역과 **영**의 사역을 결합한다(여기서 아들은 하나님이 사람들을 구속할 목적으로 보내신 바로 그 아들이다). 사실 다른 곳에서는 이와 똑같은 언어가 전혀 나타나지 않는다.

에서는 "우리"라는 말을 사용했으면서도, 여기 6절에서는 "**너희**가 '아들들'이다"라는 말로 시작한다. 그러나 "너희가 아들들"임은 **우리** 마음속에 계신 **영**이 증언해주신다.

133) 예수의 경우에는 보내심을 받은 곳이 인류 역사와 유대인 가운데라는 정황이었다면, **영**의 경우에는 보내심을 받은 곳이 신자들의 마음속이다.

그러나 이 말은 로마서 8:9이 구사하는 언어("그리스도의 **영**") 및 빌립보서 1:19이 구사하는 언어("예수 그리스도의 **영**")와 대단히 일치한다. 이 세 본문은 기독론과 관련하여 중요한 무언가를 일러주기도 하지만(**하나님의 영**을 이토록 쉽게 **그리스도의 영**이라고 부를 수 있다는 것은 결코 작은 일이 아니다), 동시에 **영**과 관련하여 중요한 무언가를 일러준다[즉 내주하시는 **영**은 신자들에게 그들이 체험한 실재로 알려져 있는 분이지만, 동시에 아버지(성부)와 아들(성자)이 신자의 삶 속에 임재하시는 방법이기도 하다].

둘째, "그의 아들의 **영**"이라는 호칭 뒤에는 사실 바울이 지금 제시하는 주장을 한데 묶어주는 모든 것의 목표(종착점)가 자리해 있다. 어떤 의미에서 보면, 바울은 그냥 "하나님이 그의 **영**을 보내셨다"[134]라는 말로도 자신이 말하고자 하는 요지 전반을 충분히 강조할 수 있었을 것이다. 그러나 여기서 바울의 관심사는 **영** 자체가 아니다. **영**이라는 관심사는 이미 3:1-14에서 충분히 이야기했다. 지금 그의 관심사는 갈라디아 사람들에게 **영**이 누구이신가를 확실히 이해시키는 것이다. **영**은 바로 **그리스도의 영**이시다[이 그리스도는 "(그들을) 사랑하사 (그들을) 위하여 당신 자신을 내어주셨고," 이제는 당신의 **영**으로 그들 안에 들어와 사시는 바로 그 그리스도시다]. 그러나 바울의 강조점은 거기서 훨씬 더 나아간다. 그가 **영**을 곧장 "그리스도의 **영**"이라 부르지 않고 "(그의=하나님의) 아들의 **영**"이라 부르기 때문이다. 이것이 핵심이다. 당신의 죽음으로 구속을 이루시고 그들에게 "아들의 지위"를 확보해주신 바로 그 아들이 이제는 당신의 **영**, 곧 "**아들의 영**"으로 그들 가운데 들어와 사신다. 하나님은 당신이 그 아들 자신을 보내셨듯이 바로 이 "아들의 **영**"도 보내셨다. 이렇게 갈라디아 사람들이 "아들의 지위"를 얻었음을 확증해주는 궁극의 증거가 바로 그 아들(예수 그리스도)이 아버지께 기도할 때 친히 사용하셨던 그 말(**압바**)을 갈라디아 사람들도 사용한다는 것이다. 따라서 멀리 3:7까지 거슬러 올라가는 이 "아들"이라는 모

---

134) P^{46}과 Marcion의 경우가 그러하다; 앞의 주117을 보라.

티프는 이 문장에 이르러 호소력 있는 정점에 이른다.[135)]

지금까지 말한 내용을 요약해보면 이렇다. 바울이 줄곧 관심을 보여온 문제는 이방인 신자들도 아브라함의 참된 "아들들"이라는 것과 관련 있다. 이 이방인들이 아브라함의 참된 "아들들"이 된 것은 아브라함의 한 "씨"인 그리스도의 구속 사역으로 말미암아 이루어진 일이다. 그리스도는 당신을 믿는 모든 사람이 당신과 같은 "아들들"로서 당신이 받을 유업을 함께 받을 수 있게 해주셨다. 그러나 이런 "아브라함의 아들들"은 그 차원을 넘어 이제 "하나님의 아들들"이 되었다. 이 역시 그리스도로 말미암아 이루어진 일이다(5절). 이렇게 "아들의 지위"를 공유하게 되었음을 보여주는 증거가 바로 그 아들의 **영**이 아들들 안에 계심이다. 그 아들의 **영**이 신자 안에서 "**압바**"라 외치심으로 우리를 "아들들"로 만들어주신 그 아들이 우리 안에 계심을 증언하신다. "**압바**"는 그 아들이 직접 당신 아버지이신 하나님을 부르실 때 사용하신 말이기 때문이다. 그러므로 이렇게 말할 수 있겠다. "너희는 그리스도의 구속으로 말미암아 '아들의 지위'를 받았다. 하나님은 너희 마음속에 그 아들의 **영**을 보내심으로써 너희가 하나님의 아들들임을 체험을 통해 확인시켜주신다. 아울러 그 아들의 **영**이 그 아들이 아버지를 부를 때 직접 사용하셨던 친밀한 말('**압바** 아버지')로 하나님을 외쳐 부르신다는 사실도 너희가 하나님의 아들들임을 증명해준다."

여기서 이것들이 바울의 관심사라는 사실은 이 본문과 동반자 관계인 로마서 8장과 비교해보면 더 확실하게 알 수 있다. 유념해둘 사항이 네 가지가 있다. (a) 로마서 8:15에서도 "아들들로 입양함"이라는 말이 다시 등장한다. 그러나 바울은 16-17절에서 이 말을 가져다가 적용할 때 "아들들"(υἱοί)이라는 말을 더 폭넓은 말인 "자녀들"(τέκνα)로 바꾼다. 이처럼 υἱός(아들)를 활용한 언어유희는 오직 갈라디아서에서만 나타난다. (b) 로마서 8:14-15은 **영**을 "**그의 아들의 영**"이라 부르지 않고 "하나님의 **영**"이

135) 참고. Wright, *Climax*, 44.

라 부른다. 이 하나님의 영은 "아들의 지위에서 갖는 **영**"(=아들의 지위를 갖게 하는 **영**)이시기도 하다. (c) 로마서 8:15은 **영**이 **"압바"**라 외친다고 말하지 않고 "우리가 그 **영**으로 말미암아 **외쳐 부른다**"라고 말한다(바울이 보기에 이 둘은 분명 같은 뜻이다). 그러나 우리가 지금 보는 갈라디아서 본문은 그 외침을 **그 아들의 영**(the Spirit *of the Son*)과 더 긴밀하게 결합시킨다. (d) 이 두 본문만 놓고 보면 "상속인들이 되는 것"이 마지막 결과다. 그러나 인접 본문을 보면, "아들"이 되는 것과 "상속인"(유업을 이어받을 자)이 되는 것을 결합하여 말하는 것이 주된 요지다. 갈라디아서 4:7은 이 점을 분명하게 보여준다. 하지만 로마서 8:17은 종말론을 주요 요지로 삼아 우리가 그리스도와 더불어 공동 "상속인"이 되었다는 데 초점을 맞춘다.

더불어 우리는 이 5절과 6절 문장이 우리가 보기에 다소 거칠고 특이한 결합("너희가 '아들들'이기 **때문에**")[136]을 이룬 이유도 필경 바울이 그리스도가 역사 속에서 이루신 일과 갈라디아 사람들이 한 **영** 체험을 가능한 한 가깝게 결합시키는 일에 관심을 기울이기 때문일 것이라는 점을 유념해두어야 한다. 얼핏 보면 이런 문장 결합은 마치 바울이 회심(5절) 뒤에는 **영** 체험(6절)이 이어지는 것으로 여기고 회심을 **영** 체험의 원인으로 여기는 것 같은 생각이 들게 한다.[137] 그러나 바울 서신 어디서도 그런 생각은

---

136) 물론 이것은 (6절 서두에 있는 — 옮긴이) ὅτι의 의미를 이 말의 보통 용례와 일치하는 쪽으로 선택한 결과다. 여기서 ὅτι를 선언의 의미로 보는 견해[여러 사람들이 주장하지만 그중에서도 Lagrange, 103-4; Lietzmann, 27; Moule, *Idiom Book*, 147; Duprez, "Note," passim; J. Jeremias, *The Prayers of Jesus* (SBT 2/6; London: SCM, 1967), 65n74; Lull, *Spirit*, 106이 주장한다; 참고. NEB, GNB]는 사람들이 **"논리"** 문제(또는 일관성 문제)로 인식하는 문제에 **문법 차원에서** 해답을 제시하려고 시도하는 것이다. 많은 문제들을 너무 지나치게 "일관성"과 "논리" 문제로 몰고 가는 이런 식의 논증을 살펴보려면, 특히 Lull의 논의를 보라. 그러나 그들이 문제라 일컫는 "문제"는 여기처럼 이 두 문장에 들어 있는 "구원사"의 차원을 언급함으로써 훨씬 더 쉽게 해결할 수 있다.

137) 이것이 실제로 다음과 같은 다양한 저술가들이 취하는 입장이다. Schlier, 197-98; Mussner, 275; J. K. Parratt, "The Witness of the Holy Spirit: Calvin, the Puritans and St. Paul," *EvQ* 41 (1969), 165; L. S. Thornton, *Confirmation: Its Place in the Baptismal Mystery* (Westminster: Dacre Press, 1954), 11-12; Hunter, *Spirit-Baptism*, 35-36; Ervin, *Conversion-Initiation*, 86-88. 이들이 이미 가진 공통 관심사들이 이 본문에서 바울이 가

나타나지 않는다. 또 두 문장을 결합하려 하는 바울의 마음도 아주 명확하게 나타난다. 때문에 바울이 이런 언어("너희가 '아들들'이기 때문에")를 구사한 이유는 필시 다른 데 있을 것이다. 언급해둘 사항이 세 가지가 있다.

첫째, 바울은 그리스도의 사역과 그 뒤에 이어진 **영**의 사역 사이에 십중팔구 인과관계가 있을 것이라고 본다. 그러나 그가 생각하는 "연속"(두 사건의 잇따른 발생, subsequence)은, 특히 이 본문에서는, 신자가 은혜로 말미암아 일어난 두 가지 일을 잇달아 체험한다는 의미가 아니다. 도리어 그가 생각하는 연속은 "구원사"(salvation history)의 연속(=구원사 안에서 은혜로 말미암은 두 사건이 잇달아 일어남—옮긴이)을 의미한다. 앞에서도 시사했듯이, 5절에서 나타나는 바울의 의도는 **개개 신자의 개인 구원사**를 상세히 설명하는 것이 **아니다**. 즉 5절은 각 신자의 고유한 회심 체험이라는 문제를 직접 이야기하지 않는다. 오히려 바울은 그리스도의 사역을 역사 속에서 단번에 이루어진 객관적 실재로 제시한다. 그 아들은 역사 속에서 이루신 이 객관적 사역을 통해 당신을 믿는 모든 이들에게 "아들의 지위"를 확보해주셨다. 바울은 그가 마지막에 제시한 목적절인 "이는 우리가 '아들들'로 입양을 **받게** 하려 하심이라"를 통해 그 자신과 갈라디아 사람들도 아들의 지위를 소유하게 되었다고 말한다. 이 뒤를 잇는 것이 신자의 체험(어떤 신자라도 할 수 있는 체험)이다. 이 체험을 통해 **영**이 신자 안에 들어와 사심으로 말미암아 그리스도가 확보해두신 "객관적 아들의 지위"가 현실로 실현된다. 결국 바울의 의도는 개인의 구원사가 어떤 시간 순서를 밟아 이루어진다는 주장을 제시하는 게 아니었다(아울러 그는 개인의 구원이 시간 순서를 따라 이루어진다고 전제하지도 않는다). 오히려 인과관계가 존재한다면, 그것은 역사 속에서 그리스도가 **십자가에서** 제공해주신 "아들의 지위"[138]와 **영**이 **신자의 삶 속에서** 이루어지는 체험을 통해 그 신자가 소

진 관심사들을 발견하려는 마음보다 더 앞서 있는 것으로 보인다.

138) 이 본문을 바울 이전의 의미를 동원하여 분석함으로써 초래된 불행한 결과는 Betz, 207n51의 주장에서 볼 수 있다. Betz는 이 본문과 3:13이 "조화를 이룰 수 없다"라고 주장한다(그

유하게 해주신 "아들의 지위" 사이에 존재하는 것이다.[139] 결국, 하나님이 그리스도와 그 아들의 **영**을 보내셨다고 말한 두 절은 그리스도를 세상에 보내어 구속을 확보하게 하심을 말한 것이요, **영**을 실현된 구속을 증명해 주시는 증거로 우리 마음속에 두셨음을 말해주는 것이다.

둘째, 그런 이해(=시간상 회심 뒤에 **영** 체험이 이어지고 전자가 후자의 원인이라는 이해—옮긴이)가 부각되는 이유는 우리가 바울이 써놓은 문장을 어색하게 느끼기 때문이다. 이 문장(6절)을 보면, 시작하는 절에서 **영**의 오심이 그 이전에 그리스도가 행하신 사역의 **결과**임을 암시하지만, 문장 내용 자체는 **영**이 "아들의 지위"를 증명해주는 **증거**임을 일러준다. 앞에서 대략 정리한 의미에 비춰보면, 둘 다 맞다. **영**이 신자 안에 계심은 그리스도의 구속이 가져다준 "아들의 지위"를 증명해주는 증거다. 그런 의미에서 "아들의 지위"만을 놓고 본다면, 그리스도가 "원인"이시고 **영**은 "결과"이시다.[140]

셋째, 로마서 8:14-17과 이 본문을 비교해보면, 그런 이해가 더 든든해진다. 로마서에서는 갈라디아서와 달리 그리스도의 사역과 **영**의 관계가 더 이상 중심 문제가 아니며, **영**의 사역만이 유일하게 바울이 염두에 두는 당면 관심사다. 때문에 이제 바울은 **영**에 관하여 이야기할 때 그가 보통 사

는 갈라디아 사람들이 이 서신을 읽다가 이 부분에 이르렀을 때 바울이 3:13에서 말했던 것을 무시할 수 있게 된 것처럼 주장한다). Betz의 주장과 반대로, Hays, *Faith*, 92-125이 설득력 있게 보여주었듯이, 두 본문은 그리스도와 그의 죽음이 가지는 의미를 똑같은 내러티브 틀을 동원하여 이야기한다. 더욱이 이 내러티브 틀은, 3:1에 있는 호소가 실증해주듯이, 갈라디아 사람들도 익히 알고 있었을 것이다.

139) 참고. Dunn, *Baptism*, 114. Dunn은 "시간 순이 아니라 논리상"(logical, not chronological)이라는 말을 사용하여 이와 같은 결론에 이른다. 물론 신자가 **영**을 통해 "아들의 지위"를 향유할 수 있게 된 것은 시간 순서상 그리스도가 "아들의 지위"를 확보하신 뒤이기 때문에 "시간 순서상"이라는 말에도 일리는 있다. 그러나 이 논의에서 "시간 순서"는 늘 신자 개인의 구원과 관련된 시간 순서를 가리킨다.

140) "너희가 (아들들)이다"(ἐστε는 현재 시제다—옮긴이)와 "하나님이 (그의 아들의 **영**을) 보내셨다"(ἐξαπέστειλεν은 부정과거다—옮긴이)의 동사 시제를 논하면서 그런 시제가 회심이 이루어지는 "시간 순서"와 관련하여 뭔가 의미 있는 것을 일러주는 것처럼 이야기하는 경우도 있지만, 어쩌면 그런 논의도 이 본문과 거의 전부 무관하다는 점을 지적해두어야 할 것 같다(가령 Duprez, "Note," 428n17; Mussner, 275을 보라). 바울의 용례를 지배하는 것은 그가 강조하려 하는 사실들이지, 그 사실들이 일어난 순서가 아니다.

용하는 언어로 되돌아간다. 즉 바울은 하나님의 사람들을 "아들들로 입양"시켜주신 이가 바로 **영**이심을 이야기하면서, 바로 그 본문에서 그리스도인의 회심을 확실하게 언급한다. 거기서 바울은 자신이 앞서 3:21부터 5:11에 이르는 본문에서 그리스도가 앞서 행하신 일을 상세히 천명하며 주장했던 내용을 전제로 삼는다. **영**이 그런 입양을 확보해주시는 것은 아니다. 그러나 신자들이 하는 **영** 체험과 관련지어보면, **영**은 "입양의 **영**"(개역개정: 양자의 **영**)이시다. 즉 **영**이 신자가 하나님의 양자가 되도록 입양을 실현시켜주신다.

결국 이런 논의는 우리가 그릇된 질문들(가령 "바울은 은사를 부어주시는 **영**과 회심 사이에 무슨 관계가 있다고 보는가?" 같은 질문)을 품고 이 본문으로 다가간 결과임을 유념해야 한다. 바울은 신자가 그리스도의 구속을 체험하는 것과 **영**이 외치시는 **압바** 사이의 관계와 관련하여 일언반구도 이야기하지 않는다. 그는 그런 관계를 강조하지도 않고 전제하지도 않는다. 바울의 관심사는, 코스그로브가 잘 선택한 언어로 표현하자면, 이렇게 말할 수 있다. "**영**은 그리스도 안에서 아들이라는 지위와 함께 오신다. 이런 일은 결코 율법 준수(lawkeeping)에 의존하지 않는다"(Cosgrove, 52). 이 본문의 의미를 이보다 더 확대하여 이해하면 바울이 말하는 것을 아주 많이 놓쳐버리기 쉽다.

동시에 6절에는 **영**과 관련하여 서로 제법 연관성을 가지는 사항들이 몇 가지 더 있다. 이것들 역시 우리가 유의해야 할 것들이다. 첫째, 여기는 **영**의 임재를 **영**이 신자 "안에 들어와 사신다"라는 관점에서 강조한 또 다른 본문이다. 이 문장 같은 경우에는 이런 임재를 "우리 마음속에"라는 말로 표현했다. 이 문제와 관련하여 특별히 데살로니가전서 4:8, 고린도전서 6:19, 고린도후서 1:21-22, 로마서 5:5을 논한 내용을 살펴보기 바란다. 바울은 이 **영**의 임재라는 모티프를 여러 가지 방법으로 다양한 문맥 속에서 표현한다. 이는 이 시대에 하나님이 임재하시는 가장 중요한 장소가 어디인지 일러준다. 바울은 **영**을 새 언약과 관련된 마지막 때의(eschatological)

실재로 이해하는데, 이런 그의 기본 이해가 여기 본문에서도 작동한다. 갈라디아 사람들이 아브라함에게 주어진 약속의 성취로서 "받았던" **영**은 예레미야와 에스겔이 받았던 새 언약의 약속들, 곧 하나님이 당신의 **영**을 사람들 안에 두심으로 그들 마음에 율법을 새겨 넣으실 것이라는 약속을 이뤄주시는 분이기도 하다. 지금 당장 바울은 그런 **영**의 내주가 암시하는 윤리적 의미들에는 관심을 보이지 않는다.[141] 여기서 그가 유일하게 강조하는 것은 갈라디아 사람들이 **영**에 감동되어 **압바**라 외친다는 사실이 곧 그들과 하나님이 새 **관계**를 갖게 되었음을 보여주는 증거라는 것뿐이다.

둘째, 바울 서신의 이런 본문들 대부분에 적용되는 말이지만, 비록 개개 신자가 **압바**라는 외침을 현실로 체험하는 경우가 아주 많았다 하더라도, 이 외침 자체는 공동체가 함께 모여 예배하는 자리에서 들을 수 있는 말이었을 가능성이 아주 높다.[142] 이런 일이 어떻게 벌어졌는지 정확하게 밝혀낼 수는 없다. 일부 사람들은 이 말을 전례와 더 관련지어보려고 한다. 어쩌면 이 말이 주기도를 시작할 때 하나님을 불렀던 말일지도 모른다고 생각하는 것이다.[143] 그러나 "외침"이라는 말은 이 **압바**라는 말이 훨씬 더 자연스럽게 터져 나왔다는 것을 일러준다.

바울이 "외치다"[144]라는 동사를 사용하면서 **영**을 주어로 제시하다 보니, 다른 학자들은 **압바**라는 외침을 "황홀경"(ecstasy)의 한 형태로 보게

---

141) Mawhinney (뒤의 주150을 보라)가 여기에 관심을 기울이는 것은 적절한 일이나, 이 때문에 그는 좀 지나칠 정도로 **압바**라는 외침에 몰두한다.

142) Obeng (뒤의 주150을 보라)은 견해를 달리한다. 그는 이 말을 세례 때 세례 받은 사람들이 하나님의 자녀가 되었음을 세상 앞에 선포하는 외침으로 보려 한다. 이 말을 세례와 연관지어보려는 어떤 견해도 정당하지 않다. 바울 자신이 이 **압바**라는 외침과 세례를 결코 연관 짓지 않기 때문이다. 바울은 다른 곳에서 예배하는 공동체를 그처럼 **영**에 감동된 기도가 이루어지는 곳이라고 표현한다(고전 14장 곳곳).

143) 가령 Bligh, 354; O. Cullmann, *The Christology of the New Testament* (London: SCM, 1959), 209; Mawhinney, 185 (뒤의 주150을 보라).

144) 그리스어로 κρᾶζον이다("외치다, 소리 지르다"를 뜻하는 κράζω의 중성 목적격 단수 현재분사 능동형이다 — 옮긴이). 이는 큰 소리로 하는 말을 가리키나, 반드시 분명하지 않거나 황홀경에 빠져 하는 말만을 가리키지는 않는다. W. Grundmann, *TDNT* 3.898-903을 보라.

되었다.[145] "황홀경"은 유연성을 지닌 말이어서 이 말을 사용하는 자가 문제가 된 순간에 그 의미를 자신이 원하는 대로 좌지우지하기 쉬운 말이다. 그렇긴 해도 이 말은 보통 "'나'라는 존재(ego)는 개입할 여지가 없고 내가 오직 '구경꾼' 역할밖에 할 수 없는" 체험을 가리킨다.[146] 우리가 안고 있는 문제들은 말뜻과 관련된 것일 수 있다. 그러나 "황홀경"이라는 말에는 말 그대로 "**영**이 사로잡아 지배함"이라는 의미가 들어 있을 때가 아주 많다. 때문에 "은사적 기도"(charismatic prayer)처럼 그런 의미가 덜 들어 있는 말이나 이보다 더 나은 "**영**에 감동된 기도"라는 말을 많이 선호하곤 한다.[147] 바울이 고린도전서 14:26-33에서 "질서"를 이야기하면서 이 질서가 하나님의 **샬롬**(*shalom*)을 그대로 나타낸다고 주장하는 것을 볼 때, **영**이 하시는 그런 "외침"은 무질서하고 절제가 없는 말을 염두에 둔 것은 아닐 것이다. 그렇지만 우리는 신자들이 교회 안에서 하나님을 "외쳐 불렀다"는 점을 진지하게 받아들여야 한다. 더불어 그렇게 하나님을 외쳐 부를 때 **영**이 자신들을 감동시켜 그 일을 하게 하신다는 점과 그들이 예수가 아버지와 당신의 친밀한 관계를 나타내는 말로 친히 사용하셨던 말을 사용한다는 것을 완전히 인식하고 있었다는 점도 진지하게 받아들여야 한다.[148]

145) Dodd, *Romans*, 129; Schlier, 198n2; Betz, 210; Lull, *Spirit*, 66-69; Käsemann, *Romans*, 227을 보라. Dunn, *Jesus*, 240은 그럴 가능성을 인정하면서도 "그 가능성이 그리 높지는 않다"(less likely)라고 생각한다. **영**의 감동 자체를 통째로 부인하려 하는 이들은 그럴 가능성을 훨씬 더 낮게 본다(가령 Stott, 107은 이 본문을 주석하면서 "우리가 기도할 때 **영**이 우리 내면에서 조용히 들려주시는 증언"이라고 말한다). 이 견해는 특별히 교회에서 사용하는 주기도 첫머리의 호칭이 그 기원임을 강조하려 하는 이들이 따르는 견해다(앞의 주143을 보라).

146) Lull, *Spirit*, 67; 참고. Dodd (*Romans*, 129): "강한 영적 흥분이나 고양 상태가 안겨주는 스트레스 아래 있는 이들은 갑자기 큰 소리로 외치곤 한다.…이런 외침들은 말하는 사람의 생각이나 의지와 무관한 것으로 보이며, 그 사람 안에 있는 **영**이 외치시는 말로 간주했다." 그러나 이 말에는 초기 교회의 모습보다 오히려 Dodd 자신의 생각이 더 많이 담겨 있는 것 같다.

147) 참고. Dunn은 "은사적 지각"(charismatic consciousness)이라는 말을 쓴다. 그는 일부러 이 말을 "황홀경의"(ecstatic)와 대립하는 말로 제시한다. 그는 이 말이 "하나님의 능력으로 말미암아 움직인다는 지각"과 "그렇게 쓰임 받으려는 의식적 의지, 그런 말과 행위를 자기 자신이 하는 말과 행위로 알고 받아들임"을 뜻한다고 본다(Dunn, *Jesus*, 241).

셋째, **"압바"**라는 말을 더 이야기해볼 필요가 있다. 어떤 점에서 보면 이 말이야말로 바울을 지지하는 주장을 담고 있기 때문이요, 이 말을 둘러싸고 상당한 분량의 문헌이 출간되었기 때문이다. 이 말을 다룬 연구서 가운데 이정표라 할 수 있는 것이 요아힘 예레미아스(Joachim Jeremias)가 쓴 책이다.[149] 예레미아스는 이 책에서 특히 이런 결론을 내렸다. (1) 이 말은 친밀하게 부르는 호칭으로 본디 아람어를 쓰던 가정에서 어린아이들이 썼던 말에 그 기원을 두고 있다. (2) 예수가 하나님을 부르실 때 이 말을 사용하신 것은 우리가 아는 유대 문헌을 통틀어 봐도 오직 예수의 경우에서만 볼 수 있는 사례다. (3) 따라서 그 기도(예수가 잡히시던 날 밤에 겟세마네 동산에서 하신 기도를 말한다－옮긴이)는 자신이 아버지(하나님)의 아들이시라는 예수 자신의 독특한 자기이해를 그대로 보여준다.[8] (4) 예수는 당신 제자들에게도 이 말을 당신의 은혜가 그들에게 미치는 방편으로 사용하도록 권하셨다. 신약 신학에서 이런 "이정표들"이 출현할 때마다 늘 그랬듯이, 이번에도 결국에는 몇 가지 정정(訂正)과 진전이 뒤따랐다.[150] 그러나 결국 모든 소동은 가라앉았고, 제임스 바(James Barr)처럼[151] 예레미

148) 바울 서신에서 등장하는 가장 좋은 유비는 필시 고전 12:3의 "예수는 주"라는 고백일 것이다. 이 고백은 **영**으로 말미암지 않으면 어느 누구도 할 수 없는 고백이다. 여기와 고전 12:3 본문이 염두에 두는 것은 황홀경이 아니라 **영**의 임재다. 이토록 중요한 기도와 신앙고백은 결국 **영**이 그 근원이다(**영**은 어떤 사람이 그리스도의 소유임을 확실히 증명해주시는 증거이시기 때문이다).

149) *Prayers of Jesus*, 11-65 (ch. 1)이다(독일어로 쓴 원서는 1966년에 출간되었다).[7]

150) Jeremias 이후에 나온 책 가운데, Dunn, *Jesus*, 21-26; Cranfield, *Romans*, 1.399-402; J. M. Oesterreicher, "'Abba, Father!' On the Humanity of Jesus," in *The Lord's Prayer and Jewish Liturgy* (ed. J. J. Petuchowski and M. Brocke; New York: Seabury Press, 1978), 119-36; G. Vermes, *Jesus and the World of Judaism* (London: SCM, 1983), 39-43; J. Fitzmyer, "Abba and Jesus' Relation to God," in *A cause de l'Evangile: Mélanges offerts à Dom Jacques Dupont* (ed. R. Gantoy; Paris: Cerf, 1985), 16-38; J. Barr, "'Abba' isn't 'Daddy,'" *JTS* 39 (1988), 28-47; idem, "'Abba, Father' and the Familiarity of Jesus' Speech," *Theology* 91 (1988), 173-79; A. Mawhinney, "God as Father: Two Popular Theories Reconsidered," *JETS* 31 (1988), 181-89; E. A. Obeng, "Abba, Father: The Prayer of the Sons of God," *ExpT* 99 (1988), 363-66; Dunn, "Prayer," in *Dictionary of Jesus and the Gospels* (ed. J. B. Green, S. McKnight, I. H. Marshall; Downers Grove: InterVarsity, 1992), 617-25, 특히 618-19; L. W. Hurtado, "God," in ibid., 275-76을 보라.

아스의 주장을 최소한만 인정하려는 입장을 취하려는 사람도 있지만, 그래도 예레미아스가 제시한 결론 중 많은 부분이 지금도 그대로 존속한다. 실제로 바로 여기서 바울이 구사한 용례만 해도 예레미아스가 내린 결론들이 대체로 옳다는 것을 확증해주는 것 같다.

우리 논지에 비춰볼 때, 몇 가지 중요한 사항이 있다.

1. 바울이 이곳과 로마서(로마서는 바울이 한 번도 방문한 적이 없는 교회에 써 보낸 서신이다)에서 이 말을 사용한다는 것은 이방인 교회들이 이 말을 기도할 때 널리 사용했음을 전제한 것이다.[152] 더욱이 이 두 본문 그리고 특히 이곳에서 바울이 제시하는 주장은 이 말이 예수의 삶과 초기 교회에서 중요한 의미를 지니고 있었다는 것을 증명해주는 주된 증거다. 이 기도 언어(**압바**; 본디 아람어다)를 그렇게 널리, 당연한 말처럼 사용했다는 것은 이 말이 예수가 몸소 사용하신 말이었고 그가 당신 제자들에게 당신을 본받아 당신이 쓰신 이 말을 쓰도록 권면하셨다는 역사 사실에 근거하여 아주 쉽게 설명할 수 있다.[153] 실제로 바울이 지금 제시하는 주장 같은 경우에는 신자들이 이제 **그 아들의 영**으로 말미암아 **그 아들이 쓰신 언어**를 사용한다는 사실이 모든 내용의 중심축이 된다. 예수가 이 말을 이렇게 사용하신(즉 기도할 때 아버지를 부르는 호칭으로 사용하신—옮긴이) 원조이시며 이런 용례가 예수를 통해 초기 교회까지 전달되었다는 사실을 부인하는 것은 역사를 철저하게 회의주의 시각으로 바라보는 것이다.

2. **압바**라는 말이 정확히 무슨 뜻인가는 아직도 결론이 나지 않은 상태다. 따라서 이 말이 어떤 중요성을 가지는가도 여전히 결론이 나지 않았다. 예레미아스는 이 말의 기원으로 추정되는 것들을 근거로 삼아 이 말

---

151) Barr, "'Abba.'"

152) 바울이 이 절에서 "우리 마음"이라는 말로 바꿔 쓴다는 사실이 이를 더 확실하게 증명해준다. 이런 언어 변화는 바울이 이런 기도 언어 사용을 모든 교회 신자들이 공통으로 체험하는 일로 여겼음을 시사한다.

153) Dunn, *Jesus*, 22-26; Obeng, "Abba," 364; Hurtado, "God," 그리고 다른 많은 학자들의 글을 참고하라.

이 어린아이들이 쓴 말로서 친밀함이 담긴 표현이었다는 것을 상당히 설득력 있게 논증했다. 게자 베르메쉬(Geza Vermes)와 제임스 바는 성인이 된 자녀도 이 말을 사용했다는 증거를 제시하여 이 말이 유아 언어라는 주장에 의문을 표시했다(그러나 예레미아스 역시 이 **압바**를 오직 유아 언어로만 이해하지 않았다).[9] 이 말의 기원이라는 문제를 놓고 보면, 그들이 옳을 수도 있다. 그러나 아람어를 쓰는 가정에서 성인이 된 자녀들이 이 말을 썼다 하여 이 말이 어른이 쓰는 말에 추가되는 것은 아니다.[154)] 사실 이 말은 친밀함을 표현하는 말로서 처음에는 어린 자녀들이 사용했다가 나중에는 어른이 된 자녀들도 사용하게 되었을 가능성이 아주 높다. 실제로 이런 현상은 애정이 담긴 말을 자신의 부모를 부르는 말로 평생 사용하는 많은 문화들에서 나타나는 모습이다(영어를 사용하는 가정에서는 보통 이런 상황이 나타나지 않는다). 여기서는 어린 자녀는 물론이요 성인인 자녀도 **압바**라는 말을 사용했다는 사실이 중요한 게 아니다. 중요한 것은 그 말이 필시 친밀함과 애정을 담은 말이었을 것이라는 점이다. "아빠"(Daddy)와 **압바**는 정확히 일치하지 않는다. 그리고 "아빠"가 **압바**의 기본 의미도 아니다. 예수도 하나님을 부르실 때 이 말을 그런 의미로 사용하시지 않았다. 그럼에도 이 말은 상당한 신학적 무게를 가진다. 설령 예레미아스의 주장대로 이 말이 예수 특유의 언어임을 증명하지는 못한다 할지라도,[155)] 이 말이 예수가 하나님을 부르시는 형식(문구)으로서 **특이하다는 점만은** 확실

---

154) Barr, "'Abba'"는 여기서 이 점을 놓치고 있는 것 같다. 이 말이 어린 자녀들의 재잘거리는 소리에서 **유래하지** 않았다는 그의 주장은 옳다. 반면 이 말들[**압바**와 **임마**(imma, '엄마'를 뜻하는 아람어 – 옮긴이)][10]은 대다수 어린이들이 더듬거리며 처음으로 하는 말들이라는 것을 유념할 필요가 있다. 어린아이들이 그리하는 것은 이 말들이 말 그대로 어린아이들이 처음 "배우는" 말이기 때문이다(가령 부모가 아기에게 "자, **압바**라고 말해봐"라고 시키는 경우가 그 예다). 내가 아는 언어들을 아무리 뒤져봐도 아이들에게 말해보라고 가르치는 첫 단어가 더 격식을 갖추어 부모를 표현하는 말인 경우(가령 말을 처음 배우는 아기에게 '엄마' 대신 '어머니'나 '모친'이라고 가르치는 경우 – 옮긴이)는 전혀 없었다. 따라서 **압바**의 "기원" 자체는 중요하지 않다. 그러나 그 용례와 의미는 중요하다.

155) Vermes, Barr, Mawhinney가 이런 견해를 따른다.

히 주장할 수가 있다. 아울러 예수는 이 말을 자신이 하나님의 독특하고 유일무이한 아들이심을 나타내는 말로 이해하셨다고 보는 것이 가장 좋다(하나님을 줄곧 가정에서 쓰는 말로 부르셨기 때문이다). 예수가 당신 제자들에게 당신을 따라 당신이 쓰신 이 말을 사용하도록 권면하셨다는 것 역시 예수 입장에서는 은혜의 표현이었다.

3. 초기 기독교회에서 이 외침이 정확히 어떤 말로 되어 있었는지 알아내기는 더 어려운 일이다. 마가복음 14:36이 제시하는 예수의 기도에는 **압바**에 ὁ πατήρ가 첨가되어 있다. 그러나 예수가 아람어로 기도하시면서 아버지를 가리키는 그리스어를 당신 기도에 직접 덧붙이셨을 것이라고 상상하기는 힘들다. 물론 마가가 자기 복음서를 읽을 이방인 독자들을 생각하여 그리스어 역어(譯語)를 덧붙여놓았을 수도 있다. 그러나 마가는 이방인 교회들의 용례를 반영하고 있을 가능성이 더 높다. 이방인 교회들에서는 **압바**에 해당하는 그리스어도 아주 일찍부터 함께 사용했을 가능성이 높다. 처음에는 그 그리스어를 **압바**에 해당하는 역어로서 사용하다가,[156] 나중에는 이 그리스어가 신앙 언어로 깊이 뿌리내렸을 것이다.[157] 바울이 여기와 로마서 8:15에서 증언하는 말도 십중팔구 그 말일 것이다. 갈라디아서와 로마서가 기록되었을 무렵, 그리스도인들은 "**압바** 아버지"처럼 두 말(아람어 **압바**와 그리스어 아버지)을 함께 사용하며 함께 말했을 것이다. 이렇게 두 말을 함께 말하는 것은 영어권에서도 비슷한 형태의 신앙 언어("*Abba Father*")로 자리 잡았으며, KJV가 그 기초가 되었다.

4. 이 **압바**라는 말의 의미 그리고 이런 외침이 마음으로부터 나온다는 사실은 바울이 이 말을 하나님과 나누는 친밀한 사귐 형식과 연계한다는 것을 시사한다.[158] 바로 이곳이 우리가 하나님의 자녀임을 일러주는 궁

---

156) Barr, "'Abba,'" 40-42은 이 말을 호격(πατέρ)이라기보다 분명하게 선언하는 말(ὁ πατήρ)로 번역하는 데 너무 지나치다 싶을 정도로 집착한다; 그러나 눅 8:54을 참고하라. Lightfoot, 170은 이 말을 그가 "강조형 호격"(emphatic vocative)으로 분류하는 히브리 특유의 표현 방식으로 여겼다. 성경 그리스어에서 나타나는 이런 용례를 살펴보려면, BDF §147(3)을 보라.

157) 참고. Dunn, "Prayer," 619.

극의 증거다. 우리가 예수 자신이 당신과 하나님의 친밀한 관계를 표현하는 말로 사용하셨던 바로 그 말로 하나님을 부르기 때문이다. 우리는 종이 아니라 자녀다. **영**은 단순히 종교상 의무들을 지키는 차원을 훨씬 뛰어넘는 세계로 우리를 옮겨놓으셨다. 하나님이 몸소 당신의 **영**이라는 인격체로 우리 안에 들어와 사시게 되었다. 아울러 하나님은 당신 아들이 쓰시던 말, 당신과 당신 아들의 친밀한 관계를 나타내는 말을 우리에게 주심으로 우리와 당신의 관계를 확인해주는 도장을 찍으셨다. 바울에게(그리고 우리에게도) 이것은 결국 은혜의 표현이다. 바울이 그렇게 토라 준수에 반대한 것이 전혀 놀랍지 않은 것도 그 때문이다. 토라 준수는 이런 자녀와 부모의 관계를 항상 파괴하고 오로지 종살이라는 말로 표현할 수밖에 없는 관계를 만들어낸다[이런 종살이는 책임과 의무에 근거하여 살아가는 것으로, 이런 처지에서는 사람이 하나님의 "종"(노예)일 뿐이다]. 이는 사람이 하나님을 닮은 모양으로 재창조됨으로써(참고. 4:19) 결국 사랑으로 다른 사람들을 섬기는 자가 되는 것(5:13)과 거리가 멀다. 그리스도는 그런 관계(우리와 하나님이 자녀와 아버지가 되는 관계 – 옮긴이)를 이뤄내셨으며, **영**은 그런 관계가 제대로 작동하게 하신다. 사람과 하나님의 관계를 근거 짓는 기초가 종교상 의무인 것처럼 주장하며 토라 준수를 내세워 우리와 하나님의 그런 관계를 파괴하려 하는 모든 시도는 저주를 받을 것이다(비록 바울이 이렇게 말하지는 않아도 이것이 바울의 심정임은 틀림없다).

마지막 관찰 결과를 제시해본다. 우리는 이제 이 본문과 로마서 8장에 있는 이 본문의 평행 본문에서 바울이 교회를 비유하는 표현으로 사용한 주요 이미지 중 세 번째 것을 만난다. 바로 가족이라는 이미지다(참고. 고후 6:18). 앞서 성전과 몸이라는 두 이미지들에서도 그랬지만,[159] 여기 가족이라는 이미지에서도 **영**은 본질 요소다. 우리는 그 아들이 행하신 일로 말

158) 이 주제를 다룬 글을 쓴 대다수 학자들도 같은 견해이지만, Barr는 견해를 달리한다.
159) 앞에서 고전 3:16-17과 12:12-14을 다룬 부분을 보라.

미암아 하나님 가족의 식구가 되었고, 그 아들로 말미암아 하나님 바로 그 분의 영광을 함께 물려받을 상속인이 되었다. 따라서 하나님은 "아버지"이시며 우리는 "형제자매"다. 하나님이 우리 마음속에 보내신 그 아들의 **영**은 이 가족이라는 이미지를 생생한 현실로 만들어주신다. 결국 바로 이런 **영**의 임재가 하나님의 새 성전을 만들어낸다. 우리는 다 같이 **영**을 풍성히 체험함으로써 한 몸을 이뤄간다. 이제 우리 안에 계신 이 **영**이 우리가 하나님 가족의 식구라는 것을 증언해주신다.

▪ **갈라디아서 4:29**

그러나 육을 따라 태어났던 이가 **영**을 따라 태어난 이를 핍박했던 것처럼, 지금도 그러하니라.

어떤 의미에서 보면 이 문장은 바울이 지금 제시하는 주장에서 가장 주목할 만한 문장이다. 바울이 하갈/이스마엘과 사라/이삭이라는 유명한 "풍유"(諷諭, allegory)를 구사하기 때문이다. 하지만 이 문장이 정말 놀라운 문장인 이유는 바로 이 문장이 이삭을 "**영**을 따라 태어난" 자로 지칭하면서 (유대계 그리스도인 선동자들을 포함한) 유대인들을 "**영**에서" 난 사람들을 핍박하는 이들이라 말하기 때문이다. 바로 이 점에서 바울이 이 풍유를 구사한 목적을 들여다볼 수 있다. 바울은 앞서 제시한 "풍유"(23절)에서 이미 종인 여자가 낳은 아들을 "육을 따라" 난 자로 그리고 자유인인 여자가 낳은 아들을 "약속을 따라" 난 자로 규정했다. 이제 바울은 그 모든 것을 갈라디아 사람들의 상황에 적용하면서, 이 사람들에게 할례를 받으라고 촉구하는 선동자들의 "강요"도 함께 다룬다.

바울이 제시하는 주장/풍유는 네 부분으로 이루어져 있다. (1) 21절은 선동자들의 설득에 넘어가는 자들에게 구약 본문을 올바로 해석하라고 다그친다. (2) 22-23절은 구약에 있는 아브라함의 두 아들 이야기의 기본 데이터를 제시한다. 그러나 바울은 이 이야기 줄거리를 제시할 때 이 이야기와 자신이 지금 제시하는 주장을 결합하는 방법을 쓴다.[160] (3) 24-27절은 바울이 이런 자료들을 "풍유로" 해석한 내용을 제시한다. 이때 두 **어머니들**이 가지는 의미에 강조점을 둔다. (4) 이어 28-31절은 방금 제시한 해석을 두 **아들들**과 관련지어 갈라디아의 상황에 적용한다.

이 많은 내용을 이해할 수 있는 열쇠는 바울이 22-23절에서 데이터를 제시하는 방법 속에 들어 있다. 결말 부분에 있는 적용(28-31절)이 분명하게 보여주듯이, 바울이 여기서 시종일관 문제 삼는 기본 관심사는 두 아들이다. 둘 중 한 아들(이삭)은 그리스도 안에 있는 자들을 상징하고, 다른 한 아들(이스마엘)은 바울이 살던 시대 유대교를 상징한다.[161] 하나는 약속(바울은 이 약속을 갈 3:14에서 **영**과 관련지어 해석했다)의 결과로서 존재한다. 반면 다른 하나는 "육을 따라" 존재한다. 그러나 바울은 이 점을 이야기하고자 우선 두 어머니가 두 언약을 상징한다고 주장한다. 그 두 언약은 시내 산에서 맺었던 **율법** 언약(실제로 바울이 여기서 유일하게 꼬집어 지목하는 것)과 그리스도와 **영**을 통하여 효력을 갖게 된 새 언약을 가리킨다. 이 주장에서 이보다 훨씬 더 중요한 것은 칠십인경이 이스마엘의 어머니를 ἡ παιδίσκη["종(노예)인 여자"]로 불렀다는 사실이다. 이 말에 자극받아 바울은 사라를 "자유인인 여자"로 규정한다. 이런 정의는 다시 이 본문을 4:1-7에서 이르렀던 결론들과 연결해준다. 바울은 4:1-7에서 그리스도가 "구속(속량)해주시고"(=**율법**에 매여 종살이하던 처지로부터 해방시켜주시고) **영**이 그리스도가 확보해주신 "아들의 지위"(=자유)를 실현시켜주신 덕

160) 바울은 이런 방법을 쓴다. 첫째, 갈 3:6-29에서 제시했던 몇 가지 모티프들을 채용한다(아브라함; 아브라함의 "참된 자손," 곧 "약속을 따라" 난 자로서 "약속을 이어받을" 자가 누구인가라는 문제). 그러나 둘째, 이런 모티프들을 활용할 때, 4:1-7이 제시하는 주제들(종살이와 자유)과 3:3(**영**과 **육**)을 통해 한다.

161) 아울러 이 또 다른 아들(이스마엘)은 유대계 그리스도인 선동자들도 에둘러 가리킨다. 그들이 할례를 강요하는 것은 결국 그리스도를 거부하는 것이기 때문이다. 참고. 2:21; 4:9; 5:2, 4, 7-12; 6:12-13.

에, 이제는 우리가 더 이상 "종"이 아니라 "아들"이며 따라서 "상속인"(유업을 받을 자)이라고 결론지었다.

바울은 그리스도의 사역이 실상 두 어머니의 역할을 뒤집어놓았다고 주장한다. 우선 한 어머니(사라)는 **사실** 유대인들의 어머니였고, 동시에 **약속을 받은 자녀**의 어머니였다. 따라서 이제 사라는 그리스도를 통하여 약속(**영**)을 받음으로 "아브라함의 씨"가 된 자들(3:29)의 어머니로 봐야 한다. 이처럼 "자유인인 여자"가 "자유인인 아들"(그리고 **그의 씨**)을 낳는다. 사라는 이전에 "아이를 낳지 못하는 여자"였으나, 이제는 자유인인 자녀들을 많이 둔 기쁨을 누린다(27절).

반면 하갈은 **사실** 유대인이 아닌 자들(따라서 이방인들)의 어머니다. 그러나 하갈은 "종인 여자"였다. 또 **율법**은 사람을 자유가 아니라 종살이로 인도해주었다. 그러므로 이제 하갈은 그런 종의 신분을 가진 자들의 어머니로 봐야 한다. 따라서 하갈은 시내 산에서 **율법**이라는 "종의 지위"를 받았을 뿐 아니라 바울 시대에도 여전히 그런 종살이를 고집하는 사람들["현재(바울 당시)의 예루살렘"]의 "어머니"다.

바울은 구약성경의 이삭/이스마엘 내러티브를 그리스도와 **영**이라는 사건에 비추어 읽어낸 이런 해석을 28-31절에서 갈라디아의 상황에 곧바로 적용한다. 바울은 3:6-4:7에서 자신이 제시했던 주장의 관심사를 가져다가 "너희 갈라디아 사람들은 약속의 자녀다"라고 말한다. 그는 31절에서도 방금 전에 제시했던 주장에 비추어 같은 결론을 제시하며 이렇게 말한다. "그러므로 형제자매들아 우리는 종인 여자의 자녀가 아니라 자유인인 여자의 자녀이니라." 그러나 바울은 이 마지막 적용에 이르기 전에 29절과 30절에서 이전에 제시했던 주장(3:1부터 시작되는)과 연결되고 5:1-12에서 제시하는 마지막 적용을 미리 귀띔하는 두 가지 사항을 강조한다.

이 두 강조점 가운데 첫 번째(29절)는 두 가지 요점을 제시한다.[162] 첫째, 약속의 자녀인 이삭은 κατὰ πνεῦμα(**영**을 따라) 태어났다. 23절과 28절에 비춰볼 때, 이 말은 조금은 놀랍게 다가온다. 여기서 예상할 수 있을 법한 말은 "약속을 통하여"이기 때문이다.[163] 둘째, κατὰ σάρκα(육을 따라) 태어난 자녀는 약속의 자녀, 곧 **영**으로부터 난 자녀를 줄곧 핍박했다(그리고 지금도 핍박한다).[164] 결국, 첫째, 바울은 이런 식으로 이야기함으로써 3:14에 이어 다시 한 번 그 약속을 **영**이라는 선물과 연결한다. 바울은 이 **영**을 우리가 정녕 그리스도의 사람이며 따라서 더 이상 율법 아래로 들어갈 필요가 없다는 것을 증명해주는 첫 번째 증거로 여긴다. 결국 바울은 이렇게 정의함으로써 자신이 3:2에서 시작하여 지금까지 줄곧 엮어온 **영**과 **영**의 사역이라는 실을 갈라디아 사람들 앞에서 계속 엮어간다. 둘째, 동시에 바울은 5:1-12에서 제시할 적용 및 6:12-13에서 제시할 마지막 고발 내용을 미리 귀띔한다. 이 두 본문에서 바울은 현재 갈라디아 현장에서 할례를 받으라고 촉구하며 "핍박자"[165] 역할을 하는 유대계 그리스도인 선동자들을 호되게 비판한다.[166]

우리 관심사를 생각할 때, 두 가지 문제를 더 짚고 넘어가야 한다. 첫째, 바울이 두 아들들(이스마엘과 이삭)을 κατὰ σάρκα(육을 따라) 난 자와 κατὰ πνεῦμα(**영**을 따라) 난 자로 규정한 것은 3:3(찾아보라)의 언어를 원용

162) 바울이 30절에서 제시한 두 번째 강조점은 우리 관심사를 벗어나는 사항이다. 바울은 창 21:10 본문을 인용하여 구약 자체가 "종인 여자"의 자식은 "자유인인 아들"과 함께 유업을 이어받지 못하리라고 선언함으로써 토라 준수 의무가 제거될 때를 내다본다는 점을 지적한다. 뿐만 아니라, 바울은 은연중에 갈라디아 사람들이 "선동자들을 그들 가운데서 몰아내야 한다"라고 요구한다. 그들은 "자유인인 여자"의 상속인들과 더불어 "유업을 이어받지 못할 터이기" 때문이다. 이 점과 관련하여 Lincoln, *Paradise*, 27-29과 Hansen, *Abraham*, 147-50을 보라.

163) 참고. Burton, 266; Schlier, 226.

164) 바울의 창세기 내러티브 사용을 다룬 상당한 논의, 그리고 바울이 이런 견해를 갖는 데 근거가 되었을 수 있는 자료들을 널리 살펴본 유익한 글을 보려면, Bruce, 223-24을 보라; 참고. Longenecker, 200-206.

165) Burton, 266이 인정하고 Cosgrove, *Cross*, 80-85이 추정하는 것처럼, 바울은 여기서 유대교 회당이 더 폭력성을 띤 어떤 행위를 자행한다는 것을 넌지시 암시하는 것일 수도 있다. 그러나 문맥상 이 말은 선동자들이 갈라디아 사람들에게 할례를 받도록 "강요하는" 것을 가리키는 말일 가능성이 훨씬 더 높다. 대다수 주석가들도 같은 견해다.

166) 이것들이 이 서신의 마지막 두 가지 이슈다. 바울은 5:1-12에서 갈라디아 사람들에게 그들이 "그리스도로부터 끊어질"(4절) 위험에 빠져 있음을 기탄없이 이야기한다. 또 5:13-6:10에서는 **영** 안에서 살아가는 삶이 곧 진정으로 **율법**을 다 이루는 것이라는 문제를 이야기한다.

한 것이요, 그가 5:16-6:10에서 제시하는 주장을 지배하는 대조(참고. 롬 8:4-17)를 미리 귀띔한 것이다. 바울이 이 언어를 통해 결국 말하려 하는 강조점은 뚜렷해 보인다. 하지만 κατὰ σάρκα와 κατὰ πνεῦμα라는 말이 처음 나타난 이 사례에서 바울은 이 말들을 상당히 유연하게 활용한다. 물론 "육을 따라" 태어난 아들은 이스마엘을 가리키며, 아브라함과 사라가 하나님 대신 (단지 인간일 뿐이요 따라서 타락한 존재인) 그들이 직접 나서서 그들의 자식을 생산해내려고 일을 벌였던 사실을 가리킨다.[167] 그러나 이 아들은 이제 자신들이 현재 하나님 앞에서 가지는 지위를 그리스도와 **영**으로 말미암아 끝나버린 토라에 근거하여 확보하려고 하는 모든 사람을 상징한다. 따라서 바울은 여기서 이방인들에게 할례라는 형태로 토라를 지킬 것을 강요하는 이들을 "육을 따라" 난 자들로 규정하는 것이다(참고. 3:3). 그들도 "**영**으로 시작"했을 수 있다. 그러나 그들은 지금 육으로 마칠 것을 강요한다.

마찬가지로 "**영**을 따라" 태어난 아들은 먼저 이삭을 가리키며, 뒤이어 현재 그리스도의 사람이요 따라서 "**영**의" 사람인 모든 이를 가리킨다. 그렇다면 바울은 정말 이삭 자신을 κατὰ πνεῦμα(**영**을 따라) 난 자로 생각했을까? 아니면 이 말은 단지 수사일 뿐으로서 원래 이삭 기사와 거의 또는 아무 상관이 없는 말을 유비라는 방법으로 사용한 것일까? 이 경우 해답

---

167) 이 대조가 확연히 경멸의 성격을 띤다는 것을 고려할 때, 여기서 바울의 의도는 단지 이스마엘을 "자연의 통상 순리를 따라"(in the ordinary course of nature) 태어난 자로 규정하는 것(대다수 주석가들은 이렇게 본다; 참고. NIV)이라기보다 오히려 이것임이 확실하다(Betz, 249; MacArthur, 124; Hansen, *Abraham*, 111도 같은 생각이다). 적어도 일부 사람들은 "자연의 통상 순리를 따라"라는 대체 표현을 지지한다(Ridderbos, Hendriksen). 반면 Guthrie, 123은 "자연의 이치에 따른 출생"(natural birth)이라는 말을 골라 쓰지만, 곧이어 이 말이 결국 신학적 의미를 가진 것처럼 주석한다("이스마엘은 아브라함이 하나님의 약속에 의지하기보다 인간의 계획에 의지한 결과였다"). Bruce, 217은 아예 멀리 나아가 이 "육을 따라"라는 말에는 "어떤 도덕적 비판도 담겨 있지 않다"라고 강조한다. 이 대조가 바울 서신 전체에서 나타난다는 점을 고려할 때, 또 특히 4:29이 이 "육을 따라"라는 말을 더 상세히 설명해놓은 내용에 비춰볼 때, 이런 주장은 아브라함이 죄가 없음을 증명하려고 하다가 좀 지나치게 멀리 나아간 것 같다.

은 중간 지점 어딘가에 자리해 있다. 물론 이 말은 단지 유비에 그치는 것일 수 있다. 앞서 바울은 이스마엘의 출생을 가리키는 말로 κατὰ σάρκα를 사용했는데(23절), 이는 바울이 이미 이 말에 신학적 의미를 부여한다는 것을 시사한다. 그러나 로마서 4:18-22이 분명하게 일러주듯이, 바울은 실제로 이삭의 출생을 철저히 초자연적 사건으로 간주했다. 그런 점을 생각하면, 그가 여기서 이삭이 κατὰ πνεῦμα(**영**을 따라) 태어났다고 말하는 것도 놀랍지 않다.[168] 어쨌든 바울은 여기서 이삭의 출생보다 현재 하나님의 자녀들인 사람들의 태어남에 더 관심을 기울인다. 더불어 "**영**을 따라"라는 말도 3:1-5, 14과 4:6이 제시한 이 주제로부터 가져온 것으로서, **영** 안에서 살아가는 삶이라는 행위의 차원을 동시에 가리키는 말이기도 하다. 바울은 **영** 안에서 살아가는 삶이 가진 이런 행위의 차원을 5:13-6:10에서 상세히 설명할 것이다.[169]

둘째, 24절이 두 어머니가 "두 언약"을 상징한다고 규정해놓은 것 역시 우리 논지에 비추어 중요한 내용이다. 분명 바울은 여기서 두 번째 언약의 의미를 밀어붙이지 않는다. 그의 주관심사는 이방인 신자들이 토라로부터 자유로운 실존임을 주장함으로써 첫 언약이 "종살이"임을 지적하는 것이기 때문이다. 하지만 문맥과 바울이 지금 제시하는 주장을 고려할 때, 바울이 "두 번째" 언약을 자신이 고린도후서 3:1-18에서 제시한 말로 이해했다고 주장해도 무리는 아니다. 바울은 이 고린도후서 본문에서 토라(문자)의 언약인 옛 언약과 "**영**의 언약인 새 언약"을 대조하기 때문이다. 시내산에서 주어진 옛 언약은 사람들을 "아들의 지위"라는 자유가 아니라 종살이(노예의 신분)로 이끌었다. 반면 그리스도가 이루시고 **영**이 현실로 실현하신 새 언약은 바로 갈라디아서가 5:13-6:10에서 마지막으로 집약하

---

168) 가령 Meyer, 278; Burton, 253; Lietzmann, 30; Lagrange, 131; Ridderbos, 182; Hendriksen, 187; Mussner, 319; Schlier, 217-18; Betz, 243; Boice, 483을 보라.

169) 참고. Lincoln, *Paradise*, 26; Longenecker, 216-17. 다른 곳에서도 그랬듯이(3:1-5, 14을 다룬 부분을 보라), Lightfoot는 이 본문에서도 **영**의 존재를 일언반구도 언급하지 않는다.

여 제시하는 주장 뒤편에 자리해 있다. "모든 토라"는 이웃을 사랑하라는 말로 다 이루어진다. 이 이웃 사랑은 **율법**이 아니라 토라를 대체하고 참된 "의"를 얻을 수 있게 해주신 **영**으로 말미암아 이루어진다. 고린도후서 3장에서도 말했듯이, **영**은 토라가 충분한 역할을 하지 못한 바로 그곳에서 충분한 역할을 해내신다. 결국 지금 우리가 보는 문장은 마지막 호소를 담은 5:1-12에 뒤이어 이 서신을 맺는 주장을 제시하는 5:13-6:10의 내용을 미리 귀띔하는 셈이다.

▪ 갈라디아서 5:4b-6

4**율법**으로 의[170]를 얻고 있는 너희는 은혜로부터 떨어져나갔다. 5이는 우리가 **영**으로 믿음에 근거하여 의의 소망을 열렬히 기다리기 때문이라. 6이는 그리스도 예수 안에서는 할례도 무할례도 아무 의미가 없기 때문이요, 의미 있는 것은[171] 사랑을 통해 나타나는(자신을 표현하는)[172] 믿음뿐이라.

---

170) 그리스어로 δικαιοῦσθε다("의롭다 하다, 정당하다고 여기다"라는 뜻인 δικαιόω의 2인칭 복수 현재 수동태 직설법 형태다 – 옮긴이). 이 특별한 용례는 이 말(영어로 righteousness – 옮긴이)을 "정당하다고 인정하다"(justify)로 번역할 경우에 생겨나는 허다한 난제들을 그대로 보여준다. 이 영어 동사(=justify)는 그리스어 어원(히브리어인 *chdq*[11]로부터 유래했다)에서 "의"라는 요소를 제거해버린다. 뿐만 아니라, 이 동사는 어떤 사람이 하나님과 관계를 맺은 **시초**(始初)에 일어나는 일에 초점을 맞추는 경향이 있다. 때문에 영역 성경들은 "의롭다 하심을 **받으려고 노력하는** 너희는"(you who are *trying to be* justified)이나 "의롭다 하심을 **받으려 하는** 너희는"(you who *would be* justified)과 같은 형태를 첨가하여 현재의 그리스어 본문을 다양하게 우회한다. 그러나 영역 성경들이 첨가해놓은 그런 형태는 존재하지도 않고, 그리스어 본문이 그런 형태를 암시하지도 않는다. 바울이 구사하는 그리스어는 그들이 실제로 지금 그렇게 하고 있다는 것을 일러준다. 즉 일부 사람들이 "**율법**으로 의롭다 하심을 얻고" 있다는 것이다. 참고. Cosgrove, *Cross*, 150-51. 때문에 Cosgrove는 이 용례가 십중팔구 비꼬는 말일 것이라고 말한다. "**율법**으로 의롭다 하심을 얻는" 자들은 자신들이 기대하는 것과 정반대 지점에 이를 터이기 때문이다.

171) 이것이 바울이 ἀλλά라는 말로 제시하는 대조에서 분명하게 나타나는 의도다.

172) 그리스어로 ἐνεργουμένη다("일하다, 작동하다, 만들어내다"라는 뜻인 ἐνεργέω의 여성 단수 주격 현재분사 중간태 형태다 – 옮긴이). 고전 12:11은 **영**이 하시는 일을 나타내는 동사로 이와 똑같은 동사를 사용했다(ἐνεργέω의 3인칭 단수 현재 능동태 직설법 형태인 ἐνεργεῖ를 사용했다. 개역개정판은 "행하다"로 번역했다 – 옮긴이). 내가 지금 제시한 번역은 BAGD가

이 말들은 바울이 5:1-12에서 갈라디아 사람들에게 제시한 호소 중 첫 번째 부분[173]의 결론에 해당한다. 지금 갈라디아 사람들은 할례에 (거의) 굴복함으로써 그들이 그리스도 안에서 누리는 자유를 잃어버릴 위기에 빠져 있다. 실제로 그들은 모두 그리스도를 잃어버릴 위험에 빠져 있다. 지금껏 바울이 죽 천명해왔던 대로 이 호소가 그리스도와 토라 준수가 절대 양립할 수 없다는 것을 선언하기 때문이다. 따라서 5:1은 이삭/이스마엘 풍유를 직접 적용한 4:28-31로부터 직접 흘러나온 것이다. 사실 바울이 쓴 서신 원문에서는 5:1 서두의 말과 우리가 지금 보는 4:31의 마지막 말이 단어 하나나 문구 하나도 띄어 씀이 없이 곧바로 연결되어 있었을 것이다.[174] 이를 통해 바울은 갈라디아 사람들에게 그들이 그리스도 안에서 누리는 자유 안에 굳건히 서서 다시 "종의 굴레"(이 경우에는 특히 할례로 표현한 **율법**) 아래로 들어가지 말라고 촉구한다.

이 문단은 갈라디아 사람들에게 그들이 할례에 굴복할 경우 일어날 결과들을 진지하게 생각해보도록 강권할 목적으로 마련해놓은 부분이다. 그 결과들 중에는 종살이로 되돌아가는 것(1절), 온 **율법**을 "행해야" 할 의무(3절), 은혜로부터 떨어져나감으로써 그리스도로부터 멀어지게 되는 것(4절)이 포함되어 있다. 이와 대조하여 5-6절은 그들이 그리스도를 놓치는 대신 따라야 할 길을 제시하고(5절) 그리스도가 행하신 일이 가져온 결과를 재차 강조한다(6절). 일부 학자들은 5-6절이 2:15-4:7의 요약 역할

제시하는 것이다.

173) 바울은 이 호소의 두 번째 부분(7-12절)에서 모든 무기를 동원하여 선동자들을 공격한다. 선동자들은 갈라디아 사람들을 설득하여 진리를 저버리게 함으로써 갈라디아 사람들이 그리스도인이 달려가야 할 경주를 다 마치지 못하게 방해한다(7절). 그런 설득은 하나님으로부터 나온 게 아니다(이는 곧 그 설득의 근원이 사탄임을 암시한다, 8절). 비록 지금은 그들이 작은 누룩이나, 곧 반죽 전체에 퍼질 누룩이다(9절). 그들은 그들이 받을 심판을 감내해야 할 것이다(10절). 마지막으로 바울은 이 선동자들이 정녕 남성의 생식기에 칼을 사용하기를 원한다면, 차라리 그 칼로 그들 자신을 베어버리길 소원한다(12절).

174) τῆς ἐλευθέρας τῇ ἐλευθερίᾳ = "자유인인 여자로부터 자유를 누리게 하려고." 본문을 띄어 쓰지 않고 적어놓은 것도 1절 본문의 몇 가지 변형이 만들어진 이유 중 하나다. 여러 필사자들이 두 문장 사이의 연관성을 드러내려고 시도했기 때문이다.

을 한다고 주장했다.[175] 어떤 의미에서는 이 주장도 옳긴 하지만, 여기 5-6절이 새롭게 제시하는 것(종말론 및 윤리 차원의 요지들)은 이 본문에 중요한 의미를 부여한다. 5-6절 문장에서는 **영**이 그리스도와 더불어 다시금 주인공 역할을 한다. 5절은 **영**의 그런 역할을 분명하게 드러내고, 6절은 (5:13-26을 미리 귀띔함으로써) 은근히 드러낸다. 결국 이 말들은 그리스도 안에 있는 삶이 **영** 안에서 살아가는 삶이라는 것을 다시 한 번 강조하여 표현하는 셈이다. 바울은 이 점을 5:13-6:10에 있는 이 서신 결론 부분에서 상당히 상세하게 이야기할 것이다.

5절 바울은 할례에 굴복할 위험에 빠진 갈라디아 사람들에게 자신이 제시하는 호소를 재차 강조할 목적으로 의(의롭다 하심을 받음), (그리스도를 믿는) 믿음, 그리고 **영**이라는 세 가지 관심사를 다시 한 번 하나로 묶되, 이제는 그리스도 안에 있는 구원이 가지는 "이미"와 "아직 아니"라는 신학 틀 안에서 하나로 묶는다. **영**이라는 선물이 증명하듯이, 우리는 이미 믿음으로 의롭다 하심을 받았다. 그러므로 우리는 바로 그 **영**[176]과 믿음으로 우리가 의롭다 하심을 받은 것이 그리스도의 재림과 함께 현실로 가져다 줄 마지막 결과를 확실히 소망하며 살아간다.

바울은 이유를 설명하는 접속사 γάρ("이는, 왜냐하면")를 써서 5절 문장과 4절을 결합한다. 여기서 γάρ는 그리스도께 속한 우리[177]를 할례에 굴복

175) 가령 Arichea-Nida, Betz, Longenecker.

176) Lightfoot, 204은 이 서신을 바라보는 그의 전반적 시각을 따라 여기서 말하는 영의 의미도 "사람 안에 있는 영적 부분"과 "하나님의 **영**" 사이에 존재하여 그 의미가 명확하게 드러나지 않는다고 주장한다. 일찍이 이런 견해를 주장했던 주석가들을 보려면, Meyer, 288을 보라; 심지어 Lagrange, 137도 이 견해를 품었다(참고. Schlier, Guthrie). 이 견해가 대다수 라틴 교부들이 따른 견해였기 때문이다. 그러나 바울의 용례 전반(이 책 제2장을 보라)과 이 서신을 문맥을 고려할 때, 이런 견해는 불가능한 견해다.

177) 바울은 이 서신에서 자신이 줄곧 취하는 논증 형식에 발 맞춰, 그리스도 안에 있는 구원의 본질 내지 결과들을 이야기할 때면 늘 2인칭 또는 3인칭으로부터 1인칭 복수형으로 옮겨간다. 이를 통해 그는 자신과 그들(갈라디아 사람들)을(그리고 다른 모든 신자들도) 이 1인칭 복수 속에 포함시킨다. 이 문단의 1절을 보라; 참고. 3:13-14; 4:3-6. 바울은 여기서 ἡμεῖς

하는 자들과 대비하여[그러나 이제는 (마지막) 결과들과 관련지어] 서술해주는 기능을 한다. 토라 준수는 "그리스도로부터 멀어지게" 함으로써 결국에는 종말에 이르러야 할 목표에 이르지 못하게 하는 결과를 가져온다(목표에 이르지 못하는 결과는 바울이 암시하는 내용이다). 이런 토라 준수의 대척점에 있는 것이 믿음(우리를 토라의 종살이에서 해방시켜주심으로써 토라 준수 의무에 마침표를 찍으신 그리스도를 믿는 믿음)과 **영**에 굳건히 서 있는 것이다. **영**은 토라 안에서 발견할 수 있는 의를 이루시고 완성하심으로 토라를 대신하셨다. 여기서 분명하게 나타나지는 않지만, 이 구절과 4절이 은근히 귀띔하는 "육" 사이에 은근한 대조가 존재하는 것 같다.[178] 3:3과 4:29이 분명하게 이야기하듯이, "**율법**으로 의롭다 함을 얻는" 자들은 결국 κατὰ σάρκα("육을 따라") 살아가는 삶에 굴복하는 자들이다.

앞에서 3:1-5을 다룰 때, 비록 바울이 "믿음"과 "**율법**의 행위"라는 말로 표현하긴 하지만, 결국 그가 거기서(그리고 시종일관) 대조하는 것은 **율법** 아래 있는 삶과 **영** 안에서 살아가는 삶이라는 것을 제시했다. 5절의 어순은 4절과 첨예한 대조를 이루는데, 이 점 역시 그런 관찰 결과를 뒷받침해준다. 이 문장(5절)에서는 "**영**으로"가 첫머리에 자리해 있다. 이것이(="**영**으로") 토라 준수에 근거하여 "의롭다" 하심을 얻는 "너희"와 달리 "우리"가—우리의 "의"가 마지막에 맞이하게 될 확실한 결과를 기다리며—살아가는 방법이기 때문이다.[179] 이어 바울은 곧바로 "믿음에 근거하여"(바울이 말하는 믿음은 그리스도를 믿는 믿음이다)라는 말을 덧붙인다. 이것이 현재 **영** 안에서 살아가는 삶의 밑바탕에 자리한 기초이기 때문이다.[180] 바울

(우리)를 강조하고자 첫 자리에 놓아둠으로써 율법으로 의롭다 하심을 얻고 있는 4절의 "너희"와 이 "우리"가 대조를 이룬다는 것을 부각시킨다.

178) Burton, 278; Fung, 227이 이렇게 본다.

179) 이 점은 Ridderbos와 Hendriksen도 인정한다. 그러나 Guthrie, 129과 Boice, 488을 보라. Guthrie와 Boice는 여기서 강조하는 것은 믿음이라고 주장하면서(하지만 3:26 이후로 "믿음"이라는 말은 등장하지 않는다), "믿음으로"와 4절이 대조를 이룬다고 주장한다. 그러나 어순과 바울이 제시하는 주장의 나머지 내용은 내가 여기서 주장한 내용을 지지한다.

의 관심사는 사람이 어떻게 "의롭다 하심을 받는가"가 아니라, "의롭다 하심을 받은 사람들"이 어떻게 살아가는가다. 아울러 토라 아래 살아가는 삶과 **영** 안에서 살아가는 삶은 서로 공존할 수 없다는 것 역시 그의 관심사다. 그는 18절에서 바로 이 점을 훨씬 더 분명하게 이야기할 것이다.

우리도 바로 그 **영**으로 그리고 오로지 그리스도를 믿는 믿음에 근거하여 마지막 때의 목표가 실현되리라는 우리 소망을 열렬히 기다린다. 여기 5절에서는 이 마지막 때의 소망을 "δικαιοσύνη(의/의롭다 하심을 받음)의 소망"으로 표현해놓았다. 이 모호한 소유격(그리스어 본문은 δικαιοσύνη의 소유격인 δικαιοσύνης를 사용했다 – 옮긴이)은 "우리가 소망하는 의"(the righteousness for which we hope, NIV)이거나 "그리스도를 믿는 믿음과 **영**으로 말미암아 우리가 얻은 의가 확보한 소망"(the hope that our justification by faith in Christ and the Spirit has secured)이라는 의미일 수 있다. 바울 신학에 잘 들어맞는 쪽은 전자일 수 있다.[181] 그러나 문맥을 살펴보면, 후자 쪽을 훨씬 더 선호하게 된다.[182] 우리가 지금 그리스도의 사역과 **영**에 근거하여 갖고 있는 의롭다 하심/의는 – 우리가 계속하여 믿음과 **영** 안에 머물고 마지막 때에 받게 될 보상은커녕 죽음만을 약속할 뿐인 종살이로 되돌아가지 않을 경우에만 – 현실로 이뤄질 것이다. 이런 조건이 붙어 있기 때문에, 당연히 최종 "평결"(評決)은 미래에 이루어진다. 그러나 그것이 바울의 강조점은 아니다. 바울이 강조하는 것은 "**영** 안에서 살아가는 삶"과 토라 준수 아래 매인 삶의 대립 구도다. 토라 준수 의무에

180) Cosgrove, *Cross*, 152은 이런 이유로 ἐκ πίστεως (믿음에 근거하여)가 "**영**으로"를 수식한다고 주장한다. 즉 "믿음에서 나온 **영**"(the Spirit, which is from faith)이라고 주장하는 것이다. 이것도 결국 같은 개념이지만, 바울이 사용하는 문법에 비추어보면 가능성이 떨어지는 것 같다.

181) 이것이 다수설이다; Meyer, Burton, Duncan, Ridderbos, Hendriksen, Bligh, Guthrie, Mussner, Bruce, Betz, Fung, Longenecker, Cosgrove (*Cross*, 152)를 보라. 그러나 Lagrange와 J. A. Ziesler [*The Meaning of Righteousness* (SNTMS 20; Cambridge: Cambridge University Press, 1972), 179]는 견해를 달리한다.

182) 이를 충실히 논해놓은 Fung, 224-27, 232-35을 보라.

매인 삶은 지금도 의를 제공해주지 못하지만, 미래를 향한 소망도 제공해 주지 못한다. 하지만 **영** 안에 있는 삶은 지금도 순전한 의의 삶을 살아감("사랑이라는 **영**의 열매를 통하여 나타나는 믿음")을 의미할 뿐 아니라, 그 의가 마지막 때 얻을 최종 결과에 관하여 절대적 확신을 갖고 있다.[183] 우리는 **영**으로 시작했다(3:3). 그리고 **영**으로 말미암아 현재 우리에게도 "아들의 지위"라는 약속이 실현되었다(3:14; 4:6). 나아가 우리는 그 약속(그리스도와 함께 영원히 살아가는 삶)이 마지막 때에 실현될 것을 열렬히 고대하며 **영**으로 살아간다. 그러나 그런 "**영** 안에서 살아가는 삶"은 수동태가 아니다. 때문에 6절은 이 문단을 맺으면서 중요한 것은 할례도 아니요 무할례도 아니라 도리어 "사랑을 통하여 나타나는(자신을 표현하는) 믿음"이라고 설명한다.

이 5절은 고린도후서 1:21-22 및 에베소서 1:13-14과 비슷하면서도 그 나름의 고유한 방법으로 마지막 때의 **영**이 마지막 때에 이루어질 최종 구원을 보장해주시는 분임을 일러준다. 여기서 마지막 날에 의롭다 하심이 최종 실현되리라는 갈라디아 사람들의 소망을 보장해주는 것은 **영**의 사람들, 곧 "자유인인 자녀들"로서 토라 아래 있는 자들과 대비되는 그들의 지위다(뿐만 아니라, 이 지위는 3:1-5이 주장하는 것처럼 그들이 현재 의롭다 하심을 받은 자들임을 증명해주는 증거이기도 하다).

6절 바울은 또 한 번 이유를 설명하는 γάρ를 사용하여 그가 현재 제시하는 호소를 마지막으로 집약한다. 이때 바울은 토라 아래 살아가는 삶이 낳는 결과들과 "그리스도 안에 있는" 삶이 낳는 결과들을 단호하게 대비한다. 이를 통해 그는 자신이 고린도전서 7:19에서 제시했던 그의 복음의 근본 "척도"(규칙), 곧 할례도 무할례도 중요하지 않다는 주장을 되풀이한다.

---

183) 결국 바울 서신에서는 ἐλπίς ("소망")라는 말이 불확실성이 아니라 확실성을 표현하는, "내용"을 가진 말이다; 참고. 롬 15:13.

늘 그랬듯이, 바울은 이방인들에게 할례를 강요하는 주장을 결코 인정할 수 없다는 입장에서 한 치도 물러서지 않는다. 그렇게 할례를 강요하는 것은 하나님의 새 언약 백성을 확인해주는 표지가 **영**이 아니라 토라 준수임을 의미하기 때문이다. 그러나 바울은 "할례를 받지 않음" 자체가 무슨 미덕인 것처럼 주장하는 것도 용납하지 않는다. 바울이 유대계 신자들에게 "할례를 받지 말라"라는 요구를 하지 않은 것도 그런 이유 때문이다. 그리스도의 죽음은 할례나 무할례 중 어느 한쪽에 의미를 부여하며 중시할 가능성을 영원히 없애버렸다. "그리스도 안에 있는" 자에게 중요한 것은 오직 그리스도를 믿는 **믿음**뿐이다. 이 경우에 믿음의 의미는 5:22에서 말하는 "신실함"(개역개정: 충성)에 아주 가까울 수 있다.

동시에 바울이 여기서 하는 말은 5:13-6:10에서 제시하는 주장을 미리 귀띔해준다. 그는 5:13-6:10에서 이 6절 문장의 내용을 상당히 상세하게 이야기한다. 따라서 믿음은 "그냥 믿기만 하면 된다"(값싸고 쉬운 믿음, easy believism)식의 개념이 아니다. 아울러 토라 준수가 제거되었지만 그렇다고 의가 제거되지는 않는다. 오히려 믿음은 그리스도인의 윤리 가운데 정점인 사랑으로 "역사한다"(나타난다). 바울은 특히 다음 단락에서 사랑을 **영**의 역사로 강조한다. 결국 이는 5절이 **영**을 언급한 이유를 일부나마 설명해준다. 우리는 지금 **영**의 능력 안에서 믿음으로 말미암아 살아간다. 이런 **영**은 우리가 온갖 형태의 종교 규칙들과 규례들로부터 자유를 누리게 해주신다. 그러나 바울이 계속하여 주장하듯이, **영**이 임재하셨다고 우리가 그리스도인에게 합당한 행위를 하지 않을 자유까지 누리는 것은 아니다. (토라로부터) 자유를 누린다 하여 그 자유가 곧 분별없는 행위를 허가하는 허가장은 아니다. 사실은 그와 정반대다. 진정으로 그리스도인다운 행위는 우리가 "율법의 행위"가 아니라 그리스도를 믿는 믿음으로 말미암아 의롭다 하심을 얻었음을 체험을 통해 증명해주시는 바로 그 **영**이 이뤄내시는 일(작품)이다.

결국 이 두 문장(5-6절)에는 갈라디아서가 천명하는 다음 두 가지 주요한 신학 강령이 집약되어 있다. 즉 의를 하나님과 올바른 관계에 있다는 차원에서 정의할 때, 그 의는 오직 그리스도의 사역에 근거한 의다. 더불어 의를 의로운 행위라는 차원에서 정의할 때, 그 의는 그리스도 예수를 믿는 믿음에 반드시 동반되어야 한다. 우리가 지금까지 줄곧 이야기해왔고 앞으로 이 서신의 마지막 부분에서 다시 주장하게 되겠지만, **영**은 그리스도의 유효한 사역과 더불어 신자와 신앙 공동체의 삶 속에서 방금 말한 두 종류의 "의"(하나님과 올바른 관계에 있음, 그리스도인다운 의로운 행위 — 옮긴이)가 이뤄지도록 하는 데 핵심 역할을 담당한다.

갈라디아서 5:13-6:10

어떤 면에서 보면 우리는 이제 갈라디아서 전체를 이해하는 데 관건이 되는 부분에 이르렀다. 역사를 살펴보면 사람들은 이 본문이[184] 이 서신에서 일어난 큰 변화, 즉 주장(논증)의 고유한 색채를 그대로 지닌 주장으로부터 권면(당부) 부분으로 옮겨가는 큰 변화를 보여준다고 이해해왔다.[185] 결국 사람들은 갈라디아서를 읽을 때에 이 서신이 세 부분으로 이루어져 있는 것처럼 생각한다. 우선 1-2장은 바울의 자서전이자 변증으로 이해한다. 또 3-4장은 "교리"를 다룬 부분으로 이해한다. 그리고 5-6장(혹은 여기서 시작하는 본문)은 "실제에 적용한 내용"이나 일련의 권면으로 이해한다.[186]

184) 이것은 이 본문이 여기서 시작한다고 봐야 하느냐(명령들이 여기서 시작하기 때문에 그렇게 봐야 한다는 주장대로) 아니면 더 앞에서(보통 1절에서) 시작한다고 봐야 하느냐와 상관없이 참인 내용이다.

185) 이 대목을 갈라디아서 안에서 어떻게 이해해왔는지 특히 그 역사 전반을 살펴본 유익한 글을 보려면, Barclay, *Obeying*, 9-26을 보라.

186) 최근에 이런 견해를 제시한 이가 Fung, 243이다. 이 서신을 이처럼 읽어내어 바울이 두 전선에서 싸움을 벌이고 있는 것으로, 즉 1:6-5:12에서는 "유대교로 돌아가려는 이들"과 그리고 5:13-6:10에서는 "방탕한 자들"과 싸움을 펼치고 있는 것으로 보는 견해[Ropes,

하지만 이 대목을 바울이 제시한 주장의 마지막(그리고 꼭 있어야 할) 단계로 보게 되면 이 서신 전체를 훨씬 더 잘 이해할 수 있다.[187] 즉 이 대목은 단순히 "자 이제 우리가 그 문제를 해결했으니, 너희가 토라 아래 있지 않다는 전제 아래 여기서는 너희가 어떻게 살아야 하는가를 이야기하겠다"와 같은 내용이 아니다. 물론 여기에는 그런 내용도 일부 존재한다. 하지만 비록 이 대목에서 가끔씩 명령문이 나타나긴 해도,[188] 이 대목은 바울이 3:1에서 시작한 주장에 절대 필요한 부분이다. 실제로 이 대목은 바울 자신이 3:3에서 제기했던 질문, 곧 "너희가 **영**으로 **시작해놓고** 이제 육으로 **마치겠느냐**?"에 그가 제시하는 답변 역할을 한다.

Problem; W. Lütgert, *Gesetz und Geist: Eine Untersuchung zur Vorgeschichte des Galaterbriefes* (Gütersloh: Bertelsmann, 1919)]는 훨씬 더 설득력이 떨어진다(Barclay, *Obeying*, 14-15을 보라). 여기서 바울의 관심사를 갈라디아 내부의 "방탕한 경향들"로 보는 견해는 R. Jewett, "The Agitators and the Galatian Congregation," *NTS* 17 (1970/71), 198-212과 Longenecker도 주장한다. Betz는 조금 다른 견해를 취하여 갈라디아 사람들 자신이 육의 욕망에 맞서 싸우고 있다고 주장한다. 갈라디아서를 "방탕한 자들"과 관련지어 보는 견해는 5:16과 같은 본문으로부터 갈라디아 상황을 읽어낸 것이다. 그러나 사실 본문이 유일하게 언급하는 **구체적 사실들**(5:15, 26; 6:1-5)은 갈라디아 공동체 내부의 "방탕한" 경향들이 아니라 공동체 내부의 다툼을 무심결에 드러낸다. 공동체 내부의 다툼을 "방탕"이라 부르는 것은 "방탕"이라는 말의 의미를 인정할 수 없는 범위까지 확장하는 것이다. 이 견해가 나오게 된 이유 중 하나는 "토라 아래로 들어가길 원하는 사람들"(4:21)을 동시에 토라에 어긋난 삶을 산 자들로서 이런 시정(是正, 바로잡음) 내용들이 필요했던 사람들로 믿을 경우 난관에 봉착하기 때문이다. 그러나 이 견해는 너무 많은 것을 놓쳐버린다. 특히 "**율법**의 행위"가 순전히 그리스도인의 윤리와 관련된 게 아니라 토라 **준수**와 관련 있다는 사실을 놓쳐버린다. 즉 "토라의 행위"는 "경건하게"(종교성을 내보이며, religious) 사는 것과 관련 있다. 반면 이 대목은 이제 토라가 사라진 이상 진정으로 "의로운" 것(의롭게 사는 것)이 무엇인가와 관련 있다. 결국 "(분명) 바울 자신은 윤리의 영역으로 쉬이 넘어가지 않는다"라고 주장하는 Barrett, *Freedom*, 56은 정작 바울이 생각하지도 않았던 문제를 자기 혼자 임의로 창조해낸 셈이다.

187) 여기서 제시한 견해와 비슷한 견해를 더 충실하게 제시한 것을 보려면, Barclay, *Obeying*을 보라. Frank Matera, "The Culmination of Paul's Argument to the Galatians: Gal. 5:1-6:17," *JSNT* 32 (1988), 79-91도 이 대목이 이 서신이 제시하는 주장에 꼭 필요한 부분이라고 주장했다. 물론 Matera가 쓴 이 논문은 몇 가지 유익한 통찰을 제공해준다(가령 이 주장 말미에 나오는 할례의 역할). 그러나 Matera는 특히 13절의 역할을 과소평가하고 육/**영**의 대조가 하는 역할을 실제로 다루지 않은 채 토라를 언급하는 본문들(14, 18, 23절)에 초점을 맞춤으로써 5:13-6:10을 제대로 다루지 못했다.

188) 뒤에서 다시 살펴보겠지만, 명령문 자체가 거의 없다.

두 가지 문제가 이 대목 전체를 움직이는 것으로 보인다. 우선 의를 하나님과 사람 사이의 올바른 관계 그리고 하나님의 성품에 부합하는 행위라는 두 가지 의미로 이해할 때, 바울은 토라가 이런 의를 이루는 데 실패했다고 깊이 확신한다.[189] 바울이 2:15부터 4:31까지 제시하는 주장은 대체로 첫 번째 의미의 의(=사람이 하나님과 올바른 관계에 섬)를 이뤄주신 그리스도의 사역을 다루었다. 이런 의를 증명해주시는 증거는 물론 신자가 체험하는 실재이신 **영**이다. 이제 이 본문에서 바울은 두 번째 확신을 이야기한다. 즉 토라가 행위라는 차원에서 의를 이루는 데 실패했다는 것이다.

하지만 갈라디아서의 주장 자체를 살펴보면, 바울을 반대한 자들이 제기했던(혹은 제기했을 법한) 반론이 있다. 즉 이 반대자들은 "만일 당신(=바울)처럼 토라를 통째로 제거해버리면(바울은 실제로 토라를 그렇게 제거해버린다), 순종은 어떻게 되는 건가? 순종은 없어도 된다는 건가? 토라의 요체는 하나님 백성을 순종으로 인도하는 것이다. 그런데 당신처럼 토라를 제거해버리면, 대체 무엇으로 '이 백성이 제멋대로'(5:17) 행하지 못하게 막는단 말인가?"라고 반문한다.[190]

바울은 이 본문에서 방금 말한 두 가지 쟁점에 대답한다. **영**으로 시작했다면, **영**으로 마쳐야 한다. 모든 형태의 일상 행위를 포함하여 윤리에 합당한 삶을 살아가는 첩경이 바울이 제시하는 근본 명령, 곧 "**영**으로/**영** 안에서 행하라, 그리하면 육의 욕망을 이루지 아니하리라"(5:16) 속에 자리해 있다. **영**은 육에 맞서고(그럼으로써 사람이 제멋대로 살아가지 않게 해준다, 17절) 하나님의 성품에 부합하는(여기서는 이를 "**영**의 열매"로 표현한다) 삶을 살아갈 능력을 주신다.

---

189) 이 서신에서는 바울 서신 전반과 보조를 맞추어 그런 행위를 "사랑으로 나타나는(자신을 표현하는) 믿음"이라고 규정한다. 5:6을 다룬 부분을 보라; 참고. 고전 3:18; 롬 8:28-30.

190) 참고. Burton, 290; Lincoln, *Paradise*, 26; Barclay, *Obeying*, 111. 이것이 일부 학자들이 제기하는 문제, 곧 "어떻게 바울은 갈라디아서 3-4장에서는 **율법**으로부터 누리는 자유를 선포했다가 갈라디아서 5-6장에서는 '율법에 복종하라'라는 말을 이어서 할 수 있다는 말인가?"라는 물음에 줄 수 있는 가장 좋은 답변인 것 같다. 앞의 주186을 참고하라.

결국 바울이 이 주장에서 제시하는 요점은 두 가지다. 첫째, **토라는** 능력을 부여하는 데 **적합하지 않기 때문에**, 바울은 (a) 어쨌든 토라 전체가 사랑이라는 계명으로 완성된다는 것, (b) 그런 사랑은 **영**의 열매라는 것, 그러므로 (c) **영**의 인도를 받는 사람은 토라 아래 있지 않다는 것을[실제로 **영**으로 말미암아 살아감으로써 **영**의 "열매"를 나타내는 자들에게는 토라가 있을 수 없다는 것을(이런 이들에게는 오로지 "그리스도의 법"만이 있을 뿐이다, 23b절)] 주장한다.

둘째, 바울은 여기서 로마서 6장과 8장을 미리 귀띔하는 주장을 내놓으면서, 그리스도와 **영**이 육 안에서 살아가는 삶에 하나님이 몸소 제시해주신 답변이라고 설파한다. 그는 "**영**으로 행하는" 자들은 육의 ἐπιθυμίαν("욕망을"; "욕심, 욕망"을 뜻하는 ἐπιθυμία의 목적격이다 – 옮긴이) 이루지 않을 것이라고 역설한다. 그리스도의 소유가 된 사람들은 육을 그 육의 ἐπιθυμίαις("욕망들과"; ἐπιθυμία의 여성 복수 여격 형태다 – 옮긴이) 함께 십자가에 못 박았기 때문이다(24절).

바울이 3:1-4:7에서 제시한 주된 신학 논증에서도 그랬듯이, 여기서 그가 제시하는 모든 주장의 핵심 요소는 갈라디아 사람들이 한 **영** 체험이다. **영** 안에 있는 삶은 그 사람이 더 이상 율법 아래 있지 않음을 뜻한다(5:18). 그렇다고 그것이 곧 그 사람이 따라야 할 "법이 없다"는 뜻은 아니다. 반대로 **영**의 사람은 **영**의 열매를 증거로 보여줌으로써[이를 통해 "그리스도의 법"(6:2)을 "이룸"으로써] 토라 전체를 "이룬다"(5:14; 참고. 5:3). 아울러 **영** 안에 있는 삶은 **육에 맞섬**을 뜻한다. **영**은 육 안에 있는 삶과 절대 양립할 수 없기 때문이다. 그 결과 **영** 안에 있는 사람은 자신이 육 안에서 살면서 토라와 동떨어진 삶을 살던 때에 할 수 있었던 것처럼 만사를 자신이 원하는 대로 할 수 없다.

이처럼 바울은 육과 토라가 옛 시대에 속해 있다고 본다. 옛 시대의 본질적 힘은 새 시대, 곧 **영**의 시대가 동텄음을 알려준 그리스도의 죽음과 부활로 말미암아 그 위력을 잃고 말았다. 육은 여전히 존재하며, 죽을 수밖에 없는 육의 속성은 **영**과 대립한다. 하지만 그리스도의 죽음은 우리를 토라(2:19)와 육(5:24)에 대하여 죽게 하셨다. 그리스도와 더불어 부활한 우리는 이제 이미 우리의 평생 원수를 격파해버리신 **그리스도의 영**이 부어주시는 능력을 힘입어 살아간다. 따라서 신자들은 **영**으로(즉 **영**이 부어주시는 능력을 힘입어) 행하기에, 육의 요구에 매이지도 않고(5:16) 그들을 종으로 삼으려는 **율법**에도 매이지 않는다(5:18).

바울이 여기서 제시하는 주장 자체는(단지 일련의 명령문들이 아니라 말 그대로 주장 자체는), 비록 몇 가지 세부 사항이 오랫동안 해석자들을 속 썩여오긴 했지만, 그래도 충분히 따라갈 수 있을 정도로 쉬운 내용이다.[191] 이 주장은 본질상 네 부분으로 이루어져 있다. (1) 5:13-15은 주장 전체의 명제를 천명하는 구실을 하면서, 앞서 5:1, 6이 제시한 두 갈래 실[**자유**(토라로부터 누리는 자유)와 **사랑**(믿음의 참된 "역사")을 요구하는 내용]을 한데 엮어주는 역할을 한다. 사랑은 토라에 매인 "종살이"로부터 벗어나 누리는 자유가 (서로 다른 이를 섬기는 "종"이 되는 형태로) 그 자신을 표현하는 고유한(타당한) 방법이다. 실제로 사랑의 계명은 토라 전체를 이루는 길이다. 이 주장에서 새롭게 등장한 요소이자 **영**과 더불어 앞으로 여기서부터 이 주장을 지배해 갈 요소가 바로 "육"이다. "육"은 분명 갈라디아 사람들이 "서로 물어뜯고 집어삼키는" 모습 속에서 "기회"를 발견했다(15절).[192] 26절과 6:1-10에 있는 몇 가지 세부 사항에 비춰볼 때, 바울은 단지 갈라디아 사람들이 토라 준수에 굴복할 위험에 빠져 있다는 사실에서 더 나아가 그들의 상황을 더 많이 알고 있지 않은가 하는 생각이 든다.[193] 그렇다면 이 명

---

191) 이 패턴은 앞서 나왔던 패턴, 곧 주장(3:1-4:7)에 이어 적용을 제시하고(4:8-11, 12-20) 다시 주장을 제시한 뒤(4:21-27) 뒤이어 적용을 제시하는(4:28-31; 5:1-6, 7-12) 패턴과 비슷하다. 지금 이 경우에는 5:13-26이 "주장"이고 6:1-10이 "적용"이다.

192) Bruce, 242이 이를 올바로 언급한다. "서로 죽이고 죽이는 싸움은 단지 '육의 일'일 뿐이다. 바울은 이 '육의 일'에 맞서라고 갈라디아 사람들에게 특별히 경고한다." 참고. Cosgrove, *Cross*, 157과 Barclay, *Obeying*, 152-53.

193) 이 문제와 관련하여 특히 Barclay, *Obeying*, 146-77을 보라.

제 선언(5:13-15)에서 바울이 강조하는 요점은 토라로부터 누리는 자유가 육을 섬기는 자유(자기 이웃을 짓씹는 자유)를 의미하는 게 아니라 사랑을 이루는 자유(사람들이 서로 상대를 섬기는 종이 되는 자유)를 의미한다는 것이다.

(2) 이어 바울은 13-15절에서 말한 내용이 이루어질 수 있는 방법(**영**을 통해 이루어짐)을 5:16-26에서 상세하게 이야기한다. 그러나 이제 바울은 단지 **영**이 토라를 대신했다는 차원에 머물지 않고(물론 그는 18절과 23절에서 이 점을 거듭 이야기한다), 더 나아가 토라가 인간의 타락이라는 영역을(육의 삶을) 처리할 수 없다고 이야기한다. 바울은 16-18절에서 "**영**으로 행함"이 하나님이 "육에 대비하여" 주신 유효한 응답이라는 것(13절)과 그렇게 "**영**의 인도를 받는" 사람은 "토라 아래 있지 않다"는 것(18절, **영**이 토라를 "이루는" 사랑을 성취시켜주시기 때문이다)을 (명령문을 사용하여) 약속한다. 바울은 19-23절에서 이 두 종류의 실존을 대조한다. 둘 중 하나는 육 안에 있는 삶이다. 바울은 이 삶을 "육의 **일들**"로 규정함으로써 이 삶을 일부러 토라를 따르는(즉 "그리스도 이전의") 삶 쪽에 놓아둔다. 15절에 비춰볼 때, 바울이 이렇게 "육의 일들"로 규정한 열다섯 가지 행위와 태도 중 여덟 가지가 그리스도인 공동체 내부의 불화와 관련된 죄라는 사실은 결코 우연이 아니다(19-21절). 또 다른 하나는 **영** 안에 있는 삶이다. 바울은 이 삶을 **영**으로 행하는 사람들이 결국 나타내는 열매와 관련지어 서술한다. 이어 바울은 24-26절에서 그리스도가 행하신 일을 다시 소개하고(그가 십자가에 달려 죽으신 일은 육의 종말을 선언한다) 그 일과 **영**이 하시는 일을 (십자가의 죽음에 뒤따르는 "생명"이라는 모티프를 통해) 결합함으로써 이 단락(5:16-26)을 매듭짓는다. **영**으로 "살아가는" 것은 **영**을 따르는 행위를 요구한다. **영**을 따르는 행위는 다른 사람들을 철저히 파괴하는 육의 일들을 결코 의미하지 않는다(26절).

(3) 바울은 6:1-6에서 26절에 있는 마지막 권면을 가져와 쓴다. 그리고 긍정과 부정을 통한 대조를 사용하여 **영** 안에서 살아가면서 "그리스도의

법"을 표현하는 삶을 살라고 독려한다. 여기서 바울은 **영**의 공동체 안에서 "사람들이 서로 사랑을 통해 상대를 섬기는 종이 되는 일"이 어떻게 이루어지는가를 아주 실제에 맞게, 그리고 갈라디아의 구체적 상황에 맞춰 자세하게 이야기한다. 그런 일은 "자만"(우쭐함; 5:26)에 맞서 자신을 올바로 평가함(6:3-4)을 의미한다. 그런 일은 다른 사람을 "시기"하고 "노엽게 하는 것"(5:26)이 아니라 "서로 상대의 짐을 짊어짐으로써 그리스도의 법을 이루는 것"(6:2)을 의미한다.

(4) 바울은 6:7-10에서 씨 뿌림과 수확이라는 은유를 사용하여 마침내 처음 출발했던 그 자리로 다시 되돌아온다. 사람은 자기가 뿌린 것을 거두기 마련이다. 때문에 바울은 갈라디아 사람들에게 "육을 위하여 뿌리지"(앞에서 서술한 일들이 그런 예다) 말고 서로 다른 이에게 "선을 행함"으로 "**영**을 위하여 뿌림"으로써(9-10절) **영** 안에 있는 삶이 약속하는 영생을 "거둘" 수 있게 하라고 촉구한다(8절). 이리하여 바울은 마지막 말을 첫 말과 같은 말로 마무리한다. 즉 그는 육체에게 "기회"를 주지 말고 다른 모든 이에게 선을 행함으로써 서로 사랑하라고 당부한다. 아울러 그는 **영**이 이런 일이 일어나도록 하는 데 필요한[그리고 충분한(!)] 분이라고 이야기한다.

바울이 여기서 제시하는 주장(5:13-6:10)을 좀더 상세히 살펴보기에 앞서, 무엇보다 특별히 이 모든 내용에서 **영**이 차지하는 역할에 초점을 맞추기에 앞서,[194] 두 가지 관찰 결과를 더 이야기해두어야겠다. 첫째, 앞에서도 언급했듯이, 이 주장에서 놀라운 점은 명령문이 대체로 드물다는 사실이다. 특히 5:13-26에는 명령문이 거의 없다.[195] 사실 이 주장 전체의 틀을

194) 우리는 뒤에 나오는 주해에서 각 문단을 적어도 대략이나마 살펴볼 참이다. 상세한 주해는 **영**을 직접 다룬 본문들에 국한하기로 하겠다.

195) 가령 13-26절에는 2인칭 복수형을 사용한 명령문이 단 두 개 존재할 뿐이다(13절의 "서로 종이 되라"와 16절의 "**영**으로 행하라"). 바울은 25-26절에서 주장으로부터 적용으로 되돌아가면서 "권면하는" 명령문("우리…하자")으로 옮겨간다. 명령문 숫자는 실제 적용을 다룬 부분인 6:1-10에서 확연히 늘어난다(2인칭 복수형을 사용한 명령문이 3개; 권면을 담은 가

형성하는 것은 명령문들이다. 아울러 이 주장의 핵심이 되는 곳에서 이 주장을 앞으로 나아가게 해주는 동력원은 명령문들이다(가령 5:16; 5:25; 6:1, 7). 그러나 대체로 보아 이런 명령문들을 줄기차게 설명해주거나 부연해주는 것들은 바울이 서술문으로 일관되게 이야기하는 내용이다. 어쨌든 이 주장의 내용(특히 5:13-26)은 단지 권면들을 잇달아 열거해놓은 것에 그치지 않는다. 5:13-6:10은 바울이 권면이라는 방법을 사용하여 제시한 주장이다. 따라서 이 본문(5:13-6:10)의 본질과 구조는 이 대목이 (권면이나 훈계나 명령이 아니라 — 옮긴이) 이 서신이 제시하는 주장(논증)의 일부라는 것을 일러준다.

둘째, 이 주장의 내용이 시종일관 관심을 갖는 대상은 공동체 안에서 살아가는 그리스도인의 삶이지, 개개 그리스도인 내면의 삶이 아니다. 이는 우리 가운데 대다수 학자들이 이 본문을 읽어내는(그리고 많은 주석들[196] 이 제시하는) 시각과 완전히 다르다. 사람들이 보통 철저히 문맥과 분리하여 읽는 바람에 잘못 읽어내곤 하는 5:17c은 차치하더라도(뒤를 보라), 이 주장 속에는 여기서 바울이 사람 가슴속에서 격렬하게 일어나는 육과 **영**의 "갈등"(이런 갈등에서는 육이 더 강한 적으로 등장하는 경우가 아주 많다)을 다룬다고 시사해주는 단서가 전혀 없다.[197] 오히려 반대로, 바울이 처음(13-15절)부터 줄기차게(5:19-21, 26; 6:1-4, 7-10) 문제 삼은 것은 신앙 공동체 안에서 이루어져야 할 **영**의 삶과 관련 있다. 그렇다고 바울이 개인을 무시하는 것은 아니다. 결국 각 사람은 개인 차원에서 그리스도인 공동체 안으로 들어가 그 안에서 살아가기 때문이다. 그러나 바울은 그리스도인 공동체를 통하여 신자 개인과 이 주장을 정확하게 결합한다. 각 신자는 교회라는 맥락 속에서 서로 섬기는 사랑의 종이 됨으로 자유의 삶을

정법이 2개; 그리고 3인칭 단수 명령문이 2개다).

196) 다행히 Duncan은 예외다. 그러나 심지어 그조차도 25절에 이를 때까지 이 점을 진지하게 고려하지 않는다.

197) 뒤에서 17절을 논한 내용을 보라.

살아내야 한다(13절). "**영**으로 행하라"라는 명령은 "서구인들이 생각하는 자기 내면 돌아보기식 양심"(the introspective conscience of the Western mind)[198]을 강조하는 게 아니다. 도리어 이 명령은 **영** 안에서 살아가는 삶을 요구한다. 이런 삶은 서로 "잡아먹고 집어삼키지" 않으며(15절), 자기를 뽐내 다른 사람들로부터 노여움과 시기를 사는 일을 하지 않는다(26절). "**영**의 열매"는 우선 신자 자신의 마음이 아니라 신앙 공동체 안에서 "사랑과 희락과 화평"을 만들어낸다(22절). 그런 **영**의 사람은 "잘못(범죄)에 사로잡힌" 개인을 회복시켜줄 사람들 가운데 있을 것이다(6:1). "**영** 안에서 씨를 뿌리는 것"의 마지막 표현은 "모든 사람, 특히 믿음의 집안에 속한 이들에게 선을 행하는 것"(10절)이다.

▪ 갈라디아서 5:13-15

[13]형제자매들아, 이는 너희가 자유를 누리도록 부르심을 받았기 때문이니, 다만 너희 자유를 육이 기회로 삼도록 (허용하지)[199] 말고, 도리어 사랑을 통해[200] 서로 상대에게 종의 의무를 이행하라.[201] **[14]**이는 온 율법이 "너희는 너희 이웃을 네 자

---

198) 이 말은 바로 이런 이름으로 Stendahl이 발표한 논문에 근거한 것이다. Stendahl은 사람들이 바울의 기본 관심사를 죄와 양심이라는 문제라고 추정한 채 바울의 글, 그중에서도 특히 이 본문을 읽기 시작한다면, 바울의 글은 물론이요 특히 이 본문을 철저히 잘못 읽어내는 것임을 보여주었다. 나는 그의 견해가 설득력 있다고 본다.

199) 바울이 구사한 문장은 이곳에서 동사가 빠져 있다. 부정(否定)의 의미를 가진 불변화사 μή는 동사가 있는 문장과 마찬가지로 이 문장에 명령의 의미가 함축되어 있음을 일러준다. 참고. NIV, NRSV, "do not use."

200) 서방 전승(D F G 104 sa it Ambrosiaster)은 διὰ τῆς ἀγάπης 대신 τῇ ἀγάπῃ τοῦ πνεύματος ("**영**의 사랑 안에서/**영**의 사랑으로")로 기록해놓았다(우리가 주해를 통해 얻은 통찰을 동원하여 뒤에서 주장할 내용이다).

201) 그리스어로 δουλεύετε다("종이다, 종처럼 복종하다"를 뜻하는 δουλεύω의 2인칭 복수 현재 능동태 명령법 형태다 — 옮긴이). 이 말은 이 번역이 제시하는 문자적·기술적 의미를 가졌다. 이 말은 "종이 되다"라는 뜻도 아니요(동사 자체가 수동태가 아니기 때문이다), διακονέω라는 동사가 가지는 더 온건한 의미인 "봉사하다, 시중을 들다"라는 뜻도 아니다. 오히려 이 말은 정확히 "(시중드는 것 등등을 포함하여) 종이 할 의무들을 다 이행하다"라는 뜻이다.

신같이 사랑하라"라는 한 문장으로 이루어졌기[202] 때문이라. 15그러나 만일 너희가 서로 먹고 집어삼키면, 너희가 서로 상대에게 소멸당하지 않도록 조심하라.

앞에서도 언급했듯이, 이 문단은 이 서신이 제시하는 나머지 주장-호소를 대변하는 일종의 명제 선언문 역할을 한다. 바울은 이미 6절에서 할례의 형태로 주어진 종교상 의무를 지키느냐 마느냐가 — 어떤 사람과 하나님의 관계를 결정하거나 혹은 그 사람이 하나님 백성의 구성원이 되느냐를 결정하는 데 — 결단코 아무런 의미도 갖지 못한다는 점을 역설했다. 오히려 중요한 것은 "사랑을 통해 나타나는 믿음"이다. 바울은 지금 바로 이것을 갈라디아 사람들의 상황에 자세히 적용하여 천명한다. 실제로 15절은 바울이 갈라디아 지역의 상황(들)에 관하여 알고 있는 지식이 이 주장 전체(5:13-6:10)의 내용을 결정했음을 일러준다. 결국 이 대목은, 그 내용의 본질을 고려할 때, 이 서신이 제시한 주장을 완전히 매듭지음과 동시에 진정으로 그리스도인다운 행위를 갈라디아 지역 공동체들에게 아주 실제에 맞는 방법으로 확실히 새겨주는 역할을 한다.

이 첫 문단에서는 몇 가지 문제가 등장한다(그리고 이 문제들은 한 점으로 수렴한다). 첫째, 바울은 13절에서 자신이 1-6절에서 제시했던 두 가지 중요한 사항[(토라로부터 누리는) "자유"와 (믿음의 "역사" 방법인) "사랑"]을 일부러 결합하려고 시도한다. 역설 같지만 토라의 종이라는 신분에서 해방되어 자유를 누린다는 것은 곧 새로운 "종의 신분"을(사람들이 서로 상대에게 사랑으로 종노릇하는 신분을) 갖는다는 것을 의미한다.[203]

202) 서방 전승과 그 뒤를 따른 MajT는 P^{46} ℵ A B C 062 0254 33 81 104 326 1175 1241 1739 pc가 쓴 πεπλήρωται (틀림없이 이게 원문이다; "가득 채우다, 다 이루다"를 뜻하는 πληρόω의 3인칭 단수 완료 수동태 직설법 형태다 — 옮긴이) 대신 πληροῦται (πληρόω의 3인칭 단수 현재 수동태 직설법 형태다 — 옮긴이)로 기록해놓았다. 아울러 D* F G a b Ambrosiaster는 "한 말씀으로" 앞에 ὑμῖν을 덧붙여 갈라디아 사람들이 서로 사랑할 때 성경이 완전히 이루어진다는 의미로 바울이 한 말을 이해한다는 것을 분명히 밝힌다. 그러나 그것은 뒤의 논의에서 언급하겠지만 바울이 제시하는 강조점이 **아니다**.

203) 이 동사의 의미를 알아보려면, 앞의 주201을 보라.

둘째, 이런 종류의 사랑이 토라 전체가 (인간관계라는 차원에서) "이루어지는" 방법이다. 그리스도가 토라의 시대에 마침표를 찍으셨는데도 바울이 조바심을 내지 않은 것은 바로 그런 이유 때문이다. 토라의 목표는 하나님이 당신 백성을 사랑하시는 것과 똑같은 방식으로 그 백성도 서로 사랑함으로써 하나님의 성품과 목적이 완전히 이루어지는 사랑의 공동체를 만들어내는 것이었지만, 토라 자체는 이런 토라의 목표를 도저히 달성할 수가 없었다. 바울은 뒤에 가서 사랑을 "**영**의 열매"로 표현한다. 따라서 우리는 14절에서 바울이 앞으로 18절과 23절에 가서 분명하게 천명할 내용, 곧 **영**이 토라의 목표를 완전히 이루심으로 토라를 "대체하셨다"는 주장을 볼 수가 있다.[204] 따라서 "토라의 완성"인 "이웃 사랑"은 이어질 논의에서 **영**이 차지하는 역할을 이미 완전하게 귀띔해준다.[205]

셋째, 바울이 여기서 제시하는 주장 전체를 이끌어가는 관심사는 분명 "(토라로부터 누리는) 자유"다. 그러나 이 "자유"가 곧 "법이 없음"을 뜻하는 것은 아니다. 이제 바울은 이런 "법이 없는 상태"를 "육에게 기회[206]를 제공함"이라는 말로 표현한다. 바울은 이미 앞서 이를 암시했다(3:3; 4:23, 29). 그러나 이제 이 말은 이 주장에서 새롭게 등장한 요소이며 앞으로 이 대목에서 나쁜 모티프의 대표 역할을 하는 토라 준수를 대신할 것이다.

---

204) 따라서 완료 수동태인 "이루어졌다"(그리스어로 πεπλήρωται다 – 옮긴이)는 사랑이라는 계명이 **율법** 전체를 "집약한다"는 의미가 아니다. 이 말이 그런 의미라는 명백한 증거가 없기 때문이다. 오히려 이 말은 그 동사가 보통 가리키는 것을 의미한다. 즉 토라의 모든 것이 이 한 계명을 실천함으로 말미암아 완전히 이루어진다는 뜻이다. 물론 이제 신자는, 16-26절이 분명하게 일러주듯이, **영**이 부어주시는 능력을 힘입어 이 계명을 행하게 된다. 이 "이루어졌다"라는 말을 알아보려면, 특히 Barclay, *Obeying*, 135-42과 Stephen Westerholm, "On Fulfilling the Whole Law (Gal 5.14)," *SEÅ* 51-2 (1986/87), 229-37을 보라.

205) 주석들이 자주 간과하는 점이다(가령 Ridderbos, Guthrie, Boice, Fung).

206) 그리스어로 ἀφορμή다. 이 말은 본디 어떤 탐험의 출발점이나 활동 기지를 가리키는 말이었다. 이 말을 은유로 사용할 경우, 특히 바울의 글에서는, 이 말이 어떤 행동을 옹호하는 일종의 "핑계/구실"을 경멸조로 표현하는 것일 수 있다(가령 고후 5:12; 11:12; 딤전 5:14). 그러나 여기서는, 비록 경멸의 의미가 두드러지긴 해도, 이 말이 가진 문자적 의미가 이 은유의 핵심인 것 같다. 즉 자유가 육이 "활동하는 기지"로 변질되어서는 안 된다. Betz, 272은 견해를 달리한다.

지금 이 문단에서 "육"은 공동체 내부의 다툼이라는 형태로 나타난다. 신자들은 이런 다툼을 벌이며 서로 "물어뜯고 집어삼킨다."[207)]

토라가 그 자체의 부적절함(무능력함)을 드러낸 곳이 바로 이 지점, 곧 "육의 삶"이다. 토라는 분명 그런 행위를 금지하는 "율법을 규정해놓았다." 그러나 사람들은 토라를 우회하여 유대인의 정체성을 나타내는 표지들인 "**율법**의 행위"로 나아갔다. 이 때문에 그들은 "의"가 없이 "종교성"(경건)만을 가질 수 있었다. 이런 점도 그리스도가 토라 준수에 마침표를 찍으신 이유 중 하나였다. **영**이 토라를 대신하시게 되자, 하나님 백성은 유대인과 이방인을 불문하고 새 "정체성"(신분증)을 갖게 되었다. 살아 계신 하나님 바로 그분의 **영**이 신자 안에 들어와 사시게 되었다는 것이 바로 그것이다. 동시에 **영**은 토라가 이룰 수 없었던 일, 곧 육에 훌륭히 맞서게 하는 일을 충분히 이뤄주신다.

따라서 비록 이 주장(5:13-6:10)의 기초가 되는 이 서두의 권면이 **영**을 직접 언급하지는 않지만, 서방 본문의 14절("**영**의 사랑으로 말미암아 서로 종노릇한다")은 바울이 말하고자 하는 뜻을 올바로 담고 있는 셈이다. 이런 바울의 의중은 이어지는 주장에서 분명하게 나타날 것이다.

▪ 갈라디아서 5:16-18[208)]

[16]그러나 나는 말하노니, **영**으로 행하라 그러면 육의 욕망을 행하지 않으리라.

---

207) 이 주장(5:13-6:10)에서 15절(따라서 26절과 6:1-3)이 차지하는 위치를 놓고 상당한 견해차가 있다. 가령 Lightfoot, 209은 15절이 "일종의 끼워 넣은 경고문"이라고 주장한다. 이 주장 전체를 일종의 일반 권고문으로 보는 이들도 이런 식으로 보는 경향이 있다. Betz, 277은 15절을 "오기"(typos)에 속한다고 보아 갈라디아의 구체적 상황과 무관하다고 본다(참고. Meyer, Mussner). 하지만 대다수 학자들은 15절을 적어도 갈라디아에서 벌어지고 있는 무언가를 반영한 본문으로 본다(가령 Calvin, Burton, Duncan, Schlier, Hendriksen, Boice, Bruce, Fung, Cole, Longenecker). 그러나 이들은 13, 15, 16절과 19-21절 사이에 존재하는 것처럼 보이는 명백한 연관성이 "**육**의 일들"이라는 것을 거의 말하지 않는다(Bruce가 유일한 예외다).

208) **참고 문헌**: P. **Althaus**, "'Das ihr nicht tut, was ihr wollt.' Zur Auslegung von Gal. 5,17,"

[17]이는 육이 **영**에 맞서는 욕망들을 갖고 있고 또 **영**은 육에 맞서기[맞서는 욕망들을 갖고 있기] 때문이니, 이는[209] 이들이 서로 대립하여 결국 무엇이든 너희가 원하는 대로 하지 못하게 하려 함이라. [18]이제 만일 너희가 **영**의 인도를 받으면, 너희는 **율법** 아래 있지 않느니라.

이 문단이 13-15절에서 제기한 여러 문제들에 바울이 내놓은 답변 역할을 한다는 것은 여러 가지 방법으로 확증할 수 있다.[210] 첫째, 바울은 이 문단을 "그러나 나는 말하노니"라는 엄숙한 문언으로 시작한다. 이 엄숙한 문언은 갈라디아 사람들이 자행하는 "육의 일들"이 결국 서로 상대에게 "소멸당하는" 결과로 이어질 것이라고 경고한 15절과 직접 대조되는 말이다. 바울은 15절과 대비하여 "**영**으로 행하면 너희가 육의 욕망을 이루지 아니하리라"라고 말한다. 이 말은 곧 너희가 (육의 욕망을 좇는 다른 행위들에 일체 몰두하지 않음은 물론이요) 서로 잡아먹고 집어삼키지도 않으리라는 말이다.[211] 둘째, 바울은 16절에서 토라로부터 누리는 자유가 자칫 "육에게 활동 기지"를 제공할 수도 있는 가능성(13절)에 대비하여 해독제를 내놓는다. 이 해독제는 바울 서신에서 주로 볼 수 있는 윤리 명령인 "**영**으로 행하라"다. 바울은 이제 **영**으로 행할 경우 "육의 욕망을 행하지 않을"

TLZ 76 (1951), 15-18; J. D. G. **Dunn**, "Romans 7:14-25 in the Theology of Paul," in *Essays on Apostolic Themes: Studies in Honor of Howard M. Ervin* (ed. P. Elbert; Peabody, Mass.: Hendrickson Publishers, 1985), 49-70 [=*ThZ* 31 (1975), 257-73]; R. **Lutjens**, "'You Do Not Do What You Want': What Does Galatians 5:17 Really Mean?" *Presbyterian* 16 (1990), 103-17; David **Wenham**, "The Christian Life: A Life of Tension? A Consideration of the Nature of Christian Experience in Paul," in *Pauline Studies* (ed. D. A. Hagner, M. J. Harris; Grand Rapids: Eerdmans, 1980), 80-94.

209) P^{46} ℵ* B D* F G 33 lat는 γάρ로 기록해놓았는데, 후대에 나온 주요 사본(A C Ψ 0122 Byz)은 이를 δέ로 바꿔놓았다. 이 후대 본문은 이 본문을 신학적·실존적 관점에서 잘못 읽어 이 본문이 "육"과 **영**이 인간의 마음속에서 벌이는 어떤 내면의 투쟁과 관련 있다고 본 견해와 궤를 같이한다.

210) 참고. Meyer, 305; Boice, 493-94.

211) 13, 15절과 16절 사이의 연관관계라는 문제를 알아보려면, 앞의 주207을 보라.

(="육에게 양식을 공급하지 않을") 것이라고 약속한다. 셋째, 바울은 18절에서 갑자기 토라를 언급한다("이제 만일 너희가 **영**의 인도를 받으면, 너희는 **율법** 아래 있지 않느니라"). 이 언급은, 얼핏 보면 다른 본문과 들어맞지 않는 것 같지만, 여기서 14절에 답변을 제시한 것이라고 설명할 수 있다. 즉 **영**은 사랑을 행할 능력을 주심으로 토라를 "완전히 이루신다." 따라서 **영**의 인도를 받는 사람은 "**율법** 아래 있지 않다." 바울이 여기서 토라를 언급한 것은 그의 관심사가 **영**이 곧 육**과** 토라에 대하여 하나님이 주신 답변임을 제시하는 것임을 일러준다. **영**이 육**과** 토라에 대한 대응인 이유는, 토라는 육의 욕망에 맞설 수 없지만, **영**은 맞서실 수 있고 맞서시기 때문이다.

따라서 바울이 이 문단에서 보여주는 생각의 흐름을 쉽게 설명할 수 있다. 바울의 기본 명령을 제시하는 16절은 그가 13-15절에서 제시한 육의 문제에 대답하는 본문이다. 이어 17절은 바울이 16절에서 역설한 내용이 왜 참인가를 설명해준다.[212] **영**으로 행하면 육의 욕망을 행하지 않게 되는 이유는 **영**과 육이 서로 철저히 대립하고 **영**이 육에 맞서심으로 사람이 자기가 원하는 일을 할 수 없기 때문이다. 아무리 토라가 지나갔어도 **영**으로 행하지 않으면 사람은 제멋대로 행한다. 하지만 사람은 **영**으로 행하면 육의 목적과 대립하는 **영**의 목적을 행하는 법이다. 나아가 바울은 18절에서도 계속하여 **영**으로 행한다는 말이 무슨 의미인지 이야기한다. 그는 **영**의 인도를 받는 사람은 역시 토라 아래 있지 않은 사람이라고 말한다. **영**으로 행하는 사람은 토라를 "완전히 이룰" 뿐 아니라(14절), 육에 맞서 살아가기 때문이다. 토라는 육 앞에서 무기력하기만 했다. 결국 바울이 여기서 문제 삼는 주제는 현재 개개 신자의 삶 속에서 벌어지는 어떤 내면의 갈등이 아니라,[213] 도리어 토라가 없어도 **영**이 삶을 충분히 인도해

212) 이는 다수설과 반대되는 견해다. (γάρ를 인정하는 사람들 가운데) 다수는 17절을 16절이 암시하며 추정하는 "전쟁"을 "설명해주는" 본문으로 본다—사실 이런 견해가 바울이 분명하게 제시하는 강조점(**영**은 **율법** 아래 있는 삶과 토라에 맞서실 수 있다)과 부합한다면, 그렇게 볼 수도 있다.

주신다는 것이다[**영**은 충분히 갈라디아 사람들이 이방인들처럼 살았던 **이전의** 삶(=육 안의 삶, 이는 19-21절이 분명하게 일러준다)으로 돌아가지 않고 살아가게 해주실 수 있다].

16절 이 문단을 여는 이 문장은 하나님이 육의 삶에 처방해주신 해독제를 제공한다. 그 해독제는 "**영**으로 행하라"라는 명령문으로 등장하여, 13절과 15절에 대한 답변으로 제시한 약속의 말, 곧 그리하면 "너희가 육의 욕망을 행하지 아니하리라"라는 말로 끝맺는다. 이는 평범하고 쉬워 보이지만, 더 꼼꼼하게 살펴봐야 할 몇 가지 문제가 있다.

1. 이 명령문은 바울 서신에서 오직 여기서만 나타난다. 그러나 이 명령문이 들어 있는 이 주장과 바울 신학의 나머지 부분은 이 명령문이 바울의 기본 윤리 명령임을 일러준다.[214] 많은 사람들이 사랑하라는 명령을 바울의 기본 명령으로 여기는데, 분명 이 명령은 그가 쓴 서신에서 훨씬 더 많이 나타난다.[215] 그러나 현재 이 문맥과 이 본문의 형태는 이 명령이 이전에 이미 존재한 것임을 시사한다. 우선 현재 문맥과 관련하여 이야기해

---

213) 뒤의 주222, 223, 233을 보라. 여기서 16-17절을 이런 시각으로 바라보는 사람들은 하나같이 이 구절들이 이 서신이 제시하는 주장 전반과 어떻게 들어맞는지 보여주는 데 실패했다는 점을 지적해두어야겠다. 이 지점에 이르기까지 바울이 이 서신에서 제시해온 주장은 오로지 이방인들이 (이제는 과거 것이 되어버린) 토라 준수 의무 아래로 들어갈 필요가 없다는 점과 관련 있었다. 그런데 이런 시각처럼 여기서 바울이 갑자기 논제를 그리스도인의 실존으로, 그것도 주로 (기본적으로 실패한) 다툼이라는 형태를 띤 실존으로 옮겨갔다고 보는 것이 과연 바울이 여기서 제시하는 주장(5:13-6:10)과 들어맞을지 의문이다. 이 대목(5:13-6:10)을 대체로 앞부분과 상관없이 "실천을" 권면한 부분으로 보는 견해가 통설로 군림해온 것도 이상한 일이 아니다. 참고. Barclay, *Obeying*, 112. Barclay는 "(인접) 문맥이 이런 해석을 불가능하게 한다"라고 주장한다. 그는 그 이유로 그런 해석을 하게 될 경우 17절과 16절이 낯 두꺼운 대립을 하게 되어 결국 "이 본문에서 바울이 의도하는 목적을 완전히 무너뜨려버리기" 때문이라고 말한다. 뿐만 아니라, 이 서신을 상대를 **설득**하려는 시도로 보는 "독자 반응 비평"(reader response criticism)의 관점에서 보더라도, 바울이 16절에서 갈라디아 사람들을 설득하려고 애썼던 바로 그 취지와 사실상 모순되는 논지를 뒤이어 곧바로 주장하는 것이 과연 가능한 일인지 의문이다.

214) 참고. Betz, 277: "πνεύματι περιπατεῖτε (**영**으로 행하라)라는 명령문은 사도의 권면을 집약해놓은 것으로서 바울이 생각하는 그리스도인의 삶을 정의해준다."

215) 가령 살전 4:9; 고전 13:1-7, 13; 16:14; 롬 13:8-10; 골 3:14; 엡 5:2을 보라.

보자. (a) 이 명령문은 13-14절이 어떻게 작동하는지 설명해준다. 즉 사람은 **영** 안에서 행함으로 사랑하라는 계명을 이루고 이를 통해 토라를 완전히 이룬다. (b) 사랑은 신자와 신앙 공동체의 삶 속에서 **영**의 열매 중 첫 열매로 나타난다. 사물의 법칙상, 사랑할 수 있는 능력을 부여해주는 것이 사랑하라는 계명보다 앞서 존재하기 마련이다. 더욱이 바울은 22-23절에서 제시하는 "미덕 목록"을 "**영의** 열매"로 규정함으로써 이런 부류의 다른 모든 목록과 윤리 명령을 올바로 들여다볼 수 있는 적절한 신학적 시각을 제공한다.

이어 이 본문의 형태와 관련지어 이 명령을 살펴보자. "행하다"라는 동사(그리스어로 περιπατέω다—옮긴이)는 바울이 물려받은 유대교 전통에서 유래한 것으로서, 바울이 윤리적 행위를 서술하거나 촉구할 때 가장 많이 쓰는 말이다.[216] 하나님의 길로 "행하는 것"[12]은 유대인이 이해하는 윤리의 총체다. 이런 이유 때문인지 바울 서신에서는 이 동사로 이런 윤리적 의도를 나타내는 경우가 17회 등장한다. 결국 바울은 "행하라"라는 명령문과 "**영**으로"라는 여격(πνεῦμα의 여격인 πνεύματι—옮긴이)을 결합하여 두 가지 기본 문제를 하나로 묶어 제시한다. 즉 윤리에 합당한 삶은 여전히 "하나님의 길로 행하는" 문제다. 그러나 바울은 이제 이 삶을 하나님이 당신의 성령이라는 인격이자 능력을 부어주시는 분으로 친히 임재하사 당신의 새 언약 백성에게 능력을 부어주셔서 행하게 하시는 것으로 본다.

이런 명령문들에서는 보통 그러하듯이, 이 명령문도 현재 (반복) 시제로 등장하여 "같은 방향으로 오랫동안 순종할 것"(the long obedience in the same direction)[217]을 요구한다(그리스어 본문은 περιπατέω의 2인칭 복수 현재 능동태 명령법 형태인 περιπατεῖτε를 사용했다—옮긴이). 바울은 지금 사람이 가끔씩 하는 일을 이야기하는 게 아니다. 그는 지금 삶의 방식 전체를 이

---

216) 특히 고후 12:18을 논의한 내용을 보라; 참고. *TDNT* 5.940-45.

217) 내 동료인 Eugene Peterson이 바로 이 제목으로 쓴 책(Downers Grove: InterVarsity, 1980)을 보라. 『한 길 가는 순례자』(한국 IVP 역간).

야기한다. 그렇게 본다면, 이 본문은 "**영** 안에서 계속 행하다"[218]라고 번역하는 것이 옳을 수도 있다.

2. 앞의 제2장에서도 언급했듯이, 여기서 특히 바울이 관사를 붙이지 않고 사용한 πνεύματι(정관사가 붙어 있지 않은 "**영**")는 그가 이런 형태로 표현한 πνεῦμα가 언제나 오직 살아 계신 하나님의 **영**인 성령을 의미한다는 것을 확실하게 보여주는 증거다. 인접 문맥에서 그 전체 논지는 물론이요 "**영**"에 관사를 붙인 17절의 용례를 봐도 16절의 πνεύματι는 **영**을 가리킴이 분명하게 드러난다. 정관사가 붙어 있는 17절의 **영**은 그리스어 문법상 16절의 **영**을 가리킨다. 즉 17절이 이 문단에서 두 번째로 언급하는 "**영**"은 "유일하시고 잘 알려져 있으며 우리가 이 서신에서 아주 많이 이야기한 그 성령"을 뜻한다.[219]

3. 그렇긴 하지만 다른 곳처럼 여기서도 이 여격(=πνεύματι)의 정확한 뉘앙스를 확실히 밝혀내기 어렵다. 이 여격은 도구를 의미할 수도 있고("**영**이라는 방법을 통해, 즉 **영**이 주시는 능력을 힘입어 행하다") 영역을 나타내는 처격(處格)일 수도 있다("**영**의 영역 안에서 행하다"). 결국 분석해보면, 그리고 특히 18절의 용례에 비춰보면, 이 말은 십중팔구 도구 개념일 것이다. 그렇지만 나는 엄격한 문법 개념을 지지하기보다 바울의 용례에서 볼 수 있는 중첩 현상(한 말이 여러 의미를 동시에 가지는 현상—옮긴이)을 더 지지하고 싶다. 즉 비록 사람이 **영**이라는 방편을 통해 행할 수 있다 할지라도, 그가 그리할 수 있는 것은 **영**의 영역 안에서, 다시 말해 현재 **영**을 따라 살아가는 삶과 행위의 터 안에서 행할 수 있기 때문이다.[220]

4. 바울은 4:29에서 "육을 따라" 태어난 아들과 "**영**을 따라" 태어난 아들을 대조했던 것을 가져다가, 이제는 **영**의 삶의 대척점에 토라 준수(18

218) MHT 3.75에서 N. Turner도 이렇게 번역한다.

219) Lagrange, 147은 견해를 달리한다. 그는 현대 해석가 중에서 유일하게 πνεῦμα를 사람의 영을 가리키는 말로 받아들이는 것 같다.

220) 참고. Betz, 277-78; "그것은 그런 삶의 방식이 지닌 특질뿐 아니라 기원도 표현한다."

절과 23절은 예외)를 놓지 않고 "육의 욕망"을 배치한다. 다른 곳에서도 언급했듯이,[221] "육"이라는 말은 바울이 구사하는 단어 중에 상당한 융통성을 가진 말 중 하나인데, 보통 개인의 "죄로 가득한 본성"[222]을 가리키기보다 도리어 그리스도를 믿기 전의 삶, 그리스도 밖에서 살아가는 삶을 가리킨다. 즉 "육"과 **영**은 무엇보다 종말의 실재들로서 그리스도 이전의 시대와 그리스도 이후의 시대라는 두 시대의 본질적 특징을 대변하는 말이다. "육"은 애초에 인간의 인성과 피조물이라는 특질을 가리키는 말이었다. 그런데 바울은 이 말 속에 본질상 타락 상태에 있는 우리 인성이 지닌 모든 의미가 담겨 있다고 보았다. 앞에서 3:3을 논할 때 언급했듯이, "육을 따라" 사는 것은 현세의 삶이 추구하는 가치들과 욕심들을 좇아 살아가는 것이다. 이런 삶은 하나님 및 하나님의 길과 완전히 반대편에 있는 것이다. 따라서 바울이 제시하는 대조들은 결국 종말론과 연계되어 있다. "육을 따라" 살아가는 삶은 십자가를 통해 저주받고 이제 뒤편으로 사라져가는 현세를 좇아 살아가는 삶이요, "**영**을 따라" 살아가는 삶은 그리스도가 당신의 죽음과 부활을 통해 시작하시고 마지막 때의 **영**이 능력을 부어주시는 다가올 시대의 가치들과 규범들을 좇아 살아가는 삶이다. 이 마지막 때에 사람은 이 삶 아니면 저 삶을 살아갈 수 있을 뿐이다.

바울이 구사하는 "육"과 "**영**"의 대조 뒤에 이런 견해가 자리해 있음은 이 본문 문맥과 24절이 확실하게 증명해주는 것 같다. 우선 이 본문 문맥을 보면, "육 안에 있는 삶"을 이전에 따랐던 삶의 방식이라는 말로 묘사하면서(19-21a절), 종말론이 말하는 마지막이 이르면 "이런 삶의 방식을 따른 사람들은 하나님 나라를 유업으로 받지 못하리라"라고 말한다. 또 24절은

221) 이와 관련하여 앞에서 3:3과 4:29을 논한 내용을 보라; 아울러 고후 5:14-17을 참고하라.

222) 이 본문을 주석하는 사람들이 아주 빈번히 시사하는 내용이다. BAGD는 "사람이 가진 신체적(생리적) 욕망들을 만족시키다"라는 대안을 제시하지만, 이 말이 이런 개념일 가능성은 훨씬 더 낮다. 바울이 19-21절에서 열거하는 "육의 일들"은 대부분 어떤 사람이 가진 신체적 욕망들과 아주 거리가 멀다. 따라서 이 말을 "신체적 욕망"으로 해석하는 것은 불가능하다.

이제 **영**으로 살아가는 신자를 일컬어 "육의 정욕 및 욕심과 함께 그 육을 십자가에 못 박은" 사람으로 묘사한다. 즉 그리스도와 **영**은 시대의 전환점을 이루는 분수령이시다. 따라서 "육을 좇는 삶"과 "**영**으로 살아가는 삶"은 서로 양립할 수 없고 하나만 선택할 수 있다. 마치 2:15-5:6이 "그리스도를 믿는 믿음"과 "토라의 행위" 가운데 어느 하나만을 택해야 한다고 주장했던 것과 마찬가지인 셈이다. 일찍이(고후 10:2-3, 찾아보라) 바울은 자신이 비록 "육 안에서" 여전히 살아가지만, 다시 말해 자신이 비록 지나가는 이 세상에 매인 육신을 입고 살아가지만, 그래도 "육을 따라" 싸움을 싸우지 않는다고 말했다. 이는 곧 그가 지나가는 이 세상의 무기들, 곧 이 현세의 시각을 갖고 싸우지 않는다는 뜻이었다. 여기서도 마찬가지다. 바울은 "육"이 여전히 지배하고 있는 "이미"(=현세) 속에서 살아가는 **영**의 삶이 겪는 긴장을 묘사하려 하지 않는다. 물론 바울은 그 문제를 느꼈을 수도 있다(그래도 바울은 우리 실존의 문제를 결코 이런 말로 이야기하지 않는다).[223] 하지만 여기서 바울이 묘사하는 것은 그리스도와 **영** 이전의 삶과 이후의 삶이다. 우리는 실제로 "겹쳐 있는 두 시대"(="이미"와 "아직 아니"—옮긴이) 속

---

223) 여기서 나는 Stendahl, "Paul"에 철저히 동의한다. Stendahl은 이 점을 놀라울 정도로 명확하게 지적한다. Dunn, "Romans 7:14-25"이 가진 뚜렷한 약점들 가운데 하나는 방법론의 약점이다. 그는 나름대로 확고한 견해를 갖고 큰 논쟁이 있는 본문을 다루기 시작한다. 그러다가 갈 5:17을 문맥과 상관없이 보조 역할을 하는 본문으로 읽어내더니, 결국 이 갈 5:17을 바울 서신에서 "약함"과 "육"을 이야기하는 다른 모든 본문에 적용하는 것으로 자신의 주장을 맺는다. 이런 주장은 말 그대로 정밀한 검증과 비판을 견뎌낼 수 없는 주장이다(특히 Wenham, "Christian Life"가 제시하는 비판을 보라). Dunn은 바울이 분명하고 명확하게 "평범한" 그리스도인의 삶(=대체로 긴장으로 가득 차 있으며 패배하는 삶)을 시사한 본문이 전혀 없는데도 자신은 바울이 그런 이야기를 한 것으로 신봉한다는 사실(가령 Dunn은 갈 5:17을 언급하면서, "결국 신자는 욕망 및 충동과 싸우다가 둘로 나뉘어버린 자신을 발견한다. 따라서 육을 가진 채 **영**의 인간으로 살아가는 그는 계속하여 좌절을 체험한다"라고 말한다; "Romans 7:14-25," 63)을 일언반구도 이야기하지 않는다. 이와 반대로, Stendahl이 주장하듯이, 바울은 오히려 "강건한 양심"을 보여주면서, 다른 어디에서도(롬 7장은 예외) 신자 "안에 들어와 사는 죄"를 언급하지도 않고, 그런 죄에 대처하라고 자기 독자들에게 요구하지도 않는다. 만일 Dunn이 우리더러 그리 믿게 하려고 애쓴 것처럼, 그런 죄와 그런 죄에 맞서는 일이 신학 면에서 바울에게도 중요한 일이라면, 그런 신학적 관심사가 바울 서신 곳곳에서 분명하고도 명확하게 나타날 법한데, 실상 그렇지 않다.

에서 살아간다. 하지만 신자는 본질상 마지막 때에 속한 사람이다. 이제 그들의 삶은 그들 안에 들어와 사시면서 능력을 부어주시는 **영**이 구별해 주시고 결정하신다. 바울은 이것을 결코 승리주의로 생각하지 않는다. 그는 이를 고린도후서 11-13장에서 아주 분명하게 밝혔다. 그러나 "이미"와 "아직 아니" 사이의 "긴장"은 늘 현존하는 "죄로 가득한 본성"과 "내주하시는 **영**" 사이에 존재하는 것이 아니라, 여전히 우리 현존재를 규정하는 고난 및 약함과 장래에 있을 부활의 삶 사이에 존재하는 것이다. 우리는 장래에 있을 이 삶을 힘입어 현재의 고난 속을 살아간다(그리고 견뎌낸다).

그런가 하면 이런 시각은 단수형인 "육의 욕망"[224]을 가장 잘 설명해준다. 바울이 우선 생각하는 것은 그가 곧 서술할 몇 가지 육의 "일들"이 아니라, 그가 17절에서 계속 설명하듯이, 육 안에 있는 삶이 가진 기본 **시각**이다. **영**의 사람들이라면 결코 지지하지 않을 이런 시각은 하나님 및 하나님의 길과 철저히 대립하는 것이요, 여기서도 **영**에 반대되는 것으로 규정하는 것이다.

5. 문맥 속에서 이 문장을 이렇게 이해하면, 두 번째 절인 "너희가 결코 육의 욕망을 행하지[225] 아니하리라"의 형태를 이해하는 데도 도움이 된다. 두

---

224) 그리스어로 ἐπιθυμίαν이다("욕심, 갈망"을 뜻하는 ἐπιθυμία의 목적격이다 – 옮긴이). 우리가 이 본문에서 겪는 어려움 가운데 하나가 바로 이 단어다. KJV는 이 단어를 아주 빈번히 "탐심"(정욕, lust)으로 번역해놓았다. 그러나 이 말은 특히 세속 그리스어에서는 철저히 가치중립적 단어로서, "욕망"(욕구)이나 "갈망"을 가리킨다. 심지어 도덕과 관련된 문맥에서도 "갈망"(열망)은 좋은 것을 가리킬 수도 있고(참고. 살전 2:17; 빌 1:23), 악한 것을 가리킬 수도 있다(신약성경에서는 이런 경우가 아주 많다). 바울이 17절에서 제시하는 설명은 비록 육이 좋지 않은 쪽, 악한 쪽에 자리해 있긴 하더라도, ἐπιθυμία가 원래 악한 의미를 함축한 말이 아님을 일러준다[특히 ἐπιθυμία가 바울이 제시하는 악 목록에서는 전혀 나타나지 않는다는 점을 주목하라. 그러나 골 3:5은 예외다. 이 구절에서는 특히 "악한"이라는 형용사가 이 말을 수식한다(개역개정: 악한 정욕)]. 요컨대 바울은 **영**도 이런 욕망(열망)을 가지신다고 말한다(17절). 따라서 이 경우에 "욕망"이 악한 이유는 욕망 자체가 악하기 때문이 아니라, 그 욕망이 "**육의** 욕망"이기 때문이다(5:17b). 그러므로 여기서 ἐπιθυμία라는 말은 "탐심"(정욕)을 가리키는 게 아니라, 육의 시각을 따라 살아가는 사람이 가지는 그런 욕망들을 가리킨다. Burton, 199-200에 있는 논의를 참고하라.

225) 그리스어로 οὐ μὴ τελέσητε다(τελέσητε는 τελέω의 2인칭 복수 부정과거 능동태 가정법 형태다 – 옮긴이). τελέω라는 동사는 "행하다" 또는 "이루다"라는 뜻이다. 이 말의 기본 어원

절이 결합하여 "**영**으로 살라 그리고 육의 욕망을 만족시키지 **말라**"(live by the Spirit and *do not* gratify the desires of flesh, NRSV)라는 의미를 나타낸다고 보는 것도 문법상 가능한 일이다.[226] 그러나 그렇게 두 절을 결합시키면, 바울이 실제로 말하는 것을 조금은 거칠게 다루는 것이요[227](요컨대 바울은 마음만 먹으면 얼마든지 서로 잘 어울리는 두 명령문을 동원하여 자신이 하고자 하는 말을 완벽하게 표현할 수 있는 사람이다), 이 본문을 이 문맥 속에서 읽어내는 게 아니라 도리어 17c절을 이 문맥이 아닌 로마서 7:14-25이 일러주는 대로 바라보는 견해에 비추어 읽어내기 십상이다.

오히려 반대로 이 절(=너희가 결코 육의 욕망을 행하지 아니하리라)은 "장래의 아주 확실한" 조건절의 귀결절과 비슷한 기능을 한다. 사람이 "계속하여 **영**으로 행할 경우", 그 사람은 육의 욕망을 이루지 않을 것이다. 이것은 자유 안에 살면서도 육이 그 자유를 자신의 베이스캠프로 활용할 수 없게 만들 방도가 무엇인지 다룬 13절이 제기한 문제에 바울 자신이 제시하는 답변이다. 따라서 바울이 구사한 이 절은 명령문이 아니라 약속 형태를 띤다.[228] 그러나 6:1과 다른 본문들이 분명하게 이야기하듯이, 바울이 하는 이 말은 **영**의 사람들이 결코 죄를 짓지 않는다는 말이 아니다. 바울의 관심사는 13-15절이 더 이상 토라 아래에서 살지 않는 사람들의 삶 속에서 어떻게 구현되는가를 서술하는 것이다. 그들은 그리스도인으로서 **영**으로 살아가는 삶을 시작했다. 그들이 바로 그 **영**으로 "행하면", 그들이 이

은 목표 내지 목적과 관련 있다. **영**으로 행하는 사람은 육의 목표들을 이루지 않는다.

226) 이 절과 "**영**으로 행하라"라는 명령문이 "그러면"이라는 말을 통해 결합되어 있기 때문이다. 또 구약에서는 하나님이 내리신 명령들이 종종 미래 부정문 형태를 띠기 때문이다["너희가…하지 말라"(thou shalt not)].

227) 거의 모든 현대 해석가들도 같은 생각이다.

228) Burton, 299도 같은 생각이다: "οὐ μὴ τελέσητε는 장래 일을 강조하여 약속하는 말과 같다.…이는 명령을 표현하는 게 아니라, 만일 그들이 **영**으로 행한다면 그들이 실제로 육의 정욕을 이루지 않을 것이라는 강한 확신을 표현한 말이다." 이 말을 달리 받아들이는 것은(=곧 명령으로 받아들이는 것은—옮긴이) 그런 일(=육의 욕망을 이루지 않는 일—옮긴이)이 "거의 일어나지 않는다"라는 의미로 받아들이는 것이다.

전에 따랐던 삶의 길, 이제는 사라져가는 옛 시대의 시각을 좇아 살아갔던 삶의 길을 따라가지 않을 것이다.

6. 이런 약속은 마침내 주해에 따른 질문이라기보다 종종 실존적 성격이 더 강한 질문으로 우리를 인도한다. 사람들은 종종 이런 질문을 던진다. "모두 훌륭하고 좋은 말이다. 그러나 사람이 **어떻게**(*how*) **영**으로 행해야" 육의 시각을 따라 살아가지 않을 수 있는가? 이 질문에 줄 수 있는 가장 훌륭한 대답은 역시 주해를 통해 나온 답변이지, 실존적 대답이나 틀에 박힌 대답이 아니다. 물론 바울은, 3:2-5에서 분명하게 보여주었듯이, **영**이 그리스도인의 삶에서 주된 실재요 그리스도인이 체험한 실재로서 자리하신 역사의 맥락 속에서 이야기한다. 따라서 그가 갈라디아 사람들에게 제시하는 이 호소는 바로 "너희가 믿음을 갖게 해주신 분이요 하나님이 너희 가운데서 이루어지는 기적의 역사를 비롯하여 여러 방법으로 여전히 너희에게 풍성히 공급해주시는 바로 그 **영**으로 행할 것"을 호소하는 것이다. 이 말은 곧 능력이 풍성하고 체험할 수 있는(너희가 원한다면 초자연성을 띨 수도 있는) 기초가 이 명령(=**영**으로 행하라—옮긴이) 뒤편에 전제로 자리해 있음을 의미한다.

그러나 이 말은 명령 형식으로 등장하지, (18절처럼) 수동태 서술문 형태로 등장하지 않는다. **영** 안에서 살아가는 삶은 우리 삶 속에서 초자연적 일을 행하시는 **영**에게 마지못해 억지로(수동적으로) 복종하는 것이 아니다. 도리어 **영** 안에서 살아가려면, 일부러 그렇게 살아가려고 노력해야 한다. 그리해야 우리 안에 들어와 사시는 **영**이 우리 삶 속에서 당신의 목표들을 이루실 수 있다. 바울은 우리더러 일부러 진지하게 "우리 삶을 **영**에 맞춰감으로써" "**영**으로 행하라"고 혹은 "**영**으로 살라"고 촉구한다(25절). 그런 사람을 "**영**의 인도를 받는" 사람으로도 표현하지만, 그렇다고 그 사람의 삶이 수동적이라는 말이 아니다. 도리어 그런 삶은 **영**의 욕구에 순종하며 행함으로 **영**을 적극 따라간다는 뜻이다.

"그들"(갈라디아 사람들)과 오랜 세기가 흐른 뒤에 살아가는 "우리" 사이에는 체험의 차원에서 볼 때 십중팔구 차이가 있다. 갈라디아 사람들은 그리스도 안에서 살아가는 삶을 시작하고 교회 안에서 계속 삶을 영위해 갈 때 **영**을 역동성 있게 체험했다. 이런 체험 때문에 그들은 바울이 제시한 이 명령을 훨씬 더 "실제적"이고 매일 일상에서 행해야 할 명령으로 받아들였을 것이다. **영**은 신자에게 능력을 부어주시는 하나님 바로 그분의 임재다. 때문에 바울은 하나님이 갈라디아 사람들에게 초자연적인 도움을 베풀어주사 그들이 하나님의 성품과 목적을 좇아 살아갈 수 있게 해주실 것이라고 기대했다. 요컨대 바울이 이 모든 내용을 통해 강조하는 요점을 놓쳐서는 안 된다. 더 이상 토라를 준수할 의무가 통용되지 않는 세상에서는 **영이 하나님의 백성 안에서 그리고 그들 가운데서 하나님의 목적을 이루기에 충분하고 합당한 존재시다**. **영**의 사람들은 (현세의 가치 및 욕망이라는 북소리와 ─ 옮긴이) 다른 북소리에 맞춰 행진한다. **영**은 **영**의 사람들에게 이런 사실을 증언할 수 있는 삶을 살아갈 능력을 공급해주신다. 이런 사람들의 행위는 그들이 이전에 살았던 삶의 방식과 완전히 다른 특질을 가진다. "토라의 행위"와 마찬가지로, "육의 일들" 역시 과거 시대에 속한 것이다. **영**의 사람들이 그리스도 안에서 살아가는 삶을 시작하게 해주신 그 **영** 안에서 행한다면, 그들은 우상을 좇았던 과거의 전철을 밟아가지 않을 것이다.

17절 이 문장이 구사하는 표현(육과 **영**을 서로 대립시킴, 그리고 "너희가 원하는 것을 하지 못하게 하려 함이라"라는 마지막 절)은 16-17절을 이 문맥으로부터 들어 올려 개개 그리스도인의 삶 전반을 가리키는 말로 만들어주었다. 동시에 사람들이 이 구절을 읽을 때는 종종 갈라디아 사람들이 로마서 사본을 손 안에 쥐고 있는 것처럼 생각하며 읽기도 한다.[229] 그러나 그

229) 뿐만 아니라, 갈라디아 사람들이 롬 7:14-25을 **바울의 생각하는 논지와 완전히 다른** 식으로 이해했을 것이라고 추정하기도 한다. 다음 장에서 이 로마서 본문을 논한 내용을 보라.

런 일은 없었을 것이다. 바울이 하는 말을 알아내려면 우선 이 구절을 구성하는 세 절의 구조와 기능을 살펴봐야 한다. 이 구절의 구조는 다음과 같이 도해해보는 것이 도움이 되겠다.

이는(γάρ)

육이 욕망들을 갖고 있고

영에 맞서는

또(δέ)

영이 [욕망들을 갖고 있기 때문이니]

육에 맞서는

이는(γάρ)

이들 (두) 실재들이 서로 대립하여

결국(ἵνα)

무엇이든 너희가 원하는 대로

이런 일들을 너희가 하지 못하게 하려 함이라

문장 서두에 있는 "이는"은 바울이 16절에서 유래한 몇 가지 문제들을 **부연**하겠다는 뜻을 밝힌 신호다.[230] **영**으로 행하면 육의 욕망을 이루지 않게 되는 이유는 육과 **영**이 가진 "욕망들"이 서로 극과 극이기 때문이다. 이 구절의 첫 두 절은 이를 천명하며, 두 번째 "이는"이 이끄는 절은 이를 재차 강조한다. 바울이 제시하는 요점은 **영** 안에서 살아가는 삶과 육 안에

---

230) 참고. Burton, 300: "γάρ는 그 뒤 내용이 확증임을 가리키며, 이 문장 전체는 16절이 천명한 말을 증명하는 것이다." Schlier, 248도 같은 견해다. 대다수 주석가들은 γάρ를 전혀 언급하지 않는데, 이해할 수 있는 일이다. 물론 핵심 문제는 16절을 어떻게 이해하는가와 관련 있다. 다수설은 바울이 지금(17절에서) 16절에서 암암리에 언급했던 분쟁을 설명하고 있다고 추정한다. 이렇게 이해하면, 결국 앞에서(주212) 문맥과 관련된 난제로 언급했던 모든 문제들을 만나게 된다. 그렇게 되면, 바울이 **설득**하려는 요점이 무엇인지 의문이 생긴다. 어쨌든 Barclay, *Obeying*, 111n11은 이렇게 주장하는데, 옳은 말이다. "갈라디아서 5.17을 5.16과 **대립**하는 것으로 읽어야 한다고 일러주는 것은 분명 전혀 없다."

서 살아가는 삶이 **양립할 수 없다**는 점과 관련 있다.[231] 이 두 삶은 서로 다른 세계, 완전히 다른 삶의 방식에 속해 있다. 이는 곧 이쪽 삶을 살아가는 것은 저쪽 삶을 살아가는 게 아님을 의미한다.[232] **영**으로 행하는 것이 육의 욕망을 배척하는 것도 바로 이런 이유 때문이다. 바울은 육과 **영**이 양립할 수 없을 뿐 아니라, 서로 도저히 화합할 수 없는 상극이라고 말한다. 이 말을 아무리 살펴봐도 인간의 가슴속에서 사실상 신자를 무기력 상태(신자가 자신이 원하는 일을 **할 수 없는** 상태)에 빠뜨리는 "전쟁"이 벌어지고 있음[233]을 암시하는 단서가 없다. 이 문장들은 종말론적 구원이라는 개념을 만들어내고 있는 바울의 신학 틀(구조) 전반에 속하는 것이다. 육이라는 "영역"은 분명히 지금도 존재한다. 또 바울은 신자도 이 육의 시각에 잡아먹힐 수 있다고 암시한다. 그런 의미에서 보면 **영**의 사람에게도 늘 "긴장"이 있다. 그러나 이 긴장은 **영**(육이 도저히 어찌해볼 수 없는 육의 적)이 들어오시는 곳이기도 하다. 바울에겐 **영**이 오셔서 육에 맞서신다는 사실만이 좋은 소식이 아니다. 그에겐 **영**이 **육에 맞설 수 있게 해주시는 하나님의 능력**이라는 사실 역시 좋은 소식이다. 바울이 갈라디아 사람들에게 16절과 같은 대담한 명령과 약속을 제시하며 그들을 촉구할 수 있는 것도 그런 이유 때문이다.

이런 내용에 이어 만만치 않은 ἵνα절이 등장한다. 바울은 이 모든 내용

---

231) 3:1-5이 **영**과 토라 준수가 **양립할 수 없음**을 주장하는 것과 마찬가지다.

232) 참고. Barclay, *Obeying*, 112: "그들이 **영** 안에서 행하면, 이 행함이 그들을 육과 대립하는 자리에 놓아둘 것이요 그들이 택해야 할 도덕을 규정해줄 것이다."

233) 문맥상 여러 가지 문제를 낳는데도(앞의 주213을 보라), 이 견해가 대세다. 이 견해는 두 가지 형태를 띤다. (a) 첫째는 신자가 육의 현존 때문에 무기력하다는 견해다. 이 견해를 철저히 밀어붙이는 사람이 Lightfoot(210)다. 그가 이 구절을 자기 말로 바꿔 표현해놓은 문장은 바울의 말이나 사상을 단 하나도 보여주지 않는다("너희는 너희 자신의 마음속에 이 두 원리가 서로 대립함을 일러주는 증거를 갖고 있지 않느냐? 그렇지 않다면 너희가 어떤 때는 양심의 명령에 순종하다가도 어떤 때는 그렇지 않는 것을 어떻게 설명하겠느냐?"); 참고. Althaus, Ridderbos, Hendriksen, Ebeling, Boice, Dunn, Cole; (b) 둘째는 육과 **영** 사이의 싸움이 신자를 훼방하고 좌절시킨다는 견해다(Meyer, Burton, Erdman, Schlier, Mussner, Guthrie, Stott, Betz, Bruce, MacArthur, Rohde, Longenecker).

을 이 절로 끝맺는다. 여기서 바울의 관심사는 육에 맞서시는 **영**의 충분한 능력 그리고 육과 **영**이 서로 양립할 수 없다는 사실이다[따라서 갈라디아 사람들은 그들이 누리는 자유로 육에게 도움(기회)을 주어서도 안 되고 줄 수도 없다]. 따라서 이 마지막 절은, 그 문법과 논리의 본질상, **영** 안에서 살아가는 삶이 가지는 이 두 가지 사실(=방금 말한 바울의 두 관심사-옮긴이)을 이야기하는 것일 수밖에 없다. 이는 결국 육과 **영**이 사람의 마음속에서 전쟁을 벌이고 있으며 이 전쟁이 신자를 기본적으로 무기력 상태에 빠뜨린다고 해석하는 통설을 부정하는 것이다. 오히려 반대로 바울이 적어놓은 문장은 그런 것을 전혀 이야기하지 않는다(심지어 그런 것을 암시하지도 않는다).[234] 도리어 그가 구사하는 언어와 본문 문맥은 그런 것과 완전히 다른 무언가를 시사한다.

---

234) 바울의 기본 절인 ἵνα ταῦτα μὴ ποιῆτε("결국 너희가 이런 일들을 하지 못하게 하려 함이라"; NA[27] 본문은 ἵνα μὴ ἃ ἐὰν θέλητε ταῦτα ποιῆτε다-옮긴이)는 이런 일들(=너희가 원하는 일들-옮긴이)을 행하는 **무능력** 상태를 전혀 시사하지 않는다. NEB와 같은 번역["너희는 할 수 없다"(you cannot do); 참고. KJV, Knox]은 근본부터 잘못이며, 바울이 실제로 말하는 것을 표현한 게 아니라, 학자들이 이 갈라디아서 본문의 언어와 문맥을 무시한 채 바울이 여기서 이야기한다고 추정해온 것을 표현한다. 이 본문과 롬 7:18-20이 "평행"이라는 주장도 말 그대로 주장일 뿐이다. 두 본문이 평행을 이루는 것처럼 보이는 것은 "원하다"(원함)라는 말 그리고 "원하는" 사람이 자기가 "원하는" 것을 할 수 없다는 요지다. 그러나 두 본문 사이에는 그리 정확하지도 않은 이런 "유사성"보다 훨씬 더 큰 차이점들이 있다. (1) 로마서에서 문맥상 바울이 시도하는 것은 그가 7:6(찾아보라)부터 계속 주장해온 것을 근거로 **율법**이 "선하고 거룩하며 **영**에 속한" 것임을 증명하여 **율법**이 쓴 누명을 벗겨주는 것이다. 반면 이 갈라디아서 본문에서는 그런 점을 일체 시사하지 않고, 유일하게 토라를 언급한 본문(18절)도 토라의 시대가 끝났다는 앞의 주장을 전제할 뿐이다. (2) 로마서에서는 사람 안에 들어와 사는 죄, 사람의 육 안에 머무는 죄와 **율법**의 선함을 인식함 사이에 벌어지는 투쟁을 이야기하지만, 여기서는 그런 투쟁은 언급하지도 않고 전제하지도 않는다. 더욱이 여기 갈라디아서에서는 "사람 안에 들어와 사는 죄"를 전혀 시사하지 않는다. (3) 로마서에서 바울은 율법이 요구하는 선을 행하지 못하는 사람의 **무능력**과 **무기력**을 강조한다. 그러나 여기 갈라디아서 본문에서는 그런 것을 시사하지 않는다. 여기서는 **영**과 육이 서로 대립하며, **영**이 육의 욕심을 이긴다(16절). (4) 사실 로마서 본문에서는 **영**을 전혀 언급하지 않는다. 로마서 본문에서 말하는 **영**은 늘 바깥(롬 8:1-8)에서, 그러니까 바울이 신자의 내면에서 벌어지는 어떤 투쟁이 아니라 현세에 존재하는 상이한 두 종류의 실존을 언급하는 부분에서 수입해온 것이다. 이와 유사한 평가를 내리는 R. H. Gundry, "The Moral Frustration of Paul before His Conversion: Sexual Lust in Romans 7:7-25," in *Pauline Studies* (ed. Hagner, et al.), 238-39을 참고하라.

바울이 16절에서 직접 이야기하는 것은 **영**이 충분하고도 완전하게 사람이 "육"과 더불어 살아가지 않도록 해주실 수 있다는 것이다. 바울은 이런 일이 어떻게 이루어지는지 설명하면서 **영**이 육의 삶과 철저히 반대쪽에 자리하심을 지적한다. 바울은 여기서 주장의 효과를 높이고자 육을 사람에 빗대 이야기한다.[235] 이제 바울은 **영**과 육의 대립이 낳는 결과[236]를 제시한다. 즉 그는 "무엇이든 너희가 원하는 대로 할 수 없다"라고 말하는데, 여기서 "너희가 원하는 것"은 **영**이 "원하는" 것이 아니라 **더 이상 율법 아래 있지 않은 사람**이 원하는 것을 가리킬 것이다. 아울러 이것(="무엇이든 너희가 원하는 대로 할 수가 없다"—옮긴이)은 바울이 왜 여기서 맺음말 역할을 하지 않으면 바울이 제시하는 주장과 도통 어울리지 않을 18절로 이 문단을 끝맺는지 그 이유를 설명해준다. 결국 바울이 **영**으로 행하는 사람들은 육이 욕구하는 것을 행하지 않을 것이라고 아주 자신 있게 말할 수 있는 이유는 **영**이 육에 맞서심으로써 신자들이[237] 무엇이든 자신들이 원하는 대로 할 수 있는 특권을 더 이상 누릴 수 없게 만드시기 때문이다. 그들은 이제 **영**이 인도하시는 대로 행해야 한다. 그렇지 않으면 실제로 그들은 육의 욕망을 행할 것이다.[238]

---

235) 참고. Burton, 301: "σάρξ를 사람에 빗댄 수사."

236) 여기는 ἵνα가 "결과"절을 이끄는 역할을 하는 사례를 상당히 분명하게 보여주는 것 같다. 이 ἵνα절을 이해 여하에 따라선 "목적"절일 수도 있는 절로 보기는 어렵다. Turner, MHT 3.104; BAGD II.2도 같은 견해다.

237) 이 문단 전체는 한 공동체를 이루는 갈라디아 사람들을 상대로 한 것이며, 그러기에 바울이 이 문단을 2인칭 복수형으로 표현했다는 것을 유념해야 한다.

238) 이 본문을 이런 식으로 바라보는 견해는 크리소스토무스까지 거슬러 올라가며, Duncan, 166-69과 Jewett, *Terms*, 106-7도 이를 지지한다. 참고. Barclay, *Obeying*, 112-19. Barclay가 제시한 해결책은 조금 다르다. 그는 마지막 절을 싸움이라는 이미지의 결과를 반영한 것으로 보아 이렇게 말한다. "(갈라디아 사람들이) **영** 안에서 행할 때, 그들은 그들의 도덕적 선택을 좌우할 전쟁에 말려든다. 바울이 전쟁이라는 이미지를 원용하는 목적은 **양쪽이 대등하게 균형을 이룬다는 것을 이야기하려는 게 아니라**(고든 피의 강조), 갈라디아 사람들에게 그들이 이미 어떤 형태의 행위(**영**)에 헌신하면서 다른 형태의 행위(육)에 **맞서고 있다**는 것을 보여주려는 것이다." 참고. Fung, 251. 이것이 올바른 뉘앙스일 가능성이 아주 높다. 어쨌든 그것은 여기서 제시한 곳과 같은 곳에서 나온다.

문맥상 이 말은 **영**으로 사는 사람들이라면 "서로 잡아먹고 집어삼키는 것"을 택하지 않을 것이라는 의미인 것 같다. **영**으로 행하는 사람들은 서로 잡아먹고 집어삼키는 사람들과 애초부터 반대쪽에 서 있는 사람들이다. 이렇게 서로 잡아먹고 집어삼키는 사람들과 달리, **영**으로 행하는 사람들은 사랑을 통해 서로 종으로서 할 일을 행한다. 바울이 19-21절에서도 계속하여 이야기할 서로 잡아먹고 집어삼키는 행위는 "육의 **일들**"에 속한다(이것이 바로 육을 먹여 살리는 것이 결국 일상의 삶에서 만들어낼 "일들"이다). 또 다른 행위, 곧 서로 사랑함으로써 종으로서 할 일들을 행하는 것은 **영**이 "**영**으로 행하는" 사람들의 삶 속에서 "만들어내시는" 것이다. 그러나 바울은 이 말을 하기 전에 한 가지 더 매듭을 짓고 넘어간다.

18절 이 문장 자체는 물론이요 이 서신의 전체 문맥 속에서 이 문장이 제시하는 요점은 충분히 분명하게 드러난다. 그리스도가 토라 준수의 시대에 마침표를 찍으셨다는 사실이 곧 무절제한 방종의 시대로 들어섰음을 의미하는 것은 아니라는 게 바로 이 문장의 요점이다. "**율법**이 없다"는 것이 법이 없는 상태를 뜻하지는 않는다. 하나님은 율법이 없는 상태에 대비하여 친히 **영**의 삶을 준비해놓으셨다. 여기서 바울은 그 삶을 "**영**의 인도를 받는" 삶으로 묘사한다.

이 모든 내용은 아주 쉬워 보인다. 이 경우에는 오히려 이 문장과 인접 문맥인 16-17절이 어떻게 조화를 이루는가가 더 어려운 문제다. **영**의 인도를 받는 사람은 토라 아래 있지 않다는 사실이 어떻게 하여 그 앞의 "**영**으로 행하라"라는 명령문에 뒤이어 그리고 특히 육과 **영**이 양립할 수 없음을 부연하며 "결국 무엇이든 너희가 원하는 대로 행하지 못하게 하려 함이라"라는 말로 맺는 문장에 뒤이어 등장한 것일까?[239] 논리와 전후 순

239) 이 문제는 통설을 따라 16-17절을 육과 **영**이 다툼을 벌이는 가운데 무기력 상태에 빠져버린 개개 신자의 모습을 묘사한 본문으로 보는 사람들에겐 특히 어려운 문제다. 가령 Ridderbos, 204은 여기서 말하지도 않는 (그리고 갈라디아서가 주장한 것이 아니라 도리어

서에 따른 의미를 놓고 보면, 분명 18절은 16-17절에 뒤이어 나올 문장이 아니다. 따라서 18절은 더 커다란 문맥 속에서 16-17절을 뒤따르는 문장일 가능성이 더 높다. 그렇다면 우리는 "어떻게 하여 이 18절이 16-17절을 뒤따르게 되었는가?"라고 물을 게 아니라, "이 18절 문장이 바로 이곳에 있게 한 동인이 무엇인가?"라고 물어야 한다. 두 가지를 생각해볼 수 있다.

첫째, 바울은 사실 **영**의 삶은 13-15절이 제시하는 다양한 문제들에 어떻게 대응하는가라는 문제를 16절부터 상세히 설명하려고 한다. 그는 이제까지 오로지 **영**이 "육"에 어떻게 대응하는가라는 문제만을 다뤄왔다. 아울러 바울이 이 서신에서 제시하는 주장에 비춰볼 때, 그가 14절에서 강조하는 요점, 곧 사랑의 계명이 토라의 목적을 완전히 이루기 때문에 우리는 더 이상 토라를 "준수할" 필요가 없다는 점도 역시 중요하다. 결국 바울은 앞 문맥과 단절된 것처럼 보이는 문장을 통해 사실은 그가 가장 많은 관심을 기울이는 문제를 매듭짓는 셈이다.

둘째, 우리가 보기에 이 18절 문장은 느닷없는 비약 같다. 하지만 바울과 갈라디아 사람들은 이 문장이 느닷없는 비약이라고 생각하는 정도가 필시 우리보다는 덜했을 것이다. 이 문장을 끌어낸 "동인"은 바울이 방금 전까지 **영**이 육의 삶에 충분히 맞서 싸우실 수 있음을 말하며 이야기한 내용, 그리고 특히 **영**으로 행하는 사람들은 무엇이든 그들이 원하는 대로 행하지 않을 수 있다고 말한 마지막 결론인 것으로 보인다. 우선 "무엇이든 너희가 원하는 대로 행하다"라는 말은 십중팔구 바울이 이 서신에서 시종일관 독려해온 토라 제거를 염두에 둔 말인 것 같다. 토라를 제거한다 하여 그것이 곧 우리가 제멋대로 행해도 좋다는 말로 이어지는 것은 아니다. 하지만 바울은 그렇다고 그것(="우리가 제멋대로 행해도 좋다는 말이 아니다"라는 것—옮긴이)이 곧 우리가 토라 아래로 되돌아가야 한다는 뜻

갈라디아서를 "서구인들이 생각하는 자기 내면 돌아보기식 양심"의 시각을 따라 읽어낸) 바울과 **율법**에 관한 온갖 종류의 신학을 원용함으로써 겨우 16-17절과 18절의 연결고리를 발견한다.

은 아니라고 재빨리 덧붙인다. 정확히 말하면 그 반대다. **영**으로 행한다는 것은 **영**의 인도를 따른다는 뜻이요, 토라 준수는 아무 상관이 없다는 뜻이다.

대중 차원에서는 "**영**의 인도를 받는다"는 것을 때로 **영**의 직접 인도를 받는 것으로 이해하는 경우도 있다. 하지만 바울의 관심사는 다른 곳에 있다. 문맥을 살펴보면, "**영**의 인도를 받는다"는 것과 16절에서 제시한 명령문인 "**영**으로 행하라"는 동전의 양면 관계에 있다. 즉 **영**으로 행하는 신자들이 **영**으로 행하는 이유는 그들이 **영**이 인도하시는 곳으로 따라가기 때문이다. 아울러 **영**은 "그리스도의 법"으로, 그리스도 바로 그분을 되비쳐주고 바로 그분을 본받는 길로 인도한다[바울은 일찍이 이 그리스도를 "나를 사랑하사 나를 위해 자신을 내어주신 분"이라고 표현했다(2:20)]. 바로 이런 이유 때문에 토라 준수는 전혀 상관이 없는 것이다. **영**의 인도를 받는 사람이 볼 때, 토라의 **목표**는 "그리스도의 법" 안에서 완전하게 이루어졌다. 그러므로 이 대목에서 바울의 주관심사는 **영**이 육에 충분히 맞서실 수 있는 능력을 갖고 계시다는 점이지만, 동시에 바울이 토라 준수가 더 이상 통용되지 않는 맥락에서 **영**의 충분하심을 강조한다는 것 역시 중요한 점이다. 결국 바울은 이렇게 말하는 셈이다. "이제 토라는 그걸로 족하다. **영**이 육을 다루실 수 있기 때문이다. 실제로 **영**의 인도를 받으면 **율법** 아래 있을 필요가 없다."

이 서신이 다루는 관심사에 비춰볼 때 결국 중요한 것은 **바울이 이를 통해 육과 율법을 한편으로 보고 영을 그에 맞서는 반대편으로 본다**는 것이다.[240] 바울이 이미 3:3과 4:29에서 지적한 내용을 제쳐놓고 여기서 꼭 육과 토라 사이에 어떤 밀접한 관계가 있음을 이야기하려고 한 것 같지는 않다. 이 모든 내용을 포섭하는 틀이 바울의 종말론이다. 바울은 자신의

240) 참고. Bruce, 256: "바울은 율법과 육을 똑같이 그리스도 이전의 질서에 속한 것으로 본다." 참고. 롬 7:4-6을 더 보라.

종말론 안에서 그리스도와 **영**이 할례나 무할례가 아무런 의미도 갖지 못하는 방식으로 미래를 움직여가신다고 본다. "새 피조물"(새 창조)이 이르렀기 때문이다(6:15; 참고. 고후 5:17). 바울은 그 완성을 "열렬히 기다리는"(5:5) 이 마지막 때의 새 실존을 증명해주시는 주된 증거가 바로 **영**이시라고 본다. 이는 곧 그리스도 이전의 모든 것, 다시 말해 그리스도의 죽음과 부활 그리고 마지막 때의 **영**이라는 선물이 철저히 제거해버린 모든 것이 바로 그 "옛 시대"의 실존 영역에 속해 있다는 뜻이다. 그런 의미에서 **영**은 육 및 **율법**과 대립한다. **영**은 **율법**을 대신하시고 육과 반대쪽에 계시기 때문이다.[241] 바울은 여기서 그렇게 말하지 않는다. 그러나 그는 로마서 6-8장에서 제시하는 주장을 통해 토라는 육 앞에서 무력한 반면 **영**은 그렇지 아니하시므로 **영**이 토라를 대체하셨다는 것을 논증한다.

■ **갈라디아서 5:19-23**[242]

19이제 육의 일들은 명백하니, 그 일들에는 부도덕한 성생활,[243] 정결치 않음, 음
탕함, **20**우상숭배, 주술(呪術), 적대 행위들, 싸움,[244] 시기(猜忌),[245] 분노를 터뜨리

241) 이 본문을 비슷한 시각으로 바라보는 견해를 살펴보려면, J. L. Martyn, "Apocalyptic Antinomies in Paul's Letter to the Galatians," *NTS* 31 (1985), 410-24, 특히 416을 보라.

242) **참고 문헌**: W. **Barclay**, *Flesh and Spirit: An Examination of Galatians 5.19-23* (Nashville: Abingdon Press, 1962); S. F. **Winward**, *Fruit of the Spirit* (Grand Rapids: Eerdmans, 1981).

243) MajT는 서방 전승을 따라 이 목록 첫머리에 μοιχεία ("간음")를 기록해두었다; 그러나 이 말은 ℵ* A B C P 33 81 1175 1739 1881 2464 pc a vg sy^{p} co Clement Tertullian에서는 빠져 있으며, 원문일 수 없다. 그러나 이 말이 어떻게 그리고 왜 첨가되었는지 알아내기 쉽지 않다. 다만 마 15:19의 패턴을 따랐을 것으로 짐작할 뿐이다. 마 15:19에서는 악을 열거하면서 μοιχεῖαι를 πορνεῖαι 앞에 내세운다—하지만 바울이 다른 곳에서 제시하는 목록에서는 μοιχεία가 첨가되어 나타나지 않는다(그러나 고전 6:9을 보라).

244) MajT는 다시 서방 전승을 따라 이 말을 복수형으로 기록함으로써(즉 "싸움, 불화"를 뜻하는 ἔρις를 그 복수형인 ἔρεις로 기록해놓았다—옮긴이) 이 말을 둘러싸고 있는 다른 복수형들과 일치시킨다.

245) 주244를 보라. 여기서도 똑같은 현상이 벌어진다(즉 MajT는 좋은 의미의 "열심," 나쁜 의미

는 일들, 이기적 야망들(개역개정: 당 짓는 것),[13] 알력(軋轢)들, 분파(分派)들(개역개
정: 이단), 21투기(妬忌)들, 술에 취하여 저지르는 난행(亂行)들, 환락 행위들, 그리
고 그와 같은 것들이라. 내가 이전에 너희에게 말했던 것처럼 이제도 너희에게
말하노니, 이런 일들을 행하는 자들은 하나님 나라를 유업으로 받지 못하리라.

22그러나 **영**의 열매는 사랑, 희락, 화평, 오래 참음, 자비, 양선, 믿음(신실함, 충성),
23온유, 절제니,[246] 이런 것들에 맞설 토라가 없느니라.

서로 첨예한 대조를 이루는 열다섯 가지 악들과 아홉 가지 미덕들을 열거해놓은 이 목록들은 아주 유명하다. 때문에 오늘날 독자들이 이 목록들을 당시 맥락을 살려 그대로 읽어내거나 마치 갈라디아 교회에서 처음으로 이 목록들을 들었을 사람들처럼 듣는 것은 어려운 일이다. 바울은 방금 전 갈라디아 사람들에게 토라의 시대가 지나갔다는 것을 이제는 **영**의 사역과 관련지어 다시 한 번 일깨워주었다(18절). 바울은 이제 그가 17절에서 천명했던 주제, 곧 **영**과 육은 서로 양립할 수 없다는 주제로 되돌아간다. 따라서 이 목록들은 육과 **영**이 서로 그처럼 상극인 이유를 자세하게 설명하는 것들이다. 한 목록은 갈라디아 사람들이 이전에 살았고, 우상을 섬기는 그들의 이웃들이 지금 여전히 살아가는 세계를 묘사한다. 이 목록이 묘사하는 행위들은 "육의 욕심"(16절)을 따라 사는 사람들이 행하는 "악한 일들"로서, "**영**으로 행하는" 사람들이 더 이상 동참해서는 안 되는 종류의 삶을 생생하게 보여준다. 두 번째 목록은 **영**의 인도를 따라 행하는 사람들이 보여주게 될 모습을 묘사한다. 이 두 삶의 방식만큼 철저히

인 "투기"를 뜻하는 ζῆλος를 복수형인 ζῆλοι로 기록해놓았다 — 옮긴이).

246) 서방 사본 본문(D* F G it vg^cl Iren^lat Cyprian Ambrosiaster)은 이 목록에 ἁγνεία ("순결, 정결함")를 덧붙여놓았다. 이는 필시 앞서 제시한 목록에, 특별히 그 목록 서두에 있는 성(性)과 관련한 죄들에 대응할 말이 필요하다고 느껴 덧붙여놓은 것 같다. 이것은 어쩌면 16절이 제시한 "육의 욕망"을 남자들이 성욕과 벌이는 투쟁을 가리키는 것으로 이해하는 견해가 교회 안에서 아주 일찍부터 나타났다는 것을 보여주는 증거일지도 모른다.

상극인 삶의 방식을 상상하기는 힘들다.

이 목록들과 같은 악과 미덕 목록들은 그리스-로마 세계의 다른 곳에서도 나타나며[247] 바울 서신에서도 줄기차게 나타난다.[248] 그중 몇몇 목록은 여기서 제시한 것과 똑같은 악과 미덕을 많이 되풀이한다. 그러나 내용이나 순서나 목록에 포함된 항목의 종류들이 동일한 목록은 하나도 없다. 현재 이 본문이 제시하는 목록들과 관련하여 주목할 만한 두 가지 관찰 결과가 있다. (1) 바울은 자신이 다른 곳에서 "악"[249]으로 묘사하거나 범주를 총괄하는 이름을 붙이지 않고 열거해놓은 것들을 이제는 특별히 "육" 및 **영**과 연계하여 각각 "육의 일들"과 "**영**의 열매"라고 부른다. (2) 이런 목록들은 모두 그때그때 필요에 따라 만든 것이었지만, 그래도 몇 가지 요소들은 필시 이런 목록들의 구체적 내용이나 순서에 들어갔을 것이다. 다른 목록들과 마찬가지로 이 두 목록들도 분명 15절에서 등장하는 것과 같은 갈라디아의 상황에 맞춰 만든 목록들일 것이다.[250]

따라서 이 목록들은 어떤 범위 획정이나 철저한 조사를 목적으로 만들어놓은 목록이 아니다. 마치 이 24가지 항목들을 낱말 하나하나까지 꼼꼼하게 조사하여 육의 일들이나 **영**의 열매를 철저하게 파헤쳐볼 요량으로 만든 목록이 아니라는 말이다. 오히려 바울이 두 경우에—τὰ ὅμοια τούτοις("이런 일들을", 21절)라는 말과 κατὰ τῶν τοιούτων("이런 것들에 맞설", 23절)이라는 말을 써서—밝히고 있는 것처럼, 그는 이 목록들을 단지

247) 이를 널리 살펴본 유익한 글을 보려면, Longenecker, 249-52을 보라.

248) 악을 열거한 목록은 고전 5:11; 6:9-10; 고후 12:20; 롬 1:29-31; 13:13; 골 3:5, 8; 엡 4:31; 5:3-5; 딤전 1:9-10; 딛 3:3; 딤후 3:2-4에서 등장한다. 바울 서신 이외에 신약성경이 제시하는 악 목록을 보려면, 막 7:21-22(마 15:19과 평행); 벧전 4:3; 계 9:21, 21:8; 22:15을 보라. 미덕 목록은 훨씬 더 드물다. 바울 서신에서는 미덕 목록을 구성하는 항목들이 바울의 권면을 담은 목록에서 나타나기 때문이다; 그러나 골 3:12을 보라.

249) 가령 고전 6:9-10과 롬 1:29이 그런 예다.

250) 참고. Hendriksen, 220. Lightfoot, 210은 이 목록의 내용들이 켈트족의 과격한 기질과 합치한다고 보았다. 반면 Ramsay, 446은 이 목록의 내용들을 "갈라디아 남부 도시들이 저지른 잘못들"로 보았다. 어쩌면 이런 주장은 이론 구실을 할 수 없을 정도로 너무 강경하게 밀어붙이는 주장이 아닐까?

대표하는 것으로 사용하려 할 뿐이다. 더욱이 이 목록들은 불신자들과 신자들 자체를 묘사하지만, 동시에 바울은 이 목록들을 갈라디아 사람들 자신의 "이전" 모습과 "이후" 모습을 묘사하는 말로도 사용하려 한다.[251] "육의 일들"과 이 일과 같은 다른 일들은 "그리스도 예수께 속한 자들이 십자가에 못 박은" 바로 그 일들이다(24절). 따라서 이 일들은 "**영**으로 행하는" 사람들이 더 이상 취할 수 있는 선택이 아니다(13, 16절).

더욱이 이 두 목록(19-21절/22-23절)은 형태상 유사점들을 가진다. 각 목록은 제목으로 시작한다. 이어 목록 자체가 뒤따르고, 뒤이어 맺음말을 덧붙인다. 두 목록 모두 이런 형태 구조를 따라 설명해보도록 하겠다.

19-21절 **제목**. 이미 언급했듯이, 바울은 이 경우에 여기서 열거한 여러 죄들을 "육"과 결합한다. 이는 분명 일부러 그리한 것이다. 18절과 이 서신이 제시하는 주장 전체를 고려할 때, 바울이 여기서 열거하는 여러 죄들을 "육의 **일들**"로 묘사한 것은 결코 우연이 아니다. "육의 **일들**"이라는 말은 십중팔구 이 서신 앞부분에서 거듭 등장했던[252] "토라의 **행위**로(**일들**로)"(개역개정: 율법의 행위로)[253]와 일부러 결합시킨 표현이다. 그렇다고 이것이 곧 바울이 이 두 종류의 "일들"(행위들)을 유사하게 보았다는 말은 아니다. 그보다 바울은 ("일들"이라는 — 옮긴이) 말을 연계하여 사용함으로써 그리스도 안에 있고 이제는 **영**으로 행하는 사람들에겐 **이 두 범주의 "일들"**(종교상 의무를 지키는 일과 육이 저지르는 죄들)**이 과거지사**임을 갈라디아 사람들에게 되새겨주는 것이다.

---

251) 이는 우리가 뒤에서 24-26절을 다룰 때 언급하려 한다. 이는 이런 종류의 다른 목록들과 일치하는 점이다. 이 점과 관련하여 특히 고전 6:9-11("그러나 너희 가운데 일부는 이런 자들이었느니라")과 골 3:5-8("너희가 이런 일들 가운데 살았을 때는 너희 역시 한때 이런 일들로 행하였다. 그러나 이제는…")에서 악을 열거한 목록들이 어떻게 나타나는지 보라.

252) 모두 6회 나타난다: 2:16(3회); 3:2, 5, 11.

253) 그리스어로 τὰ ἔργα τῆς σαρκός ("육의 일들", 5:19)/ ἐξ ἔργων νόμου ("율법의 일들로", 2:16)다. 참고. Burton, 313; Longenecker, 252-53.

바울은 그런 "일들"이 "명백"하다고 말하지만, 이것이 꼭 그가 뒤이어 열거하는 항목들이 늘 눈으로 볼 수 있게 나타난다는 의미는 아니다. 오히려 그런 "일들"이 "명백"하다는 말은 **영**으로 살아가는 사람들의 입장에서는, 그들이 능력을 부어주시는 **영**으로 살아가는 이상, 그런 악들은 "육"에 속한 것으로서 그리스도 안에 있는 종말론적 실존과 아무 상관이 없다는 점이 자명할 수밖에 없다는 의미다. 이런 육의 "일들"은 **영**과 도저히 한 하늘 아래 공존할 수 없는 원수 사이인 "육의 욕망"을 표현한다(하나님의 백성은 이런 사실에 기쁨으로 응답하며 "하나님을 찬미하라"고 외칠 수밖에 없다).

목록. 첫째, 이 목록의 형태 및 내용과 관련하여 몇 마디 해두려 한다.

(a) 열다섯 개 항목은 네 범주로 나눌 수 있다.[254] 옳지 않은 성(3개 — 부도덕한 성생활, 정결하지 않음, 음탕), 옳지 않은 예배(2개 — 우상숭배, 주술), 관계 파괴(8개 — 적대 행위들, 싸움, 시기, 분노를 터뜨리는 일들, 이기적 야망들, 알력들, 분파들, 투기들), 그리고 도를 벗어난 지나친 행위(2개 — 술에 취하여 저지르는 난행들, 환락 행위들).

(b) 구체적 내용을 기준으로 할 때, 이 목록과 가장 가까운 목록은 바울이 최근에 고린도후서 12:20에서 제시한 목록이다. 고린도후서 목록에서는 관계와 관련된 네 가지 죄가 이곳과 같은 순서로, 그리고 이곳과 똑같이 단수형과 복수형과 뒤섞여(싸움, 시기, 분노를 터뜨리는 일들, 이기적 야망들) 등장한다. 뿐만 아니라, 성과 관련하여 정상 궤도를 벗어난 행태도 등장한다(여기 목록에서 열거하는 세 가지가 그대로 나오나 다만 순서만이 다를 뿐이다 — 정결하지 않음, 부도덕한 성생활, 음탕).

(c) 순서를 기준으로 할 때, 성 관련 죄들에 이어 우상숭배가 등장하는 순서는 이전에 고린도전서 6:9-10 목록에서도 등장하는 순서다(그러나

254) 학자들의 책에서 자주 볼 수 있는 관찰 결과다. 가령 Lightfoot, 210; Burton, 304; Lagrange, 149; Duncan, 170; Hendriksen, 218-19; 그리고 기타 학자의 책들을 보라. Betz, 283; Longenecker, 254은 생각을 달리하여 이 목록은 "혼돈"이요 이 다음 목록은 "질서가 있다"라고 생각하지만, 그리 생각하는 이유가 명확하지 않다.

5:11에서는 이런 순서가 등장하지 않는다). 이곳들 이외에 성 관련 죄가 먼저 등장하는 곳은 오직 골로새서 3:5뿐이다.[255] 이렇게 네 종류의 죄들을 특정하게 묶어놓은 경우는 다른 어떤 목록에서도 볼 수 없는 것이다.

(d) 이 경우에 놀라운 점은 빠진 항목들이다. 특히 이 목록에는 (다른 목록들에는 대부분 들어 있는) 탐심이나 탐욕[256] 그리고 그와 관련된 절도나 강도 행위가 빠져 있을 뿐 아니라, 혀(말)와 관련된 여러 가지 죄들(모든 목록을 대조해볼 때, 이 범주에 가장 많은 단어들이 들어 있다)도 빠져 있다. 이것은, "서로 잡아먹고 집어삼키는 것"이 무엇을 의미하든, 이렇게 잡아먹고 집어삼키는 것에 다양한 형태의 언어 남용(폭력)은 포함되지 않았을 가능성이 아주 높음을 뜻한다. 아울러 이 목록에는 폭력과 관련된 죄들(살인 등등)도 빠져 있다.

둘째, 우리 논지에 비추어 중요한 의미를 가지는 문제들을 살펴보겠다.

(a) 이것은 **육**의 죄들을 열거한 목록이 **아니다**. 즉 이 목록은 육신이나 몸의 욕망과 관련이 없다. 이런 범주에 들어맞는 항목들은 오직 목록 서두에 나오는 세 가지 성적 일탈 행위들과 목록 말미에 나오는 두 가지 과도한 행위들뿐이다. 실상 이 목록의 항목 중 다수는 인간의 몸에 자리할 수 없는 것들이다. 이는 곧 바우어(Bauer) 사전이 16절(찾아보라)에 나오는 "육의 욕망"을 대신하여 제시한 문언("신체적 욕망을 만족시키다")이 바울의 의도에 합치하는 말일 수 없다는 점과, 도리어 이 사전은 후대 해석자들의 견해를 받아들였다는 점을 일러준다.

(b) 더욱이 이 다양한 죄들은 대부분 인간의 마음속에서 벌어지는 내면의 투쟁과 아무 관련이 없다. 예를 들어 "정욕"과 "탐심" 같은 항목들이 빠져 있는 점은 주목할 만한 일인데, 실은 이런 항목들이야말로 개인이 유

---

255) 롬 1:29-31에 있는 목록에서는 (훨씬 더 긴 목록인데도) 성 관련 죄들이나 우상숭배가 등장하지 않는다. 하지만 이 경우에 이런 죄들은 앞서 제시한 주장(19-27절)에서 충분히 다루었다. 때문에 롬 1장 말미에 있는 이 목록은 다른 모든 종류의 악들을 대표하는 것이다.

256) 참고. Schlier, 254.

혹에 맞서 자주 투쟁을 벌이는 문제들이다. 오히려 이 목록은 기본적으로 인간의 **행위**를 묘사한다. 여기서 묘사하는 행위는 대부분 아주 확연하고 쉬이 구별할 수 있는 것들로서, 그들 자신의 본질적 타락 상태와 그들을 둘러싼 세상의 타락 상태에 발 맞춰 살아가는 사람들이 저지르는 "일들"이다.

(c) 여기서 가장 주목할 만한 것은 이 항목들 가운데 다수(15개 가운데 8개)가 불화와 관련된 죄들이라는 점이다. 이런 죄들은 사회관계를 파괴하거나 이미 파괴된 사회관계를 표현하는 동기들이나 행동들을 나타낸다. 이런 죄들이 바울이 제시하는 목록들을 형성하는 경우가 자주 있기 때문에, 어쩌면 이런 죄들이 여기서 등장했다는 것에 과도한 의미를 두어서는 안 될 것 같다. 그러나 바울이 5:15, 26에서 좋지 않게 말하는 내용과 6:2, 10에서 좋게 이야기하는 내용에 비춰볼 때, 이 죄들 가운데 많은 수는 통상 구사하는 수사 도구를 적용한 것으로 봐도 합당할 것 같다.[257)]

그러나 어쨌든 목록은 여전히 목록이다(바울 때는 물론이요 지금도 같은 효력을 지닌 목록이라는 말이다 — 옮긴이). 시대와 지역을 불문하고 신자들은 이런 목록처럼 "이런 일들"이라는 말로 맺는 목록을 심각하게 받아들여야 한다. 하나님은 이런 "일들"을 용납하지 않으신다. 그리스도는 우리를 이런 일들에 사로잡힌 처지에서 구하시려고 죽으셨다(24절). 또 **영**은 우리에 능력을 부어 이런 "욕심"에 굴복하지 않게 하시려고 우리에게 오셨다.

맺음말.[258)] **영**의 열매와 달리, 악을 열거한 이 목록은 종말론적 언급으

---

257) 참고. Barclay, *Obeying*, 153.

258) Betz, 285과 그 뒤를 따르는 Longenecker, 258은 "내가 전에 너희에게 말했다"라는 말과 바울 고유의 표현이 아니라고 추정하는 몇 가지 표현들을 근거로 여기서 바울이 물려받았으나 완전하게 흡수하여 자기 것으로 만들지 못한 또 다른 전승 내용을 구별해낸다(참고. 4:4-6을 다룬 부분). 그러나 Betz의 방법과 결론들은 의심스럽다. "바울 고유의 것이 아니라"고 추정하는 표현들은 바울 서신의 다른 곳에서도 나타나기 때문이다. 두 사람 모두 고전 6:9-10과 이 갈라디아서 본문이 평행이라고 말한다. 그러면서(=이 본문과 고전 6:9-10이 평행이라고 말해놓고도 — 옮긴이) 정작 이 본문이 구사하는 언어가 드문 언어라는 이유로 바울 고유의 것이 아니라고 말한다! 전승 내용을 발견하는 것은 더 엄격한 자료에 근거

로 끝을 맺는다. "이런 일들을 행하는 자들은 하나님 나라를 유업으로 받지 못하리라." 악을 열거한 목록들과 관련하여 이와 비슷한 말을 하는 경우가 바울 서신의 다른 곳에서도 나타난다(고전 6:9-10; 엡 5:5).

두 가지 관찰 결과를 순서대로 이야기해보겠다. 첫째, 바울은 마지막 날에 이루어질 하나님 나라의 완성이 그리스도와 **영**을 통하여 이미 도래했다고 본다.[259] 어떤 개인에게 닥칠 결과는 그 사람이 **영**의 사람인가 아닌가, 다시 말해 그가 그리스도 예수를 믿는 믿음을 통해 **영**의 사람이 되었는가 여부에 달려 있다. 따라서 바울은 마지막 날에 받게 될 마지막 영광, 곧 하나님 나라를 "유업으로 받느냐" 혹은 "받지 못하느냐"는 그 사람이 신자인가 여부에 따라 결정될 문제로 받아들인다. 따라서 "육의 일들"은 신자들의 행위를 묘사한 게 아니라, 불신자들의 행위를 묘사한 것이다.[260] 그렇다고 신자들은 이런 죄들에 빠질 수도 없고 결코 빠지지도 않는다는 말은 아니다.[261] 바울이 말하는 요점은 "이런 죄들을 **행하는** 자들",[262] 이런 식으로 사는 자들은 하나님의 사람들과 더불어 하나님 나라를 유업으로 받지 못한다는 것이다. 고린도전서 6:9-11 및 에베소서 5:5처럼 여기서도

하여 이루어져야 할 것이다.

259) 바울이 하나님 나라를 현재형으로 본다는 점을 알아보려면, 롬 14:17과 고전 4:20을 다룬 부분을 보라.

260) 주석들이 아주 자주 간과하는 점이다. 이런 간과 현상은 이런 주석들이 17절을 다루는 방법 때문임이 분명하다. 가령 Calvin, Meyer, Fung, Betz, Longenecker를 보라.

261) 요컨대 바울은 이전에 자신이 경고했던 것을 이제 다시 경고한다는 점을 강조하는데, 이런 그의 강조가 이 점(신자도 육의 일들에 빠질 수 있다는 것—옮긴이)을 분명하게 일러준다.

262) 그리스어로 οἱ πράσσοντες다("행하다, 이루다"라는 뜻을 가진 πράσσω의 남성 주격 복수 현재분사 능동태다—옮긴이). Longenecker, 258은 (Betz를 따라) 여기가 바울의 것이 아닌 전승에서 나온 말을 증명해주는 증거라고 생각한다(앞의 주258을 보라). 그 이유로 그는 바울이 갈라디아서의 다른 곳에서는 **율법**을 "행함"(ποιέω)에 관하여 이야기한다는 점을 든다. 그러나 이런 견해는 너무 많은 것을 놓친 것이다. 바울이 **율법**과 관련하여 ποιέω라는 말을 쓴 것은 바울 자신이 쓴 바로 이 말(=πράσσω—옮긴이)보다 더 "(바울 고유의—옮긴이) 전승에 부합하는" 일이다. 이 서신에서 ποιέω가 등장하는 것은 그가 3:12에서 레 18:5를 인용한 결과이기 때문이다. 반면 πράσσω라는 말을 택한 것은 이런 육의 일들을 "행함"과 관련한 우려를 반영한 게 아니라, 그것들을 "습관처럼 실행한다는 것"에, 다시 말해 그런 일들을 이런 식으로 습관처럼 행하며 살아가는 것을 근심하는 바울의 우려를 반영한 결과다.

바울의 관심사는 신자들에게 그런 점을 유념하여 하나님의 진노를 체험할 운명에 빠진 이들(골 3:6)처럼 살지 말아야 한다는 것을 경고하는 것이다.

둘째, 바울은 경건치 않은 자들이 당할 운명을 좋지 않게 이야기한다. 그러나 반면에 바울이 그리스도께 속함으로 **영** 안에서 살아가는 자들은 하나님 나라를 유업으로 받으리라는 좋은 사실도 암시한다는 점을 간과해서는 안 된다[이는 특히 "유업을 물려받음"이라는 문제가 바울이 3:6-4:7에서 제시한 주장에서 큰 역할을 했기 때문이다(참고. 4:30)]. 앞에서도 보았지만, "유업(을 물려받음)"은 **영**으로 말미암아 자신들이 하나님의 정당한 "상속인"임을 증명하는 자들에게 속한다. 바울은 여기서 이 점을 그리 강조하지 않고 다만 암시할 뿐이다. 그러나 이 본문에 상응하는 로마서 8장 본문을 보면, 이 모티프가 거기서 제시하는 주장에서 중심 역할을 한다. 여기서도 바울은 **영**으로 사는 사람들이 그런 유업을 물려받으리라는 것을 암시한다. 때문에 그는 다음 목록을 맺을 때는 그런 점들을 또 다른 방향에서 다 함께 아우르는 방법을, 다시 말해 **영**과 토라 준수라는 문제로 되돌아가는 방법을 취한다.

22-23절 **제목**. 바울은 이 미덕 목록을 "**영**의 열매"로 표현한다. 이를 통해 그는 다시 한 번 **영**과 육을 날카롭게 대조하려 한다. 동시에 바울은 "일들"인 악들과 "열매"인 미덕들을 대조한다.

두 가지 관찰 결과를 제시해본다. 첫째, 바울은 이 미덕들을 "**영**의 열매"라 부른다. 그러나 이것은 신자가 수동적 입장에서 마지못해 받아들이는 무언가를 말하려는 게 아니다. 분명 "일들"과 "열매"를 대조한 것은 십중팔구 일부러 그리한 것으로서 중요한 의미를 지닌다. "일들"은 인간의 노력을 강조하지만, "열매"는 하나님이 능력을 주신다는 점을 강조한다.[263)]

263) 하지만 바울이 **영**이라는 측면에 상응하여 "인간의 노력"을 강조할 때 "일들"이라는 말도 사용하려 한다는 것을 유념해야 한다. 지금 바울이 제시하는 주장의 끝부분이 그 예다(6:10, "선한 일을 하자"; 이 말이 엡 2:10에서는 "선한 일들"로 바뀐다). 바울이 선한 일들에 관심

이 주장에서 강조하는 것은 **영**이 토라를 유효하게 대체하셨다는 점이다. **영**으로 행하는 사람들은 방금 묘사한 육의 길들로 행하지 않는다. 뿐만 아니라, **영**은 이 사람들 안에서 하나님 바로 그분의 성품을 훌륭하게 만들어내신다. 때문에 바울은 "**영**의 인도를 받는" 사람들의 행동과 태도를 **영**의 **열매**라는 말로 규정한다. 그런 행위와 태도는 **영** 안에서 살아가는 삶의 "산물"(産物)이다. 물론 바울은 갈라디아 사람들이 서로 사랑으로 섬김으로써 그들이 가진 자유를 올바로 사용하는 것이 그들 안에서/가운데서 그런 "열매"를 만들어내시는 **영**이 주신 능력으로 말미암아 이루어지는 일임을 강조한다. 하지만 그렇다고 갈라디아 사람들이 수동적 입장에서 **영**에게 끌려간다는 말은 아니다. 그들은 **영**을 따라 행해야 하고, 살아가야 하며, 닮아가야 한다. 때문에 다른 곳에서도 이런 다양한 "열매"가 명령문 형태로 나타나는 경우가 대부분이다![264]

둘째, 통설은 복수형인 "일들"과 대조하여 단수형인 "열매"에 과도한 의미(중요성)를 부여한다.[265] 바울 자신은 십중팔구 "일들"과 "열매"를 대조하는 것은 생각하지도 않았을 것이며, "일들"은 일이 하나씩 하나씩 많이 있는 것으로 그리고 "열매"는 몇 가지 종류의 열매가 한 덩어리(송이)를 이루고 있는 것으로 생각하지도 않았을 것이다. 사실 그리스어에서는 καρπός(열매)가 영어의 "fruit"과 아주 흡사하게 집합 단수 역할을 할 수 있다. 그리스어와 영어에서는 그릇 안에 온갖 종류 혹은 몇몇 종류의 과일들이 들어 있어도 "그 과일들"을 "그릇 안에 있는 과일"(the fruit in the bowl)이라고 말할 수 있다.[266]

이 없다고 생각하는 사람은 바울을 꼼꼼히 읽지 않았거나 이런 언어에 느끼는 정서적 거부감에 사로잡혀 있는 사람이다. 그런 거부감은 보통 종교개혁이 천명한 신학 강령에 그 근거를 두고 있다.

264) 참고. MacArthur, 164-65. MacArthur는 이것을 다소 "역설적"이라고 본다.

265) 다른 이들도 있지만 Burton (조건을 붙인다), Lagrange, Erdman, Hendriksen, Guthrie, Schlier, Ebeling, Betz, MacArthur, Fung, Winward (*Fruit*)가 이런 입장을 견지한다.

266) 하지만 나는 단수형인 "열매"와 복수형인 "일들"의 구별을 중시하는 이들이 3:16에서 바울

목록. 대중 차원에서는 고린도전서 12:8-10(찾아보라)이 제시하는 소위 **영**의 은사들을 일부 유추하여 이 목록을 "**영**의 아홉 가지 열매"[267] 혹은 그와 비슷한 명칭으로 부르는 것이 보통이다. 이런 명칭은 바울이 이 아홉 낱말들만을 **영**의 열매로 확실하게 한정하여 생각했다는 것을 암시한다. 그러나 바로 앞에 나온 악 목록도 그랬지만, 이 목록 역시 모든 것을 전부 다 모아놓은 것이 아니라, 대표하는 것들을 수록해놓은 것이다. 23절에 있는 "이런 것들"이라는 말도 그 점을 시사한다. 뿐만 아니라, 바로 앞에 나온 목록과 마찬가지로, 오히려 이 목록에 "빠져 있는" 항목들이 놀라움을 안겨준다. 바울은 여기서 생략한 그런 항목들을 다른 곳에서 제시한 이런 목록들이나 그의 권면 속에 포함한다.[268] 예를 들어 감사, 용서, 겸손, 은혜로운 말, 그리고 끈기 있게 참음이 이 목록에서는 빠져 있다.[269]

더욱이 앞에 나온 악 목록과 달리, 이 목록에서 언급하는 아홉 가지 항목은 유사한 것끼리 묶기가 훨씬 더 어렵다.[270] 사랑이 으뜸 자리를 차

자신이 이와 유사한 명사인 "씨"를 써서 제시한 선례를 근거로 삼는 게 아닌가 하는 생각이 든다. 그럼에도 불구하고 나는 이런 용례를 통해 뭔가 중요한 것을 "말하려 했다"는 이야기를 듣는다면 오히려 바울 자신이 깜짝 놀랄 것이라는 생각이 든다.

267) 가령 Hoyle, *Holy Spirit*, 76이 그런 예다.

268) 이와 관련하여 특히 고후 8:7; 롬 12:9-21; 골 3:12-17; 엡 4:32-5:2을 보라. 실제로 이런 종류의 목록에 해당하는 또 한 가지 유일한 사례가 골 3:12에서 등장한다. 그 목록에 있는 다섯 항목 중 세 항목이 여기서도 등장한다.

269) 사실 이런 종류의 책이 어떤 의미에서는 보잘것없는 책이 되어버리는 이유는 **영**과 밀접한 관계를 가지는 이런 특별한 목록이 본질상 그때그때 상황에 맞춰 만들어낸 임기응변식 목록이기 때문이다. 이 목록이 모든 것을 망라하지 않고 몇 가지만 대표로 수록해놓은 것이라는 사실은 어떤 의미에선 바울의 "윤리"가 갖는 그런 요소들을 모두 검토해봐야 한다는 것을 시사한다. 이 본문은 **영**이 이 모든 것들 뒤에서 능력을 부어주시는 전제임을 분명히 일러주기 때문이다. 동시에 이 본문을 꼼꼼히 분석해보면, 바울의 윤리 전반과 관련하여 충분히 이런 판단을 내릴 수 있다. 뒤의 제15장에서 제시한 논의를 보라.

270) 이것은 학자들이 공통으로 언급하는 말이다. 일부 사람들(Lightfoot, Schlier, Stott, Boice, Betz)은 자신들이 여기서 "세 개가 한 묶음을 이루는" 패턴을 발견했다고 생각하지만, 이 항목들은 그런 패턴을 시사하는 것을 내재하고 있지 않다. 이 견해가 지닌 명백한 난점은 첫 세 항목을 묶어 표현할 수 있는 적절한 말을 찾기 힘들다는 것이다. 이 사람들은 첫 세 항목들을 공동체가 표현하는 행태로 보기보다 개인의 태도(성향)로 보는 경향이 있다. 희락 같은 경우는 맞는 말일 수도 있으나, 사랑과 화평 같은 경우는 개인의 태도로 볼 수 없다. (사랑을 포함한) 첫 세 가지를 "하나님을 향한 그리스도인의 감정과 태도를 표현한" 것으로

지하는 것은, 우리가 이미 14절에서 언급했듯이, 바울의 시각을 반영한 것이다. 그러나 거듭하여 반대 견해가 나오고 있긴 하지만, 그래도 이 목록의 항목들을 몇 가지 범주로 묶는 것은 추천할 만한 일이 아니다. 다만 목록 가운데 있는 세 항목은, 아래에서 제시하는 이유들에 비춰볼 때, 함께 묶어보는 것이 옳을 수도 있겠다. 그러나 대체로 보아 이 목록의 항목들은 임의로 추출한 것일 가능성이 훨씬 더 크다는 결론에 이르게 된다. 목록을 보면, 앞에 나온 단어가 그 다음 단어를 불러내지만, 그렇게 불러내는 이유는 딱히 분명하지 않다. 어쨌든 여기서 바울이 골라 제시한 미덕들은 앞서 제시한 많은 "육의 일들"과 두드러진 대조를 보인다. 그리하여 결국 만들어진 것이 공동체 차원은 물론이요 개인 차원에 이르기까지 그리스도인의 삶을 폭넓게 망라한 미덕 목록이다(이 미덕 목록은 바울의 신학에서도 중요한 의미를 갖게 된다). 이런 점 때문에 이 목록은 바울이 이해하는 **영**의 활동이 아주 광대한 폭을 가지며 모든 것을 아우르는 본질을 갖고 있음을 통찰할 수 있는 우리의 시각을 넓혀주는 데 도움을 준다.

이 목록과 관련하여 유념해야 할 중요한 문제가 세 가지 더 있다. 첫째, 이 목록에 나오는 모든 낱말들 혹은 그 낱말들의 동족어(同族語)들은 바울이 다른 곳에서 윤리를 이야기하고 권면을 제시할 때 또 등장한다. 이보다 훨씬 더 중요한 사실은 바울이 이들 가운데 몇 가지를 종종 하나님이 당신 백성을 향해 품으신 동기(動機)의 관점에서 그리고 하나님과 하나님 백성의 관계의 관점에서 하나님의 성품을 언급할 때 활용한다는 점이다.[271]

둘째, 이미 언급했듯이, 이 항목들 가운데 대다수는 개개 신자 내면의 삶이 아니라 공동체가 한 몸을 이뤄 살아가는 삶과 관련 있다.[272] 즉 진

본 Hoyle, *Holy Spirit*, 76은 바울이 실제로 말한 것으로부터 훨씬 더 멀리 떨어져 있다.

271) 이 사실을 고려할 때, 또 이런 용어들이 바울 안에 아주 깊이 뿌리를 내린 것은 그가 평생에 걸쳐 구약 및 예수 전승과 맺어온 사귐 덕분이라는 사실을 함께 고려해볼 때, Betz, 282이 제시하는 이런 논평은 이상하게 들린다. "(여기 목록이 제시하는 — 옮긴이) 개념 하나하나는 특별히 '그리스도인 특유의' 개념이라기보다 오히려 당시의 관습 도덕을 대변하는 것이다."

실로 각 사람은 사랑해야 하고, 화평을 이루도록 힘써야 하고, 오래 참아야 하고, 자비해야 하고, 선해야 하고, 혹은 온유함을 나타내야 한다. 하지만 바울이 제시하는 권면을 보면, 이런 미덕들은 하나님의 성품을 나타내는 특징들이며 하나님이 당신이 소유하신 자들을 향해 행하시는 행동의 동기가 되는 것들이기에 신앙 공동체에서도 똑같이 행해야 하는 것들이다. 이는 바울이 뒤의 6:1에서 신앙 공동체가 죄를 지은 형제나 자매를 회복시킬 때 그 동기로 "온유의 **영**/영"을 제시하는 점이 증명해준다. 따라서 바울이 6:4에서 갈라디아 사람들더러 그들 자신을 "시험"해보거나 "점검"해보라고 권면하는 것은 그들 내면을 살펴보라는, 다시 말해 그리스도인으로서 "자기 자신을 성찰해보라"는 요구가 아니다. 도리어 이 권면은 갈라디아 사람들 각자가 각 사람 내부에서 "모든 지체를 이롭게" 할 **영**의 열매가 제대로 작동하는지 살펴보라는 요구다. 다시 말해 앞서 제시한 악 목록과 마찬가지로 이 목록 배후에도 우리가 5:15, 26을 통해 일부나마 꿰뚫어볼 수 있는 갈라디아 교회들의 상황이 자리해 있다.

셋째, 이 목록을 고린도전서 12:8-10이 제시하는 **은사들**(*charismata*) 목록과 비교하는 것이 보통이다. 이 둘을 비교할 때는 대개 고린도전서의 목록을 칭찬하는 척하면서 비판하든지 아니면 갈라디아서의 이 목록을 **영**이 하시는 더 고상한 일로 보는 식으로 비교하곤 한다.[273] 이런 시각은 분명 바울 사도의 생각과 동떨어진 견해일 것이다. 그런 시각은, 비유하자면, 마치 바울이 기도는 아주 많이 이야기하고 주의 만찬은 단 두 번만, 그것도 주로 이 만찬 남용을 바로잡을 목적으로 이야기했기 때문에 그에게는 주의 만찬보다 기도가 더 중요한 의미를 가지고 있었다고 이야기하는 것과 같은 것이다. 이 본문 문맥이 이야기하는 것은 **윤리**이지 예배가 아니다. 바울은 분명 윤리와 예배를 밀접하게 연결된 문제로 생각한다. 고

---

272) Meyer, 313도 이런 점을 언급한다.

273) 가령 Burton, 313-14; Duncan, 173; Hendriksen, 223; Fung, 272.

린도전서 12장과 14장 사이에 13장이 자리해 있는 게 바로 그 증거다. 그러나 그것이 곧 저것보다 이것이 더 중요하다거나 혹은 저것이 결국 이것보다 가치가 떨어진다는 뜻은 아니다. 사과와 오렌지는 늘 비교한다는 것 자체가 적절하지 않은 과일들이다. 이 둘을 비교하는 것이 단순히 개인의 입맛 문제이기 때문이 아니라, 비록 둘이 각기 다른 목적에 적합하다 할지라도 어차피 이 둘은 동등한 가치를 지니기 때문이다(과일 샐러드에 이 둘을 함께 넣어도 이 둘은 잘 섞인다). **영**의 "은사들"과 "열매"도 마찬가지다. 여기서는 오직 열매만을 언급한다. 그러나 그 이유는 바울이 이 문맥에서 제시하는 주장과 어울리는 것이 오직 열매뿐이기 때문이지 다른 이유는 없다.

각 열매와 관련하여 몇 마디 덧붙이고자 한다.[274)]

(1) **사랑**. 사랑이 으뜸가는 자리를 차지했다 하여 놀랄 이유가 없다. 바울은 늘 이러한 주장 속에서 사랑에 그런 자리를, 곧 사랑이 그의 윤리 속에서 늘 차지해온 자리를[275)] 부여해왔다(5:6, 13-14). 바울이 이렇게 하는 이유는 (칠십인경을 통해) 구약과 오랜 세월을 함께 하는 과정에서 형성된 바울 신학에서는 이 사랑이라는 말이 하나님의 성품 가운데 그 정수(精髓)를 표현해주기 때문이다. 이 사랑이라는 정수는 하나님과 그분의 백성이 가지는 관계에서 볼 수 있다.[276)] 그래서 바울은 삼위 하나님의 각 위가 가지시는 주된 특질을 표현한 고린도후서 13:13[14]의 삼위일체 축도에서도 고린도 사람들이 "하나님의 사랑"을 알기를 기도한다. 하나님이 당신

---

274) 더 충실하게 서술해놓은 것을 보려면, 유익한 논의를 담고 있는 Burton, 314-18과 Bruce, 251-55, 그리고 *TDNT, NIDNTT, EDNT*가 제시하는 다양한 논문들을 보라; 아울러 Barclay, *Flesh*와 Winward, *Fruit*에 있는 논의를 보라. 내 관심사는 이 단어들이 가지는 차원, 특히 이 문맥에서 이 단어들이 가지는 위치다.

275) 가령 살전 3:12; 4:9-10; 고전 13:1-13; 16:14; 롬 13:8-10; 골 3:14; 엡 5:2을 보라.

276) 신 7:7-8과 10:15에 있는 핵심 본문을 보라. 선지자들이 이 본문을 가져다 쓴다(호 3:1; 11:1; 사 41:8; 43:4; 48:14; 60:10; 63:9). 이와 유사한 많은 말들과 마찬가지로, 고전기 그리스어나 코이네 그리스어의 용례보다 칠십인경이 일러주는 이런 배경이 바울의 용례를 결정하곤 한다.

백성에게 베푸시는 사랑은 **영**을 통해 그들 마음속에 부어졌다(롬 5:5). 바울은 하나님이 당신 사랑을 가장 강력하게 표현하신 사건은 바로 하나님이 당신 아들을 보내신 일이요 그 아들이 십자가에서 맞이하신 죽음이라고 본다(롬 5:6-8). 하나님의 사랑은 당신 백성을 향하여 "길이 참으심"과 "자비하심"(뒤를 보라)으로 가득하다. 결국 하나님은 이 사랑을 당신 원수들을 위해 자신을 희생 제물로 내어주신 그리스도의 죽음으로 완전하게 표현하셨다.

그러나 바울은 이것을 단지 이론이나 공허한 실체로 여기지 않는다. **영**은 이런 사랑을 그의 마음속에 부어주셨다. 바울은 지금 이 서신에서 이미 신자 안에 들어와 사시는 그리스도를 "나를 사랑하사 나를 위해 자신을 내어주신" 분(2:20)으로 서술했다. 분명 이런 사랑이 그가 6:2(찾아보라)에서 "그리스도의 법"을 이야기할 때 말하고자 하는 것이다. 이런 사랑이 바울이 이 모든 내용을 13절에서 이야기하기 시작할 때 사용한 명령문("사랑을 통하여 서로 종의 의무를 이행하라") 뒤에 자리해 있다. 이런 사랑은 하나님으로부터 받은 사랑이 직접 낳은 결과다. 하나님은 당신 아들 안에서 우리에게 풍성한 사랑을 부어주셨다. 마찬가지로 이 아들 역시 우리를 사랑하사 우리를 위하여 자신을 내어주셨으며, 이제는 이 아들이 우리 안에 들어와 계심으로 우리가 살아간다. 결국 바울 신학에서는 사랑을 살아 계신 하나님과 인격 대 인격으로 만남이 가져온 결과로 본다. 이 하나님은 다른 모든 것보다 더 당신 백성을 사랑하신다. 그러기에 사랑은 **영의 열매**다. **하나님의 사랑을 우리 마음속에 부어주셨고** 이제는 우리 안에 들어와 사시는 **영**이 바로 **우리를 사랑하사 우리를 위하여 자신을 내어주신 분의 영**이시기 때문이다.[277]

그러므로 사랑은 사람이 자기 힘으로 할 수 있거나 느낄 수 있는 게 아

277) 참고. 롬 15:30(찾아보라). 롬 15:30에서는 사랑을 "**영**의 사랑"으로 분명하게 묘사한다; 참고. 골 1:8.

니다. 사랑은 요즈음 북미에서 유행하는 것처럼 누군가를 향한 "좋은 느낌" 정도로 왜곡할 수 있는 것이 아니다. 그런 시각은 사랑을 완전히 뒤집어버리는 것이다. 그런 시각은 다른 이들을 위하여 자신을 내어주는 자기희생 대신, 나 자신을 만족시킬 요량으로 내가 다른 사람에게 행하거나 느끼는 것을 사랑과 동일시하는 것이다. 사랑이 "육의 일들"과 대립하는 이 미덕 목록에서 첫 자리를 차지한 이유는 이 사랑이 바로 앞서 제시한 악 목록의 대다수 항목이 시사하는 자기중심주의의 대척점에 자리해 있기 때문이다. 사랑은 **영**의 열매로서 "적대 행위들, 싸움, 시기, 분노를 터뜨리는 일들, 이기적 야망들, 알력들, 분파들, 투기들" 등등이 끝났다고 선언한다.[278] 이 사랑은 오로지 다른 사람들, 특히 다른 신자들과 더불어 살아가는 정황 속에서만 삶으로 나타낼 수 있다. 결국은 이런 사랑이 바울이 15절에서 묘사한 갈라디아 사람들의 서로 죽고 죽이는 싸움에 그가 13절과 14절에서 제시하는 해독제다.

(2) **희락**.[279] 이 문제와 관련하여 데살로니가전서 1:6과 5:16을 주석해 놓은 내용을 보기 바란다. 희락은 순전히 그리스도인의, 따라서 순전히 **영**에 속한 경건이 보여주는 극명한 특징들 가운데 하나다. 주로 윤리적 특성이 강한 이 미덕 목록에서 희락이 등장한다는 점은 주목할 만한 일이다. 희락의 양쪽에 있는 사랑과 평강의 경우와 마찬가지로, 바울이 염두에 둔 것은 필시 개인 차원의 희락 체험이라기보다(물론 이 목록 전체에서 개인 차원의 체험을 배제할 수는 없다) 그리스도 안에서 함께 살아가는 삶의 특징인 희락일 것이다. 그리스도 안에서 살아가는 삶, 따라서 **영**으로 살아가는 삶

278) 이와 관련하여 고전 13:4-7이 사랑이 아닌 것들을 서술하며 나쁜 것들을 열거해놓은 목록을 참고하라.

279) 우리는 이 미덕으로부터 시작하여 마치 이 목록이 개인 경건을 우선 묘사해놓은 것처럼 읽곤 한다. 그리하여 우리는 이 목록을 "우리가 지금 어떻게 행하고 있는지" 살펴보는 일종의 점검표로 활용하는 경우가 대단히 많다. 나는 여기서 이런 식으로 읽지 말라고 주장하지는 않겠다. 나는 문맥으로 보아 이 미덕들을 주로 그리스도인 **공동체**의 삶을 규정하는 특징, 곧 그리스도인 공동체가 함께 한 몸을 이뤄 이 세상에서 살아갈 때 드러내야 할 미덕들로 보는 것이 십중팔구 바울의 의도에 부합할 것이라고 생각한다.

은 희락의 삶이다. 이런 희락은 그리스도인 공동체를 규정하는 가장 큰 특징이다(살전 5:16). 이와 관련하여 다른 두 본문(롬 14:17; 15:13)이 희락과 평강(화평)과 성령을 나란히 기록해둔 점은 뭔가 교훈을 일러주는 것일 수 있다. 여기 로마서 본문을 보면 특별히 유대인 신자들과 이방인 신자들에게 서로 판단하거나 폄하하기보다(14:1-4) "서로 받아들일"(15:7) 것을 호소할 목적으로 기록해놓은 단락(14:1-15:13)에서 희락과 평강이 함께 등장한다. 이때 바울은 이 둘을 먼저 해답으로, 이어 기도로 제시한다. 성령 안에서 희락과 평강을 포함하는 의에는 서로 죽고 죽이는 싸움(갈 5:15)이나 다른 사람들을 멸시하는 일(5:26-6:5)이 들어설 자리가 없을 것이다.

신약성경의 나머지 부분도 대체로 같은 이야기를 하듯이, 바울도 희락이 있고 없음은 우리의 처지와 아무 상관이 없다고 본다. 바울이 빌립보 사람들에게 써 보낸 서신도 이를 분명하게 이야기한다. 희락은 철저하게 하나님이 그리스도 안에서 **영**을 통해 우리를 위하여 행하신 일과 관련 있다. **영**의 **열매**인 희락으로부터 유래한 바울의 명령은 단순히 "기뻐하라"(물론 바울의 명령이 이런 기본 형태로 나타나는 경우도 자주 있다)가 아니라 "**주 안에서** 기뻐하라"다. 이 초점은 우리가 **영**의 기쁨을 이해하는 열쇠다. "늘 **주 안에서** 기뻐하는" 공동체는 "서로 잡아먹고 집어삼키는"(15절) 일에 쉬이 굴복하는 공동체가 아니다. 이렇게 "서로 잡아먹고 집어삼키는" 공동체에서는 사람들이 자기 자신을 아주 높이 생각한다(6:4).

하나님은 우리에게 마지막 때의(eschatological) 구원을 가져다주셨다. 미래는 이미 현재 속에서 그 모습을 드러냈다. 하나님 백성은 장차 존재할 삶을 이미 맛보았다. 그들은 이미 완전한 용서, 완전한 죄 사함을 받았다. 그들은 그들을 사랑하사 그들을 위하여 당신 아들을 내어주신 하나님을 **영**을 통해 **압바**라 외쳐 부른다. 이 때문에 "우리는 **영**으로 말미암아 의의 소망을 열렬히 기다릴 때"(5절) 희락을, 그것도 자유롭고 제약이 없는 희락을 누리는 것이다. **영**의 열매는 **희락**, 그것도 주 안에서 누리는 희락이다. 그러므로 개인 차원에서 시작해야 할 것이 신앙 공동체를 규정하는 특징

이 될 수밖에 없는 것이다. 하나님은 지금도 이 신앙 공동체 가운데 성령을 널리 공급해주신다.[280]

(3) **화평(평강)**. 바울은 사랑과 마찬가지로 평강도 특별히 하나님과 관련 있으며, 그리고 하나님과 하나님 백성의 관계와 관련 있다고 본다. 또한 바울은 이 화평도 사랑 및 희락과 마찬가지로 특별히 공동체 차원의 문제로 본다. 즉 바울의 첫 번째 관심사는 "화평"이지 "잘 정돈된 마음"[281]이 아니다(물론 또 말하는 것이지만 하나님의 백성 각자가 평강을 알지 못하면, 이들로 이루어진 공동체 역시 "화평"을 누리기가 힘들다). 그러나 바울은 여기서 화평을 일부러 "육의 일들"과 나란히 적어놓은 미덕 목록 속에서 제시하는데, 그 "육의 일들" 가운데 여덟 가지가 사람 사이에 불화를 일으키는 원인이거나 그 불화가 낳은 결과다.[282]

우선 바울은 하나님을 자주 "평강의 하나님"으로 묘사한다.[283] 온전한 **샬롬**(완전함, 평안) 가운데 거하시면서 당신 백성이 한데 어울려 살아가는 삶에도 그런 **샬롬**을 부어주시는 하나님으로 묘사하는 것이다. 놀라운 일은 이렇게 하나님을 묘사하는 내용이 싸움이나 불안이 가까이 자리한 문맥들에서는 어김없이 등장한다는 점이다. 때문에 바울이 절제를 잃어버린 공동체 내부의 **은사** 남용에 처방하는 해독제도 하나님은 "화평의 하나님"이시라는 신학 명제다(고전 14:33). 또 바울은 다른 사람들의 도움에 의지한 채 도를 넘어 게으름만 부리고 살아가는 공동체를 놓고 기도할 때도 평강의 하나님이 그들에게 늘 평강을 주시기를 기도한다(살후 3:16). 그런가 하면 바울은 신자들에게 "분쟁을 일으키고 너희 길을 가로막는" 이들

280) 현대 북미 기독교의 아주 많은 부분을 규정하는 특징이 바로 희락이 널리 사라져버렸다는 것이다. 이것은 북미 기독교가 지성이나 성과(홍행) 중심의 과시형 행위(performance)에 더 치우친 신앙 브랜드에만 관심을 기울이느라 **영**의 삶을 널리 무시해왔음을 일러주는 게 아닌가 하는 의문이 든다.

281) 가령 Burton, 314-15; Hendriksen, 224; MacArthur, 167이 이렇게 말한다.

282) 참고. Meyer, 313-14.

283) 살전 5:23; 살후 3:16; 고전 14:33; 고후 13:11; 롬 15:33; 16:20; 빌 4:9을 보라.

을 물리치라고 경고하는 대목에서도 평강의 하나님이 속히 사탄을 그들의 발아래에서 상하게 하실 것이라고 확언한다(롬 16:20).

이뿐만이 아니다. 바울 서신에서 화평(평강)을 언급하는 부분은 (으레 하는 인사말을 제외하면) 늘 공동체나 사람 사이의 관계를 이야기하는 맥락에서 등장한다.[284] 그리스도는 "우리의 화평"이시다. 그분은 유대인과 이방인을 한 백성, 한 몸으로 만드셨다(엡 2:14-17). 바울은 한 몸을 향해 "평강의 띠를 통해 **영**이 하나 되게 해주신 것을 지키라"고 당부한다(엡 4:3). 마찬가지로 바울은 로마서 14:1-15:13에서 제시하는 주장에서 유대인과 이방인들에게 "늘 화평을 이뤄내는 일을 하도록 힘쓰라"고 촉구한다(14:19). 또 공동체와 관련한 권면을 제시한 골로새서 3:12-4:6에서는 "**너희가 한 몸의 지체들로서 평강을 이루도록 부르심을 받았으니** 그리스도의 평강이 너희 마음을 다스리시게 하라"고 당부한다. 현재 이 문맥을 살펴보면, 즉 5:15을 고려하고 이 **영**의 열매들이 방금 전에 묘사한 육의 일들과 첨예한 대조를 이룬다는 사실을 고려할 때, 화평이라는 **영**의 열매가 가장 먼저 염두에 둔 정황도 공동체임을 쉽게 상상할 수 있다(물론 이 목록은 오직 갈라디아 공동체만을 염두에 둔 것이 아니다. 이런 목록들은 본질상 그 처음 맥락으로부터 분리되어 일종의 독립된 존재를 가질 수 있기 때문이다).

(4) **오래 참음.** 이 말(μακροθυμία)은 보통 "인내"(참음, patience)로 번역한다. 물론 몇몇 경우에 이 말은 그런 의미를 가진다. 그러나 영어에서는 "patience"가 개인사와 관련 있는 경향이 있다. 즉 어떤 개인이 인격과 관련된 문제가 아닌 삶 일반의 온갖 문제들을 "참고 그대로 받아들인다"라고 할 때(가령 타버린 토스트를 참고 먹을 때) "patient"라는 말을 쓴다. 그러나 바울은 μακροθυμία와 이에 상응하는 동사(=μακροθυμέω)를 늘 어떤 사람이 다른 사람들을 오래 견뎌냄을 이야기하는 대목에서 사용한다.[285] 여

---

284) 참고. V. Hasler, *EDNT*, 1.396.

285) KJV는 이것을 "longsuffering"(오랜 고난을 견뎌냄)으로 번역해놓았다. KJV에 근거하면 고전 13:4을 풀어나가기가 확실히 힘들다. "사랑은 오래 고난을 견뎌내고, 친절하고"가 되어버

기서도 그렇지만 바울 서신에서는 이 말이 사랑의 수동적 측면으로, 또 이 말과 짝을 이루는 "자비"가 사랑의 능동적 측면으로 등장하는 경우가 종종 있다. 예를 들어 바울은 인간의 교만을 대하시는 하나님의 태도를 오래 참으심과 자비(인자)하심으로 묘사한다(롬 2:4). 오래 참음과 자비[14]는 고린도전서 13:4이 (하나님의) 사랑을 묘사하며 쓰는 말이다. 아울러 골로새서 3:12에서는 이 두 말이 그리스도인이 "그리스도를 입을" 때 입는 옷의 일부로서 등장하기도 한다.

이처럼 "오랜 고난을 견뎌냄"(longsuffering)은 어쨌든 자신을 반대하거나 억압하는 이들을 오랫동안 견뎌내는 것과 관련 있다.[286] 바울은 다른 어느 곳에서도 이런 오래 참음을 **영**이 직접 행하시는 일로 이야기하지 않는다. 그러나 오래 참음이 여기서 등장한다는 것은 **영**이 부어주시는 능력이 단지 희락과 기적들에만 필요한 것이 아니라, 길고 끈질기게 사랑과 자비를 쏟아부어야 할 이들을 "참고 포용하는" 이 자질, 이 대단히 필요한 자질에도 필요함을 보여준다(참고. 골 1:11). 이런 오래 참음은 "분노를 터뜨리는 일들"(20절)이나 "서로 노엽게 하는 일"(26절)을 해결하는 해독제다.

(5) **자비**. 이 말과 다음 말(=양선)은 서로 긴밀한 동의어다.[287] 신약성경에서 이 두 말은 엄밀히 말해 바울만이 쓰는 말이다.[288] 이 두 단어의 의미를 정확하게 밝히기는 어렵다. 그 이유는 이 말들이 대부분 이런 목록에서 등장하거나 이 두 말의 일반적 의미는 쉽게 알아낼 수 있지만 두 단어 사이의 뉘앙스 차이는 쉽게 포착하기 어려운 문맥들에서 등장하기 때문이다. 두 말의 의미를 알아낼 수 있는 실마리는 이 말들과 다른 말들의 결합

리기 때문이다.

286) Burton, 315도 이와 같다.

287) 칠십인경 역자들이 구약이 "좋다" 또는 "좋음"을 표현할 때 쓰는 기본 단어인 히브리어 **토브**(tôb)를 번역하면서 자비와 양선을 모두 사용할 수 있었다는 사실이 이를 증명해준다.

288) χρηστότης ("자비, 친절")는 10회 등장한다[고후 6:6; 갈 5:22; 롬 2:4; 3:12; 11:22(3회); 골 3:12; 엡 2:7; 딛 3:4]; 이 말의 동사형(=χρηστεύομαι)은 단 한 번 등장한다(고전 13:4); ἀγαθωσύνη ("양선")는 4회 등장한다(살후 1:11; 갈 5:22; 롬 15:14; 엡 5:9).

관계에서 나타나는 경우가 대부분이다. 분명 자비는 빈번히 "오래 참음"과 결합하여 나타나곤 한다. 따라서 "자비"(kindness)를 이해할 수 있는 열쇠는 자비라는 말이 하나님의 성품이나 하나님이 당신 백성에게 하시는 행위를 묘사하는 경우들에서 발견할 수 있다. 그리하여 고린도전서 13:4에서 동사 형태로 등장하는 자비는 사랑의 능동적 측면을 표현하는 반면, 오래 참음은 사랑의 수동적 측면을 표현한다. 그런 문맥에서 자비는 분명 하나님이 사랑하시는 자들에게 풍성히 베푸시는 당신의 선하심을 가리킨다. 따라서 하나님의 자비는 우리처럼 하나님의 진노를 받아야 마땅한 사람들에게 천 번이고 만 번이고 인자를 베푸시는 하나님의 행동에서 발견할 수가 있다. 이 점은 특히 에베소서 2:7의 용례가 잘 보여준다. 에베소서 2:7은 하나님의 은혜가 하나님이 그리스도 안에서 우리에게 베풀어주신 "자비" 속에서 풍성하게 표현되었다고 말한다.

이 목록에서는 자비가 재차 오래 참음과 결합하여 나타난다. 물론 이 목록에서도 자비는 다른 사람들에게 자비를 적극 표현하는 것과 관련 있다. 자비 자체는 "육의 일들"과 대립하는 또 한 가지 특질로서 더 큰 문맥(=**영**의 열매를 이야기한 이 목록)과 잘 어울린다. "육의 일들"은 자기중심적이요, 그 본질상 다른 이들을 적대시하는 삶의 방식이기 때문이다. **영**은 사람들에게 능력을 부어 다른 사람들의 적대 행위 또는 불친절을 견뎌내게 하신다. 뿐만 아니라, **영**은 자신을 적대시하는 이들에게까지 자비를 베풀고 그들의 유익을 적극 추구할 수 있게 해주신다. 오랜 고난을 견뎌냄이 "누군가를 물어뜯음"을 의미하는 게 아니라면(5:15을 보라), "자비"는 나를 물어뜯는 이들에게 인자함을 보이고 수건과 대야를 가져가서 그들의 발을 씻겨줄 길을 적극 찾는 것을 뜻한다.

(6) **양선**. 앞에서도 언급했듯이, 이 말은 "자비"와 긴밀하게 결합해 있다. 둘 사이에 차이가 있다면, "양선"(良善, goodness)은 더 광범위하게 모든 것을 아우르는 자질로서 어떤 사람의 성품을 묘사하는 말이라고 할 수 있겠다. 칠십인경에는 이 말이 자주 등장하지 않는다. 그러나 이 명사로부

터 만들어진 형용사("좋은")는 구약성경이 하나님의 성품을 묘사할 때 즐겨 쓰는 말이다. 따라서 양선은 신자들이 "가득" 가진 것으로 묘사할 수 있는 것이다(롬 15:14). 이 양선을 실천에 옮기면 "선을 행함"이라는 형태를 띤다. 실제로 양선은 이를 구체적 행동으로 표현하는 것과 별개로 존재하지 않는다. 따라서 양선은 그리스도인이 받은 은혜에서 유래한 특질이요, **영**이 신자의 삶 속에서 만들어내시는 것이다. 때문에 바울은 이 말을 말미에서 끄집어내어 이 주장(갈 5:13-6:10)을 맺는말로 활용한다(6:9-10). 다시 하는 말이지만, 앞에 나온 말들과 마찬가지로, 여기서 이 말이 등장한 것도 현재 이 문맥을 전제로 한다. "**영**을 위하여 씨를 뿌리는" 자들은 "모든 이에게 선을 행하는" 자들이다. 분명 이 양선은 갈라디아 사람들 사이에서 어느 정도 발견할 수 있는 실존 양상인 "육의 일들"에 맞서는 또 한 가지 반대말로 자리해 있다.

(7) **믿음(충성, 신실함)**. 여기서 쓴 그리스어는 πίστις다. 이 말은 바울이 "믿음"을 표현할 때 보통 쓰는 말로서 어떤 사람이 하나님의 신실하심을 철저히 신뢰하며 하나님을 향해 가지는 기본 태도와 관련 있는 말이다. 그러나 칠십인경은 하나님의 신실하심이라는 개념을 번역할 때 이 개념을 가리키는 기본 그리스어로 이 말을 사용했다. 이 신실함이라는 개념은 바울이 로마서 3:3에서 원용하는 것이다. 이 구절에서 바울은 하나님 백성이 "신실치 않아도" 그것 때문에 하나님 바로 그분의 πίστις("신실하심")가 의심을 받지는 않는다고 말한다. 따라서 바로 여기서도 이 πίστις의 의미를 "믿음"으로 보는 것에(즉 **영**의 열매 중 하나를 하나님을 신뢰하는 것으로 보는 것에) 이의를 제기하는 이가 아무도 없다 할지라도, 다른 미덕들을 고려할 때, 그리고 특히 이 말을 둘러싼 인접 단어들을 고려할 때, 바울이 여기서 말하는 πίστις는 신실함, 곧 긴 세월에 걸쳐 신실하게 하나님을 신뢰하는 삶을 살아내는 것일 가능성이 더 높다.

문맥을 고려할 때 더 어려운 문제는 이 말의 의미에 다른 사람과 가지는 관계에서 신실함을 보인다는 뉘앙스도 담겨 있는가라는 문제다. 신약성경에는 이 용례의 또 다른 사례가 없다. 때문에 문맥에도 불구하고 바울이 그 뉘앙스까지 염두에 두었을 가능성은 없는 것 같다. 오히려 바울은 하나님께 신실히 헌신하면, 이 신실한 헌신이 이 목록이 열거하는 다른 다양한 열매들을 통해 다른 사람들에게도 나타날 것으로 생각했을 가능성이 더 높다. 바울은 진정한 "믿음"에는 늘 "신실함"이라는 요소가 포함된다고 본다. 결국 바울은 이런 의미에서 **영**의 열매인 진정한 "믿음"이 사랑으로 나타난다고 본다(5:6).

(8) **온유(관용)**. 이전 성경 역본들은 이 말(πραΰτης)을 "온순함"(meekness)으로 번역했다(저자는 gentleness로 번역했다 – 옮긴이). 바울은 이 말이 그리스도인 세계에서 가지는 의미가 그리스도인과 그리스도의 관계에서 유래했다고 본다. 마태복음 11:25-30이 기록해놓은 예수 전승을 보면, 그리스도의 성품을 묘사하는 두 단어 가운데 하나가 이 말이다(다른 하나는 ταπεινός다. 이 말은 "비천함, 신분이 낮음, 겸손함"이라는 뜻이다 – 옮긴이). 이 마태복음 본문을 보면, 아버지의 독생자이신 그리스도가 아버지의 성품을 지혜로운 자와 학식이 있는 자들에겐 숨기시고 "어린아이들"에게 계시하신다고 말한다. 바울은 이 전승 혹은 이와 유사한 전승을 확실히 알고 있었던 것 같다. 그가 고린도후서 10:1에서 "그리스도의 온유와 관용"에 호소하기 때문이다.

그리스도인이 받은 은혜요 그리스도 바로 그분의 성품을 나타내는 이 말은 바울 서신에서 여덟 번 나타난다.[289] 이 **영**의 열매는 다른 것들보다 적절한 영어 번역어를 찾기가 더 힘들다.[290] 어쨌든 이 말은 겸손함(즉 하나님 앞에서 자신을 올바로 평가함)과 다른 사람들을 배려하는 마음이라는 의미를 가진다.[291] 이 때문에 바울은 6:1에서 **영**으로 행하는 사람들에게 잘

---

289) 고전 4:21; 갈 5:23; 6:1; 골 3:12; 엡 4:2; 딤전 6:11; 딤후 2:25; 딛 3:2.

290) BAGD가 이 말의 의미로 두드러진 특색이 없이 그저 광범위한 의미("*gentleness, humility, courtesy, considerateness, meekness* in the older favorable sense")를 제시해놓은 것도 바로 이런 이유 때문이다(BDAG, 861을 보라 – 옮긴이).

291) 그러나 Burton, 316은 바울 서신에서는 이 말의 의미를 오직 후자에 한정하려고 한다.

못에 빠진 형제나 자매를 바로잡아주라고 촉구할 때 바로 이 열매에 호소하려 한다. 그런 일을 할 때에는 "온유(관용)의 **영**/영"으로 해야 한다. 그 이유는 다른 사람의 삶이 위험에 빠져 있기 때문이요, 이를 통해 자기 자신도 유혹에 넘어갈 수 있는 연약함과 취약성을 가졌음을 기억하기 때문이다. 이 목록에서 이 말은 바로 ἐριθεία("이기적 야망")이라 불리는 "육의 일"의 반대말 역할을 한다. 바로 이 **영**의 열매가 자신을 아주 높이 생각하지 않고(6:3) 도리어 "겸손함으로 다른 사람들을 자신보다 더 낫게 여기는"(빌 2:3; 이는 곧 자신의 필요와 관심사보다 다른 사람들의 필요와 관심사를 먼저 돌본다는 뜻이다) 사람들 안에서 역사하는 열매다.

(9) **절제(자제)**. **영**의 열매 목록에서 마지막으로 등장하는 이 말은 몇 가지 독특한 점이 있다. 성경이 다른 곳에서 하나님의 성품을 언급할 경우에 이 목록에 있는 말 중 단 한 번도 등장하지 않는 단어가 바로 이 절제다. 실제로 이 명사(그리스어로 ἐγκράτεια다 — 옮긴이)는 바울 서신에서도 오직 여기서만 등장한다. 그러나 이 명사의 동사형(그리스어로 ἐγκρατεύομαι다 — 옮긴이)은 성욕을 절제함을 언급한 고린도전서 7:9에서 등장하고 운동선수의 자기 절제를 언급하는 고린도전서 9:25에서 등장한다.[292] 더욱이 이 절제는 이 목록에서 분명하게 개개 신자를 겨냥하는 유일한 미덕이기도 하다. 이 열매는 어떤 사람이 공동체 안에서 행하는 게 아니다. 이것은 온갖 종류의 과도한 행위를 자제하는 태도 전반을 가리킨다.

따라서 이 미덕 목록이 열거하는 나머지 **영**의 열매들은 관계를 파괴하는 행태와 관련된 여덟 가지 "육의 일들"을 겨냥하지만, 이 절제(자제)만은 성에 탐닉하는 행태로 "육의 일들" 첫머리에서 등장하는 세 가지 것(=부도덕한 성생활, 정결하지 않음, 음탕 — 옮긴이) 또는/그리고 "육의 일들" 목록이 끝맺으며 제시한 과도한 행태(=술에 취하여 저지르는 난행들, 환락 행위들 —

292) 이 말의 형용사형(그리스어로 ἐγκρατής다 — 옮긴이)은 감독에게 필요한 미덕 목록을 제시한 딛 1:8에서 등장한다.

옮긴이)를 겨냥한다. 이 절제도 **영**이 신자의 삶 속에서 효과 있게 행하시는 일이다.

그러나 바울의 윤리를 고려할 때, 우리는 이 "절제"(자제)를 금욕으로 바꿔놓는 일은 하지 말아야 한다. 고린도전서 10:31-33, 로마서 14:1-23, 골로새서 2:16-23, 디모데전서 4:1-5 같은 본문들은 바울이 그리스도인의 미덕으로서 그 자체가 목적이 되어버린 금욕 따위에도 죽은 자라는 것을 분명하게 일러준다. 결국 우리는 이 **영**의 열매 덕분에 우리 자유의사로 다른 사람들을 위하여 매사에 절제할 수 있다. 그렇다고 우리가 다시 마음껏 먹고 마시는 일에 빠진다거나 그것이 무엇이든 그 자체가 목적이 되는 미덕에 빠져서는 안 된다. 바울은 그런 절제를 골로새서 2:22에서는 단지 "인간의 전통들"이라고 부르며, 디모데전서 4:1에서는 "귀신들의 가르침들"이라고 부른다.

맺음말. 바울은 우리가 이 본문을 가지고 아주 빈번히 저지르는 일(즉 이 문맥이 제시하는 주장을 놓쳐버리는 일)을 행하지 않았다. 이는 맺음말을 이루는 절이 분명하게 보여준다. 중요한 것은 바울이 이 문단을 맺을 때 이전처럼 종말론 색채가 짙은 말을, 이 경우에는 약속을 담은 말을 사용하지 않는다는 점이다. 그 이유는 아마도 그런 약속이 앞서 제시한 맺음말 속에 이미 들어 있기 때문일 것이다. 요컨대 앞서 제시한 맺음말은 "하나님의 진노가 육 안에 있는 사람들에게 임할 것"을 이야기하지 않고, 도리어 그런 사람들이 "**하나님 나라**를 유업으로 받지 **못할** 것"이라고 이야기했다. 그 맺음말은 반대로 그것이 분명히 밝히지 않은 사실, 곧 **영**의 사람들이 그 나라를 유업으로 받으리라는 사실을 암시한다. 그러나 이 맺음말에는 종말론과 관련된 말이 없는 이유를 짐작해보자면, 바울이 "이런 미덕들을 드러내는 자들이 하나님 나라를 유업으로 받으리라"라고 말할 수가 없기 때문이기도 하다. 요컨대 그 유업을 받을 것이냐 여부는 오로지 그들이 그리스도와 **영**을 통해 하나님의 자녀가 되었느냐에 따라 결정될 문제이지, 그들이 하나님의 자녀로서 어떤 종류의 삶을 드러내고 있느냐에 따라 결정될 문제가 아니기 때문이다. 사실 바울은 마지막 부분에 가서(이 주장을 마지막으로 매듭짓는 6:7-10에서) 그런 부르심(=하나님 나라를 물려받을 자로 부르심—옮긴이)을 확실히 해두는 데 신자도 관련 있음을(즉 그런 부르심을 확실히 보장받으려면 신자도 해야 할 일이 있다는 것을—옮긴이) 이야기할 것이다. 6:7-10에서 바울은 마지막 날에 이르게 될 목표 지점을 염두에 두고 "**영**을 위하여 씨를 뿌릴" 것을 신자들에게 경고하고 권면한다. 그렇지만 지금 이 맺음말에서 바울이 가진 관심사는 6:7-10 부분과 확연히 다르다.

바울은 여기서 다시 한 번 이 서신 전체가 주장하는 주제, 곧 그리스도의 사역과 **영**의 오심이 하나님 백성이 따라야 할 강령으로부터 토라를 제거했다는 점에 관심을 보인다. 그리하여 그는 "이런 것들에[293] 맞설 **율법**이 없느니라"라는 말로 끝을 맺는다. 우리가 생각하기에는 이 말이 조금은 어색해 보이나, 그래도 바울이 말하고자 하는 요점은 명확해 보인다. 결국 **율법**이 존재하는 이유는 사람들이 선하기 때문이 아니라 사람들이 악하기 때문이다. 율법은 죄에 "맞서" 존재하는 것이지, 미덕에 "맞서" 존재하는 게 아니다. 따라서 바울이 말하고자 하는 것은 십중팔구 "**영**의 임재로 말미암아 이 미덕들이 사람들의 삶에서 분명하게 드러나면, 토라는 적실성을 잃어버린다"[294]라는 것이다. 토라가 **영**으로 말미암아 서로 사랑하는 사람들에게 "너희가 죽지 않으리라"라는 말을 할 필요가 없다. 마찬가지로 자비한 마음으로 다른 사람들의 유익을 적극 추구하는 사람들에게 토라가 "탐내지 말라"라고 말할 필요가 없다. 물론 이 말은 그렇게 **되새겨주는 것**(즉 죄와 그에 따른 결과를 되새겨주는 토라—옮긴이)이 타당성이 없고 쓸모가 없다는 뜻이 아니다(실상 바울 자신도 오랫동안 그 토라와 동고동락해

293) 결국 이 말을 남성으로 본 그리스 교부들과 달리, 대다수 해석가들과 같이 21절의 경우처럼 중성으로 이해하는 것이다(참고. Moffatt).

294) Calvin, 168은 이를 조금 다르게 표현한다. "**영**이 다스리시면, 율법은 더 이상 어떤 지배권도 갖지 못한다." 나는 Calvin이 말하는 "다스림"이 타당성만큼 이슈가 되는 것인지 확신이 들지 않는다. 참고. Duncan, 175-76; Betz, 289.

왔다). 도리어 이 말은 토라가 "사람이 지은 죄들 때문에 인간의 행위를 가두어야 할(구속해야 할)"(갈 3:19, 22) 필요성이 **영**의 오심으로 말미암아 사라졌다는 뜻이다. 하나님은 이 **영**을 통해 당신이 이전에 약속하셨던 새 언약, 곧 토라를 마음에 새겨주심으로 하나님 백성이 하나님께 순종하게 되리라고 약속하셨던 언약(렘 31:33; 겔 36:27)을 이루신다. 결국 여기도 바울이 토라 제거가 의(義)의 종언(終焉)을 의미하지 않는다고 생각한다는 것을 분명하게 일러주는 증거인 셈이다. 오히려 **영**은 하나님의 자녀들이 더불어 살아가는 그들의 삶과 이 세상 속에서 하나님의 모양을 드러낼 때 진짜 존재하는 것, 곧 하나님 바로 그분의 의를 만들어낸다.

▪ 갈라디아서 5:24-26

24이제 그리스도 예수[295]께 속한 자들은 육을 육의 열망들 및 욕심들과 함께 십
자가에 못 박았느니라. 25만일 우리가 **영**으로 살면, 또한[296] **영**에 (우리 행위를)[297]

---

295) 주로 이집트 사본들이 "그리스도 예수"로 기록해놓았다[ℵ A B C P Ψ 0122* 33 104* 1175 1241ˢ 1739 (1881) pc co]; P46 D F G latt syr MajT를 포함하여 나머지 사본들은 "그리스도의 사람인 자들은"으로 기록해놓았다. 어느 본문이든 설득력 있는 논거를 제시할 수 있다. 이것과 같은 "첨가"는 바울 서신에서 빈번히 나타난다. 그러나 바울의 글에서는 Χριστός에 정관사를 붙여 사용하는 경우가 드물다. 더욱이 Χριστός와 Ἰησοῦς를 결합하여 Χριστός Ἰησοῦς라고 쓴 경우는 더더욱 드물다. 필사자들은 이런 결합을 특이한 표현으로 보고 "예수"를 빼버렸을까? 필시 그랬을 수도 있다(Lightfoot, 213이 이렇게 생각한다). 그러나 결국 이 경우에 "그리스도 예수"와 "그리스도" 중 어느 본문을 고를 것인가는 이 본문들을 각각 뒷받침하는 사본 중 어느 쪽을 선호하느냐 문제다. 만일 τοῦ Χριστοῦ Ἰησοῦ가 원문이라면, 우리는 여기 있는 "그리스도"가 칭호(직함)요 "예수"가 동격어(同格語)로서 나란히 써놓은 말인지(즉 그리스도이신 예수라는 말인지) 결정해야 하는 문제를 하나 더 떠안게 된다. 어쩌면 이 말은 유대인이신 메시아 바로 그분이 토라 준수와 육의 일들을 제거하셨다는 것을 점잖게 일깨워주는 말일 수도 있지 않을까?

296) P46 (F) G a b d에는 καί가 빠져 있다.[15] 이 말이 이 본문의 의미를 좌우하지는 않는다. 그러나 필사자들이 이 말을 덧붙여놓았다기보다 오히려 본문의 의미를 표현하는 데 불필요하다 여겨[혹은 어쩌면 동사문미(homoeoteleuton)로 여겨] 빼버렸을 가능성이 더 높아 보인다. 이런 생략은 훨씬 더 조밀한 한 쌍의 절들을 만들어낸다. 그러나 이렇게 καί를 생략해버리면, 바울이 말하려는 뉘앙스, 즉 신자들이 **영**으로 말미암아 육을 십자가에 못 박고 생명을 받았다면, "또한"(καί) 신자들은 그들의 행위도 그들의 삶을 인도하시는 **영**에 일치시켜야

일치시키자. [26]자만하여 서로 노엽게 하지 말고 서로 투기하지 말자.

바울은 이 문장들을 사용하여 그가 지금 제시하는 주장의 서두로 되돌아간다. 우선 그는 그리스도의 사역을 다시 끄집어내어 묘사하면서(24절), 이제는 이 사역을 토라가 아니라 육과 대립시킨다. 그런 다음 25절에서는 16절에서 제시했던 기본 명령을 재천명한다. 뒤이어 26절에서는 이 문단을 맺으면서 이런 권면들을 제시하는 이유들을 15절로부터 가져다 제시한다. 따라서 이 문장들은 본질상 앞서 말한 내용에 속한다. 그러나 동시에 이 문장들은 바울이 뒤이어 6:1-6에서 제시할 구체적 적용으로 곧장 인도해주는 것들이기도 하다. 바울은 25절에서 우리 행위를 **영**에게 일치시키라고 호소하는데, 이는 결국 육에 맞서 **영** 안에서 살아가는 삶을 이야기했던 16-24절을 집약한 것이다(**영**으로 행하라는 명령을 다른 이미지를 동원하여 되풀이하지만, 이제는 22-23절에서 **영**의 삶을 묘사한 내용에 비추어, 그리고 우리가 **영**을 통해 생명을 받았음을 근거로 **영**을 따라 살라고 독려한다).

24절 이 문장은 놀랍게 다가온다. 19-23절에 바짝 붙어 등장한 점도 그렇지만, 무엇보다 바울이 지금 제시하는 주장 속에는 우리가 이런 내용의 문장이 등장하리라고 예상할 만한 단서가 전혀 없었기 때문이다. 하지만 바울의 관심사는 분명해 보인다. 그리고 생각의 흐름도 나름대로 집어내기가 쉬운 편이다. 여기서 바울은 자신이 16절에서 제시했던 명령과 약속, 곧 **영**으로 행하는 사람들은 바울이 19-21절에서 무시무시한 말들로 생생히 묘사하며 이야기했던 육의 욕심을 행하지 않으리라는 명령과 약속을 뒷받침할 신학적 근거를 제시한다. 바울은 2:19-20에서 자신의 일

한다는 뉘앙스를 십중팔구 놓쳐버리게 된다. 뒤의 논의를 보라.

297) 불행한 일이지만 이 어색한 "번역"은 교차대구 구조와 στοιχῶμεν이라는 동사(="…을 따르다, …에 동의하다"를 뜻하는 στοιχέω의 1인칭 복수 현재 능동태 가정법 형태다 — 옮긴이)의 의미를 살려보려고 시도한 것이다. 이 두 문제를 살펴보려면, 뒤의 논의를 보라.

을 증언할 때 구사했던 언어를 가져다 그 근거를 제시하는데,[298] 이는 이제 그 언어를 그가 3:6-4:7에서 제시한 주장에 비추어 이해해야 하기 때문이다. 그리스도를 믿은 사람들은 또한 그리스도와 함께 십자가에 못 박혔기 때문에, 비록 지금 그들의 삶이 "육 안에서 살아가는 삶"이라 할지라도 이 삶은 육의 시각에 근거한 삶이 아니다. 바울은 이미 이런 사실을 이야기했다. 그들은 그리스도의 죽음 안에서 그리스도와 연합함으로 십자가에 못 박혔다(2:20; 6:14). 이제 바울은 그 사실을 이야기하면서 그들이 그리스도의 죽음 안에서 그리스도와 하나가 되었다는 것을 일부러 적극적으로 되새겨준다. 그러나 그는 이제 그들이 그 연합을 통해 그들의 과거 삶의 방식에 무슨 일을 행했는지 대담한 은유를 통해 일러준다. 즉 바울은 그들이 육을 육의 열망들 및 욕심들[299]과 함께 십자가에 못 박았다고 말한다.

바울은 3:1-4:7에서 제시하는 주장에서 **영**의 삶과 그리스도의 사역을 결합하려는 의도를 내비쳤다. 그 주장과 마찬가지로 바울은 이제 여기서도 이 말들을 사용하여 **영**의 삶과 그리스도가 선도(先導) 역할을 하셨던 이 앞의 주장을 결합하려는 의도를 내비치는 것 같다.[300] 바울이 그리하는 이유는 명백해 보인다. 바울 신학에서는 하나님이 새 언약 속에서 당신

---

298) 이 점은 주석가들이 늘 인정하는 점은 아니다. 그러나 2:19-20과 이 본문의 언어 및 개념은 철저하게 연결되어 있다(참고. Dunn, *Baptism*, 107; Hendriksen, Betz, Bruce). 두 본문 사이의 차이점은 신자가 죽은 대상이다. 즉 2:19-20은 신자가 토라에 대하여 죽었다고 말하나, 여기서는 육에 대하여 죽었다고 말한다(참고. Bruce, 256).

299) 그리스어로 τοῖς παθήμασιν καὶ ταῖς ἐπιθυμίαις다(여격을 목적어로 취하는 전치사 σύν의 목적어이기 때문에 "열망, 불행"을 뜻하는 πάθημα와 "욕심"을 뜻하는 ἐπιθυμία의 복수 여격 형태를 띤다 — 옮긴이). 이런 결합은 이 두 말이 문장 속에서 모두 경멸의 의미를 지닌다는 것을 일러준다. 물론 전자는 경멸을 나타내는 경우가 드물지 않지만, 후자는 오로지 경멸의 의미를 지닌 문맥에서만 그런 의미를 나타낸다. πάθημα의 의미를 알아보려면, 특히 롬 7:5을 보라. 롬 7:5에서는 이 말이 신자가 죽은 대상인 육을 다룬 유사한 문맥에서 나타난다. 이 결합은 롬 7:16-17에서 σάρξ (육)를 거의 사람에 빗대 표현하는 차원까지 발전해간다. 이는 육 안에서 살아가는 삶이 그리스도 안에서 거듭난 생각보다 맹렬한 욕심으로부터 더 자극을 받고 저열한 욕망의 통제를 받는다는 것을 일러준다. 참고. 롬 12:1-2. 이 두 말(πάθημα와 ἐπιθυμία)을 알아보려면, Burton, 320-321을 보라.

300) 참고. Betz, 289.

이름을 위할 백성을 만들어내려고 행하신 모든 일을 하나님이 그리스도를 통하여 행하신 일로 보기 때문이다. 바로 여기에 바울이 **영**으로 행하는 사람들은 육의 욕심을 행하지 않을 것이라고 확신하는 근본 원인이 있다. 그리스도는 십자가에서 돌아가심으로 "육"인 **모든 사람**에게 사망 선고를 내리셨으며(고후 5:14), 이를 통해 신자가 이전에 영위했던 삶의 방식에 대하여 극적이고 진정한 죽음을 맛보게 하셨다. 옛 질서의 시대는 끝났다. 그리고 새 질서가 왔다. 보라, **만물**이 새롭게 되었다(고후 5:17). 중요한 것은 단 하나, "새 창조(피조물)"다(갈 6:15).

이처럼 우리는 그리스도의 죽음을 통해 **율법**을 향하여 죽은 것처럼(2:17; 참고. 롬 7:1-4), 역시 그리스도의 죽음을 통해 육을 향하여 죽었다. **영**의 사람들은 단순히 육을 율법에 복종시키는 차원을 뛰어넘어 그보다 더 철저하게 육을 다루는 방법을 체험했다(23절). **영**의 사람들은 그리스도 예수 안에서 육을 십자가에 못 박았다. 따라서 새 언약 아래에서는 육을 따라 사는 것은 물론이요 **율법** 아래 사는 것도 더 이상 선택하고 말고 할 여지가 없다. 그리스도의 죽음은 육과 **율법**의 통치에 말끔히 마침표를 찍으셨다. 이것은 바울이 피력하는 소원이 아니라, 마지막 때의 사실들을 있는 그대로 선언한 것이다. 그리스도와 함께 십자가에 못 박혔던 신자는 이제 그리스도를 믿는 믿음으로 말미암아 살아간다. 그리스도는 이제 당신 자신의 **영**으로 신자 안에 들어와 그곳을 거처로 삼으셨다(2:20). 그러나 이것을 일종의 승리주의로 이해해서는 안 된다. 바울은 뒤이어 25절에서 제시하는 권면에서 이를 분명하게 이야기한다. 오히려 이것은 바울이 생각하는 종말론의 틀 안에서 이해해야 한다. 여기에 "이미"라는 마지막 때의 구원이 존재한다. 육(이전에 따랐던 삶의 방식)의 죽음은 그리스도의 죽음과 부활을 통해 "이미" 일어났다.[301] 그러나 동시에 바울은 25-26

301) 바울이 로마서에서 이야기하듯이, 따라서 신자는 그들 자신을 죄에 관한 한 죽은 자요 하나님에 관한 한 산 자로 "여겨야" 한다(6:11). 이 문장에서 사용한 부정과거(ἐσταύρωσαν – "십자가에 못 박다"를 뜻하는 σταυρόω의 3인칭 복수 부정과거 능동태 직설법 형태다 – 옮긴

절에서 신자들에게 여전히 "아직 아니"가 남아 있다는 사실을 재차 일깨워준다. 25-26절에서 제시하는 권면들을 **순종할 수 있는 것**은 다음 두 가지 사실, 곧 (1) 본질상 옛 질서에 속하는 "육"이 그리스도 예수 안에서 십자가에 못 박혔다는 사실, 그리고 (2) **영**이 그렇게 십자가에 못 박혀 죽은 뒤에 이어지는 현재의 삶에 능력을 부어주신다는 사실 덕분이다.

25절 바울은 **영**을 강조한 놀라운 교차대구 구조를 또다시 사용하여[302] 24절에 곧장 답변한다. 이때 바울은 언어를 통해("십자가에 못 박았다"에 이어 곧바로 "살다"를 말한다)[303] 그리고 **영**을 (이제는 "죽은") 육에 맞서 살아가는 새 삶의 근원으로 재차 규정함으로써[304] 24절에 대답한다. 이리하여 바울은 16절에서 제시했던 서두의 명령문을 떠올리게 하는 권면으로 이 문단의 주장을 마무리한다. 바울은 16절에서 **영**으로 행하는 것이 육 안에 있는 삶에게 하나님이 처방해주신 해독제라고 역설했다. 이제 바울은 여기 25절에서 그리스도가 십자가에서 죽으신 사건이 육에게 사망 선고를 내렸으므로 신자들은 **영**에 보조를 맞추어 행해야 한다고 독려한다. 신자들은 **영**으로 살아가며 **영**의 열매를 그 삶에서 증명해 보여야 한다.[305] 바울은

이)는 필시 그리스도 자신이 당하신 십자가형을 우선 가리키는 말이지만, 신자들이 그리스도를 믿었을 때 그 십자가형을 자신이 당한 형으로 삼는다는 부차적 의미도 함께 갖고 있을 것이다(참고. Bruce, 256).

302) 그리스어 본문은 이렇다(참고. 앞의 3:3과 5:4).

εἰ ζῶμεν	만일 우리가 살면
πνεύματι	**영**으로
πνεύματι	**영**에게
καὶ στοιχῶμεν	또한 우리를 일치시키자

303) 주석가들이 거의 언급하지 않는 또 한 가지 사항이다. 그러나 Calvin, Meyer, Schlier를 보라.

304) 앞에서 3:21을 다룬 부분을 보라; 참고. 고후 3:6(찾아보라); 참고. Barclay, Obeying, 155. 따라서 "**영**으로 살면"이라는 조건절은 16절의 "**영**으로 행하라"와 같지 않다. 16절의 "**영**으로 행하라"와 같은 말은 25절의 귀결절에서 발견할 수 있다. Cosgrove, *Cross*, 164은 이 점을 올바로 인식하면서도, 엉뚱한 길로 빠져버린다(다음 주를 보라).

305) 조건절("만일 우리가 **영**으로 살면")은 서술문 역할을 한다(="따라서 우리가 **영**으로 살게 되었기 때문에"). 이것은 24절의 또 다른 측면이요 그리스도인의 실상을 **영**과 관련지어 묘

15절에서 묘사한 갈라디아 사람들의 "육의" 행위에 16절로 곧장 답변했다. 마찬가지로 이제 그는 여기 25절에서 요약 권면을 제시한 뒤 26절로 옮겨가 **영**이 공동체의 삶에 어떤 영향을 미치시는지 일러준다. 바울이 17절에서 주장한 것처럼, **영** 안에서 살아가는 삶은 자만과 노여움을 불러일으키는 행위와 투기(15절을 떠올리게 하는 행위)라는 형태로 나타나는 육과 완전히 상극을 이룬다.

그러나 이 본문 역시 16, 22-23, 24절이 이야기하는 것이 결코 승리주의가 아님을 보여주는 본문이다. 24절과 한데 묶어보면, 우리는 여기서도 바울의 구원론이 지닌 "이미/그러나 아직 아니"라는 틀을 어렴풋하게나마 보게 된다. 바울의 구원론에서는 (반드시 등장하는) 명령문이 하나님이 이루신 일을 이야기하는 서술문 뒤에 곧장 따라 나온다. 바울은 앞서 24절 문장에서 그것을(그리스도를 통하여 육을 향해 죽었다는 것을) 담대하게 천명했다. 이 25절의 조건절은 24절을 이어받아 **영**이 능력을 부어주시는 삶을 이야기한다. 이 삶은 육을 향한 죽음으로부터 뒤따라 나오는 것이다. 25절의 귀결절은 조건절에 근거한 행동을 주문한다. 여기서 하나님의 새 언약 백성이 실제로 **영**으로 말미암아 살아간다는 사실은 가정이 아니라 전제를 표현한 조건절에 자리해 있다. 그렇지만 바로 이런 이유 때문에, 새 언약 백성은 귀결절이 제시하는 권면에 주목해야 한다. 결국 "우리가[306] (그

사한 것이다. 그러다 보니 Barrett, *Freedom*, 78은 이 구절과 아무 상관이 없는 문제를 다루면서 이것이 기본적으로 윤리적 삶이 아니라 방언에 몰두하는 은사주의자들에게 주는 답변이라 주장하기에 이르렀다. Cosgrove, *Cross*, 164-67은 Barrett의 주장을 지지하면서 특히 핵심을 벗어나 주변만 겉도는 논지를 펼쳐 보인다("**영**으로 사는 것"과 "**영**의 인도를 받는 것"이 같은 말이라고 주장하면서, 후자는 **영**의 삶을 은사를 행할 능력을 받음과 관련지어 생각하는 사람들을 가리키는 말이라고 주장한다). 그러나 이런 주장은 이 구절과 14절 사이의 문맥상 연관 및 바울이 다른 곳에서 구사하는 용례를 간과한 것이다. Cosgrove의 모험에 중심이 되는 이 주해는 그의 연구에 심각한 손상을 입히고 있다. 이런 주해만 아니었으면, 그의 연구도 아주 유익한 연구가 되었을 것이다. 이런 주해는 불행하게도 그의 중심 가설마저 취약한 것으로 만들어버린다(앞의 주6을 보라).

306) 바울이 종말론/구원론과 관련된 이 실재 속에 자신과 갈라디아 사람들을 함께 포함시키면서 다시 "우리"로 돌아가는 점에 유의해야 한다. 바울이 여기서 제시하는 주장과 본문 문맥

리스도와 함께 죽고 그분으로 말미암아 부활함으로써) **영**으로 살게 된 이상, 또한 우리 삶을 (22-23절이 이야기했던 모습대로) **영**과 일치시켜 **영**과 보조를 맞추어 행하는[307] 삶으로 만들어가자"는 것이 이 구절의 취지다. 결국 **영**은 매일매일 삶 속에서 24절이 제시하는 실상(육을 향해 죽음)과 22-23절이 제시하는 실상(**영**의 열매)을 이뤄내시는 핵심 동인이시다.

26절 바울이 이 권면을 통해 다시 자신이 처음에 제기했던 주장으로 되돌아간다는 사실은 두 가지 증거로 증명할 수 있다. 첫째, 앞서 바울은 긍정문을 사용하여 **영**을 따라 행하라고 권면했다. 그래서 혹자는 그 뒤를 이어 바울이 **영**의 열매와 관련한 말도 긍정문으로 표현하지 않겠는가라는 기대를 할 만한다. 그러나 우리가 실제로 만나는 문장들은 부정문이다. 바울은 **영**을 따라 사는 사람들이 어떻게 행하지 **말아야** 하는지 이야기한다. 이처럼 바울의 관심사는 **영** 안에서 살아가는 삶 전반이 아니라, 특히 바울이 맞서길 소망하는 몇몇 형태의 육 안의 삶이다. 둘째, 비록 바울이 15절과 같은 언어로 표현하지는 않았지만, 이것들은 태도들("헛된 자만",[308] "투기")과 행동들("상대를 자극하여 노여움을 불러일으키는 행위")[309]로서 결국

은 물론이요 이 "우리"라는 말 자체만 놓고 봐도 Barrett와 Cosgrove의 주장(앞 주를 보라)은 성립할 수가 없다.

307) 어색하고 중복인 감이 없지 않은 이 표현은 στοιχῶμεν이라는 동사의 의미를 살려보려고 시도한 것이다. 이 동사는 6:14과 빌 3:16에서도 다시 등장한다. 이 말은 본디 그저 "한 줄을 지어 따라가다"라는 뜻이었는데, 비유의 의미로서 어떤 사람 혹은 어떤 것에 "발맞추어 따라가다", "견고히 붙어 있다", "일치시키다"라는 의미를 갖게 되었다. Duncan, 178은 바울이 이 동사를 고른 것은 공동체의 "삶"을 염두에 두기 때문이라고 주장한다.

308) 그리스어로 κενόδοξος다. 문자대로 번역하면 "공허한/헛된 영광"이다. 이 형용사는 바울 서신에서 오직 여기서만 나타난다. 그러나 빌 2:3이 분명 이곳과 유사한 맥락 속에서 이 말의 명사형을 사용한다는 것을 참고하라(명사형인 κενοδοξία의 목적격인 κενοδοξίαν을 사용한다 — 옮긴이).

309) 그리스어로 προκαλέω다. 이 말은 "부르다, 초청하다, 소환하다"라는 뜻으로서 꼭 경멸의 뜻이 담긴 말은 아니다. 그러나 이 말에는 누군가를 "불러내어" 그에게 "도전"함으로써 결국 그 사람이 어떤 싸움이나 경쟁에 뛰어들도록 "자극하다"라는 경멸의 의미도 들어 있다. LSJ를 보라.

갈라디아 사람들이 자기들끼리 "잡아먹고 집어삼키는" 결과를 낳는 것들이다.[310] 또 이 본문(6:5까지 이어지는 본문)과 빌립보서 2:1-4 사이에는 의미상·개념상 몇 가지 중요한 연결고리가 존재한다. 빌립보서 2:1-4도 문맥상 신앙 공동체 내부의 불화를 되비쳐주기 때문이다. 바울은 빌립보서에서 신자들에게 "**영**에 동참"하고 "서로 사랑함"으로써 "헛된 자만"에서 우러나온 일을 하지 말고 도리어 "겸손함"으로 다른 사람들의 이익을 "추구하며" 다른 사람들을 자신들보다 더 낫게 여기라고 독려한다. 바울은 여기 갈라디아서 본문에서도 갈라디아 사람들에게 **영**으로 살아갈 것을 당부하면서, "헛된 자만"으로 다른 사람들을 자극하여 노엽게 하는 삶을 살지 말고, 도리어 사랑으로("그리스도의 법을 이룸"으로) 서로 짐을 나눠지라고 독려한다(6:2). 이는 곧 자신을 아주 높이 생각하는 사람은 자신에게 철저히 속아 넘어간 자이기 때문이다(6:3). 결국 "**영** 안의 삶"은 특히 공동체 내부의 여러 관계가 빚어내는 다툼으로 나타나는 "육 안의 삶"을 배제한다.

이 세 구절은 바울이 15절과 16절부터 제시한 주장의 결론 역할을 한다. 동시에 이 구절들은 **영** 안의 삶과 관련하여 더 일반성을 띤 명령문들과 서술을 제시한 5:13-26로부터 이 모든 내용을 갈라디아 사람들의 상황에 구체적으로 적용하는 6:1-6로 넘어가는 길목 역할을 한다.[311] 이 모든 내용에서도 **영**은 그리스도의 사역을 이어받아 주된 원동력 역할을 한다. **영**은 하나님이 육의 문제에 제시하신 유효한 답변이다. **영**은 그리스도를 통하여 육의 통치에 마침표를 찍으셨다. 그리고 **영**이 신자에게 능력을 부어주심으로 육은 신자 안에서 아무런 영향력도 발휘할 수 없게 되었다. 그렇다 해도 신자는 — **영**으로 행함으로써, 그리고 **영**과 보조를 맞추어 행함으로 — 그리스도와 **영**이 이뤄내신 일에 적극 참여해야 한다.

310) Lightfoot, 214; Boice, 500; Bruce, 257; Fung, 276; Cole, 222도 같은 견해다. 다른 견해를 보려면, Burton, 323을 보라.

311) Longenecker, 266도 같은 생각이다.

▪ 갈라디아서 6:1-3

1형제자매들아 만일 정녕[312] 어떤 사람이[313] 어떤 범죄에 붙잡혀 있거든,[314] **영**에
속한 너희는 온유한 **영**/영으로 그런 사람을 회복시켜주고, 너희 자신을 살펴 너
희도 그런 유혹을 받지 않도록 하라. 2너희는 서로 짐을 짊어짐으로써 그리스도
의 법을 온전히 이루라.[315] 3이는 만일 누구든 자신이 아무것도 아닌데 자신을
무언가 된 사람으로 생각하면, 그들이 그들 자신을 속이는 것이기 때문이니라.

바울은 자신이 앞서 말한 내용을 일련의 명령문을 동원하여 갈라디아 사람들이 영위하는 공동체 생활에 직접 적용하기 시작한다. 이 명령문들은 **영**의 사람들이 일상 관계 속에서 어떻게 행동해야 하는지 명쾌하게 밝혀준다. 이 문맥은 공동체라는 맥락을 염두에 둔다. 우선 신자들은 서로 보

312) ἐὰν καί라는 결합은 십중팔구 "설령…이라 할지라도"보다 "만일 정녕"에 더 가까운 의미일 것이다. ἐάν은 그 뒤에 현재 일반 조건문이 나온다[=만일 이런 조건(상태)가 계속 이어진다면, 다른 일도 일어날 것이다(다른 일도 일어날 게 틀림없다)]. καί는 다른 일이 일어날 수 있는 개연성에 힘을 실어주는 말이다. 즉 "정녕 그런 일이 일어난다면, 십중팔구 그런 일이 또 일어날 것이다"라는 뜻이다. 참고. 고전 7:8. 완전한 설명을 보려면, Burton, 326을 보라.

313) 분명 진정하지는 않지만, P Ψ 1175 pc가 덧붙여놓은 ἐξ ὑμῶν ("너희 가운데")은 바울이 말하려는 의미를 잘 살려준다. 여기서 바울이 말하는 이는 단순히 어떤 사람(ἄνθρωπος)이 아니라 정확히 **갈라디아 사람들 가운데** 어떤 사람이다. ἐξ ὑμῶν을 덧붙여놓은 이유는 아마도 바울이 ἀδελφός (형제)가 아니라 ἄνθρωπος를 사용하기 때문일 것이다.

314) 뒤의 주321을 보라.

315) 그리스어로 ἀναπληρώσετε다(ἀναπληρόω의 2인칭 복수 미래 능동태 직설법 형태다 — 옮긴이). 이는 "틈을 메우다, 무언가를 완전케 하다"라는 뜻으로서, 결국 "무언가를 완성하다"라는 뜻이다. 그러나 이 말은 5:14에 나오는 πληρόω ("마치다, 완성하다")와 구별할 목적으로 일부러 골라 쓴 동사 같다. P^{46} B F G 323 pc latt co Marcion Cyprian의 본문은 미래 직설법 형태로 되어 있다(참고. 5:16). 나머지 사본은 부정과거 명령법 형태다(ἀναπληρώσατε다 — 옮긴이). 모든 면에서 볼 때 미래 직설법 형태가 더 옳다고 생각한다. 우선 두 본문 유형을 통틀어 가장 이른 시기에 나온 사본이 미래 직설법 형태를 지지한다. 또 다른 본문 형태가 어떻게 나오게 되었는지 가장 잘 설명해주는 것도 미래 직설법 형태다. 어떤 필사자가 같은 문장 안에서 한 묶음의 명령문들을 발견했다면, 일부러(혹은 실수로라도) 두 번째 명령문을 미래 직설법 형태로 바꿔놓지는 않았을 것이다. 반면 본디 그 필사자 앞에 미래 직설법 형태의 본문이 있었다면, 이를 부정과거 명령법 형태의 본문으로 바꿔놓기는 쉬웠을 것이다. 필사자는 말 그대로 자기가 예상하는 것만을 "보고" 그 예상을 따라 본문을 "베껴 썼을" 뿐이다.

살펴줌으로써 "그리스도의 법을 온전히 이루어야 한다"(1-2절). 그런가 하면 그들은 그들 자신을 올바로 평가함으로써(4절) 그들 자신의 가치를 올바로 매겨야 한다(3절). 그리해야 "그들 자신이 짊어질 짐을 져야" 할 방법을 알 수 있기 때문이다(5절).

이런 문맥에서는 **영**이라는 말이 자주 등장하지 않지만, 이는 놀라운 게 아니다. **영**이라는 말이 없어도 **영**을 전제하기 때문이다(바로 이런 점 때문에 1절이 서술하는 내용이 더 큰 호소력을 갖는다). 역사를 살펴볼 때 번역자들이 바울이 이 본문에서 사용한 πνεῦμα라는 말을 이 앞에 나온 주장을 직접 가리키는 말로 보길 아주 꺼려했다는 점은 놀라운 일이다.[316] 우리가 특히 관심을 갖는 것은 πνεῦμα와 πνευματικός가 모두 등장하는 1절의 언어와 의미다. 그러나 우리는 2절과 5:14의 관계도 주목해야 한다. 두 본문 모두 **영**을 거기서 말하거나 독려하는 내용의 전제로 삼고 있기 때문이다. 그러나 우선 본문 문맥과 관련하여 한두 마디 해두려 한다.

이 다양한 명령문들과 이것들을 자세히 설명해놓은 말들로 계속 이어지는 흐름은 금방 눈에 들어오지 않는다. 그래서 학자들은 보통 6:1-10 전체를 일련의 "격언 문장들"을 조금은 두서없이 임의로 죽 연결해놓은 것으로 본다.[317] 반면 우리가 5:15, 26을 실제로 갈라디아 지역 회중들 내부의 특정 문제들을 언급한 본문으로 추정한다면, 대부분의 내용이 어떤 "내부 논리"(inner logic)를 갖고 있는 것으로 볼 수 있다.[318] 이 견해에 따르면, 1-3절은 5:25-26에 답변을 제시하는 한 문단을 이룬다. 바울은 25절에서

316) 가령 Lightfoot, 215은 두 번째 경우(곧 "온유의 **영**/영으로"—옮긴이)가 아니라 첫 번째 경우(곧 **영**에 속한 너희는—옮긴이)가 앞에 나온 주장과 연관되어 있다고 언급한다.

317) 이 견해를 상세히 설명해놓은 글을 보려면, Betz, 291-92을 보라(참고. Schlier, 269); 이 견해를 널리 살펴보고 비판한 글을 보려면, Barclay, *Obeying*, 147-55을 보라; 참고. Longenecker, 269-71.

318) Betz, 291-92이 "내부 논리"라는 말을 사용하여 이 점을 인정한다(그러나 그 "내부 논리"가 무엇인가는 상세히 설명하지 않는다). 어쨌든 우리는 3-5절에 있는 접속사들(γάρ δέ γάρ)이 격언들을 두서없이 한 줄로 엮어놓는 접속사들이 아니라, "주장"을 연결해주는 접속사임을 진지하게 받아들여야 한다.

"우리가 **영**을 좇아(**영**에 발걸음을 맞춰) 행하자"라고 독려했는데, 이는 우리가 헛된 자만과 다른 이를 자극하여 노엽게 하는 일만 가득 행하는 사람이 되지 **말자**는 뜻이었다. 반대로 너희는 **영**의 사람이기에, 이를테면 실족한 형제나 자매를 다시 세워주고 이를 통해 네 자신도 유혹에 쉬이 넘어질 수 있다는 것을 유념해야 한다는 것이 바울의 논지다. 정녕 너희는 서로 모든 짐을 짊어짐으로써 그리스도의 법을 온전히 이루어야 한다고 바울은 독려한다. 그가 이렇게 독려한 이유는 사실 아무것도 아닌 자들이 자기가 뭣쯤 되는 것으로 생각하는(그렇게 생각하다가 결국 헛된 자만으로 가득 차서 다른 이들을 회복시켜주고 도와주기는커녕 오히려 다른 이들을 노엽게 하는) 것은 곧 자기 자신을 속이는 것이기 때문이다. 동시에 바울은 계속하여 4-5절에서 각 사람이 자신의 일을 검증해봐야 하며, 그리하면 그 일을 "자랑할" 대상이 오직 자신뿐이라는 것을 알게 되리라고 말한다. 이는 곧 각 사람이 자신이 한 일을 마음에 새기고 자기가 져야 할 짐을 짊어짐으로써 서로 투기하거나 시비하는 일이 없도록 해야 한다는 뜻이다. 어쨌든 이제 갈라디아 사람들은 가령 사랑과 화평과 온유(관용)와 자기부인과 양선이 매일매일 삶 속에서 어떻게 이루어져야 하는지 알게 될 것이다.[319]

설령 이것이 "의식의 흐름"이라는 형태를 띤다 할지라도 이것이 이 문맥에서 나타나는 생각의 "흐름"이라면, 첫 대목의 두 부분(1-3, 4-5절)은 바울이 5:26에서 말했던 "헛된 자만"과 "자극하여 노엽게 함/투기"에 제시하는 양면(兩面) 답변인 셈이다. 그런가 하면 7-10절은 전체 단락(5:13부터 6:10까지 이어지는 부분, 그러나 이제는 특히 6:1-5에 비추어)을 적절히 마무리하는 결론이다.

319) 참고. Barclay, *Obeying*, 146 (그가 이 내용을 다룬 장 제목이 "The Practical Value of the Spirit"임을 주목하라).

1절 이 구절의 문법[320]과 언어는 바울이 새로운 이야기를 시작하는 게 아니라 그가 방금 전까지 주장해온 것을 갈라디아 사람들의 상황에 적용한다는 것을 일러준다. 여기서 말하는 **영**의 행위는 5:26에서 말하는 행위의 정반대 행위다. 바울은 여기서 제시한 보기를 통해 지극히 취약한 상황에 빠져 있는 한 신자의 모습을 묘사한다[이 신자는 다른 사람들도 아는 범죄(엄밀히 말하면 "율법 위반"—옮긴이)[321]에 붙잡혀 있다].[322] **영**으로 살아가는 사람들은 서로 자극하여 노엽게 하기보다 넘어진 자가 이전 상태로 온전히 회복할 수 있게끔 보살펴주어야 한다는 것이 바로 바울이 말하려는 요지다.[323] 서로 자극하여 노엽게 하는 일은 육에서 비롯된 일이요 같은 종류의 반응을 불러오기 때문이다. 물론 이것은 **영**으로 살아가는 사람들이라면 어떤 상황에서도 "보통 사람들"(=**영**이 없는 사람들)과 똑같이 행동하여 넘어진 사람을 무시하거나 욕보이는 일을 해서는 안 된다는 뜻이다.[324]

---

320) 바울 서신의 다른 곳에서는 ἐὰν καί (또는 εἰ καί)라는 복합어가 늘 그 앞에 나온 문장에서 다룬 어떤 내용을 계속 이어가는 연결고리가 되어준다. 고전 7:11, 21, 28; 고후 4:16; 5:3, 16; 7:8, 12; 11:15; 12:11; 빌 2:17; 3:12을 보라.

321) 그리스어로 παραπτώματι다("율법을 어김, 죄"를 뜻하는 παράπτωμα의 여격이다—옮긴이). 바울은 자신이 가진 유대교 배경을 따라 **율법**을 가지지 않은 이방인들을 언급할 때면 "이방인 죄인들"이라고 부른다. 그러나 어떤 특정한 종류의 "죄"를 언급할 경우에는 다시 토라를 그 배경으로 가진 낱말[범죄(율법 위반)]을 사용한다.

322) 그리스어로 προλημφθῇ다. 이는 προλαμβάνω의 부정과거 수동태 형태다(정확히 말하면 3인칭 단수 부정과거 수동태 가정법 형태다—옮긴이). 이 말을 수동태로 사용하면 "추적을 당하다"나 "무언가에게 붙잡히다, 놀라다"라는 의미를 가질 수 있다; 참고. 「지혜서」 17:16[17]. 물론 전자의 의미일 수도 있다(참고. NIV, NRSV, Williams, Phillips, Erdman, 115-116; 하지만 Burton, 327을 보라. Burton은 전자의 의미일 수가 없다고 생각한다). 하지만 후자가 이 문맥, 특히 여기서 제시하는 경고의 마지막 단어와 훨씬 더 일치하는 것으로 보인다. 다른 사람들 역시 죄에 "붙잡혀 있기" 때문이 아니라, 유혹에 쉬이 넘어갈 수 있기 때문이다. NEB는 "do something wrong…on a sudden impulse"("급작스런 충동에 넘어가 어떤 잘못을 저지르다")로 번역함으로써 "놀람"이라는 요소를 강조한다. 참고. Lightfoot, 215; Meyer, 320-21; Burton, 327; Fung, 284.

323) 그리스어로 καταρτίζετε다("바로잡다, 회복시키다"를 뜻하는 καταρτίζω의 2인칭 복수 현재 능동태 명령법 형태다—옮긴이). 이 말은 이런 의미에서 "회복시키다"라는 뜻을 가진다. 마가복음(1:19)은 이 말을 그물을 "수리하다", 곧 그물을 이전의 온전한 상태로 되돌려놓는다는 뜻으로 사용한다.

324) 참고. Calvin, 170: "대다수 사람들은 형제들을 모욕할 기회만 생기면 형제들의 허물들을 붙

여기서는 어떤 사람이 넘어짐을 이야기하고 다른 모든 이 역시 유혹에 쉬이 넘어갈 수 있음을 이야기한다는 점에서 사실주의(realism) 분위기를 느낄 수 있다. 이런 분위기 때문에 우리는 바울이 앞서 말했던 내용을 승리주의 관점으로 읽을 수 없다.

귀결절의 주어는 우리 관심사인 첫 번째 문구 ὑμεῖς οἱ πνευματικοί(“**영**의 사람들인 너희”=“25절이 이르는 대로, **영**을 따라, 그리고 **영**을 본받아 살아가는 사람들”)다. 문맥을 살펴볼 때, 여기서도 다시 한 번 바울이 사용한 이(사실상 명사로 바뀌어버린) 형용사(=πνευματικός의 복수형인 πνευματικοί — 옮긴이)를 “**영**의 사람들”을 뜻하는 말로 받아들여야 한다. 실제로 이 문구를 소문자를 사용하여(즉 Spiritual 대신 spiritual을 사용하여 — 옮긴이) “영적인 사람들”(those who are spiritual)로 번역하는 것은 현대 영어 사용자들이 생각하는 의미에 비추어볼 때 이 문구의 의미를 훼손하는 것이요, 바울의 생각하는 의미와 정반대 의미로 사람들을 인도하는 결과를 낳는다. 일부 사람들이 생각하듯이, 바울이 쓴 이 말은 갈라디아 공동체 내부의 특정 그룹에 속한 사람들, 곧 “영적인” 사람들[325] 혹은 그들 스스로 “영적”이라 생각하는 사람들로서 (추정컨대) “영적”이지 않아 넘어져버린(타락해버린) 사람들을 회복시켜주어야 할 사람들을 가리키는 게 아니다. 그런 사람들을 가리키는 말이었다면, 바울은 분명 “영적인 **자들**”(*those* who are spiritual)이라고 말했을 것이다. 그런데 바울은 도리어 갈라디아 공동체 전

잡고 늘어진다.”

325) 참고. 가령 Lietzmann, 38; Schlier, 270; Cole, 224-25; Barrett, *Freedom*, 78-79. 이 주장은 이미 고린도전서를 이해한 내용을 토대로 명사와 다름없는 οἱ πνευματικοί가 **영**에 열광하는 그룹이나 영적 엘리트 그룹을 가리키는 일종의 전문용어가 되었다고 추정한다. 물론 이 견해에는 난점이 있다. 명사와 다름없는 οἱ πνευματικοί가 우리가 알고 있는 그리스어 문헌을 다 뒤져봐도 순전히 바울의 글에서만 나타나는 현상이라는 점이 바로 그것이다. 아울러 이 말이 과연 그런 견해가 추정하는 전문적 의미를 담고 있었는지 의심할 만한 이유들도 상당히 많다. 이 책 제2장에서 형용사 πνευματικός의 의미를 다룬 부분을 보라. MacArthur는 이 말을 줄곧 엘리트주의자들로 해석하는데, 그가 이 문구를 “**영**에 속한 신자들”(Spiritual believers)로 번역하는 것을 보면, 이를 엘리트주의자로 생각하는 것이 그의 의도가 아닐 수도 있다.

체를 상대로 이야기한다(“**영**의 사람들인 **너희**”). 바울은 앞에서도 그들 전체를 상대로 이야기할 때면 늘 2인칭 복수형을 사용했다.[326] 바울의 의도는 갈라디아 사람들에게 정녕 그들이 그리스도 안에 있는 사람들(**영**의 사람들)이요, **영**으로 행하고 **영**에 보조를 맞추어 살아감으로써 육의 욕심을 행하지 않음으로 “서로 잡아먹고 집어삼키는” 일을 하지 않는 사람들임을 되새겨주는 것이다. 여기서 만일 어떤 구별을 지을 수 있다면, 실제로 이미 16, 18, 22-23, 25절이 제시하는 명령문들을 좇아 살아가는 사람들과 공동체의 삶을 파괴하는 육의 일들을 저지르는 자들로 구별할 수 있을 것이다. 그러나 바울 자신은 그런 구별조차도 하지 않는다.

따라서 바울의 관심사는 자신이 방금 전까지 이 갈라디아 공동체 안으로 슬금슬금 기어들어온 특정한 악행들과 연결된 육과 대비하며 **영**의 삶에 관하여 말해온 모든 것을 한데 묶어 이렇게 갈라디아 사람들을 상대로 직접 이야기하는 형태를 통해 제시하는 것이다. 이것이 바울의 의도임은 “너희 자신을 살펴[327] 너희도 그런 유혹을 받지 않도록 하라”라는 마지막 절이 확실하게 일러준다. **영**의 사람이 되었다 하여 그것이 그 사람을 영적이지 않은 사람들 가운데서 엘리트나 “영적 인물”로 만들어주지는 않는다. 바울이 앞서 제시한 모든 명령문들이 암시하듯이, **영**의 사람도 완전한 사람이 아니다. 다만 그 사람은 **영**이 부어주시는 능력으로 말미암아 **영**이 만

---

326) 이것은 곧 “**영**의 사람들”이라는 말을 비꼬는 어조로 보는 일부 사람들의 주장이 근거가 없음을 의미하는 것이기도 하다. 참고. Barclay, *Obeying*, 157. Barclay는 이 말을 뒤이어 등장하는 **명령문**의 근거가 되는 **서술문**으로 본다(옳은 견해다).

327) 문법은 한 치도 틀림이 없어야 한다고 생각하는 사람들이 보기에 바울의 문법은 좀 엉망인 구석이 있다. 이 분사는 단수인데, 이 분사가 수식하는 동사는 복수이기 때문이다(즉 “너희 자신을 살펴”에서 “살펴”에 해당하는 분사 σκοπῶν은 “살피다”라는 뜻을 가진 동사 σκοπέω의 현재분사 능동태 남성 주격 단수 형태인데, 이 분사가 수식하는 동사 καταρτίζετε는 “바로잡다, 회복시키다”를 뜻하는 καταρτίζω의 2인칭 복수 현재 능동태 명령법 형태다 — 옮긴이). 그러나 여기는 설령 이 문장의 관심사가 공동체라 할지라도 사람은 각자 각자가 죄에 시험당하고 붙잡힌다는 것을 분명하게 일러주는 증거다. 이것은 단지 바울이 가령 빌 2:4에서 말하는 “너희(복수) 각자”의 또 다른 형태일 뿐이다. 빌 2:4에서도 이곳과 같은 동사가 나타나지만, 복수형(역시 복수 안에 “각자”가 들어 있다)으로 나타난다(σκοπέω의 남성 복수 주격 현재분사 능동태 꼴인 σκοποῦντες가 나타난다 — 옮긴이).

들어내시는 삶(**영**의 열매)에 맞는 삶을 살아갈 뿐이다. 그러나 그런 사람도 늘 유혹에 쉽게 넘어갈 수 있다(그렇지 않다고 생각하면 더 쉽게 넘어간다!). 그것이 우리가 하나같이 가진 취약점이다. 이 취약점 때문에 **영**의 사람들은 넘어진 자들이 쓰러져 있을 때 그들을 걷어차기보다는 일으켜 세워주어야 한다. 그러나 우리 중에는 그렇게 넘어진 자들을 걷어차곤 하는 이들이 많다.

이것이 바울의 관심사라는 점은 그가 **영**의 사람들이 취약한 사람을 회복시킬 때 따라야 할 방법으로 서술해놓은 내용이 더 확증해준다. **영**의 사람들은 ἐν πνεύματι πραΰτητος(온유의 **영**/영으로; 참고. 고전 4:21) 넘어진 사람들을 회복시켜야 한다. 이 문구 역시 바울 서신에 있는 문구 중 영어로 옮기기 지극히 어려운 말 가운데 하나다. 우선 일부 주석가들이 재빨리 간파한 것처럼,[328] 여기서 바울이 호소하는 "온유함"은 회복시키는 일을 하는 사람들을 묘사하는 말이다. 따라서 넘어진 사람들을 회복시키는 일은 온유함이라는 태도를 갖고, 온유함이라는 자세로 해야 할 일이다. 그런가 하면 지금까지 줄곧 **영**이라는 말이 존재해온 점과 πνεῦμα가 늘 오로지 성령만을 가리켰던 여기 문맥 속에서 **영**이라는 말이 등장한 점을 생각할 때, 갈라디아 사람들 자신이 이런 연관성(πνεῦμα와 **영** 사이의 연관성—옮긴이)을 깨닫지 못했으리라고 상상하기는 힘든 일이다.[329] 결국 다른 곳처럼 여기서도 나는 바울이 생각하는 뉘앙스를 살려볼 요량으로 세련된 표현은 아니지만 "**영**/영"이라는 말을 선택했다. 어쨌든 이 문맥을 보면, πνεῦμα πραΰτητος를 "온유한 영(심령)"(a gentle spirit)으로 번역하는 것은 도저히 불가능하다. πραΰτης(온유, 겸손, 배려)는 신자에게 요구하는 미덕(자신을 낮추고 다른 사람들을 배려하는 것)이요 **영**의 열매이지, 단순히 인간의 어떤

---

328) 즉 πνεῦμα는 적어도 사람의 영이나 태도를 가리킨다. Lightfoot, Burton, Ridderbos가 이런 견해다.

329) Meyer, 321-22; Duncan, 180; Schlier, 260, 270; Guthrie, 142; Betz, 297n48; Bruce, 260; Fung, 286이 이런 입장이다. 주석들이 이런 분명한 연관성을 허다하게 간과하거나 그저 입 발린 말로 잠깐 이야기하고 넘어간다는 것이 놀랍고도 또 놀랍다.

태도(성향)를 가리키는 말이 아니다.

그렇지만 이것이 5:23이 말하는 **영**의 열매를 진지하게 되새겨준다는 것은 의심할 수 없다. "온유"는 **영**의 사람들이 나타내는 특질이다. **영**의 사람들이 이 열매를 나타내는 이유는 바로 이런 사람들이 이런 열매를 이런 사람들의 삶 속에서 만들어내신 **영의** 사람들이기 때문이다.

요컨대 이 1절 문장 전체는 바울이 (5:13부터) 제시해온 주장의 요점을 갈라디아 회중이 안고 있는 구체적 문제에 직접 적용한 결과물이다. 이것이 곧 "토라로부터 누리는 자유"를 증명해 보이는 길이다. 이것이 곧 갈라디아 사람들이 서로 종이 되어 사랑함으로 토라를 온전히 이루는 길이다. 이것이 바로 **영**으로 행함으로써 육의 욕심을 행하지 않는다는 말이 가진 뜻이다.

2절 방금 말한 내용은 어쩌면 "서로 짐을 짊어지라"라는 제목 아래 포함시킬 수도 있다. 그러나 1절과 2절이 서로 연결되어 있음을 시사하는 접속사(가령 "따라서", "그러므로")가 없다는 것은 이 2절이 1절과 다소 구별되는 독립된 권면이면서도 앞서 제시한 명령문(1절)이 생각나게 한 권면임을 일러준다. 그렇다면 두 구절을 이어주는 연결고리는 필시 잘못을 범하는 자의 취약성일 것이다. **영**의 인도를 받는 갈라디아 사람들은 연약하여 잘못을 범하는 자들을 보살펴주어야 한다. 뿐만 아니라, 그 차원을 넘어 "서로 짐을 짊어짐으로써" 연약하고 도움을 필요로 하는 자들이 짊어진 짐을 덜어주어야 한다. 바울은 그렇게 "짐을 짊어지는 것"을 더 나아가 "그리스도의 법을 온전히 이루는 일"로 묘사한다. 그래서 우리는 바울이 이 문장으로 갈라디아 사람들에게 5:13-15을, 그중에서도 특히 14절을 실천과 관련지어 되새겨준다고 확신할 수 있다. 이렇게 서로 짐을 지는 일은 각 사람이 다른 모든 이들에게 종의 일을 행함으로써 사랑을 실천하는 길이다.

이 2절은 분명 5:14을 되새겨준다. 또 우리가 앞서 언급했듯이 **영**은 이런 종류의 사랑을 행할 능력을 부어주신다. 때문에 이 문맥도 이렇게 서로 짐을 짊어지는 행위가 **영**을 따르는 행위를 표현해 보이는 또 한 가지 길임을 일러주는 셈이다. 서로 짐을 짊어짐이 **영**을 따르는 행위임은, 바울이 이 모든 내용을 매듭지으며 8-9절에서 이야기하는 "**영**을 위하여 씨를 뿌림"과 "모든 이에게 선을 행함"을 이 2절과 연계한다는 사실이 더욱더 분명하게 증명해준다.

그렇다면 "그리스도의 법"은 무슨 뜻인가? 바울은 지금 자신이 방금 전에 5:23에서 말한 것도 잊어버린 채 **영** 안에서 살아가는 삶은 사람이 준수하거나 순종해야 하는 사실상 새로운 형태의 토라라는 말을 하는 것인가? 결코 그렇지 않다. 이 용어의 의미를 알 수 있는 실마리는 세 방향에서 찾을 수 있다. 첫째, 이 책 제15장에서 바울의 윤리를 다룰 때 언급하겠지만, **영**의 사람들에게는 하나님의 영광이 **목적**이요, **영**이 **능력**이요, 사랑이 **원리**요, 그리스도가 본받을 **모범**이시다. 우리가 이미 22절을 다루면서 이야기했듯이, 그리스도는 **영**의 사람들이 따를 원리인 사랑이 무엇인지 일러주시는 모범이 되신다. 따라서 "그리스도의 법"은 어떤 새 율법들을 가리키는 말도 아니요 심지어 복음이 신자들에게 부과하는 어떤 윤리 기준들을 가리키는 말도 아니다.[330] 오히려 "그리스도의 법"은 무엇보다도 그리스도 자신을 가리키는 말이다. 바울은 이 서신에서 그리스도를 일부러 "우리 죄를 위하여 자신을 내어주신 분"(1:4)이자 "나를 사랑하사 나를 위하여 자신을 내어주신 분"(2:20)으로 묘사했다.[331] 그리하여 그리스도는 이미 5:13-14에서 바울이 제시하는 주장의 패러다임이 되어주셨다. "주가 그 길을 걸어가셨으니 종도 역시 그 길을 걸어감이 마땅하지 아니한가?"

둘째, 여기서 구사하는 언어의 결합("온전히 이루다"와 "그리스도의 법")은 5:14을 다시금 가리킨다. 바울은 5:14에서도 이 구절과 비슷한 언어를

330) 이 논쟁을 살펴보려면, R. B. Hays, "Christology and Ethics in Galatians: The Law of Christ," *CBQ* 49 (1987), 268-90, 그리고 Barclay, *Obeying*, 126-31을 보라.

331) 참고. Hays, "Christology," 275: "예수 그리스도가 자기를 내어줌의 (유일하고 참된) 패러다임이심을 이야기할 목적으로 바울이 만들어낸 정형 문구다."

사용하여 사랑을 토라를 "이루는 것"이라고 말했다.[332] 그러나 바울이 여기 2절과 5:14에서 서로 다른 동사를 선택한 것은(5:14에서는 "마치다, 완성하다"라는 뜻을 가진 동사 πληρόω를 사용했고, 6:2에서는 "완전케 하다, 빈틈을 메우다"라는 뜻을 가진 동사 ἀναπληρόω를 사용했다—옮긴이) 필시 일부러 그리한 것이다. 5:14 같은 경우, 토라가 이미 완성된 것은 그것이 더 이상 행하여지지(통용되지) 않게 하려는 목적 때문이다.[333] 그러나 2절의 경우에는 신자들이 사랑 안에서 서로 짐을 짊어질 때마다 "그리스도의 법"이 "온전히 이루어진다"라고 말한다. 따라서 5:14이 말하는 "이루어짐"을 이해할 때는 십중팔구 **영**이 부어주시는 능력을 힘입어 그리스도 바로 그분이 살아가신 그대로 살아가는 사람들을 통해 그리스도의 법이 더 "완전하게 이루어진다"는 것을 염두에 두어야 한다.

셋째, 이런 문구 전환은 그 자체가 **영**이 부어주시는 능력으로 말미암아 토라와 육으로부터 자유를 누리는 삶이 "법 없이 멋대로 사는 것"으로 귀결되는 것은 아님을 더 점잖게 되새겨준다. 오히려 이런 삶은 **율법**의 궁극적 표현이신 그리스도를 본받아 살아가는 삶으로 이어진다. 그리스도는 당신의 죽음과 부활을 통해 모든 사람의 "짐을 짊어지셨다." 무엇보다 그리스도는 "우리를 사랑하사 우리를 위하여 자신을 내어주신" 분이다. 이것이 바로 바울이 **영**의 사람들에게 다시 만들어내라고 요구하는 "그리스도의 법"이다.

이런 "법"에 비춰볼 때, 바울이 3절에서 갈라디아 사람들에게 5:26을 다시 되새겨준다는 것을 알아내기는 쉬운 일이다. 우쭐해져서 자신을 아주 높이 생각하는 사람들은 자기를 속이는 자들이요 그리스도의 법을 온

---

332) 이 때문에 Barclay, *Obeying*, 131-35은 여기 2절의 "법"이 "그리스도가 사랑을 통해 다시 규정하시고 온전히 이루신" 모세 **율법**(특히 5:14에 나오는)을 가리킨다고 주장한다.

333) 즉 토라의 목적은 여전히 효력을 가지며 이런 식으로(=사랑 안에서 서로 짐을 짊어짐으로—옮긴이) "온전히 이루어진다." 그러나 이런 토라의 목적과 상관없이 이스라엘은 물론이요 더 나아가 장차 하나님의 백성이 될 모든 이들에게 적용되는 언약 규정들은 더 이상 통용되지 않는다.

전히 이룰 수 없는 자들이다. 결국 이런 사람들은 **영**을 본받아 살아가는 사람들이 **아니다**.

▪ 갈라디아서 6:7-10

7속임을 당하지 말라, 하나님은 놀림을 받지 않으시느니라. 이는 무엇이든 사람
이 씨를 뿌리면, 역시 그것을 거두기 때문이니라. 8자기 육을 위하여 씨를 뿌리
는 사람은 육으로부터 썩은 것을 거두지만, **영**을 위하여 씨를 뿌리는 사람은 **영**
으로부터 영원한 생명을 거두느니라. 9선을 행할 때 낙심하지 말지니, 우리가 포
기하지 않으면, 때가 되었을 때 거둘 터이기 때문이라. 10따라서 우리는 기회를[334]
가지는[335] 대로 모든 사람들에게 선한 일을 하려고 힘쓰되, 특히 믿음의 집안에
속한 이들에게 그리할지니라.

가끔씩 반대 주장을 펴는 이들도 있지만, 여기 있는 말들은 바울이 5:13에서 시작한 주장을 끝맺는 말로 이해하는 것이 가장 좋다. 이 본문의 구조 및 내용과 관련된 몇몇 문제들은 그렇게 보는 견해가 옳음을 일러줄 뿐 아니라, 이 대목 전체와 관련하여 여기서 제시하는 시각이 대체로 옳다는 것을 확증해주는 것 같다.

첫째, 이 네 구절 전체는 분명 함께 뭉쳐 한 단위를 이룬다. 항간의 금언으로 보이는 서두의 경고와 인용문은 곧바로 8절에서 제시하는 금언을 바울이 이곳까지 제시해온 주장에 비추어 적용하도록 이끌어준다. 이 적

---

334) 여기서는 어떤 언어유희가 이루어지고 있는데, 이를 콕 집어 영어로 옮기기가 아주 어렵다. 9절에서 바울은 우리가 καιρῷ ἰδίῳ ("제 때"가 되면, 다시 말해 수확하기에 "적합한 때"가 되면) 거두리라고 말했다. 여기서 그는 "때"라는 말을 활용하여 우리가 지금 καιρός ("기회")를 9절에서 독려한 대로 선한 일을 하는 데 활용해야 한다고 말한다.

335) ℵ B* 6 33 104 326 614 al은 이 ἔχομεν을 가정법 형태인 ἔχωμεν으로 기록해놓았다. 이것은 너무 어려운 독법이어서 원문일 수 없으며, 단순히 두 단어의 발음이 같은 바람에 생겨난 아무 의미 없는 변형이라고 설명할 수 있다.

용은 다시 9절에서 "선한 일을 하라"라는 말로 제시하는 마지막 권면과 약속의 근거가 된다. 마지막으로 바울은 10절에서 "선을 행함"이라는 모티프를 동원하여 이 문단과 5:13부터 제시해온 주장을 끝맺으면서 권면이라는 형태로 마지막 적용을 제시한다. 이 문단은 아주 훌륭하게 결합되어 있어서 우연히 만들어졌거나 두서없이 만든 것이라고 볼 수가 없다.

둘째, 바울은 8절에서 수확 은유를 적용하면서 자신이 5:13부터 제시한 주장 전체를 지배해온 두 가지 모티프(육을 좇아 살아가는 삶과 이에 맞서 **영** 안에서 살아가는 삶)를 다시 결합한다. 그는 두 모티프를 결합할 때 각 종류의 삶이 마지막 날에 맞게 될 결과에 비추어 경고하고 격려하는 방법을 사용한다. "**영**을 위하여 씨를 뿌리다"라는 말은 16-26절을 지배하는 명령문들로서 바울이 거기서 분명하게 표현하거나 암시했던 내용들(= "**영**으로 행하라", "**영**의 인도를 받으라", "**영**의 열매"를 맺으라, "삶을 **영**에게 일치시키라")[336]을 또 다른 표현 방법을 동원하여 다그친 것이다. 그렇게 **영**을 위하여 "뿌림"이 거두는 것은 영원한 생명(영생)이다. 마찬가지로 "육을 위하여 씨를 뿌리다"라는 말은 방금 말한 것들의 반대편에 있는 여러 가지 일들("서로 잡아먹고 집어삼키는 것", "육의 일들"을 행하는 것, "자만하여 서로 노엽게 하고 투기하는 것", "자신이 아무것도 아닌데 자신을 무언가 된 사람으로 생각하는 것")을 반영한 말이다. 바울이 이미 5:21에서 강조했지만, 그런 씨뿌림은 유업을 수확하지 못한다. 바울은 이제 이를 "썩을 것을 거둔다"라는 말로 표현한다.

셋째, 이 문단 전체에서 분명하게 볼 수 있는 특징은 수확이라는 은유를 토대로 경고와 권면을 결합한 점이다. 이 은유는 분명 종말을 염두에 둔 것이다. 이 대목 전체를 놓고 볼 때 끝에서 두 번째 말이 경고하는 말이라는 점은 특히 주목할 만하다. 우리가 앞에서 언급했지만, 그런 경고는

336) 일부 사람들은(가령 Burton, 342-43) 여기 **영**이 사람의 영을 가리킨다고 주장한다. 그러나 그런 주장은 모든 증거 — 문맥, 바울의 용례, 그리고 특히 "**자신의 육**"과 "**영**" 사이의 대조(이 점은 일찍이 히에로니무스도 이해했던 것이었다) — 와 충돌하는 견해다.

몇몇 핵심 부분(특히 5:21)에서 수면 바로 아래 자리해 있으며, 5:15에서는 "너희가 서로 파멸시키지 않도록 조심하라"라는 언어 표면에 자리해 있다. 여기에는 갈라디아 사람들이 그런 "육의 일들"을 그만두어야 한다는 마지막 경고가 기록되어 있다. 그렇게 육의 일들을 뿌리면 수확할 것은 파멸이기 때문이다. 이 전체 문단이 갈라디아 지역 공동체들 내부의 분쟁이라는 정황에 맞춰 만들어낸 게 아니라면, 아마도 달리 이런 경고를 기록할 이유가 없었을 것이다.

넷째, 이 문단 전체에서 마지막으로 등장하는 말이 "모든 사람에게, 특히 믿음의 집안에 속한 이들에게 선한 일을 행하라"라는 격려의 말인 것 역시 주목할 만하다. 지금까지 해온 모든 말이 이것과 관련 있다. 그리스도의 사람들이자 **영**으로 살아가는 사람들은 더 이상 토라 아래 있지 않다. 토라의 시대는 지나갔다. 그렇지만 **영**의 사람들에게 법이 없는 것은 아니다. 그들은 "그리스도의 법"으로 살아간다. 이는 곧 그들이 사랑 안에서 서로 종의 의무를 다해야 한다는 뜻이다. 갈라디아의 문제는 일부 신자들이 기꺼이 토라 아래로 들어가 토라를 지키는 자가 됨으로써 그것으로 하나님 백성임을 나타내려 한 것이었다. 하지만 그들이 설령 토라를 준수했어도 이것이 갈라디아 공동체들 내부에서 서로 죽고 죽이는 싸움이 벌어진 긴박한 순간에는 그들에게 아무런 유익이 되지 않았을 것이다. 그런데도 그들은 이처럼 토라를 지키는 자가 됨으로써 눈에 보이는 "죄"를 막아보려고 했다. 그러나 그렇게 "**율법** 아래로 들어간 것"은 자기를 속이는 일이 되었다. 흡사 가축우리 겉면은 새로 페인트칠을 하며 단장했지만, 그 우리 속에는 가축의 배설물이 그대로 남아 있는 꼴이었다. "그리스도의 법"을 표현하는 진정한 의는 사랑으로 살아가는 것, 서로 물어뜯기보다 서로 섬기는 것, 서로 자극하며 분을 돋우기보다 서로 짐을 짊어지는 것을 뜻한다. 그 의는 **영**의 능력으로 살아감으로써 육의 욕심을 행하지 않고 **영**의 열매를 증명해 보이는 것을 뜻한다. 바울은 마지막으로 모든 이에게, 특히 갈라디아 공동체 내부 사람들에게 선을 행함으로써 **영**을 위해 씨를 뿌리라고 당부한다.

그것이 분명 바울이 지금까지 제시한 주장 전체(5:13-6:10)의 요지이며, 특히 이 마지막 경고와 권면의 요지다. 8절과 9-10절이 **영**과 관련하여 말하는 내용을 놓고 서너 가지만 더 설명해야 할 것이 있다.

1. 방금 언급했듯이, 육/**영**을 위하여 "씨를 뿌린다"라는 언어는 은유에 속한다. 바울이 7절에서 이 문단이 제시하는 모든 내용의 말꼬를 여는 통로가 바로 이 은유다. "씨를 뿌린다"라는 말은 바울이 5:13부터 이야기해 온 앞의 모든 내용에 비추어 이해해야 할 말임이 거의 확실하다.[337] 두 전치사구 곧 **영**/육 "안으로"(을 위하여; "into" the Spirit/flesh) 뿌린다는 말과 **영**/육"으로부터" 거둔다는 말[16]은 우리 귀엔 좀 이상하게 들릴지 모르겠지만, 단지 "씨를 뿌림"이라는 은유를 생생하게 살려주는 말일 뿐이다. 바울은 16-17절처럼 여기서도 육을 거의 사람에 빗대어 **영** 자체와 완전히 평행선을 긋는 존재로 표현해놓았다. 이 은유에 비춰볼 때, **영**과 육은 사람이 씨를 뿌리고 곡물을 수확하는 두 종류의 "흙"을 가리킨다. 우리가 가지는 어려움은 대체로 번역 문제다. 우리가 보기에는 이 두 종류의 "흙"(=**영**과 육)이 실제로 사람이 파내고 그 속에 어떤 것을 "심을" 성질의 것이 아니기 때문이다. 그래서 우리는 "육/**영**을 **위하여**"로 살짝 바꾸어 번역했다.

그러나 이 은유의 요점은 분명해 보인다. 우선 이기적 야망을 좇아 사는 것, 걸핏하면 분노를 터뜨리는 것, 불화의 씨를 뿌리고 적대감을 자극하는 것, 성에 탐닉하거나 술 취함같이 도를 넘어선 일에 빠지는 것 같은 일들은 "**자신의** 육을 위하여 씨를 뿌리는" 것이다. 이런 일은 그야말로 그

337) Calvin, 178은 문맥을 놓치는 경우가 드문 이 부분에서 이런 견해를 거부하고 대신 "미래의 삶은 일체 생각하지 않은 채 현재의 삶에서 부족한 것들만 걱정하다"라는 뜻으로 생각한다. 다른 학자들은 7절이 6절과 더 긴밀하게 결합되어 있다고 주장하면서 "씨를 뿌림"을 선생(바울 혹은 다른 사람들)을 후원하는 일로 생각한다[가령 Burton, 339-40; Bligh, 483-86; 참고. L. W. Hurtado, "The Jerusalem Collection and the Book of Galatians," *JSNT* 5 (1979), 46-62]. 이 본문과 이 본문 앞에 있는 모든 내용을 이어주는 수많은 연결고리들만 없다면, Burton 같은 학자들의 주장도 매력이 있었을 것이다.

리스도께 속하지 않은 사람들이 하는 행동에 빠지는 것이다. 또 바울이 이미 이런 행동들을 두고 5:21에서 이야기했듯이, 그렇게 "씨를 뿌리면" 거둘 것은 파멸이다. 육은 하나님의 길과 철저히 그리고 한 치도 물러서지 않고 대립하기 때문이다. 그런가 하면 서로 상대에게 종이 할 일을 행하는 것, 넘어진 자를 다시 일으켜 세워주는 것, 다른 사람의 짐을 져주는 것, 자기 자신의 가치를 올바로 평가하는 것, 자신을 적대시하거나 자신을 잘 따르지 않는 자를 참고 견디는 것 같은 일들은 "**영**을 위하여 씨를 뿌리는" 것이다. 이것은 **영**으로 행하는 것이요, 지금 십자가 이쪽에서 살아가는 사람에게 인도자가 되어주시는 **영**에게 자신의 행위를 맞춰가는 것이다. 이런 종말론적 구원이 가져올 마지막 결과는 그 구원의 완성인 영생이다.

2. **영** 안에서 살아가라는 이 마지막 호소와 앞서 바울이 같은 취지로 이야기했던 호소들 사이의 차이점은 이 호소가 두드러지게 종말론에 초점을 맞춘다는 점이다. 바울은 이미 **영** 안에서 살아가는 삶과 육 안에서 살아가는 삶이 종말에 맞이할 결말을 5:5("**영**으로 우리가 의의 소망을 기다린다")과 5:21("육의 일들을 행하는 자들은 그 나라를 유업으로 받지 못하리라")에서 이야기했다. 이제는 이 모티프가 직접적이고 분명한 관심사다. 바울이 강조하는 요지는 사람이 육을 따라 살았느냐 아니면 **영**으로 살았느냐가 그 사람이 종말에 맞이할 결과를 결정한다는 것이다. 바울은 5:21에서 육 안에서 살아가는 삶의 결과를 불신자들, 곧 이런 식으로 살아가는 사람들과 관련지어 표현했다. 물론 이 말은 **영**의 사람들이면서도 그런 행위를 여전히 행하는 사람들에게 주는 경고이기도 했다. 바울은 여기서도 같은 점을 강조하면서 이 강조점을 확실한 경고로 제시한다. 계속하여 육의 삶을 고집하는 사람들은 사실상 **영** 안에서 살아가기를 그만둔 사람들이었다. 다시 말해, 이는 "(율법을 어기는) 죄에 붙잡히는" 것과 아무 상관이 없는 일이다. 오히려 이는 "진리에 순종하지" 않고 **영** 안에서 살아가길 거부하면서 자신의 죄에 탐닉하는 것과 관련 있다. 바울은 분명 사람들이 이런 경고들을 진지하게 받아들이길 원한다.

하지만 바울은 경고로 말을 마무리하지 않는다. 바울이 "**영**을 위하여 씨를 뿌리는" 사람들로 정의한 하나님 백성이 맞이할 결과는 "의의 소망"이 결국 실현되는 것(영생)이다. 그러나 앞에서도 말했듯이, **영**의 삶은 저절로 이루어지지 않는다. **영**의 삶에도 선택이 따른다. 우리는 **영**을 위하여 **씨를 뿌려야** 한다. 다시 말해 **영**이 주시는 능력을 힘입어 **영**의 영역 안에서 행해야 한다. **영**으로 말미암아 생명을 받은 이상, **영**이 원하시는 것을 따라 살아가야 한다. 이런 삶을 증명하는 증거가 바로 **영**의 열매다. **영**의 열매를 맺는 일은 저절로 이루어지는 일도 아니요 선택 사항도 아니다. 앞서 말했듯이, 바울은 이 모든 것을 명령으로 제시한다. **영**은 충분하시다. 그러나 토라는 그렇지 못했다. 신자는 **영**이 인도하시는 방향으로 걸어가야 한다. 그렇게 "씨를 뿌려야" 풍성한 수확이 보장된다.

3. 바울은 "**영**으로부터 영생을 거두리라"라는 말을 8절의 마지막 구절로 제시한다. 바울이 이런 말을 마지막 구절로 제시한 것은 그가 **영**을 이미 그러나 아직 아니라는 말로 표현하는 우리의 종말론적 실존에 가장 중요한 실재로 생각하기 때문이다. 생명을 주시는 **영**(5:25; 고후 3:6)은 우리가 우리의 마지막 소망을 기다리게 하시는(5:5) 바로 그 **영**이시다. 바로 이 **영**이 우리 안에/가운데 임재하시기에 우리 역시 마지막 날에 완성될 영생에 들어갈 것이다. 따라서 이 용례는 "보증금", "인"(印), "첫 열매" 같은 은유들과 똑같은 실체를 나타낸다. **영**은 현재 우리가 이미 생명으로 들어갔음을 증명해주시는 증거요 마지막 날에 완전하게 실현될 그 생명(=영생)의 기초이시며 보증인이시다.

4. 마지막으로 9-10절은 **영**의 열매 중 하나인 선(=양선)에 초점을 맞춤으로써 (5:13부터 이어온—옮긴이) 모든 주장을 끝맺는다. 선이 그저 추상명사가 아님을 분명하게 일러주는 증거가 바로 여기다. **영**의 열매인 선은 끊임없이 계속하여 낙심하거나 싫증을 내지 않고 선을 행함을 뜻한다(9절).[338]

---

338) Betz, 309과 Barclay, *Obeying*, 166도 같은 견해다.

이렇게 "**영**을 위하여 씨를 뿌린" 사람은, 이미 8절에서 약속했듯이, 수확할 때가 되면 거둘 것이다. 나아가 이 말은 "선한 일"의 수혜자가 될 다른 이들에게 그런 선한 일을 행한다는 뜻이다. 바울은 마지막으로 "특히 믿음의 집안에 속한 자들에게" 선한 일을 하라고 당부하는데, 이는 단락 전체(5:13-6:10)의 요지에 딱 들어맞는 말이다[그리스도와 함께 온 "믿음"은(3:25-26) 이제 신앙 공동체 안에서 사랑과 "신실함"(충만한 믿음)으로 자신을 드러낸다]. "그들이 **영**으로 시작하였으니, 역시 **영**으로 마칠 것"이라는 증거가 바로 여기에 있다.

이처럼 이 서신 몸통은 처음에 3:1-5에서 이 서신 고유의 주장을 시작하며 사용했던 것과 같은 어조로 끝맺는다. 우리가 3:1-5에서도 언급했듯이, 갈라디아서가 결국 대조하는 것은 "일들"(행위)과 "믿음"이 아니라, 토라 아래 있는 삶과 **영**으로 살아가는 삶이다. 토라 아래 있는 삶은 그리스도가 우리를 해방시켜주신 바로 그 저주 아래로 들어간다는 뜻이다. 더욱이 토라 아래 살아가는 삶은, 하나님과 사람의 관계라는 차원에서도 그리고 하나님 뜻에 합당한 행위라는 차원에서도, 사람들을 의로 인도해주지 못한다. 오직 **영**만이 그리스도가 당신의 죽음과 부활로 확보해주신 의를 우리 것으로 만들어주시며, 진정한 생명과 유효한 의를 가져다주실 수 있다. 이 때문에 바울은 갈라디아 사람들에게 **영**으로 시작하였으니 **영**으로 마치라고 촉구한다. 바울이 이렇게 다그치는 이유는 이렇게 **영** 안에서 살아가는 삶만이 그리스도 안에 있는 삶의 방식이기 때문이요 하나님이 육의 삶에 처방해주신 해독제이기 때문이다. 그리스도의 죽음은 우리를 토라 준수로부터 해방시켜주었고 이전에 따랐던 삶의 방식을 십자가에 못박게 하였다. **영**은 이제 이 자유를 신자에게 적용하사, 이 신자가 **율법**의 종으로 살아가지 않게 하시고 육에 탐닉하지 못하게 하신다. 그러나 **영**으로 "마친다"는 것은 **영** 안에서/**영**으로 행한다는 말이다. 이는 곧 바울이 여기 주장에서 마지막으로 말한 것처럼, 모든 사람에게, 특히 그리스도 안에 있는 자신의 가족에 속한 자들에게 선한 일을 행함으로 **영**을 위하여 씨를 뿌린다는 뜻이다.

• 갈라디아서 6:18

우리[339] 주 예수 그리스도의 은혜가 너희 영과 함께(너희 영에) 있을지어다, 형제 자매들아, 아멘.

이곳은 이렇게 특이한 형태로 은혜를 간구하는 축도가 등장하는 네 서신 가운데 첫 번째 서신이다(빌 4:23; 몬 25절; 딤후 4:22을 보라). 바울은 여기에 이르기까지(공들여 기록한 고후 13:13[14]의 축도를 포함하여) "우리 주 예수 그리스도의 은혜가 **너희와 함께** 있을지어다"[데살로니가전서; 고린도전서; 참고. 로마서(16:20); 골로새서]나 **"너희 모든 이와 함께"**(데살로니가후서; 고린도후서)라는 말로 서신을 맺어왔다. 그러나 여기서는, 딱히 그 이유는 밝혀낼 수 없지만, "너희와 함께"가 "너희 영과 함께"로 바뀌었다.

로버트 쥬이트는 πνεῦμα의 단수형이 복수 대명사(=너희의, ὑμῶν)와 함께 나타난 점을 상당히 강조하면서, "'영'이라는 말이 단수이기 때문에, 이 말은 분명 회중 구성원들이 태어날 때부터 가졌다고 생각했을 수 있는 여러 사람들의 영들(spirits)이 아니라 하나님의 **영**이라는 단일한 **영**을 가리킨다"라고 역설한다. 덧붙여 그는 "그러나 한 가지 확실한 것은 이 문구를 만들어낸 전승이 하나님의 **영**과 사람이 소유했을 영을 구별하지 않았다는 것이다"[340]라고 말한다.

그러나 이 문구는 쥬이트가 생각하는 것만큼 거의 "분명"하고 "확실"한 표현은 아니다. 사실 이렇게 복수 대명사와 단수 명사를 함께 쓴 것은 배분 단수(distributive singular)를 선호하는 바울의 (셈어 사용) 경향이 다시 한 번 반영된 결과일 뿐이다. 배분 단수에서는 "어떤 무리에 속한 각 사람이 무언가를 소유할 경우, 이를 단수로 표현한다."[341] 따라서 바울이

---

339) 이 ἡμῶν이 일부 중요한 사본들(א P 1241ˢ 1739 1881 2464 pc)에서는 빠져 있다. 이것이 원문일 가능성이 아주 높다. 이 사본들의 조상인 사본이 이 말을 부주의하여 생략했다고 생각하기보다 나중에 (이렇게 대명사가 있는 쪽이 바울의 기본 패턴과 유사하다는 이유로) 이 대명사를 덧붙였다고 상상하는 쪽이 더 그럴싸하기 때문이다.

340) *Terms*, 184.

쓴 이 말은 십중팔구 "단일한 하나님의 **영**"을 언급하려는 게 **아니다**. 뿐만 아니라, 바울은 쥬이트의 주장처럼 **영**이 갈라디아 사람들 각자에게 배분되어 그 배분된 **영**이 사실상 사람의 영을 대신한다는 생각도 하지 않는다. 바울이 하려는 말은 말 그대로 우리 주 예수 그리스도의 은혜가 "너희 영들과 함께 있을지어다"(be with your spirits)이다. 여기서 그는 다른 곳에서 더 자주 등장하는 "너희와 함께"를 "너희 영들과 함께"로 바꿔 쓴다.[342] 이 경우를 하나님의 **영**을 가리키는 말로 보려는 것은 부질없는 일이다.

물론 이런 설명이 바울이 왜 네 서신에서는 그런 말을 골라 쓰려 했는지 그 이유를 이해하는 데 도움을 주지는 않는다. 이 지점에서 학자들도 그 이유를 설명하려다 허탕을 치곤 했다. 이런 변형이 등장하는 네 서신을 살펴봐도 그 이유를 밝혀낼 실마리를 제공해줄 만한 독특한 것이 없는 것 같다. 어쩌면 우리는 바울 서신에서 다른 세 서신(빌립보서, 빌레몬서, 디모데후서)이 누가 봐도 가장 애정이 넘치는 서신이라는 점에 주목해야 할지 모르겠다. 그렇다면 갈라디아서는 어떤가? 바울이 "너희 영과 함께"라는 말을 쓰고 특이하게 ἀδελφοί ["형제(자매)들아"]라는 말을 덧붙인 것은 그나마 이런 말도 없었으면 온통 괴로움으로 가득했을 서신에 담아놓은 일종의 마지막 애정 표현일지도 모른다.

결론

이 서신이 제시하는 주장에서는 **영**이 주된 역할을 한다. 바울은 이런 **영**

341) N. Turner, MHT 3.23. 바울 서신에서 이 용례를 살펴보려면, (σῶμα와 함께 쓴 경우) 고전 6:19, 20; 고후 4:10; 롬 6:12; 8:23 그리고 (καρδία와 함께 쓴 경우) 고후 3:15; 6:11(칠십인경); 롬 1:21; 엡 1:18; 4:18; 5:19; 6:5; 빌 1:7을 보라.

342) 참고. E. Schweizer, *TDNT* 6.435.

의 역할을 분명하게 천명하기도 하지만, 그가 하는 많은 말 속에서 은근히 암시하기도 한다. 그 때문에 바울은 여기서 자신이 체험하고 이해하는 **영** 안의 삶이 어떤 모습인지 그 실상을 더 완전한 형태로 그려 보인다. 그리스도인이 개인 차원에서 그리고 공동체 차원에서 살아가는 삶은 우리에게 능력을 부어주시는 하나님의 임재이신 성령을 통해 시작하고, 계속 이어지며, 마지막 날 그 결말에 이르게 된다.

1. 바울이 이전에 쓴 서신들에서도 그랬듯이, **영**은 그리스도를 믿는 신자가 되는 데 절대 **없어서는 안 될 존재**시다. 바로 이 **영**이 어떤 사람이 그리스도께 속하였는지 확증해주시는 증인이시다. **영**은 이제 하나님 백성을 새롭게 규정해주시는 "정체성 표지"로서 옛 표지인 토라를 대체하셨다. 신자들이 회심할 때, 하나님은 그들 마음에 **영**을 보내심으로써 그들을 당신 자녀로 구별해주셨다. 이 **영** 덕분에 신자들은 하나님을 **"압바"**(하나님의 아들이신 예수가 아버지께 친밀히 사용하신 말로, 따라서 예수가 하나님의 "아들이심"을 증명해주는 증거이기도 하다)라 부를 수 있게 되었다.

동시에 **영**의 오심이 신자들이 역동적으로 체험한 실재였다는 것 역시 분명한 사실이다(바로 이 점 때문에 바울은 갈라디아 사람들이 **영**을 받은 일과 모순일 수 있음을 두려워하지 않고 의가 그리스도를 믿는 믿음에 근거하며 토라 준수와 절대 무관함을 완벽하게 증명해주는 증거로 **영**을 원용할 수 있었다). 갈라디아 사람들 자신이 한 **영** 체험은 선동자들을 통해 토라가 오기 이전에(즉 선동자들이 갈라디아에 와서 토라 준수를 요구하기 전에 — 옮긴이) 이루어진 일이었다. 바울은 이것을 토라의 시대가 끝났음을 일러주는 충분한 증거로 본다. 결국 **영**의 인도를 받는 사람들은 토라 아래 있지 않다.

2. 하지만 바울이 제시하는 주장의 핵심은 그리스도인의 출발점보다 오히려 "그리스도인이 완전함에 이르러가는 것"과 더 관련 있다. 다시 말해 신자와 신앙 공동체가 계속하여 살아가는 삶과 더 관련 있는 셈이다. 여기서 또 우리에게 능력 주시는 하나님의 임재이신 **영**이 모든 것의 핵심 동인이 되신다. 이 서신은 서신을 쓰게 한 논쟁과 관련 있는데, 서신의 핵심부

에는 토라와 무관한 의라는 문제가 자리해 있다. 바울은 **영**의 삶(**영**의 인도를 받아 주의 길로 행함)이 토라 준수의 종말을 뜻한다고 본다. **영**으로 사는 사람들은 결국 **영**의 열매를 맺을 것이다. 그런 삶에게 토라는 의무로서 아무런 의미도 갖지 못한다.

그러나 바울의 주관심사는 신자 개인이 아니라 신앙 공동체가 펼쳐가는 **영**의 삶이기 때문에, 이 서신은 이런 차원에서 **영**의 삶을 이야기하는 표현도 역시 풍성하게 제시한다. 바울은 갈라디아 사람들 가운데서 기적 같은 일들이 계속 벌어지는 것 역시 의가 토라 준수가 아니라 믿음의 들음(곧 믿음으로 복음을 듣고 순종함—옮긴이)에서 유래함을 보여주는 근거라고 호소한다. 이런 점에서 그 공동체 구성원이 **영**으로 함께 살아가는 이 커다란 장(場)에는 그 구성원들의 윤리적 삶(**영**의 임재를 증명해주는 증거인 그들 상호간의 관계)과 그들이 한 몸으로 함께 예배하는 삶도 포함된다.

3. **영**은 마지막 때의(종말론적) 주된 실재요, 미래가 이미 시작되었음을 확실히 증명해주는 증거이시며, 미래의 완성을 보장해주는 보증인이시다. 이 사실은 바울이 자신의 이해에서 절대 전제로 삼는 것이다. 여기 갈라디아서에서는 다른 곳보다 이를 일러주는 말이 그리 많이 나타나지 않는다. 그래도 그 사실은 근본이 되는 것이기에 바울은 여기서도 그 사실을 침묵할 수 없다. 그래서 그는 특별히 5:5에서 **영**의 임재가 그리스도의 의가 우리에게 가져다준 소망을 보장해주기 때문에 **영이** 토라를 능가한다고 천명한다. 하지만 고린도후서 3장에서도 그러했듯이, 바울은 **영** 바로 그분을 하나님이 주신 약속의 성취로 이해한다. 이 경우에는 특히 그 약속에 이방인들까지 복을 받으리라는 내용을 담아 아브라함에게 주셨던 약속이 포함된다(3:13-14). 이런 점 때문에 바울은 더더욱 **영**이 토라를 능가한다고 본다.

4. 마지막으로 바울이 시종일관 **영**이 하나님의 **인격적** 임재이심을 전제한다는 점 역시 주목할 만하다. 그리스도는 당신의 **영**으로 신자 안에 들어와 사신다. **영**은 당신 백성을 인도하여 의를 이루게 하신다. **율법** 역시

의를 요구했지만 의를 만들어내지는 못했다.

사도의 글 어디를 봐도 마찬가지지만, 중심 문제는 **영**이 아니다. 중심 자리에는 오직 그리스도만이 계신다. 그러나 **영**은 신자들이 그리스도가 당신의 죽음과 부활을 통해 제공해주신 삶을 이어갈 때 – 그 삶의 시작인 회심부터 윤리, 공동체 생활, 기적들, 계시, 그리고 종말론에 이르기까지 – 모든 부분에서 핵심 요소가 되신다. **영**이 계시지 않으면 말 그대로 진정한 그리스도인의 삶은 존재하지 않는다.

옮긴이 주

[1] 그리스어 본문에서는 이 문장(Χριστῷ συνεσταύρωμαι)이 2:19에 들어 있으나, 개역개정판은 이 문장을 2:20 서두에 기록해놓았다. 공동번역은 그리스어 본문처럼 19절 말미에, 새번역은 20절 서두에 기록해놓았다. 불가타는 이 문장을 그리스어 본문처럼 2:19 말미에 기록해놓았으며(*Christo confixus sum cruci*), Luther도 역시 19절 말미에 기록해놓았다(Ich bin mit Christus gekreuzigt).

[2] 18절에서 등장하는 동사들(κατέλυσά οἰκοδομῶ συνιστάνω)은 각각 "헐다, 파괴하다"를 뜻하는 καταλύω의 1인칭 단수 부정과거 능동태 직설법, "세우다, 건설하다"를 뜻하는 οἰκοδομέω의 1인칭 단수 현재 능동태 직설법, "제시하다, 소개하다"를 뜻하는 συνίστημι의 1인칭 단수 현재 능동태 직설법 형태다.

[3] "**압바**"는 본디 아람어에서 어린아이들이 쓰는 옹알이 말이었으나, 신약 시대에는 비단 어린아이뿐 아니라 성장한 자녀들도 아버지를 부르는 말로 썼다고 한다. 예수는 겟세마네 동산에서 기도하실 때 하나님을 "**압바**"(개역개정: 아빠)라 부르셨는데, 이는 아들로서 아버지 하나님을 신뢰하심을 표현하고 자신의 의무에 순종하겠다는 뜻을 나타내신 말이었다(EWNT Ⅰ, 1-2).

[4] 원서에는 ἐξαγορέω로 잘못 기록되어 있다. BDAG나 EWNT를 봐도 지은이가 제시한 단어는 아예 존재하지 않는다(BDAG, 343; EWNT II, 1-2). 갈 3:13에서는 ἐξαγοράζω의 3인칭 단수 부정과거 능동태 직설법 형태인 ἐξηγόρασεν을 사용했고, 갈 4:5에서는 ἐξαγοράζω의 3인칭 단수 부정과거 능동태 가정법 형태인 ἐξαγοράσῃ를 사용했다.

[5] NA^{27}이 제시하는 그리스어 본문은 διὰ τῆς πίστεως ἐν Χριστῷ Ἰησοῦ로 되어 있다. 이 본문 역시 "그리스도 예수 안에 있는 믿음을 통하여"가 맞는지 아니면 "그리스도 예수를 믿는 믿음을 통하여"가 맞는지 문제가 될 수 있는 부분이다. 그런데 개역개정판은 이를 "그리스도 예수 안에 있는 믿음을 통하여"로 번역하지 않고 "믿음으로 말미암아 그리스도 예수 안에서 하나님의 아들이 되었으니"라고 번역함으로써 διὰ τῆς πίστεως와 ἐν Χριστῷ Ἰησοῦ를 분리하여 해석했다. 새번역과 공동번역도 같은 해석 패턴을 따르며, 외국어 역본 중에도 루터판 독일어 성경(Denn ihr seid alle durch den Glauben Gottes Kinder in Christus Jesus)과 세계성서공회판 불어 공동번역 성경인 TOB (Car tous, vous êtes, par la foi, fils de Dieu, en Jésus Christ), 화란성서공회판(1951년판) 성경(Want gij zijt allen zonen van God, door het geloof, in Christus Jezus)도 같은 패턴을 따른다.

[6] 고대 로마 사회에는 교사, 작가, 수사학자, 의사, 건축가는 물론이요 심지어 공직자로 종사하는 전문직 노예가 있었다. 그리스와 지중해 연안 국가 및 북아프리카에서 잡혀온 노예 중에는 전문 지식을 갖춘 이들이 있었으며, 이들은 로마에 와서도 전문 직종에 종사했다고 한다. 이들은 다른 일반 노예보다 더 나은 대우를 받았다고 한다. 조규창, 『로마법』(서울: 법문사, 1996), 338-339.

[7] 독일어 원서는 1966년에 독일 괴팅엔에 있는 Vandenhoeck & Ruprecht 출판사에서

ABBA－Studien zur neutestamentlichen Theologie und Zeitgeschichte (『**압바** － 신약 신학과 시대사 연구』)라는 제목으로 처음 출간했다. 이 책 제1장은 Neue Beiträge (새 논문들)라는 제목을 달고 있는데, 여기서 Jeremias는 **압바**를 다룬다(15-80쪽).

[8] Jeremias는 **압바**라는 말이 예수와 하나님 관계의 핵심을 나타낸 말이며 예수도 이 말을 통해 당신 자신과 하나님이 특별한 관계에 있음을 나타내셨다고 주장한다(앞의 옮긴이 주7의 독일어 원서, 63-64쪽).

[9] Jeremias는 **압바**라는 언어가 역사 속에서 어떻게 사용되고 그 의미가 어떻게 변해갔는가를 이야기하면서 이렇게 말한다. "그러나 예수 시대에는 **압바**로 아버지를 부르는 것이 더 이상 어린아이의 언어로 한정되지 않았다는 점을 주목해야 한다. 오히려 방금 서술한 **압바**의 의미 확장은 성인이 된 자녀들도 자신들의 아버지를 일상생활에서 더 이상 **아비**(*abbi*, 내 아버지)로 부르지 않고 도리어 **압바**로 부르는 결과를 가져왔다"(앞의 옮긴이 주7 원서, 61쪽).

[10] Jeremias는 본디 **압바**가 아람어로 abbā가 아니라 abhā였을 터인데(아람어에서는 히브리어나 그리스어의 정관사에 해당하는 강조형 접미어가 단어 뒤에 붙기 때문이다), 엄마를 부르는 말인 **임마**(imma)를 따라 자음반복 현상을 일으키는 바람에 bh가 bb로 바뀌어 abbā가 되었다고 본다(앞의 옮긴이 주7 원서, 59-60쪽).

[11] 히브리어로 "옳다, 완전하다, 의롭다, 죄책이 없다"라는 뜻이다(WGH, 674-675).

[12] 히브리어로 표현하면 "hālak bhederek YHWH"(야웨의 길로 행하다)로 쓸 수 있겠다. "데렉"(dherek)이라는 히브리어는 "길"을 뜻하지만, "하나님이 사람들에게 걸어가도록 명령하신 길"을 의미할 때도 있다. 가령 왕상 3:14이 그런 예다(WGH, 168-169).

[13] NA[27] 본문은 이를 ἐριθεῖαι로 기록해놓았다. 이 말은 여성명사로서 "이기적 야망, 자기 이익만을 추구하는 태도"를 뜻하는 ἐριθεία의 복수형인데(BDAG, 392) 이렇게 복수형으로 쓰게 되면 "자기 이익만을 추구하는 태도를 실현하는 행동들"을 가리키게 된다(EWNT II, 130-131).

[14] 개역개정판은 "온유"로 번역해놓았다. 그러나 그리스어 본문이 사용한 동사는 χρηστεύομαι로서 "자비하다, 친절을 베풀다"라는 뜻이다(BDAG, 1089). 때문에 공동번역과 새번역은 이 말을 모두 "친절"로 번역해놓았다. 루터판 독일어 성경은 롬 2:4의 자비하심을 Güte로, 고전 13:4의 χρηστεύομαι는 "친절한"이라는 의미를 가진 freundlich로 번역해놓았다.

[15] 정확히 말하면 καί가 빠져 있는 게 아니라, NA[27]이 제시하는 그리스어 본문인 "Εἰ ζῶμεν πνεύματι, πνεύματι καὶ στοιχῶμεν"에서 πνεύματι καί가 빠져 있다. 필사자가 앞에 나온 πνεύματι를 보고 뒤의 πνεύματι는 사족이거나 같은 말을 반복하여 잘못 적어놓은 것이라고 여겨 생략해버렸을 것으로 보는 게 더 나을 것 같다.

[16] 지은이가 **영**/육 "안으로" 뿌리다 그리고 **영**/육"으로부터" 거두다로 번역한 이유는 그리스어 본문이 대개 "안으로"라는 말로 번역하는 전치사 εἰς와 "으로부터"로 번역하는 전치사 ἐκ를 사용하기 때문이다.

참고 문헌

■ 참고할 만한 주석 목록은 각 장 첫 페이지에서 볼 수 있으며, 저자와 발행연도를 밝혀놓았다.

Achtemeier, P. J. "*Omne verbum sonat*: The New Testament and the Oral Environment of Late Western Antiquity." *JBL* 109 (1990), 3-27.

Adai, J. *Der Heilige Geist als Gegenwart: Gottes in den einzelnen Christen, in der Kirche und in der Welt*. Frankfurt: Peter Lang, 1985.

Agnew, F. H. "The Origin of the NT Apostle-Concept: A Review of Research." *JBL* 105 (1986), 75-96.

Ahern, B. "The Indwelling Spirit, Pledge of Our Inheritance—Eph 1.14." *CBQ* 9 (1947), 179-89.

Althaus, P. "Zur Auslegung von Röm 7:14ff." *TLZ* 77 (1952), 475-80.

________. "'Das ihr nicht tut, was ihr wollt.' zur Auslegung von Gal. 5,17." *TLZ* 76 (1951), 15-18.

Armerding, C. "The Holy Spirit in the Old Testament." *BSac* 92 (1935), 277-91, 433-41.

Arnold, Clinton E. *Ephesians: Power and Magic: The Concept of Power in Ephesians in Light of its Historical Setting*. SNTSMS 63. Cambridge: Cambridge University Press, 1989.

________. "The Exorcism of Ephesians 6:12 in Recent Research." *JSNT* 30 (1987), 71-87.

Aune, David E. *Prophecy in Early Christianity and the Ancient Mediterranean World*. Grand Rapids: Eerdmans, 1983.

Badcock, F. J. "'The Spirit' and Spirit in the New Testament." *ExpT* 45 (1933-34), 218-22.

Baird, W. "Letters of Recommendation: A Study of II Cor. 3:1-3." *JBL* 80 (1961), 166-72.

Baker, D. L. "The Interpretation of 1 Corinthians 12-14." *EvQ* 46 (1974), 224-34.

Banks, R. *Paul's Idea of Community*. Grand Rapids: Eerdmans, 1980. 『바울의 공동체 사상』(IVP).

Banks, R., and G. Moon. "Speaking in Tongues: A Survey of the New Testament Evidence." *Churchman* 80 (1966), 278-94.

Barclay, John M. G. *Obeying the Truth: A Study of Paul's Ethics in Galatians*. Edinburgh: T. & T. Clark, 1988.

Barclay, William. *Flesh and Spirit: An Examination of Galatians 5.19-23*. Nashville: Abingdon, 1962.

Barr, J. "'Abba, Father' and the Familiarity of Jesus' Speech." *Theology* 91 (1988), 173-79.

________. "'Abba' isn't 'Daddy.'" *JTS* 39 (1988), 28-47.

Barrett, C. K. *Freedom and Obligation: A Study of the Epistle to the Galatians*. London: SPCK, 1985.

Barth, M. "A Chapter on the Church—The Body of Christ: Interpretation of I Corinthians 12." *Int* 12 (1958), 131-56.

Bartling, W. J. "The Congregation of Christ—A Charismatic Body: An Exegetical Study of 1 Corinthians 12." *CTM* 40 (1969), 67-80.

Bassler, J. M. "1 Cor 12:3—Curse and Confession in Context." *JBL* 101 (1982), 415-18.

Beale, G. K. "The Old Testament Background of Reconciliation in 2 Corinthians 5-7 and its Bearing on the Literary Problem of 2 Corinthians 6.14-7.1." *NTS* 35 (1989), 550-81.

Beare, F. W. "Speaking with Tongues." *JBL* 83 (1964), 229-46.

Beasley-Murray, G. R. *Baptism in the New Testament*. Grand Rapids: Eerdmans, 1962.

Beasley-Murray, P. "Romans 1:3f: An Early Confession of Faith in the Lordship of Jesus." *TynB* 31 (1980), 147-54.

Beekman, John, and John Callow. *Translating the Word of God*. Grand Rapids: Zondervan, 1974.

Beker, J. Christiaan. *Paul the Apostle: The Triumph of God in Life and Thought*. Philadelphia: Fortress, 1980. 『사도 바울』(한국신학연구소).

Belleville, Linda. *Reflections of Glory: Paul's Polemical Use of Moses—Doxa Tradition in 2 Corinthians 3. 1-18*. JSNTSup 52. Sheffield: JSOT Press, 1991.

Benoit, P. "'We too groan inwardly as we wait for our bodies to be set free': Romans 8:23." In *Jesus and Gospel*. Translated by B. Weatherhead. London: Darton, Longman & Todd, 1974. 240-50.

Berkhof, Hendrikus. *The Doctrine of the Holy Spirit*. London: Epworth Press, 1964. 『기독교와 성령의 역사』(기독교문화사).

Best, E. "Fashions in Exegesis: Ephesians 1:3." In *Scripture, Meaning and Method*.

Festschrift A. T. Hanson. Edited by B. P. Thompson. Pages 79-91. Hull: Hull University Press, 1987.

________. "The Interpretation of Tongues." *SJT* 28 (1975), 45-62.

Betz, H. D. *Der Apostel Paulus und die sokratische Tradition: Eine exegetische Untersuchung zu seiner Apologia (2 Kor. 10-13)*. BHT 45. Tübingen: J. C. B. Mohr [Paul Siebeck], 1972.

________. "Eine Christus-Aretologie bei Paulus (2 Cor 12,7-10)." *ZTK* 66 (1969), 288-35.

________. "In Defense of the Spirit: Paul's Letter to the Galatians as a Document of Early Christian Apologetics." In *Aspects of Religious Propaganda in Judaism and Early Christianity*. Edited by E. Schüssler Fiorenza, Pages 99-114. Notre Dame: Notre Dame University Press, 1976.

________. "2 Cor. 6:14-7:1: An Ati-Pauline Fragment?" *JBL* 92 (1973), 88-108.

Bieder, W. "Gebetswirklichkeit und Gebetsmöglichkeit bei Paulus: das Beten des Geistes und das Beten im Geist." *TZ* 4 (1948), 22-40.

Binder, H. "Die angebliche Krankheit des Paulus." *TZ* 17 (1961), 319-33.

Bittlinger, A. *Gifts and Graces: A Commentary on 1 Corinthians 12-14*. ET. Grand Rapids: Eerdmans, 1967.

Black, D. A. *Paul, Apostle of Weakness: Astheneia and its Cognates in the Pauline Literature*. New York: Peter Lang, 1984.

Black, Matthew. "The Interpretation of Rom viii 28." In *Neotestamentica et Patristica: Eine Freundesgabe, Herrn Professor Dr. Oscar Cullmann zu seinem 60. Geburtstag überreicht*. Edited by W. C. van Unnik. NovTSup 6. Pages 166-72. Leiden: Brill, 1962.

Blomberg, C. "The Structure of 2 Corinthians 1-7." *Criswell Theological Review* 4 (1989), 3-20.

Bockmuehl, M. *Revelation and Mystery in Ancient Judaism and Pauline Christianity*. WUNT 2/36. Tübingen: J. C. B. Mohr [Paul Siebeck], 1990.

Boismard, M.-E. "Constitué Fils de Dieu (Rom. I.4)." *RevistB* 60 (1953), 5-17.

Bousset, Wilhelm. *Kyrios Christos*. (Ger. original 1913). Translated by John E. Steely. Nashville: Abingdon, 1970.

Bouttier, M. *En Christ: Etude d'exégèse et de théologie pauliniennes*. Paris: Presses Universitaires, 1962.

Bowker, J. W. "'Merkabah' Visions and the Visions of Paul." *JJS* 16 (1976), 157-73.

Branick, V. P. "The Sinful Flesh of the Son of God (Rom. 8:3): A Key Image of Pauline Theology." *CBQ* 47 (1985), 246-62.

Braswell, J. P. "'The Blessing of Abraham' versus 'the Curse of the Law': Another Look at

Gal 3:10-13." *WTJ* 53 (1991), 73-91.

Briggs, C. "The Use of רוח in the Old Testament." *JBL* 19 (1900), 132-45.

Bruce, F. F. "The Curse of the Law." In *Paul and Paulinism*. Edited by M. D. Hooker and S. G. Wilson. Pages 27-36. London: SPCK, 1982.

________. "The Spirit in the Letter to the Galatians." In *Essays on Apostolic Themes: Studies in honor of Howard M. Ervin*. Edited by P. Elbert. Pages 36-48. Peabody, Mass.: Hendrickson, 1985.

Buchanan, C. O. "Epaphroditus' Sickness and the Letter to the Philippians." *EvQ* 36 (1964), 157-66.

Büchsel, F. *Der Geist Gottes im Neuen Testament*. Gütersloh: Bertelsmann, 1926.

________. "'In Christus' bei Paulus." *ZNW* 42 (1949), 141-58.

Bultmann, R. *Faith and Understanding*. ET. New York: Harper, 1969.

________. "Romans 7 and the Anthropology of Paul." In *Existence and Faith* (Ger. original 1932). ET. Pages 173-85. London: Hodder & Stoughton, 1960.

Burgess, S. M., G. M. McGee, and P. Alexander, eds. *Dictionary of Pentecostal and Charismatic Movements*. Grand Rapids: Zondervan, 1988.

Byrne, B. *'Sons of God'—'Sons of Abraham.'* AnBib 83. Rome: Pontifical Biblical Institute, 1979.

Callan, T. "Prophecy and Ecstasy in Greco-Roman Religion and 1 Corinthians." *NovT* 27 (1985), 125-40.

Cambier, J. "Le critère paulinien de l'apostolat en 2 Cor 12, 6s." *Bib* 43 (1962), 481-518.

Carson, D. A. *A Call to Spiritual Reformation: Priorities from Paul and His Prayers*. Grand Rapids: Baker, 1992.

________. *Showing the Spirit: An Exposition of 1 Corinthians 12-14*. Grand Rapids: Baker, 1987.

________. "'Silent in the Churches': On the Role of Women in 1 Corinthians 14:33b-36." In *Recovering Biblical Manhood and Womanhood: A Response to Evangelical Feminism*. Edited by John Piper and W. E. Grudem. Pages 140-53. Wheaton: Crossway, 1991.

Chevallier, M.-A. *Esprit de Dieu, Paroles d'Hommes*. Neuchâtel: Delachaux and Niestlé, 1966.

Chotka, David R. "Spirit versus spirit: An Examination of the Nature and Function of the Holy Spirit Against the Backdrop of the False Spirit in Ephesians." Th.M. thesis, Regent College, 1992.

Clemens, C. "The 'Speaking with Tongues' of the Early Christians." *ExpT* 10 (1898-99), 344-52.

Collins, R. F. *Studies on the First Letter to the Thessalonians*. BETL 66. Leuven: Leuven University Press, 1984.

Cosgrove, Charles H. *The Cross and the Spirit: A Study in the Argument and Theology of Galatians*. Macon, Ga.: Mercer University Press, 1988.

Cottle, R. E. "All Were Baptized." *JETS* 17 (1974), 75-80.

Cranfield, C. E. B. "The Freedom of the Christian according to Rom 8:2." In *New Testament Christianity for Africa and the World. Festschrift H. Sawyerr*. Edited by M. E. Glaswell and E. W. Fasholé-Luke. Pages 91-98. London: SPCK, 1974.

________. "μέτρον πίστεως in Romans xii.3." *NTS* 8 (1961-62), 345-51.

Cranford, L. "A New Look at 2 Corinthians 5:1-10." *SWJT* 19 (1971), 95-100.

Cripps, R. S. "The Holy Spirit in the Old Testament." *Th* 24 (1932), 272-80.

Cullmann, O. *Baptism in the New Testament*. ET. London: SCM, 1950.

________. *The Christology of the New Testament*. ET. London: SCM, 1959. 『신약의 기독론』(나단).

Cuming, G. J. "ἐποτίσθησαν (I Corinthians 12.13)." *NTS* 27 (1981), 283-85.

Currie, S. D. "'Speaking in Tongues': Early Evidence Outside the New Testament Bearing on 'Glossais Lalein.'" *Int* 19 (1965), 174-94.

Cutten, G. B. *Speaking with Tongues*. New Haven: Yale University Press, 1927.

Dahl, N. A. "A Fragment in its Context: 2 Corinthians 6:14-7:1." In *Studies in Paul*. Pages 62-69. Minneapolis: Augsburg, 1972.

Daines, B. "Paul's Use of the Analogy of the Body of Christ—With Special Reference to 1 Corinthians 12." *EvQ* 50 (1978), 71-78.

Dautzenberg, G. *Urchristliche Prophetie*. Stuttgart: Calwer, 1975.

________. "Zum religionsgeschichtlichen Hintergrund der διακρίσεις πνευμάτων (I Kor. 12,10)." *BZ* 15 (1971), 93-104.

Davidson, R. M. *Typology in Scripture: A Study of hermeneutical τύπος structures*. AUSSDS 2. Berrien Springs, Mich.: Andrews University Press, 1981.

Davies, G. H. "Holy Spirit in the Old Testament." *RevExp* 63 (1966), 129-34.

Deissmann, A. *Die neutestamentliche Formel "in Christo Jesu."* Marburg: N. G. Elwert, 1892.

________. *St. Paul: A Study in Social and Religious History*. (Ger. original 1911). ET. London: Hodder & Stoughton, 1912.

Denton, D. R. "Inheritance in Paul and Ephesians." *EvQ* 54 (1982), 157-62.

Derrett, J. D. M. "Cursing Jesus (I Cor. xii. 3): The Jews as Religious 'Persecutors.'" *NTS* 21 (1974-75).

Dietzel, A. "Beten im Geist: Eine religiongeschichtliche Parallele aus den Hodajot zum paulinischen Beten in Geist." *TZ* 13 (1957), 12-32.

Dinkler, E. "Die Taufterminologie in 2 Kor. i,21f." In *Neotestamentica et Patristica: Eine Freundesgabe, Herrn Professor Dr. Oscar Cullmann zu seinem 60. Geburtstag überreicht*. Edited by W. C. van Unnik. NovTSup 6. Pages 173-91. Leiden: Brill, 1962.

Dodd, C. H. "῎Εννομος Χριστοῦ." In *Studia Paulina in Honorem Johannis de Zwaan Septuagenarii*. Edited by J. N. Sevenster and W. C. van Unnik. Pages 96-110. Haarlem: De Ervem F. Bohn N. V., 1953.

Donaldson, T. L. "The 'Curse of the Law' and the Inclusion of the Gentiles: Galatians 3.13-14." *NTS* 32 (1986), 94-112.

Donfried, K. P., ed. *The Romans Debate*. Rev. and Exp. Peabody, Mass.: Hendrickson, 1991.

Dunn, J. D. G. *Baptism in the Holy Spirit*. SBT 2/15. London: SCM, 1970.

________. *Christology in the Making*. Philadelphia: Westminster, 1980.

________. "I Corinthians 15:45—last Adam, life-giving Spirit." In *Christ and Spirit in the New Testament: Studies in Honour of Charles Francis Digby Moule*. Edited by B. Lindars and S. Smalley. Pages 127-42. Cambridge: Cambridge University Press, 1973.

________. *Jesus and the Spirit*. Philadelphia: Westminster, 1975.

________. "Jesus—Flesh and Spirit: An Exposition of Romans i:3-4." *JTS* 24 (1973), 40-68.

________. "Romans 7:14-25 in the Theology of Paul." In *Essays on Apostolic Themes: Studies in honor of Howard M. Ervin*. Edited by P. Elbert. Pages 49-70. Peabody, Mass.: Hendrickson, 1985.[*ThZ* 31 (1975), 257-73].

________. "2 Corinthians iii.17—'The Lord is the Spirit.'" *JTS* 21 (1970), 309-20.

________. "The Theology of Galatians: The Issue of Covenantal Nomism." In *Jesus, Paul and the Law*. Pages 242-64. Philadelphia: Westminster, 1990.

________. "Works of the Law and the Curse of the Law (Gal. 3.10-14)." *NTS* 31 (1985), 523-42; repr. In *Jesus, Paul and the Law*. Pages 215-41. Philadelphia: Westminster, 1990.

Duprez, Antoine. "Note sur le rôle de l'Esprit—Saint dans la filiation de chrétien, à propos de *Gal*. 4:6." *RSR* 52 (1964), 421-31.

Easley, K. H. "The Pauline Use of *Pneumati* as a Reference to the Spirit of God." *JETS* 27 (1984), 299-313.

Ellis, E. E. *Paul's Use of the Old Testament*. Edinburgh: Oliver & Boyd, 1957.

________. *Pauline Theology: Ministry and Society*. Grand Rapids: Eerdmans, 1989.

________. *Prophecy and Hermeneutic in Early Christianity: New Testament Essays.* Grand Rapids: Eerdmans, 1978.

________. "II Corinthians v.1-10 in Pauline Eschatology." *NTS* 6 (1959-60), 211-24.

Engelsen, N. I. J. "Glossolalia and Other Forms of Inspired Speech According to 1 Corinthians 12-14." Ph.D. diss., Yale University, 1970.

Ervin, H. M. *Conversion—Initiation and the Baptism in the Holy Spirit.* Peabody, Mass.: Hendrickson, 1984.

Evans, C. F. "Romans 12:1-2: The 'True Worship.'" In *Dimensions de la vie chrétienne (Rom 12-13)*. Edited by L. De Lorenzi. Pages 7-33. Rome: Abbaye de S. Paul, 1979.

Ewert, D. *The Holy Spirit in the New Testament.* Harrisburg: Herald, 1983.

Fee, G. D. *Gospel and Spirit: Issues in New Testament Hermeneutics.* Peabody, Mass.: Hendrickson, 1991.

________. "II Corinthians vi.14-vii.1 and Food Offered to Idols." *NTS* 23 (1976-77), 140-61.

________. "Some Reflections on Pauline Spirituality." In *Alive to God: Studies in Spirituality presented to James Houston.* Edited by J. I. Packer and L. Wilkinson. Pages 96-107. Downers Grove: InterVaristy, 1992.

________. "Tongues—Last of the Gifts? Some Exegetical Observations on 1 Corinthians 12-14." *Pneuma* 2 (1980), 3-14.

________. "ΧΑΡΙΣ in II Corinthians i.15: Apostolic Parousia and Paul-Corinth Chronology." *NTS* 24 (1977-78), 533-38.

Fichter, J. "Die Stellung der Sapientia Salomonis in der Literature und Geistgeschichte ihrer Zeit." *ZNW* 36 (1937), 113-32.

Fitzgerald, John T. *Cracks in an Earthen Vessel: An Examination of the Catalogues of Hardships in the Corinthians Correspondence.* SBLDS 99. Atlanta: Scholars, 1988.

Fitzmyer, J. A. "'Abba and Jesus' Relation to God." In *À cause de l'Evangile: Mélanges offerts à Dom Jacques Dupont.* Edited by R. Gantoy. Pages 16-38. Paris: Cerf, 1985.

________. "Glory Reflected on the Face of Christ (2 Cor. 3:7-4:6) and a Palestinian Jewish Motif." *TS* 42 (1981), 630-44.

________. "Qumran and the Interpolated Paragraph in 2 Cor 6:14-7:1." In *Essays on the Semitic Background of the New Testament.* Pages 205-17. London: Chapman, 1971.

Ford, J. M. "Toward a Theology of 'Speaking in Tongues.'" *TS* 32 (1971), 3-29.

Fowl, Stephen D. *The Story of Christ in the Ethics of Paul: An Analysis of the Function of the Hymnic Material in the Pauline Corpus.* JSNTSup 36. Sheffield: JSOT Press, 1990.

Francis, D. P. "The Holy Spirit: A Statistical Inquiry." *ExpT* 96 (1985), 136-37.

Francis, J. "'As Babes in Christ'—Some Proposals regarding 1 Corinthians 3.1-3." *JSNT* 7 (1980), 41-60.

Fuchs. E. "Der Anteil des Geistes am Glauben des Paulus: Ein Beitrag zum Verständnis von Römer 8." *ZTK* 72 (1975), 293-302.

Fuller, R. H. "Tongues in the New Testament." *ACQ* 3 (1963), 162-68.

Fung, R. Y. K. "The Impotence of the Law: Toward a Fresh Understanding of Romans 7:14-25." In *Scripture, Tradition and Interpretation*. Festschrift E. F. Harrison. Edited by W. W. Gasque and W. S. LaSor. Pages 34-48. Grand Rapids: Eerdmans, 1978.

________. "Ministry, Community and Spiritual Gifts." *EvQ* 56 (1984), 5.

Funk, R. W. "Word and Word in 1 Corinthians 2:6-16." In *Language, Hermeneutic, and Word of God*. Pages 275-305. New York: Harper, 1966.

Furnish, V. P. *Theology and Ethics in Paul*. Nashville: Abingdon, 1968. 『바울의 신학과 윤리』(대한기독교출판사).

Gaffin, R. *Perspectives on Pentecost*. Philadelphia: Presbyterian and Reformed, 1979. 『성령은사론』(기독교문서선교회).

Garland, D. E. "The Composition and Unity of Philippians: Some Neglected Literary Factors." *NovT* 27 (1985), 141-73.

________. "The Sufficiency of Paul, Minister of the New Covenant." *Criswell Theological Review* 4 (1989), 21-37.

Garnier, G. G. "The Temple of Asklepius at Corinth and Paul's Theology." *Buried History* 18 (1982), 52-58.

Gärtner, B. E. "The Pauline and Johannine Idea of 'To Know God' Against the Hellenistic Background." *NTS* 14 (1967-68), 215-21.

________. *The Temple and the Community in Qumran and the New Testament*. SNTSMS 1. Cambridge: Cambridge University Press, 1965.

Gaugler, E. "Der Geist und das Gebet der schwachen Gemeinde." *IKZ* 51 (1961), 67-94.

Gee, Donald. *Concerning Spiritual Gifts*. Springfield, Mo.: Gospel Publishing House, n.d.

Gillman, F. M. "Another Look at Romans 8:3: 'In the Likeness of Sinful Flesh.'" *CBQ* 49 (1987), 597-604.

Gillman, J. "A Thematic Comparison: 1 Cor 15:50-57 and 2 Cor 5:1-5." *JBL* 107 (1988), 439-54.

Gnilka, J. "2 Cor 6:14-7:1 in Light of the Qumran Texts and the Testaments of the Twelve Patriarchs." In *Paul and Qumran*. Edited by J. Murphy-O'Conner. Pages 48-68. London: Chapman, 1968.

Goldingay, J. *The Church and the Gifts of the Spirit*. Bramcote, 1972.

Gordon, T. D. "The Problem at Galatia." *Int* 41 (1987), 32-43.

Grant, R. M. "Like Children." *HTR* 39 (1946), 71-73.

Graves, R. W. *Praying in the Spirit.* Old Tappan, N. J.: Chosen, 1987.

Grech, P. "2 Corinthians 3,17 and the Pauline Doctrine of Conversion to the Holy Spirit." *CBQ* 17 (1955), 420-37.

Green, M. *I Believe in the Holy Spirit.* 2d ed. Grand Rapids: Eerdmans, 1985.

Greenwood, D. "The Lord is the Spirit: Some Considerations of 2 Cor 3:17." *CBQ* 34 (1972), 467-72.

Grudem, W. A. "1 Corinthians 14.20-25: Prophecy and Tongues as Signs of God's Attitudes." *WTJ* 41 (1979), 381-96.

________. *The Gift of Prophecy in 1 Corinthians.* Washington: University Press of America, 1982.

Gundry, R. H. "'Ecstatic Utterance'(N.E.B.)?" *JTS* 17 (1966), 299-307.

________. "The Form, Meaning and Background of the Hymn Quoted in I Timothy 3:16." In *Apostolic History and the Gospel: Biblical and Historical Essays presented to F. F. Bruce on his 60th Birthday.* Edited by W. W. Gasque and R. P. Martin, Pages 203-22. Grand Rapids: Eerdmans, 1970.

________. "The Moral Frustration of Paul before His Conversion: Sexual Lust in Romans 7.7-25." In *Pauline Studies.* Edited by D. A. Hagner and M. J. Harris. Pages 228-45. Grand Rapids: Eerdmans, 1980.

________. *SOMA in Biblical Theology with emphasis on Pauline Anthropology.* SNTSMS 29. Cambridge: Cambridge University Press, 1976.

Gunkel, H. *The Influence of the Holy Spirit.* (Ger. original 1888). ET. Philadelphia: Fortress, 1979.

Gunther, J. *Paul's Opponents and their Background.* NovTSup 35. Leiden: Brill, 1973.

Hafemann, S. J. "The Comfort and Power of the Gospel: The Argument of 2 Corinthians 1-3." *RevExp* 86 (1989), 325-44.

________. *Suffering and the Ministry in the Spirit: Paul's Defense of his Ministry in 2 Corinthians 2:14-3:3.* Grand Rapids: Eerdmans, 1990.

Hamilton, N. Q. *The Holy Spirit and Eschatology in Paul.* SJTOP 6. Edinburgh: Oliver & Boyd, 1957.

Hanimann, J. "'Nous avons été abreuvés d'un seul Esprit.' Note sur 1 Cor 12, 13b." *NouvRT* 94 (1972), 400-405.

Hanson, A. T. "The Midrash of II Corinthians 3: A Reconsideration." *JSNT* 9 (1980), 2-28.

Harpur, T. W. "The Gift of Tongues and Interpretation." *CJT* 12 (1966), 164-71.

Harris, M. J. "2 Corinthians 5:1-10: Watershed in Paul's Eschatology?" *TynB* 22 (1971),

33-57.

Harrisville, R. A. "Speaking in Tongues—Proof of Transcendence?" *Dialog* 13 (1974), 11-18.

________. "Speaking in Tongues: A Lexicographical Study." *CBQ* 38 (1976), 35-48.

Hartmann, L. "Some Remarks on 1 Cor. 2:1-5." *SEÅ* 34 (1974), 109-20.

Hays, Richard B. "Christology and Ethics in Galatians: The Law of Christ." *CBQ* 49 (1987), 268-90.

________. *Echoes of Scripture in the Letters of Paul*. New Haven: Yale University Press, 1989.

________. *The Faith of Jesus Christ: An Investigation of the Narrative Substructure of Galatians 3:1-4:11*. SBLDS 56. Chico, Calif.: Scholars, 1983.

Hehn, J. "Zum Problem des Geistes in alten Orient und im Alten Testament." *ZAW* 43 (1925), 13-67.

Hemphill, K. S. *Spiritual Gifts: Empowering the New Testament Church*. Nashville: Broadman, 1988.

Hermann, I. *Kyrios und Pneuma: Studien zur Christologie der paulinischen Hauptbriefe*. Munich: Kösel-Verlag, 1961.

Hettlinger, R. F. "2 Corinthians 5:1-10." *SJT* 10 (1957), 174-94.

Hicking, C. J. A. "The Sequence of Thought in II Corinthians, Chapter Three." *NTS* 21 (1975), 380-95.

Hill, David. *Greek Words and Hebrew Meanings*. SNTSMS. Cambridge: Cambridge University Press, 1967.

________. *New Testament Prophecy*. Atlanta: John Knox, 1979.

________. "Salvation Proclaimed: IV. Galatians 3:10-14." *ExpT* 93 (1982), 196-200.

Hooker, Morna D. "ΠΙΣΤΙΣ ΧΡΙΣΤΟΥ." *NTS* 35 (1989), 321-42.

Horton, S. *What the Bible Says about the Holy Spirit*. Springfield, Mo.: Gospel Publishing House, 1976.

House, H. W. "Tongues and the Mystery Religions of Corinth." *BSac* 140 (1983), 135-50.

Hoyle, R. B. *The Holy Spirit in St. Paul*. London: Hodder & Stoughton, 1928.

Hübner, H. *Law in Paul's Thought*. (Ger. original 1978). Translated by J. C. G. Gerig. Edinburgh: T. & T. Clark, 1984.

Hugedé, N. *La métaphore du miroir dans les Epîtres de Saint Paul aux Corinthiens*. Neuchâtel: Delachaux and Niestlé, 1957.

Hughes, F. W. *Early Christian Rhetoric and 2 Thessalonians*. JSNTSup 30. Sheffield: Academic Press, 1989.

Hui, A. W. D. "The Concept of the Holy Spirit in Ephesians and Its Relation to the

Pneumatologies of Luke and Paul." Ph.D. diss., University of Aberdeen, 1992.

Hunter, A. M. *Interpreting Paul's Gospel.* London: SCM, 1954.

________. *Paul and his Predecessors.* 2d ed. London: SCM, 1961.

Hunter, H. *Spirit-Baptism: A Pentecostal Alternative.* Lanham, Md.: University Press of America, 1983.

Hurd, J. C. *The Origin of 1 Corinthians.* 2d ed. Macon, Ga.: Merser University Press, 1983.

Hurley, J. B. *Men and Women in Biblical Perspective.* Grand Rapids: Zondervan, 1981.

Iber, G. "Zum Verständnis von I Cor. 12:31." *ZNW* 54 (1963), 43-52.

Isaacs, Marie E. *The Concept of Spirit: A Study of Pneuma in Hellenistic Judaism and its Bearing on the New Testament.* Heythrop Monographs 1. London: Heythrop College, 1976.

Jeremias, Joachim. *The Prayers of Jesus.* SBT2/6. London: SCM, 1967.

Jervell, Jacob. "The Signs of an Apostle: Paul's Miracles." In *The Unknown Paul: Essays on Luke-Acts and Early Christian History.* Pages 77-95. Minneapolis: Augsburg, 1984.

Jewett, R. "The Agitators and the Galatian Congregation." *NTS* 17 (1970-71), 198-212.

________. *Paul's Anthropological Terms: A Study of their Use in Conflict Settings.* AGJU 10. Leiden: Brill, 1971.

________. "The Redaction and Use of an Early Christian Confession in Romans 1:3-4." In *The Living Text: Essays in Honor of Ernest W. Saunders.* Edited by D. E. Groh and R. Jewett. Pages 99-122. Lanham, Md.: University Press of America. 1985.

________. *The Thessalonian Correspondence: Pauline Rhetoric and Millenarian Piety.* Philadelphia: Fortress, 1986.

Johanson, B. C. "Tongues, a Sign for Unbelievers? A Structural and Exegetical Study of I Corinthians xiv. 20-25." *NTS* 25 (1979), 180-203.

Johnson, L. T. *The Writings of the New Testament: An Interpretation.* Pages 367-80. Philadelphia: Fortress, 1986. 『최신신약개론』(크리스챤다이제스트).

Jones, F. S. *"Freiheit" in den Briefen des Apostels Paulus.* Göttingen: Vandenhoeck & Ruprecht, 1987.

Jones, W. R. "The Nine Gifts of the Holy Spirit." In *Pentecostal Doctrine.* Edited by P. S. Brewster. Pages 47-61. Greenhurst, 1976.

Kaiser, W. C. "A Neglected Text in Bibliology Discussions: I Corinthians 2:6-16." *WTJ* 43 (1981), 301-19.

Kamlah, E. "Buchstabe und Geist: Die Bedeutung dieser Antithese für die alttestamentliche Exegese des Apostels Paulus." *EvT* 14 (1954), 276-82.

Käsemann, E. "The Cry for Liberty in the Worship of the Church." In *Perspectives on*

Paul. Pages 122-37. London: SCM, 1971.

_______. "Die Legitimität des Apostels: Eine Untersuchung zu 2 Korinther 10-13." *ZNW* 51 (1942), 33-71.

_______. "The Spirit and the Letter." In *Perspectives on Paul.* Pages 138-66. London: SCM, 1971.

_______. "The Theological Problem Presented by the Motif of the Body of Christ." In *Perspectives on Paul.* Pages 102-21. London: SCM, 1971.

_______. "Worship in Everyday Life: A Note on Romans 12." In *New Testament Questions of Today.* Pages 188-95. London: SCM, 1969.

Kasper, Walter. *Jesus the Christ.* New York: Paulist, 1976.

Keck, L. E. "The Law of 'The Law of Sin and Death'(Roamns 8:1-4): Reflections on the Spirit and Ethics in Paul." In *The Divine Helmsman: Studies on God's Control of Human Events, presented to Lev. H. Silberman.* Edited by J. L. Crenshaw and S. Sandmel. Pages 41-57. New York: KTAV, 1980.

Kemmler, D. W. *Faith and Human Reason: A Study of Paul's Method of Preaching as Illustrated by 1-2 Thessalonians and Acts 17, 2-4.* NovTSup 40. Leiden: Brill, 1975.

Kendall, E. L. "Speaking with Tongues." *CQR* 168 (1967), 11-19.

Kerr, A. J. "'APPABΩN." *JTS* 39 (1988), 92-97.

Kirk, J. A. "Apostleship since Rengstorf: Towards a Synthesis." *NTS* 21 (1974-75), 249-64.

Knight, George W., III. *The Faithful Sayings in the Pastoral Letters.* Grand Rapids: Baker, 1979.

Koch, R. *Geist und Messias.* Wien: Herder, 1950.

Koenig, J. *Charismata: God's Gifts for God's People.* Philadelphia: Westminster, 1978.

Kramer, W. *Christ, Lord, Son of God.* ET. SBT 50. London: SCM, 1966.

Kümmel, W. G. *Römer 7 und die Bekehrung des Paulus.* Leipzig: Hinrichs, 1929.

Ladd, George E. "The Holy Spirit in Galatians." In *Current Issues in Biblical and Patristic Interpretation.* Festschrift M. C. Tenney. Edited by G. F. Hawthorne. pages 211-16. Grand Rapids: Eerdmans, 1975.

Lambrecht, J. "The Fragment 2 Cor. vi,16-vii,1: A Plea for its authenticity." In *Miscellanea Neotestamentica* II. Edited by T. Baarda, A. F. J. Klijn, and W. C. van Unnik. Leiden: Brill, 1978.

_______. "Man before and without Christ: Romans 7 and Pauline Anthropology." *Louvain Studies* 5 (1974), 18-33.

_______. "Transformation in 2 Cor. 3,18." *Bib* 64 (1983), 243-54.

Langevin, P.-E. "Une confession prépauliniennes de la 'Seigneurie' du Christ: Exégèse de Romains 1,3-4." In *Le Christ hier, aujourd'hui, et demain.* Edited by R.

Laflamme and M. Gervais. Pages 298-305. Québec: Université Laval, 1976.

Lemmer, H. R. "Pneumatology and Eschatology in Ephesians: The Role of the Eschatological Spirit in the Church." Ph.D. diss., University of South Africa [Pretoria], 1988.

Lenski, R. C. H. *The Interpretation of St. Paul's Epistles to the Galatians, to the Ephesians, and to the Philippians.* Columbus, Ohio: Lutheran Book Concern, 1937.

________. "Reciprocity between Eschatology and Pneuma in Ephesians 1:3-14." *Neot* 21 (1987), 159-82.

Lincoln, A. T. *Paradise Now and Not Yet: Studies in the Role of the Heavenly Dimension in Paul's Thought with Special Reference to his Eschatology.* SNTSMS 43. Cambridge: Cambridge University Press, 1981.

________. "'Paul the Visionary': The Setting and Significance of the Rapture to Paradise in II Corinthians xii. 1-10." *NTS* 25 (1979), 204-20.

________. "A Re-Examination of 'The Heavenlies' in Ephesians." *NTS* 19 (1973), 468-83.

Loane, M. L. *The Hope of Glory: An Exposition of The Eighth Chapter in The Epistle to the Romans.* London: Hodder & Stoughton, 1968.

Lodahl, Michael E. *Shekinah Spirit: Divine Presence in Jewish and Christian Religion.* New York: Paulist, 1992.

Lohse, E. "ὁ νόμος τοῦ πνεύματος τῆς ζωῆς: Exegetische Anmerkungen zu Röm 8:2." In *Die Vielfalt des Neuen Testaments.* Pages 128-36. Göttingen: Vandenhoeck & Ruprecht, 1982.

Lull, David John. *The Spirit in Galatia: Paul's Interpretation of Pneuma as Divine Power.* SBLDS 49. Chico, Calif: Scholars, 1980.

Lutjens, R. "'You Do not Do What You Want': What Does Galatians 5:17 Really Mean?" *Presbyterion* 16 (1990), 103-17.

Lyall, F. "Roman Law in the Writings of Paul—Adoption." *JBL* 88 (1969), 458-66.

Lyonnet, S. "Christian Freedom and the Law of the Spirit According to St. Paul." In *The Christian Lives by the Spirit.* Edited by I. de la Potterie and S. Lyonnet. Translated by J. Morris. Pages 145-74. Staten Island: Alba House, 1971.

MacDonald, W. G. "Glossolalia in the New Testament." *BETS* 7 (1964), 59-68.

MacGorman, J. W. *The Gifts of the Spirit: An Exposition of I Corinthians 12-14.* Nashville: Broadman, 1974.

Maly, M. K. "1 Kor 12,1-3, eine Regel zur Unterscheidung der Geister?" *BZ* 10 (1966), 82-95.

Martin, D. W. "'Spirit' in the Second Chapter of First Corinthians." *CBQ* 5 (1943), 181-95.

Martin, F. "Pauline Trinitarian Formulas and Church Unity." *CBQ* 30 (1968), 199-219.

Martin, I. J. "I Corinthians 13 Interpreted by its Context." *JBR* 18 (1950), 101-5.

________. "Glossolalia in the Apostolic Church." *JBL* 63 (1944), 123-30.

Martin, Ralph P. *The Spirit and the Congregation: Studies in 1 Corinthians 12-15.* Grand Rapids: Eerdmans, 1984.

________. "The Spirit in 2 Corinthians in Light of the 'Fellowship of the Holy Spirit' in 2 Corinthians 13:14." In *Eschatology and the New Testament: Essays in Honor of George Raymond Beasley-Murray.* Edited by W. H. Gloer. Pages 113-28. Peabody, Mass.: Hendrickson, 1988.

________. *Worship in the New Testament.* 2d ed. Grand Rapids: Eerdmans, 1974.

Martyn, J. Louis. "A Law-Observant Mission to Gentiles: The Background of Galatians." *SJT* 38 (1985), 307-24.

________. "Apocalyptic Antinomies in Paul's Letter to the Galatians." *NTS* 31 (1985), 410-24.

________. "Epistemology at the Turn of the Ages: 2 Corinthians 5:16." In *Christian History and Interpretation.* Festschrift John Knox. Edited by W. R. Farmer, C. F. D. Moule, and R. R. Niebuhr. Pages 269-87. Cambridge: Cambridge University Press, 1967.

Matera, Frank. "The Culmination of Paul's Argument to the Galatians: Gal. 5:1-6:17." *JSNT* 32 (1988), 79-91.

Mawhinney, A. "God as Father: Two Popular Theories Reconsidered." *JETS* 31 (1988), 181-89.

McNicol, J. "The Spiritual Blessings of the Epistle to the Ephesians." *EvQ* 9 (1937), 64-73.

McRay, J. R. "*To Teleion* in I Corinthians 13:10." *ResQ* 14 (1971), 168-83.

Menzies, R. P. *The Development of Early Christian Pneumatology with Special Reference to Luke-Acts.* JSNTSup 54. Sheffield: JSOT Press, 1991.

Metzger, B. M. *A Textual Commentary on the Greek New Testament.* London: United Bible Societies, 1971.

Metzger, W. *Der Christushymnus 1 Tim. 3, 16.* Stuttgart: Calwer, 1979.

Miguens, M. "1 Cor. 3:8-13 Reconsidered." *CBQ* 37 (1975), 76-97.

Mills, W. E. *Glossolalia: A Bibliography.* New York: Edwin Mellen, 1985.

________. *The Holy Spirit: A Bibliography.* Peabody, Mass.: Hendrickson, 1988.

Mitton, C. L. "Romans 7 Reconsidered." *ExpT* 65 (1953-54), 78-81, 99-103, 132-35.

Moo, D. J. "Israel and Paul in Romans 7.7-12." *NTS* 32 (1986), 122-35.

Moule, C. F. D. "2 Cor. 3:18b καθάπερ ἀπὸ κυρίου πνεύματος." In *Neues Testament und Geschichte.* Festschrift O. Cullmann. Edited by H. Baltensweiler and B. Reicke. Pages 233-37. Tübingen: J. C. B. Mohr [Paul Siebeck], 1972.

Mowinckel, S. "The Spirit and the Word in the Pre-Exilic Reforming Prophets." *JBL* 53 (1934), 199-227.

Mullins, T. Y. "Paul's Thorn in the Flesh." *JBL* 76 (1957), 299-303.

Murphy-O'Conner, J. "1 Corinthians, V, 3-5." *RB* 84 (1977), 239-45.

________. "PNEUMATIKOI and Judaizers in 2 Cor. 2:14-4:6." *AusBR* 34 (1986), 42-58.

Neugebauer, F. "Das paulinische 'in Christ.'" *NTS* 4 (1957-58), 124-38.

Niederwimmer, K. "Das Gebet des Geistes." *TZ* 20 (1964), 252-65.

Nisbet, P. "The Thorn in the Flesh." *ExpT* 80 (1969-70), 126.

Noth, Martin. "For All Who Rely on Works of the Law are under a Curse." In *The Laws in the Pentateuch and Other Studies*. Pages 118-31. Edinburgh/London: Oliver & Boyd, 1966.

O'Brien, P. T. "Ephesians I: An Unusual Introduction to a New Testament Letter." *NTS* 25 (1979), 604-16.

________. *Introducing Thanksgivings in the Letters of Paul*. NovTSup 49. Leiden: Brill, 1977.

O'Collins, G. G. "Power Made Perfect in Weakness: 2 Cor 12:9-10." *CBQ* 33 (1971), 528-37.

Obeng, E. A. "Abba, Father: The Prayer of the Sons of God." *ExpT* 99 (1988), 363-66.

________. "The Origin of the Spirit Intercession Motif in Romans 8.26." *NTS* 32 (1986), 621-32.

________. "The Spirit Intercession Motif in Paul." *ExpT* 95 (1983-84), 360-64.

Oesterreicher, J. M. "'Abba, Father!' On the Humanity of Jesus." In *The Lord's Prayer and Jewish Liturgy*. Edited by J. J. Petuchowski and M. Brocke. Pages 119-36. New York: Seabury, 1978.

Olford, D. L. "Paul's Use of Cultic Language in Romans: An Exegetical Study of Major Texts in Romans Which Employ Cultic Language in a Non-literal Way." Ph.D. diss., University of Sheffield, 1985.

Osburn, C. D. "The Interpretation of Romans 8:28." *WTJ* 44 (1982), 99-109.

Packer, J. I. "The 'Wretched Man' of Romans 7." *SE* II (1964), 621-27.

Park, D. M. "Paul's ΣΚΟΛΟΨ ΤΗ ΣΑΡΚΙ: Thorn or Stake?" *NovT* 22 (1980), 179-83.

Parratt, J. K. "Romans i.11 and iii.5 — Pauline evidence for the Laying on of Hands?" *ExpT* 79 (1967-68), 151-52.

________. "The Witness of the Holy Spirit: Calvin, the Puritans and St. Paul." *EvQ* 41 (1969), 165.

Pinnock, C. "The Concept of Spirit in the Epistles of Paul." Ph.D. diss., Manchester, 1963.

Plevnik, J. "The Center of Pauline Theology." *CBQ* 61 (1989), 461-78.

Poythress, V. S. "Is Romans 1〈3-4〉 a *Pauline* Confession After All?" *ExpT* 87 (1975-76), 180-83.

________. "The Nature of Corinthian Glossolalia: Possible Options." *WTJ* 40 (1977), 130-35.

Price, R. M. "Punished in Paradise: An Exegetical Theory on 2 Corinthians 12:1-10." *JSNT* 7 (1980), 33-40.

Provence, T. E. "'Who is Sufficient for These Things?' An Exegesis of 2 Corinthians ii 15-iii 18." *NovT* 24 (1982), 54-81.

Quinn, Jerome D. "The Holy Spirit in the Pastoral Epistles." In *Sin, Salvation, and the Spirit*. Edited by D. Durken. Pages 345-68. Collegeville, Minn.: Liturgical, 1979.

Räisänen, H. "Das 'Gesetz des Glauben'(Röm 3:27) und das 'Gesetz des Geistes'(Röm 8:2)." *NTS* 26 (1979-80), 101-17.

Rengsberger, D. "2 Corinthians 6:14-7:1—A Fresh Examination." *StBibT* 8 (1978), 25-49.

Renwick, David A. *Paul, The Temple, and the Presence of God*. BJS 224. Atlanta: Scholars, 1991.

Richard, E. "Polemics, Old Testament and Theology—A Study of II Cor. III,1-IV,6." *RB* 88 (1981), 340-67.

Richardson, P. "Letter and Spirit: A Foundation for Hermeneutics." *EvQ* 45 (1973), 208-18.

Richardson, W. "Liturgical Order and Glossolalia in 1 Corinthians 14.26c-33a." *NTS* 32 (1986), 144-53.

Ridderbos, Herman. *Paul: An Outline of His Theology*. Grand Rapids: Eerdmans, 1975. 『바울신학』(개혁주의신행협회).

Riggs, R. *The Spirit Himself*. Springfield, Mo.: Gospel Publishing House, 1949.

Roberts, P. "A Sign—Christian or Pagan?" *ExpT* 90 (1979), 199-203.

Robertson, O. P. "Tongues: Sign of Covenantal Curse and Blessing." *WTJ* 38 (1975), 45-53.

Robinson, D. W. B. "Charismata versus Pneumatika: Paul's Method of Discussion." *RThR* 31 (1972), 49-55.

Robinson, W. C., Jr. "Word and Power." In *Soli Deo Gloria: Essays for W. C. Robinson*. Edited by J. M. Richards. Pages 68-82. Richmond: John Knox, 1968.

Rogers, C. "The Dionysian Background of Ephesians 5:18." *BSac* 136 (1979), 249-57.

Rogers, E. R. "Ἐποτίσθησαν Again." *NTS* 29 (1983), 139-42.

Romaniuk, C. "Le Livre de la Sagesse dans le Nouveau Testament." *NTS* 14 (1967-68), 498-514.

Ross, J. M. "*Panta sunergei*, Rom. VIII.28." *TZ* 34 (1978), 82-85.

Russell, R. "The Idle in 2 Thess 3.6-12: An Eschatological or a Social Problem?" *NTS* 34

(1988), 105-19.

Saake, H. "Paulus als Ekstatiker: Pneumatologische Beobachtungen zu 2 Kor. xii 1-10." *NovT* 15 (1973), 153-60.

Sanders, E. P. *Paul, the Law, and the Jewish People*. Philadelphia: Fortress, 1983. 『바울, 율법, 유대인』(크리스챤다이제스트).

Schatzmann, S. *A Pauline Theology of Charismata*. Peabody, Mass.: Hendrickson, 1987.

Schlier, H. "Eine christologische Credo-Formel der römischen Gemeinde: Zu Röm 1:3f." In *Neues Testament und Geschichte*. Festschrift O. Cullmann. Edited by H. Baltensweiler and B. Reicke. Pages 207-18. Zürich: Theologischer, 1972.

Schnackenburg, R. "Apostles Before and After Paul's Time." In *Apostolic History and the Gospel*. Edited by W. W. Gasque and R. P. Martin. Pages 287-303. Grand Rapids: Eerdmans, 1970.

________. *Baptism in the Thought of St. Paul*. ET. Oxford: Blackwell, 1964.

Schneider, B. "κατὰ πνεῦμα ἁγιωσύνης (Romans 1.4)." *Bib* 48 (1967), 359-87.

Schneider, G. "The Meaning of St. Paul's Antithesis 'The Letter and the Spirit.'" *CBQ* 15 (1953), 163-207.

Schniewind, J. "Das Seufzen des Geistes: Röm 8.26, 27." In *Nachgelassene Reden und Aufsätze*. Pages 81-103. Berlin: Töpelmann, 1952.

Schoemaker, W. R. "The Use of Ruach in the Old Testament and πνεῦμα in the New Testament." *JBL* 23 (1904), 13-67.

Schweitzer, A. *The Mysticism of Paul the Apostle*. London: Black, 1931.

Schweizer, E. "Röm 1:3f. und der Gegensatz von Fleisch und Geist vor und bei Paulus." *EvT* 15 (1955), 563-71.

________. "The New Testament Creeds Compared." In *Current Issues in New Testament Interpretation: Essays in honor of Otto A. Piper*. Edited by W. Klassen and G. Snyder. Pages 166-77. New York: Harper, 1962.

________. "Zum religionsgeschichtlichen Hintergrund der 'Sendungsformel' Gal 4,4f., Rm 8,3f., Joh 3,16f., 1 Joh 4,9." *ZNW* 57 (1966), 199-210.

Scott, C. A. A. *Christianity according to St. Paul*. Cambridge: Cambridge University Press, 1927.

Scott, E. F. *The Spirit in the New Testament*. London: Hodder and Stoughton, 1923.

Scott, James M. *Adoption as Sons of God*. WUNT 2/48. Tübingen: J. C. B. Mohr [Paul Siebeck], 1992.

Scroggs, R. "Paul: ΣΟΦΟΣ and ΠΝΕΥΜΑΤΙΚΟΣ." *NTS* 14 (1967-68), 33-55.

Seesemann, H. *Der Begriff κοινωνία im Neuen Testament*. BZNW 14. Giessen: Töpelmann, 1933.

Sekki, A. E. *The Meaning of Ruah at Qumran*. SBLDS 110. Atlanata: Scholars, 1989.

Shelton, James B. *Mighty in Word and Deed: The Role of the Holy Spirit in Luke-Acts*. Peabody, Mass.: Hendrickson, 1991.

Smith, B. L. "Tongues in the New Testament." *Churchman* 87 (1973), 183-88.

Smith, D. M. "Glossolalia and Other Spiritual Gifts in a New Testament Perspective." *Int* 28 (1974), 307-20.

Smith, N. G. "The Thorn that Stayed: An Exposition of 2 Cor 12:7-9." *Int* 13 (1959), 409-16.

Snaith, N. *Distinctive Ideas of the Old Testament*. London: Epworth, 1944.

Snodgrass, K. "Spheres of Influence: A Possible Solution for the Problem of Paul and the Law." *JSNT* 32 (1988), 93-113.

Spicq, C. *Agapé dans le Nouveau Testament*. EB. 3 vols. Paris: Gabalda, 1959.

Spittler, R. P. "The Limits of Ecstasy: An Exegesis of 2 Corinthians 12:1-10." In *Current Issues in Biblical and Patristic Interpretation*. Festschrift M. E. Tenney. Edited by G. F. Hawthorne. Pages 259-66. Grand Rapids: Eerdmans, 1975.

Stadler, K. *Das Werk des Geistes in der Heiligung bei Paulus*. Zürich: Evz-Verlag, 1962.

Stanley, Christopher D. "'Under a Curse': a Fresh Reading of Galatians 3.10-14." *NTS* 36 (1990), 481-511.

Stendahl, K. "The Apostle Paul and Introspective Conscience of West." In *Paul Among Jews and Gentiles and Other Essays*. Pages 78-96. Philadelphia: Fortress, 1976.

________. "Paul at Prayer." In *Meanings: The Bible as Document and as a Guide*. Pages 151-61. Philadelphia: Fortress, 1984.

Stenger, W. *Der Christushymnus 1 Tim. 3.16: Eine strukturanalysche Untersuchung*. Frankfurt: Peter Lang, 1977.

Stockhausen, Carol Kern. *Moses' Veil and the Glory of the New Covenant*. AnBib 116. Rome: Pontifical Biblical Institute, 1989.

Sumney, J. L. *Identifying Paul's Opponents: The Question of Method in 2 Corinthians*. JSNTSup 40. Sheffield: JSOT Press, 1990.

Sweet, J. M. P. "A Sign for Unbelievers: Paul's Attitude to Glossolalia." *NTS* 13 (1967), 240-57.

Swete, H. B. *The Holy Spirit in the New Testament*. London: Macmillan, 1910; repr. ed. Grand Rapids: Baker, 1964.

Swetnam, J. "On Romans 8:23 and the 'Expectation of Sonship.'" *Bib* 48 (1967), 102-8.

Synge, F. C. "The Holy Spirit and the Sacraments." *SJT* 6 (1953), 65-76.

Tabor, J. D. *Things Unutterable: Paul's Ascent to Paradise in its Greco-Roman, Judaic, and Early Christian Contexts*. Lanham, Md.: University Press of America, 1986.

Talbert, C. H. "Paul's Understanding of the Holy Spirit: The Evidence of 1 Corinthians 12-14." In *Perspectives on the New Testament: Essays in Honor of Frank Stagg*. Edited by C. H. Talbert. Pages 95-108. Macon, Ga.: Mercer University Press, 1985.

Thackeray, H. J. *The Relation of Paul to Contemporary Jewish Thought*. London: Macmillan, 1900.

Thiselton, A. C. "The Interpretation of Tongues: A New Suggestion in Light of Greek Usage in Philo and Josephus." *JTS* 30 (1979), 15-36.

Thomas, R. L. "'Tongues...Will Cease.'" *JETS* 17 (1974), 81-89.

Thompson, M. *Clothed with Christ: The Example and Teaching of Jesus in Romans 12.1-15.13*. JSNTSup 59. Sheffield: JSOT Press, 1991.

Thompson, R. W. "How Is the Law Fulfilled in US? An Interpretation of Rom 8:4." *Louvain Studies* 11 (1986), 31-40.

Thornton, T. C. G. "The Meaning of καὶ περὶ ἁμαρτίας in Romans viii.3." *JTS* 22 (1971), 515-17.

Thrall, M. E. "The Problem of II Cor. vi.14-vii.1 in some Recent Discussions." *NTS* 24 (1977-78), 132-48.

Toussaint, S. D. "First Corinthians Thirteen and the Tongues Question." *BSac* 120 (1963), 311-16.

Towner, Phillip H. *The Goal of Our Instruction: The Structure of Theology and Ethics in the Pastoral Epistles*. JSNTSup 34. Sheffield: JSOT Press, 1989.

Tugwell, S. "The Gift of Tongues in the New Testament." *ExpT* 84 (1973), 137-40.

Turner, M. M. B. "The Significance of Spirit Endowment for Paul." *VoxEv* 9 (1975), 58-69.

Turner, N. *Grammatical Insights into the New Testament*. Edinburgh: T. & T. Clark, 1965.

van Imschoot. "L'Esprit de Jahvé, principé de vie morale dans l'A. T." *ETL* 16 (1939), 457-67.

van Stempvoort, P. A. "Eine stylische Lösung eine alten Schwierigkeit in I. Thessalonicher v.23." *NTS* 7 (1961), 262-65.

van Unnik, W. C. "'Den Geist löschet nicht aus'(1 Thessalonicher v 19)." *NovT* 10 (1968), 255-69.

________. "Jesus: Anathema or Kyrios (I Cor. 12:3)." In *Christ and Spirit in the New Testament*. Edited by B. Lindars and S. Smalley. Cambridge: Cambridge University Press, 1973.

________. "'With Unveiled Face': An Exegesis of 2 Corinthians iii 12-18." *NovT* 6 (1963), 153-69.

Volf, Judith M. Gundry. *Paul and Perseverance: Staying in and Falling Away*. WUNT 2/37. Tübingen: J. C. B. Mohr [Paul Siebeck], 1990.

Volz, P. *Der Geist Gottes und die verwandten Erscheinungen im Alten Testament und anschliessenden Judentum*. Tübingen: J. C. B. Mohr [Paul Siebeck], 1910.

Wagner, G. "The Tabernacle and Life 'in Christ': Exegesis of 2 Corinthians 5:1-10." *IBS* 3 (1981), 145-65.

Wainwright, Arthur W. *The Trinity in the New Testament*. London: SPCK, 1962.

Walker, D. *The Gift of Tongues*. Edinburgh, 1908.

Walker, W. O. "Why Paul Went to Jerusalem: The Interpretation of Galatians 2:1-5," *CBQ* 54 (1992), 503-10.

Warfield, B. B. "The Spirit of God in the Old Testament." In *Biblical and Theological Studies*. Pages 127-56. Philadelphia: Presbyterian and Reformed, 1952.

Wedderburn, A. J. M. *The Reasons for Romans*. Edinburgh: T. & T. Clark, 1988.

________. "Romans 8:26—Towards a Theology of Glossolalia." *SJT* 28 (1975), 369-77.

Wenham, David. "The Christian Life: A Life of Tension? A Consideration of the Nature of Christian Experience in Paul." In *Pauline Studies*. Edited by D. H. Hagner and M. J. Harris. Pages 80-94. Grand Rapids: Eerdmans, 1980.

Westerholm, S. *Israel's Law and the Church's Faith: Paul and his Recent Interpreters*. Grand Rapids: Eerdmans, 1988.

________. "'Letter' and 'Spirit': the Foundation of Pauline *Ethics*." *NTS* 30 (1984), 229-48.

________. "On Fulfilling the Whole Law (Gal 5.14)." *SEÅ* 51-2 (1986-87), 229-37.

Widmann, M. "1 Kor 2:6-16: Ein Einspruch gegen Paulus." *ZNW* 70 (1979), 44-53.

Wilckens, U. *Weisheit und Torheit*. Tübingen: J. C. B. Mohr [Paul Siebeck], 1959.

Wild, Robert. "The Warrior and the Prisoner: Some Reflections on Ephesians 6:10-20." *CBQ* 46 (1984), 284-98.

Wiles, G. P. *Paul's Intercessory Prayers*. SNTSMS 24. Cambridge: Cambridge University Press, 1974.

Wilkinson, T. L. "Tongues and Prophecy in Acts and 1st Corinthians." *VoxR* 31 (1978), 1-20.

Williams, R. R. "Logic Versus Experience in the Order of Credal Formulae." *NTS* 1 (1954), 42-44.

Williams, Sam K. "Justification and the Spirit in Galatians." *JSNT* 29 (1987), 91-100.

________. "Promise in Galatians: A Reading of Paul's Reading of Scripture." *JBL* 107 (1988), 709-20.

Wilson, J. P. "Romans viii.28: Text and Interpretation." *ExpT* 60 (1948-49), 110-11.

Winward, Stephen F. *Fruit of the Spirit*. Grand Rapids: Zondervan, 1963.

Wright, N. T. *The Climax of the Covenant*. Minneapolis: Fortress, 1991.

________. "Reflected Glory: 2 Corinthians 3:18." In *The Glory of Christ in the New*

Testament: Studies in Christology in Memory of George Bradford Caird. Edited by L. D. Hurst and N. T. Wright. Pages 139-50. Oxford: Clarendon, 1987.

Wright, W. C., Jr. "The Use of Pneuma in the Pauline Corpus with Special Attention to the Relationship between Pneuma and the Risen Christ." Ph.D. diss., Fuller Theological Seminary, 1977.

Yorke, G. L. O. R. *The Church as the Body of Christ in the Pauline Corpus: A Reexamination*. Lanham, Md.: University Press of America, 1991.

Young, F., and D. F. Ford. *Meaning and Truth in 2 Corinthians*. Grand Rapids: Eerdmans, 1987.

Ziesler, John A. "The Just Requirement of the Law (Romans 8:4)." *AusBR* 35 (1987), 77-82.

________. *Pauline Christology*. Oxford: Oxford University Press, 1983.

Zmijewski, J. "Kontextbezug und Deutung von 2 Kor 12, 7a: Stilistische und Strukturale Erwägungen zur Lösung eines alten Problems." *BZ* 21 (1977), 265-77.

성령: 하나님의 능력 주시는 임재 (상권)

바울 서신의 성령론

1쇄발행_ 2013년 11월 18일
4쇄발행_ 2017년 7월 27일

지은이_ 고든 D. 피
옮긴이_ 박규태
펴낸이_ 김요한
펴낸곳_ 새물결플러스
편 집_ 왕희광·정인철·최율리·박규준·노재현·한바울·유진·신준호
정혜인·김태윤
디자인_ 송미현·이지훈·이재희·김민영
마케팅_ 임성배·박성민
총 무_ 김명화·이성순
영 상_ 최정호·조용석·곽상원

아카데미_ 유영성·최경환·이윤범

홈페이지 www.hwpbooks.com
이메일 hwpbooks@hwpbooks.com
출판등록 2008년 8월 21일 제2008-24호
주소 (우) 07214 서울특별시 영등포구 양평로11, 4층(당산동5가)
전화 02) 2652-3161
팩스 02) 2652-3191

ISBN 978-89-94752-55-6 94230 (상권)
ISBN 978-89-94752-54-9 94230 (세트)
책값은 뒤표지에 있습니다.

이 도서의 국립중앙도서관 출판시도서목록(CIP)은
서지정보유통지원시스템 홈페이지(http://seoji.nl.go.kr)와
국가자료공동목록시스템(http://www.nl.go.kr/kolisnet)에서
이용하실 수 있습니다. (CIP제어번호: CIP2013022916)